CENGAGE Learning

제9판

Television Production Handbook

방송제작론

Herbert Zettl 지음

임영호 · 장지헌 · 이수경 옮김

淸文閣

Television Production Handbook

NINTH EDITION

Herbert Zettl

San Francisco State University

CENGAGE Learning™

AUSTRALIA • BRAZIL • JAPAN • KOREA • MEXICO • SINGAPORE • SPAIN • UNITED KINGDOM • UNITED STATES

Television Production Handbook, 9th Edition
Herbert Zettl

This edition first published in 2009 jointly by
Cengage Learning Korea Limited and Cheong Moon Gak.

ISBN-13: 978-89-6364-029-7

Cengage Learning Korea Ltd.
Suite 1801 Seokyo Tower Building
353-1, 22 Seokyo-Dong, Mapo-Ku
Seoul 121-837, Korea
Tel: (82) 2 322 4926
Fax: (82) 2 322 4927

Cengage Learning is a leading provider of customized learning solutions with office locations around the globe, including Singapore, the United Kingdom, Australia, Mexico, Brazil, and Japan. Locate your local office at: www.cengage.com/global

Cengage Learning products are represented in Canada by Nelson Education, Ltd.

For product information, visit **www.cengageasia.com**

Printed in Korea
1 2 3 4 12 11 10 09

저자에 관하여

Herbert Zettle은 샌프란시스코 주립대의 Broadcast and Electronic Communication Arts 학과의 명예교수로 수년간 비디오 제작과 미디어 미학에 대해 강의했다. 샌프란시스코 주립대(SFSU)에 있는 동안 그는 Institute of Interna-tional Media Communication을 이끌었다. 그의 학문에 대한 기여로 California State Legislature Distinguished Teaching상과 방송교육협회에서 수여한 Dis-tinguished Education Service상을 받았다.

샌프란시스코 주립대의 교수진으로 참여하기 전에는 CBS의 지역 방송국인 KOVR(Stockton Sacramento)과 KPIX에서 근무했으며 KPIX에서는 제작 국장의 직책을 맡기도 했다. KPIK에 근무 당시 저자는 CBS와 NBC의 다양한 네트워크 텔레비전 제작에 참여했다. 텔레비전 분야에 대한 그의 혁혁한 공을 인정받아 권위 있는 Silver Circle에 임명되었을 뿐만 아니라 북부 캘리포니아 지역 National Academy of Television Arts & Sciences의 Broadcast Legends로 선출되기도 했다. 작가는 미국 내에서뿐만 아니라 세계 여러 나라의 대학과 전문 방송 제작에 있어서의 텔레비전 제작과 미디어 미학에 관한 고문직을 수행하고 있다.

저자의 다른 저작물로는 [Television Production Workbook], [Sight Sound Motion]과 [Video Basics]가 있으며, 이 책들은 본서와 마찬가지로 세계 여러 나라의 다양한 언어로 번역, 출판되었으며 수많은 글들이 세계 전역의 미디어에 관한 주요 간행물에 게재되었다. 저자는 여러 국가와 국제 커뮤니케이션 학회에 텔레비전 제작과 미디어 미학에 대해 주요 논문을 발표해 오고 있다.

저자의 쌍방향 멀티미디어 CD-ROM인 Zettl's Video Lab 3.0(Wadsworth 출판)은 Macromedia People's Choice Award, the New Media Invision Gold Medal for Higher Education, 그리고 Continuing Education and Use of Video 부분에서 Invision Silver Medals를 수상하는 등 수많은 권위 있는 상을 받았다.

서 문

누구든 디지털 캠코더와 특수효과 소프트웨어가 탑재된 노트북 컴퓨터만 있으면 높은 수준의 영상을 만들 수 있다는 사실은 몇몇 학생들에게 텔레비전 제작 수업을 듣기도 전에 에미상(Emmy award)을 받을 만한 가치가 있는 작품을 만들 수 있다는 착각을 불러일으킬 수 있다. 그러나 전혀 그렇지 않다. 심지어는 감명 깊은 비디오 단편들을 제작해낼 수 있는 능력을 타고난 인재들조차도 전문적인 방송은 훨씬 더 많은 제작 장비와 기술들이 필요하다는 것을 곧 깨닫게 될 것이다. 대부분의 이들은 비교적 단순한 쇼 프로그램임에도 불구하고 그에 필요한 효율적이고 효과적인 팀워크의 정도에 대해서 놀라게 된다. 이 책 [Television Production Handbook]은 학생들이 그러한 기술들을 배울 수 있도록 도와주기 위해 제작되었다.

그러므로 이 책에서 필자가 강조하려는 부분은 특정한 모델 번호나 여러 종류의 스위치와 잭의 위치와 같은 제작 도구들에 대한 자세한 묘사라기보다는 이러한 도구로 무엇을 할 수 있느냐, 즉 제작 기술에 관한 것이다. 결국 좋은 내용과 미디어 미학에 대한 기본적인 지식, 즉 최대 전달 효과를 내기 위한 화상과 음향 구성을 위해서 도구를 어떻게 이용할 것이냐 하는 문제야말로 텔레비전 제작을 배우는 데 있어서 가장 중요한 요소라고 하겠다. 최고 성능의 디지털 카메라도 화면을 잡고 효과적인 샷을 만들 줄 모르는 학생에게는 무용지물이라고 할 수 있다. 나는 이번 판에서 이미 입증된 제작 방법과의 타협보다는 디지털 텔레비전의 제작 요건에 보다 중점을 두었다.

제작 하이라이트

이 책은 현재와 미래의 텔레비전 제작과 관련이 깊은 다양한 점에 중점을 두고 있다. 아래의 요약들은 이러한 중요한 점들의 요약으로 여러분들에게 제공되어질 것이다.

텔레비전 시스템 모든 텔레비전 제작은 장비와 사람, 과정이 서로 연관된 하나의 시스템 형태로 운영된다. 학생들이 적합한 기능을 수행하기 위해서는 개개인이 텔레비전 제작 요소들을 배우는 것이 그 무엇보다 중요하다. 일단 학생들이 텔레비전 제작을 하나의 시스템으로 인지한다면 규모가 큰 작업에서도 제작의 세부 사항들이 어떻게 주요 요소로 서로 작용하는가를 인지하고 이해하는 데 도움이 될 것이다. 이러한 시스템을 이해하는 데 있어서 중요한 점은 조명과 같은 특정한 요소의 기능을 이해하기 위해서는 카메라와 렌즈세트, 카메라를 기준으로 한 탤런트의 위치 등의 다른 요소들에 대해서도 알고 있어야 한다는 것이다. 그래서 section 1.1: 텔레비전 제작에 관한 모든 것에서는 이러한 시스템에 대해 대략적으로 설명했다.

아날로그와 디지털 디지털 제작 장비에 많은 관심이 쏠리고 있으며 이러한 장비들을 효과적으로 사용하기 위해서는 디지털이란 무엇인가에 관한 기본적인 지식이 필요하다. chapter 2: 아날로그와 디지털 텔레비전에서는 아날로그 과정과 디지털 과정의 주요 차이점과 이것들이 텔레비전 제작에서 어떻게 적용되는가에 대해서 설명했다. 이 chapter에서는 또한 디지털 텔레비전에 대한 새롭고 때로는 혼란스러운 전문 용어들을 소개하고 다양한 비월 주사 방식과 순차 주사 방식에 대해 설명하고 있다.

소비자, 전문소비자, 전문장비 제조자나 판매자들에 의해서 작품의 질에 대한 관심보다는 그들의 시장을 특징짓기 위하여 일반용, 전문가, 그리고 전문장비 간의 다른 점들이 종종 과장된다. 적합한 조명에 대해서는 전문가용 카메라와 일반용의 차이가 중요하지 않다.

HDV와 HDTV DTV(디지털 텔레비전), HDV(고선명 비디오), 그리고 HDTV(고선명 텔레비전)의 다양한 주사, 샘플링, 압축 표준에 대해서 다양한 chapter에서 설명했다. HDV와 HDTV의 가장 다른 점은 무엇보다도 480p, 720p, 1080i의 세 가지 디지털 스캔 표준의 차이에 있다.

스튜디오 제작과 현장제작 디지털 텔레비전 장비의 쉬운 기동성으로 인하여 스튜디오는 안 쓰이게 되고, 텔레비전 제작에 있어서 전통적인 다중 카메라적 접근은 효과적인 단일 카메라 현장 제작 기법으로 대체된다는 논쟁이 우세하다. 그러나 단순히 매일 보는 텔레비전 프로그램이나 프로그램 가이드에 나와 있는 쇼의 저녁 방송예정표를 보면 놀랍게도 많은 쇼가 다중 카메라를 이용한 스튜디오 제작이라는 것을 알 수 있을 것이다. 스튜디오 제작은 단일 카메라를 이용하든 다중 카메라를 이용하든 간에 아직도 제작현장을 최대로 컨트롤할 수 있는 방법이다. 현대의 영화감독들 또한 전통적인 필름 촬영에 더하여 이러한 다중 카메라를 사용하는 텔레비전 제작 방법을 사용하는 경향이 있다.

거리의 모퉁이를 흉내 낸 스튜디오 무대보다는 작고 성능이 좋은 캠코더와 오디오, 조명 기구를 가지고 실제 거리의 모퉁이에서 촬영하는 것이 좀 더 실용적일 수 있다. 능률적인 비디오 제작을 수행하기 위해서는 스튜디오 혹은 현장 제작을 특정화시킬 필요는 없지만 그 두 가지 모두에 능숙해야 하기 때문에 이 책 전반에 걸쳐서 두 가지 제작 방식을 통합해서 알아보고 있는 것이다.

미학과 디자인 디지털 텔레비전 혁명에도 불구하고 화면의 구성과 조명, 샷의 순서에 있어서의 많은 전통적 미학 요소들은 거듭되는 기술발전과 비교적 무관하게 효과적인 텔레비전 제작의 원칙으로 자리잡고 있다. 오히려 디지털 장비들은 상응하는 아날로그 장비들보다 사용자에게 좀 더 익숙해져 있으며 구성, 조명과 색, 음향의 다양한 사용, 무리 없는 샷을 연결하는 편집에 좀 더 많은 관심을 쏟는 것을 가능하게 하고 있다. 기본적인 미적 원리에 대한 방대한 서술은 제작 장비의 주요 기술적인 사항을 습득하는 것을 배재한 것이 아니라 장비를 최적으로 사용할 수 있도록 돕기 위한 것이다.

화면비 앞으로 우리는 전통적인 4×3 화면비뿐만 아니라 16×9의 HDTV 화면에도 적합한 샷 구성을 할 수 있어야만 한다. 오래된 촬영 내용을 4×3 화면비에서 16×9의 화면비로 늘리는 방법이 여전히 사용되겠지만 HDTV 혹은 영화의 화면비만을 위해 제작되는 경우에는 임의로 화면비를 늘리는 방법을 계속해서 사용할 수는 없다. 컴퓨터와 다양한 디자인 소프트웨어로 인해 정교한 텔레비전 그래픽의 창조와 유통이 용이해지고 있다. 소규모 방송국과 독립 제작사조차도 효과적인 화상 그래픽에 많은 노력을 기울이고 있다. chapter 15는 디자인에는 전통적인 4×3 화면비뿐만 아니라 확장된 16×9 HDTV 화면에서도 적용될 수 있는 디자인에 관한 정보를 담고 있다.

교육적 특징

학생들의 학습을 촉진시키기 위하여 다양한 교육적인 원리들을 핸드북으로 통합하였다.

요약 section 각 chapter는 분리된 제목을 가진 비교적 짧은 section으로 나누어져 있다. 이러한 구성이 chapter의 전체 내용을 놓치지 않고 읽고 배우는 데 도움이 되길 바란다.

이중접근 이 책은 처음 텔레비전 제작을 접하는 학생뿐만 아니라 일정 정도의 지식을 가지고 있는 학생도 볼 수 있도록 구성되어 있다. 많은 기술적 세부사항으로 인한 혼란을 방지하기 위해서 각 chapter는 두 section으로 구분했다. section 1은 특정한 주제에 대한 기본적인 정보를 담고 있으며 section 2는 좀 더 구체적이고 고난위의 내용을 담고 있다. 그러므로 두 section은 따로 또는 함께 읽는 것이 가능하다.

반복 새로운 언어를 배우는 것과 마찬가지로 주요 텔레비전 용어와 제작 개념을 배우고 숙지하는 데에는 일정 정도 이상의 반복이 필요하다. 주요 용어들은 각 chapter의 서두에 수록했다. 이러한 구성을 잘 활용하기 위해서는 각 chapter를 시작하기 전에 서두에 있는 주요 용어들을 읽어봐야 한다. 또한 책의 말미에 있는 용어 해설 부분에도 주요 용어들을 다시 한 번 반복해서 수록해 놓았다. 각 chapter의 마지막에는 주요 내용들을 요약해서 기술했다. 이 부분은 학생들이 알아야 할 것들을 확인하는 목록으로 사용할 수도 있다.

삽화 실제 사물들과 그 사물들에 대한 묘사를 보충하기 위해 다양한 사진과 도표를 삽입했다. 이 책에 실린 사진들 중 대부분은 선호되고 있는 특정한 모델이 아닌 일반적인 종류를 보여주고 있다. 텔레비전 영상으로 쓰이는 모든 일러스트레이션들은 HDTV의 종횡비인 16×9로 되어 있다.

이번 판에 새롭게 추가된 것들

이 책을 이용한 학생들과 선생님들로부터 받은 반응과 가장 최신의 내용으로 만들기 위하여 나는 여러 개의 중대한 변화를 시켰다. 이전 판을 알고 있는 독자라면 이 판에서는 아래와 같은 차이점이 있다는 것을 알 수 있을 것이다.

- 전체적으로 완전한 업데이트
- 다양한 컬러의 디자인
- 대부분의 스크린 이미지가 HDTV 비율로 되어 있음
- 이전의 4×3 화면에 비해 16×9로 더 커짐
- HDV의 새로운 section 그리고 HDV와 HDTV의 차이점
- 비선형 편집(nonlinear)의 강조
- 영상효과의 세부묘사

감사의 말

다시 한 번 나는 방송제작론의 9판을 제작하기 위하여 Wadsworth의 전문가 "A-team"과 작업을 할 수 있어서 영광스럽습니다. 특히 발행자 Holly Allen, 선임편집자 Renee Deljon, 마케팅 책임자 Mark Orr, 편집보조 Sarah Allen, 예술 총감독 Maria Epes, 제작 기획 매니저 Jennifer Klos, 사진 편집자 Roberta Broyer, 예술 감독과 기획 매니저인 Ideas to Images의 Gary Palmatier, 페이지 구성 작가이면서 삽화가인 Robaire Ream, 원고정리편집자 Elizabeth von Radics, 그리고 제일의 사진가인 Ed Aiona에게 깊은 감사를 전합니다.

다수의 헌신적인 강사들은 이 9판의 변화를 제시할 때, 그들의 풍부한 경험과 셀 수 없이 많은 훌륭한 제안을 해주었습니다. 특히, Ithaca College의 Mara Alper, University of Central Florida의 George Bagley, Mississippi State University의 Karyn Brown, San Francisco State University의 Hamid Khani, Baylor University의 Michael Korpi, Indiana University의 Ronald J. Osgood, University of Utah의 Paul Rose, 그리고 Western Kentucky University의 Jo-Anne Ryan에게 깊은 감사의 말을 전합니다.

또한 이 9판의 원고를 검토해주고 셀 수없이 많은 개선을 제안해준 Michael Korpi와 Paul Rose, 그리고 본문 내용과 Workbook을 교정하는 데 도움을 준 Ronald J. Osgood에게도 큰 빚을 졌습니다. 오디오 chapter를 검토하고 도와준 Joshua Hecht와 Vinay Shrivastava에게 많은 감사를 드립니다. 샌프란시스코 주립대의 동료 Marty Gonzales, Chul Heo, Rick Houlberg, Stuart Hyde, Hamid Khani, Phil Kipper, Steve Lahey, Winston Tharp, Michelle Wolf, 그리고 Lena Zhang로부터 많은 도움을 받았습니다.

그리고 나의 어마어마한 요구를 빠르고 긍정적으로 응해준 조력자 Syracuse University의 Stanley Alten, 독일의 Rudolf Benzler, Plazamedia, Munich, Snader and Associates의 John Beritzhoff와 Greg Goddard, Baylor University의 Corey Carbonara, Oakland-San Francisco KTVU의 기술책임자인 Ed Cosci, Virginia Military University의 Sonny Craven,

Creative Technologies의 Ed Dudkowski, Elan 프로덕션의 Elan Frank, Oakland-San Francisco KTVU의 지역 편성/제작 연출가인 Jim Haman, 독일 Tuebingen 대학 Media Studies의 학과장 Manfred Muckenhaupt, Oakland-San francisco KTVU 기획/편집의 Steve Shlisky, Cincinnati 대학 Electronic Media Division의 학과장 Manfred Wolfram에게 깊은 감사를 드립니다.

사진 작업에 적지 않은 자신의 시간과 놀랄만한 프로근성을 보여준 Talia Aiona, Karen Austin, Ken Baird, Jerome Bakum, Rudlof Benzler, Tiemo Biemueller, Monica Caizada, William Carpenter, Andrew Child, Laura Child, Rebecca Child, Renee Child, Skye Christensen, Ed Cosci, Carla Currie, Sabrina Dorsey, Tammy Feng, Jedediah Gildersleeve, Cassandra Hein, Sangyong Hong, Akiko Kajiwara, Hamid Khani, Philip Kipper, Christine Lojo, Orcun Malkoclar, Michael Mona, Johnny Moreno, Anita Morgan, Jacqueline Murray, Tuan Nguyen, Richard Piscitello, Matthew Prisk, Marlin Quintero, Kerstin Riediger, Suzanne Saputo, Alisa Shahonian, Steve Shlisky, Talisha Teague, Takako Thorstadt, 그리고 Yanlan Wu는 큰 칭찬을 받을만한 자격이 있습니다.

다시 한 번, 이 책의 개정판을 나의 아내 Erika에게 바칩니다. 이는 나의 부족함과 TV의 세계에 은둔하여 이 책을 저술하는 동안 매번 아내의 도움을 얼마나 많이 받았는가를 모든 사람에게 알리기 위함입니다.

Herbert Zettl

간단 차례

차 례

CHAPTER

1

텔레비전 제작과정

The Television Production Process

주위 사람들이 캠코더로 자신의 여행을 촬영하는 것조차도 어려움을 겪고 있을 때 자신의 캠코더로 능숙하게 여러 행사를 촬영하여 보여줄 수 있는 사람이라면 텔레비전 프로그램 제작도 비교적 쉬운 일이라고 여길지 모르겠다. 그러나 지역 방송국 조정실에서 뉴스가 제작되는 과정을 지켜본다면 캠코더를 작동시키는 것과 비교할 때, 매우 많은 일이 관여하고 있다는 것을 깨닫게 될 것이다. 뉴스 앵커가 소개되고 교육감이 언론과 학부형들에게 새 교실과 컴퓨터 시설을 소개하는 장면을 보여주는 비교적 간단한 제작물도 여러 사람들의 정교한 작업과 다수의 정밀 장비를 필요로 한다. 시애틀에 있는 뉴스 앵커와 런던에 체류 중인 축구 선수와의 55초의 짧은 인터뷰도 숙련된 제작 전문가에게조차 상당한 노력을 요구한다.

텔레비전을 시청할 때 사람들은 제작과정의 복잡성을 인식하고 있지는 않다. 하지만 우리가 알고 있는 바와 같이 방송국 안에서 제작되는 것이든 야외에서 제작되는 것이든 전문적인 텔레비전 제작은 많은 인력과 장비의 상호 작용을 통해서 시청자들에게 방대한 메시지와 경험을 전달하는 복잡한 창조적 과정인 것이다. 비교적 작은 규모의 제작에도 특정한 종류의 텔레비전 커뮤니케이션을 얻기 위해서는 필요한 인적, 물적 요구를 숙지하고 창조적, 기술적 원리들을 결합시키는 방법을 알아야 한다.

Chapter 1에서는 다양한 장비와 제작과정에 대한 개괄적인 내용을 살펴보고자 한다. section 1.1 「텔레비전 제작에 관한 모든 것」에서는 텔레비전 시스템과 이와 관련된 많은 제작 요소들을 소개하고, section 1.2 「스튜디오, 주조정실, 지원 장소」에서는 텔레비전 스튜디오 시스템이 운영되는 환경에 대해 기술한다.

주요 용어

캠코더(camcorder) 휴대 카메라에 VTR이 부착되어 있거나 다른 저장장치가 부착되어 있는, 카메라와 VTR 기능이 합쳐져 설계된 카메라.

부조정실(control room) 감독과 기술 감독, 음향 기술자와 조명 감독 등이 그들 고유의 제작 기능을 수행하기 위해 스튜디오 가까이에 만들어 놓은 방.

EFP electronic field production의 줄임말. 포스트프로덕션 과정에서 손질될 장면으로 스튜디오 밖에서 제작하는 것. 보통 야외 제작이라고 부른다.

ENG electronic news gathering의 줄임말. 일일 뉴스 취재를 휴대용 캠코더나 카메라, VTR, 조명, 음향 장비를 사용하는 것을 말한다. ENG는 미리 계획될 수 없으며 생방송으로 방송되거나 짧은 포스트프로덕션 과정을 거친 후 방송된다.

확장된 시스템(expanded system) 텔레비전 영상과 음향을 선택하고 제어하며 녹음하고 재생할 뿐 아니라 송출할 수 있게 하는 과정이나 장비로 이루어진 시스템.

입력(feed) 신호가 프로그램 원본에서 다른 곳으로 송신되는 것을 말한다. 네트워크 입력이나 원격 입력 등이 있다.

일련 번호(house number) 저장 시스템에서 각각의 기록된 프로그램 자료들을 구분하는 데 쓰인다. house number라고 불리는 이유는 각 방송사마다 다른 번호를 가지고 있기 때문이다.

인터컴(intercom) intercommunication system의 줄임말. 모든 제작 스태프와 기술 스태프가 사용한다. 유선 혹은 무선 채널을 통해 목소리를 주고받을 수 있는 장치가 되어 있는 통신 헤드세트가 가장 널리 사용된다. I.F.B.와 이동 통신 기기도 이 시스템에 속한다.

조명(lighting) 명암을 조작하는 작업, 즉 기술적으로 적정한 화상을 얻기 위해 카메라에 빛을 제공하는 작업을 말한다. 이 빛은 화면상에 보이는 것을 실제 피사체처럼 보이게 만드는 것이다. 또한 빛으로 행사의 분위기를 만들어내기도 한다.

라인 모니터(line monitor) 방송되는 화면이나 비디오테이프에 녹화될 화면만을 보여주는 모니터. 주 모니터 혹은 프로그램 모니터라고도 부른다.

라인 아웃(line-out) 최종적으로 방송될 영상과 음향을 전송하는 선.

로그(log) 주 조정 기록. 모든 프로그램의 방송시간을 초단위로 보여준다. 매일 발행되며 이 로그에는 프로그램이 원본, 계획된 프로그램 시간, 길이, 영상과 음향 정보, 인식할 수 있는 번호(예를 들면, 일련번호와 같은), 프로그램 제목, 프로그램 종류, 그리고 부가 정보가 기록되어 있다.

주조정실(master control) 방송국의 중추 신경 센터. 방송될 프로그램의 입력, 저장, 검색을 제어하고 모든 프로그램의 기술적 문제를 감독.

모니터(monitor) (1) 오디오: 라인 아웃과는 별도로 프로그램의 음향을 들려주는 스피커. (2) 비디오: 텔레비전 스튜디오나 조정실에서 사용하는 고화질 텔레비전. 방송 신호를 잡을 수는 없다.

P.L. private line의 약어. 텔레비전 제작에서 쓰이는 주요 의사소통 수단.

프리뷰(P/V) 모니터[preview (P/V) monitor] (1) 비디오 원본을 보여주는 모니터. 라인 모니터와 오프 디 에어 모니터는 제외. (2) 다음 장면에서 쓰일 화면을 감독에게 보여주는 컬러 모니터.

프로그램 스피커(program speaker) 부조정실에 설치된 스피커로 프로그램 음향을 전달한다. 실제 라인 아웃되는 프로그램에 영향을 주지 않고 음량이 조절된다. 오디오 모니터라고도 한다.

스튜디오 토크백(studio talkback) 조정실에서 스튜디오로 지시사항을 전달하는 확정기 시스템.

시스템(system) 다양한 요소와 과정이 연관성을 가지며 상호 영향을 주면서 각 요소가 제 기능을 수행하는 과정.

테이프를 사용하지 않는 시스템(tapeless system) 녹화를 조회할 때, 저장 혹은 오디오나 비디오를 재생할 때, 비디오 정보를 비디오테이프보다 컴퓨터 저장 장치를 경유해서 불러오는 작업환경.

텔레비전 시스템(television system) 특정한 프로그램의 제작을 위해 사용되는 장비와 그 장비를 조작하는 인력. 기본적인 텔레비전 시스템은 실제 화상과 음향을 전기적 신호로 변화시켜 주는 카메라와 마이크로폰, 그 신호를 다시 화상과 음향으로 재변환시키는 텔레비전과 스피커로 이루어져 있다.

SECTION

1.1

텔레비전 제작에 관한 모든 것

What Television Production is All About

텔레비전 제작을 배우는 데 있어서 가장 큰 문제는 최적의 조명(optimal lighting)과 같은 특정한 제작 도구나 기술을 이해하는 것인데, 렌즈의 기능이나 아이리스, 최대 & 최소 구경, 필드의 깊이와 같은 것들은 이미 알고 있어야 할 것이다. 예를 들어 유색 조명이 어떻게 작용하는가를 알기에 앞서 카메라나 컬러 텔레비전 수상기가 어떻게 작동하는가를 알아야 한다. 왜냐하면 저자가 필요한 모든 정보를 하나의 그래프로 나타낼 수 없을 뿐 아니라 독자들도 많은 종류의 제작 원리와 작용 원리를 단번에 배울 수 없기 때문이다. 그래서 이 책에서는 텔레비전 제작 시스템에 관한 개괄적인 내용부터 시작하기로 한다. 텔레비전 제작을 시스템의 견지에서 보면 단편적으로 나뉘어 있는 상태처럼 보이는 여러 요소들이 상호 연결성을 가지고 있다는 것을 알게 될 것이다.

▶ 기본적인 텔레비전 시스템

광학적 이미지와 실제 음향을 전기적 형태의 에너지로 변환하는 장비와 그 장비를 운용하는 사람

▶ 확장된 스튜디오와 전자적 야외 제작 시스템

스튜디오와 야외에서의 시스템 요소 및 활동에 있어서의 스튜디오 시스템

▶ 제작 요소

카메라, 조명, 음향, 비디오 녹화, 테이프를 사용하지 않는 작업환경 스위처, 편집과 특수 효과

기본적인 텔레비전 시스템(Basic Television System)

시스템이란 특정한 목적을 이루기 위해 함께 작동하는 요소들의 집합이다. 각각의 요소들은 다른 요소가 사용 목적에 적합하게 작동해야만 제 기능을 발휘하게 되며 어떤 요소든 개별적으로는 목적을 이룰 수 없다. 텔레비전 시스템은 특정한 프로그램을 제작하기 위한 장비와 그 장비를 운용하는 사람으로 구성되어 있다. 제작과정이 간단하건 정교하건, 혹은 스튜디오에서 행해지건 야외에서 행해지건 간에 시스템은 똑같은 기본 원칙하에서 작동하게 된다. 즉, 텔레비전 카메라는 '보는 것(광학적 이미지)'은 무엇이든지 일시적으로 저장하거나 직접 텔레비전 세트를 통해 스크린 이미지로 변환할 수 있는 전기 신호로 변환시킨다. 마이크로폰은 '들리는 것(실제 음향)'은 무엇이든지 일시적으로 저장하거나 직접 스피커를 통해 들을 수 있는 음향으로 변환시킨다. 일반적으로 기본적인 텔레비전 시스템은 어떤 상태의 에너지(광학적 이미지, 실제 음향)를 다른 상태의 에너지로 변환시키는 것이다(그림 1.1 참조).

화상 신호는 비디오 신호라고 불리며, 소리 신호는 오디오 신호라고 불린다. 모든 캠코더는 이러한 시스템을 가지고 있다.

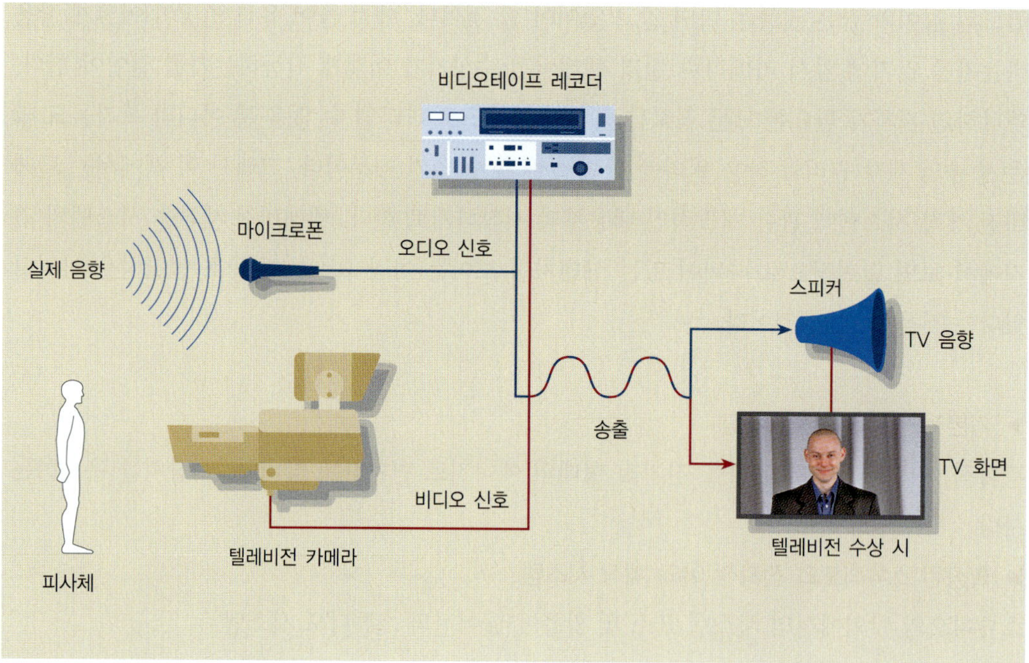

[그림 1.1] 기본적인 텔레비전 시스템
기본적인 텔레비전 시스템은 빛과 소리를 전기적 비디오 · 오디오 신호로 변환시키고 변화된 신호는 무선 혹은 유선을 통해 전송되어 텔레비전 수신기를 통해 텔레비전 화면에 음향으로 재변환된다.

확장된 스튜디오와 전자적 야외 제작 시스템 (Expanded Studio and Electronic Field Production Systems)

기본적인 텔레비전 시스템은 스튜디오 제작이나 스포츠 중계와 같은 야외 제작을 할 때 필요에 따라 확장된다. 확장된 시스템은 장비와 절차를 필요로 한다. 이 장비와 절차는 다양한 화상과 음성원의 선택을 가능케 하며, 화상과 음질을 조절하고 모니터한다. 또한, 화상과 음성을 녹화하고 재생하며 전송을 가능케 할 뿐 아니라 부가적인 화상과 음성원의 통합 및 더 복잡한 과정을 가능케 한다.

스튜디오 시스템에 있어서의 시스템 요소(System Elements of Studio Production)

확장된 스튜디오 텔레비전 시스템에 있어서 가장 기본적인 요소는 (1) 한 대 이상의 카메라, (2) 한 개 이상의 카메라 조절 장치(CCU), (3) 모니터, (4) 스위처, (5) 라인 모니터, (6) 한 대 이상의 녹화기, (7) 비디오 신호를 녹화기나 전송기에 보내는 출력선으로 구성된다(그림 1.2 참조). 일반적으로 확장된 시스템에는 비디오 재생기, 다양한 모양의 문자와 그림을 제작할 수 있는 문자 그래픽 제너레이터, 편집기가 포함된다.

확장된 시스템의 오디오 부분은 (1) 한 개 이상의 마이크, (2) 오디오 믹서와 콘솔, (3) 오디오 모니터(스피커), (4) 오디오 신호를 비디오 녹화기나 전송 장비에 보낼 수 있는 출력선으로 구성되어 있다(그림 1.2 참조). 시스템 요소는 각각의 장비가 아날로그 형태이든 디지털 형태이든 상관없이 동일하다.

실제 제작에 있어서의 스튜디오 시스템(Studio System in Action)

뉴스 앵커가 교장이 언론과 학부형들에게 새 교실과 컴퓨터 시설을 소개하는 장면을 담은 영상물을 소개하는 장면을 예로 들어 확장된 시스템이 어떻게 작용하고 여러 요소들이 어떻게 상호 작용하는지 알아보자. 카메라 1과 2는 뉴스 앵커에게 초점을 맞춘다. 카메라 1은 앵커를 클로즈업하고 카메라 2는 약간 미디움 샷으로 잡는다. 이들 카메라에서 보내진 비디오 신호는 카메라 조절 장치로 보내져 조절된다. 이 조절 장치(CCU)는 두 카메라에서 받은 영상을 향상시키거나 조화시키게 된다. 비디오 오퍼레이터는 예를 들어 카메라 1에서 잡은 앵커의 영상에서 어두운 부분을 밝게 하거나 카메라 2에 잡힌 앵커의 이마의 반사를 줄일 수 있다. 혹은 각각의 카메라가 잡은 영상을 통일시키기 위해 색 보정만을 볼 수도 있다.

손질된 영상은 모니터로 보내지고 이 영상은 촬영된 카메라별로 보내지기 때문에 각각의 카메라에 어떻게 비춰지는지 볼 수 있다. 세 번째 모니터는 교장의 모습을 담은 비디오테이프

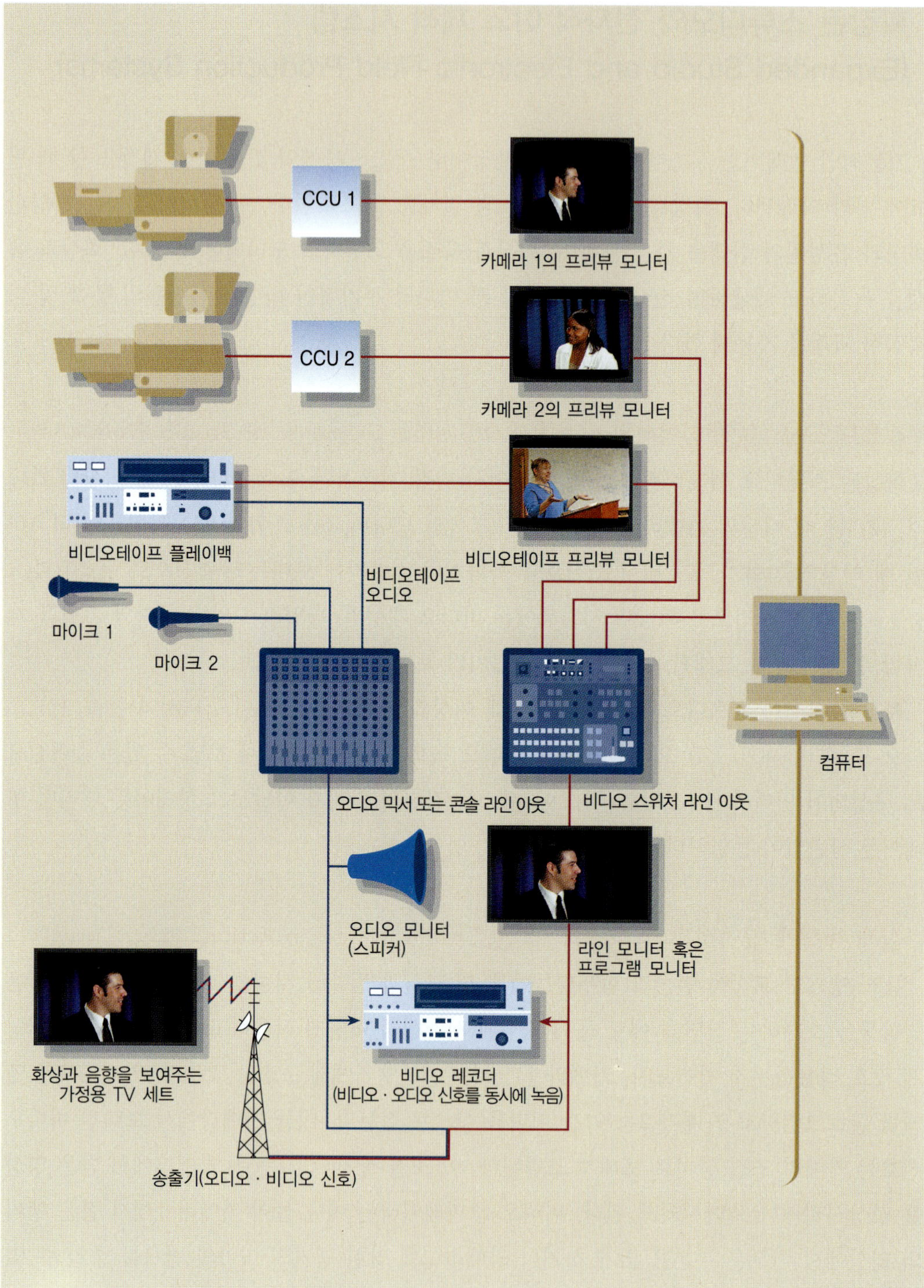

[그림 1.2] 확장된 텔레비전 시스템
확장된 텔레비전 시스템은 음질 조절 기기(CCU와 오디오 콘솔), 선택기기(스위처와 오디오 콘솔), 화면과 음향을 방송되기 전 미리 볼 수 있는 모니터로 구성되어 있다. 모든 기능은 컴퓨터의 지원을 받는다.

를 보여준다. 이 세 개의 비디오 신호(카메라 1, 카메라 2, 학부형들의 모습이 담긴 비디오테이프)는 동시에 스위처로 보내지고 여기서 원하는 비디오 신호가 선택되어 송출기나 비디오테이프 녹화를 위해 출력된다. 카메라 1에 해당하는 버튼을 누르면 방송이나 테이프에 녹화되는 앵커의 클로즈업 화면이 라인 모니터에 나타나게 된다. 카메라 2에 해당하는 버튼을 누르면 앵커의 미디움 샷 화면이 라인 모니터에 나타나게 된다. 비디오 인서트에 해당하는 버튼을 누르게 되면 학부형들의 모습이 라인 모니터에 나타나게 된다. 라인 모니터에 나타나는 모든 것은 송출기나 녹화기로 보내지게 된다.

뉴스 앵커의 마이크로폰에서 나오는 음성 신호는 교장의 모습이 담긴 비디오테이프 오디오 트랙의 신호와 함께 오디오 콘솔로 보내진다. 오디오 콘솔에서 앵커의 음성 혹은 비디오테이프의 음향 중 하나를 선택할 수 있고 두 음원의 음질도 조절할 수 있다. 예를 들어 화면 속에 등장하는 사람의 목소리를 선택해 세 음원(앵커, 다른 앵커, 교육감)과 볼륨을 맞출 수 있다.

이러한 일련의 복잡한 제작과정을 모르는 시청자들은 클로즈업된 앵커가 교장에 대한 뉴스를 소개하고 이어 교장이 새 교실을 지나면서 자랑스럽게 최신 컴퓨터 장비들을 소개하는 것만을 보게 된다.

야외 제작에 있어서의 시스템 요소(System Elements of Field Production)

ENG EFP

교장이 새 교실을 스튜디오로 옮겨 올 수는 없기 때문에 누군가는 이 행사를 직접 촬영해와야 한다. 이러한 로케이션 촬영은 ENG(electronic news gathering)라는 범주에 드는 것으로, 비교적 단순한 야외 제작 시스템으로도 가능하다. 필요한 것은 캠코더를 다룰 줄 아는 사람(볼륨 조절 기능도 포함)과 교장과 몇몇 교사들에게 행동을 설명하고 짧은 인터뷰를 할 수 있는 리포터가 전부이다. 촬영된 필름이 뉴스룸으로 보내지면 교실 뉴스에 할당된 짧은 시간에 맞춰 테이프는 과감하게 편집된다(10초 정도).

교장 장면을 실황으로 보여주어야 한다면 현장에서 비디오 신호를 방송국으로 보낼 수 있는 이동용 전송기도 확장된 시스템에 포함되어야 할 것이다. ENG 신호가 실황으로 스튜디오로 보내지는 일은 빈번하다(그림 1.3 참조).

야외 제작이 뉴스용이 아니라 좀더 정교한 것이라면 EFP(electronic field production)와 관계된다. 때때로 여러 개의 VTR로 화상을 출력할 수 있는 카메라가 쓰인다(그림 1.4 참조). 대규모 중계 방송은 카메라가 현장에 있다는 것과 조정실이 실내가 아닌 트레일러에 있다는 것 외에는 스튜디오와 큰 차이가 없다. EFP와 대규모 중계 방송에 대해서는 chapter 20에서 다루기로 한다. ◀

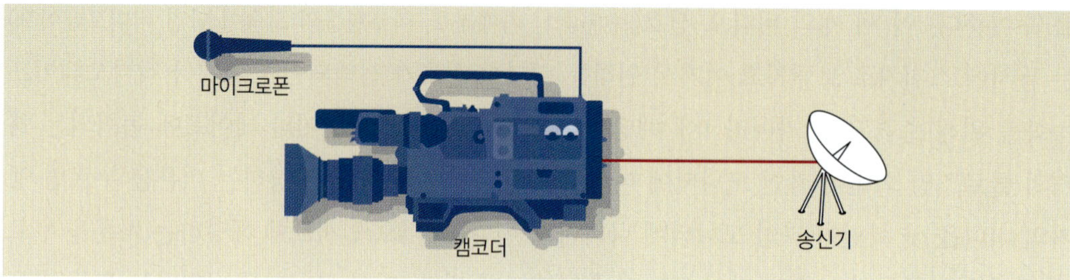

[그림 1.3] ENG 시스템 요소
ENG 시스템의 기본 요소는 캠코더와 마이크로폰이다. 캠코더는 비디오 오디오 레코더 기능뿐만 아니라 음질, 화질 제어 장치를 가지고 있다. 이동 송신기는 야외 생중계를 스튜디오로 보낼 때 필요하다.

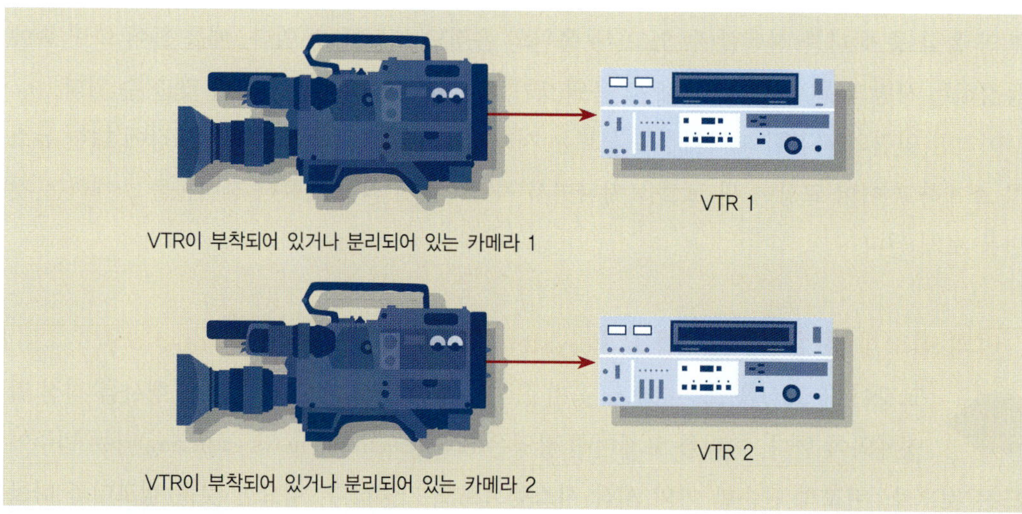

[그림 1.4] EFP 시스템 요소
EFP 시스템은 ENG 시스템과 유사하다. 분리된 VTR에 출력하기 위해 두 개 이상의 카메라가 쓰인다.

제작 요소(Production Elements)

확장된 시스템을 떠올리며 다음의 여덟 가지 제작 요소를 살펴보기로 하자. (1) 카메라, (2) 조명, (3) 오디오, (4) 스위처, (5) 비디오테이프 녹화, (6) 테이프를 사용하지 않는 시스템, (7) 편집, (8) 특수효과. 텔레비전 제작에 대해 배울 때는 언제나 각각의 장비와 그 역할을 텔레비전 시스템 전체와의 관계, 즉 다른 모든 장비들과 장비들을 사용하는 사람들(제작 인력)과의 관계 속에서 파악해야 한다. 결국 시스템의 가치는 단순히 기계의 무리 없는 상호 작용에 의한 것이 아닌 제작 스태프들의 능숙하고 신중한 기술 사용에 의해 나타나게 되는 것이다. 제작 인력 개개인의 독특한 역할은 chapter 16에서 알아보기로 한다.

카메라(Camera)

[그림 1.5] 페디스털에 장착된 스튜디오 카메라
고성능 스튜디오 카메라는 부드럽고 쉽게 이동하기 위해 페디스털 위에 장착한다.

제작 요소에서 가장 두드러진 것은 다양한 크기와 모양의 카메라라고 할 수 있다. 어떤 카메라는 코트 주머니에 들어갈 수 있을 정도로 혼자 들기 쉬운 반면 일부 카메라는 너무 무거워 마운트에 혼자 올려놓기 벅찰 정도다. 카메라 마운트는 카메라를 사용하는 사람이 스튜디오에서 렌즈와 텔레프롬프터가 함께 조립되어 있는 무거운 카메라의 이동을 비교적 용이하게 해준다(그림 1.5 참조). 휴대용 카메라는 ENG와 EFP에서 자주 쓰인다.

많은 ENG/EFP용 카메라는 비디오테이프 녹화기와 카메라가 결합된 일반 보급형 모델과 같은 캠코더의 형태를 띤다. 그러나 ENG/EFP 캠코더는 그 성능에 따라 가격 차가 많이 난다. 고급 렌즈가 전문적인 ENG/EFP 카메라와 고성능 보급형 캠코더를 구분하게 한다. 어떤 ENG/EFP 카메라는 VTR 혹은 디지털 디스크, 하드디스크를 결합할 수 있도록 설계되어 있어 이것을 카메라 뒤에 접속시키기만 하면 간단하게 캠코더로 만들 수 있다. 캠코더가 아날로그이든 디지털이든 그 작동 방법은 기본적으로 동일하다(그림 1.6 참조).

스튜디오 텔레비전 카메라는 렌즈, 카메라, 뷰파인더의 기본적인 구성을 가지고 있다.

렌즈 사진(빛의 기록이라는 의미에서)에서 렌즈는 가시적인 환경을 조그만 광학적 이미지로 만들어 낸다. 스틸 카메라와 무비 카메라에서는 상이 필름에 투사된다면, 텔레비전 카메라에서는 빛을 광학적 이미지에서 전기적 신호로 바꾸는 이미지화 장치에 투사된다. 모든 텔레비전 카메라는 줌 렌즈가 장착되어 있는데 이 줌 렌즈는 카메라나 피사체를 움직이지 않으면서 롱 샷에서 클로즈업까지 촬영할 수 있게 해준다.

카메라 카메라는 렌즈에 의해 투사된 광학적 이미지를 전기적 신호(비디오 신호)로 바꾸는 용도로 설계되어 있다. 앞서 언급한 바와 같이 주된 변환 장치는 이미지화 장치인 CCD(charge-coupled device)라고 불리는 작은 칩인데 이 칩은 조도계의 원리와 같이 빛에 반응하게 되어 있다. CCD가 많은 양의 빛을 받으면 이것은 강한 비디오 신호를 만들어 내고(조도계의 눈금이 올라가는 것처럼) 약한 빛을 받으면 약한 비디오 신호를 만들어 내게 되는 것(조도계의 눈금이 원래 있던 자리에서 거의 움직이지 않는 것처럼)이다. 다른 광학적, 전기적 장치들은 색과 명암을 가능한 한 정확하게 재현하고, 상대적으로 약한 비디오 신호를 증폭하여 도중에 신호가 사라지지 않고 카메라 조절 장치에 도달할 수 있도록 한다. 기본적인 이미지화 장치는 아날로그와 디지털 모두 동일하다.

[그림 1.6] 전문가용 캠코더
전문가용 캠코더는 휴대가 용이하고 카메라와 VTR이 합체되어 있다. 일반적으로 배터리로 전력을 공급한다.

뷰파인더 뷰파인더란 카메라에 비치는 장면을 그대로 보여주는 장치로, 카메라 위에 장착되어 있다. 대부분의 전문적인 카메라의 뷰파인더는 흑백만을 나타내는 흑백 모니터이다. 반면 대부분의 보급형 캠코더와 고성능 스튜디오 카메라는 컬러 뷰파인더가 장착되어 있어 카메라가 촬영하고 있는 본래의 색을 볼 수 있다. 일반적으로 흑백 모니터는 컬러 모니터보다 더 미세한 화면을 보여주며 이것은 정확한 포커스를 맞추는 데 유리하다.

마운팅 장비 이동 카메라와 캠코더는 사람 어깨에 얹어 쓰기에 적당한 무게로 설계되어 있다. 그러나 긴 시간 동안 촬영하게 되면 무겁게 느껴진다. 이런 경우 트라이포드는 카메라를 이동시키기 용이하게 할 뿐만 아니라 고정된 영상을 찍는 데도 도움이 된다. 무거운 스튜디오 카메라도 마운트를 필요로 한다. ENG/EFP 카메라에 쓰이는 트라이포드에서부터 큰 크레인까지 이 마운트의 범주에 든다. 가장 일반적인 스튜디오 카메라 마운트는 스튜디오 페디스털인데(그림 1.5 참조), 이 페디스털은 카메라를 내리고 올릴 수 있게 해 줄 뿐만 아니라 방송 중에도 스튜디오 바닥을 부드럽게 이동할 수 있게 한다. 일부 뉴스 스튜디오에서는 한 사람이 컴퓨터를 통해 여러 대의 카메라를 원격 조정할 수 있는 로봇 카메라를 사용하고 있다. 왜냐하면 전문적인 카메라는 비교적 작고 가벼워지고 로봇 시스템은 뉴스 스튜디오에서 빠르게 보편화되고 있기 때문이다.

조명(Lighting)

사람의 눈과 마찬가지로 카메라도 일정 정도 이상의 빛이 없이는 촬영이 불가능하다. 이것은 물체를 실제로 보는 것이 아니라 물체에 반사된 빛을 보기 때문인데 이 빛을 조절하면 스크린 상에서 그 대상을 인식하는 방법에 영향을 줄 수 있다. 이러한 빛의 조절을 조명이라고 한다.

조명은 다음의 네 가지 기본 목적을 가지고 있다. (1) 적당한 빛을 줌으로써 텔레비전 카메라가 기술적으로 화상을 받아들일 수 있게 하고, (2) 스크린상에 보여지는 물체가 실제로는 어떻게 보여지고, (3) 그 당시 어떤 배경이나 사물과 관련이 있으며, 시간과 계절상 언제 촬영되고 있는가를 알려주며, (4) 그 일이 행해지고 있는 분위기를 만들기 위해 쓰인다.

조명의 종류 텔레비전 조명은 기본적으로 지향 조명(directional light)과 분산 조명(diffused light)으로 구성된다. 지향 조명은 강력한 빛으로 진한 그림자를 만들어 내며, 원하는 특정 위치만을 비추는 것을 가능케 한다. 플래시라이트와 자동차 헤드라이트 등이 지향성 조명을 만들어 낸다. 분산 조명은 넓고 잘 드러나지 않는 빛으로 상대적으로 넓은 장소를 비추고 부드럽고 반투명한 그림자를 만들어 낸다. 백화점의 형광등이 이러한 분산 조명을 만들어 낸다 (그림 1.7 참조).

스튜디오에서는 빛과 그림자의 섬세한 조절이 필요하다. 야외에서의 조명은 스튜디오 조명과 판이하게 틀리다. 야외에서의 뉴스 촬영은 대부분 자연 조명을 사용하거나 카메라 가까이

[그림 1.7] 스튜디오 조명 설치
전형적인 스튜디오 조명 설치는 여러 대의 스포트라이트와 플러드라이트로 구성되어 있다.

에서 벌어지는 일들을 녹화하기 위해 한 개 정도의 조명 장비를 사용한다. EFP 작업에서, 특히 야외에서는 자연 조명을 쓰거나 실내에서 광학적 가시도를 가능케 하는 고도의 분산된 조명을 사용한다. 다큐멘터리나 극적인 장면의 촬영과 같은 야외 촬영에서는 스튜디오 조명 기술과 비슷한 섬세한 실내 조명방법이 필요하다. 야외 제작을 위한 현장 조명은 보통 설치되어 있는 스튜디오 조명보다는 포터블 조명 장치가 많이 쓰인다.

조명 장치 지향적인 빛을 비추는 것을 스포트라이트라고 부르고, 분산된 빛을 비추는 것을 플러드라이트라고 부른다. 텔레비전 스튜디오에서는 여러 종류의 스포트라이트와 플러드라이트가 천장으로부터 비춘다(그림 1.7 참조).

스튜디오 조명은 너무 무겁고 크기 때문에 야외에서 사용하기에는 부적합하다. 대부분의 EFP 작업에서는 일반 전선에 연결해서 쓸 수 있으며 고능률의 작은 몇 개의 장치로 이루어진 포터블 조명 패키지가 쓰인다. 다소 넓은 지역과 눈에 확연한 그림자를 없애기 위해서는 형광등 뱅크를 쓰기도 한다. 모든 포터블 장치는 접을 수 있는 스탠드나 문, 창문, 가구 등에 부착해서 쓸 수 있다. 이러한 조명들은 플러드라이트로 쓰이지만 스포트라이트로 조절해서 쓸 수도 있다. 좀더 직접적인 활용을 하려면 EFP 조명 패키지에 포함된 몇 개의 작은 스포트라이트를 이용할 수 있다. 이것은 소프트박스라 불리는 접이식의 확산기를 이용하여 확산시킬 수 있다(chapter 7)[그림 1.8 참조].

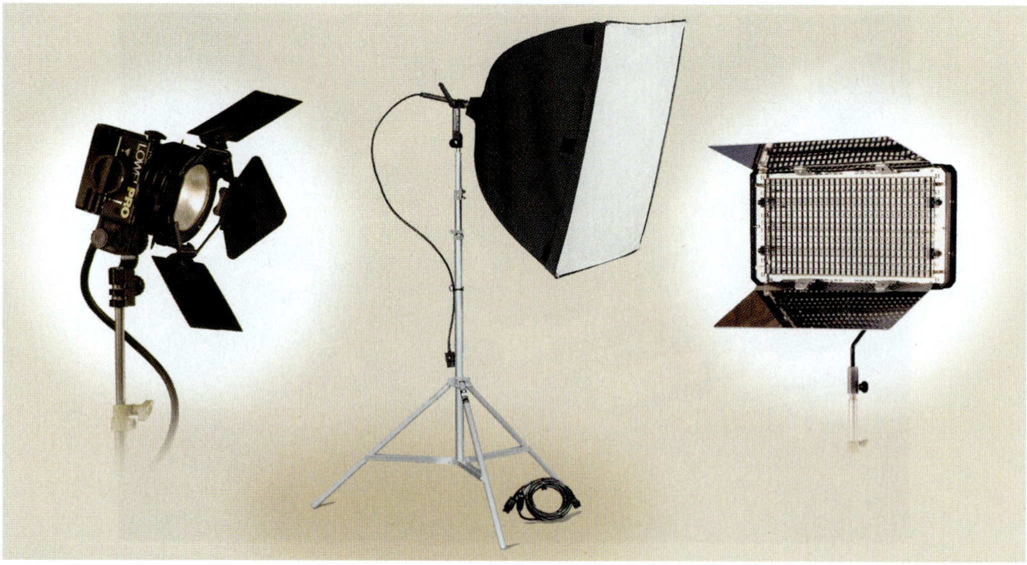

[그림 1.8] 휴대용 조명 기구
휴대용 조명 기구는 다양한 용도로 쓰이는 스포트라이트와 플러드라이트이며, 일반 가정용 전기선을 이용할 수 있다.

조명 기술 텔레비전 조명은 한 가지 간단한 원칙에 따라 사용된다. 즉, 스포트라이트와 플러드라이트를 특정 부분에 비추고, 여기에서 생긴 그림자를 조절한 후 카메라에 잡히는 화면의 전체적인 빛의 강도를 조절하는 것이 그것이다. 일반적으로 텔레비전 조명은 영화나 연극 조명과 같이 명암의 차이가 크지는 않다. 텔레비전 조명, 특히 뉴스, 인터뷰 세트, 게임쇼와 코메디 상황, 많은 야외 촬영에서는 분산 조명이 주로 쓰인다.

오디오(Audio)

비록 텔레비전이라는 말 자체에서는 오디오가 포함되어 있지는 않지만 텔레비전 쇼에서 오디오 부분은 가장 중요한 요소 가운데 하나이다. 텔레비전 오디오는 정확한 정보 소통뿐만 아니라 그 장면의 분위기와 배경에 미치는 영향이 대단히 크다. 만약 뉴스 보도 중에 오디오 부분을 제거한다면 앵커는 물론이고 아무리 유능한 배우라 할지라도 얼굴 표정이나 그래프, 비디오테이프만으로는 뉴스를 전달하기에 어려움을 겪게 될 것이다. 사건을 특정한 방식으로 인식하고 느끼게 하는 음성의 미학적 기능은 예를 들어 형사물과 같은 프로그램의 배경 음악을 들어보면 확실하게 알 수 있다. 빠른 속도로 달리는 자동차 추격 장면에서의 끼익 하는 타이어 소리는 현실감을 주고 빠른 템포의 긴장된 배경 음악은 인위적인 느낌을 준다. 실제 생활에서 쫓기는 차와 쫓는 경찰차를 배경 음악이 연주되는 제3의 자동차가 뒤따르는 일은 있을 수 없다. 그러나 배경 음악이 있는 이러한 장면에 너무나 익숙해져 있기 때문에 배경 음악이 빠져버린다면 우리는 이 장면에서 덜 긴장하게 될 것이다.

오디오 제작의 요소로는 마이크로폰과 ENG/EFP 또는 스튜디오 음성 컨트롤 장비, 그리고 음성 녹음, 재생 장비가 있다.

마이크로폰(마이크) 모든 마이크는 음파를 전기적 에너지, 즉 음성 신호로 바꾼다. 이 음성 신호는 증폭되어 들을 수 있는 소리 신호로 변환되는 스피커로 보내지게 된다. 오늘날에는 다양한 작업에 맞게 설계된 매우 많은 종류의 마이크를 사용할 수 있다. 뉴스캐스터의 목소리를 녹음하거나 테니스 경기의 소리를 잡아내는 데, 혹은 록콘서트를 녹음하는 데에는 각기 다른 마이크나 마이크 세트가 필요하다.

ENG EFP

음성 조절 장치 ENG 작업에서는 일반적으로 카메라 조작자가 입력되는 소리를 작은 이어폰을 통해서 들으며 음향을 조절한다. 카메라 조작자는 카메라를 조작하는 것만으로도 바쁘기 때문에 대부분 음향 조절은 자동으로 세팅이 되어 있다. 중요한 EFP 작업에서의 음향은 포터블 믹서에 의해 조절되며 비디오테이프에 녹음되는 것 외에도 포터블 오

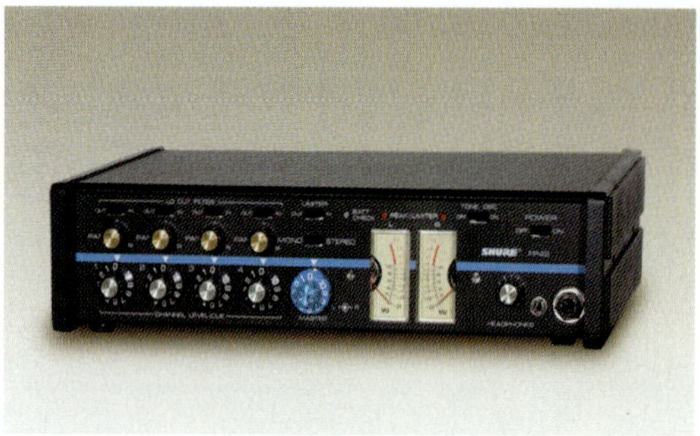

[그림 1.9] 오디오 믹서
휴대용 오디오 믹서는 입력선과 음량 조절이 한정되어 있다.

[그림 1.10] 오디오 콘솔
비교적 간단한 오디오 콘솔이라 하더라도 각각의 입력된 음성 신호를 적합하게 조정하고 음량을 조절하며 음성 신호를 여러 가지 방법으로 섞는 장치가 있다.

디오테이프에도 녹음을 한다(그림 1.9 참조).

스튜디오 음성 조절 장치 오디오 콘솔은 프로그램의 음향을 조절하는 데 쓰인다. 오디오 콘솔에서 (1) 특정 마이크나 다른 음성 입력기를 선택하고, (2) 다음 과정을 위해 이 마이크나 음성원에서 보내진 약한 신호를 증폭시키며, (3) 음성의 크기와 질을 손질해서, (4) 두 가지 이상의 음향원을 섞거나 연결시킨다(그림 1.10 참조).

교육감이 나오는 비디오테이프를 뉴스 앵커가 소개하는 장면으로 다시 돌아가서 생각해 보자. 첫 번째, 두 음성 신호는 뉴스캐스터가 비디오테이프를 소개하는 동안에 두 뉴스캐스터의 마이크로폰에서 나오는 것이다. 교육감이 방문한 사람들에게 분주하게 교실을 소개하는 장면은 말을 할 수 없는 상황이기 때문에 비디오테이프가 삽입되는 초반에는 뉴스 앵커의 목소리가 들어가게 된다. 사실감을 더하기 위해 실제 현장에서 담아온 음성, 즉 학부모들의 말소리라든가 기자의 질문과 설명 혹은 학생들의 웃음 소리 등을 앵커의 목소리와 같은 크기는 아니지만 나란히 배치할 수도 있다. 그 후 교육감이 연설을 시작하는 순간 비디오테이프의 소리를 높이고 앵커의 마이크를 꺼버리면 된다.

음성 녹음 및 재생 장치 포스트프로덕션 과정에서 비디오에 녹화가 된다고 하더라도 음성은 보통 화상과 동시에 녹음된다. ENG에서 선택된 리포터의 목소리와 배경 음향은 화상과 동시에 녹음된다. EFP에서는 인터뷰하는 사람의 질문 및 인터뷰 받는 사람의 대답 같은 음성은 현장에서 화상과 동시에 녹음된다. 화면에 입혀지는 내레이터의 목소리나 연결 음악과 같은 음성은 포스트프로덕션 과정에서 추가된다. 그러나 연속극과 같은 좀더 복잡한 스튜디오 제작과정에서는 배경 음악이나 효과음이 배우의 대사와 동시에 녹음되기도 한다.

영화 제작과정에서와 마찬가지로 하나의 카메라가 하나의 장면을 단편적으로 찍는 크고 복잡한 스튜디오 제작과정에서는 포스트프로덕션 과정에서 오디오 트랙이 많은 조정을 거치게 된다. 폭발음, 사이렌, 자동차 충돌과 같은 음향은 포스트프로덕션에서 더빙, 즉 입혀지게 되는 것이다. 심지어 실제 대화가 스튜디오에서 다시 만들어지기는 경우도 종종 있다.

음악과 같이 이미 녹음된 음성은 여러 종류의 디지털 저장 장치로부터 재생되는데 이런 것들에는 디지털 오디오 테이프(DAT), 콤팩트 디스크(CD), 디지털 컴퓨터 디스크가 있다. 다양한 압축 기술이 극도로 큰 저장 공간 없이도 방대한 양의 음성 정보 디지털 녹음을 가능케 하고 있다.

스위칭(Switching)

스위처는 특정한 라디오 방송국을 선택하기 위해 자동차 라디오의 버튼을 누르는 것과 흡사하다. 그러나 다른 점이 있다면 스위처는, 예를 들면 카메라에 잡힌 영상이나 비디오테이프의 영상, 자막, 특수효과 등을 상황이 벌어지고 있는 순간에 여러 장면을 이동시켜 연결시킬 수 있다. 효과면에서 스위처는 즉석 편집 기능을 수행한다고 할 수 있다.

스위처에 대해 알아보기 전에 그림 1.2의 확장된 스튜디오 텔레비전 시스템을 살펴보자.

카메라 1, 2에서 CCU로 화상을 전송하고 이 장면들을 모니터에서 확인한다. 모니터 1, 2는 각각 카메라 1, 2에서 전송되어 오는 모든 화상을 보여준다. 이러한 비디오 신호는 스위처로 보내지는데 각각의 카메라는 고유의 스위처 입력기를 가지게 된다. 카메라 1에 해당하는 버튼을 누르면 카메라 1에 잡힌 영상이 출력되어 라인 모니터에 나타난다. 카메라 2에 해당하는 버튼을 누르면 카메라 2에 잡힌 영상이 라인 모니터에 나타난다. 스위처에서 출력된 화상이 바로 방송되고 있거나 녹화되고 있는 영상인 것이다.

모든 스위처는 그것이 간단하건 복잡하건 다음의 세 가지 기본적인 기능을 수행한다. (1) 여러 입력기에서 보내진 화상 중 적당한 화상 하나를 선택한다, (2) 두 화상 사이에서 기본적인 화상 이동을 수행한다, (3) 화면을 둘로 나누는 등의 특수효과를 만들어 내거나 보충한다. 어떤 스위처는 비디오테이프 레코더의 시작, 정지를 원격 조정하는 기능을 가지고 있는 것도 있다(그림 1.11 참조).

비디오테이프 녹화(Videotape Recording)

대부분의 텔레비전 쇼는 방송되기 전에 비디오테이프나 컴퓨터 디스크에 담겨진다. 축구 생중계만 보더라도 사전에 준비된 많은 내용을 담고 있다. '즉석 재생(instant replays)' 이라는 것은 적시에 비디오테이프나 디지털 테이프를 재생하는 것에 불과하다. 비디오테이프나 컴퓨

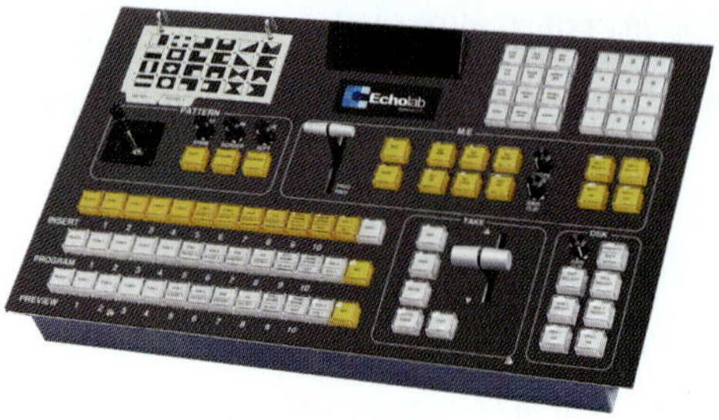

[그림 1.11] 비디오 제작 스위처
제작 스위처는 여러 줄의 버튼을 가지고 있으며 입력된 영상을 선택하고 믹싱하며 전환시키고 특수 효과를 만들어 내는 데 쓰이는 버튼과 제어 장치들로 되어 있다. 선택된 영상은 라인 아웃으로 보내진다.

[그림 1.12] 비디오테이프 레코더
거의 모든 VTR은 녹화하고 재생하는 데 비디오카세트를 사용한다. 모든 전문가용 VTR은 비디오, 오디오 녹음과 재생, 편집 조절 기능을 가지고 있다.

터 하드디스크는 광고, 심지어 필름으로 촬영된 광고들을 재생하는 데에도 쓰인다.

텔레비전의 독특한 특징 중 하나는 현장에서 벌어지고 있는 상황의 화상과 음성을 전송하고 이것을 전세계 시청자들에게 배포할 수 있는 생중계가 가능하다는 것이다. 그러나 대부분의 텔레비전 프로그램들은 비디오테이프의 재생이 기본이다. 비디오테이프는 제작, 편성, 배급에 있어서 빼놓을 수 없는 요소이다.

비디오테이프 레코더 아날로그든 디지털이든 모든 비디오테이프 레코더(VTR)는 작동 원리가 같다. 비디오테이프 레코더는 화상 신호와 음성 신호를 한 줄의 플라스틱 비디오테이프 위에 기록하고 후에 이것을 텔레비전 수신기에 그림이나 음향으로 변환시킨다. 모든 VTR은 집에서 사용하는 VCR(videocassette recorder)이나 캠코더에서 쓰는 것과 비슷한 모양의 크기가 다양한 비디오테이프 카세트를 사용한다. 전문적인 비디오테이프 레코더는 집에서 사용하는 것과 비슷하지만 좀더 많은 조작이 필요할 뿐 아니라 돌출된 테이프 조절 장치가 더 많고, 고질의 화상과 음향을 얻을 수 있는 복잡한 전자 장비가 부착되어 있다(그림 1.12 참조).

비디오테이프 레코더는 기록 형식이 디지털 형식이냐 아날로그 형식이냐에 따라, 전기적 시스템(베타캠 SP 혹은 SX, DVCAM, DVCPRO, S-VHS, Hi8, VHS)에 따라, 혹은 테이프의 포맷(비디오카세트의 폭)에 따라 정의된다. 대부분의 VTR 시스템은 1/2인치의 비디오카세트(Betacam SP, digital Betacam SX, Digital-S, S-VHS, VHS)를 사용하지만, 8 mm 카세트를 쓰는 시스템(Hi8)도 있으며 좀더 좁은 1/4인치를 쓰는 시스템(6.35 mm DVCAM, DVCPRO)도 있다(그림 1.13 참조).

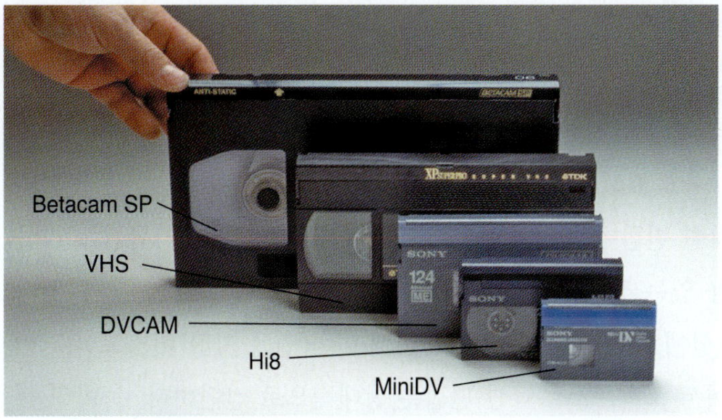

[그림 1.13]
여러 종류의 카세트 형식
비디오카세트는 여러 종류의 크기를 가지며 특정 레코드 시스템에 사용할 수 있도록 생산된다.

테이프를 사용하지 않는 시스템(Tapeless Systems)

중요하고 빠른 변화는, 테이프를 사용하지 않는 환경으로 변하고 있다는 것이며 모든 비디오 녹화와 저장, 그리고 재생이 테이프를 사용하지 않는 시스템에서 완료된다. 테이프를 사용하지 않는 작업환경은 메모리 스틱과 카드, CD나 DVD 등의 광학디스크, 그리고 대용량의 컴퓨터디스크를 통해 비디오테이프보다 좋은 환경을 만들어 낸다.

메모리스틱과 카드 이 작지만 강력한 저장장치들은 일부 카메라의 간단한 순서저장에 사용된다. 어떤 카메라는 역시 비디오 보호를 위해 사용한다: 이러한 사전녹화장치는 테이프 없이 뉴스 제작과정까지 연속된 저장이 가능하다. 녹화버튼을 누름으로써 이 장면을 비디오테이프로 전환할 수 있다.

광학디스크와 하드드라이브 CD-ROMs(compact disc-read-only memory), DVD(digital versatile discs-read-only memory)와 같은 비디오디스크는 읽기 전용으로 되어 있으며 CD의 경우 읽고 쓰기 모두 가능하다. 읽기 전용은 디스크에 저장된 정보를 재생할 수는 있지만 기록할 수는 없는 것을 말한다. 읽고 쓰기가 가능한 CD-RWs, DVD-RWs와 같은 디지털 디스크는 화상 전체의 저장과 재생이 가능하다. 이러한 디스크들은 한 장면을 재생하거나 특수효과 장면을 재생하는 데 쓰이기도 한다.

어떤 캠코더의 경우 작지만 큰 저장용량을 가진 하드드라이브를 비디오의 녹화와 재생, 그리고 오디오정보를 담기 위해 테이프 대신 사용한다. 큰 용량을 가진 하드드라이브는 후반작업 시 컴퓨터상에서 저장과 조작, 그리고 화상과 음양의 수정에 걸쳐 광범위하게 사용된다. 하드드라이브는 큰 용량을 가지고 모든 것을 가지고 있으나 방송국 일일 프로그램에서는 비디오 테이프와 같은 매체에 저장되고 재생된다.

레이저로 재생되는 읽기 전용의 디스크는 철자가 disc이며 하드디스크는 disk라는 것을 염두에 두자.

포스트프로덕션 편집(Postproduction Editing)

어떤 사람에게는 포스트프로덕션 편집이 천국처럼 느껴질 것이다. 즉, 이미 기록된 조각들을 한데 모아서 좀더 새롭고 내용 있는 장면으로 만들어 내는 데 전적으로 통제를 할 수 있다는 것이다. 그러나 포스트프로덕션에 대한 느낌이 어떻든 간에 이 작업은 가장 비싸고 시간이 많이 드는 과정이다. 원리에 있어서 포스트프로덕션 편집은 상대적으로 간단하다. 녹화된 비디오테이프나 디스크(여기에는 좋은 장면과 좋지 않은 장면이 섞여 있게 마련이다)에서 가장 적절한 장면을 골라 다른 테이프에 원하는 순서로 복사를 한다. 그러나 실전에서 포스트프로덕션 편집은 매우 많은 종류의 편집 장비뿐만 아니라 선형 편집기와 비선형 편집기와 같이 근본적으로 다른 시스템을 사용해야 하기 때문에 매우 복잡한 작업일 수 있다.

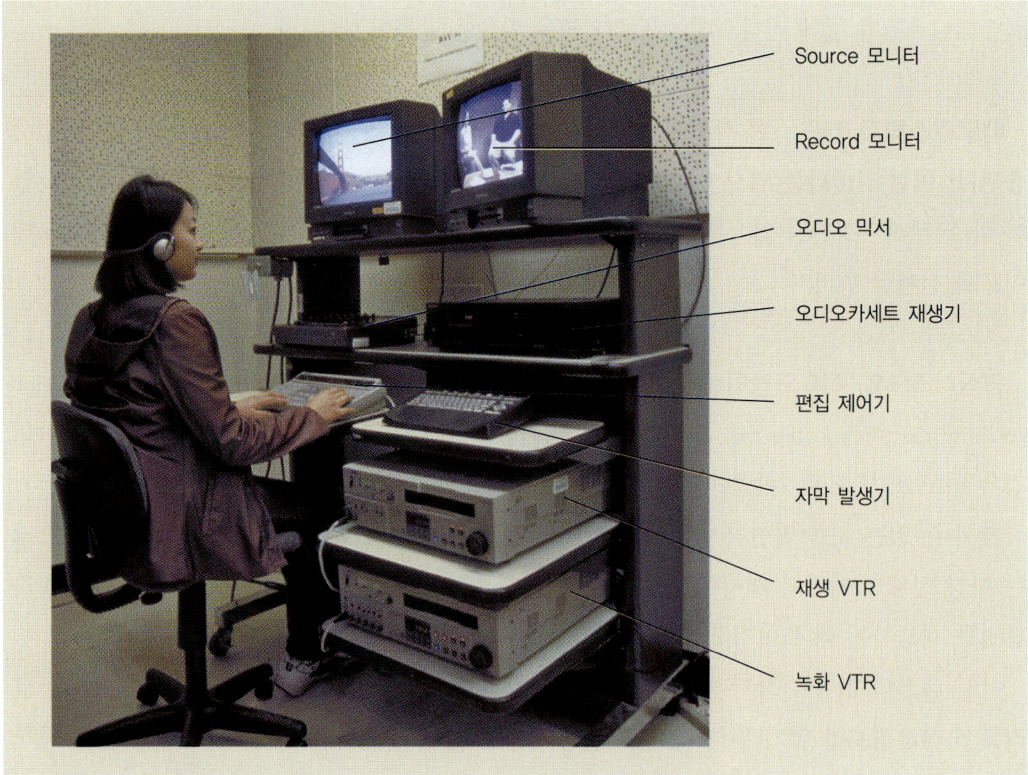

[그림 1.14] 선형 편집기
자르기 전용 편집인 선형 편집기는 재생 VTR과 녹화 VTR, 각 VTR에 연결된 모니터, 편집 제어기, 자막 발생기, 오디오카세트 재생기, 그리고 오디오 믹서로 구성되어 있다.

선형 편집 시스템에서는 보통 카메라로 이미 촬영한 화상을 재생할 수 있는 재생 VTR과 편집된 마스터테이프를 만들 수 있는 또 하나의 녹화 VTR이 필요하다. 비선형 편집 시스템에서는 모든 자료를 컴퓨터 디스크에 옮기고 거기에서 마치 문서 편집을 하듯이 화상과 음성 부분을 편집한다. 문서 편집에서 단어와 문장과 단락을 편집하듯이 자료를 불러오고, 옮기고, 자르고, 섞고, 연결하면 된다. 이러한 비선형 편집 시스템에는 단지 촬영 원본이나 자료 그림들이 어떻게 편집되어야 하는가를 나타내는 EDL(edit decision list)이라고 불리는 기록 목록만을 제공하는 것이 있는가 하면, 실제 방송에 내보낼 편집 마스터테이프에 곧바로 전환시킬 수 있는 고화질의 풀 프레임, 풀 모션의 영상과 음향 시퀀스를 만들어 낼 수 있는 시스템도 있다.

컴퓨터는 선형과 비선형 편집 시스템 모두에서 중요한 역할을 수행한다. 선형 편집에서 컴퓨터는 편집 컨트롤 유닛이라고 불리기도 하는 편집 조절기의 역할을 맡게 되는데 이것은 특정한 장면이 테이프 중간에 있더라도 빠르고 정확하게 찾을 수 있도록 해준다. 컨트롤 유닛은 재생 VTR과 녹화 VTR의 시작과 정지를 지시하고 원하는 정확한 지점에서 녹화기에 편집하는 것을 가능하게 해준다. 컴퓨터의 지원을 받는 보다 정교한 편집 시스템에서 컴퓨터는 창조적 결정을 내리는 사람과 그 결정을 수행하는 기계 사이에서 인터페이스 역할을 수행한다. 예를 들면, 컴퓨터는 어떤 화면을 원하고, 그 화면을 어떤 위치에서 시작하고 끝낼 것이며, 다음 장면과의 연결은 어떻게 할 것인지(컷이냐 디졸브냐)를 편집자에게 물어 올 수 있다. 여기에 명령을 입력하면 컴퓨터는 편집자 대신 VTR의 버튼을 눌러 편집자가 원하는 대로 수행하게 된다(그림 1.14 참조).

[그림 1.15]
비선형 편집기
비선형 편집에서는 모든 화상, 음향 정보가 대용량의 하드디스크에 저장되고 이 화상과 음향을 컴퓨터를 통해서 조작하는데, 이것은 문서 작성 요령과 흡사하다.

비선형 편집은 컴퓨터만으로 작업한다. 아날로그 방식으로 녹음된 화상과 음성 정보는 대용량의 하드디스크에 디지털 형식으로 변환되어 저장되므로 여기서는 VTR이 필요 없다. 원하는 장면인지 아닌지를 확인하기 위해 간단히 불러오기만 하면 된다. 비선형 편집을 위한 소프트웨어는 전기적 효과와 변환에 있어서 폭넓은 선택을 제공한다(그림 1.15 참조). 선택된 연결, 변환, 효과는 EDL을 통해 출력된다. 이 EDL 목록은 자료 테이프를 편집해서 최종적인 마스터 테이프를 만드는 데 필요하다. 어떤 시스템은 EDL 목록과 연결된 음성과 화상을 본래 자료로 돌아가서 불러낼 필요 없이 바로 보여주기도 한다.

그 어떤 정교한 디지털 편집 시스템이라 하더라도 창조적인 결정을 제공할 수는 없다는 것을 명심하자. 장면 장면의 색 밸런스를 맞추는 등의 작업으로 본래 자료를 다소나마 개선해줄 수는 있지만 촬영된 내용이 좋을수록 포스트프로덕션에서의 작업이 좀더 수월해진다. 편집 작업이 용이해질 수 있도록 촬영 작업에서부터 신중하게 고려해야 한다. 포스트프로덕션 편집은 창작의 연속이지 구제 작업이 되어서는 안 된다.

특수 효과(Special Effects)

특수 효과는 C.G.(character generator)를 이용해 장면 위에 자막을 넣거나 앵커의 어깨 위에 자리 잡은 매트 박스를 넣는 간단한 것이 있는가 하면(그림 1.16 참조), 모자이크 패턴을 이용해 얼굴을 점차적으로 변화시키는 것처럼 정교한 것도 가능하다(그림 1.17 참조). C.G.는 정지 혹은 움직이는 자막과 비교적 간단한 특수효과 구현을 위한 컴퓨터시스템이다. 적합한 프로그램이 있으면 데스크톱 컴퓨터에서 간단한 타이틀과 같은 C.G.를 구현할 수 있다. 그래픽 생성기는 정지 혹은 움직이는 2차원 또는 3차원 도표를 생성해낸다. 뉴스진행에서 쓰이는 복

[그림 1.16] 자막
배경에 글자를 넣는 것은 가장 보편적인 효과 중 하나이다.

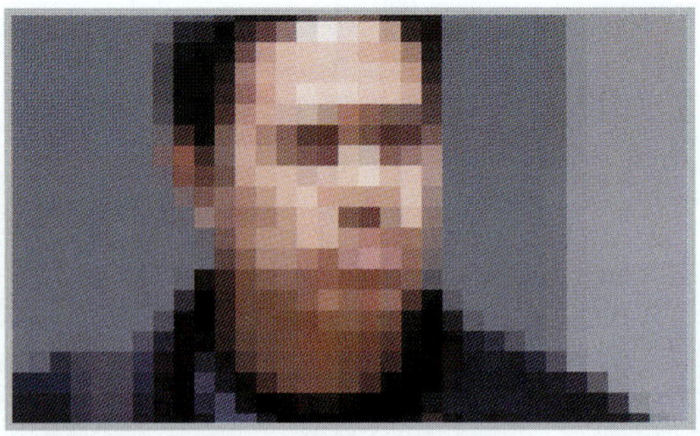

[그림 1.17] 모자이크 효과
다양한 특수 효과 장비들이 카메라 없이도 화상을 창조하거나 대체할 수 있게 만든다. 디지털 장비로 모자이크 효과를 만들어서 화면을 처리한 모습이다.

잡한 기상도는 그래픽 생성기에서 구현한다. 프로그램과 데스크톱 컴퓨터가 갖춰지면 멋진 특수효과를 구현할 수 있다. 간단한 스위처조차도 훌륭한 장면전환을 위한(종종 불필요한) 많은 특수효과를 구현한다.

이러한 특수 효과들은 텔레비전 뉴스, 뮤직 비디오, 광고에서 빈번하게 사용되고 있다. 이것은 chapter 14와 15에서 자세히 다루기로 한다.

핵심요약

- 기본적인 텔레비전 시스템은 장비와 이 장비를 운용하는 특정한 프로그램을 만들어 내는 사람으로 구성되어 있다. 가장 간단한 기본 시스템은 보이는 것을 비디오 신호로 변화시키는 카메라와 들리는 것을 오디오 신호로 변화시키는 마이크, 비디오 신호와 오디오 신호를 화상과 음향으로 전환시켜 주는 텔레비전 수상기와 스피커로 구성된다.
- 확장된 스튜디오 텔레비전 시스템은 기본적 시스템에 자료 선택의 폭을 넓히고 화상과 음향에 있어서 양질의 조절을 가능케 하며 비디오 신호와 오디오 신호의 녹음과 전송을 위한 장비와 절차가 추가된 형태이다.
- ENG(electronic news gathering) 텔레비전 시스템은 기본적으로 캠코더와 마이크로 구성된다. EFP(electronic field production) 시스템의 경우 여러 개의 캠코더와 야외용 카메라, 조명기, 오디오, 비디오 컨트롤 장비로 구성된다.
- 중요 제작 요소로는 카메라와 조명, 오디오와 비디오테이프 레코더, 스위처, 포스트프로덕션 편집, 특수 효과가 있다.
- 모든 텔레비전 카메라는 렌즈, 광학적 이미지를 전기적 신호로 변환시키는 이미지화 장치(CCD)를 가지고 있는 카메라 자체, 그리고 신호를 시각적 이미지로 변환시키는 뷰파인더 이렇게 세 개의 주요 부분으로 이루어져 있다.
- 조명이란 화면상에 나타나는 대상을 받아들이는 데 영향을 주는 빛과 명암을 조절하는 것이다.
- 빛의 종류에는 스포트라이트에서 만들어지는 지향 조명과 플러드라이트에서 만들어지는 분산 조명이 있다.
- 텔레비전 쇼에서 음성 부분을 말하는 오디오는 정보의 전달과 장면의 분위기를 만들기 위해 필수적이다.
- 오디오 제작 요소는 마이크, 음성 컨트롤 장비, 음성 녹음과 재생 장비로 이루어진다.
- 스위처는 여러 입력된 화면에서 특정한 화면을 선택하고 화면 변환을 통해서 즉각적인 편집 기능을 수행한다.
- 비디오테이프 레코더는 녹음을 전기적 시스템, 테이프 형식, 성능에 따라 아날로그와 디지털 등 여러 가지로 나뉜다.
- 텔레비전 제작은 모든 비디오 녹화와 저장, 그리고 재생을 테이프를 사용하지 않는 기반에서 끝내는 테이프를 사용하지 않는 작업 환경으로 빠르게 변화하고 있다. 이들은 메모리스틱과 카드, 그리고 CD와 DVD 등의 광학디스크와 큰 용량을 가진 컴퓨터 디스크를 필요로 한다.

- 포스트프로덕션 편집이란 다양한 자료에서 특정한 장면을 선택해 원하는 순서로 나열하는 것을 말한다. 비선형 편집에서는 비디오, 오디오 자료가 디지털 형식으로 컴퓨터 디스크에 저장되고 컴퓨터 프로그램을 이용해서 조작된다. 대부분의 비선형 편집 시스템에서는 비디오테이프를 편집하는 것이 아닌 EDL(edit decision list)을 이용해서 편집하게 되어 있다. 고화질의 비디오와 오디오 시퀀스를 곧바로 마스터테이프로 전송하는 시스템도 있다. 선형 편집에서는 비디오테이프가 자료테이프와 마스터테이프로 사용된다.
- 특수 효과는 비디오에 있어서 중요한 역할을 차지한다. C.G.(character generator)를 이용한 간단한 자막 연출에서 그래픽 제너레이터를 이용한 정교한 효과까지 가능하다. 적합한 프로그램이 있으면 데스크톱 컴퓨터로 C.G. 또는 그래픽 생성이 가능하다.

SECTION

1.2 스튜디오, 주조정실, 지원 장소

Studios, Master Control, and Support Areas

방송은 카메라가 사물을 인지할 수 있는 빛만 있으면 실내나 야외 어디에서나 가능하다. 휴대가 간편하고 배터리로 전력이 공급되는 카메라와 녹음 장비, 전자 송출기만 있다면 텔레비전은 스튜디오 제작으로 제한될 필요가 없다. 여기에 위성 송출과 연결이 된다면 전 세계가 무대가 되는 것이다. 그러나 텔레비전이 어디에서나 송출 가능하다고 해서 스튜디오가 쓸모없어지는 것은 아니다. 제대로 설계된 스튜디오라면 최소한의 장비 사용으로 최고의 효과를 낼 수 있다는 이유에서 스튜디오는 여전히 필요한 것이다. 이번 section에서는 세 개의 주요 제작 센터를 중점적으로 다뤄보기로 한다.

▶ 텔레비전 스튜디오

텔레비전 제작이 행해지는 기본 센터

▶ 스튜디오 부조정실

디렉터, 프로듀서, 기술자들이 프로그램과 이미지, 오디오, 조명 컨트롤로부터 입력된 내용을 기초로 해서 유효한 화면과 음성을 결정하는 곳

▶ 주조정실

테이프를 사용하는 또는 테이프를 사용하지 않는 기반의 프로그램이 입력되고 저장되며 검색하는 방송국의 중추 센터

▶ 스튜디오 지원 장소

무대, 물품 보관실, 분장실, 의상실을 위한 장소

텔레비전 스튜디오(Television Studio)

잘 설계된 스튜디오는 적정한 환경을 제공하며 주요 제작 요소, 즉 카메라, 조명, 음향, 무대, 그리고 배우의 연기에 영향을 미친다. 여기서는 전형적인 스튜디오의 물리적 설계도와 주요 스튜디오 장비에 대해서 간략하게 알아보기로 한다.

물리적 설계(Physical Layout)

대부분의 스튜디오는 사각형이며 바닥 공간이 넓다. 줌 렌즈가 카메라 이동을 줄여주기는 하지만(줌 렌즈는 카메라의 이동 없이 사물을 가까이 또는 멀리 있는 것처럼 보이게 한다) 공간의 크기는 복합성과 융통성에 커다란 영향을 미친다.

크기 스튜디오의 크기가 클수록 좀더 복잡하고 융통성 있는 제작이 가능하다. 만약 스튜디오에서 하는 작업이 때때로 인터뷰를 동반한 뉴스 제작이 전부라면 아주 작은 스튜디오로도 충분할 것이다. 사실 일부 뉴스 세트는 뉴스룸의 오른쪽 구석에 위치해 있는 경우도 있다(그림 1.18 참조). 다른 뉴스 세트는 뉴스룸에서 차지하는 비율이 높을 수도 있다. 노래를 하거나 춤을 추는 경우, 드라마나 혹은 시청자가 참여하는 것처럼 복잡한 제작에서는 큰 스튜디오가 필요하게 된다. 복잡한 쇼를 작은 스튜디오에서 만드는 것보다는 간단한 쇼를 큰 스튜디오에서 만드는 것이 훨씬 쉽다. 그러나 스튜디오가 클수록 관리는 더 복잡해진다. 일반적으로 중간 크기의 스튜디오나 작은 스튜디오가 큰 스튜디오보다 유용성이 떨어지긴 하지만 더 능

[그림 1.18] 뉴스룸 안의 뉴스 세트
뉴스 세트는 뉴스룸의 일부분에 해당한다. 뉴스 보도의 신선함을 반영한다.

률적일 수 있다.

바닥 스튜디오 바닥은 카메라가 자유롭고 부드럽게 움직일 수 있도록 평평하며 평형을 유지해야 한다. 또한 무거운 장비와 무대, 세트 장비를 지지할 정도로 튼튼해야 한다. 대부분의 스튜디오는 콘크리트 위에 리놀륨이나 타일, 강화 플라스틱을 씌운 바닥으로 되어 있다.

천장 높이 스튜디오를 건설할 때 적당한 천장 높이(최소 3.6 m)를 유지하는 것은 가장 중요한 요소 가운데 하나이다. 천장이 낮으면 조명이 무대에 너무 가까이 위치하게 되기 때문에 조명을 적절히 조절할 수 없을 뿐만 아니라 조명의 열기가 쉽게 빠져나가지 못하게 된다. 또한 낮게 설치된 조명과 붐마이크가 카메라에 잡히게 되고 불편할 정도로 뜨거워지게 된다. 높은 천장은 높은 무대에도 적합하다. 그래서 많은 스튜디오들이 천장 높이를 9 m 이상으로 유지하고 있다.

음향 처리 스튜디오의 천장과 벽은 음향이 마구잡이로 반사되는 것을 막기 위해 음향 처리 물질로 처리한다. 이 때문에 텔레비전 스튜디오가 쥐죽은 듯 조용한 것이다. 음향 처리된 방에서 손벽을 쳐보면 소리가 흡수되는 것을 알 수 있다. 반면 라이브 스튜디오의 경우 작은 메아리와 비슷한 음향 반사를 느낄 수 있다.

냉방 장치 텔레비전 스튜디오는 불필요한 소음과 빛을 차단하기 위해 창문을 만들지 않기 때문에 냉방 장치가 필수적이다. 스튜디오 조명은 많은 양의 열을 발산하고 배우의 연기나 섬세한 전자 장비에 좋지 않은 영향을 미치게 된다. 불행히도 많은 냉방 장치들이 소음을 많이 내기 때문에 시원한 공기가 가장 필요한 쇼를 녹화하는 동안에는 반드시 꺼야 한다.

문 스튜디오의 문은 무겁고, 방음이 되어야 하며, 무대 장치, 가구, 심지어 자동차까지도 드나들 수 있을 정도로 커야 한다. 좁은 문을 통해 억지로 무대 장치나 소품 등을 통과시켜야 하거나 소방차의 사이렌 소리와 같은 외부의 소음이 쇼 중간에 들려오는 것만큼 방해가 되는 것은 없다.

주요 설비(Major Installations)

모든 스튜디오는 제작과정을 용이하게 해줄 주요 설비가 필요하다.

상호 소통 시스템 인터컴이라고도 불리는 상호 소통 시스템(intercommunication system)은 모든 제작 인원과 기술 인원이 쇼 제작 중에 지속적이며 능동적으로 상호 소통을 할 수 있도록 해주는 시스템을 말한다. 예를 들어, 스튜디오와는 물리적으로 단절되어 있는 부조정실에 앉아 있는 디렉터가 전적으로 인터컴을 통해 제작팀 전원에게 큐사인을 보내거나 지시를 하게 된다. 작은 스튜디오에서는 P.L.(private line or phone line)이 사용된다. 제작팀의 모든 인원은 이어폰과 마이크가 장착된 헤드셋을 착용하게 된다. 큰 스튜디오에서는 무선 인터컴 시스템을 사용한다(인터컴 시스템에 대한 논의는 chapter 19, 20에서 한다).

스튜디오 모니터 스튜디오 모니터는 스위처로부터 들어온 화상을 보여주는 고성능 텔레비전 세트라고 할 수 있다. 스튜디오 모니터는 스태프나 배우가 쇼를 만드는 데 중요한 도움을 준다. 제작 스태프들은 모니터를 통해 디렉터가 선택한 화면을 볼 수 있고 이로써 후속 작업에 대비할 수 있다. 예를 들어 방송 중인 카메라에 잡힌 화면이 롱 샷이 아닌 클로즈업이라면 카메라에 잡히지 않고도 무대에 가까이 다가갈 수 있다. 또한 카메라가 클로즈업 상태에 있다는 것을 알면 다른 카메라맨은 다른 샷을 잡아서 디렉터의 선택 범위를 넓혀 줄 수 있다. 스튜디오 모니터는 뉴스 캐스터가 여러 가지 테이프나 실황 인서트가 기사에 맞게 방송되는지 확인하는 데에 필수적이다. 때로는 노트북 컴퓨터가 진행자를 위해 제공되기도 한다. 방청객이 참여하는 쇼에서는 스튜디오에 나와 있는 방청객이 쇼가 어떻게 방송에 나가는지 확인할 수 있도록 여러 대의 모니터가 준비된다.

프로그램 스피커 비디오에서 스튜디오 모니터가 담당하는 작업을 오디오 부분에서는 프로그램 스피커(오디오 모니터)가 담당한다. 프로그램 스피커는 필요 시 언제든지 스튜디오에서 일어나는 움직임과 일치하는 프로그램 음성이나 다른 음성, 즉 댄스 뮤직, 전화벨 소리 등의 다른 음향 효과들을 스튜디오에 보낼 수 있다.

콘센트(wall outlets) 별로 중요하게 보이지 않을지는 모르지만 스튜디오 제작에 있어서 콘센트의 개수와 위치는 중요하다. 카메라와 마이크선, 인터컴, 기타 전선들을 가까운 벽에 편리하게 연결하기 위해 콘센트가 스튜디오 네 벽면을 따라 설치되어야 한다. 만약 콘센트가 한쪽 벽에 집중되어 있다면 원하는 장소에 장비들을 배치하기 위해서 길고 거추장스러운 전선을 세트 주위로 끌고 다녀야 할 것이다. 콘센트는 반드시 표시를 해서 케이블을 다른 콘센트에 연결하지 않도록 해야 할 것이다.

[그림 1.19] 스튜디오 부조정실
모든 부조정실은 제어 영역별로 구획화되어 있다. 프로그램 컨트롤, 이미지 컨트롤(스위처), 오디오 컨트롤, 그리고 때때로 조명과 카메라 컨트롤이 부조정실에 포함된다. 오디오 컨트롤의 경우 격리되어 조정실 바로 옆에 위치하게 된다.

조광기(lighting dimmer)와 패치보드(patchboard) 모든 스튜디오에는 스튜디오 조명의 상대적 강도를 조절하기 위한 조광판이 있다. 조명 패치보드, 혹은 패치베이는 각각의 장비를 조광기에 연결시키는 역할을 한다. 컴퓨터에 의해 작동되지 않는 패치는 스튜디오 안에 위치하게 된다. 조광판은 스튜디오 구석이나 부조정실에 위치한다(자세한 내용은 section 7.1에서 다루기로 한다).

스튜디오 부조정실(Studio Control Room)

스튜디오에 근접해 있지만 분리되어 있는 부조정실은 모든 제작 작업이 결집되는 곳이다. 감독, 조감독(AD), 기술 감독(TD) 외 많은 프로듀서와 제작 보조 인원들은 여기에서 비디오테이프에 담기거나 생방송되는 최고의 효과적인 장면과 음향을 결정한다(그림 1.19 참조).

프로그램 컨트롤(Program Control)

프로그램 컨트롤은 프로그램에 대해 비판하거나 검열하는 것을 의미하는 것은 아니다. 감독이 다양한 영상과 음성을 선택하고 편성하여 시청자들이 공감할 수 있는 프로그램을 만들어 내도록 하기 위해 필요로 하는 장비들을 말한다. 부조정실 내에 프로그램 컨트롤 구역은 다음과 같은 것들로 구성되어 있다. (1) 비디오 모니터, (2) 프로그램 음향을 위한 모니터 스피커, (3) 인터컴 시스템, (4) 시계와 스톱워치가 그것이다.

비디오 모니터 아무리 간단한 부조정실이라고 하더라도 놀라울 정도로 많은 수의 모니터가 설치되어 있다. 스튜디오 카메라 각각에 연결되어 있는 프리뷰 모니터와 비디오테이프 레코더와 연결된 프리뷰 모니터, C.G., 그리고 특수 효과 장비에 연결되어 있는 모니터가 있다. 이 밖에도 감독이나 기술 감독이 방송되기 전에 미리 다음에 오는 화면을 볼 수 있게 하는 컬러 프리뷰 모니터와 비디오 라인아웃으로부터 신호를 받는 컬러 라인 모니터(마스터 모니터 혹은 프로그램 모니터라고도 부른다)가 있다. 만약 생방송으로 원격 조정하거나 텔레비전 네트워크에 연결되어 있는 상태라면 원격 조정용 모니터와 네트워크 자료용 모니터, 이렇게 적어도 두 대 이상의 모니터가 더 필요하다. 그리고 마지막으로 지금 방송하고 있는 내용을 오프 에어(off-air) 상태로 보는 오프 디 에어(off-the-air) 텔레비전 세트가 있다. 중간 사이즈 스튜디오 부조정실

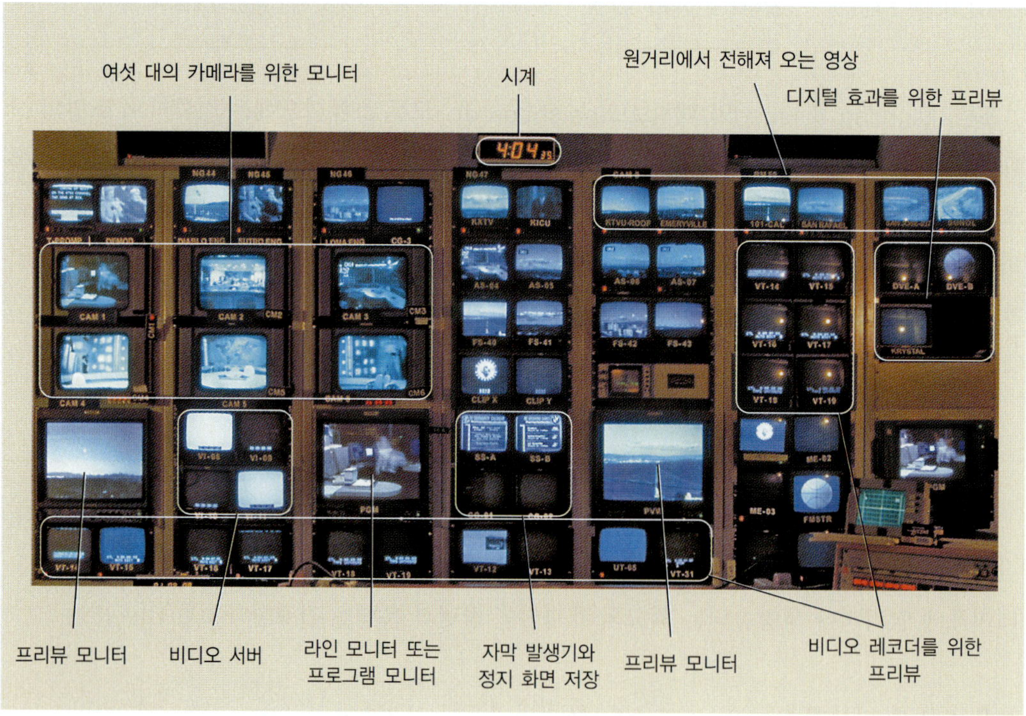

[그림 1.20] 부조정실 모니터
각각의 모니터는 카메라나 VTR, 자막 발생기, 특수 효과 혹은 원격 조정 위성 입력과 같은 특정한 본래 영상 이미지를 보여준다. 라인 모니터는 감독이 방송에 내보내거나 비디오로 녹화하기로 결정한 장면이 보여진다.

에서 서른 개 또는 그 이상의 모니터를 보는 것은 흔한 일이다(그림 1.20 참조).

프로그램 음성을 위한 스피커 부조정실에 있는 제작 스태프, 특히 감독은 현재 방송으로 나가는 음향이 어떤 것인가를 반드시 확인해야 한다. 감독은 라인아웃 오디오의 음량에 영향을 주지 않은 채 스피커의 음량을 조절할 수 있는 음량 조절기를 가지고 있다.

인터컴 시스템 감독과 다른 제작 스태프들 상호 간의 의사소통을 위해 연결해 주는 P.L. 인터컴 시스템에 P.A.(public address system), 혹은 간단하게 감독의 말을 전달하기만 하는 시스템이 추가될 수 있다. 이러한 시스템은 쇼가 진행 중이지 않을 때 감독이 스튜디오에 있는 스태프나 배우에게 직접 명령을 전달할 수 있게 하지만 스튜디오의 사람들은 조정실의 사람들과 의사소통을 위해 사용하지 않는다. I.F.B.(interruptible foldback or feedback) 시스템은 감독과 프로듀서가 방송 중에 배우에게 의사를 전달할 수 있게 한다.

시계와 스톱워치 시계는 텔레비전 제작 편성 요소에 있어서 없어서는 안 되는 요소이다. 프로그램들은 로그라고 불리는 초단위로 짜여진 시간에 의해 방송된다. 감독이 시간을 계측하기 위해 쓰는 도구가 바로 시계와 스톱워치이다. 시계는 프로그램이 시작해야 하고 끝나야 하는 시각을 알려주게 된다. 미국 전역에 있는 모든 텔레비전 시계는 정확하게 일치하게끔 되어 있다. 스톱워치는 뉴스 중간에 20초짜리 비디오 인서트를 넣어야 하는 상황에서와 같이 시간에 관련된 일을 할 때 쓰게 된다. 모든 부조정실은 손에 쥔 일반 시계와 시각을 숫자로 보여주는 디지털 시계, 시간을 앞뒤로 잴 수 있는 디지털 스톱워치가 배치되어 있다. 손에 든 시계로, 예를 들면 해당 프로그램이 끝나려면 얼마만큼의 시간이 남았는가와 같이 시간을 예측하는 데 유용하다. 디지털 시계는 현재 어느 만큼 진행이 됐는지 보여준다.

스위칭(Switching)

이미지 컨트롤은 카메라나 다른 비디오 자료에서 공급된 비디오 이미지를 선택하고 적절히 연결시키는 일을 말한다. 여기에는 비디오 특수 효과도 포함된다. 이미지 컨트롤을 위한 주요 장비는 스위처이고 이 스위처는 감독 바로 옆에 위치하게 된다. 감독과 스위처를 작동시키는 사람(보통 기술 감독, TD)과 P.L. 시스템을 통해 연결되어 있다고 하더라도 감독은 말이 아닌 손짓 따위로 TD에게 신호를 보낼 수도 있기 때문이다. 어떤 스튜디오에서는 감독이 직접 스위칭을 하는데, 이것은 유리한 점보다는 불리한 점이 더 많다. C.G.(character generator) 또한 부조정실에 위치한다. C.G.를 다루는 사람은 미리 프로그램된 자막을 불러올 수 있을 뿐

[그림 1.21] 오디오 컨트롤
오디오 컨트롤은 오디오 콘솔, DAT(digital audiotape)와 다른 디지털 녹음 재생 장비, 패치베이, 로그 정보와 오디오 컨트롤 기능을 보조해주는 기능을 보여주는 컴퓨터, 그리고 비디오 라인 아웃을 보여주는 모니터로 구성된다.

만 아니라 쇼가 진행되는 도중에 새로운 자막을 만들 수도 있다. 이미지 컨트롤 부분은 때때로 컴퓨터나 로봇 카메라 조정판이 포함되기도 한다. 한 명의 로봇 카메라 운용자는 조정실에서 모든 카메라를 운용할 수 있다.

오디오 컨트롤(Audio Control)

오디오 컨트롤 부스는 텔레비전 부조정실에 적합하게 만들어진 작은 라디오 방송국이라고 볼 수 있다. 여기에는 보통 오디오 콘솔, 패치베이, 패치보드, 즉 DAT 장비와 CD/DVD 플레이어 내지는 다른 디지털 읽기 쓰기 전용 디스크가 들어 있다. 오디오 기술자는 계속해서 들어오는 음향과 고음질 프로그램 스피커를 통해서 들려오는 프로그램 음향을 들으면서도 큐 사인을 들을 수 있다. 오디오 부스 또한 시계와 라인 모니터가 설치되어 있다(그림 1.21 참조).

오디오 기술자들은 부조정실에서 소음이나 다른 방해를 받지 않고 일에 몰두할 수 있어야 하기 때문에 오디오 컨트롤 부스는 차단된 상태에서 큰 창문을 통해 부조정실과 신호를 주고받게 되어 있다. 오디오 기술자는 P.L. 인터컴이나 작은 인터컴 스피커를 통해 감독의 신호를 듣게 된다.

조명 컨트롤(Lighting Control)

조명 조정판은 부조정실이나 스튜디오 한 구석에 위치한다. 부조정실에 위치하게 되면 LD(lighting director)가 다른 부조정실 스태프들과 긴밀하게 접촉할 수 있다는 이점이 있다. 조명을 조절하는 스태프도 다른 스태프와 마찬가지로 P.L. 인터컴을 통해 감독과 연결되어 있다.

비디오 컨트롤(Video Control)

비디오 조정판은 비디오운용자가 최적의 목적을 이루기 위해 위치한다. 대부분의 카메라는 일반적으로 쇼 전에 조명에 맞추어 설치되어 있다. 그리고 필요에 따라 쇼가 진행되는 동안 조정된다.

주조정실(Master Control)

주조정실은 방송국의 중추신경에 해당한다. 집에서 TV를 통해 보는 모든 프로그램은 이 주조정실을 거친 것이다. 주조정실은 모든 프로그램 자료에 있어서 물류 센터와 같은 역할을 한다. 여러 공급원에서 자료를 받아서 특정한 시각에 이 내용을 방송한다. 주조정실의 가장 큰 역할은 광고와 공익 광고를 포함한 정확한 프로그램을 정확한 시각에 방송하는 데에 있다. 많은 프로그램이 아직 비디오테이프를 사용하지만 대부분 대용량의 하드드라이브나 비디오 서버에서 전환된 것이다. 테이프를 사용하지 않는 주조종실의 운용은 간편한 프로그램의 구성과 정확한 시작과 정지, 그리고 높은 자동화율에 이점이 있다.

주조정실은 프로그램의 기술적인 질을 향상시키는 역할을 하는데 모든 프로그램이 FCC(Federal Communications Commission)나 방송감독위원회의 규정을 따르는지 확인해야 한다(그림 1.22 참조). 주조정실의 주요 업무는 프로그램의 (1)입력, (2)저장, (3)검색이다.

프로그램 입력(Program Input)

프로그램 자료는 만들어진 스튜디오에서 곧바로 주조정실로 오거나 위성이나 네트워크 쇼 혹은 스튜디오 밖에서의 생중계와 같은 다른 원격 조정 공급원에서 주조정실로 올 수도 있고 비디오테이프의 형태로 전달될 수도 있다. 생방송은 주조정실을 통해 송출되지만 대부분의 다른 자료들은 방송되기 전 저장되어야 한다.

주조정실에서는 또한 여러 스테이션 브레이크(station break)를 연결해야 한다. 스테이션 브레이크란 상업 광고, 공익 광고, 방송사 자체 광고 등을 말한다.

[그림 1.22] 주조정실 스위칭 구역
주조정실은 모든 화상과 음향이 송출되거나 유선으로 방송 혹은 위성으로 방송되기 전에 거쳐 가는 물류 센터와 같은 곳이다. 컴퓨터는 모든 주조정 업무를 담당하고 주조정 기술자가 이 컴퓨터를 감독하고 유사시 컴퓨터 업무를 받아 수동으로 처리한다.

방송을 위한 제작 센터가 아닌 경우, 주조정실은 카메라 조절 장치(CCU), 고성능 비디오 레코딩 장비, 특수 효과 장비, 여러 제작 기능을 수행할 고용량 컴퓨터, 테스트 장비를 가리킨다.

프로그램 저장(Program Storage)

비디오테이프건 혹은 전기적으로 기록된 스틸 이미지건 기록된 모든 프로그램 자료는 주조정실이나 특수 설계된 장소에 저장된다. 모든 프로그램에는 빠른 인식과 검색을 위해 방송국 코드나 일련번호가 주어진다. 방송국마다 자신들만의 절차와 코드를 가지고 있어야만 보편화된 컴퓨터 검색 시스템을 제대로 사용할 수 있다.

프로그램 검색(Program Retrieval)

프로그램 검색이란 모든 프로그램 자료에 대하여 선택하고 순서를 정하고 방송하는 것을 말한다. 프로그램 검색은 프로그램 로그란 것에 의해 정해지는데, 이 프로그램 로그란 특정한 날에 방송될 프로그램을 초단위로 짜놓은 시간표라고 할 수 있다. 이 로그는 시간표와 프로그램의 길이, 프로그램의 제목, 비디오와 오디오의 원재료(비디오테이프, 네트워크, 라이브, 원격 조정), 일련번호, 광고주 등 방송국을 효과적으로 운용하는 데 필요한 정보를 가지고 있다. 프로그램 로그는 매일 발행되며 하루 이틀 정도 미리 발행된다. 모든 방송국은 컴퓨터에 이 로그를 띄우고 주요 인사들에게 복사본을 보낸다(그림 1.23 참조).

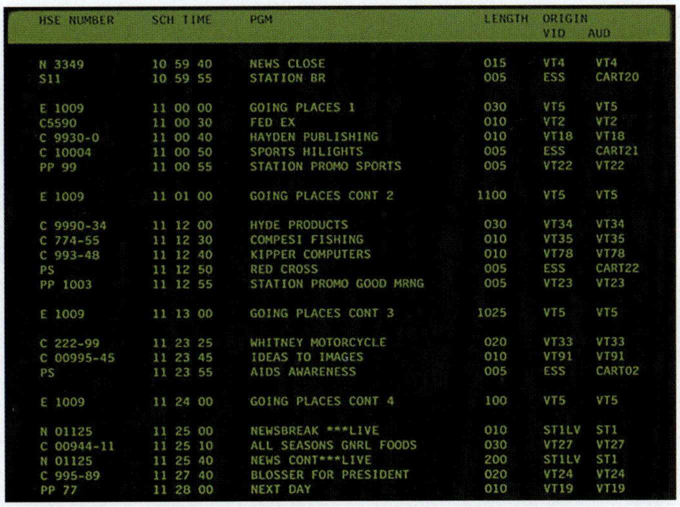

HSE NUMBER	SCH TIME	PGM	LENGTH	ORIGIN VID	AUD
N 3349	10 59 40	NEWS CLOSE	015	VT4	VT4
S11	10 59 55	STATION BR	005	ESS	CART20
E 1009	11 00 00	GOING PLACES 1	030	VT5	VT5
C5590	11 00 30	FED EX	010	VT2	VT2
C 9930-0	11 00 40	HAYDEN PUBLISHING	010	VT18	VT18
C 10004	11 00 50	SPORTS HILIGHTS	005	ESS	CART21
PP 99	11 00 55	STATION PROMO SPORTS	005	VT22	VT22
E 1009	11 01 00	GOING PLACES CONT 2	1100	VT5	VT5
C 9990-34	11 12 00	HYDE PRODUCTS	030	VT34	VT34
C 774-55	11 12 30	COMPESI FISHING	010	VT35	VT35
C 993-48	11 12 40	KIPPER COMPUTERS	010	VT78	VT78
PS	11 12 50	RED CROSS	005	ESS	CART22
PP 1003	11 12 55	STATION PROMO GOOD MRNG	005	VT23	VT23
E 1009	11 13 00	GOING PLACES CONT 3	1025	VT5	VT5
C 222-99	11 23 25	WHITNEY MOTORCYCLE	020	VT33	VT33
C 00995-45	11 23 45	IDEAS TO IMAGES	010	VT91	VT91
PS	11 23 55	AIDS AWARENESS	005	ESS	CART02
E 1009	11 24 00	GOING PLACES CONT 4	100	VT5	VT5
N 01125	11 25 00	NEWSBREAK ***LIVE	010	STILV	ST1
C 00944-11	11 25 10	ALL SEASONS GNRL FOODS	030	VT27	VT27
N 01125	11 25 40	NEWS CONT***LIVE	200	STILV	ST1
C 995-89	11 27 40	BLOSSER FOR PRESIDENT	020	VT24	VT24
PP 77	11 28 00	NEXT DAY	010	VT19	VT19

[그림 1.23] 컴퓨터 화면 위에 나타난 로그
프로그램 로그는 아무리 짧아도 각각의 프로그램의 시작하는 시각과 제목 종류, 화상과 음향 원본, 일련 번호, 그리고 제작 지원자의 이름과 같은 중요한 정보를 알려준다.

주조정실 스위칭 구역은 프로그램 컨트롤과 스튜디오 부조정실의 스위칭 구역을 결합해 놓은 형태처럼 보인다. 주조정실에는 모든 스튜디오 카메라와 비디오테이프 레코더, 특수 효과, 네트워크와 다른 원격 조정 공급원에 연결된 모니터가 설치되어 있다. 여기에 한 개 이상의 오프 디 에어 모니터가 추가된다.

비록 모든 주조정실의 스위칭이 컴퓨터에 의해서 이루어지기는 하지만 만일에 사태를 대비해 스튜디오 스위처와 비슷하게 생긴 일반 스위처가 준비되어 있다. 컴퓨터가 다운된 상태에서는 주조정실 전문가가 방송 중인 모든 프로그램을 수동 스위처로 조정해야 한다. 정상적인 상황에서는 컴퓨터가 프로그램 로그에 입력된 순서대로 스위칭을 실시할 것이다. 컴퓨터는 또한 여러 가지 재생 작업을 수행하기도 한다. 예를 들어, 컴퓨터는 특정 VTR을 켜고 방송 중인 화상과 음향을 정확한 로그 시간에 압축된 디스크로부터 미리 녹음된 아나운서의 목소리와 스틸 이미지로 바꿔서 내보내고 다른 짧은 VTR 인서트로 변환한 다음 네트워크 프로그램으로 다시 변환할 수 있다. 만약 프로그램의 일련번호가 로그 표에 나와 있는 번호와 일치하지 않는다면 오류일 수 있는 문제를 정정하기 위해 신호를 보낼 것이다.

스튜디오 지원 장소(Studio Support Areas)

최소한의 지원 장소 없이는 스튜디오는 제 기능을 다 발휘할 수 없다. 세트 저장소, 소품 저

[그림 1.24] 스튜디오 무대
스튜디오 무대는 배우나 연기자들이 활동할 수 있는 독특한 공간을 만들어 준다. 어떤 무대는 카페와 거실과 같이 실제 생활과 유사하게 만들어지고 어떤 무대는 쇼의 특정한 용도에 따라 만들어진다. 무대에 설치되어 있는 가구는 소품의 한 부분이다.

장실, 분장실, 의상실이 이 지원 장소에 해당된다.

무대와 소품(Scenery and Properties)

텔레비전 쇼나 쇼의 한 부분을 위해 스튜디오 안에 설치되는 3차원 구조물을 텔레비전 무대라고 한다. 대부분 무슬린 혹은 캔버스를 씌운 나무 판자나 베니어판, 혹은 다양한 종류의 섬유판을 사용해서 무대를 만든다. 판자는 주로 벽을 만드는 데 쓰인다. 그 밖에 기둥이나 받침목, 무대, 문, 창문, 계단 등이 있다.

가구와 커튼, 벽에 거는 그림, 등, 책, 책상, 전화기와 같은 것들은 소품이라고 한다. 탁자와 의자처럼 무대를 기능적으로 만드는 것도 소품에 포함된다. 전화기와 같이 배우가 직접 사용하는 소품을 핸드 소품이라고 부르고 그림이나 실내 화분, 조각 등과 같이 무대를 꾸미는 데 사용한 소품을 세트 드레싱(set dressings)이라고 부른다.

쇼의 종류에 따라서 거실 공간과 같이 실제와 최대한 똑같은 공간을 만들어야 하는가 하면 인터뷰 세트와 같이 효율적이고 보기 좋게 만들면 되는 경우도 있다(그림 1.24 참조). 세트의 목적이 무엇이든 조명을 비추고 카메라가 촬영을 하며 마이크로 음성을 잡고 배우가 연기를 하는 데 적당해야 한다. 일간 뉴스에서부터 복잡한 드라마에 이르기까지 많은 수의 프로그램을 제작하다 보면 많은 수의 소품과 세트 저장 장소가 필요하다. 많은 수의 프로그램을 만들 필요가 없다면 지원장소는 꽤 간소할 것이다.

저장 장소에 있어 가장 중요한 기능으로는 검색하는 데 용이해야 한다는 것이다. 사무실 세트를 설치하기 위해 소품을 몇 시간씩이나 찾아 헤매야 한다면 아무리 값비싼 소품이라 할지라도 그 가치를 다할 수 없다. 모든 저장 장소에 확실한 꼬리표를 부착하고 소품과 세트를 본래 위치해 있던 곳으로 되돌려 놔야 한다.

분장실과 의상실(Makeup and Dressing Rooms)

이 두 지원 장소는 연속극이나 일일 프로그램을 만드는 큰 제작 센터에서는 흔한 곳이다. 작은 규모의 제작 센터에서는 어디든 편리한 곳에서 분장을 하고 의상을 갈아입는다. 출연자를 위해 스튜디오에서 가까운 곳에 위치한다.

핵심요약

- 방송은 모든 곳에서 가능하지만 텔레비전 스튜디오는 제작에 있어서 최적의 기능을 수행한다.
- 스튜디오는 크게 스튜디오 자체, 부조정실과 주조정실, 스튜디오 지원 장소 이렇게 세 개의 센터를 가진다.
- 스튜디오는 부드럽고 평평한 바닥과 적정한 천장 높이, 공기 조절과 냉방 장치, 크고 방음 시설이 된 문을 고려해서 설계해야 한다.
- 대규모 설비에는 인터컴 시스템, 스튜디오 비디오 모니터와 오디오 모니터, 여러 종류의 콘센트, 그리고 조명 패치보드가 있다.
- 스튜디오 부조정실은 여러 대의 프리뷰 모니터와 시계, 프로그램 스피커와 함께 프로그램을 컨트롤하는 곳인데 스위처(이미지 컨트롤), 오디오 콘솔(오디오 컨트롤), 패치베이, 프로그램 스피커, 읽고 쓸 수 있는 디지털 장치와 그리고 때때로 스튜디오 조명의 상대적 강도를 조정하기 위한 조명 조정판이 설치되어 있으며 최적의 화면을 조정하기 위한 비디오 조정판이 설치되어 있다.
- 주조정실은 텔레비전 방송국의 중추 신경에 해당한다. 주조정실은 프로그램을 입력하고 저장하며 검색하는 기능을 수행한다. 또한 방송되는 모든 프로그램의 기술적 품질을 확인한다.
- 프로그램은 방송국 스튜디오와 위성을 통한 그리고 다른 원격공급과 비디오테이프 등의 다양한 소스로부터 입력된다. 프로그램 저장은 빠른 식별과 복구를 위해 각각 일련번호를 포함한다. 프로그램 검색은 특정한 날에 방송되는 모든 프로그램을 초단위로 계획해 놓은 프로그램 로그와 연관된다.
- 스튜디오 지원 장소는 소품과 무대 저장소와 분장실, 의상실로 구성되어 있다.

CHAPTER

2

아날로그와 디지털 텔레비전

Analog and Digital Television

다른 전자 통신 분야와 마찬가지로 텔레비전에 있어서도 디지털은 널리 통용되는 단어이다. 아마도 디지털 텔레비전(DTV)이 텔레비전의 혁명을 가져올 것이라는 말을 한 번쯤은 들어봤을 것이다. 어떤 의미에서는 수긍이 가지만, 달리 생각하면 DTV가 제작 기술에 미친 영향은 크다고 할 수 없다. 일례로 디지털 캠코더의 전기적인 특징이 아날로그 캠코더와는 상당히 틀리지만 그 조작 방법에는 거의 차이가 없다. 두 가지 캠코더 모두 뷰파인더를 통해 특정한 방향으로 렌즈를 맞추고 원하는 이미지를 촬영하게 된다. 반면, 와이드 스크린 DTV용 스위처는 화면을 구성하는 데 있어서 매우 다른 방법을 취하게 된다. 아날로그(선형) 편집에서 디지털(비선형) 편집으로의 변화는 다른 작동 기술뿐만 아니라 편집이라는 개념 자체를 새롭게 해야 한다. 게다가 디지털 조작은 여러 매체의 통합을 가능케 했다. 뉴스 파일에 접속함과 동시에 텔레비전 뉴스 편성에 방대하고 집적된 데이터베이스를 공급받는 등 텔레비전의 쌍방향 커뮤니케이션이 가능해졌으며 컴퓨터는 오디오 자료와 비디오 자료를 인터넷상에 배포할 수 있게 만들었다.
디지털 텔레비전 시스템 작동 방법을 알기 위해서는 무엇보다도 아날로그와 디지털 텔레비전 조작의 기본을 알아보는 것이 최선이라고 하겠다.

Section 2.1 「아날로그와 디지털 텔레비전」에서는 컬러 텔레비전에서 이미지가 만들어지는 원리와 디지털 처리란 무엇이며, 아날로그 시스템과의 차이는 무엇인가에 대해 설명한다. section 2.2 「주사 시스템」에서는 진보된 스캐닝과 혼용하는 방법, 그리고 현재 DTV의 기본에 대해서 설명한다.

주요 용어

480p DTV(digital television) 가운데 가장 낮은 해상도를 갖고 있는 시스템. 여기에서 p는 progressive의 줄임말로, 각각의 텔레비전 프레임을 하나씩 읽어들임에 있어서 총 525개 줄 중에서 480줄의 가시적이고 유효한 선을 가지고 있다는 것을 뜻한다. 이것은 가끔 저사양의 HDTV로 간주된다.

720p HDTV(high-definiton television)의 주사 시스템. 한 화면당 전체 750개 주사선 중에서 720개의 유효 주사선을 가지고 있다.

1080i HDTV의 교차되는 주사 시스템. 여기서 i는 interlaced(교차)의 약자이며, 이것은 완전한 한 화면을 구성하기 위해 두 개의 주사 시스템이 교차된다는 것을 의미한다. 이 두 개의 주사 시스템은 1필드당 각각 총 1,125개 중 539.5개의 유효 주사선을 가지고 있다. 기존의 NTSC 아날로그 텔레비전 시스템으로 본다면 1080i는 초당 60개의 필드와 30개의 완전한 프레임을 만들어 내는 것이다.

아날로그(analog) 본래 자극과 정확히 일치하는 변화를 보이는 신호.

화면 비(aspect ratio) 텔레비전 화면의 가로 대 세로의 비율. 모든 아날로그 텔레비전은 가로 4 units×세로 3 units의 비로 되어 있다. 모든 DTV와 HDTV는 16×9 형식을 가지고 있다.

2진수(binary) 2를 기준으로 한 수의 체계.

2진수 디지트(bit) 컴퓨터가 저장하거나 처리할 수 있는 최소량의 정보. 전하는 '있다' 또는 1, '없다' 또는 0으로 나타낸다. 하나의 비트(bit)는 두 개의 레벨, 켬/끔 혹은 흑/백을 표현할 수 있다. 두 개의 비트는 네 개의 레벨(22비트), 세 개의 비트는 여덟 개의 레벨(23비트), 네 개의 비트는 열여섯 개의 레벨(24비트)을 나타낸다. 여덟 개의 비트(28)를 하나의 바이트(byte)라고 부른다.

양자화(coding) 양자화된 값을 2진수 코드로 바꾸기 위해 0과 1로 나타내는 것. 인코딩이라고도 부른다.

압축(compression) 저장해야 하는 자료의 양을 줄이거나 양자화 계획을 통해 송출되는 것을 말하는데, 양자화 계획은 모든 원래 자료를 보다 작은 공간에 넣거나 가장 불필요하다고 여겨지는 정보를 버리는 역할을 한다.

디코딩(decoding) 디지털 코드에서 비디오, 오디오 신호를 재구성하는 것.

디지털(digital) 일반적으로 2진법 체계를 말하는데, 이 체계는 자료를 디지트 형태로 표시한다.

DTV digital television의 줄임말. 일반 텔레비전 시스템보다 고해상도 디지털 텔레비전 시스템을 일반적으로 말한다. ATV(advanced television)라고도 한다.

다운로드(downloading) 자료를 모아 놓은 곳으로부터 파일을 전송하는 작업. 컴퓨터상에 자료를 모아 놓은 곳은 자료가 뒤죽박죽 얽혀 있는 경우가 많기 때문에 다운로드를 수행하지 않고서는 파일을 보거나 들을 수 없다.

field(야외, 필드) (1) 스튜디오와 떨어진 장소. (2) 완전한 주사 회로의 절반. 완전한 텔레비전 프레임을 위해서는 두 개의 필드가 필요하다. 기존의 표준 텔레비전은 초당 60개의 필드, 30개의 프레임을 만든다.

프레임(frame) 전자빔이 화면의 모든 선에 주사를 완료하는 것.

HDTV high-definition(고선명) television의 줄임말. 기존 NTSC 텔레비전보다 적어도 두 배 이상의 주사선을 가진 TV. 720p는 720개의 유효선이 1/30초에 한 번씩 순차 주사. 1080i

방식은 초당 60필드를 주사하고 각 필드당 539.5개의 유효선을 가지고 있다. 완전한 하나의 프레임은 두 개의 539.5개의 주사선이 비월 주사된 필드로 이루어져 있다. HDTV 시스템의 리프레시율(완전한 주사 회로)은 다양하다.

비월 주사(interlaced scanning) 이 시스템에서 전자빔은 첫 주사 시 한 줄 건너 한 줄씩, 즉 홀수 선만 주사한다. 마지막 홀수 선의 반을 주사한 후 처음으로 돌아가서 나머지 절반을 마저 주사하고 짝수 선을 주사한다. 각각 홀수 선만, 짝수 선만 주사한 것을 필드라고 한다. 두 개의 필드가 하나의 완전한 프레임을 형성한다. 표준 텔레비전은 초당 60개의 필드, 즉 초당 30개의 프레임을 만들어 낸다.

순차 주사(progressive scanning) 이 시스템에서는 전자빔이 첫 번째 선을 주사하고 두 번째 선, 세 번째 선, 그리고 네 번째 선의 순서로 모든 선을 주사하며 다음 면을 주사하기 위해 다시 처음으로 돌아간다.

양자화(quantizing) 아날로그 신호의 디지털화 과정의 한 단계. 샘플링된 위치를 특정값으로 바꾼다.

리프레시율(refresh rate) 완전한 디지털 주사 회로 수를 초단위로 나타낸 것.

RGB 텔레비전의 기본 색인 빨강(red), 초록(green), 파랑(blue)

샘플링(sampling) 많은 동일한 크기의 아날로그 전기 시그널의 형태를 작은 조각(고유)의 디지털코드로 전환을 위한 읽기(선택과 녹화) 과정

스트리밍(streaming) 디지털 오디오와 비디오 자료가 계속해서 전달되는 과정에서 그 오디오를 듣거나 비디오를 볼 수 있는 전송 방법.

SECTION

2.1

아날로그와 디지털 텔레비전

Analog and Digital Television

디지털 텔레비전의 세계로 들어가기 전에 TV 스크린에 보여지는 이미지가 어떻게 만들어지는지에 대해 먼저 알아보기로 하자. 많은 시스템 요소와 제작 기술들은 이러한 기술적 이미지 창조와 디스플레이를 용이하게 하기 위해 발전해 왔다. 또한 텔레비전 시스템 상호 작용에 있어서 디지털 카메라와 비선형 편집 시스템과 같은 다양한 디지털 요소를 제대로 이해하기 위해서는 디지털 프로세스의 기본은 무엇이고 아날로그와는 어떤 차이가 있는지를 알아야 한다.

▶ 기본 이미지 창조

전자빔이 텔레비전 이미지와 기본 색상을 형성하는 과정

▶ 비디오 디스플레이의 기본 색상

3원색인 빨강, 초록, 파랑

▶ 디지털이란 무엇인가

왜 디지털인가? 아날로그와 디지털의 차이점과 디지털 작업

▶ 디지털 텔레비전의 이점

화질, 컴퓨터의 성능과 유연성, 신호 송신과 압축, 화면 비

기본 이미지 창조(Basic Image Creation)

비디오 이미지는 텔레비전 화면 위에 전자빔이라고 하는 전자 연필로 그림을 그리는 것이라고 생각하면 된다. 전자총에서 발사되는 전자빔은 텔레비전 안쪽에서 주사되는데, 우리가 글을 읽는 방향과 같은 왼쪽에서 오른쪽으로 주사한다. 우리가 보는 텔레비전의 안쪽에는 그림을 구성하는 소자들을 받아들이는 감광물질 혹은 원형이나 사각형의 점 모양을 띤 픽셀들이 빼곡이 채워져 있어서 전자빔에 비춰지면 발광하게 된다. 만약 전자빔이 강하면 이 감광물질들은 밝게 빛나게 된다. 그러나 빔이 약할 경우 이 점들은 일부분만 빛나게 되는 것이다. 이것은 옥외 광고를 위해 여러 개의 전구를 채워서 만들어진 광고판과 비슷한 과정을 거치는 것인데 단지 그 전구들에 해당하는 것이 텔레비전에 있어서는 아주 작다는 차이가 있다(그림 2.1 참조).

전통적인 텔레비전 시스템은 525개의 주사선을 가지고 있으며 480개의 주사선만을 볼 수 있다. 이것은 National Television System Committee에 의해 발전되었기 때문에 NTSC 시스템이라고 부른다. 이미지를 만들어내기 위해서는 전자빔이 홀수 선을 먼저 주사하게 되고 다시 맨 위로 되돌아가서 짝수 선을 주사한다. 홀수 선만 모두 주사된 상태 혹은 짝수 선만 모두 주사가 된 상태를 필드라고 부르는데, 1필드당 1/60초의 시간이 걸린다. 모든 홀수 선과 짝수 선의 주사가 완성된 상태를 프레임이라고 부른다. 전통적인 NTSC 시스템에서는 초당 30프레임을 만들어 낸다. 빔은 우리가 여러 개의 점들을 비디오 이미지로 받아들이게 할 만큼 빠르게 발사된다. 두 개의 필드가 각각 구별되는 선들을 가지고 있기 때문에 이 주사 시스템을 교차된다고 말한다. section 2.2에서 다양한 주사 시스템을 보다 자세하게 다룬다.

비디오 디스플레이의 기본 색상(Basic Colors of the Video Display)

텔레비전을 통해 보이는 모든 아름다운 이미지는 그것이 흑백 화면이라고 할지라도 세 가지 색, 즉 빨강, 초록, 파랑의 혼합으로 이루어져 있다. 픽셀이 전자빔에 의해 얼마나 세게 자극을 받는가에 따라 픽셀은 다른 정도의 밝기를 나타낸다. 이러한 밝기의 차이를 혼합해서 모든 색을 만들어 내게 된다. 그러므로 각각의 선은 RGB 그룹을 가지고 있는 점으로 구성되어 있어야 한다. 그렇다면 하나의 전자빔이 어떻게 각각의 RGB 그룹(3개의 점으로 구성되어 있다)을 다른 크기로 자극할 수 있는 것일까? 이것은 불가능한 일이다. 여기에는 각 색상에 해당되는 3개의 분리된 전자빔이 존재해서 각각 빨강과 초록, 파랑을 담당하게 된다(그림 2.2 참조). 3개의 전자빔은 그룹 안에 있는 RGB 점을 여러 농도로 자극하게 되고 이러한 과정을 거쳐서

[그림 2.1] 교차 주사

A. 전자빔은 처음에는 왼쪽에서 오른쪽으로 위에서 아래 방향으로 모든 홀수 선을 주사한다. 이 첫 번째 주사 회로가 첫 번째 필드를 만든다.

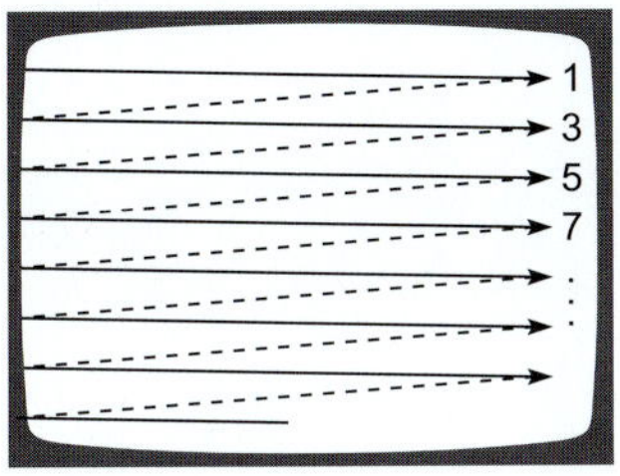

B. 이 전자빔은 다시 맨 위로 돌아가서 이번에는 짝수 선을 주사한다. 이 두 번째 주사 회로가 두 번째 필드를 만드는 것이다.

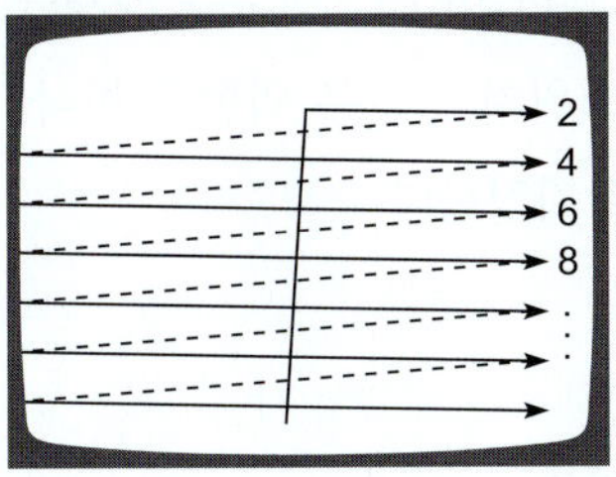

C. 두 개의 필드가 합쳐지면 프레임이라고 불리는 완전한 텔레비전 화면을 만들게 된다.

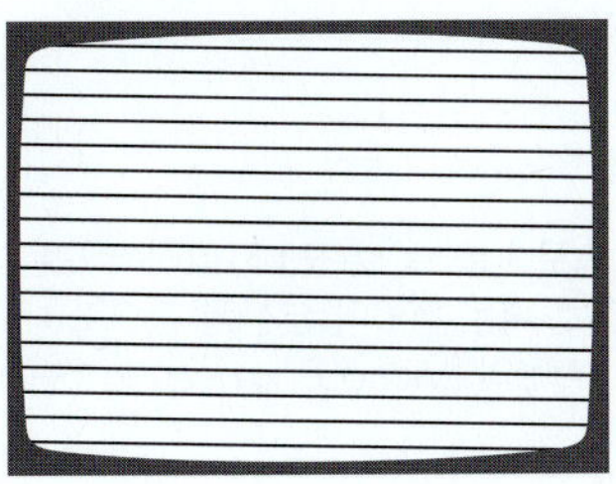

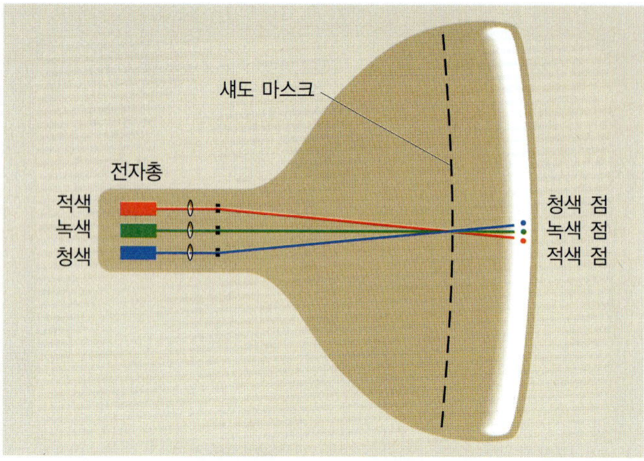

[그림 2.2] 컬러 텔레비전에서의 이미지 형성
컬러 수상기는 세 개의 전자총을 가지고 있으며 각각의 전자총은 적색, 녹색, 청색 신호와 관계가 있다. 각각의 빔은 원형, 정사각형 혹은 직사각형 모양으로 되어 있는 색 점에 배당된다. 섀도 마스크는 빔이 근접해 있는 점으로 흩어지는 걸 막아준다.

다양한 색이 만들어지게 되는 것이다. 어떻게 이 세 가지 색으로 모든 색을 만들어 낼 수 있는지는 chapter 3에서 알아보기로 하자.

디지털이란 무엇인가(What Digital is All About)

모든 디지털 컴퓨터와 디지털 비디오는 2진수 코드에 기초하고 있으며 이 2진수는 세계를 0과 1로 표현한다. 2진수 디지트 혹은 비트는 켜거나 끄는 전등 스위치와 같은 역할을 한다. 만약 켜져 있는 상태라면 이것을 1로 지정하고, 꺼져 있다면 0으로 지정한다.

왜 디지털인가?(Why Digital?)

이것 아니면 저것이라는 이 2진수 디지트는 언뜻 보기에는 어색해 보일 것이다. 예를 들어 간단한 십진수인 17이라는 수를 2진수에서는 00010001로 읽어야 한다.(주1) 그럼에도 이 둘 중 하나로 나타내는 시스템은 데이터의 뒤틀림이나 에러에 강한 면역력을 가지고 있다. 예를 들어 만약 전등을 켰을 때 전등이 계속해서 빛을 발하는 게 아니라 깜빡이고 있다면 거기에는 분명 무언가 잘못됐음을 알 수 있다. 그리고 만약 전등 스위치를 내렸는데도 전등이 계속 켜져 있다면 다시금 뭔가 잘못돼 있다는 것을 확신하게 될 것이다. 디지털 시스템은 이러한 이상을 무시하고 오로지 스위치의 켜지고 꺼진 상태에만 반응하게 된다.

(주1) 2진수 체계는 2를 기준으로 한 수 체계이며, 17이란 숫자는 8비트 2진수 코드로 나타낼 수 있다. 따라서 모든 값은 수학적으로 0 혹은 1로 표현할 수 있다. 컬러 픽셀이나 음향의 8비트 표현은 2^8 혹은 256의 분산된 값으로 나타난다. 2진수 체계에 대한 좀더 구체적인 정보는 Arch C. Luther와 Andrew F. Inglis의 [Video Engineering, 3판 (New York: McGraw-hill, 1999)], pp. 45–47 참조.

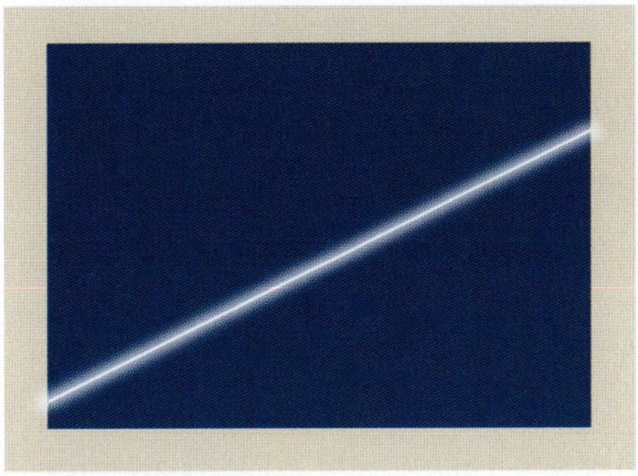

[그림 2.3] 아날로그 신호
아날로그 신호는 특정 높이를 올라가기 위해 연속되는 경사로에 비유할 수 있다.

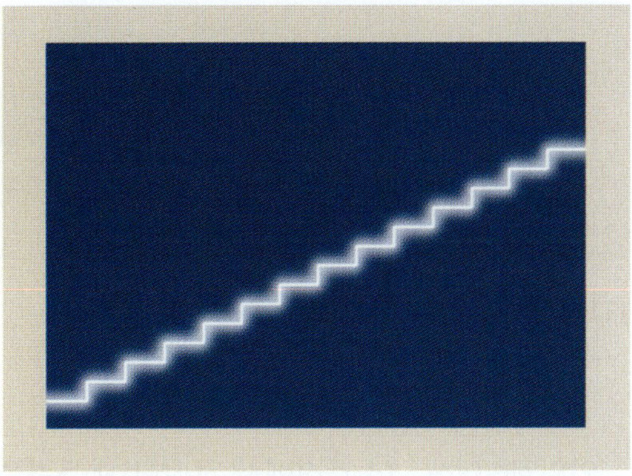

[그림 2.4] 디지털 신호
디지털 신호는 특정 높이를 올라가기 위한 칸칸이 나뉜 계단에 비유할 수 있다.

아날로그와 디지털의 차이(Difference Between Analog and Digital)

기술적인 문제로 깊이 들어가기 전에 아날로그와 디지털의 신호 체계에 대해 간단한 비유를 한 번 들어보자. 아날로그 신호는 어떤 높이에서 다른 높이로 이동할 때 끊김 없이 이어지는 경사로와 비슷하다. 이 경사로를 올라갈 때 큰 걸음으로 가느냐 작은 걸음으로 가느냐가 크게 문제가 되지 않으며 이 경사로는 점차적으로 그리고 필연적으로 원하는 높이에 도달하도록 이끌어 준다(그림 2.3 참조).

이러한 비유를 디지털 영역으로 옮기자면 여기서는 원하는 위치에 도달하기 위해 계단을 이용하는 것에 비유할 수 있다. 이것은 양자 택일 그 이상을 의미하고 있다. 높이는 추상적인 단위를 계단이라고 하는 숫자로 양자화한 것이다. 다음 계단으로 가느냐 마느냐를 결정할 수 있게 되었다. 여기에 1/2계단이나 1/4계단이라는 것은 존재할 수 없다(그림 2.4 참조). 좀더 기술적으로 말하자면 아날로그 시스템은 지속적인 신호, 즉 원래 신호(경사로를 위로 아래로 움직이는 것과 같은)와 정확히 연동해서 움직이는 신호를 처리하고 기록하는 과정이고, 디지털 처리는 경사를 구체적인 값으로 바꾸는 것을 말한다. 이러한 과정을 디지털화(化; digitization)라고 부른다. 디지털 과정에서 아날로그 신호는 샘플링되고 간격이 만들어지며, 이 샘플은 양자화, 즉 구체적인 값이 매겨져 0 혹은 1로 코드화된다.

디지털화 과정(Digitization Process)

아날로그 비디오 신호를 디지털화하는 데는 네 단계가 소요된다.

(1) 안티엘리어싱, (2) 샘플링(표본 체취), (3) 양자화, (4) 코드화(그림 2.5 참조).

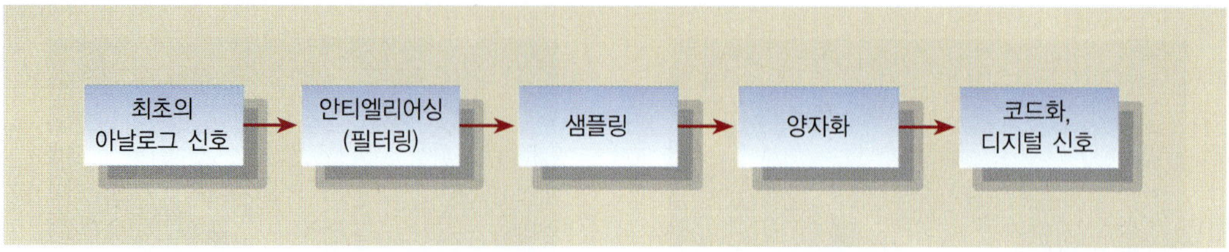

[그림 2.5] 디지털화 프로그램
아날로그의 디지털화는 네 가지 과정을 거치게 되는데 이것은 안티엘리어싱, 샘플링, 양자화, 그리고 코드화로 이루어져 있다.

안티엘리어싱 이 과정에서 적정한 샘플링을 위해 불필요한 극단적인 주파수가 걸러진다.

샘플링 이 단계에서는 경사로(아날로그 신호)에 몇 개의 위치를 정해 계단(디지털 값)을 만들기 위해 선택된다. 샘플링 비율이 높아지면 더 많은 계단을 만들게 되어 본래 아날로그 신호와 좀더 비슷해진다. 당연히 높은 샘플링 비가 낮은 샘플링 비보다 선호된다(그림 2.6, 2.7 참조). 비디오 신호에 있어서 샘플링 비는 메가헤르츠(MHz) 단위로 표시된다.

양자화 부호로 변환시킴으로써 디지털화하는 이 단계에서는 계단의 끝으로 오르기 위해서 그 과정을 만드는 단계이며, 양자화 레벨에 따라 그 계단의 높이를 얼마나 높게 혹은 낮게 할 것인가를 결정하고 계단을 만들어 내는 과정이다. 각 계단의 높이는 측정 가능하다. 기술적으로 양자화의 뜻은 연속적인 다양한 신호의 경계를 정하고 분배함과 정렬하도록 맞추는

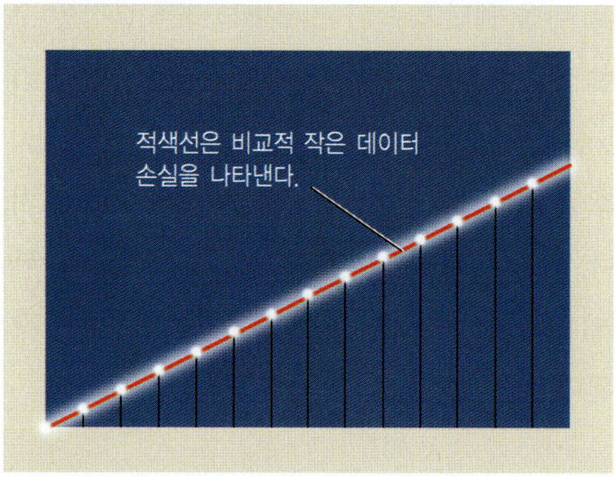

[그림 2.6] 높은 샘플링 비율
샘플링은 최초의 아날로그 신호에서 접점을 선택하는 과정이다. 높은 샘플링 비율은 최초 신호의 많은 접점을 선택하게 한다. 디지털 신호는 좀더 많은 작은 계단으로 만들어지고 최초의 경사로와 좀더 비슷한 모양을 한다. 높은 샘플링 비율은 신호의 질을 높이게 된다.

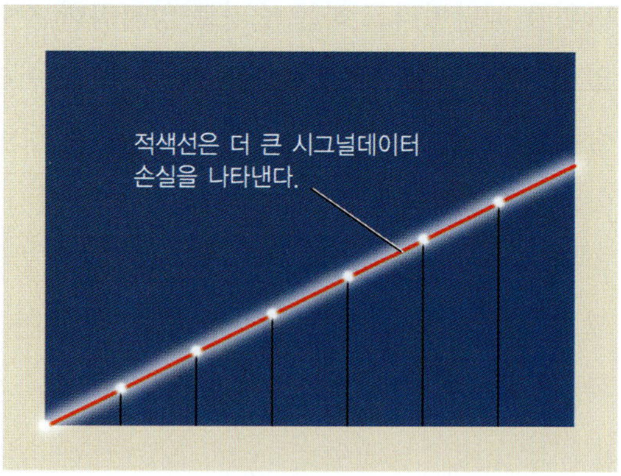

[그림 2.7] 낮은 샘플링 비율
낮은 샘플링 비율은 최초 신호의 적은 접점을 선택하게 한다. 디지털 신호는 적은 수의 큰 계단으로 만들어진다. 많은 아날로그 신호가 손실된다.

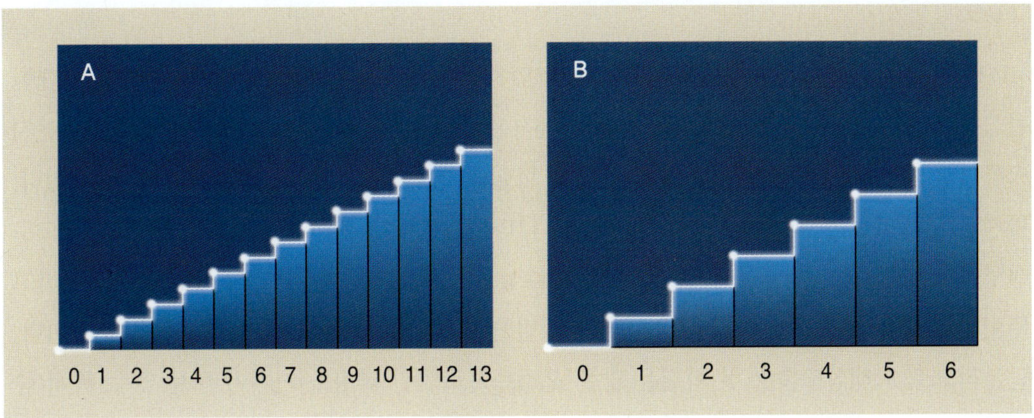

[그림 2.8] 양자화
양자화는 샘플링한 신호에 특정 값을 부여하는 과정이며, 계단을 만드는 과정이라고 할 수 있다. 각 계단은 높이를 나타내는 십진수로 된 특정 수를 갖는다. A 높은 샘플링 비율: 다수의 큰 계단. B 낮은 샘플링 비율: 소수의 작은 계단.

것이다. 예를 들어 8-bit 양자화는 최고 256(2의 8승)개의 계단을 가지고 있는 셈이다(그림 2.8 참조).

코드화 인코딩이라고도 불리는 이 과정에서는 각 계단의 양자화된 숫자를 0과 1로 이루어진 2진수로 바꾸며 여러 가지 조각의 그룹으로 묶는다(그림 2.9 참조).

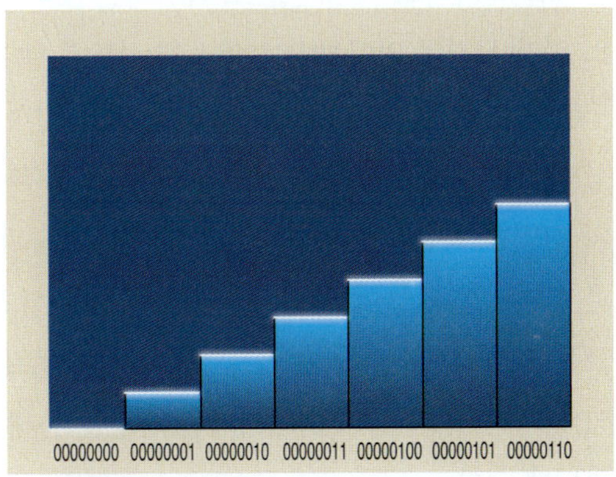

[그림 2.9] 코드화
각 계단에 이진수를 부여한다.

디지털 텔레비전의 이점(Benefits of Digital Television)

왜 우리는 이러한 복잡한 과정을 거쳐야만 하는 것일까? 그냥 경사로(아날로그 신호)를 걸어 올라가는 일이 초당 수천, 수백만 개의 계단(디지털 신호)을 올라가는 일보다 쉽지는 않을까? 디지털 혁명이 있기 전에도 텔레비전에는 별 문제가 없었으니 말이다. 하지만 아날로그와 비교해 봤을 때 DTV(digital television)의 장점은 분명히 존재하고 그 장점들은 다음과 같다. (1) 화질, 음질(quality), (2) 컴퓨터 호환과 유연성, (3) 신호 전송, (4) 압축, (5) 화면 비.

화질, 음질(Quality)

DTV 시스템이 개발되기 전에도 장비 제조업자들과 제작 스태프들의 화질과 음질에 대한 관심은 지대했다. 고급 스튜디오 카메라의 가격은 보급형 카메라 가격의 50배가 넘지만 단지 스튜디오 카메라는 보급형 카메라보다 높은 화질의 영상을 만들어 낸다는 차이밖에는 없다. 디지털 텔레비전은 아주 미세한 부분까지도 나타낼 뿐만 아니라 개선된 색감을 가진 극도로 선명하고 강한 영상을 만들어 낸다. 간소한 DTV 시스템마저도 믿기 어려울 정도로 선명하고 뚜렷한 화면을 보여주며 이것은 총체적인 정밀한 화면뿐만이 아닌 색감의 개선을 포함한다. 근본적으로 고해상도를 가진 화질은 많은 포스트프로덕션 과정을 거쳐야 하는 경우 특히 중요하다.

복잡한 편집과 특수 효과를 입힌다는 것은 원본의 복사에 복사를 거듭해야 한다는 것을 의미한다. 안타깝게도 아날로그 형태를 계속해서 복사하면 그 질은 현저하게 떨어진다. 이것은 글자를 복사하고 복사본을 또 복사하는 것과 비슷한데 이런 과정을 계속해서 거치다 보면 어느 순간 글자를 알아보기도 어려울 정도로 질이 떨어져 있는 것을 볼 수 있을 것이다.

바로 이런 점에서 디지털 형식이 빛을 발하게 된다. 수십 번을 재복사한다고 해도 디지털 상태에서는 질적 손실분이 거의 없다. 모든 과정을 거치고 난 20번째 복사본조차도 원본만큼의 선명한 화질을 가지게 된다. 게다가 마술과도 같은 디지털 기술을 통해서 원본보다 더 나은 복사본도 만들어 낼 수 있다. 질에 있어서 또 다른 중요한 요인은 2진수 상태의 디지털 자료는 외부에서 들어오는 전자 신호, 즉 아날로그 신호를 간섭하고 뒤틀리게 만드는 잡음에 면역이 되어 있다는 것이다. 디지털 과정을 통해서 잡음은 완전히 제거될 수는 없을지라도 최소화되게 된다.

그러나 이런 강력하고 선명한 신호에도 약점은 있는데 높은 해상도의 영상은 자주 얻기 어렵고 지속해서 포커스가 유지되어야 하며 분장과 의상, 배경, 소품 등의 세부사항에 대한 주의가 필요하다. 특히 음향 부분이 이러한 약점에 노출되어 있다. 때때로 디지털 형식으로 녹음된 음악은 너무 강하고 선명해서 원곡 혹은 아날로그 상태로 녹음된 곡이 가지고 있는 따뜻함이나 느낌이 결여된 것처럼 들리게 된다. 사람들은 무미건조한 컴퓨터의 음성을 알고 있는 것이다. 이 음성에는 실제 음성의 복잡함이나 미세함이 보이지 않는다. 오디오 전문가들은 이러한 약점을 보완하기 위해 높은 샘플링 비율과 좀더 복잡한 디지털 신호 조합을 사용한다. 역설적으로 일정에 달하는 노이즈는 따뜻한 소리를 보여주는 데 기여한다.

컴퓨터 호환과 유연성(Computer Compatibility and Flexibility)

디지털 텔레비전의 큰 장점 중 하나는 신호를 다른 디지털화 작업 없이도 곧바로 컴퓨터로 보낼 수 있다는 것이다. 이러한 환경은 특히 뉴스제작부서의 자막생성자에게 환영받는다. 이것은 역시 디지털 변환과정 동안 할 일이 없는 후반작업자에게 좀더 예술적인 편집과 미술작업에 좀더 시간을 쏟게 해준다.

이러한 호환성은 특수 효과나 컴퓨터로 효과를 입힐 때 아주 중요하다. 근사한 디지털 효과를 입힌 5분짜리 짧은 뉴스도 온전히 아날로그 장비만으로는 만들어 낼 수가 없다. 움직이는 글자며 앵커의 어깨 위 조그만 박스 안에 들어 있던 영상이 전체 화면으로 확장되는 것, 한 화면을 벗겨내면 그 밑에 다른 화면이 나타나는 효과 등은 모두 디지털 효과의 다양성과 유연성을 보여주는 것들이다. 한 화면을 여러 화면으로 나누고 다른 영상이 화면 전체를 통해 나가는 동안 여러 내용을 담은 글들을 화면 하단이나 옆면 혹은 상단에 흘려보내는 것은 오로지 디지털 효과로만 가능한 것들이다. 오디오와 비디오 이미지를 만들어 내고 대체하는 컴퓨터 소프트웨어는 디지털 제작 도구에 있어서 필수가 되었다.

신호 전송(Signal Transport)

우리는 보통 전화선을 통해서 인터넷에 많이 접속해 왔다. ISDN(integrated services digital network)과 DSL(digital subscriber line) 연결이 늘어나면서 이것들이 가지고 있는 큰 도관이나 파이프를 통해 전화선으로 연결해서 쓰던 때보다 많은 디지털 정보들을 접할 수 있게 되었다. 그러나 이미 경험한 바 있겠지만 이런 큰 파이프를 이용한 접속 방식도 큰 파일을 다운로드하거나 스트리밍을 하려고 할 때 그 속도가 느리게 느껴진다. 이것은 가끔 스트리밍과 다운로드 사이의 혼란을 말한다. 다운로드는 데이터 저장소에 있던 파일을 전송하는 것을 말한다. 대체적으로 이런 저장소에서는 사용 가능한 파이프를 충분히 활용할 수 있도록 순서가 정해져 있지 않기 때문에 다운로드가 완료되지 않으면 그 파일을 불러낼 수 없게 된다. 반면 스트리밍은 디지털 오디오 혹은 비디오 데이터를 끊김 없이 흐르게 해서 받는 것을 말한다. 이것은 데이터가 뒤죽박죽 상태인 저장소로 옮겨지는 것이 아니라 끊김 없이 흐르는 것이기 때문에 데이터가 계속 전송(현재 듣고 있는 음악의 다음 소절이나 보고 있는 영화의 다음 장면이 전송되고 있는 상태)되는 동안에 음악을 듣거나 영화를 볼 수 있는 것이다.

그러나 아직도 이런 파이프라인은 초당 30프레임의 최대 화면 텔레비전 장면과 같은 많은 양의 정보를 운반하기에는 역부족이다. HDTV 혹은 쌍방향 디지털 TV를 위해서는 필수 불가결한 이러한 거대한 정보의 전송에는 좀더 큰 파이프가 필요하다. 큰 파이프의 기능을 수행하는 것들 중 하나로 광폭 전송기가 있다. 이것은 하나의 신호를 나눌 수도 있고 동시에 여러 개의 다른 신호(목소리, 음악 또는 비디오 등)를 몇 개의 작은 파이프와 채널을 통해서 전송할 수도 있다. 모순적이게도 디지털 신호를 고속으로 장거리 전송하기 위해서는 먼저 아날로그 신호로 바꾸고 나서 아날로그 신호를 디지털 신호로 다시 바꾸게 된다.

이런 복잡한 전송이 아날로그 신호를 처리하고 전송하는 것보다 유리하다고 하는 이유가 무엇인지 궁금해하는 사람도 있을 것이다. 그 이유 중 하나는 2진수 체제가 매우 강해서 신호의 왜곡과 간섭에 높은 저항력을 가지고 있다는 것이다. 다른 이유는 디지털 신호는 압축이라는 과정을 통해 큰 손실 없이 놀랍도록 축소시킬 수 있다는 것이다.

압축(Compression)

압축은 방대한 양의 정보를 저장하거나 송신하기 쉽도록 재배치하거나 삭제하는 것을 말한다. 디지털 정보는 원래 데이터를 손상시키지 않고 재편성시키는 방법으로 압축할 수 있다. 목적지가 정해지면 데이터는 일단 동일한 상태로 출력될 수 있도록 본래 위치에 저장[이 과정을 디코딩(decoding)이라고 한다]된다. 우리는 대량의 컴퓨터 텍스트를 저장하거나 전송하기 위해 윈도 PC에서는 지핑(zipping), 매킨토시에서는 스터핑(stuffing)이라는 과정을 거치고 다시 파일을 읽기 위해서는 언지핑(unzipping) 과정을 거친다. 혹은 불필요한 자료를 간단히 삭제하면 된다.

재배치나 재편성을 통한 압축을 무손실(lossless) 압축, 즉 재생산된 이미지는 원래 이미지와 같은 수의 픽셀과 값을 갖게 된다. 어떤 장면에서 중복된다거나 지각할 수 있는 영역 밖이라는 이유로 픽셀의 일부를 삭제해서 시행하는 압축을 손실(lossy) 압축이라고 한다. 픽셀의 삭제가 이미지를 만들어 내는 데에 불필요한 것이라 할지라도 재생된 이미지는 이미 본래의 이미지와는 다른 것이다. 무손실 압축의 장점은 원래의 이미지가 조금의 손실도 없이 다시 만들어질 수 있다는 데 있다. 하지만 무손실 압축의 단점은 더 많은 저장 공간이 필요하고 전송하거나 저장 공간에서 불러내는 데 더 많은 시간이 소요된다는 것이다. 그래서 거의 모든 이미지 압축 기술로는 손실 압축을 사용하고 있다.

가장 널리 쓰이고 있는 디지털 압축 기술 중 하나는 정지 이미지 압축 방식인 JPEG('jay-peg')인데 이 시스템을 만든 기관인 the Joint Photographic Experts Group의 이름을 따왔다. 모션-JPEG는 컴퓨터 동영상을 위한 것이다. 무손실 JPEG 압축 기술이 있기는 하지만 저장 공간을 줄이기 위해서 손실 JPEG 압축 기술이 많이 쓰인다. 다른 압축 방식으로는 고화질 비디오를 위한 MPEG-2('em-peg two')가 있으며 이것은 the Moving Picture Experts Group이라는 곳에서 만들어지고 이름 붙여진 것이다. MPEG-2 또한 손실 압축 기술이며 중복된 정보를 삭제하는 방식에 근거하고 있다. MPEG-4, MPEG-7은 MPEG-2보다 멀티미디어 콘텐츠를 조직하기 위한 동영상 압축에 맞춰져 있다. 이미지 압축은 chapter 12에서 더 알아보기로 하자.

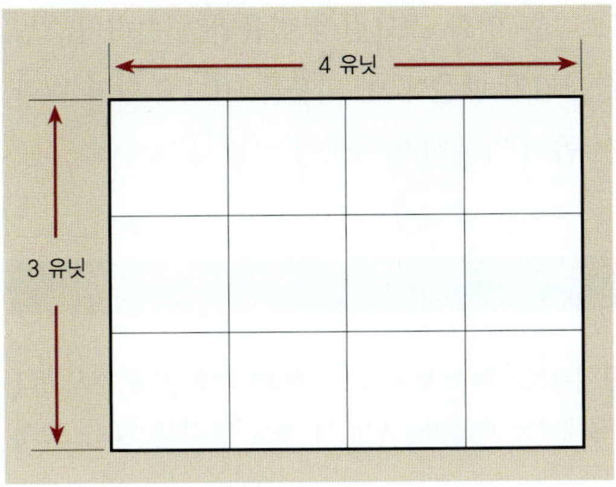

[그림 2.10] 4×3 화면 비
기존의 텔레비전 화면 비는 4×3이다. 이것은 또한 1.33:1(세로 한 단위당 가로 1.33 단위)이라고 표현할 수도 있다.

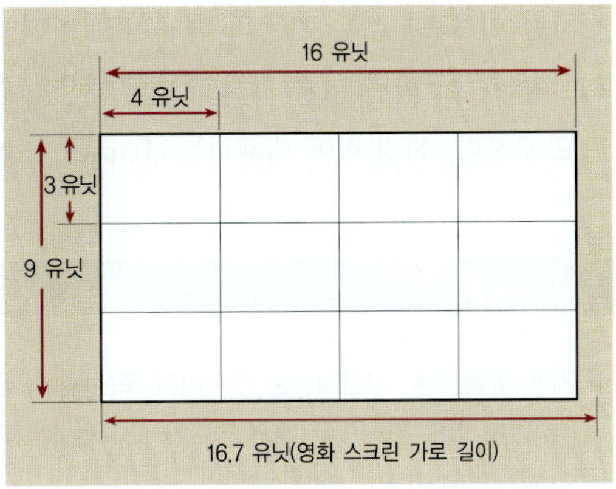

[그림 2.11] 16×9 화면 비
DTV의 화면 비는 16×9이며 이것은 4×3 비율의 제곱을 의미한다. 이것은 1.78:1로 가로 길이가 늘어난 형태인데 영화 스크린(1.85:1)과 비슷하다.

화면 비(Aspect Ratio)

기존의 텔레비전과 디지털 텔레비전의 가장 눈에 띄는 차이는 바로 확장된 가로 길이라고 할 수 있다. 새로운 텔레비전의 화면 비(화면의 가로 대 세로의 비)는 텔레비전이라기보다 작은 영화 스크린과 비슷하다. 화면 비에 관해서는 chapter 15에서 알아보기로 하자. 여기서는 전통적인 텔레비전의 화면 비와 DTV의 화면 비를 살펴보겠다.

4×3 화면 비(4×3 aspect ratio) 기존의 텔레비전 화면과 컴퓨터, 그리고 초기 영화 스크린의 화면 비는 4×3으로 이것은 세로 3단위당 가로 4단위에 해당하며 여기서 단위는 인치나 피트 어느 것이든 관계없이 동일하다. 이 화면 비는 또한 1.33:1로도 표현할 수 있는데 세로를 이루고 있는 각각의 단위당 가로 단위가 1.33으로 대응한다는 의미이다(그림 2.10 참조).

이러한 기존 화면 비의 장점은 화면의 가로와 세로의 차이가 현저하지 않아서 한 방향이 과도하게 강조되지 않는다는 것이다. 얼굴 클로즈업이나 극도의 클로즈업 또는 가로로 확장된 풍경은 이 화면 비에 적당하다.(주2) 단점으로는 가로로 확장된 1.85:1의 비율을 가지는 와이드스크린 영화에는 적당치 않다.

16×9 화면 비(16×9 aspect ratio) DVT 시스템은 가로 길이가 확장된 형태로 16×9 화면 비를 사용하는데 이것은 세로 9단위에 가로 6단위의 비율로 1.78:1로도 표기한다. 보는

(주2) Herbert Zettl의 [Sight Sound Motion], 4판(Belmont, CA.: Thomson Wadsworth, 2005), pp. 83–92 참조.

것처럼 이 화면 비는 기존의 텔레비전 화면 비보다는 영화 스크린의 비율과 비슷하다(그림 2.11 참조). 이 화면 비가 고선명 텔레비전을 연상시키기 때문에 이 비율을 HDTV 화면 비라고도 부른다. 화면 비에 대해서는 chapter 15에서 좀더 자세히 알아보자.

핵심요약

- 기본 비월 주사 과정에서는 전자빔이 모든 홀수 선을 주사한 후(첫 번째 필드 완성) 짝수 선을 주사한다(두 번째 필드 완성). 두 개의 필드가 모여서 하나의 텔레비전 프레임을 만든다. 초당 60개의 필드, 30개의 프레임을 만들게 된다.
- 텔레비전에 쓰이는 기본 색상은 RGB라고 불리는 빨강, 초록, 파랑이다. 텔레비전 화면을 구성하고 있는 480개의 보이는 선에는 3색을 나타내는 점이나 사각형을 모아놓은 튜브가 있다. 이 세 가지 기본색을 가진 점들은 각각의 색을 담당하는 세 개의 전자빔에 의해 활성화된다. 세 개 전자빔의 농도를 다양화하여 텔레비전 화면에서 볼 수 있는 색을 만들어 낸다.
- 디지털 컴퓨터는 0과 1로 이루어진 2진수 체계를 사용한다. 이 체계는 오류에 영향을 받지 않는다.
- 디지털화 과정에서 아날로그 신호는 특정한 시간 간격을 가지고 지속적으로 샘플링된다. 샘플링된 신호는 양자화(특정 값을 부여)되고 이것은 다시 0과 1로 코드화된다.
- 디지털 텔레비전은 월등한 화상과 음향을 만들어 내는데, 이것은 여러 번의 재복사에도 화질과 음질의 손실 없이 유지되며 이미지 조정과 창작에 있어서 많은 유연성을 제공하고 능률적인 전송과 저장을 위해 압축할 수도 있다.
- 기존 텔레비전의 화면 비인 4×3(1.33:1)에 비해 HDTV 시스템은 좀더 넓은 16×9(1.78:1)의 화면 비를 가지고 있다.

SECTION

2.2

주사 시스템

Scanning Systems

이 section에서는 비월 주사 시스템과 순차 주사 시스템, 그리고 디지털 디스플레이 시스템에 대해서 살펴보기로 한다. 모든 표준 텔레비전은 비월 주사 방식을 쓰는 데 반해 디지털 텔레비전 시스템에서는 비월 주사 혹은 발전된 주사 방식을 통해 고해상도 화면을 만들어 낸다.

▶ 비월 주사와 순차 주사 방식

비월 주사와 순차 주사 방식 시스템

▶ DTV 시스템

480p 시스템과 720p 시스템, 그리고 1080i 시스템

▶ 평면 디스플레이

플라스마 디스플레이와 LCD(liquid crystal displays)

비월 주사와 순차 주사 방식 (Interlaced and Progressive Scanning)

Chapter 1에서 알아본 바와 같이 텔레비전에서 보이는 이미지는 RGB 전자빔이 텔레비전 화면 안쪽에 줄지어 있는 감광 픽셀에 주사를 하면서 만들어진다. 컬러 텔레비전 주사에는 세 개의 전자빔이 필요하지만 간략한 설명을 위해 하나의 빔이 주사를 한다고 가정하자.

비월 주사 시스템(Interlaced Scanning System)

비월 주사는 전자빔이 모든 홀수 선을 먼저 주사하고 다시 위로 올라가서 짝수 선을 읽어 내린다. 이런 과정에서 몇몇 선은 빠지게 된다. 우리가 화면에서 실제로 보는 선은 유효 선이라고 한다.

525개의 선을 가진 기존의 NTSC 아날로그 텔레비전은 두 개의 필드로 나뉜다. 첫 번째 필드가 262.5개의 선을 두 번째 필드가 262.5개의 선을 가지고 있다. 빔은 매초마다 60개의 필드, 즉 30개의 완전한 프레임을 만든다. 이런 주사 속도는 너무나 빠르기 때문에 텔레비전을 볼 때 두 개의 필드가 합쳐져 플리커가 없는 하나의 완전한 화면으로 인지하게 된다. 525개의 선 중 480개 선이 유효하다(그림 2.12 참조).

선을 교차하는 것은 텔레비전 신호를 전송하는 전자 파이프라인 대역폭을 줄이기 위한 것이다. 각 프레임을 반으로 나누고 동시에 신호를 보내는 대신 순차적으로 보냄으로써 비디오 정보가 줄어들어 작은 광역폭을 통해 사람들이 화면을 접하게 된다.

회귀와 블랭킹(retrace and blanking) 비월 주사나 순차 주사 시스템 모두 회귀와 블랭킹을 사용한다. 주사선 끝에서 다음 선의 주사를 위해 빔이 처음 위치로 되돌아가는 것은 가로 회귀(horizontal retrace)라고 한다. 빔이 마지막 선을 주사하고 다시 1번 위치로 돌아가는 것을 세로 회귀(vertical retrace)라고 한다. 빔이 회귀하는 동안 화면의 간섭을 막기 위해 전자빔은 자동적으로 비워져 어느 픽셀도 발광하지 않게 되는데, 만약 이때 픽셀이 발광을 하게 되면 본래 주사에 간섭을 일으킬 수 있다. 이러한 과정을 블랭킹(blanking)이라고 한다. 가로 공백은 가로 회귀 시에, 세로 공백은 세로 회귀 시에 일어난다.

순차 주사 시스템(Progressive Scanning System)

정보의 절반을 보여주고 이어서 나머지 절반을 보여주는 비월 주사와 달리 순차 주사 시스템은 화면에 보내서 보여주기 전에 전체 프레임이 형성될 때까지 기다린다. 기술적으로 순차

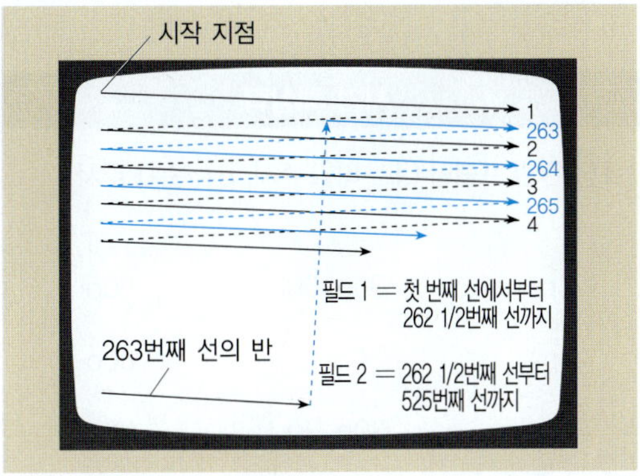

[그림 2.12] 교차 주사
교차 주사 시 빔은 맨 위에서 맨 아래까지 한 줄 건너 하나씩 읽어 나간다. 일 회 주사는 홀수 선만 혹은 짝수 선만 주사된 하나의 필드를 만들고 두 개의 필드가 모여서 완전한 하나의 프레임이 된다.

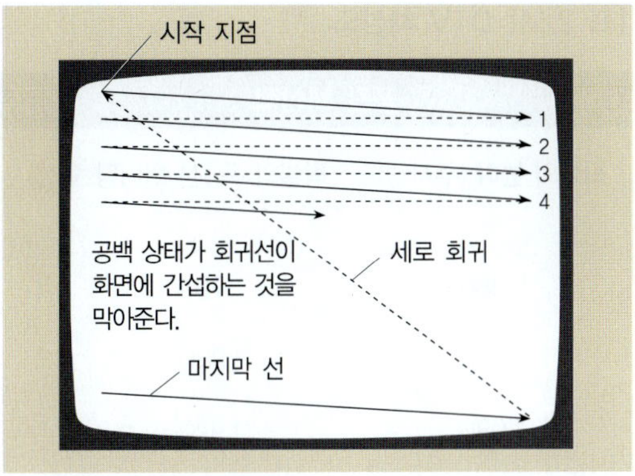

[그림 2.13] 순차 주사
순차 주사는 위에서 아래까지 모든 선을 읽어 내린다. 한 번의 완성된 주사가 하나의 프레임을 형성한다. 회귀선(대각선으로 표시된 선)에서는 공백 상태가 되어야만 화면상에 나타나지 않는다.

주사 방식에서의 전자빔은 글을 읽는 것처럼 모든 선을 주사한다. 이것은 첫 번째 줄을 주사한 후 왼쪽으로 돌아가서 다시 두 번째 줄을 주사하고 다시 돌아가서 세 번째 줄을 주사하는 방식으로 이루어진다. 이렇게 전자빔이 모든 선을 순차적으로 주사하기 때문에 이런 이름을 붙였다(그림 2.13 참조).

두 개의 주사 시스템을 DTV에 적용시켜 보고 어떻게 작용하는지 살펴보자.

DTV 시스템(DTV Systems)

기존의 ATV(advanced television)와 DTV(digital television)의 주사 규격에 대해서 몇 년 동안의 동행 기업에서는 480p, 720p, 그리고 1080i와 같은 시스템을 정착시켰다.

480p 시스템(480p System)

480p 시스템은 매 1/60초마다 480개의 선을 차례로 주사한다. 이 숫자를 잘 살펴보자. 이 시스템에서의 유효 선의 수는 기존의 아날로그 텔레비전의 유효 선의 수와 일치한다. 기존의 텔레비전이 525줄의 주사선을 가지고는 있지만 유효 선은 480에 한정되어 있다. 그러므로 480p 시스템은 기존 텔레비전이 가지고 있는 주사 시스템과 비슷한 시스템을 가지고 있다고 할 수 있다. 그러나 빔이 순차적으로 주사하기 때문에 다시 처음으로 돌아가서 다음 페이지를 읽기 전에 모든 줄을 읽게 되고 한 번의 주사 회로로 하나의 프레임을 만들게 된다. 기존 텔레비전이 초당 60개의 필드, 30개의 프레임을 만드는 것과 달리 480p 시스템은 초당 완전한

[표 2.14] DTV 해상도

공간 해상력		시기 해상력		
픽셀의 높이 (주사선)	**픽셀의 폭** (선 하나당 픽셀)	**초당 완전 프렘임** (i＝비월 주사, p＝순차 주사)		
480	704	24p	30p, 30i	60p
720	1,280	24p	30p	60p
1,080	1,920	24p	30p, 30i	60p

Baylor 대학교의 Michael Korpi 제공

프레임 60개를 만들어 낸다. 이런 높은 리프레시 비율(refresh rate)을 쓰는 이유는 순차 주사 시스템을 쓰는 다른 시스템과 마찬가지로 플리커를 방지하기 위한 것이다.

이런 주사 규격의 문제점은 보는 데 불필요한 것들을 얻게 된다는 것이다. 신호가 디지털 형태이기 때문에 디지털 디스플레이(텔레비전 수상기가 보여주는 것)는 보내온 것을 거울에 비추듯 똑같이 보여주지는 못한다는 것이다. 예를 들어 DTV 수상기는 수상기에 보내진 리프레시율과는 다른 비율로 화면을 보여주게 된다. 더 복잡하게도 각각의 주사 형식, 480, 720, 1080은 여러 종류의 리프레시 비율을 가지고 있다. 예를 들면 HDTV 카메라로 초당 24프레임으로 촬영하고 초당 30프레임의 비율로 전송할 수 있다. 보는 사람이 고해상도라고 인식할 수 있도록 수상기는 리프레시 비율을 두 배로 높여서 초당 60개 프레임으로 보여줄 수도 있다. 이것은 사람들에게 최대한 선명한 화면을 공급하기 위해서 과도한 송출 공간과 시간이 드는 것을 막기 위해 줄어들게 된다. 해상도 표는 주사선(수직 픽셀)에 있어서의 다양성, 각 선에 해당하는 해상도 선(수평 픽셀), 그리고 다양한 리프레시 비율에 대한 의미를 보여줄 것이다(표 2.14 참조). 결합된 픽셀의 수가 공간 해상력을 결정하고 초당 프레임 수(리프레시 비율)가 시기 해상력을 결정하게 된다. 480선과 1080선의 디지털 프레임을 가진 시스템에서는 비월 주사 방식과 순차 주사 방식 모두를 사용할 수 있다.

720p 시스템(720p System)

720p 시스템에서 차례로 주사되는 유효 주사선과 60이라는 리프레시 비율은 진정한 고선명 텔레비전 화상에 기여한다. 이것은 화면이 높은 해상도와 실제 색과 거의 같은 색을 가지고 있다는 것을 의미한다. 720p 시스템의 장점은 비교적 낮은 주사선과 능률적인 압축, 그리고 케이블을 통해 송출할 때 변환이 용이하다는 것이다.

1080i 시스템(1080i System)

총 1,125개의 선 중 1,080개의 유효 선을 가지고 있는 1080i 시스템은 비월 주사 방식을 사용한다. 표준 NTSC 시스템과 유사하게 1/60초당 539.5개선의 필드를 하나, 즉 초당 30개의 프레임을 만들어 낸다. 1080i 시스템의 높은 주사선은 텔레비전 화면의 해상도를 높이는데 이것은 신호 전송을 위해 큰 광역폭을 필요로 한다. 그러나 모두 아는 바와 같이 화질이라는 것은 결국에는 전체 제작 과정 특히 신호 전송 과정에서 원본의 손상이 얼마나 작은가에 달려 있다.

평면 디스플레이(Flat-Panel Displays)

DTV의 거듭되는 발전은 고선명 수상기를 필요로 하게 되었다. 일반적인 텔레비전의 CRT(cathode ray tube: 음극관)는 크기에 한계가 있기 때문에 랩톱 컴퓨터에서와 같은 평면 디스플레이에 관심이 쏠리고 있다. 보통 텔레비전 수상기나 큰 크기의 투사 시스템보다 평면 디스플레이의 좋은 점은 두껍지 않으면서 해상도의 열화 없이 화면을 크게 만들 수 있다는 것이다. 이런 면에서 평면 디스플레이는 수수한 액자에 끼워진 큰 그림에 비교될 정도다. 평면 디스플레이를 그림처럼 벽에 걸어놓고 시청하는 것을 기대할 수 있는 것이다. 고도로 선명한 화면을 만들어 내는 평면 디스플레이에는 두 개의 상반되는 종류가 있다. 플라스마 디스플레이와 LCD(liquid crystal display)가 그것이다.

플라스마 디스플레이 패널(Plasma Display Panel)

플라스마 디스플레이 패널(plasma display panel: PDP)은 투명한(보통 유리) 선들로 이루어진 판 사이에 가스를 채워서 사용하고 있다. 가스가 비디오 신호의 전압을 받아들이면 이것은 기존의 텔레비전 수상기와 비슷한 방식으로 RGB 점을 활성화시킨다.

LCD(Liquid Crystal Display: 액정 화면)

LCD 또한 두 장의 투명한 판을 사용하지만 가스 대신 액체 상태의 물질을 사용한다. 이 액상 물질은 전하가 공급되면 분자가 변하게 된다. LCD에서는 RGB 점이 아닌 비디오 신호의 전하에 따라 불이 들어오는 극도로 작은 트렌지스터를 사용한다. 랩톱 컴퓨터, 디지털 시계, 전화기, 그리고 다른 많은 보급형 전자 제품에 이 LCD가 사용된다.

두 가지 평면 디스플레이 모두 충실한 고선명 화질의 화면을 만들어 낸다.

핵심요약

- 비월 주사 방식에서는 전자빔이 처음 주사할 때 한 줄씩 빼놓고 홀수 선에만 주사한다. 전자빔이 마지막 홀수 선의 절반을 주사한 후 화면의 맨 위로 올라가서 마지막 홀수 선의 나머지 반을 주사하고 이어서 짝수 선을 주사한다. 홀수 선과 짝수 선이 주사된 것은 각각 하나의 필드를 이루고 두 개의 필드가 합쳐져 완전한 하나의 프레임이 만들어진다.
- 순차 주사 시스템에서 전자빔은 첫 번째 선부터 주사하기 시작해서 2번, 3번 순서로 주사한다. 모든 선이 주사되면 빔은 시작점으로 돌아가서 주사를 다시 시작한다. 모든 선을 주사하면 하나의 프레임이 만들어진다.
- 수평 · 수직 회귀 도중 전자빔은 완전히 비워져서 화면의 투명함을 방해하는 픽셀의 불필요한 활성화를 막아준다.
- 비월 주사된 480개의 선을 가진 480p 시스템과 720p 시스템에서 가장 일반적인 리프레시 비율은 60 fps(초당 프레임 수)인 반면, 1080i 시스템에서는 30 fps이다. 많은 HDTV 시스템은 다양한 리프레시 비율을 가지고 있다.
- DTV는 세 개의 주사 형식을 채용하고 있는데, 480p(순차 주사된 480개의 선을 가지는 방식), 720p, 1080i(1,080개의 비월 주사된 선을 가지는 형식)가 이 세 가지 방식이다. 이 세 가지 형식은 모두 16×9의 화면 비를 가지고 있지만 4×3 비로 변환할 수도 있다.
- 평면 디스플레이에는 두 개의 투명한 판 사이에 가스를 채워서 사용하는 플라스마 디스플레이 패널(PDP)과 투명한 두 개의 판 사이에 액상 물질을 넣어서 사용하는 LCD(liquid crystal display: 액정 화면), 이렇게 두 가지가 있다. PDP는 RGB 점을 활성화시키는 방식이며 LCD는 입력된 전하에 따라 변하는 여러 개의 극소 트랜지스터를 활성화시킨다.

CHAPTER

3

텔레비전 카메라

The Television Camera

텔레비전 카메라는 가장 중요한 제작 장비 가운데 하나이다. 다른 제작 장비나 제작 기술들은 카메라의 기술적인 특성과 성능의 영향을 많이 받는다. 카메라의 전자공학적 측면은 계속해서 복잡해지고 있지만 새로운 시스템이 만들어질수록 작동 방법은 간단해지고 있다. 집에서 캠코더를 사용해 본 사람은 알겠지만 광학적 이미지를 만들어내기 위해 전자 기술에 능숙할 필요가 없으며 오로지 정확한 버튼을 누르기만 하면 된다. section 3.1 「텔레비전 카메라의 작동 원리」에서는 카메라의 부품과 형태, 작동 방법에 따른 특성을 알아볼 것이며, section 3.2 「카메라의 원리」에서는 CCD의 기능에 대한 좀더 구체적인 정보와 자연색, 색도 채널, 휘도 채널에 대해서 알아보고자 한다.

주요 용어

빔 스플리터(beam splitter) 프리즘과 필터로 이뤄진 텔레비전 카메라에 자리한 작은 부품으로 하얀색 빛을 RGB 컬러로 분리시킨다. 프리즘블록이라고도 부른다.

휘도(brightness) 흑백 텔레비전 화면에서 어두운 부분과 밝은 부분이 나타나는 방식, 그리고 얼마나 밝게 색을 반사시키는가를 결정하는 색의 속성.

캠코더(camcorder) VTR이 부착되거나 하나의 기계에 내장되어 있는 휴대용 카메라.

카메라 체인(camera chain) 텔레비전 카메라와 이와 관련된 전자 장비. 카메라 컨트롤 장비, 동조 신호 발생기, 전력 공급원이 여기에 속한다.

카메라 컨트롤 장비(CCU: camera control unit) 카메라 헤드에서 분리된 장비로서 색의 교정, 균형, 콘트라스트, 선명도를 조절할 수 있는 여러 종류의 비디오 컨트롤을 포함하고 있어서 쇼 중간에 비디오 오퍼레이터(video operator)가 카메라에 잡힌 화면을 조절할 수 있게 해주는 장비.

카메라 헤드(camera head) 실질적인 텔레비전 카메라로, 필수 전자 부속품들로 구성된 체인에서 맨 앞에 위치하게 된다. 이것은 촬상 장치, 렌즈, 뷰파인더를 포함한다. ENG/EFP 카메라의 경우 스튜디오 카메라 시스템에 있어서 카메라 헤드에 해당하는 부분에 카메라 체인의 모든 요소를 담고 있다.

CCD(전하 결합 소자: charge-coupled device) 텔레비전 카메라에서 상을 맺게 하는 장치(촬상 장치)이다. 일반적으로 칩(chip)이라고 불린다.

칩(chip) 카메라 촬상 장치의 일반적인 이름. 기술적으로 이것은 CCD로 알려져 있다. 칩은 픽셀이라고 하는 엄청난 양의 감광 소자를 가지고 있으며 이 소자가 광학 이미지를 전기적 영상 신호로 변환시킨다. 이것은 또한 카메라 픽업 장치라고도 불린다.

색도 채널(chrominance channel) 비디오 시스템에서의 세 가지 컬러 신호를 말한다. 분리된 색도 채널은 3원색인 빨강과 초록, 파랑에 각각 관련이 되어 있다(일반적으로 색도 채널은 색상, 채도와 관계가 있다).

콘트라스트 비(contrast ratio) 화면에서 가장 밝은 부분과 가장 어두운 부분의 범위, 즉 그 차이를 수치로 나타낸 것이다(대게 촉광 단위로 측정한다). 대부분의 카메라에서 적정한 콘트라스트 비는 40:1 내지는 50:1인데 이것은 가장 밝은 부분이 가장 어두운 부분의 40~50배 밝다는 것을 의미한다. HDTV의 경우 이 비율은 더 늘어날 수 있으며 카메라에 따라 그 수치는 다르다.

디지털 영화(electronic cinema) 고화질 텔레비전 카메라는 영화 필름의 초당 프레임 수와 같은 24fps를 가지고 있다. 모든 디지털 영화는 고성능의 예술 촬영을 위한 렌즈와 뷰파인더를 사용한다.

ENG/EFP 카메라와 캠코더(ENG/EFP cameras and camcorders) 고성능 휴대용 야외 제작 카메라. VTR이 부착되어 있거나 내장되어 있는 경우 이를 캠코더라고 부른다.

게인(gain) 비디오 신호를 조작해서 화면의 기본적인 밝기를 높이는 것.

고화질 텔레비전(HDTV) 카메라[high-definition television (HDTV) camera] 고해상도와 선명한 색, 확실한 명암의 대비를 가진 화면을 잡아낼 수 있는 비디오 카메라. 고성능 CCD와 줌 렌즈를 사용한다.

고화질 비디오(high-definition video: HDV) HDTV와 같은 해상도를 얻기 위한 녹화장비 시스템으로 일반적인 디지털캠코더와 비슷하다. 비디오신호는 HDTV에 비해 좀더 압축되며 이것은 전반적인 해상도의 저하를 야기한다.

색조(hue) 기본적인 색의 특성 중 하나. 색조는 빨강, 초록, 노랑 등 색 그 자체를 말한다.

휘도 채널(luminance channel) 컬러 카메라의 경우 밝기에 영향을 주는 분리된 채널을 말하며 흑백 텔레비전에서는 수신할 수 있는 신호를 만들어 내는 역할을 한다. 휘도 신호는 일반적으로 색도 신호에서 기술적으로 끌어낸 것이다.

무아레 효과(moiré effect) 텔레비전 시스템을 통해 좁고 밀집된 줄무늬 모양을 보여줄 때 나타나는 간섭 현상으로 색이 흔들리는 모양을 띄고 있다.

작업 광량(operating light level) 카메라가 비디오 신호를 만들어 내는 데 필요한 빛의 최소량. 기본 광량이라고도 한다. 대부분의 컬러카메라는 촬영을 위한 f-stop(f/8)의 확보를 위해 100~250풋캔들의 광량을 필요로 한다.

픽셀(pixel) picture element의 줄임말. 신문에 실린 사진에 있어서 점에 해당하는 기능을 수행하는 촬상 소자로서 컴퓨터에 의해 확인이 가능하다. 픽셀의 수가 많을수록 고화질의 화상을 얻을 수 있다.

해상도(resolution) 화면의 섬세한 정도. 해상도는 촬상 장치, 렌즈, 그리고 카메라가 잡은 화상을 보여주는 텔레비전 세트의 영향을 받는다. 화질과 같은 뜻으로 사용된다.

채도(saturation) 색의 속성 가운데 하나로, 색의 풍부함과 강함을 나타낸다.

셰이딩(shading) 최적의 콘트라스트 범위를 만들기 위해 화면의 콘트라스트를 조절하는 것. 색과 화이트 레벨, 블랙 레벨을 조정한다.

신호 대 잡음(S/N) 비[signal-to-noise (S/N) ratio] 원하는 신호의 세기와 여기에 따르는 전기적인 간섭의 관계. 높은 S/N 비가 바람직하다(S/N 비가 높다는 것은 간섭에 비해 화상, 음향 신호가 강하다는 것을 의미한다).

스튜디오 카메라(studio camera) 줌 렌즈가 장착되어 있고 페디스털이나 다른 마운트 장비의 도움을 받지 않으면 이동시키기 힘든 고성능 카메라.

동조 신호 발생기(sync generator) 카메라 체인의 일부로 전자적인 동조 신호를 생성해낸다.

동조 파동(sync pulses) 전자 파동으로 여러 개의 화상 원본(스튜디오 카메라와 원격 조정 카메라에 의해 들어온)과 원본의 녹화와 처리, 재제작의 과정(비디오테이프, 모니터, 텔레비전 수상기)을 동조화시킨다.

화이트 밸런스(white balance) 다양한 색온도를 가진 조명 아래에서 하얀색을 만들어내기 위해 카메라의 컬러 회로를 조절하는 것.

SECTION

3.1

텔레비전 카메라의 작동 원리

How Television Cameras Work

컴퓨터에서 사용하는 표현을 빌리자면, 텔레비전 카메라는 사용자와 친숙해졌다고 할 수 있지만 카메라의 작동원리에 대한 기본 지식을 배워야만 카메라의 잠재력을 최대화시킬 수 있고 제작의 다른 부분에 어떠한 영향을 끼치는지 이해할 수 있다. 이번 section에서는 카메라에 대해 자세하게 알아보고자 한다.

▶ 카메라 부품

렌즈와 카메라 몸체, 그리고 뷰파인더

▶ 빛으로부터 비디오 신호까지

빔 스플리터, 촬상관

▶ 카메라 체인

카메라 헤드, 카메라 제어 장치, 동기 신호 발생기, 전력 공급원

▶ 카메라의 종류

아날로그 카메라, 디지털 카메라, 스튜디오 카메라, ENG/EFP 카메라, 캠코더, 그리고 보급형 캠코더, 전문가용 캠코더

▶ 전자적 특성

컬러 반응, 해상도, 프레임 비율, 작업 광량, 게인, 영상 잡음과 신호 잡음 변환 비율, 화면 번짐과 전자 셔터, 스미어와 무아레, 콘트라스트, 셰이딩, 화이트 밸런스

▶ 작동 특성

전원 공급, 카메라 케이블, 커넥터, 필터 휠, 뷰파인더, 탈리 라이트, 인터컴, 그리고 추가적인 ENG/EFP 요소

카메라 부품(Parts of the Camera)

가정용 캠코더로 여름 휴가를 촬영할 때 카메라가 어떤 원리로 작동하는지에 대해서는 한 번도 생각도 해본 적이 없을 것이다. 그러나 카메라를 분해해 본다면(권하고 싶은 일은 아니지만) 그 안에 있는 무수히 많은 전자 장치와 회로들을 보게 될 것이고 이런 것들이 어떤 원리로 작동하는지 궁금해질 것이다. 전자적으로는 복잡해 보이지만 보급형 비디오 카메라를 포함한 모든 텔레비전 카메라는 세 개의 주요 부분으로 구성되어 있다.

첫째는 렌즈로, 특정 범위를 선택하고 그에 따른 소형 광학 이미지를 만들어 낸다. 두 번째 부분은 카메라 몸체로 이미지를 만들어 내는 장치, 즉 촬상 장치이다. 이것은 렌즈를 통해 들어온 광학 이미지를 전기 신호로 변환시킨다. 세 번째는 뷰파인더로서 렌즈가 보고 있는 것을 작은 영상으로 보여준다. 어떤 카메라는 접었다 펼 수 있는 LCD 모니터가 장착되어 뷰파인더를 통해 피사체를 볼 필요가 없다(그림 3.1 참조).

빛으로부터 비디오 신호까지(From Light to Video Signal)

디지털이든 아날로그이든 혹은 크기가 크든 작든 모든 텔레비전 카메라는 다음과 같은 기본 원리에 의해 작동한다. 광학적 이미지는 전기적 신호로 변환되고 이 전기적 신호는 다시 텔레비전 세트에 의해 스크린 이미지로 변환된다(그림 3.2 참조). 특히 피사체로부터 반사된 빛은 렌즈에 의해 모아지고 촬상 장치 위에 초점을 맺는다. 이 촬상 장치는 카메라의 기본적인 요소로서 빛을 비디오 신호라는 전기 에너지로 변환시킨다. 이 비디오 신호는 증폭되고 처

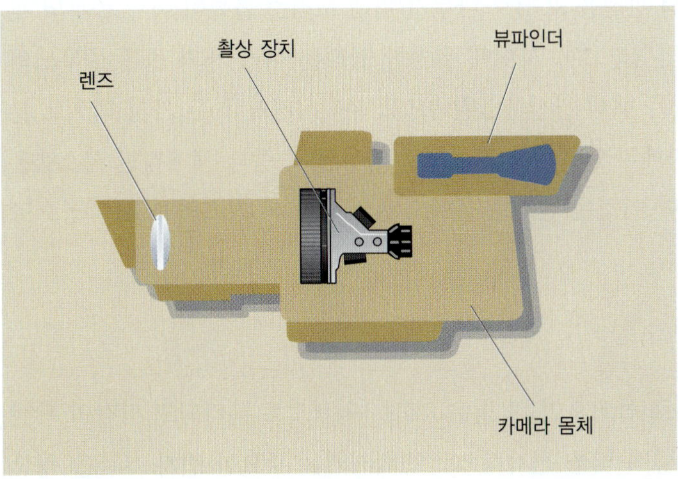

[그림 3.1] 카메라의 구성
텔레비전(비디오) 카메라는 크게 렌즈, 촬상 장치를 가진 카메라 몸체, 그리고 뷰파인더로 구성되어 있다.

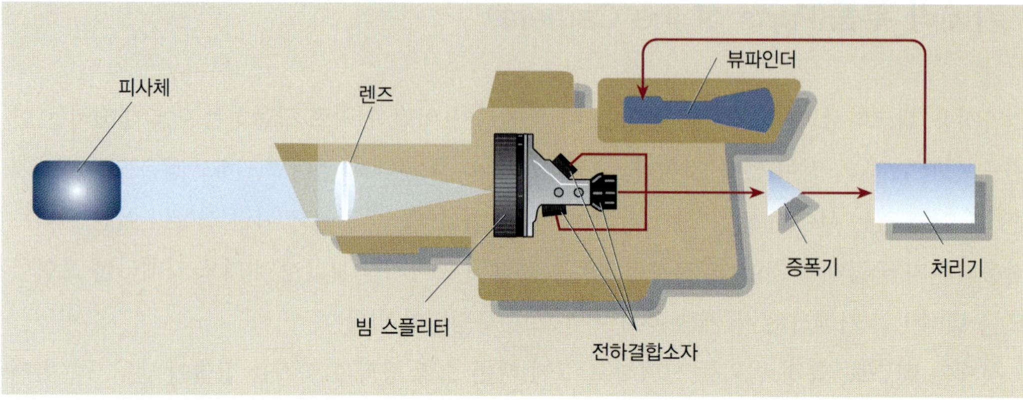

[그림 3.2] 기본적인 카메라의 원리
피사체에서 반사된 빛은 렌즈에 의해 모아지고 빔 스플리터에 집중되며 이 스플리터는 백색광을 적색, 녹색, 청색의 화상으로 바꾼다. 이러한 빛줄기가 각각 CCD에 전해지고 RGB 세 가지 색은 RGB 전기 신호로 전환되는데, 이 전기 신호는 증폭되고 처리되어 뷰파인더에서 다시 화상 이미지로 재전환되는 것이다.

리되어 스크린상의 영상으로 재변환된다.

이러한 기본 원리를 숙지하고 빛 이미지를 컬러 텔레비전 이미지로 바꾸는데, 사용되는 요소와 과정을 한 단계씩 밟아보기로 하자. 특히 빔 스플리터와 촬상 장치에 대해서 알아보기로 한다.

빔 스플리터(Beam Splitter)

빔 스플리터는 백색 광선을 RGB라 불리는 삼원색(빨강, 초록, 파랑)으로 분리시키는 여러 개의 프리즘과 필터로 구성되어 있다. 뒤에 언급하겠지만 이 세 가지 색이 전자적인 혼합을 통해서 텔레비전에서 보이는 여러 가지 색으로 나타나는 것이다. 이러한 프리즘은 하나의 블록에 모아져 있기 때문에 이 빔 스플리터를 프리즘 블록이라고도 한다(그림 3.3 참조).

대부분의 보급형 캠코더는 백색 광선을 RGB로 나누기 위해 프리즘 블록이 아닌 줄무늬 필터만을 사용한다. 렌즈와 한 개의 칩(CCD) 사이에 위치한 필터는 여러 개의 좁은 줄무늬의 필터로 구성되어 있으며, 이것들은 백색 광선을 3원색으로 분리시키거나 두 가지 색으로 분리시키고 나머지 한 가지 색은 카메라 안에서 전자적으로 생성된다. 좀더 체계적인 시스템은 모자이크와 같은 필터를 사용하며 이것은 렌즈로 들어오는 영상의 색 최초의 RGB 색상으로 혼합한다(그림 3.4 참조).

촬상 장치(Imaging Device)

백색 광선이 일단 카메라 안으로 들어오면 그 빛은 RGB 3원색으로 분리되고 각각의 광선은 전자 신호로 바뀌게 된다. 이렇게 빛을 전기적으로 변화시키는 주요한 전자 부품을 촬상

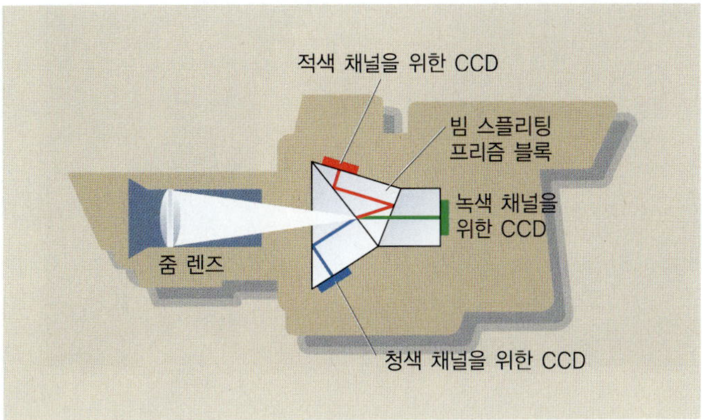

[그림 3.3] 빔 스플리터
빔 스플리터 또는 프리즘 블록은 투입되는 백색광을 RGB(적색, 녹색, 그리고 청색) 광선으로 분해하여 RGB 각각의 촬상장치로 전달한다.

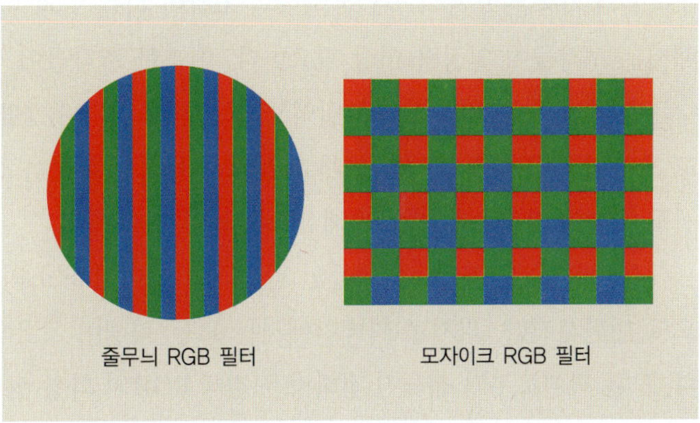

[그림 3.4] 줄무늬와 모자이크 필터
모든 보급형 카메라는 하나의 촬상장치(CCD)를 가지고 있기 때문에 줄무늬 또는 모자이크 필터를 사용하며 이 필터는 CCD 전면 표면에 위치 하고 있다. 이것은 백색광을 RGB 광선으로 나눈다. CCD가 이 각 색의 광선을 RGB 신호로 변환시킨다.

장치(imaging device)라고 한다. 촬상 또는 픽업 장치는 일반적으로 칩이라고 하고 전문적으로는 CCD(charge-coupled device)라고 불리는 작은 고체 상태의 장치(일반적인 전화기의 숫자버튼만한 크기)로 이루어져 있다. CCD는 화상을 감지하는 수십만 개의 픽셀[pixels: picture(화상)와 elements(요소)의 합성어]로 이루어져 있는데 이것들은 가로 세로로 배열되어 있다(그림 3.5 참조).

[그림 3.5] 전하결합소자
CCD는 수십만 개의 픽셀을 갖고 있어서 각각의 픽셀이 작은 칩 창을 통해 들어온 빛을 전하로 변환시킨다.

[그림 3.6] 픽셀화된 피사체
하나의 픽셀은 모자이크에 있어서 하나의 조각에 해당하는 역할을 한다. 상대적으로 적은 수의 조각, 즉 픽셀들은 세부 묘사에 있어서 빈약하고 조각이 많을수록 그리고 그 조각의 크기가 작을수록 이미지는 선명해진다.

픽셀의 기능은 모자이크에서 하나의 조각이 하는 일과 비슷하다. 전체 그림을 알아보기 위해서는 조각들이 일정량 이상 필요하다. 이러한 조각들이 상대적으로 적다면 그림을 알아볼 수는 있지만 구체적인 것들을 알아보기는 힘들 것이다(그림 3.6 참조). 조각이 많을수록, 그리고 조각이 작을수록 모아졌을 때 화상의 구체적인 부분을 잘 볼 수 있다. 마찬가지로 CCD에서도 픽셀이 많을수록 화상의 해상도는 높아지게 된다.

각각의 픽셀은 그것이 받아들인 단편적인 이미지 요소의 색과 명암 정보를 특정한 전하량으로 변환시킨다. 디지털 카메라에서는 모든 픽셀이 고유의 어드레스(address)를 가지고 있다. 모든 픽셀로부터 전해진 전하량은 결국 RGB의 화상 신호가 된다. 이러한 RGB 신호는 색도(색) 정보 혹은 C신호를 구성하게 된다. 흑백 혹은 휘도 정보는 부가적인 신호로서 Y신호라고도 한다(section 3.2 참조).

카메라 체인(Camera Chain)

고성능 카메라를 보면 외부 전자 장비와 연결된 케이블들을 볼 수 있다. 이런 케이블은 카메라를 화상을 만들어 내는 데 쓰이는 장비들과 연결해주는 고리 역할을 한다. 카메라 체인의 주요 구성은 (1) 카메라 헤드(체인의 머리 부분에 해당하기 때문에 붙여진 이름이다), (2) 카메라 컨트롤 장비 혹은 CCU, (3) 여러 개의 텔레비전 장비의 스캐닝을 유지할 수 있도록 동기 펄스를 제공하는 동조 신호 발생기, (4) 전원 공급원으로 되어 있다(그림 3.7 참조).

카메라 조절 장치(Camera Control Unit)

모든 스튜디오 카메라는 카메라 조절 장치(CCU)를 가지고 있다. CCU는 셋업과 조절의 두 가지 기본적인 기능을 수행한다. 셋업 과정에서 카메라는 색 연출을 교정하고 화이트 밸런스(RGB 신호가 여러 조명 조건하에서 다시 하얀색을 낼 수 있도록 맞추는 것)를 맞추며 장면의 밝은

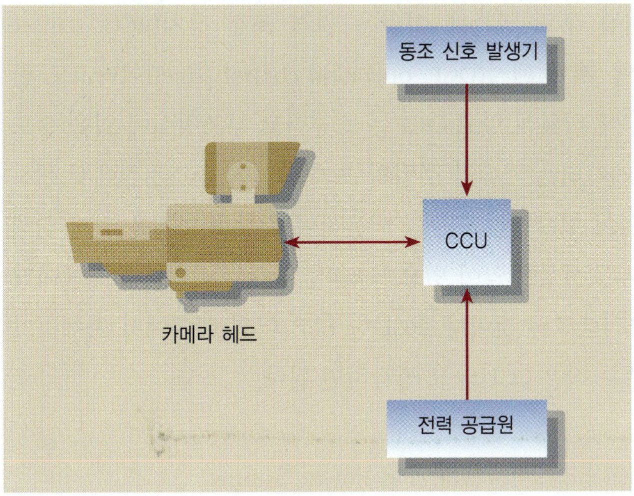

[그림 3.7] 표준 스튜디오 카메라 체인
표준 카메라 체인은 카메라 헤드(실제 카메라), 카메라 컨트롤 장비, 동조 신호 발생기와 전력 공급원으로 구성되어 있다.

부분과 어두운 부분 사이에서의 적정한 명암 범위가 정해지며 선명도도 맞추게 된다.

카메라의 셋업이 적절하게 되어 안정성을 얻었다면, 즉 셋업을 통해 조절이 이루어졌다면 비디오 오퍼레이터(video operator)는 오로지 마스터 블랙이나 페디스털(장면의 가장 어두운 부분에 맞춰 카메라를 조정하는 것), 그리고 화이트 레벨 혹은 아이리스(렌즈의 조리개를 조절해서 촬상 장치에 원하는 만큼의 빛만을 들여보내는 것) 따위의 조절만이 필요하게 된다. 비디오 오퍼레이터는 색 신호의 질에 관계된 것들을 확인하기 위해 두 가지 기본 장비를 사용하게 되는데 그 중 하나가 오실로스코프라고도 불리는 웨이브폼 모니터이다. 이 장비는 휘도 정보를 표시한다. 그리고 벡터스코프를 사용하는데 이 벡터스코프는 색도 신호를 나타낸다. 이 두 장비는 비디오 오퍼레이터가 광학적 화상을 얻는 데 사용된다(그림 3.8 참조).

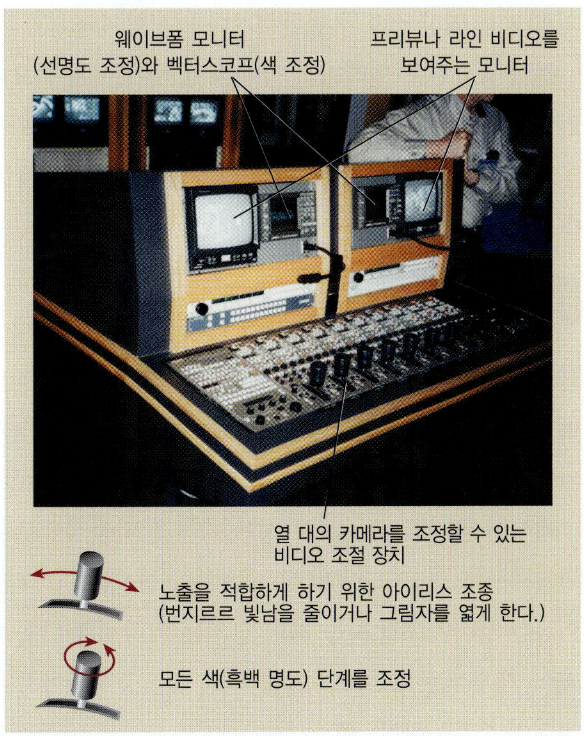

[그림 3.8] 카메라 조절 장비
CCU는 카메라로 하여금 최적의 색과 선명도를 얻어내고 다양한 조명 조건에서 촬영할 수 있도록 카메라를 조작한다.

때로는 작동 제어가 CCU와 분리될 수도 있는데 이것은 원격 조절 장치(RCU: remote control unit) 혹은 좀더 정확하게 작동 제어 패널(OCP: operation control panel)이라고도 한다. 예를 들어, 실제 CCU는 주조정실에 위치해 있고 OCP는 스튜디오 부조정실에 있을 수도 있는 것이다. 이런 경우 비디오 오퍼레이터는 카메라 셋업의 초기 작업을 주조정실에서 행하고 기술적인 것뿐만 아니라 제작에 있어 미학적인 도구를 이용하여 최상의 화질을 얻기 위해 다른 제작 스태프들 눈에 띄지 않는 부조정실에 앉아 있으면 된다. 그래서 비디오 오퍼레이터를 보이지 않는 일꾼(shader)이라고도 부르는 것이다. RCU란 EFP 야외 촬영에서 카메라가 최고의 능력을 발휘할 수 있도록 해주는 작은 CCU라고 생각하면 된다.

동조 신호 발생기와 전력 공급원(Sync Generator and Power Supply)

동조 신호 발생기(sync generator)는 전기적인 동조 펄스를 발생시켜 카메라, 모니터, 비디오 테이프와 같은 여러 장비들의 주파수를 맞춘다. 젠록(genlock)은 다양한 스튜디오 장비에 하우스 싱크라는 전체적인 동조 펄스를 공급해 준다. 젠록 과정을 통해 부가적인 디지털 장비 없이도 읽혀진 화상 신호의 주사가 완전히 동조를 이루게 되며, 카메라와 비디오 레코더 사이의 다양한 영상 신호를 변환하거나 믹싱할 수 있다.

전력 공급원은 텔레비전 장비를 움직이는 데 필요한 전기(직류 전기)를 공급한다. 스튜디오 안에서 전력 공급원이 교류 전기를 직류 전기로 변화시켜 카메라에 보낸다.

카메라 케이블이 모든 CCU의 기능을 카메라에 전달하고 카메라로부터의 화상 신호를 CCU에 전달한다.

ENG EFP 야외 카메라와 그 외 모든 캠코더는 비디오 이미지를 생산하고 VTR로 운반하는 카메라 체인의 요소들이 카메라 자체에 함께 설계되어 있거나 부착되어 있거나 케이블로 연결되어 있다. 야외 카메라나 캠코더에서 탈착할 수 있는 유일한 부분이 전력 공급원인 배터리이다. 다른 모든 제어 요소들은 탈착이 불가능하다. 정교한 야외용 카메라의 경우 다른 카메라나 RCU와 동조할 수 있는 외장 동조 신호 발생기를 가지고 있기도 하다.

대부분의 카메라는 CCU 제어 기능을 자동적으로 수행하는 조절 장치를 장착했다. 그렇다면 자동적으로 CCU나 RCU 기능을 수행하는 카메라가 있는데 굳이 분리된 것들을 사용하는 이유는 뭘까? 그건 자동 제어 장치는 미학적 판단을 내릴 수 없기 때문이다. 이것은, 즉 자동 제어 카메라는 기본적인 기술적 요구는 충족되어지나, 예술적 그림을 전달하기 위한 카메라 조절이 불가능하다.

카메라의 종류(Types of Cameras)

텔레비전 카메라는 전자 장치에 따라, 또 어떻게 사용되느냐에 따라 구분할 수 있다. 짐작하다시피 전자 장치에 따른 분류에는 아날로그와 디지털이 있고, 기능에 따른 분류에는 스튜디오 카메라와 ENG/EFP 카메라가 있다.

아날로그와 디지털 카메라의 비교(Analog Versus Digital Cameras)

대부분의 카메라가 디지털일지라도, 커다란 스튜디오 카메라든, 소형 캠코더든, 아직도 아날로그 캠코더는 계속 중요하게 사용되는데 이것은 초기자본의 이유(Sony Betacam과 같은)와 현저하게 좋은 화질(S-VHS와 Sony Hi8 캠코더와 같은) 때문이다. 모든 카메라 종류와 디지털, 아날로그 형식을 불문하고 시작과 끝은 아날로그 신호로 이뤄진다. 빛은 렌즈를 통해 빔 스플리터에 들어가고 거기서 다시 촬상 장치로 전해지는데 이것은 아날로그 형태로 행해진다. CCD에 의해 RGB 3원색으로 분리된 후에도 남겨진 비디오 신호는 아날로그 형태이다. 바로 그 후부터 아날로그와 디지털이 나뉘게 된다.

아날로그 카메라에서는 비디오 신호가 카메라 내부에서 전달되는 과정이나 녹화 과정에서도 아날로그 상태로 남아 있게 되므로 VTR 또한 아날로그이다. 반면 디지털 카메라에서는 아날로그 상태인 RGB 비디오 신호가 CCD를 떠나는 순간에 디지털화 과정이 이루어진다.

디지털 신호는 아날로그 신호에 비해 강하며 일그러지는 경향이 덜하다는 것을 의미하지만 그것이 자동적으로 고화질이 되는 것은 아니다. 몇몇 회사에서 생산되는 디지털 카메라 중에는 고선명임에도 불구하고 전통적인 480줄이나 분당 30프레임 NTSC 시스템을 사용하고 있는데, 이러한 경우 진정한 고화질로 볼 수는 없는 것이다. 720p와 1080i 시스템과 이와 유사한 시스템만이 고화질 카메라라고 할 수 있다.

아날로그든 디지털이든, 상품이든 하품이든 텔레비전 카메라는 4개의 그룹으로 나눌 수 있다. (1) 스튜디오 카메라, (2) ENG/EFP용 카메라와 캠코더, (3) 보급형 캠코더, (4) 전문가용 캠코더 이런 분류는 주요한 제작 기능에 근거해 이루어진 것이지 전자 장치에 의한 것은 아니다. 카메라가 아날로그인가 디지털인가를 생각하기보다는 보유하고 있는 특수한 기능을 가지고 그 적용을 염두에 두어야 한다. 어떤 카메라는 스튜디오 사용에 적당하고 다른 종류는 시내 화재 사건이나 공해에 관한 다큐멘터리 촬영에 적합하고, 또 다른 종류는 추억을 남기기 위한 휴가 촬영에 알맞을 것이다.

스튜디오 카메라(Studio Cameras)

스튜디오 카메라의 의미는 고화질 텔레비전(HDTV) 카메라를 포함한 고성능 카메라를 말한다. 이 카메라는 너무 무거워서 페디스털이나 마운트 장비 없이는 움직일 수 없다(그림 3.9 참조). 스튜디오 카메라는 뉴스, 인터뷰, 패널 쇼, 일일 드라마, 시트콤, 교육용 프로그램과 같이 고성능 비디오가 필요한 여러 종류의 스튜디오 제작에 사용된다. 그러나 콘서트와 같은 야외 로케이션 촬영과 컨벤션 홀, 축구장과 야구장, 테니스 코트와 의학 시설에서도 스튜디오 카메라가 쓰일 수 있다.

표준 스튜디오 카메라와 ENG/EFP용 카메라 및 캠코더와 확실히 다른 점은 스튜디오 카메라는 연결된 기능의 일부분이고 다른 종류의 카메라는 주변 제어 장비 없이 비디오 신호를 VTR과 같은 녹화장치로 운반하는 데 필요한 모든 기능이 카메라 안에 장착되어 있다는 것이다. 스튜디오 카메라에 잡힌 화질은 CCU를 작동시키는 비디오 오퍼레이터에 의해 결정되기 때문에 스튜디오 카메라는 ENG/EFP 카메라에 비해서 버튼 수가 적다.

서류 가방에 들어가는 카메라로도 충분히 좋은 화상을 얻을 수 있는데 왜 굳이 무거운 카메라와 카메라 체인을 가지고 작업을 해야 하는 것일까? 앞서 언급한 바와 같이 스튜디오 카메라를 이용하는 우선적인 기준은 화질과 조절에 있다. 우리는 항상 화질을 판단할 때 카메라와 모니터가 만들어 내는 선명한 화면을 가지고 한다. HDV와 HDTV(480p, 720p와 1080i) 같은 시스템은 고해상의 화면을 만들어 낼 수 있다. 그러나 화질은 상대적인 말이다. 스튜디오 카메라를 이용해서 좋은 화면과 훌륭한 화질을 얻을 수는 있지만 거기에 시간과 경비가 많이 든다면 모든 제작 현장에서 가치가 있는 것은 아니다. 예를 들어, 폭풍이 다가오는 장면을 찍고 싶다면 최고의 화질을 고집할 필요가 없다는 것이다. 찍고자 하는 사람의 관심은 원하는 장면을 촬영하고 가능한 한 빨리 위험 지역에서 벗어나고자 하는 것일 것이다.

[그림 3.9] 스튜디오 페디스털에 장착된 스튜디오 카메라
스튜디오 카메라는 고성능 렌즈와 CCD를 사용하며, CCD에 의해 화질이 조정된다. 스튜디오 카메라는 너무 무겁기 때문에 무거운 트라이포드나 스튜디오 페디스털 위에 장착해서 이동한다.

그러나 광고나 메디컬 쇼, 드라마와 같이 최고의 화질이 필요한 상황에서는 고성능의 스튜디오 카메라를 선택해야 함은 당연한 일이다. 당연히 대부분의 쇼와 매일 방송되는 뉴스쇼에서도 영상의 화질은 중요한 요소이다.

그 외에 전자적인 시스템을 사용하는 카메라의 화질을 결정하는 중요한 요인은 렌즈다. 바로 스튜디오 카메라 렌즈와 같은 큰 크기의 렌즈를 주목하자. 중간 가격의 카메라와 최고급의 렌즈를 구입할 때 카메라보다 렌즈에 좀더 비용을 지출하게 된다. HDTV는 영화를 위한 특별하고 높은 해상도의 렌즈를 사용한다(렌즈의 종류는 4장에서 자세히 설명한다).

ENG/EFP용 카메라와 캠코더(ENG/EFP Cameras and Camcorders)

ENG EFP

이미 언급한 바와 같이 ENG(electronic news gathering) 작업이나 EFP(electornic field production) 작업을 위한 카메라는 카메라맨 혼자서도 이동시킬 수 있고, 간단한 트라이포드에 장착할 수 있는 것들이다. 그리고 이 카메라들은 작은 카메라 헤드 안에 모든 카메라 체인을 포함하고 있다. ENG/EFP용 카메라와 캠코더는 이미 장착되어 있는 장치들을 가지고 고화질의 화상을 만들고 분리되어 있는 VTR이나 카메라에 장착된 작은 VTR 또는 디스크 레코더 혹은 내장된 녹화기에 녹화할 수 있게 되어 있다. 앞서 언급한 바와 같이 VTR 혹은 디스크 레코더가 장착되거나 내장된 카메라의 형태를 캠코더라고 한다(그림 3.10 참조).

ENG/EFP 캠코더는 좀더 작은 보급형 캠코더의 작동 원리와 동일한 작동 원리를 가지고 있다. 다만 CCD와 비디오 레코드 장치가 고성능이라는 것만 다르다. 대부분의 새로운 디지털 캠코더 또한 Sony DVCAM 또는 Panasonic DVCPRO 시스템과 1/4인치 비디오카세트에 녹화하는 시스템을 사용한다. 하지만 테이프를 사용하지 않는 작업환경이 증가함에 따라 작은 하드디스크나 광학디스크나 그와 비슷한 녹화 장치를 갖춘 카메라의 숫자도 증가하고 있다(12장에 비디오 녹화에 관한 좀더 많은 정보가 있다).

ENG/EFP 카메라는 스튜디오 카메라나 보급형 캠코더가 가지고 있는 것보다 훨씬 많은 버튼과 스위치를 가지고

[그림 3.10] ENG/EFP 캠코더
VTR이 영구적으로 부착된 캠코더. 그 외 제품들은 분리해서도 쓸 수 있는 VTR을 부착해서 사용한다.

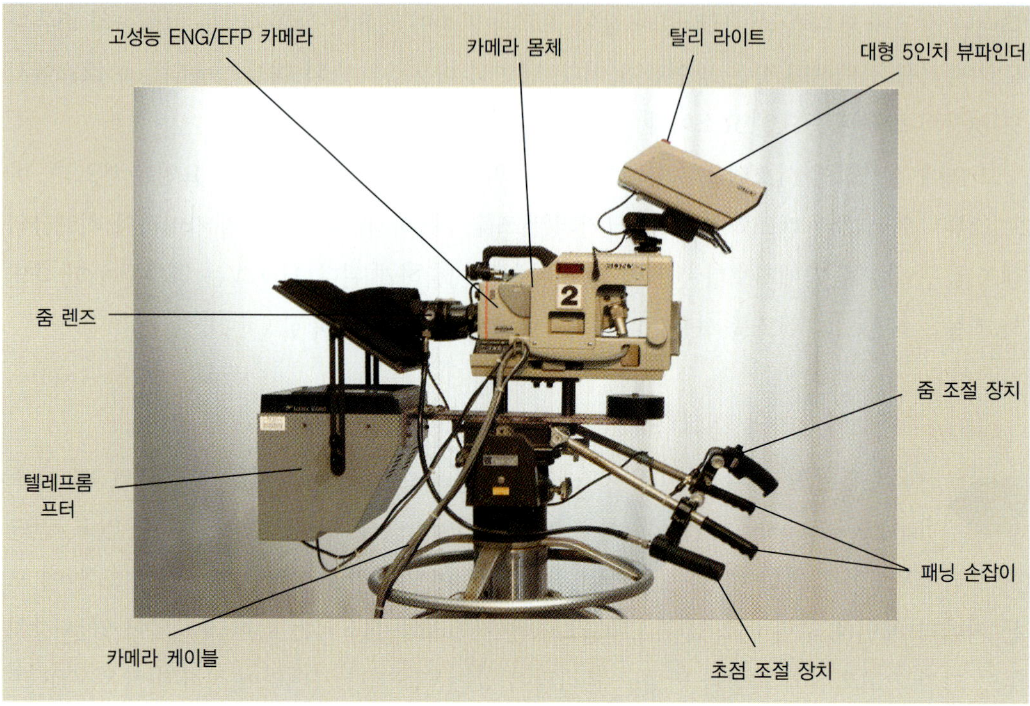

[그림 3.11] ENG/EFP 카메라를 스튜디오에서 사용할 때의 모습
ENG/EFP 카메라를 스튜디오용으로 사용하고자 할 때 카메라를 얹을 수 있는 장비에 장착하고 스튜디오 제작에 적당한 렌즈를 설치하고 줌과 초점을 조정할 수 있는 케이블을 연결해야 하며 큰 뷰파인더를 장착하고 마지막으로 외부 탈리 라이트를 장착한다.

있는데 이것은 카메라맨이 비디오 컨트롤, VTR 작동, 오디오 컨트롤 기능 모두를 담당해야 하기 때문이다. 다행히도 보급형 캠코더와 마찬가지로 제어에 있어서 상당 부분을 자동으로 처리할 수 있다. 이러한 자동 제어 형식은 환경의 급격한 변화에도 재조정할 필요 없이 원하는 화상을 얻어낼 수 있게 해준다.

고가의 ENG/EFP 카메라는 좋은 화질을 만들어내기 때문에 때때로 스튜디오 카메라로도 사용된다. 이 카메라가 스튜디오 카메라와 함께 정상적으로 작동하기 위해서는 ENG/EFP 카메라를 특별히 제작된 카메라 기준에 맞게 변환해야 하는데 이러한 변환은 외부 조명을 부착하고 작은 접안식 뷰파인더를 대형 뷰파인더로 교체하고 줌과 포커스를 조절할 팬 손잡이를 부착하면 가능하게 된다. 넓은 영역 촬영에 적합한 ENG/EFP 카메라의 렌즈 또한 스튜디오 환경에 적당한 줌 렌즈로 교체해야 한다(그림 3.11 참조). 다른 변환 장치로는 카메라맨과의 연결을 위한 인터컴과 다른 표준 스튜디오 카메라처럼 비디오 오퍼레이터가 카메라를 제어할 수 있게 하는 CCU에 연결할 케이블이 필요하다.

보급형 캠코더(Consumer Camcorders)

주말 쇼핑 광고지에 화려하게 광고하고 있는 대부분의 보급형 캠코더는 하나의 촬상 장치와 녹화 장치가 내장되어 있다. 카메라가 피사체라고 판단하는 것에 포커스를 맞추는 자동 포커스 기능과 받아들이는 빛을 조절하는 자동 아이리스 기능 등 자동화되어 있다. 모든 보급형 캠코더는 일반 접안경 뷰파인더 외에 접이식 패널을 가지고 있어 이것을 통해 카메라를 눈에 가까이 가져갈 필요 없이 현재 촬영 중인 장면을 확인할 수 있다(그림 3.12 참조).

아주 작은 디지털 캠코더일지라도 깜짝 놀랄 정도로 좋은 화질을 만들어 내고 정확하게 촬영을 하고 조건에 맞는 녹음을 한다. 캠코더의 VTR은 DV(digital video) 시스템을 사용하며 이것은 아주 작은 1/4인치 혹은 6.35mm의 카세트를 사용한다. 뉴스 촬영자 어깨 위의 커다란 전문가용 ENG/EFP 캠코더와 주머니 속에 들어가는 보급형 카메라를 비교하는 이유는 무엇인가? 그 이유는 그들의 큰 크기의 형태에 있으며 작은 보급형 기종보다 큰 크기 만큼의 장점을 가지고 있기 때문이다.

- 전문가용 캠코더의 경우 세 개의 고해상도의 CCD를 가지고 있고 보급형 캠코더의 경우 단지 하나를 가지고 있을 뿐이다. 세 개의 CCD는 각각 일정한 색(RGB)을 빔 스플리터를 통해 분리한다. 세 개의 CCD를 가진 카메라는 하나의 CCD를 가진 카메라보다 특히 저조도의 환경에서 좀더 사실적인 색을 만들어 낸다.
- 전문가용 캠코더의 경우 크고 튼튼한 녹화장비(VTR 혹은 disk)를 가지고 있다.
- 전문가용 캠코더는 더 좋은 품질의 렌즈를 사용한다.
- 전문가용 캠코더는 좀더 나은 오디오시스템을 가지고 있다. 마이크 입력부분과 오디오증폭기 그리고 음향 조절장비는 하나의 마이크를 가진 보급형 카메라보다 잡음이 적고 유동적인 소리를 제공한다.
- 전문가용 캠코더는 다양한 작업환경에 맞춰 수동적으로 조정할 수 있는 장치가 있다. 자동적인 조정을 할 수 있는 작은 캠코더는 수동조정을 하는 카메라보다 하나의 이점이 있는 것으로 보이지만 이것은 단지 이상

[그림 3.12] 보급형 캠코더
작은 보급형 캠코더는 전문가용 캠코더와 흡사한 조절 장치를 가지고 있지만 많은 기능이 자동으로 조절된다. 대부분의 보급형 캠코더는 한 개의 CCD를 가지고 있다.

적인 환경일 때만이다. 만약 어두운 조명과 너무 밝은 햇빛 아래, 잡음이 둘러싸인 것과 같은 불리한 작업환경에서 촬영을 하거나 혹은 일정한 분위기를 구현할 때 자동조작은 광학적인 화면을 만들어 내는 데 충분할 것이다.

- 전문가용 캠코더는 신호를 원격 조정으로 전송할 수 있다. 이는 카메라 뒷부분에 얇은 케이블이나 작은 송신기를 통해 가능하다.
- 전문가용 캠코더는 더 큰 배터리를 가지고 있다.
- 전문가용 캠코더는 줌 인 아웃에 좀더 부드러운 구현이 가능하고 포커스 조정에 나은 기능을 가지고 있으며 고해상도의 큰 뷰파인더를 가지고 있다.

전문가용 캠코더(Prosumer Camcorders)

ENG EFP

그럼에도, 앞에 말한 많은 기능을 가진 더 작은 캠코더를 카메라 매장에서 볼 수 있다. 이것은 고사양의 보급형 캠코더로 전문가용 캠코더라 불리며 뉴스와 다큐멘터리 제작에서 좀더 찾을 수 있다. 극장에서 보이는 최고의 다큐멘터리의 몇몇의 장면은 바로 전문가용 캠코더로 만들어진 것이다(그림 3.13 참조).

[그림 3.13] 고가의 보급형 카메라
고가의 보급형 카메라는 세 개의 CCD를 가지고 있으며 방송용으로 사용하기에도 적합하다.

HDV 캠코더(HDV camcorders) HDV(high-definition video) 디지털 캠코더는 고선명 텔레비전을 위한 전문가용 캠코더다. HDV 캠코더는 세 개의 같은 촬상장치로 비디오를 담는다. 이것은 보통의 고화질 CCD 혹은 CCD와 비슷하지만 전력을 덜 소비하는 고해상도의 CMOS칩이다. 이것은 비교적 작은 배터리나 비슷한 전력을 사용할 때 중요한 문제다. HDV 캠코더는 다른 전문가용 캠코더와 마찬가지로 1/4인치 혹은 미니 카세트를 사용하는 고해상도의 VTR을 사용한다. HDV 캠코더는 HDTV 캠코더와 비슷하게 720p/30(720 비월 주사선과 초당 30프레임) 혹은 1080i(1080 순차 주사선과 초당 30프레임) 형식을 사용한다. 이 말은 HDV가 HDTV만큼의 화질을 구현한다는 말인가? 그럴 수도 있고 아닐 수도 있다. 만약 일반적인 환경 속, 특히 고해상도의 모니터에서 두 개의 다른 점을 찾는 것은 쉽지 않다. 많은 감지되는 확실한 비디오 신호 오류 속에서 믿을 수 없는 선명함을 보여주는 HDV의 신호처리에 감사한다.

최초로 HDTV보다 더 좋은 영상을 보내는 것을 제한하는 것은 렌즈다. 하나의 HDTV 렌즈의 가격은 천 달러 혹은 HDV 캠코더만큼의 가격으로 약간 좋은 화면을 구현하기엔 상당한 투자가 될 수 있다. 하나의 요인은 HDV의 화질의 압축이다. 이것은 큰 화면에 작은 세세함이 나타날 때나 멋진 사물을 담거나 카메라가 움직일 때 눈으로 확실히 구별될 만큼 더욱 많은 것을 HDTV보다 가공해서 만들어 낸다.

그럼에도, 대부분의 상황에서 HDV 카메라가 더 비싼 HDTV 시스템에 깜짝 놀랄 만큼의 화질을 구연하는 것을 발견할 수 있다.

어떤 카메라를 사용하든 다양한 제작 상황에서 어떻게 사용하는지 배우는 것보다 좋은 길은 없다. 당신도 할 수 있지만 우선 일반적인 전자시스템과 각종 카메라 운용특성을 숙지하자.

전자적 특성(Electronic Characteristics)

텔레비전 카메라에는 다음과 같은 전자적 특성을 가지고 있다. (1) 화면 비, (2) 화이트 밸런스, (3) 해상도, (4) 조작의 작업 광량, (5) 게인, (6) 영상 잡음과 신호 대 잡음 비, (7) 화면 번짐과 전자 조리개, (8) 스미어와 무아레, (9) 콘트라스트, (10) 셰이딩. 대부분의 디지털 캠코더는 디지털 VTR 혹은 컴퓨터를 FireWire(애플) 또는 i-link(소니)를 통해 연결할 수 있는데 이 케이블은 디지털 데이터를 빠르게 전송할 수 있다.

화면 비(Aspect Ratio)

대부분의 디지털 캠코더는 전자적인 전환으로 일반적인 4×3비율 또는 수평적으로 늘린 16×9비율로 조작할 수 있다. 이러한 변환은 CCD 촬상 장치에서 일어나는데 이 chapter 후반에 알아보기로 한다. 저가의 카메라에서는 이러한 변환이 16×9에서 4×3으로 이루어진 것이든 4×3에서 16×9로 이루어진 것이든 관계없이 해상도의 저하는 피할 수 없는 문제이다. 그러나 이러한 화면 비에서 중요한 점은 미학적인 측면이다. chapter 15에서 자세히 다뤄보기로 한다.

화이트 밸런스(White Balance)

적색광[낮은 색온도(Kelvin degrees)]과 청색광(높은 색온도)하에서도 하얀색 피사체가 하얗게 보이게 하기 위해서는 적색광과 청색광하에서도 백색광하에서 작업하는 것처럼 보이도록 균형을 맞추어야 하는데 카메라로 이런 균형을 맞추는 것을 화이트 밸런스라고 한다. 조명의 색온도에 영향을 받지 않고 하얀색 피사체가 하얗게 보이게 하기 위해 RGB 채널을 조절함으로써 카메라는 화이트 밸런스를 수행한다(그림 3.14 참조).

스튜디오 안에서는 카메라 컨트롤 장비에서 RGB 채널을 조정하는 비디오 오퍼레이터가 카메라의 화이트 밸런스를 맞춘다. 카메라를 세팅할 때 비디오 오퍼레이터는 카메라맨에게 카메라를 화이트 밸런스 카드로 줌 인해서 화이트 밸런스를 맞출 때까지 그 상태를 유지하라고 요구하게 된다.

ENG EFP 모든 ENG/EFP 카메라는 자동으로 화이트 밸런스를 맞추는 기능을 가지고 있어서 임의의 하얀색 피사체에 카메라를 맞추고 화이트 밸런스 버튼을 누르기만 하면 된다. 비디오 오퍼레이터 대신 카메라 안에 내장되어 있는 전자 회로가 어떤 조명하에서도 하얀색 물체를 하얗게 보일 수 있도록 RGB 채널을 조정하게 되는 것이다.

모든 보급형 캠코더도 접하는 환경에 즉각적으로 대응하여 자동적으로 화이트 밸런스를 맞추도록 설계되어 있다. 피사체의 색을 보면서 하얀색을 유추하는데, 피사체에 하얀색이 존재하지 않더라도 하얀색의 색온도를 가지고 계산을 해서 밸런스를 맞추는 것이다. 그러나 이러한 계산이 언제나 정확한 것은 아니다. 특히 유색광 조명을 사용할 때가 더 그렇다. 그래서 전문가용 카메라는 특정한 조명 상태에서 하얀색으로 보이도록 하는, 보다 정확한 자료를 필요로 한다. 전문가용 캠코더의 경우 자동적인 화이트 밸런스와 수동적인 화이트 밸런스 조작을 함께 제공한다.

화이트 밸런스 맞추는 법 하얀색 카드나 하얀색 피사체를 촬영하면서 화이트 밸런스를 맞추는 것은 빛이 그 피사체를 하얗게 보이게 하는 동안에 행해져야 한다. 특별히 카메라가 비추는 피사체 바로 앞에 하얀색 카드를 카메라를 향하게 해야 한다. 예를 들어, 만약 쇼에서 책상 건너편에 있는 사람을 잡아야 한다면 그 사람 얼굴 앞에 혹은 그 사람이 위치해 있는 그 지점에서 화이트 카드를 대고 밸런스를 맞춰야 한다. 카드를 줌 인해서 카드가 화면(뷰파인더) 가득히 차게 되면 화이트 밸런스 버튼(보통 카메라 앞부분에 위치해 있다)을 누르고 뷰파인더에 화이트 밸런스가 조정됐다는 신호(일반적으로 불이 깜빡인다)가 나올 때까지 기다린다.

만약 하얀색 카드를 가지고 있지 않다면 다른 하얀색 피사체로도 대체 가능하다. 그러나 하얀색 피사체가 화면에 가득 차도록 만든 후에 밸런스를 맞춰야 하는 것은 잊지 않도록 한다. 그렇지 않으면 카메라는 하얀색 피사체에 화이트 밸런스를 맞춰야 하는지 다른 조명 환경을 가지고 있을 수도 있는 그 배경에 화이트 밸런스를 맞춰야 하는지에 대해 혼란을 일으킬 수 있다. 대부분의 카메라 장비함에는 화이트 밸런스를 맞추는 데 쓸 수 있는 접을 수 있는 하얀색 판이 있다. 카메라를 책상 부근에서 복도로 이동했을 때 두 장소 모두 형광 조명을 사용하

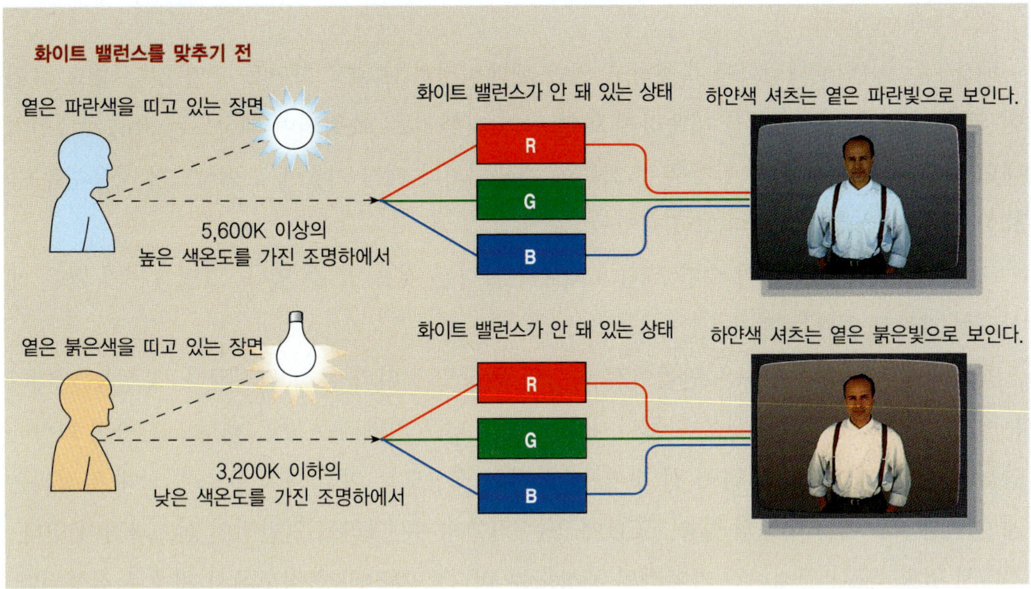

주요 조명원(붉은 색조와 파란 색조)의 영향으로 색채의 변화가 반대로 재현된다.

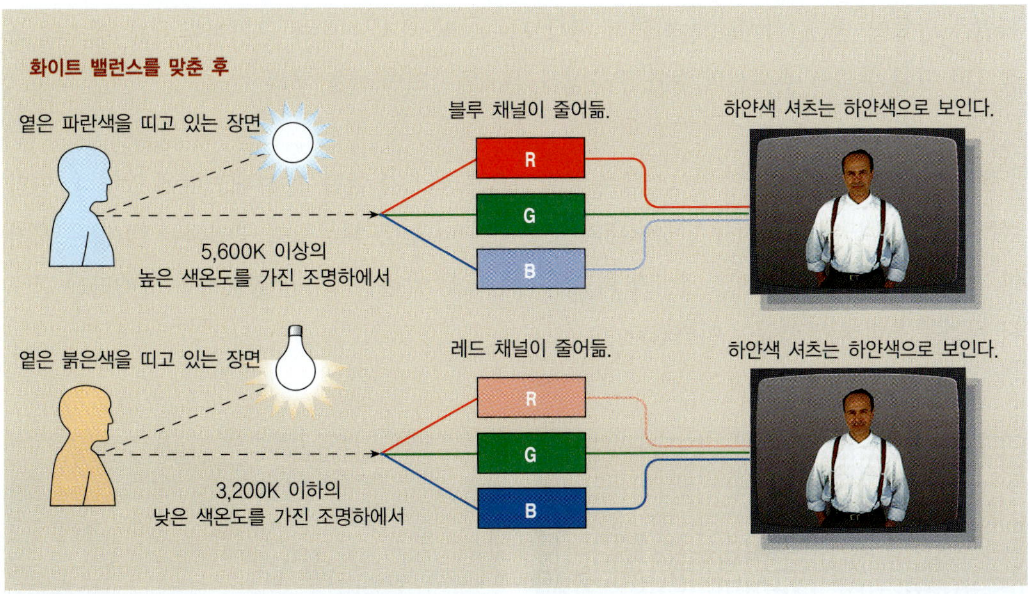

[그림 3.14] 화이트 밸런스
화이트 밸런스 조정은 카메라가 다양한 조명 조건(자연광, 인공조명 등)에서 불필요한 색조를 조정함으로써 하얀색이 하얀색으로 보이도록 만든다.

고 있었다면 다시 화이트 밸런스를 맞춰야 할까? 물론 그렇게 해야 한다. 새로운 조명 상태를 만날 때마다 화이트 밸런스를 다시 맞춰야만 한다.

해상도(Resolution)

해상도는 화면의 세밀함을 측정하고 일반 텔레비전과 HDTV 화면을 구별 짓는 중요 요인이 된다. 해상도는 프린터와 비슷하게 화면 안의 픽셀 수로 측정되며 해상도는 dpi, 즉 1인치 내의 픽셀 수로 측정한다. 이것은 큰 화면에 재생되거나 제작 기술에 고해상도를 사용하는 중요한 이유로 요약할 수 있다(그림 3.15, 3.16 참조).

그림 3.15를 보면 픽셀의 수가 그림 3.16보다 많다는 것을 알 수 있다. 그림 3.15가 낮은 해상도를 가지고 있다는 것이다.

텔레비전 카메라의 성능은 만들어진 화상의 해상도에 따라 흔히 결정된다. 고성능 카메라는 높은 해상도를 가진 화상을 만들어 내고 성능이 낮은 카메라는 낮은 해상도를 가진 화상을 만들어 낸다. 카메라가 만들어 낼 수 있는 화면의 해상도는 여러 가지 요소에 의해 결정되는데 이러한 요소에는 렌즈의 성능, CCD에 있는 픽셀의 수, 그리고 일반적인 신호과정이 있다.

다시 말한 대로, 텔레비전 카메라의 해상도는 비디오 제작과정 정도에서 최초로 결정된다. 고해상도의 카메라는 높은 해상도의 화면을 만들어 내며 저해상도 카메라는 낮은 해상도의 화면을 만들어 낸다. 카메라의 화면의 해상도는 여러 가지 이유에 근거한다. (1) 렌즈의 품질, (2) 픽셀 수, (3) 주사선의 수와 주사방식, (4) 일반적인 신호 처리

렌즈의 품질 카메라의 전기시스템은 궁극적으로 렌즈가 어떤 걸 보내느냐에 달렸다. 만약 렌즈가 고해상도의 이미지를 만들어내지 못한다면 더 높은 해상도를 구현하는 데 많은 시간이 소요될 것이다. 가끔 신호 처리가 화면의 해상도를 발전시키지만 평균적인 카메라는 반드시 렌즈를 통한 화면작업이 이뤄진다.

[그림 3.15] 저해상도 이미지
저해상도 이미지는 그림을 구성하는 데 상대적으로 적은 수의 픽셀을 가지고 있다.

[그림 3.16] 고해상도 이미지
고해상도 이미지는 그림을 구성하는 데 상대적으로 많은 수의 픽셀을 가지고 있다.

픽셀 수 만약 고해상도 렌즈를 갖췄을지라도 카메라 촬상장치의 픽셀 수가 화면 해상도를 결정짓는 주요 조건이 된다. CCD는 보통 픽셀의 숫자로 측정된다. 좋은 디지털 카메라의 CCD는 50만 개 이상의 픽셀을 가지고 있으며 다른 고해상도 카메라의 경우 백만의 픽셀(메가 픽셀)을 가진다. 예를 들어 만약 단지 몇 개의 큰 타일을 가지고는 매우 자세한 모자이크를 만들 수 없다. 해상도를 높인 같은 크기의 자세한 모자이크를 만들려면 좀더 많은 그리고 더 작은 타일이 필요하다. 역시 비디오의 해상도는 얼마나 많은 픽셀이 주사선에 사용되었는지로 측정할 수 있다.

주사선의 수 텔레비전 카메라와 비디오모니터의 해상도는 픽셀 수뿐만 아니라 영상이 만들어진 주사선의 수로도 결정된다. 고성능 카메라의 해상도가 700개 이상의 주사 선을 가지고 있다고 자랑스럽게 광고하는 문안을 본 일이 있을 것이다. 그러나 표준 NTSC 시스템의 경우 겨우 525개의 주사선을 가지고 있는데 이런 것이 어떻게 가능할 수 있을까? 이런 다소 혼란스러운 문제를 설명하기 위해서 그림 3.15를 다시 한 번 자세히 들여다보기로 하자.

가로 선뿐만 아니라 세로 선에 나타나는 점들을 볼 수 있을 것이다. 한 장의 종이를 첫째 줄의 점들에 맞춰 가로로 놓으면 가로 선을 볼 수 있을 것이다. 종이를 조금씩 그림의 아래쪽으로 움직이면서 줄을 세어 나간다. 그림 3.15에서는 이러한 가로 선을 셀 수 있을 것이다. 그러나 텔레비전 화면에서는 세로 선을 셀 수 있게 된다. 해상도에 있어서 스캐닝 라인을 세기 위해 종이를 세로로 움직이게 되는데 이럴 때 우리는 모순적이게도 해상도의 세로 선이라고 부르게 된다. 결과적으로 해상도는 선이 퇴적된 방향으로 측정하는 것이다. 표준 NTSC 텔레비전은 525개의 세로 퇴적 선을 가지고 있으며 이 중 480개를 눈으로 확인할 수 있다. HDTV의 경우 1,080개의 주사 선이 세로 해상도를 증가시키고 세로 퇴적 선은 선 개수의 두 배만큼을 포함하게 된다(그림 3.17 참조).

텔레비전의 가로 선을 세어보려고 한다면 종이를 세로 방향으로 대고 왼쪽에서 오른쪽으로 조금씩 가로로 움직여 가며 점을 세야 한다. 여기서 알 수 있듯이 각각의 점은 다른 선의 시작을 형성한다. 선들이 세로 방향으로 쌓여있기 때문에 이들은 해상도의 가로 선이라고 불린다. 가로 선을 구성하고 있는 700개의 점들을 세었다면 이것은 700개의 선을 가진 가로 해상도라고 할 수 있으며 이 정도면 좋은 화질이라고 할 수 있다(그림 3.18 참조).

해상도의 개념에서 가로 선과 세로 선의 의미의 혼란은 기술 전문가들에게도 가끔 혼동을 가져오고 있으며 어떤 사람은 가로 방향의 선을 구성하는 점들을 가로층(horizontal detail), 세로 방향의 선을 구성하고 있는 점들을 세로층(vertical detail)이라고 부르자고 제안한 바 있다. 이러한 원리로 세로층(vertical detail)이 525개밖에 안 되는데 가로 해상도가 700개 이상의

[그림 3.17] 버티컬 디테일(해상도 세로 층)
버티컬 디테일(vertical detail)을 계측하기 위해서는 가로 선 위에 있는 세로 층을 세야만 한다. 세로 층이 많을수록 해상도는 높아진다. 선의 개수는 시스템에 따라 정해져 있고, NTSC 시스템은 525개 선을 가지고 있는데 그 중 480개만이 화면상에 나타나며 ATV와 HDTV 시스템은 720개와 1,080개의 유효 선을 가지고 있다.

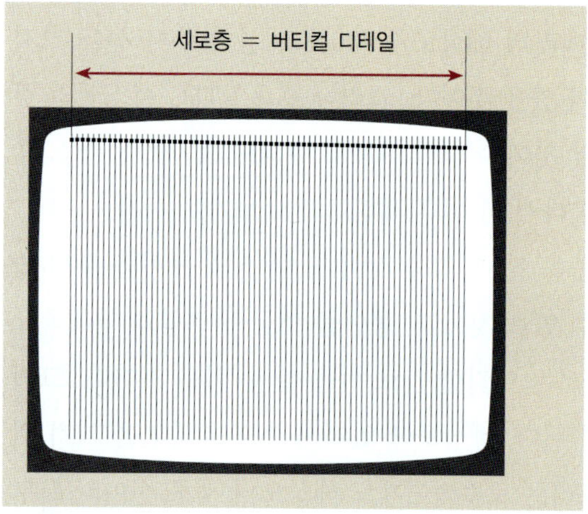

[그림 3.18] 호리존틀 디테일(해상도 가로 선)
호리존틀 디테일을 측정하기 위해서는 각 가로 선 위에 점(픽셀)들을 세어서 세로 방향으로 연결한다. 이것은 세로 선 위에 가로 층을 나타낸다. 왼쪽에서 오른쪽으로 세어나가는데 가로 층 수가 많을수록 해상도는 높아지고 세로 층보다는 많은 층, 예를 들어 700개 이상을 가지게 된다.

선이 나올 수 있는 것이다.

이미 아는 대로, 주사방식 역시 얼마나 선명하게 우리에게 인식되고 있느냐는 말이 된다. 일반적으로 비월 주사 방식(480p)은 순차 주사 방식(480i)보다 선명한 화면을 만들어 낸다. 비월 주사 방식은 순차 주사 방식(30 fps)보다 초당 두 배 많은 프레임(60)을 만든다. 그러므로 비월 주사 방식은 각 초마다 두 배의 영상정보를 인식한다.

신호 처리 CCD는 빛의 영상을 전기적 신호로 바꾸며 이것들은 적지않은 디지털 신호로 처리된다. 이 디지털 카메라의 처리는 영상의 질을 높이며 해상도를 높인다. HDV는 영상처리에 큰 이점을 가지고 있다. 카메라에서는 표면적인 해상도를 높이기 위해서 윤곽 보정기(image enhancers)를 사용한다. 이 전환 회로는 화상 정보의 윤곽을 분명히 하기 위해 만들어졌지만 픽셀의 수를 늘린 것은 아니다. 화면의 디테일을 상세하게 볼 수는 없지만 각 화상 사이의 경계가 분명해지는 것을 볼 수 있다. 이러한 윤곽 선을 선명하게 하는 것이 사람 눈에는 해상도가 높아진 것으로 받아들여지는 것이다.

다시 한 번 말하지만 시스템으로서의 텔레비전 작동은 모든 장비들이 제 기능을 다할 때 최대한으로 발휘된다.

작업 광량(Operating Light Level)

카메라의 촬상 장치는 빛을 전기로 변환시키는 일을 수행하기 때문에 카메라가 화상 신호를 만들어내기 위해서는 빛이 필수적이다. 하지만 적당한 신호를 만들어내기 위해서는 얼마만큼의 빛이 필요한 것일까? 그 해답은 촬상 장치의 감광도와 렌즈가 빛을 투과시키는 정도에 달렸다고 할 수 있다.

작업 광량 또는 기본광량(baselight level)은 빛이 어느 정도에 달할 때 카메라가 만족스러운 화면(만족스러운 화상이란 화면의 어두운 부분에 나타나는 색 점이나 흑백 화면처럼 나타나는 색의 뒤틀림이나 전자적 소음이 보이지 않는 상태를 의미한다)을 만드는지를 말한다. 카메라 사용설명서를 볼 때 작업광량에 두 가지 조건을 언급한 것을 발견할 것이다. 최소 조명(minimum illumination)의 뜻은 매우 적은 광량 아래에서 얻은 화면을 말한다. 이 화면은 단지 녹색을 띄고 있으며 이런 섬뜩한 화면은 야간촬영모드(nightshot mode)를 사용했을 때 얻어진다. 다른 작업광량에 대한 설명은 감도로 이것은 만약 최적이 아닌 작업에 좋은 화면과 사실적인 색을 얻으려면 얼마만큼의 빛이 필요한지 설명한다. 이것은 표준적인 물체의 피사체의 조명(2000 풋캔들 혹은 2,000럭스)과 f-stop(f/5.6-f/13 사이)에서 최적의 초점과 깨끗하고 선명한 심도에 의해 측정된다(chapter 7에서 풋캔들과 럭스, 그리고 chapter 4에서 f-stop과 심도에 관해 설명한다).

어떤 카메라가 작업하는 데 있어서 어느 정도의 작업광량이 필요한지를 정의한다는 것은 쉬운 일이 아니다. 이것은 얼마나 많은 양의 빛이 렌즈가 수용하는지, CCD의 감도, 그리고

[그림 3.19] 수동 조작 게인
게인 조작은 낮은 조도를 위한 것이다. 높은 게인은 더 낮은 조도를 의미한다. 높은 게인은 영상 간섭을 일으킨다.

비디오 신호가 얼마나 전기적으로 증폭되는지(이를 게인이라 한다)에 따라 결정되기 때문이다. 어떤 카메라는 뷰파인더에서 줄무늬 패턴(zebra-striped pattern)이 주기적으로 시작되는 것을 보여주는데, 이것은 화면의 부분의 조도가 매우 높을 때 나타난다. 이럴 때 조리개를 이용해 렌즈로 들어오는 빛의 양을 조절할 수 있다.

게인(Gain)

카메라는 아주 낮은 조도에서도 화면을 만들어 낼 수 있는데, 이것은 비디오 신호의 세기를 전자적으로 높일 수 있기 때문이다. 이와 같이 신호의 세기를 높이는 것을 게인(gain)이라고 부른다. 전기적인 게인은 카메라로 하여금 적정한 조도라고 인식하게 만드는 효과를 가져온다. 스튜디오 카메라의 경우 게인은 CCU를 통해서 조정된다.

ENG/EFP 카메라의 경우 게인 컨트롤 스위치가 부착되어 있다. 보급형 카메라의 경우 스위치를 통해서 조절할 수 있거나 자동으로 게인을 바꿔줄 수 있다. ENG/EFP 카메라 운용 시 스위치를 +6, +12 또는 +8, +18 혹은 +24(카메라에 따라 두 개 혹은 네 개의 강도 조절이 있다)와 같이 dB(decibels) 단위로 표시되어 있는 위치에 놓게 되면 아주 어두운 환경에서도 카메라 촬영이 가능하다. 아주 어두울 때 그리고 화면의 해상도에 상관하지 않을 때 초고감도(hypergain)에 놓을 수 있는데 이것은 카메라가 당신이 어둠 속에 비틀거릴 때도 볼 수 있게 해준다(그림 3.19 참조).

그러나 카메라를 속이는 것은 그렇게 쉬운 일이 아니다. 게인을 높일수록 artifacts라고 불리는 영상 간섭과 색 왜곡이 심해진다. 그럼에도 불구하고 발전된 CCD의 효과 덕분에 ENG/EFP 카메라 가운데 보급형 카메라와 같이 수동과 자동으로 게인을 조절할 수 있는 제품이 만들어지고 있다. 자동 게인 조절 장치의 유리한 점은 게인의 조정 없이도 밝은 야외에서 어두운 실내로 자유롭게 이동하며 촬영할 수 있다는 것이다. 이러한 점은 야외에서 침침한 호텔 로비나 어두운 복도로 이동하는 사람을 쫓아가며 취재할 때 특히 유용하다. 자동 게인 조절의 문제점은 초점을 맞출 때 명백하게 나타나는데 예를 들어 검은 옷을 입고 아주 밝은 배경에 서 있다면 자동 게인 조절 장치는 어두운 옷을 밝히지 않고 밝은 배경을 줄일 것이다. 결과적으로 검은 옷은 전보다 어둡게 보일 것이다. 이런 상황에서는 수동조작으로 최적의 노출로 조정하자.

영상 잡음과 신호 대 잡음 비(Video Noise and Signal-to-Noise Ratio)

영상과 잡음이 무슨 상관 관계가 있는지 의아해하는 사람도 있을 것이다. 음성 분야에서 쓰이는 단어를 차용한 '잡음'이라는 단어는 영상에 있어서는 원치 않는 간섭을 의미한다. 잡음이 많은 화면은 하얀색 점이나 색 무늬 점이 화면 전체에 흔들리며 나타나서 선명도를 저해하는 스노 현상을 통해 인식할 수 있다.

기술적으로 영상 잡음은 음향 잡음과 매우 비슷한 성격을 갖는다. 일반 아날로그 오디오테이프를 재생할 때 재생이 시작되면 스피커에서 쉬쉭 거리는 소리(hiss)를 들을 수 있는데, 이 소리는 음악이 시작되면서 들리지 않게 된다. 음악이 아주 약할 때만 음악 소리가 들리는 도중에 이런 잡음(hiss, hum, rumble)을 들을 수 있다. 신호, 즉 음악이 잡음보다 클 때는 잡음을 인식하지 못한다. 영상 잡음도 마찬가지이다. 촬상 장치에 충분한 빛을 받아 영상 신호가 강하다면 스노 현상을 막을 수 있을 것이다. 신호와 잡음 사이의 관계를 신호 대 잡음(S/N) 비라고 한다. 높은 S/N 비가 바람직한데 이것은 잡음(영상 간섭)에 대해 신호가 높다(강한 영상 정보)는 것을 의미한다. 최고 62 dB 정도가 바람직하다.

화면 번짐(Image Blur)과 전자 셔터(Electronic Shutter)

CCD 촬상 장치의 단점 중 하나는 빠르게 움직이는 피사체를 담은 화면에 번짐이 일어난다는 것인데 이것은 스틸 카메라에서 낮은 셔터 스피드로 움직이는 피사체를 촬영할 때 나타나는 현상과 같다고 할 수 있다. 예를 들어, 노란 테니스 공이 카메라의 왼쪽에서 오른쪽으로 빠르게 움직인다고 가정한다면 이 공이 날아가는 장면을 촬영한 화면에서 공이 선명하고 분명하게 하나로 보이는 것이 아니라 상이 번져서 긴 꼬리를 만들면서 이동하는 것처럼 보이게 된다. 빠르게 움직이는 피사체의 이러한 번짐을 차단하기 위해서는 CCD에 전자 셔터 장치를 장착해야 한다.

스틸 카메라에서의 기계 셔터와 유사하게 전자 셔터는 칩에 보내지는 빛의 양과 노출되는 시간을 조절한다. 낮은 셔터 스피드는 픽셀이 움직이는 공에서 반사되는 빛에 좀더 오래 노출되게 할 것이고 그렇게 되면 많은 번짐이 일어난다. 높은 셔터 스피드는 그 반대로 작용함으로써 번짐을 상당 부분 차단할 수 있다. 그러나 높은 셔터 스피드는 CCD로 들어가는 빛을 줄이기 때문에 전자 셔터가 장착되어 있지 않은 상태에서 노란색 공은 상대적으로 어둡게 보이게 된다. 그래서 일반 스틸 카메라에서는 높은 셔터 스피드를 사용할수록 많은 양의 빛이 필요하게 된다. 대부분의 전문적인 스튜디오나 ENG/EFP CCD 카메라는 초당 60회에서 2,000회까지 셔터 스피드를 조절할 수 있다. 디지털 캠코더의 경우는 초당 4,000회 이상까지도 조절이 가능하다.

다행히 많은 양의 빛이 필요한 활동적인 행사는 야외, 실내 조명이 많이 있는 곳에서 행해지고 있다.

스미어(Smear)와 무아레(Moiré)

스미어와 무아레 모두 특이한 영상 잡음들을 가리킨다. 때때로 극도로 밝은 빛이나 특정한 색, 특히 밝은 빨간색이 무아레 현상을 일으킨다. 스미어는 하이라이트 옆에 수직의 희미한 줄무늬로 나타난다. 진한 빨간색의 옷이 배경에 번져 보이거나 붉은색 립스틱이 입 주위에 번져 보이는 현상도 볼 수 있다. 고성능 CCD를 장착한 디지털 카메라에는 이런 스미어 현상이 나타나지 않는다.

[그림 3.20] 무아레 무늬
무아레는 텔레비전 주사선이 좁고 대조가 심한 무늬와 충돌해서 일어나는 화상 간섭을 말한다.

무아레는 무지개색을 띈 무늬가 흔들리며 나타나는 간섭 현상을 말한다(그림 3.20 참조). 아주 좁고 뚜렷한 대비를 이루는 오늬무늬(비스듬히 꺾인 평행선으로 된 무늬)와 같은 것을 촬영한 영상을 텔레비전 화면으로 볼 때 자주 나타난다. 카메라는 하얀색에서 검은색으로 급격히 바뀌는 것을 따라가지 못한 것이다. 값비싼 스튜디오 모니터에는 무아레 현상을 줄여주는 회로가 내장되어 있지만 일반 텔레비전은 그렇지 못하다. 따라서 디지털 카메라를 사용하는 경우라 할지라도 무아레 현상을 보이는 무늬는 피하는 것이 좋다.

콘트라스트(Contrast: 대비)

카메라가 정확하게 재현해 낼 수 있는 화면의 가장 밝고 가장 어두운 범위는 제한적이다. 이러한 제한을 콘트라스트 범위라고 부르는데 비율로 표시된다. 그들 제작자의 과도하게 낙천적인 요구에도 불구하고 더 좋은 카메라조차도 촬영 실상에서 작동에 문제를 가지고 있다. 밝은 햇볕이 들어간 신을 찍은 비디오테이프에서 언제나 이러한 문제점에 빠지게 될 것이다. 극단적으로 햇볕이 드는 구역에서 카메라를 조절할 때 그림자가 한결같이 어둡고 짙게 된다. 그 다음 렌즈를 조절할 때(조리개를 개방할 때) 밝은 부분이 과다 노출 또는 비디오 화면이 알아볼 수 없을 정도로 날아가는(blow out) 것을 볼 수 있다. 이것은 최고의 콘트라스트 한계이며 50:1의 콘트라스트 비(contrast ratio) 안에 머무는 것이며 최적의 화면이 가장 밝은 부분과 가장 어두운 부분의 차이가 50배 차이라는 뜻이다. 고해상도 CCD를 탑재한 디지털 카메라는 높은 콘트라스트 비를 견디지만 카메라의 규격을 잊지 말라(어떻게 극단적인 콘트라스트를 조정하고 어떤 한계까지 허용하는지 chapter 4, 8에서 다룬다).

셰이딩(Shading: 차광)

화면의 희고 검은 정도를 그래프로 나타내는 웨이브폼 모니터를 주시하면서 비디오 오퍼레이터는 화면을 최적의 콘트라스트 범위에 맞춘다. 이러한 과정을 셰이딩이라고 한다(그림 3.21 참조). 원하는 화면에 약간 못 미치도록 조절하기 위해 비디오 오퍼레이터는 화면 가운데 과도하게 밝은 부분을 낮춰서 이미 정해져 있는 화이트 레벨(100% 화상 신호 강도를 나타낸다)에 맞춘다. 그러나 이러한 과정에서 가장 어두운 부분은 더 어두워질 수 없기 때문에 균일하게 잡음이 섞인 어두운 부분으로 뭉개지게 된다. 화면의 어두운 부분을 봐야하는 상황이라면 비디오 오퍼레이터는 어두운 부분을 밝게 만들 수 있는데, 이러한 경우 밝은 부분은 화상을 구분하기 어려울 정도로 지워지게 된다. 콘트라스트를 낮게 맞추면 밝은 부분은 아주 밝아지는 효과를 가져 온다. 다시 말해 비디오 오퍼레이터는 최적의 화면을 셰이딩을 통해 만들 수 있지만 반드시 콘트라스트를 허용한계까지 떨어트리는 시도를 해야 한다.

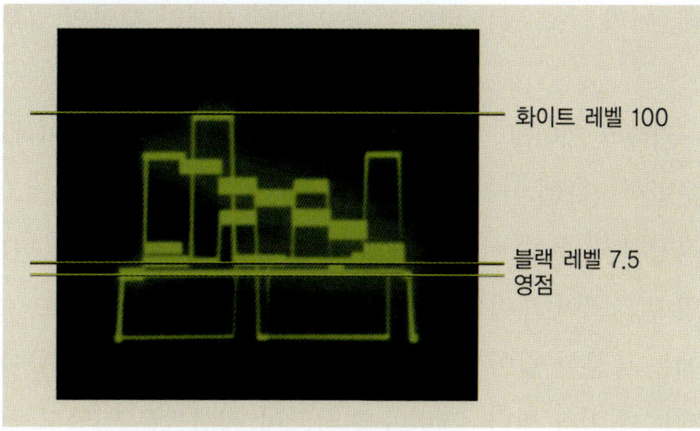

[그림 3.21] 화이트 레벨과 블랙 레벨이 표시된 웨이브폼 모니터
웨이브폼 모니터는 비디오 신호의 빛(흑과 백)의 양을 보여준다. 이것은 화이트 레벨(신호의 고점)과 블랙 레벨(신호의 저점)을 나타낸다

작동 특성(Operational Characteristics)

스튜디오 카메라와 야외 카메라의 조작에 있어서 몇 가지 기본적인 요소를 알아둔다면 큰 어려움 없이 최적의 상태로 카메라를 사용할 수 있을 것이다.

조작 부품과 제어: 스튜디오 카메라(Operational Items and Controls: Studio Cameras)

이 section에서는 주요 조작 부품과 스튜디오 카메라의 제어에 대해 집중적으로 살펴볼 것이다. (1) 전력 공급원, (2) 카메라 케이블, (3) 커넥터, (4) 필터 휠, (5) 뷰파인더, (6) 탈리 라이트, (7) 인터컴에 대해서 알아보기로 한다. 그 다음 두 section에서는 ENG/EFP 카메라와 캠코더의 조작 부품과 제어에 대해 알아 보기로 한다.

전력 공급원 모든 스튜디오 카메라는 DC(direct current: 직류 전기)로부터 전력을 공급받는

데, 이미 알고 있는 바와 같이 이것은 카메라 체인의 일부이다. 전력은 전선을 통해 공급된다.

카메라 케이블 카메라 케이블은 어떤 방식으로, 카메라에서 혹은 카메라로 전기적 신호를 운반하느냐에 따라 큰 차이가 난다. 케이블을 사용하려고 할 때 어느 케이블이 어떤 카메라에 적당한지, 특히 어느 정도의 길이가 필요한지 알아야 한다. 가는 케이블 여러 개가 모인 형태인 멀티코어 케이블은 길이가 가장 짧다(약 600 m 정도). 스튜디오 작업과 표준적인 방송 제작에는 충분한 길이지만 특정한 원격 조정 작업, 예를 들어 스키 경주나 골프 중계를 위한 작업에는 길이가 짧다. 그러나 멀티코어 케이블은 어댑터 없이도 방대한 양의 정보를 수송할 수 있다.

심선 하나를 동심 실드 선이 싸고 있는 형태의 트라이액스 케이블과 가늘고 유연하며 유리가 전선을 대체한 형태의 광섬유 케이블은 길이를 원하는 대로 늘릴 수 있다. 이것은 또한 멀티코어와 비교해서 보다 가늘고 가볍지만 멀티코어는 비교적 더 많은 정보를 먼 거리로 전송할 수 있다. 트라이액스 케이블은 1,500 m 정도의 길이로 쓰는 것이 가능하고 광섬유 케이블은 그 두 배에 가까운 3,000 m 정도 길이도 가능하다. 이런 길이상의 이점은 원격 조정 제작에 적합하다. 트라이액스나 광섬유 케이블로 결정하기 전에 어떤 어댑터를 사용할 것인지에 대해 먼저 결정해야 한다. 만약 간단하게 보급형 캠코더 또는 전문가용 캠코더의 비디오를 디지털 VTR이나 컴퓨터 하드드라이브로 옮길 때는 긴 FireWire(IEEE 1394)를 사용할 수 있다. 어떤 아날로그 카메라는 많은 수의 선을 포함한 멀티코어 케이블을 사용한다. 멀티코어 케이블은 비교적 무겁고 적용범위에 한계가 있지만 그것들은 대단히 신뢰할 수 있다.

커넥터(connectors) 스튜디오 안에서 카메라 케이블은 일반적으로 카메라나 카메라 월잭에 꽂힌 채로 둔다. 그러나 스튜디오 카메라를 야외에서 사용할 때 케이블 커넥터가 원격 조정 트럭의 잭에 맞는지 신중하게 살펴봐야 한다. 간단한 비디오 선은 모두 BNC 커넥터를 가지고 있다(그림 3.21 참조). 멀티코어 케이블은 모양이 다양하다(일반적으로 케이블의 끝에 여러 개의 핀이 부착되어 있다).

필터 휠 필터 휠은 렌즈와 빔 스플리터 사이에 위치한 것으로서, 보통 두 개의 광량 감소 필터[neutral density filters(NDs)] ND-1과 ND-2를 가지고 있는데 이것은 일종의 색 보정 필터라고 할 수 있다. ND는 화면의 색에 영향을 주지 않으면서 촬상 장치에 들어가는 빛의 양을 줄이는 역할을 한다. 밝은 태양빛을 촬영할 때 사용한다. 색 보정 필터는 상대적으로 푸른빛을 내는 야외나 형광등의 빛 혹은 상대적으로 붉은빛을 내는 실내나 촛불의 빛 등을 보정해 준다(chapter 8 참조). 일부 스튜디오 카메라는 이런 기능을 CCU에서 수행한다. 나머지 대부분의 카메라는 위치에 따라 원하는 필터를 교체해서 사용할 수 있고 엄지손가락 크기의 작은 휠이나 스위치 조작으로 필터를 교체할 수 있다.

뷰파인더 뷰파인더는 카메라가 잡은 영상을 보여주는 작은 텔레비전이라고 생각하면 된다. 스튜디오 카메라는 보통 5인치에서 7인치 크기의 뷰파인더를 사용하는데, 이 뷰파인더는 상하좌우 자유롭게 움직일 수 있어서 카메라 바로 뒤에서 있지 않아도 카메라에 잡히는 영상을 볼 수 있다(그림 3.22 참조). 대부분의 뷰파인더는 흑백으로 되어 있다. HDTV 카메라의 경우에까지 흑백 뷰파인더를 많이 사용하는데, 이것은 특히나 화면 비가 늘어나고 대체로 크게 영사되는 까닭에 색이 중요한 구성 요소로 자리 잡은 HDTV에 있어서는 적당치 않다. 흑백의 뷰파인더를 사용하는 이유는 휘도(흑백)신호가 컬러 채널보다 더 고해상의 이미지를 만들어 내기 때문이다.

[그림 3.22] 스튜디오 카메라 뷰파인더
7inch짜리 스튜디오 카메라 뷰파인더는 상하좌우로 움직일 수 있어서 카메라가 어느 위치에 있든지 카메라맨이 카메라가 잡는 영상을 확인할 수 있다.

뷰파인더는 전자 제어 메뉴를 띄우는 것 외에도 다음의 사항들을 알려줌으로써 작은 정보센터로서의 역할까지 수행한다.

- 중심점. 이것은 화면의 정확한 중앙이 어디인지를 알려준다.
- 안전 자막 공간. 뷰파인더상에 나타나는 사각형 중 화상 정보에 필수적인 내용들을 기입할 수 있다.
- 전자 셋업. 다양한 제어 기능, 예를 들면 전자 게인, 최적 비디오 레벨, 전자 셔터 등의 정보를 알려준다.
- 렌즈 확장기. 이것은 돋보기 같은 장치로서 렌즈로 하여금 먼 거리를 잡을 수 있게 한다.
- 멀티플 뷰. 뷰파인더는 다른 카메라뿐만 아니라 특수 효과도 보여줄 수 있다. 다른 카메라의 영상을 확인하여 중복된 장면을 잡음으로써 본인이 촬영한 화면이 의미가 없어지는 일을 방지하게 된다. 특수 효과를 의도한다면 이 특수 효과가 실행되는 것을 부분적

으로 보여줌으로써 특수 효과 부분을 전체 화면에서 정확히 어느 지점에 줄 것인가를 알 수 있다.

탈리 라이트 탈리 라이트는 스튜디오 카메라의 상부에 부착되어 있는 커다란 붉은빛으로, 두 개 이상의 카메라 중 어느 카메라가 잡은 영상이 방송 중인지를 알려준다. 이 빛은 다음 장면을 위해서 카메라가 이동할 수 있다는 신호가 되기도 한다. 또한 이 빛은 배우로 하여금 어느 카메라를 주시해야 하는지를 알려준다. 그리고 뷰파인더 덮개 안에도 작은 탈리 라이트가 설치되어 있는데 카메라맨에게 자신의 카메라에서 잡은 영상이 방송 중임을 알려준다. 화면 분할 효과를 주기 위해 두 대의 카메라가 동시에 사용되거나 할 경우에는 두 대의 카메라 모두 탈리 라이트에 불이 들어온다. 스튜디오 카메라를 사용할 때 위치를 바꾸고자 한다면 탈리 라이트에 불이 꺼지기를 기다렸다가 움직여야 한다. 보급형 카메라는 대부분 탈리 라이트를 사용하지 않는다. 전문가형 캠코더를 많은 카메라가 사용되는 제작에 사용할 때 스위처에 있는 프로그램 조정구역에 작동되도록 탈리 라이트 시스템을 장치해야 한다.

인터컴 인터컴 혹은 상호 소통 시스템은 여러 대의 카메라를 쓰는 제작 현장에서는 감독과 기술감독이 카메라 조작을 조정해야 하기 때문에 필수적이다. 모든 스튜디오 카메라와 고가의 야외용 카메라는 적어도 두 개 채널 이상의 인터컴을 가지고 있어서 한 개는 제작 스태프와 다른 하나는 기술 스태프와의 의사소통에 사용한다. 어떤 종류의 스튜디오 카메라는 세 개의 인터컴을 가지고 있어서 프로그램 음향을 들을 수 있다.

ENG/EFP 카메라를 스튜디오 카메라 형태로 바꿔서 사용할 때, 인터컴 어댑터는 주요 변환 요소이다. 카메라맨은 비디오 오퍼레이터뿐만 아니라 감독과 프로듀서, 기술 감독의 지시를 듣고 그들에게 말할 수도 있다.때로는 작은 이어폰을 통해 소리가 들어오고 케이블을 통해 인터컴 헤드셋으로 연결된 무전기를 사용하는 것이 더 쉬울 수 있다. 인터컴의 다양한 기능은 chapter 20에서 다루기로 한다.

조작 부품과 제어: ENG/EFP 카메라와 캠코더
(Operational Items: ENG/EFP Cameras and Camcorders)

조작 부품에 있어서 ENG/EFP 카메라와 스튜디오 카메라가 비슷하긴 하지만 그 모양과 기능 면에서는 큰 차이를 보인다. 이 section에서는 야외 카메라의 조작 부품과 기능에 대해서 알아보기로 한다. (1) 전력 공급원, (2) 카메라 케이블, (3) 커넥터, (4) 교환 가능 렌즈, (5) 필터 휠, (6) 뷰파인더.

전력 공급원 대부분의 전문가용 캠코더는 13 V 혹은 14 V의 배터리를 카메라 뒤에 붙이거나 삽입해서 사용한다. 보급형 카메라는 배터리를 카메라 뒤쪽 VTR 부분에 붙이거나 삽입해서 사용하는데 전문가용보다는 낮은 볼트를 사용한다. 가정용 전기나 자동차용 배터리를 사용할 수도 있지만 이럴 경우 어댑터가 필요하다. 오직 유사시에만 자동차 배터리를 사용해야 하는데, 자동차 배터리는 다루기도 위험하고 카메라에도 위험할 수 있다.

카메라가 소비하는 전력에 따라 다르기는 하지만 보통 카메라나 캠코더의 배터리는 한 번 충전하면 두 시간 가량 지속적으로 전력을 공급해 줄 수 있다. 만약 낮은 전력 소비성 제품을 가지고 있다면 네 시간 가량 하나의 배터리로 촬영을 할 수도 있는 것이다. 보급형 비디오 장비에 쓰이는 일부 배터리는 완전히 방전되기 전에 재충전됐을 때 '메모리'를 퇴화시키기도 한다. 이러한 경우 충전 시 배터리가 완전히 충전되지 않은 상태에서도 충전이 되었다고 표시한다. 이러한 일을 방지하기 위해서는 충전하기 전에 배터리에 남아있는 전력을 완전히 소모하거나 때때로 고의적으로 방전시키는 작업이 필요하다. 많은 충전기들이 방전 기능을 가지고 있으며 충전하기 전에 완전히 방전시키는 기능을 수행한다. 새로운 배터리들은 '메모리'가 없다. 하지만 일상적으로 반드시 새로운 배터리를 사용할 때는 완전히 방전시키고 다시 완전히 충전해야 한다. 그 다음에는 언제든지 재충전할 때는 완벽히 방전하지 않아도 된다.

전문가용 캠코더로 작업을 할 때는 소형 칩이 내장된 디지털 배터리를 사용하는데 이 배터리는 충전기에서 충전이 다 되었다는 신호를 받는다. 또한 이 배터리는 충전된 배터리에 전력이 얼마나 남았는지도 알려준다.

일반 배터리는 언제 방전되는지 알려주지만 이 신호는 완전히 방전되기 바로 전에 뷰파인더에 나타나게 된다. 촬영 도중 카메라가 꺼져버리는 위험을 없애기 위해서는 촬영 사이사이 쉬는 시간마다 배터리를 교체해 주어야 한다. 촬영 중간에 카메라가 멈춰버리는 위험을 피하려면 방전 신호가 오기 전에 배터리를 충전하는 것이 좋다.

카메라 케이블 ENG/EFP 상황에서 캠코더가 아닌 카메라를 사용할 때는 외부 VTR 혹은 원격 조정 장치와 연결하기 위한 케이블이 필요하게 된다. 캠코더의 경우에도 모니터 입력, 오디오 레코더 등과 같이 다른 외부 장비와 연결이 필요할 시에는 케이블이 사용된다.

커넥터 야외 촬영에 나가기에 앞서 여러 종류의 커넥터가 카메라 잭이나 잭 보조 장비에 맞는지를 반드시 확인해야 한다. 단순히 케이블만 연결하면 되는 모든 것들이 준비된 상태에서 카메라에 맞지 않는 커넥터를 가져 와서 일을 할 수 없게 되는 것만큼 짜증나는 일은 없다. 대부분의 전문적인 비디오 장비는 비디오 케이블에는 BNC 커넥터, S-video 또는 RCA 포노 플러그를 사용하고 오디오 케이블로는 XLR이나 RCA 포노 플러그(phono plugs)를 이용한다. 어떤 오디오 장비는 폰 플러그(phone plugs)를 필요로 하는 것들도 있다. 보급형 장비들은 일반적으로 비디오 케이블에 RCA 포노 플러그를, 오디오 케이블에 미니 플러그(mini plugs)를 사용한다. 예를 들어 BNC 커넥터를 RCA 포노 플러그로 변환시키는 등의 모든 플러그를 위한 어댑터가 존재하기는 하지만 이런 것들은 사용하지 않는 것이 좋다. 이런 임시방편적인 연결은 믿을 만하지 못하고 각각의 어댑터는 잠재적으로 고장의 가능성을 내포하고 있다(그림 3.23 참조). 케이블은 이용할 수 있다.

초당 400 MBps(초당 메가바이트)를 전송하는 400 FireWire는 작은 4 pin 또는 큰 6 pin 커넥터로 구성되어 있다. 좀더 빠른 800 FireWire는 800 MBps의 속도로 전송하며 9 pin 커넥터를 가지고 있으며 일반적인 400 FireWire 잭과는 호환되지 않는다. 각각의 케이블 끝에 어댑터를 필요로 하지 않는 다른 커넥터와 함께 있는 케이블은 유용하게 쓰인다.

교체 가능 렌즈 가정용 캠코더를 사용할 때 아무리 줌 아웃을 해도 작은 거실에서 생일 파티 장면 전체를 찍는 데는 불편을 겪었을 것이다. 몇몇 고가의 보급형 제품들 중에는 표준 줌 렌즈와 와이드 앵글 렌즈를 바꿔가며 사용할 수 있는 것도 있지만 대부분은 어댑터를 통해서만 가능하다. 대부분의 전문가용 ENG/EFP 카메라는 줌 렌즈의 탈부착이 가능해서 최적의 줌 범위를 제공한다.

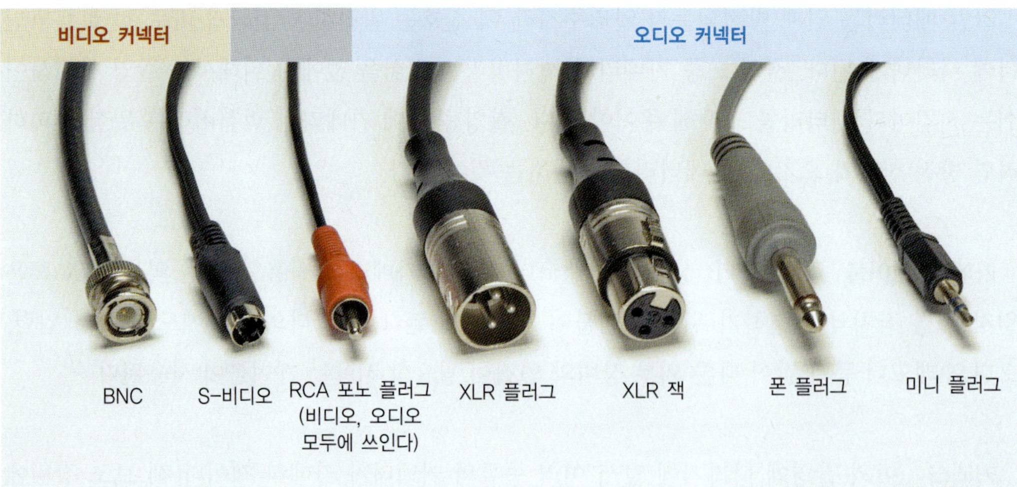

[그림 3.23] 비디오와 오디오를 위한 표준 커넥터
대부분의 전문적인 비디오 케이블은 BNC 커넥터를 사용한다. 반면 보급형에서는 RCA 포노 플러그를 사용한다. 모든 전문적인 마이크와 삼선 케이블(three-wire cables)은 XLR 커넥터를 사용하는데 폰 플러그(two-wire phone plug)를 사용하는 장비가 있기는 하다. 그리고 보급형 장비에는 RCA 포노 혹은 미니 플러그 커넥터가 쓰인다.

필터 휠 스튜디오 카메라와 매우 흡사하게 야외용 카메라나 캠코더도 적어도 두 개의 ND를 가진 필터와 여러 가지 색 보정 필터를 가지고 있다. 카메라의 옆에 있는 스위치를 돌리거나 메뉴에서 필터 선택을 통해 원하는 필터를 사용할 수 있다. 이 스위치에는 간혹 '색 온도'라는 라벨이 붙어 있다.

뷰파인더 스튜디오 카메라 형태로 변환시키지 않는 한 모든 ENG/EFP 카메라와 캠코더는 1/2인치의 고해상도 흑백 뷰파인더가 장착되어 있다. 이것은 유연한 고무로 둘러 쌓여 있는데 이 고무는 접안경에서 눈을 떼었을 때 외부에서 들어오는 빛을 차단하는 역할을 한다. 뷰파인더는 여러 방향으로 움직일 수 있는데 어깨에 올려 놓고 촬영할 수 있는 상황이 아닐 때 유용하다. 대부분의 작은 ENG/EFP 카메라와 보급형 캠코더는 부가적으로 얇은 접이식 스크린을 가지고 있는데 이 스크린은 랩톱 컴퓨터의 액정과 유사한 LCD(liquid crystal display)로 이루어져 컬러 화면을 보여주게 된다. 대부분의 보급형 그리고 전문가형 캠코더는 전자적 조정 메뉴를 접이식 스크린을 통해 보여준다. 하지만 햇빛 밝은 날 촬영 시 이 메뉴를 읽는 것은 쉽지 않다는 문제가 있다. 많은 뷰파인더는 중요한 의사소통 수단으로 사용되는데 뷰파인더를 통해 카메라가 작동하고 있는 동안에 특정한 카메라의 상태와 제작 기능을 표시한다. 실제 표시 방법은 제품마다 차이가 있지만 대부분의 스튜디오 카메라와 야외용 카메라의 뷰파인더는 다음과 같은 내용을 나타낸다.

- VTR 레코드. 이것은 분리되었거나 부착된 VTR에 비디오테이프가 감기고 있는지, 녹화가 되고 있는지에 대해 알려준다. 이 표시는 보통 계속해서 표시되거나 뷰파인더상에 붉은 빛이 깜빡이는 것으로 혹은 REC이라는 문자가 보여지는 것으로 나타난다. 접이식 LCD 모니터를 사용할 때 같은 정보를 보여주지만 일반적인 뷰파인더에서는 해제할 수 있다.
- 테이프 잔여시간 경고. 뷰파인더에는 앞으로 어느 정도의 테이프가 남았는지 표시된다.
- 화이트 밸런스. 하얀색 종이를 촬영함으로써 조명이 적색광이냐 청색광이냐에 따라 다르게 나타나는 백색광을 하얀색으로 보이도록 조정하게 되는데 조정이 완료되면 하얀색 종이가 하얗게 보이게 된다. 색온도 선택은 화이트 밸런스 조정의 일부분이다.
- 배터리 상태. 배터리에 남은 전력을 알리는데 배터리 모양의 아이콘이 없어지거나 액체가 잔에서 줄어드는 듯한 모양으로 표시한다. 이러한 경고는 사용 가능한 전력량이 방전되기 직전에 나타나게 된다.
- 최대 · 최소 광량. 특정한 최대 광량에 이르면 얼룩말 무늬가 뷰파인더에 나타난다. 광량을 넘어서면 무늬가 반짝이거나 흔들리게 된다.

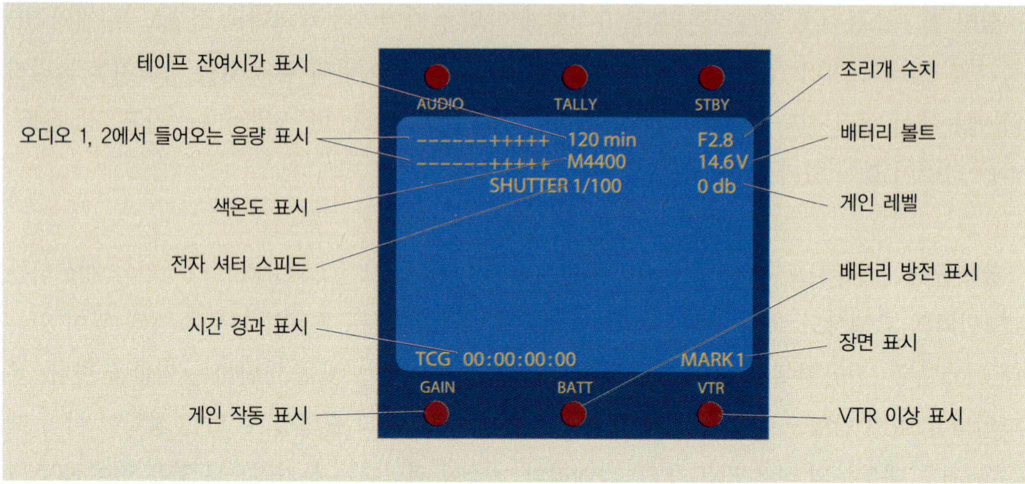

[그림 3.24] 뷰파인더에 나타나는 표시 내용
ENG/EFP 카메라와 캠코더의 뷰파인더는 여러 가지 상태를 나타냄으로써 작은 컨트롤 센터 역할을 수행한다. 뷰파인더에서 눈을 떼지 않고도 이러한 표시들을 볼 수 있다.

- 게인. 뷰파인더는 낮은 조도에서 게인이 작동 중인지, 작동 중이라면 어느 위치에서 작동하고 있는지 알려준다.
- 광학 필터 위치. 어떤 필터가 사용되고 있는지를 나타낸다.
- 재생. VTR로부터 방금 녹화한 내용을 재생해서 볼 때 뷰파인더는 모니터의 역할을 하게 된다. 이 재생 기능은 녹화가 기술적으로나 미적으로 제대로 되었는지 확인할 수 있게 해준다(그림 3.24 참조).

만약 이러한 표시 기능으로도 충분하지 않은 사람을 위해 대부분의 뷰파인더와 정보창은 정교한 메뉴를 표시해서 카메라 조정을 다양하게 할 수 있게 해준다. 그러나 앞에서 언급한 대로 햇빛이 밝은 날에나 야외에서 촬영 시에 때때로 메뉴를 읽기 어렵다. 이것이 전문가형 캠코더와 ENG/EFP 캠코더의 외부 스위치의 운용이 좀더 중요한 이유다.

외부 제어: ENG/EFP 카메라와 캠코더
(External Operational Controls: ENG/EFP Cameras and Camcorders)

ENG EFP

특정한 조작이 다른 캠코더와 다르더라도 외부 조작 스위치를 대부분의 캠코더에서 찾을 수 있을 것이다.

- 전원 스위치는 두말할 필요 없이 카메라를 켜고 끄는 데 사용된다. 캠코더의 경우 카메

라와 VTR 모두를 켜고 끌 수 있다.

- 준비 스위치는 소량의 전력으로 카메라를 켜져 있는 상태로 유지시킨다. 그러므로 이 상태에서는 소량의 전력으로 유지되면서 언제든지 촬영을 할 수 있도록 준비되어 있는 상태이다. 이것은 차를 운전하기 전에 시동을 걸어놓은 상태와 같은 것이다. 카메라를 준비 상태에 두는 것이 계속해서 끄고 켜기를 반복하는 것보다 카메라의 전자 부속품에 안정적일 뿐만 아니라 사용 기간을 연장시키는 데 효과적이다. 준비 상태(standby mode)는 뷰파인더를 동작시켜 촬영할 준비를 할 수 있게 해주는데 이것은 ENG/EFP 카메라에 있어서 중요하다고 하겠다.
- 게인 조정은 낮은 조도에서도 카메라가 촬영할 수 있게 해준다.
- 화이트 밸런스. 이것은 카메라가 촬영을 하려고 하는 특정한 조명(적색 혹은 청색 조명)에 적응했는가를 표시해준다.
- 필터 휠은 화이트 밸런스를 맞추는 데 적당한 컬러 필터의 사용을 용이하게 해주거나 광량 감소 필터로 과도한 빛을 차단해준다.
- VTR 스위치는 내장되었거나, 착탈식 혹은 케이블로 연결된 VTR을 시작 또는 정지시킨다.
- 셔터 스피드 제어는 빠른 속도로 움직이는 피사체의 상이 번지는 것을 방지하게 위해 특정한 셔터 스피드를 선택할 수 있게 해준다.
- 카메라/바 선택 스위치는 카메라가 잡고 있는 화상을 보여줄 것인가 아니면 컬러를 조정하거나 녹화된 것을 보여줄 때 참조가 되는 컬러 바를 보여줄 것인가를 결정한다.
- 오디오 레벨 제어는 연결된 음향원을 조정한다.
- 음량과 오디오 모니터 제어는 입력되는 음향원을 모니터할 때 편한 음량으로 조절하는 것을 도와준다.
- VTR 제어는 비디오카세트의 착탈과 캠코더를 녹화 상태로 만드는 것을 도와준다.
- 여러 가지 잭은 카메라, 오디오, 인터컴, 젠록 케이블, RCU와 셋업 장비와의 연결을 가능하게 해준다.

핵심요약

- 텔레비전 카메라는 가장 중요한 제작 요소 중 하나이다. 다른 제작 장비와 기술은 카메라의 능력에 따라 영향을 받는다.
- 카메라의 주요 부분은 렌즈, 빔 스플리터와 촬상 장치인 CCD를 장착한 카메라 몸체, 그리고 뷰파인더로 이루어진다.
- 빔 스플리터는 들어오는 백색광을 삼원색으로 나누는데 그 3원색은 빨강, 초록, 파랑이다.
- 촬상 장치는 빛을 전기 에너지, 즉 비디오 신호로 바꾸는 카메라 장치이다. 이것은 CCD(charge-coupled device)에 의해 이루어지며 CCD에는 고체 형태의 칩이 들어 있는데 이 칩에는 엄청난 수의 감광 소자인 픽셀이 들어 있다.
- 표준 카메라 체인은 실제 카메라를 의미하는 카메라 헤드, CCU(camera control unit), 동조 신호 발생기, 그리고 전력 공급원으로 이루어져 있다.
- 텔레비전 카메라는 크게 두 종류로 나눌 수 있는데 표준 아날로그 형식과 디지털 형식이 그것이다. 대부분 카메라는 디지털이지만 때로는 고화질의 아날로그 카메라는 계속 사용된다.
- 기능에 의한 표준 텔레비전 분류에는 네 종류가 있는데, 표준 스튜디오 카메라와 ENG/EFP 카메라와 캠코더, 그리고 보급형 캠코더와 전문가형 캠코더가 그것이다.
- 전자적 특성에는 화면 비, 화이트 밸런스, 해상도, 작업 광량, 게인, 영상 잡음과 신호 대 잡음 비, 상의 번짐과 전자 셔터, 스미어와 무아레, 콘트라스트, 셰이딩이 있다. Fire Wire 케이블은 디지털데이터의 빠른 전송이 이뤄진다.
- 스튜디오 카메라와 ENF/EFP 카메라의 조작상 특성으로는 전력 공급원, 카메라 케이블, 커넥터, 필터 휠, 뷰파인더, 그리고 탈리 라이트와 인터컴이 있다.
- ENG/EFP 카메라와 캠코더는 CCU가 내장되어 있고, 캠코더의 경우 VTR까지도 내장되어 있기 때문에 스튜디오 카메라보다 더 많은 작동 조절 장치를 가지고 있다.

SECTION

3.2

카메라의 원리

From Light to Video Image

텔레비전의 주요 장비들을 작동시키기 위해서 전기 기술자가 될 필요는 없지만 적어도 렌즈에 의해 모아진 빛 이미지가 카메라에 의해서 어떻게 비디오 화상으로 변환되는지는 알아야 할 것이다. 이러한 이해가 특정한 텔레비전 장비를 사용해야 하는 이유를 이해하는 데 도움을 주고 이 장비들을 어떻게 이용해야 효과적인가를 이해하는 데도 도움을 줄 것이다.

▶ CCD 과정

고체 형태의 촬상 장치로 빛을 비디오 신호로 변환시킨다.

▶ 색의 본질

색 혼합에서 더하고 빼는 색의 속성

▶ 색도와 휘도 채널

세 개의 색 신호, 흑백 신호, 그리고 이것들이 결합되는 방법

▶ 디지털 영화

HDTV 카메라와 초당 프레임 수, 스캐닝과 '영화적 영상'

CCD 과정(CCD Process)

Section 3.1에서 살펴보았듯이 CCD(charge-coupled device)는 고체 상태의 칩으로 빔 스플리터로부터 빛을 받아들이는 전화기 버튼 크기의 창을 가지고 있다. 이 창에는 수없이 많은 가로 세로로 나란히 놓인 감광 픽셀이 있다. 수만 개에 달하는 각각의 픽셀은 어느 정도 이상의 빛[색도(색상)와 휘도(흑백) 정보]을 모으고 비디오 신호의 일부분이 되는 전하로 변환시킨다. 이 전하들은 앞에 있는 창이 다른 한 프렘임 분량의 빛 정보를 받을 수 있도록 창을 비우기 위해 칩에 있는 다른 층에 일시 저장된다. 저장된 전하는 특정한 속도로 시분할 전송되고 신호 전압으로 사용될 만큼 증폭된다. 픽셀이 받아들이는 빛의 강도가 높을수록 출력되는 신호도 강해진다(그림 3.25 참조). 고해상도 제작을 위해 개발된 CMOS칩과 같은 표준적인 CCD의 변화는 좀더 빛에 민감하고 나은 색을 만들 수 있는 등의 이점이 많지만 스미어와 이미지 번짐 등의 문제점은 없애지 못했다.

아날로그 카메라든 디지털 카메라든 빛에서부터 전기적인 아날로그 신호로 완전히 변환된다. 아날로그 신호는 하나의 디지털신호로 변환되며 이것은 후에 빛에서 전기로 변환된다.

4×3 화면 비에서 16×9 화면 비로 변환이 자유로운 카메라라면 CCD는 4×9 혹은 16×9 형식을 가지고 있다고 할 수 있다. 4×3 형식의 CCD는 16×9 화면 비로 변환하기 위해서는 맨 윗줄과 맨 아랫줄의 픽셀을 잘라 버려야 한다. 픽셀의 손실이 너무 크기 때문에 이러한 변환은 낮은 해상도를 가져오는 경우가 많다. 그러나 16×9 형식을 가지고 있는 CCD의 경우 칩의 가운데 부분만을 이용해서 4×3 형식을 얻을 수 있다. 이것이 고해상도를 가진 칩이라고 한다면 이 칩의 중앙 부분은 근본적으로 16×9 형식과 동일한 해상도를 가지게 된다.

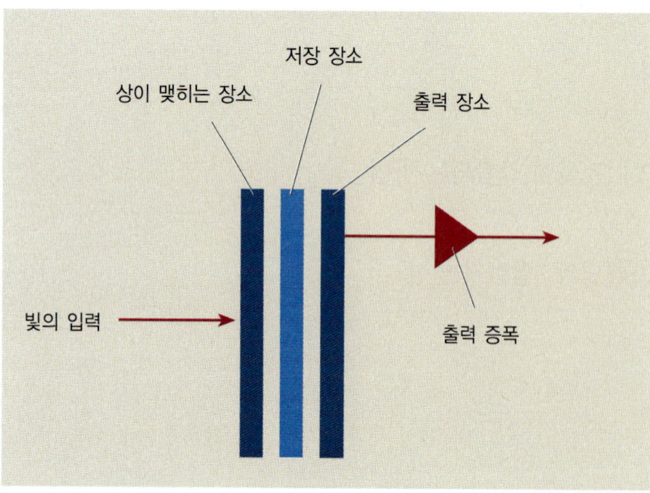

[그림 3.25] CCD 과정
CCD 상을 맺게 하는 장소(창), 저장 장소, 출력 장소로 구성되어 있다. 상을 맺게 하는 장소는 픽셀로 이루어져 있으며 저장 장소에서는 픽셀에서 만들어 낸 전하를 저장하며 출력 장소는 저장된 전하들을 증폭기로 옮기고 비디오 신호 형태로 만들어 낸다.

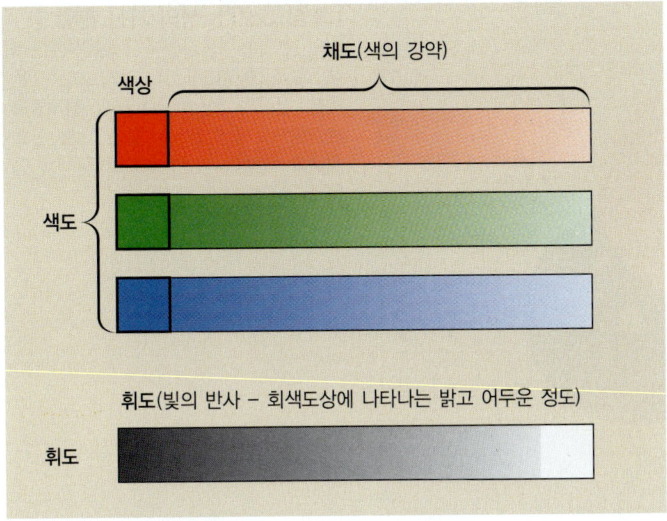

[그림 3.26] 색의 속성
색상은 색 자체, 즉 파란색, 초록색, 노란색과 같은 것을 의미한다. 채도는 색의 순수함이나 짙음을 나타낸다. 휘도(명도)는 반사되는 정도를 나타내는 말로서 회색도상에 얼마나 밝게 혹은 어둡게 보이는가를 나타낸다.

색의 본질(Nature of Color)

빨간색 공을 볼 때 그 색은 공의 일부분이 아니라 공에서 반사된 빛이 그렇게 보이는 것이다. 공의 빨간 안료는 컬러 필터의 역할을 해서 빨간색 외의 모든 색을 흡수하고 빨간색만을 반사시킨다. 이런 원리로 이 공은 흡수를 거부한 유일한 색으로 인식되는 것이다.

색의 속성(Color Attributes)

사람들이 색을 볼 때, 세 가지 기본 색감을 구별하는 것은 매우 쉬운데 이것은 색상, 채도, 휘도, 명도라는 색의 속성에 의해서 가능하게 된다(그림 3.26 참조).

색상은 색 그 자체를 나타내는 것으로 빨간 공, 초록 사과, 파란 코트와 같이 표현된다. 채도는 색의 풍부함이나 강도를 나타낸다. 스포츠카의 밝은 빨간 안료는 높은 채도를 가지고 있는 반면 바랜 청바지나 해변 모래의 상아색은 낮은 채도를 가지고 있다. 휘도는 흑백 화면이 얼마나 어둡게 혹은 밝게 보이느냐 또는 대략적으로 얼마나 밝고 어둡게 색이 나타나느냐를 나타낸다. 텔레비전 화면에 나타나는 여러 개의 휘도 단계는 회색도(grayscale)라고 한다(chapter 15 참조). 흑백 텔레비전을 본다면 사람들은 오로지 밝기 차이만을 느낄 뿐 그 화면에서는 색상과 채도를 느낄 수 없다. 텔레비전에서는 색의 색상과 채도의 특성을 색도[그리스어 chroma(=color)에서 따옴]라고 부른다. 밝기를 나타내는 색의 성질을 휘도[라틴어 lumen(=light)에서 옴]라고 한다. 색도 혹은 C채널과 휘도 혹은 Y채널은 이 chapter의 후반에 알아보겠다.

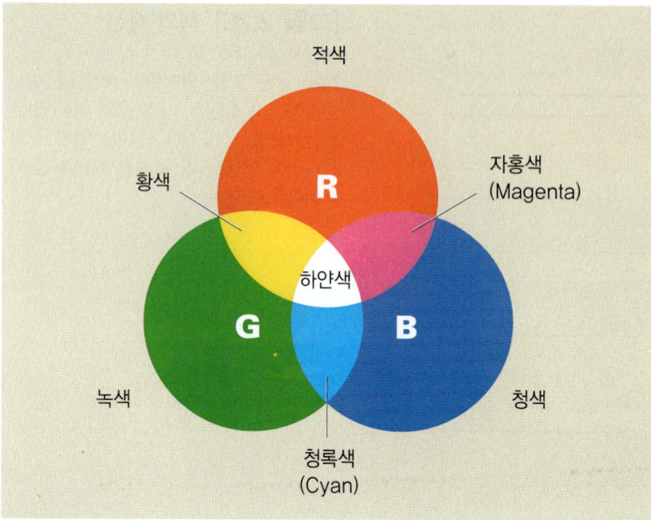

[그림 3.27] 색의 가산 혼합
빛의 혼합에 있어서 가산 삼원색은 적색, 녹색, 청색이다. 이 외의 모든 색은 특정 강도의 적색빛, 녹색빛, 청색빛을 혼합함으로써 얻을 수 있다. 예를 들면 적색과 녹색의 가산혼합으로 황색을 얻을 수 있다.

색 혼합(Color Mixing)

어릴 적 손가락으로 그림을 그릴 때를 떠올려보자. 아마도 세 개의 빨강, 파랑, 노랑 물감을 가지고 놀았을 것이다. 파랑과 노랑을 섞으면 녹색이 되고 빨강과 파랑을 섞으면 보라색이 되며 빨강과 초록을 섞으면 탁한 갈색 정도가 되는 것을 보았을 것이다. 손가락 그림의 전문가라면 빨강과 파랑, 노랑의 배합으로 거의 모든 색을 만들어 낼 수 있을 것이다. 빛에 있어서도 마찬가지다. 텔레비전에서 빛의 삼원색은 빨강, 파랑, 노랑이 아니라 빨강, 초록, 파랑이다.

가산 혼합 첫 번째로 빨강, 두 번째로 초록, 세 번째로 파랑 이렇게 세 개의 선명한 슬라이드(filter)를 가지고 있다고 가정해보자. 세 개의 슬라이드를 각기 다른 프로젝터에 걸고 동시에 한 곳을 비추면 하얀색이 나타나는 것을 볼 수 있을 것이다(각 슬라이드의 투광도가 동일하고 프로젝터의 빛도 균일하게 비춘다는 조건에서 가능한 일이다). 이것은 그리 놀랄 만한 일은 아니며 우리는 백색광을 이 세 가지 색으로 분리할 수도 있다. 여기서 파랑 프로젝터를 끄면 노란색이 나타나고, 초록 프로젝터를 어둡게 하면 오렌지나 갈색 빛을 얻게 될 것이다. 초록 프로젝터를 끄고 파랑 프로젝터를 켜면 마젠타라고 부르는 붉은빛을 띈 보라색을 얻게 될 것이다. 그리고 만약 빨간 프로젝터를 흐리게 하면 이 보라색은 좀더 파랑을 띄게 된다. 유색광의 양을 조절하면서 혼합하였기 때문에 이것을 색의 가산 혼합이라고 부른다(그림 3.27 참조). 카메라는 손가락 그림이 아닌 빛에 의해 작동되기 때문에 텔레비전 화면에서 보이는 모든 색은 이 세 가지 첨가 색을 가지고 만들어 낸다. 다양한 빛의 양, 즉 다양한 빛의 농도로 세 가지 색을 혼합해서 다른 모든 색을 만들어 낼 수 있다.

감산 혼합 유색광 대신 안료를 쓰는 경우에는 3원색은 빨강, 파랑, 노랑 혹은 보다 정확하게 마젠타(푸른빛이 도는 빨강)와 사이안(초록빛이 나는 파랑)과 노랑이 될 것이다. 감산 혼합에서는 컬러 필터를 각각 빼는 것이다. 텔레비전 카메라는 안료가 아닌 빛을 사용하기 때문에 감산혼합은 생략하겠다.

색도와 휘도 채널(Chrominance and Luminance Channels)

미리 언급한 바와 같이 색도는 색의 특성 중 색상과 채도와 관계가 있고 휘도는 색의 밝고 어두움에 관계가 있다. 카메라에 있어서 색도 채널은 색 신호와 관계가 있으며 휘도 채널은 흑백 신호와 관계가 있다.

색도 채널(Chrominance Channel)

색도 채널 혹은 C채널은 모든 색상 특성을 포함한다. 이것은 빨강, 초록, 파랑 세 개의 다양한 강도를 가진 슬라이드 프로젝터로 이루어져 있다고 할 수 있는데, 단지 텔레비전 카메라에서는 이 슬라이드 프로젝터가 CCD로 이루어져 있으며 이 CCD는 3원색 각각에 따라 여러 강도의 전기 신호를 만들어 낸다는 것이 다르다. 시스템에 따라 색 신호는 하나, 둘 혹은 세 개의 선으로 전송된다.

휘도 채널(Luminance Channel)

휘도 채널 혹은 Y채널이라는 것은 컬러 화면의 밝은 정도와 관련이 있다. 하나의 휘도 신호는 두 가지 기능을 수행하는데, 그것은 화면에서 색의 밝고 어두운 정도는 흑백 수상기를 위해 흑백 화면으로 바꾸고 4도 색상의 인쇄물에서 검은 점이 하는 것과 같이 필요한 만큼의 강렬함과 명확함을 컬러 화면으로 제공한다. 화면의 명확함에 있어서 미치는 영향이 크기 때문에 Y신호는 디지털 영역에서도 애용된다. 심지어 고가의 디지털 카메라도 색 신호가 표본으로 쓰이는 경우는 휘도 신호가 견본으로 쓰이는 경우의 반밖에 되지 않으며 저가의 전문가용 디지털 카메라나 보급형 디지털 카메라의 경우 휘도 신호가 네 배나 많이 쓰인다.

빨강과 파랑처럼 두 개의 색상이 확연히 차이가 난다고 하더라고 그 밝음에 있어서는 비슷해서 흑백 모니터에서는 구별하기가 힘들 것이다. 예를 들면 파란 바탕에 빨간 글씨는 확연히 구분되어 보이겠지만 흑백으로 연출된다면 그런 선명한 대조는 사라질 것이다. 비록 색상이 확연히 대비된다고 하더라도 그 밝은 정도는 같은 것이다. 결과적으로 빨간 글씨는 흑백 화면에서는 더 이상 알아볼 수 없는 것이다(그림 3.28 참조). 두 가지 색의 밝고 어두운 차이가 확

[그림 3.28] 휘도(명도): 불충분한 명도 대비
컬러 텔레비전에서 파란색 바탕 위의 붉은 글자는 색상에 있어서 확연한 구분을 갖지만 흑백 수상기에서는 거의 읽기가 힘들다. 명도 대비가 뚜렷하지 못해서 흑백으로 재현하기 힘들다.

[그림 3.29] 충분한 명도 대비
이 색상들은 컬러 수상기에서나 흑백 수상기 모두에서 충분한 명도 차를 보이기 때문에 확실하게 구별이 가능하다.

연하다면 흑백 화면에서도 글씨는 선명하게 보일 것이다(그림 3.29 참조).

인코더(Encoder)

인코더는 세 개의 C(RGB)신호와 Y(휘도)신호를 결합시켜서 컬러 텔레비전이 이 신호들을 잘 전달하고 쉽게 분리할 수 있도록 한다. 이러한 결합된 신호는 컴포지트(composite) 신호 혹은 NTSC 신호라고 불린다. 만약 Y신호와 C신호가 분리된 상태로 있다면 이것은 컴포넌트(component) 비디오 신호이다. 이 컴포지트, 컴포넌트 신호에 대해서는 chapter 12에서 공부할 것이다.

디지털 영화(Electronic Cinema)

오랜 시간이 흐른 후에야 텔레비전 카메라로 만든 영화를 극장에서 상영할 수 있는 날이 왔

[그림 3.30]
디지털 영화 카메라
이 최고 성능의 DVCPRO HDTV 720p 카메라는 영화의 전통적인 프레임 수인 24fps를 포함한 여러 가지 프레임 수로 세팅이 가능하며 전형적인 영화 카메라에서 그 기능을 따온 장비들이 부착되어 있다.

다. 디지털 영화란 일반적으로 영화 제작에 가장 적합한 고성능의 HDTV 카메라를 의미한다. 이들 카메라는 각각 수백만 화소의 CCD를 가지고 있다. 그리고 영화와 같은 24fps 혹은 그보다 느리거나 빠른 다른 프레임 수를 가지고 있다. 가장 카메라의 값비싼 부분은 바로 HDTV를 위해 만들어진 렌즈부분이다(그림 3.30 참조). 이들 중 어떤 카메라는 기본적으로 사진 카메라에서 사용할 수 있는 다양한 렌즈를 가지고 있다. 추가 장비로는 매트 박스(광학적인 특수 효과를 위해 렌즈에 부착하는 것)와 고해상도의 흑백 카메라 뷰파인더를 가지고 있다. 영상은 HDTV 녹화기에 녹화된다(chapter 12 참고).

많은 영화인들은 HDTV 영상의 피부색에 불평하고 신비로운 '영화적 영상'이 감소함을 안타까워 한다. 고해상도에서 오는 것이라고 잘못 알려져 있던 신비스런 '영화적 영상'은 아마도 프레임이 교체될 때마다 암전되는 것과 높은 콘트라스트 비의 결과일 것이다. 이렇게 프레임 사이에 검은 화면이 오면 화면을 좀더 부드럽게 인식하게 되는 것이다. 이런 암전을 인공적으로 흉내 내기 위해 일부의 디지털 영화 시스템은 진보적인 스캔 형식을 조절하기도 했다. 불행히도 그 노력의 결과물은 질 낮은 영상이었고 프레임과 프레임 사이의 완충으로 부드럽게 만들어지는 것이 아니었다.

핵심요약

- 고체 형태의 CCD(charge-coupled device)는 수많은 가로 세로 줄로 구성된 픽셀로 이루어져 있다. 각각의 픽셀은 일정량의 빛을 모으고 이것을 전하로 바꾼다. 이 전하들은 저장되었다가 각 선별로 읽혀지고 비디오 신호로 변환된다.
- 색의 특성에는 색 자체를 나타내는 색상, 색의 풍부함이나 강도를 나타내는 채도, 그리고 색이 얼마나 어둡고 밝게 보이는가를 나타내는 휘도가 있다.
- 컬러 텔레비전은 세 가지 색, 빨강, 초록, 파랑의 광선을 가산 혼합한다.
- 컬러 카메라는 색도와 휘도 채널을 가진다. 색도 채널은 색 신호(C신호)를 처리하고 휘도는 Y신호라고 불리는 흑백 신호(밝은 정도)를 처리한다. 두 종류의 신호는 인코더에 의해 결합된다.
- 디지털 영화는 일반적으로 특수 부속품을 장착한 고가의 비디오 포착용 HDTV 카메라를 말한다.

CHAPTER

4

렌즈

Lenses

렌즈는 영상 촬영 분야 전반에서 쓰인다. 렌즈의 고유 기능은 보이는 장면을 작고 선명한 이미지로 필름(텔레비전의 경우 촬상 장치)에 투영하는 것이다. chapter 3에서 언급한 바와 같이 렌즈는 카메라를 구성하는 3대 부품 가운데 하나다. 스튜디오 카메라의 경우, 렌즈는 종종 카메라 자체보다 더 큰 비중을 차지하기도 한다. section 4.1 「렌즈란 무엇인가」에서는 렌즈의 광학적 특성과 렌즈의 일차적인 작동 제어에 대해서 살펴볼 것이다. 렌즈의 실행 특성, 즉 렌즈가 어떻게 세상을 보는가에 대해서는 section 4.2 「렌즈가 보는 것」에서 알아보기로 한다.

주요 용어

구경(aperture) 렌즈의 조리개가 만들어 내는 구멍. 조리개 숫자(f-stops)로 표시된다.

자동 초점(auto-focus) 카메라가 피사체라고 지각하는 것에 자동적으로 초점을 맞추는 상태.

조절(calibrate) 줌 동작을 통해서도 초점이 흐려지지 않도록 초점을 미리 맞추는 것.

압축(compression) 협각 렌즈를 통해서 피사체의 비율과 상대적인 거리가 좁아 보이는 밀집 효과.

피사계 심도(depth of field) 카메라로부터 다양한 거리에 놓여 있는 피사체가 모두 초점에 들어올 수 있는 지역. 피사계 심도는 렌즈의 초점 거리, 조리개 숫자, 피사체와 카메라 사이의 거리에 의해서 좌우된다.

디지털 줌(digital zooming) 이미지의 중앙 부분을 기준으로 가상적으로 줌을 시연한 후 전기적으로 기준이 된 부분을 확장시키는 것. 이러한 디지털 줌은 해상도를 떨어뜨린다.

디지털 줌 렌즈(digital zoom lens) 작은 내장 컴퓨터를 통해 줌 위치와 이에 해당하는 초점을 계속해서 반복할 수 있는 렌즈.

밝은 렌즈(fast lens) 최대 구경(낮은 f-stop의 설정)을 통해 비교적 많은 양의 빛을 통과시킬 수 있는 렌즈. 낮은 조도하에서 사용할 수 있다.

피사계(field of view) 렌즈를 통해 보여지는 장면의 범위. 예를 들면 클로즈업(close-up)은 CU로 표현된다.

초점 거리(focal length) 렌즈를 무한대 위에 놓았을 때 상의 초점이 흐려지지 않는 범위에서 렌즈의 광학적 중심에서부터 카메라의 촬상 장치 전방 표면까지의 거리. 초점 거리는 mm 단위 혹은 inch 단위로 측정한다. 짧은 초점 거리를 가지고 있는 렌즈는 넓은 피사각을 가지며, 긴 초점 거리를 가진 렌즈는 좁은 피사각을 가진다. 가변 초점 렌즈(줌 렌즈)에서 초점 거리는 광각(줌 아웃)에서 협각(줌 인)으로, 또는 협각에서 광각으로 지속적인 변화가 가능하다. 고정 초점 렌즈는 정해진 초점 거리를 가진다.

초점(focus) 화면이 선명하고 깨끗하게 보이는 상태를 초점이 맞는다고 표현한다(기술적으로 렌즈에 의해 굴절된 광선이 한 점에 모이는 위치).

조리개 숫자(f-stop) 렌즈의 구경 또는 조리개가 열려진 정도를 나타내는 눈금(즉, 렌즈를 통해 들어오는 빛의 양). 조리개 숫자가 클수록 구경이 작으며 조리개 숫자가 작을수록 구경은 커지게 된다.

조리개(iris: 홍채＝diaphragm, lens diaphragm) 렌즈를 통해 들어오는 빛의 양을 조절하기 위해 열고 닫는 장치.

접사 위치(macro position) 매우 가까운 거리에 있는 피사체에 초점을 맞출 수 있도록 렌즈를 조절하는 것. 작은 피사체의 클로즈업에서 쓰인다.

최근접 거리(minimum object distance: MOD) 초점이 흐려지지 않는 상태에서 카메라가 피사체에 근접할 수 있는 최소 거리.

협각 렌즈(narrow-angle lens) 카메라로 비교적 먼 거리에서 일어나는 상황을 담기 위해 클로즈업을 하는 것. 장 초점 렌즈 혹은 망원 렌즈라고도 부른다.

표준 렌즈(normal lens) 일반적으로 눈에 비치는 상의 공간 관계에 최대한 가까울 수 있는 초점 거리를 가진 렌즈 혹은 줌 렌즈의 위치.

초점 이동(rack focus) 카메라와 가까이에 있는 하나의 피사체 혹은 인물에서 카메라에서 먼 다른 피사체 혹은 인물로 또는 그 반대로 초점을 이동시키는 것.

배율 확대기(range extender) 초점 거리를 확장시키기 위해 줌 렌즈에 부착시키는 광학적 부착물. 확대기라고도 부른다.

선택적 초점(selective focus) 피사체의 전방 혹은 후방의 초점을 흐린 상태에서 하나의 피사체에 얕은 피사계 심도로 강조하는 것.

서보 줌 조절(servo zoom control) 모터 장치를 통한 줌 조절.

어두운 렌즈(slow lens) 최대 구경(낮은 조리개 숫자)을 통해서 상대적으로 소량의 빛이 들어오게 하는 렌즈.

광각 렌즈(wide-angle lens) 짧은 초점 거리를 가진 렌즈로 넓은 피사계를 가지고 있다.

줌 렌즈(zoom lens) 가변 초점 렌즈. 이 렌즈로 하나의 지속적인 움직임 안에서 광각 화면에서 협각 화면으로 점차 이동시키거나 그 반대로 협각 화면에서 광각 화면으로 이동시키는 것이 가능하다.

줌 영역(zoom range) 광각 화면에서 협각 화면으로 변화시키는 동작 시 초점 거리에 변화를 줄 수 있는 정도. 줌 영역은 주로 비율로 표현되는데, 예를 들어 15:1 줌 비율이란 줌 렌즈가 가장 짧은 초점 거리를 15배 증가시킬 수 있다는 것을 뜻한다.

SECTION

4.1

렌즈란 무엇인가

What Lenses Are

카메라가 무엇을 볼 수 있는가는 렌즈에 의해 결정된다. 어떤 종류의 렌즈는 장면을 상대적으로 근거리에서 촬영해도 넓은 피사계를 제공하고, 또 어떤 종류는 가까운 거리에서 촬영을 해도 피사체가 아주 먼 거리에 있는 것처럼 보이게 하기도 한다. 또 다른 종류의 렌즈는 기본적인 가시적 원근감을 결정하는데, 이것은 피사체를 왜곡시키거나 실제 위치해 있는 거리보다 가까이 혹은 멀리 보이게 하는 역할을 한다. 또한, 렌즈는 화질에 큰 영향을 주며 카메라를 움직이지 않고도 피사체를 줌 인이나 줌 아웃할 수 있는 능력에도 크게 기여한다. 이번 section에서는 어떤 렌즈가 어떤 역할을 하며 어떻게 사용해야 하는지에 대해서 살펴보기로 한다.

▶ 줌 렌즈의 종류

스튜디오와 야외 렌즈, 줌 영역, 렌즈 형식

▶ 렌즈의 광학적 특성

초점 거리, 초점, 빛의 전달-조리개와 f-stop, 피사계 심도

▶ 작동 조절

줌 조절, 디지털 줌 렌즈, 초점 조절

줌 렌즈의 종류(Types of Zoom Lenses)

제작부 사람들이 줌 렌즈에 대해서 이야기할 때 어떤 사람들은 스튜디오 줌이라 하고, 어떤 사람은 15배율 줌 렌즈라고 하며, 어떤 사람은 2/3-inch 이미지 형식이라고 하는 말을 들을 수 있을 것이다. 그러나 이것은 같은 종류의 줌 렌즈를 가리키는 경우가 많다. 이 section에서는 이러한 분류법들에 대해 알아보기로 한다.

스튜디오와 야외 렌즈(Studio and Field Lenses)

이름에서 알 수 있듯이 스튜디오 줌 렌즈는 일반적으로 스튜디오 카메라에서 쓰이는 렌즈이다. 야외 줌 렌즈는 스포츠 중계나 퍼레이드 등과 같은 행사를 원격 조정 방송을 위해 쓰이는 고성능 카메라에 장착되는 큰 렌즈를 포함하고 있으며 ENG/EFP 카메라에 쓰이는 렌즈 또한 이 야외 줌 렌즈에 속한다. 보급형 카메라에 쓰이는 렌즈 역시 야외 렌즈로 분류된다. 야외 렌즈를 스튜디오에서 쓰거나 스튜디오 렌즈를 야외에서 쓰는 일도 가능하기 때문에 줌 렌즈를 분류하기 위한 더 정확하고 적당한 방법은 줌 렌즈의 영역과 어떤 카메라에 적당한가 하는 렌즈 형식에 따라 분류하는 것이 좋다.

줌 영역(Zoom Range)

만약 어떤 줌 렌즈 하나로 최대로 줌 아웃하여 전체 테니스 코트와 관람석의 일부까지도 들어올 만큼 전체적인 화면을 보여주다가 카메라의 위치는 그대로 둔 채 최대로 줌 인하여 테니스 선수의 긴장된 얼굴을 클로즈업해서 보여줄 수 있다면 이 렌즈의 줌 영역은 넓다고 말할 수 있다. 좀더 정확하게 표현하자면 줌 영역은 렌즈의 초점 거리(초점 거리의 변화에 따른 피사

[그림 4.1] 10× 렌즈의 최대 줌 위치

10× 줌 렌즈는 초점 거리를 10배 증가시킬 수 있다. 이 렌즈는 화면의 일부분을 확장시키거나 화면을 카메라 가까이에 가져온 것 같은 효과를 가져온다.

계 변화)를 얼마나 변화시킬 수 있는가를 말하는 것이다.

렌즈의 줌 영역은 10 : 1, 40 : 1과 같이 배율로 표시된다. 10 : 1의 줌 렌즈란 가장 짧은 초점 거리를 10배까지 늘릴 수 있다는 것을 뜻하며 40 : 1 줌 렌즈는 40배 늘릴 수 있다는 것을 말한다. 좀더 간단하게 10×(10배), 40×(40배)로 표기하기도 하며 렌즈가 가지는 최대 이미지 확장 비를 의미한다(그림 4.1 참조).

스포츠 중계를 위해 야외 관중석 꼭대기에 설치한 대형 스튜디오 카메라에는 아마도 40× 혹은 70×에 가까운 줌 영역을 가진 렌즈를 장착했을 것이다. 스튜디오 안에서는 20× 줌 비율을 가진 렌즈로도 충분한 기능을 수행할 수 있다. 작고 가벼운 ENG/EFP 카메라의 경우 15×를 넘는 경우가 드물다.

광학적 줌 영역과 디지털 줌 영역 보급형 카메라의 줌 영역이 제한적이라는 것은 이미 알고 있을 것이다. 고가의 보급형 캠코더에서도 15×에서 20× 정도의 광학적 줌 비율이 고작이다. 이것이 보급형 캠코더가 디지털적으로 비율을 확대할 수 있는 선택 사양을 제공하는 이유이다. 광학적으로 줌을 사용해서 가까운 장면을 잡을 때 그 화면은 초점 거리를 변화시켜서 확대할 수 있다. 디지털 줌에서는 초점 거리 조정이 필요치 않다. 카메라의 전자 장치가 먼 거리에서 찍은 장면의 일정 부분을 선택해서 이 부분을 화면에 꽉 찬 크기로 늘이게 된다. 디지털 줌의 문제점은 확장된 픽셀은 상의 해상도를 현저히 떨어뜨린다는 것이다(chapter 3의 모자이크 조각을 상기해 보면 쉽게 이해할 수 있을 것이다). 어떤 면에서 디지털 줌은 픽셀이 너무 커

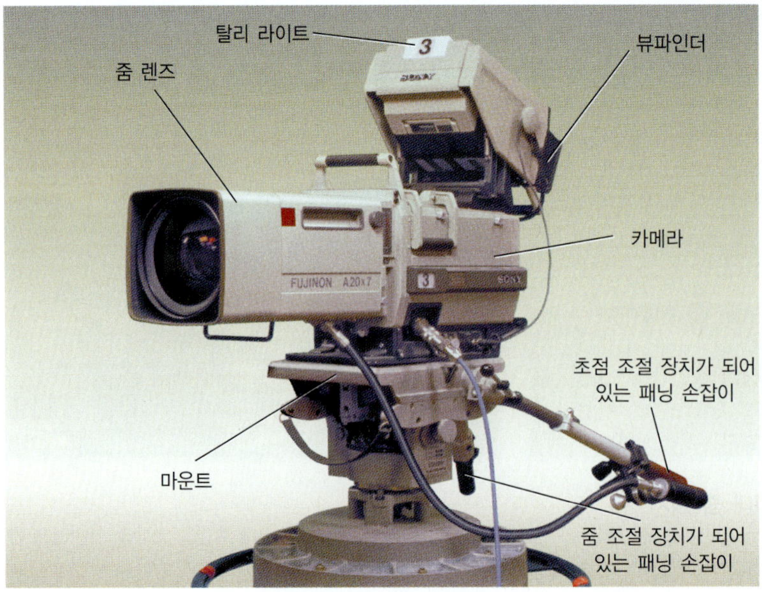

[그림 4.2]
스튜디오 줌 렌즈
고성능 스튜디오 렌즈는 매우 무겁고 때때로 카메라 몸체보다도 크다. 이 렌즈들은 ENG/EFP 카메라에는 장착할 수 없다.

져서 확대라기보다는 특수 효과처럼 보이기도 한다. 고가의 보급형 캠코더는 원래 영상의 최대 픽셀 해상도를 복구하려는 시도를 하기도 하지만 보간(補間; interpolation)이라는 이 과정을 통해서도 줌을 하기 전의 본래 해상도를 얻어내는 것은 불가능하다. 그래서 전문가용 카메라는 디지털 줌 기능이 없다.

스튜디오, 야외, ENG/EFP용 모든 렌즈는 카메라에 탈부착이 가능하다. 오로지 보급형 캠코더만이 탈부착이 불가능한 내장형을 사용하고 있다(그림 4.2, 4.3 참조).

스튜디오 렌즈와 야외 렌즈 20× 스튜디오 렌즈의 경우 스튜디오 밖에서 행해지는 야외 제작에서도 사용할 수 있다. 그러나 야외용 렌즈는 스튜디오용 렌즈보다 높은 줌 배율을 가지는 것이 일반적이다. 이러한 렌즈의 높은 줌 배율은 카메라가 미식축구 경기장 전체를 보여주다가 쿼터백의 얼굴로 클로즈업할 수 있게 해준다. 이러한 야외용 렌즈는 높은 줌 배율을 가지고 있으면서도 비교적 낮은 조도에서도 고화질의 영상을 잡을 수 있게 해준다. 스튜디오에서는 이런 고배율의 줌 렌즈는 불필요하며 때로는 방해가 되기도 한다.

ENG EFP

ENG/EFP 렌즈 이 렌즈는 휴대용 카메라에 장착될 수 있을 정도로 아주 작다. 앞서 설명한 대로 이 렌즈의 줌 배율은 13×에서 17× 정도이다. 대부분의 ENG/EFP 작업에서는 15× 줌 렌즈로도 충분하지만 비교적 멀리서 일어나고 있는 일을 가까이 잡을 필요가 있을 경우 좀더 높은 배율을 가진 20×나 30× 렌즈 같은 것으로 교체하면 된다. 이러한 원거리용 줌 렌즈를 사용할 때는 15× 렌즈를 사용할 때보다 높은 광량이 필요하다. 역시 정상적인 줌 영역을 넘어 빈틈없는 화면을 촬영하기 위한 배율 확대기(이번 chapter 뒤에 설명한다)

[그림 4.3] ENG/EFP 줌 렌즈
ENG/EFP 카메라 렌즈는 스튜디오 줌 렌즈에 비해 가볍고 작다. 스튜디오 카메라만큼의 높은 성능을 가지고 있지는 않지만 서보 줌과 수동 줌 조절, 자동 조리개 조절 등과 같이 비슷한 기능을 많이 가지고 있다. 보급형 캠코더에는 자동 초점 기능까지 가지고 있다.

를 사용할 수 있다.

ENG/EFP용 렌즈에서 좀더 중요하게 고려해야 할 점은 차 안이나 작은 방 안, 비행기 안에서와 같은 비좁은 공간에서도 촬영이 가능할 정도로 넓은 피사각(짧은 초점 거리)을 가지고 있는가 하는 것이다. 또한 넓은 피사각은 16×9의 와이드 스크린으로 촬영할 때에도 중요하다.

많은 렌즈들은 좁은 피사계로 촬영되었을 때 화상이 흔들리는 것을 최소화하는 디지털 안정 장치와 함께 내부 초점을 가지고 있다. 내부 초점에 대해서는 이 section 후반부에서 알아보기로 한다.

보급형 캠코더 렌즈 보급형 캠코더 렌즈는 10×에서 18×까지의 광학 줌 배율을 가지고 있다. 이미 알고 있는 바와 같이 보급형 캠코더 렌즈의 문제점은 줌 배율은 좋지만 최대 피사계가 충분하지 않다는 것이다. 대부분의 캠코더는 이미지 안정 장치와 같은 기능을 가지고 있다. 어떤 내장된 렌즈를 가진 전문가형 캠코더는 와이드 앵글이나 클로즈업을 촬영할 수 있도록 장비를 부착할 수 있게 해준다.

배율 확대기 만약 어떤 줌 렌즈로 담고자 하는 장면에 충분히 가깝게 줌 인할 수 없다면 부가적인 렌즈 구성 요소인 배율 확대기, 간단하게 확대기라고도 하는 것을 사용할 수 있다. 이 광학 부품은 오로지 전문가용 카메라에서만 사용 가능하며 실제로 줌 배율을 확장시키는 것이 아니라 렌즈의 최소 협각 쪽 확대 범위(망원력)를 높여주는 것이다. 모든 렌즈는 2× 확대기를 가지는데 이것은 렌즈의 협각을 두 배로 늘릴 뿐만 아니라 광각 쪽을 두 배로 줄여주게 된다. 이 확대기를 장착하면 좀더 줌 인을 해서 촬영할 수는 있지만 줌 아웃은 확대기를 사용하기 전과 같은 범위로 넓게 할 수는 없게 된다. 확대기 사용에는 두 가지 단점이 더 있는데 그 하나는 카메라로 들어오는 빛의 양을 현저하게 줄어들게 해서 낮은 조도에서의 촬영에 문제를 일으키게 되는 것이고, 나머지 하나는 이런 부가적 부품의 사용은 화상의 선명도를 떨어뜨리게 되는 것이다.

렌즈 형식(Lens Format)

카메라 렌즈는 카메라 CCD의 크기에 맞게 설계되고, 그 크기에 따라서 1/3인치, 1/2인치 혹은 2/3인치 렌즈 형식이란 말을 사용한다. 이것은 CCD 촬상 장치에 대응하는 렌즈를 써야 한다는 의미가 된다. 사진에서와 마찬가지로 큰 CCD가 더 나은 화상을 만들어 내게 된다. 렌즈 형식이란 말은 표준 NTSC 카메라에 쓰이는 렌즈인가 HDTV 카메라에 쓰이는 렌즈인가를 구분하는 데도 사용하는 용어다.

렌즈의 광학적 특성(Optical Characteristics of Lenses)

카메라의 효과적인 사용은 광학적 특성을 얼마나 잘 이해하느냐에 달렸다고 할 수 있다. 이러한 광학적 특성에는 (1) 초점 거리, (2) 초점, (3) 빛의 전달[조리개와 조리개 숫자(f-stop)], 그리고 (4) 피사계 심도가 있다.

초점 거리(Focal Length)

초점 거리는 기술적으로 렌즈의 광학적 중심에서부터 렌즈가 보는 상의 초점이 흐려지지 않는 점까지의 거리를 말한다. 이 점은 카메라의 촬상 장치를 의미한다(그림 4.4 참조). 작동의 관점에서 볼 때 초점 거리는 특정한 카메라가 얼만큼의 넓은 피사계나 좁은 피사계를 가졌는가, 그리고 피사체가 얼마나 또 어떤 방법으로 확대되어 나타나는가를 결정하게 된다. 최대로 줌 아웃시켰을 때 렌즈의 초점 거리는 최대 광각 위치에 있는 것이고 카메라는 넓은 피사계를 보여줄 것이다. 반대로 최대로 줌 인시켰을 때 초점 거리는 최대 협각 위치에 있게 되고 카메라는 클로즈업된 좁은 피사계를 보여주게 된다(그림 4.5 참조). 최대 광각과 최대 협각 사이 어디에선가 줌을 멈춘다면 실제 피사체의 크기로 보여지는 지점을 얻을 수 있다. 이처럼 줌 렌즈가 최대 광각(최대 줌 아웃)과 최대 협각(최대 줌 인) 사이를 오갈 수 있기 때문에 가변 초점 렌즈라고 불리는 것이다.

텔레비전 화면에서 줌 인되는 모습은 피사체가 보는 사람에게 서서히 다가오는 듯한 효과를 나타낸다. 줌 아웃의 경우는 반대로 피사체가 점점 멀어지는 듯한 효과를 낸다. 실제로 이러한 과정은 줌 렌즈 안의 움직이는 구성 요소들이 피사체에 초점을 유지한 채 서서히 확대시

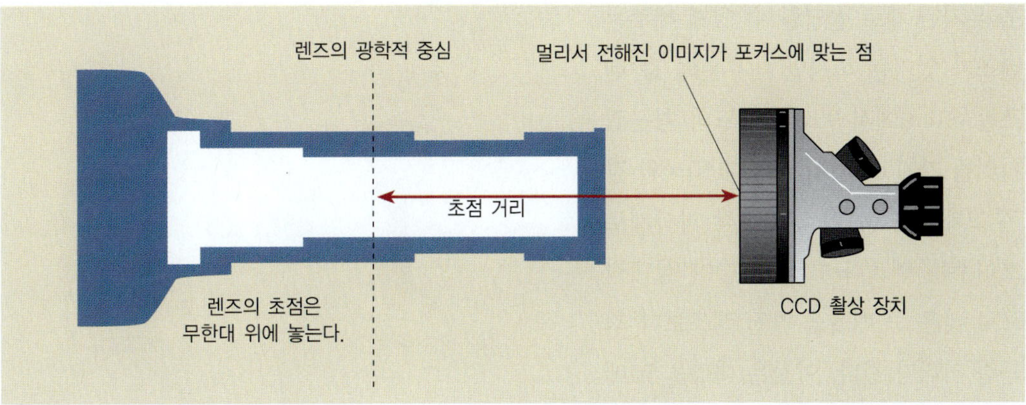

[그림 4.4] 초점 거리
초점 거리란 렌즈의 광학적 중심에서부터 촬상 장치의 표면까지의 거리를 말한다.

키고(줌 인) 서서히 축소시키는 일(줌 아웃)을 한 것이 전부이다. 그러나 이 과정에서 카메라는 고정되어 있어야 한다(그림 4.6 참조).

피사체 최근접 거리와 접사 위치 초점을 유지하면서 카메라를 피사체에 가까이 가져가는 데에는 한계가 있다는 것은 이미 알고 있을 것이다. 이것은 특히 아주 작은 피사체를 가까운 거리에서 촬영하고자 할 때 자주 문제가 되기도 한다. 최대한 줌 인을 했는데도 피사계가 넓을 때가 있을 것이다. 카메라를 피사체에 최대한 가까이 가져간다면 화면은 꽉 차겠지만 그 상태에서 초점을 맞추기는 불가능할 것이다. 배율 확대기를 사용한다 해도 피사체를 화면에 꽉 차도록 클로즈업하려면 피사체에서 카메라를 멀리 떨어뜨려 놓아야 하기 때문에 별 효과를 발휘하지는 못할 것이다. 이러한 문제를 해결하기 위한 한 가지 방법은 최대한 줌 아웃을 해서 광각 초점 거리로 만드는 것이다.

일반적인 예상과는 반대로 광각 줌은 확장된 협각 줌(2× 확장기를 사용한 최대 줌 인)보다 작은 피사체의 클로즈업을 더 꽉 차게 잡을 수 있게 해준다. 그러나 이러한 광각 줌을 가지고도 피사체에 더 가까이 다가가다 보면 어느 순간에는 더 이상 초점이 맞지 않을 경우가 생기게 된다. 카메라가 피사체에 초점이 맞는 상태에서 상을 얻을 수 있는 최소한의 거리를 우리는 피사체 최근접 거리(minimum object distance: MOD)라고 한다.

확대기 없이도 전체 줌 영역 내에 피사체에 극도로 가까운 거리에서 초점을 유지한 채로 촬영할 수 있게 해주는 렌즈가 있기는 하지만 대부분의 줌 렌즈는 60 cm에서 90 cm 정도의 최근접 거리를 가지고 있다. 40×나 50×와 같은 고배율의 줌 렌즈는 광각 피사계로 보여주는 렌즈나 10×와 같이 상대적으로 낮은 줌 배율을 가진 렌즈보다 최근접 거리가 길다. 이것은 대상을 50배 이상으로 확대시키기는 하지만 협각에서 시작하는 큰 야외 렌즈와 비교해 피

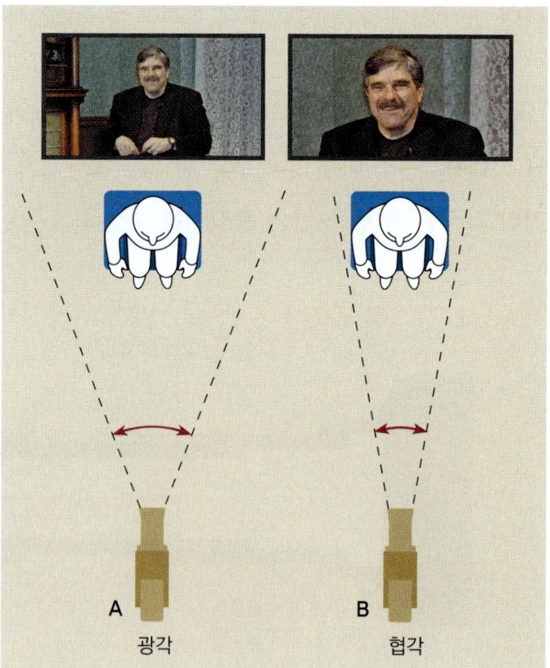

[그림 4.5] 광각과 협각 상태의 렌즈의 피사계
A 광각 줌 렌즈(줌 아웃)의 피사계가 B 협각 줌 렌즈(줌 인)의 피사계보다 넓다. 줌 인했을 때 피사체는 확대된다.

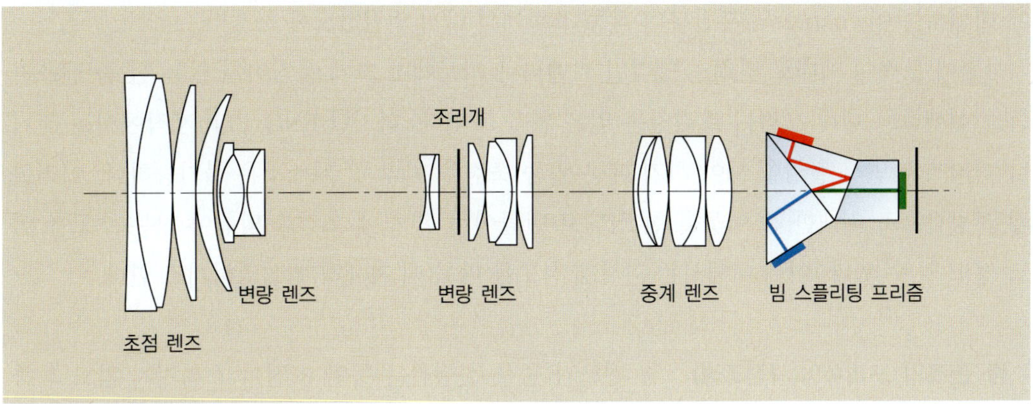

[그림 4.6] 줌 렌즈의 구성 요소
줌 렌즈는 여러 개의 움직이는 렌즈와 고정된 렌즈 구성 요소로 이루어져 있으며 이 구성 요소들은 계속해서 초점 거리를 변화시킴으로써 초점을 유지하는 기능을 하게 된다. 앞 부분에 있는 요소들은 초점을 조절하고 중간에 있는 요소들은 줌을 조절한다.

사체를 10배에서 12배 정도밖에 확대시키지는 못하지만 광각 야외 렌즈가 피사체에 더 가까이 접근해서 촬영할 수 있다는 것을 의미한다.

이러한 광각 야외 렌즈의 장점과 함께 ENG/EFP 카메라에 사용되는 많은 야외 렌즈는 접사 위치라는 것을 가지고 있는데 이 위치에 놓으면 초점을 잃지 않으면서 피사체에 더 가까이 다가갈 수 있다. 렌즈가 접사 위치에 있을 때 렌즈는 초점을 흐리지 않은 채 피사체에 거의 닿을 정도까지 가까이 갈 수 있지만 줌은 할 수 없다. 접사 위치는 줌 렌즈를 가변 초점 렌즈에서 고정 초점 렌즈로 변화시키게 된다. 접사 위치는 우표 한 장을 화면 가득히 클로즈업하는 것처럼 특정한 작업에만 사용되기 때문에 초점이 고정된다고 해도 크게 문제될 것은 없다. 그러나 이 위치에서 다시 일반 줌 위치로 변화시키지 않으면 줌을 할 수 없다는 것을 알아두자.

초점(Focus)

카메라가 잡은 화면이 선명하고 깨끗하게 보일 때 우리는 초점이 맞았다고 한다. 초점은 렌즈와 필름 사이의 거리, 렌즈와 카메라 촬상 장치(빔 스플리터를 가진 CCD) 사이의 거리에 영향을 받는다. 렌즈와 필름 사이의 거리, 렌즈와 촬상 장치 사이의 거리를 조절함으로써 간단하게 초점을 맞추기도 흐릴 수도 있는 것이다. 텔레비전 줌 렌즈에서 초점은 줌 초점 조절 장치와 연결된 요소를 움직임으로써 맞출 수 있다(그림 4.6 참조).

초점 조절은 다양하게 이루어진다. 휴대용 카메라에서는 초점 조절 링을 돌리면서 초점을 맞추고 스튜디오 카메라에서는 초점 조절 장치가 패닝 손잡이에 장착되어 있다(그림 4.18 참조). 모든 보급형 캠코더에는 오토 포커스(auto-focus)라는 자동 초점 조절 장치가 되어 있는데 이에 대해서는 이 chapter의 후반부의 작동 조절에서 다시 언급하도록 하겠다.

사전에 초점이 제대로 맞춰져 있다면 카메라나 피사체가 크게 움직이지 않는 한 줌 렌즈가 줌을 실행하는 내내 초점이 흐려지는 일은 없을 것이다. 하지만 ENG/EFP 제작에서는 걷거나 심지어 뛰면서 촬영을 해야 하기 때문에 줌 초점을 미리 맞추는 것은 불가능하다. 이러한 경우 광각으로 최대한 줌 아웃을 한 상태로 만들어서 한 곳에 초점을 맞춰야 하는 수고를 어느 정도 덜 수 있다. 이에 대해서는 피사계 심도를 다룰 때 자세하게 설명하기로 한다.

줌 렌즈의 프리세팅(사전조정) 줌 렌즈가 줌을 실행하는 동안 초점이 흐려지지 않도록 줌 렌즈를 미리 맞추거나 조절할 수 있다. 내가 원하는 목표를 최대한 줌 인한다. 예를 들어 뉴스룸의 뉴스 앵커의 눈이나 콧등을 최대한 줌 인해 초점 조절기를 이용해 초점을 맞춘다. 그 후 줌 아웃을 해도 화면의 초점이 흐려지지 않는 것을 확인할 수 있을 것이다. 줌 인을 해도 마찬가지로 초점이 흐려지지 않으므로 줌을 행하는 내내 초점을 잃지 않을 수 있다. 그러나 초점을 맞춘 후 카메라나 피사체가 움직인다면 초점을 다시 조절해야 한다.

예를 들어 이미 초점을 맞춰 놓은 상태에서 감독이 뉴스 앵커가 텔레프롬프터를 더 잘 읽을 수 있게 카메라가 뉴스 앵커에게 좀더 가까이 가도록 지시한다면 새 위치에서 다시 한 번 초점 조절을 해야만 초점을 유지할 수 있게 된다. 만약 앵커에게 초점을 맞춘 상태에서 앵커 뒤에 있는 지도를 줌 인하라는 지시를 받는다면 앵커 너머로 초점을 다시 조절해야 하는데 이것은 숙련된 카메라맨에게도 쉬운 일이 아니다.

만약 카메라의 움직임이 미리 정해져 있거나 일일 뉴스처럼 매 쇼마다 반복적으로 이루어지는 것이라면 디지털 줌 렌즈의 초점 조절 장치를 이용할 수 있다. 이 장치는 줌 렌즈의 다양한 초점 위치를 입력했다가 버튼을 누르기만 하면 자동적으로 실행할 수 있게 해주는 장치다.

자동 초점 조절 장치가 없으면 야외에서 일어나는 행사를 취재할 때조차 ENG/EFP 카메라의 초점을 미리 맞춰 놓아야 한다. 태풍이나 화재와 같은 재난을 담은 영상이 줌 아웃 상태에서 클로즈업으로 잡았을 때 잠시 동안 초점이 흐려지는 것을 보았을 것이다. 이렇게 줌 인을 실행할 때 초점을 맞추는 것이 카메라맨의 역할이다.

빛의 전달: 조리개와 렌즈구경 그리고 조리개 숫자(f-stop)

사람 눈의 동공과 마찬가지로 모든 렌즈는 렌즈를 통해 들어오는 광량을 조절하는 장치를 가지고 있다. 이 장치를 아이리스 또는 조리개라고 부른다. 아이리스는 얇은 금속으로 된 날들로 이루어져 있는데 이 금속판은 구경 혹은 렌즈 개방이라고 부르는 원형의 구멍을 만들어 낼 수 있도록 만들어져 있다(그림 4.7 참조). 렌즈를 최대로 개방하면, 좀더 기술적으로 말해서 렌즈를 최대 구경에 맞춘다면 렌즈는 최대 광량의 빛을 받아들이게 된다(그림 4.8A 참조). 렌즈를 닫으면 아이리스의 금속 날들은 작은 구멍을 만들어 내고 이 구멍을 통해 소량의 빛이 통과하게 된다. 렌즈를 최대한 닫으면 구경은 최소가 된다는 것을 의미하며 이 구멍을 통해 들어오는 빛은 아주 적을 것이다(그림 4.8B 참조). 일부 아이리스의 경우 완전히 구멍을 닫을 수 있어서 렌즈를 통해 어떤 빛도 받아들이지 못하게 할 수도 있다.

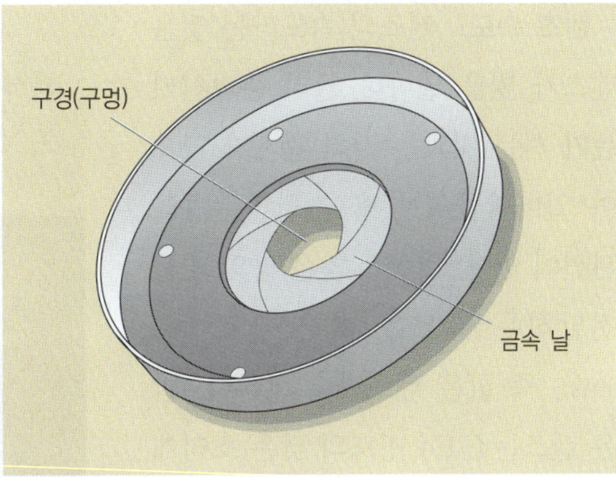

[그림 4.7] 렌즈 아이리스
아이리스, 혹은 조리개는 여러 개의 얇은 금속판으로 이루어져 있는데 이 금속판들은 일부분이 겹쳐지면서 원형의 구멍을 만들어 낸다. 이 구멍을 렌즈의 구경 또는 렌즈 개방이라고 하고 여러 크기로 변화가 가능하다.

조리개 숫자(f-stop) 렌즈의 종류에 상관없이 어느 정도의 빛이 들어오는가를 나타내는 표준 단위를 조리개 숫자, f-stop이라고 한다(그림 4.9 참조). 예를 들어 10× 줌 렌즈를 가진 캠코더와 50×의 큰 렌즈를 가진 야외용 카메라가 있다고 가정했을 때 두 대의 카메라는 비록 다르지만 두 카메라의 조리개 숫자가 모두 f/5.6으로 맞춰져 있다면 두 대의 카메라 모두 정확히 같은 양의 빛을 받아들인다고 생각하면 된다.

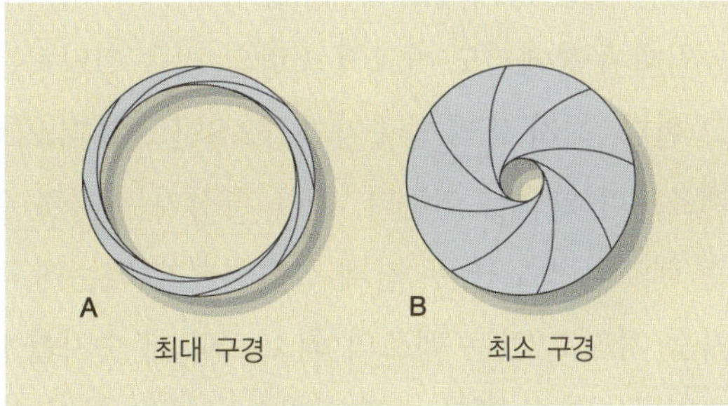

[그림 4.8] 최대, 최소 구경
A 최대 구경에서는 아이리스의 금속 날들이 최대로 큰 구멍을 만들어 많은 양의 빛을 렌즈를 통해 받아들일 수 있게 한다.
B 최소 구경으로 맞춘다면 금속 날들은 서로 겹쳐져서 작은 구멍을 만들게 되고 이 구멍을 통해 적은 양의 빛을 받아들이게 된다.

카메라의 종류에 관계없이 조리개 숫자는 f/1.7, f/2.8, f/4, f/5.6, f/8, f/11, f/16과 같은 일련의 숫자로 표시된다(그림 4.9 참조). 낮은 조리개 숫자는 상대적으로 큰 구경, 즉 아이리스의 개방이 큰 것을 의미한다. 반대로 높은 조리개 숫자는 작은 구경을 뜻한다. 렌즈가 f/1.7에 맞춰져 있으면 아이리스가 많이 개방된 상태로 많은 양의 빛을 받아들이게 되며, f/16으로 맞춰져 있다면 상대적으로 소량의 빛이 들어오게 된다[작은 조리개 숫자가 작은 구경을 나타내지 않고 큰 구경을 나타내는 이유는 사실상 이 숫자들이 비율을 의미하기 때문이다. 즉, f/4라는 것은 f/(1/4)을 의미하는 것이다]. 앞서 언급했듯이 모든 렌즈는 f/5.6과 f/8 사이에서 가장 선명한 영상을 만들어낸다. 어떤 렌즈는 f/11에서도 선명한 영상을 만들어 낸다.

[그림 4.9] 조리개 숫자 조절
조리개 숫자는 빛을 얼마나 많이 혹은 얼마나 조금 받아들이는가를 나타내는 눈금이다.

렌즈 속도 렌즈의 속도라는 것은 렌즈가 빛을 얼마나 빨리 통과시키는가 하는 것과는 전혀 관계가 없으며 얼마만큼의 빛을 전달하는가와 관련이 있다. 비교적 많은 양의 빛을 전달하는 렌즈를 빠른 렌즈(fast lens), 즉 밝은 렌즈라고 부른다. 밝은 렌즈는 f/1.4 정도의 낮은 조리개 숫자를 가지고도 작업할 수 있다. 성능이 좋은 모든 스튜디오 렌즈들은 f/1.6까지 개방하는 것이 가능하며 이것은 낮은 조도에서도 촬영할 수 있도록 빛을 많이 전달할 수 있다.

최대 구경에서도 비교적 소량의 빛을 전달하는 렌즈를 느린 렌즈(slow lens), 어두운 렌즈라고 한다. 최저 조리개 숫자가 f/2.8인 스튜디오 렌즈는 최저 조리개 숫자 f/1.7을 가지고 있는 렌즈보다 확실히 어둡다. 배율 확장기는 어쩔 수 없이 렌즈를 어둡게 한다. 2× 배율 확장기는 렌즈의 속도를 두 단계 상승시키게 되는데, 이것은 즉, 예를 들어 f/1.7의 최소 조리개 숫자를 가지고 있는 렌즈의 최소 조리개 숫자를 f/4로 상승시키게 되는 것이다(그림 4.9 참조). 그러나 이러한 렌즈 속도의 감소는 배율 확장기가 주로 광량이 충분한 야외 제작에서 주로 쓰이기 때문에 큰 문제가 되지는 않는다. 좀더 심각한 문제는 본래 화상의 해상도를 떨어뜨리는 데에 있다.

원격 조리개 조절 받아들이는 빛의 양에 따라 촬상 장치가 만들어 내는 화면의 질이 좌우되기 때문에 화면 조정에 있어서 조리개의 지속적인 조절은 필수적이다. 스튜디오 카메라는 원격 조리개 조절 장치를 가지고 있는데 이것은 비디오 오퍼레이터[VO(video operator)]가 CCU(camera control unit: 카메라 조절 장치)를 통해서 렌즈 구경을 지속적으로 조종할 수 있다는 것을 의미한다. 적절한 조명이 설치되고 카메라가 전자적으로 화면의 극한 명암 차이를 조정해서 제대로 맞춰져 있다면 나머지 비디오 오퍼레이터가 할 수 있는 일이란 낮은 조도에서 조리개를 열고 과도하게 높은 조도에서는 조리개를 닫아서 카메라가 받아들이는 빛의 양만 조절하면 되는 것이다.

조리개 조절 자동/수동 변환 장치 대부분의 카메라, 특히 ENG/EFP 캠코더와 보급형 캠코더의 경우 자동 조리개 조절에서 수동 조리개 조절로 변환해서 사용할 수 있다(그림 4.10 참조). 카메라는 들어오는 빛의 양을 감지해 자동적으로 촬영할 때 최적의 상태로 조리개를 조절할 수 있다. 이 조리개 자동 조절 장치는 찍고자 하는 장면의 명암 대조가 크지 않을 때 유용하다. 그러나 수동으로 조리개를 조절해야 하는 상황이 있을 수 있다. 예를 들면 밝은 햇살 아래 하얀색 모자를 쓴 여인의 모습을 적당히 클로즈업한 장면에서 조리개 자동 조절 장치는 비교적 어두운 사람의 얼굴에 맞추는 것이 아니라 밝은 모자에 맞춰서 조리개를 조절하게 될 것이다. 이처럼 자동 조리개 조절에서는 노출이 덜 된 얼굴이 아닌 완벽하게 노출된 모자에 맞춰 조리개를 조정하게 되는 것이다. 이러한 경우 조리개 조절을 수동으로 하고 하얀색 모자가 들어오지 않게 사람의 얼굴을 잡아서 모자에서 반사되는 빛이 아닌 사람 얼굴에서 반사되는 빛에 조리개를 맞추면 된다. 그러나 아무리 훌륭한 ENG/EFP 카메라라고 해도 이러한 극명한 대조를 가지고 있는 장면에서는 수동 조리개 조절도 쉽지 않다. 이럴 경우 어두운 부분은 그대로 두고 밝은 부분은 약간 어둡게 해줄 수 있는 명암 중화 필터를 사용해 보는 것도 좋은 방법이다.

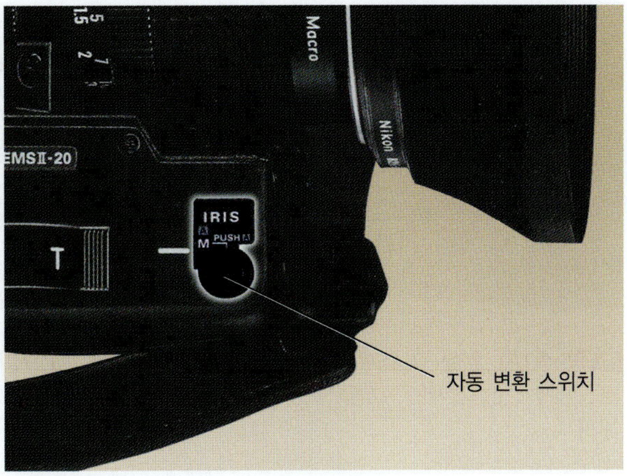

[그림 4.10] 조리개 변환(자동/수동) 스위치
이 스위치는 조리개를 수동에서 자동으로 바꾸게 해준다. 촬영에 지장을 주지 않으면서 간단히 버튼 하나만 누르면 조리개 자동 조절에서 수동 조절로 변환시킬 수 있다.

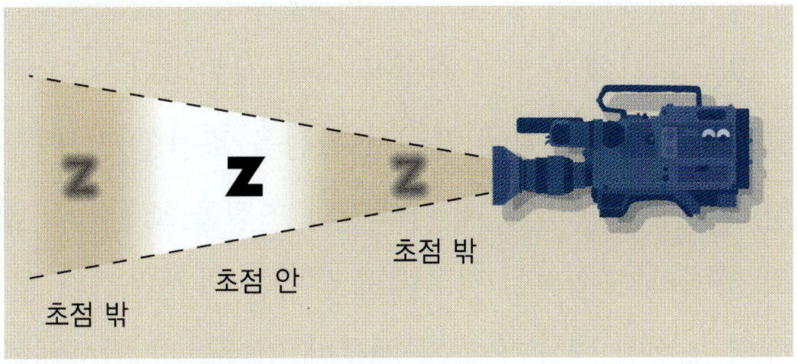

[그림 4.11] 피사계 심도
피사계 심도는 카메라로부터 각각 다른 거리에 놓인 모든 피사체가 초점이 맞는 범위를 말한다.

피사계 심도(Depth of Field)

만약 피사체가 카메라로부터 다양한 거리에 놓여져 있다면 어떤 피사체는 초점이 맞고 어떤 피사체는 초점에 들어오지 않을 것이다. 초점이 맞는 피사체가 놓여져 있는 거리의 범위를

[그림 4.12] 얕은 피사계 심도
얕은 피사계 심도에서는 초점을 맞출 수 있는 범위가 제한적이다.

[그림 4.13] 깊은 피사계 심도
깊은 피사계 심도에서는 카메라가 담는 대부분의 피사체가 초점이 맞은 상태로 보이게 된다.

피사계 심도라고 부른다. 피사계 심도는 얕거나 깊을 수 있는데 피사체의 앞쪽보다는 뒤쪽이 더 깊게 나타난다(그림 4.11 참조). 얕은 피사계 심도로 최전방에 놓여 있는 피사체를 촬영한다면 전방과 후방의 피사체에 대해서는 초점이 흐려지게 된다(그림 4.12 참조). 깊은 피사체 심도에서는 전방에 초점을 맞춰도 최전방과 후방에 있는 피사체에까지 초점이 맞게 된다(그림 4.13 참조).

깊은 피사계 심도로 촬영을 하면 사람이나 피사체가 카메라의 전후방으로 움직여도 초점이 흐려지거나 움직임에 맞춰서 초점을 조절할 필요가 없다. 그러나 얕은 피사계 심도에서 이러한 움직임을 보였을 때 카메라의 초점을 조절하지 않으면 피사체는 잠깐 사이에 흐려질 것이고 카메라가 움직일 경우에도 상황은 마찬가지가 될 것이다. 깊은 피사계 심도는 초점을 계속해서 조정할 필요가 없기 때문에 카메라가 피사체에 다가가거나 멀어지면서 촬영하는 데 용이하다. 그러나 얕은 피사계 심도에서 이러한 카메라 움직임을 수행하려면 촬영하는 피사체가 선명하게 보일 수 있도록 지속적으로 초점을 맞추어야 한다.

조작에 있어서 피사계 심도는 다음 세 가지의 요인과 관계가 있다. (1) 렌즈의 초점 거리, (2) 구경, (3)카메라와 피사체 사이의 거리가 그것이다.

초점 거리 렌즈의 초점 거리는 피사계 심도에 가장 영향력 있는 요인이다. 일반적으로 광각 렌즈와 광각(짧은 초점 거리) 위치(줌 아웃)에 있는 줌 렌즈는 깊은 피사계 심도를 가진다. 협각 렌즈와 협각 위치(줌 인)에 있는 줌 렌즈는 얕은 피사계 심도를 가지게 된다. 이것은 경험에 의해 간단히 다음과 같이 표현할 수 있다.

- 초점 거리가 늘어날수록 피사계 심도는 깊어진다.

ENG EFP 빠르게 움직이는 현장을 취재할 때 최대로 줌 인해서 촬영해야 하는 것일까 아니면 최대로 줌 아웃해서 촬영해야 하는 것일까? 최대 줌 아웃이 그 답이다. 왜냐하면 첫째, 광각 위치에 줌 렌즈를 맞춰야 보는 사람이 무슨 일이 벌어지는지 알아볼 수 있으며, 그보다 중요한 두 번째 이유는 피사계 심도를 깊게 하면 그 현장과 카메라 사이의 거리와 상관없이 혹은 카메라나 현장에서의 피사체의 움직임이 많건 적건 촬영하는 피사체의 대부분에 초점이 맞기 때문이다.

구경 큰 구경은 얕은 피사계 심도를 만들고 작은 구경은 깊은 피사계 심도를 만든다. 구경에 있어서 경험적 진리는 다음과 같다.

- f/16 혹은 f/22와 같이 큰 조리개 숫자는 깊은 피사계 심도를 만들고 f/1.7 혹은 f/2와 같은 작은 조리개 숫자는 얕은 피사계 심도를 만든다.

여기에서 하나의 예를 들어 텔레비전 제작에서 모든 것들이 다른 것들에 어떻게 영향을 주는지 살펴보기로 하자. 만약 낮은 조도에서 작업을 해야 한다면 조리개를 개방해서 구경의 크기를 늘리고 충분한 양의 빛을 받아들여야 할 것이다. 그러나 큰 구경은 피사계 심도를 낮추기 때문에 어두워지고 있는 상태에서 인공 조명을 쓸 수 없는 상황이라면 초점에 매우 신경을 써야 한다. 이러한 문제는 최대로 클로즈업해서 화면을 잡을 때도 마찬가지로 대두된다. 반면, 밝은 태양빛 아래에서는 조리개 숫자를 낮출 수 있고 이로써 깊은 피사계 심도를 얻을 수 있다. 이러한 상황에서 줌 렌즈가 광각 위치에만 있다면 카메라를 피사체에 가까이 가져가든 멀리 가져가든, 혹은 카메라를 가지고 뛰어다녀도 초점에 신경쓰지 않고 촬영할 수 있게 된다.

카메라와 피사체 간 거리 카메라가 피사체에 가까이 가면 갈수록 피사계 심도는 얕아진다. 반대로 카메라가 피사체에서 멀어지면 멀어질수록 피사계 심도는 깊어진다. 카메라와 피사체 간 거리는 피사계 심도에 초점 거리 효과를 준다. 예를 들어 광각 렌즈는 피사계 심도를 깊게 하지만 카메라를 피사체에 가까이 가져갈수록 피사계 심도는 얕아지게 된다. 반대의 경우도 마찬가지여서, 망원 위치의 줌 렌즈로 촬영하게 되면 얕은 피사계 심도를 갖게 되지만 카메라에서 비교적 멀리 있는 피사체에 초점을 맞추면(자동차 경주를 취재하기 위해 관중석 상부에 설치해 놓은 카메라처럼) 피사계 심도는 아주 깊어져서 극도의 클로즈업으로 줌 인하기 전에는 초점에 대해서 염려할 필요가 없어진다(표 4.14 참조).

[표 4.14] 피사계 심도에 영향을 미치는 요소

피사계 심도	초점 거리	구경	조리개 숫자	조도	피사체와 카메라 간의 거리
깊다	짧다(광각)	작다	큰 조리개 숫자(f/22)	높다(밝은 조명)	멀다
얕다	길다(망원)	크다	작은 조리개 숫자(f/1.4)	낮다(어두운 조명)	가깝다

이 표는 Lane Community College의 Michael Hopkinson이 작성한 것이다.

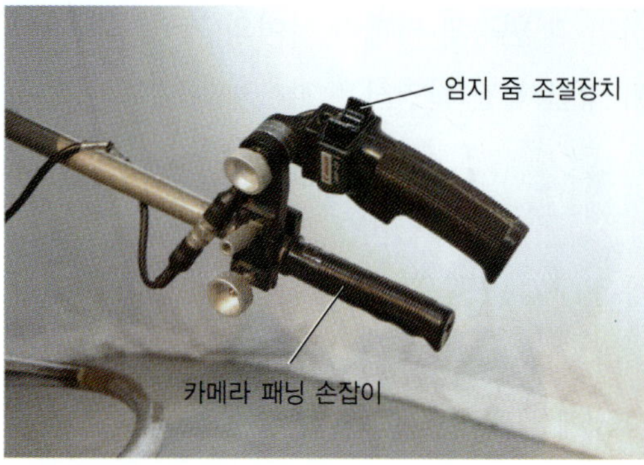

[그림 4.15]
스튜디오 카메라에서 서보 줌 조절 장치
이 줌 조절 장치는 카메라의 패닝 손잡이에 부착되어 있다. 활 모양으로 되어 있는 스위치를 엄지손가락으로 오른쪽이나 왼쪽으로 움직이면 줌 인이나 줌 아웃이 된다. 양쪽으로 최대한 누르면 누를수록 줌은 빠르게 실행된다.

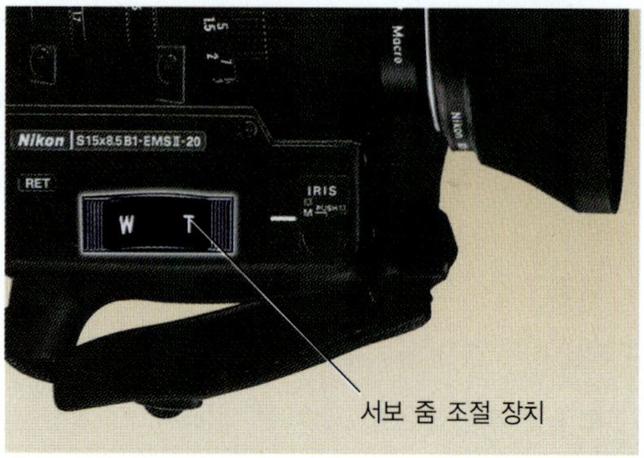

[그림 4.16]
ENG/EFP 카메라에서 서보 줌 조절 장치
ENG/EFP 카메라와 캠코더의 경우 서보 줌 조절 장치는 렌즈 조립부품 중 하나이다.

- 일반적으로 클로즈업이나 낮은 조도에서 촬영할 때 피사계 심도는 얕고, 롱 샷이나 높은 조도에서 촬영할 때 피사계 심도는 깊다.

작동 조절(Operational Controls)

줌 렌즈를 조절하는 데 있어서는 넓은 화면을 얻기 위해 줌 아웃하고 클로즈업을 위해 줌 인을 하는 줌 조절과, 줌 렌즈 바로 앞에 위치한 렌즈들을 앞뒤로 조절해서 줌 렌즈를 통해 보여지는 상이나 그 상의 일정 부분이 선명하고 깨끗하게 보일 수 있도록 렌즈 요소를 조절하는 초점 조절, 이 두 가지를 기본적으로 알아야 한다. 이 두 가지를 조절하는 데는 수동으로 하는 방법과 모터 장치를 채용한 서보 조절 장치(servo control mechanism)를 사용한다.

줌 조절(Zoom Control)

대부분의 전문가용 카메라는 모터장치를 통해 줌을 조절하는 서보(servo)장치를 가지고 있지만 전동 줌은 언제든지 수동으로 조작할 수 있다.

서보(servo) 줌 조절 모든 종류의 전문가용 카메라에는 각각의 렌즈에 맞는 서보 줌 조절 장치를 가지고 있다. 이것은 줄여서 서보 줌이라고 부르기도 한다. 스튜디오 카메라의 서보 줌 조절 장치는 대체로 오른쪽 패닝 손잡이에 장착되어 있고 엄지손가락을 오른쪽 왼쪽으로 움직여 조절할 수 있게 되어 있다. 이 손잡이의 오른쪽을 누르면 줌 인하고 왼쪽을 누르면 줌 아웃하게 된다. 오른쪽이나 왼쪽으로 더 많이 돌릴수록 줌은 빠르게 실행된다. 이 서보 시스템을 이용하게 되면 최대 줌 인이나 최대 줌 아웃에 가까워질수록 줌의 속도는 자동적으로 느려지게 된다. 이런 줌의 감속이 화면이 튀거나 갑작스럽게 줌이 멈추는 것을 방지하게 된다(그림 4.15 참조).

자동조작은 극단적으로 부드러운 줌을 실행하게 한다. 대부분의 스튜디오 카메라의 서보 줌은 최하 두 가지의 줌 속도, 보통과 빠른 줌을 고를 수 있다. 빠른 줌의 선택은 빠른 줌 인으로 장면을 강조할 때 사용한다. 예를 들어 제작자는 아주 빠른 줌으로 벨이 울리는 전화나 경쟁자의 얼굴을 촬영한다. 보통의 줌 속도는 단순히 빠르지 않아도 충분한 행사의 하이라이트를 담는다.

ENG EFP

ENG/EFP 카메라에서 서보 줌 조절 장치는 렌즈에 장착되어 있으며 보급형 캠코더에는 카메라 안에 내장되어 있다. 스튜디오 카메라에서 엄지 조절기와 유사하게 생긴 이 활 모양의 스위치는 렌즈를 감싸고 있는 상자의 상단에 돌출되어 있다. 일반적으로 W(wide: 광각)나 T(tight or telephoto: 망원)라는 글자로 표시되어 있으며 줌 인하기 위해서는 T라는 글자가 써 있는 쪽으로 누르고, 줌 아웃하기 위해서는 W라는 글자가 써 있는 쪽으로 누르면 된다. 서보 줌 조절 장치를 담고 있는 곳에는 일반적으로 손잡이 띠가 있어서 카메라를 어깨에 얹거나 들었을 때 줌 조절하는 데 편리하도록 지원해 주는 역할을 하게 된다. 이런 방식으로 왼손은 자유롭게 수동 줌 조절을 할 수 있게 된다(그림 4.16 참조).

수동 줌 조절 장치 ENG/EFP 카메라는 가끔 극단적으로 빠른 줌 인을 급속 클로즈업 때 요구하며 가능한 가장 빠른 동작을 필요로 한다. 빠른 서보 줌 세팅일지라도 매우 느린 조작만큼의 연습이 필요하다. ENG/EFP 렌즈들(전문가용 캠코더도 포함된)은 수동 줌 조절 장치가 있다. 수동 줌 조절 장치는 렌즈 통 위에 링의 형태로 자리한다(그림 4.17 참

[그림 4.17] 수동 줌 링
ENG/EFP와 전문가용 카메라 렌즈의 초점 조절 링 뒤에 있는 링은 수동으로 줌을 조절할 수 있다.

조). 이 링을 시계 방향(줌 인) 또는 시계 반대 방향(줌 아웃)으로 움직여 서보 줌이 할 수 없는 매우 빠른 줌을 한다. 어떤 줌 링은 작은 레버형태의 부수장치가 부착되어 있다(그림 4.9 참조). 게다가 뉴스에 적용되는 이 수동 줌 기능은 규칙적이지 않은 예외적인 빠른 줌을 운동경기에서 보다 중요하게 사용된다.

디지털 줌 디지털 줌은 광학적 방법으로 상을 확대시키는 것이 아니라 전자적으로 이미지를 키우는 것을 말한다. 디지털 줌에서의 점진적인 이미지 확대는 일반 줌에서의 확대와 비슷하다. 앞서 언급한 바와 같이 디지털 줌에서의 문제점은 확대된 픽셀이 상의 해상도를 확연하게 떨어뜨리고 결국에는 모자이크처럼 보인다는 것이다. 전문가용 카메라는 줌을 사용하는 동안 영상의 해상도가 떨어지는 것을 막는 기능을 더한다. 그럴지라도 만약 선택해야 한다면 디지털 줌보다는 광학 줌이 좋다. 광학 줌이 약간 더 좋게 보인다.

디지털 줌 렌즈(Digital Zoom Lens)

디지털 줌 렌즈에는 특정한 줌을 미리 입력했다가 버튼을 누르기만 하면 실행시킬 수 있게 도와주는 디지털 제어장치가 내장되어 있다. 미리 입력이 가능한 이 장치는 초점 눈금 또한 입력할 수 있으며 입력할 당시의 카메라와 피사체의 위치가 변하지만 않는다면 줌 실행에 있어서 정확도는 매우 높다고 하겠다. 이것은 특히 스튜디오에서 진행되는 뉴스 보도를 로봇 카메라(사람이 작동시키는 것이 아니라 컴퓨터를 통해서 움직임이 조절되는 카메라)로 촬영할 때 실용적이다. 디지털 줌과 디지털 줌 렌즈를 혼동하지 말기 바란다. 디지털 줌 렌즈는 여러 줌 위치를 미리 입력할 수 있는 설비이며 디지털 줌은 픽셀을 확대시키는 것을 말한다. 로봇 카메라가 사용하는 어떤 렌즈는 비디오 신호를 분석할 수 있다. 분명히 이러한 기술은 오직 미리 설정된 일정한 장면에서 도움을 준다.

초점 조절(Focus Control)

초점 조절은 줌 렌즈에 있는 초점 장치의 기능을 작동시키는 것을 말한다. 스튜디오 카메라에서 수동 초점 조절 장치는 모터사이클의 손잡이와 비슷하게 생긴 비틀 수 있는 손잡이 형태로 일반적으로 왼쪽 패닝 손잡이에 부착되어 있다. 두 번에서 세 번만 돌려주면 전체 줌 범위에서 충분히 초점을 맞출 수 있다. 수동 줌 조절과 마찬가지로 초점을 맞추는 동작도 패닝 손잡이에서 구동 케이블을 통해 렌즈로 전해지게 되고 렌즈는 전자적인 원리로 초점 조절을 실행한다(그림 4.18 참조).

ENG EFP

ENG/EFP 카메라와 모든 캠코더는 줌 렌즈의 전면 가까운 곳에 초점 조절 링을 가지고 있다(그림 4.9 참조). 뷰파인더상에 나타나는 상이 선명하고 깨끗하게 보일 때까지 이 초점 링을 시계 방향이나 시계 반대 방향으로 돌리면 된다. 이렇게 초점을 맞추고 있는 동안 렌즈 마개를 비롯한 렌즈의 앞부분이 돌아가고 있는 것을 볼 수 있을 것이다. 이렇게 렌즈의 앞부분이 돌아가는 것은 스타 필터(들어오는 광선을 별모양의 광선으로 바꿔주는 필터)와 같은 필터를 사용할 때 외에는 큰 문제가 되지 않는다. 필터를 장착한 상태에서 초점을 맞출 때는 특수 필터도 함께 돌아가게 되어 필터의 옆부분이 위로 가기도 한다. 내부 초점(I-F) 렌즈는 초점 링을 돌려도 렌즈의 앞부분이 돌아가지 않는다. 그래서 I-F 렌즈를 사용하면 초점을 맞추는 동안에 특수 필터가 돌아가지 않는다.

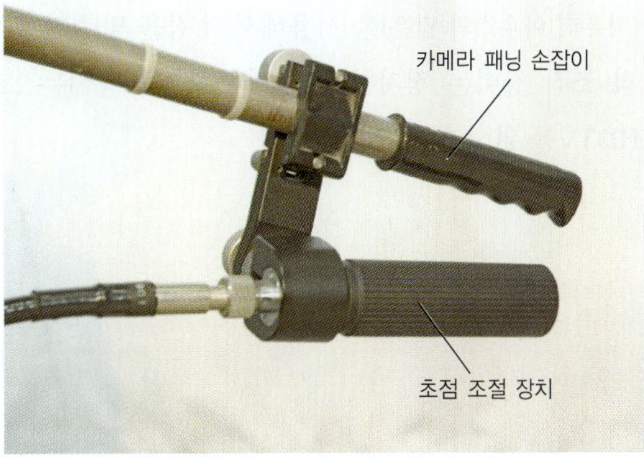

[그림 4.18] 스튜디오 렌즈의 초점 조절
돌아가게 만들어진 손잡이 모양의 스튜디오 렌즈용 수동 초점 조절 장치는 시계 방향이나 시계 반대 방향으로 돌리면 초점을 맞출 수 있다.

서보 포커스(servo focus) 카메라와 피사체의 동작을 리허설하는 동안에 서보 초점 장치로 미리 렌즈를 조정한다. 만약에 카메라 또는 피사체의 리허설을 하지 않는다면 아무리 고성능 서보 초점 장치라 하더라도 초점을 맞출 수 없는 것이다. 그래서 대부분의 카메라맨들은 수동 초점 장치를 이용하여 초점 조정을 준비한다.

자동 초점 자동 초점의 문제점은 카메라는 촬영하는 사람이 정확히 어떤 피사체에 초점을 맞추고자 하는지를 알지 못한다는 것이다. 카메라가 사람의 마음을 읽을 수가 없는 까닭에 카메라는 화면 중앙에 있거나 카메라에 가장 가까운 피사체에 초점을 맞추게 된다. 만약 후방에 있는 피사체나 화면 한쪽에 위치한 피사체에 초점을 맞추고자 한다면 자동 초점은 잘 따라 주지 않을 것이다. 또한 빠른 줌 실행에 있어서도 자동 초점은 지속적으로 초점을 맞추지 못하기 때문에 줌을 실행하는 동안 화상이 선명해졌다 흐려졌다를 반복하게 된다. 이런 이유에서 전문 카메라맨들은 수동 초점 조절 장치를 사용하는 것이다.

이전에 언급한대로 HDTV 영상의 초점 조정은 고화질의 영상이 초점이 맞은 것처럼 보이게 만들기 때문에 언제나 쉽지 않다. 어떤 렌즈는 HDTV 카메라 운용자를 위해 그리고 초점을 유지하기 위해 초점 조작에 도움을 주는 장비를 탑재하고 있다. 카메라 운용자는 롤러 볼(컴퓨터 마우스와 닮은)을 사용해서 초점을 맞추기 위해 영상의 영역을 선택하며 렌즈 안의 초점 조작 장비는 정지한다. 명확하게, 이 장비는 스포츠 이벤트와 같은 생방송에 적용되는 HDTV를 위해 제작되지 않았다.

핵심요약

- 줌 렌즈를 구분하는 데는 여러 방법이 있다. 스튜디오 렌즈와 야외 렌즈로 나누기도 하고 줌 영역과 렌즈 형식에 따라서 구분하기도 한다.
- 배율 확대기(렌즈의 부가적인 요소)를 사용하면 줌 렌즈의 망원력(가까이 찍는 것)이 많아지지만 광각 영역은 줄어들게 된다.
- 렌즈의 궁극적인 기능은 작고 선명한 광학 이미지를 카메라의 촬상 장치 위에 만들어 내는 것이다.
- 모든 텔레비전 카메라에는 줌 렌즈(다중 초점 렌즈)가 장착되어 있다.
- 렌즈의 광학적 특성 중 중요한 것으로는 초점 거리와 초점, 그리고 빛의 전달, 아이리스, 조리개 숫자와 피사계 심도가 있다.
- 렌즈의 초점 거리는 카메라가 얼마나 넓은 혹은 좁은 화면을 보여주는가와 피사체가 얼마나 그리고 어떤 방식으로 확대되는가를 결정한다. 줌 렌즈는 다양한 초점 거리를 가지고 있으며 대체적으로 광각, 표준, 망원 위치를 가지고 있다.
- 광각 렌즈(줌 아웃)는 넓은 피사계를 보여준다. 망원 렌즈(줌 인)는 좁은 피사계를 보여주지만 피사체를 확대시켜서 실제보다 카메라에 가까이 있는 것처럼 보여준다. 표준 렌즈는 인간의 피사계와 비슷한 피사계를 보여준다.
- 초점이 맞은 상은 선명하고 깨끗하게 보인다. 우선 줌 인을 해서 초점 조절을 해야 줌 영역 전체를 통해 초점이 유지된다. 만약 줌 인했을 때 제대로 초점이 맞았다면 줌 아웃이나 줌 인을 다시 실행해도 초점이 맞은 상태가 유지된다.
- 렌즈의 아이리스 또는 조리개는 렌즈를 통해 들어오는 빛의 양을 조절한다. 이것은 얇은 금속판으로 이루어져 있어서 구경 또는 렌즈 개방이라고 불리는 구멍을 만드는 역할을 한다.
- 조리개 숫자는 렌즈를 통해 얼마만큼의 빛이 들어오는지를 나타내는 눈금이다. 낮은 조리개 숫자는 큰 구경을 의미하고 높은 조리개 숫자는 작은 구경을 의미한다.
- 스튜디오 카메라는 원격 아이리스 조절 장치를 가지고 있는데 이것은 CCU를 통해서 기술감독에 의해 조절된다. ENG/EFP 카메라와 보급형 캠코더의 경우 수동 아이리스 조절에서 적합한 노출(촬상 장치에 닿는 빛의 양)을 위해서 렌즈 스스로 조절하는 자동 아이리스 조절 방식으로 변환시킬 수 있다.
- 카메라로부터 다양한 거리에 놓여 있는 피사체가 모두 초점이 맞는 범위를 피사계 심도라고 한다. 피사계 심도는 렌즈의 초점 거리, 구경(조리개 숫자), 그리고 카메라와 피사체 사이의 거리에 의해 좌우된다.
- 줌 렌즈 조작에 있어서 가장 기본이 되는 두 가지는 줌 조절과 초점 조절이다. 두 가지 모두 수동 조절이나 서보 조절 장치에 의해 자동 조절이 가능하다.
- 디지털 줌 렌즈는 줌 위치와 상응하는 초점 조절을 반복할 수 있도록 미리 입력할 수 있는 렌즈를 말한다.
- 디지털 줌은 상의 중앙 부분을 점진적으로 확대시키는 것을 말한다. 이것은 광학 줌의 확장이다.
- 자동 초점은 주 피사체를 감지하여 카메라 포커스를 맞추는 자동화된 특징이다. HDTV 렌즈는 카메라 운용자가 대상을 선택하여 초점수정을 돕는 장비가 있다.

SECTION

4.2

렌즈가 보는 것

What Lenses See

렌즈 작동상의 특성은 렌즈가 어떻게 보는가, 할 수 있는 일과 할 수 없는 일이 무엇인가, 그리고 일반 제작 작업에서 어떻게 작동하는가에 관한 것이라고 할 수 있다. 대개 카메라가 처리하는 것은 렌즈가 보고 있는 화상 정보에 국한되어 있기 때문에 어떻게 세상을 비추고 어떻게 화면의 미학적 요소에 영향을 주는지와 같은 작동상의 특성을 알아보는 것이 효과적인 장면 연출이나 나른 세작 업무에 많은 도움을 줄 것이나. 이번 section에서는 이러한 것들을 알아보기로 한다.

▶ 렌즈는 어떻게 세상을 보는가

피사계, 피사체의 왜곡과 인지 거리, 움직임, 광각, 표준, 망원 렌즈의 피사계 심도

렌즈는 어떻게 세상을 보는가(How Lenses See the World)

모든 텔레비전 카메라가 줌 렌즈를 사용하고 있기는 하지만 고정 초점 렌즈를 이용해 줌의 세 가지 위치를 설명함으로써 다양한 줌 위치가 뷰파인더상에 나타나는 화상에 어떻게 작용하는지를 알아보는 것이 이해하기 쉬울 것이다. 고정 초점 렌즈는 변환시킬 수 없는 특정한 초점 거리를 가지고 있다. 이 렌즈는 일반적으로 (1) 광각 렌즈 또는 단초점 거리 렌즈, (2) 표준 렌즈 또는 중간 초점 거리 렌즈, 그리고 (3) 협각 렌즈 또는 장초점 거리 렌즈, 망원 렌즈(주1)로 분류된다.

줌 렌즈는 광각 위치, 중간 위치, 협각 위치에 해당하는 줌 위치로 보고 이들 작동상의 특성을 비교해서 보면 된다. 이 특성에는 (1) 피사계, (2) 피사체의 왜곡과 인지 거리, (3) 움직임, 그리고 (4) 피사계 심도가 포함된다.

광각 렌즈(Wide-Angle Lens)

기억하고 있겠지만 최대 단초점 거리 혹은 광각을 얻기 위해서는 줌 렌즈를 최대 줌 아웃해야 한다.

피사계 광각 렌즈는 넓은 장면을 보여준다. 이 렌즈를 사용하면 카메라가 장면에 어느 정도 가까이 가더라도 비교적 넓은 피사계(렌즈를 통해서 보여지는 장면의 범위)를 보여준다. 예를 들어 스튜디오는 비교적 작은데 토론회에 참석한 다섯 사람을 한꺼번에 보여줘야 하는 상황에서와 같이 넓은 피사계가 필요할 때 광각 렌즈(줌 렌즈의 광각 위치)가 필수적이다. 광각 렌즈는 가로로 길어진 16×9의 화면 비를 가지고 있는 HDTV에도 적합하다.

피사체 왜곡과 인지 거리 광각 렌즈는 카메라와 비교적 가까운 거리에 있는 피사체를 커보이게 하거나 그리 멀리 떨어져 있지 않은 피사체를 아주 조그맣게 보이게 한다. 카메라에 가까운 피사체를 크게 보이게 하고 중간 거리에 있는 피사체는 작게, 그리고 멀리 있는 피사체는 아주 작게 보이게 하는 이러한 왜곡은 심도에 있어서 착각을 일으키게 하는 역할을 한다. 광각 렌즈는 또한 우리가 느끼는 원근감에도 영향을 준다. 이 렌즈는 평행선이 본래 우리가 인지하고 있는 것보다 빠르게 만나는 것처럼 보이게 만들기 때문에 거리와 심도를 과장함으로써 착각을 일으키게 하는 인위적 원근감을 만들어 낸다. 광각 렌즈를 사용하면 작은 방을

(주1) HDTV로 영화를 만들 때 미술 감독은 화상의 최고 해상도를 위해 줌 렌즈 대신 표준 렌즈를 사용하기도 한다.

크게 보이게 할 수 있으며 복도를 실제보다 더 길게 보이도록 할 수 있다(그림 4.19~4.23 참조). 이와 같은 왜곡이 작업에 방해가 될 수도 있다. 만약 광각 렌즈로 사람의 얼굴을 클로즈업해

[그림 4.19] 광각 롱 샷
광각 렌즈(줌의 광각 위치)는 넓은 전경을 보여준다. 카메라가 비교적 뉴스 세트에 가까이 위치하고 있음에도 불구하고 뉴스 세트 전체를 볼 수 있다.

[그림 4.20] 광각의 왜곡: 트럭
광각 렌즈는 이 트럭의 힘을 강조해주고 있다. 화면에서 보이는 트럭의 그릴 부분이 광각렌즈의 사용에 의해서 크게 과장되었다는 것을 주목하자.

[그림 4.21] 광각 왜곡: 근경에 있는 피사체의 강조
광각 렌즈로 촬영한 장면, 전화기와 오른 손이 비정상적으로 크게 보인다.

[그림 4.22] 광각 왜곡: 심도의 명확한 표현
광각 렌즈로 근경에 고정된 피사체 사이로 다른 피사체를 촬영하게 되면 공간적으로 명료하고 힘 있는 영상을 만들게 된다.

[그림 4.23] 선적인 원근감의 광각 왜곡
이 복도의 길이는 매우 과장되어 있다.

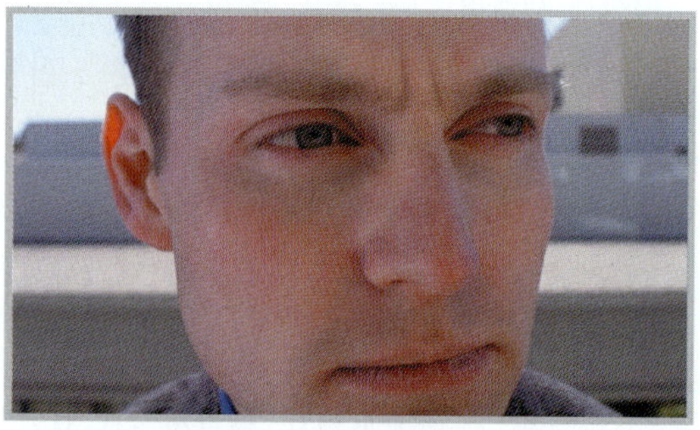

[그림 4.24] 얼굴의 광각 왜곡
이 얼굴은 광각 렌즈로 가까운 거리에서 촬영되었기 때문에 심하게 왜곡되어 있다.

서 보게 되면 코나 다른 어떤 부분이든 카메라에 가까이에 있는 부분이 얼굴의 나머지 부분보다 비정상적으로 크게 보일 것이다. 왜곡이 있더라도 스트레스를 강조하거나 정신 상황을 이야기 할 때 또는 특별한 효과 등의 목적에 맞게 이용된다(그림 4.24 참조).

움직임 광각 렌즈는 달리(dolly)에도 유용하다. 넓은 피사계의 카메라가 달리, 트럭(trucks), 아크(arcs; chapter 5 참조) 중에도 화면의 떨림이 크게 드러나지 않게 된다. 그러나 줌 렌즈를 이용해서 롱 샷에서 클로즈업으로 변화시키거나 그 반대로 실행할 때도 무척이나 용이하기 때문에 줌 렌즈를 달리에 사용하는 것은 요즘은 거의 사용하지 않는다.

피사계(더 넓게 혹은 더 좁게 변화시키는 것)를 변환시키는 데는 대개 줌이 적합하다. 그러나 줌과 달리는 그 미학적인 면에서 큰 차이를 보이고 있다. 줌이 전경을 보는 사람에게 끌어오는 듯한 효과를 낸다면 달리는 보는 사람을 전경 쪽으로 끌어가는 듯한 효과를 가져온다. 이것은 줌을 실행하는 동안 카메라는 움직이지 않기 때문에 피사체 간의 공간적 관계는 그대로 유지되기 때문이다. 피사체는 그 위치에 고정된 채 단지 크기만 커지거나(줌 인) 작아지게(줌 아웃) 되는 것이다. 반면 달리에서는 피사체 간의 공간적 관계가 지속적으로 변하게 된다. 달리 인이나 달리 아웃을 하게 되면 보는 사람이 그 피사체들 사이를 지나치는 듯한 느낌을 받게 된다.[주2] 달리의 맨 끝에 도착해서 줌 인이나 줌 아웃을 실행할 때 초점이 흐려지지 않도록 새 위치에서 줌 조정을 하는 것을 잊지 말자.

또한, 광각 렌즈를 사용하면 사람이나 피사체가 카메라로부터 멀어지거나 다가올 때 그 속도가 매우 과장되어 보인다. 무용 프로그램에서 무용수의 속도와 무용수가 카메라 쪽으로 뛰어 오거나 멀어질 때 그 거리를 강조해서 보여주기 위해 줌 렌즈의 광각 위치가 자주 사용된다.

ENG EFP 움직임이 많거나 카메라가 부단히 움직여야 하는 뉴스를 취재할 때 줌 렌즈는 최대한 광각 위치에 놓아야 한다. 앞에서 배운 것을 다시 상기시키자면 광각 위치가 카메라의 떨림을 보완해 주고 넓은 피사계로 인해 전체 행사를 카메라에 쉽게 담을 수 있기 때문이다. 또한 깊은 피사계 심도가 화면의 초점을 맞추는 데 많은 도움이 될 것이다. 최대 광각 위치의 단점은 원하는 장면을 가까이에서 담고 싶다면 그 장면에 아주 바짝 다가가야 한다는 것이다.

피사계 심도 광각 렌즈는 일반적으로 깊은 피사계 심도를 가진다. 낮은 조도하에서 작업하

(주2) Herbert Zettl의 [Sight Sound Motion], 4판(Belmont, Calif.: Thomson Wadsworth, 2005), pp. 272–274 참고.

거나 피사체에 극도로 가깝게 다가가지 않는 한 최대로 줌 아웃했을 때 초점에 있어서 큰 문제는 발생하지 않는다.

표준 렌즈(Normal Lens)

줌 위치에 있어서 표준 초점 거리는 줌 영역 중간 정도에 해당하는데 아마도 광각 위치에 약간 가까울 것이다.

피사계 표준 렌즈의 피사계는 보통 사람의 눈이 보는 피사계에 가깝다. 이것은 사람이 실제로 보는 근경과 중경 사이의 원근감을 보여준다.

피사체와 거리의 왜곡 광각 렌즈가 멀리 있는 사물을 더 멀리 있는 것처럼 보이게 하고 작은 방을 크게 보이게 하는 반면, 표준 렌즈나 줌 렌즈의 중간 위치는 사물과 사물 사이의 공간감을 실제와 비슷하게 보여준다(그림 4.25 참조).

이젤 위에 놓인 차트 같은 것들을 촬영할 때는 줌 렌즈를 중간 위치에 두고 촬영해야 한다. 주요 장점은 다음과 같다. (1) 줌 인이나 줌 아웃을 약간 하거나 달리 인, 달리 아웃을 약간만 해주면 초점을 크게 바꾸지 않고도 재빨리 카드의 프레임을 바로잡을 수 있다. (2) 이젤 위에 카메라 그림자가 생기지 않을 정도로 떨어져서 하기는 하지만 그 앞으로 사람이 지나갈 위험은 없을 정도로 가까운 거리에서 작업할 수 있다. (3) 이젤을 카메라로부터 정해진 거리에 놓는 것만으로 카드의 프레임을 잡고 초점을 맞춰야 하는 수고를 덜 수 있다.

[그림 4.25] 표준 렌즈의 피사계와 원근감
표준 렌즈의 피사계와 원근감은 정상적인 눈으로 보는 것에 가깝다.

[그림 4.26] 협각 렌즈의 피사계와 원근감
협각 렌즈(망원 렌즈)는 공간을 압축시켜 놓은 것처럼 보이게 한다.

움직임 표준 렌즈를 사용할 때는 카메라가 페디스털에 장착되어 있더라도 카메라의 흔들림이나 초점을 유지하는 데 어려움이 많을 것이다. ENG/EFP 카메라나 캠코더에 이 렌즈를 장착해서 사용하면 가만히 서서 촬영을 해도 영상이 흔들리는 것을 방지하기가 힘들다. 이 같은 상황에서 반드시 표준 피사계로 촬영해야 한다면 카메라를 트라이포드에 장착해야 한다.

거리와 피사체의 왜곡에 있어서도 정상적인 눈으로 보는 것과 비슷하기 때문에 달리 속도나 피사체가 카메라에서 멀어지거나 가까워지는 속도도 정상 속도로 보이게 된다. 그러나 다시 말하지만 이러한 움직임은 초점 문제를 가져오고 특히 피사체가 카메라에 아주 가까워질수록 초점을 유지하기가 힘들다.

피사계 심도 표준 렌즈는 같은 조건(같은 조리개 숫자와 피사체와 카메라의 거리)에서 광각 렌즈보다는 얕은 피사계 심도를 가지고 있다. 스튜디오 작업에서 모든 것이 초점 안에 들어오는 깊은 피사계 심도가 가장 바람직할 것이라고 생각하겠지만 실제로는 스튜디오나 EFP 작업에서 중간 정도의 피사계 심도가 더 선호되는데 그 이유는 약간 초점에서 벗어난 배경에 초점이 맞은 피사체가 더 도드라져 보이기 때문이다. 이렇게 되면 피사체는 강조되면서 어지러운 배경이나 원치 않지만 어쩔 수 없이 촬영되는 부분으로부터 관심을 돌릴 수 있다. 가장 중요한 점은 근경, 중경, 원경의 구분이 확실해진다는 것이다.[주3]

협각 또는 망원 렌즈(Narrow-Angle, or Telephoto, Lens)

최대로 줌 인했을 때 우리는 이것을 렌즈가 망원 렌즈 또는 최대 협각 위치에 있다고 말한다.

피사계 협각 렌즈는 피사계를 줄일 뿐 아니라 배경에 있는 피사체를 확대시키기도 한다. 실제로 줌 인을 했을 때 줌 렌즈는 상을 확대시키는 역할을 하게 된다. 협각 렌즈를 통해서 보면 망원경을 통해서 보는 듯한 장면을 볼 수 있는데 이것은 실제 망원 렌즈의 원리와 같다(그림 4.26 참조).

피사체와 거리의 왜곡 원경의 확대된 피사체는 근경에 있는 피사체에 비해 커 보이기 때문에 근경, 중경, 원경 간의 거리가 실제보다 짧아 보이게 하는 착각을 일으킨다. 광각 렌즈가 피사체를 과장시키고, 이로써 피사체 상호 간의 거리를 길게 늘이는 효과를 가지고 있는 것과

(주3) Herbert Zettl의 [Sight Sound Motion], pp. 165–167 참조.

[그림 4.27] 협각 렌즈의 미적 압축의 긍정적인 면
협각 렌즈를 사용하면 원경이 대폭 확대되고 차 간 거리가 줄어든 것처럼 보이게 된다. 교통 정체가 심한 것처럼 느껴지게 된다.

[그림 4.28] 협각 렌즈의 미적 압축의 부정적인 면
이 장면은 줌 렌즈를 최대 초점 거리에 두고 촬영한 것이다. 투수와 타자, 포수, 심판이 모두 몇 미터 거리 안에 있는 것처럼 보이지만 실제 투수와 타자 간의 거리는 18.5 m이다.

는 정반대로 긴 렌즈는 피사체 간의 거리를 압축시켜 놓은 것처럼 보이게 한다. 협각 렌즈 혹은 망원 줌 위치는 피사체를 화면상에 집약시켜 놓는 효과를 가지고 있다.

이렇게 집약시키는 효과를 미적 압축이라고 하는데 장점과 단점을 동시에 가지고 있다. 예를 들어 출근 시간 고속도로에 차가 얼마나 붐비는지를 보여주고 싶다면 줌 렌즈의 망원 위치를 사용하면 된다. 긴 초점 거리는 인지되는 차간 거리를 줄여 마치 앞뒤로 바싹 붙어서 운행되는 것처럼 보이게 된다(그림 4.27 참조).

그러나 협각 렌즈에 의한 심도 왜곡은 단점으로도 작용한다. 사람들은 텔레비전상에서는 야구 경기 중인 투수와 홈 사이의 거리가 실제보다 매우 가까워 보인다는 것을 알고 있을 것이다. 모든 스포츠 경기 중계가 마찬가지지만 카메라는 경기 중인 장소에서 멀리 떨어져서 촬영해야 하기 때문에 줌 렌즈는 최대 망원 위치에 놓고 사용하거나 강한 배율 확대기를 사용하게 된다. 이러한 압축 효과는 보는 사람으로 하여금 실제 거리를 예측하기 어렵게 만든다(그림 4.28 참조).

움직임 협각 렌즈는 카메라에서 멀어지거나 다가오는 속도가 줄어드는 착각을 일으킨다. 협각 렌즈는 광각 렌즈가 카메라로 다가오거나 멀어지는 피사체를 확대, 축소시키는 것보다는 훨씬 완만하게 변화시키기 때문에 피사체는 실제 속도보다 느리게 움직이는 것처럼 보인다. 초협각 렌즈의 경우 이러한 속도 자체를 사실상 없애버린다. 카메라와 비교해서 현저한 거리를 움직였음에도 크기의 변화는 없는 것처럼 보이게 된다. 이러한 속도의 감소는 누군가 어디로 달려가고는 있지만 아무 데도 갈 수 없는 절망감을 표현하기에는 효과적이라고 할 수 있다. 압축 효과(그림 4.27 참조)와 연계하여 교통의 인지 속도의 극적인 감소는 체증을 더욱 강조하게 될 것이다.

협각 렌즈나 줌 렌즈의 망원 위치에서는 달리(dolly)를 할 수 없다. 협각 렌즈의 확대력은 카메라의 어떠한 움직임도 불가능하게 하는 것이다. 만약 야외 촬영 중이라면 바람조차도 문제가 될 수 있다. 바람에 카메라가 흔들리는 정도에도 화면상에서는 그 떨림이 심하게 나타나기 때문이다.

스튜디오에서 망원 위치 사용은 또 다른 문제를 가지고 있다. 록 콘서트와 같은 행사에서 감독이 카메라맨에게 리드 기타에 줌 인한 후 트럭(카메라를 옆으로 움직이는 것)해서 다른 멤버들을 비추며 지나가라는 지시를 할 수 있을 것이다. 그러나 이러한 움직임은 망원 위치에 있는 줌 렌즈로는 매우 어려운 것이 아닐 수 없다. 대신 트럭으로 최대한 흔들림을 줄이고 줌 아웃하면 된다.

이미지 안정 줌의 망원 위치에서 상이 위아래로 약간씩 흔들리는 것을 보정하기 위해 전문가용 카메라에는 이미지 안정화 장치가 내장되어 있는데 이것은 보급형 캠코더에 내장되어 있는 것과 흡사하다. 일부 렌즈에는 광학 안정 장치가 내장되어 있고 또 다른 렌즈는 전자적으로 문제를 해결한다.

ENG EFP 이 두 장치 모두 카메라가 약간씩 흔들리면서 생기는 상의 불안정함을 줄이거나 제거한다. 그러나 휴대용 카메라로 뉴스 취재를 위해서 걷거나 심지어 뛰게 되는 경우 줌을 광각 위치에 두고 촬영해야 한다. 아무리 훌륭한 안정화 장치라고 해도 망원 위치에서 카메라가 움직일 때 나타나는 화면의 흔들림은 교정할 수가 없기 때문이다.

피사계 심도 피사체가 카메라에서 충분히 멀리 떨어져 있지 않는 한 긴 렌즈는 얕은 피사계 심도를 보이게 된다. 압축 효과에서와 마찬가지로 여기에는 장점과 단점이 존재한다. 통조림 정도 크기의 피사체를 빠르게 클로즈업한다는 설정을 해보자. 배경에는 신경 쓸 필요 없이 카메라를 뒤로 빼고 줌 인해서 화면에 담아내기만 하면 된다. 이제 줌 렌즈는 망원 위치에 있기 때문에 심도가 상당히 낮아져서 배경으로 인해 주의가 산만해지지 않을 정도로 배경은 충분히 초점에서 벗어나 있게 된다. 이런 기술을 선택적 초점이라고 하며 이것은 전경, 중경, 원경 중 하나에 초점을 맞추고 다른 곳은 초점을 흐리게 하는 것을 의미한다.

선택적 줌을 이용해서 하나의 피사체에서 다른 피사체로 강조 대상을 이동시킬 수 있다. 예를 들어 전경에 줌 인을 하면 피사계 심도는 줄어들게 되는데 이 상태에서 망원 위치에 있는 렌즈로 초점을 맞춘다. 그 다음 뒤에 있는 사람에게 다시 초점을 맞추면 전경에 있는 피사체에서 그 뒤에 있는 사람에게로 재빠르게 강조 대상을 이동시킬 수 있게 되는 것이다. 이런 기술을 초점 이동하기 혹은 간단히 초점 이동이라고 부른다(그림 4.29, 4.30 참조).

[그림 4.29] 초점 이동: 전경에 초점을 맞춘 상태
이 장면에서는 카메라에 가까이 있는 사람에게 초점이 맞아 있어서 뒤에 있는 두 사람보다 앞에 있는 사람을 주목하게 된다.

[그림 4.30] 초점 이동: 원경에 초점을 맞춘 상태
여기에서 초점과 주목은 카메라에서 가까운 사람(전경)에서 멀리 있는 두 사람에게로 이동하게 된다.

이러한 장점은 전경에 불필요한 피사체가 있을 때 이용할 수 있다. 야구 경기를 예로 든다면 카메라는 홈 플레이트 뒤 울타리 사이에서 촬영을 하게 될 것이다. 그러나 카메라는 카메라에서 멀리 떨어져 있는 투수나 다른 선수들에게 줌 인되어 있는 상태이기 때문에 상대적으로 얕은 피사계 심도로 작업하게 된다. 따라서 울타리와 같이 카메라 가까이에 있는 것들은 모두 충분히 초점에서 벗어나 있기 때문에 실제로는 안 보이게 된다. 새장이나 쇠창살과 같은 전경 피사체들 사이로 촬영할 때 같은 원리를 적용하게 된다.

핵심요약

- 광각 렌즈, 망원 렌즈에 있어서 작동상의 특성은 피사계, 피사체와 거리의 왜곡, 움직임, 피사계 심도를 통해서 살펴볼 수 있다.
- 광각 렌즈(줌 아웃해서 광각 위치에 있는 줌 렌즈)는 넓은 피사계를 가지고 있다. 이것은 카메라에 비교적 가까운 장면에서 넓은 피사계를 보여준다.
- 광각 렌즈는 카메라에 가까이 있는 피사체를 왜곡하고 일부분을 과장시킨다. 카메라에 비교적 가까운 피사체는 커 보이고, 짧은 거리를 두고 뒤에 있는 피사체는 아주 작아 보인다. 그래서 피사체들이 멀리 떨어져 있는 것처럼 보이게 하거나 실제 방 크기보다 커보이게 한다.
- 광각 렌즈는 카메라가 움직일 때 이상적이다. 카메라가 이동 중에도 화면이 떨리는 것을 최소화시켜주고 초점 유지에도 용이하다. 이것은 또한 카메라를 향해 오거나 멀어지는 피사체의 속도를 과장한다.
- 표준 렌즈는 정상적인 눈으로 보는 것과 비슷한 피사계를 가지고 있다. 표준 렌즈(중간 줌 위치)는 피사체나 거리 인지에 있어서 왜곡이 없다. 정상적인 원근감이 필요할 때 사용한다.
- 카메라가 중간 줌 위치에 있는 렌즈를 사용하는 중에 움직이면 그 흔들림은 광각 렌즈에서보다 더 심하게 보인다. 얕은 피사계 심도는 초점을 유지하는 데 어려움을 준다.
- 협각 렌즈(망원 위치에 있는 줌 렌즈)는 얕은 피사계 심도를 가지고 있으며 원경에 있는 피사체를 확대시킨다. 피사체 간의 인지 거리를 늘리는 광각 렌즈와 정반대되는 효과로서, 거리상 각각 다른 위치에 놓인 피사체 간의 공간을 압축시킨다. 이것은 카메라를 향해 다가오거나 멀어지는 피사체의 인지 속도를 낮춘다.
- 협각 렌즈의 확대력은 촬영 중에 어떠한 카메라 움직임도 불가능하게 한다. 협각 렌즈는 얕은 피사계 심도를 가지고 있어서 초점 유지는 어렵지만 선택적 초점은 가능하게 한다.

CHAPTER

5

카메라 장착 장비

Camera Mounting Equipment

텔레비전 카메라는 그 크기와 무게가 다양하기 때문에 쉽고 효과적인 작동을 위해서는 장착 장비 또한 다양해야 한다. 예를 들면 스튜디오 카메라 장착 장비는 스튜디오 카메라와 여기에 장착된 큰 렌즈뿐만 아니라 프롬프터 장비까지 지지해 주어야 한다. 반대로 모든 ENG/EFP 카메라는 카메라맨의 어깨에 얹을 수 있도록 설계되어 있다. 그리고 이미 알고 있겠지만 일부 캠코더는 아주 작아서 한 손으로 들고 사용할 수도 있다. 그러나 여러 제작 상황에서 ENG/EFP 카메라와 작은 캠코더를 어깨가 아닌 트라이포드에 장착해야만 하는 경우도 생긴다. section 5.1「기본적인 카메라 장착 장비와 움직임」에서는 카메라 장착 장비의 기본을 알아보고, section 5.2「특수한 카메라 장착 장비」에서는 특수 장착 장비에 대해서 설명하기로 한다.

주요 용어

아크(arc) 곡선을 그리면서 카메라를 달리 또는 트럭하는 것.

캠 헤드(cam head) 무거운 카메라를 매우 부드럽게 틸트나 팬할 수 있게 해주는 장착 장비의 머리 부분.

캔트(cant) 어깨에 얹은 카메라나 손으로 든 카메라를 옆으로 틸트하는 동작.

크랩(crab) 크레인 달리를 옆으로 움직이는 동작.

크레인(crane) (1) 카메라 달리를 외형과 작동에 있어서 실제 크레인과 비슷하게 하는 것. (2) 카메라의 붐을 크레인 업시키거나 다운시키는 것. 붐이라고도 한다.

달리(dolly) (1) 카메라를 모든 수평 방향으로 움직일 수 있도록 지원하는 것. (2) 카메라가 피사체에 다가가거나(달리 인) 물러서는 것(달리 아웃).

유동 헤드(fluid head) 가벼운 ENG/EFP 카메라 장착 헤드로 가장 널리 이용되는 헤드. 균형은 스프링에 의해서 유지된다. 움직이는 부분이 무거운 액상으로 되어 있기 때문에 팬과 틸트가 매우 부드럽다.

하이 햇(high hat) 원통형 장착 장비로 달리에 볼트로 고정하거나 무대 장치에 고정해서 트라이포드나 페디스털 없이도 카메라의 팬과 틸트를 할 수 있게 해주는 장비.

지브 암(jib arm) 카메라 크레인과 유사하다. 카메라를 올리거나 내리거나 옆으로 움직일 수 있고 동시에 지브 암 조작자는 팬과 틸트를 실행할 수 있다.

모노포드(monopod) 하나의 기둥으로 된 카메라 장착 장비.

팬(pan) 카메라를 좌우로 이동시키는 것.

페디스털(pedestal) (1) 방송 중에 카메라를 올리거나 내릴 수 있는 무거운 카메라 달리. (2) 스튜디오 페디스털로 카메라를 올리고 내리는 동작.

빠른 해체 판(quick-release plate) 캠코더나 ENG/EFP 카메라를 유동 헤드에 장착할 때 사용하는 평평한 판.

로봇 페디스털(robotic pedestal) 모터 장치를 이용한 스튜디오 페디스털과 장착 헤드. 많은 수의 카메라를 실행시키고 저장할 수 있다. 컴퓨터 시스템에 의해서 움직인다. 로보틱(robotic)이라고도 부른다.

스프레더(spreader) 트라이포드의 다리가 계속 벌어져서 퍼지는 것을 방지하거나 트라이포드를 안정시키기 위해 트라이포드의 다리를 고정시키는 삼각형 모양의 장착 장비.

스테디캠(Steadicam) 스프링이 내장되어 있어 카메라맨이 카메라를 들고 이동하는 중에도 안정을 유지할 수 있도록 만들어진 장착 장비.

틸트(tilt) 카메라를 위나 아래로 향하게 하는 것.

텅(tongue) 카메라가 장착된 붐을 오른쪽에서 왼쪽, 왼쪽에서 오른쪽으로 움직이는 것.

트랙(track) 트럭(truck)의 다른 말.

트라이포드(tripod: 삼각대) 세 개의 다리로 이루어진 카메라 장착 장비. 기동하기 편하도록 달리와 연결할 수 있다.

트럭(truck) 카메라 이동 장비를 이용해서 옆으로 이동시키는 것. 트랙이라고도 한다.

쐐기 장착 장비(wedge mount) 스튜디오 카메라의 밑부분에 부착할 수 있도록 만들어진 쐐기 모양의 판. 무거운 카메라를 카메라 헤드에 장착할 때 사용한다.

줌(zoom) 카메라를 고정시킨 상태에서 초점 거리를 망원 위치나 광각 위치로 완만히 변화시키는 것.

SECTION

5.1

기본적인 카메라 장착 장비와 움직임

Standard Camera Mounts and Movements

카메라가 손으로 들 수 있을 정도로 작거나 가볍다고 해도 가능한 한 카메라를 지지해줄 수 있는 장착 장비에 장착하는 것이 좋다. 카메라 지지대를 사용하면 작업을 줄이거나 불필요하고 방해가 되는 카메라 동작을 줄일 수 있다. 이 section에서는 가장 일반적인 카메라 장착 장비와 기본적인 카메라 움직임에 대해서 알아보도록 한다.

▶ 기본적인 카메라 장착 장비

손이나 어깨에 얹는 카메라, 모노포드와 트라이포드, 그리고 스튜디오 페디스털

▶ 카메라 장착 헤드

유동 헤드, 캠 헤드, 그리고 평판과 쐐기 장착 장비

▶ 카메라 움직임

일반적인 카메라 움직임: 팬, 틸트, 페디스털, 텅, 크레인과 붐, 달리, 트럭과 트랙, 크랩, 아크, 캔트, 그리고 줌

기본적인 카메라 장착 장비(Basic Camera Mounts)

휴가 때나 또는 뉴스 취재를 위해서 뛰어다니면서 캠코더를 사용하게 되면 아마도 손이나 어깨에 얹어서 촬영하게 될 것이다. 그러나 좀더 정확한 카메라 움직임이 필요하다면 카메라를 트라이포드로 지지해야만 한다. 큰 렌즈와 텔레프롬프터가 장착된 스튜디오 카메라는 너무 무거워서 무거운 중량을 지지해줄 수 있는 트라이포드나 스튜디오 페디스털에 장착하여 이동시킨다.

가장 일반적인 카메라 장착 장비는 트라이포드와 트라이포드 달리, 그리고 스튜디오 페디스털이다. 지브 암이나, 스튜디오 크레인, 몸체 장착과 같은 좀더 정교한 장착 장비에 대해서는 section 5.2에서 언급하기로 한다. 좋은 화면을 얻을 수 있게 돕는 그리고 카메라맨과 같이 만들어주는 많은 부속을 찾을 수 있을 것이다. 예를 들어 고정적인 팔과 작은 플라스틱 판은 햇빛으로부터 뷰파인더를 보호하는 방패가 될 것이다. 왜냐하면 그것은 예전부터 사용하면서 변화해 온 것이고, 장비점에서 전혀 찾아볼 수 없고 새로운 장비들이 있기 때문에 무시하지만, 반드시 일반적으로 카달로그와 웹사이트에 있는 것이 사용 가능한지 찾도록 노력해야 한다.

손이나 어깨에 얹어서 사용하는 카메라 (Handheld and Shoulder-Mounted Camera)

카메라가 가볍기만 하다면 가장 간편한 장착 장비는 아마도 손이나 어깨가 될 것이다. 이 상태에서는 카메라를 위아래로 이동시킬 수도 있고, 틸트 업, 틸트 다운, 카메라를 원형으로 움직이기, 캔트, 그리고 걷거나 뛰는 것이 자유롭다. 그렇다면 왜 트라이포드가 필요한 것일까? 우선은 트라이포드를 이용하면 카메라를 들고 있을 때보다 훨씬 오랫동안 힘들이지 않고 촬영할 수 있게 된다. 두 번째는, 이것이 좀더 중요한 이유라고 하겠는데, 카메라 지지대를 사용함으로써 소방대원이 불을 진화하기 위해 소방 호스를 이리저리 갖다댈 때나 보임직한 출렁임이나 휘두름과 같이 의도하지 않은 카메라의 움직임 따위를 예방할 수 있다. 일부 광고나 MTV에서처럼 의도적으로 거칠고 계속되는 카메라 움직임을 사용할 때를 제외하고는 이러한 움직임은 그 자체에 많은 주목을 끌게 되고 비전문가가 카메라를 작동시켰다는 표시밖에는 되지 않는다. 세 번째로 아무리 카메라맨이 조작에 아주 능숙하다고 하더라도 트라이포드를 사용하는 것이 더 부드러운 움직임을 만들어 낸다. 그럼에도 손으로 들거나 어깨에 얹어서 최대한 안정적으로 촬영하는 기술이 발전되어 왔는데 그것은 chapter 6에서 알아보기로 하자.

모노포드와 트라이포드(Monopod and Tripod)

ENG EFP

비교적 가벼운 ENG/EFP 카메라라고 해도 오랜 시간 촬영하다 보면 굉장히 무겁게 느껴진다. 모노포드나 트라이포드와 같은 휴대용 지지대를 사용하면 카메라를 내려놓을 수 있을 뿐만 아니라 불필요하고 방해가 되는 움직임들을 없앨 수 있게 된다.

모노포드 모노포드는 하나의 막대나 하나의 다리로 된 카메라 장착 장비다. 모노포드를 사용할 때는 어깨에 얹을 때와 마찬가지로 모노포드 위에서 균형을 유지하는 노력을 들여야 하지만 적어도 카메라 무게만큼은 경감시킬 수 있게 된다. 일부의 모노포드에는 다리를 지지할 수 있는 접이식 판이 있어서 사람이 그 위에 발을 얹으면 모노포드가 지지되기 때문에 두 손으로 카메라를 작동시킬 수도 있다. 이러한 장비의 장점은 휴대가 편하고 몇 분 안에 설치가 가능하다는 것이다. 이런 모노포드는 롱 샷에서는 어느 정도 안정감을 주기는 하지만 긴 하이킹 후에 그루터기나 앉을 만한 바위를 만난 것과 같이 완벽하지는 않다(그림 5.1 참조).

트라이포드와 트라이포드 달리 트라이포드는 모든 종류의 야외 촬영에서 광범위하게 사용된다. 스튜디오 카메라를 위한 무거운 트라이포드건 야외 카메라나 캠코더를 위한 가벼운 것이건 모든 트라이포드는 같은 원리를 가지고 있다. 트라이포드는 접을 수 있는 세 개의 다리를 가지고 있는데 각각의 다리는 높이를 조절할 수 있어서 경사진 도로나 관람석, 계단과 같은 불규칙한 바닥에서도 일정한 카메라 높이를 유지할 수 있게 한다. 다리의 끝 부분에는 스파이크나 고무 마개로 덮여져 있기 때문에 다리가 미끄러지는 것을 방지한다. 대부분의 트

[그림 5.1] 모노포드
모노포드는 하나의 지지대를 가지고 있으며 중간 크기 정도의 캠코더를 장착해서 균형을 맞춤으로써 카메라의 중량을 덜 수 있게 한다.

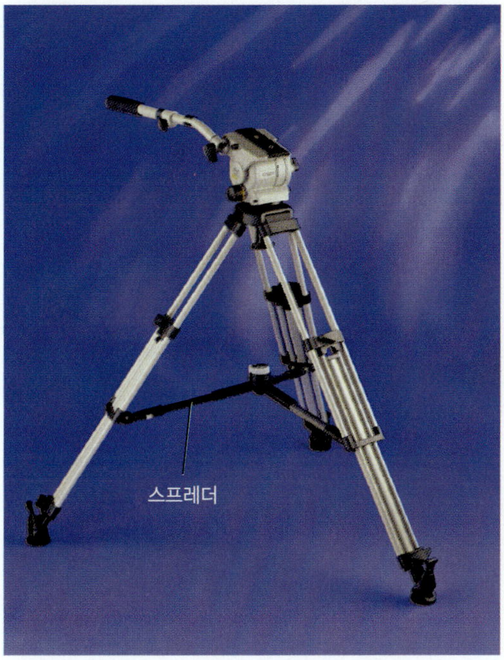

[그림 5.2] 스프레더가 내장된 트라이포드
트라이포드는 가장 기본적인 카메라 지지 장비이고 야외 촬영에서 광범위하게 사용된다. 이 트라이포드는 다리 중간 높이에 스프레더가 장착되어 있다.

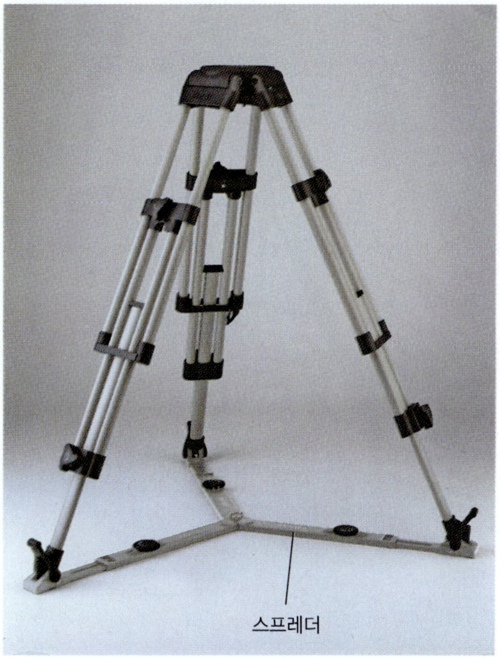

[그림 5.3] 스프레더 위에 얹어진 트라이포드
스프레더는 트라이포드에 부가적인 안정감을 주고 무게에 눌려서 트라이포드가 주저앉는 것을 방지해준다.

라이포드는 특정한 카메라 높이에 맞게 조절할 수 있으며 트라이포드의 다리가 벌어지거나 무게 때문에 주저앉는 것을 방지하기 위해 스프레더가 내장되어 있다(그림 5.2 참조).

내장형 스프레더를 가진 트라이포드가 아닌 경우에는 따로 준비된 스프레더를 바닥에 놓고 그 세 귀퉁이에 트라이포드의 다리를 각각 고정시켜 사용하면 된다. 이러한 스프레더는 작은 삼각형이나 큰 삼각형에 맞게 조절할 수 있도록 되어 있다. 분리형 스프레더의 단점은 비교적 평평한 바닥에서만 사용이 가능하다는 것이다(그림 5.3 참조).

트라이포드를 설치할 때 가장 주의해야 하는 것은 카메라의 수평이다. 계단이나 고르지 못한 면에서 트라이포드를 설치하는 것은 특히 어렵다(그림 5.4 참조). 다행히도 대부분의 고성능 트라이포드는 유동 헤드 아랫부분에 공 모양의 평형추가 부착되어 있다. 이 장치는 트라이포드 다리의 길이를 각각 조정할 필요 없이 수평을 맞출 수 있도록 도와준다. 대부분의 틸트 팬 헤드는 카메라가 수평임을 보여주는 공기방울을 가진 장치가 부착되어 있다.

또한, 트라이포드는 스프레더에 바퀴가 달린 간단한 모양을 하고 있는 달리에 장착할 수 있다. 트라이포드와 달리 모두 접고 펴기가 가능하기 때문에 야외 촬영에 이상적이다. 트라이포드 달리는 스튜디오 안에서 스튜디오 카메라로 변환한 ENG/EFP 카메라를 사용할 때도 사용

[그림 5.4] 계단에서의 트라이포드
트라이포드의 다리는 각각의 길이 조절이 가능하므로 매우 울퉁불퉁한 바닥에서도 카메라의 수평을 맞출 수 있다.

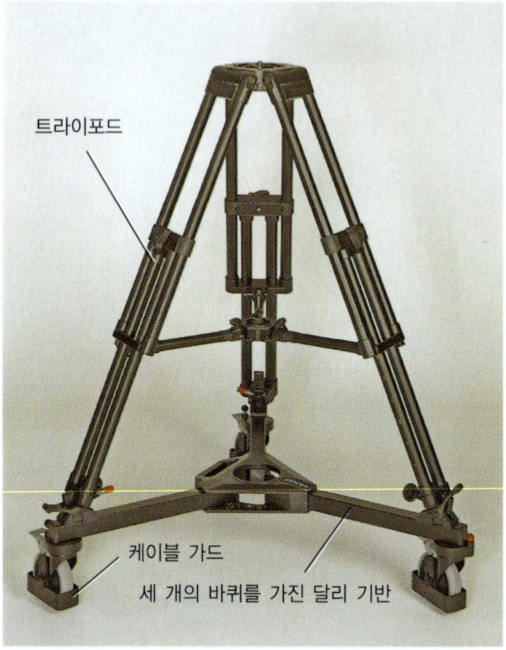

[그림 5.5] 달리 기반 위에 장착된 접이식 트라이포드
트라이포드는 카메라 위치를 재빠르게 바꿀 수 있게 해주는 달리 위에 장착할 수 있다. 이것은 트라이포드 달리라고 부른다.

된다. 여러 크기의 문을 드나들 수 있도록 달리의 밑면 부분을 조절할 수 있어야 하며 카메라 케이블이 달리 밑으로 늘어가거나 혹은 바퀴에 끼이는 것을 막기 위해서 케이블 보호대가 필요하다(그림 5.5 참조).

스튜디오 페디스털(Studio Pedestal)

스튜디오 페디스털을 이용하면 바닥이 평평한 상태에서는 모든 방향으로 카메라를 부드럽게 움직이고 방송 중에 카메라의 높이를 조절할 수 있다. 이러한 상하 움직임은 텔레비전 촬영 예술에 있어서 중요한 차원을 제공하고 있다. 카메라를 작업하기 편한 높이로 조절하는 것이 가능할 뿐만 아니라 행사를 보고 있는 눈높이에 변화를 줄 수도 있기 때문이다. 예를 들어 세트의 옆부분까지 잡힐 위험이 생길 경우에 페디스털 업(카메라를 올려서)해서 위에서 장면을 내려다 볼 수 있게 할 수 있다. 혹은 록 그룹의 리드 싱어를 잡을 때처럼 페디스털 다운해서 장면을 올려다 볼 수도 있다. 카메라의 위아래 움직임에서 무게의 균형을 맞추기 위해 평형추를 사용하는 페디스털도 있고 압축공기를 사용하거나 평형추, 압축공기를 모두 사용하는 페디스털도 있다.

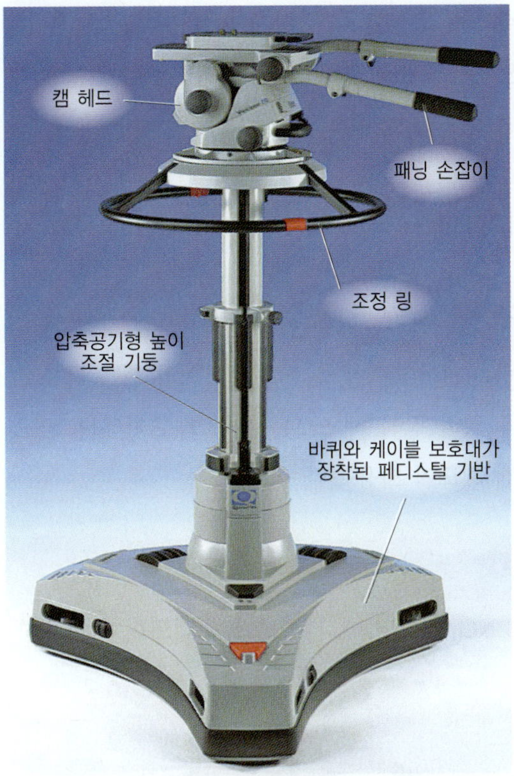

[그림 5.6] 평행(크랩) 조정과 회전 조정
스튜디오 페디스털은 부드러운 달리와 트럭이 가능하고 높이 조절이 가능한 기둥이 있어서 스튜디오 바닥으로부터 최소 60 cm에서 최고 1.8 m까지 카메라 높이를 조절할 수 있다.

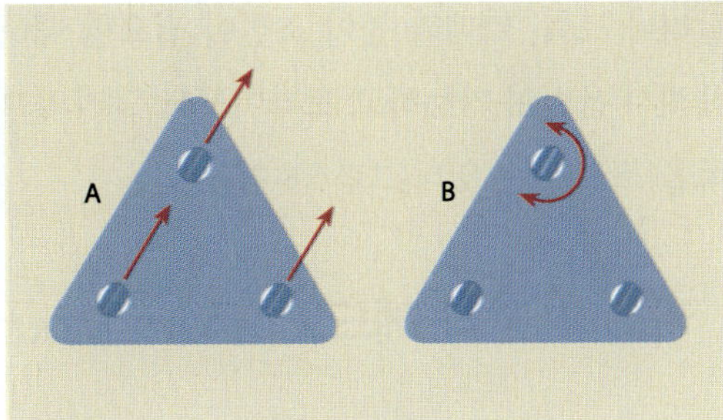

[그림 5.7] 스튜디오 페디스털
A. 평행 혹은 크랩 위치에서는 세 개의 바퀴 모두 한 방향을 향하고 있다.
B. 회전 위치에서는 하나의 바퀴만 조정이 가능하다. 페디스털의 페달은 평행 조정과 회전 조정 사이를 빠르게 오갈 수 있게 한다.

특정한 균형 장치와 관계없이 모든 스튜디오 페디스털은 비슷한 작동 형태를 보인다. 큰 가로 방향의 조정 링이나 조정 휠을 이용해서 어떤 방향으로든 페디스털을 이동시키는 것이 가능하다. 조정 링을 당기면 카메라는 위로 올라가게 되는데 이것은 기술적으로 페디스털 업이라고 한다. 반대로 링을 누르면 카메라는 밑으로 내려오게 되고 이것을 페디스털 다운이라고 한다. 페디스털은 얼마나 높이 올라가느냐 보다는 얼마나 바닥에 가깝게 내려갈 수 있는가에 의해서 판단된다. 페디스털 기둥이 짧아지는 기능이 클수록 좋은 페디스털이다. 짧아진 페디스털의 기둥은 원하는 수평 위치 어디에서든 고정될 수 있다.

트라이포드 달리와 마찬가지로 무거운 페디스털이 케이블 위로 지나가게 되는 것을 방지하기 위해 케이블 보호대가 필요하다. 페디스털 기반 덮개가 이동 중에 케이블을 넘지 않고 밀어낼 수 있을 정도로 낮게 되어 있는지 항상 확인해야 한다(그림 5.6 참조).

일반적으로 페디스털의 조정 위치는 평행이나 크랩으로 하게 된다. 크랩이라는 것은 페디스털의 모든 바퀴가 한 방향으로 향하는 것을 말한다(그림 5.7A 참조). 그러나 페디스털 자체를 회전시키면서 예를 들어 벽이나 어떤 장면에 다가가고 싶다면 크랩 조정 위치에서 회전 위치로 바꾸면 된다(그림 5.7B 참조).

가벼운 ENG/EFP 카메라에 적합한 가벼운 압축공기형 페디스털도 있다. 이것은 부드러운 달리나 트럭, 카메라 높이 조절이 필요할 때 원격으로 조정할 수 있다. 이러한 페디스털은 분해해서 운반이 가능하고 트라이포드 달리와 마찬가지로 문을 통과하기 위해서 달리 밑부분의 폭을 조정할 수 있다(그림 5.8 참조).

카메라 장착 헤드[Camera Mounting (Pan-and-Tilt) Heads]

카메라 장착 헤드는 트라이포드나 달리를 카메라에 연결시켜주는 역할을 한다. 장착 헤드(실제 카메라와 렌즈를 의미하는 카메라 헤드와 혼동하는 일이 없어야 하겠다)는 틸트와 팬을 극도로 부드럽게 실행할 수 있게 한다. 가벼운 카메라를 위한 장착 헤드로는 유동 헤드가 사용되고 무거운 현장 혹은 스튜디오 카메라를 위해서는 캠 헤드가 사용된다.

유동 헤드(Fluid Heads)

ENG EFP

유동 헤드는 일반적으로 15 kg 미만의 ENG/EFP 카메라나 보급형 캠코더에 사용하지만 30 kg까지 지지해줄 수 있는 강력한 유동 헤드도 있다. 이러한 강력한 유동 헤드는 ENG/EFP 캠코더에 텔레프롬프터나 송출 장치 등을 장착했을 때 필요하게 된다.

유동 헤드는 농도가 짙은 오일 안에 균형을 맞추는 스프링이 장착되어 있어서 부드러운 팬과 틸트에 필요한 드래그를 제공한다. 대부분의 전문가용 유동 헤드는 틸트와 팬 드래그, 그리고 틸트와 팬의 잠금 이렇게 네 가지 조정이 가능하다. 드래그 조절은 다양한 정도의 팬과 틸트에 대한 저항력을 발휘해서 움직임에 있어서 적정한 정도의 부드러움을 얻어낼 수 있다. 잠금 조정은 카메라 움직임이 필요 없을 때 움직이지 않도록 고정하는 역할을 한다(그림 5.9 참조). 장착 헤드를 잠그기 위해서 드래그 조절 장치를 이용하거나 드래그를

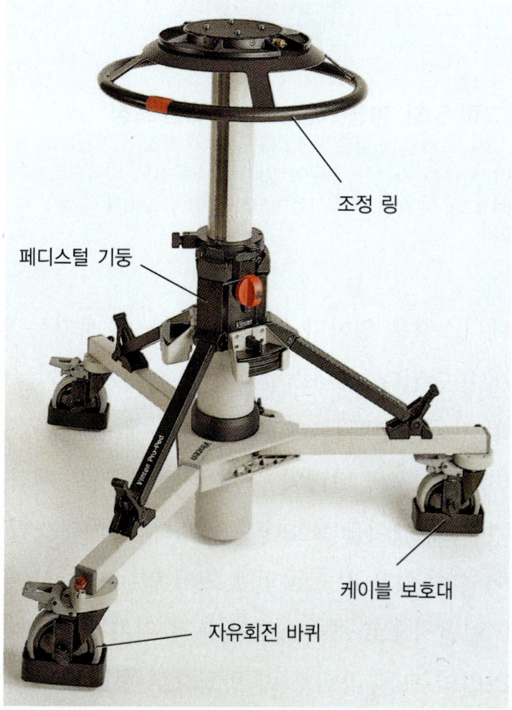

[그림 5.8] 휴대용 카메라 페디스털
이런 종류의 페디스털은 스튜디오 페디스털보다 훨씬 가볍고 다양한 현장 취재(일반적으로 실내에서)를 위해 분해해서 이동할 수 있다.

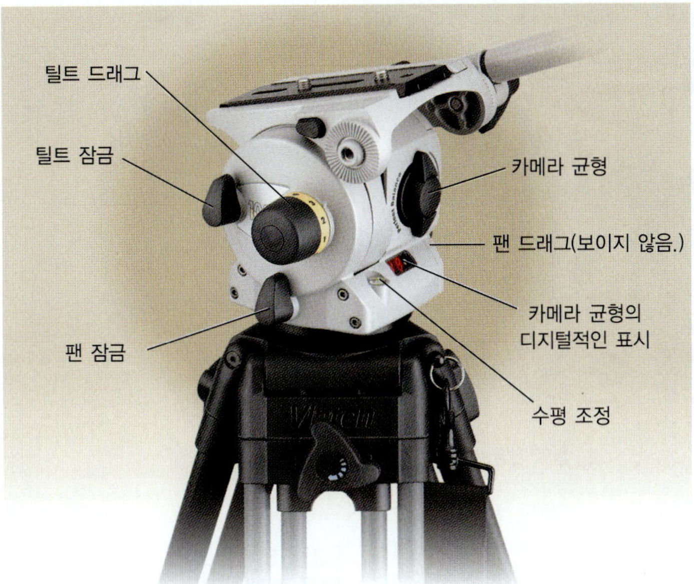

[그림 5.9] 유동 헤드
유동 헤드는 ENG/EFP 카메라나 캠코더를 트라이포드에 장착해서 작동시킬 수 있도록 설계되어 있다. 이것들은 무게를 견디는 데 있어서 제한적이다.

보조하기 위한 잠금 조절 장치를 이용하지 않도록 한다. 이것들은 효과는 좋을지 모르지만 장착 헤드를 망가뜨리는 결과를 초래한다.

유동 헤드에는 트라이포드 장착 부분에 공 모양의 수평 조절 장치가 장착되어 있다. 앞에서 말한 바와 같이 이 평형 장치가 트라이포드가 이미 수평이 맞춰져 있다고 알려주면 다시 트라이포드의 다리 길이를 조절할 필요는 없다. 실제 팬과 틸트는 장착 헤드에 연결되어 있는 하나 혹은 두 개의 패닝 손잡이를 통해서 이뤄지게 된다. 패닝 손잡이를 위아래로 움직이면 카메라를 틸트하게 되고, 좌우로 움직이면 카메라를 팬하게 된다.

캠 헤드(Cam Heads)

캠 헤드는 무거운 스튜디오 혹은 현장 카메라를 스튜디오 페디스털이나 현장 페디스털에 장착할 수 있도록 설계되어 있다. 유동 헤드와 마찬가지로 캠 헤드는 분리된 드래그와 잠금 장치를 가지고 있다. 어떤 스위치가 마찰(틸트와 팬 동작을 느슨하게 또는 뻑뻑하게 조절한다)을 조정하고 어떤 스위치가 카메라를 장착 헤드에 고정시키는 것인지 정확히 알아야 한다(그림 5.10 참조). 유동 헤드에서도 언급했듯이 드래그 조절 장치를 캠 헤드를 잠그는 데 사용하거나 잠금 조절 장치를 드래그 조절에 사용해서는 안 된다. 카메라를 잠그는 데 드래그 조절 장치를 사용하게 되면 짧은 시간 안에 캠 헤드는 망가지게 되고 잠금 장치를 틸트와 팬 드래그에 사용하게 되면 언제나 결과는 화면이 튀거나 카메라의 움직임이 일정하지 않게 나타나게 된다.

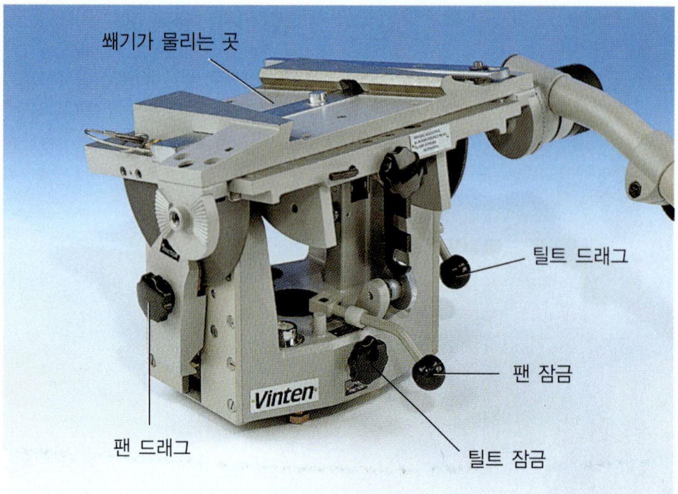

[그림 5.10] 캠 헤드
캠 헤드는 무거운 카메라를 위해 설계된 것이다. 일반적으로 텔레프롬프터가 장착된 스튜디오 카메라를 스튜디오 페디스털에 장착하는 데 쓰인다.

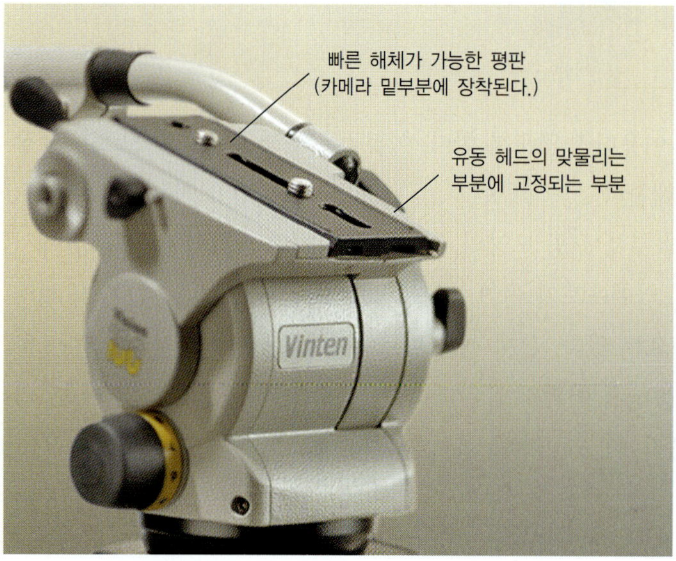

[그림 5.11]
빠른 해체가 가능한 평판
이 평판은 균형을 재조정할 필요 없이 카메라를 장착 헤드에 재장착시킬 수 있게 한다.

평판과 쐐기 장착 장비(Plate and Wedge Mount)

카메라가 틸트하는 동안 정확히 균형을 맞추기 위해서는 카메라를 어떻게 유동 헤드에 부착해야 하는 것일까? 부착 기계 장치로 가능한데, 이 기계 장치를 빠른 해체 평판이라고 부른다. 하나나 두 개 정도의 볼트를 이용해서 금속 평판을 카메라 바닥에 부착하고 유동 헤드의 맞물리는 부분에 카메라가 장착된 평판을 밀어 넣기만 하면 된다. 이미 균형이 잡힌 상태에서 카메라의 수평은 쉽게 유지된다.

문제는 카메라의 균형이 정확히 맞으려면 얼마나 밀어 넣거나 빼야 하는가이다. 이러한 문제는 디지털 기술이 보완하고 있다. 고가의 유동 헤드에서는 디지털 표시가 적정한 균형을 위

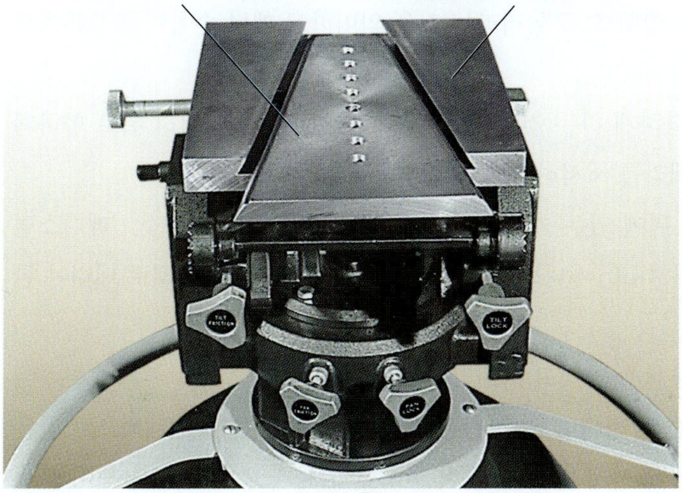

[그림 5.12] 쐐기형 장착 장비
쐐기형 장착 장비는 균형이 유지된 상태에서 스튜디오 카메라를 캠 헤드에 쉽게 연결시킬 수 있게 해준다.

해서 이 평판을 어디에 위치시켜야 하는지를 알려준다. 많은 현장 제작에서는 트라이포드에서 카메라를 분리하여 새로운 위치에서 장면을 재빠르게 잡아내고 다시 원위치로 돌아와야 하는 경우가 많다. 이 평판이 완벽하게 균형이 잡힌 상태에서 수초 내에 카메라를 탈부착하는 것을 가능케 한다(그림 5.11 참조).

캠 헤드도 쐐기 장착 장치라는 유사한 장치를 사용한다. 이 장착 장치는 스튜디오 카메라 바닥에 쐐기 모양을 가진 평판이 부착되어 있는 형태를 가진다. 쐐기형 판을 부착한 카메라를 캠 헤드의 물리는 부분에 밀어 넣기만 하면 카메라는 균형이 잡히고 캠 헤드에 안전하게 부착되어 촬영할 준비가 완료되는 것이다(그림 5.12 참조).

카메라 움직임(Camera Movements)

카메라의 작동에 대해서 알아보기 전에 일반적인 카메라의 움직임에 대해서 먼저 알아봐야 한다. 왼쪽 오른쪽이라고 하는 것은 언제나 카메라의 관점에서 말하는 것이다. 카메라 장착 장비는 카메라를 여러 방향으로 부드럽고 효과적으로 움직이기 위해서 독립적으로 설계된 것이다. 카메라 움직임에는 팬, 틸트, 페디스털, 텅, 그레인 또는 붐, 달리, 트럭 또는 트랙, 크랩, 아크, 캔트, 그리고 줌이 있다(그림 5.13 참조).

- **팬** 카메라를 왼쪽에서 오른쪽 또는 오른쪽에서 왼쪽으로 수평 방향으로 움직이는 것. '오른쪽으로 팬' 하라는 것은 렌즈가 보는 관점을 오른쪽(시계 방향)으로 돌리라는 것을 의미

하고 그러기 위해서는 패닝 손잡이는 왼쪽으로 돌려야 한다. '왼쪽으로 팬' 하라는 것은 카메라의 렌즈를 왼쪽(시계 반대 방향)으로 돌리라는 것을 의미하고 패닝 손잡이를 오른쪽으로 돌려야 한다.

- **틸트** 카메라를 위나 아래로 향하게 하는 것. '틸트 업' 이란 카메라를 서서히 위로 향하게 하라는 것. '틸트 다운' 은 카메라를 서서히 아래로 향하게 하라는 뜻이다.
- **페디스털** 스튜디오 페디스털 위에 있는 카메라의 위치를 높이거나 낮추는 것. '페디스털 업' 을 하려면 카메라를 올려야 하고 '페디스털 다운' 을 하려면 카메라를 아래로 내려야 한다.
- **텅(tongue)** 카메라 크레인의 붐을 가지고 카메라 자체를 왼쪽에서 오른쪽 혹은 오른쪽에서 왼쪽으로 움직이는 것. 오른쪽 텅이나 왼쪽 텅을 할 때 카메라는 대개 전체적으로 같은 방향을 향한 상태에서 붐이 왼쪽(시계 반대 방향)이나 오른쪽(시계 방향)으로 움직이게 된다.
- **크레인 혹은 붐** 크레인이나 지브 암에 장착된 카메라를 통째로 올리거나 내리는 것. 그 효과는 크레인의 경우 카메라가 올라갈 수 있는가로 거리가 매우 넓다는 것을 제외하면 페디스털 업, 페디스털 다운과 흡사하다. 크레인(붐) 업, 크레인(붐) 다운을 할 수 있다.
- **달리** 카메라가 움직일 수 있도록 하는 장비를 이용해서 피사체에 직선에 가깝게 다가가거나 멀어지는 것. '달리 인' 은 카메라를 피사체에 가깝게 가져가는 것을 의미하고, '달리 아웃' 은 카메라를 피사체에서 멀어지게 하는 것을 말한다.
- **트럭 또는 트랙** 카메라를 이동 장치에 장착해서 좌우로 움직이는 것. '왼쪽으로 트럭' 은 카메라가 가리키고 있는 방향과 직각을 이루면서 카메라 장착 장비를 왼쪽으로 이동시키는 것을 말하며, '오른쪽으로 트럭' 은 카메라가 가리키고 있는 방향과 직각을 이루면서 카메라 장착 장비를 오른쪽으로 이동시키는 것을 말한다.
- **크랩** 크레인 달리를 옆으로 움직이는 것. 카메라를 좌우로 움직이는 동안 연기를 하고 있는 장면을 언제나 비출 필요가 없다는 점을 제외하면 트럭과 유사하다. 연기하는 장면에 다가가거나 멀어질 수도 있다. 크랩은 텔레비전보다는 영화에서 많이 사용된다. 이 용어는 때때로 트럭의 의미로 사용되기도 한다.
- **아크** 이동이 가능한 카메라 장착 장비를 이용해 카메라를 약간의 곡선을 그리면서 달리나 트럭하는 것. '왼쪽으로 아크' 는 카메라 왼쪽으로 곡선을 이루며 달리 인 또는 아웃을 하거나, 피사체 주위로 곡선을 그리면서 왼쪽으로 트럭하는 것이다. '오른쪽으로 아크' 는 카메라 오른쪽으로 곡선을 이루며 달리 인 또는 아웃을 하거나 피사체 주위로 곡선을 그리면서 오른쪽으로 트럭하는 것을 말한다.

- **캔트** 손이나 어깨 위에 놓여진 카메라를 옆으로 틸트하는 것. 캔트는 화면이 약간 들린 것처럼 수평선이 비스듬히 보이게 하는 효과를 가져 오는데 이것을 캔트 효과라고 한다. 비스듬한 수평선은 매우 동적인 장면을 만들어 낸다.
- **줌** 카메라가 고정되어 있는 상태에서 줌 렌즈를 이용해 초점 길이를 변화시키는 것. '줌 인' 이란 협각 위치로 서서히 변화시키는 것을 말하며 사람에게 그 장면이 다가오는 듯한 느낌을 받게 한다. '줌 아웃' 은 광각 위치로 서서히 변화시키는 것을 말하며 보는 사람에

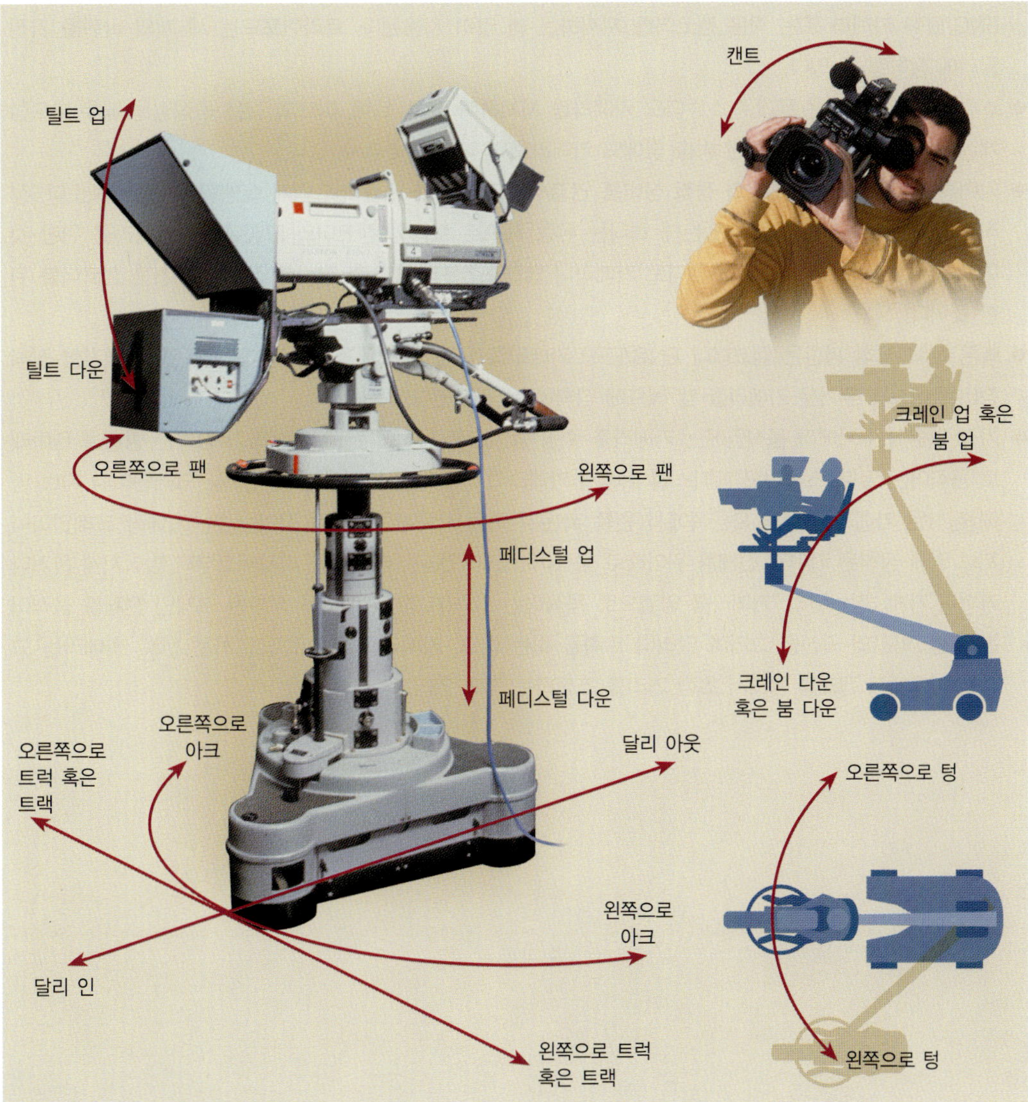

[그림 5.13] 카메라의 움직임
주요 카메라 움직임에는 팬, 틸트, 페디스털, 텅, 크레인 혹은 붐, 달리, 트럭 혹은 트랙, 아크, 캔트가 있다.

게 그 장면이 멀어지는 듯한 느낌을 받게 한다. 줌은 비록 카메라가 움직이는 것은 아니지만 그 효과에 있어서는 움직이는 효과를 가져오기 때문에 카메라의 움직임으로 분류한다.

핵심요약

- 기본적인 카메라 장착 장비에는 손과 어깨, 모노포드, 트라이포드와 트라이포드 달리, 그리고 스튜디오 페디스털이 있다.
- 모노포드는 카메라가 장착될 수 있는 하나의 기둥으로 되어 있다. 트라이포드는 현장 제작에서 ENG/EFP 카메라 또는 작은 캠코더를 지지하는 데 많이 사용된다. 트라이포드는 세 개의 바퀴를 가진 달리에 장착될 수 있다.
- 스튜디오 페디스털은 무거운 스튜디오 카메라를 지지하며 달리, 트럭, 아크와 같은 움직임을 매우 부드럽게 실행할 수 있게 한다. 또한 방송 중에도 카메라를 높이거나 낮출 수 있다.
- 카메라 장착 헤드는 카메라와 장착 장비를 연결시키고 틸트와 팬을 부드럽게 실행할 수 있게 해준다. 장착 헤드에는 두 가지 종류가 있는데 하나는 유동 헤드로 보급형 캠코더와 ENG/EFP 카메라를 위한 것이고 다른 하나는 캠 헤드로 스튜디오 카메라나 텔레프롬프터와 송출 장비를 장착한 무거운 캠코더를 위한 것이다.
- 빠른 해체 장착 평판은 캠코더나 ENG/EFP 카메라를 유동 헤드에 장착하는 데 사용된다. 쐐기형 장착 장비는 비교적 무거운 카메라를 캠 헤드에 장착하는 데 쓰인다.
- 가장 일반적인 카메라 움직임에는 카메라를 수평 방향으로 움직이는 팬, 카메라가 향하는 방향을 위아래로 움직이는 틸트, 스튜디오 페디스털 위에서 카메라의 높낮이를 조정하는 페디스털, 크레인이나 지브 암에 장착된 카메라 전체를 오른쪽에서 왼쪽 혹은 왼쪽에서 오른쪽으로 움직이는 텅, 카메라 크레인이나 지브 암에 장착된 카메라 전체를 위아래로 움직이는 크레인(붐), 카메라를 피사체로부터 멀어지게 하거나 가까이 가게 하는 달리, 카메라를 양옆으로 움직이는 트럭(트랙), 카메라가 장착된 크레인 전체를 움직이는 크랩, 약간의 곡선을 그리며 달리나 트럭을 하는 아크, 카메라를 옆으로 틸트하는 캔트, 카메라는 고정된 상태에서 렌즈를 통해서 초점 거리를 조정하는 줌이 있다.

SECTION

5.2 특수한 카메라 장착 장비

Special Camera Mounts

특별한 카메라 장착 장비는 비좁은 거실이나 현장에서 취재를 할 때, 행사가 벌어지고 있는 곳보다 높은 곳에서 사람의 눈높이까지 내려오면서 촬영할 때, 계단을 뛰어올라갈 때, 달리는 차 안에서 촬영할 때와 같이 특수한 상황에서 카메라 작동을 돕도록 개발된 것들이다. 어떤 페디스털의 경우 사람이 작동할 필요 없이 컴퓨터를 통해서 작동하게 된다. 이번 section에서는 이러한 특수 장착 장비에 대해서 알아보기로 한다.

▶ 특수 장착 장비

하이 햇, 빈백(beanbag), 스테디캠, 짧거나 긴 지브, 스튜디오 크레인

▶ 로봇형 카메라 장착 장비

뉴스와 같이 제작 형식이 정확히 정해진 프로그램에 사용된다.

특수 장착 장비(Special Mounting Devices)

트라이포드나 스튜디오 페디스털이 다양한 형태로 사용되고는 있지만 원하는 카메라 움직임을 모두 가능케 하는 것은 아니다. 예를 들어 현장 제작에서 감독이 차에서 내려 앞문을 통과하여 홀로 향하는 주인공을 자연스럽게 따라가서 카메라에 방해가 되는 흔들림 따위 없이 주인공이 계단을 뛰어 오르는 장면을 촬영하라는 지시를 내린다면 특수 장착 장비가 필요하게 될 것이다. 그리고 아주 고가인 장비 없이 달리는 자동차에 밀착해서 촬영을 하라고 한다면 과연 어떻게 해야 할 것인가? 이런 상황에서 쓸 수 있을 만한 특수 장비로는 (1) 하이 햇, (2) 빈백과 다른 차량 장착 장비, (3) 스테디캠, (4) 짧은 혹은 긴 지브, 그리고 (5) 스튜디오 크레인이 있다.

하이 햇(High Hat)

하이 햇은 약 15 cm 정도의 원통형 혹은 세 개의 다리를 가진 금속 장착 장비로 일반적으로 유동 헤드나 캠 헤드 장착을 위해 쓰인다. 경기장의 관중석이나 울타리 볼트나 클램프로 하이 햇을 고정시키거나 낮은 각도로 촬영하기 위해서는 합판 위에 고정해서 트라이포드 달리에 장착할 수 있다(그림 5.14 참조).

빈백과 다른 차량 장착 장비(BeanBag and Other Car Mounts)

빈백(콩 수머니)이란 말은 농담이 아니다. 카메라를 장착하는 데 아주 유용하게 사용되는 장

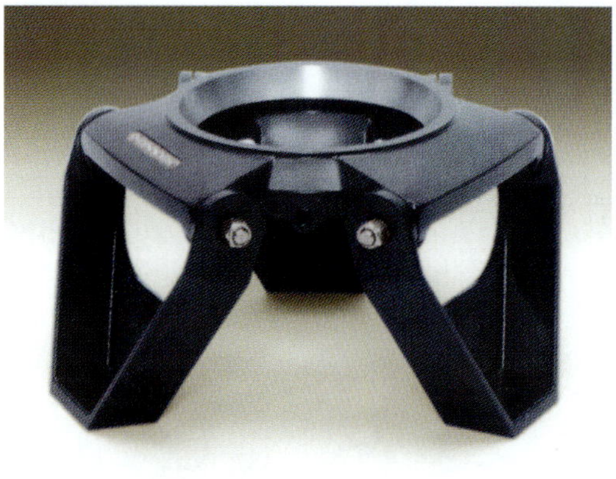

[그림 5.14] 하이 햇
하이 햇은 관중석이나 울타리 같은 곳에 볼트나 클램프로 고정시킬 수 있다. 이것을 유동 헤드나 캠 헤드와도 함께 사용할 수 있다.

[그림 5.15] 빈백
합성 물질로 채워진 이 네모난 주머니는 어떠한 형태의 카메라 혹은 장착 장비에도 적합한 모양으로 변화할 수 있다. 백과 카메라 모두 나일론 줄로 쉽게 고정할 수 있다.

비이다. 빈백은 콩이 아닌 첨단 발포체로 채운 네모난 주머니를 말하는데 이 발포체는 어떤 종류의 ENG/EFP 카메라와 캠코더의 모양으로도 변형 가능하다. 카메라를 이 주머니 위에 올려놓고 장착 장비 역할을 하는 곳에 끈으로 고정하기만 하면 된다. 자동차나 보트, 암벽, 자전거, 사다리 등에 장착 주머니로 사용할 수 있다(그림 5.15 참조).

만약 큰 예산을 가지고 있다면 차량에 부착했을 시 충격완화를 위해 설계된 차량 장착 장비를 빌릴 수 있다. 스프링이 내장된 이 장치는 큰 흡착판을 이용해 차량의 지붕이나 옆에 부착할 수 있다.

스테디캠(Steadicam)

스테디캠이란 카메라맨이 착용할 수 있는 카메라 장착 장비를 말한다. 여러 개의 스프링이 카메라를 들고 달리는 동안 생기는 튐이나 흔들림을 없애준다. 작업을 하는 동안 카메라 밑에 장착되어 있는 작은 뷰파인더로 촬영하고 있는 장면을 볼 수도 있다. 균형을 유지하는 장치가 촬영을 하면서 계단을 뛰어오르거나 산길을 오르는 중에도 마치 큰 크레인을 사용한 것과 같은 화면을 얻을 수 있게 해준다. 스테디캠 장치와 장착 장비는 움직임이 많은 카메라와 비교적 무거운 ENG/EFP 캠코더로 작업할 때 사용되며 숙련된 카메라맨만이 이 카메라와 모니터가 합체된 형태의 장치를 착용하고 긴 시간 작업할 수 있다(그림 5.16 참조). 그러나 좀더 작은 스테디캠 장착 장비도 있는데 이것은 4 kg에서 9 kg 정도의 작은 ENG/EFP 카메라나 1 kg에서 3 kg 사이의 작은 디지털 캠코더 또는 보급형 캠코더를 위한 것이다. 이런 작은 카메라를 위한 장착 장비는 몸 받침대가 필요 없다. 작은 깃발을 들고뛰듯이 장비를 한 손으로 잡고 움직이면 된다(그림 5.17 참조). 당신이 역도선수가 아니면 작은 무게로 보이는 카메라일지라도 카메라를 움직일 때 무거울 것이다. 비교적 작은 전문가용 캠코더나 보급형 캠코더를 위한 작은 몸체의

[그림 5.16] 카메라 안정 장치
스테디캠을 사용하면 화면을 안정적으로 유지하면서 카메라를 가지고 뛰어다닐 수도 있다. 다소 무거운 이 장비는 몸에 착용하는 장치에 연결되어 있다.

[그림 5.17] 가벼운 캠코더를 위한 스테디캠 장착 장비
스테디캠 JR 장착 장비는 무게가 Hi8이나 DTV와 같이 가벼운 보급형 캠코더를 위한 것이다.

[그림 5.18] 짧은 지브 암
이 가벼운 평형추 형식의 지브 암은 적당한 표면에 죄어서 고정시킬 수 있게 되어 있다. 이것은 특히 좁은 공간에서 유용하다.

받침대도 가능하다.

짧거나 긴 지브(Short and Long Jibs)

짧은 지브 암은 평형추형 카메라 장착 장비로 현장에서 유용하게 쓰인다. 이것은 문틀, 의자, 책상 모서리, 자동차 창문과 같은 곳에 죄어서 고정시키고 카메라를 옆으로 돌려서 붐 업이나 다운한다(그림 5.18 참조). 이렇게 하면 부드러운 카메라 움직임을 얻을 수 있을 뿐만 아니라 팬, 줌과 화면의 전체적인 구도에 관심을 집중시킬 수도 있다.

긴 지브 또는 긴 지브 암은 크레인과 비슷하게 생긴 장비로서, 사람이 직접 스튜디오 바닥에 닿을 정도의 낮은 높이로 카메라를 움직이거나 4m 정도의 높이까지도 움직일 수 있고 지브 암을 돌려서 360° 회전을 하는 것도 가능하며 전체 장비를 달리 또는 트럭하는 것도 가능하고 동시에 팬과 틸트, 초점과 줌도 가능하다. 이러한 움직임을 방송에 내보낼 수 있을 정도로 자연스럽게 실행시킬 수 있을 때까지 많은 연습이 필요한 것은 당연한 일이다. 카메라와 지브 암 사이의 균형은 모니터와 배터리 팩, 원격 카메라 조정 장치, 그리고 정확한 균형을 위해서 평형추를 여기에 부가하여 맞추게 된다(그림 5.19 참조).

일부 지브 암 카메라 장착 장비는 특별히 현장 작업을 위해서 설계된 것도 있다. 지브 암을

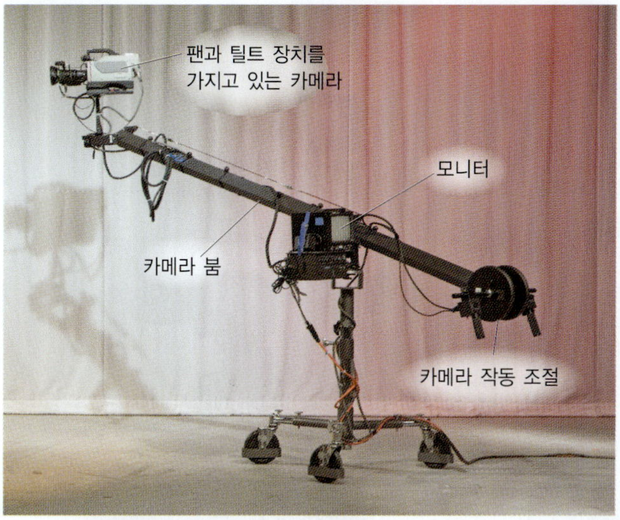

[그림 5.19] 긴 지브
긴 지브를 이용하면 카메라맨은 달리, 트럭, 붐을 하는 동시에 팬, 틸트, 초점, 줌을 실행할 수 있다.

[그림 5.20] 현장용 지브
이런 현장용 지브는 몇 분 안에 쉽게 분해해서 가방에 넣어 이동할 수 있다.

빠르고 쉽게 접어서 2 m 정도 길이의 가방에 넣어서 이동할 수 있다. 현장에서는 5분 안에 지브를 4 m 정도 길이로 늘리고 원격 조정 위치를 잡을 수 있다(그림 5.20 참조).

스튜디오 크레인(Studio Crane)

스튜디오 크레인이 창조적인 카메라 작업에는 꼭 필요한 것이기는 하지만 몇몇 텔레비전

[그림 5.21] 스튜디오 크레인
스튜디오 크레인은 정교한 제작과정에서 사용된다. 크레인을 작동하려면 카메라맨뿐만 아니라 두 명의 인원이 더 필요하다.

[그림 5.22] 로봇 페디스털
로봇 페디스털은 완전히 자동화되어 있어 카메라맨이 필요 없다. 모든 카메라 움직임과 기능은 컴퓨터로 통제된다.

스튜디오에서만 사용된다. 대부분 긴 지브 암이 크레인보다 선호되는데 이것은 지브 암이 보다 가볍고 크레인이 갖고 있는 기능을 모두 가지고 있기 때문이다(그림 5.21 참조). 스튜디오 크레인은 종종 영화 작업이나 디지털 영화를 위한 HDTV 카메라를 위해 사용된다.

로봇형 카메라 장착 장비(Robotic Camera Mounts)

로봇으로 불리기도 하는 자동 페디스털과 장착 장비는 정확한 지침이 있는 원격화상회의, 뉴스방송 등과 같은 프로그램에서 유용하다. 로봇화된 카메라 장착 장비는 기본적으로 (1) 로봇 페디스털, (2) 고정된 로봇 카메라 장착 장비, (3) 레일 시스템이 있다.

로봇 페디스털(Robotic Pedestal)

로봇 페디스털은 모터 장치로 작동하는 페디스털과 장착 헤드로 구성되어 있다. 로봇 페디스털과 원격 조정 줌과 초점은 컴퓨터화된 시스템에 의해서 조절되는데 800개의 카메라 움직

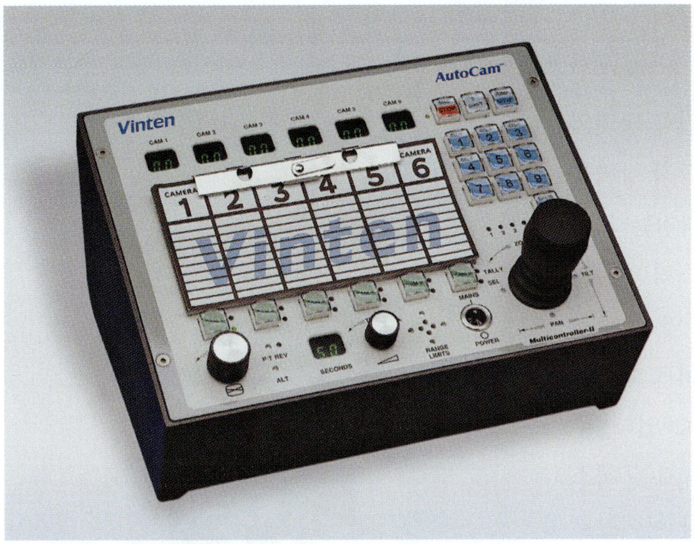

[그림 5.23] 로봇 페디스털을 위한 작동 제어 패널
이러한 컴퓨터 제어 패널을 이용해서 한 명이 여러 대의 카메라를 원격 조정할 수 있다.

임을 입력해 놓을 수 있다(그림 5.22 참조).

예를 들어 뉴스 방송의 부분부분을 나타내는 목록이 컴퓨터상에 나타나면 다음이 각본대로 움직이게 된다. 카메라 2와 3이 뉴스 앵커를 비추고 있는 동안 카메라 1은 일기예보를 위한 위치로 이동해서 틸트 업하고 기상 캐스터와 지도를 줌 아웃해서 다음 장면을 준비하게 된다. 그 다음 카메라 2는 기상 캐스터를 클로즈업하기 위해서 카메라 1이 하는 작업에 동참하게 되고 동시에 카메라 3은 세트의 중앙으로 트럭해서 첫 장면을 위해서 줌 아웃 상태로 대기하게 된다. 이러한 과정이 모두 사람이 직접 스튜디오 안에서 지켜보지 않은 상태에서 이뤄지게 된다. 스튜디오에 있는 사람은 뉴스 앵커와 기상 캐스터, 스포츠 캐스터나 때때로 플로어 매니저 한 명뿐이다. 감독조차도 카메라 지시를 하지 않으며 간단히 뉴스 스크립트에 나와 있는 로봇이 실행하는 카메라 촬영에 대한 컴퓨터 목록을 프리뷰 모니터를 통해서 확인하기만 하면 된다.

페디스털 휠을 조금이라도 잘못 설치하게 되면 나중에는 엉뚱한 위치에 가 있을 수 있기 때문에 어떤 시스템에서는 알루미늄 테이프를 이용해서 페디스털이 움직이는 동선을 표시하기도 한다. 스튜디오 부조정실에 있는 작동 제어 패널을 통해 컴퓨터에 입력되어 있지 않은 컴퓨터 움직임을 원격 조정할 수 있다(그림 5.23 참조). 그러나 만약에 컴퓨터에 이상이 생겼을 때는 어떻게 해야 할까? 이러한 경우 자동 시스템을 인계 받을 수 있는 사람이 대기하고 있다가 문제가 생기면 스튜디오로 달려가 가장 가까운 카메라를 잡고 줌 아웃해서 뉴스 세트를 롱샷으로 잡을 수 있어야 한다.

고정된 로봇 카메라 장착 장비 (Stationary Robotic Camera Mount)

더 작고 가벼워진 카메라로 인해 몇몇의 뉴스 스튜디오는 작은 고정된 장착 장비를 사용한다. 이들 장착 장비는 위치는 고정되어 있으나 팬과 틸트를 조이스틱 패널을 통해 원격으로 조정할 수 있다. 역시 이 원격 조정 장치는 클로즈업과 와이드 화면을 위해 조정할 줌렌즈를 조작할 수 있다. 주로 뉴스 방송에 사용되는 몇몇 로봇 시스템에는 카메라 사이를 오가거나 마이크로폰을 여닫거나 텔레프롬프터의 복사본과 같은 여러 부가적인 기능을 수행하는 컴퓨터 프로그램을 가지고 있다. 이 작은 고정된 시스템은 카메라 움직임이 미리 설정되어 있는 강의실과 화상회의에 대중화되어 있다(그림 5.24 참조).

[그림 5.24] 고정된 로봇 장착 장비
로봇 장착 장비는 ENG/EFP 또는 전문가용 카메라의 펜, 틸트, 줌이 가능하며 조이스틱 패널과 컴퓨터에 접속되어 카메라의 움직임이 기억되고 실행된다.

레일 시스템(Rail System)

틀림없이 우리는 레일 시스템으로 촬영된 장면을 보았다. 육상선수나 스피드스케이트 선수가 육상트랙이나 빙상장을 돌 때 카메라가 마치 작은 열차와 같은 작은 이동차에 장착된 것에 따라 움직인다. 이것은 육상트랙이나 빙상장의 수평 궤도 위에서 움직인다. 이 이동차의 속도와 카메라의 기본적인 조작은 조이스틱 패널로 원격 조정된다.

핵심요약

- 하이 햇은 짧은 원통형이나 세 개의 다리를 가진 형태의 금속 장착 장비로 유동 헤드나 캠 헤드에 장착될 수 있다.
- 빈백은 합성 발포체를 채운 주머니로 다양한 종류의 ENG/EFP 카메라 또는 캠코더의 모양에 맞게 변형된다. 이것은 차량의 지붕에 장착이 가능하다. 스프링이 내장된 충격 완화용 차량거치대는 주로 흡착판과 같이 장착된다.
- 스테디캠은 스프링이 장착된 장비로서, 장착 장비를 입은 카메라맨이 심지어 뛰면서도 안정적인 화면을 얻어낼 수 있는 장치이다. 작은 스테디캠 장비는 작은 보급형 캠코더를 위한 장비인데 이것은 사용자가 들거나 몸에 부착해 사용한다.
- 짧은 지브는 가구나 배경에 창작될 수 있다. 긴 지브는 긴 팔을 가지고 있어서 한 명의 카메라맨이 동시에 달리, 팬, 틸트, 카메라 위치 변화, 줌 실행을 동시에 할 수 있다.
- 스튜디오 크레인은 지브 암보다 크고, 무거운 카메라를 지지해줄 수 있다. 이것은 필름영화나 디지털 영화 제작에 사용된다.
- 로봇 페디스털 또는 로보틱은 모터 장치로 움직이는 스튜디오 페디스털과 장착 헤드로 이루어져 있다. 로봇 페디스털의 움직임과 초점, 줌 조절은 많은 수의 컴퓨터 움직임을 입력하고 실행시킬 수 있는 컴퓨터화된 시스템에 의해서 원격 조정된다. 고정되어 있는 로봇 카메라 거치대는 작은 카메라의 팬이나 틸트 그리고 줌을 고정된 자리에서 구현한다.
- 일부 로보틱 시스템은 카메라들의 스위칭, 마이크로폰, 텔레 프롬프터 등의 다양한 부가기능을 조절할 수 있는 스프트웨어도 가지고 있다.
- 레일 시스템은 육상트랙이나 빙상장을 따라 설치된 궤도와 이를 따라 달리는 작은 이동차로 이뤄져 있다.

CHAPTER

6

카메라 조작과 화면 구성

Camera Operation and Picture Composition

디지털 전자공학이 결합되면서 텔레비전 카메라가 점점 더 복잡해지고는 있지만 일반인들에게 좀더 친숙해지고 있는 것도 사실이다. 일부 카메라의 자동화된 기능이 있다고 할지라도, 하룻밤 사이에 전문적인 카메라 운용자가 될 수는 없다. 간단하고 자동적인 카메라는 어떤 사건에서 어떤 부분을 중요하게 생각하는지, 선택된 사건을 어떻게 확실하게 강조되도록, 최고로 효과적이게 촬영하는지 알지 못한다. 이것이 당신의 블록버스터 다큐멘터리를 시도하기 전에 가능한 만큼 배우는 것이 중요한 이유다. section 6.1 「카메라 조작법」에서는 텔레비전 카메라의 주요 조작 방법에 대해서 설명하고, section 6.2 「효과적인 화면 구성」에서는 미적인 화면 구성에 초점을 맞춰 알아보기로 하겠다.

주요 용어

AGC automatic gain control의 줄임말. 수동 조절을 사용하지 않고 자동으로 오디오의 음량을 조절하거나 비디오 수준을 조절하는 것을 말한다.

버스트 샷 화면에 사람의 가슴 윗부분에서 머리까지 잡는 구도.

클로즈업(CU) 가까운 거리에서 촬영한 것처럼 피사체나 그 일부분을 화면에 꽉 차 보이도록 하는 것. 클로즈업에는 익스트림 클로즈업(ECU 또는 빅 클로즈업이라고도 한다)과 좀더 멀리서 찍은 듯한 미디엄 클로즈업이 있다.

클로저(확실감) psychological closure(심리적 확실감, 일부가 빠진 그림에서도 전체 모습을 보는 경향)의 줄임말. 화면상 우리가 실제로 보지 못하는 공간을 상상해서 채워 넣는 것을 말한다.

크로스 샷(X/S) 오버 더 숄더 샷과 흡사하지만 카메라에 가까이 있는 사람이 화면에서 완전히 보이지 않는 구도.

익스트림 클로즈업(ECU) 피사체를 아주 가까이 당겨서 찍는 것.

익스트림 롱 샷(ELS) 피사체를 아주 먼 거리에서 잡은 것. 설정 화면이라고도 한다.

초점 이동(follow focus) 낮은 심도에서 렌즈의 초점을 유지함으로써 피사체나 카메라가 움직여도 화면에 나타나는 피사체가 지속적으로 선명하고 깨끗하게 보이게 하는 것.

헤드룸(headroom) 화면상에서 머리 끝과 화면 상단 사이에 비워두는 공간.

니 샷(knee shot) 사람의 머리에서 무릎 정도까지를 담은 구도.

리드룸(leadroom) 사람이나 피사체의 이동 방향에 비워두는 화면상 공간.

롱 샷(LS: long shot) 피사체를 멀리서 촬영하거나 넉넉하게 보이도록 촬영하는 것.

미디엄 샷(MS: medium shot) 피사체가 중간 거리 정도에 있는 것처럼 보이는 구도. 롱 샷과 클로즈업 중간에 해당한다. 인체에서는 웨이스트 샷(waist shot)이라고도 부른다.

노즈룸(noseroom) 화면에서 사람이 바라보는 곳이나 가리키는 곳에 남겨두는 공간.

오버 더 숄더 샷(O/S: over-the-shoulder shot) 한 사람의 어깨 너머로 다른 사람을 담은 구도(카메라에 가까운 사람의 어깨와 뒷머리가 보인다).

콘티(shot sheet) 특정 카메라가 촬영해야 할 모든 장면의 콘티. 이 콘티는 카메라맨이 장면 흐름을 기억할 수 있도록 카메라에 부착해서 사용한다. shot list라고도 한다.

스리 샷(three-shot) 한 화면에 세 사람을 담은 구도.

투 샷(two-shot) 한 화면에 두 사람을 담은 구도.

z선(z-axis) 카메라에서 수평선까지 렌즈의 확장을 나타내는 선. 차원의 깊이.

SECTION

6.1

카메라 조작법

Working the Camera

카메라와 캠코더의 설치와 조작법에 관한 세부적인 사항을 읽다 보면 질리게 될 것이다. 그러나 과정을 이해하고 숙지한 후 실제 카메라로 몇 번의 실습을 거친다면 그런 세부 사항들은 자동차를 운전하는 것처럼 지극히 반복적이라는 것을 알게 될 것이다. section 6.1에서는 휴대용 카메라와 스튜디오 카메라 사용에 대해 한 단계씩 그림 형식을 빌어 설명하기로 한다. 먼저, 작업 전, 작업 중, 작업 후에 카메라 조작자가 해야 할 일들에 대해 알아보기로 하겠다. 카메라 조작에 있어서 기술적인 세부 시항을 먼저 터득하고 나면 보다 효과적이고 역동적인 장면을 촬영하는 데 열중할 수 있을 것이다.

▶ 캠코더와 EFP 카메라 조작 방법

카메라 설치, 조작, 그리고 손질에 있어서 기본적으로 하지 말아야 할 것들과 현장 제작에서 작업 전, 작업 중, 작업 후의 기본적인 조작 단계.

▶ 스튜디오 카메라 조작 방법

카메라 설치, 조작, 손질-스튜디오 제작에 있어서 작업 전, 작업 중, 작업 후의 기본적인 조작 단계.

캠코더와 EFP 카메라 조작 방법 (Working the Camcorder and the EFP Camera)

ENG EFP

보급형 캠코더로 작업을 하건 전문가용 ENG/EFP 카메라 또는 고가의 EFP로 작업을 하든지 간에 촬영하기 전, 촬영 중, 촬영 후에 확인해야 할 것들에 대해서 알고 있어야 한다. 적은 인원만을 가지고 작업해야 하는 EFP 제작을 제외하면 카메라 종류에 관계없이 모든 조작 단계가 흡사하거나 동일하다.

스튜디오 제작에 몰두해 있거나 금방 벌어진 일을 취재 중이라면 카메라가 아주 복잡한 기계라는 사실을 잊어버리곤 한다. 카메라가 골동품 도자기처럼 진귀하고 깨지기 쉬운 물건은 아니더라도 조심스럽고 소중하게 다룰 필요가 있다. 카메라 조작에 대해서 해야 할 것들을 알아보기 전에 하지 말아야 할 것들에 대해서 먼저 알아보기로 하겠다.

카메라를 다루는 데 있어서 하지 말아야 할 것들(Some Basic Camera "Don'ts")

- 자동차가 차고에 안전하게 주차되어 있는 상태가 아니라면, 카메라를 장시간 동안 차 안이나 트렁크에 방치시키면 안 된다. 사람이나 동물과 마찬가지로 전자 장비도 고열에 약하다. 카메라를 도난으로부터 방지하는 가장 좋은 방법은 단순한 얘기지만, 카메라를 방치하지 말고 가능한 한 가지고 다니는 것이다.
- 보호 장비 없이 비나 고열, 냉한에 노출시키면 안 된다. 특히 무더운 날 차 안에 두면 안 된다. 우천 시 카메라 사용이 불가피할 경우에는 미리 만들어진 덮개가 달린 카메라용 우비나 적어도 비닐 정도는 준비해야 한다. 간단하면서 효과적으로 비를 피하는 방법은 큰 우산을 사용하는 것이다. 줌 렌즈의 경우 어떤 것은 습하거나 온도가 낮으면 붙어버리는 일이 발생하기도 한다. 현장에서 렌즈를 사용하기 전에 미리 확인해 보아야 할 것이다. 비디오카세트나 비디오디스크가 젖는 것을 방지하고, 절대 젖은 테이프는 사용하지 않는다. 젖은 테이프는 VTR의 작동 모터에 눌어붙어서 망가뜨려 버릴 수가 있다. 습기는 모든 전자 장비의 적이다.
- 렌즈를 장시간 직사광선에 노출시켜서는 안 된다. 강한 햇빛으로 인해 CCD가 상하지 않을지는 몰라도 집중 조사된 태양광에 의해 열이 발생할 수도 있다. 뷰파인더도 마찬가지로 장시간 태양을 향해 두면 안 된다. 뷰파인더 내의 확대 렌즈는 태양광을 모아서 본체와 전자 부품들을 녹일 수도 있다.
- 캠코더의 배터리를 태양 아래 두거나 떨어뜨려서는 더더욱 안 된다. 겉모습을 봐서는 단단한 장비로 보일 수 있지만 사실상 열과 충격에 매우 민감하다. 일부 배터리는 극한의 추위

에서 충전되지 않는다.

- 캠코더를 옆으로 뉘어 놔서는 안 된다. 뷰파인더를 상하게 하거나 마이크로폰이 부러질 우려가 있다. 촬영 후에는 외부 렌즈까지 덮을 수 있는 덮개를 씌우고 만약을 대비해서 렌즈 구경을 C(cap)위치에 둔다.

주의 사항에 대해서 숙지했다면 이제 안심하고 촬영 전, 촬영 중, 촬영 후에 해야 할 일에 집중하면 된다.

촬영 전(Before the Shoot)

- 모든 일을 시작하기 전에는 부품의 수를 세어보고 확인할 수 있는 목록을 만들어야 한다(chapter 20 참조). 만일 외부 마이크로폰, 카메라 조명, 발전기, 현장용 모니터와 같은 보조 장비를 이용하려면 적합한 커넥터와 케이블을 챙기는 것도 잊어서는 안 된다. BNC는 표준 전문가용 비디오 케이블이고, RCA 포노는 보급형 장비의 비디오 커넥터라는 것을 다시 한 번 강조한다. RCA 포노 커넥터는 보급형 오디오 장비에도 쓰인다(그림 3.23 참조). BNC 케이블을 RCA 포노 잭에 끼워야 할 때를 대비해서 여분의 어댑터도 챙겨야 한다.
- 방금 일어난 사건을 취재하는 것이 아니라면 정해진 위치에서 우선 트라이포드를 설치하고 카메라 판이 유동 헤드의 맞물리는 부분에 잘 맞는지 확인하고 카메라의 균형을 맞춘다. 적정한 팬과 틸트 드래그가 되는지 팬과 틸트를 실행해 보고 팬, 틸트 잠금 장치도 확인한다. 배터리를 삽입하거나 외부 동력 공급원(AC/DC 컨버터나 트랜스)에 연결해 보고 현장에 들어가기 전에 녹화 테스트를 해본다. 비디오뿐만 아니라 오디오도 잘 녹음되고 있는지 확인해야 한다.
- 고성능 EFP 카메라와 분리된 VTR을 사용하여 좀더 복잡한 작업을 하고 있다면 연결 케이블과 여러 전력 공급원(일반적으로 배터리)을 확인해야 한다. 감독이 볼 수 있도록 배터리로 작동하는 모니터에 카메라 또는 VTR로부터 촬영한 영상을 보내는 장치가 필요하게 될 것이다. 커넥터에 특히 주의하자. 엉성한 커넥터로 인해 제작 일수를 많이 낭비할 수도 있다. 캠코더도 마찬가지로 현장에서 사용하는 모든 장비를 연결해서 현장에 나가기 전에 녹화 테스트를 거쳐야 한다. 이전에 제대로 작동했다고 해서 다음에도 제대로 작동할 것이라 생각하면 큰 오산이다.
- 외부 마이크로폰(일반적으로 핸드 마이크)과 카메라 마이크가 제대로 작동하는지 확인한다. 대부분의 마이크는 작동하기 전에 스위치를 켜야 작동을 한다. 리포터가 카메라로부터 멀리 이동할 수 있을 정도의 외부 마이크를 위한 충분한 길이의 케이블이 준비되어 있는지를 확인한다. 만일 현장 리포터가 외부 마이크로폰을 사용해야 하는 주요 뉴스를 취재하는 중

이라면 시간을 단축하기 위해, 그리고 손실이 큰 실수를 줄이기 위해 외부 마이크로폰이 항상 꽂혀 있어야 한다. 마이크의 케이블을 말아서 노끈이나 신발 끈 등으로 리본 모양으로 묶어 놓으면 말린 케이블을 한 번에 풀 수 있다.

- 휴대용 카메라의 조명은 작동하는가? 조명 장치를 그냥 보기만 해서는 안 된다. 조명이 확실히 작동하는지 켜봐야 한다. 분리된 조명 배터리를 사용할 때 완전히 충전시킨 후 확인한다. 보조 조명은 모두 작동하는가? 보조 조명을 위한 AC 전선의 길이는 충분한가? 대부분의 가정에서는 구멍이 세 개인 콘센트를 사용하지만 예전의 두 개의 구멍을 가진 콘센트를 사용하는 곳에 대비하여 구멍 세 개에서 두 개로 변환시켜주는 어댑터를 가지고 다녀야 한다.
- EFP를 위해서 분리된 VTR을 사용할 때 VTR이 제대로 작동하고 있는지를 확인하기 위해서 레코드 테스트를 실시한다(chapter 12에서 VTR 조작에 대한 보다 자세한 내용을 참조하기 바란다).
- 비디오카세트 박스를 열고 VTR이나 캠코더에 맞는 비디오카세트인지 박스에 표시된 테이프 길이(일반적으로 보통 속도로 재생할 때 시간인 60분, 120분, 180분으로 표시된다)와 일치하는지 확인한다. 또한 카세트 릴에 감긴 테이프가 재생 시간에 맞는 길이인지도 확인한다. 정확한 길이는 알 수 없다 하더라도 180분 용 카세트는 120분 용 카세트보다 확실히 많이 감겨져 있다는 것은 알 수 있을 것이다. 카메라가 미니카세트 혹은 DVCPRO나 DVCAM을 사용하는지 확인하라. 어떤 비교적 큰 전문가용 카메라는 커다란 테이프를 사용하지 못하고 오직 미니카세트만을 사용한다. 안전 탭이 제 위치에 있는지 확인한다. 만약 안전 탭이 제거되고 없다면 그 테이프에는 녹화를 할 수 없다(chapter 12 참조).
- 언제나 필요한 것보다 더 많은 양의 카세트 혹은 저장 장치를 가지고 다닌다.
- 보수 기술자가 아니라고 하더라도 주요 장비에 대한 여분의 퓨즈는 가지고 다닌다. 일부 ENG/EFP 카메라와 전문가용 캠코더는 사용하고 있는 퓨즈 바로 옆에 비상용 퓨즈를 가지고 있는 경우도 있다. 그러나 퓨즈가 나간다는 것은 그 장비에 뭔가 고장이 일어나고 있음을 나타낸다는 것에 유의하자. 새 퓨즈로 캠코더가 다시 작동한다고 하더라도 촬영 후 다시 그 장비를 살펴보아야 할 것이다.
- 구급함을 가지고 다니듯 현장 제작함을 항상 가지고 다닌다. 이 현장 제작함에는 몇 개의 비디오카세트, 오디오카세트 녹음기와 몇 개의 오디오카세트, 한 개 이상의 휴대용 조명과 받침대, 모든 조명 장치를 위한 여분의 전등, AC 코드, 모든 종류의 예비용 배터리, 다양한 클립과 나무 집게, 전기 테이프, 그리고 카메라 우비가 들어 있다. 그리고 만약을 대비해서 작동 가능한 플래시라이트, 우산, 여분의 옷, 그리고 화장지와 같은 개인 용품도 휴대한다.

몇 번의 현장 작업을 거치게 되면 현장 제작함에 있는 부품들을 어떻게 조립해야 하는지 알게 될 것이다.

촬영 중(During the Shoot)

어느 정도의 현장 제작 경험을 가지게 되면 아마도 나름의 이동 기술과 캠코더나 ENG/EFP 카메라 작동 기술을 가지게 될 것이다. 그렇지만 다음의 잘 짜여진 기본 단계들은 일을 착수할 때 도움이 될 것이다.

핸드헬드 캠코더의 조작 기술 손에 들고 촬영할 수 있는 작은 캠코더가 무거운 캠코더보다 상대적으로 조작이 쉽게 느껴질 수도 있을 것이다. 휴가 촬영만을 위한 것이라면 이것은 사실일 수도 있다. 작은 캠코더는 한 손으로 들고 틸트를 할 수 있을 정도로 가볍고, 어디든지 자유롭게 이동할 수도 있다. 어떤 상황에서는 그러한 거친 움직임이 적당하기도 하겠지만 보통 이러한 움직임은 조작자의 비능숙함이나 시청자를 무시한 행동으로 보여지곤 한다. 그러나 대부분의 일반적인 제작 상황에서는 크기가 작고 가벼운 캠코더는 능숙한 손놀림과 부드러운 움직임을 필요로 한다.

- 화면이 흔들리는 것을 방지하기 위해서는 카메라를 최대한 흔들리지 않게 유지해야 한다. 특히 줌 렌즈가 망원 위치에 있을 때는 더욱 그렇다. 한 손바닥 위에 캠코더를 올려 놓고 다른 손으로 카메라의 팔이나 카메라 몸체를 잡는다(그림 6.1 참조). 가능한 한 몸으로 팔꿈치를 지탱하고 숨을 들이 마신 상태에서 촬영을 하는 동안 숨을 참는다. 촬영 중에 무릎을 약간 구부리거나 단단한 지지대에 기대는 것은 카메라의 안정성을 높인다(그림 6.2 참조). 이러한 자세는 이미지 안정화 장치를 작동시키는 중에도 유지해주는 것이 바람직하다. 이미지 안정화 장치는 렌즈에 광학적 안정화

[그림 6.1] 작은 캠코더를 잡는 방법
팔꿈치를 몸에 붙인 채 두 손으로 카메라를 흔들리지 않게 유지한다.

[그림 6.2] 카메라 조작자가 흔들리지 않게 하는 방법
나무나 벽 등에 기대어 자신과 카메라가 흔들리지 않게 유지한다.

[그림 6.3] 캠코더의 팬
팬하기 전에 팬이 끝나는 방향으로 무릎을 향하게 하고 팬하는 동안 상반신을 풀듯이 움직인다.

장치를 장착하지 않는 한 비교적 배터리 소모가 많다는 것에 주의하자.

- 가능하면 LCD 모니터보다 뷰파인더를 사용하는 것이 낫다. 뷰파인더는 좀더 정확한 초점(선명한 영상을 얻을 수 있다)을 만들 수 있고, LCD 모니터보다 좀더 적당한 노출(f-stop)을 일러준다. 야외에서 촬영할 때 LCD 모니터가 태양광선 아래서는 종종 영상을 지우는 불편함을 발견할 것이다. LCD 모니터는 카메라가 자동모드나 대략적인 화면을 구성할 때만 사용하자.
- 카메라를 가지고 이동할 때 줌 인해야 하는 것일까, 아니면 줌 아웃을 해야 하는 것일까? 물론 줌 아웃을 해야 한다. 줌 아웃을 최대로 했을 경우 줌 렌즈는 광각 위치에 놓이게 되고, 이 위치에서는 작은 카메라의 떨림이 무마되거나 감소될 수 있다. 또한 피사계 심도가 깊기 때문에 카메라나 피사체가 움직이고 있거나 초점을 유지하는 데에도 몇 가지 문제점을 가지고 있다. 그러나 줌 렌즈를 광각 위치에 둔 상태일 경우에는 카메라를 최대한 부드럽게 움직여야 한다.
- 카메라를 팬할 때는 팔만 움직이는 것보다는 몸 전체를 이용하는 것이 좋다. 우선 팬이 끝

[그림 6.4] 뒤로 걷기
피사체나 사람과 함께 움직일 때 앞으로 걷는 것보다 뒤로 걷는 것이 좋다. 엄지발가락 뒷부분의 둥근 부분으로 걸으면 충격을 완화시킬 수 있다.

나는 방향으로 무릎이 향하게 하고, 그 다음 팬을 시작하는 쪽으로 몸을 비튼다. 팬을 할 때에는 마치 스프링이 풀리는 것처럼 몸을 풀면서 실행한다. 이런 자세는 팬을 시작하는 방향으로 몸을 향하게 하고 끝나는 부분에서 애써 몸을 돌리려고 하는 것보다 훨씬 부드러운 움직임을 얻을 수가 있다. 언제나 무릎을 약간 구부리는 것을 잊지 말자. 이 자세는 스키에서와 마찬가지로 충격을 완화시켜주는 역할을 한다. 일시적으로 뷰파인더상의 피사체를 놓쳤다고 당황하지 말자. 카메라를 고정한 채 그 위로 피사체를 확인하고 나서 다시 자연스럽게 새로운 위치로 카메라를 향하게 하면 된다(그림 6.3 참조).

- 걷고 있는 사람과 함께 움직일 경우는 그 사람 앞에서 같은 속도로 뒷걸음질치면서 촬영한다. 이런 방법으로 그 사람의 뒤통수가 아닌 앞 얼굴을 촬영할 수 있다. 뒤로 걸을 때는 뒤꿈치보다는 발앞부분에 무게를 두고 걷는 것이 좋은데, 이것은 발 앞부분이 뒤꿈치보다 충격 완화에 더 좋기 때문이다(그림 6.4 참조). 어딘가에 부딪치거나 걸려 넘어지지 않도록 주의한다. 진행할 방향을 재빨리 확인해야 예상치 못한 불상사를 막을 수 있다. 줌 렌즈가 광각 위치에 있을 때는 뷰파인더상에 보이는 것보다 카메라가 피사체에 더 가까이 있을 수 있다. 카메라로 피사체나 사람을 치지 않도록 조심하고 특히 가까이 붙어 있는 군중을 향해서 다가갈 때는 주의해야 한다.

ENG EFP **ENG/EFP 카메라 또는 캠코더의 조작 기술** 좀더 크고 무거우며 어깨에 얹는 ENG/EFP 카메라나 캠코더를 다룰 때도 작은 캠코더에서의 규칙이 마찬가지로 적용된다.

- 첫 번째로 가장 중요한 것은 카메라를 가능한 한 삼각대에 거치하는 것이다. 좀더 나은 화면 구성과 안정적인 화면을 얻을 수 있다. 역시 장시간을 촬영할 때 덜 지치게 된다.

[그림 6.5] 어깨에 얹는 ENG/EFP 카메라
대형의 전문가용 캠코더를 어깨에 얹어서 이동한다. 한 손은 카메라를 흔들리지 않게 유지하고 줌을 조절할 수 있도록 렌즈 옆에 있는 고정 벨트에 끼운다. 다른 손은 줌 렌즈 앞쪽에 있는 수동 초점 링을 조절하며 캠코더를 더 안정적으로 지지한다.

- 모든 커다란 ENG/EFP 카메라와 캠코더는 사용자의 어깨에 거치되도록 설계되어 있다. 어깨 거치대는 큰 전문가형 캠코더를 위해 제작되었다. 오른손잡이라고 가정하고 오른쪽 어깨에 카메라를 얹고 오른손을 카메라 줌 렌즈에 있는 고정 벨트에 끼운다. 이러한 자세가 줌을 조절하고 자동 초점을 조절하는 동안 흔들리지 않도록 유지하는 데 도움이 된다. 왼손으로는 수동 초점 링을 조작할 수 있다. 왼손잡이일 경우는 이와 반대로 하면 된다. 뷰파인더를 반대 반향으로 옮길 수 있어서 오른쪽 눈이 아닌 왼쪽 눈으로도 볼 수 있을 것이다(그림 6.5 참조).
- 몸과 카메라를 가능한 한 움직이지 않도록 고정한다. 움직일 때는 줌 렌즈를 광각 위치에 둔다. 팬을 하는 동안은 무릎을 미리 조절하고, 움직임이 있는 이벤트일 경우에는 앞으로 걷기보다는 뒤로 걸으면서 촬영한다.
- 카메라가 완전 자동으로 화이트 밸런스를 맞출 수 있는 경우(보급형 캠코더의 경우에는 자동 조절된다)가 아니면 촬영 전에 화이트 밸런스를 맞춰야 한다. 촬영하고자 하는 조명 조건과 같은 조건에서 화이트 밸런스를 맞추는 것을 잊지 말자. 만일 화이트 카드를 가지고 있지 않다면 어떤 사람의 옷이나, 종이의 뒷면과 같은 주변의 하얀 것에 초점을 맞추도록 한다. 대부분 카메라 장비 가방에는 화이트 밸런스를 위해 뚜껑 뒷면이 하얀색 천으로 되어 있다. 길 모퉁이에서 새로운 식당의 내부로 이동하면서 인터뷰하는 상황과 같이 새로운 조명 조건으로 바뀔 때마다 화이트 밸런스를 새로 맞춰야 한다. 화이트 밸런스에 유의하면 후반 작업시 색 보정에 시간을 절약한다.
- 일반 상황에서 카메라는 자동 조리개 상태에 둔다. 일반 상황이란 아주 어두운 곳에서 화면의 세부적인 부분을 담아야 한다거나 밝게 빛나는 벽 앞에 서 있는 사람을 촬영하기 위해서 적당한 노출을 잡아야 하는, 극단적인 대조를 보이는 장면이 아닌 상황을 말한다. 어

떤 비판적인 카메라맨의 반대가 있을지도 모르겠지만, 특히 ENG 상황에서는 자동 조리개 조절이 수동으로 조절하는 것보다 더 나은 결과를 가져오는 경우가 많다.

- ENG 작업을 하고 있는 중이라고 하더라도 가능한 한 줌 렌즈를 미리 조절해 놓는다. 종종 그런 일상적인 절차로 인해 초점이 잘 맞은 화면을 만들 수 있다. 다시 상기시키자면 유명인을 실은 리무진과 같은 목표 피사체에 줌 인해서 줌 렌즈를 조절하고 초점을 맞추고 다시 줌 아웃해서 시작 장면을 촬영한다. 그러면 차에서 내리는 사람들을 다시 줌 인했을 때 카메라는 클로즈업한 장면에서도 초점이 맞게 된다. 또는 좀더 나은 방법으로는 클로즈업해서 초점을 맞추고 촬영을 시작해서 넓은 샷으로 줌 아웃한다. 이것이 방송 중에 실행할 줌을 미리 조정하는 것과 같은 효과를 가져온다.

줌 렌즈를 조절하지 않고 넓은 화면에서 시작해야 한다면 가능한 한 초점 이동을 사용한다. 이것은 쉽지 않은 일이지만 줌 인하는 동안 계속해서 상이 선명하고 깨끗하게 보일 수 있도록 초점 링을 조절해야 한다는 것을 의미한다. 초점은 낮은 조도에서 작업할 때 좀더 중요시된다. 낮은 조도에서는 큰 구경을 필요로 하고 이것은 피사계 심도를 낮춘다는 것을 떠올릴 수 있을 것이다. 휴가 촬영을 하거나 HDV 초점 확인을 위한 것이 아니라면 카메라를 자동 초점 상태로 두는 것은 바람직하지 않다. 보급형 카메라와 같은 카메라는 정확히 어떤 피사체에 초점을 맞춰야 하는지 혼동할 수 있으며 빠른 줌은 초점이 맞지 않는 경우가 많다.

HDV, HDTV에서 최상의 초점을 맞출 때 고화질 영상은 초점이 맞은 것 같아 보이지만 때로는 살짝 맞지 않기 때문에 쉽지 않다. 만약 장면이 다소 고정적이면 카메라를 자동 초점으로 설정한다. 만약 그렇지 않다면, 약간의 시간 동안 선반 등을 보면서 초점을 최적의 위치로 맞춘다. 초점을 맞출 때는 뷰파인더로 보는 것이 LCD 모니터보다 낫다.

- 모든 ENG/EFP 카메라와 대부분의 전문가용 캠코더는 두 개의 오디오 채널을 통해 오디오 레벨을 보여준다. 일부 ENG/EFP 카메라와 캠코더는 작은 스피커가 옆면에 장착되어 있다. 이렇게 되면 오른쪽 귀를 스피커에 대고 음향 부분을 들을 수 있다. 보통 카메라맨은 귀에 맞게 만들어진 장치를 통해 음향을 듣게 된다. 가능하면 촬영 전과 촬영 중에 음량을 확인하도록 한다. 비교적 조용한 환경에서 녹음을 한다면 AGC(automatic gain control: 자동 게인 조절)를 사용한다. 그렇지 않으면 수동 게인 조절을 이용해 적당한 음량을 잡아서 녹음한다(chapter 9, 10의 ENG 사운드에 대한 좀더 많은 내용을 참조).
- 리포터가 외부 마이크를 들고 있을 때는 좀더 나은 장면을 잡기 위해 리포터로부터 멀리 떨어져서 시작해서는 안 된다. 카메라와 리포터가 함께 움직이거나 카메라는 고정된 채 리포터만 움직인다.
- 뷰파인더 또는 LCD 모니터의 VTR 경고 표시에 주의하자. 일반적으로 경고 표시가 잘못되

었다기보다는 그 장비에 문제가 있는 경우가 많다.

- EFP에서는 보통 다른 사람들과 함께 작업하게 된다. 소규모 제작팀이라고 하더라도 특정 기능에 맞는 작업 분배가 중요하다. 예를 들면 한 사람이 카메라를 다룬다면 다른 사람은 VTR 기능을 다루어야 한다. 또 세 번째 사람은 조명과 외부 마이크로폰을 담당하게 된다. 그 ENG/EFP 카메라가 촬영 중인 여러 대의 카메라 중 하나라면 케이블을 담당하는 사람도 필요하게 된다. 이 사람이 제 기능을 충실히 하여 제대로 케이블을 공급한다면 다음 장면을 위해 카메라를 들고 자유롭게 걷거나 뛸 수 있게 된다.
- 무엇보다도 일반 상식을 이용하자. 언제나 자신뿐 아니라 다른 사람의 안전에 신경을 써야 한다. 어떠한 위험을 감수해야 한다면 그 내용에 꼭 필요한 위험인지 침착하게 결정한다. ENG에서는 극적인 묘기보다는 신뢰성과 일관성이 더 중요하다. 이미 촬영한 장면을 좀더 꾸미기 위해 사람이나 장비를 희생시킬 필요는 없다. 이러한 행동은 타고난 재능을 가진 비전문가에게 맡겨두자.

촬영 후(After the Shoot)

- 곧바로 편집 없이 방송에 나가야 하는 사건을 촬영하는 것이 아니라면·테이프를 전달하기 전에 장비부터 잘 손질하자. 적당한 체계만 가지고 있다면 몇 분 안에 끝나게 된다.
- 녹화된 비디오카세트를 VTR에서 꺼내고 새 것으로 교체한다. 그리고 곧바로 모든 카세트 테이프에 라벨을 붙인다.
- 곧바로 다른 작업에 들어가지 않는 한 모든 스위치를 오프 상태로 둔다. 다른 작업에 들어가야 할 경우 카메라는 스탠바이 위치에 둔다.
- 조리개를 닫고 카메라를 캡 위치에 둔 후 렌즈 뚜껑을 닫는다.
- 마이크 케이블을 감고 노끈이나 신발 끈으로 리본 모양으로 묶어 둔다.
- 즉시 모든 것을 정해진 상자나 가방에 담는다. 귀가 길에 뉴스를 취재해야 하는 경우가 생길 수 있으므로 정리를 내일로 미루지 않는다.
- 집으로 돌아오는 즉시 모든 배터리를 충전한다.
- 만약 캠코더가 젖었다면 상자에 넣기 전에 완전히 마를 때까지 기다린다. 대부분의 촬영감독과 ENG/EFP 제작스텝은 빨리 건조시킬 수 있는 배터리로 작동하는 헤어 드라이어나 선풍기를 휴대한다. 습기는 캠코더 VTR 장비를 가장 위협하는 것 중에 하나다.
- 시간이 있다면 다음 작업을 위해 휴대용 조명을 제자리에 둔다. 모든 AC 연장 코드를 감아놓으면 행사가 진행되는 중에 꼬인 코드를 풀기 위해 시간을 낭비하지 않아도 된다.

스튜디오 카메라 조작 방법(Working the Studio Camera)

ENG/EFP 캠코더와 스튜디오 카메라를 다루는 데 있어서 가장 큰 차이점은 스튜디오 카메라는 어떤 종류든 항상 카메라 지지 장비, 주로 스튜디오 페디스털에 장착되어 있다는 것이다. 어떤 면에서 스튜디오 카메라는 휴대용 캠코더보다 다루기가 쉽다. 모든 전자적인 조절은 CCU(카메라 조절 장치)의 카메라의 '그림자' 역할을 하는 비디오 오퍼레이터(video operator)가 카메라맨을 위해 조절해주기 때문이다. 그러나 한편으로는 스튜디오 카메라를 다루는 것이 더 어렵기도 한 것은 페디스털이나 다른 장착 장비를 운전하고 효과적인 장면을 구성하면 초점을 조절해야 하기 때문이다. 다음은 쇼나 리허설 전, 중, 후에 지켜야 할 중요한 단계들이다.

촬영 전(Before the Show)

- 헤드셋을 착용하고 인터컴 시스템이 제대로 작동하는지 확인한다. 감독과 기술 감독(TD), 비디오 오퍼레이터(video operator)의 지시를 들을 수 있어야 한다.
- 카메라 장착 헤드의 팬과 틸트 잠금을 해제하고 가로, 필요하다면 세로 드래그를 조정한다. 장착 헤드 위에 있는 카메라의 균형을 맞추고 페디스털 잠금 장치를 풀어서 페디스털 업, 다운을 해본다. 페디스털의 균형이 정확하게 맞는지 확인한다. 균형 잡힌 카메라는 수직위치 어디에 놓아도 그 자리에서 움직이지 않는다. 만일 페디스털이 스스로 내려가거나 올라가면 균형이 잡히지 않는다.
- 어느 정도의 케이블을 가지고 있는지, 움직일 때 케이블이 걸릴 만한 장애물이 없는지 확인한다. 페디스털 받침대나 다른 케이블 보호 장치들이 움직이다가 케이블 위로 올라가지 않고 케이블을 밀쳐낼 수 있을 정도로 충분히 낮은지 확인한다.
- 비디오 오퍼레이터에게 CCU를 통해 카메라의 렌즈 뚜껑을 열어달라고 부탁하거나 직접 열어도 되는지 물어본다. 그런 후에 뷰파인더를 통해 카메라가 담아내는 화면을 볼 수 있다. 뷰파인더는 알맞게 조정되었는가? 가정용 텔레비전 수상기처럼 뷰파인더는 밝기와 화면의 명암 대비를 조절할 수 있다. 프레이밍 가이드가 필요하다면 스위치를 올려서 중심 지역과 화면의 중앙 표시를 볼 수 있다(chapter 15 참조).
- 줌 인과 줌 아웃을 실행해 봄으로써 줌 렌즈를 확인한다. 렌즈가 들러붙지는 않았는가? 다시 말해서 줌 영역 내에서 렌즈가 부드럽게 움직이는 데 별문제는 없는가? 정확한 영역은 어디인가? 정해진 위치에서 촬영하고자 하는 곳에 얼마만큼이나 가까이 갈 수 있는지 가늠해본다. 만일 디지털 줌 렌즈로 작업을 한다면 렌즈가 지정된 위치에서 다음 위치로 돌아오는지를 확인한다. 렌즈는 깨끗한가? 만일 먼지가 끼어 있다면 가는 낙타털로 된 솔을

이용해서 조심스럽게 큰 먼지들을 제거하고 고무로 된 소형 에어브러시나 압축 공기를 이용해서 작은 먼지들을 제거한다. 절대 입으로 렌즈를 불지 않는다. 그렇게 한다면 렌즈에 입김이 서려 오히려 더 더러워지게 된다.

- 초점을 변화시켜 본다. 초점 조절 장치를 한쪽 끝에서 다른 쪽 끝까지 변화시켜 본다. 초점을 맞추거나 흐릴 때, 특히 협각, 줌 인 위치에서 렌즈는 부드럽게 움직이는지 변화시켜 본다.
- 줌 렌즈를 조절한다. 다시 한 번 상기시켜 보면 뉴스 캐스터나 거실 세트 저쪽 벽에 있는 문과 같은 목표 피사체에 최대로 줌 인한다. 멀리 있는 이 목표 피사체에 초점을 맞춘다. 그 후 최대 줌 아웃해서 최대 광각 위치로 이동한다. 이제 피사체나 카메라가 움직이지 않는 한 모든 줌 영역 내에서 초점이 유지되어야 한다.
- 콘티를 가지고 있다면 좀더 복잡한 줌과 달리(dolly), 트럭 장면을 연습하도록 한다. 콘티는 특정 카메라가 촬영해야 할 모든 장면을 목록으로 만든 것이다. 카메라에 부착해서 카메라맨이 장면 흐름을 기억할 수 있도록 도와준다.
- 텔레프롬프터가 장착되어 있다면 모든 커넥터를 확인한다.
- 자리를 뜨기 전에 카메라(페디스털과 팬, 틸트 장치)를 다시 잠궈 둔다. 잠시 동안이라도 카메라를 잠그지 않은 상태에서는 절대 자리를 비워서는 안 된다. 신형 페디스털의 경우 주차 브레이크가 있다. 자리를 뜨기 전에 이 브레이크를 걸어 놓는다.
- 오래 자리를 비울 경우 카메라 렌즈의 뚜껑을 닫아 놓는다.

촬영 중(During the Show)

- 헤드셋을 착용하고 감독과 기술 감독, 비디오 오퍼레이터와 연락이 될 수 있도록 한다. 카메라의 잠금을 해제하고 팬과 틸트 드래그와 페디스털의 움직임을 다시 확인한다.
- 새로운 카메라 위치에서 각각 줌을 조정한다. 전체 줌 영역 내에서 초점을 유지할 수 있는지 확인한다.
- 장면 사이에 초점을 점검할 때는 어떤 위치에서 화면이 가장 선명하고 깨끗한지 여러 번 초점을 흐려본다. 사람에게 초점을 맞출 때는 일반적으로 머리 선을 보고 초점이 맞았는지를 확인한다. 혹은 눈에 초점을 맞춰 볼 수도 있다. ECU(익스트림 클로즈업) 상태에서는 코 선에 초점을 맞춘다. HDTV 카메라를 사용할 때는 초점을 맞추고 유지하는 것이 매우 어렵다는 것을 알 수 있다. 왜냐하면 HDTV의 화면은 초점이 약간 흐려져 있는 상태에서도 뷰파인더상에서는 선명하고 깨끗해 보이기 때문에 비디오를 재생하거나 큰 화면으로 보기 전에는 알 수 없기 때문이다. 그러나 실습을 통해 HDTV 이미지의 적정한 초점을 읽을 수

있게 될 것이다.

렌즈에 탑재된 초점 조정을 돕는 장치에 대한 것을 렌즈에 관한 section에서 배웠다. 영상의 중대한 구역을 롤러 볼(컴퓨터 마우스와 같이 생긴)로 선택하고 이 구역을 통해 선명한 초첨을 맞출 수 있게 전달한다. 렌즈는 초점 조정을 시도할 것이다. 그러한 조작은 확실히 정적인 장면과 충분한 제작시간이 확보될 때 가능하다.

- 줌 렌즈를 가지고 달리를 해야 한다면 렌즈를 광각 위치에 맞춘다. 달리를 실행하는 거리 중간쯤에 초점을 미리 맞춰 둔다. 줌 렌즈는 최대 광각 위치에 두면 피사계 심도가 충분히 깊어서 피사체나 이벤트에 아주 가깝게 다가가지 않는 한 초점 조정을 할 필요가 없다.
- 카메라 페디스털이 달리를 아주 부드럽게 해주기는 하지만 카메라가 덜컥거림 없이 움직이기 시작하거나 멈추는 것은 쉬운 일이 아니다. 관성을 극복하기 위해서 천천히 움직이기 시작해 달리나 트럭의 끝 부분에 가서도 속도를 낮추어야 한다. 트럭이나 아크를 실행하는데 어려움이 생길 수 있는 상황을 대비해서 카메라 조정을 도와줄 만한 다른 사람이 옆에 있는 것이 좋다. 그렇게 되면 카메라맨은 카메라 조작에 전념할 수 있게 된다. 직선 달리의 경우 두 손 모두 팬 손잡이를 잡을 수 있다. 카메라를 조정해야 하는 경우라면 오른손으로 조정을 하고 왼손은 초점 조절 장치에 둔다.
- 페디스털 업, 다운을 해야 한다면 페디스털 높이가 양극단에 다다르기 전에 카메라를 멈추는 연습을 해야 한다. 감독이 부감(페디스털 업 상태에서 내려보는 것)이나 앙각(페디스털 다운 상태에서 올려다 보는 것)으로 촬영하라고 지시하지 않는 한 연기자의 눈높이에 카메라를 맞춰야 한다.
- 직선에서 벗어난 달리를 실행할 경우에는 언제나 바퀴를 원하는 방향 쪽으로 놓아야 잘못된 방향으로 카메라가 움직이는 것을 방지할 수 있다. 케이블 보호대가 카메라 케이블이나 스튜디오 바닥에 다른 케이블들 위로 올라가는 대신 밀쳐낼 수 있을 만큼 낮게 조정되어 있는지 확인한다.
- 카메라 케이블이 대략 어느 정도까지 갈 수 있는지 확인한다. 긴 달리의 경우 케이블이 카메라를 당겨버리는 경우가 있다. 케이블을 손으로 잡아당겨서는 안 된다. 케이블은 팽팽하지 않게 어깨 위에 걸치거나 페디스털 밑부분에 묶고 자유롭게 팬과 틸트, 페디스털을 할 수 있도록 충분히 여유를 남겨 놓는다. 복잡한 카메라 움직임에서는 다른 스태프가 케이블 문제를 도와주게 되는데 그렇지 않으면 질질 끌리는 소리가 마이크를 통해서 녹음된다. 달리 중에 케이블이 꼬이게 되면 전체를 끌고 가지 말고, 플로어 스태프가 풀 수 있도록 한다.
- 촬영 내내 자신의 주변에서 일어나는 활동에 주의를 기울여야 한다. 카메라는 어디 있는지, 마이크 붐과 플로어 모니터는 어디에 있는지 확인한다. 카메라를 움직이는 동안 다른

카메라의 화면에 잡히지 않게 하고 자기 카메라로 플로어 스태프나 연기자를 포함한 모든 것에 부딪치지 않도록 해야 한다. 달리를 실행할 방향에 무대 장치나 소품, 조명과 같은 어떠한 장애물도 있어서는 안 된다. 바닥 깔개는 항상 카메라 움직임의 위험 요소가 된다. 바닥 깔개가 깔린 무대로 달리해 들어가야 한다면 깔개 위로 올라가지 않도록 바닥에 신경을 쓰면서 해야 한다. 더 좋은 방법은 플로어 스태프에게 깔개에 가까이 갔을 때 신호를 보내 달라고 하는 것이다. 달리 아웃할 때 특히 주의해야 한다. 플로어 매니저는 길을 비우고 뒤로 갈 때 뭔가에 부딪히지 않도록 어깨를 두드려 신호를 해준다.

- 주로 눈은 뷰파인더에 고정한다. 그러한 형식이 가능한 프로그램이라면 주위를 둘러보고 장면과 장면 사이에 넣을 만한 흥미로운 일이 있나 살펴볼 수도 있을 것이다. 애드리브(미리 연습되지 않은 장면)로서 좋은 장면을 찾아 준 것에 대해 감독도 감사해 할 것이다. 그렇지만 만약 콘티가 있는 상황이라면 촬영 가능한 장면을 보더라도 콘티에 충실해야 한다. 연출자 이상으로 연출하려고 해서는 안 된다.
- 카메라를 새로운 위치로 옮기거나 줌을 조정하기 전에 탈리 라이트가 들어오는지 확인한다. 특수 효과와 관련된 장면을 찍는 카메라의 경우 이것이 매우 중요하다. 어떤 효과는 양쪽의 카메라의 탈리 라이트를 필요로 한다(chapter 11 참조).
- 예를 들어, 리허설 중에는 카메라 그림자를 없앨 수 없다는 식의 이례적인 제작상의 문제점에 대해 플로어 매니저나 감독에게 알려준다. 감독은 카메라의 위치나 조명의 위치 둘 중 어느 것을 바꿀지를 결정할 것이다. 카메라가 초점을 잡을 수 없을 정도로 피사체에 가까워지거나 새롭게 줌을 재조정할 시간을 주지 않을 수도 있다. 줌 렌즈가 협각 위치에 있는 상태에서 방송 중에 감독이 카메라를 움직이라고 지시하면 주의하도록 알려 주어야 한다. 프리뷰 모니터를 통해서 감독이 줌 렌즈의 위치를 알아낸다는 것은 때때로 아주 어렵다. 콘티에 변경된 장면을 모두 표시한다.
- 콘티가 없다면 리허설을 하는 동안 장면의 종류와 흐름에 대해서 기억해 둔다. 능숙한 카메라맨은 감독이 말하기 전에 다음 장면을 미리 준비해 놓고 있다. 만약 콘티에 따라 촬영한다면 하나의 장면을 마치면 지체 없이 다음 장면을 위해 이동해야 한다. 머뭇거리면 안 된다. 감독은 리허설 때보다 훨씬 빨리 그 카메라로 잡은 장면을 방송에 내보내야 할 때도 있다. 줌 렌즈 조절을 하지 않는 한 쓸데없이 줌 인이나 줌 아웃을 하지 않는다.
- 주요 카메라 위치는 스튜디오 바닥에 마스킹 테이프로 표시해 둔다. 콘티가 없는 상황에서는 자신만의 콘티를 하나 만든다. 달리나 트럭과 같은 특정한 카메라 움직임을 표시해서 줌을 광각 위치에 맞출 수 있게 해야 한다. 실제 촬영 중에는 정확히 표시된 곳에서 준비한다.

- 감독이 카메라맨 전체에게 전하는 말을 주의 깊게 들어야 한다. 그래야만 자신이 촬영한 장면과 다른 카메라들이 촬영한 장면이 어울릴 수 있다. 또한 다른 카메라가 촬영한 것을 대충 이해함으로써 같은 화면이 반복적으로 촬영되는 것을 방지할 수 있다.
- 인터컴을 통해 불필요한 대화는 삼간다.

촬영 후(After the Show)

- 촬영이 끝나면 '모두 끝났다' 라는 신호가 나기 전에는 카메라를 끄지 않는다.
- 비디오 오퍼레이터에게 렌즈를 닫아도 되느냐고 물어 본다.
- 카메라 장착 헤드와 페디스털을 잠그고 카메라를 주차시킬 수 있는 스튜디오의 안전한 곳으로 카메라를 이동시킨다. 만약 주차 브레이크가 있다면 브레이크를 건다. 카메라를 스튜디오 한복판에 두면 무대 장치나 다른 스튜디오 이동장치에 의해서 카메라가 손상을 입을 수 있으므로 한쪽으로 치워 둔다.
- 케이블을 팔(8)자 형태로 단단히 감는다.

핵심요약

- 캠코더나 휴대용 카메라로 작업할 때는 극도로 조심해서 다뤄야 한다. 보호 장치 없이 직사광선에 노출시키거나 비를 맞게 해서는 안 된다.
- 캠코더를 사용하기 전에 배터리가 완전히 충전되었는지, 작업을 위한 비디오테이프나 비디오디스크의 여유 공간은 충분한지 확인한다. 카메라 마이크와 외부 마이크로 음향도 확인한다.
- 촬영할 때는 언제나 화이트 밸런스와 줌을 조절, 주위 음향의 녹음에 주의를 기울여야 한다. 만약 조명이 일정하다면 자동 조리개를 사용할 수 있다. 뷰파인더나 LCD 모니터에 나타나는 어떠한 경고 표시에도 즉각적으로 반응해야 한다.
- 제작 후에는 모든 장비를 제자리에 조심스럽게 갖다 둠으로써 다음 작업에 차질이 없도록 한다.
- 스튜디오 카메라를 작동시키기 전에 헤드셋과 카메라 장착장비(트라이포드 달리, 페디스털, 크레인), 줌과 초점 장치를 확인한다.
- 쇼가 진행되는 동안 카메라 케이블이 움직일 수 있는 거리와 움직일 동선, 줌의 조절, 부드러운 카메라 움직임, 초점에 특히 주의를 기울여야 한다.
- 쇼가 끝나면 카메라 장착 헤드를 잠그고 카메라 렌즈 뚜껑을 닫고 스튜디오 안에 안전한 장소로 이동시킨다. 가능하다면 주차 브레이크를 걸어둔다.

SECTION

6.2

효과적인 화면 구성

Framing Effective Shots

화면의 구도를 잡는 주된 목적은 가능한 한 분명하게 영상을 보여줌으로써 그 영상이 내포하고 있는 의미와 힘을 제대로 전달하는 데 있다. 카메라맨의 본질적인 역할도 그 앞에서 벌어지고 있는 상황을 설명하고 강조하는 것이다. 캠코더로 작업할 때는 비디오테이프에 녹화되기 전에 실제 카메라에 잡히는 장면을 볼 수 있는 유일한 사람이 카메라맨이다. 그러므로 최대 효과를 내는 화면을 잡기 위해서는 전적으로 감독에게 의지할 수도 없다.

화면 구성에 대해서 더 많이 알수록 상황의 설명과 강조를 효과적으로 할 수 있다. 그러나 여러 대의 카메라가 동시에 작업하는 스튜디오 쇼나 카메라에 잡힌 모든 화면을 감독이 프리뷰 모니터를 통해 볼 수 있는 원격 조정 시스템이 있다 하더라도 여전히 카메라맨은 어떻게 하면 효과적인 장면을 구성할 수 있는가에 대해서 알아야 한다. 감독은 카메라맨이 잡는 화면에 일정 부분 간섭을 하기는 하지만 좋은 구성의 기본이란 어떤 것이라는 것을 가르쳐줄 시간은 없다.

이 section에서는 구성에 있어서의 주요 원리와 어떻게, 그리고 왜 화면은 최대 강조와 효과를 가져야 하는지에 대해서 설명하도록 한다.

▶ 화면의 크기와 피사계

클로즈업과 미디엄 샷, 롱 샷, 익스트림 롱 샷 다루는 법.

▶ 화면 구성: 표준 TV와 HDTV의 화면 비

높이와 폭과 관련해서 클로즈업, 헤드룸, 노즈룸, 리드룸, 클로저 잡는 방법.

▶ 심도

두 가지 화면 비를 통해서 공감각을 가상으로 창조해 내는 것: 렌즈의 선택, 피사체의 위치 선정, 피사계 심도, 그리고 조명과 색.

▶ 화면 속 움직임

두 가지 화면 비를 통해서 나타나는 Z축 이동(카메라를 향하거나 멀어지는 움직임)과 가로 이동.(주1)

(주1) 화면 강조에 대한 좀더 많은 설명과 이것들이 어떻게 효과적인 화면 구성에 이용되는가는 Herbert Zettl의 [Sight Sound Motion], 4판(Belmont, Calif.: Thomson Wadsworth, 2005), pp. 93-194 참조.

화면의 크기와 피사계(Screen Size and Field of View)

화면의 크기와 피사계는 밀접한 관계를 갖고 있다. 대형 영화 화면에서는 이벤트에 대한 많은 양의 세부 사항을 담아내는 비교적 넓은 피사계를 볼 수 있다. 그러나 같은 장면을 텔레비전을 통해 보면 작은 세부 사항을 잡아내기도 힘들 뿐만 아니라 화면이 주는 미적 효과를 잃어버리게 된다. 이것이 영화 평론가들이 특정 영화는 '대형 화면'을 통해서 봐야 한다고 말하는 이유이다.

화면의 크기(Screen Size)

대부분의 텔레비전 수상기는 평균 영화 화면과 비교해 봤을 때 비교적 화면이 작다. 중요한 이벤트의 자세한 사항을 보고자 한다면 롱 샷보다는 클로즈업을 통해서 보아야 한다. 다시 말해서 피사계가 영화 화면에서보다는 꽉 차 있어야 한다는 것을 의미한다. 이러한 클로즈업은 어떠한 세부 사항이 전체 이벤트를 효과적으로 나타내는가에 대한 카메라맨의 선택과 강조를 필요로 한다.

피사계(Field of View)

피사계란 카메라에 피사체가 얼마나 넓게 혹은 가깝게 보이는가를 말한다. 즉, 얼마나 시청자에게 가깝게 느껴지는가를 말하는 것이다. 이것은 기본적으로 다음의 다섯 단계로 정리할 수 있다: 익스트림 롱 샷(ELS: extreme long shot), 롱 샷(LS: long shot), 미디엄 샷(MS:

익스트림 롱 샷(ELS) 또는 설정 샷
롱 샷(LS) 또는 풀 샷
미디엄 샷(MS) 또는 웨이스트 샷
클로즈업(CU)
익스트림 클로즈업(ECU)

[그림 6.6] 피사계의 단계
샷은 익스트림 롱 샷(ELS)과 익스트림 클로즈업(ECU)의 범위 안에서 정해진다.

버스트 샷

니 샷

투 샷
(한 화면에 두 사람이나 두 개의 피사체를 잡는 것)

스리 샷
(한 화면에 세 사람이나 세 개의 피사체를 잡는 것)

오버 더 숄더 샷(O/S)

크로스 샷(X/S)

[그림 6.7] 다른 종류의 샷 정의
일반적으로 사용되는 또 다른 정의 방법으로는 버스트 샷, 니 샷, 투 샷, 스리 샷, 오버 더 숄더 샷, 크로스 샷이 있다. 버스트 샷은 미디엄 샷과, 니 샷은 롱 샷과 비슷하다.

medium shot), 클로즈업(CU: close-up), 그리고 익스트림 클로즈업(ECU: extreme close-up)[그림 6.6 참조].

전통적인 샷 구분 방법으로는 상반신을 잡는 버스트 샷(bust shot), 무릎 정도에서부터 머리까지 잡는 니 샷(knee shot), 두 사람이나 두 개의 피사체를 잡는 투 샷(two-shot), 세 사람이나 세 개의 피사체를 잡는 스리 샷(three-shot)이 있다. 피사계를 나타내기 위해서라기보다는 연출 용어에 가깝기는 하지만 오버 더 숄더 샷(O/S: over-the-shoulder shot)과 크로스 샷(X/S: cross-shot)에 대해서도 알아야 한다. 오버 더 숄더 샷이란 카메라에 가까이 있는 사람이 어깨 너머로 다른 사람을 잡는 것이다. 크로스 샷은 카메라에 가까이 있는 사람은 완전히 화면에서 안 보인 채 이 사람 저 사람을 번갈아 잡는 것을 말한다(그림 6.7 참조).

물론 이러한 장면을 정확히 어떻게 잡을 것인가 하는 문제는 카메라맨의 구성에 대한 감각뿐만 아니라 감독의 취향에 의해서도 영향을 받는다.

화면 구성(Framing a Shot): 표준 TV와 HDTV의 화면 비

많은 고가의 스튜디오 카메라와 ENG/EFP 카메라, 그리고 고가의 몇몇 좋은 보급형 캠코더는 표준 4×3 화면 비에서 HDTV용 16×9 화면 비로 변환하는 것이 가능하다. 전통적인

[그림 6.8] 화면의 세로 구성
4×3 화면 비는 아주 먼 거리나 각을 사용하지 않고도 세로 구도를 잘 보여준다.

[그림 6.9] 화면의 가로 구성
4×3 화면 비는 수평 피사계에 매우 적합하게 되어 있다.

[그림 6.10] 한 장면에 높이와 폭을 함께 잡은 구성
4×3 화면 비는 가로 피사계와 세로 피사계 모두에 적합하다.

[그림 6.11] HDTV 형식에서의 가로 피사계 구성
16×9 화면 비는 넓은 가로 피사계에 이상적이다.

[그림 6.12] HDTV 형식에서의 세로 피사계 구성
16×9 화면 비는 세로로 된 피사체를 보여주는 데 매우 어려움이 있다. 높은 피사체를 잡는 하나의 방법은 그 밑에서 올려다보는 구도로 잡는 것이다.

텔레비전과 HDTV의 화면 비의 확연한 차이는 엄청난 기술의 변화를 필요로 하지만 좋은 화면을 구성하기 위한 미적 원리는 똑같이 적용된다. 그렇지만 화면을 효과적으로 만들기 위해서는 몇몇 미적 원리들을 특정한 화면 비에 적합하도록 조정할 필요가 있다. 이 section에서는 (1) 높이와 폭과의 관계, (2) 클로즈업 구성, (3) 헤드룸, (4) 노즈룸과 리드룸, 그리고 (5) 클로저에 대해서 자세히 알아보도록 한다.

[그림 6.13] 화면 양쪽의 자연스러운 차폐효과
넓은 16×9 화면에서 세로로 긴 피사체를 잡으면서 생겨난 양쪽의 빈 공간을 자연환경의 일부를 이용해서 가린다. 이 장면에서 전경에 있는 건물이 높이 솟은 건물을 위한 세로 화면 비를 만들어 낸다.

높이와 폭과의 관계(Dealing with Height and Width)

4×3 화면 비는 높이 솟은 빌딩과 같은 세로 구도를 가진 화면뿐만 아니라 가로 방향의 피

[그림 6.14] 클로즈업 구성
보통 클로즈업은 사람의 얼굴과 어깨의 일부분을 보여준다.

[그림 6.15] 익스트림 클로즈업 구성
익스트림 클로즈업에서는 어깨의 윗부분을 담으면서 머리의 윗부분을 잘라낸다.

사계에도 적합하다는 것을 알고 있을 것이다(그림 6.8, 6.9 참조). 또한 가로 요소와 세로 요소를 모두 가지고 있는 화면도 비교적 맞추기 쉽다(그림 6.10 참조).

16×9의 화면 비가 가로 구도에 있어서는 아주 극적인 장면을 연출하기는 하지만 세로 구도를 담기에는 적합치 않다(그림 6.11 참조). 피사체의 높이를 보여주기 위해서는 틸트를 하거나 화면의 대각선에 맞춰 밑에서 캔트해서 올려다보는 구도로 해야 한다(그림 6.12 참조). 세로로 긴 피사체를 보여주기 위한 영화 기술 중 자주 쓰이는 것은 다른 화면 구성 요소로 화면의 양쪽을 가려서 그것으로 인해 구성된 화면의 세로 비를 보여주는 것이다(그림 6.13 참조).

클로즈업 구성(Framing Close-ups)

클로즈업과 익스트림 클로즈업은 텔레비전의 영상 언어 중 가장 일반적인 것으로, 이것은 대형 영화 스크린에 비해 보통 텔레비전 화면이 작기 때문에 가능한 것이다. 4×3 화면 비와 보통 텔레비전 수상기의 작은 화면은 사람 얼굴의 클로즈업과 익스트림 클로즈업에 이상적이라고 하겠다(그림 6.14 참조).

보이는 것처럼 일반적인 클로즈업은 관습적인 헤드룸과 상반신의 일부분을 보여준다. ECU는 화면을 구성하는 데 약간 까다롭다. 화면의 윗선이 머리의 윗부분을 가리고 아랫선은 어깨 바로 위에서 잘린다. 대략적으로 말하면 눈이 위에서 1/3선 정도에 위치해야 한다(그림 6.15 참조).

같은 장면을 HDTV 16×9 화면 비로 보여주려고 한다면 화면 양쪽으로 많은 공간이 생기게 된다. 와이드 스크린상에서 클로즈업은 그 위치를 잃은 듯이 보이고 익스트림 클로즈업은 위아래로 짓눌린 듯한 모습을 보이게 된다(그림 6.16, 6.17 참조). 이 문제는 양쪽 빈 공간을 가시적인 요소들로 채움으로써 간단하게 해결할 수 있다(그림 6.18 참조). 몇몇 감독들은 카메라를

[그림 6.16] HDTV 형식에서의 클로즈업 구성
같은 클로즈업을 16×9 화면 비에서 보여주면 화면의 양쪽이 눈에 띄게 비게 된다.

[그림 6.17] HDTV 형식에서의 익스트림 클로즈업 구성
16×9 화면 비에서 익스트림 클로즈업은 화면 위아래 사이에서 이상하게 눌린 듯한 모습을 보이게 된다.

[그림 6.18] 클로즈업의 자연스러운 차폐효과
16×9 화면 비에서 중앙에 사람을 클로즈업해서 잡았을 때 양쪽에 과도하게 비는 공간은 실제 배경에 있는 피사체를 이용해 차폐시킬 수 있다.

[그림 6.19] HDTV 형식에서의 얼굴을 마주보고 있는 클로즈업
16×9 화면 비는 불편할 만큼 가깝게 서 있지 않아도 사람들이 서로 바라보고 있는 모습을 클로즈업해서 보여주는 것이 비교적 쉽다.

틸트하거나 배우를 위아래로 보여줌으로써 가로 공간에 좀더 중점을 두기도 한다. 한편, HDTV 16×9 화면 비는 두 사람이 얼굴을 마주보고 있는 장면의 클로즈업에는 적합하다. 이러한 배치는 기존의 텔레비전에서는 아주 어려운 구도인데 두 사람을 함께 클로즈업해서 잡으려면 대화를 나누는 두 사람이 불편할 정도로 가까이 붙어 있어야 하기 때문이다(그림 6.19 참조).

헤드룸(Headroom)

텔레비전 화면의 가장자리는 가까이 있는 것이 무엇이건 자석처럼 당기는 것처럼 보이게 되므로 보통 롱 샷, 미디엄 샷, 클로즈업에서 사람의 머리 위에 일정 공간(헤드룸이라고 부른다)을 남겨두어야 한다(그림 6.20 참조). 사람의 머리가 위쪽 면에 붙은 것처럼 보이는 것을 방지

[그림 6.20] 정상적인 헤드룸
헤드룸은 윗면이 가지는 자기적 인력을 상쇄시킨다. 이 사람은 화면 안에 안정적으로 위치하고 있는 것처럼 보이게 된다.

[그림 6.21] 너무 적은 헤드룸
헤드룸이 없거나 너무 적으면 화면 안의 사람의 모습은 갑갑하게 느껴진다. 머리는 화면 상단에 붙은 것처럼 보이게 된다.

[그림 6.22] 너무 많은 헤드룸
헤드룸을 너무 많이 만들었을 때는 아랫면이 사람을 잡아 끌어서 무겁게 느껴지고 균형이 흐트러진다.

[그림 6.23] 적당한 노즈룸
강한 인덱스 벡터를 상쇄시키기 위해서 사람이 향하고 있는 화면의 가장자리에 공간을 비우는 노즈룸이 필요하게 된다.

[그림 6.24] 부족한 노즈룸
노즈룸이 부족하면 사람이 화면 가장자리에서 막힌 것처럼 보이게 되고 화면은 균형이 깨진 것처럼 느껴지게 된다.

하기 위해서이다(그림 6.21 참조). 비디오 녹화를 하거나 송출할 때 일정 정도의 화면 공간이 없어지기 때문에 보기에 편안하게 느껴지는 것보다 공간을 조금 더 많이 남겨둔다. 하지만 너무 큰 헤드룸을 만들면 너무 작은 것만큼이나 보기 안 좋다(그림 6.22 참조). 만일 완벽한 장비를 가지고 있다면 뷰파인더를 통해서 실제 텔레비전 화면에 보여지는 화상을 보여주는 프레임 가이드를 사용할 수 있다. 헤드룸 규칙은 두 화면 비에 동일하게 적용된다.

노즈룸과 리드룸(Noseroom and Leadroom)

카메라를 똑바로 쳐다보는 것이 아닌 상태에서 화면의 일정한 방향을 바라보거나 가리키게 되면 화면에는 인덱스 벡터(표시 방향량)라는 힘이 생기게 된다. 이러한 힘을 상쇄시키기 위해서 방향의 앞쪽에 공간을 남겨두어야 한다. 누군가가 화면의 왼쪽 혹은 오른쪽을 바라보거나 가리키고 있다면 노즈룸을 만들어 인덱스 벡터의 균형을 맞춘다. 노즈룸이나 리드룸이 부족해지면 화면은 균형이 깨져서 이상하게 보이게 되는데, 마치 화면 가장자리에 사람이 막혀 있는 듯한 느낌을 준다(그림 6.23, 6.24 참조).

[그림 6.25] 적당한 리드룸
사이클을 타는 사람이 움직이고 있다고 가정하면 이 사람이 향하는 방향에 공간을 비워둠으로써 모션 벡터는 평준화된다. 우리는 사람이 어디 있었느냐가 아닌 어디를 향하고 있는가를 보고 싶어 한다. 이 멈춰 있는 그림이 사실상 모션 벡터를 나타내고 있는 것은 아니라는 것을 명심하자. 여기서 보여지는 것은 인덱스 벡터뿐이다.

[그림 6.26] 부족한 리드룸
리드룸이 없으면 움직이는 사람이나 피사체가 화면 가장자리에 걸려서 멈춰질 것 같은 느낌을 받게 된다.

화면 안에서의 움직임은 모션 벡터(움직임 방향량)를 만들어 낸다. 사람이나 피사체가 화면의 오른쪽이나 왼쪽 방향으로 움직이게 된다면 이 모션 벡터의 균형을 맞추기 위해서 리드룸을 남겨두어야 한다(그림 6.25 참조). 움직임이 없다고 하더라도 자전거 타는 사람의 모습을 적정한 리드룸 없이 잡으면 마치 화면의 왼쪽 선으로 충돌할 것처럼 보이게 된다(그림 6.26 참조). 이러한 충돌을 막기 위해서는 언제나 움직이는 피사체를 카메라가 따라가는 것이 아니라 유도하는 것처럼 만들어야 한다. 즉, 움직이는 피사체나 주체가 어디에 있었는지보다는 어디로 향할 것인지를 보기 원한다는 것이다. 그러나 여기에 예시한 두 장면 모두 특정 방향을 향하고 있으며, 움직이지는 않으므로 인덱스 벡터만을 가지고 있을 뿐 실제 모션 벡터를 가지고 있는 것은 아니다.

클로저(Closure)

클로저는 심리적 클로저(psychological closure: 심리적 확실감)의 줄임말로 실제로 화면에서 보여지지 않는 부분에 대한 정보를 심상, 즉 상상으로 채워서 보는 현상을 말한다. 주위를 둘러보면 피사계 안에 들어오는 어떤 피사체는 일부분만을 볼 수 있을 것이다. 이 피사체를 자신에게 가까이 가져오거나 자신이 그 피사체에 가까이 다가가지 않는 한 이 피사체의 전체 모습을 볼 수는 없다. 그러나 경험을 통해서 우리는 머릿속으로 보이지 않는 부분을 상상할 수 있고, 이런 방법으로 실제 우리가 보는 것은 일부분에 지나지 않지만 그 전체를 인지하도록 한다. 클로즈업은 일반적으로 피사체의 일부분만을 보여주기 때문에 심리적 클로저 과정을 거쳐야 한다.

바람직한 클로저 클로저를 쉽게 하기 위해서는 보는 사람이 화면에 보여지는 상을 화면 밖으로도 쉽게 연장시킬 수 있어서 전체 상을 인지할 수 있도록 구도를 잡아야 한다(그림 6.27 참조). 우리 주위에 가시적인 세계의 체계를 세우기 위해서는 사물을 지각하기 쉬운 모양으로 무리지을 수도 있어야 한다(그림 6.28, 6.29 참조). 그림 6.28과 그림 6.29를 삼각형이나 반원으로 보지 않으려고 하는 것이 오히려 어렵다는 것을 알 수 있을 것이다.

[그림 6.27] 화면에 담겨지지 않은 부분을 쉽게 상상할 수 있는 상태
우리는 이 장면을 통해 비록 일부분만을 보고 있지만 사람과 기타의 나머지 부분을 쉽게 상상할 수 있다. 이 장면은 우리가 화면 너머의 모습에 대해 상상할 수 있는 충분한 단서를 제공하고 있어서 화면에 나타나지 않은 부분에 심리적 확실감을 적용시킬 수 있게 한다.

바람직하지 않은 클로저 이러한 자동적인 클로저 현상이 좋은 구도를 방해하는 요소로 작용하기도 한다. 예를 들면, 화면에 잡히지 않은 부분에 대해서 보는 사람으로 하여금 상상할 수 있는 어떠한 시각적 단서를 제공하지 않는 얼굴의 클로즈업은 마치 그 얼굴이 기괴하게 몸에서 잘려나간 것처럼 보이게 한다(그림 6.30 참조). 그러므로 보는 사람의 시선을 화면에 나타난 부분 이외에도 확장시킬 수 있도록 충분한 단서를 제공해서 시청자들이 클로저를 적용시

[그림 6.28] 삼각 클로저
사람은 쉽게 알아볼 수 있는 형태로 사물을 묶으려는 경향을 가지고 있다. 유사한 피사체로 이루어진 이 덩어리는 삼각형의 형태를 띠고 있다.

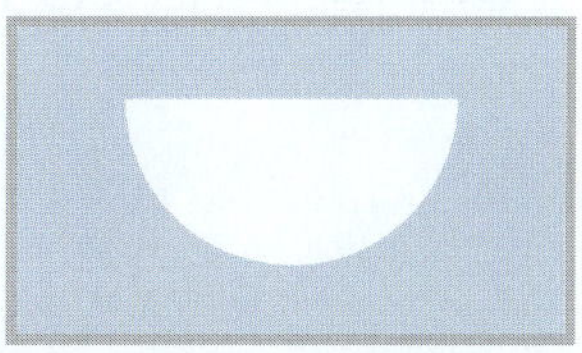

[그림 6.29] 반원 클로저
이 피사체들은 화면 공간을 반원 구조로 구성하고 있다.

[그림 6.30] 바람직하지 않은 클로저
이 장면은 화면 안에서 확실감을 느끼고 화면 밖의 모습에까지 확실감을 적용시키려는 노력을 필요로 하지 않는 장면이기 때문에 좋지 않은 구도라고 할 수 있다.

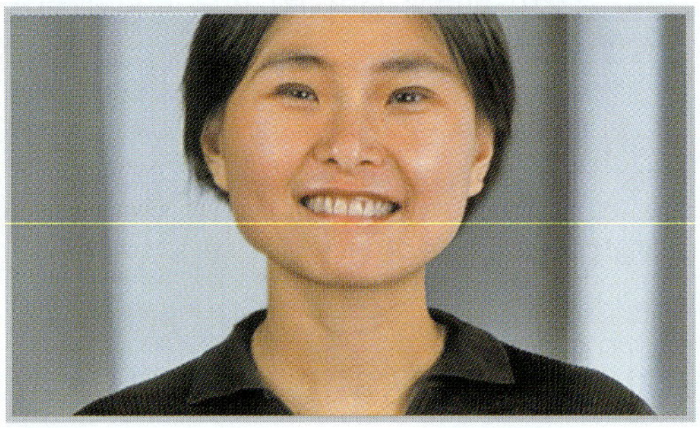

[그림 6.31] 화면에 보이지 않는 공간에 있어서의 바람직한 클로저
이 ECU는 화면상에 충분한 단서를 제공함으로써 보이지 않는 머리나 어깨의 나머지 부분에 대해서 상상할 수 있도록 하기 때문에 전체 모습에 클로저를 적용시킬 수 있게 한다.

키고 피사체를 감지할 수 있도록 해야 한다(그림 6.31 참조).

우리 인간은 환경을 단순한 형태로 인식하려는 경향을 가지며 이러한 경향은 매우 강해서 때때로 이치를 거스르는 일까지 발생하게 된다. 좋은 이야기와 흥미로운 장면에 빠져서 주목을 받고 있는 피사체 이외의 부분에 대해서는 크게 관심을 쓰지 않는 경우가 종종 있는데 이러한 관심 밖의 배경이 좋은 구도를 망치는 경우가 많다(그림 6.32 참조). 그림 6.32에서 보는 것처럼 사람들은 배경의 물체를 전경의 일부로 인식하려는 경향을 보인다. 그림의 남자가 마치 표지판을 머리에 얹고 있는 것처럼 보게 되는 것이다. 이처럼 배경의 물체가 전경에 있는 인물의 머리에서 뻗어 나온 것처럼 보이는 구성은 피해야 한다. 수평선이 약간 기울어져 보이는 것도 자주 발생하는 구성에 있어서의 문제점 중 하나이다. 일단 배경에 대한 인식을 가지게 되면 비논리적인 클로저를 피하는 것은 상대적으로 쉬워진다.

심도(Depth)

텔레비전은 2차원의 유리로 된 평면에 이미지를 나타내는 것이기 때문에 3차원의 공간을 임의적으로 창조해야 한다. 다행히도 2차원 표면에 3차원적인 심도를 창조하는 기본적인 원리는 화가와 사진가들에 의해 이미 오랜 시간에 걸쳐서 연구되고 정립되어 있다. 심도를 창조

[그림 6.32] 바람직하지 못한 클로저
이미 우리가 알고 있는 사실이기는 하나 이 화면을 접하게 되면 마치 리포터가 도로 표지판을 머리 위에 올려 놓고 있는 듯한 느낌을 받게 된다.

[그림 6.33] 전경, 중경, 배경
일반적으로 z축(심도 차원)을 도드라져 보이는 전경(죽은 나무), 중경(소나무), 배경(스키 슬롭)으로 나눈다. 이러한 구분이 화면의 심도를 만드는 데 도움을 준다.

하고 대부분의 기본적인 높이에서 공간감을 강조할 때 전경, 중경, 배경에 명확한 분할을 설정해야 한다. 다음의 사항들에 따라 생각해 보자.

- 렌즈의 선택. 광각 줌 렌즈는 심도를 과장한다. 망원 렌즈는 3차원의 공감각을 줄이는 역할을 한다.
- 피사체의 위치. 카메라로부터 수평선까지의 선을 의미하는 z축은 심도에 있어서 아주 중요한 역할을 한다. z축 위에 피사체를 어디에 배치하느냐에 따라 임의적인 심도가 형성된다.
- 피사계 심도. 얕은 피사계 심도는 깊은 피사계 심도보다 심도를 만들어 내는 데 더 효과적인데 이것은 초점이 흐려진 배경에 초점이 맞은 전경의 피사체가 더 도드라져 보이기 때문이다.
- 조명과 색. 밝게 비춰진 강한 색상(높은 채도)을 가진 피사체는 어둡고 탁한 색상의 피사체보다 더 가깝게 보인다. 가장 기본적인 것은 전경, 중경, 원경을 확연하게 구분한 화면을 잡도록 해야 한다는 것이다(그림 6.33 참조).

화면 속 움직임(Screen Motion)

화면에 정적인 이미지를 다루는 화가나 스틸 사진가와는 달리 텔레비전 카메라맨은 대부분 움직이는 이미지를 다루게 된다. 움직이는 피사체를 화면 안에 구성하기 위해서는 방송 내내 빠른 대응과 고도의 집중력이 요구된다. 움직이는 이미지들을 연구하는 것이 영화 제작과 텔레비전 예술에 있어서 중요한 부분이기는 하지만, 여기에서는 가장 중요한 기본 원리들만을

[그림 6.34] 두 사람이 작별 인사를 한다
만약 두 사람이 화면의 각 측면으로 멀어지는 투 샷을 잡고 있다면 두 사람을 계속 하나의 화면에 잡으려고 해서는 안 된다.

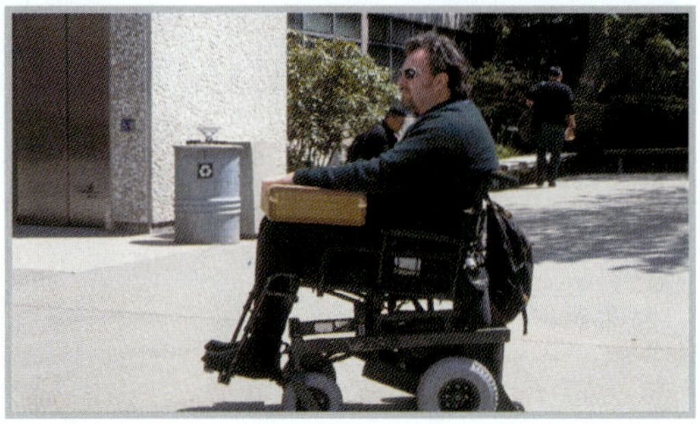

[그림 6.35] 두 사람 중 한 사람만을 화면에 남긴다
두 사람 중 어떤 사람을 화면에 남기고 어떤 사람을 화면 밖으로 나가게 할 것인가를 결정해야 한다.

[그림 6.36] 카메라에서 멀리 있는 사람이 가려져 있다
오버 더 숄더 샷에서 카메라에 가까이 있는 사람이 카메라에 멀리 있는 사람을 가리게 되는 일이 발생한다.

[그림 6.37] 카메라 트럭을 이용한 문제 수정
카메라에서 멀리 떨어져 있는 사람이 보이도록 화면을 수정하기 위해서는 간단하게 카메라를 오른쪽으로 트럭 혹은 아크하면 된다.

알아보기로 한다.

전통적인 4×3 화면 비의 작은 화면을 위한 구도를 잡을 때는 화면의 한쪽 끝에서 다른 쪽 끝으로의 움직임보다는 z축을 따라 움직이는 동작이 보다 크게 보이게 된다. 다행히 이러한 z축 위의 움직임이 프레임을 잡기에도 가장 쉬워서 가능한 한 카메라를 안정되게 잡고 움직이는 피사체가 카메라에 접근할 때 초점을 잃지 않도록 하기만 하면 된다. 보는 사람으로 하여금 광각 렌즈가 z축 움직임이 가속화되는 인상을 주는 반면에 망원 렌즈는 z축 움직임을 느리게 보이게 한다는 것을 기억하자.

HDTV 16×9 화면 비에서는 화면 한쪽 끝에서 다른 쪽 끝으로 움직이는 동작이 더 두드러져 보이기 때문에 카메라를 다루는 데 있어서 좀더 신경을 써야 한다. 가로로 확장된 화면이 좀더 여유를 주기는 하지만 팬을 할 때에는 여전히 적정한 리드룸을 필요로 한다. 앞에서 언급한 것과 같이 보는 사람은 피사체가 현재 어디에 있느냐보다는 어디로 움직일 것인가를 알고 싶어한다.

클로즈업을 잡거나 피사체가 앞뒤로 움직이고 있을 때는 각각의 세세한 움직임에 따라가려고 해서는 안 된다. 일일이 따라가려고 했다가는 보는 사람으로 하여금 멀미를 느끼게 하거나 멀미가 아니더라도 최소한 피사체에 집중하는 것을 방해하게 된다. 카메라를 주요 동작이나 연기 영역에 고정시키거나 줌 아웃해서 좀더 넓은 샷을 잡도록 한다.

투 샷을 잡은 상태에서 한 사람이 프레임을 빠져나가게 된다면 그 중 한 사람의 움직임을 따라가야지 두 사람 모두를 하나의 프레임에 담으려고 해서는 안된다(그림 6.34, 6.35 참조).

아무리 리허설을 여러 번 거쳤다고 하더라도 오버 더 숄더 샷을 찍을 때는 앞에 있는 사람이 카메라에서 멀리 있는 사람을 가리게 되는 경우가 종종 생기게 되는데 이러한 문제는 오른쪽이나 왼쪽으로 트럭이나 아크를 해서 쉽게 해결할 수 있다(그림 6.36, 6.37 참조).

화면상의 움직임을 구성할 때는 언제나 자연스럽게 보이도록 해야 한다. 피사체를 따라 움직이거나 카메라를 움직임으로써 샷을 극적으로 만들어야 할 필요가 있을 때를 제외하고는 가능한 한 카메라의 움직임은 최소로 하는 것이 바람직하다. 대개 캠코더는 쉽게 이동할 수 있기 때문에 정적인 장면을 카메라를 움직임으로써 움직이는 장면으로 만들고 싶은 유혹을 받게 될 것이다. 그러나 그래서는 안된다. 과대한 카메라의 움직임은 비전문적인 카메라맨이라는 증거밖에 되지 않기 때문이다.

핵심요약

- 텔레비전 화면은 비교적 작기 때문에 롱 샷보다는 클로즈업이나 미디엄 샷을 많이 사용하게 된다. 대형 화면 HDTV와 같이 넓은 화면 비를 위한 촬영에서는 미디엄 샷과 롱 샷을 좀더 많이 사용할 수 있다.
- 피사계는 뷰파인더에 어느 정도의 화면이 잡히느냐, 즉 보는 사람에게 피사체를 얼마나 가깝게 보여줄 수 있느냐를 나타낸다. 피사계는 익스트림 롱 샷(ELS), 롱 샷(LS), 미디엄 샷(MS), 클로즈업(CU), 익스트림 클로즈업(ECU)의 다섯 단계로 이루어져 있다.
- 부수적으로 피사계 지정방법으로는 버스트 샷, 니 샷, 투 샷, 스리 샷이 있다.
- 전통적인 4×3 화면 비와 HDTV의 16×9 화면 비에서의 화면 영역을 구성하기 위해서는 세로와 가로의 조정, 클로즈업, 헤드룸, 노즈룸, 리드룸 잡기, 그리고 클로저를 고려해야 한다.
- 화면의 심도는 전경, 중경, 배경을 구분함으로써 간단하게 만들어 낼 수 있다.
- 화면을 3차원적으로 만들기 위해서는 렌즈의 선택, 피사체의 위치, 피사계 심도, 조명과 색상을 고려해야 한다.
- 4×3 화면 비에서 화면상 움직임은 화면 끝에서 다른 끝으로의 움직임보다는 z축을 따라 행해지는 움직임이 좀더 두드러져 보인다. 반면 16×9 화면 비에서는 화면 끝에서 다른 끝으로의 움직임이 좀더 지배적이라고 하겠다.

CHAPTER

7

조명

Lighting

조명이란 다음 세 가지의 주요 목적을 위해 빛과 그림자를 조절하는 것을 의미한다. (1) 텔레비전 카메라에 충분한 빛을 공급해서 카메라가 잘 볼 수 있도록 한다. 즉, 기술적으로 최적의 영상을 받아들일 수 있도록 한다. (2) 보는 사람들이 사물이나 사람이 어떻게 생겼으며 그런 것들이 서로 어떠한 관계로 어디에 위치해 있으며 환경이 어떤지 즉각적으로 파악할 수 있게 한다. (3) 일어나고 있는 사건에 전반적인 분위기와 느낌을 만들어 낸다.

Section 7.1 「조명 기구와 조명 조절」에서는 피사체에 빛을 주기 위해 사용하는 기구에 대해서 설명할 것이다. section 7.2 「조명 강도, 램프, 그리고 색 매개체」에서는 조명의 몇몇 요소와 조명을 어떻게 조절하고 측정하는지, 그리고 어떻게 유색 조명을 만들어 내는지에 대해 소개한다.

주요 용어

반 도어(barn doors) 광선이 흩어지는 것을 조절하기 위해 조명 기구 앞에 장착하는 금속 판.

기본 조명(baselight) 고르고 방향성이 없는 조명으로 카메라를 작동시키기 위한 적당한 빛을 말한다. 보통 기본 조명은 f/8에서 f/16일 때 150에서 200 fc(1,500에서 2,000 lux)의 빛을 말한다. 기본이라고도 부른다.

광범위(broad) 넓은 팬처럼 생긴 반사 장치를 가진 플러드라이트를 말한다.

클립 라이트(clip light) 소형 내부 반사경 전구로 무대 장치나 가구 등에 게토 클립으로 고정시켜서 사용하는 것. PAR(parabolic aluminized reflector, 포물선형 알루미늄 반사경) 램프라고도 부른다.

색온도(color temperature) 백색광의 빨갛거나 파란 정도를 캘빈도(K)로 측정한 것을 말한다. 정상적인 실내 TV 조명은 3,200K이고, 야외 조명은 5,600K이다.

쿠키(cookie) 대중적인 원 용어는 큐컬러리스(cucoloris)이다. 엘립소이달 스포트라이트(패턴 투사기)의 내부나 앞에 부착하는 제단된 얇은 금속판에 의해 만들어지는 그림자의 모양. 고보(gobo)라고도 부른다.

조광기(dimmer) 램프로 흘러가는 전력을 조정해서 빛의 강도를 조절하는 장치.

엘립소이달 스포트라이트(ellipsoidal spotlight) 금속 셔터를 이용해서 모양을 바꿀 수 있는 선명한 광선을 만들어 내는 스포트라이트.

플래그(flag) 금속이나 플라스틱, 헝겊 따위로 된 얇은 사각형의 판으로 특정한 지역에 빛을 차단해준다.

플러드라이트(floodlight) 비교적 선명하지 못한 분산광을 만들어 내는 조명 기구.

형광등(fluorescent) 가스로 채워진 관을 자외선으로 자극해서 관 안쪽 면에 덮인 인이 발광함으로써 빛을 내는 램프.

팔로우 스폿(follow spot) 강력한 특수 효과 조명으로, 주로 연극 무대 효과를 내는 데 사용된다. 일반적으로 커튼 앞에 있는 무용수나 아이스 스케이트를 타는 사람 혹은 가수들의 움직임을 따라가면서 빛을 비춘다.

피트 촉광(fc: foot-candle) 미국에서 사용하는 조도 또는 피사체 위에 떨어지는 빛의 양을 재는 단위. 1피트 촉광은 1피트 떨어진 곳의 한 개의 촛불로부터 1평방미터에 오는 빛의 양이다.

프레즈넬 스포트라이트(Fresnel spotlight) 가장 일반적인 스포트라이트로 렌즈 발명가의 이름에서 따왔다. 계단 형태의 동심원을 가졌다.

젤(gel) 스포트라이트나 플러드라이트의 전면에 장치해서 광선이 특정한 색상을 띄게 하는 장치들의 총칭. 젤라틴(gelatin)에서 온 말로 좀 더 내구성이 강한 플라스틱이 발명되기 전에 사용되던 것. 색 매개체라고도 부른다.

HMI 라이트(HMI light) hydragyrum medium arc-length iodide의 약자. 특정한 종류의 가스에 전기를 지나가게 함으로써 빛을 만들어 내는 고강도 램프. 분리된 안정기가 필요하다. HID 라이트와 흡사하다.

백열등(incandescent) 평범한 유리구에 텅스텐 필라멘트나 요오드화 석영 전구로 빛을 내는 것(형광등과 대조를 이룬다).

투사 조명(incident light) 기구로부터 피사체에 직선적으로 빛을 비추는 조명. 투사 조명 판독기는 피사체로부터 카메라까지의 빛을 피트 촉광 단위로 측정할 수 있다. 피트 촉광 측정기는 조명을 똑바로 향하거나 카메라를 향해 서 빛을 측정한다.

캘빈도(K: Kelvin degrees) 색온도를 재는 단위로 백색광의 붉은 정도나 파란 정도를 나타낸다.

루멘(lumen) 하나의 양초에서 나오는 빛의 강도 세기(등방성, 즉 모든 방향으로 빛을 내보내는 조명원).

등기구(luminaire) 조명 기구를 일컫는 기술 용어.

발광체(luminant) 빛을 내는 램프, 조명원.

럭스(lux) 빛의 강도를 측정하는 유럽 표준 단위. 10.75 lux = 1 fc. 일반적으로 대략 10 lux = 1 fc로 본다.

금속 할로겐 방전(metal halide discharge) 전기를 특정 종류의 가스를 통과시켜서 빛을 만들어 내는 것. 조명을 켜고 고르게 빛나게 하기 위해서는 안정기가 필요하다. HMI와 HID 라이트가 여기에 속한다.

중간 농도(ND) 필터[neutral density (ND) filter] 장면의 색을 왜곡시키지 않으면서 들어오는 빛을 감소시키는 필터.

패치보드(patchboard) 다양한 입력기와 특정한 출력기를 가진 장치. 패치베이라고도 부른다.

패턴 투사기(pattern projector) 쿠키가 삽입된 엘립소이달 스포트라이트로 그림자를 드리워서 쿠키 모양을 만들어 낸다.

쿼츠(quartz) 석영이나 이산화규소로 된 몸체와 할로겐화 텅스텐 필라멘트를 가진 고강도 조명. 안정적인 색온도의 매우 밝은 빛을 만들어 낸다. TH(할로겐화 텅스텐) 램프라고도 부른다.

반사조명(reflected light) 빛을 받은 피사체로부터 튕겨져 나온 빛. 빛을 비춘 피사체 가까이에 조도 측정기를 대고 반사 조명을 측정한다.

스쿠프(scoop) 국자 모양의 텔레비전 플러드라이트.

스크림(scrim) 스펀 유리 물질로 조명 기구 앞에 장착해서 부가적인 빛 분산 장치로 사용된다.

소프트라이트(softlight) 극도로 분산된 빛을 만들어 내는 텔레비전 플러드라이트. 팬 모양의 반사 장치를 가지고 있으며 입구에 빛 분산 장치가 장착되어 있다.

스포트라이트(spotlight) 방향성을 가진 빛을 만들어 내는 조명 기구로 비교적 분산되지 않고 가장자리가 선명한 빛을 만들어 낸다.

SECTION

7.1

조명 기구와 조명 조절

Lighting Instruments and Lighting Controls

방에 전등을 켰을 때 우선은 주위의 사물을 볼 수 있을 정도로 밝은가를 살피게 될 것이다. 그러나 집에서의 조명과는 다르게 텔레비전 조명은 야외 조명이나 실내 조명을 모방하거나 행복한 분위기나 슬픈 분위기를 만들어 내는 것처럼 자신이 아닌 카메라를 만족시키고 일정 정도의 미적 기능도 완수할 수 있어야 한다. 스튜디오 조명은 밝은 태양광을 재현해 내거나 외로운 버스 정류장을 밝히는 불빛, 병원 수술실과 같은 많은 양의 불빛, 낡은 지하 감옥의 공포를 나타낼 수 있는 조명 기구를 필요로 한다. 또한 스튜디오 조명은 앵커의 객관성과 신뢰성을 보여주거나 게임 쇼의 긴장감 혹은 드라마 장면에서의 낭만적인 분위기도 만들어 낼 수 있어야 한다.

현장에서는 쉽게 이동시키고 설치할 수 있으며 수많은 조명 업무를 위한 다양한 작업 환경에 유연하게 적용시킬 수 있어야 한다. 이 section에서는 스튜디오와 현장 조명에서의 주요 기구들과 다양한 조명 조절에 대해서 알아보기로 한다. section 7.2에서는 조명 강도, 램프, 그리고 색 매개체에 대해서 설명한다. 조명 기술에 관한 것은 chapter 8에서 논하기로 한다.

▶ 스튜디오 조명 기구

스포트라이트와 플러드라이트

▶ 현장 조명 기구

휴대용 스포트라이트와 플러드라이트, 카메라 조명

▶ 조명 조절 장치

장착 장비, 방향 조절과 강도 조절

스튜디오 조명 기구(Studio Lighting Instruments)

모든 스튜디오 조명은 다양한 종류의 스포트라이트와 플러드라이트로 구성되어 있다. 이 기구들은 기술적으로 조명 등기구(luminaires)라고 부르는데, 스튜디오 천장이나 바닥 지지대 위에 설치할 수 있도록 설계되어 있다.

스포트라이트(Spotlights)

스포트라이트는 직선적이고 아주 선명한 빛을 만들어 내는 데 집중된 플래시라이트나 자동차의 헤드라이트와 같은 날카로운 빛에서 직선적인 성질을 가지고 있지만 좀더 넓은 지역을 비추는 부드러운 광선으로 조절될 수 있다. 모든 스튜디오 스포트라이트는 광선을 날카롭게 만드는 렌즈를 장착하고 있다. 대부분의 스튜디오 조명에서는 프레즈넬 스포트라이트와 엘립소이달 스포트라이트, 팔로우 스폿 이 세 가지 종류의 스포트라이트를 사용한다.

프레즈넬 스포트라이트 프레즈넬 스포트라이트에 사용되는 렌즈를 발명해 낸 19세기 프랑스 물리학자 어거스틴 프레즈넬(Augustin Fresnel)의 이름을 딴 이 기구는 텔레비전 제작에서 광범위하게 쓰이고 있다(그림 7.1 참조). 이것은 비교적 가볍고 융통성이 있으며 많은 빛을 만들어 낸다. 초점장치를 이용해서 광선을 좁게 혹은 넓게 만들어 낼 수 있다. 스포트라이트는 광선을 넓게 퍼지게 하는 플러드 광선 위치에 둘 수도 있고 날카롭고 명확하게 한정시키는 스폿 광선으로 만들 수도 있다.

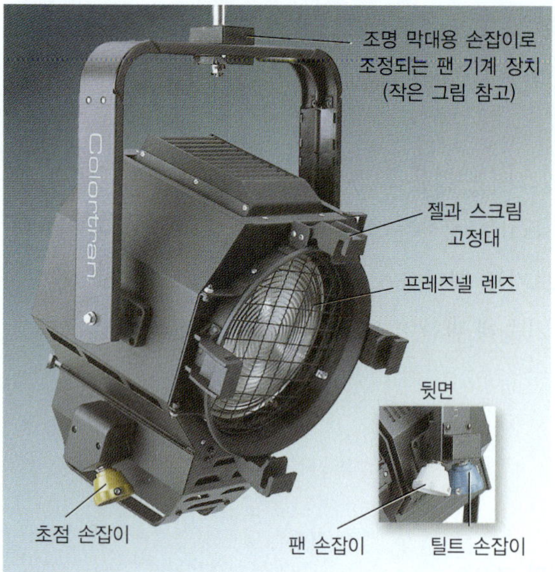

[그림 7.1] 프레즈넬 스포트라이트
이 스포트라이트는 스튜디오에서 사용하는 조명 기구 중에 가장 유용한 것 중 하나다.

조명 전구와 렌즈 사이의 거리를 조절함으로써 비교적 퍼진 광선을 만들어 낸다. 대부분의 프레즈넬 스포트라이트에는 조명 기구 안에 전구 반사 장치가 내장되어 있는데, 이 장치는 렌즈로부터 가깝게 혹은 멀게 변화시킬 수 있다. 어떤 것들에는 축이 있어서 축을 움직여서 반사 장치를 앞뒤로 조절하게 되고, 또 다른 것들에는 링이나 끈이 장착되어 있어, 손으로 움직이거나 높은 조명 스탠드 위에 매달아 놓고 바닥에서 조절한다. 어떤 기계 장치를 사용하든 결과는 마찬가지이다. 광선을 한 곳에 집중시키기 위해서는 반사 장치를 렌즈로부터 떨어뜨려 놓는다. 조정은 언제나 천천히 한다. 전구가 일단 켜지면 뜨거워진 필라멘트는 충격에 매우 민감해진다. 광선을 흩어지게 하려면 반사 장치를 렌즈와 가까워지게 한다. 플러드 위치에서도 보통의 플러드라이트보다는 날카롭고 직선적인 빛을 내게 된다. 플러드 위치는 광선을 부드럽게 만들고(그림자로) 동시에 피사체에 떨어지는 빛의 양을 줄인다. 언제나 광선은 부드럽게 조정한다. 전구가 켜졌을 때 뜨거운 필라멘트는 충격에 대단히 민감하다(그림 7.2 참조).

어떤 프레즈넬 스포트라이트의 경우 부가적으로 외부 손잡이가 있어서 계단을 오르거나 손으로 직접 조작할 필요 없이 틸트나 팬 조절이 가능하다(그림 7.1참조).

프레즈넬 스포트라이트는 얼만큼의 광량을 내느냐에 따라 다양한 크기를 가진다. 두말할 필요 없이 큰 기구가 많은 빛을 낸다. 일반적으로 프레즈넬 스포트라이트의 크기는 와트 수로 정해진다. 예를 들어, 1kW(1kW = 1,000 watts)의 프레즈넬 조명을 설치해 달라거나 2kW(2kW = 2,000 watts) 프레즈넬 전구로 교체해 달라고 말하면 된다.

사용하려는 조명 기구의 크기는 다음과 같은 여러 요인에 의해 결정된다. (1) 카메라 종류와 촬상 장치의 감도, (2) 피사체나 조명 기구 사이의 거리 혹은 비춰야 할 장면과의 거리, (3) 무대 장치나 피사체, 의상, 스튜디오 바닥으로부터의 반사, (4) 전달하고자 하는 장면 분위기.

대부분의 텔레비전 스튜디오에서 1kW와 2kW 프레즈넬 조명 기구가 가장 보편적으로 사용된다. 조명 제어를 최대화하기 위해서 조명 기술자는 적정한 용량을 가지면서 가능한 한 최소의

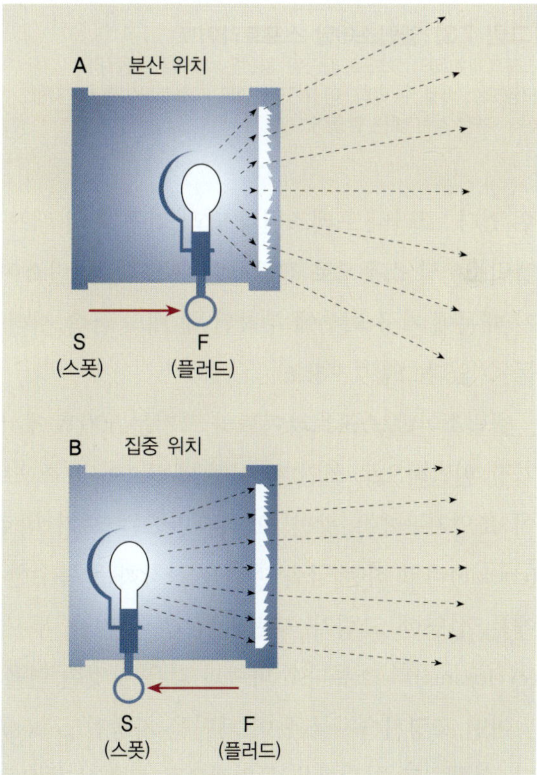

[그림 7.2] 프레즈넬 스포트라이트의 광선 조절
A 광선을 집중시켜 스폿 조명을 만들기 위해서는 초점 축이나 링, 손잡이를 이용해서 반사장치를 렌즈로부터 떨어뜨린다.
B 광선을 분산시켜 플러드 조명을 만들기 위해서는 초점 축이나 링, 손잡이를 이용해서 반사장치를 렌즈에 가깝게 이동시킨다.

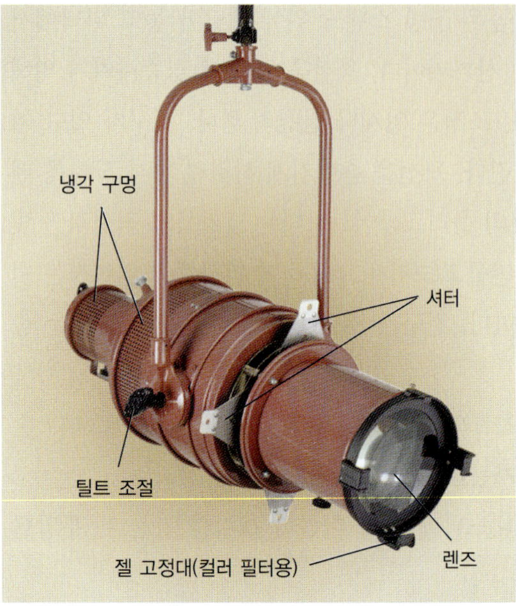

[그림 7.3] 엘립소이달 스포트라이트
스포트라이트의 고도로 집중된 광선은 셔터를 이용해서 다른 모양으로 바뀔 수 있다. 이 기구는 모든 스포트라이트 중 지향성이 가장 강한 빛을 만들어 낸다.

조명 사용을 선호하고 있다. 감도가 증가한 카메라는 보통 크기의 스튜디오를 1kW 프레즈넬 조명기로 촬영할 수 있다.

엘립소이달 스포트라이트 엘립소이달 스포트라이트는 날카롭고 고도로 선명한 광선을 만들어 낸다. 플러드 위치에 있을 때조차도 엘립소이달 광선은 프레즈넬의 초점 광선보다 선명하게 나타난다. 엘립소이달 초점 광선은 특정하고 명확한 조명 업무가 필요할 때 사용한다. 예를 들어 빛을 바닥에 반사시켜서 빛이 가득 차게 하고자 할 때 엘립소이달 스폿이 사용된다.

프레즈넬과 마찬가지로 엘립소이달 라이트도 스폿과 플러드라이트로 조정할 수 있다. 그러나 프레즈넬과 달리 기구 내의 램프를 움직이는 대신 렌즈를 안팎으로 움직여서 엘립소이달 스폿으로 집중시킬 수 있다. 엘립소이달의 반사 장치는 두 개의 초점을 가지고 있기 때문에 기구 외부에 부착된 네 개의 금속 셔터를 조정해서 빛을 삼각형이나 사각형으로 만들 수 있다(그림 7.3 참조).

엘립소이달 스포트라이트의 크기는 500 W에서 2,000 W 사이로 다양하지만 750 W 크기가 가장 일반적으로 쓰인다. 어떤 엘립소이달 스포트라이트는 패턴 투사기로도 사용 가능하다. 이 조명기구에는 광선 모양을 만드는 셔터 바로 뒤에 큐컬러리스(cucoloris), 줄여서 쿠키(cookie)라고 하는 금속 패턴을 장착하는 특수한 구멍이 있다. 엘립소이달 스폿은 어떤 표면에든 선명한 그림자 패턴과 같은 쿠키를 투사한다. 대개 무대 뒤를 덮는 사이클로라마(cyclorama)나 스튜디오 바닥과 같은 밋밋한 면을 분할하기 위해 사용된다(그림 7.4 참조).

어떤 조명기술자들은 이 패턴을 차광판(gobos)이라는 조명 용어로 조금 혼동해서 쓰고 있다. 불행히도 차광판은 근원적으로 모호한 뜻으로 보인다. 만약 조명감독(LD)이 차광판을 가져오라 했다면 그것은 틀림없이 쿠키(cookie)다. 플래그(flag)는 플라스틱 혹은 금속 재질의 직사각형 조각으로 일정한 구역의 빛을 막는다. 혹은 카메라가 촬영할 수 있는 무대 장치에서 독립적으로 세워져 있는 부분을 말하기도 한다.

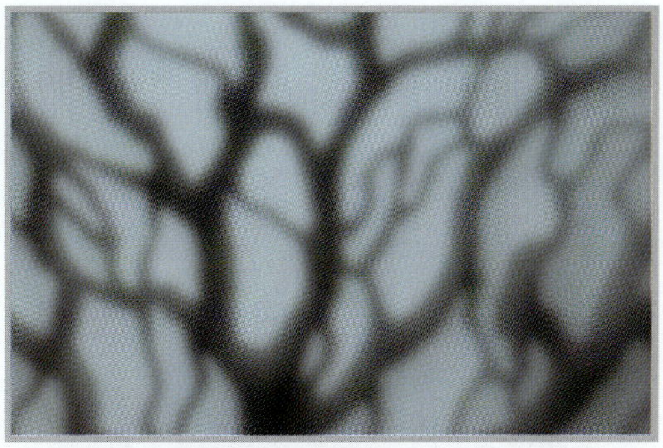

[그림 7.4] 사이클로라마에서의 쿠키 패턴
쿠키 패턴은 다양한 금속판을 삽입한 엘립소이달 스포트라이트에 의해 투영된다. 스포트라이트는 집중시킬 수 있기 때문에 이러한 패턴을 뚜렷하게 혹은 부드럽게 만들 수 있다.

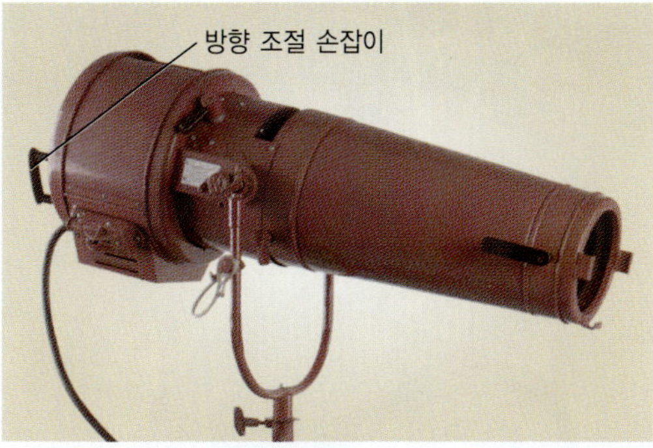

[그림 7.5] 팔로우 스폿
팔로우 스폿은 움직임을 따라가면서 비추는 동시에 광선을 조절할 수도 있다.

팔로우 스폿(follow spot) 때때로 연극 무대와 같은 효과를 주기 위해서 사용되는 강력한 특수 효과를 가진 팔로우 라이트가 필요할 때도 있다. 팔로우 스폿은 무용수나 아이스 스케이트를 타는 사람, 커튼 앞에서 혼자서 연기하는 사람과 같은 인물의 몸동작을 따라갈 때 비춘다(그림 7.5 참조). 작은 스튜디오에서는 엘립소이달 스폿으로 팔로우 스폿의 효과를 낸다.

플러드라이트(Floodlights)

플러드라이트는 많은 양의 고도로 분산된 빛을 만들어 내도록 설계되어 있다. 이것은 뉴스 세트나 제작 디스플레이와 같이 그림자를 최소화해야 하는 상황에서 1차 조명이나 기본 조명으로 사용된다. 일부 스포트라이트와 마찬가지로 플러드라이트 중 몇몇 종류는 광선을 조절하여 빛이 다른 부분으로 흐르는 것을 최소화시킬 수 있다. 역시 스포트라이트를 분산시키거나 스크림(천이나 유리로 만들어져 금속의 틀에 장착되는)을 앞에 장착해서 플러드라이트 같은 효과를 낼 수 있다.

플러드라이트에는 다음의 네 가지 기본형이 있다. (1) 스쿠프(scoop), (2) 광범위하고 부드러운 조명, (3) 형광 플러드라이트 뱅크, (4) 스트립(strip) 혹은 사이크(cyc) 조명.

스쿠프 반사 장치가 국자(scoop) 모양으로 생겨 붙여진 이름으로, 가장 많이 사용되는 플러드라이트 중 하나다. 렌즈가 장착되어 있지는 않지만 분산광이 아닌 지향성 광선을 만들어 낸다(그림 7.6 참조).

스쿠프에는 고정 초점형과 조절 초점형 두 가지 종류가 있다. 고정 초점형 스쿠프는 광선의 조절이 불가능하다. 스펀 유리를 금속 틀에 끼워 만든 스크림을 스쿠프 앞에 부착해서 분산광

[그림 7.6] 스쿠프
스쿠프는 강하고 다목적으로 사용되는 플러드라이트이다. 국자 모양의 반사경이 지향적인 광선을 만들어 낸다.

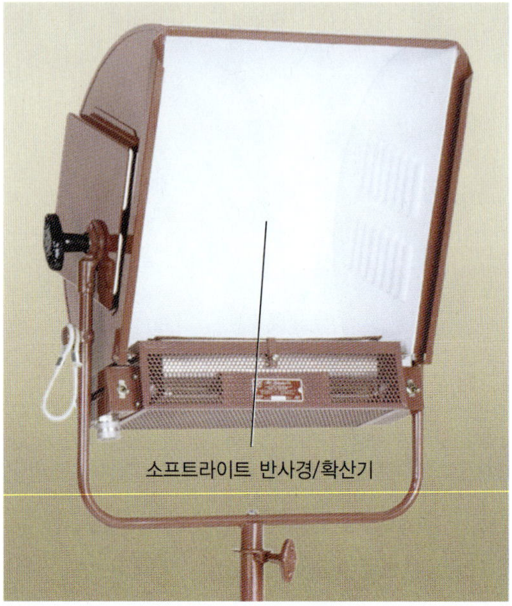

[그림 7.7] 백열등 소프트라이트
소프트라이트는 극도로 분산된 조명으로 그림자를 만들어 내지 않고 빛을 비추는 데 사용된다. 무대를 거의 그림자가 없이 비추게 된다.

을 만들어 낸다. 스크림을 통과한 빛은 약해지기는 하지만 고도로 분산된 빛을 만들기 위해서 사용할 뿐만 아니라 스쿠프 내의 뜨거운 전등으로부터 제작 스태프를 보호하기 위해 어떤 조명 기술사는 모든 소명 기구에 이 스크림을 끼우기도 한다.

초점 조작 스쿠프의 경우 광선 조절 장치가 있어 중간 확산에서 최대 확산까지 조절할 수가 있다. 조절 가능한 스쿠프를 중심 조명(1차 조명)으로 사용하고, 이것으로 생기는 그림자는 더 확산된 빛을 내는 조명 기구로 비춰 없앤다. 대부분의 스쿠프는 1kW에서 2kW 사이이고, 1.5kW 스쿠프가 가장 일반적으로 쓰인다.

부드럽고 광범위한 조명(softlight and broad) 부드러운 조명(softlights, 이하 소프트라이트라고 한다)은 매우 확산된 조명으로 쓰인다. 관 모양의 등이 장착되어 있고 몸체 안쪽은 분산 반사 장치로 되어 있으며 더 많은 확산을 위해서 분산용 뚜껑으로 덮여 있다. 소프트라이트는 그림자 없는 조명 설치를 위해 자주 사용된다. 또한 하이라이트와 그림자 부분을 조심스럽게 조절하는 동시에 특정한 조명에 영향을 주지 않는 범위에서 기본 조명의 밝기를 더하기 위해서도 사용된다. 예를 들어, 밝은 부분과 어두운 부분이 공존하는 복도 장면에서 소프트라이트로 어두운 부분을 약간 밝게 조절하면 카메라는 어두운 부분도 잘 담아낼 수 있게 된다. 소프

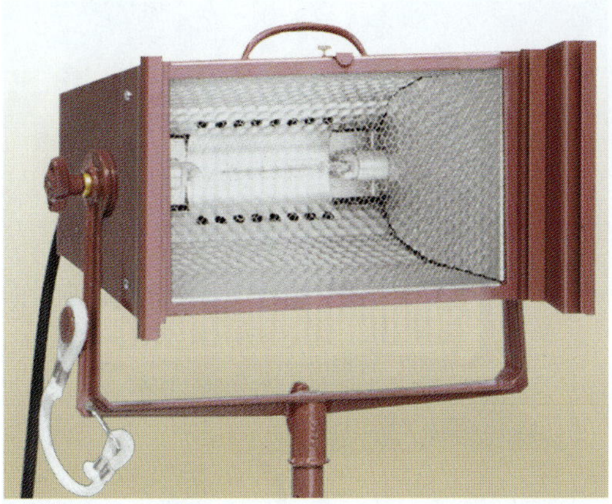

[그림 7.8] 광범위 조명
이 기구는 넓은 영역을 확산된 빛으로 고르게 비춘다. 방출되는 빛의 양은 같은 크기의 소프트라이트보다 많다.

[그림 7.9] 형광등 플러드라이트 뱅크
이 플러드라이트 뱅크는 소프트라이트와 흡사하게 작동하지만 같은 양의 빛을 방출하는 백열등 플러드라이트가 뜨거워지는 것처럼 뜨거워지지는 않는다. 몇몇 플러드라이트 뱅크는 형광등과 흡사한 다양한 원리로 작용하는 전등을 사용한다.

트라이트는 여러 가지 크기가 있고 백열등이나 금속 할로겐 전구를 사용한다. 할로겐 전구에 대해서는 section 7.2에서 다시 설명하기로 한다(그림 7.7 참조).

광범위(broad) 조명은 소프트라이트와 흡사하지만 좀더 확실한 그림자를 만들어 내는 강한 빛을 낸다는 차이가 있다. 또한 광범위 조명은 광선 조절 장치를 가지고 있다. 이것은 넓은 영역에 확산 조명을 골고루 비출 때 사용된다(그림 7.8 참조). 작은 광범위 조명은 작은 영역을 비추는 데 있어서 큰 광범위 조명보다 지향적인 빛을 만들어 낸다. 광선의 지향성을 조절하기 위해서 광범위 조명에는 움직일 수 있는 금속판으로 된 반 도어라는 것이 부착되어 있다.

형광등 플러드라이트 뱅크 형광등 플러드라이트 뱅크는 초창기 텔레비전 조명에서부터 사용되어 왔다. 초창기의 이 기구는 크고 무거우며 비능률적이었다. 오늘날에는 비교적 가볍고 보다 효율적이며 실내 색온도(3,200K)에 맞거나 더 낮은 온도(좀더 붉은색을 띤 빛)의 조명도 만들어 낸다. 간단히 등을 교체함으로써 야외 색온도(5,600K)나 그 이상 높은 색온도(7,500K와 같은)인 흐린 하늘에 태양광이 걸러져서 파랗게 보이는 듯한 푸른색 빛도 얻을 수 있다(색온도에 관한 자세한 설명은 chapter 8에 있다. 지금은 높은 색온도가 백광에 비해 약간 파랗고 낮은 색온도가 약간 붉은빛을 띄는 정도만 알아두자. 색온도는 램프가 얼마나 뜨거운지 와는 관계없다).

형광등 뱅크의 또 다른 장점은 백열등 뱅크와는 달리 전력 소비가 낮고 작동하는 동안 열을 덜 발산하여 통풍 장치가 잘 되어 있지 않은 실내의 조명으로서는 절대적인 장점을 가지고 있다고 하겠다. 이 기구의 단점은 크기나 부피가 여전히 크며 때때로 색 분광이 고르지 못하다는 것이다. 이것은 방출된 빛이 모든 색을 고르게 만들어 내지 못하고 약간 녹색 빛을 가지고 있다는 것을 의미한다.

플러드라이트 뱅크는 소프트라이트와 유사하게 몸체 안에 여러 줄의 저출력 형광등이 장착되어 있다. 이 등은 보통의 백열등을 형광등으로 교체하기 위해서 소비하는 일반 형광등과 매우 유사하게 생겼다. 빛을 최대한 부드럽게 만들기 위해서 이 기구의 전면에는 빛을 분산시키는 물질로 뚜껑을 씌울 수 있게 되어 있다(그림 7.9 참조). 계란상자형(egg crate)이라고 불리는 어떤 스튜디오 형광등 조명은 내부 시설로 그리드에 부착되어 있고 부드러운 빛을 잃지 않고 더 직선으로 투사한다(그림 7.10 참조).

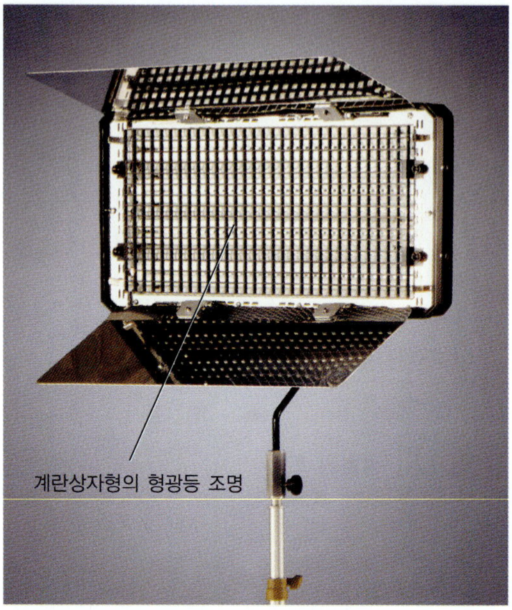

[그림 7.10] 계란상자형의 형광등 조명
계란상자형 형광등 조명기는 부드러운 빛을 유지하면서 직접적인 조명이 가능한 플러드라이트이다.

스트립 또는 사이크(cyc) 조명 이 조명기구는 사이크(cyclorama: 사이클로라마)와 같은 넓은 세트나 연속된 배경 지역을 비추기 위해 사용된다. 연극에서의 가장자리 조명 또는 사이크 조명과 유사하게 텔레비전 스트립 조명도 3~12개의 퀴츠(quartz) 램프가 긴 상자 모양의 반사 장치에 장착된 모습을 가지고 있다. 좀더 정교한 스트립 조명에는 극장용 스트립 조명과 마찬가지로 각 반사 장치에 색유리가 장치되어 있어 사이클로라마에 각각 다른 색으로 비추게 할 수 있다(그림 7.11 참조).

또한 스트립 조명을 스튜디오 천장에 매달아서 일반적인 플러드라이트로 사용할 수도 있으며 스튜디오 바닥에 장치해서 기둥이나 다른 무대 장치의 일부분을 조명이 비춰진 배경과 구별되게 보이도록 하는 데 사용되기도 한다. 스트립 조명은 실루엣 조명(배경은 고르게 비추면서 전경에 있는 피사체는 어둡게 유지하는 것)으로 사용되기도 하고 크로마 키(chapter 8 참조) 특수

[그림 7.11] 스트립 혹은 사이크(cyc) 라이트
스트립 라이트는 사이클로라마와 다른 큰 영역을 고르게 비추는 데 사용된다.

효과 조명으로도 사용된다. 만약에 스튜디오에 아주 다양한 조명기가 설치되어 있어도 뉴스 또는 인터뷰 같이 비교적 동작이 적은 장면에서는 가볍고 간편한 야외조명장비를 사용하는 것이 편리하다고 판단될 것이다. 그리드에 고정되어 있는 조명기구보다 이러한 가벼운 조명기들이 여러 가지 장점이 있다: (1) 소형 조명기는 스튜디오의 어디에나 쉽게 설치할 수 있다. (2) 원하는 조명효과를 얻기 위한 위치변경이 용이하다. (3) 소형 조명기는 대형 조명기에 비하여 전력소모가 적다. 그리고 (4) 열 발생량도 적다. 다음은 대표적인 휴대용 야외조명기구에 대하여 소개한다.

현장 조명 기구(Field Lighting Instruments)

ENG EFP

스튜디오 조명을 멀리 떨어진 현장에서 사용할 수도 있지만 스튜디오 조명 기구는 부피가 커서 이동하기 쉽지 않고, 큰 플러그는 일반 가정의 콘센트에 맞지 않으며 너무 많은 전력을 소비하게 된다. 스튜디오 조명을 직접 현장에서 사용해보면 현장 조명에 알맞은 양과 종류의 조명을 얻을 수 없다는 것을 알 수 있을 것이다. 게다가 대부분의 스튜디오 조명은 머리 위쪽에 있는 조명대에 설치해서 사용하게끔 되어 있다. 원거리 방송을 위한 조명으로 매번 스튜디오 조명을 밖으로 가지고 나오게 되면 소중한 제작 시간을 낭비할 뿐만 아니라 심지어는 스튜디오에서 사용해야 할 조명 기구를 빼앗는 결과를 낳게 된다. 스튜디오 조명과 맞먹는 조명이 필요할 만한 거대 원거리 방송이 아니라면 쉽게 이동시킬 수 있고 빠르게 설치할 수 있어서 현장에서 필요한 조명의 유연성을 가진 조명을 사용하는 것이 좋다.

비록 휴대용 조명 기구들이 대부분 스포트라이트와 플러드라이트 기능을 동시에 수행하지만 스튜디오 조명과 같은 분류 방법으로 분류하는 것이 편리하다. 그러나 스포트라이트를 천장이나 벽에 반사시킴으로써 플러드라이트의 효과를 낼 수 있다는 것과 작은 플러드라이트의 광선을 반 도어를 통해 조절해서 아주 제한적인 영역을 비춤으로써 스포트라이트와 같은 효과를 낼 수 있다는 것을 유념하자.

휴대용 스포트라이트(Portable Spotlights)

휴대용 스포트라이트는 가볍고 강하며 효과적(기구의 크기에 비해 많은 양의 빛을 방출한다는 의미에서)으로 설계되어 있어서 설치와 이동이 편리하고 좁은 실내에서도 카메라 피사계에 들어오지 않을 만큼 작다. 가장 많이 쓰이는 스포트라이트로는 (1) 소형 프레즈넬 스포트라이트, (2) HMI 라이트, (3) 소형 초점 조작형 스폿, (4) 개방형 스포트라이트 등이 있다.

[그림 7.12] 소형 프레즈넬 스포트라이트
저출력(300~650 W)의 프레즈넬 스포트라이트는 EFP 조명에 좀 더 효과적이다. 빛의 초점을 맞추거나 흐리게 할 수 있으며, 반도어와 색 매개체(젤)를 부착할 수 있다.

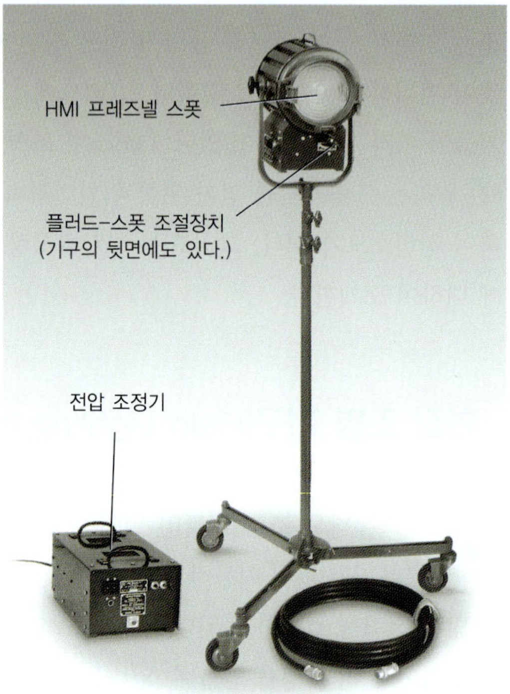

[그림 7.13] 전압 조정기를 갖춘 HMI 프레즈넬 스폿
HMI 프레즈넬 스포트라이트는 표준 일광 빛(5,600K)을 낸다. 같은 강도의 빛을 내는 백열등 조명보다 훨씬 적은 전력을 소비한다.

소형 프레즈넬 스포트라이트 스튜디오 세트가 아닌 실제 거실과 같은 EFP를 위한 정확한 조명이 필요하다면 저출력(300~650 W)의 프레즈넬 스포트라이트가 필요할 것이다. 이것은 대형 프레즈넬 스포트라이트와 기능은 같지만 좀더 작고 가볍게 되어 있다. 조명 스탠드에 장착하거나 다양한 버팀대나 걸이에 클립으로 고정시켜서 사용한다(그림 7.12 참조).

HMI 라이트 HMI 라이트는 정교한 EFP 제작이나 야외 촬영, 영화 제작에서 매우 유용하다는 것이 입증된 프레즈넬 스포트라이트이다(그림 7.13 참조). 같은 와트 수를 가지고 있는 백열등 쿼츠 기구보다 3~5배의 빛을 낸다. 이것은 500 W의 HMI 램프로 2,500 W의 백열등 프레즈넬의 효과를 볼 수 있다는 것을 의미한다. HMI 램프는 또한 작동 중에 같은 와트 수의 백열등 램프보다 현저하게 낮은 온도를 낸다. 이런 기적이 가능하기 위해서는 램프에 전력을 공급하는 데 있어서 각각의 스타터(starter)와 안정기(ballast)가 필요하다. 이것은 주로 야외 조명을 흉내내거나 대체할 때 사용한다. section 7.2에서 다양한 램프가 어떻게 작동하는지에 대해서 자세히 설명하기로 한다.

보통의 EFP 작업에서는 200 W, 575 W, 1,200 W의 기구가 가장 유용하다. HMI 라이트는 현장 촬영이나 일반적인 실내 조명인 3,200K보다는 사진에 있어서 표준 야외 조명인 5,600K의 빛을 만들어 내는 데 사용된다. 이것을 1차 조명이나 야외에서 촬영할 때 그림자를 없애는 용도로 사용할 수 있다. 또한 실내 촬영에서 창문을 통해 들어오는 일광으로부터 생긴 그림자를 없애는 데에도 사용이 가능하다.

HMI의 큰 효과 중 가장 큰 장점은 한 회로에 과부하 없이 동시에 다섯 개의 200 W 기구를 사용할 수 있다는 것이며, 그 밖에 아무것도 같은 회로에 연결하지 않는다. 왜냐하면 대부분의 조명연결을 가정용의 콘센트에 연결하고 적은 시간과 수고를 들여 실내에 조명을 설치할 수 있다. 실제로는 충분한 전선과 플러그가 필요하다. 앞서 언급한 것과 같이 HMI 램프는 실내가 상대적으로 시원하게 유지될 때 몇 개의 조명기가 작은 구역을 겨냥할지라도 많은 열을 만들지 않는다.

그러나 이 기적 같은 조명이 아래와 같은 약점이 있다. 안정기가 부착된 HMI 라이트는 비교적 크고 굉장히 뜨겁고 때에 따라 윙윙거린다. 램프일지라도 고주파 소음을 낸다. 스위치를 켰을 때 램프는 어디에서라도 1분에서 3분까지 최대 출력의 시간을 가진다. HMI 라이트는 역시 비디오 영상의 아래쪽의 일정한 깜빡임의 원인(빠른 셔터 속도)이다. 조명의 밝기 조절을 눈에 띄는 색 필터(색온도를 바꾸는) 없이 할 수 없다. 모든 HMI 라이트들은 비싸고 500 W의 작은 장비일지라도 다른 백열등과는 부피가 비교된다.

소형 초점조절형 스폿(small focusable spot) 이 작고 적은 전력(125 W에서 200 W)의 스포트라이트의 기능은 프레즈넬 스포트라이트와 비슷하지만 다른 렌즈를 가지고 있다. 효과적인 반사경과 렌즈는 같은 프레즈넬의 와트보다 좀더 많은 빛을 방출한다. 광선은 프레즈넬 조명과 같이 초점조절과 분산이 가능하다. 이 조명은 특별히 작은 구역의 하이라이트를 만드는 데 효과적이다(그림 7.14 참조).

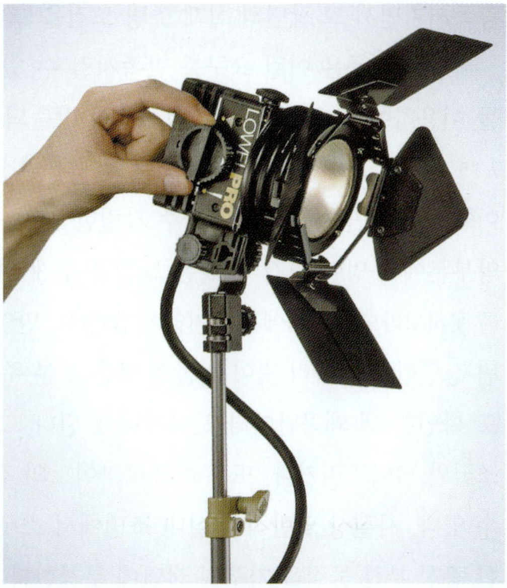

[그림 7.14] 소형 스포트라이트
ProLight 제품은 ENG 또는 EFP에서 자주 사용된다. 이것은 바닥에 세우거나 손으로 들고 사용할 수 있다.

개방형 스포트라이트 무게를 줄이고 효율을 높이기 위해서 개방형 스포트라이트는 렌즈를 장착하지 않는다. 그래서 외부 반사 장치 스포트라이트라 불린다. 이것은 높은 빛의 출력을 가능하게 하지만 광선은 정확한 투사가 프레즈넬 스포트라이트보다 떨어진다. 그러나 야외 조명 작업에서는 고도로 선명한 광선이 별다른 이점을 가지지 못한다. 보통 최소한의 조명 기구로 작업을 해야 되기 때문에 평이하고 고르게 빛이 가는 조명이 극적이고 매우 선명한 조명보다 유리할 때가 많다.

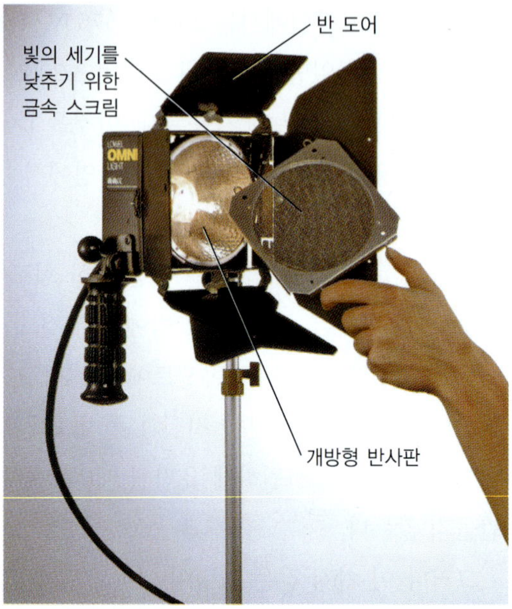

[그림 7.15] 개방형 스폿
개방형(외부 반사) 스폿은 렌즈가 없다. 여기서 방출되는 빛은 스폿에서 중간 정도의 플러드 위치까지 조절될 수 있다. 현장 제작에 있어서 가장 유용한 조명 기구 중 하나이다.

마찬가지로 현장에서도 의사소통의 목적에 가장 적합한 조명을 만들어 내야 한다. 예를 들어, 호텔 방에서 간단한 인터뷰를 하는 것이라면 적정한 가시력을 가진 조명이면 충분하다. 그러나 대도시의 빈민가에 대한 다큐멘터리를 촬영 중이라면 어두운 공동 주택을 백화점처럼 환하게 비출 필요는 없다. 이러한 상황에서는 카메라에 필요한 광량을 충족시키면서 그 장면의 실제 조명 조건을 그대로 유지하는 좀더 사실적인 조명이 필요하다.

개방형 스폿은 이런 요구를 만족시킬 수 있다. 조점 조절 레버나 뒤쪽의 초점 조절 손잡이를 이용하여 고효율의 쿼츠 램프에서 방출되는 광선을 집중시키거나 분산시킬 수 있다(그림 7.15 참조). 그러나 집중된 광선이 언제나 일정하지 않은 것이 단점이다. 스폿을 피사체 가까이에 배치하면 가장자리는 아주 강렬한 반면 중앙 부분은 낮은 강도로 어둡게 보여서 마치 중앙부분에 구멍이 생긴 것 같은 느낌을 주게 된다는 것을 알 수 있을 것이다(사람의 눈으로 인지를 못하더라도 카메라에는 여지없이 잡힌다). 만약 얼굴을 비추는데 얼굴 가까이에 이 기구를 두면 강렬한 가장자리 빛이 얼굴의 붉은 부분 주위에 하얀 스폿으로 빛나는 것처럼 되거나 적어도 확연한 색 왜곡만이라도 나타나게 된다. 그러나 광선을 약간 분산시키거나 피사체로부터 조금만 떨어뜨리거나, 또는 스포트라이트의 전면에 스크림을 부착함으로써 이 문제는 해결될 수 있다. 사실상 일반적인 실내 조명에서 스폿을 사용할 때에는 일상적으로 스크림이나 흡사한 광선 분산 물질을 기구의 전면에 부착한다.

대부분의 개방형 스폿은 500 W에서 1,000 W의 램프를 사용하며 일반적인 가정용 콘센트에 과부하의 위험 없이 사용할 수 있다. 보통 스위치가 램프 가까이에 있어 쉽게 끄고 켤 수가

[그림 7.16] 내부 반사 스포트라이트
클립 라이트 혹은 PAR 램프라고 불리는 이 기구는 보통의 내부 반사 전구와 on/off 스위치가 달린 소켓, 램프를 지지하기 위해 꽉 조일 수 있는 클립으로 이루어져 있다.

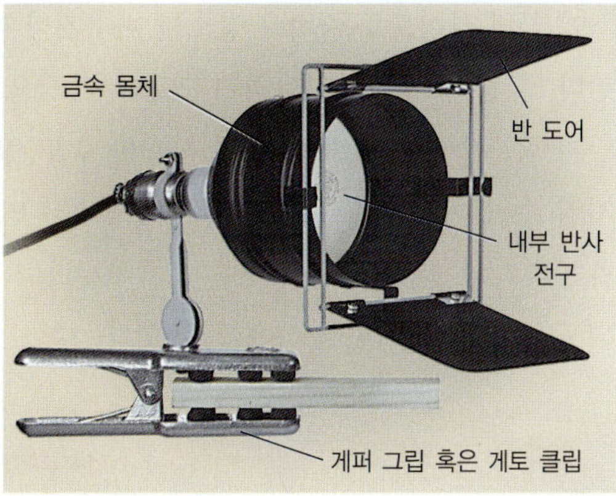

[그림 7.17] 금속 몸체와 반 도어가 부착된 클립 라이트
금속 몸체와 반 도어는 광선을 조절하는 데 도움을 준다.

있어서 사용하지 않을 때는 장비를 꺼 램프의 수명을 연장시킬 수 있다. 대부분의 개방형 스폿은 비교적 가볍고 여러 개의 기구와 조명 스탠드가 들어 있는 전형적인 조명 키트 박스로 구성되어진다.

보통 전기용품점에서 판매하는 비교적 싼 값의 500 W 일반 전구도 조명 키트에 있는 비싼 전구와 똑같은 기능을 수행할 수 있다. 그러나 일반 전구는 특정한 조명으로 사용되기보다는 평범한 장소를 비추는 데 적당하다. 또한 일반 전구는 아주 뜨거워지기 때문에 기구를 다룰 때 전면에 손을 대서는 안 되고 화재를 방지하기 위해서 커튼이나 포장지와 같은 가연성 물질에서 멀리 떨어뜨려 놓아야 한다.

다른 모든 조명을 다룰 때도 마찬가지지만 한 소켓에 너무 많은 조명을 연결해서는 안 된다. 즉, 하나의 소켓에 정해진 수의 기구만을 꽂아야 한다. 확장된 코드도 램프 자체에 있는 저항계수를 올리게 되는데 뜨거울수록 심해진다. 일반적인 가정용 소켓은 1,200 W까지 수용이 가능하다. 그러므로 소켓에 과중한 부담을 주지 않으려면 두 개 정도의 500 W 플러드 라이트를 한 소켓에 꽂는 것이 바람직하다(chapter 8 참조).

내부 반사 스포트라이트 이 스폿은 항상 다른 것에 끼워 사용하기 때문에 클립 라이트(clip light)라고 알고 있다. 이 스포트라이트는 가정용 전구가 약간 찌그러진 듯한 모양을 하고 있다. 아마도 스틸 사진이나 도로를 비추는 데 이미 사용해 본 경험이 있을 것이다. 이러한 램프들은 내부에 램프를 둘러싼 포물선형 알루미늄 반사 장치(parabolic aluminized reflector)이기 때문에 PAR 램프라고 불린다(그림 7.16 참조).

이 클립 라이트로는 작은 장소를 비추거나 다른 휴대용 조명이 비출 수 없는 부분을 비추게 된다. 클립 라이트는 사용하기 쉽고 부가적으로 하이라이트를 주거나 다른 조명 기구의 빛이 닿기 힘든 부분을 강조하는 데 사용할 수도 있다. 내부 반사 스폿은 빛을 다양한 정도로 분산시킬 수 있어서 분산된 부드러운 조명에서 명확한 빛까지 조절이 가능하다(주로 PAR 38 램프라고 부른다). 내부 반사 전구를 보호하는 동시에 더 나은 빛 조절을 위해서는 반 도어가 부착된 금속 몸체에 끼워서 사용할 수 있다(그림 7.17 참조).

휴대용 플러드라이트(Portable Floodlights)

모든 ENG/EFP 조명에는 최대량의 고른 빛과 최소의 기구와 전력을 소비하는 조명이 요구된다. 그래서 플러드라이트가 높은 지향성을 가진 조명보다 선호된다. 먼저 좀더 대중화된 휴대용 플러드라이트를 보자. (1) V 라이트, (2) 휴대용 소프트라이트, (3) 휴대용 형광등 뱅크, (4) LED 라이트.

V 라이트 가장 대중화된 플러드라이트는 V 라이트다. 원래 V 라이트가 로웰라이트사에 의해 특별하게 제조되었다 할지라도 이것은 큰(500 W에서 700 W) 백열등을 쿼츠 램프 V자 형

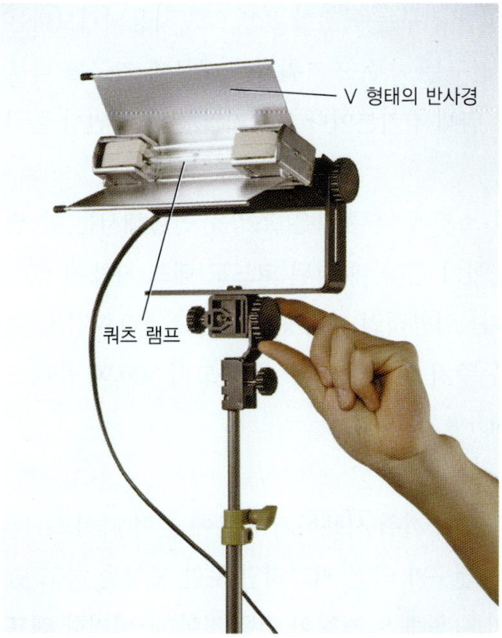

[그림 7.18] V 라이트
이 소형 조명 기구는 가벼운 무게와 높은 출력 때문에 현장 제작에서 많이 쓰인다.

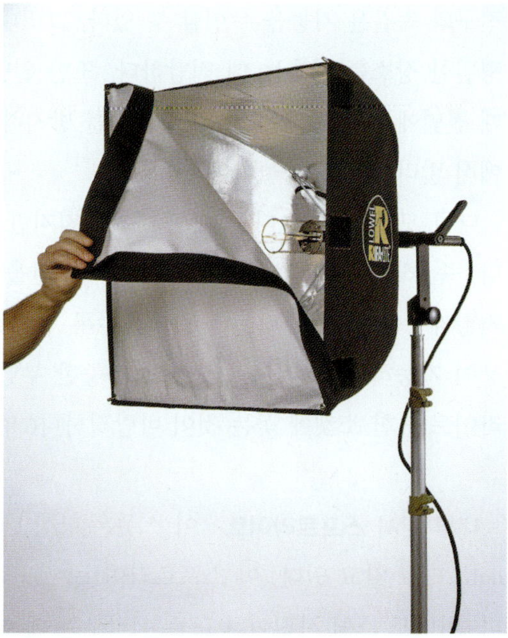

[그림 7.19] ENG/EFP 휴대용 소프트라이트
Lowel Rifa 소프트라이트는 쉽게 이동할 수 있도록 접을 수 있다.

태의 금속 반사경에 끼워 넣는 장비의 대명사가 되었다(그림 7.18 참조). V 라이트는 굉장히 휴대하기 편하며 설치하기 쉬우며 넓은 범위를 상대적으로 고르게 밝힐 수 있다. 이것은 굉장히 뜨겁기에 조명을 움직일 때 주의해야 한다. 스위치가 켜졌을 때 절대 만지지 말고, 타기 쉬운 물질로부터 떨어져야 한다.

휴대용 소프트라이트(portable softlight) 휴대용 소프트라이트는 높은 출력(250 W에서 1,000 W)의 램프가 아무것도 아니지만 열처리가 된 검은색 천으로 만들어진 소프트 박스(soft-box) 또는 확산 텐트(diffusion tent)에 담겨져 있다(다양한 휴대용 조명에 장착할 수 있는 확산 텐트는 section 7.2에서 설명한다)[그림 7.19 참조].

크게 효과 있는 휴대용 소프트라이트로는 현재 구형 또는 전구 형태로 좀더 내구력 있게 설계된 중국식 등을 꼽을 수 있다. 이것은 주로 마이크 스탠드나 피쉬 폴(fish pole)에 매달아 사용한다(chapter 9 참조). 다양한 종류의, 특히 250 W 클립라이트 혹은 200 W의 가정용 전구인 저출력 램프를 같은 등에 설치할 수 있고 야외 조명과 맞추길 원한다면 태양빛과 같은 전구(5,600 K)를 설치할 수 있다(그림 7.20 참조).

중국식 등은 인지 가능한 매우 부드러운 빛을 방출하며 특히 클로즈업 샷에서 유용하게 쓰인다. 이 등을 주광원으로 사용할 수 있는 장점은 마이크와 함께 피사체에 원하는 대로 따라갈 수 있기 때문이다(그러나 등이 막대에서 흔들리지 않도록 주의해야 한다). 등은 윗부분이 열려 있어 열이 빠져나가고 직접적인 밝음은 이 구멍을 통해서 나가기 때문에 화면에 나오지 않는다. 얇은 천을 덮는 일 역시 간단히 할 수 있다. 커다란 중국식 등은 넓은 범위의 조명과 자동차나 큰 장비와 같이 반사하는 피사체일 때 사용 가능하다.

[그림 7.20] 중국식 등
중국식 등은 기둥에 매달 수 있고, 부드러운 빛을 넓은 범위에 비춰줄 수 있다. 플러드라이트는 중국식 등 이후의 모델이다.

휴대용 형광등 뱅크(portable fluorescent bank) 소형 휴대용 형광등 플러드라이트는 백열등 플러드라이트에 비해 그 크기가 크고 더 무겁다. 그러나 형광등 플러드라이트는 전력 소비가 적고 적은 열을 내기 때문에 실내 EFP 조명에 자주 사용된다. 앞에서도 언급했지만 형광등 조명은 카메라의 화이트 밸런스가 적정하게 맞아 있다고 할지라도 정확히 모든 색을 만들어 내지는 못한다. 그러나 정확한 색을 만들어 내는 일이 그리 큰 문제가 되지 않는다면 소형 형광등 장치가 EFP 조명 기구로 유용하다고 할 수 있다.

비교적 좁은 장소에서 EFP 조명에는 작고 가벼운 형광등 뱅크를 조명 스탠드에 장착해서 사용한다. 비록 좀 무겁고 부피가 크기는 하지만 전력 소비가 낮고 실내를 시원하게 유지할 수 있다(그림 7.21 참조). 형광등 기구는 3,200K와 5,600K의 표준 색온도를 늘 유지하는 것이 아니기 때문에 카메라의 화이트 밸런스에 특별한 주의를 기울여야 한다. VTR에 녹화하기 전에 잘 조정된 현장 모니터를 통해 색, 특히 피부색을 확인해야 한다.

[그림 7.21] 휴대용 형광등 뱅크
휴대용 형광등 뱅크는 조명 스탠드에 장착할 수 있다. 빛의 출력이 크고 열을 방출하지 않는다.

LED 라이트(LED light) LED 라이트는 작은 컴퓨터 화면이나 접이식 스크린을 늘여 놓은 것과 같지만 영상을 보여주지 않고 단순히 하얀 빛만 보여준다. LED(light emitting diodes) 라이트는 작은 판(7인치 와이드)에 나눠져 있어 피사체에 근접하여 영상으로 표현할 수 있는 충분한 빛을 발한다. 배터리의 전력(12V에서 24V)으로 판은 색온도 5,600K의 자연광을 만들고 이것은 윗부분의 손잡이로 조절된다. 이것은 위험할 정도로 뜨겁지 않아서 피사체에 근접할 수 있기 때문에 이상적인 카메라 조명이다. 카메라에 장착하지 않았을 때 이 조명으로 자동차 실내와 같은 작은 구역을 밝힐 수 있다.

확산되는 휴대용 스포트라이트(Diffusing Portable Spotlights)

개방형 조명 장비(앞부분에서 설명한)는 단지 조명을 스폿에서 플러드 위치로 바꿈으로써 플러드라이트와 같이 사용된다. 플러드 조작을 찾을 수 있지만 언제나 원하는 만큼 확산시킬 수는 없다. 운 좋게도 몇몇의 장비를 통해 좀더 확산시킬 수 있다.

반사조명(bouncing the light) 가장 간단하게 빛을 확산시키는 방법은 벽이나 천장에 반사시키는 것이다. 불행하게도 반사조명은 벽이 밝은 빛으로 칠해졌다 해도 철저하게 빛의 강도를 떨어트린다. 최대값의 빛의 강도를 지키려면 조명기를 벽이나 천장에 검은 부분을 피해 가능한 한 가까이 붙인다.

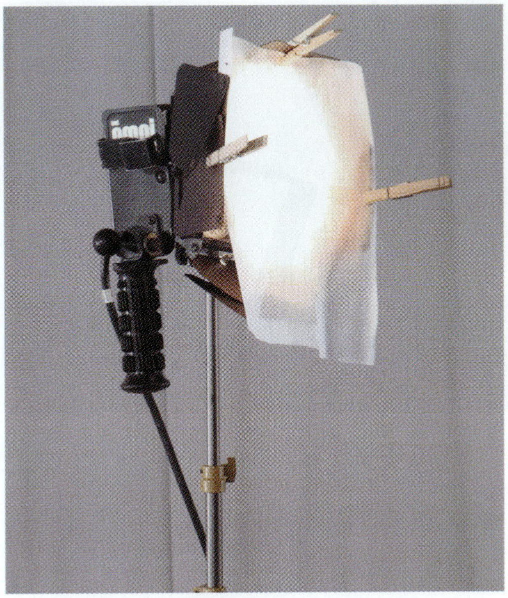

[그림 7.22] 천을 부착한 반 도어
얼굴 전체에 산광을 주기 위하여 반 도어에 나무집게로 천을 부착한다.

스크림의 부착(attaching a scrim) 가장 대중적인 확산기는 스크림과 프로스트 젤라틴(frosted gels)이다. 말한 것과 같이 스크림은 유리섬유로 되어 있고 이것은 작은 스포트라이트나 플러드라이트 앞에 부착하거나 개방형 스포트라이트가 최대값으로 빛을 확산하게 한다. 가장 쉽게 개방형 조명장비에 장착하는 법은 나무집게로 반 도어에 붙이는 것이다(그림 7.22 참조).

스크림은 다양한 두께로 만들어진다. 얇은 것은 빛을 적게 흡수하고 두꺼운 것은 더 많이 흡수한다. 스쿠프 역시 스크림 고정틀을 이용해 빛을 부드럽게 꾸밀 수 있다(그림 7.6 참조). 어떤 사람들은 프로스트 젤라틴과 같은 확산기를 선호한다. 플로스트 젤라틴은 하얀색 반투명의 플라스틱 시트로 불투명한 표면을 가지고 있다. 스크림과 비슷하지만 다른 종류의 농도를 가졌고 빛의 농도와 색온도를 변화시킨다.

[그림 7.23] 우산
우산 반사기는 가장 보편적으로 쓰이는 분산 장치이다. 조명기구를 멀리서 비추는 것이 아니라 바로 앞에서 우산의 안쪽 면을 향해 비춘다는 것을 유념하자.

확산 우산의 사용(using a diffusion umbrella) 그 외의 효과적인 확산용 장비는 바로 우산이다. 작고 은색이며 열에 저항력을 가진 우산은 비로부터 보호하기 위한 것은 아니지만 햇빛을 반사하고 확산시킨다. 국자와 같이 생긴 우산을 조명장비에 장착할 수 있고 스탠드에 세울 수 있고, 우산을 펼쳐 조명의 일반적인 방향을 겨냥할 수 있다. 햇빛이 필요해 우산을 펼칠 때 빛은 둥근 표면에 들어오는 것이

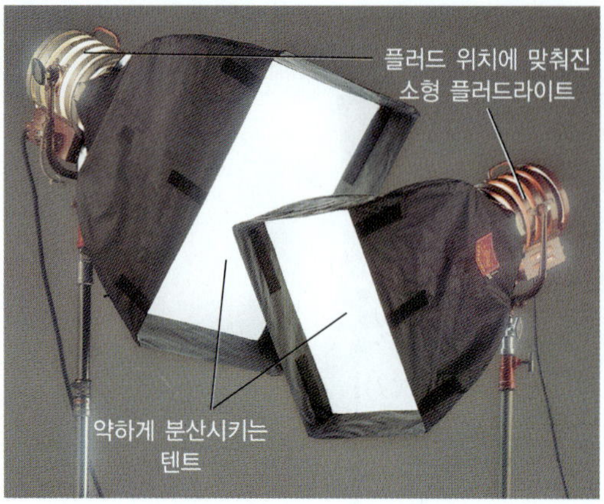

[그림 7.24] 분산 텐트
휴대용 분산 텐트로 빛을 분산시켜서 소형 프레즈넬 스폿을 소프트라이트로 변화시킬 수 있다.

[그림 7.25] 카메라 조명
이 작은 조명은 카메라에 장착되어서 캠코더 배터리나 12V 배터리 팩으로부터 전력을 공급받는다. 여기서 나오는 빛은 분산 텐트를 이용해서 좀더 분산시킬 수 있다.

아니다(그림 7.23 참조).

텐트의 장착(attaching a tent) 앞에서 말한 것처럼 확산 텐트를 사용하는 것보다 텐트와 같은 소프트라이트 장비를 백열 스포트라이트 안에 바꾸는 것이 더 효과적인 소프트라이트가 된다. 대부분의 프레즈넬 스폿은 확산 텐트를 장비 앞에 부착함으로써 부드러운 빛을 만들 수 있다. 부착을 위한 링을 사용해서 텐트와 스포트라이트에 연결할 수 있다(그림 7.24 참조). 스포트라이트를 플러드 위치에 놓거나 확산기를 렌즈 앞에 부착했을 때라도 빛이 감소한다는 것에 주의하자. 여기 좋은 규칙이 있다. 빛이 좀더 확산되면 빛은 좀더 약해진다.

고등학교 농구경기와 같은 야외 제작을 정성들여 행할 때, 고출력의 V 라이트와 우산의 사용을 시도하겠지만 스쿠프와 같은 큰 플러드라이트나 플러드라이트 뱅크가 필요할 것이다. 만약 가능하다면 HMI 플러드라이트가 아마 가장 효과적인 조명기가 될 것이다. 적은 1 kWs 또는 575 W까지의 조명장비를 플러드 위치로 하면 체육관을 원하는 만큼 밝힐 것이다.

카메라 조명(Camera Lights)

ENG 상황에서는 카메라 상단에 부착할 수 있거나 카메라맨을 보조하는 사람이 손에 들 수 있는 다소 다른 종류의 조명이 필요하다(그림 7.25 참조). 카메라 조명은 고출력이다. 이들은 개방형 조명이며 가볍게 열리고 작은 빛을 덮을 수 있는 비교적 작고 작은 빛을 확산 필터와 자연광 색온도(5,600K) 필터를 구비하고 있다. 카메라 조명은 카메라 배터리나 트라이포드에 장착할 수 있을 정도나 카메라맨이 들고 다닐 정도의 크기의 배터리를 전원으로 사용한다.

카메라 조명을 사용할 때는 정면에 바로 카메라 조명을 가져가서는 안 된다. 사람들은 가끔 경고 없이 눈에 터지는 고출력의 빛에 불쾌해한다. 먼저 천장 같은 곳을 비추다가 서서히 찍으려는 장면 쪽으로 카메라 조명을 틸트시킨다. 또한 자동 조리개가 새로운 조명 조건에 적응할 시간을 제공함으로써 눈에 띄게 갑자기 밝아지거나 갑작스런 색 변화를 예방할 수 있다. 조명을 담당해 줄 보조 인원이 있다면 정면에서 비추게 하기보다는 카메라와 작은 각을 이룬 위치에서 조명을 비추게 한다.

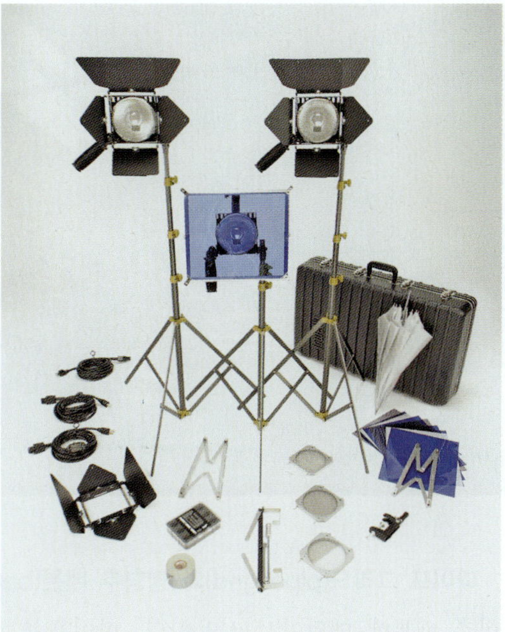

[그림 7.26] 조명 키트
전형적인 야외제작용 조명 키트는 플러드라이트, 스포트라이트와 반 도어, 확산기, 스텐드와 같은 다양한 부품을 포함하고 있다.

조명 키트(lighting kits) 일반적인 조명 키트는 스폿, 플러드 조명기, 조명스탠드, 반 도어, 여러 종류의 확산자재, 전선, 여분의 램프를 담고 있다. 이 도구들은 조명기와 부가장비의 이동과 설치 보관에 도움을 줄 것이다(그림 7.26 참조).

조명 조절 장치(Lighting Control Equipment)

조명 조절을 이해하려면 다음의 특수 장비에 대해 익숙해져야 한다. (1) 장착 장치, (2) 방향 조절 장치, 그리고 (3) 강도 조절 장치.

장착 장치(Mounting Devices)

장착 장치는 다양한 조명 기구를 안전하게 지지하고 조명 기구를 원하는 방향으로 향하게 할 목적으로 사용된다. 좋은 장착 장치는 조명 기구 그 자체와 마찬가지로 중요하다. 스튜디오 조명을 위해 특수 설계된 주요 장착 장비는 다음과 같다. (1) 파이프 그리드와 평형추 배튼, (2) C 클램프, (3) 슬라이딩 로드와 팬터그래프, (4) 다양한 바닥 스탠드. 휴대용 조명은 주로 조명 키트에 포함되어 있는 접이식 휴대용 스탠드에 장착해서 사용한다. 현장에서는 문이나 가구에 맞춰서 사용할 수 있는 소형 붐(booms), 십자형 브레이스(cross braces) 또는 소형 브레이스와 같은 다양한 장착 장비 사용이 가능하다.

[그림 7.27] 파이프 그리드
이 간단한 구조의 파이프 그리드는 작은 연기 공간, 즉 뉴스 세트나 인터뷰 세트, 부엌 장면과 같은 곳에 필요한 모든 조명을 지지해 주는 역할을 한다.

파이프 그리드(pipe grid)와 평형추 배튼(battens) 스튜디오 조명은 파이프 그리드나 평형추 배튼에 매달아서 사용한다. 파이프 그리드는 강철 파이프로 스튜디오 바닥에서부터 3.5m~5.5m 높이에 평행이나 직각으로 연결되어 있다. 그리드의 높이는 스튜디오 천장 높이에 의해 결정되지만 낮은 천장이라고 하더라도 천장에서 0.6m 이상 떨어뜨려야 조명 기구나 걸어서 사용하는 장치들을 부착하기 쉽다. 그리드 위쪽의 공간을 비우는 또 다른 이유는 조명 기구로부터 나오는 열을 분산시키기 위한 것도 있다(그림 7.27 참조).

천장 아래에 반영구적으로 설치된 파이프 그리드와 달리 평형추 배튼은 원하는 높이로 올리거나 내릴 수 있으며 그 위치에 고정시킬 수도 있다(그림 7.28 참조). 배튼과 조명 기구들은 무거운 강철 추에 의해서 평형이 유지되며 로프 앤 풀리(밧줄을 이용해서 도르래를 움직이는 장치)나 모터를 이용해서 움직인다(그림 7.29 참조). 배튼을 움직이기 위해서 평형추의 밧줄을 움직이기 전에는 항상 배튼의 균형이 잘 잡혀있는지 확인해야 한다. 배튼에 장착된 조명 기구의 종류와 수를 고려해서 여기에 맞는 무게를 실어 균형을 유지한다. 평형추와 조명 기구는 대략 무게가 비슷해야 한다. 이러한 로프 앤 풀리 평형추 기계 장치에서는 각각의 조명 기구와 배튼의 무게와 평형을 이룰 수 있는 추의 무게가 얼마인지를

[그림 7.28] 평형추 배튼
평형추 배튼은 올리거나 낮출 수 있으며 특정한 높이에 고정시킬 수도 있다.

알려주는 표시판이 부착되어 있어야 한다.

배튼에 파이프 그리드가 가지지 못한 장점이 있다면 조명 기구들을 매달고 조절해서 스튜디오 바닥으로부터 일정 높이에 유지시킬 수 있다는 것이다. 그러나 사다리가 전혀 필요치 않은 것은 아니다. 그 이유로 첫째, 처음에는 조명 기구를 손에 닿을 수 있는 높이에서 조절할 수 있지만 일단 적정한 높이에 고정시키고 나면 다시 기구들을 조정해야만 한다. 둘째, 조명의 미세한 조절을 해야 할 때 스튜디오 바닥은 보통 세트와 카메라, 마이크로폰으로 붐비기 때문에 편한 작업 높이로 조명을 내려서 조절하는 것이 불가능하기 때문이다. 그 후에 사다리나 조명 폴을 이용해서 마지막 마무리를 하게 된다. 기억하고 있겠지만 고가의 프레즈넬 조명의 경우 손잡이를 가지고 있어서 스튜디오 바닥에서 조명 폴을 이용해서 조명 기구의 틸트, 팬, 초점 조절을 할 수 있다(그림 7.1 참조).

[그림 7.29] 평형추 구조
배튼에 부착된 조명 기구들은 무거운 강철 추에 의해서 평형이 유지되고 밧줄로 조정하는 도르래에 의해서 움직이게 된다.

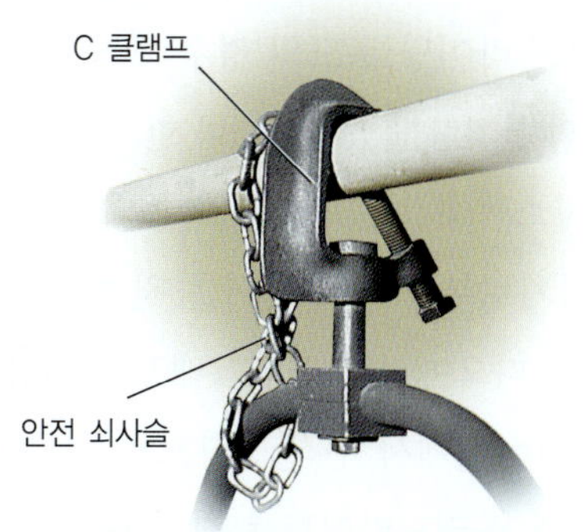

[그림 7.30] C 클램프
C 클램프는 조명 기구와 배튼을 연결시키는 연결 장치이다. C 클램프가 안전하게 배튼에 부착되어 있는 상태라고 하더라도 조명 기구를 시계 방향이나 시계 반대 방향으로 돌려서 확인해야 한다.

C 클램프(C-clamp) 조명 기구는 C 클램프나 다른 부착 장치(뒤에 설명하기로 한다)를 이용해서 배튼에 직접 장착한다. 원형 금속 배튼에 C 클램프를 조이기 위해서는 렌치나 특수 열쇠를 이용한다. 조명 기구들은 이 C 클램프에 부착된 상태에서 볼트나 기타 배튼에 장착하기 위한 장치들을 풀지 않은 상태에서 수평 방향으로 자유롭게 움직일 수 있다. C 클램프를 배튼에 죄어주는 큰 볼트가 느슨해진다고 해서 조명 기구들이 바로 떨어지는 것은 아니지만 일정 시간을 주기로 C 클램프가 배튼에 안전하게 죄어져 있는지 확인해야 한다. 안전을 기하기 위해서는 배튼에 장착된 모든 조명 기구들을 쇠줄에 엮어서 배튼

에 안전하게 연결해 두어야 한다. 조명 기구를 다시 매다는 데 아주 촉박한 시간밖에 없다고 하더라도 각각의 기구를 쇠사슬이나 케이블로 안전하게 부착하는 것을 소홀히 해서는 안 된다(그림 7.30 참조).

슬라이딩 로드(sliding rod)와 팬터그래프 (pantograph) 고정된 파이프 그리드를 사용하는 스튜디오에서나 모든 조명 배튼을 움직이지 않고 각각의 조명 기구를 올리거나 내릴 때는 슬라이딩 로드를 사용하면 된다. 슬라이딩 로드는 변형된 C 클램프로 배튼에 부착할 수 있는 단단한 파이프 모양을 하고 있으며 이 클램프는 특정한 세로 위치로 이동시켜서 고정할 수도 있다. 좀더 융통성 있는 사용을 위해서 고가의 슬라이딩 로드의 경우 텔레스코프(망원경의 통처럼 줄였다 늘였다 할 수 있는) 확장 축을 가지고 있다(그림 7.31 참조). 좀더 정교한 조명 시스템에서는 모터로 작동되는 슬라이딩 로드를 사용하는데, 이 로드는 스튜디오 조명 조절 장치로부터 세로 높이를 원격 조절할 수 있다.

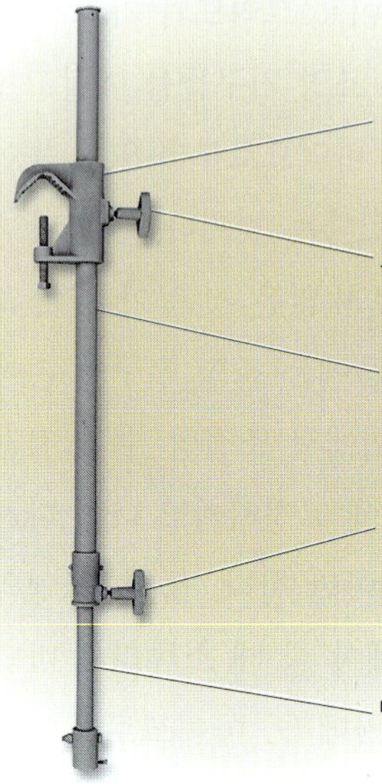

[그림 7.31] 슬라이딩 로드(텔레스코프 걸이 방식)
텔레스코프 걸이라고 부르는 슬라이딩 로드는 조명 기구를 위아래로 움직여서 일정한 높이에 고정시킬 수 있게 해 준다. 이것은 주로 조명 그리드에서 사용되고 평형추 기계에서도 더 많은 수직 조절이 필요할 때 사용된다.

어떤 스튜디오에서는 팬터그래프를 사용하는데 스프링이 장착된 연결 장치로 스튜디오 바닥에서 3.6 m 내에서 수직 방향으로 위치를 조정할 수 있다(그림 7.32 참조). 팬터그래프는 스쿠프나 다른 플러드라이트를 장착하는 데 가장 유용하다. 팬터그래프의 장점은 같은 배튼에 장착된 다른 스포트라이트의 높이에 영향을 주지 않으면서 높이 조절이 가능하다는 것이다. 단점으로는 부피가 너무 크고 평형 유지 스프링이 제자리를 벗어나거나 장시간 사용했을 때 스프링이 마모될 수 있다는 것이다.

바닥에 세워서 사용하는 스탠드(floor stand) 모든 스튜디오 조명을 파이프 그리드나 배튼에 장착하는 것은 아니다. 어떤 종류의 것들은 수직 롤러케스터와 같은 스탠드에 장착하고 이 스탠드는 스튜디오 바닥에 굴려서 이동시키고 수직으로 확장시킬 수도 있다(그림 7.33 참조). 이러한 스탠드에는 모든 종류의 조명 기구, 즉 스쿠프, 광범위, 스폿, 심지어 스트립 라이트까

[그림 7.32] 팬터그래프
스프링이 장착된 팬터그래프 조명 폴을 이용해서 밀어 올리거나 당겨 내려서 빠르고 쉽게 높이 조절을 할 수 있다. 스프링은 장착된 조명의 평형을 유지하는 역할을 수행한다.

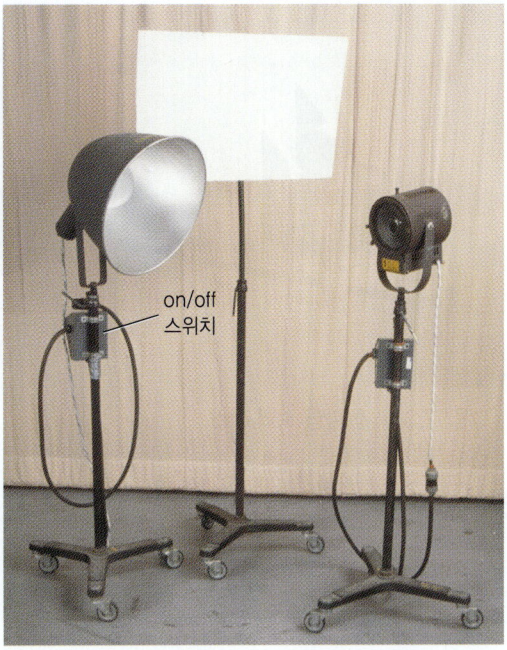

[그림 7.33] 바닥에 세워서 사용하는 스탠드
이 스탠드들은 다양한 조명 기구를 지지할 수 있으며 이젤이나 대형 반사경에 적합하게 조절할 수도 있다.

지 장착할 수 있다. 일반적으로 스탠드에는 등을 켜고 끌 수 있는 스위치가 부착되어 있다. 바닥에 세워 사용하는 스탠드는 영화처럼 촬영할 때, 즉 각각의 장면에 조명을 분리해서 비추거나 조정해야 하는 상황에서 특히 중요하다.

휴대용 조명 스탠드 현장 촬영에서는 편하게 설치할 수 있는 파이프 그리드나 배튼을 사용할 수 없기 때문에 조명 지지대를 항상 가지고 다녀야 한다. 다양한 무게와 내구력을 가진 장착 장비를 사용할 수 있고 대부분 기본적으로 접을 수 있는 스탠드와 확장시킬 수 있는 막대로 이루어

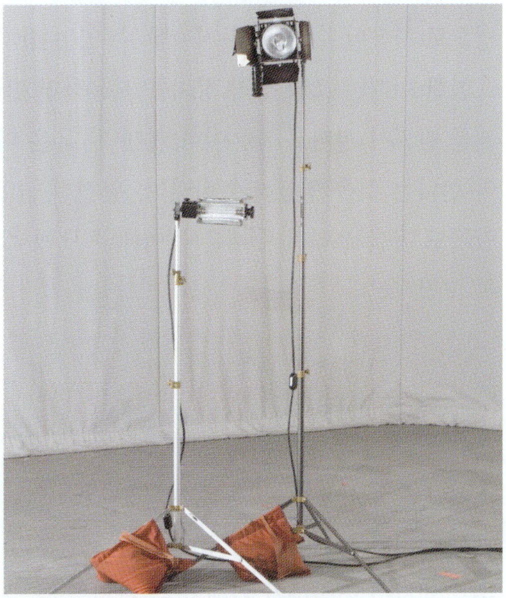

[그림 7.34] 휴대용 조명 스탠드
이 스탠드들은 비교적 가벼운 휴대용 조명 기구들을 지지하고 0.6 m에서 3.3 m까지 높이 조절이 가능하도록 설계되어 있다. 최대로 늘였을 때 잘 넘어지기 때문에 모래 주머니를 이용해서 안전하게 고정시킨다.

[그림 7.35] 십자형 브레이스
길이 조절이 가능한 이 십자형 브레이스는 무대 장치나 가구에 부착할 수 있으며 휴대용 조명 기구를 배튼과 유사한 방식으로 지지한다.

져 있다(그림 7.34 참조).

이 스탠드와 막대에 휴대용 조명 기구나 반사 장치, 스크림, 깃발과 같은 다양한 것들을 장착할 수 있다. 좀더 정교한 작업에서는 소형 휴대용 조명을 지지할 수 있도록 특수 설계된 소형 붐을 사용할 수 있다. 이러한 붐의 장점은 카메라의 피사계에 잡히지 않는 위치에서 장면 전체에 빛을 비출 수 있게 하고 필요에 따라 쉽게 위치를 이동시킬 수 있다는 것이다. 단점은 고가이며 소형 붐이라고 할지라도 필요로 하는 공간이 넓다는 것이다.

무대 장치나 책상, 가구, 신문 바구니와 같이 현장에서 쉽게 구할 수 있는 물건에 작은 조명 기구를 장착할 수 있도록 되어 있는 기발한 장착 기구도 많다(그림 7.35 참조). 또한 한 개의 막대기에 세 개의 막대기를 연결해서 만든 조명 다리로 한 개나 두 개의 휴대용 조명을 배경 조명으로 사용할 수 있도록 지지할 수 있는 장치를 사용할 수도 있다. 자체 개발한 장착 장비를 포함한 어떠한 조명 장착 장치를 사용하건 간에 조명 기구가 안전하게 단단히 장착되어 있는지를 반드시 살피고 커튼이나 넛낸 천 혹은 다른 가연성 물실들로부터 일성한 거리를 유지해야 한다는 것을 명심하기 바란다. 완전히 늘인 조명 스탠드는 케이블로 살짝 당기거나 센 바람에도 곧잘 쓰러지기 때문에 언제나 모래 주머니를 이용해서 조명 스탠드가 넘어지지 않도록 고정시킨다.

방향 조절 장치(Directional Controls)

스포트라이트에서 스폿과 플러드 광선 조절에는 이제 익숙해졌을 것이다. 광선의 방향성을 조절할 수 있는 다른 몇몇 장치로는 반 도어, 플래그, 반사 장치, 그리고 분산 장치 등이 있다. 반사 장치나 분산 장치의 경우 방향 조절뿐만 아니라 강도 조절에서도 사용된다. 그러나 대부분 그림자를 조절하기 위해서 두 가지를 다 쓴다.

반 도어 반 도어로 빛을 조절하는 것은 확실히 조잡한 방법이기는 하지만 특정 세트 영역의 빛을 일부 혹은 전부 차단하는 데는 아주 효과적이다. 반 도어는 두 개 또는 네 개의 금속

[그림 7.36] 네 방향 반 도어
이 네 방향 반 도어는 위, 아래, 오른쪽, 왼쪽 네 면으로 흩어지는 빛을 모두 조절할 수 있다.

[그림 7.37] 플래그
플래그는 다양한 크기와 강도를 가지고 있다. 특정한 무대 영역에 빛이 비추는 것을 막을 수 있다.

판을 조명 기구 앞쪽에 렌즈 위로 덮는 방법으로 특정 부분에 빛을 차단한다. 예를 들어 어떤 무대의 아랫부분은 여전히 밝게 둔 상태에서 윗부분만을 어둡게 만들고 싶다면 반 도어를 이용해서 간단히 위쪽 조명을 차단하기만 하면 된다. 또는 붐의 그림자를 없애고 싶다면 부분적으로 반 도어를 닫으면 된다(그림 7.36 참조).

또한 반 도어는 후면 조명이 카메라 렌즈에 비춰 렌즈에 플레어 현상이 일어나는 것을 막는데 중요한 역할을 한다. 반 도어는 장치에서 밀면 쉽게 떼어낼 수 있기 때문에 지속적으로 미끄러져 떨어지려는 경향을 보인다. 언제나 안전 사슬이나 케이블로 안전하게 고정시킨다. 또한 반 도어는 아주 뜨거워지기 때문에 조명 기구가 켜진 상태에서 반 도어의 조정이 필요하다면 반드시 안전 장갑을 착용한 상태에서 만져야 한다.

플래그(flags) 플래그는 방열 직물이나 얇은 철판을 씌운 다양한 크기의 사각형 철판으로 반 도어와 같은 역할을 하지만 조명 기구에 직접 부착하지는 않는다. 조명 스탠드에 장착해서 카메라에 잡히지 않는 범위에서 특정한 영역에 조명이 닿지 않도록 원하는 위치에 설치하면 된다. 영화 전문 용어로 플래그는 차광판(gobos)이라고 부르기도 한다. 앞에서 이 단어는 엘립소이달 스포트라이트에 철판을 끼워서 만드는 패턴인 쿠키(그림 7.4 참조)를 의미하는 것이

[그림 7.38] 호일 반사 장치
직접 손으로 만들 수 있으면서도 매우 효과적인 이 반사 장치는 구겨진 호일을 널빤지 따위에 붙여서 만든다.

[그림 7.39] 휴대용 반사판
작은 휴대용 반사판은 원형이며 쉽게 접을 수 있다. 반사판의 대부분은 한쪽 면이 부드러운 은색이고, 반대쪽 면은 금색이다.

아니라 플래그를 의미한다. 플래그는 카메라와 배우의 동작을 조심스럽게 가려지도록 리허설을 가신 후에 사용해야 한다(그림 7.37 참조).

반사 장치 가장 훌륭한 반사 장치는 거울이라고 할 수 있다. 너무 작거나 좁아서 조명을 설치할 수 없는 부분으로 빛을 굴절시킬 때 거울을 사용하면 된다. 예를 들면 외부로 통하는 문이 있는 긴 복도를 촬영할 경우 거울을 통해서 태양광의 방향을 복도 쪽으로 바꾸고, 이 빛이 벽에 반사되게 만들면 된다. 이런 기술로 설치하는 시간과 장비, 전력을 줄일 수 있다. 그러나 대개는 사람의 얼굴이나 피사체의 어두운 그림자를 밝게 하기 위해 고도로 분산된 빛을 만들어 내는 반사 장치가 필요하다. 이러한 분산된 빛을 만들고자 할 때에는 거울을 사용할 수 없으며 빛의 일부분만을 반사시키는 동시에 분산시킬 수 있는 물질을 사용해야 한다. 대부분의 LD(lighting director: 조명 감독)들은 하얀색 포말 알갱이들로 이루어진 큰 종이를 선호하는데 이것은 가볍고 꽤 강하며 설치하기 쉽고 더러워지거나 망가졌을 때 쉽게 대체가 가능하다. 어떤 종류의 하얀색 판도 같은 기능을 가지게 될 것이다. 만약 더 많은 빛을 반사하는 좀 더 효율적인 반사 장치가 필요하다면 알루미늄 호일을 구겨서 더 많은 분산광을 반사시키기도록 고르지 못한 표면을 가진 판지 위에 붙여 사용한다(그림 7.38 참조).

판매되고 있는 반사 장치는 하얀색, 은색, 금색을 띠고 있고 쉽게 이동하고 설치할 수 있도록 말아 올릴 수 있게 만들어져 있다(그림 7.39 참조). 은색과 하얀색 반사 장치는 금색 반사 장치보다 높은 색온도를 가진 빛을 반사시킨다.

강도 조절(Intensity Controls): 기구의 크기, 거리, 그리고 광선

조광기(dimmer)를 사용하지 않고 광선의 강도를 조절하는 데에는 세 가지 방법이 있는데, (1) 적당한 크기의 기구를 선택하거나, (2) 조명 기구와 피사체 사이의 거리를 조절하거나, (3) 광선을 집약 또는 분산시키는 방법이 그것이다.

기구의 크기 빛의 강도를 조절할 수 있는 가장 확실한 방법은 특정한 크기의 조명을 특정한 개수만 사용하는 것이다. 현대 카메라의 감광도가 높고, 백열등 램프나 형광등 램프는 많은 양의 빛을 내뿜기 때문에 영화에서 쓰이는 대형 기구는 필요치 않다. 텔레비전 스튜디오에서 쓰이는 가장 큰 도구는 2 kW짜리 프레즈넬 스포트라이트이다. EFP/ENG에서는 650 W를 넘는 경우가 거의 없다.

거리 조명 기구를 피사체에 가까이 가져가면 빛의 강도가 높아지고, 멀리 떨어뜨리면 강도가 낮아진다. 조명 기구가 조명 스탠드에 장착되어 있어서 크게 힘들이지 않고 움직일 수 있다면 이러한 원리를 적용시키는 것도 좋은 방법이다. 대부분의 EFP/ENG 촬영에서는 이 방법이 광선의 강도를 조절하는 데 가장 효과적으로 사용된다. 그러나 스튜디오에서도 조명 기구들이 이동 가능한 배튼에 장착되어 있는 경우 이런 방법을 사용할 수 있다. 대개 카메라에 잡히지 않는 정도의 가능한 낮은 높이에 조명 기구들을 배치하게 된다. 이렇게 하면 적은 전력으로 센 강도의 빛을 얻을 수 있다.

광선 광선을 집중시킬수록 빛의 강도는 높아진다. 반대로 빛을 분산시킬수록 빛의 강도는 낮아진다. 우리는 이미 기구 안에 장착되어 있는 초점 기능을 이용하거나 스크림 혹은 반사 장치를 이용해서 빛을 분산시키는 여러 가지 방법을 배웠다. 또한 빛을 분산시키도록 특별히 설계된 철사줄이 얽힌 스크린 모양의 장치를 이용해서 특정한 양의 빛을 분산시키거나 차단시킬 수 있다. 스크림이나 반투명 젤과 마찬가지로 이 금속 스크린을 간단하게 조명 기구 앞면에 밀어서 고정시키면 된다. 철사가 얼마나 촘촘하게 얽혀 있느냐에 따라 색온도에 영향을 주지 않으면서 얼마나 빛을 어둡게 만들 수 있느냐가 결정된다. 이 스크린의 문제점은 쿼츠

라이트에서 나오는 열은 가는 철사줄을 비교적 단시간 내에 과열시켜 스크린에 금이 가거나 끝내는 깨지게 만든다는 것이다(그림 7.13 참조).

강도 조절(Intensity Controls): 전자 조광기(Electronic Dimmers)

가장 정확하게 빛을 조절할 수 있는 것은 전자 조광기이다. 조광기를 이용해서 각각의 조명 혹은 한 무리의 조명기기들을 0(꺼짐)에서 최대 강도까지 주어진 강도에서 빛을 내도록 조정할 수 있다.

조광기는 기술적으로는 아주 복잡하지만 기본 원리는 간단하다. 각각의 조명 기구에 보내지는 전력량을 조절해서 높은 강도 혹은 낮은 강도로 빛을 내게 만드는 것이다. 조명이 최대 강도로 빛을 내길 원한다면 조광기를 통해 최대 전력을 공급해주면 된다. 조명의 강도를 약간 낮추고 싶다면 조광기를 이용해서 공급되는 전력을 낮추면 된다. 암전이라고 불리는 완전히 빛을 내지 않는 상태로 만들기 위해서는 전력을 차단하거나 작동에 필요한 최소 전력에 못 미치는 전력을 흘려보내면 된다.

개별 조광기 실용적인 조광 장치는 자체 강도 조정이 가능한 보통 20개 이상의 다수 개별 조광 장치를 가지고 있다. 보통 조광기의 눈금은 모든 전기를 차단하는 0을 제외하고 10단계로 표시되고 10에서는 최대 전력을 공급하게 된다. 스튜디오에서 조광기는 컴퓨터로 조절되기는 하지만 조광기의 원리를 쉽게 배우려면 수동 조광 조절 장치를 보면 된다. 컴퓨터가 조광기의 기본 원리를 바꾸지는 않는다. 컴퓨터는 쉽게 저장할 수 있고 다양한 조광 명령을 수

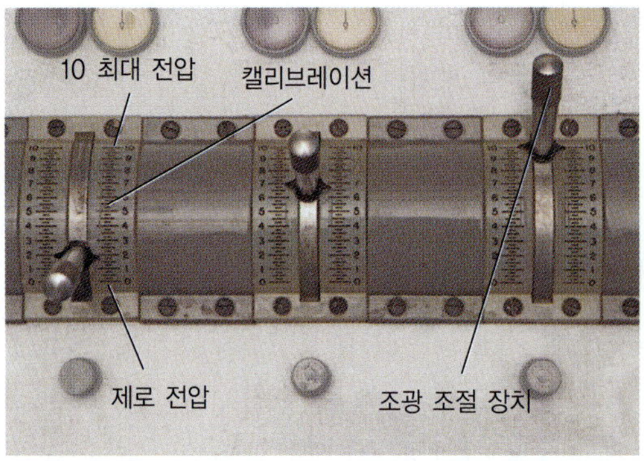

[그림 7.40] 수동 조광기 조절 장치
이 수동 조광기에서 레버를 위로 올리면 올릴수록 많은 볼트의 전기가 흘러가게 된다. 0 위치에 놓으면 램프로 전기가 전혀 흐르지 않게 되고 10에 두면 램프는 최대 강도로 빛을 내게 된다.

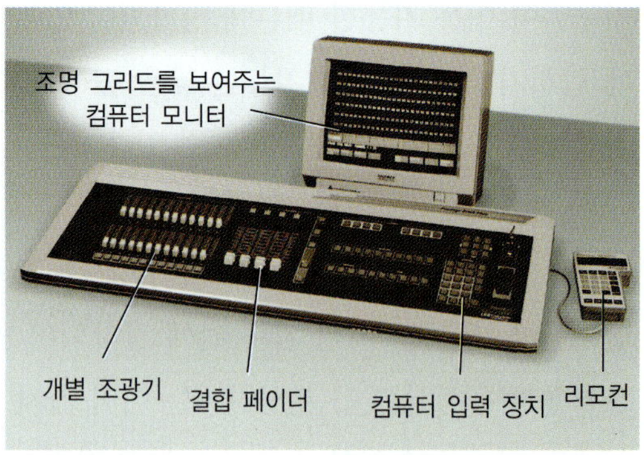

[그림 7.41] 컴퓨터 보조 장치가 설치된 조광 조절 장치
이 조광기는 다양한 기능을 저장하고 불러내고 실행하게 한다. 또한 수동 조절 상태로 전환시킬 수도 있다.

행하며 훨씬 방대한 조광 선택권을 제공할 뿐 아니라, 제작과정에서 정확한 순간에 빛을 조절하는 역할을 수행한다.

수동 조광 조절 장치에서는 레버를 올려서 0~10 사이에 원하는 위치에 맞추면 된다. 이러한 눈금들은 초기의 빛의 강도를 조정하기 위해서 뿐만 아니라 원하는 강도를 수치로 기억함으로써 다시 그 위치로 맞추는 데 드는 수고를 줄이는 데에도 필요하다(그림 7.40 참조). 컴퓨터로 조절할 수 있는 조광기의 경우 수동이나 자동으로 조절되는 슬라이드 광량 조절기와 비슷한 장치를 가지고 있다. 다양한 조절 장치로 방대한 수의 조정 기능 조합이 가능하며 이러한 조합들을 저장하고 불러내는 데에도 자동으로 실행되거나 간단히 단추 하나만을 누르면 실행하게 된다. 컴퓨터화한 조광기가 디스크에 수록된 수백 개의 개별 기능을 제공하는 것은 흔한 일이다. 대부분의 컴퓨터 조광기는 조광기를 꺼놓은 상태에서도 실행했던 기능들을 임시 저장 공간에 보관하게 된다(그림 7.41 참조).

조광기의 약점은 낮은 전압 때 백열등 램프의 색온도가 좀더 붉게 떨어진다는 것이다(이 문제의 좀더 자세한 사항은 chapter 8에서 다룬다).

패치보드 패치베이라고도 불리는 이 패치보드는 각각의 조명 기구들을 특정한 조광기에 연결시키는 역할을 한다. 램프 하나는 공부방에 있고 나머지 하나는 침실에 있는데 조광기는 하나뿐이라고 가정해보자. 공부방과 침실에 동시에 있을 수는 없기 때문에 공부방에 있을 때는 램프 1을 조광기에 꽂고 침실에 있을 때는 램프 2를 조광기에 꽂으면 된다. 이러한 행동이 바로 램프를 조광기에 접속(patch)시키는 동작이다. 만약 스무 개의 조명 기구를 각각 다른 시간에 조광기

[그림 7.42] 수동 패치보드
패치보드는 특정 조명 기구와 특정 조광기의 작동을 연결시키는 역할을 한다.

에 연결하고자 한다면 하나를 선택해서 하나의 조광기에 연결하면 된다. 실제 조광 시스템에서 패치보드의 역할도 이와 같다.

특정한 조명 기구를 특정한 조광기에 연결하고자 할 때에는 정해진 패치코드를 선택해서 조광기의 맞물리는 부분(잭)에 끼우면 된다(그림 7.42 참조).

연습삼아 몇몇 개를 연결시켜보도록 하자. 5번 배튼 소켓에 꽂혀 있는 스포트라이트인 5번 기구와 스튜디오 반대쪽에 27번 배튼 소켓에 꽂혀 있는 스쿠프 조명인 27번 기구를 조광기 1에 연결한다. 패치보드상에서 5번, 27번 패치코드를 찾아서 1번 조광기 잭에 끼운다. 패치보드상에서 조광기 1을 작동시키면 두 개의 기구, 즉 5번 스포트라이트와 27번 스쿠프가 동시에 켜져야 하고 같은 강도로 빛을 내게 된다(그림 7.43 참조). 만약 따로 조절하고 싶다면 5번 스포트라이트를 조광기 1에 27번 스쿠프는 조광기 2에 꽂는다.

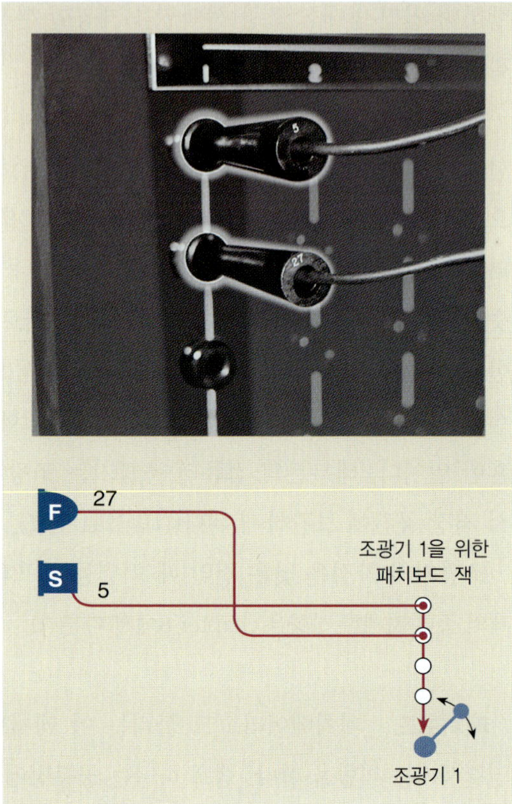

[그림 7.43] 접속
보는 바와 같이 조명 기구의 접속선은 조광기 1에 접속되어 있다. 결과적으로 두 개의 조명기구는 조광기 1에서 이루어지는 조정에 대해서 정확히 같은 반응을 보이게 된다.

패치보드는 스튜디오의 다른 구역에서 특정한 조명 기구의 다양한 조합을 만들 수 있게 하고 조명의 강도를 각각 또는 무리지어서 조절할 수도 있게 한다. 안전을 위해서 모든 패치보드는 조광기에 각각 전력 소켓 차단기가 연결되어 있다. 패치보드를 적정한 조광기 잭에 꼽기 전에 차단기를 작동시켜서는 안 된다. 차단기가 켜졌다면 패치보드가 과열된 것이고 과열된 상태에서는 장비와 특히 사람을 다치게 할 수도 있다.

컴퓨터 조광기 시스템의 소프트웨어 프로그램은 결정된 패치를 기록하고 명령대로 실제 패치를 실행시킨다. 예를 들어, 모든 보조 조명을 켜고 모든 스포트라이트를 끄고 싶거나 혹은 그 반대로 실행하고 싶다면 여러 기구에 번호를 지정하고, 어떤 조명을, 어떤 기능을 수행하는 그룹으로 조합할 것인지 지시한다. 그리고 남은 일은 특정한 시각에 그룹 버튼을 누르기만 하면 되고 나머지는 컴퓨터가 알아서 처리하게 된다. 이전에 귀찮았던 재접속 작업은 이제 하나의 컴퓨터 명령으로 대신하게 됐다. 그러나 컴퓨터 조광기가 공부방과 침실의 조명을 가지고 했던 간단한 원리를 바꾸지는 않는다.

시중에 나와 있는 조광기의 종류에는 여러 가지가 있어서 간단한 광량 조절기에서 컴퓨터로 운용되는 정교한 것까지 다양하다. 전자 장치가 장착되어 있든 없든 관계없이 텔레비전 스튜디오에서 사용되는 조광기 시스템은 두 개의 기본적인 장비를 가지고 있는데, 하나는 개별 조광기를 연결해 놓은 것으로 조명 기구에 전기를 흘려보내는 기능을 하고 다른 하나는 패치보드와 다른 결합 장치로 예치와 발산을 위한 장비이다.

빛의 강도를 조절하는 것 외에도 조광기는 특정 지역에 조명의 종류를 변환시켜주는 역할도 한다. 예를 들어, 거실 조명을 하나의 정해진 조명 상태에서 다른 조명 상태로 조광기로 조절해서 낮과 밤으로 설정할 수 있다. 또한 한 번에 스튜디오 여러 지역을 비출 수도 있는데 정해진 조명 상태를 조광기 기억 장치에 저장하고 필요할 때 저장된 정보의 일부나 전체를 실행시킨다. 어떤 쇼에서는 배경 조명을 적색에서 청색으로 바꾸는 등의 조명 색을 변화시켜야 할 상황도 생기게 된다. 이런 상황에서는 조광기를 이용해서 적색 빛을 내는 조명을 점차 줄이고 청색 빛을 내는 조명을 점차 키우면 된다.

핵심요약

- 모든 스튜디오 조명은 다양한 스포트라이트와 플러드라이트로 이루어져 있다.
- 가장 널리 쓰이는 스튜디오 스포트라이트는 프레즈넬 스폿이다. 엘립소이달 스폿과 팔로우 스폿은 특수 효과 조명으로 사용된다.
- 스튜디오 플러드라이트에는 스쿠프, 소프트라이트와 광범위 조명, 형광등 플러드 뱅크, 백열등 플러드 뱅크, 그리고 스트립(혹은 cyc) 조명이 있다.
- 야외에서의 조명작업 시 작은 프레즈넬 스폿, HMI 라이트, 작은 초점 조정이 가능한 스폿, 개방형 스폿, 내부 반사 스폿(클립 혹은 PAR)을 사용한다.
- 대부분의 휴대용 플러드라이트는 렌즈가 없는 개방형 형태를 가지고 있다. 소형 형광등 뱅크는 휴대용 플러드라이트로도 쓰인다. 확산 장치는 스포트라이트를 플러드라이트로 변환시킬 수 있다.
- ENG에서는 카메라에 장착하거나 손에 들 수 있는 소형의 다용도 조명 기구를 사용한다.
- 조명 키트에는 많은 종류의 야외 조명을 위한 자재들이 갖춰져 있다.
- 조명조절장비는 다양한 장착장치, 방향조절 그리고 조명강도조절장치가 있다.
- 가장 많이 쓰이는 조명 장착장비는 파이프 그리드와 배튼, C 클램프, 슬라이딩 로드, 그리고 팬터그래프와 다양한 종류의 바닥에 세워서 사용하는 스탠드이다.
- 조명의 방향 조정은 반 도어와 플래그 그리고 반사장비를 사용한다.
- 조명 강도 조절은 조명장비의 크기(램프의 출력도), 피사체와 조명기의 거리 조명의 초점과 광선의 확산으로 이뤄진다.
- 조광기를 사용하면 한 개의 조명 기구나 혹은 그룹을 이룬 조명 기구들을 주어진 강도로 빛을 내도록 쉽게 조정할 수 있다. 패치보드 혹은 패치베이는 각각의 조명 기구를 특정한 조광기에 연결시키는 역할을 한다.

SECTION

7.2

조명 강도, 램프, 그리고 색 매개체

Light Intensity, Lamps, and Color Media

스튜디오와 현장에서의 실제 조명을 배우기에 앞서 조명의 몇 가지 요소, 즉 어떻게 조절하고 측정하는가, 유색 조명은 어떻게 만들어지는가에 대해서 좀더 알아보자. 이 section에서는 section 7.1에서 배운 내용에 기술적인 세부사항을 보충한 것이다.

▶ 조명 강도

럭스와 피트 촉광 단위로 측정된 투사 조명과 반사 조명

▶ 빛의 강도 계산

밝기와 역제곱 법칙

▶ 작동에 필요한 빛의 강도: 기본 조명

작동시킬 수 있는 최적의 빛의 강도 또는 기본 조명

▶ 램프의 종류

기본적인 램프들: 백열등, 형광등, HMI

▶ 색 매개체

빛의 색을 바꿔주는 플라스틱 시트(젤)

조명 강도(Light Intensity)

어떤 카메라는 전부 어두운 상황에서도 촬영할 수 있을지라도 대부분의 보통 비디오카메라는 최선의 작동을 위해서는 일정량의 빛이 필요하다. 사람의 눈과 마찬가지로 비디오카메라는 조명 기구에서 얼마만큼의 빛이 만들어지고 세트나 현장에서 실제로 얼마만큼의 빛이 있는지, 피사체로부터 실제 얼마만큼의 빛이 반사되는지, 어느 정도의 빛을 카메라 렌즈가 인지하는지는 말해주지 않는다. 이렇게 빛의 양을 측정할 필요가 있을 경우, 조도 측정기를 사용한다.

피트 촉광과 럭스(Foot-candles and Lux)

빛의 강도를 측정하는 표준 단위로는 유럽식의 럭스(lux)와 미국식의 촉광(foot-candle: fc)이 있다. 평범한 텔레비전 조명은 고도로 정확한 강도 단위를 필요로 하지 않기 때문에 럭스에 10을 곱해서 촉광을 계산하거나 촉광을 10으로 나누어서 럭스를 계산한다.

- 럭스 단위로 제시된 광량을 촉광으로 알아보기 위해서는 럭스에 10을 곱한다.
- 촉광 단위로 제시된 광량을 럭스로 알아보기 위해서는 촉광을 10으로 나눈다.

예를 들어 설명하자면, 2,000럭스는 대략 200촉광(2,000/10)이고 100촉광은 1,000럭스(100 × 10) 정도가 된다. 좀더 정확한 수치를 원한다면 10.75로 곱하거나 나눈다.

럭스나 촉광 단위로 빛의 강도가 표시되는 조도 측정기로 투사 조명과 반사 조명 두 종류의 빛의 강도를 측정할 수 있다. 투사 조명 측정은 전체적인 또는 기본적인 빛을 대략적으로 측정하면 된다. 반사 조명 측정은 빛을 비춘 피사체에서 정확히 얼마만큼의 빛이 반사되는지 보여준다. 빛을 비춘 부분과 그림자 부분의 반사 조명을 측정해 보면 명도 대비를 알 수 있다.

투사 조명(Incident Light)

투사 조명 측정은 기본 조명이라고 불리는 특정 무대의 전체적인 빛의 세기를 알려준다. 실제로 피사체나 피사체가 움직이는 영역에 닿는 빛의 양을 재는 것이다. 투사 조명을 측정하기 위해서는 빛을 비추는 영역이나 피사체 바로 옆에 서서 럭스 단위나 촉광 단위로 된 조도 측정기를 카메라 렌즈로 향하게 해서 측정해야 한다. 측정기는 특정한 지역의 전체적인 빛의 양을 빠르게 읽어 낸다. 특정한 조명원으로부터 오는 광량을 재고 싶다면 조도 측정기를 조명원을 향해서 두고 측정한다. 이러한 측정은 하나의 무대를 설치해 놓고 며칠 동안 촬영을 반복

[그림 7.44] 투사 조명 측정
투사 조명을 측정하기 위해서는 조도 측정기를 빛을 받는 피사체나 피사체가 움직이는 영역 가까이에 두고 카메라나 조명을 향하게 한 채 측정한다.

[그림 7.45] 반사 조명 측정
반사 조명을 측정하기 위해서는 반사 조명 측정기(보통 스틸 사진에서 쓰이는 측정기)를 빛을 받는 피사체나 주인공 가까이에서 측정한다.

하는 경우 손쉬운 측정 방법으로 사용된다. 컴퓨터 패치보드가 충실하게 제 기능을 다해서 전날과 똑같은 조광기 설정을 실행시키고 있음에도 불구하고 어떤 이유에서 전날과 정확하게 일치하는 강도의 빛인지 의문이 생길 때가 있다. 이러한 경우 투사 조명을 측정하면 정확히 같은 강도의 빛이 나오는지 아닌지를 확인할 수 있다(그림 7.44 참조).

조명에 '구멍'이 있을 가능성을 고려해서 조도 측정기를 주요 카메라 위치를 향하게 한 채 무대 이곳저곳에서 측정해보는 것이 좋다. 측정기를 유심히 살핀다. 언제든지 측정기 바늘이 내려가면 그 곳에는 구멍이 있는 것이다.

반사 조명(Reflected Light)

반사 조명 측정은 얼마만큼의 빛이 다양한 피사체로부터 튕겨져 나오는지를 말해준다. 주로 콘트라스트를 재기 위해서 사용된다.

반사 조명을 측정하기 위해서는 반드시 반사 조명 측정기(대부분의 사진 조도 측정기는 반사 조명을 측정하도록 되어 있다)를 사용해야 한다. 배우의 얼굴이나 하얀색 블라우스 또는 진한 파란색의 배경 커튼과 같이 조명을 비춘 피사체에 측정기를 가까이 대고 카메라를 향하게 한 상태에서 측정한다(그림 7.45 참조). 조명원과 피사체 사이에서 측정해서는 안 되는데, 그 이유는 실제 피사체에서 반사된 빛이 아닌 자신의 그림자를 측정하게 되는 경우가 있기 때문이다. 콘트라스트를 측정할 때는 처음에는 피사체의 밝은 부분을 측정하고 그 다음 어두운 부분으로 이동해서 측정한다. 두 측정 치수의 차이가 콘트라스트 비를 말해준다(chapter 8에서 콘트라스트 비와 텔레비전 조명에 있어서 콘트라스트 비의 중요성에 대해서 자세히 다루기로 한다).

이러한 측정과 비율에 너무 집착하지 말자. 대부분의 조명 상황에서 재빨리 기본 조명을 한 번 재보는 것이 일반적으로 필요한 조도 측정의 전부라고 할 수 있다. 특별한 상황에서는 얼굴이나 밝은 피사체로부터 반사되는 빛을 일일이 확인해야 하는 경우도 있다. 어떤 사람들은 카메라가 감당할 수 있는 가시적인 빛의 정도를 나타내는 수치인 조도 측정기와 오실로스코프에 너무 연연해서 모니터를 통해 원하는 대로 조명이 비추고 있는지 확인하는 것을 잊는 경우도 있다. 카메라의 작동 원리에 대한 지식과 미적 감각, 그리고 특히 상식적인 감각을 결합시킨다면 조도 측정계에 의지해서 조명을 조정하기 보다는 작업을 좀더 효율적으로 사용하는 안내자 정도로 사용할 수 있을 것이다.

빛의 강도 계산(Calculating Light Intensity)

빛의 강도를 재는 것은 얼마나 많은 양의 빛이 피사체를 때리는지 재는 것이다. 1 lux는 1 m 거리에서 타고 있는 하나의 촛불이 1 m^2(3 feet × 3 feet)를 비추는 빛의 정도를 말한다. 1 fc은 1 foot 떨어진 곳에서 하나의 촛불이 1×1 foot 표면을 비추는 빛의 양을 말한다.

보다 기술적으로 말하면 빛의 강도에는 제곱 반비례 법칙이 적용된다고 하겠다. 이 법칙은 만약 조명원이 방 한가운데서 타고 있는 양초나 전구처럼 등방향, 즉 모든 방향으로 고르게 빛을 비추고 있다면 빛의 강도는 $1/d^2$(d는 조명원으로부터의 거리를 의미한다)에 비례해서 점점 약해지게 된다. 예를 들어, 조명원으로부터 1 foot 떨어진 거리에서의 조명 강도가 1 fc(일반적으로 1 lumen이라고 한다)이라고 한다면 2 foot 떨어진 거리에서 빛의 강도는 1/4 fc이 되는 것

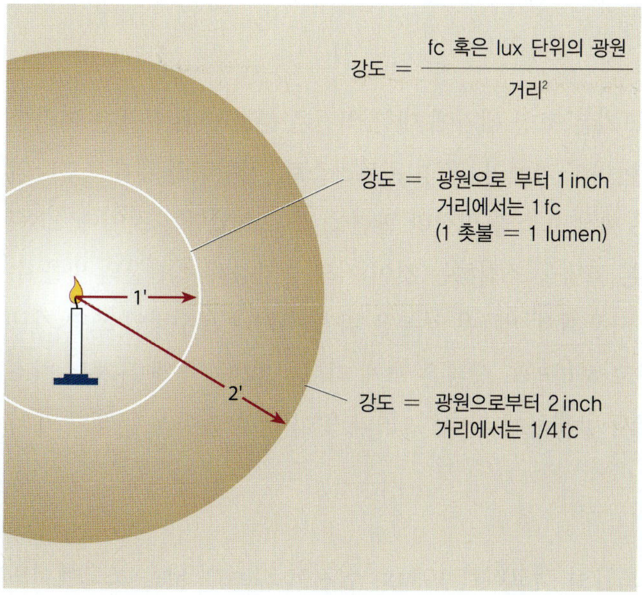

[그림 7.46] 빛의 강도가 거리의 제곱에 반비례한다는 법칙
빛의 강도가 거리의 제곱에 반비례한다는 법칙은 광원이 전방향으로 고르게 비춘다는 전제에서만 성립된다. 이 법칙은 lux 단위에서도 마찬가지로 적용된다.

이다(그림 7.46 참조).

이 제곱 반비례 법칙은 럭스에서도 그대로 적용된다. 럭스로 표기하면 1 lumen의 조명원에서 1 m 떨어진 거리의 1 m² 표면에 비춰진 빛의 강도가 될 것이다.

이 공식을 통해 조명 기구를 피사체로부터 멀어지게 하면 빛의 강도는 약해지고 가까이 가져가면 강도는 높아진다는 것을 알 수 있다. 또한 이 공식은 텔레비전 조명을 약간이나마 더 정확하게 만들어 준다. 서치라이트나 플래시라이트, 자동차의 헤드라이트, 프레즈넬 혹은 엘립소이달 라이트는 빛을 등방향으로 방출하지는 않지만 모든 광선을 평행하게 방출하기 때문에 제곱 반비례 법칙을 꼭 따르는 것은 아니다. 좀더 평행하게 방출하면 할수록, 즉 좀더 광선의 초점을 맞추면 맞출수록 거리에 따라 빛의 강도가 떨어지는 것이 덜하게 된다. 이것이 조명 기구와 피사체 사이의 거리를 그대로 유지한 상태에서 좀더 많은 양의 빛을 피사체에 비추려고 할 때 스포트라이트를 쓰고 적은 빛을 필요로 할 때는 플러드라이트를 사용하게 하는 이유이다. 고도로 평행을 유지하는 광선으로는 레이저가 있는데, 이미 모두 알고 있는 것처럼 레이저는 아주 먼 거리를 비춰도 그 강도의 변화가 거의 없다.

작동에 필요한 빛의 강도: 기본 조명(Baselight)

카메라가 잘 볼 수 있어서 영상 잡음으로부터 자유로울 수 있게 하기 위해서는 기본 조명이라고 부르는 최소한의 카메라 작동에 필요한 강도의 빛을 제공해주어야 한다. 기억하고 있겠지만 기본 조명이란 장면에서의 전체적인 빛의 세기를 말한다.

기본 조명 세기(Baselight Levels)

다양한 카메라를 위한 적정한 최소 기본 조명 세기에 대한 의견은 분분하다. 문제는 이러한 기본 조명의 세기가 절대적 수치가 아니라 카메라, 조명 콘트라스트, 일반적인 무대로부터의 빛의 반사, 렌즈의 구경과 같은 다른 제작 요소와 밀접한 관련을 가지고 있다는 것이다. ENG 작업에서 야외 촬영을 할 때에는 기본 조명을 조절하는 것이 거의 불가능해서 현장의 빛을 수용해야만 한다. 태양광 반사 장치를 사용해서 어두운 부분을 밝게 하거나 부수적인 조명 기구들로 사용 가능한 빛의 양을 늘린다고 하더라도 상황은 크게 다르지 않다. 대개 문제는 최소 광량에 못 미치는 기본 조명 조건에서 발생하게 된다. 그러나 빛이 너무 많아서 문제가 생기는 경우도 없지는 않다.

기본 조명이 충분치 않은 경우 보급형 캠코더가 10 lux, 심지어 2 lux의 낮은 조도에서도 촬영이 가능하다는 말을 들어본 적이 있겠지만 카메라가 작동하는 데 있어서 적정한 최소 광량은 이보다 훨씬 높다. 전문가용 ENG/EFP 카메라나 스튜디오 카메라의 경우 구경을 f/5.6에서 f/8.0으로 맞췄을 때 최선의 화질을 얻을 수 있는 적정 광량은 약 2,000 lux, 대략 200 fc 정도이다. 확실히 카메라 설명서에서 읽은 대로 200 fc와 같은 기본적인 조명과 최고치의 f/11과 같은 f-stop의 설정에서 카메라는 최선의 영상을 보낸다.

대부분의 비디오 카메라는 낮은 조도의 기본 조명에서도 촬영이 가능하기는 하지만 그렇게 했을 때 화질은 떨어지게 되는 결과를 낳는다. 가장 높은 게인 위치로 설정하면 낮은 조도에서도 촬영은 가능하다. 그러나 이러한 높은 게인은 영상 잡음을 증가시키고 어떤 경우 색상이 왜곡되기도 한다. 개인적인 행사를 촬영하거나 ENG 상황에서조차도 화면의 질보다는 그 내용이 중요하게 여겨지지만 EFP나 스튜디오 제작과 같이 포스트프로덕션 편집과정에서 복사를 거듭하고 계속해서 재생해야 하는 상황에서는 화질이 무엇보다도 중요하다. 일반적으로 높은 게인으로 촬영했을 때 아날로그 카메라보다는 디지털 카메라가 좀더 높은 화질을 만들어 낸다.

만약 무대나 의상이 빛을 많이 흡수하는 색상이나 재질로 되어 있다면 당연히 적당한 양의 빛을 반사시키는 밝은 색으로 표면이 칠해진 무대 장치로 작업할 때보다 높은 강도의 기본 조명이 필요하다.

부족한 기본 조명으로 촬영했을 때 나타나는 또 다른 문제점은 바로 피사계 심도이다. 낮은 조도에서는 렌즈 조리개를 크게 개방해서 가능한 한 많은 양의 빛이 촬상 장치에 닿도록 해야 한다. 그러나, 이미 예상했겠지만, 렌즈가 최대 구경에 있으면 거기에 따라 피사계 심도는 확연히 낮아지게 된다. 결과적으로 초점 문제가 발생하게 되고 피사체나 카메라의 움직임이 많은 경우의 문제는 더 커지게 된다면 만약 피사체나 카메라의 움직임을 유지하면 눈에 띄는 래그(스미어가 오브젝트를 따라 움직임)를 경험하게 될 것이다.

경험에서 얻은 원칙을 말하자면 낮은 기본 조명과 높은 콘트라스트를 보이는 조건에서보다는 상대적으로 높은 기본 조명과 다소 낮은 콘트라스트 비를 가진 조건에서 높은 화질과 선명한 화상을 얻어내는 데 큰 문제를 겪지 않을 수 있다.

기본 조명이 너무 높을 경우 기본 조명과 화질에 관한 이러한 규칙이 유효하기는 하지만 너무 높은 기본 조명으로 인해서 적정한 카메라 작동을 방해받는 예도 있다. 광량이 지나칠 때는 렌즈의 구경을 작게, 바꿔 말하자면 조리개 숫자를 f/22와 같이 높이거나 또는 카메라 필터 휠의 일부분인 ND 필터를 사용하면 된다. 작은 구경과 마찬가지로 중간 농도 필터(neutral density filter: ND filter)는 광선의 색온도를 변화시키지 않으면서 카메라 스플리터로 들어가는 빛을 줄이거나 장면에 떨어지는 빛의 양을 줄이는 기능을 한다. 이러한 ND 필터는 햇빛이 강한 날 야외에서 촬영을 할 때 나타나는 빛과 그림자 사이의 높은 콘트라스트 비를 조절하는 데 도움을 준다.

램프의 종류(Types of Lamps)

조명 기구는 기능(스포트라이트냐 플러드라이트냐 하는)뿐만 아니라 사용되는 램프에 따라서도 분류될 수 있다. 램프의 종류에 따라 조명 기구를 분류할 때 12 V, 30 V의 배터리를 사용하는 램프처럼 출력으로 구분하거나 스튜디오에서 사용되는 조명 혹은 특별한 방식으로 빛을 만들어 내는 발광체를 기준으로 한다.

텔레비전 조명은 기본적으로 다음의 세 가지 종류의 램프 또는 발광체를 사용한다. (1) 백열등, (2) 형광등, (3) HMI.

백열등(Incandescent)

백열 램프는 전기로 필라멘트에 열을 가해서 빛을 낸다. 가정에서 사용하는 백열 램프와 흡사하지만 텔레비전 조명 기구로 쓰이는 백열 램프가 높은 와트 수를 갖고 있어서 고강도의 빛을 낸다는 것은 다르다. 또한 더 작고 뜨거워지는 쿼츠 램프도 여기에 포함된다. 일반 백열 램프의 단점은 높은 와트 수의 전구가 아주 큰 데다 사용 기간에 따라 현저하게 색온도가 떨어지고 비교적 짧은 수명을 가지고 있다는 것이다.

쿼츠(quartz) 쿼츠 램프는 할로겐 기체로 채운 쿼츠(수정) 전구 안에 필라멘트가 들어 있는 형태를 가지고 있다. 일반 백열 램프보다 쿼츠 램프가 좋은 점은 더 작고 전체 수명 기간 동안 동일한 색온도를 낸다는 것이다. 그러나 작동되는 동안 아주 뜨거워진다는 단점도 가지고 있다. 쿼츠 조명을 교체할 때는 절대 손으로 만져서는 안 된다. 오래된 전구는 피부에 화상을 입힐 만큼 뜨거울 수도 있고 지문을 전구 위에 남겼을 때 수명을 단축시키는 원인으로 작용할 수도 있다. 램프를 만져야 할 때는 장갑이나 종이 타월, 헝겊 종류를 이용한다.

형광등(Fluorescent)

형광등은 관에 채워진 기체를 자외선으로 자극해서 빛을 만들어 낸다. 텔레비전 수상기에서 전기 빔이 빛을 만들어 내는 것과 유사하게 자외선 방사로 관 안쪽 면에 칠해진 인 성분으로 하여금 빛을 내게 만드는 것이다. 형광등 조명에 대한 많은 반론을 생각하지 않더라도 모

[그림 7.47] 색 매개체 (color media)
색 매개체나 젤라틴은 컬러 필터이며 조명기 전면에 부착하여 컬러 조명을 연출해 낸다.

든 형광등은 약간 초록을 띠는 빛을 만들어 내고, 형광등의 색 온도는 다른 실내외 조명원과 조합해서 사용하기 어려운 것이 사실이다.

금속 할로겐 방전체(HMI)

HMI(hydragyrum medium arc-length iodide) 전구는 전류가 다양한 유형의 가스를 통과하여 빛을 발생한다. 이것은 빛을 만들 때 천구 안에서 방전시켜 빛을 만들어 내며, 안정기(ballast)가 필요하다. HMI 램프는 평균적인 야외와 같은 5,600K의 빛을 만들어 낸다(section 7.1에 HMI를 사용하는 제작의 이점과 불리함에 대한 설명이 있다). 쿼츠 전구와 마찬가지로 손으로 금속 할로겐 램프를 만져서는 안 된다. 지문이 쿼츠 몸체를 약하게 만들고 짧은 시간에 타 없어지게 만든다.

색 매개체(Color Media)

색 매개체나 젤[젤은 젤라틴(gelatin)의 줄임말이며 좀더 내구력이 있는 플라스틱이 만들어지기 전에 주로 사용되던 색 매개체이다]을 조명 기구 전면에 부착함으로써 간단하게 다양한 유색광을 만들어 낼 수 있다. 색 매개체는 필터와 같은 역할을 하는 내열성이 강한 플라스틱 판을 말한다. 이것은 무대 배경에 색조를 띠게 하거나 댄스 프로그램, 록콘서트 또는 미스터리물이나 우주 모험에 관한 쇼와 같이 유색광을 특수 효과로 사용하는 데 널리 사용된다(그림 7.47 참조).

색 매개체 사용 방법(How to Use Color Media)

색 매개체 시트는 다양한 조명 기구의 젤 고정대에 맞게 재단할 수 있다. 선택된 색 매개체를 재단해서 조명 기구 앞쪽에 있는 젤 고정대에 밀어 넣으면 된다. 유색 조명이 아주 정확하지 않아도 된다면 플라스틱으로 된 매개체가 녹을 수도 있으므로 컬러 시트를 반 도어 같은 장치에 나무 빨래집게를 이용해서 고정시키는 것도 좋은 방법이다. 이런 방법으로 고가의 젤이 망가지는 것을 방지하거나 높은 열을 방출하는 램프로부터 떨어뜨려 놓을 수 있다. 고도로 집중된 빛을 내는 조명 기구의 경우 아무리 내열 플라스틱이라고 할지라도 색 매개체의 중앙을 태워버릴 수 있다. 이것을 방지하기 위해서는 조명을 좀더 플러드라이트 위치에 맞춰서 방사되는 열을 흩어지게 만든다.

컬러 젤의 혼합(Mixing Color Gels)

컬러 젤을 사용할 때 색을 가감하는 방법으로 색을 혼합할 수 있다. 예를 들어, 빨간색의 젤을 한 조명기에 초록색의 젤을 다른 조명기에 댄 후에 빛을 겹쳐보면 노란색이 나온다. 하나의 빛 위에 다른 색의 빛이 섞여 감산혼합되었기 때문이다. 하지만 만약 빨간색과 녹색의 젤 라틴을 한 조명기 앞에 댔을 때는 아무색도 얻지 못한다. 왜냐면 빨간색의 젤(감하다)이 모든 초록빛을 막고 녹색의 빛은 붉은빛을 무효로 만들어 버리기 때문이다.

유색의 피사체에 유색광을 비췄을 때도 비슷한 문제가 발생한다. 우리가 사과를 빨갛게 보는 것은 사과가 빨간색 외에 모든 색을 흡수해버리기 때문에 결과적으로 우리에게는 빨갛게 보이는 것이다. 초록 사과도 마찬가지 원리로 초록색으로 보이게 된다. 만약 초록 사과에 빨간 조명을 비추면 어떻게 될까? 노란색으로 보이게 될까? 그렇지 않다. 그 사과는 아마도 어두운 갈색이나 검은색으로 보이게 될 것이다. 도대체 왜 이런 결과가 나오는 것일까? 그 이유는 초록 사과를 비추는 빨간 조명에는 초록색이 전혀 들어 있지 않기 때문이다. 빨간색의 전부 혹은 대부분을 흡수해 버리는 초록 사과는 빨간색을 전혀 방출하지 않거나 아주 조금 방출하게 되는 것이다. 마찬가지로 파란 '밤(night)' 조명을 노란 피사체에 비출 때도 파란색 조명은 노란색을 포함하고 있지 않고 반사시킬 만한 노란 빛을 받지 못하는 노란색 피사체는 결과적으로 어두운 회색이나 검은색으로 보이게 된다.

머리카락을 비추는 역광 조명으로 파란색을 약간 띠는 조명을 사용하고, 얼굴을 비추는 조명으로는 약간 따뜻한 색을 사용하거나 아주 옅은 파란색 젤을 보조 조명으로 사용해서 배경이 약간 시원해 보이고 오렌지 젤을 주 조명(주요 조명원)에 사용해서 밝은 부분이 약간 따뜻하게 보이도록 만든다.

대부분의 조명 전문가들은 연기자를 비출 때 또는 공연지역에 색이 있는 조명을 쓰지말라고 충고한다. 당연히 이는 범죄물에서의 녹색의 빛 또는 록음악 장면의 여러 색과 같은 특수 효과이기 때문이다. 만약 색이 결정적이라면 색 조명을 얼굴에서 떨어뜨리는 것을 시도하자.

아마 우리는 지루하지만 중요한 후반작업의 색보정(color correction)이라는 직업에 대해 들어보았을 것이다(chapter 13)에 자세한 사항이 있다). 만약 색 매개체를 사용한 스튜디오 조명을 사용하지 않았더라도 이것은 전기적으로 다시 조합된 RGB양과 기본적인 RGB의 양에 기반을 둔다. 이것은 특별한 제작 기술로 이 책의 범위를 넘는다.

핵심요약

- 조명 강도는 촉광 또는 럭스 단위로 측정이 가능하다. 럭스를 촉광 단위로 환산할 때는 럭스를 10으로 나누고 촉광 단위를 럭스 단위로 환산할 때는 촉광에 10을 곱한다.
- 일반적인 럭스, 촉광 변환 계수는 10이지만 좀더 정확히 하자면 그 계수는 10.75로서 1 fc =10.75 lux, 10.75 lux = 1fc 이다.
- 투사 조명을 측정하기 위해서는 조도 측정기를 조명을 받는 피사체로부터 떨어진 위치에서 카메라나 조명원을 향하게 해서 측정한다.
- 반사 조명을 측정하기 위해서는 반사 조명 측정기(표준 측정기)를 조명이 비추는 피사체에 가까이 그리고 다양한 부분으로 가져가서 측정한다. 측정된 반사 조명은 주로 콘트라스트를 알기 위해서 이용된다.
- 조명의 제곱 반비례 법칙은 하나의 전구나 하나의 양초처럼 조명원이 등방성 방사를 하는 경우에 적용된다. 대부분의 텔레비전 조명 기구는 빛을 평행 방출하기 때문에 제곱 반비례 법칙이 같은 정도로 적용되지는 않는다. 그러나 피사체로부터 조명을 멀리 가져가면 조명 강도는 약해지고 가까이 가져가면 조명 강도는 높아진다는 일반 원리는 틀림이 없다.
- 기본 조명은 전체적인 조명 강도이다. 카메라는 최선의 작동을 위해서는 최소 기본 조명도 이상의 빛이 필요하다.
- 램프에는 (1) 쿼츠를 포함한 백열등, (2) 형광등, (3) HMI 이렇게 세 가지가 있다. 백열 램프에는 일반 가정에서 사용하는 전구와 좀더 효율적인 쿼츠가 포함된다. 형광 램프는 자외선으로 형광등 내부의 인으로 된 층을 자극해서 빛을 만들어 낸다. HMI 램프는 다양한 기체를 통과시키는 전기를 방전시켜서 빛을 만들어 낸다.
- 보통 젤이라고 부르는 색 매개체는 색이 입혀진 플라스틱 필터로 조명 기구의 렌즈 앞에 장착해서 젤에 나타나는 색을 광선에 입히는 기능을 한다.
- 유색 조명은 가산 혼합이 가능하고 필터를 겹치게 되면 감산 혼합된다.

CHAPTER

8

텔레비전 조명 기법

Techniques of Television Lighting

텔레비전을 볼 때 아마 사람과 때로는 뉴스의 전체적인 장면이나 코미디 상황, 그리고 오락프로그램에서 그들의 얼굴에 약간의 그림자가 있는 것에 주목할 것이다. 그러나 범죄물이나 오페라에서는 가끔 빛보다 좀더 깊은 그림자가 배우의 얼굴에 드리워지거나 때로는 색이 왜곡된다. 텔레비전 조명기법은 이와 같이 다른 조명효과와 다름을 시사한다.

대부분의 비디오 제작, 특히 EFP의 경우에 사용 가능한 공간과 시간, 인력이 제한되어 있어서 영화에서와 같은 우수한 조명을 사용하는 것이 불가능하다. 예를 들어 조명에 할당되는 시간이 아주 짧은 경우, 행사가 진행되는 장소의 자연광을 고려하지 못한 채 고도의 분산된 조명만을 스튜디오 또는 현장에 사용하게 되곤 한다. 이런 기법이 카메라나 비디오 오퍼레이터(왜냐하면 균일한 조명양 역시 약간의 그림자를 만든다)는 만족시킬 수 있을지는 몰라도 제작에 필요한 미적 요소를 언제나 충족시키지는 못한다. 예를 들어, 어두운 골목 모퉁이에서 벌어져야 하는 극적인 장면에서 소프트라이트 조명이 밝고 고르게 비추고 있다면 그다지 설득력 있는 영상을 만들어 낼 수 없다. 반면, 뉴스나 인터뷰 또는 기업의 경영인이 자신의 부하 직원에게 판매를 지시하는 장면 등에서 극적인 조명을 설치하려고 시간을 많이 들이는 것도 불필요한 일이다. 이런 상황에서는 고른 조명이면 충분하다.

항상 존재하는 한정된 시간은 좋은 것을 제외하고 창조적인 텔레비전 조명을 할 수 없게 하고 높은 단계의 작업능률을 요구한다. 중요한 기본 조명 이해가 없다면 많은 시간을 할당하게 되고 리허설 시간에 조명 효과의 성과를 시도할 것이고 마지막에 이르러 방출될지 모른다. 능률적인 조명은 역시 준비의 철저다. 이번 chapter는 이와 같은 준비를 도와 줄 것이다. section 8.1 「스튜디오 조명」에서는 기본 스튜디오 조명 기법과 특수 효과 기법에 대해서 알아보고, section 8.2 「현장 조명」에서는 ENG와 EFP 제작에서의 조명에 대해서 설명한다.

주요 용어

배경 조명(background light) 세트나 그 일부분 또는 배경에 조명을 비추는 것. 세트 조명이라고도 한다.

역광 조명(back light) 주요 사물의 뒤에서 카메라를 향해 비추는 조명.

카메오 라이트(cameo lighting) 어떤 대상의 전경에 강한 방향성 조명을 비추고 배경은 어둡게 유지하는 것.

크로마 키(chroma keying) 유색 배경(주로 파란색 혹은 녹색 사용)을 사용하고, 후에 키(key: 조정)를 통해서 이 배경을 다른 이미지로 교체하는 효과.

색온도(color temperature) 백색광의 빨갛거나 파란 정도를 캘빈도(K)로 측정한 것을 말한다. 정상적인 실내 TV 조명은 3,200K이고, 야외 조명은 5,600K이다. 기술적으로 켈빈 수로 표시한다

콘트라스트 비(contrast ratio) 화면의 가장 밝은 부분과 가장 어두운 부분의 차이. 대부분의 카메라를 위한 최적의 콘트라스트 비는 40:1~50:1이며 이것은 가장 밝은 부분이 가장 어두운 부분의 40배 혹은 50배 정도로 밝다는 것을 의미하며 밝거나 어두운 부분의 손실의 위험을 제외한다. HDTV의 경우 카메라의 기능에 따라 이 비율을 높일 수가 있다.

주 조명 교차(cross-keying) 두 사람이 마주 보고 있을 때 주 조명을 교차하는 것.

분산 조명(diffused light) 비교적 넓은 지역을 비추는 뚜렷하지 않은 조명. 플러드라이트가 분산 조명을 내보내고 이 조명은 부드러운 그림자를 만들어 낸다.

방향성 조명(directional light) 비교적 좁은 지역을 비추는 뚜렷한 조명. 스포트라이트에서 만들어지며, 날카롭고 선명한 그림자를 만들어 낸다.

폴 오프(falloff) (1) 빛의 감도가 약해지는 속도, (2) 조명이 비춰진 화면의 일부분이 그림자로 변하는 부분으로 가는 속도. 빠른 폴 오프란 밝은 지역이 급격하게 그림자로 넘어가면서 빛과 그림자 사이의 명도 차이가 크게 나는 것을 말한다. 느린 폴 오프란 밝은 부분에서 어두운 부분으로 가는 것이 완만한 정도를 말하는데 빛과 그림자 사이의 명도 차이가 작다.

보조 조명(fill light) 카메라를 중심으로 주 조명의 반대편에서 그림자를 비추는 부가적인 조명으로 폴 오프를 감소시키는 역할을 한다. 주로 플러드라이트를 사용한다.

플로어 플랜(floor plan) 무대와 소품들을 모눈종이 위에 그린 그림. 플로어 계획 패턴을 의미하기도 한다.

높은 기조(high-key) 밝은 배경과 풍부한 빛을 가진 장면. 주 조명의 세로 위치와는 아무런 관계가 없다.

캘빈(K: Kelvin) 색온도를 재는 단위로 백색광의 붉은 정도나 파란 정도를 나타낸다. 높은 캘빈 숫자는 백색광에 비해 좀더 푸르다. 낮은 캘빈

숫자는 백색광에 비해 붉다.

주 조명(key light) 주요 조명원.

키커 라이트(kicker light) 주로 방향성 조명을 사물의 측면 하단에서 후면을 비추는 것.

조명 계획(light plot) 플로어 계획과 흡사한 것으로 조명을 비춰야 할 무대와 관련된 조명 기구의 종류와 크기, 위치, 그리고 광선의 주 방향을 나타낸 것.

현장 조사(location survey) 확인 목록과 같은 형식으로 원거리 제작에 필요한 사항을 수기한 것.

낮은 기조(low-key) 어두운 배경과 선택적 위치에 조명을 비춰주는 장면. 주 조명의 세로 위치와는 아무런 관계가 없다.

사진 조명 원리(photographic lighting principle) 주, 보조, 역광 조명의 삼각 배치 구도로 역광 조명은 카메라의 반대 방향에 위치해서 피사체의 바로 뒤를 비추고, 주 조명과 보조 조명은 카메라를 기준으로 반대 방향에서 정면과 측면을 비추는 것을 말한다. 삼각 조명이라고도 한다.

측면 조명(side light) 주로 방향성 조명을 피사체의 측면에서 비추는 것. 부가적인 보조 조명이나 두 번째 주 조명의 역할을 하게 되며 윤곽을 나타내게 된다.

실루엣 조명(silhouette lighting) 밝게 빛이 비춰진 배경 앞에 빛을 비추지 않는 사람이나 피사체를 배치하는 것.

SECTION

8.1

스튜디오 조명

Lighting in the Studio

조명이란 빛과 그림자를 조절하는 것을 의미한다. 얼굴이나 피사체의 질감이나 형태, 특정한 환경 제시, 음악과 같은 특별한 분위기를 만들어 보여주기 위해서는 빛과 그림자가 모두 필요하다. 극적인 요소를 가진 제작이건 아니건 간에 한 가지 문제를 해결하는 데는 다양한 방법이 있다는 것을 알게 될 것이다. 이렇게 모든 가능한 조명 상황을 해결할 수 있는 집약적인 절대적 조명 기법이란 있을 수 없으며, 다만 쉽게 적용해서 다양한 특정 조명의 요구를 만족시킬 수 있는 기본 원리만이 있을 뿐이다. 특정한 조명 업무를 하게 될 때마다 조명의 설치부터 시작하지는 말도록 하자. 우선 조명이 어떻게 보여지기를 원하는지 결정하고, 특히 가능한 시간과 현존하는 기술들을 이용해서 문제를 해결해 나가도록 하자.

Section 8.1에서는 다음의 조명 기법들에 대해서 알아본다:

▶ 조명의 특성

방향성과 분산

▶ 색온도

백색광의 적색화와 청색화, 그리고 조절 방법

▶ 조명의 기능

전문 용어와 주 조명원의 특수 기능

▶ 특수 조명 기법

플랫, 지속적인 움직임, 큰 영역, 카메오, 실루엣, 크로마 키를 위한 조명과 눈과 붐 그림자의 조절

▶ 콘트라스트

콘트라스트와 반사, 콘트라스트 비, 콘트라스트 측정, 그리고 콘트라스트 조절

▶ 조명 강도의 균형

주 조명 대 후방 조명의 비율과 주 조명 대 필 라이트의 비율

▶ 조명 계획

기구의 위치와 광선을 나타내는 것

▶ 스튜디오 조명의 조작

안전, 램프와 전력 절약, 그리고 스튜디오 모니터의 이용

조명의 특성(Quality of Light)

조명의 피사체가 무엇이건 간에 사용하는 조명에는 방향성 조명과 확산 조명 두 가지 종류가 있다. 햇빛에서 오는 그리고 보통 책을 읽을 때 사용하는 보통의 백색광은 순수한 하얀색이 아닌 약간의 붉은색 혹은 푸른색을 띠고 있다. 기술적으로 백색광은 반드시 색온도를 가지고 있다.

방향성 조명과 분산 조명(Directional Light and Diffused Light)

방향성 조명은 스포트라이트에 의해 만들어지고 비교적 작은 영역을 뚜렷한 광선으로 비춰서 어둡고 선명한 그림자를 만들어 내게 된다. 구름이 없는 대낮의 태양은 거대한 스포트라이트와 같은 기능을 해서 어둡고 뚜렷한 그림자를 만들어 낸다.

분산 조명은 비교적 넓은 영역을 넓고 뚜렷하지 않은 광선으로 비춘다. 플러드라이트에서 만들어지고 부드럽고 반투명한 그림자를 만들어 낸다. 구름 낀 날이나 안개 낀 날 태양은 구름에 의해 고도로 분산된 광선으로 변화해서 이상적인 플러드라이트의 역할을 하게 된다.

그림자의 농도와 폴 오프를 통해서 조명이 방향성을 갖는지 분산된 조명인지 알 수 있다. 빛이 비춰진 부분만 보고 방향성 조명인지 분산 조명인지 구분해내는 것은 어려운 일이다.

색온도(Color Temperature)

형광등은 촛불과는 다른 백색광을 낸다는 것은 이미 알고 있을 것이다. 실제로 형광등은 파란 녹색 빛을 내는 데 비해 촛불은 적색 빛을 낸다. 일몰 시 태양광은 한낮의 태양광보다 붉은 빛을 발산한다. 이런 빛에 있어서의 색의 다양함을 색온도라고 한다. 색온도는 물리적인 온도

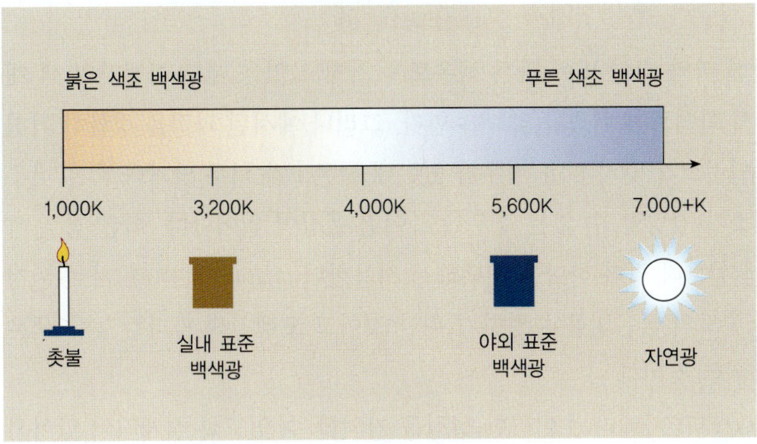

[그림 8.1] 색온도
색온도는 캘빈도로 측정하고 붉은색조와 푸른색조로 나타낸다. 실내광은 3,200K, 야외광은 5,600K이 기준이다.

와는 아무런 관계가 없는 것으로 전구가 얼마나 뜨거워지는가가 아닌 하얀색 빛이 얼마나 붉은색을 띠고 있는가를 말하는 것이다.

백색광이 얼마만큼 적색을 띠는가와 얼마만큼 청색을 띠는가는 정확하게 측정이 가능하고 색온도를 통해 K(Kelvin degrees: 캘빈도) 도수로 표시된다. 이 조명 전문 용어는 떨어진 온도나 특별한 색온도를 오직 K로 표시한다.

표준 실내 색온도는 아주 약간의 붉은 기를 띤 3,200K의 백색광이다. 모든 스튜디오 조명 기구와 휴대용 조명 기구는 최대 전력을 공급받았을 때 3,200K에 달하는 실내 조명용 빛을 내도록 되어 있다. 야외 조명을 증가시키거나 야외 조명을 흉내내기 위한 조명 기구들에서는 5,600K에 달하는 빛을 발하게 되는데, 이것은 실제 야외에서 접하는 빛보다 약간 더 청색 빛이 도는 빛이다(그림 8.1 참조).

3,200K에 맞춰져 있는 조명을 어둡게 만들면 석양의 태양이 그런 것처럼 아주 붉은빛을 만들어 내게 된다. 3,200K의 빛을 하얀색으로 인지하게끔 조정되어 있는 컬러 카메라의 경우 이런 붉어지는 정도를 여실히 보여주게 된다. 예를 들면, 배우의 하얀색 셔츠는 점차 오렌지색이나 분홍색으로 변하게 되고 피부색은 부자연스러운 빨간색으로 빛나게 되는 것이다. 그래서 어떤 조명 전문가들은 배우나 배우가 움직이는 공간을 비추는 조명의 강도를 조금이라도 낮추는 것을 반대하기도 한다. 피부색이야말로 시청자가 텔레비전의 색이 정확한 것인가를 판단할 수 있는 유일한 기준이다. 만약 피부색이 왜곡되어 있다면 다른 색이 정확하다고 믿을 수 있을까? 이렇게 논쟁은 계속되게 된다. 그러나 실습을 통해서 알고 있겠지만 10% 정도 빛을 줄인다고 해도 컬러 모니터로 보이는 색온도의 차이는 크게 나타나지 않을 것이다. 덧붙여 말하자면 10% 정도의 빛을 줄이는 것이 전기 소모량을 줄일 뿐만 아니라 전구의 수명도 늘릴 수 있다.

색온도 조절 방법(How to Control Color Temperature)

이미 chapter 3에서 밝힌 바와 같이 빛이 다른 색온도를 가지고 있을 때도 카메라의 색 재생 능력을 교정하기 위해서 화이트 밸런스를 맞춰야 한다. 그러나 예시된 과정을 정확히 거쳤는데도 불구하고 화이트 밸런스가 맞지 않을 경우가 있는데 색온도가 너무 낮거나 혹은 너무 높아서 자동 화이트 밸런스가 감당할 수 없는 경우에도 이런 현상이 일어난다. 이런 경우 카메라 내에 있는 필터 휠에서 컬러 필터 하나를 선택해서 사용한다(chapter 3 참조). 가벼운 청색을 내는 필터는 낮은 색온도의 붉은빛을 보정하기 위한 것이고 오렌지색 필터는 높은 색온도의 청색 빛을 보정하기 위한 것이다.

대부분의 전문가용 ENG/EFP 카메라는 이러한 설정을 기억할 수 있도록 설계되어 있어서 이전에 작업했던 조명 조건을 접하면 적당한 화이트 밸런스를 자동으로 불러낼 수 있다. 그러나 카메라 전문가들은 영점에서부터 화이트 밸런스를 맞추는 것을 선호하는데 이것은 가능한 한 카메라가 보는 하얀색을 포함한 실제 색에 맞추기 위해서다.

붉은빛의 색온도를 높이기 위한 다른 방법으로는 밝은 파란색을 띠는 젤(유색 플라스틱 판)을 조명 기구의 렌즈 앞면에 부착하거나 혹은 반대로 색온도를 낮추기 위해서는 오렌지색의 젤을 조명 기구 앞에 설치한다.

창문을 통해서 야외의 빛이 들어오는 실내에서 촬영을 한다거나 휴대용 실내 조명 기구를 가지고 촬영을 할 때에는 두 가지 방법으로 빛을 조절한다. 한 가지는 높은 색온도를 가진 외부 빛을 낮추거나 다른 하나는 외부에서 들어오는 빛에 맞춰 실내 색온도를 높이는 방법이다. 정교한 현장 제작에서는 거대한 필터의 역할을 하는 오렌지색 시드로 모든 창문을 가려서 표준 실내 색온도에 맞도록 외부 빛을 조절한다. 이 방법의 장점은 모든 실내 조명은 3,200K로 맞춰진다는 것이다. 더 빠르고 저렴한 방법은 높은 색온도의 야외 빛이 실내로 들어오게 그냥 놔두고 파란색 필터를 조명 기구 앞에 설치해서 야외 색온도에 조명 기구의 색온도를 맞추는 것이다(그림 8.2 참조).

어떤 한쪽의 빛이 절대적으로 작용하고 있는 특정한 상황에서는 이러한 색온도를 맞추는 일에 신경 쓰지 않아도 될 것이다. 예를 들면, 천장에 형광등이 설치된 사무실에서 배우의 동작에 생기를 주거나 공감각을 높이기 위해서 주 조명과 역광 조명을 더 사용해야 한다면 대개 표준 실내 색온도를 가진 보통 휴대용 조명 기구를 사용하면 된다. 그 이유는 휴대용 기구가 제공하는 빛이 전체 조명에서 지배적이기 때문에 천장의 조명을 압도하게 되고 이 형광등은 약한 보조 조명의 역할을 하게 되는 것이다. 천장에서 비추는 다소 높은 색온도의 형광등 조명을 무시하고 상대적으로 강한 실내 색온도에 맞춰 화이트 밸런스를 맞춘다고 해도 큰 문제가 생기지는 않을 것이다.

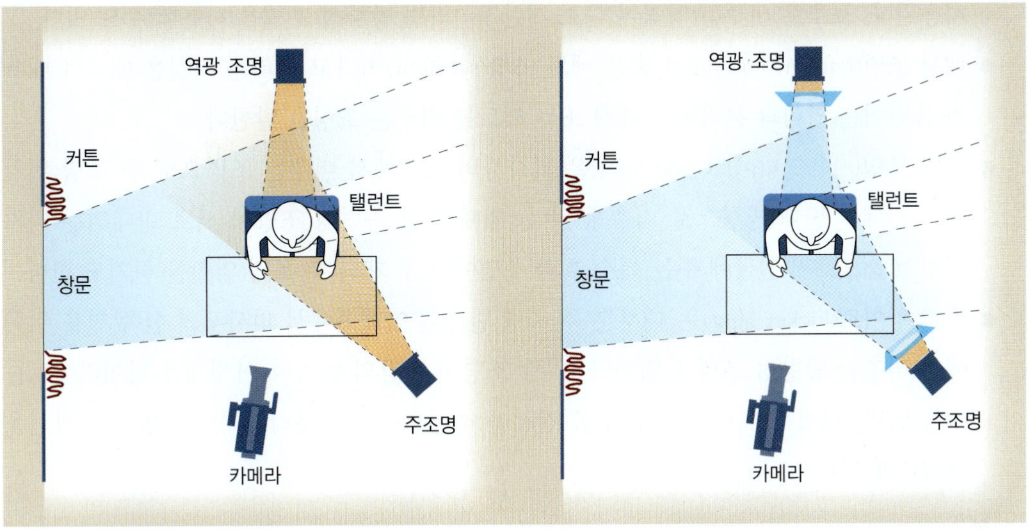

[그림 8.2] 다른 조명원의 색온도 맞추기

A 피사체를 실내 조명과 창문을 통해 들어오는 야외 조명으로 빛을 비춰줄 때는 적정한 화이트 밸런스를 위해 두 조명원의 색온도를 맞춰주어야 한다.

B 색온도를 맞추기 위해서는 밝은 파란색의 젤을 실내 조명 기구에 장착해서 3,200K 색온도를 5,600K의 야외 표준으로 맞춘다.

조명의 기능(Lighting Functions)

기술 용어들을 살펴보면 이들 용어들은, 조명이 플러드라이트나 스포트라이트를 기준으로 설명되어 있는 것이 아니라 그 기능과 조명이 비춰지는 피사체와의 거리와 관계가 있다는 것을 알 수 있을 것이다.

기술 용어(Terminology)

다음에 나열되는 용어들은 다양한 해석이 가능하기는 하지만 사진 예술(비디오를 포함한) 분야에서 대부분의 조명 기사들은 이러한 표준 기술 용어들을 주로 사용한다.

- 주 조명(키 라이트: key light)은 피사체나 피사계를 비추는 조명의 주요 조명원을 말한다. 피사체의 기본적인 형태를 보여준다.
- 역광 조명(백 라이트: back light)은 피사체의 뒤에서 카메라를 향해서 조명을 비추는 것을 말하는데, 이것은 피사체의 그림자를 배경으로부터 분리해내고 피사체의 외곽선을 강조하게 된다.
- 보조 조명(필 라이트: fill light)은 주로 분산 조명으로 그림자나 콘트라스트를 줄이는 데

사용된다. 보조로 비추는 영역이 다소 제한적이라면 방향성 조명을 사용할 수도 있다.

- 배경 조명(background light) 혹은 세트 조명(set light)이라고 불리는 이것은 배우나 배우가 움직이는 영역과 분리돼서 배경 또는 세트를 비추는 조명을 말한다.
- 측면 조명(사이드 라이트: side light)은 피사체의 측면에서 비추는 조명으로 주 조명 위치에서 카메라 반대 방향으로 비추게 된다. 때때로 양 측면의 조명이 서로 반대되는 위치에서 비춤으로써 얼굴에 주는 특수 효과 조명에서 두 개의 주 조명 역할을 하기도 한다.
- 키커 라이트(kicker light)는 대부분 주 조명 반대편 아래쪽에서 피사체의 한쪽 면을 뒤쪽에서 비추는 방향성 조명을 말한다. 역광 조명이 사람의 머리와 어깨에만 하이라이트를 주는 반면, 키커 라이트는 배우의 몸 전체를 배경으로부터 분리해내서 선명한 외곽선을 보여주게 된다.

주요 조명원의 특별한 기능(Specific Functions of Main Light Sources)

기본 조명 작업에서 이러한 조명들이 어떤 기능을 하는지 살펴보기로 한다.

주 조명 조명의 1차 조명원으로, 주요 기능은 피사체의 기본 형태를 드러내는 것이다(그림 8.3 참조). 이것을 위해서는 주 조명은 어느 정도의 그림자를 만들어 내야 한다. 주로 중간 정도 분산되는 프레즈넬 스포트라이트가 주 조명으로 사용된다. 그러나 부드러운 그림자를 원하거나 기술적으로 말해서 느린 폴 오프를 원한다면 스쿠프나 광범위 또는 소프트라이트까지도 주 조명으로 사용할 수 있다. 값비싼 소프트라이트가 없을 때 어떤 조명 감독들은 사진이나 영화에서 사용하는 반사 장치를 이용해서 주 조명이나 보조 조명으로 사용한다. 주 조명과 보조 조명을 스크림이나 반투명 젤과 같은 분산 물질로 분산시키는 대신 주 조명을 피사체에 직접적으로 비추는 것이 아니라 하얀색 발포체 표면이나 큰 하얀색 포스트보드에 반사된 빛을 이용하는 것이다. 고도로 분산된 반사 조명은 뚜렷하지만 부드럽고 낮은 폴 오프의 그림자를 만들어 낸다. 몇몇 조명 감독은 좀더 완만한 폴 오프를 위해서 소프트라이트로 직접적인 주 조명을 비추는 것보다 이런 방법을 선호한다.

낮 시간 동안은 주 조명원인 태양이 머리 위에서 비추기 때문에 주 조명은 피사체의 상단에서 카메라로 보았을 때 오른쪽이나 왼쪽 앞면을 향하게 된다. 그림 8.3을 다시 살펴보면, 하나의 주 조명만을 사용했기 때문에 폴 오프가 급격하게 일어나고 있어 머리와 어깨의 일부분이 배경과 구분하기 힘들다. 피사체의 외곽선을 확실히 하고 여성의 오른쪽 부분(카메라에서 보면 왼쪽)의 질감을 살리기 위해서는 하나 이상의 주 조명이 필요하다는 것은 틀림없는 사실이다.

역광 조명 피사체의 뒤에서 조명을 비추면 배경으로부터 목표를 분리해낼 수 있다(그림 8.4 참조). 역광 조명이 어떤 형태로 여성의 그림자와 어두운 배경을 분리해내서 여성의 머리카락과 어깨선의 외곽선(윤곽)을 강조하는지 주목해보자. 이것으로 우리는 형체와 배경의 관계, 즉 어두운 배경 앞에 어떤 형체가 서 있는지 쉽게 인지할 수 있다. 부분적인 선명함을 제공하는 것 외에도 역광 조명은 광채와 전문적인 광택을 제공한다.

[그림 8.3] 주 조명
주 조명은 제1 조명원으로 피사체나 사람의 기본적인 형태를 드러낸다.

일반적으로 역광 조명은 가능한 피사체 바로 뒤에 배치해야 약간 측면에 배치하는 것보다 고유의 기능을 충실히 발휘할 수 있다. 좀더 까다로운 문제는 역광 조명이 피사체를 비추는 세로 각도의 조절이다. 만약 역광 조명이 피사체의 직각 상방에 위치한다면 이것은 원치 않는 상방 조명이 되어버릴 것이다. 배경과 분리해내기 위해서 피사체의 윤곽을 뚜렷하게 해주거나 머릿결에 광채를 주는 대신 정수리를 밝게 비춰서 눈 아래나 볼 아래에 어두운 그림자를 만들어 버리게 된다. 반대로 역광 조명이 너무 아래에 위치하게 되면 카메라에 정면으로 빛을 비추게 된다.

무대에서 좋은 역광 조명을 내기 위해서는 배경과 배우가 연기하는 영역 사이에 일정한 공간이 있는 것이 좋다. 이렇게 하면 연기에 실제 사용되는 의자나 테이블, 소파, 침대 따위의 가구들을 벽에서 최소 2.5m~3m 정도 떨어뜨릴 수 있게 된다. 만약 배우가 배경에 너무 가까운 곳에서 연기를 하게 되면 역광 조명은 각도를 좁혀서 설치할 수밖에 없고 그렇게 되면 필연적으로 상방 조명 형태로 나타나게 된다.

보조 조명 그림 8.4의 다른 면을 살펴보자. 역광 조명에도 불구하고 사람의 얼굴에 나타나는 어두운 부분과 밝은 부분의 차이는 너무나 확연해서 얼굴의 밝은 부분에서 어두운 부분이 급격하게 변화하는 모습을 보이고 있다. 이러한 급격한 변화를 폴 오프라고 부른다. 폴 오프는 화면의 밝은 부분에서 어두운 부분으로 이동하는 속도(정도)를 나타낸다. 만약 그림 8.4와

[그림 8.4] 주 조명과 역광 조명
역광 조명은 피사체의 실제 형태(카메라 왼쪽에 여자의 머리카락 주목)를 좀더 명확하게 나타내는데 피사체를 배경에서 분리해내서 머리카락에 광채와 하이라이트를 준다.

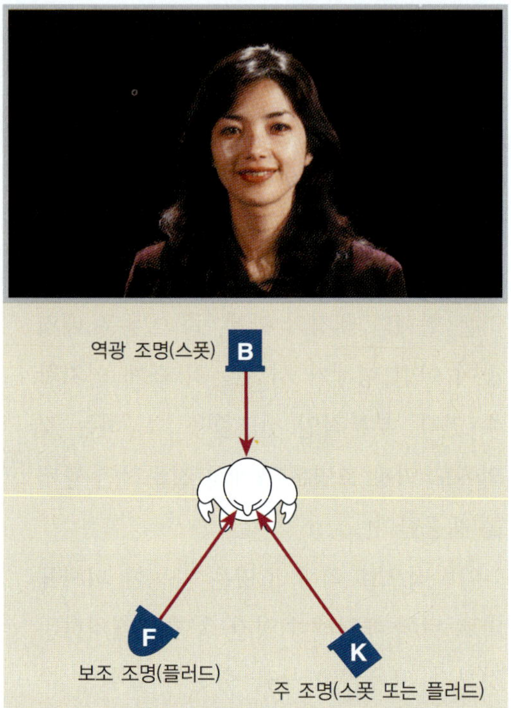

[그림 8.5] 주 조명과 역광 조명 그리고 보조 조명
보조 조명은 폴 오프를 떨어뜨리고 어두운 부분을 좀더 밝게 만들어서 형태를 나타내는 그림자를 그대로 살려두면서 어두운 부분을 세부적으로 묘사할 수 있도록 해준다.

같이 이런 변화가 급작스럽게 일어난다면 이것은 빠른 폴 오프라고 할 수 있다. 빠른 폴 오프에서는 피사체의 얼굴에 어두운 부분이 너무 짙어서 어두운 부분을 세세하게 보여줄 수가 없다. 폴 오프를 완만하게 만들어서 어두운 부분의 현저함을 줄이고 좀더 투명하게 만들기 위해서 바로 보조 조명이 필요하다(그림 8.5 참조).

당연히 카메라를 중심으로 주 조명의 반대편에 보조 조명을 배치해야 한다. 대개 고도로 분산된 플러드라이트나 반사 조명이 보조 조명으로 사용된다. 보조 조명을 많이 사용하게 되면 폴 오프는 좀더 완만해진다. 보조 조명의 강도가 높아져서 주 조명의 강도와 같아지면 그림자와 폴 오프는 완전히 제거될 수 있다. 이것은 피사체를 평평하게 보이게 하고 그림자는 더 이상 형태를 선명하게 하거나 질감을 나타내는 데 도움을 주지 못한다.

임시방편으로 특정한 지역에 조명을 설치하거나 보조 조명이 다른 세트 영역으로 너무 번져나가는 것을 원치 않는다면 프레즈넬 스포트라이트의 광선을 가능한 한 많이 퍼트려서 보조 조명으로 사용하거나 렌즈 앞에 스크림을 설치해서 사용한다. 여기에 반 도어를 이용하면 그 이상의 방향 조절을 할 수 있을 것이다.

사진의 원칙 또는 3점 조명 세 개의 조명원인 주 조명, 보조 조명, 역광 조명을 삼각형을 이루게 설치하면 이것이 바로 사진 조명 원칙 또는 3점 조명이라고 불리는 형태가 된다(그림 8.5 참조). 그러나 이것으로 끝은 아니다. 이 조명이 제 기능을 다하기 위해서는 제 위치에 배치되어야 한다. 조명을 비춘 피사체를 꼼꼼히 살피고 가능하다면 스튜디오 모니터를 통해 더 이상의 조정이 필요한지 여부를 확인하는 것이 좋다. 불필요한 그림자나 피사체를 드러내기보다는 뒤틀리게 만드는 그림자는 없나? 조명의 균형은 어떤가? 보조 조명이 필요한 모든 그림자를 없애 버리지는 않았나? 혹은 아직도 그림자가 너무 짙은가? 주 조명과 보조 조명의 결합이 역광 조명에 비해 너무 밝은가?

[그림 8.6] 배경 조명
배경 조명은 배경 지역에 조명을 비춘다. 배경의 그림자(커튼)를 전경에 있는 피사체의 그림자(여성)와 같은 방향으로 유지하기 위해서는 배경 조명은 카메라를 중심으로 주 조명과 같은 방향에 설치해야 한다.

배경 조명 또는 세트 조명 연기 영역에 직접적으로 포함되지 않는 무대 배경(벽 또는 사이클로라마)의 전부 혹은 일부분에 빛을 비추기 위해서 배경 조명을 사용하는데 이것을 세트 조명이라고도 한다. 배경 앞에 있는 피사체나 인물의 그림자와 같은 방향으로 그림자를 유지하기 위해서는 주 조명과 같은 방향에 배경 조명을 설치해야 한다(그림 8.6 참조).

그림 8.6에서 보이는 것처럼 주 조명이 카메라의 오른쪽에서 비춰서 카메라 왼쪽에 그림자를 만들면 배경 조명도 카메라의 오른쪽에 설치해서 배경에 드리우는 그림자의 방향을 유지해야 하는 것이다. 만약 배경 조명을 주 조명의 반대편에 설치하면 두 개의 분리된 조명원이 장면을 비추는 것처럼 보이거나 심지어는 마치 하나의 태양계에 두 개의 태양이 있는 것 같은 느낌을 주게 된다.

배경 조명은 단순히 보조의 역할을 넘어서 주요 제작 요소로 여겨지곤 한다. 배경 조명은 흐리고 단색으로 배경을 비추거나 쿠키 모양을 투사하는 것 외에도 쇼의 지역적 배경과 하루 중의 시각, 분위기를 전달하는 데 유용하게 사용된다(그림 8.7 참조). 사이클로라마에 창살 모양의 쿠키를 투사하고 감방 문을 닫는 소리로 효과를 낸다면 그 즉시 그 곳은 감옥 안에서 일

[그림 8.7] 실내 조명
배경에 여러 색의 조명을 비춘 이 실내 세트는 세련된 환경과 쾌활한 분위기를 전달한다.

[그림 8.8] 배경 조명을 이용한 장면 설정
배경 조명은 특정한 장면이나 환경으로 무대를 설정하는 데 사용된다. 이 배경 조명은 창살 모양의 그림자를 만들어냄으로써 이 장면이 감옥에서 일어나고 있는 것이라는 것을 암시한다.

어나는 일로 인지하게 만든다(그림 8.8 참조).

긴 조명이나 실내 세트에 긴 그림자를 드리우면 다른 제작 단서와 종합해서 그 장면이 늦은 오후나 저녁이라는 느낌을 준다. 어두운 배경의 뚜렷한 그림자는 낮은 기조의 장면(어두운 배경과 선택적으로 빠른 폴 오프를 보이는 조명)으로 극적이고 신비한 분위기를 연출한다. 밝은 배경과 일반적으로 높은 기본 조명도는 높은 기조, 즉 쾌활하고 행복한 장면으로 설정된다. 이것이 바로 시트콤이나 퀴즈쇼에서 미스터리 드라마(낮은 기본 조명도와 높은 콘트라스트 비율)보다 밝은 조명(높은 기본 조명도와 낮은 콘트라스트 비율)을 쓰는 이유이다. 높은 기조, 낮은 기조와 주 조명의 세로 높낮이 혹은 빛의 강도와 혼동해서는 안 된다.

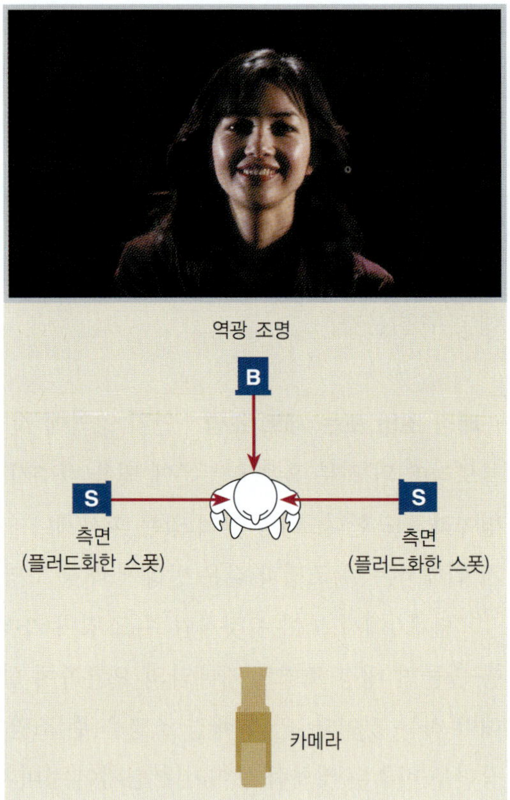

[그림 8.9] 측면 조명
측면 조명은 측면에서 피사체를 비춘다. 이것은 주 조명이나 보조 조명의 역할을 할 수 있다. 이 그림의 경우 마주 보고 있는 두 개의 측면 조명이 두 개의 주 조명으로 작용한다.

일반적으로 실내 세트에서의 배경 조명은 배경의 상부는 어두운 채로 유지하고 중간과 하부에 조명을 비춘다. 그 이유는 명백하다. 첫째, 대부분의 실내 조명은 벽의 상부보다는 하부에 조명을 비추도록 설계되어 있고, 둘째, 배우의 얼굴은 약간 어두운 배경에서 더 잘 드러나기 때문이다. 너무 많은 빛을 비추게 되면 배우의 얼굴을 비정상적으로 어둡게 만드는 실루엣 효과를 가져온다. 반면 가구나 중간색 혹은 어두운 색의 의상은 밝은 배경에서 더 잘 드러나게 된다. 셋째, 어두운 상부는 천장이라는 설정을 가능하게 한다. 반 도어를 이용해서 모든 스포트라이트(배경 조명을 포함해서)의 배경 상부에 닿는 빛을 쉽게 막을 수 있다.

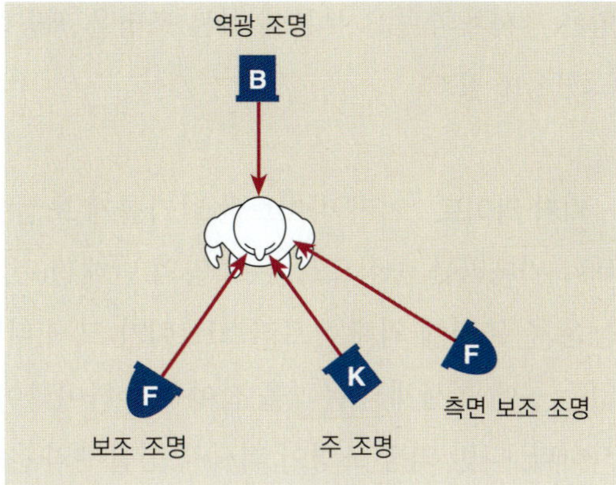

[그림 8.10] 측면 보조 조명 설정
측면 보조 조명은 부드러운 빛을 만들어 내고 주 조명은 광채를 만들어 내게 된다. 주 조명을 끄면 측면 보조 조명이 그 역할을 대신한다.

측면 조명 피사체의 양 측면으로 직선 위치에 조명을 배치하는 측면 조명은 주 조명이나 보조 조명으로 사용할 수 있다. 주 조명으로 사용하게 되면 얼굴의 반은 짙은 그림자가 드리워져 빠른 폴 오프를 보이게 된다. 여기에 사람을 중심으로 반대편에도 조명을 설치하면 얼굴은 양 측면은 밝은 반면 중앙 부분에는 그림자가 생긴다(그림 8.9 참조). 카메라가 아크를 하거나 예외적으로 넓은 영역을 촬영하게 된다면 이 측면 조명은 주요 조명원이 된다. 예를 들어, 카메라가 피사체의 6시 방향에서 8시 방향으로 움직인다면 측면 조명은 주 조명의 역할을 하고 모델링(3차원 효과를 내기 위한 조명)에도 필수적인 역할을 수행하게 된다. 넓은 광선 위치로 조절된 프레즈넬 스폿이 주로 측면 조명으로 사용되기는 하지만 광범위 조명을 측면 조명으로 사용하면 흥미로운 조명 효과를 가져올 수도 있다.

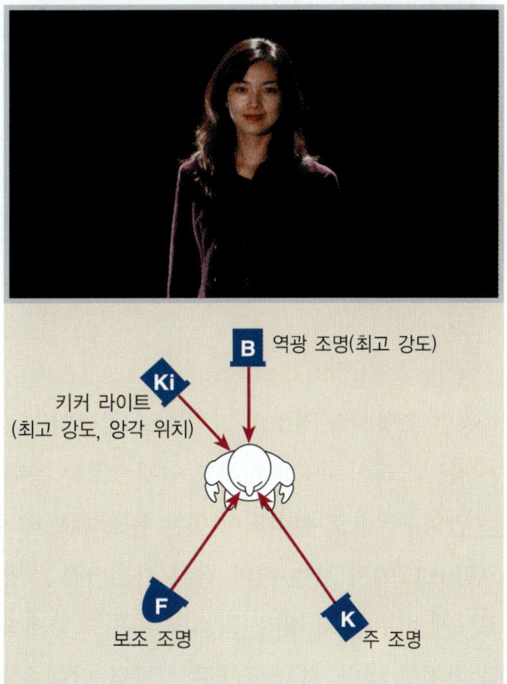

[그림 8.11] 키커 라이트
키커 라이트는 주 조명의 반대편에서 피사체의 외곽선을 강조함으로써 윤곽선을 보여준다. 역광 조명과 마찬가지로 키커 라이트는 전경의 피사체를 배경으로부터 분리해내는 역할을 한다.

아주 밝고 높은 기조의 조명을 위해서는 측면 보조 조명으로 주 조명을 보조한다. 보조 조명은 피사체의 주요 부분에 기본 조명을 제공하고 주 조명은 필요한 광채와 강조를 하게 한다(그림 8.10 참조).

키커 라이트 키커 라이트란 날카롭게 초점이 맞은 프레즈넬 스폿을 부르는 말로, 피사체의 뒤나 카메라를 중심으로 주 조명의 반대편(즉, 보조 조명 위치)에 위치한다. 이 조명의 주요 기능은 주 조명에 의해 콘트라스트 비가 크게 나타나 피사체의 진한 그림자를 배경과 분별할 수 없는 곳에 피사체의 윤곽을 잡아주는 하이라이트를 주는 것이다. 키커 조명은 역광 조명과 흡사하다. 다만 역광 조명이 피사체 상반부의 윤곽을 드러내는 것과는 달리 키커 라이트는 측면 하방의 윤곽선을 드러낸다는 점이 다르다. 키커 라이트는 특히 달빛과 같은 효과를 내는 데 유용하다(그림 8.11 참조).

특수 조명 기법(Specific Lighting Techniques)

다양한 조명 상황에서 사진 원리를 적용시키는 데 익숙해졌다면 이제 몇몇 특수 조명 기법에 대해서 알아보자. 특수 조명 기법에는 (1) 평면 조명, (2) 지속적인 움직임을 위한 조명, (3) 넓은 영역을 위한 조명, (4) 높은 콘트라스트의 조명 (5) 카메오 조명, (6) 실루엣 조명, (7) 크로마 키 영역을 위한 조명, (8) 눈과 붐 그림자의 조절이 있다.

평면 조명(Flat Lighting)

평면 조명이란 최소의 그림자로 최선의 가시성을 확보할 때 사용한다. 대부분 전면 조명에는 플러드라이트를 배치하고 역광으로는 좀더 초점을 맞춘 조명 기구를 사용한다. 이런 배치는 반영구적으로 설치되어 있는 뉴스 세트나 인터뷰 세트 등에 즐겨 사용된다(그림 8.12 참조). 그림 8.12에서 보는 바와 같이 기본 3점 조명 구도는 그대로 유지한다. 평면 조명은 전면을 고르게 비추는 세 개의 주 조명 혹은 그렇게 의도한다면 세 개의 보조 조명을 갖게 되는 효과를 가지고 있다. 역광 조명은 광채를 더해주고 조명의 평면적인 느낌을 다소 덜하게 만든다. 이러한 반영구적인 행동 영역에 평면 조명을 사용하면 다음의 장점을 갖게 된다. (1) 아주 빠르게 실행된다. 스위치 하나로 조명을 켜면 모든 조명 설치가 끝나게 된다. (2) 융통성이 있다. 조명을 재배치할 필요 없이 두 명 이상의 뉴스 관계자가 앵커와 동석할 수 있다. (3) 평면적이다. 세로 방향으로 그림자를 만들어 내지 않기 때문에 분장을 해도 남아있는 주름들을 가리는 효과를 가져온다. (4) 카메라는 처음 설정된 상태 그대로 유지하면 되고 쇼에 맞춰 일일이 화이트 밸런스를 맞출 필요도 없어진다. 가장 중요한 문제점은 이 조명이 말 그대로 평면

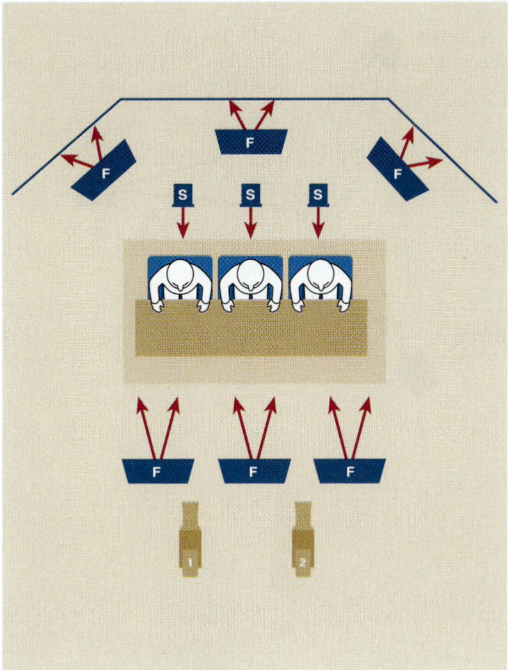

[그림 8.12] 뉴스를 위한 평면 조명 설치
평면 조명은 주 조명과 보조 조명의 역할을 하는 세 개의 정면 소프트라이트와 역광 조명 역할을 하는 세 개의 스폿이나 스폿 위치로 조절한 플러드라이트, 그리고 배경 조명 역할을 하는 세 개의 플러드라이트로 이루어져 있다.

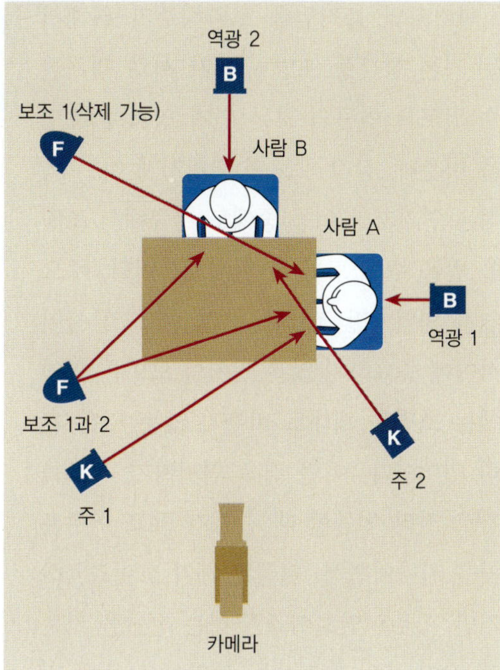

[그림 8.13] 삼각 구도의 다중 배치
이 조명 배치는 배우마다 분리된 주, 보조, 역광 조명의 삼각 구도를 가지고 있다. 만약 플러드라이트를 주 조명으로 사용한다면 보조 조명을 따로 설치할 필요가 없다.

적으로 보인다는 것이다.

지속적인 움직임을 위한 조명(Continuous-Action Lighting)

텔레비전 드라마나 연속극을 보면 많은 경우 그림자가 도드라져 보이고 배경이 어두운 낮은 기조의 조명을 사용하고 있음을 알 수 있을 것이다. 여러 대의 카메라를 사용하는 제작 형태에서 카메라들은 각각 다른 피사계로 장면을 촬영하게 되고 배우들과 카메라는 지속적으로 움직이게 된다. 조명을 평면적으로 사용하는 것이, 즉 모든 연기 영역을 스포트라이트보다는 평면 조명으로 비추는 게 더 쉽지 않을까? 물론 그렇게 하는 것이 쉽다. 그러나 평면 조명을 사용하게 되면 조명이 장면의 분위기에 기여하는 부분이 없어지고, 그 안에서 연기하는 배우에 대한 느낌을 전달하는 데도 전혀 도움을 주지 못한다. 다행히도 주 조명, 보조 조명, 역광 조명의 삼각 구도는 각각의 배우와 세트에 따라 다중적 사용이 가능하고 겹쳐서 배치할 수도 있다. 테이블에 한 명만 앉아 있다고 하더라도 이러한 기본 삼각 구도의 다중 적용을 시도해야 할 것이다(그림 8.13 참조).

연기자의 움직임을 보완해주기 위해서는 기본 삼각형 조명 구도가 서로 겹쳐질 수 있도록 인근의 모든 연기 영역에 조명을 비춘다. 삼각 구도를 겹쳐지게 하는 목적은 연기자가 이동 중에도 계속해서 조명을 받을 수 있도록 하기 위해서이다. 주요 연기 영역에만 조명을 비춰 주고 그 사이 사이에 중요하지 않은 것처럼 보이는 영역에는 조명을 제대로 비추지 않는 일은 흔히 일어난다. 이럴 경우 연기자가 세트를 가로 질러 이동할 때 갑자기 밝고 어두운 곳을 지나치면서 "지금은 제가 보이죠? 하지만 지금은 안보이죠?" 하는 장난을 치는 것 같이 보이기 전에는 조명이 고르게 비추고 있지 못하다는 것을 미처 인지하지 못한다. 이때 조도 측정기가 조명의 블랙홀을 찾아내는 데 편리하게 사용된다.

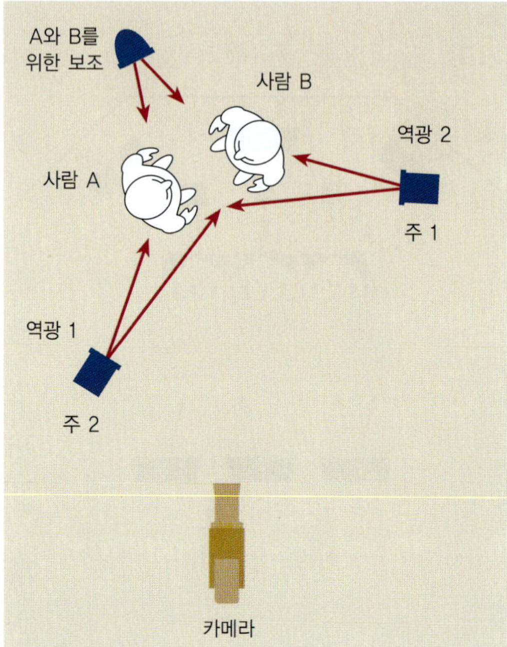

[그림 8.14] 주 조명 교차
이 조명 설정에서 사람 A를 위한 주 조명은 사람 B를 위한 역광 조명의 역할도 하게 되고 사람 A를 위한 역광 조명은 사람 B를 위한 주 조명의 역할도 하게 된다.

만약 충분한 조명기를 가지고 있지 못하면 지속되는 움직임을 위한 조명은 다중적인 삼각 구도를 몇몇의 부대에 설치하고 이 경우 소명기구를 두 개 이상의 기능을 수행할 수 있는 위치에 배치해야 한다 .예를 들어, 위치를 바꾸면 한 연기자에게는 주 조명이었던 것이 다른 연기자에게는 역광이 될 수 있도록 하는 것이다. 이러한 기법을 주 조명 교차(크로스 키: cross-keying)라고 부른다. 또는 주 조명이 다른 부분에 대해서는 방향성을 띤 보조 조명의 기능을 하도록 배치할 수도 있다. 보조 조명은 확산 광선을 비추기 때문에 하나의 보조 조명으로 한 곳 이상의 지역의 그림자를 없앨 수 있다(그림 8.14 참조).

물론 조명 기구를 한 개 이상의 기능을 수행하도록 배치할 때는 테이블이나 의자와 무대 장치들의 정확한 위치와 연기 영역과 연기할 수 없는 부분을 명확하게 구분해 놓아야 한다. 조명 배치를 끝낸 후에 무대 장치들과 연기 영역을 수정하는 연출자들을 조명 기술자들이 달가워할 리가 없다.

정확한 조명은 카메라의 위치와 카메라가 보게 될 피사계를 머릿속에 그려봄으로써 이루어질 수 있다. 그러므로 조명을 배치하기 전에 카메라의 기본 위치와 카메라의 주요 피사계에 대해서 미리 알고 있는 편이 많은 도움을 준다(그림 8.27, 8.28 참조). 예를 들어, 피사체가 6시

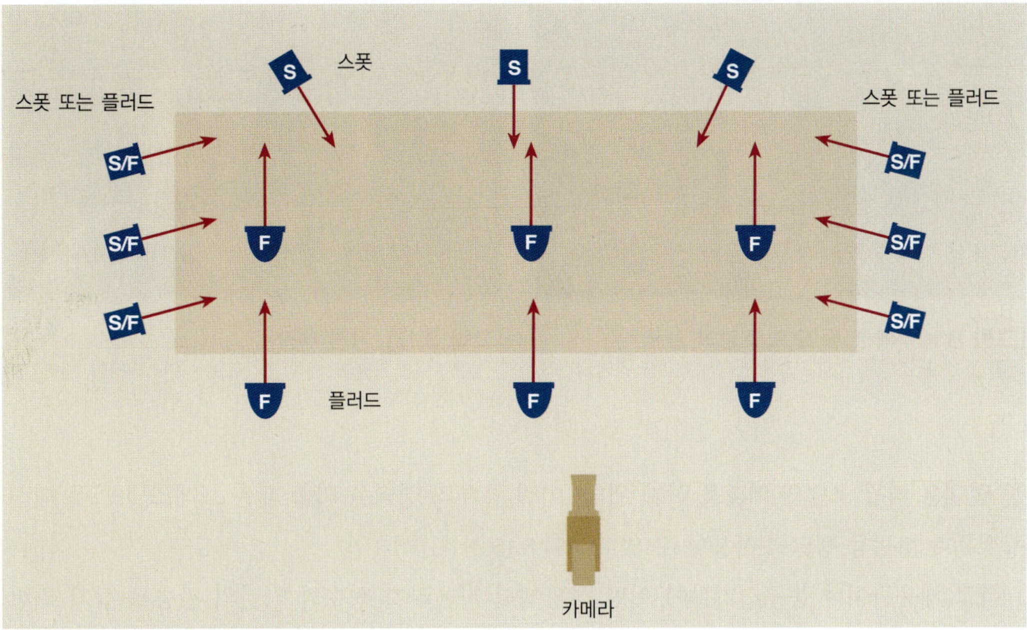

[그림 8.15] 넓은 영역을 위한 조명
이 조명 설정에서는 왼쪽과 오른쪽에 있는 프레즈넬 스폿이 주 조명의 역할과 방향성 보조 조명의 역할을 한다. 프레즈넬 스폿은 또한 일반적인 역광 조명으로 주요 연기 영역 뒤에 배치한다. 필요하다면 스쿠프를 전면에서 보조 조명으로 배치한다.

방향에서는 완벽하게 조명이 처리되지만 10시 방향에서는 형편없이 어둡게 보일 수도 있는 것이다. 때때로 버라이어티 쇼나 록콘서트와 같은 프로그램에서는 촬영 위치에서 조명을 비추지 않는 것이 조명을 비춘 다른 구역에 비해서 극적으로 보이는 효과를 볼 수도 있지만 정기적으로 방송되는 낮 교육 프로그램과 같이 조명 구성에 융통성이 없는 대부분의 다른 쇼에서는 이런 조명은 서툴게 보일 뿐이다.

넓은 영역을 위한 조명(Large-Area Lighting)

관객이나 오케스트라와 같이 넓은 영역에 조명을 비춰야 하는 상황에서도 기본적인 사진 원리가 그대로 적용된다. 삼각 구도를 부분적으로 겹쳐서 전 영역을 알맞게 비출 수 있도록 배치한다. 카메라를 중심으로 한 방향에서 주 조명을 비추고 반대 방향에서 보조 조명을 비추는 대신 프레즈넬 스폿을 플러드로 조절해서 카메라 양쪽에서 주 조명을 주는 것이 좋다. 한쪽에 배치한 주 조명은 다른 쪽에 있는 주 조명에 대한 보조 조명의 역할을 하게 된다. 비춰야 할 영역이 아주 넓다면 부가적인 프레즈넬 스폿을 중앙 가까이에 배치한다.

역광 조명은 주요 카메라 위치의 반대편에 종렬 혹은 반원형으로 배치한다. 보조 조명(광범위나 스쿠프)은 대개 전면에서 직접 비춰준다. 만약 카메라가 측면으로 움직이게 되면 주 조명

[그림 8.16] 빠른 폴 오프 조명의 얼굴
빠른 폴 오프 조명은 클로즈업에서 극적 효과를 증가시킨다.

[그림 8.17] 거친 측광
탁월한 측면 조명과 빠른 폴 오프는 미스터리한 분위기를 증가시킨다.

중 몇몇은 역광 조명의 역할을 하게 된다. 이런 종류의 영역을 비출 때는 프레즈넬 스폿 대신 광범위나 형광등 뱅크를 사용할 수 있다(그림 8.15 참조).

학교 체육관이나 농구경기같이 어떤 상황에서 카메라가 선수와 약간의 관중을 잡기 위한 충분한 조명이 필요한 경우다. 이런 상황은 간단히 크게 확산되는 플러드라이트를 체육관이 가지고 있다고 할 수 있다. 말한 대로 가능한 방법은 같은 고출력의 개방형 조명기에 조명 확산을 위한 우산을 사용하는 방법이다.

높은 콘트라스트의 조명(High-Contrast Lighting)

평면조명의 반대로 영화조명기술의 반영이다. 그 이유는 오늘날 비디오카메라의 낮은 광량과 높은 콘트라스트 조명에 대한 관용도가 증가하고 있고, 많은 텔레비전이 빠른 폴 오프의 사용을 확장하고 있기 때문이다. 아마 범죄 혹은 의학프로그램과 같은 어떤 시리즈물에서 극단적으로 빠른 폴 오프(거친 조명)를 사용하지는 않지만 역시 색의 왜곡이 장면을 더하는 것에 주목할 것이다. 예를 들어 매우 빠른 얼굴의 폴 오프는 느린 폴 오프보다 아무래도 더 극적으로 보인다(그림 8.16 참조).

현저한 측광과 빠른 폴 오프는 극적인 효과를 만들어 낸다(그림 8.17 참조). 그리고 단지 얼굴의 옆 부분에 키라이트를 주지만은 않고 그림자의 옆에 일정한 분위기가 설정된 것을 볼 수 있을 것이다(그림 8.18 참조).

게다가 빠른 폴 오프는 색의 왜곡으로 극적 영향을 더한다. 이러한 예시 장면은 일부러 녹색을 준다(그림 8.19 참조).

이러한 조명효과를 실현하는 것은 기술만을 요구하진 않지만 많은 제작 시간을 요구한다. 이 말은 반드시 이러한 조명기술들을 가능할 때 시도해 보고 쇼에 적용하라는 뜻이다. 만약

[그림 8.18] 그림자 부분
그림자의 반전현상은 극적 효과가 있다.

[그림 8.19] 색의 왜곡
빠른 폴 오프 조명에다가 녹색 빛을 더하면 불안감이 강조된다.

조명을 설치하는 시간이 한계가 있더라도 정확한 조명을 피하고 전통적인 삼각 조명에 집착해라. 아마 몇 개의 프레즈넬 스폿과 필 라이트를 켰을 때 조명이 아주 맘에 드는 것에 기분 좋게 놀랄 것이다.

카메오 조명(Cameo Lighting)

극적인 요소를 가지고 있는 텔레비전 쇼의 경우 배경에 빛을 비추지 않은 상태에서 텅 빈 스튜디오 한가운데 무대를 만들어 놓는 경우가 있다. 어두운 배경을 두고 연기자만이 하이라이트를 받게 하는 이 기법은 카메오 조명(어두운 배경에 밝은 부조를 하는 카메오 보석에서 유래)이라고 흔히 알려져 있다(그림 8.20 참조). 클로즈업과 같이 카메오 조명은 주위 환경이 아닌 배우에게 집중되는 조명이다.

모든 카메오 조명은 높은 방향성을 가지고 있으며 반 도어가 장착된 스포트라이트로 잘 만들어 낼 수 있다. 작은 스튜디오에서는 빛을 잘 흡수하는 검은색 장막을 쳐서 빛이 비춰지는 것을 세심하게 막을 수 있다. 카메오 조명의 단점은 콘트라스트 비율이 40:1을 넘기는 경우가 생기고 이 경우 영상 잡음이 생기거나 어두운 부분에 색의 변형이 일어날 수 있다. 또한 극도의 방향을 가지는 조명을 사용하기 때문에 배우는 정확히 리허설을 한 위치에서 연기해야 한다. 조금의 탈선, 즉 배우가 조금이라도 정해진 위치에서 벗어나게 되면 실제로는 화면에서 아예 사라지게 된다. 마지막으로 붐을 이용해서 음향을 녹취할 경우 붐으로 인해 생겨난 그림자도 또 다른 골칫거리가 될 수 있다. 어떤 제작자들은 카메오 조명을 장면에 보여지는 부분으로 이용한다.

[그림 8.20] 카메오 조명
카메오 조명은 배경은 어둡게 유지한 상태에서 전면의 사람에게만 강한 방향성 스포트라이트를 비추는 것을 말한다.

[그림 8.21] 실루엣 조명
실루엣 조명은 배경에만 조명을 비추고 그 앞에 놓여 있는 형체에는 빛을 주지 않는 것을 말한다. 이렇게 하면 윤곽선을 강조하게 된다.

실루엣 조명(Silhouette Lighting)

실루엣 효과를 위한 조명은 카메오 조명과 정반대가 된다. 실루엣 조명에서는 배경에 조명을 비추고 그 앞에 있는 형체는 빛을 주지 않는다. 이렇게 하면 피사체나 사람의 윤곽선만을 볼 수 있게 되고 부피나 질감에 대해서는 알 수 없게 된다. 그러면 당연히 윤곽선을 강조함으로써 실루엣만을 얻게 되는 것이다(그림 8.21 참조). 또한 카메라에 비치는 사람의 신원을 감추는 데도 사용할 수 있다.

크로마 키 영역을 위한 조명(Chroma-Key Area Lighting)

크로마 키 세트 영역은 보통 파란 배경(때로는 녹색 배경)으로 이루어져 있다. 이것은 조정과정에서 파란색이나 초록색 바탕을 전자적으로 만들어진 배경으로 교체해야 할 때 사용한다. 이러한 과정을 크로마 키라고 부른다. 크로마 키를 많이 사용하는 프로그램은 바로 일기예보이다. 마치 예보관이 커다란 지도 앞에 서 있는 것처럼 보이지만 실제로는 파란색의 평평하고 고르게 빛을 비춘 배경 앞에 서 있는 것이다. 크로마 키를 통해 파란 배경이 전자적으로 교체되고 있는 중간에도 예보관은 텅 빈 파란 영역만을 보게 되고 모니터를 통해서만 지도를 볼 수 있다(그림 8.22 참조, chapter 14에서 크로마 키에 대한 더 많은 내용을 다루기로 하겠다).

크로마 키 조명에 있어서 가장 중요한 것은 배경에 아주 고르게 빛을 비추는 것인데 소프트라이트나 플러드라이트 뱅크와 같은 기구를 이용해서 고도로 확산된 조명을 비춰주어야만 한다. 만약 배경에 어두운 부분이나 '핫 스폿(불필요한 빛이 집중된 부분)'이 생길 경우에 전자적으로 지원되는 배경의 이미지는 색이 바래거나 더 나쁜 경우 깨져버리는 수도 있다. 전경에 예보관을 비출 때는 전방에 쓰인 어떤 조명도 크로마 키 영역에 미치는 것을 방지해야 한다. 빛이 새어 나가게 되면 고른 조명이 필요한 배경에 빛으로 얼룩이 생기게 되고, 이렇게 되면

[그림 8.22] 크로마 키 효과: 일기예보

A 이 크로마 키에서는 기상 캐스터가 파란 배경 앞에 서 있다.

B 크로마 키를 통해 파란 배경은 컴퓨터로 처리한 위성 사진으로 대체된다.

배경을 변화시키는 과정에서 문제가 생기게 된다. 결국 이것은 주 조명과 보조 조명이 보통 조명 각도보다는 더 가파른 각도를 가져야만 하는 것이다. 아마 소프트라이트가 키 작업을 위해 사용되고 예보관은 필 라이트를 사용해서 키 작업이 배경에 묻어나는 효과를 제외시키는 것을 확인할 수 있을 것이다.

가끔 일기 예보가 진행되는 동안 예보관의 윤곽선이 다양한 색으로 떨리는 것이나 또는 크로마 키 동안 윤곽선이 뚜렷하지 않은 것을 본 적이 있을 것이다. 이러한 현상의 가장 큰 원인 중 하나는 윤곽의 특히 어두운 색이나 그림자가 배경의 푸른색을 띄게 되면서 이런 현상이 일어나게 된다. 크로마 키 과정을 거치면서 이러한 파란 점은 투명하게 되고, 그렇게 투명하게 변환시킨 부분을 통해 배경이 보이게 된다. 그림자가 파란색으로 반응하게 되는 것을 막으려면 모든 역광 조명과 키커 조명에 노란색 혹은 밝은 오렌지색 젤을 부착한다. 초록 크로마 키 영역을 위해서는 분홍색 젤을 사용한다. 그렇게 되면 역광 조명은 윤곽선에 빛을 비춰서 피사체를 배경으로부터 분리시킬 뿐만 아니라 노란색과 분홍색으로 파란색이나 초록색을 보완해서 중화시키는 역할까지 하게 된다. 결과적으로 크로마 키 동안 예보관의 외곽선은 비교적 선명하게 나타난다. 그러나 이러한 색을 입힌 조명이 크로마 키 영역 앞에 서 있는 사람의 팔이나 손에 닿지 않게 조심해야 한다.

야외 촬영에서는 하늘에서 반사되는 파란색을 조정하기가 어렵기 때문에 EFP의 경우 크로마 키의 배경색으로 주로 초록색이 쓰인다. 배우가 파란색 의상을 입고 있다면 스튜디오에서도 초록색을 크로마 키 배경색으로 사용한다.

눈과 붐의 그림자 조절(Controlling Eye and Boom Shadows)

스튜디오 조명에서 끊임없이 제기되는 문제는 바로 안경과 마이크로 붐으로 생기는 그림자

[그림 8.23] 안경에 의한 그림자
주 조명의 각도로 인해 여성의 안경 그림자가 여성의 눈을 가로 질러 나타나게 된다.

[그림 8.24] 주 조명을 낮춘다
주 조명의 높이를 낮추면 그림자는 위로 올라가서 안경 뒤로 숨게 된다.

이다. 특정 조명 배치에 따라서 이러한 원하지 않는 그림자가 조명 기술자들을 꽤 번거롭게 만든다. 그러나 대부분 이러한 그림자는 비교적 빨리 해결할 수 있다.

주 조명과 눈 그림자 주 조명이 좁은 각도로 피사체를 비추게 되면 눈이나 코 밑과 같이 움푹 들어간 부분이나 볼록 나온 부분이면 어디든지 그림자는 생기게 된다. 만약 피사체가 안경을 착용했을 경우 안경 테두리 위쪽의 그림자는 눈 위로 드리우게 되고 이렇게 되면 카메라가 사람을 정확히 보는 것이 불가능해진다(그림 8.23 참조).

이러한 불필요한 그림자를 없애는 방법은 여러 가지가 있다. 첫 번째로, 조명의 수직 위치를 낮추거나 피사체로부터 약간 떨어뜨린다. 조명을 내리게 되면 안경의 그림자는 얼굴 위쪽으로 이동하거나 적어도 작아지게 된다. 주 조명을 낮춰서 눈 높이에 가까이 가져갈수록 그림자는 더 안보이게 된다. 안경 그림자가 뒤쪽 테두리 뒤로 숨어서 안 보이게 되면 그 위치에 주 조명을 고정시킨다. 이러한 기법은 피사체의 움직임이 많지 않을 때 유용하다(그림 8.24 참조). 두 번째 방법은 비슷한 조명을 사람의 양 측면에서 비춰줌으로써 그림자를 없애는 것이다. 세 번째는, 보조 조명의 위치를 바꿔서 피사체의 아래쪽에서 피사체를 직접적으로 비추게 한다. 이렇게 하면 그림자는 눈에서 멀어져 위로 올라가게 된다. 안경 유리에 의한 반사도 마찬가지 방법으로 없앨 수 있다.

붐 그림자 비록 극 제작과 같은 상황이 아니라면 스튜디오에서 대형 마이크로폰 붐을 사용하는 경우가 많지는 않지만, 붐 그림자를 없애는 원리는 피시폴이나 샷건 마이크와 같은 핸드 헬드 마이크로폰에도 똑같이 적용이 되므로 알아보기로 하자.

붐 마이크로폰을 조명을 비추고 있는 장면 앞에서 움직일 때, 스포트라이트 광선 앞으로 지나갈 때마다 배우나 배경에 붐 그림자가 드리우는 것을 보게 될 것이다(빗자루나 조명 막대를 이용해서 붐 그림자가 생기는지 확인해볼 수 있다). 이러한 그림자가 특히 아주 극적인 장면에서 붐을 안팎으로 움직일 때 나타나면 아주 산만하게 보인다. 붐 그림자는 두 가지 방법으로 없앨 수 있다. 조명이나 붐을 이동시키거나 극도로 분산된 조명으로 그림자가 거의 보이지 않게 만드는 것이다.

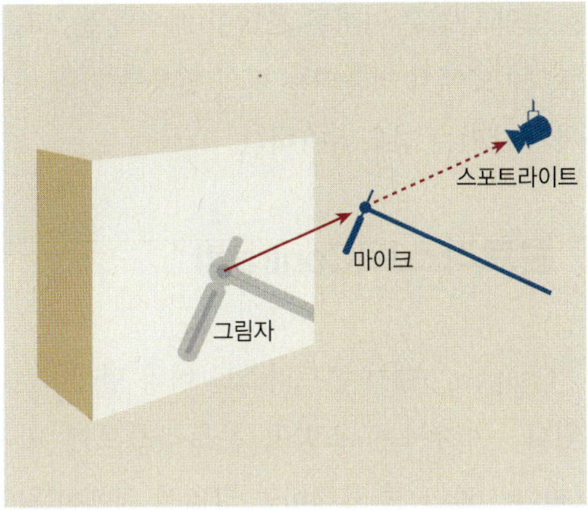

[그림 8.25] 그림자를 만들어 내는 조명의 위치
불필요한 붐 그림자를 만들어 내는 조명은 그림자와 마이크를 연결하는 직선의 연장선상에 놓여 있게 된다.

우선 붐의 그림자를 만들어 내는 조명을 찾는다. 쉬운 것처럼 보이겠지만 그림자를 만들어 내는 스포트라이트를 찾는 일이 그렇게 쉽지는 않다. 특히, 서로 근접한 거리에 여러 개의 스포트라이트가 세트를 비추고 있을 때는 더욱 그렇다. 가장 찾기 쉬운 방법은 머리를 붐 그림자와 일직선이 되게 한 다음 붐 마이크 막대 끝을 살피면 된다. 이렇게 하면 그림자를 만드는 조명은 필연적으로 찾는 사람 눈을 향해 정면으로 빛을 비추게 된다. 이때 너무 오랫동안 조명을 바라보지 않도록 주의한다. 좀더 정확히 말하자면 그림자를 만드는 조명은 붐 그림자와 붐을 잇는 일직선의 연장선상에 놓여 있다(그림 8.25 참조).

그림자를 없애려면 간단하게 조명을 끄면 된다. 전체 조명을 방해하지 않고도 그림자를 없앨 수 있다는 것에 아마도 즐거운 놀라움을 느끼게 될 것이다. 이런 극단적인 방법이 전체 조명에 큰 영향을 주게 된다면 붐을 그 조명 앞으로 지나가지 않게 재배치한다. 손으로 들고 작업하는 피시폴 붐의 경우 음향원으로 마이크를 향하게 한 채 세트 주위를 이동해본다. 카메라의 피사계 밖으로 나갈 때까지 움직이면서 벽에 드리우는 그림자를 살핀다. 카메라 피사계를 벗어나 있으면서 마이크로 소리를 잡을 수 있는 위치를 찾았다면 문제는 해결된 것이다. 이렇게 그림자로부터 안전한 지역은 붐을 주 조명 광선과 교차했을 때보다는 평행하게 들거나 배치했을 때 좀더 오래 유지될 수 있다. 몇몇 조명 감독들은 주 조명과 보조 조명을 측면 조명에 가깝게 설치해서 붐을 자유롭게 배치할 수 있는 '복도'를 만들기도 한다.

붐 그림자를 없애는 또 다른 방법으로는 조명을 좀더 경사지게 설치하는 것이다. 이것은 주 조명을 무대 가까이 가져가면 가능해진다. 조명을 무대 영역으로 가까이 가져갈수록 피사체를 비추는 조명은 더 경사진 각도를 갖게 된다. 이렇게 하면 붐 그림자는 배우의 얼굴이나 배경이 아닌 스튜디오 바닥으로 드리워지게 되고 카메라 피사계에서 벗어나게 된다. 그러나 이 방법의 단점은 가파른 조명이 배우의 눈, 코, 볼에 도드라진 그림자를 짙게 만들어 내는 스포트라이트에서 방출되는 빛의 일부를 가릴 수도 있다. 이런 방법은 특히 배경 상부에 붐 그림자가 생기는 경우 유용하다.

콘트라스트(Contrast)

Chapter 3에서 콘트라스트 비와 텔레비전 카메라가 이것에 어떻게 반응하지에 대해서 배웠다. 여기서는 조명이 콘트라스트에 미치는 영향과 수용할 수 있는 콘트라스트 비(40 : 1 ~ 50 : 1)를 유지하는 방법에 대해서 알아보기로 하자. 콘트라스트는 조명 기구에서 나오는 빛의 양이 아니라 조명을 받은 피사체들이 반사시키는 빛의 양에 의해 좌우된다. 예를 들어, 같은 조명에서 빛을 받아도 군청색의 벨벳이 반사시키는 빛보다는 하얀색 냉장고나 노란색 비닐 우비, 광을 낸 황동색 갑옷이 반사시키는 빛이 훨씬 많다. 만약 벨벳 옷감 위에 황동 갑옷을 배치시키면 조명을 비추지 않아도 콘트라스트가 너무 심해져서 카메라가 감당할 수 없게 된다.

콘트라스트를 조절할 때 고려해야 할 것은 다양한 요소들의 상호 관계인데, 이러한 요소로는 피사체에 비춰지는 빛의 양, 반사되는 빛의 양, 전경과 배경에서 반사되는 양의 차이, 또는 한 화면에서 가장 밝은 부분과 가장 어두운 부분 등이 있다. 우리는 절대값이 아니라 관계를 다루기 때문에 카메라의 콘트라스트의 한계를 비율로 나타내는 것이다.

콘트라스트 비(Contrast Ratio)

Chapter 3에서 언급했듯이 콘트라스트 비는 한 화면에서 가장 밝은 부분과 가장 어두운 부분의 차이를 말한다(촉광 단위로 반사되는 빛을 측정한다). 가장 밝은 부분이란 가장 많은 빛을 반사한다는 뜻으로 표본 흰색(reference white)이라고 하고 화이트 레벨(white level)을 결정한다. 가장 적은 양의 빛을 반사하는 부분을 표본 흑색(reference black)이라고 하고 블랙 레벨(black level)을 결정한다. 40 : 1 또는 50 : 1의 콘트라스트 비라는 것은 표본 흰색이 반사하는 빛의 양이 표본 흑색이 반사하는 빛의 양을 40배 혹은 50배를 넘지 않는다는 것을 의미한다. 콘트라스트는 피사체가 받는 빛의 양이 아니라 반사해서 카메라 렌즈로 들어가는 빛의 양에 의해서 결정된다는 것을 다시 한 번 명심하자.

콘트라스트 측정(Measuring Contrast)

반사광 측정기로 콘트라스트를 측정할 수 있다. 우선 측정기를 표본 흰색을 제공하는 피사체

(세트에 준비되어 있는 하얀색 카드를 자주 사용한다)에 가까이 측정하고, 표본 흑색(화면에서 가장 어두운 곳이나 세트에 준비된 검정색 카드를 사용)을 제공하는 피사체에 가져가서 빛의 양을 잰다. 콘트라스트 비를 측정할 수 있는 측정기나 웨이브폼 모니터가 없다고 하더라도 모니터를 보면서 확인하면 된다. 테이블의 하얀색 보 같은 하얀색 영역이 매우 밝거나 테이블 곁에 앉아 있는 사람의 검은색 옷이 섬세하지 않고 매우 검게 보인다면 분명히 콘트라스트는 최적의 콘트라스트 비율일 것이다. 작은 연습과 세트에서 곁눈질로 간단히 책을 보면 측정기 없이도 콘트라스트 비에 대해 좋은 생각을 가지게 될 것이다. 보이는 카메라 뷰파인더나 스튜디오 모니터는 당연히 좀더 정확하고 평균적인 측정 도구이다.

콘트라스트 조절(Controlling Contrast)

만약 콘트라스트 비가 어렵게 느껴진다면 까다로운 조명을 줄이기 위해서 무엇을 할 수 있을지 생각하자. 예를 들어 하얀색의 테이블 보가 분홍색 혹은 밝은 파란색으로 바뀐다면 좀더 콘트라스트를 없애줄 것이고 다음 몇몇 조명의 강도를 조절하거나 연기자에게 약간 밝은 의상으로 교체할 수 있는지 물어본다.

이러한 도움은 shader(그림자를 드리우는 사람)라고도 불리는 비디오 오퍼레이터에게 절실하다. 그러나 너무 큰 콘트라스트에서는 아무리 유능한 비디오 오퍼레이터라 하더라도 최고 성능의 카메라 없이는 조절하는 데 어려움을 겪게 된다. 비디오 오퍼레이터는 화면에서 가장 밝은 부분을 끌어 내려서 또는 감소하게 해서 어두운 부분을 일정한 어둠으로 압축시킨다. 이것이 어두운 부분에 대한 세부 사항을 볼 수 없게 되는 이유이다. 예를 들어, 배우가 풀 먹인 하얀색 셔츠에 빛을 흡수하는 검은색의 재킷을 입고 있다고 한다면 실제 피부색을 카메라에 담아내기란 매우 힘들다. 만약 화이트 레벨을 낮춰서 하얀색 셔츠를 잡는다면 배우의 얼굴은 어둡게 보이게 될 것이고, 블랙 레벨을 키우면, 즉 그림자 부분에 세부적인 사항들을 볼 수 있을 정도로 어두운 부분을 밝게 만든다면 배우의 얼굴은 아마도 너무 하얗게 되서 안보이게 될 것이다.

이것이 보이는 물건들이 적정한 콘트라스트를 가지고 있는지 일일이 측정해봐야 한다는 것을 의미하는 것일까? 절대 그렇지는 않다. 몇 개 안되는 작고 빛나는 물건들은 한계 콘트라스트 비에 별 영향을 미치지 않을 것이고 특히 고성능 카메라를 사용했을 때는 영향력이 더 작아진다. 예를 들어, 옷 위에 부착되어 있는 라인스톤은 화면에 생동감을 주고 반짝임을 보이게 된다. 실제로 비디오 오퍼레이터들은 흰 물건과 검은 물건을 한 세트에 설치해서 적정한 비디오 레벨을 만들기도 한다. 그러나 크고 아주 밝은 구역과 아주 어두운 구역을 나란히 배치해서는 안 된다.

스튜디오 촬영의 큰 장점 중 하나는 조명 강도를 조절할 수 있어서 이것으로 콘트라스트 조절을 할 수 있다는 것이다. 배우들이 대조가 심한 옷을 입고 있다고 해도 주 조명과 보조 조명을 조정해서 밝고 어두운 부분의 차이를 어느 정도 줄일 수 있다. 비디오 오퍼레이터는 이런 장점에 대해 아주 감사해 할 것이다.

다음은 콘트라스트 비가 과도해지는 것을 예방하는 몇 가지 방법들이다.

- 피사체의 일반적인 반사도에 신경을 쓴다. 빛을 많이 반사하는 피사체는 당연히 빛을 많이 흡수하는 피사체보다 적은 양의 빛을 비춰야 한다.
- 한 장면에 밝기 차이가 심한 것들을 나란히 배치하는 것을 피한다. 예를 들어, 새로운 종류의 하얀색 도자기를 보여주려고 할 때 어두운 보라색 테이블 보에 올려놓고 촬영해서는 안 된다. 이 도자기를 좀더 밝고 빛을 많이 반사시키는 옷감 위에 올려둠으로써 천이 너무 어두워 보이거나 칙칙해 보이지 않게 하면서 자기 위에 비추는 빛의 양을 제한할 수 있다.
- 배우는 너무 대조되는 의상을 입지 않는다(풀이 먹여진 하얀색 셔츠에 검은색 겉옷 같은).

대부분의 콘트라스트 문제는 맑은 날 야외에서 촬영할 때 발생한다. 이러한 문제와 해결 방법은 section 8.2에서 알아보기로 하자.

조명 강도의 균형(Balancing Light Intensities)

주 조명과 역광 조명, 보조 조명을 조심스럽게 배치했다고 하더라도 상호 간의 강도 조절 과정을 거쳐야만 한다. 빛의 방향뿐만 아니라 빛의 강도도 시청자들이 제때 상황을 파악할 수 있게 한다. 예를 들어, 밝은 기조의 강한 역광 조명을 사용하고 느리게 폴 오프되는 조명을 전방에 배치하여 이른 아침 태양을 나타낼 수도 있고 낮은 기조의 역광 조명과 아주 낮은 강도의 전면 조명으로 달빛을 만들어 낼 수도 있다.(주1)

주 조명과 역광 조명의 균형을 먼저 맞춰야 하는지, 주 조명과 보조 조명의 균형을 먼저 맞춰야 하는지에 대해서는 의견이 다양하다. 사실상 균형이 잘 맞은 화상을 얻어내기만 한다면 무엇을 먼저 하는가는 큰 문제가 되지 않는다. 조명 삼각 구조를 통한 세 조명의 균형을 어떻게 맞추는지는 시청자들에게 조명을 통해서 무엇을 전달하려고 하느냐에 달렸다. 즉, 효과적인 조명을 위한 주 조명과 역광 조명, 보조 조명 사이에 정확한 강도 균형 비율은 있을 수 없다. 그러나, 몇 개의 일상적인 조명 작업에서 참고가 될 만한 비율들은 있다. 언제나 이 비율

(주1) Herbert Zettl의 [Sight Sound Motion], 4판(Belmont, Calif.: Thomson Wadsworth, 2005), pp. 28–30 참조.

로 조명을 맞춘 후에 원하는 특정 조명 목적에 맞게 조정한다.

주 조명 대 역광 조명의 비율(Key-to-Back-Light Ratio)

정상적인 조건에서 보통 주 조명과 역광 조명은 대략 같은 강도를 갖는다. 너무 센 역광 조명은 피사체에 후광을 만들어 내고 너무 약한 역광 조명은 모니터에서 아예 사라지게 만든다. 금발머리에 밝은 의상을 입은 연기자는 검은 머리에 어두운 의상을 입은 연기자들보다는 약한 역광 조명을 비춘다. 1:1 주 조명 대 역광 조명 비율은 필요에 따라 1:1.5 정도로 조정할 수 있다. 예를 들어, 충분한 광채를 필요로 하거나, 검은 머리에 빛을 흡수하는 질감의 머리카락을 가진 배우를 비출 때 사용한다.

주 조명 대 보조 조명의 비율(Key-to-Fill-Light Ratio)

보조 조명의 강도는 얼마나 빠른 폴 오프를 원하느냐에 좌우된다. 만약 극적인 효과를 위해서 빠른 폴 오프를 원한다면 보조 조명은 조금만 있으면 된다. 이렇게 주 조명과 보조 조명의 비율을 하나로 만들어 놓은 것은 없다. 그러나 이제 막 일을 시작한 사람들에게는 주 조명 강도의 반 정도의 보조 조명을 설치하고 여기에서 조정해 나갈 것을 권한다. 보조 조명을 많이 사용할수록 주 조명의 모델링하는 기능은 떨어지지만 질감을 부드럽게 만든다는 것을 명심하자. 만약 보조 조명을 거의 사용하지 않는다면 짙은 그림자로 인해서 화면의 세부 사항은 잘 살아나지 않게 되고 그림자 영역에 색 변형 현상이 생길 위험도 있다. 예를 들어, 형사가 여성의 왼쪽 뺨에 있는 흉터를 가리키고 곧이어 여성의 얼굴을 클로즈업했는데 흉터가 있어야 할 자리가 그림자로 알아 볼 수가 없게 된다거나, 또는 작품 실연에 중요한 세부 사항을 그림자로 인해서 알아 볼 수 없게 된다면 그건 분명히 주 조명 대 보조 조명의 비율이 잘못된 것이다.

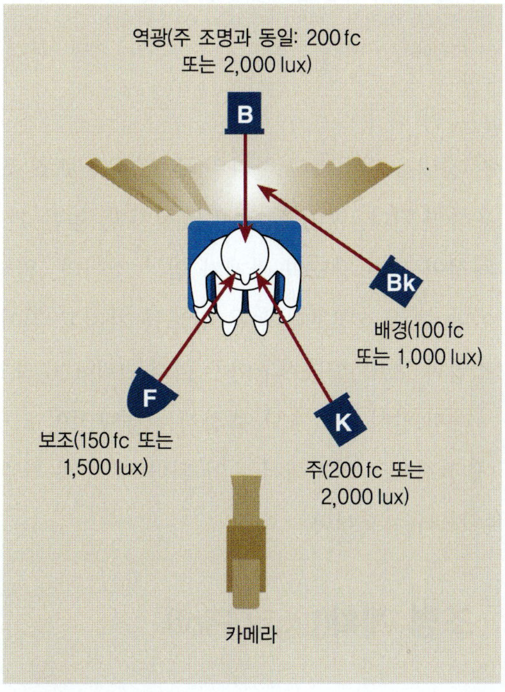

[그림 8.26] 조명 비율
조명 비율은 특정 조명 과제에 따라 좌우되고 달라진다. 여기서 제시한 비율은 조정하기 전 시작 위치에서 사용한다.

높은 기본 조명과 낮은 콘트라스트를 가

[그림 8.27] 인터뷰의 평면 조명을 위한 조명 설계
이 조명 설계는 낮은 폴 오프 조명 설정을 보여주고 있다. 일반적으로 이러한 간단한 설치에는 조명 계획이 필요 없다. 이 그림에서는 광량을 조정한 것이 아니라는 것을 염두에 두자.

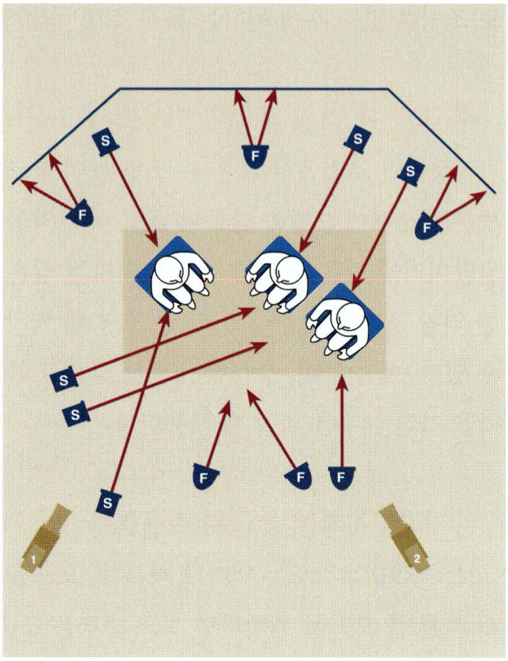

[그림 8.28] 플러드와 스폿을 사용한 인터뷰 조명 설계
주 조명과 역광 조명은 스폿을 사용하고 보조 조명과 배경 조명은 스코프로 한다.

진 장면을 만들려고 한다면 주 조명과 보조 조명을 거의 같은 강도로 만든 플러드라이트를 이용하면 된다. 이미 잘 알고 있겠지만, 높은 기조라는 것은 주 조명의 위치와 관계되지 않은 전체적인 조명 강도와 관계가 있는 것이다. 원하는 광량을 얻기 위해서는 역광 조명이 주 조명이나 보조 조명보다 높은 강도를 가지고 있어야 한다. 낮은 기조의 장면에서 역광 조명은 주 조명과 보조 조명보다 아주 밝다(그림 8.26 참조).

다시 말하지만 조도 측정기는 대략적인 조명 비율을 만드는 데 도움을 주는 것이므로 이것에 전적으로 의지해서는 안 된다. 최종적 기준은 제대로 조정된 모니터에 화면이 어떻게 보이는가 하는 것이다.

조명 계획(Light Plot)

조명 계획이란 (1) 세트와 조명을 받을 피사체, 지역에 따른 조명 기구의 배치, (2) 광선의 주요 방향, 그리고 더욱 정확히 말하면 (3) 사용될 기구의 크기와 종류를 나타내는 것을 뜻한다.

성공적인 조명 계획을 세우기 위해서는 장면과 무대 장치를 보여주는 정확한 플로어 설계와 배우의 주요 위치, 카메라가 주로 배치될 위치, 그리고 촬영 각도를 알아야 한다(section 15.2 참조). 이러한 모든 정보는 언제나 얻을 수 있는 것들이 아니거나 일상적인 쇼를 위해서는 필요하지 않기 때문에 조명 설계 없이 조명을 배치한다. 그러나 대학 학장과 이사장단과의 대담과 같이 조명 설계를 세우는 것은 마구잡이로 조명이 배치되는 것을 방지하고 조명 기술자들의 시간과 노력을 아끼게 된다. 또한 비슷한 상황에서 이 계획을 다시 사용할 수도 있다.

조명 계획을 세우는 방법은 플로어 설계 위에 비치는 종이를 대고 그 종이 위에 조명 정보를 그리는 것이다. 스포트라이트와 플러드라이트를 나타내는 아이콘을 다른 모양으로 사용하고 광선의 주요 방향을 화살표를 사용해서 표시한다(그림 8.27, 8.28 참조). 어떤 조명감독은 다음 세울 무대계획이나 적합한 위치로 들어오기 위해 작은 그림조각을 그들의 스포트라이트와 플러드라이트에 사용한다.

원하는 조명을 위해서 되도록 적은 수의 조명 기구를 이동시키거나 아예 기구 이동이 없게 하기 위해서는 될 수 있으면 무대 디자이너 또는 플로어 매니저와 함께 설계하는 것이 좋다. 조명 기구를 세트에 맞춰서 이동시키는 것이 세트를 조명 기구에 맞춰 이동시키는 것보다 더 많은 시간을 소비하게 된다.

스튜디오 조명은 제 시간에 설치하는 것이 성공한 것이라고 할 수 있다. 배경에 드리우는 짙은 그림자 하나에 너무 연연해서 나머지 조명을 간과해서는 안 된다. 정말 시간에 쫓기게 되면 몇 개의 플러드라이트와 역광 조명을 대략의 위치에 설치하고 그것이 제대로 되기만을 바래야 한다. 이런 대략적인 설치를 수용하는 경우가 많다.

스튜디오 조명의 조작(Operation of Studio Lights)

처음 조명을 설치할 때는 주요 연기 지역을 나누고 적당한 기구(스포트라이트나 플러드라이트)를 사진에서의 삼각 구도에 맞게 배치한다. 다중적인 기능을 할 수 있는 위치에 배치하려고 노력해야 하는데, 이것은 한 사람 이상을 비추게 하거나 여러 지역을 비추게 하는 것을 말한다. 이것이 주요 연기 지역을 최소의 노력과 기구로 적정하게 비추는 것을 가능하게 한다.

안전(Safety)

직접 조명을 다룰 때나 조절 장치의 도움을 받아서 조명을 조절할 때에도 제작 활동에 있어서 안전 우선이라는 규칙을 지켜야만 한다. 안전은 최우선이다.

- Chapter 7에서 언급한 것처럼 작동 중인 조명기구와 작업할 때는 언제나 장갑을 착용한다. 장갑은 뜨거운 반 도어나 램프를 만질 때 화상으로부터 보호할 것이며 어떤 전기적 충격에서도 보호할 것이다.
- 안전 사슬이나 쇠사슬을 이용해서 조명 기구를 배튼에 안전하게 장착시키거나 반 도어나 스크림 따위를 조명 기구에 안전하게 부착시킨다. 언제나 주기적으로 C 클램프를 점검해야 하는데, 특히 배튼과 같은 장치들에 기구를 매달기 위해 사용하는 볼트는 반드시 확인해야 한다.
- 조명을 소켓에 꽂을 때나 작동 중인 조명을 이동시킬 때도 주의를 기울여야만 한다. 뜨거워진 램프는 물리적인 충격에 매우 약하기 때문에 충격을 주지 않도록 조심해서 옮긴다.
- 램프를 교체할 때는 기구가 어느 정도 식을 때까지 기다렸다가 교체한다. 수명이 다한 램프를 만지기 전엔 항상 전원을 차단한다. 이중 안전을 위해서는 배튼으로부터 플러그를 뺀다. 새 쿼츠 램프를 맨손으로 만져서는 안 된다. 지문 따위가 램프의 유리에 묻게 되면 램프가 과열되어 타버리는 원인이 될 수도 있다. 장갑을 착용하되 장갑이 없다면 티슈나 옷소매라도 이용해서 램프를 다룬다.
- 사다리를 이용할 때는 바닥이나 위쪽에 장애물이 없는지 확인한다. 손에 닿지 않는 기구를 만지기 위해 사다리에 기대거나 하지 않는다. 기구의 앞쪽보다는 뒤쪽에서 작업할 수 있도록 사다리를 배치한다. 조명 기구를 조정할 때 빛을 정면으로 바라보지 않도록 하며 조명보다는 조명을 받는 피사체를 보면서 빛이 어떻게 비추는지 살피면서 조정한다. 부득이 조명에서 나오는 빛을 똑바로 봐야 할 때에는 어두운 안경을 착용하고 되도록 짧은 시간만 바라본다.
- 패치보드에 연결할 때는 모든 조광기와 차단기를 꺼짐 위치에 놓는다. 배튼의 소켓에 조명 기구의 전기 코드를 꽂아서 패치에 바로 전기가 들어가도록 하지 않는다. 이렇게 하지 않으면 손을 데거나 패치를 상하게 해서 더 이상 제 기능을 할 수 없게 만들 수도 있다.

램프의 수명 연장과 전기의 절약(Preserving Lamps and Power)

큰 조명 기구들은 최대 전력으로 사용하기 전에 조광기를 조절해서 적은 전류를 흘려보내 일정 시간 준비시킨다. 이렇게 하면 램프의 수명이나 빨리 뜨거워 졌을 때 깨져버릴 수 있는 프레즈넬 렌즈의 수명을 연장시킬 수 있다. 금속 할로겐 조명을 최대로 작동시키기 위해서는 이러한 준비 시간(약 1분에서 3분)이 필수적이다. 한 소켓에 무리하게 많은 전기 기구를 연결시키지 않는다. 리허설 동안은 어떻게 버텼을지 몰라도 실제 쇼에 들어가서 준비하는 동안 감당하지 못해서 전원이 나가버릴 수도 있다. 확장 코드가 뜨거워지기 시작하면 즉시 코드를 빼서 낮은 게이지(14게이지 정도의 굵은 전선)의 케이블로 교체해야 한다.

전력을 낭비하지 말자. 예행 연습(카메라 없이 하는 연습)은 스튜디오 전체 조명을 가지고 하는 것보다 작동 중인 조명을 가지고 하는 것이 효율적이다. 배튼이나 텔레스코프 걸이, 팬터그래프 등이 움직일 수 있는 것들이라면 조명을 최대한 피사체나 무대에 가까이 두고 조명을 비추게 한다. 이미 알고 있는 것처럼, 빛의 강도는 피사체로부터 거리에 비례해서 현저하게 떨어지기 때문이다. 조명을 최대한 위로 올리는 것은 꼭 필요할 때만 한다.

스튜디오 모니터의 이용(Using a Studio Monitor)

잘 조정된 스튜디오 모니터를 조명 조절에 사용하고자 한다면 어느 정도의 타협이 필요하다는 것을 명심해야 한다. 스튜디오 모니터에서 보여지는 조명이 자신이 원하는 조명이라면 그 조명은 제대로 된 것이라고 할 수 있다. 이러한 상태를 만들기 위해서는 모니터를 길잡이 정도로 생각해야지 조도 측정기 정도로 생각해서는 안 된다. 그러나 모니터 사용이 쉬운 일은 아니다. 비디오 오퍼레이터는 조명 설치를 끝내지 않으면 카메라 설치(최선의 비디오 신호를 잡을 수 있도록 카메라를 조절하는 것)를 할 수 없을 것이고 조명을 설치하는 사람은 모니터로 확인하기 전까지는 조명 설치가 끝나지 않을 것이라고 반박할 것이기 때문이다.

두 부서 모두 정당한 근거를 가지고 있기 때문에 어느 정도 타협할 생각을 가지고 이 논쟁을 풀어야 한다. 카메라 없이 기본 조명을 설치하고 투사광 측정기를 이용해서 기본 조명이 충분하지 않다거나 극도로 고르지 못한 조명이라든가 하는 전체적인 결함을 찾아본다. 어느 정도 경험이 쌓이면 어두운 그림자가 색이나 세부 묘사를 재생해 내는 데 적합한지 그렇지 않은지 분간할 수 있게 된다. 그러나 아주 세밀한 조절을 할 때에는 적어도 한 개 이상의 카메라는 필요하게 되므로 비디오 오퍼레이터에게 함께 조절할 것을 부탁한다. 어차피 이것은 비디오 오퍼레이터의 일이기도 하다. 하나의 카메라를 현재의 조명에 맞춰서 무대 쪽을 향하게 한다. 스튜디오 모니터에 보여지는 즉각적인 화면을 통해 빛의 불균형을 교정하고 광선의 방향이나 강도를 손볼 수도 있다. 이러한 미세한 조정을 거친 후 모든 카메라는 가장 잘 촬영할 수 있는 위치에 배치될 것이다.

핵심요약

- 모든 조명은 방향성 광선이나 분산 광선을 사용한다.
- 주 조명은 빛을 비추는 데 있어서 주요 조명원을 말하며 피사체의 기본적인 형태를 보여준다.
- 역광 조명은 배경으로부터 피사체의 그림자를 분리해 내어 피사체의 윤곽을 강조한다. 피사체에 광채를 준다.
- 보조 조명은 폴 오프를 떨어뜨리고 그림자를 밝게 만든다.
- 대부분의 텔레비전 조명 설치는 기본적인 사진 원리인 주 조명, 역광 조명, 보조 조명의 삼각 조명 형태를 가지고 있다.
- 배경 또는 세트 조명은 장면과 세트의 배경을 비추는 것을 말한다. 측면 조명은 부가적인 보조 조명 또는 측면 주 조명의 역할을 한다. 키커 조명은 배경에 묻혀 버리게 되는 피사체의 윤곽을 나타낸다.
- 특수 조명 기법으로는 평면 조명, 계속되는 움직임을 위한 조명, 큰 영역을 위한 조명, 높은 콘트라스트 조명, 카메오 조명, 실루엣 조명, 크로마 키 지역 조명, 그리고 눈과 붐 그림자의 조절이 있다.
- 폴 오프는 빛을 비춘 피사체가 얼마나 빨리 그림자로 변하는가, 그리고 그 그림자가 얼마나 짙은가를 나타낸다. 빠른 폴 오프는 빛과 그림자 부분이 선명하게 나뉘어 있고 그림자가 짙다는 것을 말한다. 느린 폴 오프는 밝은 곳에서 그림자로 변화하는 부분이 좀더 완만하고 그림자가 투명하다는 것을 의미한다. 일반적으로 빠른 폴 오프는 높은 콘트라스트 조명, 느린 폴 오프는 낮은 콘트라스트 조명을 의미한다.
- 낮은 기조의 장면은 어두운 배경과 부분적으로 빠른 폴 오프를 가진 조명을 가지고 있으며, 극적이거나 신비한 느낌을 준다. 높은 기조의 장면은 밝은 배경에 일반적으로 높은 기본 조명도, 그리고 쾌활하고 행복한 느낌을 준다.
- 콘트라스트는 한 화면에서 가장 밝은 부분과 가장 어두운 부분의 차이를 말하며 반사되는 빛을 통해 측정한다.
- 콘트라스트 비는 반사된 빛을 측정함으로써 결정된다. 일반적으로 최적의 콘트라스트 비는 40:1～50:1이다. 디지털 카메라의 경우 좀더 높은 콘트라스트 비도 수용 가능하다.
- 다양한 조명 강도의 균형을 잡는 것은 대부분 원하는 조명 효과가 무엇인가에 의해 좌우된다.
- 조명 계획은 조명 기구의 위치와 조명 광선의 주요 방향, 그리고 부가적으로 조명의 종류와 크기를 나타낸 것이다.
- 모든 조명 작동 중에는 신중하게 행동하는 연습을 해야 한다. 기구를 정면으로 바라보지 말고 뜨거운 조명을 다룰 때는 반드시 장갑을 착용한다.

SECTION

8.2

현장 조명

Lighting in the Field

ENG EFP 현장 제작 조명을 할 때는 모든 장비가 장착되어 있고 언제든지 사용할 수 있도록 준비가 되어 있는 스튜디오가 아니라는 것을 명심해야 한다. 크기에 관계없이 모든 장치를 현장에 옮겨서 설치해야 하는데 현장에서 보면 그 조명 기구들은 좋은 텔레비전 조명을 하기에는 너무 크거나 작아 보이기도 한다. 또한 가장 효과적인 조명 상태를 만들기 위한 다양한 조명 설치들을 실험해 보기에는 시간이 촉박하다는 것을 늘 느끼게 될 것이다. 현장 조명의 과제가 무엇이든 기구의 선택과 사용이 무엇보다 효과적이어야 한다. 이 section에서는 특정한 현장 조명 기법을 설명하고 몇몇 조명 기법을 위한 필수 요건에 대해서 알아본다.

▶ 안전

기본적인 안전에 관계된 것들: 감전, 전선, 화재

▶ ENG/EFP 조명

밝은 태양광 아래에서의 촬영, 흐린 낮 동안의 촬영, 실내 조명에서의 촬영, 밤 촬영

▶ 현장 조사

전력 공급과 안전

안전(Safety)

ENG EFP 스튜디오나 야외조명에서는 안전은 최우선으로 관심을 가져야 한다. 사실상 야외촬영이 스튜디오보다 안전위험이 많다 .어떠한 제작에 있어서도 그것이 흥미롭건 그렇지 않건 간에 편리나 효과를 위해서 안전을 포기하는 일은 있을 수 없다.

감전(Electric Shock)

현장에서는 특히 전기에 주의해야 한다. 110V의 감전도 사람의 목숨을 앗아갈 수 있다. 전기선을 안전하게 관리해서 사람들이 넘어지지 않도록 한다. 모든 연결, 즉 전기선과 소켓, 전기선과 전기선, 전기선과 조명기의 연결이 확실히 결합되지 않았거나 안전하지 않으면 감전의 위험이 있다.

전기선(Cables)

전기선을 문에 걸쳐 놓거나 바닥에 테이프로 고정시키고 사람들이 지나다니는 곳에는 고무매트나 판자로 덮어 놓는다. 느슨한 전기선은 사람이 걸려 넘어질 수 있을 뿐만 아니라 조명기구를 넘어뜨려서 화재를 일으킬 수도 있다.

화재위험(Fire Hazard)

Chapter 7에서 설명했듯이, 휴대용 백열등 조명기는 켜자마자 매우 뜨거워진다. 커튼이나 책, 테이블 보, 나무 천장과 나무 벽과 같은 모든 인화성 물질로부터 떨어뜨려 놔야 한다. 항상 이중으로 확인한다. 부득이 이러한 인화성 물질에 가까이 설치해야 할 때에는 알루미늄 호일로 싸서 절연시킨다.

ENG/EFP 조명(ENG/EFP Lighting)

ENG EFP ENG와 EFP 조명 사이의 명확한 구분은 없지만 ENG는 아무 빛이나 현장에 있는 대로 또는 카메라 라이트만으로 촬영해야 한다는 차이 정도는 있다. 그러나 호텔 방이나 CEO 사무실에서의 인터뷰, 시청 입구에서의 기념 행사 취재와 같은 상황에서는 ENG와 EFP 조명 기법은 아주 흡사하다. 가장 큰 차이점이라면 EFP의 경우 이벤트가 벌어지기 전에 조명에 필요한 요건들을 미리 조사할 시간을 가질 수 있지만 기업 회장실을 최고 할리우드 영화에서 만들어 내는 것과 같은 효과를 낸다거나, 감사위원회의 공청회장을 블록버스터 영화에 나오는 법정 장면과 견줄 만한 효과를 충분한 시간과 장비 없이 만들어 내야 한다는 것이다.

현장에서 일하게 되면 야외나 실내 조명 모두 문제점에 부딪치게 된다. 야외에서는 사용 가능한 빛, 즉 이미 그 지역에 존재하고 있는 빛을 고려해서 작업을 해야 한다. 밤에는 사용 가능한 빛을 보충하거나 조명 전체를 지원해야 한다. ENG보다는 EFP가 좀더 많은 시간을 가질 수는 있다. 하지만 ENG 또한 빠르고 효과적으로 충분한 빛을 만들어 내야 하며 주어진 환경에서 가장 효과적인 조명을 만들어 내야 한다.

밝은 태양광 아래에서의 촬영(Shooting in Bright Sunlight)

ENG EFP

대부분의 조명 문제는 밝은 태양 아래에서 촬영을 할 때 생긴다. 풀 먹인 하얀색 셔츠를 입은 성가대원들이 일부는 밝은 태양 아래, 나머지는 그림자 아래에 서 있을 때 카메라맨의 악몽은 시작된다. 비교적 좋은 디지털 카메라라고 하더라도 이런 큰 콘트라스트를 감당할 수는 없을 것이다.

카메라를 자동 조리개 상태로 둔다면 하얀색 셔츠의 가장 밝은 빛과 밝은 배경, 그리고 조리개 가까이에 있는 것들에는 이상적인 노출을 보이게 될 것이다. 문제는 렌즈를 통해 들어오는 빛을 극단적으로 줄이면 나머지 성가대원들이 서 있는 어두운 부분도 마찬가지로 극단적으로 어두워지게 된다. 만약 조리개를 수동 위치로 놓고 조리개를 어느 정도 열면 그림자는 약간 투명해지겠지만 하얀색 셔츠와 밝게 보이는 배경은 과도한 노출을 보이게 된다. 설상가상으로 성가대 단원 중 한 사람의 이마 혹은 대머리에 하이라이트가 비추게 되면 이 부분은 환하게 빛나서 피부색은 분홍 테두리를 두른 기괴한 하얀색으로 빛나게 된다.

여기서 포기해야만 하는 것일까? 그렇지는 않다. 선택할 수 있는 사항은 한정되어 있지만 몇 가지 구제책은 있다.

- 가능한 한 배우를 밝은 배경에서 멀리 떨어진 그림자가 있는 지역에 배치한다. 아마도 전체 성가대를 태양광으로 인해 번쩍이는 건물에서 멀리 떨어진 그림자가 드리워진 곳으로 옮길 수 있을 것이다. 한 사람을 카메라에 담을 때는 언제든지 큰 우산으로 그림자를 만들어 낼 수 있다.
- 남성 성가대원의 검정색 자켓을 벗을 수 있는지 물어보아라. 거절 당해도 가치 있는 시도가 될 것이다.
- 배경 속의 하얀색 건물을 피하여 촬영하라.
- 폴 오프를 늦추기 위해 반사장치를 사용한다(그림 8.29, 8.30 참조).
- 구경을 조정한다. 배우를 어두운 부분에 배치했다면 적정한 노출을 잡을 수 있는 자동 조

리개 위치로 카메라를 다시 맞춘다. 이것에 실패하면 다시 수동 조리개로 맞춰서 적당한 노출을 잡을 수 있는지 살펴본다.

- ND 필터(neutral-density filter)를 사용한다. 이 필터는 다양한 강도 변화에 선글라스와 같은 역할을 수행하는데 장면의 실제 색을 변형시키지 않으면서 촬상 장치로 들어가는 빛의 양을 줄인다. 사실상 ND 필터는 그림자 지역의 세부 사항을 살리면서 가장 밝은 부분을 줄이는 것처럼 보인다. 이 필터를 사용하면 다른 성가대원이 안 보이게 되는 것을 방지할 수 있으며 하얀색 셔츠나 성가대원의 이마에서 발산되는 빨간 테두리의 광반은 확실히 제거될 것이다.

만약 뉴스거리를 쫓고 있어서 이런 구제책을 쓸 시간이 없다면 어떻게 해야 하는 것일까? 카메라를 자동 조리개에 맞추고, 혹시 그럴 만한 시간이 있다면 중성화 필터를 끼우고 촬영이 무사하게 되기만을 바라는 수밖에 없다.

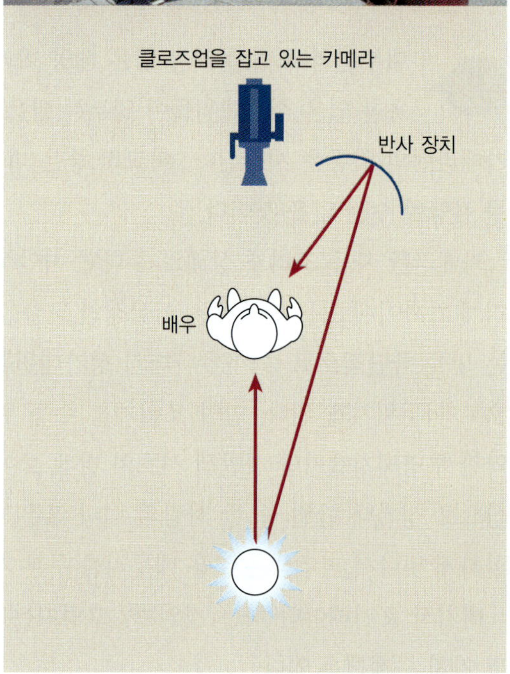

[그림 8.29] 태양과 마주 보며 촬영하기
태양을 마주 보면서 촬영할 때는 하나의 반사 장치(이 경우 하얀색 종이를 사용)로 최대한의 태양빛을 배우에게 반사시킨다.

흐린 낮 동안의 촬영(Shooting in Overcast Daylight)

ENG EFP

야외 촬영 시 가장 이상적인 조명 상태는 흐린 날이다. 구름이나 안개가 강력한 태양광을 확산시키는 역할을 함으로써 소프트라이트와 같은 고른 빛을 만들어 낸다. 흐린 날에도 카메라의 화이트 밸런스를 맞출 때 ND나 색보정 필터를 사용해야 한다고 놀랄 필요는 없다. 구름 낀 날의 태양광도 놀라운 정도로 밝으며 대개 높은 색온도를 가지고 있다.

확산되는 빛일 때, 지나치게 밝은 배경을 피하는 것을 시도하자. 만약 밝은 배경을 두고 촬영해야 하는 상황이라면 사람에게(그것이 배경을 가능한 한 피할 정도로) 줌 인을 한다. 조리개는 수동 위치에 두고 배경보다 사람을 촬영하기에 적당한 조리개를 선택한다. 매우 확산된 빛이라도 반사판이 사람을 향하도록 시도하자.

흐린 날 확산된 빛은 비교적 부드러운 그림자를 만들어 내고 이로 인해서 콘트라스트가 작기 때문에 카메라를 자동 조리개로 선택할 수 있다. 그러나 확산된 빛이라고 하더라도 지나치게 밝은 배경은 피하는 것이 좋다. 만약 밝은 배경을 두고 촬영해야 하는 상황이라면 조리개는 수동 위치에 두고 사람에게 클로즈업(가능한 한 배경을 화면에서 안 보이게 한다)해서 배경이 아닌 사람을 촬영하기에 적당한 조리개를 선택한다. 고도로 분산된 빛을 만들어 내는 날이라고 하더라도 반사 장치는 휴대하고 다녀야 한다.

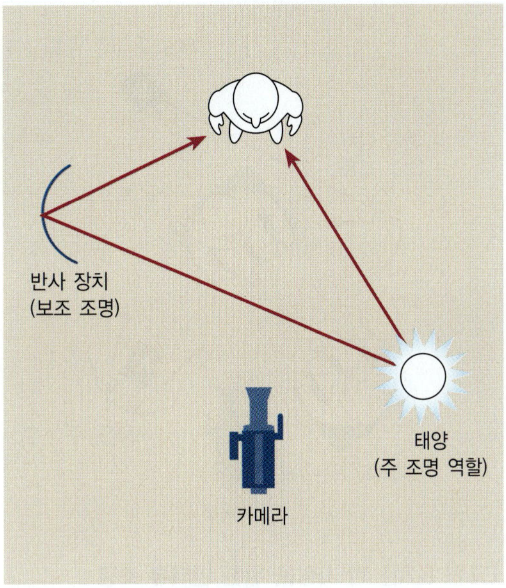

[그림 8.30] 반사 장치의 사용
밝은 태양빛 아래서 촬영할 때 어두운 그림자는 하나의 반사 장치로 밝게 만들 수 있다.

실내 조명에서 촬영(Shooting in Indoor Light)

ENG EFP

실내에서 촬영을 하게 되면 다양한 종류와 양의 빛을 접하게 된다. 어떤 실내는 창문을 통해 야외의 빛이 비추고 있을 수 있으며 또 어떤 경우에는 천장에 있는 형광등 뱅크에 의해서 조명이 비춰지기도 한다. 그리고 또 다른 경우 창문이 없고 책상과 바닥 조명이 전부인 상태의 호텔은 낭만적인 분위기를 풍기기는 하지만 좋은 화면을 위한 적당한 상황은 아닐 것이다. 여기서 대두되는 문제는 부가적인 조명을 어떻게 보충하느냐보다는 어떻게 다양한 색온도를 조화시킬 것인가 하는 것이다. 어떤 상황에서건 사진의 원리인 주 조명, 보조 조명, 역광 조명의 구도를 유지한다. 이것이 불가능하다면 약간의 조정을 거쳐서라도 삼각 조명의 효과를 유지할 수 있도록 한다. 가능하다면 언제나 역광 조명 효과를 이용한다. 역광 조명이 좋은 조명과 단순한 빛을 비추는 것과의 차이를 말해준다.

소프트웨어 회사의 CEO를 인터뷰한다고 가정해 보자. 쇼의 마지막에 인터뷰하는 사람의 클로즈업을 삽입하는 장면 외에는 인터뷰 내내 CEO의 클로즈업이 화면에 잡히게 된다. 다음의 세 가지 다른 환경에서의 조명 설치를 살펴보도록 하자. (1) 창문이 없는 호텔 방, (2) 창문이 있는 호텔 방, (3) 전면 유리창이 통유리 창문이 있는 사무실.

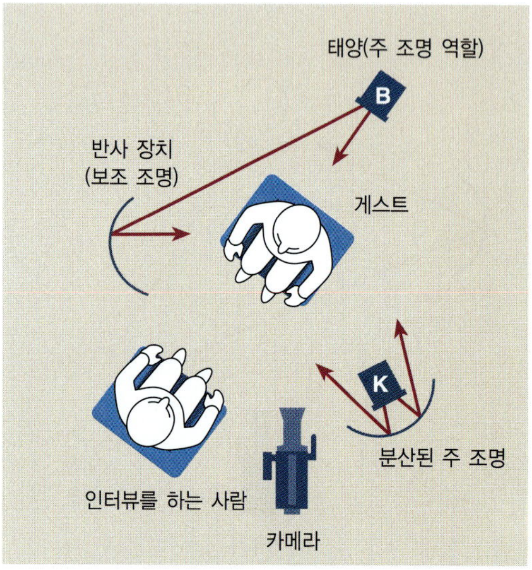

[그림 8.31] 한 사람을 위한 인터뷰 조명
한 사람을 위한 조명으로 두 개의 기구가 사용됐다. 분산된 주 조명은 스크림이나 텐트, 우산을 장착한 개방형 스폿이다. 역광 조명은 개방형 스폿을 초점 위치나 분산 위치로 조정해서 사용한다. 보조 조명이 필요하다면 소프트라이트나 반사 장치를 이용한다. 부가적으로 소프트라이트를 이용해서 배경 조명을 할 수 있다. 화면에 나타나지 않은 인터뷰하는 사람은 인터뷰에 응하는 사람을 보고 있어야 한다는 것을 명심하자.

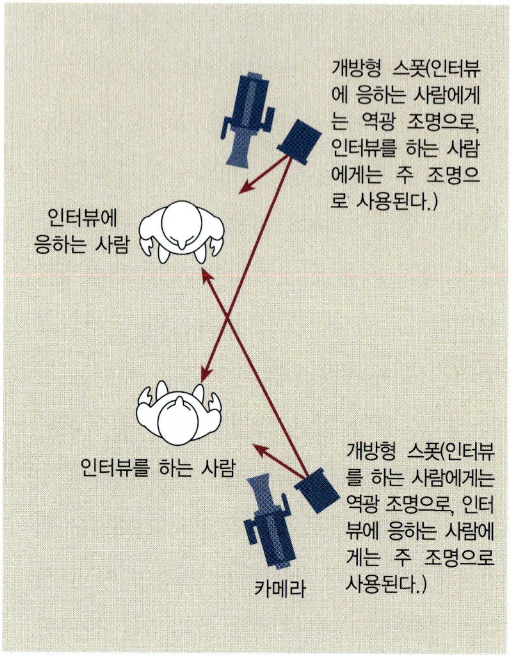

[그림 8.32] 교차 촬영을 위한 인터뷰 조명
두 개의 휴대용 조명이 인터뷰하는 사람과 인터뷰에 응하는 사람을 위한 주 조명과 역광 조명의 이중 기능을 수행하게 한다. 여분의 조명 기구는 보조 조명으로 사용한다.

창문이 없는 호텔 방 창문이 없는 방을 위한 조명의 경우, 휴대용 개방형 조명을 전형적인 삼각 구도로 배치하면 된다. 확산 조명을 주 조명으로 사용하고 같은 종류의 조명 기구를 좀 더 초점을 맞춰서 역광 조명으로 사용하며 반사 장치나 소프트라이트(또는 소프트라이트 텐트)로 보조 조명을 설치한다(그림 8.5 참조). 만약 여분의 조명 기구가 있다면 배경 조명으로 사용하면 된다. 또한 두 개의 조명 기구밖에 사용할 수가 없다면 개방형 스폿을 역광 조명으로 설치하고 분산 조명(스크림이나 텐트, 우산을 장착한 개방형 스폿)을 주 조명으로 사용해서 얼굴 대부분이 조명을 받도록 만든다(그림 8.31 참조).

만약 감독이 인터뷰의 즉시성을 살리기 위해서 질문하는 사람과 대답하는 CEO를 두 대의 카메라로 교차해서 촬영하고자 하는데 사용할 수 있는 조명이 3개뿐이라면 이런 상황에서는 조명을 두 개만 사용하거나 세 개 모두 사용할 수 있다. 두 개의 개방형 스폿이나 스크림, 텐트, 우산 분산 장치가 장착된 프레즈넬 스폿을 사람들의 어깨 위에서 마주 보고 있는 사람의 얼굴을 비출 수 있도록 배치한다(그림 8.32 참조). 두 개의 조명은 여기에서 주 조명과 역광 조명의 다중 기능을 수행하게 된다. 세 번째 조명 기구는 보조 조명으로 사용할 수 있다. 이 조명 배치는 복도나 거실과 같은 장소에서의 인터뷰에서도 사용할 수 있다.

창문이 있는 호텔 방 창문이 있는 장소에서는 창문을 통해서 들어오는 빛을 주 조명이나 역광 조명으로 사용할 수 있다. 창문에서 들어오는 빛을 주 조명으로 사용한다면 창문과는 반대 방향에 반사 장치나 보조 조명이 필요하다. 어떤 경우에든 강한 역광 조명이 필요하다. 보조 조명과 역광 조명 램프는 5,600K의 야외 색온도를 내야 한다(그림 8.33 참조). 좀더 나은 방법으로는 창문으로 들어오는 빛을 역광 조명으로 사용할 수 있으면서 창문은 화면에 들어오지 않게끔 CEO의 위치를 정하는 것이다. 이렇게 하면 5,600K 색온도를 가진 하나의 분산 조명(개방형 금속 할로겐 스폿 또는 파란 젤을 장착한 백열등 스폿)을 주 조명으로 CEO의 얼굴을 비추게 해서 보조 조명은 필요하지 않게 만들 수 있다(그림 8.34 참조).

전면 유리창이 통유리 창문이 있는 사무실 가장 전형적인 문제는 큰 창문을 배경으로 촬영을 해야 할 때 나타난다. 예를 들어, CEO가 큰 창문 앞에 놓여 있는 자신의 책상 앞에 앉아서 인터뷰하기를 원한다면 밝은 배경 앞에 서 있는 사람을 촬영할 때와 똑같은 문제가 발생하게 된다. 조리개를 밝은 배경에 맞추면 그 앞에 있는 사람은 실루엣만 남게 된다. 반대로 앞에 있는 사람에게 조리개를 맞추면 배경은 과도한 노출이 된다. 다음은 이러한 상황을 해결할 수 있는 몇 가지 방법이다.

- 커튼이나 블라인드를 창문에 치고 휴대용 조명 기구로 사람을 비추거나 아주 꽉 찬 클로즈업으로 가능한 한 최대로 배경이 화면에 잡히지 않도록 한다. 그러나 불행히도 대부분의 창문은 커튼이나 블라인드가 장착되어 있지도 않을 뿐만 아니라 모든 회사 간부들은 최대로 클로즈업해도 보기 좋게 화면에 나오지는 않는다.
- 카메라를 책상 측면으로 옮기고 인터뷰에 응하는 사람이 카메라를 응시하도록 한다. 이렇게 하면 창문으로 들어오는 빛과 평행한 위치에서 촬영을 할 수 있다. 창문에서 들어온 빛을 주 조명으로 사용하고 부가적으로 조명을 스탠드에 장착하거나 반사 장치를 이용해서 보조 조명으로 사용한다(그림 8.33 참조).
- 만약 인터뷰에 응하는 사람이 굳이 창문을 뒤로 두고 인터뷰하고 싶다고 한다면 커다란 색온도 필터나 ND 필터로 창문을 덮어야 한다. 두 개의 강하고 분산된 개방형 조명(5,600K 색온도)을 주 조명과 보조 조명으로 사용하거나 고효율의 큰 반사 장치를 이용해 창문으로부터 들어오는 빛을 책상 뒤에 있는 CEO의 얼굴로 반사시킬 수 있게 한다. 이러한 과정은 엄청난 시간을 요하므로 EFP 작업에서나 가능하다는 것을 명심하자.
- 창문에서 보이는 모습을 사진을 찍어 크로마 키를 사용할 때 활용하자(chapter 14 참조).

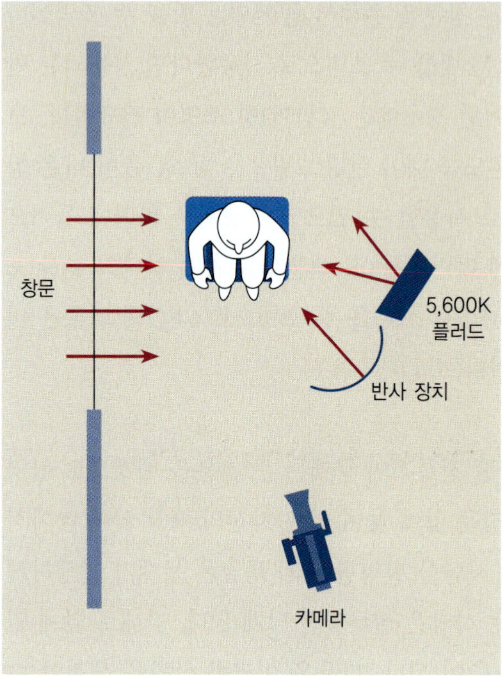

[그림 8.33] 주 조명으로서의 창문
창문을 통해서 비춰지는 야외 빛은 주 조명으로 활용할 수 있으며 반사 장치는 보조 조명의 역할을 하게 된다. 만약 휴대용 조명을 보조 조명이나 역광 조명으로 사용한다면 이들의 색온도를 5,600K로 올려서 사용한다.

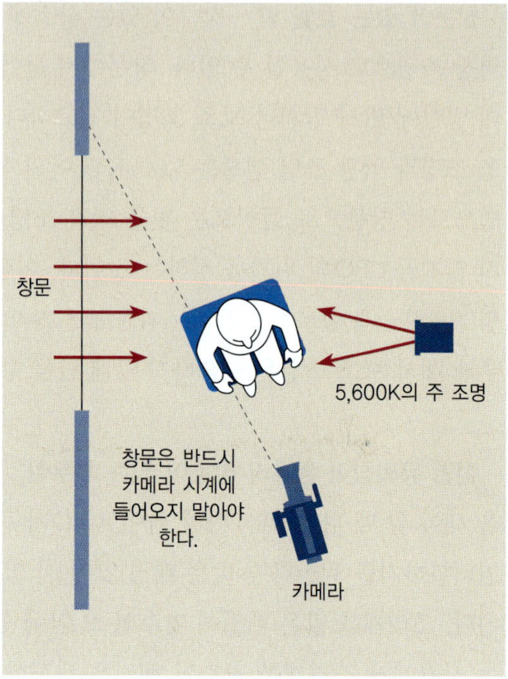

[그림 8.34] 역광 조명으로서의 창문
창문으로 들어오는 빛을 역광 조명으로 사용하기 위해서는 배우를 창문 앞에 배치하되 창문이 화면에 잡히지 않도록 해야 한다. 주 조명으로는 5,600K의 개방형 스폿을 분산시켜서 사용한다.

큰 영역의 실내 조명 때때로 많은 사람들이 빛이 충분하지 못한 현장에 모여서 그룹을 이루고 있는 상황에서 조명을 설치해야 하는 경우도 생긴다. 전형적인 예가 바로 작은 방이나 호텔 로비에서 이루어지는 대표자 회의나 복도에 모여 있는 사람들이다. 대부분 하나의 카메라 라이트가 연사나 청중 한 사람을 위한 조명으로는 충분하지만 이러한 이벤트를 전체적으로 잡아야 한다면 부가적인 조명 기구가 필요하다.

이러한 현장에서 빠르고 효과적으로 조명을 설치하는 방법은 일반적으로 방향성이 없는 기본 조명도를 만들어 내는 것이다. 간단하게 두 개나 세 개의 개방형 스폿이나 V 라이트를 이용해 이 기구들에서 나오는 빛을 천장이나 벽에 반사시키는 방법이 있다. 빛을 반사시키는 우산을 가지고 있다면 우산 정면으로 조명을 향하게 배치함으로써 이벤트가 벌어지고 있는 영역을 전부 비출 수 있다. 우산으로 V 라이트 하나를 분산시키는 것만으로도 큰 조명 효과를 볼 수 있다는 것에 대해서 놀라게 될 것이다. 이것이 HMI, 쿼츠, 또는 형광등 소프트라이트와 플러드로 목표 영역을 비추는 것이다. 이벤트가 실제 벌어지고 있을 때 조명에 맞게 카메라의 화이트 밸런스를 맞춰야 한다는 것을 잊어서는 안 된다.

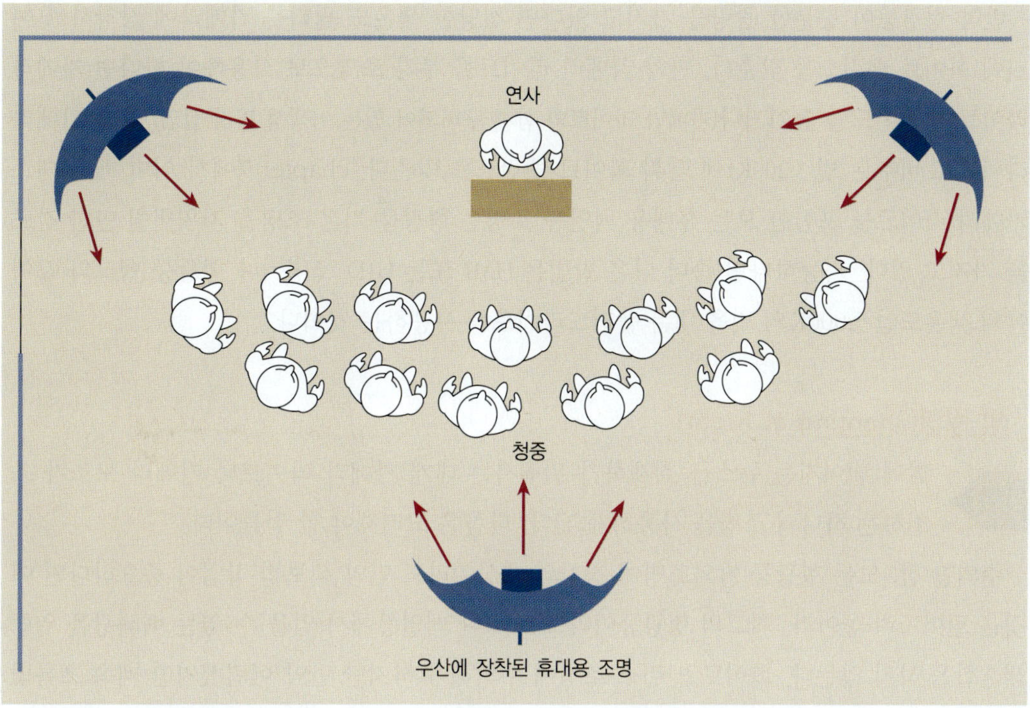

[그림 8.35] 넓은 영역의 조명
넓은 영역에 충분한 기본 조명을 비춰주기 위해서는 고도로 분산된 조명이 필요하다. 반사 장치인 우산에 백열등 조명 세 개를 각각 장착해서 이렇게 배치하면 전 지역에 최대 분산 조명을 비출 수 있다. 쿼츠 조명 대신 형광등이나 금속 할로겐 조명을 사용해도 무방하다.

이미 간파했겠지만 이러한 모든 방법은 높은 기본 조명도를 만들기 위한 것들이다. 시간이 촉박하다고 해도 한 개나 두 개의 분산 조명을 역광 조명으로 카메라에 잡히지 않는 위치에 배치하는 것이 좋다. 이 역광 조명은 평면적인 장면에 광택과 전문가적인 광채를 더해줄 것이다(그림 8.35 참조).

형광등 조명 상점이나 사무실, 공공 건물 안에 설치된 형광등 조명하에서 작업할 때의 기본적인 문제점은 이 형광등이 갖는 색온도이다. 이것은 대체로 표준 백열등 조명의 3,200K가 넘는 색온도를 가지고 있다. 형광등을 따뜻한 실내 색온도를 기준으로 맞추어 놓아도 이상한 푸른빛을 낸다. 그러므로 카메라 라이트를 부가적 조명으로 사용하게 되면 색온도가 두 가지로 나타나게 된다. 조명 기술자 가운데는 쿼츠 라이트를 쓸 때에는 형광등을 모두 끄라고 조언하는 사람도 있지만 이것은 현실적으로 불가능한 일이다. 만약 짧게 끝나버리는 사건을 형광등 조명이 설치된 복도에서 촬영하려고 한다면 건물 관리인을 만나 건물의 모든 형광등을 끄도록 설득한 다음 촬영 시작 전에 다시 조명을 설치할 만한 시간은 없을 것이다.

만약 형광등이 충분한 광량을 가지고 있다면 적당한 색온도 필터를 카메라에 장착하고 여기에 화이트 밸런스를 맞춘다. 만약 카메라 라이트를 부가 조명으로 사용해야 한다면 카메라 라이트의 색온도를 높이거나(카메라 라이트와 함께 구비되어 있는 이색성 필터 삽입) 혹은 카메라 라이트로 비추는 빛(3,200K)에 맞춰 화이트 밸런스를 맞춘다. chapter 7에서 이미 배운 대로 카메라 라이트를 포함한 모든 휴대용 백열등 조명은 형광등 기본 조명을 지워버릴 만한 강도를 가지고 있다. 가능하다면 좀더 나은 방법은 HMI 또는 HID 조명이나 형광등 뱅크와 같이 야외 색온도인 5,600K의 빛을 내는 플러드라이트를 사용하는 것이다.

밤 촬영(Shooting at Night)

ENG EFP 밤에 벌어지는 뉴스를 취재하기 위해서는 대개 카메라 라이트나 카메라 보조가 조절하는 하나의 조명을 사용하게 된다. 다음은 고려해야 할 점들이다.

주의할 점: 모든 형광등 야외조명이 칭찬의 대상이라도 만약 색보정 작업이 중요하다면 이것을 떨어뜨려 놓아라. 최고의 형광등이라도 HMI나 백열등에서 얻을 수 있는 백색광을 위한 색혼합을 하지 않는다. 화이트 밸런스 조정에 주의해야 하지만 만약 어렵겠지만 계속 초록빛이나 파란빛으로 덮는다면 후반작업에서 바르게 조정하는 것이 가능하다.

- 보조 인원 없이 하나의 카메라 라이트를 가지고 있다고 가정하면 카메라 라이트를 현장 리포터에게 직접 비춰야 한다. 리포터가 카메라에 가까이 다가갈수록 비춰지는 조명의 강도는 높아진다. 리포터로부터 한두 발자국 가까이 가거나 멀어짐으로써 또는 카메라가 움직이는 대신 줌 인이나 줌 아웃함으로써 조명 강도를 조절할 수 있다.
- 만약 보조 인원이 있다면 그 사람이 카메라보다 약간 높은 높이(조명이 리포터의 눈에 직선으로 비추는 것을 방지하기 위해서)에 약간 측면에서 조명을 들고 있게 함으로써 카메라 라이트가 주 조명의 역할을 하게 한다. 만약 이벤트가 벌어지고 있는 곳에 아주 가깝다면 하나의 조명을 중간 플러드 위치로 맞춰서 악명 높은 핫 스폿을 없앤다. 상점의 조명이나 거리의 가로등과 같은 활용 가능한 모든 빛을 보조 조명으로 사용할 수 있도록 피사체를 적당한 위치에 배치한다. 색온도가 섞이는 것에 대해서 크게 걱정할 필요는 없다. 밤 장면을 보는 시청자들은 이미 색 변형을 어느 정도 예상하고 있다. 또한 상점에서 나오는 빛을 주조명으로 사용하고 어느 정도의 보조 조명을 만들어 내기 위해서 보조원에게 상점 반대편에 반사장치를 들고 있게 할 수도 있다. 다시 말하지만 밝은 배경을 두고 촬영을 해서는 안 된다.
- 예를 들어, 시골 병원 마당에서 병원을 소개하는 보도를 한다면 시간의 압력이 그리 크지 않는 한 한 개의 휴대용 조명을 스탠드에 장착해서 사용하도록 한다. 병원 문이나 창문을

통해 새어나오는 빛을 역광 조명이나 보조 조명으로 활용한다. 이럴 경우 현장 리포터를 문 바로 앞이나 창문 바로 앞을 피해서 배치시키고 한쪽으로 치우쳐서 문이나 창문이 카메라 피사계에 들어오지 않도록 한다(그림 8.34 참조). 배터리를 이용하기보다는 가능한 한 일반 가정용 소켓에 조명을 연결해서 사용하도록 한다.

- 만약 현장 리포터가 원거리 텔레프롬프터를 필요로 한다면 텔레프롬프터의 조명이 제대로 작동하는지 확인하고 작동하지 않을 때는 외부의 빛으로 원고를 비춰주어야 한다.

현장 조사(Location Survey)

ENG EFP

EFP를 위한 조명에서 가장 중요한 구상은 야외 촬영 장소의 현장 조사를 통해서 이루어진다(표 8.36 참조). 표 8.36의 조사 확인 목록은 다른 예와 마찬가지로 비교적 간단한 제작을 위한 것이다(좀더 자세한 현장 조사 목록은 chapter 20의 현장 조사 section을 참조한다). 크고 복잡한 EFP에 관한 내용은 영화 기법과 흡사하기 때문에 여기서는 다루지 않겠다. 그러나 비교적 간단한 EFP에서도 전력 공급이 좋은 현장 조명을 위한 주요 요소라는 것은 쉽게 알 수 있다.

전력 공급(Power Supply)

EFP 상황에서는 조명 기구를 위한 다음의 세 가지 전력 공급원이 가능하다. 가정용 전기(보통 110 V에서 120 V), 발전기, 그리고 12 V 또는 30 V의 배터리.

가장 일반적으로 사용되는 전력이 바로 가정용 전력이다. 보통 벽에 있는 소켓에 조명 기구를 연결할 때는 소켓의 전력 용량에 주의를 기울여야 한다. 주로 한 소켓당 15 A 또는 20 A 정도이다. 이것은 이론적으로 1,500 W 기구 혹은 어떻게 결합되어 있든지 1,500 W가 넘지 않는 기구를 하나의 소켓에 연결했다면 다른 기구를 연결하지 않는 한 과부하 없이 사용할 수 있다는 것을 의미한다. 그러나 총 용량을 사용하는 것은 현명한 방법이 아니다. 연장 전기 코드가 뜨거워지게 되면 저항력이 높아진다는 것을 상기하자. 확실한 안전을 위해서는 하나의 소켓에 해당하는 총 용량을 사용하지 않도록 한다. 그렇지 않으면 촬영 중 가장 중요한 순간에 조명이 나가버릴 수도 있다.

한 소켓의 용량을 알아보려면 퓨즈나 차단기를 살펴본다. 모든 차단기에는 수용 가능한 용량이 암페어 수로 표시되어 있다. 한 소켓에 연결해서 사용할 수 있는 와트 수는 암페어 값에 100(가정용 볼트를 110에서 120 사이라고 가정했을 때)을 곱하면 산출된다. 이것은 상한선을 나타내는 것으로 15 A 차단기는 최대 1,500 W를, 20 A 차단기는 최대 2,000 W를 사용할 수 있다

[표 8.36] EFP 야외촬영 조사표

실내	야외
가능한 조명	
가능한 조명이 충분한가? 그렇지 않으면 어떤 부가적 조명이 필요한가? 어떤 종류의 가능한 조명을 보유하고 있는가? 형광등? 백열등? 창문을 통해 오는 대낮의 햇빛?	부가적 조명이 필요한가? 계획된 연기 동작과 관련하여 태양은 어디에 위치하는가? 필요한 반사경을 설치하는 데 충분한 공간이 있는가?
주요 배경	
하얀색 벽을 배경으로 연기할 계획인가? 배경에 창문이 있나? 그렇다. 커튼이나 블라인드를 칠 수 있는가? 창문을 통해 들어오는 대낮의 햇빛을 이용하고 싶으면 그 색온도(5,600K)에 맞는 조명이 있나? 창문이 너무 밝거나, 창문으로 들어오는 빛의 색온도를 감소시켜야 한다면, 창문에 부착할 적당한 ND나 색필터가 있는가? 반사경이나 다른 종류의 보조 조명이 필요할 것이다.	배경이 어느 정도 밝은가? 조사 당시에 태양이 배경을 비추지 않더라도 실제 제작할 때 태양이 비칠 것인가? 해변에서 촬영할 때 연출자가 바다를 배경으로 연기하게 할 계획을 가지고 있는가? 연출자가 대부분을 ECU를 사용할 계획을 가지고 있지 않는 한 반사경이나 부가적 조명(HMI)을 이용하여 사람들이 실루엣으로 보이지 않도록 해야 할 것이다.
콘트라스트	
짙은 그림자가 지거나 콘트라스트 차이가 큰 곳에서 연기를 해야 할 때는 대비를 감소시키기 위해 보조 조명이 더 필요하다.	밝은 태양빛 아래서 제작하는가? 그러면 그림자 부분을 옅게 만들기 위해 상당한 양의 보조 조명(반사경이나 HMI 또는 HID 스포트라이트)을 제공해 주거나 ND 필터를 사용해서 밝은 부분을 줄여준다.
조명의 위치	
카메라 시계 밖에 조명을 설치할 수 있는가? 어떤 조명 받침대를 사용할 것인가(게퍼 그립, 클램프, 스탠드)? 배턴이나 교차형 브레이스와 같은 특수 장착 장비가 필요한가? 조명기구가 불에 잘 타는 물질로부터 충분히 떨어져 위치해 있는가? 조명이 촬영을 방해하지 않을 위치에 설치되어 있는가? 텔레비전에 익숙하지 못한 사람들은 대부분 조명이 너무 밝다고 불평하게 되어 있다.	반사경이나 다른 조명을 스탠드에 세워야 할 때, 땅이 평평하여 스탠드가 안전하게 서 있을 수 있는가? 바람이 불어 더 주의를 기울여야 하지는 않는가?(모래주머니와 텐트 매는 밧줄을 많이 준비하여 바람이 불 경우 스탠드를 단단히 세우도록 한다.)
전력공급	
주 관심사는 전력을 어떻게 조명기구에 공급하는가 하는 문제이다. 필요한 전력이 가능한 위치에 가깝게 있는가? 발전기가 필요한가? 전력 공급이 가능할 때 모든 조명에 필요한 전력량을 담당기사에게 반드시 말해 두도록 한다(사용할 계획인 모든 조명의 와트 수를 단순히 더하고 거기에 10%를 가산하	야외에서 촬영할 때는 밤에 촬영하거나 반사경으로 진한 그림자를 없앨 수 없을 때를 제외하고는, 웬만하면 조명기구를 사용할 필요가 없다.

[표 8.36] EFP 야외촬영 조사표(계속)

실내	야외
여 충분한 전력을 확보해 둔다). 모든 조명 기구에 닿을 수 있는 충분한 연장 케이블을 보유하고 있는가? 전기 콘센트가 정확히 어디에 있는지, 회로의 수치와 소켓이 한 회로에 연결되었는지의 여부를 알고 있는가? 모든 소켓과 조명기구와의 거리를 간단히 스케치해 놓도록 한다. 플러그를 끼우기 위해서 어떤 어댑터가 필요한가? 로케에서 회로의 누전 방지를 위해 퓨즈를 쓰게 될 때 여분의 퓨즈를 준비했는가? 필요한 케이블, 전기연결 코드, 스파이더 박스를 충분히 준비하여 최소한의 케이블로도 작동될 수 있도록 만전을 기했는가? 준비한 케이블을 사용할 때 안전전검을 했는가?	

는 것을 의미한다. 절대 운을 시험해서는 안 된다. 제작 활동 내내 조명이 제 기능을 다 할 수 있으려면 하나의 소켓의 최대 용량보다 작은 전력을 필요로 하는 조명을 연결해서 사용한다 (표 8.37 참조).

더 많은 조명에 전력을 공급하기 위해서는 한 개의 소켓에서 얻을 수 있는 전력으로는 부족하다면 다른 소켓에 연결해서 사용한다. 하지만 어떤 소켓이 다른 회로에서 분리될까?

소켓 결정 일반적으로 벽에 부착된 여러 개의 소켓은 하나의 회로에 연결되어 있는 경우가 많다. 어떤 소켓이 연결되어 있는지 알아보기 위해서는 낮은 전력의 램프 하나를 특정한 소켓에 연결시킨 후 특정 차단기를 내려서 어느 회로가 램프를 꺼지게 하는지 확인한다. 이후 가까이에 있는 다른 소켓에 램프를 꽂아봐서 불이 들어오지 않는다면 같은 회로를 사용하고 있는 것이며 불이 들어온다면 다른 회로를 사용하는 소켓이므로 안심하고 조명을 연결해도 된다.

안전한 연장 전기 코드 조명 기구를 소켓에 연결하기 위해서는 당연히 충분한 전기 연결 코드가 필요하다. 파워 스트립(여러 개의 소켓이 있는 상자)을 사용하면 특히 낮은 와트 수의 조명을 사용할 때 전기선의 사용을 최소화할 수 있다. 연장 코드의 선이 굵을수록 과열 없이 많은 와트를 감당할 수 있다. 다양한 어댑터를 충분히 준비해서 가정용 소켓에 꽂아서 사용할 수 있도록 한다.

전력 가동성에 의심이 간다면 발전기를 사용한다. 발전기 설치는 전기기사들의 몫이다. 발

[표 8.37] 필요 전력 계산법

<table>
<tr><th></th><th>전구의 와트 수</th><th>15 암페어 서킷 계기의 숫자</th></tr>
<tr><td rowspan="9">단수 서킷의 최대 사용 가능한 와트(전력)를 구하기 위하여 공식을 사용한다.

암페어(amperes) × 볼트(volts) = 와트(watts)

일반적인 가정용 서킷의 정격전류는 15암페어이다(서킷 브레이커 표면에 표기되어 있다).
서킷이 이론적으로는 최대한 15암페어×110볼트 = 1,650 watts를 수용할 수 있다는 것을 의미한다.
안전을 위하여 110볼트보다는 항상 100볼트로 계산하라.

15암페어 × 100 = 1,500와트

얼마나 많은 계기를 서킷에 연결할 수 있을지를 계산하기 위하여 와트의 합계로 1,500와트(최대 정격)를 나누어라. 계산표는 하나의 15암페어 서킷에 안전하게 연결할 수 있는 장비들의 숫자를 보여준다.</td><td>100</td><td>15</td></tr>
<tr><td>150</td><td>10</td></tr>
<tr><td>175</td><td>9</td></tr>
<tr><td>200</td><td>7</td></tr>
<tr><td>350</td><td>4</td></tr>
<tr><td>500</td><td>3</td></tr>
<tr><td>750</td><td>2</td></tr>
<tr><td>1,000</td><td>1</td></tr>
<tr><td>1,500</td><td>1</td></tr>
</table>

전기를 사용할 경우에도 회로의 용량이나 회로에 연결시킬 수 있는 조명 기구의 총 와트 수는 그대로 적용된다.

비교적 간단한 현장 제작에서는 배터리로 전력을 공급한다. 우선 휴대용 조명 기구 안에 장착된 램프가 배터리 볼트 수와 상응하는가를 확인한다. 두말할 필요 없이 12V 램프를 30V 배터리에 연결해서 사용할 수는 없다. 그리고 배터리가 제대로 충전되었는지 확인하고 제작이 끝날 때까지 충분히 쓸 수 있는 여유가 있는지도 확인한다. 배터리 전력을 아끼고 램프의 수명을 늘리기 위해서는 가능한 한 조명을 꺼두는 것이 좋다.

핵심요약

- 밝은 태양 아래에서 촬영할 때에는 배우를 태양 아래보다는 그늘에 배치하도록 한다. 만약 이것이 불가능하다면 반사 장치나 ND 필터를 사용해서 콘트라스트를 줄인다.
- 가장 이상적인 야외 조명 상태는 흐린 날이다. 구름은 태양 광선을 분산시키는 분산 장치 역할을 한다.
- 창문이 없는 방에서 한 사람을 인터뷰할 때에는 기본 사진 이론을 활용한다. 조명 기구가 두 개밖에 없다면 소프트라이트를 전면에 주 조명이나 보조 조명으로 배치하고 나머지 하나는 역광 조명으로 배치한다. 교차 촬영 시 두 기구가 각각 주 조명과 역광 조명의 이중 기능을 수행하도록 한다.
- 창문이 있을 때는 창문으로부터 들어오는 빛을 보조 조명이나 역광 조명으로 활용한다. 이렇게 되면 모든 실내 조명은 5,600K로 맞춰져야 한다. 3,200K의 내부조명을 위해 옅은 파란색의 매개체를 사용하거나 5,600K의 전구를 사용한다. 크고 연속된 창문은 주 조명으로 사용하거나 커튼 따위로 덮어서 삼각 구도의 조명을 설치한다. 만약 창문이 화면에 잡힌다면 필터를 이용해서 빛의 강도를 낮추고 젤을 이용해서 색온도를 낮추고 3,200K의 주 조명과 보조 조명을 부가적으로 설치한다.
- 형광등 조명하에서 촬영할 때는 부가적인 주 조명과 역광 조명을 5,600K에 맞춰서 사용하거나 백열등 조명을 주 조명, 역광 조명, 보조 조명으로 사용함으로써 형광등 조명을 제거한다.
- 밤 촬영 시 다른 조명 사용이 불가능하다면 카메라 라이트를 주 조명원으로 사용한다. 사용 가능한 빛이나 반사 장치를 이용해서 보조 조명을 만든다. 카메라 조명에 확산 필터를 이용하거나 다른 가능한 조명이나 측광을 위해 반사물을 댄다.
- 어떤 EFP 조명도 설치 전에 현장 조사를 한다.
- 전력량을 계산하는 법, 와트 = 전압 × 전류.
- 휴대용 조명을 가정용 전기에 연결해서 사용할 때는 소켓의 용량을 확인하고 과부하되지 않도록 사용한다.

CHAPTER

9

오디오: 소리 픽업

Audio: Sound Pickup

일반적으로 오디오에 특별한 문제가 없는 한 텔레비전을 볼 때 연속되는 형형색색의 화상에만 몰두하게 된다. 갑자기 음향이 사라지면 다음에 어떤 상황이 벌어지게 될지 알 수 없다. 반면, 음향이 있는 한 텔레비전을 돌려놓아도 무슨 일이 벌어지는지 알 수 있다. 그러나 천 마디 말보다 그림 한 장을 보는 것이 더 효과적이지 않을까? 텔레비전의 경우는 그렇지가 않다. 왜냐하면 많은 정보는 누군가의 말에 의해서 전달되기 때문에 무엇인가 가치 있는 것을 제공한다면, 질이 떨어진다고 여겨지는 '해설자(talking head)'를 등장시키는 프로그램 기법도 그리 나쁘다고만은 할 수 없다.

음향은 분위기를 만들어 내고 이벤트를 강조하는 데 중요한 역할을 한다. 좋은 추적 장면에는 늘 흥분되는 음악이나 타이어가 끼익 거리는 소리와 같은 연속되는 음향이 있게 마련이다. 또한 음향은 선명도가 낮은 소형 텔레비전 영상의 시각적 단편들을 전체적으로 의미를 갖도록 연결시켜 주는 역할도 한다.

음향이 이토록 중요한 제작 요소라면 우리는 왜 텔레비전에서 좀더 나은 음향을 얻지 못하는 것일까? 스튜디오에서 연습삼아 짧은 영상물을 만들어 보면 영상은 보기 좋지만 음향 부분은 개선할 여지가 있다는 것을 알게 될 것이다. 안타깝게도 마지막에 마이크를 무대에 설치하는 것이 음향에 있어서 필수 조건을 모두 만족시키는 것이라고 생각하는 경향이 있다. 그러나 이것은 오산이다. 좋은 텔레비전 음향을 위해서는 화상 부분에 기울이는 만큼의 주의와 준비가 필요하다. 그리고 다른 모든 제작 요소들과 마찬가지로 텔레비전 음향은 단순히 첨가되는 것이 아니라 맨 처음부터 제작 계획에 통합되어 있어야 하는 것이다.

Section 9.1 「마이크의 소리 픽업 방법」에서는 마이크의 전자적, 작동상의 특성을 포함한 오디오(라틴어로 '듣다' 라는 뜻의 audire에서 온 말)의 음향 픽업 부분에 대해 알아본다. section 9.2 「마이크 작동 방법」에서는 소리를 만들어 내는 요소들의 좀더 기술적인 측면과 ENG/EFP에서 사용되는 다양한 마이크에 대해서 살펴본다.

주요 용어

오디오(audio) 텔레비전과 텔레비전 제작에 있어서의 음향 부분. 기술적으로 청취 가능한 음향의 전자적 재생

카디오이드(cardioid) 지향성 마이크의 심장 모양의 픽업 패턴

콘덴서 마이크(condenser microphone) 콘덴서 플레이트를 구성하는 하나의 플레이트가 음압에 의해 진동하게 되면 뒷판(backplate)이라고 하는 고정된 플레이트에 부딪히게 된다. 일렉트렛 또는 축전기 마이크라고도 부른다.

직접 삽입(direct insertion) 전자 악기에서 나오는 음향 신호를 스피커나 마이크를 사용하지 않고 직접 믹싱 콘솔로 보내는 녹음 기법. 직접 입력(direct input)이라고도 한다.

다이내믹 마이크(dynamic microphone) 가동 코일에 진동판이 장착되어 있는 형태의 음향 픽업 장치를 가진 마이크. 음향으로부터 전해진 기압에 의해서 진동판이 진동하면 코일은 전자기장 사이를 움직이게 되고 여기서 전류가 생겨난다. 가동 코일 마이크라고도 부른다.

피시폴(fishpole) 마이크를 위한 확장 가능한 장치. 마이크를 폴에 부착해서 짧은 시간 동안 무대 위로 드리워서 사용한다.

평형 반응(flat response) 전체 주파수대에 걸쳐서 균등하게 들을 수 있는 마이크 능력의 측정. 이것은 또한 특정한 주파수대를 녹음하고 재생하는 장치에도 사용된다.

폴드백(foldback) 믹싱한 오디오의 전체 혹은 일부를 헤드세트나 I.F.B. 채널을 통해서 배우에게 돌려보내는 것. 큐 센드(cue-send)라고도 한다.

주파수 반응(frequency response) 마이크가 듣고 재생할 수 있는 주파수 대의 측정

헤드세트 마이크(headset microphone) 작지만 고성능의 전지향성 또는 지향성 마이크를 패드를 댄 이어폰에 부착한 형태. 전화기 헤드세트와 비슷하게 생겼지만 고성능 마이크를 사용한다는 차이점이 있다.

임피던스(impedance) 신호 흐름 저항의 한 종류. 높은 임피던스 또는 낮은 임피던스 마이크와 높은 임피던스 또는 낮은 임피던스의 녹음기를 일치시키는 것이 특히 중요하다.

라발리에 마이크(lavaliere microphone) 옷 위에 꽂아서 사용할 수 있는 소형 마이크

무지향성(omnidirectional) 모든 방향에서 들어오는 음향을 동등하게 픽업하는 마이크의 픽업 패턴

팬텀 힘(phantom power; 환상의 힘) 배터리보다 오히려 오디오 테이블(제어장치)에 의해 공급되어 지는 것. 콘덴서(집광장치) 마이크로폰에 프리앰프케이션(전지증폭기)의 힘.

픽업 패턴(pickup pattern) 마이크가 잘 들을 수 있는, 즉 최적 음향 픽업을 할 수 있는 마이크 주위의 영역

폴라 패턴(polar pattern) 마이크 픽업 패턴을 평면적으로 나타낸 것

리본 마이크(ribbon microphone) 음압에 의해 전자기장 사이에서 진동하는 리본으로 구성되어 있는 음향 픽업 장치를 가진 마이크. 벨로시티 마이크라고도 부른다.

샷건 마이크(shotgun microphone) 원거리의 음향을 고도의 방향성을 가지고 픽업하는 마이크

시스템 마이크(system microphone) 음향 픽업 특성이 다양한 여러 개의 헤드를 장착할 수 있도록 만들어진 베이스로 이루어진 마이크

편향 지향성(unidirectional) 측면이나 후면에서 보다 전면에서 음향 픽업을 더 잘 할 수 있는 마이크의 픽업 패턴

무선 마이크(wireless microphone) 오디오 신호를 케이블이 아닌 공기를 통해서 송출하는 시스템. 마이크는 소형 송출기에 부착되어 있고 오디오 콘솔이나 녹음 장치에 연결된 소형 수신기로 신호를 수신한다. RF 마이크 또는 라디오 마이크라고도 부른다.

SECTION

9.1

마이크의 소리 픽업 방법

How Microphones Hear

다양한 마이크를 통해 생생한 음향의 픽업이 이루어진다. 특정 마이크가 얼마나 좋고 나쁜가와 어떻게 만들어졌는지는 물론이고, 특히 어떻게 사용되는가에 의해서도 좌우된다. section 9.1에서는 마이크의 특수한 제작과 사용에 대해서 중점적으로 알아보기로 한다.

▶ 마이크의 전자적 특성

소리를 만들어 내는 장치(다이내믹, 콘덴서, 리본), 픽업 패턴(전지향성, 지향성), 폴라 패턴, 팝 필터, 윈드스크린, 시스템 마이크

▶ 마이크의 작동상 특성

가동 마이크(라발리에, 핸드, 붐, 헤드세트, 무선), 고정 마이크(데스크, 스탠드, 행잉, 히든, 원거리)

마이크의 전자적 특성(Electronic Characteristics of Microphones)

가장 적당한 마이크 또는 마이크를 선택해서 최적의 음향을 녹취하려면 다음 세 가지의 전자적 특성을 알아야 한다: (1) 소리를 만들어 내는 장치, (2) 픽업 패턴, 그리고 (3) 특수한 마이크의 특성

소리를 만들어 내는 장치(Sound-Generating Elements)

모든 마이크는 음파를 전기 에너지로 변환시켜 주며, 이 에너지가 증폭과정을 거쳐 스피커에 의해 다시 음파로 변환된다. 처음 변환은 마이크의 진동 발생 장치에 의해 이루어진다. 음향 변환 시스템에는 세 가지 주요 유형이 있으며, 이것에 의해서 마이크를 분류한다. 이 세 가지 유형으로는 다이내믹, 콘덴서, 그리고 리본이 있다. section 9.2에서는 다양한 종류의 마이크가 어떻게 소리를 전자 신호로 변환시키는가에 대해서 알아보기로 한다.

다이내믹 마이크 이 종류의 마이크가 가장 튼튼하다. 다이내믹 마이크나 무빙 코일 마이크라고도 불리며 흔히 텔레비전 마이크가 거칠게 다뤄지는데(의도적으로 거칠게 다루는 것은 아니지만) 다이내믹 마이크는 이런 거친 사용에도 잘 이겨낼 수 있다. 이 마이크는 음원 가까이에서 작동시킬 수 있으며, 마이크에 손상을 입히지 않고 과도한 입력에 의해 극도로 높은 음량을 변형 없이 잡아낼 수 있다. 또한 다이내믹 마이크는 극한적인 온도도 견뎌낼 수 있다. 아마도 이 마이크가 야외용 마이크로 이상적이라는 것을 짐작할 수 있다.

콘덴서 마이크 다이내믹 마이크와 비교해 보았을 때, 콘덴서 마이크는 물리적인 충격과 온도 변화, 과중한 입력에 좀더 민감하지만 음향원에서 멀리 떨어져 있을 때 고음질의 음향을 만들어 낸다. 노래 녹음에 주로 사용되는 최신 몇몇 마이크의 경우 프리앰프로 사용됐을 경우에 특히 따뜻한 느낌을 줄 수 있는 전자 진공관 형태로 회귀한 모습을 보이고 있다. 다이내믹 마이크와는 다르게 콘덴서 마

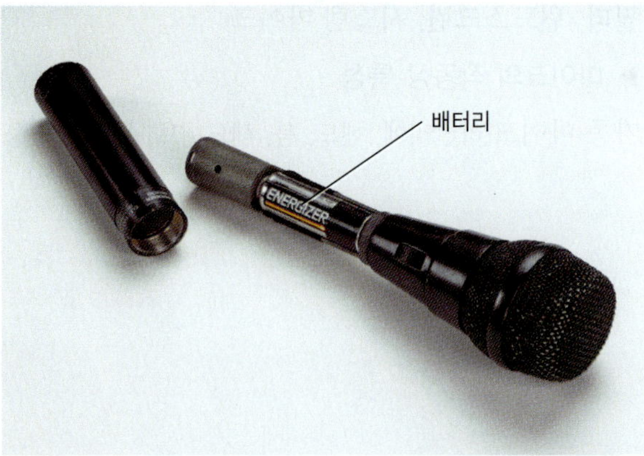

[그림 9.1] 콘덴서 마이크를 위한 전력 공급 배터리
많은 콘덴서 마이크는 전력을 공급받기 위해서 콘솔을 사용하기보다는 배터리를 사용한다. 배터리를 끼울 때 (+)극과 (−)극을 잘 확인하고 장착한다.

이크(정확히 전자 콘덴서)는 내장된 프리앰프에 전력을 공급하기 위해서 작은 배터리만 있으면 된다. 이런 배터리가 적어도 1,000시간 이상 지속된다고 해도 특히 ENG 또는 EFP 제작에서는 언제나 여분의 배터리를 준비해둬야 한다. 콘덴서 마이크가 작동이 안 되는 경우 다 쓴 배터리를 끼웠거나 잘못 끼워서 생기는 현상일 가능성이 많다(그림 9.1 참조).

리본 마이크 리본 마이크는 콘덴서 마이크와 마찬가지로 따뜻한 음질을 만들어 내기 때문에 가수들이 선호하는 마이크이다. 그러나 콘덴서 마이크가 특정한 환경에서 야외 사용이 가능한 반면, 리본 마이크는 철저히 실내 사용으로 한정된다. 벨로시티 마이크라고도 부른다.

픽업 패턴(Pickup Patterns)

어떤 마이크는 우리의 귀처럼 모든 방향에서 들려오는 소리를 똑같이 들을 수 있는 반면 어떤 마이크는 특정한 방향에서 들려오는 소리를 더 잘 듣는 마이크도 있다.

마이크가 잘 들을 수 있는 영역을 픽업 패턴이라고 부르는데 그림 9.2와 9.4에서처럼 평면적으로 표현한 것을 폴라 패턴이라고 한다.

텔레비전 제작에서는 무엇을 어떻게 듣기를 원하느냐에 따라 전지향성, 지향성 마이크가 필요하게 된다. 전지향성 마이크는 모든 방향에서 들려오는 소리를 어느 정도 균일하게 들을 수 있다(그림 9.2 참조). 지향성 마이크는 측면이나 후방에서 들려오는 소리보다는 전방에서 들려오는 소리를 더 잘 들을 수 있다. 전지향성 마이크의 폴라 패턴이 심장 모양을 가지고 있기 때문에 카디오이드(심장형)라고 부르기도 한다(그림 9.3 참조).

슈퍼 카디오이드, 하이퍼 카디오이드, 울트라 카디오이드 마이크는 좁고 앞으로 길게 늘인 듯한 픽업 패턴을 가지고 있다. 즉, 이 마이크들은 전방의 소리에 좀더 집중해서 들을 수 있다는 것을 의미한다. 이 마이크들은 먼 거리에서 들려오는 소리를 가까이에서 들리는 것처럼 잡아내는 것으로 잘 알려져 있다. 이러한 마이크들은 후방에서 들려오는 소리도 잡아낼 수 있지만 들을 수 있는 범위가 한 방향에 편중되어 있기 때문에 지향성에 속한다(그림 9.4 참조).

어떤 종류의 마이크를 사용할 것인가 하는 문제는 제작 여건과 원하는 음질에 따라 좌우된다. 만약 지방 동물원에서 선 채로 리포트를 하게 된다면 리포터의 말소리뿐만 아니라 사실감을 더해줄 동물의 소리도 잡을 수 있는 전지향성을 가진 마이크가 필요하게 된다. 반면, 스튜디오에서 가수의 노래를 녹음하려고 한다면 방향성 카디오이드 패턴을 가진 고성능 마이크를 필요로 한다. 연속극에서 두 배우의 일상적인 대화를 녹음하기 위해서는 아마도 하이퍼 카디오이드 샷건 마이크가 가장 이상적일 것이다. 전지향성 마이크와는 달리 샷건 마이크는 배우들의 대화는 비교적 먼 거리에서 거리감을 재거한 채 소리를 잡아내는데 사람과 카메라가 움직이면서

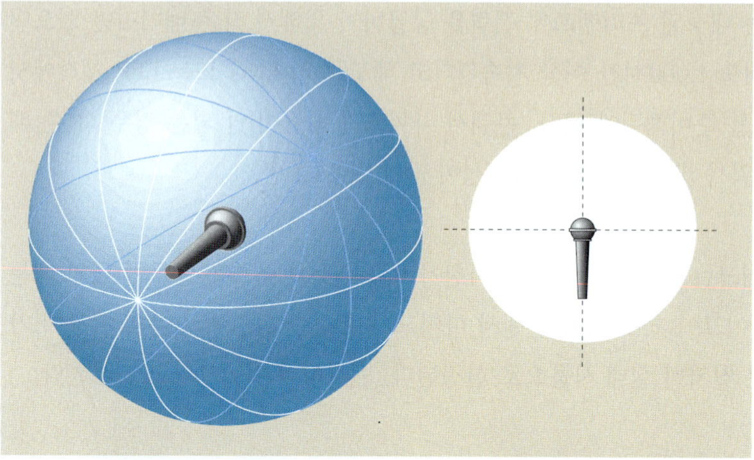

[그림 9.2] 전지향성 픽업 패턴과 폴라 패턴
전지향성 픽업 패턴은 마이크를 중심으로 하나의 고무 공과 같은 형태를 보인다. 픽업 패턴 안에 들어오는 모든 소리는 눈에 띄는 차이 없이 마이크에 잡히게 된다.

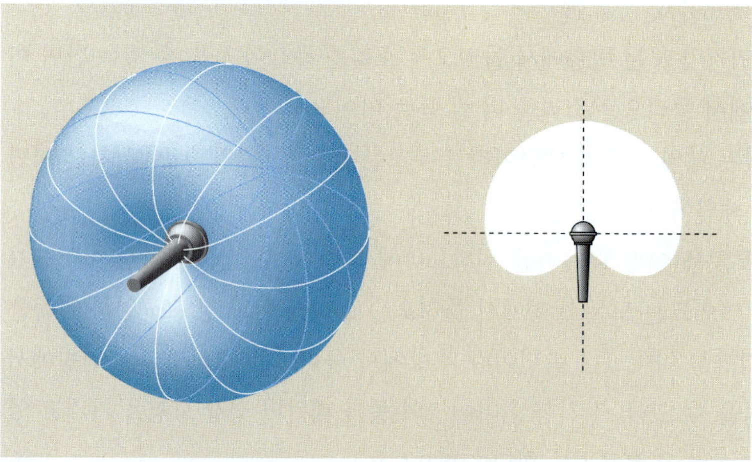

[그림 9.3] 카디오이드 픽업 패턴과 폴라 패턴
심장 모양의 픽업 패턴으로 되어 있어, 마이크는 측면에서 들리는 소리보다는 전면에서 들리는 소리를 더 잘 잡아낸다. 후방에서 들려오는 소리는 잘 들리지 않게 된다.

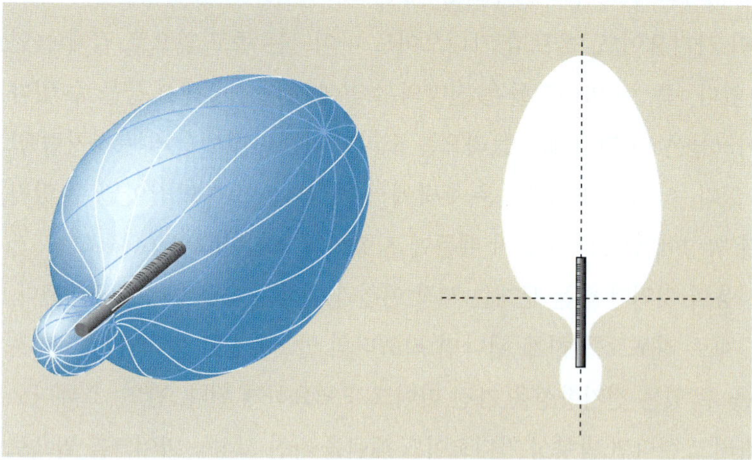

[그림 9.4] 하이퍼 카디오이드 픽업 패턴과 폴라 패턴
슈퍼 카디오이드, 하이퍼 카디오이드 픽업 패턴은 픽업 각도를 좁힌 형태를 보인다. 이런 마이크들은 측면에서 들어오는 소리는 대부분 제거하고 전방의 픽업 각도를 좁히게 된다. 또한 후방에서 들려오는 소리도 잡을 수 있다.

생기는 소음과 조명의 웅웅거리는 소리, 에어컨 소리와 같은 스튜디오 잡음들은 잡히지 않는다. 가장 많이 사용되는 마이크와 특성에 관한 표는 section 9.2를 참고하기 바란다(표 9.34 참조).

[그림 9.5] 팝 필터
내장된 팝 필터는 터져나오는 듯한 숨소리를 제거해준다.

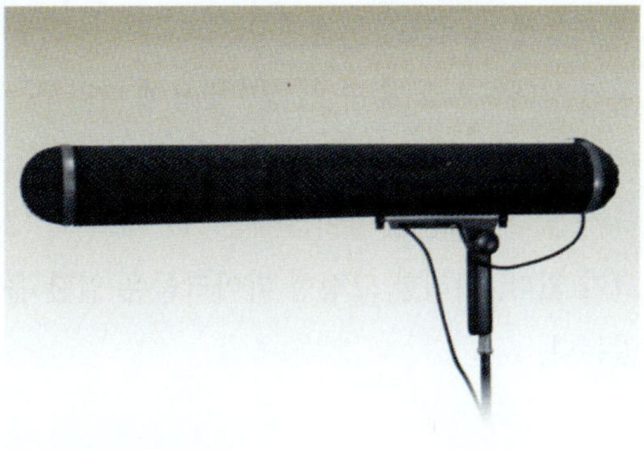

[그림 9.6] 윈드스크린
주로 청음 발포수지로 만들어진 윈드스크린이 마이크 전체를 덮어서 나직이 울리는 바람소리를 줄여준다.

특수한 마이크 형태(Microphone Features)

입에 가까이 대고 사용하는 마이크의 경우, 팝 필터가 내장되어 있어서 마이크에 직접적으로 말을 했을 때 들리는 거친 숨소리를 제거해준다(그림 9.5 참조). 모든 종류의 마이크는 야외에서 사용하게 되면 바람의 영향을 받아서 나직한 소음을 만들어 낸다. 이러한 바람 잡음을 없애기 위해서 청음 발포수지로 만들어진 윈드스크린을 마이크에 씌운다. 비행선을 닮았다고 해서 체펠린이라는 이름으로 더 친숙하다(그림 9.6 참조). 바람 잡음을 좀더 없애고 싶다면 윈드삭이나 윈드잼머를 윈드스크린 위에 덧씌운다. 윈드잼머는 합성수지로 만들어져 있으며 정교한 오디오 장치라기보다는 걸레와 비슷하게 생겼다(그림 9.15 참조). 어떤 장치를 사용하건 명심할 것은 그 무엇도 바람의 윙윙거리는 잡음을 완전히 없애지는 못한다는 것이다. 바람 잡음을 완전히 없앨 수 있는 유일한 방법은 바람이 없는 날 녹화하는 것이다.

다양한 픽업 패턴에 맞춰 마이크를 여러 개 사용해야 하는 번거로움을 없애기 위해 시스템 마이크가 개발되었는데, 이것은 여러 개의 '헤드(head)'를 부착할 수 있는 베이스로 구성되어 있다. 전지향성에서 하이퍼 카디오이드까지 다양한 픽업 패턴의 헤드를 사용할 수 있다. 그러나 대부분의 음향 기술자들은 특정한 상황에 맞는 각각의 마이크 사용을 선호한다.

마이크의 작동상 특성 (Operational Characteristics of Microphones)

어떤 마이크들은 움직이는 음향원을 녹취하기 위해서, 또 다른 것들은 좀더 고정되어 있는 음향원을 녹취하기 위해서 설계되고 사용된다. 실제 운용 방법에 따라서 마이크를 분류해 보면 가동성 마이크와 고정형 마이크(표 9.34 참조)로 나눌 수 있다. 물론, 모든 가동성 마이크는 고정된 상태로 사용될 수 있으며 필요에 따라서는 고정형 마이크도 움직이면서 사용할 수 있다.

가동성 마이크에는 (1) 라발리에, (2) 핸드, (3) 붐, (4) 헤드세트, (5) 무선 또는 RF 마이크가 있다. 고정형 마이크에는 (1) 데스크, (2) 스탠드, (3) 행잉, (4) 히든, (5) 원거리 마이크가 있다. 이러한 고정형 마이크들은 일단 음향원에 맞게 배치되면 쇼 중간에는 이동시키지 않는다.

라발리에 마이크(Lavaliere Microphones)

가동성 마이크의 첫 번째 종류로 라발리에 마이크는 주로 lav라고 표기되며 텔레비전에서 카메라 마이크로 가장 많이 사용된다. 골무에서 손톱 크기만한 고성능 라발리에 마이크는 작은 집게를 이용해 옷에 고정시킬 수 있다. 이 작은 크기 때문에 라발리에 마이크는 눈에 잘 띄지 않아 기계 장치라기보다는 마치 장식품 같은 인상을 준다(그림 9.7 참조).

다이내믹 또는 콘덴서 요소를 가지고 있는 전지향성 라발리에 마이크는 주로 목소리를 녹취하기 위해 설계되었다. 아주 작은 것이라고 해도 그 성능은 놀라울 정도로 높다. 이 마이크를 적당한 위치(턱밑으로 약 13 cm에서 20 cm 정도 떨어지고, 다른 것들이 이 마이크를 때리거나 스치지 않을 수 있는 상태에서 옷 위로)에 부착하기만 하면 목소리를 녹취하는 일은 더 이상 걱정할 필요가 없게 된다. 붐 마이크나 핸드 마이크보다 라발리에로 음량을 조절하는 것이 음향을 담당한 기술자들에게는 훨씬 쉬운 일이기도 하다. 연기하는 동안 마이크와 음향원 사이의 거리에 변화가 없기 때문에 다른 가동성 마이크에 비해 고른 음량을 얻을 수 있다.

라발리에 마이크를 사용하게 되면 붐 그림자를 없애기 위한 조명 기술자의 노력도 줄일 수 있어 장면이 요구하는 조명의 미학적인 부분에 좀더 집중을 할 수 있게 된다.

비록 라발리에 케이블로 인해 배우의 연기 영역이 제한적이지만 라발리에 케이블은 충분히 탄력적이어서 빠르게 움직이는 것을 가능하게 하고 스튜디오 안이라면 비교적 행동 구역의 제한을 받지 않는다. 좀더 많은 활동성이 요구된다면 라발리에를 코트 주머니나 벨트에 고정시킬 수 있는 작은 송신기에 꽂아서 무선 마이크처럼 사용할 수도 있다(그림 9.23 참조). 라발리에 마이크는 크기가 아주 작은데도 불구하고 내구성이 높고 비교적 물리적 충격에 면역이 되어 있

[그림 9.7] 라발리에 마이크
이 라발리에 마이크는 최적의 음향 픽업을 위한 적정한 위치에 고정되어 있다.

다. 크기가 작고 가벼워서 라발리에 마이크가 바닥에 떨어지면 다른 마이크가 떨어졌을 때보다 알아채기 힘든 경우가 많다. 다른 마이크와 마찬가지로 라발리에 마이크가 바닥에 떨어졌을 때는 제대로 작동이 되는지 즉시 확인해 보는 것이 좋다.

라발리에 마이크의 사용 예 다음은 라발리에 마이크를 주 마이크로 사용하는 전형적인 제작 형태를 나열한 것이다.

뉴스 라발리에 마이크는 모든 종류의 실내 뉴스와 인터뷰에 이상적인 음향 픽업 장비이다. ENG/EFP에서도 야외에서 작은 윈드스크린을 씌워서 사용할 수 있다.

인터뷰 한 장소에서 인터뷰를 한다면 인터뷰하는 사람과 인터뷰에 응하는 사람 각각에게 라발리에 마이크를 하나씩 부착하면 일관된 목소리 픽업을 할 수 있다.

패널 쇼 책상 치는 소리가 녹취되는 것을 피할 수 없는 데스크 마이크보다 개별 라발리에를 통해서 좋은 음향을 얻을 수가 있다. 그러나 각각의 패널 모두에게 라발리에 마이크 하나씩을 배당해야 한다는 것을 명심하자.

교육용 프로그램 배우나 텔레비전 강사가 나오는 프로그램에서 라발리에 마이크는 이상적이다. 강사가 청중에게 말을 할 때나 뒤돌아서 칠판을 향할 때도 같은 수준의 음향을 얻을 수 있다.

드라마 연속극과 같이 여러 대의 카메라를 사용하는 스튜디오 제작에서는 음향 픽업을 위해서 무선 라발리에 마이크를 사용한다. 이 경우 라발리에를 카메라에 잡히지 않도록 감춘다. 배우의 목소리가 분명히 들리도록 의상에 안전하게 부착한다면 라발리에 마이크는 어렵고 전형적인 음향 문제를 해결할 수 있는 해답이 될 것이다. 음량이 일단 맞춰지면 오디오 기술자들이 밸런스를 맞추는 데 크게 신경을 쓸 필요도 없어진다. 좀더 중요한 점은 조명 기술자들이 마이크 붐 그림자 걱정 없이 조명에 몰두할 수 있게 해준다.

드라마에 라발리에 마이크를 쓰는 데 있어서의 문제점은 작동상에 있는 것이 아니라 미적인 부분에서 발생한다. 라발리에 마이크는 항상 음원에서 일정한 거리에 고정되어 있기 때문에 롱 샷의 경우도 클로즈업과 마찬가지로 소리가 가깝게 들리게 된다. 마이크의 고정된 위치가 현실감을 살리게 해주는 음향 원근법(chapter 10 참조)에는 별 도움이 되지 못한다. 무선 마이크는 이 chapter의 후반에 다시 거론하기로 하겠다.

음악 라발리에 마이크는 가수의 노래(가수가 동시에 악기를 연주하고 있다고 하더라도)나 특정 악기의 연주를 건반 따위에 라발리에 마이크를 부착해서 쉽게 픽업할 수 있다. 음악의 영역에 있어서만큼은 아직도 실험해 볼만한 여지가 충분히 있으므로 너무 관례에 얽매일 필요는 없다. 라발리에 마이크가 잡아내는 음향이 더 크고 비싼 마이크와 다를 바가 없다면 라발리에를 사용하는 것이 좋다.

ENG EFP ENG/EFP 라발리에 마이크를 현장에서 사용하게 될 경우 작은 윈드스크린을 씌워야 한다. 현장 리포터의 움직임이 많을 때 무선 라발리에가 사용된다. 예를 들어, 바짝 마른 땅을 농부와 함께 걸으면서 가뭄에 대해서 얘기를 나누고자 한다면, 두 개의 무선 라발리에 마이크를 사용해서 음향 문제를 해결하면 된다. 또한 라발리에 마이크를 사용하게 되면, 예를 들어 새로 건축된 교실을 통과하는 무리들을 안내하는 동안 잡음들에 섞인 주요 음향을 잡아내기 위해서 고민할 필요가 없어진다.

라발리에 마이크의 단점 라발리에 마이크도 다음과 같은 단점을 가지고 있다.

- 라발리에 마이크를 부착한 사람은 입을 더 가까이 가져갈 수 없기 때문에 외부 소음이 있는 경우, 전지향성 마이크에 의해 모두 픽업된다.
- 라발리에 마이크는 한 번에 한 가지 음향, 보통 마이크를 부착한 사람의 목소리밖에는 픽업할 수 없다. 간단한 인터뷰에서는 모든 참가자가 각각 개별 마이크를 부착하고 있어야 한다. 작은 토론회에서는 더 많은 라발리에 마이크가 필요하게 된다.
- 라발리에 마이크가 확실히 많은 이동성을 보장해주고는 있지만 유선 라발리에의 경우 연기자의 행동 영역을 제한할 수밖에 없다.
- 라발리에 마이크는 옷에 부착해야 하기 때문에 특히 연기자가 많이 움직이게 되면 스치면서 잡음이 많이 생기게 된다. 이런 잡음은 마이크를 블라우스나 재킷 밑에 부착하면 더 커진다.
- 연기자의 의상에서 정전기가 발생하면 이 정전기로 인해 라발리에 마이크에는 갑자기 크고 날카로운 음으로 픽업된다.
- 만약 두 개의 라발리에 마이크가 일정한 거리에 있으면 특정 주파수를 상쇄시킴으로써 목소리를 비정상적으로 가늘게 만들어 버린다.

라발리에 마이크 사용 방법 라발리에 마이크의 사용 방법이 용이하기는 하지만 여전히 고려해야 할 점들은 남아 있다.

- 확실히 부착한다. 방송 중에 연기자들이 마이크를 부착하지 않고 깔고 앉는 경우가 종종 생기게 된다.
- 마이크를 부착하기 위해서는 블라우스나 재킷 안에 집어 넣고 위로 빼서 옷 위에 부착시킨다. 집게로 단단히 고정시켜서 다른 것과 마찰을 일으키지 않도록 한다. 마이크 근처에 장신구를 착용하지 않는다. 마찰 소음이 계속되면 옷과 마이크 사이에 발포수지 조각을 끼운다.
- 케이블이 마이크를 옆으로 잡아당기지 않도록 실로 살짝 꿰매거나 단단히 고정시킨다. 원치 않는 갑작스런 소음이나 마찰 소음을 방지하기 위해서 케이블을 말아 놓거나 집게 바로 밑에 있는 케이블도 느슨하게 매듭을 짓는다. 이렇게 하면 소음이 만들어 내는 고주파를 걸러내는 회로로 전자유도를 유입시킬 수 있다.
- 굳이 마이크를 가려야 한다면 겹친 옷 사이에 넣지 말고 되도록이면 표면 가까이에 부착할 수 있도록 한다.
- 옷에서 정전기가 생기는 경우 상점에서 구입할 수 있는 정전기 방지 스프레이를 사용한다.
- 듀얼 리던던시 마이크 시스템(하나의 마이크가 기능하지 못할 때를 대비해 똑같은 마이크 두 개를 사용하는 시스템)을 사용할 경우, 두 개의 마이크 모두 단단히 고정시키고 두 개의 라발리에를 고정시키도록 설계된 집게를 사용해서 두 개의 마이크가 서로 닿지 않도록 한다.
- 카메라로 촬영하려고 하는 피사체가 마이크를 치지 않도록 한다.
- 무선 라발리에나 콘덴서 마이크일 경우 배터리 상태가 양호한지, 정확히 설치되어 있는지 확인한다.
- 소형 송신기가 켜져 있는지(전원 스위치와 마이크를 켜기 위한 스위치 두 개가 있다) 이중으로 확인하고 무대를 떠날 때는 송신기를 꺼야 한다.
- 쇼가 끝난 후에는 무대를 떠나기 전에 송신기를 끄고 마이크를 떼낸 다음 옷 밑의 케이블을 빼서 조심스럽게 내려놓는다.

ENG EFP ▶ 야외에서 라발리에 마이크를 사용할 때는 윈드스크린을 씌워야 한다. 작은 청음 발포수지나 무명 헝겊으로 마이크를 싸는 것으로 윈드스크린을 대신할 수 있다. 경험이 많은 EFP 음향 기술자들은 마이크를 무명 헝겊으로 싸고 그 위에 어린이용 울 장갑의 손가락 끝 부분을 씌우면 바람으로 인해 생기는 잡음을 실질적으로 제거할 수 있다. ◀

핸드 마이크(Hand Microphones)

이름에서도 알 수 있듯이 핸드 마이크는 연기자가 손에 들고 사용하게 된다. 핸드 마이크는 연기자가 픽업을 절대적으로는 아니더라도 어느 정도 조절할 수 있어야 하는 제작 상황에서 널리 이용된다. 핸드 마이크는 리포터가 움직임이 많고 소란스러운 상황에서 작업하게 되는 ENG 제작에서 광범위하게 사용된다. 스튜디오나 공연 무대와 같이 청중이 함께 참여하는 프로그램에서 가수나 연기자들은 핸드 마이크를 사용한다. 핸드 마이크를 사용하면 청중 중 아무에게나 다가가서 말을 시킬 수가 있다. 가수에게는 핸드 마이크 자체가 연기의 일부가 된다. 가수들은 노래의 시각적인 효과를 위해 마이크를 이 손에서 저 손으로 옮기고, 특히 부드러운 소절에서는 마이크를 쓰다듬거나 껴안기도 한다.

그러나 가장 중요한 점은 가수들이 핸드 마이크로 음을 조절할 수 있다는 것이다. 우선 가수들은 자신의 음질이나 노래 형식에 맞는 음을 재생해내는 핸드 마이크를 선택할 수 있다. 둘째, 가수들은 노래하면서 부드러운 소절에서 친밀감을 더하기 위해 마이크를 입 가까이에 가져가고, 소리가 크고 외형적인 소절에서는 멀리 떨어뜨리면서 조절할 수 있다. 셋째, 특히 무선 핸드 마이크를 사용했을 때 움직임에 제약을 없애 준다.

핸드 마이크는 다양한 용도로 사용되기 때문에 작동 특성에 대해 충족해야 하는 사항이 매우 많다. 주로 손으로 사용하기 때문에 물리적 충격에 강하고 튼튼해야 한다. 그리고 음향원 가까이에서 사용되는 경우가 많기 때문에 급작스런 숨소리나 과도한 입력에 의한 왜곡에도 예민하게 반응해서는 안 된다(section 9.2 참조). 야외에서 사용할 때는 비나 눈, 습도, 고온, 극단적인 온도 변화를 견딜 수 있어야 할 뿐만 아니라, 이러한 상황에서도 가수 목소리의 전 영역과 미세한 음질을 잡아낼 수 있을 정도로 민감해야 한다. 그리고 연기자가 손에 들고 사용하기에 편리하도록 충분히 작아야 한다.

하나의 마이크가 이 모든 조건을 만족시킨다는 것은 불가능하기 때문에 야외용 핸드 마이크와 스튜디오용 핸드 마이크가 따로 만들어져 있는 것이다. 일반적으로 야외에서는 다이내믹 마이크를 사용한다. 이 마이크에는 팝 필터나 때때로 윈드스크린까지 내장되어 있어서 나쁜 기후 조건에서도 좋은 음향을 얻을 수 있다(그림 9.8 참조). 콘덴서 마이크나 리본 마이크는 야외용으로는 적당하지 않지만 가수가 노래를 할 때와 같이 음향 픽업이 좀더 요구될 때는 유용하다(그림 9.9 참조).

[그림 9.8] 야외용 다이내믹 핸드 마이크
핸드 마이크는 튼튼하고 윈드스크린이 내장되어 있으며 배우의 손으로 인해 생기는 마찰음을 방지하기 위해 완충장치가 되어 있다.

핸드 마이크의 가장 큰 단점은 앞에서 장점으로 언급한 바 있지만, 연기자가 음향 조절을 할 수 있다는 것이다. 핸드 마이크에 익숙하지 않은 연기자라면 알아들을 수 있는 소리보다는 큰 숨소리나 부딪치는 소리를 더 많이 내거나 마이크로 입이나 얼굴의 일부분을 가려서 카메라맨을 당황하게 만들 수도 있다. 다른 단점으로는 핸드 마이크의 케이블 때문에 행동에 어느 정도의 제약을 받게 되는데 특히 ENG의 경우 리포터는 캠코더에 묶여 있는 상황이 되고 만다. 스튜디오에서의 무선 핸드 마이크 사용은 성공적이라고 할 수 있지만 야외에서는 무선 마이크 사용을 피해야 한다. 아직까지 케이블은 마이크와 오디오 믹서나 캠코더를 연결시켜 주는 가장 안전한 것이다.

[그림 9.9] 고음질 픽업을 위한 리본 마이크
리본 마이크(Beyerdynamic 500-이 이름은 제품의 이름이며 마이크의 종류를 나타낸 것이 아니다)는 팝 필터가 내장되어 있으며 훌륭한 전파 감응을 가지고 있다. 따뜻한 느낌의 소리를 내기 때문에 가수들이 선호한다.

핸드 마이크 이용 방법 핸드 마이크를 사용할 때는 어느 정도의 손재주와 앞으로 전개될 상황에 대한 예상이 가능해야 하는 경우가 있다. 다음은 핸드 마이크 사용에 대한 몇 가지 요령에 대해서 열거한 것이다.

- 아무리 핸드 마이크가 튼튼하다고 하더라고 조심스럽게 다뤄야 한다. 연기 도중에 양손을 사용해야 하는 경우 마이크를 아무렇게나 내던지지 말고 가만히 내려놓거나 겨드랑이에 살짝 끼워둔다. 연기자에게 특히 핸드 마이크의 감도가 어떤지 보여주고 싶다면, 음량을 높이고 연기자가 들을 수 있도록 금속음이나 치는 소리를 스튜디오로 다시 내보낸다.
- 방송 전에 전체 행동 반경을 확인하고, 이 영역에 필요한 케이블의 길이가 충분한지 확인하고 나서 마이크를 최대한 움직일 수 있도록 케이블을 정리해 둔다. 리포터가 카메라에 가까이 묶여 있어야만 하는 ENG의 경우 행동 반경은 특히 중요하다. 아주 많은 움직임을 필요로 한다면 무선 핸드 마이크를 사용해야 한다.
- 쇼나 뉴스 리포트를 시작하기 전에 마이크에 대고 말을 하거나 팝 필터나 윈드스크린을 살짝 긁어보는 방법으로 마이크를 시험해 본다. 입으로 불어서는 안 된다. 오디오 기술자나 캠코더 기사는 마이크가 제대로 작동하고 있는지 확인해 준다.
- 전지향성 마이크를 사용할 때는 직접 말을 하기보다는 약간 어긋난 상태로 말을 한다. 방향성 핸드 마이크의 경우 대략 45° 정도의 각도로 입에 가까이 대야만이 좋은 음향을 픽업할 수 있다. 리포터가 전지향성 마이크를 비스듬히 대고 말하는 반면 가수들은 직선으로

[그림 9.10] 노래를 하는 동안은 지향성 핸드 마이크 위치로 둔다
최적의 음향 픽업을 위해서 가수는 마이크를 입 가까이에 두고 대략 45° 각도를 유지한다.

[그림 9.11] 핸드 마이크의 위치: 가슴
아주 조용한 배경에서 사용할 때는 핸드 마이크를 가슴 높이에 들고 몸과는 평행을 유지하게 한다.

대고 노래한다(그림 9.10 참조).

- 마이크 케이블이 꼬였을 때 잡아당겨서는 안 된다. 멈춰서 플로어 매니저가 케이블이 꼬였다는 것을 알아차리도록 한다.
- 아주 긴 거리를 이동할 때 마이크를 당겨 케이블을 끌어와서는 안 된다. 한 손으로 부드럽게 케이블을 잡고 다른 손으로 마이크를 잡는다.

[그림 9.12] 핸드 마이크 위치: 입
잡음이 심한 환경에서는 핸드 마이크를 입 가까이 대야 한다. 배우가 마이크에 직선적으로 말하는 것이 아니라 여전히 비스듬히 대고 말하고 있다는 것을 염두에 두자.

ENG EFP 현장에서는 쇼나 뉴스 리포트를 하기 전에 인사말 따위를 캠코더에 녹음해서 다시 재생시키는 방식으로 마이크를 확인한다. 이전에 늘 괜찮았기 때문에 오늘도 괜찮을 것이라는 식의 사고는 피해야 한다.

- 정상적인 조건에서 선 채로 진행되는 뉴스 리포트의 경우 가슴 정도 위치에 마이크를 든다(그림 9.11 참조). 카메라를 향해 마이크를 비스듬히 들고 말을 한다. 현장음이 심하면 마이크를 좀더 입 가까이 가져가되 비스듬한 각도를 유지해야 한다(그림 9.12 참조).
- 누군가를 인터뷰할 때는 인터뷰하는 사람과 인터뷰에 응하는 사람 중 언제나 말하는 사람에게 마이크를 대줘야 한다. 미숙한 연기자들은 거꾸로 마이크를 대는 실수를 흔히 한다.
- 어린이와 인터뷰할 때는 서 있는 상태를 고집해서는 안 된다. 어린이의 눈높이 정도로 구부리고 앉아야 마이크를 자연스럽게 어린이에게 대줄 수 있다. 이렇게 구부리고 앉아야만 어린이가 심리적인 동질감을 느끼게 되고 카메라맨은 좀더 좋은 영상을 담아낼 수 있다

(그림 9.13 참조).

- 케이블을 보호하고 다음 작업을 위해서 준비된 상태로 두기 위해서는 사용 후에는 케이블을 반드시 감아둔다.

[그림 9.13] 어린이와 핸드 마이크의 사용
어린이를 인터뷰할 때는 어린이의 눈높이로 구부려 앉는다. 이렇게 하면 어린이는 좀더 편안함을 느끼게 되고 카메라맨은 좀더 좋은 장면을 촬영할 수 있다.

붐 마이크(Boom Microphones)

극적인 장면을 연출할 때는 마이크가 화면에 잡혀서는 안 되기 때문에 꽤 먼 거리에서도 클로즈업과 같은 가까운 거리에서 들리는 것과 같은 음향을 잡아내면서 외부 잡음을 없앨 수 있는 마이크가 필요하게 된다. 샷건 마이크가 이러한 조건을 충족시킨다. 이것은 고도의 방향성(슈퍼 카디오이드 또는 하이퍼 카디오이드)을 가지고 있는데다 음향의 실제 위치와는 관계없이 먼 거리의 음향도 가까이에서 들리는 것처럼 잡아낼 수 있다(그림 9.14 참조). 일반적으로 이것은 붐에 연결해서 사용하거나 팔을 붐처럼 사용해야 하기 때문에 붐 마이크라고도 부른다.

이 section에서는 다음에 열거하는 붐의 조작에 대해 알아보기로 하자.

(1) 핸드 헬드 샷건, (2) 피시폴 붐, (3) 지라프 또는 포라이포드 붐, (4) 대형 또는 페럼뷸레이터 붐.

핸드 헬드 샷건 EFP에서나 스튜디오 제작에서 샷건을 이용하는 가장 일반적인 방법은 샷건을 손이나 피시폴에 매달아 사용하는 것이다. 두 가지 방법 모두 카메라 피사계에 잡히지 말아야 하는 짧은 장면에서는 유용하다고 할 수 있다. 샷건을 들거나 피시폴에 연결해서 사용하는 데 있어서의 장점은 (1) 큰 융통성을 발휘해서 외부 장비의 도움 없이도 원하는 위치나 원하는 방향으로 배치하는 것이 가능하고, (2) 손으로 들거나 피시폴에 연결해서 사용하면 아주 작은 공간만 할애하면 되고, (3) 이미 존재하는 빛을 이용할 때 마이크 그림자를 카메라 피사계에 들어가지

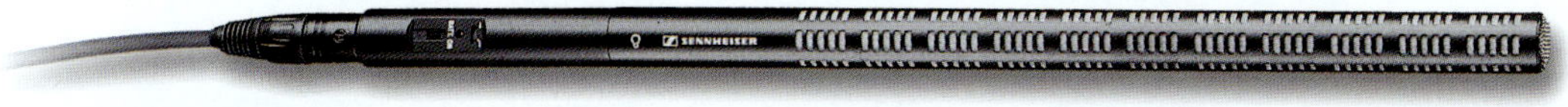

[그림 9.14] 샷건 마이크
샷건 마이크는 고도의 방향성(슈퍼 또는 하이퍼 카디오이드)과 원거리 픽업 패턴을 가지고 있어서 비교적 먼 거리에서 음향을 픽업할 수 있다.

않도록 조정하는 것이 용이하다는 것이다.

단점으로는 (1) 비교적 짧은 장면에서만 사용할 수 있으며 (2) 좋은 음향 픽업을 위해서는 비교적 음향원과 가까운 위치에 있어야 하는데, 특히 세트가 붐빌 때는 이것이 거의 불가능하다는 것과, (3) 여러 대의 카메라로 작업 중인 장면이라면 카메라의 넓은 피사계에 들어갈 위험이 있으며, 마지막으로 (4) 손으로 들고 있을 때는 쇼크 마운트를 이용한다고 하더라도 손에 의해 잡음이 만들어질 수 있다는 것이다.

[그림 9.15] 핸드헬드 샷건 마이크
샷건 마이크를 들 때는 언제나 쇼크 마운트를 이용해서 들어야 한다. 야외에서 사용할 때는 윈드스크린이 필수적이다. 이 마이크의 경우 부가적으로 윈드재머까지 부착되어 있다.

ENG EFP

샷건 마이크의 사용 방법 제작하는 동안 샷건을 들고 있어야 한다면 다음 사항들에 주의를 기울여야 한다(그림 9.15 참조).

- 샷건 마이크는 언제나 쇼크 마운트에 장착해서 들고 다녀야 한다. 샷건 마이크를 직접 들고 다니면 손으로 인해 생긴 잡음이 연기자들의 대화보다 커질 수도 있다.
- 샷건 마이크 측면에 있는 구멍을 윈드스크린 이외에 다른 것으로 막아서는 안 된다. 이 구멍이 픽업 패턴을 지향성으로 유지하기 위해 소리를 받아들이는 곳이다. 쇼크 마운트를 이용해 샷건을 다루게 되면 이 구멍을 덮어버리게 되는 위험을 최소화할 수 있다.
- 사용하는 동안 샷건으로 다른 것을 치거나 떨어뜨리지 않도록 한다.
- 가능한 한 말하는 사람 가까이에, 특히 음원에 가까이 있을 때 샷건을 가까이 대도록 노력한다.
- 항상 이어폰을 착용해서 실제 마이크를 통해 들어오는 음향이 어떤 것인지 확인한다. 대화 음향의 질뿐만 아니라 원치 않는 잡음이 들어오지는 않는지 확인한다. 있어서는 안 될 잡음이 존재한다면 한 테이크(비디오테이프에 녹화되는 한 부분의 시작에서부터 끝)를 찍고 난 후 바로 감독에게 이런 사항에 대해 말한다.
- 마이크 그림자가 생기는지 주의한다.

피시폴 붐 확장 가능한 금속 막대로 되어 있어 샷건 마이크를 장착할 수 있도록 만들어진 피시폴은 주로 ENG/EFP의 야외에서 사용되며 스튜디오에서의 짧은 장면에서도 대형 페림

[그림 9.16] 상방 마이크 위치
짧은 피시폴은 가능한 한 높이 들고 장면의 상방에서 드리워서 사용한다.

[그림 9.17] 하방 마이크 위치
또한 피시폴은 하방으로부터 음향원을 향하도록 배치시킬 수 있다.

뮬레이터를 대신해서 사용할 수 있다. 짧은 피시폴은 다루기가 쉽지만 긴 피시폴이나 최대로 확장된 피시폴의 경우 특히 끊어지지 않고 길게 이어지는 장면에서 사용할 경우 다루기가 매우 어렵다.

피시폴 마이크의 사용 방법 피시폴을 사용할 때는 앞에서 언급했던 주의 사항들이 대부분 적용되고 거기에 덧붙여 몇 가지 주의 사항에 대해서 알아보자.

- 마이크가 제대로 쇼크 마운트에 장착되어서 구멍이나 마이크 케이블에 닿지 않는지 확인한다.
- 마이크 케이블은 폴에 잘 고정시킨다. 몇몇 시판용 피시폴의 경우 케이블을 폴 안쪽에 넣을 수 있도록 만들어져 있다.
- 피시폴은 음원의 위쪽이나 아래쪽에 위치시킨다(그림 9.16, 9.17 참조). 만약 두 사람의 대화를 녹음하고 있는 중이라면 누구든 말하는 사람 쪽으로 가깝게 피시폴을 가져가야 한다.
- 만약 배우가 걸으면서 말을 하고 있다면 정확히 같은 속도로 배우와 함께 걸으면서 마이크를 배우의 정면에 위치하도록 해야 한다.
- 케이블이나 조명, 카메라, 무대의 일부, 나무와 같은 장애물을 조심해야 한다. 일반적으로 배우가 말하고 있는 동안 피시폴을 든 사람은 뒤로 걷게 되므로 지나가야 하는 길을 여러 번 반복해서 연습한다.
- 각 테이크가 시작되기 전에 전체 이동거리를 위한 케이블 길이가 충분한지 확인한다.
- 만약 긴 피시폴을 사용하고 있다면 폴을 벨트에 매고 마치 적절한 음향을 '낚시질' 하듯 피

[그림 9.18] 긴 피시폴 붐의 사용 방법
긴 피시폴은 벨트에 부착해서 들고 낚싯대처럼 드리워서 사용한다.

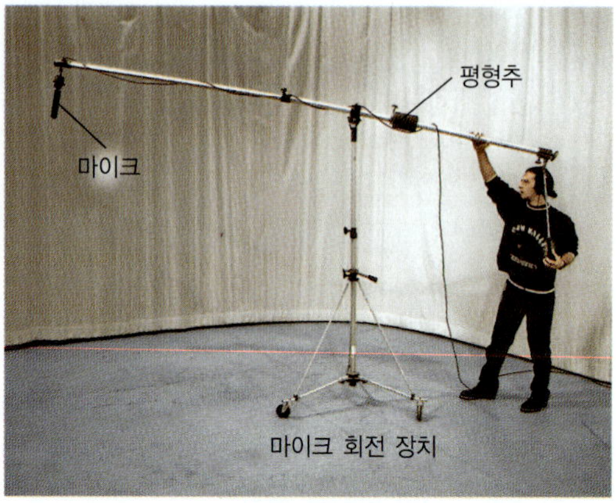

[그림 9.19] 지라프 또는 트라이포드 붐
소형 지라프 붐은 트라이포드를 이용해서 재배치할 수 있다. 붐을 내리거나 올릴 수 있으며 수평 방향으로 팬할 수도 있다. 마이크를 회전시켜서 정확한 픽업 위치에 맞출 수 있다.

시폴을 현장에 드리운다(그림 9.18 참조).

지라프 또는 트라이포드 붐 많은 스튜디오에서 지라프 붐 또는 트라이포드 붐이라고 하는 소형 붐을 사용한다. 지라프는 확장이 가능한 수평 붐을 트라이포드 달리에 장착한 형태를 가지고 있다(그림 9.19 참조).

붐을 위로 올리거나 내릴 수 있으며 동시에 원하는 방향으로 마이크를 회전시킬 수도 있다. 그리고 간단히 밀기만 하면 붐 전체를 새로운 위치에 배치할 수도 있다. 스튜디오 작업에서 지라프의 장점은 (1) 피시폴과 달리 마이크와 결합된 붐을 들고 있을 필요가 없고, (2) 지라프는 비교적 작은 공간을 필요로 하며, (3) 높이가 낮고 바퀴가 장착된 받침이 작아서 작은 문이나 복도를 쉽게 통과할 수 있으며, (4) 빠르게 분해해서 현장으로 이동시킬 수가 있다는 것이다.

그러나 심각한 작동상의 단점도 가지고 있는데 (1) 카메라 피사계 밖으로 붐 그림자를 내보내기 위해서 신중하게 조명을 설치해야 하고(chapter 8 참조), (2) 비교적 가벼운 지라프 붐은 붐을 확장시키는 데 한계가 있어서 지라프 붐을 조절하는 사람은 일반 잡음이 커질 수밖에 없는 음향원과 가까운 위치에 붐을 설치해야 하며, (3) 작동 중에 아주 낮은 위치에 있게 되기 때문에 붐이나 마이크가 화면에 잡힐 위험이 크고, (4)무게가 가벼워서 쇼크 마운트에 장착해도 충격과 떨림이 마이크에 고스란히 전달될 수 있다.

대형 붐 또는 페럼뷸레이터 붐 연속극이나 시트콤과 같이 규모가 크고 여러 대의 카메라를

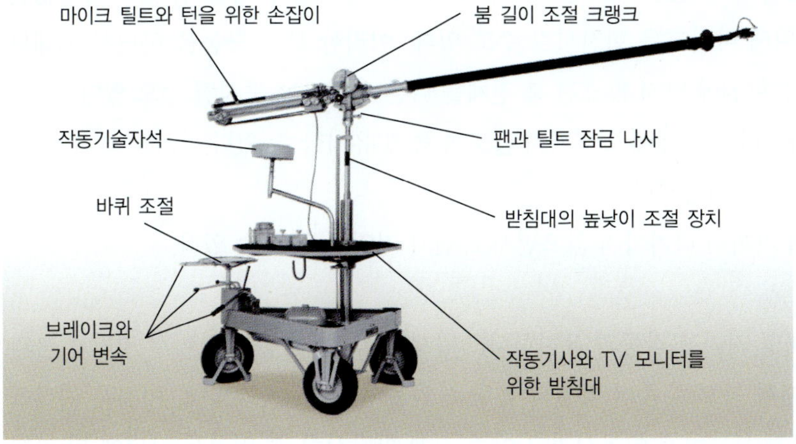

[그림 9.20]
대형 붐 또는 페럼뷸레이터 붐
이 붐은 6m까지 확장시킬 수 있으며 360° 팬과 틸트 업과 틸트 다운이 가능하다. 마이크는 300° 회전이 가능하다.

사용하는 스튜디오 제작에서는 라발리에 마이크를 가지고 있다고 하더라도 대형 페럼뷸레이터 붐이 주로 사용된다. 스튜디오의 제어된 환경에서는 카메라의 피사계에 들지 않으면서 말하고 있는 배우에게 고성능 마이크를 가까이 갖다 댈 수 있게 하는 대형 붐이 가장 효과적이다(그림 9.20 참조).

일상적인 스튜디오 제작에서 대형 붐이 사용되지 않는 이유는 다음과 같다.

- 대형 붐을 사용하기 위해서는 마이크 붐을 조작하는 붐 조작자와 붐 전체를 필요에 따라 이동시키는 달리 조작자 이렇게 두 기술자가 필요하다.
- 대형 붐이 차지하는 바닥의 면적은 소형 스튜디오의 경우 카메라의 움직임에 제약을 줄 만큼 크다.
- 지라프 붐과 마찬가지로 대형 붐은 배경에 드리워지는 그림자를 카메라 피사계 밖으로 내보내기 위해 조명을 조절해야 한다. 대형 스튜디오의 경우에도 인원과 공간은 충분해도 조명 문제로 인해 대형 붐 사용이 어렵다.
- 붐 조작은 특히 배우가 움직이고 있을 때 매우 어려워진다.

그렇지만 대형 붐은 테이프에 바로 녹화되거나 중단되지 않고 길게 이어지는 테이크에서 사용했을 때 몇 가지 장점을 가지게 된다.

- 음원의 전면이나 상부에 마이크를 빠르고 부드럽게 움직일 수 있으며, 붐 범위 안에만 들어온다면 스튜디오 내 어디로든 자유롭게 움직일 수 있다. 마이크를 재배치하고 길게

늘이는 동시에 붐을 수평 방향으로 팬하거나 수직으로 올리거나 내릴 수 있고 방향성을 띈 음향 픽업을 위해 마이크를 회전시킬 수도 있다. 이러한 모든 작동을 하면서 최대로 확장시켰음에도 음향원에 닿지 않으면 붐 전체를 다른 위치로 이동시킬 수도 있다.

- 붐과 마이크가 카메라 피사계에 들어가지 않도록 높게 유지할 수 있다.
- 고성능의 샷건 장착이 가능하다.
- 붐 몸체가 장면에 가까이 다가가지 않으면서도 연기 지역에 닿을 수 있다.

대형 붐의 작동은 대형 지라프 작동과 유사하다(그림 9.19 참조). 작동에 있어서 지라프 붐과 대형 붐의 차이점은 대형 붐으로 좀더 양질의 음향을 얻을 수 있다는 것인데, 이것은 지라프 붐보다 마이크를 빠르고 부드럽게 이동시키고 아주 길게 확장시킬 수 있어서 장면에 더 가까이 다가갈 수 있기 때문이다. 바르게 장착만 된다면 붐 소음도 마이크로 전달되지 않는다.

붐 마이크 사용 방법 다음에 열거할 조언들은 소형 지라프 붐과 대형 페럼뷸레이터 붐을 위한 것이다.

- 마이크를 음원의 정면에 위치시키고 카메라의 피사계에 들지 않은 범위 안에서 최대한 낮게 배치한다. 배우의 머리 바로 위에 마이크를 대지 않는다. 배우는 입을 통해 말하는 것이지 머리를 통해 말하지는 않는다.
- 스튜디오 라인 모니터(방송되거나 비디오테이프에 담게 될 영상을 보여준다)를 주시한다. 리허설을 통해 카메라의 피사계에 들지 않는 범위에서 얼마나 음원에 가깝고 낮게 드리울 수 있는지 충분히 연습한다. 마이크를 가까이 대면 음향도 그만큼 좋아진다(붐 마이크를 작동시킬 때는 카디오이드 마이크에서 숨소리나 이와 비슷한 음향 변형을 피하기 위한 최소 거리 이내로 가까워질 수 있는 확률은 거의 없으므로 최소 거리 유지에 신경쓸 필요없이 되도록 가까이 가져간다).
- 최적의 붐 마이크 거리는 배우가 45° 각도로 팔을 벌렸을 때 거의 닿을 정도의 거리이다.
- 붐이 화면에 잡힌다면 붐을 올리기보다는 뒤로 빼낸다. 이렇게 재조정해야만 카메라의 피사계에서 벗어날 수 있을 뿐만 아니라 음원의 상부가 아닌 전방에 그대로 마이크를 유지시킬 수 있다.
- 그림자를 조심해야 한다. 최고의 LD(lighting director)도 그림자를 없앨 수는 없으며 다만 방향을 바꿀 수 있을 뿐이다. 주요 붐 위치가 쇼 전에 정해지면 LD와 논의해서 그 주위로 조명을 비추도록 한다. 때때로 붐 그림자를 없애기 위해서 음향의 질을 포기해야 하는 경우도 생긴다.

카메라가 이미 촬영 중인 상태에서 붐 그림자를 발견하게 되면 빠르게 마이크를 움직이지 않는다. 이런 빠른 움직임은 모든 사람의 주의를 끌게 된다. 되도록 살금살금 아주 느리게 마이크를 움직인다. 더 나은 방법은 샷을 바꿔서 좀더 유리한 위치로 마이크를 옮길 수 있을 때까지 마이크와 그림자가 가능한 한 움직이지 않도록 그대로 유지하는 것이다.

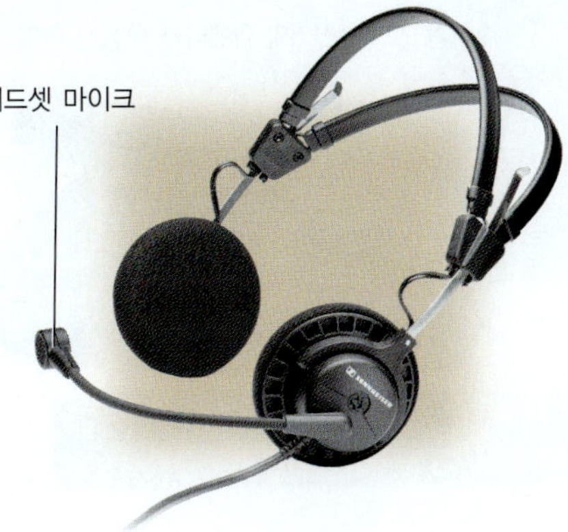

[그림 9.21] 헤드셋 마이크
헤드셋 마이크는 일반 전화 헤드셋과 흡사하게 생겼지만 크기가 약간 크고 패드가 대어진 이어폰과 고성능 마이크가 부착되어 있다.

- 연기자의 움직임을 예상해서 연기자들을 따라가기보다는 오히려 이끄는 위치에 있어야 한다. 확실하게 리허설된 쇼가 아니라면 팬과 틸트 잠금 장치를 고정시키지 않는다. 만약 연기자가 예상치 못한 상태에서 일어나게 되면 고정된 마이크에 머리를 부딪칠 수도 있다.
- 음향이 균형을 이루는지를 살핀다. 만약 두 사람이 아주 가까이에 정지한 채로 대화를 나누게 된다면 한 사람이 움직일 때까지 두 사람 사이에 마이크를 배치하고 그대로 유지하는 것만으로도 좋은 음향을 픽업할 수 있다. 여기에 목소리가 약한 쪽으로 조금 이동시키는 정도의 약간의 배려도 해줄 수 있다. 그러나 이런 경우보다는 지향성 마이크를 말하는 사람쪽으로 완전히 돌려야 하는 경우가 더 비일비재하다. 대본이 완벽한 프로그램에서는 부스에 있는 오디오 기술자가 대본을 보고 한 배우에서 다른 배우에게로 마이크를 옮겨야 할 때 붐 조작자에게 신호를 보내준다.

헤드세트 마이크(Headset Microphones)

ENG EFP

헤드세트 마이크는 작지만 성능이 뛰어난 전방지향 또는 편방지향 마이크가 부착된 이어폰의 형태를 가지고 있다. 이어폰 한쪽으로는 프로그램 사운드(헤드세트 마이크가 픽업하는 소리나 방송국에서 보내주는 프로그램 사운드)가 들리고, 다른 한쪽으로는 연출자나 프로듀서의 I.F.B.(interruptible foldback 또는 feedback)나 지시 사항이 들리게 된다. 헤드세트 마이크는 스포츠 중계와 같은 특정한 EFP 상황에서나 헬리콥터나 집회장에서의 ENG에서 사용된다. 헤드세트 마이크는 외부와 자신을 효과적으로 단절시켜서 소음과 사람들의 움직임이 많은 지역에서도 특정한 리포트 업무에 집중할 수 있으며 동시에 자유롭게 손을 사용할 수 있

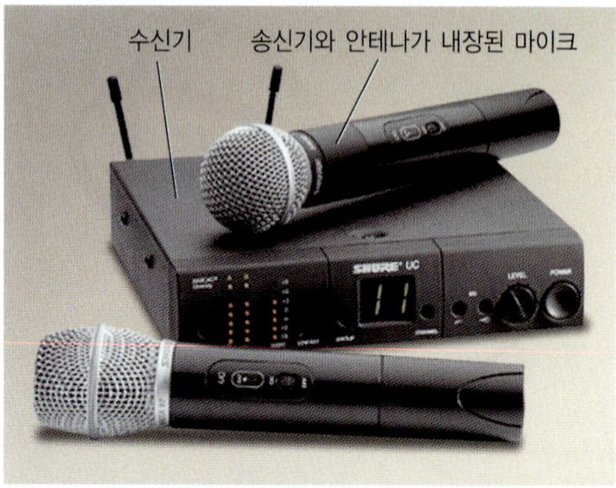

[그림 9.22] 무선 핸드 마이크와 수신기
무선 핸드 마이크는 일반적으로 송신기가 내장되어 있다. 안테나는 마이크 안에 내장되어 있거나 마이크 아래쪽에 붙어 있다. 송신기의 주파수에 파장을 맞춘 수신기는 신호를 수신하고 이 신호는 보통 마이크 케이블을 통해 오디오 콘솔이나 캠코더로 보낸다.

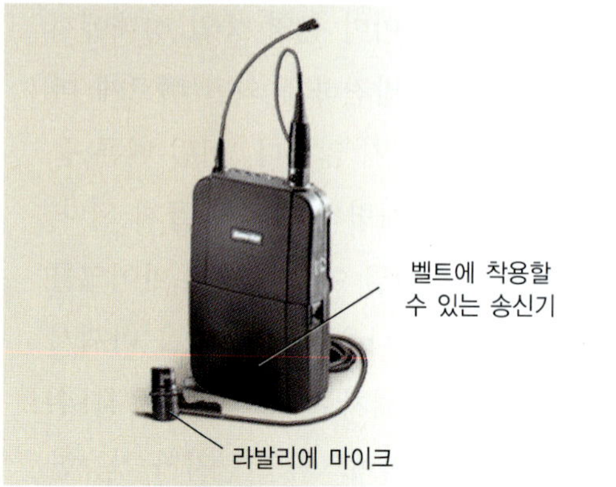

[그림 9.23] 무선 라발리에 마이크와 송신기
무선 라발리에 마이크는 배우가 착용할 수 있는 분리된 송신기를 가지고 있다. 수신기는 송신기에서 보내는 신호를 수신해서 일반 마이크 케이블을 통해 오디오 믹서나 콘솔, 캠코더로 이 신호를 보낸다.

어서 선수의 통계를 담은 종이를 넘기거나 인터뷰를 위해 사람을 잡을 수 있게 해준다(그림 9.21 참조).

무선 마이크(Wireless Microphones)

음원이 아무런 제약 없이 완전하게 움직일 수 있어야 하는 제작 상황에서 무선 마이크가 사용된다. 예를 들어, 춤을 추면서 노래를 부르는 여러 명의 가수들의 노래를 녹음하거나 스키 선수의 신음 소리나 숨소리, 그리고 언덕을 내려갈 때 스키가 덜컥거리는 소리를 픽업해야 한다면 무선 마이크 외에는 선택할 수 있는 것이 없다. 무선 마이크는 또한 뉴스 보도와 EFP, 그리고 때때로 여러 대의 카메라를 사용하는 극 제작에서도 사용될 정도로 광범위하게 사용된다. 무선 마이크는 여기서 나오는 신호를 실제로 방송할 수가 있다. 그래서 RF(radio frequency: 무선 주파수) 마이크 또는 라디오 마이크라고도 부른다. 대부분의 무선 마이크는 핸드 마이크나 라발리에 마이크의 형태로 쓰인다.

무선 마이크에는 배터리로 전력을 공급받는 송신기가 내장되어 있다. 어떤 제품은 마이크 아래쪽에 안테나가 짧게 나와 있기도 하지만 대부분은 마이크 몸체에 안테나가 내장되어 있다(그림 9.22 참조).

무선 라발리에 마이크는 작은 배터리로 전력을 공급받는 송신기에 연결되어 있는데 이 송신기는 뒷주머니에 넣거나 몸에 부착해서 사용한다. 안테나는 주머니에 밀어 넣거나 옷 안쪽에 부착한다(그림 9.23 참조).

무선 마이크 시스템의 또 다른 주요 요소로는 수신기(그림 9.22 참조)가 있다. 수신기는 무선 송신기에서 보내는 주파수에 파장을 맞추게 되고 알맞은 조건에서는 330 m 이상 떨어진 곳에서도 신호를 수신할 수 있다. 반대로 조건이 안 좋을 때는 수신 거리가 33 m 이내로 짧아진다. 최적의 신호 수신을 위해서는 현장에서와 같이 스튜디오 안에도 여러 개의 수신국을 설치해 놓는 것이 좋다. 같은 주파수에 맞춰 놓게 되면 하나의 수신기가 약해졌을 때 다른 수신기가 기능을 대체할 수 있게 된다. 이것을 다원 수신(diversity reception)이라고 한다.

무선 마이크는 연기자의 정확한 행동 영역을 결정하고 수신기를 최적의 위치에 배치할 수 있는 스튜디오나 무대와 같이 제어된 환경에서 최고의 기능을 발휘할 수 있다. 점점 더 많은 가수들이 움직임에 제약을 받지 않는다는 이유로 무선 마이크 사용을 선호하고 있다. 또한 청중이 참여하는 프로그램에서 연기자가 청중에게로 다가가서 간단히 인터뷰하는 것이 가능하기 때문에 많이 사용된다. 무선 라발리에 마이크는 뮤지컬이나 드라마, 그리고 많은 ENG/EFP 상황에서 성공적으로 사용되고 있다.

무선 마이크 사용에 이러한 확연한 장점이 있기는 하지만 몇 가지 단점도 가지고 있다.

- 신호 픽업이 고르지 못할 수 있는데, 스키와 같이 특히 음원이 아주 먼 거리를 이동하거나 언덕을 오르내리게 되면 더 심해진다. 송신기(또는 송신기를 착용하고 있는 사람)와 수신기 사이를 연결할 수 있는 직선을 그릴 수 없게 되면 페이딩이나 심지어 신호를 잃어버리는 경우도 생기게 된다. 이러한 경우 여러 개의 수신기를 사용하는 다중 수신 방법을 사용해야 한다.
- 송신기를 몸에 부착했을 때 연기자가 흘리는 땀으로 인해 연기자가 수신기로부터 먼 거리로 이동했을 때 신호의 강도가 떨어질 수 있다.
- 큰 금속체, 고압선, 변압기, X-ray 기계, 전자파 송신기, 이동 전화와 같은 것들이 무선 마이크 신호의 적정 수신을 방해할 수 있다.
- 대부분의 무선 장비들이 여러 개의 주파수대를 가지고 있기는 하지만 외부 신호를 픽업할 수 있는 가능성이 있으며, 특히 수신기의 주파수가 정확하게 맞지 않았거나 다른 무선 신호 사정권 안에서 작동시킬 때, 다른 강한 무선 신호가 있을 때 그런 신호를 픽업할 위험이 있다. 이러한 신호 방해는 급격한 소리나 방해음, 신호 유실로 나타나고 때로는 경찰 응급 무선을 픽업하는 경우도 있다.
- 여러 개의 무선 마이크를 사용할 때는 믹서나 오디오 콘솔에 연결해야 한다.

무선 마이크 사용 방법 무선 마이크의 기본적인 작동 기법은 유선 라발리에나 핸드 마이크의 작동 방법과 똑같지만 부가적으로 고려해야 할 사항에 대해서 열거해 보기로 한다.

- 매 장면마다 새 배터리를 장착해야 하므로 여유 배터리를 충분히 가지고 다녀야 한다. 마이크의 배터리가 방전되면 높은 주파수의 음향이 가늘어지기 시작한다.
- 수신기가 배우가 착용하고 있는 무선 송신기로부터 꽤 먼 거리에 떨어져 있다면 송신기의 안테나는 반드시 최대로 늘여 놓아야 한다. 고무 밴드 한쪽 끝은 안테나 끝에 묶고 다른 한쪽은 연기자의 의상에 부착시킨다. 이렇게 하면 안테나를 최대로 늘일 수 있고 착용한 사람이 움직일 때 커넥터에서 빠져버리는 것을 막을 수 있다.
- 송신기를 사람의 몸에 테이프로 붙여야 할 경우 과도한 습기가 신호를 방해할 수 있기 때문에 피부에 닿지 않게 붙인다.
- 수신기는 가시성이 확보된 위치(언제나 송신기와 직선으로 연결할 수 있는 지역)에 배치한다.
- 언제나 음원이 위치하는 전 영역에 걸쳐서 음향 픽업 상태를 확인한다. 방해 신호나 물체가 있는지 살핀다.

데스크 마이크(Desk Microphones)

이름에서도 알 수 있지만 데스크 마이크는 주로 테이블이나 책상에 놓고 사용한다. 이 고정식 마이크는 패널 쇼나 공청회, 연설, 기자 회견, 그리고 연기자가 책상이나 테이블, 연단 뒤에서 얘기를 해야 하는 프로그램 등에 광범위하게 사용된다. 이 마이크는 목소리를 픽업하는 용도로만 사용된다. 연기자가 종이를 넘긴다거나 무언가를 탁자에 놓는다거나 잘못해서 발이나 무릎으로 탁자를 치는 경우도 생길 수 있기 때문에 마이크는 튼튼하고 물리적인 충격을 견뎌낼 수 있어야 한다. 다이내믹 전방지향 마이크가 일반적으로 사용된다. 그러나 음원의 명확한 구분이 필요한 경우 편방지향 마이크를 사용할 수도 있다. 일반적으로 모든 핸드 마이크는 데스크 마이크로도 사용이 가능해서 핸드 마이크를 데스크 스탠드에 끼워서 최적의 음향 픽업을 위해 배치하기만 하면 된다(그림 9.24 참조).

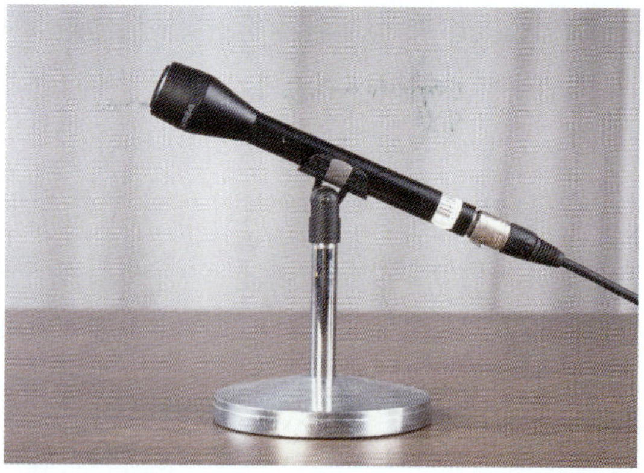

[그림 9.24] 데스크 스탠드에 장착된 데스크 마이크
텔레비전 제작에서 사용되는 데스크 마이크는 데스크 스탠드에 끼운 핸드 마이크 형태로 사용한다.

바운더리 마이크 바운더리 마이크는 데스크 마이크의 한 종류로 압력대 마이크

(주1) PZM은 Crowm International, Inc.의 트레이드 마크이다.

(pressure zone microphone: PZM)(주1)라고도 불린다. 이 마이크는 보통 마이크와는 사뭇 다른 형태를 가지고 있으며 다른 원리에 근거해서 작동한다(그림 9.25 참조).

바운더리 마이크는 테이블 또는 플라스틱판 부속과 같은 반사판 가까이에 배치하거나 그 위에 장착해야 한다(그림 9.26 참조). 마이크를 음향 압력대(pressure zone)에 놓게 되면 직접 음파와 간접 음파를 동시에 받을 수 있게 된다. 최적의 조건에서 PZM은 일반 마이크보다 선명한 음향을 만들어 낸다. 이 마이크의 가장 큰 장점은 동시에 여러 사람의 목소리를 픽업하는 데 있어서 대등한 충실도를 보인다는 것이다. 바운더리 마이크는 넓은 반구형 픽업 패턴을 가지고 있어서 많은 사람들과 청중이 참여하는 토론회에 사용하기 적당하다. 예를 들면, 테이블 한 가운데 바운더리 마이크를 배치하는 것만으로 테이블에 둘러앉은 사람들의 목소리를 놀라울 정도의 음질로 픽업할 수 있다. 그러나 바운더리 마이크를 테이블 마이크로 사용하게 되면 종이가 바스락거리는 소리나 손가락으로 톡톡거리는 소리, 사람들이 테이블을 탕 치는 소리 따위도 함께 픽업이 되기 때문에 마이크를 위한 패드를 이용해서 이런 잡음을 최소화하거나 완전히 제거해야 한다.

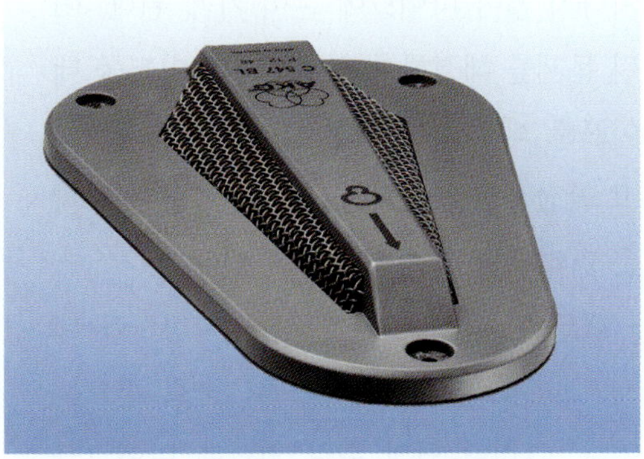

[그림 9.25] 바운더리 또는 압력대 마이크
이 마이크는 모든 음파가 같은 시간에 마이크에 도달할 수 있도록 만들어 주는 압력대(pressure zone)를 형성하기 위해서는 반드시 반사판 위에 장착하거나 부착해야 한다.

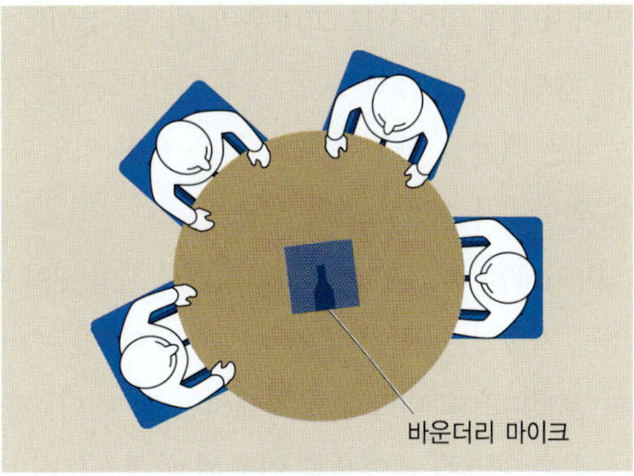

[그림 9.26] 다중 픽업에 사용되는 바운더리 마이크
바운더리 마이크를 테이블 한가운데 두면 모든 사람의 목소리가 똑같이 픽업된다.

데스크 마이크의 사용 방법 데스크 마이크는 땅콩과 같이, 보기만 하면 충동이 이는 것을 거부할 수가 없다. 사람들이 마이크를 먹고 싶어진다는 의미가 아니라 사람들이 데스크 마이크 앞에 앉거나 서게 되면 아무리 적당한 위치에 마이크를 배치해 놓는다고 해도 마이크를 잡아서 자기 쪽으로 끌어오고 싶은 충동이 생긴다는 것이다. 공손하게 얘기하든 하지 않든 마이크를 만지지 말라는 요구는 도대체 받아들여지지가 않아서 만지지 말라는 경고가 있고 얼마지나지 않아 마이크에 손이 가게 된다. 이런 문제를 해결하기 위해서는 마이크를 테이프로 테이블에 고정시키거나 조심스럽고 안전하게 케이블을 고정시켜서 아주 짧은 거리만 움직일 수 있도록 만든다.

[그림 9.27] 한 명의 연기자를 위한 데스크 마이크의 위치
데스크 마이크는 연기자의 측면에서 쇄골을 향하게 설치해서 연기자가 마이크에 직접적으로 말하기보다는 비스듬히 말하게 한다. 연기자가 모니터를 사용할 경우 마이크를 모니터가 있는 방향에 배치한다.

핸드 마이크와 마찬가지로 시청자가 데스크 마이크를 볼 수 없도록 숨길 필요는 없다. 그러나 탁상 위나 연단에 마이크를 배치할 때는 최적의 음향 픽업뿐만 아니라 카메라의 화면에도 신경을 써야 한다. 마이크보다 연기자를 화면에 담아내는 것이 연기자에게 있어서도 고마운 일이 될 것이다. 정면에서 촬영해야 할 경우 마이크를 연기자의 측면 쪽으로 조금 이동시켜서 연기자의 입보다는 쇄골을 향하게 해서 좋은 음향 픽업과 연기자의 얼굴을 선명하게 잡아내는 화면 모두를 얻어낸다(그림 9.27 참조).

마이크를 되도록 눈에 띄지 않게 사용해야 한다면 마이크 케이블에 대해서도 잊지 않고 주의를 기울인다. 아무리 감독이 바닥에 있는 마이크 케이블이 카메라에 비치지 않는다고 확실히 말했다고 하더라도 방치해서는 안 된다. 가능한 한 케이블을 깔끔하게 묶어서 전기 테이프나 검은 마스킹 테이프를 이용해서 데스크나 바닥에 안전하게 고정시킨다. 시청자는 케이블이 화면에 보이게 되면 쇼의 전체적인 질과는 관계없이 비효율적이고 지저분하게 느끼게 된다.

다음은 데스크 마이크 사용에 있어서 필요한 조언들이다.

- 한 연설자를 위한 듀얼 리던던시(dual-redundancy) 조치로써 두 개의 마이크를 사용하게 될 때는 같은 마이크를 가능한 한 가까이 놓고 써야 한다. 앞에서 말한 대로 듀얼 리던던시라는 말은 하나의 마이크가 기능을 다 하지 못할 때를 대비해서 다른 마이크로 교체해서 신호를 받을 수 있도록 두 개의 마이크를 사용하는 것을 말한다. 서로 다른 오디오 채널에 신호를 공급하는 경우가 아닌 이상 두 개의 마이크를 동시에 작동시키지 않는다. 두 개의 마이크를 동시에 작동시키면 다중 마이크 방해 현상이 일어나는데, 두 대의 마이크를 아무리 가까이 배치해도 한 개의 음원을 시차를 두고 받아 들일 수 있을 정도의 거리를 갖게 되면 특정 주파수를 제거하게 되어 음향을 비정상적으로 가늘게 만들어 버린다. 부득이 두 개의 마이크를 동시에 작동시켜야 할 경우 두 개의 마이크를 가능한 한 가까이 배치해서

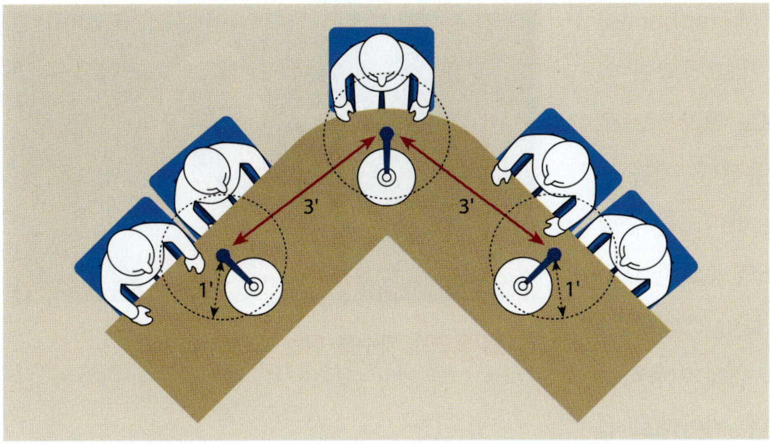

[그림 9.28]
여러 대의 마이크 설치
여러 대의 카메라를 배치할 때는 카메라와 카메라 사이의 거리를 카메라와 카메라를 사용하는 사람들 사이의 거리의 세 배에 해당하는 거리로 유지해야 한다.

동시에 음원을 받아들일 수 있도록 만들어야 한다.

- 패널이 참여하는 토론에 데스크 마이크를 사용할 때는 멀리 떨어져 앉아 있지 않는 한 개별 마이크를 배정하지는 않는다. 두 패널에게 하나의 마이크를 배당하는 것이 마이크 설치 시간을 줄일 수 있을 뿐만 아니라 다중 마이크 방해 현상을 최소화할 수 있다. 마이크 간의 거리는 마이크를 사용하는 사람과 해당 마이크 간의 거리의 세 배에 해당되는 거리 이상을 떨어뜨려서 배치해야 한다(그림 9.28 참조).
- 참여자로부터 최적의 음향을 얻을 수 있는 곳에 마이크를 배치한다. 마이크의 위치는 전체 패널의 위치와 상호 작용을 알아보고 난 후에 최종적으로 결정한다. 참여자들은 사회자와 대화를 나눌 수도 있고 그들끼리 얘기를 하거나 상대편 참여자들과도 대화할 수 있다. 하나의 마이크는 왼쪽에서 대화를 하는 사람의 음성을 픽업할 수 있도록 배치하고 나머지 하나는 오른쪽에서 대화를 하는 사람들을 위해서 배치한다.
- 패널들이나 데스크 마이크를 사용하는 사람들에게 일단 배치된 마이크를 움직이지 않도록 주의시키고 토론이 활기를 띠더라도 테이블을 치거나 연단을 발로 차지 않도록 주의시킨다. 참여자들에게 말을 할 때 마이크에 기대지 않도록 하게 한다.
- 두 사람이 마주 앉아 대화할 때는 마이크를 각각 배정한다.

ENG EFP ENG 작업을 할 때는 언제나 소형 데스크 스탠드를 가지고 다닌다. 주로 카메라에 끼워서 사용하는 핸드 마이크나 샷건을 데스크 마이크처럼 데스크 스탠드에 끼워서 사용할 수 있다. 방향이 마음대로 조정되는 집게형 마이크 지지대는 기자회견 중 연단 위에 설치된 마이크들 속에 넣어두기도 아주 편리하다.

스탠드 마이크(Stand Microphones)

[그림 9.29] 가수를 위한 스탠드 마이크
가수는 스탠드 마이크 정면에 서서 마이크에 직접 대고 노래한다.

스탠드 마이크는 음원이 고정되어 있고 마이크가 화면에 보여도 괜찮은 프로그램이면 어디에서든 사용된다. 예를 들면, 록그룹의 연주에서는 마이크를 숨길 필요가 없으면 오히려 쇼의 중요한 요소로 작용된다. 록 연주자들이 스탠드 마이크를 다양한 방법으로 쇼에 이용하는 것을 많이 봐 왔을 것이다. 위아래로 움직이고 들어 올리거나 기대기도 하고 잡고 뛰어 오르거나 음악이 아주 높은 강도일 때는 심지어 칼처럼 공중으로 마이크를 휘두르기도 한다(이것이 바람직하다고는 할 수 없다).

스탠드 마이크의 성능은 스탠드에 끼워 놓은 다이내믹 마이크에서부터 주로 음악 녹음에 사용하는 매우 높은 감도를 가진 리본 마이크나 콘덴서 마이크까지 다양하다.

스탠드 마이크 사용 방법 스탠드 마이크는 음원이 가수이든 전자 기타의 음을 증폭시켜 내보내는 스피커이든지 관계없이 음원 바로 앞에 설치한다(그림 9.29 참조). 가수가 어쿠스틱 기타를 연주하면서 노래를 하는 경우 두 개의 마이크를 한 개의 스탠드에 장착해서 사용한다.

매다는 마이크(Hanging Microphones)

매다는 마이크는 다른 마이크를 숨기는 방법(붐 또는 피시폴)이 불가능할 때 사용한다. 거의 고정된 음원의 위쪽에 케이블을 이용해서 고기능의 카디오이드나 라발리에 마이크를 매달아서 사용한다. 대게 매다는 마이크는 행동이 철저히 제한되어 각 대사마다 배우의 정확한 위치가 정해져 있을 때 사용된다. 매다는 마이크를 설치하기 가장 좋은 위치는 무대 뒤쪽의 문으로 이 위치가 배우들은 주요 연기 영역을 떠나거나 그 영역 안에 들어오면서 인사말을 건네게 되는 곳이다. 보통 붐은 연기자의 음성을 충분히 픽업할 수 있는 정도까지 가까이 마이크를 가져갈 수 없다. 배우는 매다는 마이크가 설치되어 픽업할 수 있는 영역인 '오디오 풀' 안에서 말을 해야 한다. 배우가 제한된 빛의 원 안에서 움직이는 한 카메라에 비쳐지게 되는 스포트라이트 풀과 마찬가지로 오디오 풀은 제한된 영역 안에서 말을 해야 음향을 픽업할 수 있다(그림 9.30 참조).

매다는 마이크로부터 받아들이는 음의 음질이 항상 좋은 것은 아니다. 음원은 매다는 마이크에서 비교적 멀리 떨어져 있는 데다 연기자가 정확히 오디오 풀 안에 있지 않은 한 연기자의 목소리는 마이크를 끈 것처럼 들리게 된다. 무대 뒤쪽의 문에 매다는 마이크를 설치할 경우 이러한 음량의 소실은 누군가가 떠나간다는 물리적, 심리적 거리를 나타내기 때문에 단점이 아니라 장점으로 작용하게 된다. 불행히도 매다는 마이크는 발을 끄는 소리나 카메라 페디스털이 움직이는 소리 따위를 목소리 크기 정도로 잡아낸다. 더 안좋은 점은 스튜디오 조명 가까이 설치하면 조명 기구에서 나오는 웅웅거리는 소리를 픽업해서 증폭시킨다.

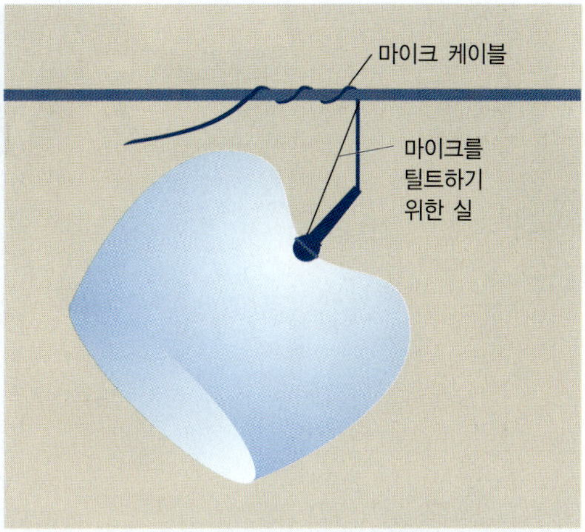

[그림 9.30] 매다는 마이크의 오디오 풀
매다는 마이크는 고성능 편방지향성 마이크로 조명 그리드에 케이블을 이용해서 매단다. 배우는 적정한 음향 픽업이 되기 위해서는 오디오 풀 안에서 벗어나지 말아야 한다.

이러한 단점에도 불구하고 매다는 마이크는 드라마나 스튜디오 제작, 방청객 참여 쇼 등에 많이 사용된다. 설치와 해체가 쉽고 적정한 위치에 설치만 한다면 좋은 음향을 만들어 내기 때문이다.

매다는 마이크로는 여러 개의 보통 마이크보다 한 개의 바운더리 마이크(PZM)를 사용하는 것이 더 효과적이다. PZM을 반사판(1 m×1.3 m 정도 크기의 플렉시글래스나 플라이우드)에 장착해서 방청객석과 같은 음원의 전면 상부에 늘어뜨리고 최적의 음향 픽업에 적당한 각도를 조절한다(그림 9.31 참조). PZM으로부터 음원이 가깝거나 멀거나에 관계없이 좋은 현장감을 전해줄 수 있다. 이러한 장점이 소리의 원근감(클로즈업 장면에서의 소리는 가깝게 들리고 롱 샷에서의 소리는 멀리에서 들리는 것)이 주요 요소가 되는 드라마 제작에서는 단점으로 작용한다. 이것이 복잡한 제작에서는 아직도 PZM보다는 붐이 더 많이 쓰이는 이유이다.

매다는 마이크 사용 방법 매다는 마이크를 사용하는 데 특별한 기술이 필요하지는 않지만 몇 가지 조언이 필요한 부분은 있다.

- 좋은 현장감을 얻기 위해서는 가능한 한 마이크를 낮게 드리운다. 테이프나 낚싯줄을 이용해서 말하는 사람과 음악가를 향해 어느 정도 틸트가 가능하도록 한다(그림 9.30 참조).
- 필요하다면 최적의 음향 픽업을 할 수 있는 영역을 배우가 알 수 있도록 스튜디오 바닥에 표시해 둔다.
- 마이크를 안전하게 고정시켜서 밑으로 떨어지는 것을 방지한다. 전기 테이프를 조금만 사

[그림 9.31]
매다는 마이크로 사용된 PZM
PZM을 매다는 마이크로 사용할 때는 부수적인 음향 반사판에 장착해서 최적의 음향 픽업을 위해 음원을 향해 각도를 유지한 채 설치한다. 샷건 마이크는 주최자와 게스트의 음향 픽업을 위한 것이다.

용해도 이것이 가능하다.

- 마이크 케이블을 조명 케이블이나 AC 케이블과 분리시켜 놓는다. 이것이 불가능하다면 전자 방해를 최소화하기 위해서 마이크 케이블과 조명 케이블을 90°로 교차시킨다.
- 뜨거운 조명 기구 옆에 마이크를 설치하지 않는다.
- 마이크를 해체할 때 특히 주의한다. 마이크나 케이블 커넥터를 스튜디오 바닥에 떨어뜨리거나 사람의 머리에 떨어뜨리지 않도록 주의해야 한다.
- 부주의로 인해 사다리나 조명 폴 또는 조명 기구에 부딪히지 않도록 해야 한다.

히든 마이크(Hidden Microphones)

스튜디오 제작에서든 EFP 제작에서든 마이크가 카메라에 잡혀서는 안 되는 상황이라면 작은 라발리에 마이크를 부케나 테이블 장식 뒤, 차 안 등에 숨겨야 하는 경우가 생긴다(그림 9.32 참조).

만족스러운 픽업을 가능하게 하면서 마이크를 숨기는 것은 꽤 시간을 요하는 작업이다. 사람들이 탁자를 치거나 의자를 움직이면서 생기는 많은 잡음들을 신기할 정도로 잘 픽업하면서 정작 사람들의 대화 소리는 잘 픽업하지 못하는 경우가 생기게 된다.

하지만 PZM 마이크는 모양이 일반 마이크와 많이 다르기 때문에 히든 마이크로 유용하게 사용된다. 굳이 이 마이크를 숨기려고 할 필요도 없이 다른 전자 제품들과 나란히 테이블 위에 올려놓으면 된다.

[그림 9.32] 히든 마이크로서의 라발리에 마이크
차 안에서의 대화를 픽업하기 위해 룸 미러 뒤에 라발리에 마이크를 숨긴다. 최적의 음향 픽업을 위해 마이크에 다른 것을 씌우지 않는다는 것에 주의하자.

[그림 9.33] 포물선형 반사경 마이크
포물선형 반사경 마이크는 경기장의 관중들의 소리와 같이 원거리에서 음향을 픽업할 때 주로 사용된다.

히든 마이크의 사용 방법 마이크를 숨김으로써 예상 밖의 문제를 일으키기도 한다. 이러한 문제점을 최소화하거나 없앨 수 있는 방법들에 대해서 알아보도록 하자.

- 라발리에를 쇼크 마운트에 장착해서 의도하지 않은 잡음을 잡지 않도록 한다. 라발리에 클립이나 발포수지를 마이크와 마이크를 부착시키는 피사체 사이에 끼워 둔다.
- 마이크를 부착시킬 피사체를 최대한 클로즈업으로 잡지 않는 한 마이크를 완전히 숨기려고 할 필요는 없다.
- 마이크뿐만 아니라 케이블도 숨겨야 한다는 것을 잊지 말자.
- 마이크와 케이블을 테이프로 고정시켜서 느슨해지는 것을 막는다. 일단 설치하고 나면 리허설과 실제 촬영 내내 풀리지 않고 부착되어 있어야 한다.
- 케이블이 문제가 된다면 무선 라발리에 마이크를 사용해서 적당한 장소에 송출기를 숨긴다.
- 빈 서랍이나 상자와 같은 밀폐된 공간에 카메라를 숨기지 않는다. 고도 반사 인클로저는 잔향음 역할을 하기 때문에 배우 자신이 옷장에 갇힌 듯한 소리를 만들어 내게 된다.

원거리 마이크(Long-Distance Microphones)

스포츠 취재 분야에서 원거리 마이크에 대해 들어본 적이 있을 것이다. 화상보다는 음향이 스포츠의 에너지를 전달하고 교감할 수 있게 한다는 것은 잘 알고 있을 것이다. 테니스 경기나 하키 경기와 같은 스포츠의 음향을 픽업하는 간단한 방법은 전략적인 위치에 원거리 마이크를 설치하고 주로 움직임이 일어나는 곳을 향하게 하면 된다. 관객들의 소리는 전지향성 마이크를 부가로 설치해서 픽업한다. 테니스 한 경기에 사용되는 마이크는 여섯 개 혹은 그 이상으로, 선수와 심판, 관중의 소리를 픽업하는 데 사용한다. 바람으로 생기는 잡음을 최대한 없애기 위해서 고밀도의 윈드스크린을 모든 마이크에 씌운다.(주2)

원거리 음향을 픽업할 수 있는 구식이지만 효과적인 방법으로는 소형 포물선형 접시(위성 안테나와 흡사하게 생겼다)에 전지향성 마이크를 초점 위치에서 안쪽을 향해 장착한 모양의 파라볼릭 리플렉터 마이크(parabolic reflector microphone)를 사용한다. 들어오는 음향은 반사되서 마이크에 집중되도록 만들어진 것이다(그림 9.33 참조). 파라볼릭 마이크의 퍼레이드 밴드의 연주나 풋볼 선수들이 정면으로 충돌하는 소리, 홈팀 팬들의 열광적인 응원 소리 등을 픽업할 때 많이 사용된다. 포물선형 반사판이 낮은 주파수보다 높은 주파수의 음을 마이크에 더 많이 보내주기 때문에 소리는 전화 음성과 같은 느낌을 주게 된다. 그러나 정확한 정보를 전달해야 하는 것이 아니라 행사 분위기를 전달하는 주변의 음향을 픽업하기 위해 쓰이기 때문에 이러한 음향의 손실은 무시하는 경향이 있다.

(주2) 주변음을 위한 다양한 스포츠 마이크를 사용하는 최고의 유용한 제안을 찾기, Stanley R. Alten의 [Audio in Media], 7판(Belmont, Calif.: Thomson Wadsworth, 2005), pp.259~274(보충: 무선 마이크는 실내 스포츠 경기에서 중요한 역할을 한다.) 참조.

핵심요약

- 오디오란 텔레비전 쇼의 음향 부분을 말한다. 음향은 정보를 전달하고 특정한 시간과 행위가 일어나는 장소를 설정하며 분위기를 만들고 다양한 영상의 연속성을 보여준다.
- 마이크는 다이내믹, 콘덴서, 리본 이렇게 세 가지 종류로 분류된다. 각각의 종류는 서로 다른 소리의 생성 요소를 가지고 있는데, 이 요소가 음파를 전자 에너지, 즉 오디오 신호로 변환하는 역할을 한다.
- 어떤 마이크는 모든 방향에서 들려오는 소리를 대등하게 들을 수 있고(전지향성), 또 어떤 마이크는 특정한 방향에서 나오는 소리를 더 잘 듣는다(지향성).
- 마이크는 작동 방법이나 가동성을 갖는지 고정되어 쓰이는지에 따라 분류된다. 가동성을 가진 마이크에는 라발리에, 핸드, 붐, 헤드세트, 그리고 무선 마이크가 있다. 고정식 마이크에는 데스크, 스탠드, 행잉, 히든, 그리고 원거리 마이크가 있다.
- 라발리에 마이크 또는 줄여서 라브(lav)는 소형 스튜디오에서 주로 사용된다. 이것은 주로 옷에 부착해서 사용한다. 비록 크기는 아주 작지만 고성능의 음향 재생 능력을 가지고 있다.
- 핸드 마이크는 연기자가 음향 픽업을 조절해야 할 필요가 있을 때 사용한다.
- 마이크가 카메라 피사계에 들어가서는 안 되는 상황에서 마이크는 피시폴이나 붐에 장착해서 사용한다. 모든 붐 마이크는 고도의 방향성을 가지고 있다.
- 헤드세트 마이크는 배우가 노트를 하거나 스크립트를 사용해야 하는 경우처럼 두 손을 자유롭게 사용할 수 있어야 하는 상황에서 사용된다. 헤드세트 마이크는 스포츠 중계나 헬리콥터, 회의장과 같은 ENG 상황에서 특히 효율적이다.
- 데스크 마이크는 핸드 마이크를 데스크 스탠드에 꽂아서 간단히 만들 수 있다. 패널 토론회에 주로 사용된다.
- 스탠드 마이크는 음원이 고정되고 록 콘서트와 같이 마이크가 카메라에 비춰져도 관계가 없는 프로그램이면 어디에서든 사용 가능하다.
- 매다는 마이크는 붐을 사용하지 않으면서도 카메라 피사계 밖으로 마이크를 뺄 수 있기 때문에 자주 쓰인다.
- 히든 마이크는 작은 라발리에를 무대 장치 사이나 뒤에 숨겨서 설치한다.
- 원거리 마이크는 비교적 먼 거리에 있는 음향을 픽업하기 위해 사용하는 샷건이나 포물선형 반사경 마이크를 말한다.

9.2

마이크 작동 방법

How Microphones Work

Section 9.1에서는 마이크의 음향 픽업과 마이크의 전자적 작동상의 특성에 대해서 알아보았다. 이 section에서는 음향 재생 장치가 어떻게 작동하는지 자세히 알아보도록 한다. 또한 대중적인 마이크의 목록과 각 마이크의 용도, 외형, 입력선, 사용하는 커넥터에 대한 표도 수록했다. 또한 ENG/EFP에서 사용되는 마이크에 대해서 좀더 자세히 알아보기로 한다.

▶ **음향 재생 장치**

진동판과 음향 재생 장치, 다이내믹, 콘덴서, 리본 마이크의 음질

▶ **마이크의 특성**

높고 낮은 임피던스, 주파수 특성, 평형 반응, 평형 마이크와 불평형 마이크, 그리고 케이블, 오디오 커넥터

▶ **음악 픽업을 위한 마이크 설정**

다양한 음악 이벤트를 위해 가능한 설정

▶ **ENG/EFP에서 마이크의 특수 이용 방법**

환경 음향과 라인 아웃 타이 인

음향 재생 장치(Sound-Generating Elements)

간단히 말하면, 마이크는 한 가지 종류의 에너지(음파)를 다른 종류의 에너지(전기 에너지)로 변환시킨다. 각각의 마이크가 이러한 변환을 하기 위해 채용한 특정한 과정에 의해 성능과 용도가 결정된다. 모든 마이크는 음압에 의해 진동하는 진동판과 진동판의 물리적인 진동을 전기 에너지로 변환시키는 음향 재생 장치를 가지고 있다.

다이내믹 마이크(Dynamic Microphones)

다이내믹 마이크 안에는 진동판이 보이스 코일(voice coil)이라고 불리는 코일에 부착되어 있다. 어떤 사람이 마이크에 대고 말을 하게 되면 이 목소리에서 전해진 기압에 의해 진동판이 진동을 하게 된다. 이 진동은 자기장 내에 있는 코일을 앞뒤로 움직이게 한다. 이러한 작용에 의해 파동을 이룬 전류가 만들어지고 이 전류가 증폭되어 스피커의 콘에 진동을 전달하게 되고 이것이 이 스피커를 통해 다시 들을 수 있는 소리로 만들어지는 것이다. 이러한 물리적인 과정으로 인해 다이내믹 마이크는 가동 코일 마이크라고도 불린다.

진동판-보이스 코일 장치는 물리적인 면에서 튼튼하기 때문에 이 마이크는 높은 소리를 잘 견디고 정확히 전달할 수 있으며 마이크 가까이에서 공기가 파열해도 음향의 왜곡이 전혀 나타나지 않거나 나타나도 아주 적게 나타나게 된다. 또한 이 마이크는 야외의 극한 온도를 잘 견뎌내고 비나 눈에도 면역성이 강하다.

콘덴서 마이크(Condenser Microphones)

일렉트렛 혹은 축전기(capacitor) 마이크라고도 불리는 콘덴서 마이크 안에는 콘덴서와 흡사하게 생긴 장치가 있다. 이 장치를 작동시키기 위해서는 두 개의 진동판이 필요한데, 한 개의 진동판은 가동성을 가지고, 뒷판(backplate)이라고 불리는 나머지 하나는 고정되어 있다. 공기에 가동성 진동판이 진동하면서 뒷판에 부딪치게 되고 이로써 콘덴서의 용량이 지속적으로 변화하게 된다. 이 변화로 인해 전류가 변화하게 되는 것이다. 다른 마이크와 비교했을 때 콘덴서 마이크의 가장 큰 장점이라고 한다면 주파수 반응이 아주 넓고 픽업 강도가 뛰어나다는 것이다. 그러나 이런 뛰어난 감도가 단점으로 작용할 수 있다. 만일 록 콘서트의 고출력 스피커와 같은 고강도 음원 가까이에 콘덴서 마이크를 배치하면 과부하 상태가 되어 입력되는 소리를 왜곡시키는데, 이러한 현상을 입력 과부하 왜곡이라고 한다. 그러나 콘덴서 마이크는 스튜디오와 같이 고도로 제어된 조건에서는 녹음용 마이크로서 월등함을 가진다. 고성능 라발리에의 경우 다이내믹 마이크보다는 콘덴서 마이크를 사용하고 있다.

리본 마이크(Ribbon Microphones)

리본 혹은 벨로시티 마이크 안에는 자기장 안에서 진동하는 아주 얇은 금속 리본이 장착되어 있다. 이 리본은 너무도 깨지기가 쉬워서 보통의 물리적 충격이나 가까운 거리에서 생기는 파열음 따위에도 손상을 입거나 아예 파괴되기도 한다. 야외에서 사용하면 실바람조차도 이 리본을 움직이게 하기 때문에 큰 소음을 만들어 내게 된다. 야외 제작이나 움직임이 많은 제작 조건에서는 이런 종류의 마이크를 사용해서는 안 된다. 그러나 텔레비전 제작에 있어서도 빼어난 녹음 마이크라는 것은 확실하다. 가수들은 풍성하고 따뜻한 느낌의 음향을 만들어 낸다는 이유로 리본 마이크를 선호한다. 이러한 친밀하고 따뜻한 음향을 낸다는 이유로 몇몇 토크쇼 사회자들조차 이 리본 마이크를 데스크 마이크로 사용하고 있다. 비록 높은 음열대는 잘 소화하지 못하지만 섬세한 리본은 넓은 주파수대에 걸쳐 반응이 좋고 특히 베이스 영역에서 미세한 음색의 뉘앙스를 충실하게 재생해 낸다.

음질(Sound Quality)

준 전문적인 마이크가 반응하는 주파수대는 고성능 마이크가 반응하는 주파수대만큼 넓지는 않은데 이것은, 즉 고성능 마이크가 약간 더 싼 마이크보다 너 높은 소리와 더 낮은 소리를 들을 수 있다는 것을 의미한다(주파수 반응에 대해서도 이 chapter의 후반에 다루게 될 것이다). 다소 정의하기 힘든 또 다른 성능 결정 요소로는 마이크가 특히 '따뜻하다' 거나 '선명한' 소리를 만들어 내느냐 못 만들어 내느냐보다는 제품 설명서나 '전문가용', '준 전문가용' 따위의 라벨 혹은 가수나 음향 기술자의 개인적 취향에 따라 마이크를 선택해서는 안 된다. 가능하다면 다른 종류의 마이크를 여러 대 시험해 보고 곰곰이 들어봐서 어느 것이 자신이 원하는 음질을 만들어 내는지 확인한다.

다양한 음악 녹음에 쓰일 마이크의 선택은 너무나 다양한 요소들에 의해 좌우되기 때문에 지금 특정한 종류를 제시하는 것은 도움이 되기보다는 혼란을 가져올 수 있다. 예를 들면 스튜디오 음향 장비, 사용할 기구의 종류와 조합, 원하는 음향의 미적 수준, 이 모든 것들이 마이크를 선택하고 배치하는 데 중요한 기준으로 작용한다. 보통 드럼이나 전자기타, 그리고 몇몇 가수와 같이 고음량의 음원에는 튼튼한 다이내믹 마이크(전지향성 혹은 카디오이드)를 사용하고 보통 기타나 어쿠스틱 기타와 같은 좀더 부드러운 음원에는 콘덴서 마이크나 리본 마이크가 사용된다. 그림 9.36에서 9.38까지는 일반적인 마이크의 배치를 보여준다. 마이크 표는 일부 대중적이고 가장 공통적으로 사용하는 마이크들을 정리한 것이다(표 9.34 참조).

[표 9.34] 마이크의 종류

마이크	요소 타입 픽업 패턴	특성	용도
긴 샷건 마이크			
Sennheiser MKH 70 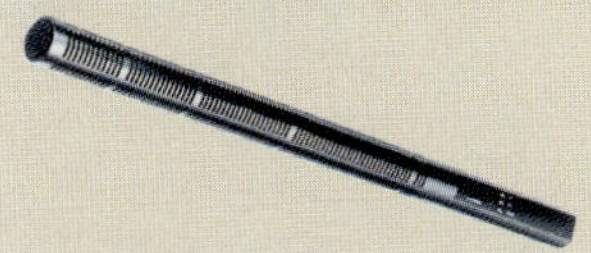	콘덴서 슈퍼 카디오이드	뛰어난 근접성과 현장감, 뛰어난 장거리 마이크, 극도의 방향성, 확장시킨 피시폴에 장착 시 매우 무거움.	붐, 피시폴, 핸드 헬드. EFP와 스포츠에 최상.
짧은 샷건 마이크			
Sennheiser MKH 60 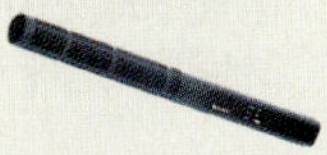	콘덴서 슈퍼 카디오이드	좋은 근접성과 긴 샷건보다 넓은 픽업 패턴, 원거리에선 적은 현장감, 그러나 음원으로 정확히 향하게 해야 하는 것은 아님. 긴 샷건보다 가볍고 다루기 쉬움.	붐, 피시폴, 핸드 헬드. EFP 야외에 특히 좋음.
Neumann KMR 81i 	콘덴서 슈퍼 카디오이드	MKH 60보다 근접성이 약간 떨어지나 따뜻한 음향.	붐, 피시폴, 핸드헬드. 특히 EFP에 좋음. 탁월한 대화용 마이크.
Sony ECM 672 	콘덴서 슈퍼 카디오이드	고도의 초점, 긴 샷건보다 현장감 떨어짐.	붐, 피시폴, 핸드 헬드. 특히 EFP 실내용으로 좋음.
핸드, 데스크, 스탠드 마이크			
Electro-Voice 635N/D 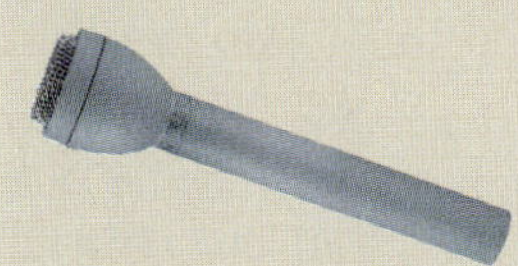	다이내믹 전지향성	635A를 개선한 제품. 환경과 목소리를 구분해낼 수 있을 정도로 목소리 픽업에 탁월. 매우 튼튼함. 거칠게 손으로 만져야 하는 경우와 아주 넓고 시끄러운 야외에 사용 적합.	모든 기상 상태에서의 ENG와 EFP 리포트 작업에 탁월함.

[표 9.34] 마이크의 종류(계속)

마이크	요소 타입 픽업 패턴	특성	용도
핸드, 데스크, 스탠드 마이크			
Electro-Voice RE50 	다이내믹 전지향성(무지향성)	E-V 635N/D와 흡사. 튼튼함. 내부 쇼크 마운트와 블래스트 필터.	데스크와 스탠드 마이크로 좋고 안정적임. 보컬, 기타, 드럼과 같은 음악 픽업에 좋음.
Beyerdynamic M58 	다이내믹 전지향성(무지향성)	부드러운 주파수 반응, 밝은 음향. 튼튼함. 내부 쇼크 마운트. 손으로 만져서 생기는 소음 적음.	ENG/EFP 마이크로 좋음. 특히 쉽게 사용할 수 있는 핸드 마이크로 설계됨.
Shure SM57 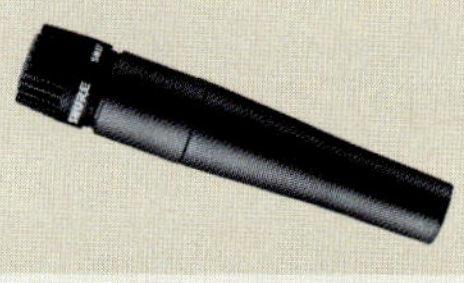	다이내믹 카디오이드	좋은 성능의 주파수 반응. 고음량 입력 가능.	음악, 노래, 전자 기타, 키보드, 드럼에 적합.
Shure SM58 	다이내믹 카디오이드	튼튼함. 실내와 야외에 적합.	보컬과 연설에 적합.
Shure SM81 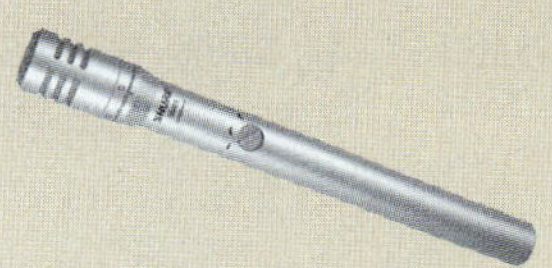	다이내믹 카디오이드	넓은 주파수에 대응. 야외에 적합.	어쿠스틱 연주에 적합.
Beyerdynamic M160 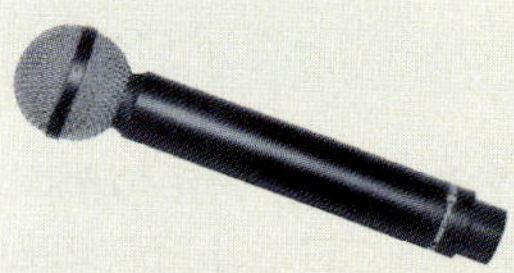	이중 리본 하이퍼 카디오이드	탁월한 주파수 반응을 가진 민감한 마이크. 고음량 입력 가능.	기타, 브래스, 피아노 등 모든 음악 픽업에 특히 좋음. 목소리 픽업을 위한 스탠드 마이크로도 적합.
Beyerdynamic M500 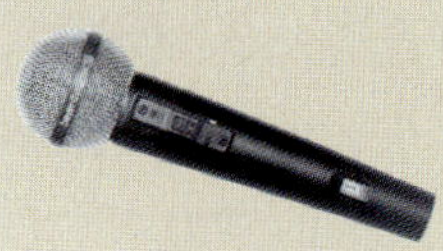	다이내믹 하이퍼 카디오이드	전통적 리본 마이크.	보컬 마이크로 좋음. 다양한 음악과 목소리에 아주 좋음. 따뜻한 음향.

[표 9.34] 마이크의 종류(계속)

마이크	요소 타입 픽업 패턴	특성	용도
핸드, 데스크, 스탠드 마이크			
AKG D112 	다이내믹 카디오이드	튼튼함. 높은 에너지의 충격적 음향을 위한 특수 설계.	킥 드럼에 가까이 배치하는 마이크.
라발리에 마이크			
Sony ECM 55 	콘덴서 전지향성(무지향성)	탁월한 현장감. 클로즈업 음향. 탁월한 현장감으로 인해 붐과 어울리지 못함.	제어된 환경에서 목소리 픽업에 탁월함.
Sennheiser MKE 102 	콘덴서 전지향성(무지향성)	붐 마이크와 잘 어울림. 전체 음향 픽업에 부드럽고 탁월함. 옷에서 나는 소음과 케이블 스치는 소음에 예민함. 이런 소음을 줄이기 위해 의상에 단단히 고정.	모든 라발리에 용도에 탁월함. 히든 마이크로도 좋음.
Sony ECM 77 	콘덴서 전지향성(무지향성)	고도의 방향성. 소음이 많은 환경에서 연설 목소리 픽업 시 주위 소음 철저히 배제. 고도의 방향성으로 인해 본래 위치에서 옮겨지면 문제가 생김. 붐 마이크와 잘 섞임. 마이크와 케이블이 옷에 스치는 소리에 민감함. 단단히 고정 요함.	모든 음향 픽업에 탁월함. 히든 마이크나 악기 소리 픽업에도 좋음.
Professional Sound PSC MilliMic 	콘덴서 전지향성(무지향성)	극소형이나 픽업 성능 탁월함. 붐 마이크와 잘 어울림. 전자 방해로부터 잘 보호됨.	인터뷰, 드리마, 다큐멘터리용 히든 마이크로 탁월함.

마이크의 특성(Specific Microphone Features)

오디오 장비를 다루다 보면 단어만 들어서는 잘 이해하기 힘든 용어들을 접하게 될 것이다. 높은 또는 낮은 임피던스, 평형반응, 평형 혹은 불평형 마이크와 케이블 같은 용어들이 그렇다. 이러한 특성들이 지극히 기술적인 것들이기는 하지만 적어도 필요 요건 정도는 말해둘 필요가 있다.

임피던스(Impedance)

음향 장비를 사용할 때 마이크와 녹음기의 임피던스가 일치하는지 확인해 봐야 한다. 임피던스란 신호 흐름에 걸리는 저항의 한 종류이다. 높은 임피던스와 낮은 임피던스로 나타낼 수 있는데 높은 임피던스를 가진 마이크(주로 성능이 낮은 저가의 마이크)는 비교적 짧은 케이블만을 사용할 수 있는 반면, 낮은 임피던스 마이크(모든 고성능 전문가용 마이크)는 몇십 미터나 되는 케이블에 연결해서 사용할 수 있다.

만약 낮은 임피던스의 녹음기와 높은 임피던스 마이크를 연결해서 사용하거나 혹은 그 반대로 높은 임피던스 녹음기와 낮은 임피던스 마이크를 연결해서 사용해야 할 때는 정합용 변환기(impedance transformer)를 사용해야 한다. 전자기타와 같은 많은 전자기구들은 높은 임피던스를 출력한다. 이러한 전자기구들은 낮은 임피던스를 가진 기구와 연결시키기 위해서는 '다이렉트 박스' 를 통해서 연결시켜야 한다. 다이렉트 박스는 높은 임피던스 신호를 낮은 임피던스 신호로 조정해 주는 전화기와 비슷한 전자장치가 내장되어 있는 상자를 말한다.

주파수 반응(Frequency Response)

마이크가 최대로 높고 낮은 음향을 들을 수 있는 능력을 주파수 반응(frequency response)이라고 한다. 좋은 마이크는 사람이 듣는 주파수 영역인 20 Hz~20,000 Hz의 소리까지 듣는다. 많은 고성능 마이크는 전체 주파수 영역에 걸쳐 동등하게 잘 듣도록 설계되어 있으며 이러한 특성을 플랫(flat) 반응이라고 한다. 그러므로 고성능 마이크란 높은 주파수 영역대에 대한 반응과 비교적 평평한 반응을 가지고 있는 것을 말한다.

평형 · 불평형 마이크와 케이블, 그리고 오디오 커넥터 (Balanced and Unbalanced Mics and Cables, and Audio Connectors)

모든 전문가용 마이크는 평형 출력(balanced output)을 가지며 이것은 세 가닥으로 된 마이크 케이블을 통해 녹음기나 믹서의 평형 입력에 연결된다. 세 가닥 중 두 가닥으로는 본질적

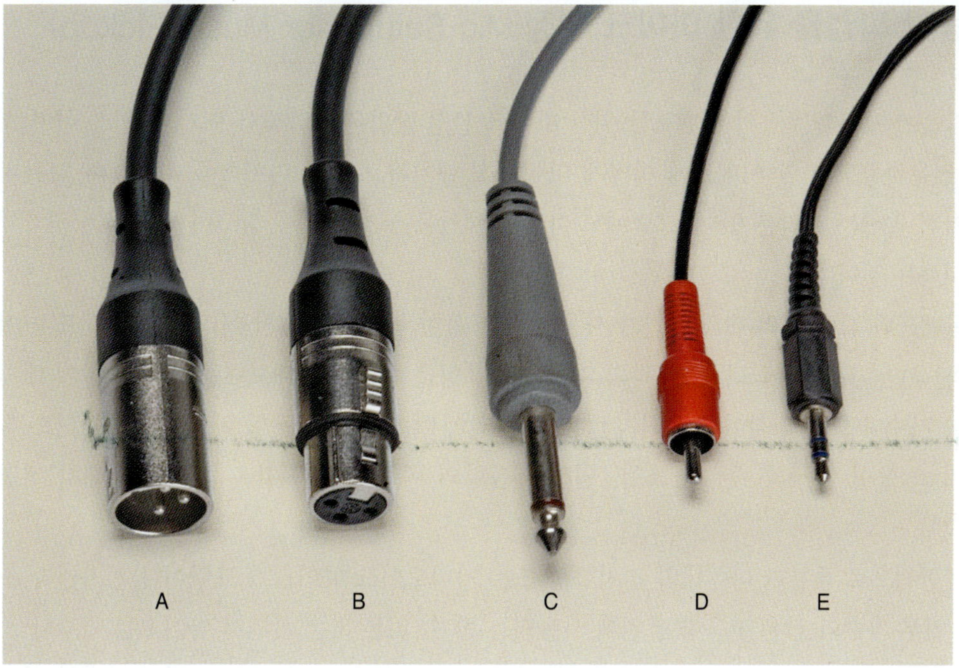

[그림 9.35] 오디오 커넥터
균형 오디오 케이블은 XLR 커넥터(**A**와 **B**)를 사용하고 불균형 케이블은 전화 플러그(**C**), RCA 포노 플러그(**D**), 미니 플러그(**E**)를 사용한다.

으로 같은 오디오 신호가 전달되고 나머지 한 가닥은 접지와 같은 쉴드(shield: 보호대) 선으로 사용된다. 모든 평형 마이크와 마이크 케이블은 XLR이라고 불리는 세 가닥의 커넥터를 사용한다.

준 전문가용 장비를 사용할 때 불평형 마이크와 케이블을 보게 되는데 이것들은 신호 전달을 위해 두 가닥의 선만 사용한다. 한 가닥은 신호를 위한 것이고 다른 하나는 접지를 위한 것이다. 이 불평형선들은 두 가닥으로 된 커넥터인 폰 플러그, RCA 포노 플러그, 미니 플러그 이렇게 다양하게 사용할 수 있다(그림 9.35 참조). 불평형 마이크와 케이블의 문제점은 평형 마이크나 케이블보다 웅웅거리는 잡음이나 다른 전자 잡음을 잘 받아들인다는 것이다. 어댑터가 있어야 XLR을 불평형 커넥터에 연결시킬 수 있다. 그러나 모든 어댑터는 잠재적인 문제를 가지고 있다는 것에 유의하자. 가능하면 적당한 커넥터를 이미 부착해 놓은 마이크 케이블을 사용하는 것이 좋다.

음악 픽업을 위한 마이크 설정(Mic Setups for Music Pickup)

다음에 제시하는 음악 이벤트를 위한 마이크 설정 방법은 가감해서 보기 바란다. 어떤 오디오 전문가들도 음악 이벤트에 어떻게 마이크를 배치하고 어떤 마이크를 사용해야 하는지를 정확히 말하는 사람은 없다. 그럼에도 다음의 제안들은 시작할 때 참고하기 바라는 생각에서 제시하는 것이다.

록밴드와 같이 여러 대의 악기가 사용될 때는 음향 픽업을 위해서 여러 대의 스탠드 마이크를 사용한다. 이 마이크들은 각각의 악기들의 음향을 증폭해서 내보내는 스피커 앞에 배치하거나 가수나 드럼과 같이 증폭되지 않는 음원 앞에 설치한다. 사용할 마이크는 스튜디오 음향 장비, 사용할 기구의 종류와 조합, 원하는 음향의 미적 수준과 같은 요소에 의해서 결정된다.[주3]

일반적으로 튼튼한 다이내믹 전지향성 또는 카디오이드 마이크가 드럼이나 전자기타 스피커, 일부 가수와 같은 고음량 음원에 사용되는 반면, 리본 혹은 콘덴서 마이크는 가수나 스트링 기타, 어쿠스틱 기타와 같이 부드러운 음원에 사용된다. 비록 많은 요인이 사용할 마이크의 종류와 위치를 선택하는 데 영향을 주기는 하지만 이 section에서는 세 가지 다른 전형적인 음악 구성원들을 위한 마이크의 선택과 위치에 대한 이해를 높이기 위해 설명하기로 한다. 다시 말하지만 마지막 결정은 누군가의 조언에 의해서가 아니라 스피커를 통해 들었을 때 자신이 원하던 것인가를 확인하고 결정해야 한다.

가수와 어쿠스틱 기타를 위한 마이크 설정 (Microphone Setup for Singer and Acoustic Guitar)

한 명의 가수가 하나의 어쿠스틱 기타를 연주한다면 가수를 위해서는 Beyerdynamic M160을 가수의 입 바로 밑에 오게 스탠드에 장착하고 다른 하나는 기타를 향하게끔 두 개의 마이크를 하나의 마이크 스탠드에 장착해서 사용할 수 있다(그림 9.36 참조). 물론 두 개의 스탠드를 사용할 수도 있지만 좋은 장면을 잡는 데 방해가 되는 경우가 많다.

(주3) Alten의 [Audio in Media], pp. 316-321 참고.

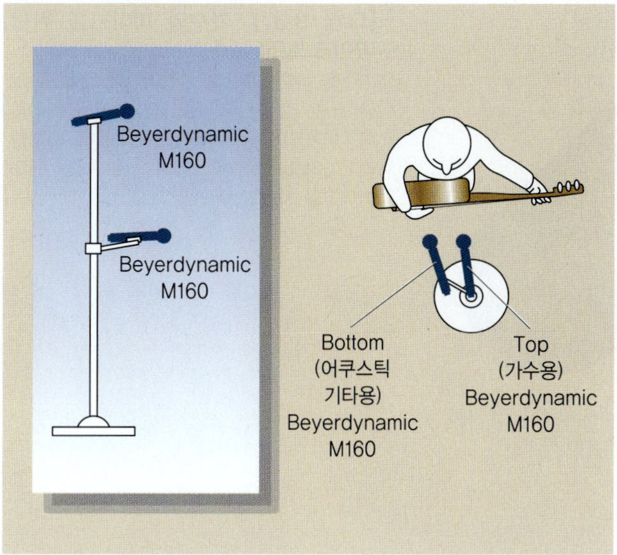

[그림 9.36] 가수와 어쿠스틱 기타를 위한 마이크 설정
어쿠스틱 기타를 연주하는 가수를 위해서는 하나의 마이크는 목소리를 픽업하고 다른 하나는 같은 스탠드에 낮게 설치해서 기타 음을 픽업한다.

가수와 피아노를 위한 마이크 설정(Microphone Setup for Singer and Piano)

만약 노래를 하는 사람이 클래식한 노래를 부르는 형식을 갖춘 콘서트라고 한다면 마이크를 화면 밖으로 보이지 않게 해야 한다. Beyerdynamic M160 마이크를 소형 지라프 붐에 장착해서 사용할 수 있다. 피아노를 위해서는 낮은 조율 핀이나 향판 바운더리 마이크(Audio Tehnica AT-853R 또는 Shure 819와 같은 마이크)를 부착한다(그림 9.37 참조). 피아노에 마이크를 배치하는 다른 방법으로는 Shure SM81 마이크를 건반의 아래쪽과 위쪽에 하나씩 설치하는 것이다. 피아노 몸체 아래쪽에서 향판을 향하도록 페달 뒤 3 cm 정도 떨어진 위치에 마이크를 설치해도 좋은 결과를 얻을 수 있다.

만약 이 리사이틀이 가벼운 클래식이나 록과 같은 대중 음악을 연주한다면 Beyerdynamic M500이나 Shure SM58과 같은 핸드 마이크를 사용하는 것이 가수를 위해 좀더 적당한 선택이라고 할 수 있을 것이다. 피아노를 위한 마이크는 변화가 없다.

소규모 록 그룹을 위한 마이크 설정과 직접 삽입 (Microphone Setup for Small Rock Group and Direct Insertion)

록 그룹을 위한 설정에서는 가수, 드럼, 그 외 직접 음향을 내보내는 악기, 예를 들어 색소폰이나 피아노와 같은 악기를 위한 마이크뿐만 아니라 전자기타, 키보드와 같은 악기의 소리를 증폭시켜서 내보내는 스피커를 위한 마이크도 필요하다. 베이스와 같은 전자 악기의 음향 신호는 대개 스피커와 마이크 없이 곧바로 믹싱 콘솔로 보내진다. 이런 기법을 직접 삽입 또

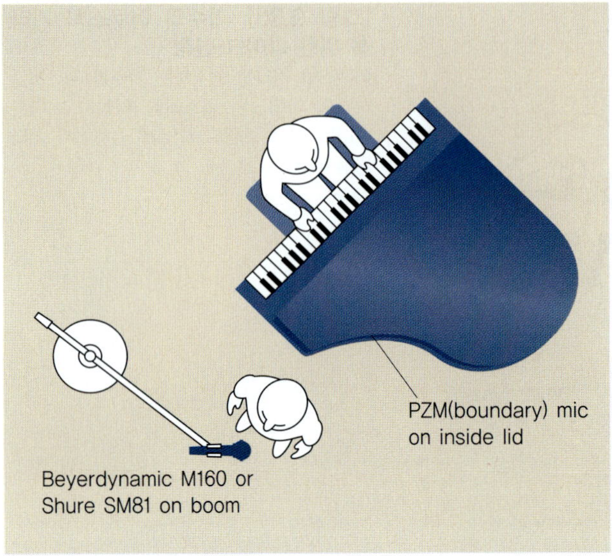

[그림 9.37] 가수와 피아노를 위한 마이크 설정
가수를 위한 마이크가 카메라에 잡히지 말아야 한다면 붐을 이용해서 위에서 드리운다. 피아노에는 마이크를 분리해서 배치한다. 마이크가 화면에 잡혀도 될 때는 핸드 마이크를 사용할 수도 있다.

는 직접 입력이라고 한다. 앞에서 배운 것처럼 대부분의 전자 악기는 높은 임피던스를 가지고 있고, 그 외 모든 전문가용 음향 장비들은 낮은 임피던스를 가지고 있기 때문에 다이렉트 박스를 이용해서 임피던스를 일치시켜야 한다. 높은 임피던스를 가진 악기를 간단하게 다이렉트 박스에 꽂고 다이렉트 박스의 출력선을 믹싱 콘솔의 입력부에 꽂으면 된다.

마이크와 스피커를 설치할 때는 다중 피드백이나 여러 대의 마이크에 의한 간섭이 일어나지 않도록 주의해야 한다. 밴드의 멤버가 자신들의 음악을 들을 수 있도록 하기 위해서는 이어폰이나 스피커를 통해 폴드백 사운드 믹스를 들을 수 있도록 해준다. 폴드백(foldback) 또는 큐센드(cue-send)라고 하는 것은 믹싱 콘솔로부터 음악을 연주하는 사람에게 믹싱한 오디오의 전부나 일부를 되돌려보내는 것을 말한다(그림 9.38 참조).

ENG/EFP에서 마이크의 특수 이용 방법 (Microphone Use Specific to ENG/EFP)

ENG EFP

ENG/EFP에서 음향 픽업을 위한 필요 조건은 스튜디오 작업과 큰 차이를 보이지는 않는다. 스튜디오와 마찬가지로 현장에서의 궁극적인 목표는 최적의 음향을 얻는 것이다. 그러나 현장에서의 음향 픽업이 스튜디오보다 훨씬 힘들다. 야외에서는 바람에 의해 생기는 소음이나 결정적인 장면에서 비행기나 트럭이 지나가면서 내는 소음 따위의 원치 않는 소음도 있기 마련이다. 바람에 의한 소음을 잡기 위한 가장 좋은 방법은 고도의 방향성을

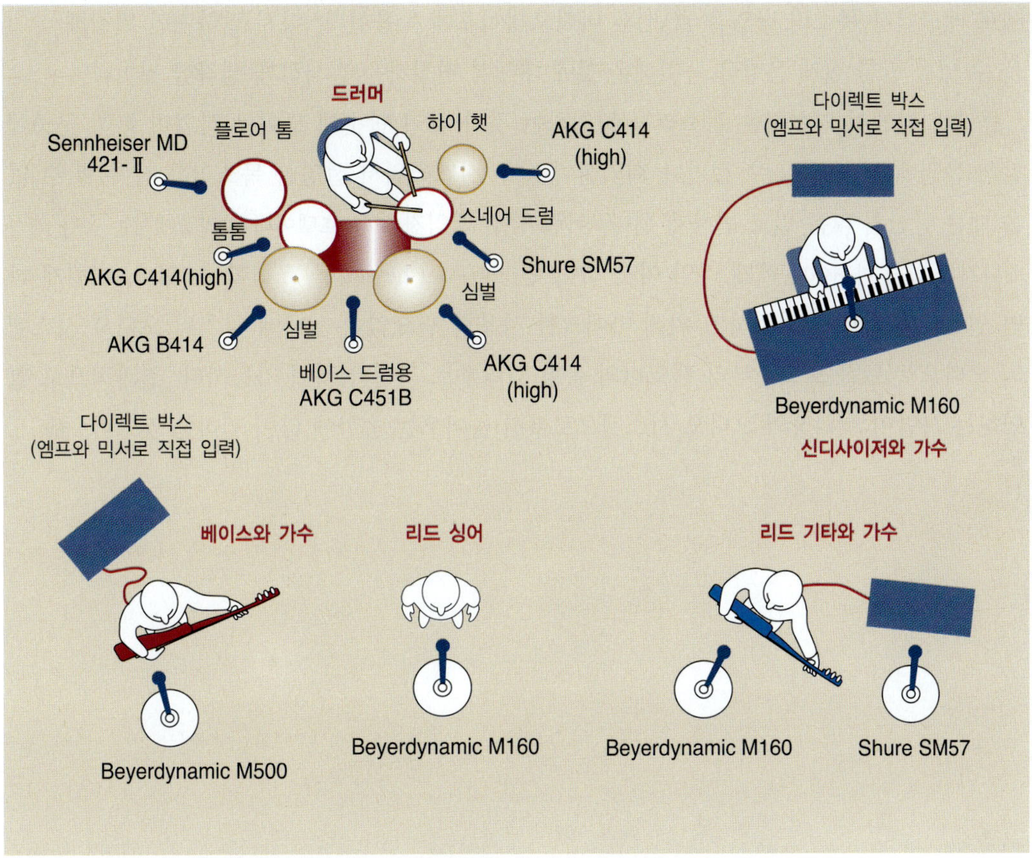

[그림 9.38] 작은 록 밴드를 위한 마이크 설정
이 그림에서 보이는 마이크의 종류와 위치는 어떻게 마이크 설정을 시작할 것인가에 대한 제안에 불과하다. 성공적인 설치를 위한 마지막 결정은 조정실의 스피커를 통해서 들려오는 음향이 만족스러울 때 이루어지게 된다.

가진 마이크를 효과적인 윈드스크린과 윈드잼머로 싸고 가능한 한 음원 가까이에 마이크를 배치하는 것이다. 그러나 스튜디오 쇼와는 대조적으로 현장음이 영상을 지원하는 역할을 하기도 한다.

ENG 작업에서는 소리 없는 장면에서조차도 언제나 마이크를 켜서 현장음을 녹음하도록 개방해야 한다. 실제로 핸드 마이크를 사용하는 스탠딩 리포트(리포터가 특정한 위치에 선 채로 뉴스 이벤트에 대해서 말하는 리포트)에서도 현장음을 위해 샷건 마이크를 켜서 카메라에 끼워두게 된다. 가능하다면 각각의 마이크는 분리된 VTR 오디오 트랙으로 보낸다. 이러한 현장음은 포스트프로덕션 편집에서 음향의 연속성를 얻기 위해서 필수적이다. 트랙을 나누면 비디오 편집자가 리포터의 목소리와 현장음을 혼합해서 조절하게 된다.

마이크는 하나뿐인데 목소리 픽업을 위해 사용해야 한다면 현장음은 작은 휴대용 오디오카세트 레코더나 목소리 작업을 끝낸 후 비디오테이프에 녹음한다. 다시 말하지만 편집해서 이을 수 있을 만한 실제 음향을 녹취해온 것에 대해서 편집자는 감사하게 생각할 것이다.

큰 회의장에서 연설하는 목소리를 픽업하는 것과 같이 단순해 보이는 작업이 특히 군중에 갇혀 음원에 가까이 갈 수 없거나 회의실이 너무 시끄러워서 선명한 목소리를 잡아 낼 수 없을 때는 만만치 않은 일로 변하게 된다. 이런 경우 책임자(보통 호텔이나 회의장에서는 음향 영상 매니저가 있게 마련이다)에게 라인 아웃 타이 인(line-out tie-in)을 요청할 수 있다. 이렇게 하면 연설자의 음향을 픽업하기 위해 마이크를 사용할 필요없이 실내에 설치된 오디오 시스템의 오디오 컨트롤 보드로부터 캠코더의 음향 입력부로 직접 입력이 가능하다. 결과적으로 촬영하는 사람이 회의장의 오디오 시스템으로부터 들어오는 음향에 타이 인하는 것이다. ◀

핵심요약

- 모든 마이크에는 음압에 의해 진동하는 진동판과 진동판의 물리적 진동을 전자 에너지로 변환시키는 기전 부품이 내장되어 있다.
- 다이내믹(무빙 코일) 마이크에서는 진동판이 가동성 코일에 부착되어 있다. 기압이 가동성 코일을 자기장 내에서 앞뒤로 움직이게 만든다. 이런 종류의 기전 부품은 꽤 튼튼하다.
- 리본(벨로시티) 마이크에는 금속 리본이 자기장 내에서 진동하게 된다. 리본이 깨지기 쉽기 때문에 리본 마이크는 제어된 조건하의 실내에서 사용한다.
- 콘덴서(일렉트렛) 마이크는 콘덴서와 비슷한 기전 부품을 가지고 있다. 콘덴서를 이루는 두 개의 플레이트 중 하나는 가동성을 가지고 있고 나머지 하나는 고정되어 있다. 마이크를 통해 들어오는 음원의 다양한 기압이 고정 뒷판과 마주하고 있는 판을 진동시키고 이로써 콘덴서의 용량이 지속적으로 변화하게 되어 이 변화로 인해 음향 신호의 전류가 변하게 된다. 콘덴서 마이크는 반응하는 주파수대가 넓다.
- 임피던스는 주로 높은 Z나 낮은 Z로 표기되는데 신호 흐름 저항의 한 종류이다. 마이크와 전자 기구의 임피던스는 다른 전자 오디오 장비와 반드시 일치해야 한다. 전자 기구의 출력을 직접적으로 믹싱 콘솔에 연결하는 직접 삽입(직접 입력) 기법을 사용할 때는 높은 Z의 기구는 반드시 다이렉트 박스를 거쳐 신호를 낮은 Z 임피던스로 바꿔주어야 한다.
- 고성능 마이크는 넓은 주파수 영역에 걸쳐 고르게 음향을 픽업한다. 또한 고성능 마이크는 성능이 낮은 마이크보다 음향 변형 없이 아주 높고 아주 낮은 음향도 들을 수 있다.
- 마이크는 평형 또는 불평형으로 나눌 수 있다. 대부분의 전문가용 마이크는 평형 출력을 가지고 있다. 평형 마이크 케이블은 세 가닥의 선 중, 두 가닥의 선은 오디오 신호를 보내는 데 사용되고 나머지 하나는 접지 역할을 하게 된다. 평형 오디오 케이블은 오디오 트랙에 험(hum)을 발생시키는 외부 신호를 방지할 수 있다. 불평형 케이블은 두 가닥의 선 중 오디오 신호를 전송하기 위해 한 가닥의 선만 사용하게 되고 나머지 한 가닥은 접지 역할을 하게 된다. 이것들은 케이블을 길게 사용할 수 없으며 원치 않는 신호의 방해를 받기가 쉽다.
- 모든 전문가용 마이크와 오디오 장비는 평형 케이블을 위해 세 개의 가지를 가진 XLR 커넥터를 사용한다. 불평형 커넥터에는 폰 플러그, RCA 포노 플러그, 미니 플러그가 있다.
- 폴드백은 믹싱 콘솔에서 연주자에게도 믹싱한 오디오의 전부나 일부를 되돌려 보내는 것을 말한다.

CHAPTER

10

오디오: 음향 조절

Audio: Sound Control

Chapter 9에서는 다양한 종류의 마이크와 사용 방법에 대해 알아보면서 주로 음향 픽업을 다뤘다. 이 chapter에서는 텔레비전 스튜디오와 야외 제작에서 음향을 조절하는 장비와 기술에 대해 알아보기로 하겠다. section 10.1 「스튜디오와 현장 제작에서의 음향 조절과 녹음」에서는 스튜디오와 현장 제작에 쓰이는 주요 장비와 제작 기술에 대해 알아볼 것이다. section 10.2 「포스트프로덕션과 음향 미학」에서는 아날로그와 디지털 음향 제작 장비와 그들의 주요 용도에 대해 알아볼 것이다. 또한 음향의 미학적 원리에 대해 살펴보기로 한다.

음향 제작은 매우 전문적인 분야임을 알아야 하며, 이 chapter에서는 주요 장비와 기초적인 제작 기술 그리고 기본적인 미학 요소에 대해서 살펴보기로 하겠다. 음향 전문가가 목표가 아니라고 하더라도 어떤 음향이 훌륭한 것인가에 대해서는 모두 알아야만 한다. 무엇을 하든 성공적인 텔레비전 스튜디오를 위한 선행 조건은 이전에도 그랬지만 향후에도 좋은 음향을 알아볼 수 있는 두 귀가 있어야만 하는 것이다.

주요 용어

앰비언스(ambience) 배경 음향

오디오 조정실(audio control booth) 오디오 콘솔이나 믹싱 콘솔, 아날로그와 디지털 재생 기계, 턴테이블, 패치베이, 컴퓨터, 인터컴 장치, 시계, 라인 모니터가 설치되어 있는 곳.

오디오 포스트프로덕션 작업실(audio postproduction room) 스위트닝, 음악 트랙 구성, 음악, 음향 효과, 래프 트랙 첨가, 뮤직 브리지 어셈블링, 방송과 같은 포스트프로덕션 활동을 위한 공간.

자동 대화 대체(ADR: automatic dialogue replacement) 포스트프로덕션에서 입술의 움직임과 말소리의 동조화. 실제로 자동은 아님.

자동 게인 컨트롤(AGC: automatic gain control) 매뉴얼 조건 없이 자동적으로 오디오 또는 비디오의 볼륨(음량)을 규칙적으로 하는 것.

캘리브레이트(calibrate) 특정한 음향 신호에 VU 측정기가 일정하게 반응하도록 만드는 것.

카세트(cassette) 테이프 카세트를 사용하는 비디오테이프 혹은 오디오테이프 녹화 재생 장치. 카세트는 플라스틱 외형 안에 공급 릴과 감는 릴의 구조를 가진다.

콤팩트 디스크(CD: compact disc) 디지털 형식의 정보(대게는 음성 정보)를 담고 있는 작고 빛을 내는 디스크. CD 재생기는 양자화된 디지털 정보를 레이저 광선을 이용해서 읽어낸다.

디지털 오디오테이프(DAT: digital audiotape) 오디오테이프에 디지털 형식으로 양자화된 음향 신호. 디지털 녹음기뿐만 아니라 디지털 녹음과정까지 포함한다.

디지털 카트 시스템(digital cart system) 내장된 하드 드라이브, 외장형 고용량 디스크 또는 읽기/쓰기 전용 광학 디스크를 이용해서 엄청난 양의 음향 정보를 저장하고 접속할 수 있는 디지털 음향 장비. 짧은 방송이나 뮤직 브리지에 주로 사용된다.

DVD digital versatile disc의 줄임말. 표준 DVD는 영상, 음향 정보를 위한 읽기 전용 고용량 저장 장치이다. 저장 내용의 무작위 접속에 사용되면 DVD-RAM이라고 부른다.

균등화(equalization) 한 주파수를 키우고 다른 주파수를 죽여서 음질을 조절하는 것.

피겨 그라운드(figure/ground) 전반적인 배경 음향에서 가장 중요한 음향을 강조하는 것.

플레시 메모리 디바이스(flash memory device) 많은 양(1기가 바이트 이상)의 디지털 정보를 빠른 시간 안에 다운로드와 저장, 업로드할 수 있는 읽기 쓰기가 가능한 휴대용 저장장치. 플레시 디바이스, 스틱 플레시, 플레시 스틱 혹은 플레시 메모리 카드라고도 불린다.

미니 디스크(mini disc: MD) CD 음질의 음향을 1시간 분량 저장할 수 있는 2와 1/2인치 폭 크기의 디스크.

믹싱(mixing) 두 개 이상의 음향을 이벤트의 내용에 따라 정해진 비율로 결합시키는 것.

믹스-마이너스(mix-minus) 다양한 오디오 타입은 오케스트라가 녹음된 솔로 악기와 함께 공급하는 것처럼 녹음된 부분이 없어진 것을 공급한다. 또한 공급을 받은 소스에 의해 지급된 부분 없이 프로그램 사운드 공급을 맡긴다.

MP3 널리 사용되는 디지털 음향 압축 시스템. 대부분의 인터넷상에 있는 음향은 MP3 형식으로 압축되어 있다.

MIDI musical instrument digital interface의 줄임말. 다양한 디지털 음향 장비와 컴퓨터에 연결해서 사용할 수 있는 표준화된 장치.

PPM(peak program meter) 음량을 측정하는 오디오 콘솔에 있는 측정기. 음량의 최고치에 특히 민감해서 과변조를 알려준다.

음향 원근감(sound perspective) 롱 샷의 음향은 멀리서 들리고, 클로즈업의 음량은 가까이에서 들리는 것.

서라운드 음향(surround sound) 여섯 개의 스피커를 듣는 사람의 전면과 후면 혹은 전면과 측면과 후면에 배치해서 듣는 사람의 전면, 측면, 후면에 음향의 영역을 만들어 내는 음향.

스위트닝(sweetening) 포스트프로덕션 과정에서 녹음된 음향의 여러 음질의 조정.

VU 측정기(VU meter) volume unit meter의 줄임말. 증폭된 음향의 상대적인 음량을 측정하는 측정기.

SECTION

10.1

스튜디오와 현장 제작에서의 음향 조절과 녹음

Sound Controls and Recording for Studio and Field Operations

텔레비전 프로그램을 시청할 때 우리는 음향이 분리된 매체라는 자각은 하지 못한다. 마치 영상에 속해 있는 것처럼 보이고 갑자기 끊겨 버리면 비로소 음향 부분에 대한 자각을 하게 된다. 그러나 직접 촬영한 비디오테이프를 보면 거기에는 언제나 아름다운 장면에 주목하는 것을 방해하는 크고 작은 음향 문제가 있음을 알게 된다. 이와 같이 음향은 대개 가볍게 다뤄지지만 음향 부분이야말로 모든 신경을 집중해야 하는 중대한 제작 요소라는 사실을 곧 깨닫게 된다.

▶ 스튜디오 오디오를 위한 제작 장비

오디오 콘솔, 패치베이, 아날로그와 디지털 테이프 기반 오디오 녹음 장비와 디스크 기반 오디오 녹음 장비

▶ 스튜디오에서의 음향 조정

오디오 조정실과 기초적인 음향 조작

▶ 현장에서의 오디오 제작 장비와 기본적인 운용

음향 분리와 오디오 믹서

▶ 현장에서의 음향 조정

ENG와 EFP, EFP 믹싱에 있어서의 자동 게인 조정

스튜디오 오디오를 위한 제작 장비 (Production Equipment for Studio Audio)

오디오 장비의 주요 구성 요소에는 오디오 콘솔, 패치베이, 아날로그와 디지털 테이프 기반, 그리고 디스크 기반의 음향 녹음 장치들이 있다.

오디오 콘솔(Audio Console)

형태나 형식(아날로그 혹은 디지털)은 달라도 모든 오디오 콘솔 또는 오디오 컨트롤 보드는 다음의 다섯 가지 주요 기능 수행을 위해 만들어진 것이다.

- 입력: 들어오는 다양한 신호들의 음량을 전치 증폭시키고 조절한다.
- 혼합: 들어오는 두 개 이상의 신호를 결합하고 균형을 맞춘다.
- 음질 조절: 음향 특성을 조절한다.
- 출력: 결합된 신호들을 특정 출력으로 내보낸다.
- 모니터: 신호가 실제 녹음되거나 방송되기 전에 들어본다(그림 10.1 참조).

입력 스튜디오 콘솔은 다양한 음원을 받아들일 수 있는 다중 입력 장치를 가지고 있다. 소형 콘솔이라고 하더라도 16개 이상의 입력을 가지고 있다. 집에서 사용하거나 일반 방송에서는 그리 많은 입력을 필요로 하지 않을지 모르지만 사용하게 될 날을 대비해서 있어야만 한다.

각각의 입력 모듈을 마이크 입력에 사용할 것인지 선 입력에 사용할 것인지 결정해야 한다. 마이크 수준 입력은 다양한 입력 조절을 받기 전에 증폭되어야 하는 음원을 말한다. 모든 마이크는 전치 증폭이 필요하므로 마이크 입력으로 보내진다. 선 수준 입력은 CD 재생기나 DVD 재생기, DAT 녹화기와 같이 전치 증폭이 필요없는 강한 신호를 가진 것들을 연결하는 데 사용한다. 콘솔에 들어오는 모든 신호는 선 수준의 강도가 되어야만 콘솔에서 발전된 조정과 혼합시킬 수가 있게 된다.

[그림 10.1] 오디오 콘솔
이 오디오 콘솔의 각각의 모듈은 음량 조절, 다양한 음질 조절, 그리고 할당 스위치로 이루어져 있다. 이것은 여러 개의 조합된 음향을 다양한 목적지로 보낼 수도 있다.

마이크의 입력 수준이나 선 신호의 입력 수준이 모두 같은 것은 아니기 때문에 과증폭될 위험도 있다. 이런 일이 벌어지는 것을 막기 위해서는 트림 컨트롤을 이용해서 신호를 개별적으로 조절한다. 트림 컨트롤에서는 마이크 신호의 입력 강도를 조정해서 뒤이은 증폭 과정에서 음향을 변형시키지 않도록 만드는 역할을 수행한다.

이후에 신호는 입력 구분 없이 음량과 다양한 음질 조절 스위치로 보내지게 되는데, 이 스위치를 조작해서 특정한 음향을 듣고자 한다면 다른 모든 음향을 줄여 하나만 들을 수도 있고 각각의 스위치에 따라 할당된 기능에 따라 신호를 오디오 콘솔의 특정 부분으로 보내거나 신호 출력에 보내는 역할을 하게 된다(그림 10.2 참조).

음량 조절 모든 소리는 변화하는 음량을 가지고 있다. 어떤 음향은 비교적 약해서 음량을 늘려야만 수용 가능한 경우가 있고, 또 다른 음향은 너무 커서 오디오 시스템에 부담을 주기 때문에 음향을 변형시키거나 약한 소리를 아예 안 들리게 하는 등 두 소리의 적당한 균형을 이룰 수 없게도 만든다. 받아들인 음향 신호의 음량을 조절해서 적당한 수준으로 만들어주는 장치를 포트(pot: potentiometer의 줄임말) 또는 페이더[fader: 감쇠기(attenuator) 혹은 게인 컨트롤(gain control)이라고도 부른다]라고 한다.

음량을 높이기 위해서는 포트를 시계 방향으로 돌리거나 페이더를 올린다. 음량을 낮추

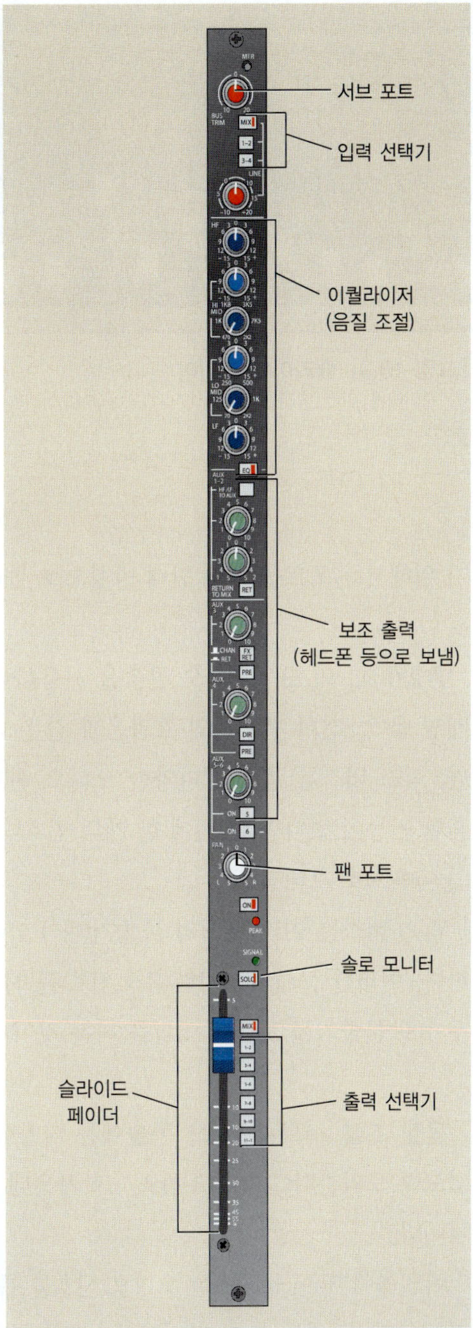

[그림 10.2] 오디오 콘솔 모듈
이 모듈의 주요 조절 장치는 슬라이드 페이더(slide fader), 음량 조절 장치, 이퀄라이저(equalizer), 할당 스위치, 뮤트 스위치(mute switch: 입력을 아예 안들리게 하는 것), 팬 포트(pan pot: 음향을 하나의 스테레오 스피커에서 다른 스테레오 스피커로 수평 이동시키기 위한 장치), 그리고 그 외 다양한 음질 조절 장치로 되어 있다.

[그림 10.3] 슬라이드 페이더
이 페이더를 위로 올리면 음량이 커지고 아래로 내리면 음량이 작아진다.

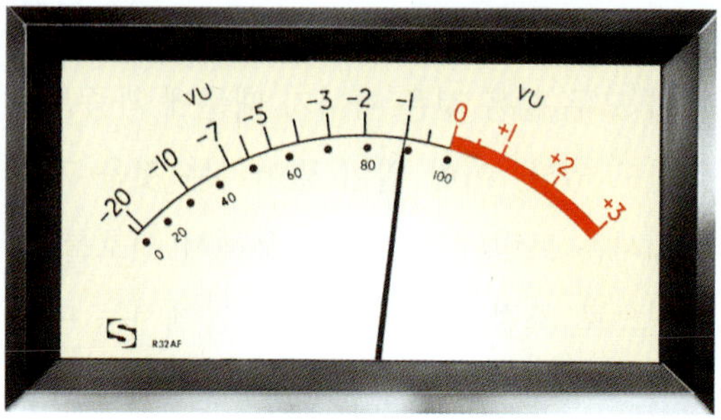

[그림 10.4] 아날로그 VU 미터
이 VU 미터는 음량의 상대적인 크기를 나타내준다. 위에 나와 있는 숫자 −20에서 +3은 음량 단위(데시벨)를 나타낸다. 밑에 작은 숫자는 백분율을 나타내는 것으로서 0~100%의 신호 증폭률을 보여준다. 과증폭된 신호는 붉은 영역(0~ +3 VU)에 표시되도록 되어 있다.

기 위해서는 포트를 시계 반대 방향으로 돌리거나 페이더를 내리면 된다(그림 10.3 참조).

혼합(mix: 믹스) 오디오 콘솔을 사용하여 두 개의 라발리에 마이크로부터 들어오는 소리, 배경 음악, 전화 벨소리의 효과음과 같은 다양한 입력 음향을 결합시키거나 혼합시킬 수 있다. 믹스 버스를 통해서 다양한 오디오 신호를 원하는 특정한 음량으로 결합시킨다. 콘솔의 혼합 기능이 없다면 한 번에 한 개의 신호밖에 조절할 수가 없게 된다. 혼합을 마친 신호는 라인 아웃으로 보내진다.

믹스 버스는 여러 갈래의 물줄기(여러 입력)로부터 물(신호들)을 받는 강바닥과 같은 역할을 한다. 이러한 물줄기(다양한 음성 신호)를 하나로 합쳐서(혼합된 음향) 마침내 그들의 목적지(녹음기)로 물줄기를 보내는 역할을 하는 것이다.

음질 조절 모든 오디오 콘솔에는 다양한 조절 장치들이 있어서 음향의 특성을 조절할 수 있도록 도와준다(그림 10.2 참조). 그 가운데 가장 중요한 것은 이퀄라이저, 필터, 잔향 조절 장치이다.

이퀄라이저(equalizer)는 오디오 신호를 특정한 주파수로 증폭하고 다른 신호들을 제거하거나 감쇄시킬 수 있는 조절 장치이다. 이퀄라이저는 가정용 스테레오의 톤 조절 장치처럼 수동, 자동 조절이 가능하다. 선택된 주파수를 증폭시키거나 감쇄시켜서 음향의 특성에 영향을 줄 수 있다. 예를 들면, 높은 주파수를 증폭시켜서 음향을 좀더 밝게 만들거나 낮은 주파수를 증폭시켜서 더 둔탁하게 만들 수도 있으며 저주파 험(hum)이나 고주파 히스(hiss)를 없앨 수도 있다. 필터는 특정 수치 이상과 이하의 주파수를 자동적으로 걸러준다. 잔향 조절 장치는 선택된 입력에 잔향의 양을 점점 증가시킬 수 있다.

대형 콘솔에 추가되어 있는 음질 조절 장치들에는 들어오는 신호의 상대적인 크기를 조절하는 스위치, 입력 과도를 막아주는 스위치, 특정 지점에서 스테레오 사운드가 두 대의 스피커 사이에서 오가는 '팬' 기능을 위한 스위치 등이 있다.

[그림 10.5] LED VU 미터
LED(light-emitting diode; 분광 다이오드) VU 미터는 과증폭된 신호를 다른 색(보통 빨간색)의 불빛으로 보여준다.

출력 혼합과 음질 조절 과정을 거친 신호는 라인 아웃이라고 부르는 출력으로 보내지게 된다. 혼합된 신호의 음량이 수용 가능한 범위에 있도록 최종 음량 조절 장치인 마스터 포트로 조정하고 음량 지시기로 측정한다. 가장 보편적인 음량 지시기는 VU 측정기이다(그림 10.4 참조). 음량이 너무 낮아서 지시기의 바늘이 왼쪽으로 치우쳐 있다면 게인 조정을 해야 한다. 만약 바늘이 눈금의 가운데에서 움직이고 빨간 선에 닿거나 때때로 넘는 경우에는 게인이 제대로 조정된 것이다. 만일, 바늘이 계속해서 빨간 선 부분에서 머물거나 심지어 오른쪽 마지막 눈금에 닿는다면 음량이 너무 높아서 바늘이 뚫고 나갈 만한 상태가 되었다는 것을 보여주는 것이다.

일부 콘솔은 가정용 스테레오 시스템의 음량 증폭 표시기와 비슷하게 생긴 가는 유색 막대가 눈금을 위아래로 변화시키는 형태의 발광 다이오드로 이루어져 있는 VU 측정기를 가지고 있다. 게인이 너무 높으면 눈금은 현저하게 올라가거나 색이 바뀌기도 한다(그림 10.5 참조).

어떤 오디오 콘솔에는 부가적인 피크 프로그램 미터(peak program meter: PRM)가 장착되어 있어 가장 높은 음을 측정할 수가 있다. PRM은 음량의 최고치에 VU 측정기의 바늘보다 빠르게 반응하고 과변조 여부를 분명히 보여준다.

출력 채널 오디오 콘솔을 출력 채널의 개수로 분류하기도 한다. 구식 텔레비전 콘솔의 경우, 입력 채널이 여러 개이지만 출력 채널은 하나만 가지고 있는데, 그 이유는 텔레비전 음향이 모노였기 때문이었다. 그러나 오늘날에는 소형 텔레비전 콘솔이라도 적어도 두 개 이상의 출력 채널을 가지고 있어서 스테레오 사운드를 다루거나 두 개의 장비(헤드폰이나 비디오테이프 녹화기와 같은)에 두 개의 독립된 신호를 동시에 전송한다. 고해상 텔레비전(HDTV)의 경우 음향 필요 조건도 다르다. 영화와 매우 흡사하게 대형 화면의 TV는 서라운드 사운드를 필요로 하고 이 서라운드 사운드는 여러 개의 분리된 출력 채널과 화면 앞뒤의 전략적 위치에 여러 대의 스피커를 필요로 한다(그림 10.22 참고). 이러한 고성능 오디오에 대한 요구가 높아짐에 따라 텔레비전 오디오 조정실, 특히 오디오 제작실에서의 다중 채널 콘솔의 사용이 엄청나게 증가했다. 이에 대해서는 section 10.2에서 다루기로 한다.

콘솔이 몇 개의 입력과 출력을 가지고 있는지 나타내기 위해서 입력과 출력의 개수가 8×1, 32×4와 같은 형식으로 표시된 라벨이 붙어 있다. 이것은 소형 8×1 콘솔, 즉 8개의 입력과 1개의 출력을 가졌다는 것을 의미하고 32개의 입력과 4개의 출력을 가진 대형 32×4 콘솔이라는 것을 의미한다. 한 개의 출력을 가지고 있는 8×1 콘솔은 두말할 필요없이 모노 음을 다루는 콘솔이다.

대부분의 대형 텔레비전 오디오 콘솔은 8개 이상의 출력 채널을 가지고 있으며 각각의 채널은 분리된 음향 신호나 음향 신호 조합을 전달할 수 있다. 다중 출력의 장점은 개별 신호를 포스트프로덕션을 위해 다중 트랙 오디오테이프 녹음기에 전달할 수 있다.

예를 들어, 입력은 24개인데 비해 출력이 2개밖에 안 된다면 다양한 입력 신호를 혼합하고 줄여서 두 개로 만든 다음 이 두 개의 신호를 스테레오 녹음기의 왼쪽과 오른쪽 채널로 보내게 된다. 그러나 마지막 포스트프로덕션 혼합을 통해서 조정하기 위해 신호를 여러 개로 분리하고 싶다거나 혹은 서라운드 사운드 스피커에 분리된 신호를 보내고 싶다면 더 많은 출력이 필요하게 된다. 간단한 록콘서트를 녹음할 때조차도 하나의 출력은 연주자에게, 다른 하나는 방청객에, 또 다른 하나는 비디오테이프 녹화기에, 그리고 다중 트랙 오디오테이프 녹음기(ATR)에도 하나의 출력이 필요한 경우가 생기게 된다. 대형 콘솔을 가지고도 입력과 출력을 얼마나 빠르게 처리할 수 있는지 알게 된다면 아마도 놀랄 것이다.

인 라인 콘솔(in-line consoles) 인 라인 콘솔은 보다 정교한 콘솔의 형태로 각 입력 1개당 출력이 하나씩 배당되어 있는 입력/출력(I/O) 모듈을 가지고 있다. 예를 들어 24개의 입력이 있어, 각각 다른 음향 신호를 받아들이고 있다면 24개의 트랙을 가진 녹음기의 각 트랙으로 믹스 버스를 거치지 않고 직접 신호를 보낼 수 있게 된다. 이런 방법으로 콘솔을 이용해서 각 신호의 음량은 조절할 수 있지만 혼합이나 이퀄라이저 기능은 수행하지 못하게 된다. 사실, 음향이 있는 그대로 테이프 녹음기로 보내지는 것을 의미한다. 다양한 음향의 혼합과 음질 조절은 모두 포스트프로덕션 과정이나 믹스다운 영역에서 시행된다. I/O 회로를 사용하면 녹음기로 보내지는 원신호(original signal)에 영향을 주지 않으면서 모든 조합과 조작을 시험하고 들어보는 것이 가능하다.

팬텀 파워 팬텀 파워란 공급되는 전력이 다소 가상적이라는 것을 의미한다. 이것은 오디오 콘솔이나 배터리가 아닌 다른 어떤 공급원이 콘덴서 마이크에 전치 증폭 전력(preamplification power)을 공급한다는 의미이다.

모니터와 큐 모든 콘솔은 모니터 시스템을 가지고 있어서 최종 혼합 음향을 듣고 라인 아웃으로 넘기기 전에 혼합을 조정하는 것이 가능하다. 분리된 오디션(audition)이나 큐 리턴(cue return) 장치를 사용하면 특정 음원을 믹스 버스에 보내지 않고도 들어볼 수 있다. 이 장치는 다른 음원이 방송 중일 때 디지털 오디오테이프 또는 카세트에 큐를 주거나 CD나 DVD 트랙의 시작 음향을 확인할 때 특히 중요하다.

컴퓨터 콘솔 대부분의 신형 콘솔은 오디오 조절기능을 미리 설정하고, 예전 설정값을 불러낼 수 있으며, 대부분의 오디오 기능을 조절할 수 있는 컴퓨터를 포함하고 있다. 예를 들면, 각 소리에 특정한 음량, 이퀄라이저, 잔향값을 갖도록 특정한 혼합을 하고 이를 컴퓨터 저장 장치에 저장하고 다른 시도를 해보거나 다른 일을 보다가 단추 하나만 눌러서 예전에 저장한 값을 다시 불러낼 수도 있다.

디지털 콘솔 디지털 콘솔은 아날로그 콘솔과 비슷한 형태를 가지고 있지만 각각의 입력 모듈의 다양한 음향 조절과 전달 기능을 집중시킨 조절 장치를 가지고 있다는 것이 다르다. 이런 조절 장치는 비디오 스위처의 대표 조절 장치와는 다른 것이다(그림 11.4 참조). 장점은 이러한 전달 구조가 콘솔을 비교적 작고 효율적으로 만들어 준다는 것이다.

패치베이(Patchbay)

패치베이 또는 패치 패널의 주요 기능은 다양한 장비들로부터 나가고 들어오는 오디오 신호를 서로 연결하고 방향을 바꾸어 주는 것이다. 특정 음원 연결을 위해서 실제 전선을 이용하거나 신호를 정돈하고 지시에 따라 전달하는 컴퓨터를 이용할 수도 있다. 어떤 방법을 이용하든 패칭의 원리는 마찬가지다. 패치코드라고 불리는 전선을 예로 패칭 과정을 간단히 설명한다.

두 대의 마이크와 현장 리포터로부터 전달되는 음향 신호가 있고, 뉴스 진행 중 CD를 작동시켜야 한다고 가정해보자. 마이크 1과 2는 앵커의 라발리에 마이크이고 현장에서 리포터는 생중계로 말을 하고 있다. CD에는 뉴스의 오프닝과 클로징을 위한 주제 음악이 녹음되어 있다.

개별 조명 기구가 조광기의 어느 채널에나 연결할 수 있듯이 오디오 입력을 원하는 순서대로 음량 조절 장치(포트 또는 페이더)에 하나하나 연결할 수 있다. CD, 라발리에 1, 라발리에 2, 원거리 입력의 순서로 왼쪽에서 오른쪽으로 연결한다고 가정하자. 아주 쉽게 이런 순서로 오디오 콘솔에 연결할 수 있다. 다른 순서로 연결하고 싶다면 플러그를 뽑을 필요없이 패치코드를 당겨서 다른 순서로 입력에 연결하기만 하면 된다(그림 10.6 참조).

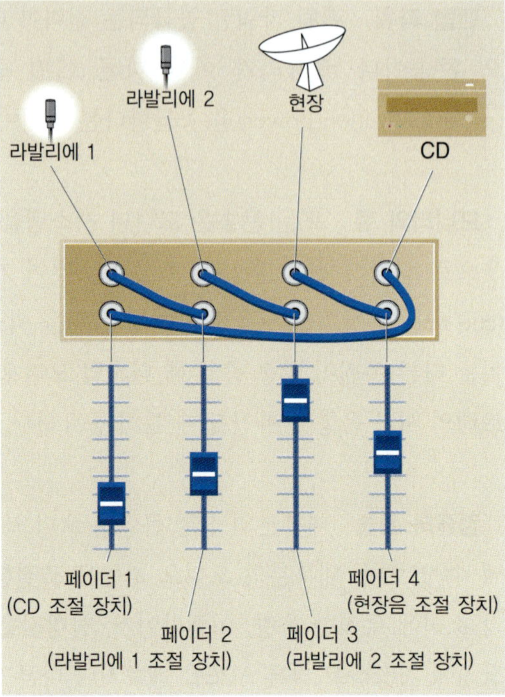

[그림 10.6] 패치 연결
이 그림은 두 개의 마이크로부터의 출력, 현장에서 전해지는 신호, CD를 CD, 라발리에 1, 라발리에 2, 현장 신호의 순서로 페이더에 연결한 모습을 보여주고 있다.

유선 패치베이 모든 유선 패치베이는 잭이라고 부르는 구멍을 여러 줄 가지고 있으며, 이 잭은 다양한 출력(마이크, 카트리지, 턴테이블, 테이프 레코더에서 나오는 신호를 전달)과 입력(이러한 신호를 오디오 콘솔의 다른 포트 또는 채널로 전달)을 나타내고 있다. 윗줄에 있는 잭은 일반적으로 출력을 나타내고 바로 밑줄에 있는 잭들은 입력 잭들로, 오디오 콘솔에 연결되어 있다. 출력과 입력을 연결해주는 것이 바로 패치코드이다.

패치를 제대로 하기 위해서는 패치코드의 한쪽 끝은 출력 잭에 그리고 다른 쪽 끝은 입력 잭에 연결해야 한다(그림 10.7 참조). 출력 잭과 출력 잭을 연결하거나 입력 잭과 입력 잭을 연결하면 머리만 아프게 된다.

패치코드의 수를 줄이기 위해서는 자주 연결해 사용하는 출력과 입력을 정규적으로 직접 배선한다. 이것은 회로의 출력과 입력이 패치코드 없이 직접 연결되는 것을 의미한다. 정규배선된 회로에 패치코드를 꽂게 되면 연결시키는 것이 아니라 연결을 끊는 결과를 가져오게 된다.

패칭을 통해 오디오 신호를 좀더 자유롭게 연결할 수는 있지만 다음과 같은 문제를 일으킬 수도 있다. 먼저 자주 이용하는 패치코드와 잭은 헐거워져서 험을 일으키거나 간헐적으로 연결이 단절될 수 있다. 또한 패치코드가 서로 가로질러 연결되어 있으면 질서를 찾을 수 없고 혼란스러워서 어떤 패치코드를 조절해야 하는지 찾아내기가 힘들고, 패치코드를 꽂으려고 하는 잭과 연결되어 있는 페이더가 아주 높은 음량에 맞춰져 있는 상태라면 코드를 꽂고 빼는 것만으로도 엄청난 파열음을 낼 수 있고 이러한 파열음은 가장 튼튼한 스피커에도 손상을 줄 수 있다. 다시 한 번 말하지만 물리적인 연결이 어떤 신호가 어디로 가는지 확실히 볼 수 있기는 하지만 위에 열거한 패치코드의 단점으로 인해 많은 일상적인 패칭 기능을 컴퓨터가 수행하고 있다.

[그림 10.7] 패치코드가 연결된 패치베이
모든 패치베이는 신호 출력(마이크, CD, VTR 등)을 오디오 콘솔의 특정한 입력 모듈에 연결하도록 되어 있다. 패치는 패치코드를 이용해 음향 출력(윗줄)을 입력(아랫줄)에 연결하는 것을 말한다.

컴퓨터 패칭 컴퓨터 패칭에서는 마이크나 다이렉트 박스, CD, DVD, 비디오테이프 등에서 전해지는 다양한 음향 신호를 뒤에 올 과정을 위해 오디오 콘솔의 특정 페이더 모듈로 보내는 것을 결정하는 패치 패널 프로그래머에게 보낸다. 예를 들어 라발리에 1을 포트 2에, CD를 포트 1에 보내기 위해서는 물리적인 연결 대신 전달 정보를 컴퓨터에 입력하면 전자 패널이 콘솔에 있는 원하는 페이더에 연결시키고 화면상에 연결된 내용을 보여주며 나중에 쓸 수 있도록 디스크에 이 명령을 저장한다. 패칭은 이제 워드프로세서만큼 쓰기 쉬워졌다.

음향 녹음 장치(Audio-Recording Systems)

일상적인 텔레비전 제작에 있어서 음향은 주로 비디오테이프 녹화기의 오디오 트랙에 영상과 동시에 녹음된다. 그러나 때때로 만약의 사태에 대비해 분리된 오디오 녹음기로 음향 녹음을 따로 해야 하거나 포스트프로덕션을 통해 좋은 효과를 얻기 위해서 분리된 장치에 오디오를 녹음하게 되는 경우도 생기게 된다. 오디오 전문가가 되기를 원하지 않는 사람이라고 하더라도 어떤 장치들을 사용할 수 있는지 알아 둘 필요가 있다.

대부분의 음향 녹음 장치들은 아날로그 형식이나 디지털 형식으로 음향을 녹음한다. chapter 2에서 설명한 대로 아날로그는 신호가 원음과 정확히 일치해서 변화하는 것이고, 디지털이란 신호를 많은 분리된 디지트로 옮긴 것을 의미한다. 대부분의 오디오 녹음이 디지털 형식으로 행해지고는 있지만 텔레비전 제작에서는 아직도 아날로그 녹음 방식이 쓰이고 있다.

많은 캠코더는 아직도 비디오와 오디오를 아날로그 방식으로 기록한다. 물론 디지털 캠코더는 디지털 방식으로 기록하지만 말이다. 우리의 관심사가 오로지 오디오 작업에 있다고 할지라도 아날로그 또는 디지털 녹화기에 맞는 재생기 또한 필요한 것이다. 디지털 오디오 녹음 장치에는 DAT 녹음기, 하드 드라이브 디지털 카트 시스템, 읽기/쓰기 광학 디스크가 있다.

비디오와 마찬가지로 디지털 오디오 녹음기는 음질이 우수할 뿐만 아니라 과중한 포스트프로덕션 편집과정을 거치면서도 그 우수성을 계속 유지하는 면에서도 아날로그 녹음기보다 뛰어나다. 디지털 시스템에서는 녹음된 음향을 가시적으로 볼 수 있기 때문에 아날로그 방법보다 좀더 정확하게 편집하는 것이 가능하다. 그럼에도 불구하고 아직까지 아날로그 시스템을 고수하는 이유는 수집되어 있는 아날로그 음향 자료가 워낙 방대하고, 무엇보다 아날로그 음향의 따뜻한 음질 때문이다.

아날로그 녹음 장치(Analog Recording Systems)

가장 일반적인 아날로그 장치로는 오픈 릴 오디오테이프 녹음기(open-reel audiotape recorder)와 카세트 테이프 장치(cassette tape system) 두 가지가 있다. 아날로그 오디오 카트리지 녹음기는 대부분 디지털 장비로 교체되었다.

오픈 릴 오디오테이프 녹음기 오픈 릴 오디오테이프 녹음기는 이전에 릴-투-릴(reel-to-reel) 오디오테이프 녹음기라고 불렸다. 이 녹음기는 보통 다중 트랙 녹음이나 장시간 재생에 사용된다. 예를 들어, 배경 음악이나 교통 소음 따위를 미리 녹음해 두었다가 실제 제작할 때 재생하여 대화와 함께 혼합한다. ATR은 기록을 목적으로 한 녹음에도 사용된다. 다양한 종류의 ATR이 텔레비전 제작에 사용되고 있지만 모두 공통된 원리하에 작동하고 흡사한 조절 장치를 가지고 있다. 모든 전문가용 ATR은 녹음 속도를 지정하는 스위치 외에 다음 다섯 개의 조절 버튼을 가지고 있다. (1) 재생: 지정된 녹음 속도로 테이프를 주행시킨다, (2) 빨리 감기: 빠른 속도로 테이프를 주행시킨다, (3) 정지: 릴이 멈추도록 제동을 건다, (4) 되감기: 높은 속도로 테이프를 되감는다, (5) 녹음: 소거 헤드와 녹음 헤드를 동시에 작동시킨다(그림 10.8 참조). 대부분의 테이프 녹음기는 빠른 속도로 감거나 되감기를 할 때에도 테이프상에 있는 소리를 들을 수 있는 큐 컨트롤을 가지고 있다.

테이프는 공급 릴에서 수납 릴로 옮겨지게 되는데, 이 과정에서 적어도 세 개 이상의 헤드, 즉 소거 헤드, 재생 헤드, 녹음 헤드를 거치게 된다(그림 10.9 참조). 이 헤드 조합의 배열은 모든 아날로그 테이프 녹음기의 표준이다. ATR이 녹음에 사용되고 있을 때 소거 헤드는 녹음하게 될 부분에 남아 있을지도 모르는 이전에 녹음했던 모든 음향 자료를 삭제하고 이후에 녹음 헤드가 새로운 음향 자료를 테이프 위에 녹음한다. 테이프가 재생될 때는 재생 헤드가 이전에 녹음한 자료를 재생한다. 소거 헤드와 녹음 헤드는 재생 시에는 작동하지 않는다.

큰 방송국의 몇몇 오디오 제작실에서는 표준 1/4인치보다 넓은 1/2, 1 또는 2인치의 테이프는 24트랙까지 다중 분할해서 사용하는 다중 트랙 녹음기를 사용하는 곳도 있다. 2인치

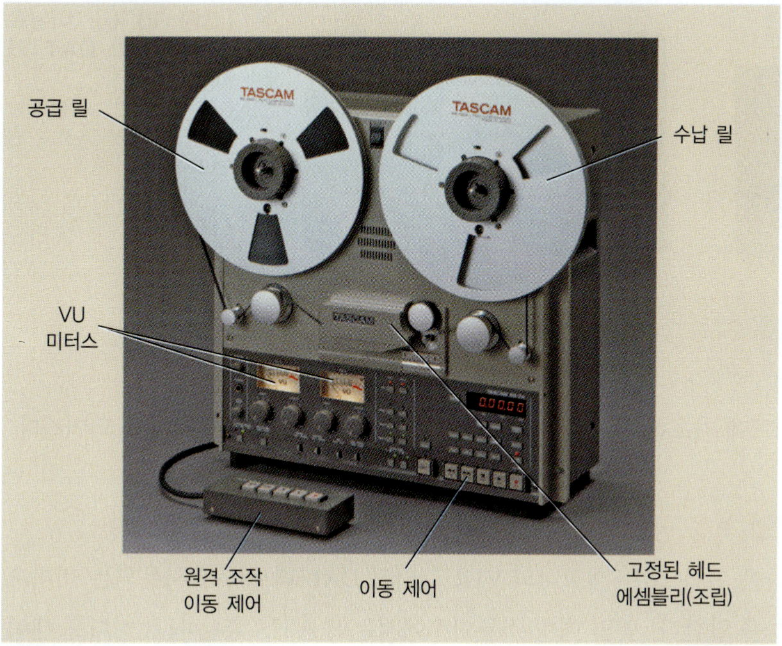

[그림 10.8] 오픈 릴 오디오테이프 녹음기
이 오픈 릴 ATR은 1/4인치의 오디오테이프에 8개의 트랙으로 분리해서 음향을 녹음할 수 있고 자동으로 특정한 큐 지점을 찾을 수 있다. 이 녹음기는 오디오/비디오 동조화를 위해서 SMPTE 타임코드와 연결하여 사용할 수도 있다. 표준 작동 조절장치인 재생, 빨리감기, 정지, 되감기, 녹음을 비롯한 모든 조정장치 패널은 원거리에서 리모컨으로 사용할 수도 있다.

[그림 10.9] 아날로그 비디오테이프 헤드 조합
아날로그 릴-투-릴 ATR의 헤드는 소거 헤드, 녹음 헤드, 재생 헤드로 이루어져 있다.

테이프는 16트랙 이상에서 사용된다.

오디오카세트 녹음기 전문가용 카세트 장치는 가정용 혹은 휴대용 카세트와 비슷하지만 전문가용 카세트는 좀더 정교한 전자 부품을 사용하고, 좀더 내구성이 높은 테이프를 사용함으로써 더 빠르고 더 부드럽게 빨리 감기와 되감기가 가능하다는 차이점이 있다.

경험으로 알고 있겠지만 카세트는 저장하고 다루기가 쉬우며 120분 분량의 음향 자료를 재생할 수도 있다. 폭이 좁은 테이프라 할지라도 좋은 음질을 낼 수 있으며, 특히 새것에 금속 입자가 도포된 종류일 때 음질이 좋다. 디지털 혁명에도 불구하고 텔레비전 제작에서는 아직도 아날로그 카세트가 많이 사용되고 있다. 그러나 좀더 나은 음질을 원한다면 DAT 녹음기를 사용해야 한다.

[그림 10.10] 아날로그 카세트와 DAT 카세트
DAT 카세트가 보통의 아날로그 오디오카세트보다 훨씬 작다.

디지털 레코딩은 테이프에 기초한 시스템이거나 다양한 테이프 없는 장치들로 완료되어진다.

테이프 기반의 디지털 녹음 장치(Tape-Based Digital Recording Systems)

테이프 기반의 장치들은 단독 혹은 캠코더의 VTR 그리고 DAT 레코더에 사용되는 비디오테이프를 포함한 장치들을 말한다. 몇몇 대형 스튜디오에서는 S-VHS 혹은 Hi8 비디오 테이프를 사용하는 여러 개 트랙의 레코더를 보유하고 있지만 좀더 다루기 쉽고 효율적인 하드디스크 레코더가 디지털 다중 트랙(modular digital multitrack: MDM) 레코더와 디지털 테이프 레코딩 시스템(DTRSs)이 주를 이룬다.

비디오테이프 레코더(videotape recorders) 비디오를 위한 대부분의 디지털 오디오 녹음은 비디오테이프의 한쪽 혹은 양쪽 트랙에 동시에 녹음되게 된다(그림 12.6 참조). 몇몇 프로슈머용 혹은 전문가용 캠코더에서는 고급(16-bit)과 저급(12-bit)을 선택할 수 있는 기능을 가지고 있다. 디지털 레코딩은 테이프에 기초한 시스템이거나 다양한 테이프 없는 자이들로 완료되어진다.

DAT 레코더(DAT recorders) 디지털 오디오테이프(digital audiotape: DAT) 녹음기에는 오픈 릴 테이프 또는 카세트가 사용된다. 디지털 오픈 릴 기계는 외형과 작동 방법이 아날로그 오픈 릴 녹음기와 비슷해서 공급 릴과 수납 릴을 가지며 테이프는 고정된 헤드 조합을 지나가게 되어 있다.

일반적인 DAT 녹음기는 디지털 카세트 녹음기를 가리킨다. 이 기계 장치는 작동 방법이 오디오 카세트 녹음기보다는 비디오 카세트 녹화기와 비슷하다. 가장 큰 차이점은 음향 신호가 회전식 헤드에 의해 테이프 전체 폭에 걸쳐서 녹음된다. DAT 카세트는 아날로그 카세트보다 작으면서도 가장 낮은 속도 4시간에 달하는 녹음시간을 가진다. 그러나 비디오테이프와 마찬가지로 테이프 속도를 낮게 하면 녹음의 질도 떨어진다(그림 10.10 참조).

기존의 디지털로 녹음된 음향을 제외한 실질적으로 무잡음, 고충실도의 고가 DAT 녹음기는 특히 비디오 제작에 중요한 다음과 같은 특징을 갖고 있다.

- 고속 탐색과 고도로 정확한 큐.
- 내장된 마이크를 통한 구두 슬레이팅(장면이나 테이크를 알려주는 것).
- 음향 자료를 녹음하는 동시에 큐와 포스트프로덕션에서 음향과 영상을 일치시키는 작업에서 필요한 타임 코드 기록 가능.
- 남아있는 테이프의 녹음 가능한 시간을 표시.
- 원하는 경우 내부 타임 코드(카메라 타임 코드 등)와 외부 타임 코드의 동조화(synchronization).
- 현재 날짜와 시간 표시 및 기록(그림 10.11 참조).

그러나 이러한 놀라운 기계들도 문제가 없는 것은 아니다. 고속의 회전 헤드가 적절한 유지 보수가 안될 경우 마모될 수 있으며 레코더들은 습기에 매우 민감하다. DAT 카세트에 문제가 생기면 음향에 문제가 생기게 된다. 마지막으로 DAT 레코더는 고가의 장비이기 때문에 디스크 기반의 레코더들이 좀더 선호되고 있다.

[그림 10.11] 휴대용 DAT 녹음기
이 소형 DAT 녹음기는 2시간용 배터리를 포함해도 무게가 3kg도 채 안된다. 두 개의 스테레오 입력과 실제 카세트에 녹음되는 음향을 들을 수 있는 기능을 가지고 있다.

테이프를 사용하지 않는 녹음 장치(Tapeless Recording Systems)

고성능의 단단한 하드 드라이브는 텔레비전 프로덕션의 주요 녹음 매체를 디스크에 기반된 시스템으로 만드는 MP3와 같이 효율적인 압축 시스템으로 결부시켜 생각될 수 있다. 가장 대중적인 시스템은 (1) 디지털 카트 장치, (2) MD와 플래시 메모리 장치, (3) 이동하거나 고정할 수 있는 디스크의 하드 드라이브, (4) 다양한 CD와 DVD 포맷 광학 디스크 장치이다.

디지털 카트 장치 디지털 카트 장치를 구성하는 녹음기/재생기는 250메가바이트 Zip 디스

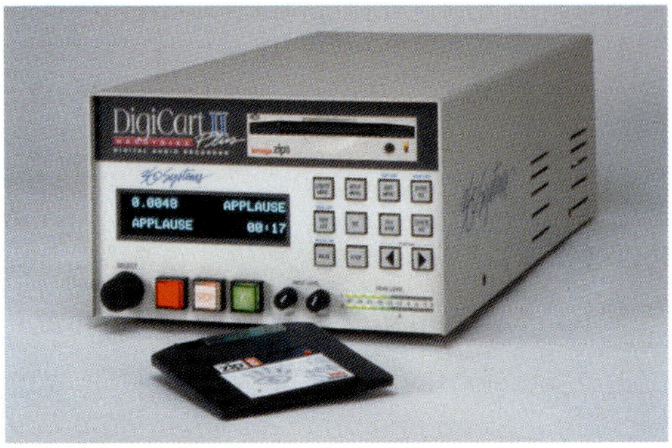

[그림 10.12] 디지털 카트 녹음/재생기
디지털 카트 장비는 고농도의 외장 컴퓨터 디스크를 사용할 수 있고 리모콘을 통해 무작위 즉석 큐와 재생이 가능하다.

크와 같은 보통의 고용량 컴퓨터 디스크나 읽기/쓰기 전용 광학 디스크 또는 미니 디스크를 사용한다. 이러한 디지털 장치는 가정용 CD 재생기와 아주 비슷한 작동 방법으로 작동한다. 오디오 재생 중에 특정 부분에서 정지하거나 시작할 수 있다. 또한 디지털 카트와 데스크톱 컴퓨터와 인터페이스 해서 재생 목록을 재조합할 수도 있다. 그리고 이 목록에 의해 자동적으로 큐를 보내거나 한 곡 한 곡 자동으로 재생할 수 있다(그림 10.12 참조).

MD와 플래시 메모리 장치(mini discs and flash memory devices) MD는 소형(약 2.5인치)의 읽기 전용 혹은 읽기/쓰기 전용 광학 디스크로서 고음질 디지털 스테레오 음향 1시간 분량을 저장할 수 있는 장치이다. 크기가 작고 용량이 크며 큐가 쉽기 때문에 텔레비전 제작에서 재생 장치로서 유용하게 사용되고 있다.

플래시 메모리 장치 혹은 플래시 드라이브는 우리가 디지털 스틸 카메라나 프로슈머 캠코더에 사용하는 메모리 스틱과 유사하게 생겼다. 이것은 유동 장치가 있는 것은 아니지만 1기

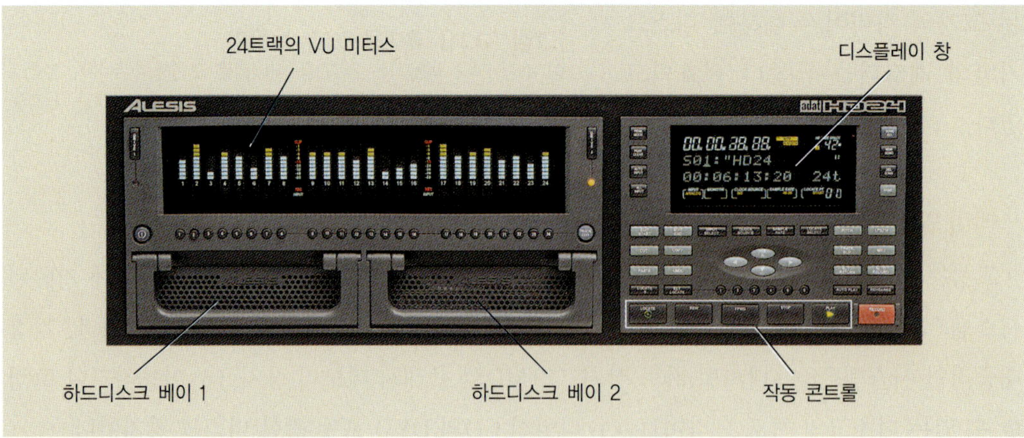

[그림 10.13] 디지털 카트 녹음/재생기
이 디지털 레코드는 두 개의 하드 드라이브에 24개의 트랙들을 녹음할 수 있다. 두 개의 하드디스크들(각각 10 megabytes)은 베이에서 베이로 옮겨질 수(움직일 수)있고 서로 교환될 수 있다.

가바이트의 정보를 저장할 수 있다. 이것은 약 1시간 분량의 고음질 음향을 저장할 수 있는 것을 의미한다. 컴퓨터의 USB 포트에 직접 꽂아서 사용할 수 있다.

[그림 10.14] 애플 아이팟 디지털 음악 플레이어
이 작은 플레이어는 20 megabyte의 하드 드라이브에 많은 양의 노래(음악)와 많은 다른 데이터를 저장할 수 있다.

하드 드라이브(hard drives) 컴퓨터 하드 드라이브와 같은 음향 제작과 포스트 프로덕션을 위한 대용량의 내장형 장치를 말한다(그림 10.13 참조). 크기가 작고 휴대가 간편한 Apple사의 iPod은 음향 정보와 또 다른 정보를 저장하기 위해 USB 케이블이나 FireWire를 통해 컴퓨터에 직접 연결할 수 있는 20기가바이트 용량의 장치이다. 디지털 편집 장치에 직접 파일들을 이동시킬 수 있다(그림 10.14 참조). 내장형 하드 드라이브와 레코더와 플레이어에 장착할 수 있는 하드 드라이브도 있다.

CD와 DVD 전문가용 CD 재생기는 방송국에서 광고 음악과 같은 음향 자료를 재생할 때 자주 사용된다. 가정용 재생기와 비슷하기는 하지만 좀더 튼튼하며 리모컨을 비롯한 좀더 복잡하고 확실한 조절 장치들을 가지고 있다는 것이 다르다. 다시 쓰기가 가능한 CD와 DVD들은 다중 녹음과 재생에 사용된다. 다양한 형태의 CD와 DVD들이 시중에 나와 있는데 모두

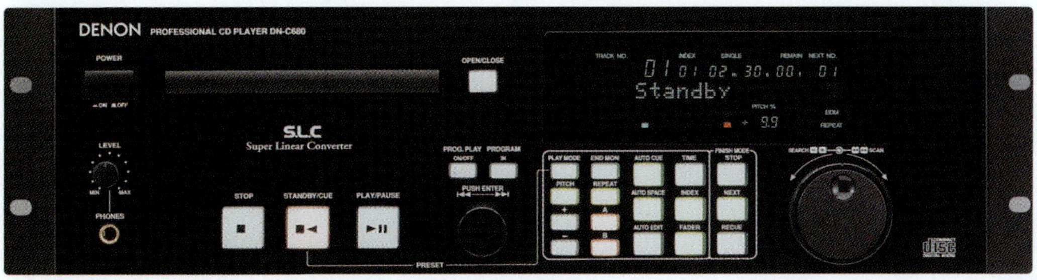

[그림 10.15] 전문가용 CD 재생기
전문가용 CD 재생기는 여러 트랙에 무작위 접근이 가능하다. 재생하는 동안 재생된 부분을 저장하고 표시할 수 있다.

다 다양한 음원을 저장하고 재생할 수 있다는 기능은 유사하다(그림 10.15 참조).[주1]

전문가용 CD 재생기를 사용하면 특정한 트랙을 선택해서 바로 재생하거나 저장하고 다양한 순서로 재생할 수도 있으며 재생 목록이나 어떤 곡을 재생하고 있는지, 그 곡의 재생 시간은 얼마나 남았는지 등에 대한 많은 정보를 표시하는 기능도 제공하고 있다.

이론적으로는 재생을 아무리 반복해도 음질이 떨어지지 않는다고는 하지만 실제로는 그만한 내구력을 가지고 있지는 못하다. 디스크의 빛나는 부분이나 심지어 상표가 인쇄되어 있는 부분이라도 흠집이 생기게 되면 그 부분에 있어서는 재생이 불가능해진다. 그리고 지문이 많이 묻은 경우에 레이저는 저장된 내용이 아닌 지문을 읽어내려는 성향을 보이게 된다. 그러므로 CD를 다룰 때는 CD 표면을 되도록 만지지 말고 상표나 자료가 저장되어 있는 빛나는 면을 보호해야 한다.

스튜디오에서의 음향 조정(Audio Control in the Studio)

Chapter 1에서 대부분의 오디오 조정실은 프로그램 조정 구역에서 분리되어 있지만 가까이 있다고 밝힌 바 있다. 일부 오디오 조정실은 스튜디오나 프로그램 조정실에서 보이는 곳에 위치한다. 음향 조정실에 들어서게 되면 음향 장비들의 다양성과 복잡성에 놀라게 되는데 이것은 우리가 음향에 뭔가 문제가 생기기 전에는 그 중요성에 대해 많은 인식을 하지 못하기 때문일 것이다.

오디오 조정실(Audio Control Booth)

오디오 조정실에는 오디오 콘솔이나 믹싱 콘솔, 카세트 녹음기나 릴-투-릴 아날로그 오디오테이프 녹음기, DAT 녹음기, 미니 디스크 재생기, CD-RW와 DVD 기계와 같은 녹음, 재생 장치들, 그리고 턴테이블 등이 설치되어 있다. 컴퓨터 패치를 가지고 있다고 하더라도 선으로 패치하는 패치베이도 설치되어 있으며 다양한 용도에 사용하는 한 개 이상의 컴퓨터도 설치되어 있다. 또한 큐 스피커와 프로그램 스피커, 인터컴 장치, 시계, 라인 모니터도 볼 수 있을 것이다. 한 명의 오디오 기술자가 쇼 도중에 오디오 콘솔을 조정하게 된다(그림 10.16 참조).

(주1) Stanley R. Alten의 [Audio in Media], 7판(Belmont, Calif.: Thomson Wadsworth, 2005), pp. 122–129 참조.

[그림 10.16] 오디오 콘솔 부스
텔레비전 오디오 콘솔 부스에는 컴퓨터 모니터가 설치된 조정 콘솔, 패치베이, CD-RW와 DVD 재생기, DAT 기계, 스피커, 인터컴 시스템, 비디오 라인 모니터와 같은 다양한 음향 조절 장비들이 설치되어 있다.

기본적인 오디오 작동(Basic Audio Operation)

이 모든 장비들을 운영하는 방법을 배우는 데는 시간과 연습이 필요하다. 다행히도 대부분 스튜디오 제작에 있어서의 음향 업무는 뉴스 앵커나 패널의 목소리가 수용 가능한 음량을 가지게 하거나 외부 소음에서 비교적 자유로울 수 있게 하는 것, 그리고 비디오테이프가 재생될 때 영상과 함께 음향도 나타나게 하는 것 정도이다. 현장 제작에서는 마이크 입력이 비디오테이프의 지정된 트랙이나 분리된 오디오테이프의 트랙에 제대로 녹음되고 있는지를 확인하기만 하면 된다. 대개 복잡한 녹음과정에서 정교한 음향 조작을 할 필요는 없다. 적어도 그 당시에는 말이다. 결과적으로 여기서는 기본 오디오 조절 요소인 (1) 음향 장비의 캘리브레이션, (2) 음량 조절, (3) 즉석 현장 믹싱에 초점을 맞춰서 알아보기로 한다.

음향 장비의 캘리브레이션(audio system calibration) 자세한 음향 조절이나 믹싱에 대해 알아보기 전에 오디오 콘솔과 VTR에서 같은 방식으로 녹음되는 음향을 들을 수 있도록 한다. 이것은 VTR의 입력 음량(녹음 크기)과 콘솔의 출력(라인 아웃 신호)에 맞춰야 한다는 것을 의미한다. 이러한 과정을 시스템 캘리브레이션 혹은 간단히 캘리브레이션이라고 부른다. 장비들

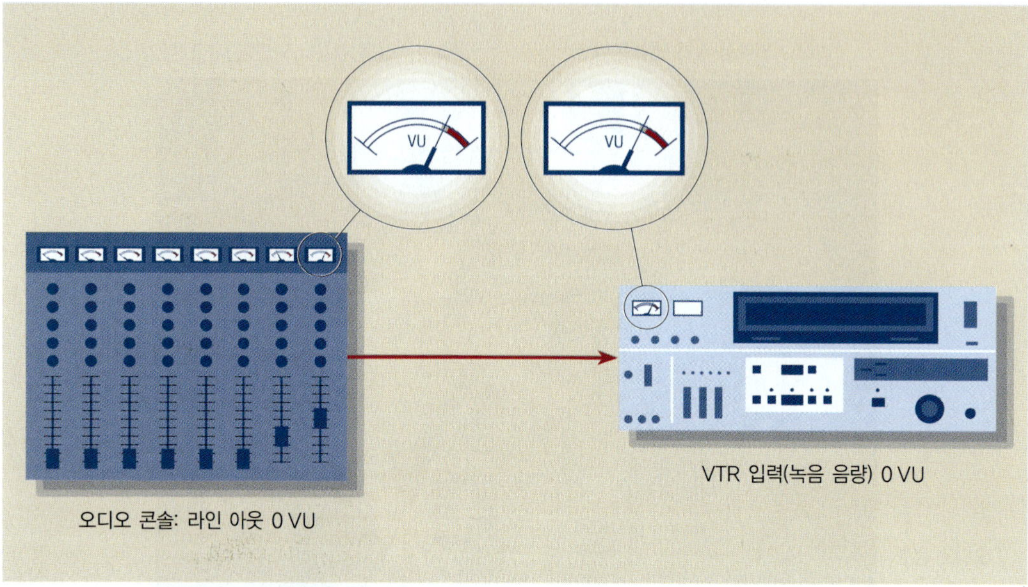

[그림 10.17] 오디오 시스템 캘리브레이션
모든 VU 측정기가 특정한 음향 신호에 같은 방식으로 반응할 때 오디오 시스템은 캘리브레이트된다. 여기서는 오디오 믹서의 라인 아웃과 VTR의 입력이 캘리브레이트되어 있다. 두 VU 측정기가 같은 값을 보이고 있다.

을 캘리브레이션하려면 VU 측정기(보통 오디오 콘솔과 녹화 VTR에 있는 측정기를 말한다)를 특정한 음향 신호에 같은 방법으로 반응하도록 만들어야 한다(오디오 캘리브레이션은 줌 렌즈가 전체 줌 영역 동안 초점이 맞을 수 있도록 조정하는 줌 렌즈의 캘리브레이션과는 전혀 관계가 없다는 것을 알아두어야 한다).

다음은 오디오 캘리브레이션의 주요 단계이다.

1. 콘솔이나 믹서에 있는 모든 페이더를 내리고 캘리브레이션 음을 실행시킨다. 캘리브레이션 톤은 연속된 음일 수도 있고 간헐적인 음일 수도 있다. 대부분의 전문가용 오디오 콘솔과 믹서에는 이러한 음을 만들어 내는 장치가 내장되어 있다.
2. 콘솔 혹은 믹서의 주 페이더(master fader)를 0 VU 표시에 맞춘다.
3. 콘솔 혹은 믹서의 페이더를 움직여서 주 VU 측정기가 0 VU에 눈금이 가도록 캘리브레이션 음을 올린다. 페이더를 움직이는 동안 캘리브레이션 음이 0 VU에 맞출 때까지 급격하게 커지는 것을 듣게 될 것이다.
4. VTR의 입력되는 음향의 음량 조절 장치를 켜서 VU 측정기가 0에 맞춰질 때까지 조절한다. 콘솔 혹은 믹서와 VTR의 VU 측정기가 같은 0 VU 위치에 있으면 시스템은 캘리브레이션이 된 것이다.

이 순간부터 전 녹음과정 동안 VTR 담당자는 VU 측정기가 낮은 치수를 보이고 있다고 하더라도 음향 입력 레벨을 다시 만져서는 안 된다. 이후에 적정한 음향 레벨을 유지하는 것은 콘솔 담당자의 몫이다.

이제 VTR은 콘솔 혹은 믹서에서 보내는 음향과 똑같은 음향을 수신하기 때문에 안심하고 다른 중요한 음량 조절을 시행할 수 있다(그림 10.17 참조).

음량 조절(volume control) 시스템이 캘리브레이트되고 나면 이제 입력되는 음향원의 미세한 음량 조정과 자동 게인 조정에 집중할 수 있게 된다.

음량 잡기 ENG 작업에서처럼 말 그대로 이야기를 쫓아가는 경우가 아니라면 녹화를 시작하기 전에 언제나 음량을 잡아야 한다. 음량을 잡는다는 것은 입력되는 수준을 조정해서 배우의 말소리가 수용 가능한 음량 영역 안에 들 수 있도록 하는 것을 말한다. 배우에게 목소리 음량의 상한선과 하한선을 알 수 있도록 충분히 길게 말하도록 부탁하고 이후에 페이더를 두 개의 한계선 사이에 위치하게 한다. 경험이 많은 출연자라면 계속되는 테이크에서도 이러한 범위를 일정하게 유지할 것이다.

그러나 불행히도 대부분의 출연자들은 집중력을 방해한다고 생각하고 빠르게 숫자를 셋이나 넷까지 세어 버린다. 그리고 이후에 방송에 들어가서는 상황에 따라 목소리의 음량과 음을 모두 높이게 된다. 언제나 이런 갑작스러운 음량 증가를 준비하고 있어야 한다. 경험 있는 출연자들은 오프닝 인사말의 몇 문장을 실제 방송에서 말하는 크기의 목소리로 읽어 준다.

목소리를 과변조하게 되면 녹음된 목소리가 커지게 되는 것이 아니라 변형된다. 보통 음량으로 녹음된 음향보다 낮은 음량으로 녹음된 음향을 키우는 것이 비교적 쉽긴 하지만(낮은 레벨 음향과 주위의 소음의 일부가 함께 증폭될 위험도 있다), 포스트프로덕션 과정에서 과변조되어 변형된 음향은 수정하기가 어렵거나 때로는 불가능해진다.

즉석 스튜디오 믹싱(live studio mixing) 즉석 믹싱이란 제작이 진행되는 동안 음향을 결합시키고 균형을 맞추는 것을 말한다. 스튜디오 믹싱은 뉴스 캐스터의 라발리에 마이크의 게인을 좀더 높이거나 토론이 진행되는 동안 여러 패널들의 목소리의 균형을 맞추는 비교적 간단한 일에서부터 뉴스 보도, 록밴드의 공연 혹은 누가 좀도둑인가를 맞추는 쌍방향 멀티미디어 프로그램의 극적인 장면에서 다양한 음향원을 스위칭하는 일까지 그 기능의 범위가 넓다.

복잡한 프로덕션의 마이크 설치와 마찬가지로 최적의 믹스를 얻기 위한 공식 같은 것은 없다. 뉴스 앵커의 마이크 게인을 조절할 때는 단순히 앵커의 음량이 적합한 음량 범위에 머물도록 유지하고 앵커의 목소리가 잘 들리는지 지켜보기만 하면 된다. 패널의 음향을 조절할 때는 모든 패널들이 라발리에를 착용하고 있다면 게인 조절하기가 가장 쉬울 것이다. 일단 음량이 설정되면 그 뒤로는 크게 할 일이 없어서, 누군가 흥분해서 보통 이상으로 말소리를 크게 낼 때는 페이더를 내리고 또 다른 사람이 중얼거린다면 페이더를 올리기만 하면 된다.

데스크 마이크를 사용하는 경우에 가장 중요한 오디오 업무는 쇼가 시작되기 전에 이뤄지는 마이크 설치이다. 여러 대의 마이크로 인해 생기는 간섭을 줄이기 위해서는 패널에서부터 마이크 거리의 세 배 이상의 거리를 유지하면서 마이크를 배치해야 한다(chapter 9에서 설명한 것처럼). 예비 음량을 잡은 후에는 마이크를 최적의 위치에 배치하고 녹음해 본다. 그 다음에 음량을 다시 잡고 페이더를 이용해서 모든 마이크를 조절한 후에는 패널들이 발로 차거나 책상을 두드리는 소리가 크지 않기를 바래야 한다.

다양한 소스를 이용하는 뉴스 보도는 좀더 어려운 작업이 된다. 예를 들어, 앵커의 설명에서 SOT(sound on tape)로 스위칭했다가, 다시 다른 앵커로 스위칭하고 런던에 있는 게스트에게로 스위칭했다가, 또 다시 앵커로 스위칭, 거기서 다른 VTR로 넘겼다가 또 다시 광고 등으로 재빨리 스위칭해야만 한다. 각각의 음향 입력에 라벨을 붙여 놓으면 음향 조절이 훨씬 쉬워질 것이다. 간단히 페이더 밑에 마스킹 테이프를 붙이고 그 위에 유성펜으로 표시하면 된다. 음량 조절을 위해서는 앵커나 일기예보관(이 사람들의 목소리는 방송이 시작되기 전에 조절해 놓을 수 있다)의 마이크보다는 원거리에서 전해지는 음향원과 SOT 부분에 신경을 써야 한다.

록밴드나 멀티미디어 프로젝트의 극적인 장면을 위한 믹싱은 매우 복잡하므로 음향 전문가에게 맡기는 것이 좋다. 다시 말하지만 믹싱 자체보다는 처음 마이크의 최적의 위치를 선택하는 것이 더 중요하다. 폴드백, 믹스 마이너스, 관객, 혹은 비디오테이프와 같이 다양한 곳에 음향을 보내기 위해 마이크를 패치해야 하는 경우도 있다. 믹스 마이너스는 폴드백의 일종으로 스튜디오에서 발생하는 소리(가수의 목소리 등)만 남겨 두고 다른 모든 소리를 완전히 믹스(주로 밴드나 오케스트라)해서 스튜디오로 보내주는 것을 말한다. 설치가 복잡한가 단순한가와는 상관 없이 즉석 스튜디오 믹싱은 다음의 기본적인 단계를 가진다.

1. 모든 입력에 라벨을 부착한다.
2. 오디오 시스템을 캘리브레이트한다.
3. 보조를 시켜 각각의 마이크를 살짝 긁게 해서 모든 마이크를 확인한다. 누군가를 시켜서 마이크 가까이에서 말을 하도록 시키는 것은 정확하지 않을 수 있어서 다른 마이크에서 들어오는 소리를 자신이 테스트하는 마이크에서 들어오는 소리로 착각할 수가 있다.
4. 폴드백이 필요하다면 스튜디오의 폴드백 음량을 확인한다.

5. 짧은 녹음 테스트를 해보고 다시 재생해서 들어본다.
6. 가수의 목소리가 믹서 담당자 자신이 원하는 소리가 될 때까지 필요한 음질을 조절한다. 최종적인 녹음 설치를 결정하기 전에 오디오 조정실에서 리허설을 듣고 있을 만한 밴드의 매니저 혹은 프로듀서와 설정된 상태를 확인한다.
7. 현장 제작에서와 마찬가지로 주 음향원(목소리, 악기, 대화, 음향 효과, 기타, 베이스, 키보드)을 분리된 트랙에 녹음하도록 한다. 이렇게 분리해서 녹음하는 것이 하나의 트랙에 모든 소리를 믹스하는 것보다 포스트프로덕션 편집을 쉽게 한다.
8. 감독의 큐를 미리 예상한다. 예를 들어, 특정한 사람의 마이크를 켤 수 있도록 준비해서 감독이 그 사람의 마이크를 켜라는 큐 신호에 즉각적으로 반응할 수 있도록 한다.
9. 문이 닫히는 소리나 누군가가 무엇을 떨어뜨려서 나는 소리와 같이 사고로 들려오는 음향에 대해서 당황하거나 화를 내서는 안 된다. 이러한 소음이 그 순간 자신에게는 돌이킬 수 없는 손상으로 느껴질지 모르지만 대부분의 시청자는 그런 소리가 났는지조차 모를 수도 있다. 그렇다고 건성으로 오디오 컨트롤을 해서는 안 되며 상식적인 선에서 행동해야 한다. 그러나 포스트프로덕션을 거치게 될 녹음을 하고 있다면 이러한 사고를 감독에게 알리고 감독으로 하여금 재촬영을 할 것인지를 결정하게 해야 한다.

현장에서의 오디오 제작 장비와 기본적인 운용 (Production Equipment and Basic Operation for Field Audio)

ENG EFP 모든 음향이 그렇듯이 음향 픽업이 좋아야 제작 혹은 소프트 프로덕션 과정에서의 음향 조절이 용이하다(야외에서 어떤 마이크를 사용하고 다양한 야외 조건에 맞춰 최상의 음향을 잡을 수 있는 가는 chapter 9를 참조하기 바란다).

대규모 중계방송이 아니라면 현장에서 사용하는 오디오 장비들은 스튜디오에서 사용하는 장비보다는 훨씬 덜 정교한 것들을 사용한다. 이것은 현장에서는 좋은 음향을 만들어 낼 필요가 없어서가 아니라 현장에서 필요한 오디오 장비의 규모가 작기 때문이다. 마찬가지로 EFP 작업에서도 모든 음질 조절이 스튜디오에서 작업하는 포스트프로덕션 과정에서 이루어진다. 하지만 현장에서의 오디오 작업이 스튜디오 작업보다 쉽다는 생각은 버려야 한다. 현장에서의 음향 픽업과 녹음이 실제로 더 어렵다. 현장에서는 바람 때문에 생기는 소음과 개 짖는 소리, 자동차 소리, 머리 위의 비행기 소리, 구경꾼들의 말소리, 그리고 통 속에 들어 있는 듯한 소리를 내는 방 등 많은 것들을 신경 써야 한다.

음향 분리와 유지(Keeping Sounds Separate)

현장 음향을 가장 잘 잡을 수 있는 방법은 바로 가능한 한 환경 소음과 주 음향을 분리해 내는 것이다. 예를 들면, 리포터의 마이크에서 들려오는 음향을 1번 트랙에 녹음하고 주된 환경 소음을 2번 트랙에 녹음하는 방법을 쓸 수 있다. 현장에서 두 음원의 균형을 조정하고 싶다면 캠코더에 있는 음량 조절 장치를 이용해서 두 개 음향 입력을 조정하면 된다. 여러 음원을 혼합하거나 균형을 조절해야 하는 경우도 생기게 된다. 예를 들어, 거실에서 여러 사람을 인터뷰하는 중이라면 즉석에서 그 사람들의 목소리의 균형을 맞춰야만 한다. 이럴 경우에 현장 믹서가 필요하게 된다.

오디오 믹서(Audio Mixer)

오디오 믹서는 콘솔과는 달리 입력 조절(음량 조절)과 혼합(두 개 또는 그 이상의 음원 결합)의 두 가지 기능만을 가지고 있다(그림 10.18 참조).

대부분의 휴대용 믹서는 3~4의 입력과 1~2개의 출력만을 가지고 있다. 그리고 믹서를 사용할 때는 높은 음량을 가진 음원 입력과 낮은 음량을 가진 음원 입력을 구분해서 연결해야 한다. 각각의 음향 입력 채널의 위나 아래에는 스위치가 있어서 마이크(마이크 또는 높은 강도용)나 낮은 강도[(low-level) CD 재생기의 출력 따위] 위치에 스위치를 맞춰야 한다. 대부분 현장 믹서는 마이크를 위해 사용되기 때문에 이 스위치는 마이크 위치로 맞춰져 있는지 언제나 이중으로 확인하는 것을 잊지 말자. 만약 어떤 장비가 출력하는 음향이 마이크 수준인지 아니면 라인 수준(낮은 강도)인지 확실치 않다면 짧은 시험 녹음을 통해 알아 볼 수 있다. 시험 녹음을 재생해 볼 때 VU 측정기에 의지하지 말고 직접 헤드폰을 통해서 들어보는 것이 좋다. VU 측정기는 녹음된 신호가 수용할 수 있는 음량 범위에 있는지를 보여줄 뿐 음향의 뒤틀림 따위는 보여줄 수가 없기 때문이다. 어떤 디지털 믹서의 경우 더 많은 입력과 정교한 음질 조절이 가능하지만 생중계를 하는 상황이 아니라면 현장에서의 이러한 정교한 조절 장치 사용은 추천하고 싶지 않다. 그리고 현장에서는 대부분 스테레오 음향을 목표로 작업하는 것이 아니기 때문에 좀더 효과적인 포스트프로덕션 믹싱을 위해 두 개의 출력을 하나는 주 음원(현장 리포터의 목소리)과 부 음원(현장 소음)으로 분

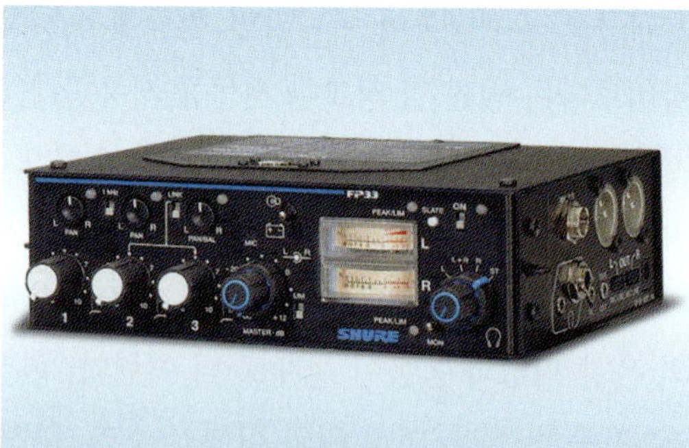

[그림 10.18] 휴대용 믹서
이 휴대용 믹서는 세 개의 입력과 한 개의 출력을 가지고 있다. 음량 조절 장치는 돌릴 수 있는 단추 형태로 되어 있다.

리하는 것이 좋다.

디지털 믹서들이 음질 조절 장치뿐만 아니라 여러 개의 입력 선을 가지고 있다고 할지라도 생방송을 하지 않는 한 현장에서의 정교한 믹싱은 추천할 만하지 못하다.

현장에서의 음향 조정(Audio Control in the Field)

ENG EFP

ENG에서는 대개 믹서가 필요하지 않다. 외부 마이크 하나를 캠코더의 음향 입력에 연결하고 카메라 샷건으로 다른 음향을 녹음하면 된다.

ENG/EFP에서의 AGC 사용(Using the AGC in ENG and EFP)

ENG 혹은 EFP 작업에서는 특히 과변조에 대해 늘 의식하고 있어야 한다. ENG 작업에서 캠코더의 VU 측정기를 볼 수 없는 상황이라면 스위치를 자동 게인 조정(automatic gain control: AGC)에 맞춰 둔다. AGC는 낮은 음향을 높이고 높은 음량의 음향을 감소시켜서 적정한 음량 범위를 맞추게 해준다. 그러나 AGC는 원하는 음향과 원치 않는 음향을 분간할 수 없어서 지나가는 트럭의 소리나 요원들의 기침소리, 심지어 현장 리포터가 뭔가 좋은 대사를 구상하기 위해 잠시 멈춘 상태에서의 침묵까지도 충실하게 키워버릴 수도 있다. 그러므로 가능하면 언제나, 특히 주위에 소음이 많을 때 AGC를 *끄고*, 레벨을 잡고 음량을 관찰하도록 노력해야 한다. DAT를 사용할 경우에는 음량을 잡았던 위치보다 약간 낮은 위치로 음량 조절 장치를 맞춘다. 이렇게 하면 방송 중에 확실히 과변조를 일으키지 않을 수 있다.

EFP 믹싱(EFP Mixing)

EFP 믹싱에서는 언제나 두 개의 마이크 이상의 음향원을 조절해야 하는 임무가 주어지게 된다. 지역 초등학교의 새로운 다목적 교실을 취재하는 것과 같이 비교적 간단한 작업에서도 현장 리포터의 마이크, 연설을 위한 강연 마이크, 관객 마이크, 그리고 학교 합창단의 노래 소리를 픽업하기 위한 마이크, 이렇게 적어도 네 개의 마이크를 통해 들어오는 음향을 믹싱해야 하는 일이 주로 생기게 된다.

마이크의 숫자에도 불구하고 믹싱 자체는 상당히 간단하다. 각 입력의 음량을 잡고 나면 아마도 그 후에는 인터뷰 중에 리포터의 마이크와 강단에 다양한 연사들을 위한 마이크에 대한 게인만 조절하면 된다. 또한 교장이 공동체의 구성원들에게 감사의 말을 전할 때 박수 소리를 강조하기 위해서 관객 마이크의 소리를 약간 올릴 수도 있을 것이다. 비상시에는 카메라 마이크나 샷건 마이크를 여러 방향으로 돌려서 앞에서 말한 모든 음향을 픽업할 수는 있겠지만 여러 대의 카메라를 설치하고 휴대용 믹서를 사용하는 것이 더 좋은 조절을 할 수 있게 만들어 준다.

다음은 ENG/EFP 믹싱에 대한 몇 가지 지침이다.

- 입력이 몇 개 되지 않는다고 하더라도 현장 리포터 마이크, 관객 마이크 등으로 각 입력마다 무엇을 조절하고 있는지 라벨을 부착한다. 어떤 조절 장치가 누구의 마이크를 조절하는지 얼마나 빨리 잊어버릴 수 있는지 알게 되면 아마도 놀라게 될 것이다. 누군가가 오디오 컨트롤을 넘겨받아야 하는 상황에서도 이렇게 라벨을 붙여 놓으면 긴 설명 없이 일을 진행시킬 수 있게 된다.
- 분리된 VTR을 사용하고 있다면 카메라의 음향 출력과 VTR의 음향 입력을 캘리브레이트시킨다.
- 만약 캠코더와 백업 오디오 녹음기를 믹서라인 밖으로 보내기 위해서는 기계의 모든 것을 측정해야 한다.
- 무선 마이크 장치의 입력을 이중으로 확인한다. 어떤 이유에서인지 무선 마이크는 이벤트가 시작하기 직전에 제대로 작동이 되지 않는 경향이 있다.
- 포스트프로덕션을 위해 녹음하는 경우에는 비디오테이프의 한 트랙에는 리포터와 게스트의 목소리를, 다른 트랙에는 연사의 강연 마이크, 관객 마이크, 합창단과 같은 여러 음향원을 각각 분리된 오디오 트랙에 녹음하도록 한다. 이렇게 하면 스위트닝에서 리포터의 목소리와 다음 음향의 균형을 잡기가 훨씬 쉬워진다.
- 보통 복잡하고 섬세한 믹싱은 포스트프로덕션에서 하는 것이 현장에서 하는 것보다 쉽다. 그렇지만 이것이 현장 픽업에서 원치 않는 소리를 믹서의 음질 조절 장치를 이용해서 걸러내는 것이 가능한데도 걸러내지 말라는 것을 의미하는 것은 아니다. 불가능해서 걸러내지 못하는 경우에는 걱정하지 말자. 만약 어떠한 종류의 스위트닝이라도 실행해야 한다면 그것은 포스트프로덕션에서 하도록 한다. 명심할 것은 현장에서 좀더 좋은 음향 픽업에 신경을 쓰면 쓸수록 포스트프로덕션의 시간은 그만큼 짧아진다는 것이다.
- 만약 현장에서 복잡한 믹싱을 해야 한다면 포스트프로덕션에서 리믹싱할 수 있도록 캠코더와 VTR뿐만 아니라 분리된 오디오테이프 녹음기에 녹음을 해둬서 만약의 사태를 대비한다.

핵심요약

- 스튜디오의 주요 오디오 장비로는 오디오 콘솔, 패치베이, 아날로그 오디오테이프 녹음기와 카세트 녹음기를 포함한 아날로그 음향 녹음 장비, 디지털 오디오테이프 녹음기와 그 외 다양한 테이프 기반 디지털 녹음 장치(VTR, ATR, DAT), 그리고 디스크 기반의 장비들(디지털 카트, 미니 디스크, 플래시 메모리 장치, 제거 가능하거나 장착된 하드 드라이브, 그리고 CD, DVD와 같은 광학 디스크)이 있다.
- 오디오 콘솔은 다음의 다섯 가지 주요 기능을 수행한다. 입력–들어오는 다양한 신호를 선택하고, 전치증폭하며, 음량을 조절한다. 믹스–들어오는 두 개 이상의 신호를 결합시키고 균형을 맞춘다. 음질 조절–음향의 특성을 조작한다. 출력–결합된 신호를 특정한 출력으로 보낸다. 모니터–출력이나 특정한 음향을 스피커 혹은 헤드폰으로 보내서 어떻게 들리는지 알아 볼 수 있게 한다.
- 텔레비전 스튜디오의 오디오 컨트롤 지역에는 기본적인 오디오 조정실이 있어서 이곳에서 일일 방송의 음향을 조절한다. 오디오 조정실에는 오디오 콘솔, 패치베이, 다양한 녹음, 재생 장비, 고성능 스피커, 비디오 모니터, 조정실 내 주요 정보를 운용하는 한 대 이상의 컴퓨터가 설치되어 있다.
- 기본적인 오디오 작동은 오디오 시스템 캘리브레이션(출력 VU와 녹음 입력 VU를 일치시키는 것), 음량 잡기와 AGC(자동 게인 조절)를 포함한 음량 조절, 즉석 스튜디오 믹싱, 즉석 현장 믹싱이 있다.
- 생방송 믹싱은 대개 제작이 진행되는 동안 음향을 결합시키고 균형을 맞추는 것에 관여한다.
- EFP에서는 다양한 음원들을 잘 분리해서 포스트프로덕션 과정에서 적정히 믹스시키는 것이 중요하다.
- 자동 게인 컨트롤(AGC)은 수용 가능한 한도 내에서의 음량을 조절하는 편리한 방법이긴 하지만 자동 승압이 중요한 음향과 원치 않는 음향의 구분을 어렵게 만들 수도 있다.

SECTION

10.2

포스트프로덕션과 음향 미학

Postproduction and Sound Aesthetics

만약 비디오테이프에 재미있는 음향을 대체시키고 음악이나 음향 효과를 편집된 비디오테이프에 첨가하고 싶다면, 또한 잡음이나 그 외 음향 간섭을 모두 제거하고 영상 편집을 위한 길잡이로 사운드 트랙을 프리믹스하고자 한다면 오디오 포스트프로덕션에 착수해야 한다. 이 section에서는 몇몇 기초적인 포스트프로덕션 활동과 주요 미적 고려사항 그리고 기본적인 포스트프로덕션 장비에 대해서 알아보려고 한다.

▶ 음향 포스트프로덕션 활동

아날로그와 디지털 음향 편집, 오디오 문제의 수정, 포스트프로덕션 믹싱, 음질 조절.

▶ 음향 포스트프로덕션 룸

디지털 오디오 워크스테이션, 아날로그 오디오 싱크로나이저, 키보드와 샘플러, 자동 대화 대체.

▶ 음향 미학

환경, 피겨 그라운드, 원근감, 연속성, 에너지.

▶ 스테레오와 서라운드 음향

수평 배치와 음향 영역 생성.

음향 포스트프로덕션 활동(Audio Postproduction Activites)

정교한 영상 편집 기법과 대형 화면, 고선명 영상 디스플레이로 인해 텔레비전 음향의 음질도 중요 사항이 되었다. 결과적으로 복잡한 오디오 포스트프로덕션 작업은 더 이상 영상 편집자의 몫이 아닌 음향 기술자들의 몫이 되었다. 그러나 기본적인 오디오 포스트프로덕션 업무를 수행하기 위해서 꼭 전문가가 될 필요는 없으나 적어도 디지털 오디오 포스트프로덕션에서의 잠재성은 알아야만 한다. 이러한 지식 없이는 자신이 하는 일에 확신할 수 없거나 음향 편집에 실패하게 되거나 불합리한 요구를 하게 될 것이다.

선형 그리고 비선형 음향 편집(Linear and Nonlinear Sound Editing)

가장 일반적인 포스트프로덕션 업무는 영상 편집을 하는 동안 음향 트랙을 처리하는 것임을 알게 될 것이다. 정치 후보자에 관한 뉴스가 대체로 그 후보자가 언급하는 내용을 짧게 듣고 리포터가 나머지 연설 부분을 정리해서 들려주게 된다는 것을 잘 알고 있을 것이다. 그 후보자의 짧은 언급(사운드 바이트)이 있는 동안에는 영상과 음향이 동조화되어 일치한다는 것을 알 수 있다. 그러나 리포터의 요약이 이어질 때면 뉴스의 음향 트랙은 존재하는 영상에 편집을 통해서 입혀졌다는 것을 명확히 알 수 있다. 여분의 정보들을 잘라버리고 중요한 사운드 바이트를 위해 비디오테이프를 편집하는 단순한 일이라고 하더라도 연습이 필요하다.

선형 음향 편집 비디오테이프에 있는 오디오 트랙을 편집할 때는 본래 촬영된 내용을 보여주고 있는 재생 VTR에서 영상과 음향을 선택해서 선택한 영상과 음향을, 혹은 음향만을 녹화 VTR에 있는 편집 원본 테이프에 녹화한다. 녹화 VTR이나 비디오 편집 조절 장치를 조정해서 비디오테이프에서 오디오 트랙만을 독립적으로 읽어낼 수 있다. 이러한 분리가 가능하려면 비디오 편집 장비가 반드시 인서트 방식으로 맞춰져 있어야 한다. 만약 원본 테이프에는 없는 음향을 가미하고 싶다면 작은 믹서를 통해서 녹화 VTR에 새로운 음향을 제공해줘야 한다. 이러한 모든 특징과 작동 방법은 chapter 13에서 설명하기로 한다.

비선형 음향 편집 비선형 비디오 편집 장비를 사용하고 있다면 모든 영상, 음향 정보들은 컴퓨터 파일의 형식으로 고용량 하드 드라이브에 저장되어 있을 것이다. 여기에서의 음향 편집은 마치 워드프로세스에서 단어를 자르고 붙이는 것과 비슷하다고 할 수 있다. 비선형 음향 편집의 가장 큰 장점은 음향을 들을 수 있을 뿐만 아니라 화면상에 나타나는 그래픽의 형태로 볼 수도 있다. 이러한 음향의 시각적인 표시는 음향 편집에 고도의 정확성을 부여한다(그림

10.19 참조). 또 다른 장점으로는 특정한 음향을 선택된 영상과 동조화시키거나 여기저기로 쉽게 이동시킬 수 있다는 것이다. (주2)

음향에 맞춰 영상 편집하기와 음향의 복사 짧은 뉴스의 일부분이나 다큐멘터리의 한 부분을 만들 때는 음향을 먼저 편집하고 거기에 적당한 영상을 일치시키는 것이 더 쉬운 경우가 많다. 그러나 음향 편집에서는 정확한 편집 지점을 찾기 위해서 원본 테이프를 계속해서 재생시켜야 하며 이것은 장비뿐만 아니라 편집자 자신을 극도로 지치게 만드는 것임을 알 수 있다. 그러므로 선형 장비이든 비선형 장비이든 오디오 트랙을 반드시 복사해야 한다. 이것은 그 일정 부분의 비디오테이프를 재생시켜서 거기에 있는 모든 말들을 글자로 옮기는 것을 의미한다. 이런 방법이 그냥 음향 편집을 하는 것보다 더 많은 시간을 소비하는 것이 아닐까? 만약 몇 개 안 되는 사운드 바이트를 편집한다면 시간이 더 많이 걸리겠지만 더 길고 더 복잡한 연설을 편집할 때는 상황이 다르다. 복사의 큰 장점은 활자화된 내용을 보게 되면 녹음된 음향을 들을 때보다 편집 위치를 더 쉽게 지정할 수 있다.

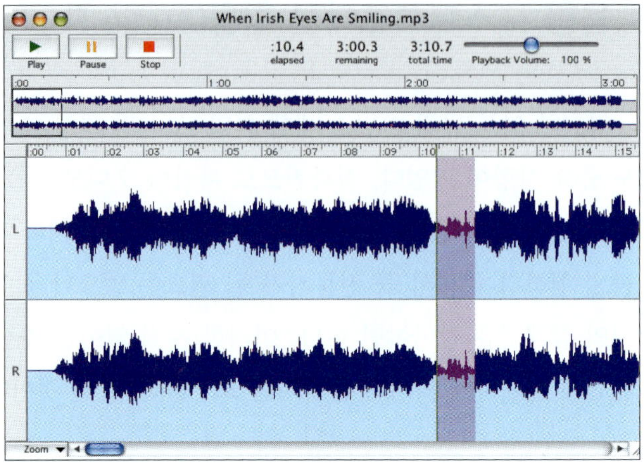

[그림 10.19] 음향의 시각적 표시
모든 비선형 음향 편집 장비는 다양한 음향 트랙을 시각적으로 보여준다.

음향 문제의 수정(Correcting Audio Problems)

배우가 발음을 잘못하거나 잘못된 주소를 불러주는 등의 사소한 실수를 수정하는 것이 포스트프로덕션에서 불가능한 것이 아니라고 할지라도 매우 힘든 일이 될 수도 있다. 정치가가 자신을 항변하는 내용을 녹화하는 도중에 "I'm not a crook" 이라고 해야 할 부분에서 "I'm not a cook" 이라고 했다고 한다면 그 자리에서 정정하는 것이 노동 집약적인 것이라고 하겠다. 그 자리에서 문제를 고치고 정치가로 하여금 실수가 있었던 부분보다 몇 문장 전에 있는 내용부터 다시 말하게 해서 다시 픽업하는 것이 쉬운 방법이다. 이러한 문제를 포스트프로덕션 과정에서 새로운 단어를 립싱크하려고 한다면 그것은 불가능하다고 할 수 있다.

야외 장면에서 잡힌 낮은 바람 소리를 걸러 내거나 스튜디오에서 녹음된 조명의 웅웅거리

(주2) 비선형 오디오 편집의 훌륭하고 상세한 논의를 위해 Alten의 [Audio in Media], pp. 372–397 참조.

는 소리를 걸러내는 것은 정교한 장비만 있다면 가능하다. 그러나 역시 어렵고 시간이 많이 걸리는 작업이기는 하다. 아무리 경험이 많은 음향 기술자라고 할지라도 비교적 간단한 것처럼 보이는 음향 문제를 해결하기 위해서는 많은 시간이 필요하다. 음향을 녹취할 때 많은 신경을 쏟는 것이 길게 봤을 때는 오히려 시간을 아끼는 것이다.

포스트프로덕션 믹싱(Postproduction Mixing)

그 자리에서 바로 들어오는 입력 대신 분리돼 녹음된 음향 트랙을 리믹싱한다는 것만 제외하면 포스트프로덕션 믹싱은 즉석 믹싱과 별반 다르지 않다. 녹음된 음향 트랙을 믹스하는 것이기 때문에 최상의 음질을 만들어 내기 위해서 어떻게 결합할 것인가에 대해 심사숙고할 수가 있다. HDTV 극의 녹음과 같이 중요한 제작의 경우에는 사운드 디자이너와 음향 기술자가 몇 주 동안을 오디오 포스트프로덕션에 매달리게 된다. 그러나 아주 많은 경험을 갖고 있지 않는 한 누군가가 비디오 제작을 위해 복잡한 오디오 포스트프로덕션을 부탁하는 일은 없을 것이므로 걱정할 필요는 없다.

여러 개의 분리된 오디오 트랙을 결합하고 스테레오 혹은 서라운드 사운드 트랙으로 변형시키는 믹스다운은 더 복잡한 작업이며 절대적으로 오디오 전문가에게 맡겨야 한다. 서라운드 사운드를 믹싱하는 것은 특히 복잡한데 그것은 복잡한 청각적 혼합뿐만 아니라 복합적인 공간 관계도 함께 다뤄야 하기 때문이다.

음질 조절(Controlling Sound Quality)

음질을 다루는 것이 음향 조절에 있어서 아마도 가장 어려운 일일 것이다. 신호 처리 장비(이퀄라이저, 잔향 조절 장치, 필터 등)에 대해서 잘 알고 있어야 하고, 특히 훈련된 귀가 필요하다. 즉석 믹싱에서의 음량 조절과 마찬가지로 이런 음질 조절 장치를 어떻게 사용할 것인가에 대해서 신중해야 한다. 걸러낼 수 있는 험(hum)이나 히스(hiss), 그러나 적어도 예비 믹스라도 해보지 않고서는 각 입력의 음질을 조절하려고 해서는 안 된다.

예를 들어 경찰차의 사이렌 소리의 음향 효과가 너무 작다고 생각할 수도 있을 것이다. 그러나 다른 자동차 소리와 믹싱한 후에 들어 보면 그 가늘고 찢어지는 듯한 사이렌 소리가 고조되어 긴장감을 전해주는 데 완벽할 수도 있다. 최종적인 음질 조정을 실행하기 전에 영상과 관련해서 음향을 들어 봐야 한다. 믹스된 음향 자체는 따뜻하고 풍부한 느낌을 가지고 있지만 압도적인 인상을 주고 있는 영상과 합쳐지면 그 느낌은 사라져버리게 될 것이다. 다른 모든 텔레비전 제작과 마찬가지로 장비의 이용 가능성이나 제작 능력이 아니라 의사 전달 목적과 자신의 미적 감각으로 관객에게 무엇을 들려주고 싶은가를 결정한다. 어떤 음량 측정기나 최고 품질의 컴퓨터 오디오 디스플레이도 자신의 미적 판단을 대신해 주지 않는다.

음향 포스트프로덕션 룸(Audio Postproduction Room)

이러한 음향의 기적을 가능하게 해주는 모든 장비들은 주로 음향 포스트프로덕션 룸에 설치되어 있다. 실제로 이러한 방이나 프로덕션 스튜디오에 설치되어 있는 특별한 장치들은 전적으로 사운드 디자이너와 음향 편집자에게 속해 있는 것들이다. 그러나 일반적으로 음향 통제실에서도 그것들과 비슷한 정교한 오디오 콘솔, 패치베이, 아날로그와 디지털 음향 녹음 장비, 그리고 여러 대의 비디오테이프 녹화기들을 볼 수 있다. 음향 통제실에서는 보기 힘든 부가적인 장비로는 (1) 디지털 오디오 워크스테이션, (2) 아날로그 오디오 싱크로나이저, (3) 키보드와 샘플러, 대형 제작 센터에서는 스포츠도 있으며, (4) 자동 대화 대체실이 있다(그림 10.20 참조).

[그림 10.20] 음향 포스트프로덕션 룸
음향 포스트프로덕션 룸에는 대부분의 포스트프로덕션 업무를 볼 수 있도록 장비가 설치되어 있다. 대개 디지털 오디오 콘솔, 패치베이, 디지털 오디오 워크스테이션, 릴 투 릴 녹음기, 디지털 카트 재생기, 미디 인터페이스, DAT 녹음기가 설치되어 있다.

디지털 오디오 워크스테이션(Digital Audio Workstation: DAW)

디지털 오디오 워크스테이션은 다양한 음향 트랙을 편집하고 비디오 트랙과 동조화시키기 위해 만들어졌다. DAW는 컴퓨터에서 정교하게 운용되며 음향 편집, 신호 처리, 믹싱, 영상과 음향의 동조화를 용이하게 해준다. 미디(MIDI: musical instrument digital interface)는 표준화 장치로 음향 트랙의 부가적인 조작을 위해 DAW와 그 외 다양한 오디오 장비들과 연결할 수 있게 해준다. DAW의 컴퓨터 화면에는 편집 타임 라인, 많은 수의 음향 트랙으로부터의 음향 단편의 길이 표시를 포함한 다양한 그래프와 편집 시작점과 종료점의 타임 코드, 선택된 음향 트랙과 음향 내용을 나타내는 그래프 등등을 나타내준다. DAW 컴퓨터 프로그램의 명령에 따라 스스로 모든 페이더를 움직이는 믹싱 보드를 본다고 해도 놀랄 것은 없다(그림 10.21 참조). 다양한 음향 정보는 심지어 전화선을 통해서 다른 도시에 있는 DAW 스테이션으로 전달할 수도 있다.

[그림 10.21] 디지털 오디오 워크스테이션 디스플레이
몇 가지 컴퓨터 프로그램을 이용해서 음향 편집과 음질 조절, 음향 효과, 그리고 음향/영상 동조화를 쉽게 실행할 수 있다.

아날로그 오디오 싱크로나이저(Analog Audio Synchronizer)

아날로그 비디오테이프 혹은 오디오테이프를 사용할 때는 각각의 영상을 거기에 대응하는 음향과 일치시키기 위해 싱크로나이저가 필요하다. 대부분의 스튜디오 싱크로나이저는 오디오테이프를 가상의 프레임으로 나누는 SMPTE 타임 코드를 사용한다. 이러한 프레임들은 비디오테이프에 있는 프레임과 일치하도록 되어 있어서 시간, 분, 초, 프레임(30프레임이 1초에 해당한다)으로 환산되는 공동의 '시간 주소'라는 것을 만들어 내게 된다(타임 코드에 대한 더 자세한 내용은 chapter 13을 참조). 그러나 현재는 디지털 오디오 워크스테이션을 이용해 대부분의 음향/영상을 일치시킨다.

키보드와 샘플러(Keyboards and Sampler)

만약 사운드 디자이너가 음악가의 연습도 하고 있다면 포스트프로덕션 룸은 다양한 키보드와 샘플러도 설치되어 있을 것이다. 당연히 알고 있겠지만 키보드는 충돌음을 만들어 낼 수도 있고 반주를 미리 준비할 수도 있으며 다양한 악기의 소리를 낼 수도 있다. 대부분 녹음 장치가 내장되어 있어서 음악적인 영감은 저장했다가 재생해서 들을 수도 있다. 샘플러는 전자적으로 음향의 모양을 만들어 내는 장비로서 예를 들어 문 닫히는 소리와 같은 특정한 음향을 가져다가 지진, 천둥, 혹은 폭발 음향과 같은 다른 음향으로 변형시키는 장치이다.

자동 대화 대체(Automatic Dialogue Replacement)

몇몇 대형 포스트프로덕션 장소에서는 특별히 자동 대화 대체(automatic dialogue replacement: ADR)를 위해 방을 따로 마련해둔다. 기술적으로 ADR은 대화의 포스트 더빙을 의미하지만 때때로 음향 효과의 동조화를 의미하기도 한다. 이 음향 더빙 처리는 영화에서 빌려온 것이다. 대화를 포함해서 영상과 동시에 녹음된 많은 음향들은 원하는 음질을 가지지 못하는 경우가 많다. 그래서 스튜디오에서 다시 만들어진 대화나 음향으로 대체하게 된다. 대부분 ADR은 자동이 아니라 대화, 음향 효과, 배경 음향을 힘들여 다시 만들고 믹싱하는 것이다.

정교한 ADR은 연기자가 대사를 읽는 동안 대형 화면에 자신들의 영상을 투사해서 보여준다. 음향 효과를 녹음할 때는 주로 효과 무대(Foley stage)를 사용하게 되는데 효과 무대란 발자국 소리, 문 여닫는 소리처럼 자주 사용되는 음향 효과를 많이 만들어내기 위해 녹음실에 여러 가지 장비를 설치해 놓은 것을 말한다. 효과 무대에서는 전통적인 라디오와 영화 제작에서 사용하던 음향 효과 장비를 사용하게 되는데 이러한 장비에는 다양한 종류의 바닥, 여러 가지 잠기는 소리와 삐걱거리는 소리를 내는 작은 문, 여러 종류의 자갈이 들어 있는 상자들이 있다. 효과 담당자는 누군가 복도를 걸어가거나 운전을 하는 등의 소리를 만들어 내기 위해 재질이 다른 마룻바닥 위를 걷게 된다. 효과 음향 서비스 업체에서는 트럭으로 운반할 수 있도록 이런 장비를 잘 포장해서 효과 담당자와 함께 제공해준다.

음향 미학(Sound Aesthetics)

이 chapter에서 되풀이하여 말한 것처럼, 텔레비전 음향을 그저 기술적으로가 아닌 예술적으로 어떻게 만들어 낼 것인가 하는 미적 결정이 결여되어 있다면 아무리 좋은 오디오 장비라도 별 쓸모가 없게 된다. 미적인 판단이라는 것은 독단적인 것도, 철저히 개인적인 것도 아니다. 우리 모두가 비슷하게 감응할 수 있는 일반적인 미적 요소라는 것은 분명 존재한다.

텔레비전 음향을 다룰 때는 (1) 환경, (2) 피겨 그라운드 원리, (3) 원근감, (4) 연속성, (5) 에너지, 이렇게 다섯 가지 미적 요소들에 특히 주의를 기울여야 한다.

환경(Environment)

대부분의 스튜디오 녹음에서는 가능한 한 주변 소음들을 없애려고 노력한다. 현장에서는 이러한 주 음향원의 배경에서 들려오는 소리들이 그 이벤트가 어디에서 일어났으며 어떤 느낌인지까지 나타내준다. 이러한 음향이 이벤트의 환경을 구축하는 데 도움을 준다.

예를 들어, 시내에서 발생한 화재를 취재할 때 사이렌 소리, 불타는 소리, 소방차와 펌프의 엔진 소리, 소방대원과 구경꾼들의 긴장된 목소리는 시청자에게 흥분과 염려를 전달하는 데 중요한 역할을 한다. 작은 오케스트라의 연주를 예로 들면, 아주 조용한 소절에서 제작 요원이나 연주자의 기침 소리가 들어가게 된다면 틀림없이 재녹음을 해야 할 것이다. 라이브 콘서트에서는 상황이 다르다. 때때로 들리는 기침 소리나 그 외에 환경 소음들은 이벤트의 직접성을 암시하는 중요한 요소라고 알고 있다.

환경 소음은 ENG에서 특히 중요하다. 전방향성 마이크를 사용하게 되면 주 음향원을 픽업하면서 자동적으로 환경 소음도 픽업하게 된다. 앞에서 언급한 것처럼 포스트프로덕션을 거칠 생각이라면 하나의 마이크에 하나의 트랙을 배정해서 리포터 혹은 게스트의 목소리를 하나의 트랙에, 또 다른 마이크는 다른 트랙에 분리해서 녹음하도록 한다. 음향을 분리해서 녹음하게 되면 포스트프로덕션 단계에서 분리된 음향들을 적당한 비율로 믹싱하기가 더 쉬워진다.

피겨/그라운드(Figure/Ground)

주요 인식 요소 중 하나로 피겨 그라운드라는 것이 있는데, 이것은 사람들이 시각적 환경을 비교적 움직이는 사물(사람, 자동차)과 비교적 고정되어 있는 배경(벽, 집, 산)으로 나누려고 하는 경향을 말한다. 이 원리를 조금만 확장시켜보면 우리에게 중요한 의미가 있는 이벤트는 전경(figure)이 되고, 무시되는 나머지 모든 것들은 배경(ground), 즉 환경이 된다고 말할 수 있다.

예를 들면, 당신이 누군가를 찾고 있는데 군중 속에서 드디어 그 사람을 찾았다고 한다면 그 사람은 즉각적으로 관심의 초점, 즉 전경이 되고 나머지 모든 사람들은 배경이 되는 것이다. 같은 현상이 음향 영역에서도 일어난다. 제한적이기는 하지만 우리가 듣기를 원하거나 들을 필요가 있는 음향을 인지하고, 배경의 소리가 비교적 크더라도 그것들은 우리의 관심 밖의 음향이 되는 것이다.

시끄러운 환경에서 누군가의 클로즈업을 보여주려고 한다면 전경이 되는 클로즈업 안에서 그 사람의 목소리를 크게 만들고 배경음은 부드럽게 만들어야 한다. 그러나 롱 샷으로 누군가를 보여줄 때는 배경음의 음량을 높여서 전경과 배경의 관계가 좀더 동등하게 되도록 만들어야 한다. 전경을 강조하려고 할 때에는 음량이 커야 할 뿐만 아니라 현장감도 있어야 한다(다음 section에 설명되어 있다).

이제 왜 녹음과정에서 가능한 한 분리해서 녹음하는 것이 중요한 것인지 알게 되었을 것이다. 만약 배경음과 전경음을 하나의 트랙에 한꺼번에 녹음하게 되면 마이크가 픽업한 그대로 두는 수밖에 없다. 음향을 하나하나 조작하는 것은 가능하지만 아주 힘들 것이다. 전경음을 하나의 트랙에 담고 배경음을 다른 트랙에 담게 되면 이러한 조작은 비교적 쉬워진다.

원근감(Perspective)

음향 원근감이란 클로즈업 영상의 음향은 비교적 가까이에서 들리는 것처럼 느껴지고 롱 샷에 해당하는 음향은 멀리에서 들려오는 것 같아야 한다는 것이다. 가까운 음향은 멀리에 있는 음향보다 현장감을 좀더 갖게 되는데, 이러한 음질의 차이로 대략적인 음원의 거리를 가늠할 수 있다. 일반적으로 배경음은 적은 현장감을 가지며 클로즈업의 음향은 더 많은 현장감을 가진다. 경험이 많은 가수들은 친밀한 소절에서는 마이크를 입에 가까이 가져가고, 노래가 개인적인 느낌이 덜할 때는 마이크를 멀리 떨어뜨려서 노래한다.

이러한 다양한 음향의 현장감은 드라마에서 라발리에 마이크를 쓰는 경우 실질적으로 없어져 버린다. 마이크와 입 사이의 거리가 모두 같아지기 때문에 연기자들은 그들이 클로즈업에서 보여지건 롱 샷에서 보여지건 관계없이 모두 같은 현장감을 가지게 되는 것이다. 필요한 현장감은 그 후에 시간과 비용이 많이 드는 포스트프로덕션 과정에서 얻어진다. 이것이 연속극과 같은 텔레비전 극에서 아직도 붐 마이크가 선호되는 이유이다. 붐 마이크는 클로즈업에서는 연기자에게 가까이 다가갈 수 있고 롱 샷에서는 화면에 나오지 않게 하기 위해 어느 정도 떨어지게 된다. 큰 문제를 간단하게 풀었다고 할 수 있다.

연속성(Continuity)

포스트프로덕션에 있어서 음향의 연속성은 특히 중요하다. 리포터의 목소리가 화면에 모습이 나오느냐 나오지 않느냐에 따라 음질이 변화한다는 것을 알고 있을 것이다. 화면에 리포터의 모습이 나오고 있을 때는 현장에서 한 종류의 마이크를 사용해서 말한 것이다. 이후에 리포터는 음향학적으로 잘 조절된 스튜디오로 돌아와서 고성능의 마이크를 이용하여 카메라에 잡히지 않은 부분에 대한 설명을 녹음한다. 마이크와 장소의 차이가 녹음된 음질을 눈에 띄게 차이 나게 만드는 것이다. 이러한 차이는 실제 녹음을 할 때에는 그렇게 확연해 보이지 않지만 최종적으로 하나로 편집되고 나면 그 차이는 확연하게 나타난다.

어떻게 하면 이런 연속성의 문제를 해결할 수 있을까? 우선, 리포터에게 설명을 현장에서 녹음하도록 지시한다. 두 번째로 화면에 나오는 부분의 설명과 나오지 않는 부분의 설명을 정확히 똑같은 마이크를 사용해서 녹음한다. 세 번째로 스위트닝을 할 수 있는 시간이 있다면 등화나 잔향 처리를 통해서 화면에 나오는 부분의 음질과 나오지 않는 부분의 음질을 일치시킨다. 네 번째로 화면에 나오는 부분에서 환경음을 녹음했다면 그것을 화면에 나오지 않는 설명 음향과 믹스시킨다. 이 믹스를 만들어 낼 때는 구두 설명을 녹음하고 있는 리포터에게 이어폰을 통해 현장음을 들려주게 되면 현장에서의 에너지를 다시 만들어 내는 데 도움이 될 것이다.

때때로 편집점마다 현장음이 잠깐씩 유실되는 경우가 있다. 그 효과는 비행기가 갑작스럽게 엔진을 돌리는 것만큼이나 사람을 놀라게 만들게 된다. 현장음을 복구하는 가장 쉬운 방법은 미리 녹음된 현장음으로 이런 유실을 때우면 된다. 녹화 전이나 후에 환경이 확연히 변화(관중이 있는 콘서트 홀과 없는 콘서트 홀과 같이)하게 되면 몇 분 동안 현장의 '침묵'을 녹음하도록 한다.

음향 또한 영상의 연속성을 만들어 내는 주요 요소이다. 정확한 박자의 음악은 분리된 일련의 영상들이 연속된 것처럼 느끼게 해준다. 음악과 음향은 갑작스런 변화를 포함하고 있는 시퀀스를 결합시켜 주는 중요한 연결 고리이다.

에너지(Energy)

대조를 통해 특별한 효과를 얻고자 하는 것이 아니라면 음향의 에너지도 영상이 갖는 전체적인 에너지와 일치되어야 한다. 에너지란 어떤 장면에서 특정한 수준의 미적인 힘을 전달하는 모든 요소를 말한다. 계속적으로 움직이는 록 밴드나 아이스하키 시합의 클로즈업과 같은 고 에너지 장면은 당연히 연인들이 꽃밭을 가로질러 가는 고요한 장면보다는 고 에너지의 음향이 어울린다. 좋은 텔레비전 음향은 영상이나 시퀀스의 전반적인 에너지를 감지하고 그에 따라서 음향을 조절하는 능력에 의해 좌우된다.

스테레오와 서라운드 음향(Stereo and Surround Sound)

이 스테레오와 서라운드 음향에 대해 간략하게 살펴보고 본 내용을 드라마나 기준 규격 그리고 대형 화면의 텔레비전을 위한 영상물에도 적용해보자.

스테레오 음향(Stereo Sound)

특별히 수평 방향의 음향 영역을 만들어 내는 스테레오 음향은 보통 크기의 텔레비전 수상기에서는 거의 사용하지 않는다. 화면의 수평 차원은 너무 작기 때문에 두 채널을 하나로 인지할 수 있는 위치에 있다고 하더라도 모든 종류의 패닝(panning)된 음향은 필연적으로 화면 밖으로 향하게 한다. 기껏해야 텔레비전의 스테레오라는 것은 전반적인 음향의 형태를 풍부하게, 즉 좀더 폭넓게 느끼게 해줄 뿐이다.

그러나 대형 화면의 홈 시어터 HDTV 비디오 프로젝션에서는 영상의 높은 에너지와 균형을 맞추기 위해서 스테레오 음향이 매우 중요하다. 실제로 대형 화면의 비디오 프로젝션을 시청할 때 영화와 같은 느낌을 받게 되는 것은 서라운드 음향 시스템에 의해서 매우 강조된다.

서라운드 음향(Surround Sound)

서라운드 음향은 기술적으로 듣는 사람의 전면, 후면, 양 측면에 음향 영역을 만들어서 듣는 사람이 전면, 측면, 후면에서 음향을 들을 수 있도록 만든 것이다. 본래는 영화 재생을 위해 발전된 것이지만 지금은 HDTV에 사용되고 있다. 가장 널리 사용되는 시스템은 돌비 5.1로서 음향의 재생을 위해 세 개의 스피커를 전면에 배치하고 두 개의 스피커는 후면에 배치하

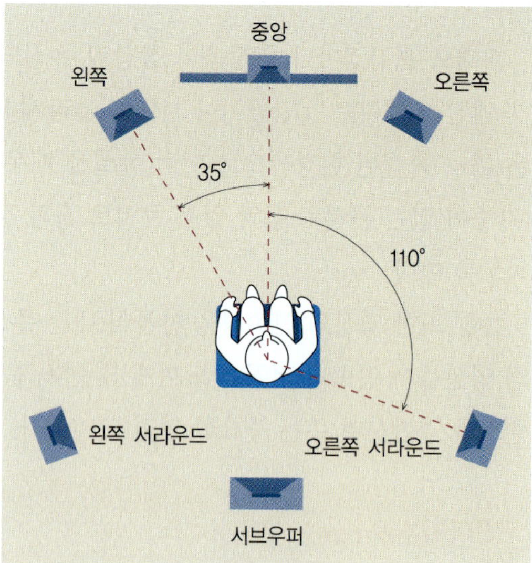

[그림 10.22] 서라운드 사운드
5.1 돌비 서라운드 사운드 시스템에서는 6개의 스피커를 3개는 전방에, 나머지 3개는 후방에 배치한다. 후방 중앙 스피커는 아주 낮은 음을 위한 서브우퍼이다.

도록 되어 있다. 후면에 배치된 두 개의 스피커 사이에 하나의 부가적인 스피커를 더 배치함으로써 나머지 다섯 개의 스피커를 지원한다. 그 스피커는 서브우퍼로 특히 낮은 주파수의 크게 울리는 음향을 재생하도록 되어 있다(그림 10.22 참조).

당연히 서라운드 음향을 제대로 즐기려면 제 위치에 스피커들을 배치해야 한다. 좋은 서라운드 음향 믹싱은 일반적으로 화면에 비춰지는 상태에서의 대화는 전면 중앙의 스피커에서 나오고 측면의 동작들은 전방의 세 스피커를 통해 들려지게 된다. 화면에서 주인공이 시내 교통을 겨냥하고 있다거나 오케스트라를 연주하거나 폭탄을 피하고 있다면 다섯 개의 모든 스피커가 작동되고 거기에 더해서 후면 중앙의 '썬더 박스(thunder box)' 도 작동하게 된다. (주3)

핵심요약

- 대부분의 음향 포스트프로덕션은 비디오테이프에 녹음된 음향 트랙의 선형 혹은 비선형 편집에 관계된다.
- 이어지는 영상 편집의 길잡이로 오디오 트랙을 편집할 때는 원본 테이프의 모든 대사를 문자로 옮겨야 한다.
- 포스트프로덕션 믹싱은 녹음된 음향 트랙을 최적의 음질을 위해 결합하는 것을 의미한다.
- 비디오 제작의 음향 부분을 믹스다운할 때는 언제나 영상과 비교해서 음향 믹스를 판단해야 한다.
- 음향 포스트프로덕션 룸에는 음향 통제실에서 볼 수 있는 장비에 더해서 아날로그 오디오 싱크로나이저, 디지털 오디오 워크스테이션(DAW), 키보드와 샘플러, 그리고 때때로 자동 대화 대체실(ADR)이 설치되어 있다.
- 음향 조절에 있어서 다섯 가지 미학적 요소는 다음과 같다. 환경–배경 소음을 통해서 이벤트를 선명하게 만드는 것. 피겨 그라운드–전체적인 배경 음향 가운데 가장 중요한 음향을 강조하는 것. 원근감–클로즈업 영상은 가까이에서 들리는 음으로, 롱 샷은 멀리서 들리는 소리로 일치시키는 것. 연속성–다양한 테이크를 연결시키는 데 있어서 음질(리포터의 목소리와 같은)을 유지하는 것. 에너지–영상의 힘과 비슷한 정도의 음향을 일치시키는 것.
- 서라운드 음향 기술에서는 듣는 사람 주위에 음향 영역을 만들 수 있도록 듣는 사람의 전면과 후면에 각각 스피커 3개를 배치하게 된다.

(주3) Alten의 [Audio in Media], pp. 413–424 참조.

CHAPTER

11

스위칭 또는 즉석 편집

Switching, or Instantaneous Editing

뉴스나 농구 경기와 같이 여러 대의 카메라를 사용하는 생방송이 진행되는 동안 감독이 하는 일을 지켜보면 놀라게 될 것이다. 감독이 주로 카메라맨에게 행동을 지시할 거라고 생각하겠지만, 실제로는 여러 대의 프리뷰 모니터에 나타나는 다양한 장면 중 가장 효과적인 장면을 선택하는 일을 한다. 사실상 감독은 일종의 편집을 하고 있는 셈인데, 이 편집이 포스트프로덕션 과정에서 이루어지는 것이 아니라 쇼의 중간에 이루어진다는 것이 일반 편집과 다른 점이다. 쇼가 진행되는 동안 하나의 영상에서 다른 영상으로 바꾸거나, 다른 방법(디졸브, 와이프, 페이드)으로 화면을 이어나가는 것을 스위칭(switching) 또는 즉석 편집이라고 한다.

어떤 장면을 선택하고, 어떤 화면 전환 방법을 사용할 것인가를 생각할 시간이 충분한 포스트프로덕션과는 달리 스위칭은 즉각적인 판단을 필요로 한다. 스위칭의 미학적 원리는 포스트프로덕션에 적용되는 것과 똑같지만 관련된 기법은 전혀 다르다. 주요 편집 도구로서 오프라인이나 온라인 장비가 쓰이는 것이 아니라 비디오 스위처나 스위처 기능을 수행하는 컴퓨터가 사용된다.

Section 11.1 「스위처의 작동 방법」에서는 텔레비전 부조정실에 있는 프로덕션 스위처의 기본 기능과 형식, 작동에 대해서 알아본다. section 11.2 「스위처의 기능」에서는 특정한 스위칭 장비와 특성에 대해서 살펴본다.

주요 용어

자동 화면 전환(auto transition) 페이더 바와 같은 역할을 하는 전자 장치.

버스(bus) 스위처상에 여러 버튼이 이루고 있는 하나의 줄. 한 쌍의 버스를 뱅크(bank)라고 한다.

기능 지정 조절 장치(delegation controls) 버스에 특정한 기능을 지정하는 스위처상의 조절 장치.

다운스트림 키 조절 장치(downstream keyer: DSK) 스위처를 떠난 상태의 화상에 타이틀을 키 처리할 수 있는 조절 장치.

이펙트 버스(effects buses) 와이프나 매트 등의 전자 효과가 사용될 영상을 선택하는 버튼의 줄. 일반적으로 프로그램 버스와 프리뷰 버스의 특정한 스위칭 모드를 말한다.

페이더 바(fader bar) 스위처에 있는 레버로, 디졸브나 페이드, 와이프 등의 프리셋 장면 전환을 다양한 속도로 실행할 때 사용된다. 또한 슈퍼임포지션을 만들어 낼 때도 사용된다.

키 버스(key-bus) 배경 화면에 삽입될 화상을 선택할 때 쓰는 한 줄의 버튼.

키 수준 조절 장치(key-level control) 키 처리될 신호를 조정해서 키 삽입될 글자가 선명하고 깨끗하게 보이도록 조절하는 장치. 클립 조절 장치 혹은 클리퍼라고도 한다.

레이어링(layering) 좀더 복잡한 효과를 얻어내기 위해 두 개 이상의 키 이펙트를 결합하는 것.

M/E 버스(mix/effects bus) 믹스/이펙트 버스의 줄임말. 믹스 또는 이펙트 기능을 수행하는 한 줄의 버튼.

믹스 버스(mix bus) 화상을 디졸브나 슈퍼로 혼합할 수 있도록 하는 한 줄의 버튼.

프리뷰/프리셋 버스(preview/preset bus) 다음에 올 화면을 설정하고 그것을 라인 아웃과는 별개로 프리뷰 모니터에 보낼 때 사용되는 한 줄의 버튼. 프리셋/백그라운드라고도 한다.

프로그램 버스(program bus) 입력을 직접적으로 라인 아웃에 연결시키는 스위처의 버스. 다이렉트 버스 또는 프로그램/백그라운드라고도 한다.

스위칭(switching) 쇼나 쇼의 일부분이 진행되는 동안 스위처를 통해 하나의 화상원에서 다른 화상원으로 교체하는 것. 즉석 편집이라고도 한다.

SECTION

11.1

스위처의 작동 방법

How Switchers Work

여러 줄의 다른 색 버튼이나 다양한 레버를 가진 대형 프로덕션 스위처를 보면 마치 비행기의 조종석을 보는 것과 같은 당혹감을 느끼게 될 것이다. 그러나 간단한 스위처의 기본 원리와 기능만 이해하면 스위처를 다루는 것이 새로운 프로그램을 배우는 것보다 쉽다는 것을 알 수 있을 것이다. 가장 정교한 디지털 비디오 스위칭 장비라고 할지라도 그 원리와 기능은 간단한 프로덕션 스위처와 같다. 다만 대형 스위처는 더 많은 비디오 입력을 가지고 있고 좀더 많은 시각적 속임수가 가능하다는 것이 다르다.

이 section에서는 프로덕션 스위처가 어떤 일을 하고 기본적으로 어떻게 작동하는지 알아보기로 한다.

▶ 기본적인 스위처의 기능

영상 자료를 선택하고 그것들 사이의 화면 전환을 수행하며 특수 효과를 만들어 낸다.

▶ 간단한 스위처 배치

프로그램 버스, 믹스 버스, 프리뷰 버스, 이펙트 버스, 그리고 다기능 스위처와 부가적인 스위처 조절 장치들.

▶ 기본적인 스위처 작동 방법

컷 또는 테이크, 디졸브, 슈퍼, 페이드, 그리고 부가적인 특수 효과 조절 장치들.

기본적인 스위처의 기능(Basic Switcher Functions)

프로덕션 스위처의 기본적인 기능은 (1) 여러 개의 입력 가운데 적당한 영상 자료를 선택하고, (2) 영상 자료 두 대의 기본적인 화면 전환을 수행하며, (3) 특수 효과를 만들거나 접목시키는 것이다. 어떤 스위처는 영상과 함께 음향도 같은 효과로 처리할 수 있다.

Chapter 1에서 소개한 것처럼, 스위처 각각의 영상 입력은 각각에 해당하는 버튼을 가지고 있다. 만약 두 대의 카메라만 작동 중이어서 하나의 장면을 컷해서 다른 장면으로 바꾸기만 하면 되는 경우라면, 버튼이 두 개(하나는 카메라 1, 다른 하나는 카메라 2에 해당하는)만 있어도 충분할 것이다. 카메라 1버튼을 누르면 카메라 1에서 들어오는 영상 신호를 방송하게 되는데, 이것은 다시 말해 카메라 1이 잡는 영상을 라인 아웃으로 보내고 라인 아웃을 통해 송출기나 비디오 녹화기로 보내지는 것을 의미한다. 카메라 2버튼을 누르면 카메라 2를 통해 들어오는 화면이 방송된다. 만약 여기에 VTR이나 문자발생기(C.G.), 원거리 전송 신호를 포함시키고 싶다면 어떻게 해야 될까? 버튼 세 개만 더 있으면 된다. 하나는 VTR에, 또 하나는 C.G.에, 나머지 하나는 원거리 전송 신호에 할당하면 된다. 화면을 암전시키기 위해서는 암전 버튼이 부가적으로 필요하다. 버스라고 부르는 버튼으로 이루어진 줄은 이렇게 해서 6개로 입력이 늘어나게 된다. 프로덕션 스위처는 많은 버튼을 가지고 있을 뿐만 아니라 많은 버스도 가지고 있다. 이렇게 많은 버튼과 버스가 왜 필요한지 알아보기로 하자.

간단한 스위처 배치(Simple Switcher Layout)

가장 기본적인 제작 기능을 가진 스위처를 살펴보고 이것을 재구성하면 스위처의 다양한 부분을 이해하는 데 도움이 될 것이다.(주1) 가장 기본적인 스위처의 기능이란 컷, 디졸브, 슈퍼, 페이드라고 할 수 있다. 또한 이 스위처는 선택된 입력이나 효과를 섞어서 방송에 내보내기 전에 볼 수 있도록 하는 기능을 가지고 있다. 스위처에 대해서 배우는 동안 알게 되겠지만, 아주 간단한 스위처도 꽤 복잡한 기능을 갖고 있으며, 쉽게 다루려면 여러 기능을 결합해야 한다는 것을 알게 될 것이다.

(주1) Stuart W. Hyde의 [Television and Radio Announcing], 4판(Boston: Houghton Mifflin, 1983), pp. 226-235 참조. 빌딩에 의한 오디오 콘솔의 작업설명. 허락과 구조 비유 사용.

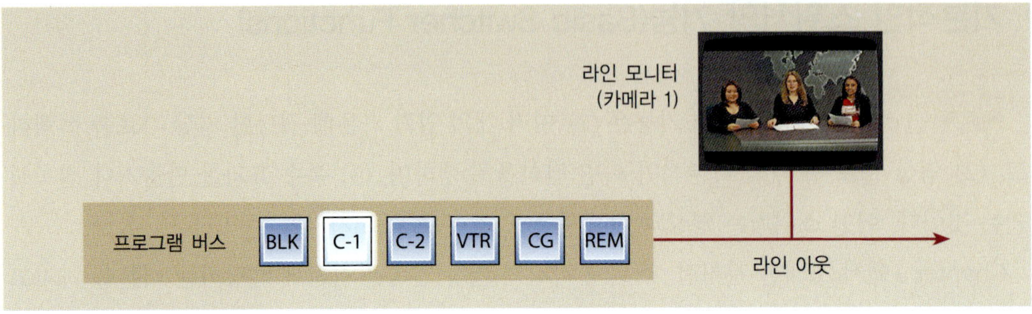

[그림 11.1] 프로그램 버스
프로그램 버스를 통해서 불러낸 화면이 직접적으로 라인 아웃으로 보내진다.

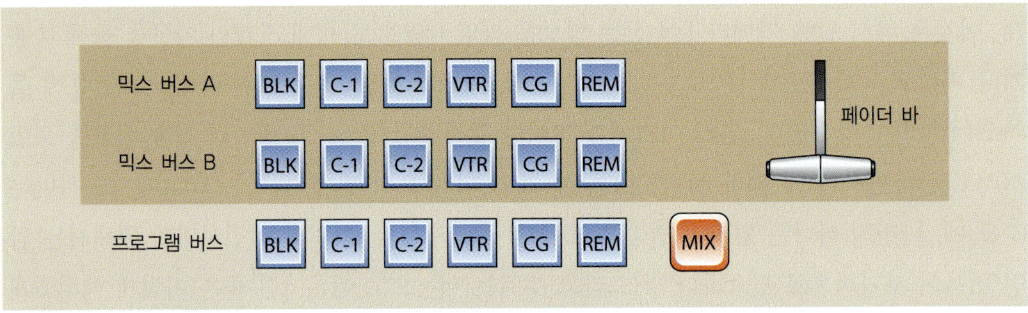

[그림 11.2] 프로그램 버스와 믹스 버스, 그리고 페이더 바
믹스 버스 A와 B를 통해서 두 영상원의 믹싱이 가능하다.

프로그램 버스(Program Bus)

프리뷰하지 않고 하나의 화면을 컷해서 다른 화면으로 전환시키기만 한다면 각각의 버튼이 다른 비디오 입력을 담당하는 한 줄의 버튼만 가지고도 충분히 가능하다(그림 11.1 참조). 특정 버튼을 누르기만 하면 해당되는 영상을 라인 아웃으로 보내는 이 한 줄의 버튼을 프로그램 버스라고 한다. 프로그램/백그라운드라고도 하는 이 프로그램 버스는 실질적인 라인 아웃용 선택 버튼이다. 프로그램 버스는 입/출력을 직접 연결하기 때문에 다이렉트 버스라고도 한다. BIK 또는 BLACK이라는 표시가 되어 있는 버튼이 프로그램 버스 맨 처음에 위치하고 있다. 이 버튼은 특정한 영상을 화면에 보내는 대신 암전시키는 역할을 하게 된다.

믹스 버스(Mix Buses)

만약 디졸브(두 개의 화면이 겹쳐져서 점차적으로 하나의 화면에서 다른 화면으로 바뀌는 효과)나 슈퍼(두 개의 화상을 오버랩하거나 혼합시키는 효과), 페이드(암전에서 서서히 영상이 나타나거나 서서히 암전되는 효과)를 간단한 컷 효과에 부가하고 싶다면 두 줄의 버스(믹스 버스)와 페이더 바

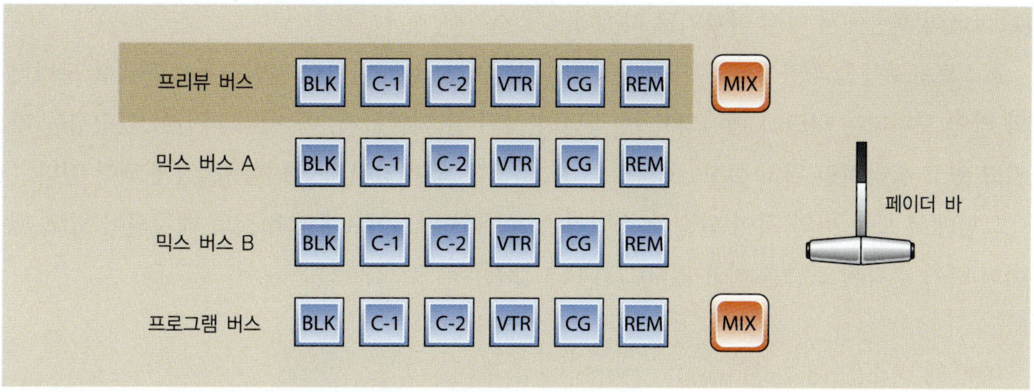

[그림 11.3] 프리뷰 버스가 포함된 기본적인 프로덕션 스위처
기본적인 프로덕션 스위처는 프로그램 버스, 믹스 버스, 그리고 프리뷰 버스로 이루어진다. 프리뷰 버스는 프로그램 버스와 똑같이 생겼지만 여기서 보내지는 영상은 라인 아웃이 아닌 프리뷰 모니터로 보내진다는 것에 유의하자.

라고 부르는 레버가 하나 더 필요하게 되는데, 이 레버를 이용해서 혼합 속도와 슈퍼를 조절할 수 있다(그림 11.2 참조).

페이더 바를 이 끝에서 저 끝까지 움직이게 되면 하나의 버스로부터 전달되는 화면이 페이드 아웃하는 동안 다른 버스로부터 전달되는 화면이 페이드 인하게 된다. 디졸브는 두 개의 버스로부터 전달된 비디오 이미지가 일시적으로 오버랩될 때 이루어진다. 이 페이더 바를 중간쯤에서 멈추면 디졸브를 정지시키고 두 개의 영상원의 슈퍼임포지션을 만들게 된다.

프로그램 버스는 이러한 영상의 '혼합'을 어떤 방식으로 라인 아웃에 보내는 것일까? 프로그램 버스에는 믹스 버스에 의해 만들어진 영상을 라인 아웃으로 보내는 버튼이 하나 더 있다. 이 믹스 버튼은 프로그램 버스의 가장 오른쪽에 위치한다.

프리뷰 버스(Preview Bus)

프리뷰 버스는 프로그램 버스와 똑같은 수와 종류, 배열의 버튼을 가지고 있다. 버튼이 가지는 기능도 비슷하다. 다만, 프리뷰 버스에서는 방송이나 녹화되는 라인 아웃으로 영상을 보내는 것이 아니라 프리뷰 모니터로 영상을 보낸다는 것만 다르다. 예를 들어, 프리뷰 버스에서 카메라 1버튼을 누르면 C.G.에서 만들어진 글자와 같은 프로그램 버스의 출력에는 영향을 주지 않으면서 카메라 1에서 보내진 영상을 프리뷰 모니터에 나타나게 한다. 만약 카메라 1의 영상이 마음에 들지 않아 카메라 2의 영상으로 바꾸고 싶다면 프리뷰 버스의 카메라 2버튼을 누르기만 하면 된다. 프로그램 버스는 라인 모니터를 통해 여전히 C.G.로 만들어 낸 글자를 보여주면서도 카메라 2의 영상으로 교체되지는 않을 것이다. 프리뷰 버스가 다양한 프리셋 효과를 보여주는 역할을 수행하면 프리셋 버스라고도 한다. 프리뷰/프리셋 버스는 이

section의 후반에서 다시 다루기로 하겠다.

포스트프로덕션 과정에서 두 개의 모니터를 사용하는 컴퓨터처럼 일반적으로 프리뷰 모니터와 라인 모니터는 나란히 배치되어 두 장면의 컷이 잘 되었는지, 즉 벡터 라인이 연속성을 가지고 있고 심리적인 위치 설정(chapter 13 참고)이 잘 되어 있는지 확인할 수 있게 되어 있다.

그림에서 보는 바와 같이 단순한 스위처는 26개의 버튼이 4개의 버스로 배치되어 있고 페이더 바가 추가된 모습을 하고 있다(그림 11.3 참조).

이펙트 버스(Effects Buses)

앞에서 살펴봤던 스위처의 효과에 부가적으로 다양한 와이프(화면에 위치해 있던 기하학적인 모양의 화상이 다른 화상으로 변화하는 효과), 타이틀 키(배경 화면에 글자를 삽입하는 효과), 그리고 이 외에 이미지 조작과 같은 특수 효과(모양과 색의 변화 등)를 실행하고 싶다면 기본 스위처에 두 줄 이상의 이펙트 버스와 페이더 바가 하나 더 필요하다. 그리고 여러 대의 카메라와 두 개 혹은 세 개의 VTRs, ESS(electronic still store system), 그래픽 발생기, 원거리 송신 등과 같은 영상 입력도 다양해질 수 있다. 이렇게 되면 스위처는 너무 많은 버튼과 레버를 가지게 되어, 이것들을 동시에 조절하는 일이 상당히 힘들어진다. 특히 여러 대의 카메라를 사용하는 생방송이나 생방송을 녹화해야 하는 제작은 방대한 작업이 돼버린다.

다기능 스위처(Multifunction Switchers)

스위처를 다루기 쉽도록 하기 위해서 스위처를 만드는 제작사에서 버스가 두 개 이상의 기능을 하도록 다기능 스위처를 만들어 냈다. 이것은 버스를 프로그램, 믹스, 이펙트, 프리뷰로 나누지 않고 최소의 버스에 다양한 믹스/이펙트(M/E) 기능을 할당하도록 되어 있다. 두 개의 M/E 버스(A와 B)를 믹스 상태로 할당하면 A와 B로 디졸브하거나 슈퍼까지도 할 수 있게 된다. 이 두 버스를 이펙트 상태로 맞추면 다양한 와이프와 같은 특수 효과도 연출해 낼 수 있게 된다. 심지어 프로그램 버스나 프리뷰 버스도 본래 기능을 수행하면서 동시에 다양한 M/E 기능을 수행하도록 지정할 수도 있다. 어떤 기능을 하게 할 것인지 지정하는 버튼을 기능 지정 조절 장치(delegation controls)라고 한다. 이하에서는 다양한 버스를 구분하여 그것들이 간단한 다기능 스위처에서 어떤 상호 작용을 하는지에 대해서 알아본다.

주요 버스 그림 11.4의 스위처는 프리뷰/프리셋 버스, 프로그램 버스, 키 버스 이렇게 세 줄의 버스를 가지고 있다. 또한 특정한 효과를 내는 버튼들이 모여 있음을 알 수 있을 것이다.

다양한 버스의 기능을 간단히 살펴보기로 하자. 프로그램 버스는 언제나 출력을 직접 라인

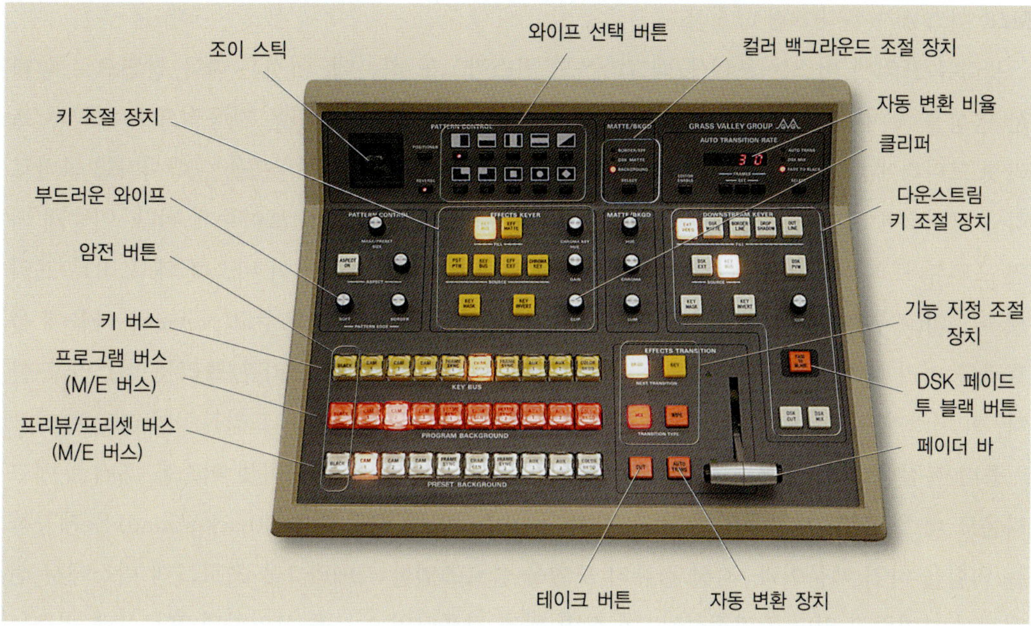

[그림 11.4] 다기능 스위처
이 다기능 스위처(Grass Valley 100)는 프리뷰/프리셋 버스, 프로그램 버스, 키 버스 이렇게 세 개의 버스를 가지고 있다. 프로그램 버스나 프리뷰/프리셋 버스는 M/E 기능으로 지정할 수 있다.

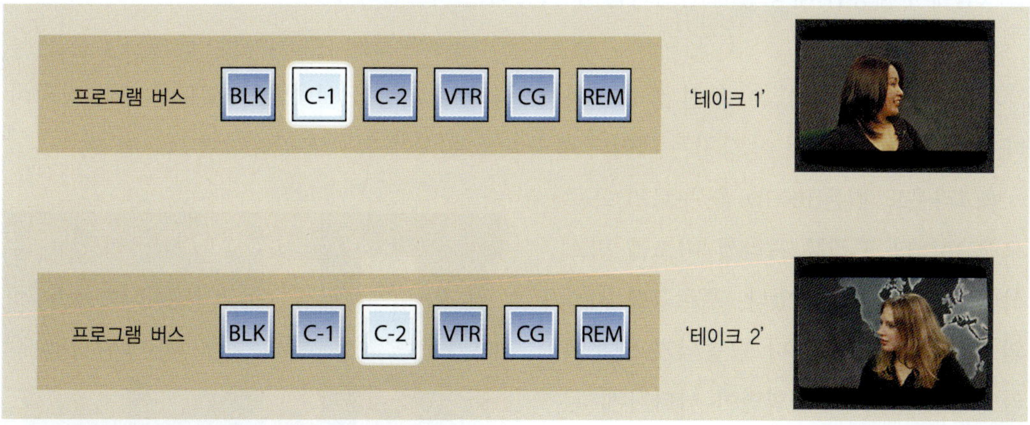

[그림 11.5] 프로그램 버스에서의 스위칭
프로그램 버스상에서 스위칭은 컷에 의해서만 장면이 전환된다는 것을 의미한다. 카메라 1의 영상이 방송 중이라면 C-2 버튼을 눌러서 카메라 2의 영상으로 바꿀 수 있다.

아웃으로 보낸다. 예를 들어 프로그램 버스의 C-1 버튼을 누르면 카메라 1의 화면이 방송된다. 그 후에 VTR 버튼을 누르면 카메라 1의 장면에서 VTR 장면으로 바뀌게 된다. 다음에 올 화면을 프리뷰 모니터로 볼 필요가 없을 경우, 컷만을 행하는 스위칭으로 한 줄의 프로그램 버스만으로도 이런 기능을 수행할 수 있다. 믹스 또는 이펙트 기능으로 지정하면 이 버스는

M/E 버스 A가 된다(그림 11.5 참조).

프리뷰/프리셋 버스는 프리셋/백그라운드 버스라고도 하는데, 이것은 다음 장면으로 선택한 영상을 보여주는 역할을 한다. 이 프리셋 버스에서 선택된 장면은 자동적으로 프리뷰/프리셋 모니터에 나타나게 된다. 특정한 장면 전환(컷, 디졸브, 혹은 와이프)을 실행시키면 곧바로 라인 모니터에 보여지는 방송 중인 장면을 프리뷰 장면으로 바꿔서 보여주게 된다. 이렇게 되면 프리뷰/프리셋 버스는 M/E 버스로 기능하게 되는 것이다. 이제 이 버스를 왜 프리뷰/프리셋 버스라고 부르는지 이해했을 것이다. 다음에 올 화상을 미리 보여주고(preview) 다음에 올 효과를 미리 설정(preset)할 수 있는 기능을 가지고 있기 때문에 프리뷰/프리셋 버스라고 한다. 이 버스가 이중 기능을 가지고 있기는 하지만 일반적으로 간단히 프리뷰 버스라고 한다.

좀더 복잡한 기술 용어로 표현하자면 프로그램 버스와 프리뷰/프리셋 버스를 때때로 백그라운드 버스라고도 부르는데, 이것은 이 버스들이 다양한 효과의 배경(background)을 제공하는 역할을 하기 때문이다. 최신 컴퓨터 모델을 클로즈업한 카메라 1을 프로그램 버스에서 선택해서 보여주고 있다고 가정하자. 이 장면 위에 컴퓨터의 이름을 삽입하면 프로그램 버스는 타이틀 키의 배경 화면을 제공하는 결과를 가지게 된다.

세 번째 줄을 키 버스라고 한다. 자막 발생기에서 보내진 글자와 같은 영상을 선택하여 프로그램에서 제공한 배경 등에 삽입하는 데 사용되는 버스이다.

기능 지정 조절 장치 이 조절 장치는 화면 전환이나 기능을 선택할 수 있도록 하는 장치이다. 다기능 스위처에서 이 장치는 페이더 바의 바로 왼쪽에 위치해 있다(그림 11.6 참조).

백그라운드 버튼(BKGD)을 누르면 프로그램 버스나 프리뷰/프리셋 버스를 믹스 상태로 전환시킬 수 있다. 프로그램 버스의 버튼을 누를 때마다 방송되기 때문에 라인 모니터에도 그 화면이 나타나게 된다. 프리뷰/프리셋 버스에서 버튼을 누르면 프리뷰 모니터에 화상이 나타나고 이 화상은 현재 방송 중인 버스 A로부터의 화상을 교체할 수 있도록 준비된다.

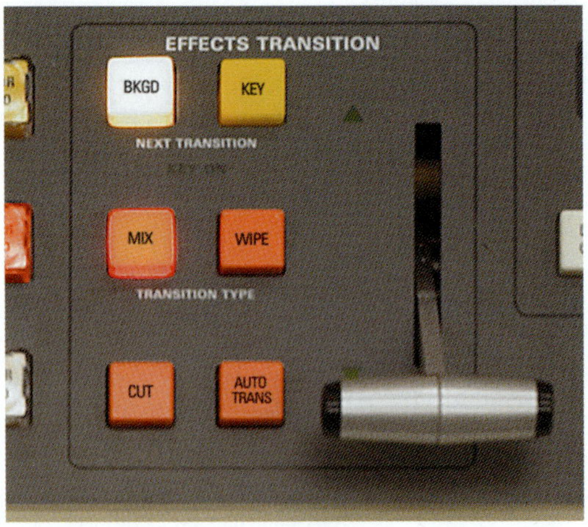

[그림 11.6] 기능 지정 조절 장치
기능 지정 조절 장치는 버스의 기능과 특정한 전환 방법을 지정하게 된다.

기능 지정 조절 장치 영역의 붉은색 믹스 버튼을 누르면 컷으로만 가능했던 화면 전환 방법에 디졸브도 포함된다. 이렇게 되면 두 장면을 컷으로 연결하거나 디졸브할 수도 있게 된다. 믹스 버튼 대신 와이프 버튼을 선택하면 디졸브가 아닌 와이프 장면 전환 기능을 사용할 수 있게 된다(chapter 14 참조).

키 버튼을 누르면 키 버스를 실행할 수 있게 된다. 이 버스에서 자막 발생기와 같은 적당한 키의 출처를 선택할 수 있고 현재 프로그램 버스(A)에 의해서 전달되고 있는 배경에 키를 삽입해서 방송으로 내보낼 수 있게 된다. 다시 컴퓨터를 예로 들자면 프로그램 버스의 C-1 버튼을 누르면 컴퓨터 화면, 즉 배경 화면을 제공하게 되고 여기에 키 버스의 CG 버튼을 누르면 컴퓨터의 이름을 방송 중인 화면에 삽입할 수 있게 된다.

다기능 스위처의 장점은 이러한 모든 효과를 세 줄의 버스로 얻을 수 있다는 것이다(만들고자 하는 스위처의 전자 설계 이론으로 본다면 같은 키 효과를 얻기 위해서는 적어도 다섯 개의 버스와 두 개의 페이더 바, 그리고 여러 개의 부가적인 버튼이 필요하다). 스위처의 다른 주요 기능을 알아보기 전에 이론을 실습할 수 있는 간단한 스위칭을 실시해 보자.

기본적인 스위처 작동 방법(Basic Switcher Operation)

현재 특정한 방식으로 배치되어 있는 아날로그 스위처를 사용하고 있다고 하더라도 대부분의 다기능 스위처는(주2) M/E 원리와 비슷한 원리로 작동된다. 특정한 프로덕션 스위처의 작동 방법을 터득하게 되면 다른 스위처에도 적용할 수 있게 될 것이다.

그림 11.4의 스위처를 다시 보자. 어떻게 하면 암전 버튼과 레이트 투 블랙 버튼을 이용해서 컷, 디졸브, 슈퍼, 페이드를 실행시킬 수 있을까?

컷 또는 테이크(Cut or Take)

기억하고 있겠지만 프로그램 버스(A)로 하나의 영상을 컷해서 다른 영상으로 바꿔주기 위해서는 간단히 해당 버튼을 누르기만 하면 된다. 카메라 1의 영상을 내보내기 위해서는 C-1 버튼을 누르면 되고, 카메라 2의 영상을 내보내기 위해서는 C-2 버튼을 누르면 된다. 그러나 이러한 직접 스위칭의 문제는 다음에 올 화면이 프리뷰 모니터에 나타나지 않는다는 것이다. 각각의 영상은 출처에 따라 지정된 모니터를 통해 화상이 보여지기는 하지만 그 모니터들을 보면서 새로운 장면(카메라 2)이 현재 방송 중인 화면과 연속성을 가지게 되는지 확인할 시간

(주2) GV 100 스위처는 많은 작은 전문적이거나 교육적인 텔레비전 스튜디오들에서 여전히 찾을 수 있는 전형적인 것이다. 그런데 더 현대적인 디지털 스위처들은 멀티플 키들을 통한 효과의 다양한 레이어링, 고용량 효과 메모리, 그리고 비디오 피드 구분을 제공하는 두 개 이상의 다운 스트림 채널을 허락하는 높은 효과 가능성을 가지고 GV100의 주요한 M/E 건축을 여전히 구분한다.

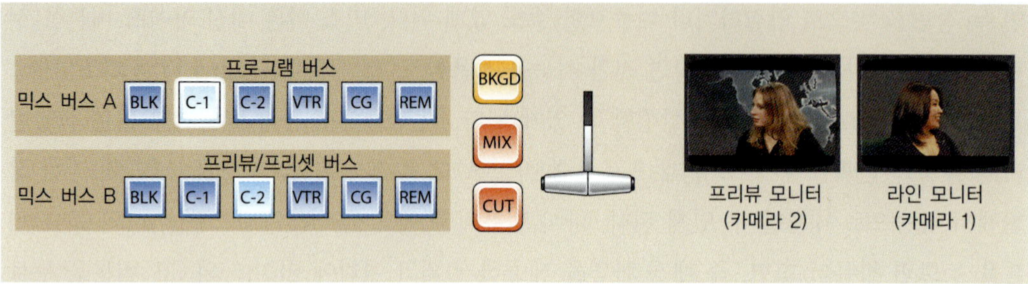

[그림 11.7] 프로그램과 프리셋 버스로의 이중 기능
백그라운드와 믹스 기능으로 지정하게 되면 프로그램 버스는 M/E 버스 A, 프리뷰/프리셋 버스는 M/E 버스 B의 기능을 수행하게 된다. 버스 A에 카메라 1을 부르면 카메라 1의 영상이 방송되고 컷 버튼을 누르면 곧바로 카메라 2의 영상이 방송되도록 설정되어 있다.

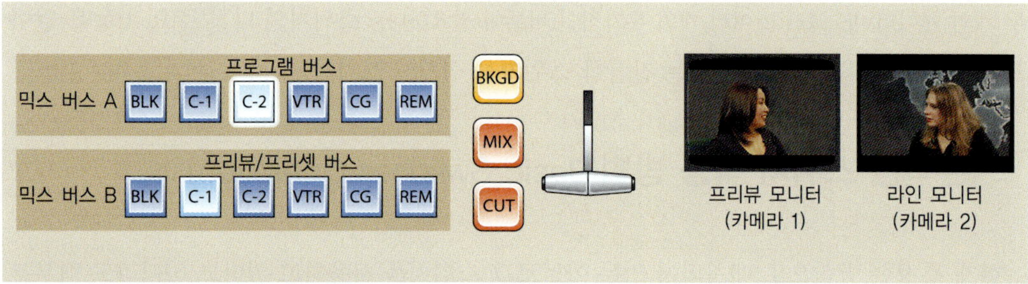

[그림 11.8] 컷 이후의 화면 변화
컷이 실행되면 프로그램 버스는 카메라 2의 화면을 방송에 내보내게 되고 프리뷰/프리셋 버스는 자동적으로 카메라 1의 화면으로 바뀌게 된다.

이 부족하다. 프리뷰/프리셋 모니터는 라인 모니터 바로 옆에 배치되어 있어서 카메라 2의 화상이 카메라 1의 화상에 합당한 연속성을 가지게 되는지 쉽게 확인해 볼 수 있다. 이러한 효과를 보기 위해서는 프리뷰/프리셋 버스에서 카메라 2에 해당하는 버튼을 눌러주어야 한다.

그러나 그 전에 프로그램 버스와 프리뷰 버스가 한 쌍의 M/E 버스로 상호 작용할 수 있도록 지정해 주어야 한다. 이것은 기능 지정 조절 장치의 BKGD 버튼을 눌러서 지정하면 된다. M/E 버스 A(프로그램 버스)는 이제 카메라 1의 화상을 라인 모니터로 보내고 M/E 버스 B(프리셋 버스)는 카메라 2의 화상을 프리뷰 모니터에 나타나게 해서 카메라 1의 화상을 대체할 수 있도록 준비된다(그림 11.7 참조).

실제로 카메라 1의 화상을 컷해서 카메라 2의 화상으로 전환시키기 위해서는 믹스 버튼 바로 밑에 있는 컷 버튼을 눌러야 한다(그림 11.6 참조). 이렇게 하면 라인 모니터에 나타난 화상은 즉시 카메라 1에서 카메라 2로 바뀌게 되고 프리뷰 모니터에 나타난 화면은 카메라 2의 화상에서 카메라 1의 화상으로 바뀌게 된다. 프로그램 버스상에서 방송 중임을 표시하는 C-1 버튼의 불빛은 약해지게 되고 C-2 버튼에 불이 들어오게 될 것이다. 반대로 프리셋 버스에서는 C-2 버튼의 불이 꺼지고 C-1 버튼의 불이 들어오게 된다. 컷 버튼을 누르면 프리셋 버스의 출력이 프로그램 버스로 가게 되고, 프로그램 버스의 출력이 프리셋 버스로 오게 되는 결과를 가져온다. 이런 동작을 플립-플롭 스위칭이라고도 한다(그림 11.8 참조).

컷 버튼을 다시 누르면 어떻게 될까? 프리뷰 버스와 프로그램 버스 사이의 플립-플롭 효과를 다시 내게 되는 것일까? 그렇다. 이러한 컷 화면 전환은 두 개의 화면을 계속해서 빠르게 번갈아 보여줘야 할 때 아주 유용하게 사용된다. 예를 들면 인터뷰에서 하나의 컷 버튼이 주최자와 게스트의 클로즈업 사이를 빠르고 정확하게 오갈 수 있도록 해준다.

디졸브(Dissolve)

디졸브하기 위해서는 두 개의 버스에 믹스 기능을 지정하기 위해 백그라운드 버튼에 믹스 버튼을 추가로 작동시켜야 한다. BKGD 버튼이 어떤 이유로 해서 꺼져 있다면 다시 켜야 한다. BKGD 버튼과 믹스 버튼에 동시에 불이 들어와 있어야만 정확한 믹스 기능을 수행할 수 있다.

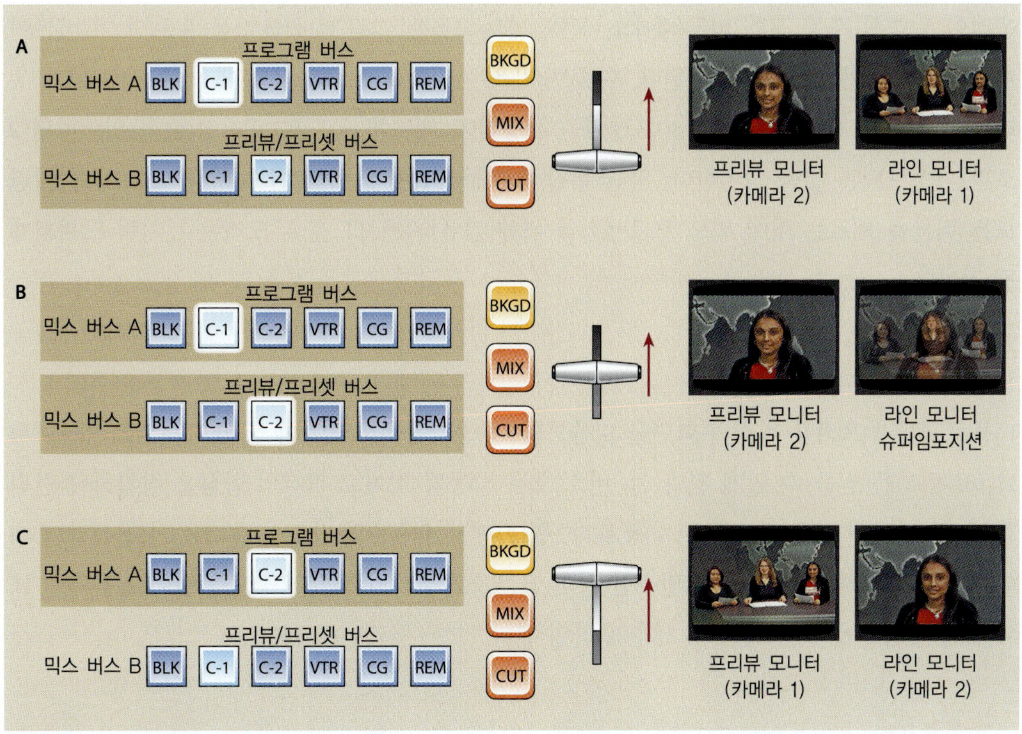

[그림 11.9] 디졸브

믹스 기능 지정 조절 장치를 통해서 믹스 기능을 지정하고 나면 카메라 1에서 카메라 2로 디졸브를 할 수 있다. 버스 A의 카메라 1이 방송 중이고 버스 B의 카메라 2가 설정되어 있다고 가정하자. 페이더 바를 최대로 움직이면(지금의 경우에는 위쪽으로) 카메라 1에서 카메라 2로 디졸브하게 된다. 디졸브가 끝나면 카메라 2가 카메라 1의 화면을 대체하게 된다. 디졸브하기 위해서 페이더 바를 위아래로 움직여야 한다는 것을 명심하자.

카메라 1에서 카메라 2로 디졸브하기 위해서는 우선 프로그램 버스에서 카메라 1 버튼을 눌러 방송에 내보낸다. 그리고 프리뷰 버스에서 카메라 2 버튼을 누른다. 프리뷰 버스에서 C-2 버튼을 누르는 동시에 버튼에 불이 켜지고 프리뷰 모니터에 카메라 2의 화상이 나타나게 될 것이다. 여기서 컷 버튼을 누르는 대신 페이더 바를 위쪽 끝이나 아래쪽 끝으로 움직인다. 디졸브의 속도는 얼마나 빨리 페이더 바를 움직이느냐에 달려 있다. 페이더 바가 한쪽 끝에 닿으면 디졸브가 완성되어 카메라 1의 화상을 카메라 2의 화상이 대체하게 된다(그림 11.9 참조).

라인 모니터를 통해 처음에는 카메라 1의 화상이 디졸브되어 카메라 2의 화상으로 교체되는 것을 볼 수 있다. 일시적으로 M/E 기능을 수행하던 두 버스는 재빨리 이전 기능으로 되돌아간다. 디졸브를 끝낼 때 다시 카메라 1의 화상으로 디졸브할 경우를 대비해서 프로그램 버스는 현재 방송 중인 화면을 지휘하며, 프리뷰 버스는 카메라 2의 영상 입력을 프로그램 버스로 보내고 카메라 1의 영상을 담당하게 된다.

디졸브를 실행하기 위해서 자동 화면 전환 장치를 이용할 수도 있다. 페이더 바를 위아래로 움직이는 대신 자동 전환 버튼(테이크 버튼의 바로 오른쪽, 그림 11.4 참조)을 누르면 이 버튼이 페이더 바의 기능을 대신하게 된다. 디졸브 비율은 입력하는 프레임 수에 의해 결정된다. 우리의 텔레비전 시스템은 초당 30프레임을 사용하기 때문에 60으로 프레임 수를 입력하면 2초간 디졸브되는 것을 의미한다. 약간 복잡하게 들리겠지만 여러 번 실행해 보고 나면 이런 모든 버튼을 누르는 것이 워드 프로세스를 위해 컴퓨터 키보드를 두드리는 것처럼 느껴지게 될 것이다.

슈퍼(Super)

프로그램과 프리셋 버스의 화면을 디졸브할 때 중간쯤에서 멈추게 되면 슈퍼임포지션(그림 11.9B 참조)을 얻을 수 있게 된다. 두 버스 모두 작동될 것이고 각각의 화상은 정확히 절반의 화상, 즉 절반의 신호 강도를 가지게 된다. 원 화면(카메라 1)의 강도를 좀더 높이고 싶다면 페이더 바가 중간에 미치기 전에 멈추면 된다. B 버스로부터의 화상의 강도를 높이고 싶다면 페이더 바가 중간을 지나고 난 후 멈추게 하면 된다.

페이드(Fade)

페이드 인(fade-in)이란 암전에서 디졸브하는 것을 말하고 페이드 아웃(fade-out)은 방송 중인 화면을 암전시키는 것을 말한다. 스위처를 이용해서 어떻게 암전으로부터 카메라 2의 화상을 보여줄 수 있을까? 다음과 같은 순서로 하면 이런 효과는 얻을 수 있다.

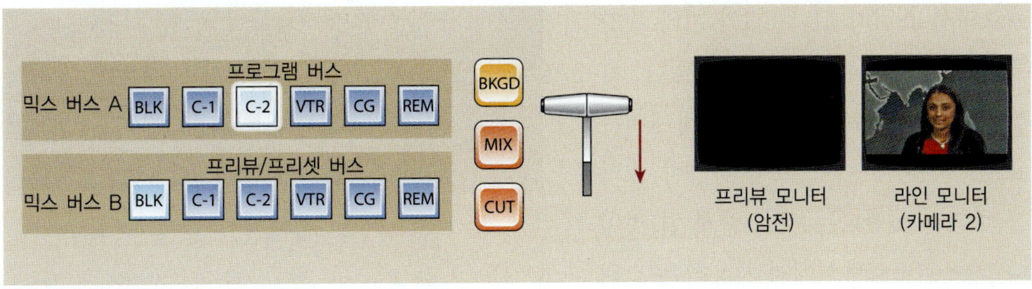

[그림 11.10] 페이드
암전에서 카메라 2로 페이드하기 위해서는 버스 B의 BlK 버튼을 누르고 페이더 바를 반대쪽 끝까지 이동시켜서 디졸브하면 된다.

1. 프로그램 버스의 BLK 버튼을 누른다. 프로그램 버스가 라인 아웃에 화상을 보내기 때문에 라인 모니터에는 암전된 화면이 나타나게 된다.
2. BKGD 버튼과 믹스 버튼을 모두 누른다. 다시 말하지만 기능 지정 조절 장치는 프로그램 버스와 프리셋 버스가 M/E 기능을 수행하도록 지정한다.
3. 프리셋 버스의 C−2 버튼을 누른다.
4. 페이더 바를 반대 방향으로 움직인다. 페이드 인의 속도는 얼마나 빨리 페이더 바를 움직이는가에 의해 결정된다. 카메라 2의 화면이 라인 모니터에 나타나게 된다.

카메라 2의 화면에서 암전으로 페이드하려면 프리셋 버스의 BLK 버튼을 누르고 페이더 바를 반대 방향 끝까지 움직인다(그림 11.10 참조). 화상에서 암전으로 디졸브하는 것이기 때문에 자동 변환 조절 장치를 사용해서 페이드를 실행할 수도 있다.

부수적인 특수 효과 조절 장치(Additional Special−Effects Controls)

간단한 스위처 작동 방법을 익혔으면 이제 다양한 특수 효과를 만들어 낼 수 있는 몇 가지 조절 장치에 대해 알아보기로 하자. 여기에는 (1) 와이프 조절 장치와 와이프 패턴, (2) 키와 클립 조절 장치, (3) 다운스트림 키 조절 장치, (4) 컬러 백그라운드 조절 장치가 있다. 이 조절 장치들을 정확히 어떻게 작동시켜야 하는지 고민할 필요는 없다. 모든 전문가용 프로덕션 스위처가 이러한 부가적인 조절 장치를 가지고는 있지만 다른 의미의 작동 방법으로 사용되는 경우가 많기 때문이다. 특정한 스위처를 효율적으로 사용하기 위해서는 작동 방법을 공부하고 무엇보다도 악기를 배울 때처럼 직접 연습해 보는 것이 가장 좋다.

이러한 조절 장치들은 그 자체로 효과를 만들어 내는 것이 아니라 특수 효과 발생기(special−effects generator; SEG)로서의 역할을 한다고 봐야 한다(chapter 14 참조). 대부분의 프로덕션 스위처에는 SEG와 기타 전자 특수 효과 장치들이 내장되어 있다. 복잡한 포스트프로덕션 편집과정에서는 표준 스위처 SEG가 그리 다양한 효과를 주지는 못한다는 것을 알게 될 것이다. 포스트프로덕션에서 사용하는 스위처는 엄청난 양의 복잡한 특수 효과를 낼 수 있는 부수적인 디지털 효과 장치와 연결해서 사용하게 된다.

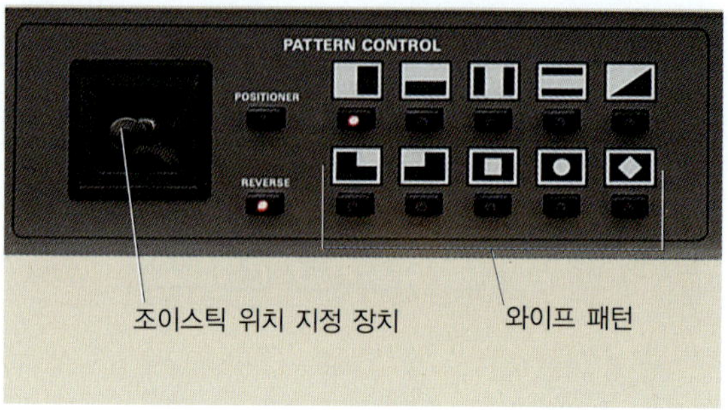

[그림 11.11] 와이프 모드 선택 장치
와이프 모드 선택 장치를 통해서 기하학적인 와이프 패턴을 선택할 수 있다. 조이스틱을 이용해서 특정한 위치의 화면에 패턴을 배치한다.

와이프 조절 장치(wipe controls)와 와이프 패턴(wipe patterns) BKGD 버튼과 함께 기능 지정 조절 장치에서 와이프 버튼을 누르면 모든 장면 전환은 와이프를 통해서 이루어지게 된다. 와이프를 하는 동안 원래 화면은 기하학적 모양 안에 화상으로 점차 대체되게 된다(chapter 14 참조). 와이프 모드나 와이프 패턴을 나타내는 버튼으로 특정한 패턴을 선택할 수도 있다(그림 11.11 참조). 대형 스위처 중에는 100개가 넘는 다양한 패턴을 가지고 있는 경우도 있다. 화면의 왼쪽에서 오른쪽으로 와이프되는 수평 와이프처럼 와이프의 방향도 선택할 수 있다. 조이스틱 위치 지정 장치는 화면상에 패턴을 움직일 수도 있다. 다른 조절 장치는 와이프를 부드럽게 하거나 혹은 가장자리를 확실하게 구분하거나 글자의 다양한 외곽선과 그림자를 만드는 데 사용된다.

키와 클립 조절 장치 키 처리란 문자나 화상 요소를 이미 존재하는 장면이나 배경에 삽입하는 것을 말한다. 가장 일반적인 키는 글자를 사람이나 배경 위에 넣거나 뉴스앵커의 어깨 위에 있는 화면을 담은 상자라고 할 수 있다. 키 버스는 문자 발생기의 타이틀과 같은 특정한 영상을 선택해서 배경 장면에 넣는 기능을 수행한다. 키 수준 조절 장치는 클립 조절 장치 또는 클리퍼라고도 부르는데 키 신호를 조정해서 키 과정을 거친 글자가 선명하고 깨끗하게 보일 수 있도록 해주는 장치이다. Grass Valley 100 스위처를 사용해서 다음의 단계를 거치면 키 효과를 얻을 수 있다.

1. 프리셋 버스에서 키를 삽입하고자 하는 배경을 선택한다.
2. 키 버스에서 삽입하고자 하는 화면(일반적으로 문자 발생기)을 선택한다.
3. 기능 지정 조절 장치에서 키와 믹스 버튼을 누른다.

4. 키 조절 장치에서 키 버스 버튼을 누르면 삽입될 화면이 프리뷰 모니터에 나타나게 된다.
5. 클리퍼를 조정하고 게인 조절 장치를 키가 선명하게 보일 때까지 돌린다. 이 단계까지 4 단계에서 말했던 키가 나타나지 않으면 클리퍼를 조정해서 나타나게 만든다.
6. 키를 실행하기 위해서 컷 버튼을 누른다. 배경 화면과 키가 동시에 라인 모니터에 나타나야 한다.

다양한 스위처 모델(모형)들의 기록은 키 효과를 얻기 위해 다른 순서(경로)가 요구된다. 어떤 단계이든지 배경이미지(타이틀에 삽입하기를 원하는 메인이미지)와 키 소스(타이틀) 선택(뽑는 것)이 필요하다. 그런 다음 키가 깨끗하고 선명하게 가장자리에 위치시키기 위해서 clip 조절(제어) 장치를 작동한다.

키의 더 많은 작동 요령과 크로마 키와 같은 부수적인 형식을 알고 싶다면 chapter 14를 참고하도록 한다.

다운스트림 키 조절 장치 다운스트림 키 조절 장치에서 다운스트림(downstream)이란 M/E 단계가 아닌 라인 아웃에서 신호를 조작한다는 의미를 가지고 있다. 다운스트림 키 조절 장치를 이용하면 스위처를 떠나는 신호에 글자나 그래픽을 입힐 수 있게 된다. 버스의 어떤 조절 장치와도 분리되어 있는 M/E 버스가 다른 효과 기능을 수행하도록 가장 마지막 동작으로 실행되고 유지된다. DSK를 가진 대부분의 스위처는 부가적인 페이더 바나 페이드 투 블랙 버튼으로 되어 있는 마스터 페이더를 가지고 있어서 이것을 이용해서 암전으로 페이드된 기본 화상과 다운스트림 키 효과를 함께 볼 수 있다(그림 11.4 참조).

프로그램 버스에 있는 화면을 간단히 디졸브해서 암전할 수 있는데 왜 굳이 페이드-투-블랙 조절 장치가 필요한 것인가 하고 궁금해하는 사람이 있을 것이다. 이것은 DSK에 의해 만들어진 효과는 스위처의 다른 조절 장치와는 완전히 독립된 것이기 때문이다. 프로그램 버스의 BLK 버튼은 배경 화면은 암전시켜도 키 자체는 암전시키지 못한다. 다운스크림 키 조절 장치의 BLK 버튼만이 모든 화면을 암전시킬 수 있다.

예로서 간단한 DSK 효과를 최신 컴퓨터를 소개하는 화면에 시험해 보고 암전시켜 보자. 마지막으로 컴퓨터의 클로즈업이 화면에 나타나고 DSK로 삽입한 컴퓨터의 이름이 보이게 될 것이다. 화면을 암전시키는 한 가지 방법으로 프리셋 버스의 BLK 버튼을 누르고 페이더 바나 자동 장면 전환 버튼을 눌러서 디졸브시키는 방법이 있다는 것을 명심하자. 그러나 이렇게 하면 배경 화면은 의도한 대로 암전되겠지만 삽입된 글자는 그대로 남아 있게 된다. 이 이유에 대해서는 이미 알고 있을 것이다. 다운스트림 키 조절 장치는 스위처에서 M/E 버스를 통해서 암전시킨다든지 하는 어떤 조작에도 영향을 받지 않는다. 전적으로 다른 조절 장치와는 독립되어 있어서 DSK 영역 안에서만 영향을 받기 때문에 그 자체의 암전 조절 장치가 필요하다.

컬러 백그라운드 조절 장치 대부분의 스위처는 키나 타이틀의 글자 혹은 다른 문자로 된 정보에 다양한 색상의 배경이나 윤곽선을 만들 수 있는 조절 장치를 가지고 있다. 색상은 스위처에 내장된 색 발생기에서 나오고, 조절 장치는 색상, 채도, 명도를 조절할 수 있는 손잡이 모양으로 되어 있다(그림 11.4 참조). 대형 프로덕션 스위처에서는 이러한 색상 조절 장치가 각 M/E 버스마다 할당되어 있다.

핵심요약

- 즉석 편집은 쇼가 진행되는 동안 혹은 쇼의 일부분이 진행되는 동안 하나의 영상에서 다른 영상으로 대체하거나 두 개 이상의 영상을 결합하는 것을 말한다.
- 간단하건 복잡하건 모든 스위처는 다양한 입력에서 적당한 영상을 선택하고 기본적인 화면 전환을 수행하며 특수 효과를 만들어 내거나 불러내는 기본 기능을 수행한다.
- 스위처는 영상 입력에 각각 분리된 버튼이 할당되어 있다. 각각의 카메라, VTR, C.G., 그리고 원거리 송신과 같은 다른 영상 입력에 해당하는 버튼을 가지고 있다. 이 버튼들은 줄을 이루고 있는데 이 줄을 버스라고 한다.
- 기본적인 다기능 스위처는 다음에 올 화면을 설정하고 미리 볼 수 있게 하는 프리뷰 버스와 영상 입력을 라인 아웃에 보내는 프로그램 버스, 배경 화면에 삽입될 영상을 선택하는 키 버스, 믹스 효과를 내는 페이더 바, 그리고 다양한 특수 효과 조절 장치를 가지고 있다.
- 프로그램 버스는 직접적으로 입력/출력을 연결해주기 때문에 다이렉트 버스라고도 한다. 프로그램 버스에 있는 버튼을 누르기만 하면 거기에 해당하는 화면이 라인 아웃으로 곧바로 전해지게 된다. 믹스/이펙트(M/E) 버스로도 사용할 수 있다.
- 프리뷰/프리셋 버스는 다음에 올 화상을 선택하고 그것을 프리뷰 모니터로 보내는 데 사용된다. 이것은 또한 믹스/이펙트(M/E) 버스로도 사용 가능하다.
- M/E 버스는 믹스(디졸브, 슈퍼, 페이드) 또는 이펙트 기능을 수행한다.
- 키 버스는 배경에 삽입될 영상을 선택할 때 사용된다.
- 기능 지정 조절 장치는 버스에 특정한 기능을 지정할 때 사용한다.
- 실제 화면 전환을 이루기 위해서는 페이더 바를 한쪽 끝에서 다른 쪽 끝으로 이동시키거나 또는 페이더 바의 역할을 하는 자동 화면 전환 버튼을 이용하면 된다.
- 대부분의 스위처는 다양한 와이프 패턴, 윤곽, 배경 색과 같은 부가적인 효과 장치들을 가지고 있다.

SECTION

11.2

스위처의 기능

What Switchers Do

이 section에서는 아날로그와 디지털 스위처 그리고 스위칭 소프트웨어에 대해서 간략하게 살펴보기로 한다. 실질적으로 새로 생산되는 스위처는 디지털로 설계되어 있으며, 부분적으로 혹은 전체적으로 전부 컴퓨터에 의해 운용된다. 컴포넌트 비디오 녹화기가 주류를 이루면서 스위처의 전자 설계도 변하고 있다.

▶ 스위처의 종류와 기능

프로덕션 스위처와 포스트프로덕션 스위처, 주조정 스위처, 그리고 전송 스위처

▶ 전자 설계

컴포지트와 컴포넌트, 아날로그와 디지털, 오디오-팔로우-비디오 스위처

스위처의 종류와 기능(Switcher Types and Functions)

좀더 주의 깊게 스위처를 살펴보면, 특히 스위처를 작동시킬 때 그것들이 특정한 제작 기능을 수행하기 위해 설계되어 있다는 것을 알 수 있을 것이다. 스위처의 주요 종류에는 (1) 프로덕션 스위처, (2) 포스트프로덕션 스위처, (3) 주조정 스위처, (4) 전송 스위처가 있다.

프로덕션 스위처(Production Switchers)

프로덕션 스위처는 여러 대의 카메라를 사용하는 스튜디오나 현장에서 사용하게 된다. 이 스위처들은 스튜디오의 부조정실이나 중계 트럭에서 찾아볼 수 있을 것이다. 스위처의 주요 목적은 특정한 영상원을 선택해서 컷이나 디졸브, 와이프 등을 통해 연결하고 키를 비롯한 다른 효과를 만들어 내는 것이다. 프로덕션 스위처는 이러한 기능을 안정적이면서 비교적 쉽게 얻을 수 있도록 해야 한다. 풋볼 경기를 생중계할 때 실수란 있을 수 없기 때문이다.

프로덕션 스위처는 다양한 영상원을 사용할 수 있도록 충분한 입력을 가지고 있어야 한다. 간단한 스튜디오 제작이라고 할지라도 적어도 세 대의 카메라와 C.G., 두세 개의 VTR, ESS 장치, 그리고 두세 개의 원격 송신 화상(이동 ENG 트럭, 네트워크 프로그램, 위성 송신 등에서 보내지는 화상)을 위한 입력이 필요하게 된다. 하나의 버튼은 하나의 입력만 담당할 수 있기 때문에 이러한 제작에서는 BLK 버튼이 포함된 적어도 10줄의 버스가 필요하게 된다. 대형 프로덕션 스위처가 13개 이상의 입력을 가지고 있다고 하더라도 때때로 기술 감독은 특히 국제 뉴스나 스포츠 경기를 생방송으로 취재할 때 더 많은 입력이 필요하다고 느끼게 되는데 이러한 경우에는 즉석 재생과 같은 특정한 기능을 수행할 수 있는 부가적인 스위처를 사용하면 된다.

그러나 결혼식이나 농구 경기, 록 콘서트, 클래식 콘서트, 졸업식 등에 여러 대의 카메라를 사용해서 생방송을 하거나 생방송을 그대로 테이프에 녹화해야 하는 경우 13개 입력의 대형 스위처와 중계차를 필요로 하지는 않는다. 이런 경우 몇몇 휴대용 스위칭 시스템만 있어도 대형 중계 트럭의 스위처의 기능을 대신할 수 있다. 예를 들어 PixBox는 작은 서류 가방 크기에 다양한 화면 전환과 특수 효과를 가진 완벽한 오디오/비디오 스위칭 시스템을 가지고 있다. 10개의 영상 입력을 연결해서 4개의 영상을 스위칭할 수 있으며 라인 수준, 마이크 수준의 음향원을 여러 개 입력할 수도 있다. 또한 이것은 두 가지 방식의 효과적인 인터컴 장치와 탈리 라이트 장치도 되어 있다. 랩톱 컴퓨터와 마찬가지로 스위처의 뚜껑에는 원재료 모니터와 큰 프리뷰 모니터, 라인 모니터가 장착되어 있다(그림 11.12 참조).

비록 프로덕션 스위처의 주요 기능이 즉석 편집(다양한 영상원을 선택해서 화면 전환을 이용해 연결하는 것)을 쉽게 하는 것이기는 하지만 포스트프로덕션 스위처와 같이 점점 더 많고 복잡

[그림 11.12] 휴대용 스위칭 시스템
이 휴대용 프로덕션 스위칭 시스템(PixBox2)은 여러 대의 카메라를 사용하는 생방송이나 직접 테이프에 녹화하는 제작에 사용할 수 있도록 설계되어 있다. 8개의 영상 입력과 6개의 음향 입력을 가지고 있으며 탈리 라이트, 인터컴 연결, 그리고 다양한 화면 전환 효과를 제공한다. LCD 화면은 모든 영상 입력을 보여주고 다소 큰 프리뷰 모니터와 라인 모니터의 역할을 하게 된다. 이러한 모든 기술이 작은 서류 가방 안에 들어갈 수 있도록 되어 있다.

한 효과를 필요로 하고 있다. 이러한 효과가 생방송이나 생방송을 직접 테이프에 녹화하는 쇼에 꼭 필요하고 적당한 것일까? 즉석 스위칭의 주요 업무는 장면을 선택하고 다양한 화면 전환을 이용해서 적당히 연결하는 것이기는 하지만 시청자들은 포스트프로덕션의 현란한 편집에 너무도 익숙해져 있기 때문에 생방송이라고 해서 허술하게 보여서는 안 되는 것이다. 적어도 이런 정도의 반론을 제시할 수 있을 것이다.

좀더 납득이 가는 의견을 제시하자면 고가의 스위처가 대부분의 텔레비전 방송국에서 제작되는 몇몇 생방송이나 바로 테이프에 녹화되는 방송에만 한정적으로 사용되어서는 안 되며 좀더 복잡한 포스트프로덕션 업무까지 수행할 수 있어야 한다. 그래서 모든 프로덕션 스위처는 다양한 디지털 효과가 내장되어 있고 복잡한 디지털 효과 장비에 쉽게 연결해서 포스트프로덕션 스위처로 사용할 수 있다. 스위처는 기본적으로 컴퓨터로 운용되기 때문에 미리 제작한 특수 효과는 저장하거나 패널의 필요한 모든 버튼과 레버를 조작할 필요 없이 하나의 버튼만 누르면 즉시 불러낼 수도 있다.

[그림 11.13] 작은 디지털 프로덕션 스위처
이 프로덕션 스위처(Panasonic AG-MX70)는 특별한 효과(특수효과)판을 가진 600의 효과를 낼 수 있다. 그리고 1,600 투-앤-스리 치수의 효과로 확장될 수 있다. 이것은 6개의 입력 버튼을 가진 오디오 믹서가 있다. 그것의 큰 제어 패널은 작동과 모니터링 정보를 보여준다. 모든 포스트 프로덕션과 같이 이것은 간단한 생방송 스위칭에 또한 사용되곤 한다.

포스트프로덕션 스위처(Postproduction Switchers)

포스트프로덕션에서 사용하는 스위처는 즉석 편집용이 아니라 화면 전환과 특수 효과를 만들어 내는 것으로, 간단히 말해서 포스트프로덕션 시스템의 일부분이다. 좋은 포스트프로덕션 스위처는 많은 영상 입력을 가지는 것이 아니라 많은 수의 키 효과와 다른 여러 수준의 장치를 가지고 있어서 복잡한 효과를 차근차근 만들어 나갈 수 있어야 한다. 프로덕션 스위처에서는 다음 장면을 보여주는 데 사용되던 프리뷰 모니터를 포스트프로덕션에서는 프리셋 모니터라고 한다. 이것은 각각의 효과를 다른 화면에 넣거나 다른 편집 장면에 통합하기 전에 자세히 살펴보는 데 사용하기 때문이다(그림 11.13 참조).

모든 정교한 포스트프로덕션 스위처는 디지털 기술을 사용하기 때문에 편집 조절기나 다양한 선형 · 비선형 영상 저장 장치, DVE(digital video effects) 장치, 디지털 음향 장비들처럼 다른 컴퓨터로 운용되는 장비와 자연스럽게 연결해서 사용할 수 있다. 포스트프로덕션 스위처는 기본적으로 메뉴 운용체계를 사용하는데, 이것은 스위처 패널의 버튼을 누르는 것이 아니라 소프트웨어 메뉴의 선택 사항을 입력해서 원하는 기능을 작동시키는 것을 의미한다. 컴퓨터는 소프트웨어의 명령에 반응해서 스위처 버튼을 작동시키고 모든 것이 제대로 되어 있다면 원하는 화면 전환이나 특수 효과를 수행한다.

이렇게 컴퓨터에 의해서 작동되기 때문에 실제 스위처 작동과는 관계없이 그저 컴퓨터 소프트웨어를 이용해서 컷, 믹스, 와이프 따위를 감독하기만 하면 되는 것일까? 그렇다. 윈도나 매킨토시 사양에 모두 적합한 소프트웨어 프로그램이 기본적인 스위처 기능을 대신할 것이다. 버튼을 누르는 대신 마우스로 클릭만 하면 된다(그림 11.14 참조). 한 사람이 진행하는 뉴스나 일기예보와 같이 정확한 예견이 가능한 쇼 형식을 가진 경우, 전체 스위칭을 컴퓨터를 이용해서

[그림 11.14] 컴퓨터 스위처 화면
NewTek switcher VT[4]의 소프트웨어 프로그램이라는 이름의 이 소프트웨어는 기본적인 스위처의 모든 기능을 화면에 나타내주고 작동시킨다. 이것은 또한 포스트프로덕션 스위처로도 사용이 가능하다.

자동으로 실행할 수 있게끔 만든 프로그램도 있다. 이러한 소프트웨어 프로그램은 카메라에서 카메라로 장면을 이동시킬 뿐만 아니라 로보틱 카메라를 움직이도록 지시까지 할 수 있다.

그러나 컴퓨터 기술에도 불구하고 스위처가 사라지지는 않을 것이다. 가장 정교한 컴퓨터 스위처라 할지라도 실제 버튼과 레버를 가지고 있는 스위처만큼 융통성 있고 기능적이지는 못하다. 기술 감독이 제때에 제 버튼만 누른다면 기술 감독이 스위처 패널에 있는 버튼을 누르는 것이 아직까지는 가장 효율적인 즉석 편집 방법이다.

주조정 스위처(Master Control Switchers)

컴퓨터로 조절되는 스위칭은 특히 주조정에 도움이 된다. 실제적으로 주조정 작업에서는 컴퓨터가 기술자를 돕는다기 보다는 기술자가 컴퓨터를 돕는 상황을 연출하게 된다. 컴퓨터로 조정되는 주조정 스위처는 화면 전환 순서를 기억하고 실행할 뿐 아니라, 녹화기나 비디오 카트 장비에 큐를 주고, 돌리고, 정지시키며 ESS 장치에서 정지 화면을 몇 장이고 불러낼 수 있다(그림 11.15 참조).

[그림 11.15] 주조정 스위처
컴퓨터로 조정되는 주조정 스위처는 특정한 영상과 음향을 자동적으로 스위칭한다.

전송 스위처(Routing Switchers)

전송 스위처는 특정 영상 신호를 정해진 장소로 전송한다. 예를 들어, 다양한 모니터에 라인 아웃 영상을 띄우거나 프리뷰 영상으로 교체하고, 이어서 위성에서 보내온 영상으로 교체해야 할 경우에는 전송 스위처를 사용해야 한다. 혹은 VTR 2가 편집에 사용되고 있어 라인 아웃 신호를 VTR 2 대신 VTR 5에 보내야 할 경우에도 전송 스위처를 사용한다. 전송 스위처의 버튼은 프로덕션 스위처의 프로그램 버스나 컴퓨터 조절 장치의 일부와 흡사한 배열을 가지고 있다.

전자 설계(Electronic Designs)

스위처를 조작하는 능력이 전자 설계를 알고 있어야만 가능한 것은 아니라고 하더라도 스위처의 주요 전자적 특성 정도는 알고 있어야 한다. 그 특성에는 컴포지트와 컴포넌트, 아날로그와 디지털, 그리고 오디오-폴로-비디오가 있다.

컴포지트와 컴포넌트(Composite and Component Switchers)

컴포지트 스위처는 NTSC 영상 신호를 전송하고 처리하도록 만들어진 것으로, 휘도와 색상 신호를 하나로 통합한다. 컴포지트 스위처는 영상 신호 전송에 하나의 전선만을 사용한다. 만약 스위처가 스튜디오 쇼나 스포츠 중계와 같이 여러 대의 카메라가 사용되는 생방송의 스위칭에만 사용된다면 컴포지트 스위처가 NTSC 신호만을 다루기 때문에 최적의 선택이 될 것이다. 그러나 포스트프로덕션에서의 높은 화질을 위해서는 Y/C 콤포넌트나 색상 차(Y/R-Y, B-Y), 혹은 RGB 신호 처리가 필요하다(chapter 12.1~12.4 참조).

컴포넌트 스위처는 영상 신호를 Y/C나 색상 차에 따른 상대적 배치를 다루게 된다. Y/C 컴포넌트 스위처에서는 휘도와 색 정보를 분리해서 다루고 두 개의 전선을 통해서 전송하게 된다. 색상 차 컴포넌트 스위처에서는 3개의 신호(휘도, 두 색상 신호 혹은 RGB)를 분리해서 세 개의 전선을 통해서 전송하며 분리해서 처리한다. 대부분의 디지털 스위처는 컴포지트나 컴포넌트 방식에 적합하게 설계되어 두 구조 중 하나를 받아들이도록 만들어져 있다(이 시스템들은 chapter 12에서 설명되어진다).

아날로그와 디지털 스위처(Analog and Digital Switchers)

대부분의 아날로그 스위처가 DVE 혹은 이러한 효과를 저장하기 위한 디지털 장치를 가지고 있기는 하지만 아날로그 영상 신호가 카메라나 VTR을 통해서 들어오면 아날로그 방식으로 처리하는 것을 기본으로 하고 있다. 반면 디지털 스위처는 입력되는 모든 영상 신호를 디지털로 처리한다. 대부분의 디지털 스위처는 컴포넌트 시스템을 가지고 있지만 컴포넌트에서 컴포지트로 구성을 바꿀 수도 있게 되어 있다.

디지털 스위처의 장점 중 하나는 디지털 카메라나 디지털 편집 장치, 컴퓨터 하드 드라이브, 읽기/쓰기 전용 광학 디스크, 그 외 수많은 디지털 저장 장치와 같은 디지털 장비로부터 직접적으로 신호를 받아들여 영상 신호원으로 사용할 수 있다는 점이다. 또 다른 장점으로는 디지털 신호는 아날로그 신호보다 영상 잡음에 의한 방해

GV Model 110-HD 디지털 스위처

GV Model 100 아날로그 스위처

[그림 11.16] 기능 지정 조절 장치
기능 지정 조절 장치는 버스의 기능과 특정한 전환 방법을 지정하게 된다.

를 덜 받는다.

다행히도 디지털 스위처는 아날로그 스위처의 스위칭 논리를 그대로 가지고 있다. 이것은 디지털 스위처도 아날로그 스위처와 마찬가지로 M/E, 프로그램, 프리뷰/프리셋, 키 버스와 페이더 바를 그대로 가지고 있다는 것이다. 사실 외형만 봐서는 그것이 디지털 스위처인지 아날로그 스위처인지 분간하기는 어렵다(그림 11.16 참조). 중요한 점은 두 스위처 모두 비슷한 작동 방법에 의해 작동된다는 것이다.

오디오–팔로우–비디오 스위처(Audio–Follow–Video Switchers)

오디오–팔로우–비디오 스위처는 영상과 음향을 동시에 스위칭하는 스위처다. 예를 들면, 두 사람이 통화하는 장면에서 한 사람을 A라고 하고 다른 사람을 B라고 했을 때 A라는 사람이 화면에 나오면 B라는 사람의 목소리가 전화 목소리 필터를 사용해서 목소리가 변조되고 B라는 사람을 비추면 A라는 사람의 목소리가 변조되는 것을 말한다. 다시 A라는 사람을 비추면 그 사람의 목소리는 정상으로 돌아오고 B의 목소리가 변조된다.

주조정 스위처는 오디오–팔로우–비디오 스위처로 자동적으로 영상에 수반되는 음향을 바꿔준다.

핵심요약

- 프로덕션 스위처는 다중 카메라로 제작되는 동안 즉석 편집을 용이하게 하기 위해 사용된다. 이 스위처는 제작 중에 사용되는 영상 출처의 개수를 모두 충당할 수 있는 충분한 수의 입력을 가지고 있다.
- 포스트프로덕션 스위처는 즉석 편집보다는 화면 전환과 특수 효과를 만들어 내는 데 사용된다.
- 주조정 스위처는 컴퓨터에 의해 운용된다. 하나의 프로그램에서 다른 프로그램으로 교체하는 것뿐만 아니라 VTR과 비디오 카트 기계를 돌리며, DVE, ESS 영상을 불러내고 비디오 서버에 자료를 저장하기도 한다.
- 전송 스위처는 단순히 영상 신호를 특정한 목적지로 보내는 역할을 한다.
- 컴포지트 스위처는 NTSC 영상 신호를 전송하도록 만들어진 것이다.
- 컴포넌트 스위처는 Y/C 성분, 색상 차, 혹은 RGB 영상 신호를 전송하도록 만들어졌다. 대부분의 디지털 스위처는 컴포지트나 컴포넌트 신호를 모두 다룰 수 있다.
- 아날로그 스위처는 스위칭 작업 전반에 걸쳐 아날로그 영상 신호를 다루게 된다. 그러나 특수 효과는 디지털로 처리하는 경우가 많다.
- 디지털 스위처는 주로 컴포넌트 스위처로 영상 신호를 오로지 디지털 방식으로 처리한다. 디지털 스위처는 아날로그 스위처와 흡사한 방식의 스위처 구조(스위칭 논리와 버스의 기능 배치)를 가지고 있다.
- 오디오–폴로–비디오 스위처는 영상과 함께 음향도 스위칭해준다.

CHAPTER

12

영상 녹화와 저장 장치

Video-Recording and Storage Systems

이벤트를 생방송으로 내보내는 것이 텔레비전의 가장 큰 강점이라고는 하지만 대부분의 프로그램은 일종의 영상 녹화 장치에 미리 녹화되어 방송되고 있다. 생방송으로 진행되는 뉴스에서조차도 많은 녹화 자료들이 사용된다. 영상과 관계된 것이든 다른 제작 장비와 독립된 것이든 거의 대부분의 프로그램 자료들은 일종의 영상 녹화기로부터 나온 것이다.

이러한 녹화 장비가 중요해지면서 제작사들은 계속해서 영상 자료와 음향 자료를 압축해서 좀더 작은 저장 장치에 담을 수 있으면서도 자료를 보다 쉽고 빠르게 검색할 수 있는 장비를 만들기 위해 안간힘을 쓰고 있다. section 12.1 「영상 녹화 방법」에서는 주요 테이프 또는 디스크를 기반으로 하는 영상 녹화와 저장 장치에 대해서 알아보기로 한다. 테이프 기반의 장치들은 비디오테이프를 아날로그 또는 디지털 영상, 음향 신호 저장 매체로 사용한다. 디스크 기반 장치들은 오로지 디지털 영상, 음향 신호들을 컴퓨터의 하드 드라이브나 읽기/쓰기 전용 광학 디스크에 저장한다. 오늘날 모든 비디오 자료는 디지털 카메라로 저장하기 때문에 디스크 기반의 녹화, 편집, 재생 장치들에 눈부신 발전이 이루어졌다.

Section 2.2 「영상 기록 방법」에서는 영상 녹화 장비의 사용 방법과 주요 스튜디오, ENG/EFP 녹화과정에 대해서 살펴보기로 한다.

주요 용어

아날로그 녹화 장비(analog recording systems) 본래의 영상 및 음향에 의해 생성된 영상 신호와 음향 신호의 변화를 지속적으로 기록하는 것.

컴포지트 시스템(composite system, 통합 시스템) 휘도 신호와 색도 신호, 동조 신호가 하나의 영상 신호로 양자화해서 하나의 전선을 통해 전송되는 장치. NTSC 신호라고도 한다.

압축(compression) 저장되고 전송되는 데이터의 양을 줄이기 위해서 원정보를 작은 공간에 넣거나 가장 덜 중요한 데이터를 제거하는 것. 손실 압축과 무손실 압축이 있다.

컨트롤 트랙(control track) 동조화한 신호를 저장하기 위한 비디오테이프 위의 공간. 비디오 트랙을 위치시키고 읽거나 프레임 수를 세서 VTR의 주행 속도를 조절한다.

디지털 녹화 장치(digital recording systems) 아날로그 영상 신호와 음향 신호의 샘플을 취해서 이것을 분리된 on/off 펄스로 변환시키는 것. 이러한 디지트는 0과 1로 기록된다.

디스크 기반 영상 녹화 장치(disk-based video recorder) 하드디스크나 읽기/쓰기 전용 광학 디스크에 정보를 기록하고 저장하는 모든 디지털 영상 녹화기. 모든 디스크 기반 장비는 비선형의 성격을 띈다.

전자 정지 화면 저장(ESS) 장치[electronic still store (ESS) system] 어떤 영상원에서도 하나의 프레임을 잡아서 디스크에 디지털 형식으로 저장하는 전자 장치. 특정한 프레임을 1초도 안 되는 시간에 무작위로 접속할 수 있다.

현장 기록(field log) 비디오테이프에 저장하는 동안 모든 테이크를 기록한 것.

플래시 메모리 장치 다운로드와 저장, 업로드를 많은 양(1기가 바이트 이상)의 디지털 정보를 빠른 시간 안에 할 수 있는, 읽기 쓰기가 가능한 휴대용 저장장치. 플래시 디바이스, 스틱 플래시, 플래시 스틱 혹은 플래시 메모리 카드라고도 불린다.

프레임스토어 동조 장치(framestore synchronizer) 완전한 영상 프레임을 저장하고 불러내는 이미지 안정화 · 동조화 장치.

JPEG 주로 정지 화면에 사용되는 압축 방법으로, Joint Photographic Experts Group에 의해 만들어졌다.

MPEG 동영상에 사용하는 압축 방법으로, Moving Picture Experts Group에 의해 만들어졌다.

MPEG-2 동적인 영상을 위한 압축 방법.

MPEG-4 인터넷 스트리밍을 위한 압축 방법.

RGB 성분 시스템(RGB component system) 적색, 녹색, 청색 신호가 전체 녹화 및 저장과정에서 분리되어 다루어지는 아날로그 영상 녹화 장치. 이 세 신호는 분리된 선을 통해서 전송된다.

테이프 기반 비디오 녹화기(tape-based video recorder) 비디오테이프에 정보를 기록하고 저장하는 모든 영상 녹화 장치. 모든 테이프 기반 장치는 선형을 띈다.

타임 베이스 커렉터(TBC)[time base corrector (TBC)] 정보를 재생하고 전송할 때 전자적으로 안정을 유지할 수 있도록 돕는 영상 녹화기의 부속품.

비디오 리더(video leader) 프로그램 자료에 앞서 녹화되는 시각 자료와 컨트롤 톤. 재생을 위한 기술적인 기준을 제시한다.

비디오테이프 녹화 장치[videotape recorder (VTR)] 영상 신호와 음향 신호를 재생이나 포스트프로덕션 편집에 사용하기 위해 비디오테이프에 녹화하는 전자 녹화 장치.

비디오테이프 트랙(videotape tracks) 대부분의 비디오테이프 장비들은 비디오 트랙, 두 개 이상의 오디오 트랙, 컨트롤 트랙, 그리고 경우에 따라서는 분리된 타임 코드 트랙을 갖는다.

Y/C 성분 시스템(Y/C component system) 휘도와 색도 신호가 양자화 과정이나 전송 과정에서 분리되어 있다가 실제로 비디오테이프에 기록될 때는 결합되는 아날로그 영상 녹화 시스템. Y/C 성분 신호는 두 개의 선을 이용해서 전송된다. S-비디오라고도 한다.

Y/color 차별 성분 시스템(Y/color difference component system) 휘도 신호, 적색에서 휘도를 뺀 신호, 청색에서 휘도를 뺀 신호, 이렇게 세 개의 신호가 녹화와 저장과정 도중에 분리되어 다뤄지는 영상 녹화 시스템.

SECTION

12.1 영상 녹화 방법

How Video Recording Works

비디오 녹화 장치가 매우 다양하기는 하지만 이 장비들은 테이프 기반과 디스크 기반으로 크게 두 개로 구분할 수 있다. 테이프 기반의 장비들은 아날로그나 디지털 신호를 저장할 수 있으며 디스크 장치들은 오직 디지털 정보만을 저장할 수 있다. 테이프 기반의 저장 장치와 비교해 봤을 때 디스크 기반의 저장 장치의 이점은 편집에 있어서 아주 중요한 특징인 무작위 선택이 가능하다는 것이다.

다양한 장치들에 대한 이해를 돕기 위해 이 section에서는 중요 저장 장치와 기술에 대한 전반적인 내용과 테이프 기반과 디스크 기반의 녹화 및 저장 장치에 대해 구체적으로 알아보기로 하겠다.

▶ 녹화 장치와 기술

아날로그와 디지털 장치, 선형 · 비선형 장치, 컴포지트와 컴포넌트 시스템, 샘플링과 압축

▶ 테이프 기반의 녹화 장치와 저장 장치

비디오테이프 녹화 방법, VTR을 작동시키기 위한 조절 장치, 전자적 특성, 주요 아날로그 디지털 장비

▶ 테이프를 사용하지 않는 녹화 장치와 저장 장치

하드디스크 장치, 읽기/쓰기 전용 광학 디스크와 데이터 전송

녹화 장치와 기술(Recording Systems and Technology)

이 section에서는 다음의 분류에 따라 녹화 기술을 살펴보기로 한다. (1) 아날로그와 디지털 장치, (2) 선형과 비선형 시스템, (3) 컴포지트와 컴포넌트 장치, (4) 샘플링, (5) 압축.

아날로그와 디지털 장치(Analog and Digital Systems)

비록 디지털 비디오가 전문적인 장비로서 확실한 자리를 굳히고 있기는 하지만 전문적인 작업에서 고성능 Betacam 녹화 장비도 생생하고 훌륭하다는 것을 알 수 있을 것이다.

아날로그 비디오테이프 녹화기 아날로그 비디오테이프 녹화기는 아날로그 오디오테이프 녹음기와 흡사하다. 아날로그 녹화 장치에서는 텔레비전 영상의 전자 펄스(영상 신호)와 음향은 플라스틱 비디오테이프의 산화철로 도포된 면을 자기화하는 방식으로 기록 및 저장된다. 재생을 통해 저장된 정보는 영상 신호와 음향 신호로 다시 변환되고 텔레비전 수상기에 의해 영상과 음향으로 전환된다. 전자 정보의 양은 음향보다는 영상이 몇 배 많다.

모든 장치가 모두 같은 것은 아니다. VHS와 같은 장치들은 경제적이며 작동이 용이한 가정용이다. 이 장치의 영상이나 음향이 뛰어난 것은 아니지만 축구 경기나 드라마를 녹화하기에는 충분하다. 그러나 친구를 위해 복사본을 제작하려 한다면 첫 복사본에서부터 품질이 현저히 떨어지게 된다. S-video 장치는 VHS와 유사하지만 전문가용으로 제작된 것이다. 최초 녹화 내용은 품질이 높고 VHS처럼 복사할 때 급속히 품질이 떨어지는 것을 방지한다.

Betacam SP와 같은 고성능 아날로그 장치들은 최고의 디지털 장치에서와 같은 화질을 보여준다. 이러한 장치들이 복사본에서의 변질을 비교적 적게 보여주기는 하지만 복사본의 복사를 10회 이상했을 때 질이 떨어지는 것이 사실이다.

디지털 비디오테이프 녹화기 아날로그와 비교해서 디지털 녹화 장치의 장점은 복사본에서 질의 손실을 가져오는 비디오테이프가 아닌 다른 녹화 매체를 사용할 수 있다는 것이다. 실제로 다섯 번째 복사본도 원본의 질을 고스란히 담고 있다. 비디오테이프뿐만 아니라 컴퓨터 하드 드라이브나 광학 디스크, 플래시 메모리 장치들을 가지고 디지털 비디오와 오디오 신호를 녹음하고 재생할 수 있다(이 특정한 녹화 장치에 대해서는 이 section의 후반에 다시 다루기로 하겠다). 컴퓨터 하드디스크(disk)는 k로 광학 디스크(disc)는 c로 표기하는 것을 기억하기 바란다.

선형 · 비선형 시스템(Linear and Nonlinear Systems)

선형 · 비선형이라는 단어는 정보의 저장에서보다는 검색에서 자주 쓰이는 말이지만, 테이프 기반의 장비들을 선형 녹화 장치로 디스크 기반의 장비들을 비선형 녹화 장치로 설명하는 것을 들어봤을 것이다.

선형 시스템 모든 테이프 기반 장비는 선형을 띄고 있다. 선형 장비는 이들의 정보를 연속적으로 기록한다. 즉, 검색과정에서 3번 장면을 찾으려면 1번과 2번 장면을 거쳐야 한다는 것을 의미한다. 테이프 기반의 장치가 아날로그 방식이 아닌 디지털 방식으로 저장을 한다고 하더라도 선형적 특성 때문에 무작위 접속이 불가능하다. 장면 1과 2를 거치지 않고는 장면 3을 불러낼 수 없다.

비선형 시스템 모든 디스크 기반 장비들은 비선형을 띄고 있다. 이것은 무작위로 어느 장면이나 이전 자료를 거치지 않고 접속할 수 있다는 것을 의미한다. 예를 들어, 3번 장면 파일을 불러내면 직접 3번 장면에 접속할 수 있다. 무작위 접속은 디스크 어느 부분에 저장되어 있어도 원하는 화면이나 음악 파일을 즉각적으로 불러올 수 있기 때문에 특히 편집과정에서 중요하게 사용된다. 선형 시스템과 비선형 시스템의 차이점은 chapter 13의 포스트프로덕션에 관한 내용에서 좀더 자세히 다루기로 한다.

컴포지트와 컴포넌트 시스템(Composite and Component Systems)

컴포지트와 컴포넌트의 두 가지 방식은 혼용될 수 없고 제작 응용 방식이 서로 다르기 때문에 영상 녹화기를 이렇게 둘로 나누는 것은 중요하다고 하겠다. 아날로그와 디지털 녹화 장비들은 다음의 네 가지 중 한 가지 방법을 채용해서 신호를 다룬다. (1) 컴포지트, (2) Y/C 성분, (3) Y/color 차별 성분, (4) RGB 성분.

컴포지트 시스템 아날로그 컴포지트 시스템은 색도와 휘도 정보를 하나의 신호로 결합한다. 결합된 신호를 송신하기 위해서는 하나의 선만 있으면 된다. 컴포지트 영상 신호의 전자적 기준은 미국 규격위원회(National Television System Committee)에서 오래 전에 정한 것이기 때문에 이를 NTSC 신호 또는 간단히 NTSC라고도 한다. NTSC 시스템은 유럽 PAL과 같은 다른 컴포지트 시스템과는 구별된다. 시스템이 일치하지 않을 때는 표준 변환이 필요하다. 대부분의 표준 변환은 신호를 공급하는 위성에 의해서 이루어진다.

컴포지트 신호의 가장 큰 단점은 색도 정보와 휘도 정보 사이에 간섭이 조금이라도 일어나

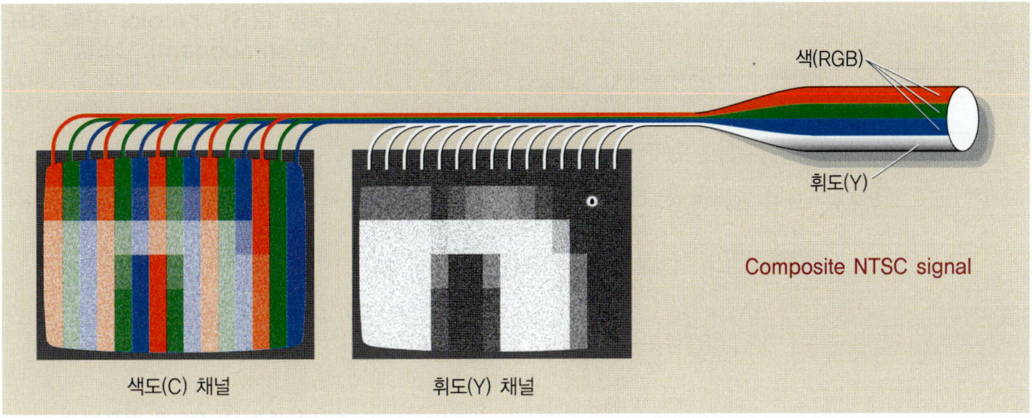

[그림 12.1] 컴포지트(composite) 시스템
컴포지트 시스템은 휘도(Y)와 색도(C) 정보를 결합시킨 비디오 신호를 사용한다. 이 신호를 전송하고 기록하기 위해서는 한 개의 선만 있으면 된다. 이것이 표준 NTSC 시스템이다.

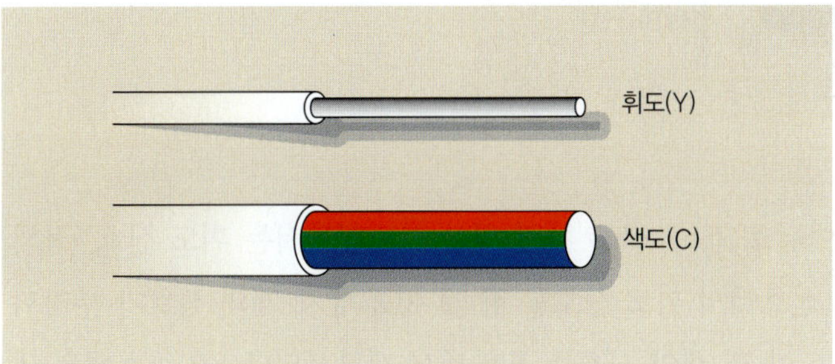

[그림 12.2] Y/C 컴포넌트 (component) 시스템
이 시스템은 Y(휘도)와 C(색도) 정보를 분리해서 비디오테이프상에서 두 신호를 결합시킨다. 두 개의 분리된 신호를 전송하기 위해 두 개의 선이 필요하다.

면 신호가 약해지기 때문에 복사를 거듭할수록 눈에 띄게 질이 떨어진다는 것이다(그림 12.1 참조).

Y/C 성분 시스템 S-video라고도 부르는 아날로그 Y/C 성분 시스템은 휘도와 색도 신호를 양자화 과정과 디코딩 과정에서 별개로 분리시킨다. 그러나 녹음과정에서 두 개의 신호는 결합되며 저장할 때에는 같은 트랙에 저장된다. Y/C 방식은 Y/C 성분 신호를 전달하기 위해 두 개의 선을 사용한다(그림 12.2 참조).

Y/C 성분 녹화의 장점을 유지하기 위해서는 스위처나 문자발생기 같이 처리과정에 쓰이는 다른 모든 장비도 휘도와 색도 신호를 분리시킬 수 있어야 한다. 이것은 Y/C 성분 비디오테이프를 일반 VHS 녹화기에서 재생할 수는 없고 S-VHS 녹화기에서만 재생할 수 있다는 것을 의미한다. Y/C 성분 시스템의 장점은 고화질의 영상을 만들어 낼 수 있어서 NTSC 테이프보다는 복사를 거듭해도 화질이 많이 떨어지지 않는다는 것이다.

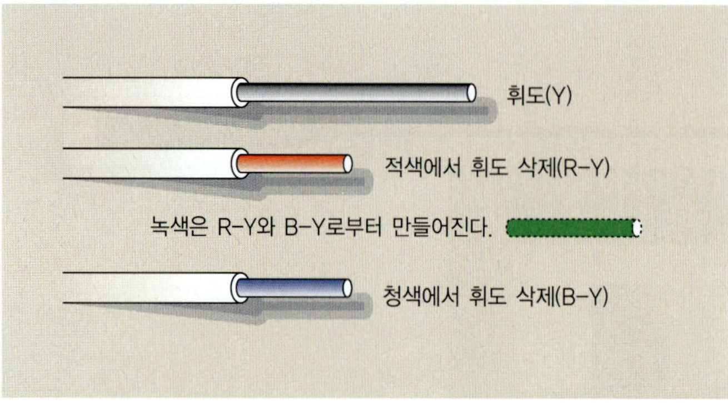

[그림 12.3] Y/color 구별 컴포넌트(component) 시스템
RGB 컴포넌트 시스템과 유사하게 Y/color 구별 컴포넌트 시스템은 세 성분 신호, Y(휘도) 신호, R-Y(적색에서 휘도를 뺀 신호) 신호, B-Y(청색에서 휘도를 뺀 신호) 신호를 전송하기 위해 세 개의 선이 필요하다. 녹색 신호는 이 세 신호로부터 만들어진다.

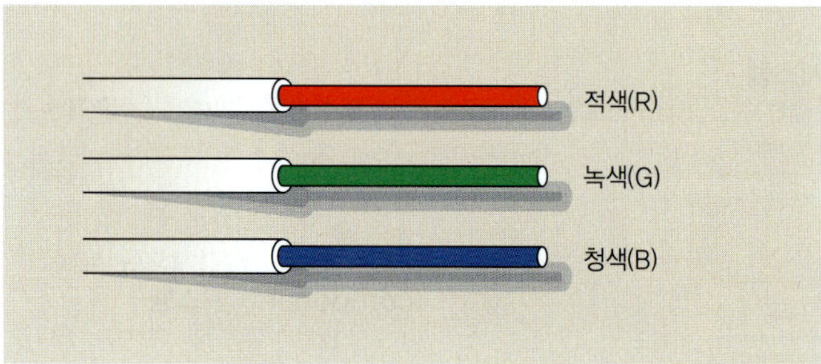

[그림 12.4] RGB 컴포넌트(component) 시스템
RGB 시스템이라고 하기도 하는 이 시스템에서는 녹화과정 중 세 개의 RGB 신호를 분리한다. 이 신호들을 전송하기 위해 세 개의 선이 필요하다.

Y/color 차별 성분 시스템 이 아날로그 Y/color 차별 성분 시스템에서는 휘도 신호, 적색 신호에서 휘도 신호를 뺀 것, 청색 신호에서 휘도 신호를 뺀 것 이렇게 세 개의 신호가 분리되어 전송되고 저장된다. 녹색 신호는 이 세 개의 신호를 혼합해서 재구성된다. 이 시스템은 세 개의 분리된 신호를 전송하기 위해 세 개의 선이 필요하다(그림 12.3 참조).

RGB 성분 시스템 아날로그 RGB 시스템에서는 적색, 녹색, 청색 신호가 분리된 채로 유지되어 녹화와 저장의 과정을 거치게 된다. 세 개의 신호는 비디오테이프에 기록될 때도 분리된 상태로 기록된다. RGB 시스템에서는 신호를 전송하기 위해 세 개의 선이 필요하기 때문에 스위처나 편집기, 모니터와 같은 다른 장비들도 이 시스템에 맞아야 사용할 수 있다. 이것은 모든 장비가 영상 신호를 다루는 데 있어서 표준 NTSC 시스템의 한 개의 선이 아닌 세 개의 선을 가지고 있어야 한다는 것을 의미하고, 대부분의 다른 시스템이 표준 NTSC 시스템을 따르고 있는 상황에서 이 RGB 시스템을 사용하려면 부가적으로 다른 장비를 다시 구입해야 하기 때문에 비용 문제가 발생한다(그림 12.4 참조).

이 RGB 시스템의 가장 큰 장점은 아날로그 녹화기라 하더라도 복사를 거듭해도 본래의 화질을 거의 그대로 유지할 수 있다는 것이다. 이러한 특성은 여러 번의 녹화를 통해서 만들어지는 애니메이션 장면처럼 특수 효과를 많이 필요로 하는 상황에서 특히 중요하다.

앞에서 살펴본 바와 같이 선이 하나인 NTSC 컴포지트 신호로 된 기존의 아날로그 방송이나 이미 배급되어 있는 NTSC 방식의 테이프에 맞추기 위해서는 Y/C, Y/color 차별, RGB 성분 시스템은 각각의 분리된 신호를 통합하는 과정이 필요하다.

샘플링(Sampling)

모든 영상 녹화에서 4:1:1 비율의 샘플링보다 4:2:2 비율의 샘플링이 유리한 점이 많다는 얘기를 아마도 들어봤을 것이다. 이것은 디지털화 과정에서 C(색도) 신호가 Y(휘도) 신호보다 더 적게 사용된다는 것을 의미한다. 4:1:1의 비율에서는 휘도 신호가 색도 신호의 4배, 4:2:2 비율에서는 휘도 신호가 색도 신호의 2배로 사용되며 이것은 일정 시간 동안 색도 신호가 2번 방출될 때 휘도는 4번 방출된다는 것을 의미한다. 휘도 신호가 이렇게 후한 대접을 받는 이유는 바로 휘도 신호가 화상의 선명도에 가장 많이 기여하기 때문이다.

색 신호는 보통의 제작 요구 사항에 맞는 좋은 색을 만들어 내지만 블루 스크린이나 크로마키와 같은 다양한 특수 효과를 거치면서도 질이 떨어지지 않을 만큼 질 높은 색을 만들어 내기 위해서는 더 높은 샘플링 비율을 가진 장비가 필요하다. 그러므로 고화질을 만들어 내야 하는 제작에서는 4:2:2의 비율, 즉 두 개의 색 신호당 1/2개의 휘도 신호 빈도로 샘플링을 하게 된다.

이해하기 힘들겠지만 걱정할 필요는 없다. 이 시스템에 대해서 기억해야 할 가장 중요한 것은 NTSC 컴포지트 시스템의 영상 신호는 Y/C 성분 시스템이나 RGB 성분 시스템보다 다소 떨어지는 Y/C 컴포지트 시스템보다도 더 낮다는 것이다. 4:1:1 비율의 샘플링도 좋은 화질을 만들어 내지만 4:2:2 비율의 샘플링이 더 좋은 영상을 만들어 낸다는 것을 기억하면 된다. 사실, 이 두 개의 샘플링 비율은 복잡한 효과를 사용하거나 고도로 높은 콘트라스트를 가진 조명 조건에서나 차이가 난다.

기억해야 할 또 한 가지 중요한 점은 이러한 시스템들을 섞어 사용할 수 없기 때문에 각각의 녹화 재생 장비가 필요하다는 것이다. 또한 많은 더빙이나 특수 효과를 사용해야 할 경우 디지털 방식의 녹화가 아날로그 방식보다 월등한 화질을 만들어 낸다는 것 정도를 기억하면 된다.

압축(Compression)

Chapter 2에서 이미 다룬 내용이지만 다시 한 번 말하자면 압축이란 영상 신호에서 좀더 효율적인 저장이나 신호 전송을 위해서 중복되는 영상 정보를 재배치하거나 삭제하는 것을 말한다. 무손실 압축이란 좀더 작은 공간을 차지하도록 단순히 데이터를 재배치하는 것을 말한다. 이 기술은 가방에 들어가지 않는 많은 짐을 가방에 들어가도록 다시 싸는 것과 비슷하다. 손실 압축이란 불필요한 정보를 삭제하여 좀더 작은 가방에 짐을 넣는 것과 같은 원리이다.

디지털 영상 저장은 전송하는 데 엄청난 시간이 걸릴 뿐 아니라 엄청난 하드디스크 공간을 필요로 한다. 작은 가방에 짐을 싸서 여행하는 것이 훨씬 쉽듯이 대부분의 압축 시스템은 손실 압축 방법을 채택해서 화질의 손상이 심하게 일어나지 않을 만한 부분을 버린다. 영상 압축에는 인트라프레임 압축과 인터프레임 압축의 두 종류가 있다.

인트라프레임(intraframe) 압축 이 압축 방법은 정지 이미지를 위해 주로 사용되지만 각각의 비디오 프레임에 적용되기도 한다. 인트라프레임 압축에서는 원본과 같이 예쁜 이미지를 얻기 위해서 불필요한 비디오 정보를 모두 버리게 된다. 기술적 용어로 볼 때 이것은 공간의 중복을 제거하는 것을 의미한다.

과중한 짐을 실은 가방을 다시 상상해보자. 공간을 절약하기 위해 우리는 각각의 옷가방을 살펴보고 여섯 벌의 셔츠보다는 두 벌의 셔츠로 줄이는 것을 자문해 보게 될 것이다. 그리고 스웨터 가방을 보고 특히 우리가 따뜻한 곳으로 여행을 할 예정이라면 여섯 벌 중 다섯 벌을 꺼내게 될 것이다. 우리는 가방 구석구석을 살피며 우리가 놓고 가도 좋을 만한 것들을 선별하게 된다. 곧 우리는 불필요한 물건들을 제거한 여행하기 알맞은 적당한 크기의 여행 가방을 얻게 될 것이다. JPEG–주로 정지 화면을 위해 사용되는 압축 방법–에서는 이러한 인트라프레임 압축 기술을 사용한다.

인터프레임(interframe) 압축 이것은 유동 이미지를 위해 발전된 방법이다. 각각 독립된 프레임을 압축하는 것과 달리 인터프레임 압축은 프레임과 프레임 사이의 중복된 정보를 살피게 된다. 기본적으로 이 시스템에서는 앞선 프레임과 비교해서 뒤에 이어지는 프레임에서 변화된 픽셀만을 선택하게 된다. 예를 들어 우리가 구름 한 점 없는 하늘을 배경으로 달리고 있는 사이클리스트를 본다면 이 압축 장치에서는 계속 반복되는 파란 하늘이라는 정보를 무시하고 변화하는 사이클리스트의 동작에 집중하게 되는 것이다. 살펴본 바와 같이 인터프레임 압축에서는 하나의 프레임에서 공간적 중복이 아닌 프레임과 프레임 사이의 시간적 중복을 살피게 된다.

마지막으로 여행 가방의 예를 들어보기로 하자. 두 사람이 여행 가방을 싼다고 가정해보자. 존은 이미 커다란 여행 가방을 싸놓은 상태고 엘렌은 가방을 싸기 시작한다. 그러나 엘렌이 가방을 싸기 시작하기 전에 존이 무엇을 가져가는지 물어본다(완벽한 비디오 프레임 1). 기쁘게도 존은 엘렌이 가져가고 싶어하던 것들 중 많은 것을 이미 꾸려놓았다고 한다면 작은 가방에 필요한 몇 개의 물건만 챙기면 되는 것이다(인터프레임 압축을 사용한 프레임 2). 동적인 영상을 위한 압축 방법인 MPEG-2는 인터프레임 기술이다(MPEG는 동적인 영상을 위한 기술이며 Moving Picture Experts Group에 의해 개발되었다).

이 방법의 문제점은 편집에 있다. 압축된 프레임이 손실이 많기 때문에 이러한 프레임들은 편집에 있어서 시작 장면이나 마지막 장면으로 사용되기에는 부적합하다. 그러므로 이러한 시스템에서는 예를 들어 5번째마다 혹은 10번째마다 독립적이며 압축되지 않은 완벽한 프레임을 전송해야만 한다. 그렇게하면 편집자들은 실제 장면을 가지고 작업할 수 있게 된다. 음향과 입술 모양을 일치시켜야만 하는 편집자에게는 5번째 혹은 10번째마다 주어지는 완벽한 프레임이 충분치 않을 수 있지만 대게는 이러한 5번째마다 주어지는 풀프레임은 그리 큰 문제가 되지는 않는다. 그래서 이러한 참고 프레임(압축되지 않은 프레임)이 편집을 포함한 많은 작업과정에서 자주 사용되곤 한다.

압축 기술의 종류와는 관계없이 우리는 압축은 덜 할수록 훌륭한 화질을 얻을 수 있다는 간단한 공식을 이미 알고 있다. 하지만 그리 탐탁치는 않지만 또 다른 법칙이 있는데 그것은 압축이 적을수록 다루어야 할 정보의 양은 더 거대해지고 더 버거워진다는 것이다.

테이프 기반의 녹화 장치와 저장 장치 (Tape-Based Recording and Storage Systems)

여기서는 (1) 비디오테이프 녹화기의 작동 방법, (2) VTR 조절 장치의 작동 방법, (3) VTR의 전자적 특성과 기능하는 방법, (4) 현재 사용되고 있는 주요 아날로그 디지털 VTR에 대해서 알아보기로 한다.

비디오테이프 녹화기의 작동 방법(How Videotape Recording Works)

일반적으로 비디오테이프 녹화기(VTR)란 나중에 재생이나 포스트프로덕션 편집을 목적으로 영상 신호와 음향 신호를 비디오테이프에 기록하는 전자 녹화 장치를 말한다. 비디오가 녹화를 하는 동안 비디오테이프는 회전하는 헤드를 지나쳐 가게 되고 이 헤드가 영상 신호와 음향 신호를 테이프 위에 기록하고 재생할 때는 헤드가 전자기적으로 저장된 정보를 읽어내는 것이다. 어떤 VTR은 두 개 혹은 네 개의 헤드가 녹화/재생(쓰기/읽기)의 기능을 수행한다. 또 어떤 디지털 VTR은 다양한 영상, 음향, 그리고 트랙을 조절하기 위해 더 많은 헤드를 가지고 있는 것도 있다. 어떤 VTR에서는 재생 상태일 때 녹화할 때 사용됐던 같은 헤드가 트랙으로부터 정보를 읽어내는 데 사용되어 영상 신호로 변환시키는 역할을 하기도 한다. 다른 것들

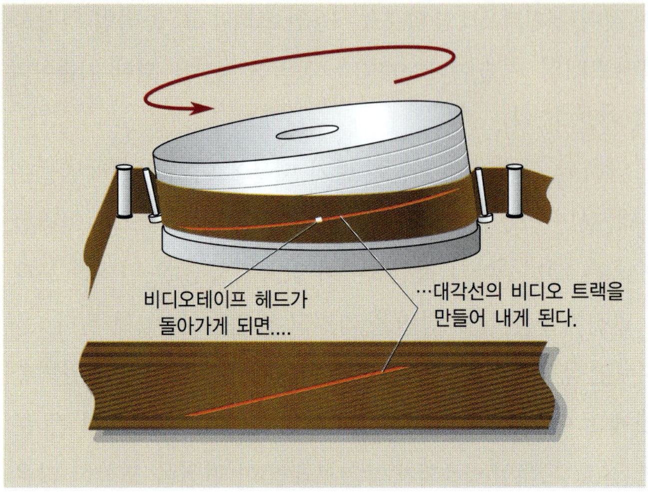

[그림 12.5] 헬리컬 주사 또는 슬랜트 트랙 장치
비디오 트랙은 좁은 테이프를 더 많이 접촉하기 위해 대각선으로 지나게 된다.

중에는 녹화와 재생 기능에 각각 다른 헤드를 사용하는 것도 있다. 비디오 녹화기 작동 방법을 간단하게 설명하기 위해서 두 개의 녹화/재생 헤드를 가진 아날로그 VTR을 예로 들어 설명하겠다.

녹화/재생 헤드 두 개의 헤드는 빠른 속도로 회전하는 헤드 드럼이나 정지 상태의 헤드 드럼 안에 있는 회전 바의 서로 반대편에 장착되어 있다. 바에 장착되어 있는 경우에는 헤드 드럼에 나 있는 긴 구멍을 통해서 테이프와 접촉하도록 되어 있다. 테이프나 드럼 속도를 적당하게 유지하면서 많은 영상 정보를 얻기 위해 가능한 한 공간을 많이 확보하기 위해서 테이프는 헤드 드럼과 비스듬히 나선형으로 감기도록 되어 있다. 나선형이란 그리스어로 헬릭스(helix)라고 하는데, 테이프가 나선형으로 감기거나 이렇게 감기는 구조를 가진 비디오 녹화 장치를 통틀어 헬리컬 주사(helical scan) 또는 슬랜트 트랙(slant-track) 장치라고 한다(그림 12.5 참조).

비디오테이프 트랙 대부분의 비디오테이프 녹화기는 적어도 4개의 분리된 트랙을 만들게 되는데 비디오 트랙에는 화상 정보를 담고, 두 개의 오디오 트랙에는 모든 음향 정보를 담게 되며 컨트롤 트랙은 비디오테이프와 VTR 헤드의 속도를 조절하는 역할을 한다(그림 12.6 참조, 뒤에서 자세히 다루겠지만 Hi8과 같은 녹화 방식에서는 컨트롤 트랙을 사용하지 않는다). 이 트랙을 자세히 살펴보고 주요 특성들에 대해서 알아보자.

아날로그 비디오 트랙 일반적인 NTSC 컴포지트 방식으로 영상 신호를 녹화할 때, 헤드가

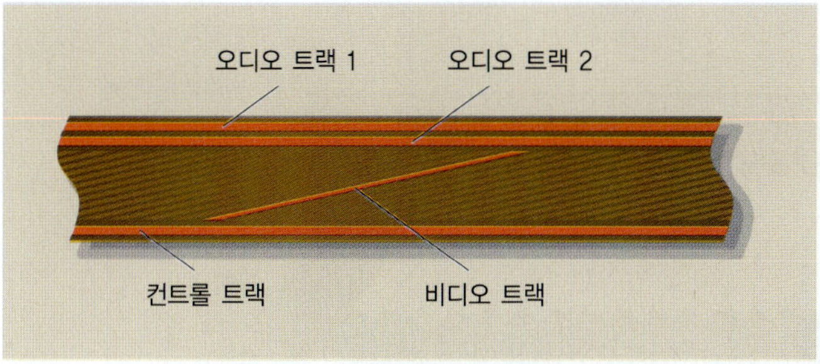

[그림 12.6] 기본적인 비디오테이프 트랙 시스템
비디오테이프 트랙은 대각선의 비디오 트랙과 두 개 또는 그 이상의 오디오 트랙, 그리고 컨트롤 트랙으로 이루어져 있다.

한 번 지나가면 한 필드 분의 완전한 영상 정보(Y+C)가 기록되게 된다. 다음에 헤드가 테이프를 지나갈 때(또는 두 개의 헤드를 가진 장치에서는 두 번째 헤드가 지나갈 때)는 첫 번째 필드 바로 옆에 두 번째 필드를 기록하여 완전한 하나의 프레임을 만들어 내게 된다. 두 필드가 하나의 프레임을 만들기 때문에 두 개의 헤드는 NTSC 비디오에 30프레임, 60필드를 기록하기 위해서는 초당 60번 트랙을 기록해야 하는 것이다. 어떤 디지털 녹화 장비는 한 개의 프레임을 만들기 위해서 10개 또는 그 이상의 트랙을 기록해야 하는 경우도 있다.

Y/C 컴포넌트 VTR의 경우 녹화 헤드가 한 번 지나갈 때마다 분리된 휘도와 색도 신호가 결합되어 하나의 트랙에 기록된다. RGB와 Y/color 차별 성분 장비의 경우 3개의 신호를 기록하기 위해서 헤드가 3번 지나가야 한다.

오디오 트랙 아날로그 음향 정보는 테이프 가장자리 근처에 있는 위치에 가로 방향으로 고정된 녹음 헤드에 의해서 녹음된다. 디지털 오디오는 회전하는 플라잉 헤드(flying head)에 의해서 내부 또는 각 비디오 트랙의 끝에 녹음된다. 스테레오에 대한 요구가 높아지고 또한 모노에 있어서도 특정 음향을 분리하기 위해서 모든 VTR 장치들은 VHS 녹화기에서조차도 최소 두 개의 오디오 트랙을 가지도록 되어 있다.

컨트롤 트랙 컨트롤 트랙에는 편편한 면에 동기 펄스(sync pulse)라고 하는 블립이나 돌출이 있어서 하나의 동기 펄스는 하나의 프레임을 나타내게 된다. 이 펄스는 같은 장비로 만든 테이프의 영상이 부서지지 않고 재생될 수 있도록 테이프의 주행 속도와 녹화 헤드의 회전 속도를 동조화시키는 역할을 한다. chapter 13에서 설명하겠지만 컨트롤 트랙은 영상 편집에서도 필수적이다. 어떤 VTR은 동조 트랙과 SMPTE 타임 코드와 같은 부수적인 데이터를 위한 트랙을 더 가지고 있는 경우도 있다. 작은 크기의 비디오테이프의 경우 테이프의 공간이 너무 협소해서 타임 코드와 다른 데이터를 한 트랙의 영상과 음향 부분 사이에 저장하기도 한다.

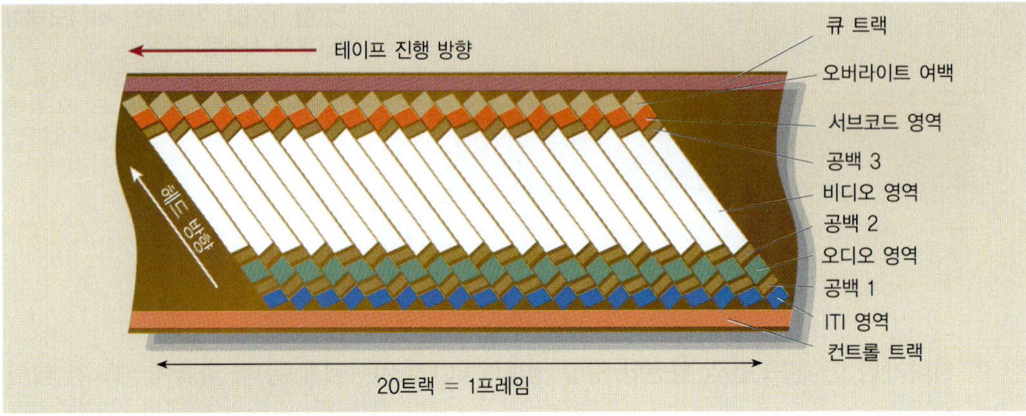

[그림 12.7] DVCPRO 50 트랙 패턴
디지털 DVCPRO 50은 하나의 비디오 프레임을 20개의 트랙에 기록한다.

디지털 장치 앞서 설명한 바와 같이 디지털 녹화 장치는 영상 신호를 디지털 형식으로 변환시키고 디지털 정보로 저장한다. 실제로 녹화하는 것은 더 이상 영상 신호가 아니라 on/off 펄스로서 보통 0과 1로 나타내지는 암호라고 할 수 있다. 아날로그 VTR과 마찬가지로 디지털 비디오테이프 녹화기는 NTSC 컴포지트, Y/C 성분, 또는 RGB, Y/color 차별 성분 신호를 만들어 낼 수 있다. DVCPRO와 DVCAM 장비와 같은 디지털 장치들은 고화질 녹화를 위해 아주 작은 카세트 테이프(1/4인치)를 사용한다. 고성능 테이프와 빠른 녹화 헤드 속도가 테이프의 넓이를 보완한다. 전체 프레임을 녹화하는 데 두 개의 트랙을 사용하는 것이 아니라 열 개나 그 이상의 트랙으로 하나의 영상 프레임을 기록한다. 예를 들어 DVCPRO 50의 경우 각각의 완벽한 프레임을 위해서 20개의 트랙을 사용한다.

테이프 기반의 디지털 데이터 녹화기도 있는데 이것은 모체인 컴퓨터 장비가 그렇듯이 방대한 양의 데이터를 테이프에 기록할 수 있다. 비디오에 적합하도록 맞추면 작동과 기능에 있어서 디지털 VTR과 똑같지만 디지털 영상 신호와 음향 신호를 기록하는 것이 아니라 검색을 통해 화상이나 음향으로 다시 바뀔 수 있는 디지털 데이터 방식으로 기록된다는 차이점이 있다. 제작 스태프 입장에서는 장비들의 특정한 제작에서 발휘하는 기능만 안다면 그 장비가 정확히 어떤 방식으로 디지털 데이터를 저장하는가를 고민하지 않아도 되어서 다행이라고 할 수 있다(그림 12.7 참조).

VTR을 작동시키기 위한 조절 장치(Operational VTR Controls)

아날로그 방식과 디지털 방식은 VTR의 기본적인 조절 장치와 형태는 모두 비슷하다. 전형적인 VTR을 보면 가정용 VCR과 비슷한 조절 장치를 가지고 있다. 다만, 전문가용 제품이 몇

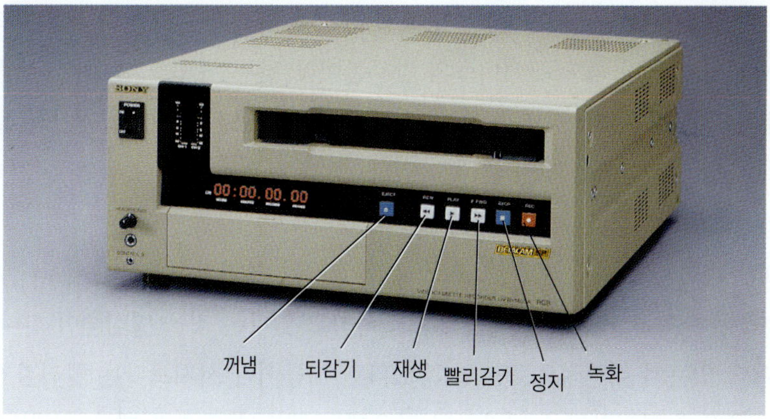

[그림 12.8] 기본적인 VTR 조절 장치
일반적인 VTR 조절 장치는 가정용 비디오카세트 녹화기와 비슷하게 생겼다.

개의 추가되는 셔틀과 편집 조절 장치를 더 가지고 있을 뿐이다. 이러한 모든 버튼이나 손잡이가 VTR의 특정한 기능을 조절할 수 있도록 해준다.

가장 기본적인 VTR 조절 장치는 재생, 정지, 녹화, 빨리감기, 되감기, 그리고 꺼냄 버튼과 음량 조절 장치이다(그림 12.8 참조). 좀더 정교한 VTR은 다음과 같은 부가적인 기능을 가지고 있다. (1) 스탠바이, (2) 일시정지, (3) 서치 또는 셔틀, (4) 트래킹, (5) 음향 조절 장치.

스탠바이(standby) 스탠바이 상태에서 VTR은 테이프가 장착되어 비디오 헤드는 돌아가지만 테이프는 정지된 채로 있게 된다. 회전하는 헤드는 기능을 수행하고 있지 않으며 테이프와의 접촉도 없는 상태이다.

일시정지(pause or still) 이 조절 장치는 헤드가 회전하고 있는 상태에서 테이프를 정지시키게 된다. 이 상태에서는 회전하는 헤드가 테이프와 계속 닿기 때문에 맞닿아 있는 비디오 필드를 정지 화면의 형태로 비디오 모니터나 카메라 뷰파인더에 보이도록 나타낸다. 이 상태로 오래 두게 되면 헤드는 테이프의 도포제를 마모시키고 헤드의 움직임도 방해가 될 뿐만 아니라 화면에는 영상 잡음만 나타나게 되므로 일시정지 상태로 오래 두지 않도록 한다.

대부분의 가정용 VCR은 테이프에 무리가 가면 일시정지 상태를 해제하고 자동으로 테이프가 나오도록 되어 있는데, 전문가용 VTR의 경우 편집을 용이하게 하기 위해서 이런 자동 해제 기능이 없다. 어찌됐든 일시정지 상태로 오래두면 안 되며, 특히 나중에 편집에 사용해야 한다면 더더욱 피해야 한다.

서치 또는 셔틀(search or shuttle) 이 조절 장치를 사용하면 보통의 재생/녹화 속도보다 훨씬 빠르거나 훨씬 느린 속도로 테이프의 앞부분이나 뒷부분을 볼 수 있다. 셔틀 기능은 특히 비디오테이프에서 특정한 장면을 찾을 때 유용하게 사용된다. 한 프레임씩 볼 수도 있고 빠르게 돌려서 원하는 화상을 찾아낼 수도 있다. 또한 셔틀 속도를 늦추면 한 프레임씩 움직이는 조깅(jogging) 효과를 얻을 수도 있다.

일부 정교한 녹화기의 경우 셔틀과 조그 조절 장치가 분리되어 있다. 서치나 셔틀 중에도 헤드가 기능을 수행하고 테이프와 계속해서 접촉하고 있다는 것을 명심해야 한다. 만약 원하는 장면이 어디 있는지 대략적으로만 알고 있다면 셔틀이나 서치보다는 빨리감기 기능을 사용하는 것이 좋은데 빨리감기나 되감기의 경우에는 헤드가 멈추기 때문에 헤드와 테이프의 마모를 방지할 수 있다. 빨리감기나 되감기에서는 화면을 볼 수 없으므로 테이프 카운터를 참고한다.

음향 주요 음향 조절 장치는 음량 조절 장치와 각각의 오디오 채널을 위한 VU 미터이다. 어떤 녹화기는 음향 녹음과 재생의 음량 조절 장치가 분리되어 있는 것도 있다. 오디오 더브(dub) 조절 장치는 비디오 트랙에 이미 녹화된 화상은 지우지 않고 음성 정보만 녹음할 수 있도록 만든 장치이다. 대부분의 전문가용 VTR은 일반(아날로그)과 하이파이(디지털) 오디오 중 선택할 수 있도록 되어 있다. 비디오테이프에 어떻게 음향을 녹음했느냐에 따라 하이파이나 아날로그로 선택해서 사용할 수 있다. 만약 음향이 제대로 나오지 않으면 하이파이와 아날로그 선택을 다시 조정해 보도록 한다.

트래킹(tracking) 이 조절 장치는 재생 헤드가 비디오 트랙과 일직선에 가까워지도록 헤드 드럼의 위치를 약간 움직이는 기능을 한다. 트래킹 에러가 발생하면 화면은 심하게 떨리게 되는데 이러한 에러는 트래킹 조절 장치로 화면이 안정적으로 보일 때까지 조정하면 된다. 고성능 녹화기의 경우 이러한 에러는 거의 발생하는 일이 없기 때문에 트래킹 조절 장치를 자주 사용하지는 않는다.

전자적인 특성(Electronic Features)

VTR을 사용하는 데 있어서 알아야 할 중요한 전자적 특성에는 (1) 입력과 출력 잭, (2) 타임 베이스 커렉터 (3) 프레임스토어 동조장치, (4) 자동 습기 차단이 있다.

입력 잭과 출력 잭 가장 중요한 잭은 카메라나 텔레비전 수상기에서 전해지는 신호를 받아들일 수 있도록 하는 영상 입력, 그리고 편집을 위해 다른 VTR에 연결하거나 모니터, 텔레비전 수상기에 연결할 수 있는 영상 출력이다. 디지털 녹화기는 표준 아날로그 SMPTE 컴포지트와 컴포넌트 비디오 그리고 S-video 출력 잭까지 가지고 있다. 대부분의 보급형 VTR은 입력과 출력에 RF(무선주파수) 잭을 사용하고 있어서 보통 텔레비전 수상기를 모니터로 사용할 수 있다. RF 출력 케이블을 텔레비전 안테나 입력 단자에 연결하고 특정 채널(일반적으로 3 또는 4)에 맞추면 된다. RF 신호는 음향도 전달하도록 되어 있다.

RF 외에도 VTR은 분리된 영상, 음향 출력 잭을 가지고 있어서 RF와는 독립적으로 사용할 수 있다. RCA 포노 플러그를 사용할 수 있도록 설계되어 있으며 하얀색과 빨간색 코드는 음향을, 노란색 코드는 영상을 전달한다. 좋은 텔레비전 수상기는 비슷한 영상, 음향 입력 잭을 가지고 있다.

타임 베이스 커렉터(time base corrector) 좋은 성능의 비디오테이프 장치에는 재생 도중 영상을 안정시키고 떨림을 제거해주는 장치를 가지고 있다. 이러한 장치 중 가장 일반적인 장치로는 타임 베이스 커렉터(TBC)와 좀더 다용도로 쓰이는 프레임스토어 동조 장치(framestore synchronizer)가 있다. 두 전자 장치 모두 원 신호의 주사 속도와 재생 장치의 주사 속도를 조정해서 동조화시키는 기능을 가지고 있다. 이 두 비디오 소스의 스캐닝 동조 장치는 임시의 그림 깨짐 없이 비디오 기계의 다양성을 VTR에 조화시킨다. 일반적으로 그림의 결함 없이 그들 사이에 바꾸기를 기대하면 모든 소스를 위해 같은 동조 장치 정보를 제공하는 것이 필요하고, 이를 하우스 싱크라고 한다. 비디오 동기 장치와 같은 것 없이 비디오 소스를 가져올 때, 즉 모든 비디오 소스를 위해 비디오 동기 장치 지원 없이, TBC는 하나의 비디오 소스로부터 다른 것으로 스위칭할 때 그림 깨짐 예방을 돕는다. 대게 높은 마지막 VTR들은 그림 깨짐을 예방하고 지터 프리 그림들을 확신하기 위해 빌트인 TBC를 가진다.

프레임스토어 동조 장치(framestore synchronizer) 이 장치는 영상 신호의 디지털화된 프레임을 잡아서 다른 영상원과 동조될 때까지 임시로 저장하는 역할을 한다. 이것은 일반 동조화 장치에 연결하지 않고도 여러 개의 독립된 영상원을 사용하고 있을 때 유용하게 사용된다. 일반적으로 여러 개의 영상원을 사용하면서 그들 간에 일시적인 영상의 흐트러짐이 생기는 것을 방지하려면 하우스 싱크(house sync)라고 하는 동조 정보를 모든 영상원에 보내야 한다. 대부분의 고성능 VTR은 TBC가 내장되어 있지만 이 장치가 없는 VTR은 떨림이 없는 화상을 보기 위해서는 외부 TBC에 연결해서 사용해야 한다.

자동 습기 차단 이 기능은 힘들게 끝낸 작업을 다 망쳐버리는 것을 방지할 수도 있고 사용하는 사람을 미쳐버리게 만들 수도 있는 것이다. 비디오 헤드와 비디오테이프는 특히 습기에 약하기 때문에 독립된 VTR이나 캠코더에 장착되어 있는 VTR은 너무 습하면 자동으로 작동이 중지된다. 현장에 있을 때는 이러한 작동 중지기로 인해 짜증이 나고 시간을 많이 허비하게 된다. 그래서 VTR 전문기사 또는 촬영 기사는 배터리로 작동하는 헤어드라이어를 휴대하고 다니면서 이런 상황에서 VTR을 말려서 다시 작동하도록 만들기도 한다.

아날로그 비디오테이프 녹화기(Analog Videotape Recorders)

전문가용 VTR 제품도 보급형 제품만큼이나 다양하고 변화가 많다. 여기에서는 제조사와 특정 제품보다는 테이프 기반 녹화 장비들의 성능 차이와 특정한 기능에 대해서 알아보도록 하겠다.

상당수의 제작 업무는 최고 성능의 VTR이 없이도 수행할 수 있다. 만약 원하는 것이 특정한 장면을 보기만 하는 것이라면 가정용 VCR로도 충분할 것이다. 대형, 소형 방송국이나 제작 센터에서 볼 수 있는 테이프 기반의 아날로그 VTR에는 (1) Betacam SP, (2) S-VHS, (3) VHS가 있다.

Betacam SP SP는 superior performance의 줄임말로 말 그대로 월등한 성능을 가지고 있는 장치이다. 이것은 본래 Betacam을 발전시켜서 만든 것이다. Betacam SP는 방송국이나 독립 영상물 제작사, 비디오 공동 작업 등에 폭넓게 쓰인다. 이 장치는 휘도 신호와 Y/color

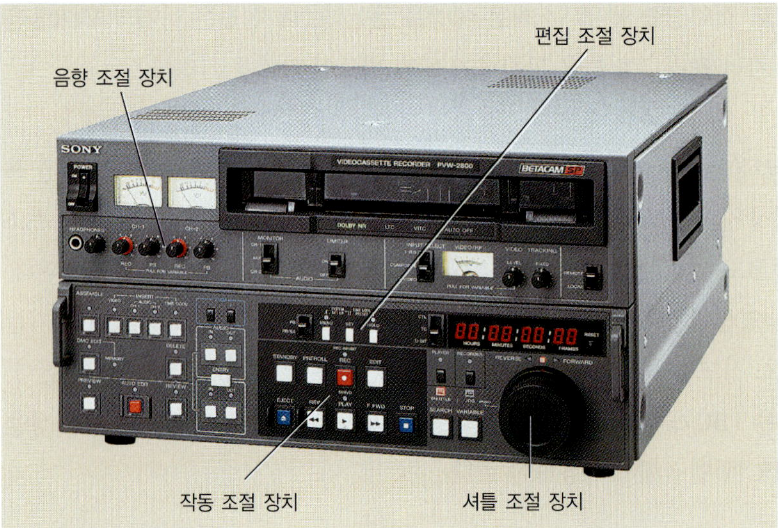

[그림 12.9] **Betacam SP 스튜디오 VTR**
이 고성능 Betacam SP VTR은 보통 VTR의 기능을 모두 갖고 있으면서 거기에 음향, 셔틀, 편집 조절 기능을 더 가지고 있다.

구별 신호를 녹화과정 동안 분리해 내기 때문에 Y/color 차별 시스템이라고 할 수 있다. 4개의 오디오 트랙 중 2개는 매우 충실한 음향을 만들어 내는 데 사용된다. 휴대용 Betacam 녹화기는 ENG/EFP 카메라에 부착해서 캠코더 형식으로 만들 수 있다.

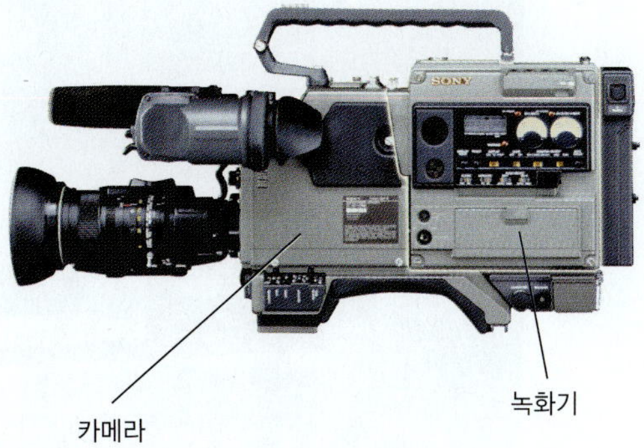

[그림 12.10] Betacam SP VTR을 카메라에 장착한 모습
많은 전문가용 캠코더에는 다양한 VTR을 장착할 수 있다. 이 카메라는 Betacam SP VTR이 장착되어 있다.

Betacam SP 장비는 주로 30분용 카세트를 사용하지만 비교적 높은 속도를 가진 90분용 대형 카세트에 맞춰서 사용할 수도 있다. 다른 전문가용 고성능 장비들과 마찬가지로 Betacam 장비들은 가격이 비싸다. 디지털 Betacam SX 녹화기의 경우 고음질과 고화질을 만들어 내어 주로 포스트프로덕션 편집에 사용된다. 그러나 Betacam 장비들이 비교적 크기 때문에 지금은 비슷한 성능의 DVCPRO나 DVCAM 디지털 녹화 장비로 교체되고 있다(그림 12.9, 12.10 참조).

S-VHS S-VHS 녹화기는 잘 알려진 보급형 VHS 녹화기를 상당히 발전시킨 제품이다. S-VHS는 텔레비전 뉴스룸이나 공동 제작실의 편집실, 특히 비디오 제작이나 지방 방송국의 프로그램 제작실에서 흔히 볼 수 있다. 소형 S-VHS 녹화기는 전문가용 ENG/EFP 카메라에 장착할 수도 있고 여러 종류의 성능 좋은 캠코더는 S-VHS VTR이 내장되어 있다(그림 12.11 참조).

S-VHS 장비는 영상 정보를 Y/C 성분 신호 방식으로 녹화한다. 고성능의 제품은 TBC가 내장되어 있어서 재생이나 편집 시에 안정적인 화상을 보여준다. S-VHS 녹화기는 4개의 음향 트랙(이 중 두 개는 고충실도 음향을 만들기 위해 사용된다)을 사용하며, 분리된 컨트롤 트랙도 가지고 있다. 다시 말하지만 이러한 S-VHS 장비도 더 작고 성능이 좋은 DVCPRO와 DVCAM 디지털 녹화 장비로 교체되고 있다.

VHS 대부분의 가정에서도 하나쯤은 가지고 있을 VHS 장비는 NTSC 성분 형식으로 영상을 녹화한다. 이 장비에서 만들어 내는 영상과 음향은 다른 장비 특히 디지털 장비가 만들어 내는 것에 비해 질이 아주 떨어지지만 그렇다고 아직 내다 버릴 필요는 없다. VHS 장비는 아직도 중요한 제작 기능을 담당하고 있다. 이 저가의 장비를 가지고 기본적인 프로그램을 보거

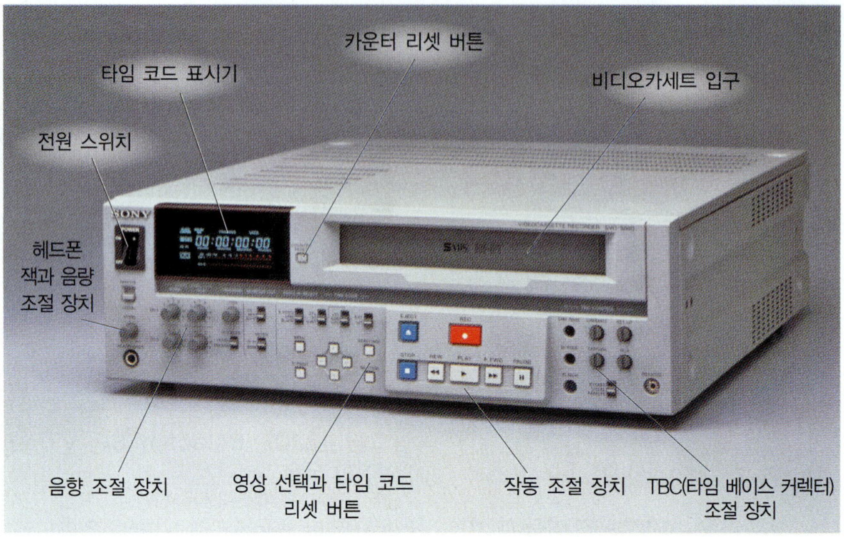

[그림 12.11] S-VHS 스튜디오 VTR
이 S-VHS 스튜디오 VTR은 1/2인치 카세트를 이용해서 Y/C 성분의 영상과 네 개의 분리된 오디오 트랙에 음향을 녹화한다. 네 개 중 두 개의 오디오 트랙은 고충실도 음향을 위해 사용된다.

나 포스트프로덕션 편집에서 장면들을 찾거나 조깅할 수도 있으며 보관할 프로그램의 내용을 기록해 두거나 가편집 등에 사용할 수 있다.

디지털 비디오테이프 녹화기(Digital Videotape Recorders)

아날로그 VTR 장비들도 사용하기에 완벽한 영상과 음향을 만들어 낸다고 앞에서 말했음에도 불구하고 왜 디지털 장비에 대해서 알아봐야 하는지 궁금해 하는 사람이 있을 것이다. 디지털 VTR은 소형의 비교적 저가의 장비도 고화질과 고음질의 영상과 음향을 만들어 내고 또

[표 12.12] 디지털 녹음 시스템

시스템	카세트	제작 특징
DV	1/4인치 (6.35 mm) 미니 카세트	좋은 디지털 품질
DVCAM	1/4인치 (6.35 mm) 풀사이즈 카세트	우수한 품질, DVCPRO와 호환 안 됨.
DVCPRO	1/2인치 (12.65 mm) 풀사이즈 카세트	우수한 품질, DVCAM과 호환 안 됨.
Betacam SX	1/2인치 (12.65 mm) 풀사이즈 카세트	우수한 품질, 부피가 큼
HDV	1/4인치 (6.35 mm) 미니 카세트	우수한 품질, 우수한 해상도, HDTV 비디오 정보의 반만 녹화
HDTV	1/4인치 (6.35 mm) 풀사이즈 카세트	우수한 해상도와 색상

반복되는 더빙에도 그 질이 떨어지지 않는다는 장점이 있기 때문에 많이 사용되고 있다. 또한 디지털 방식으로 만들어진 자료들은 비선형 편집이나 특수 효과 조작을 위해서 컴퓨터 하드 드라이브에 저장할 때 변환시킬 필요가 없다.

VTR을 사용할 때 알맞은 테이프와 적정한 버튼을 누를 줄만 안다면 그 장비가 디지털인지 아날로그인지 굳이 알아야 할 필요는 없다. 그러나 특정한 VTR을 안정적이고 효과적으로 사용하기 위해서는 주요 디지털 장비와 이것들의 주요 특성들에 익숙해져야 한다. 다양한 디지털 장비들을 기억하기 쉽도록 하기 위해서 D-1, D-2 이런 식으로 분류하기도 하지만 이런 분류는 어느 특정한 VTR만을 위한 것이어서 다른 것들에는 해당되지 않는다. 좀더 효율적인 분류는 (1) DV, (2) DVCAM, (3) DVCPRO, (4) 디지털 Betacam SX, (5) HDV 그리고 (6) HDTV로 나누는 것이다(표 12.12 참조).

DV 본래는 보급형 시장을 목표로 제작되었지만 놀라운 성능은 물론이고 캠코더와 VTR의 작은 크기 때문에 뉴스룸에서의 사용빈도가 급속도로 늘어나고 있다. 이 VTR은 DVCPRO와 DVCAM 장비의 전신이며 몇몇 전문가용 카메라도 이 DV 시스템을 차용하고 있다. 미니카세트는 한 시간의 프로그램을 지속적으로 녹화할 수 있다. 이 테이프는 특정한 카세트 어댑터만 있으면 DVCPRO 시스템에서도 재생이나 편집이 가능하다. 모든 DVCPRO와 DVCAM 시스템에서는 DV 미니카세트를 재생할 수 있고 일부 고성능 VTR은 미니카스테트에 녹화할 수도 있다. 그러나 과중한 편집에 DV 카세트를 사용하는 것은 권하고 싶지 않다. DV 상태에서는 음향/영상 동조가 고정된 것, 즉 프레임별로 맞춘 것이 아니라는 것을 의미한다.

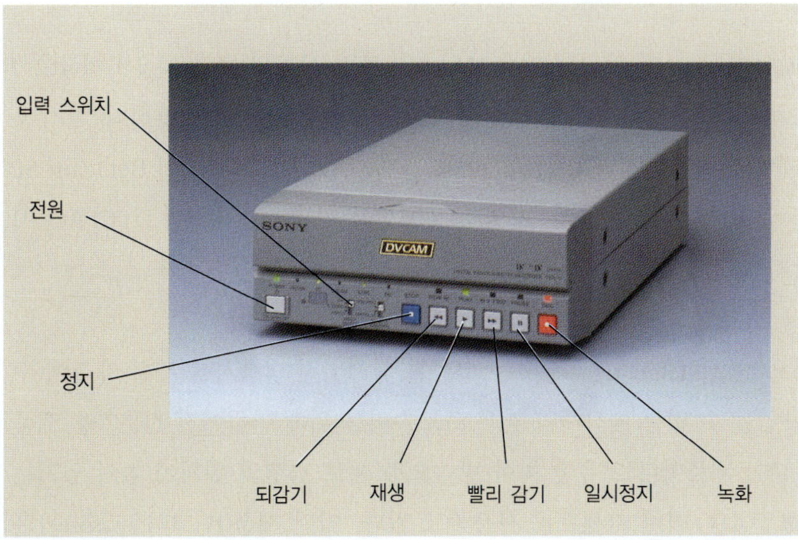

[그림 12.13]
DVCAM 데스크톱 VTR
이 DVCAM 디지털 VTR은 고화질의 디지털 영상과 고충실도의 음향을 1/4인치 카세트나 DV 미니카세트에 녹화할 수 있다. 이것은 FireWire (i-link 또는 IEEE 1394) 중계 케이블을 통해 컴퓨터에 직접 연결할 수 있다.

[그림 12.14] DVCPRO 50 스튜디오 VTR
이 녹화기는 1/4인치 테이프에 한 프레임을 저장하기 위해 보통 DVCPRO가 사용하는 트랙 수의 배인 20개 트랙을 사용한다. 프로그램 자료 90분 분량을 녹음한다.

DVCAM 소니사의 DVCAM VTR은 Y/color 차별 성분 신호를 녹화하고 4:1:1의 샘플링 비를 사용한다. DVCPRO와 마찬가지로 인트라프레임 압축을 사용하고 1/4인치(6.35mm) 카세트를 사용한다. 카세트는 다양한 테이프 길이를 가지고 있으며 프로그램을 3시간까지 녹화할 수 있는 카세트도 있다. DVCAM의 크기가 작고 훌륭한 음질과 화질을 만들어 냄은 물론 전체 편집과정 동안 압축된 상태로 유지되기 때문에 포스트프로덕션 과정에서 녹화물의 질이 손상되지 않는다(그림 12.13 참조).

DVCPRO 파나소닉 DVCPRO는 아주 작은 1/4인치의 금속 입자 테이프를 사용해서 두 시간 분량의 프로그램을 녹화할 수 있다. 이것은 DVCAM 카세트와 유사하지만 다른 종류의 도포물질을 사용한 비디오테이프를 사용하고 있다. DVCAM과 마찬가지로 Y/color 차별 성분 신호는 4:1:1로 샘플링되며 인트라프레임 압축 방식을 사용한다. 이것은 편집에서 아무 프레임이나 붙이고 뗄 수 있다는 것을 의미한다.

DVCPRO 50 시스템은 고성능 VTR과 캠코더에 사용된다. 이 시스템에서는 한 프레임당 두 배의 트랙(10개가 아닌 20개 사용)을 사용하여 높은 샘플링 비(4:2:2)와 표준 DVCPRO보다 낮은 압축률을 가지고 있다(그림 12.14 참조).

Betacam SX 디지털 Betacam SX 시스템은 Y/color 차별 성분 신호를 사용하며 4:2:2의 샘플링 비율을 가진다. 1/2인치의 3시간 연속 촬영이 가능한 카세트를 사용한다. 휴대용 VTR로서 ENG/EFP 카메라에 장착시킬 수 있다. 이 시스템의 아날로그 형식인 Betacam SP처럼 많이 사용되지는 않고 있는데, 이는 더 가볍고 융통성이 있는 DVCAM과 DVCPRO 시스템에 의해서 밀려났기 때문이다.

HDV 고화질 비디오(high-definition video)는 고화질 텔레비전 방송사를 위한 제작에 수천 달러의 카메라를 구입할 수 없는 제작사와 같은 프로슈머를 위해 만들어진 전문가용 제품이다. 예상하는 바와 같이 제품마다 고유한 녹화 방식으로 서로 경쟁의 위치에 놓여 있지는 않지만 이들 모두는 표준 DV 미니 카세트를 사용하고 있다. 어떤 제품(JVC와 Panasonic)은

720p 스캐닝 표준을 사용하고 있으며 소니는 1080i를 채택하고 있다(chapter 2 참고). 이들 모두는 MPEG-2 압출 방식을 사용한다. 비록 모든 적절히 제작된 HDV가 모두 HDTV만큼의 해상도의 화질을 담을 수 있다고는 하지만 순수주의자들은 아직도 HDTV에는 한참 부족하다는 견해를 보이고 있다

우리는 프로슈머용 HDV의 실제 문제점이 색 정보뿐만 아니라 낮은 수준의 렌즈와 재생 장치라는 것을 발견할 수 있다. 표준 텔레비전 장비에서 재생시켰을 때 HDV에서 얻을 수 있는 정도의 해상도는 얻을 수 없다. HDTV와 마찬가지로 HDV는 방대한 양의 정보를 저장하기 위해 하드 드라이브에 많은 공간을 필요로 한다. 또한 가장 선호하는 편집 프로그램이 HDV 데이터를 지원하기 위해서는 압축을 풀거나 재배열해야 하는 불편을 겪을 수도 있다.

HDTV 고화질 텔레비전의 궁극적인 화질을 보여준다고 할 수 있다. 많은 녹화 장비들 중에 1080i와 720p를 사용하는 VTR을 두 개의 표준으로 본다. chapter 2에서 살펴본 바와 같이 1080i 장비는 초당 60개 필드 혹은 30개 프레임을 만들어 내는 비월주사 형식이다. 720p 장치는 점진적으로 초당 30프레임으로 스캔되는 720개의 가시적인 선을 만들어 낸다. DTV와 마찬가지로 HDTV는 HDTV 렌즈와 레코더뿐만 아니라 HDTV 재생 장치와 디스플레이 장비를 갖춘 HDTV 카메라 혹은 캠코더를 필요로 한다.

테이프를 사용하지 않는 녹화 장치와 저장 장치 (Tapeless Recording and Storage Systems)

비선형 포스트프로덕션 편집 기반은 빠른 접속이 가능한 대용량 하드디스크와 읽기/쓰기 전용 광디스크의 발전에 의해 이루어진 것이다. 모든 무테이프 디지털 영상 녹화 시스템은 컴퓨터에 의해서 확인이 가능하며 무작위로 검색 가능한 특정 파일 형식으로 데이터를 저장한다는 동일한 원리를 가지고 있다. 디스크 기반 시스템도 결국 특정화된 컴퓨터이기 때문에 같은 원리를 가지고 있다. 이것이 디스크 기반의 편집 시스템에서 데스크톱 컴퓨터와 적정한 소프트웨어를 주요 요소로 사용할 수 있는 이유이다. 여기서 (1) 하드디스크 시스템, (2) 읽기/쓰기 광학 디스크, (3) 플래시 메모리 장치, (4) 데이터 전송 방법에 대해서 알아보기로 하자.

하드디스크 시스템(Hard Disk Systems)

하드디스크 시스템에는 (1) 고용량 하드디스크, (2) 휴대용 하드디스크, (3) 전자 정지 화면 저장(ESS) 시스템이 포함된다.

[그림 12.15] 비디오 서버
비디오 서버는 광고와 같은 많은 양의 짧은 단편적인 프로그램을 저장할 수 있는 대용량 컴퓨터 디스크로 이루어져 있다.

고용량 하드디스크 포스트프로덕션 편집을 위해서 디지털 영상과 음향을 저장하고 검색하는 가장 쉬운 방법은 고용량 하드디스크를 이용하는 것이다. 높아진 하드 드라이브의 속도와 고효율의 압축 기술로 인해 몇 시간 분량의 영상과 음향 정보를 저장하는 것은 물론이고 1초도 안 되는 시간에 어떤 프레임이라도 불러낼 수 있다. 거듭되는 사용으로 필수적인 선명도 저하를 가져오는 비디오테이프와는 다르게 하드디스크는 녹화와 삭제를 반복해도 이러한 문제를 가져오지 않는다.

완전한 디스크 기반 작업으로 향해가는 시점에서 많은 텔레비전 방송국들은 수 시간 분량의 텔레비전 프로그램들을 녹화하고 저장하며 재생할 수 있는 초대용량의 디스크 서버 체계를 구축하고 있다. 이러한 서버들은 특정한 시각에 어떤 것을 재생할 것인가를 컴퓨터에 의해 조정하게 된다. 서버들은 또한 편집자와 작가 프로듀서들이 저장된 내용들을 즉각적으로 접속해서 사용할 수 있도록 뉴스룸에서도 사용된다(그림 12.15 참조).

ENG EFP

휴대용 하드디스크 필드팩이라고 불리는 작은 하드 드라이브는 ENG/EFP 카메라에 장착할 수 있도록 설계되어 있다. 예를 들어 Ikegami Editcam 캠코더의 경우 80기가바이트의 필드팩이 장착되어 있으며 장착용 VTR 정도의 크기와 같지만 6시간 가량의 디지털 영상과 음향 정보를 저장할 수 있도록 되어 있다. 이러한 휴대용 하드디스크들은 고화질의 디지털 비디오와 타임코드, 그리고 2개에서 4개 채널의 오디오를 가진다. 이것들은 모두 저장된 영상과 음원을 컴퓨터에 송출하기에 용이한 인/아웃 파이어와이어가 장착되어 있다. 파이어와이어를 통해 프로슈머 DV 캠코더에 연결시킬 수 있는 휴대용 디스크도 있다. 어떤 휴대용 하드 드라이브는 외부 노트북에 연결해 현장에서 편집이 가능하기도 한데 이것은 현장 제작에 매우 유용하다고 할 수 있다. 어떤 캠코더들은 디스크 기반의 녹화 장치뿐 아니라 테이프 기반의 녹화 장치도 되어 있다. 이 둘을 동시에 사용하거나 테이프 기반 장치를 하드 드라이브 고장을 대비한 백업용으로 사용할 수도 있다.

[그림 12.16] ESS에 사용되는 소형 디스크
우표보다 약간 큰 이 초소형 플로피 디스크는 200개에 달하는 영상을 저장할 수 있으며 이 영상은 ESS 시스템을 통해서 무작위로 접속이 가능하다.

[그림 12.17] DVD-RW 녹화기
비교적 작은 DVD 읽기/쓰기 녹화기는 많은 양의 영상, 음향 정보를 재생하고 기록할 수 있다. 이것은 CD 장비와 흡사하게 레이저 광선에 의해서 작동한다.

전자 정지 화면 저장 시스템(electronic still store systems; ESS) 전자 정지 화면 저장 시스템은 1/10초밖에 안 되는 시간에 어떤 슬라이드도 접속할 수 있는 슬라이드 수집품과 같은 기능을 가지고 있다. ESS는 다양한 영상원(카메라, 비디오테이프, 컴퓨터 등)에서 원하는 프레임을 잡아 디지털 형식으로 하드디스크에 저장한다. ESS 시스템은 보통 수천 개의 이미지를 저장한다. 모든 정지 화면은 고유의 파일 이름을 가지며 이로 인해 제작과정이나 포스트프로덕션 편집과정에서 무작위로 거의 즉각적인 접속이 가능하다. 문자와 운동 선수나 뉴스에 등장하는 인물에 대한 통계 자료 따위의 제한된 양의 정지 화면을 가진 대용량 그래픽 발생기도 같은 원리로 작동한다. 몇몇 소형 ESS 시스템은 일반 Zip 디스크를 사용한다. 아주 작은 2인치 플로피 디스크조차도 200프레임의 이미지를 저장할 수 있다(그림 12.16 참조).

읽기/쓰기 전용 광학 디스크(Read/Write Optical Discs)

Chapter 10에서 알아본 것처럼 엄청난 양의 디지털 정보를 저장하고 재생할 수 있는 읽기/쓰기 전용 광학 디스크에는 여러 종류가 있다. 가장 많이 사용되는 광학 디스크는 CD와 DVD이며 , 비록 이것들이 근본적으로 디지털 저장 매체이기는 하지만 특정한 공인된 소프트웨어를 사용하기 전에는 DVD에 있는 작품을 재생해서 보는 것은 불가능하다(그림 12.17 참조).

몇몇 캠코더에서는 하드디스크 대신 읽기/쓰기용 광학 디스크를 녹화 매체로 사용하기도 한다. 이러한 광학 디스크의 가장 큰 장점은 저장하기 용이하고 접속 처리 속도가 매우 빠르다는 것이다. 단점은 다양한 압축 기술에도 불구하고 저장 용량이 제한적이라는 데 있다.

플래시 메모리 장치(Flash Memory Devices)

기본적으로 솔리드 스테이트의 디지털 저장 장치인 플래시 메모리 장치는 때때로 하드디스크 대신 DV 녹화기에 사용되기도 한다. 플래시 메모리의 장점은 작고 가벼우며 디지털 정보의 포착에 있어서 매우 빠르다는 것이다. 단점이라고 한다면 비교적 제한된 용량인데 특히나 영상 녹화에 있어서 두드러지며 기가바이트당 4분에 불과하다. 장시간의 이벤트를 위한 플래시 메모리 장치는 특히 기가바이트당 가격으로 봤을 때 하드 드라이브보다 매우 값비싸다.

데이터 전송(Data Transfer)

디지털 데이터의 전송의 중요성은 다시 거론할 정도로 중요하다고 하겠다. 아날로그 비디오테이프의 영상 및 음향 자료를 디지털 저장을 위해 디지털화할 필요는 없지만 포스트프로덕션 편집을 위해서 편집 컴퓨터의 저장 장치와 같은 일시적인 디지털 저장 장치에 디지털 캠코더로 기록된 데이터를 전송할 필요는 있다.

FireWire(Apple사 제품)라는 케이블이나 i-link(Sony사 제품)를 이용해서 디지털 데이터를 캠코더 VTR과 같은 저장 장치에서 컴퓨터로 직접 전송할 수 있다. 이 운송 장치의 정식 명칭은 IEEE 1394이다. 이 장비가 초당 400메가바이트를 전송하기 때문에 일반적으로 FireWire 400이라고 불린다. FireWire 800의 경우 두 배 속도로 전송하기는 하지만 모든 컴퓨터에 FireWire 800 포트가 장착되어 있는 것은 아니다. 캠코더와 컴퓨터의 포트에 맞는 플러그가 있다면 IEEE 1394 케이블은 모든 캠코더의 자료를 편집 컴퓨터의 하드디스크에 저장하기 위해서 아날로그 테이프 자료를 디지털화하는 것보다도 빠르게 전송할 수 있다.

오디오를 스트리밍하는 것과 마찬가지로 비디오 스트리밍은 데이터를 연속되는 줄기로 압축해서 보내는 인터넷의 전송 시스템이다. 이것은 영상을 보고 있는 동안에도 계속해서 다음 영상을 보내온다. 일반적인 스트리밍 영상의 압축 표준은 MPEG-4이다. 압축 시스템의 효율이 높아질수록 더 많은 영상을 저장하게 되고, 결국에는 기존의 저장 매체가 사라지는 날이 앞당겨질 것이다.

핵심요약

- 영상 녹화 장치에는 테이프 기반 녹화 장치와 디스크 기반 녹화 장치, 선형 혹은 비선형, 컴포지트 혹은 컴포넌트 장치가 있다.
- 모든 아날로그 장치는 녹화 매체로 비디오테이프를 사용한다. 아날로그 녹화가 고화질을 제공할 수는 있지만 복사가 거듭되면 화질 손상이 심해지게 된다. 디지털 녹화는 실제로 거듭되는 복사에도 화질 손상이 없다고 할 수 있다.

- 모든 테이프 기반 장치들은 녹화된 신호가 아날로그이든 디지털이든 관계없이 모두 선형 장치들이다.
- 비디오 레코더는 다음 네 개 중 하나의 방법으로 신호를 처리한다: 컴포지트, Y/C 컴포넌트, Y/color 차별 성분 신호, 그리고 RGB 컴포넌트.
- 테이프가 없는 디스크 기반 장치들은 비선형이며 무작위 접속이 가능하다.
- 영상 녹화 장치는 영상 신호를 어떤 방식으로 전송하고 기록하느냐에 따라서도 분리할 수 있다. NTSC 통합 방식을 사용하는 녹화기는 휘도(Y) 정보와 색도(C) 정보를 하나의 신호로 통합하여 다룬다. Y/C 성분 녹화기는 Y와 C신호를 분리해서 전송하지만 비디오테이프 위에서 통합하게 된다. Y/color 차별 성분 방식은 Y, R-Y, B-Y 신호를 녹화과정 전체를 통해서 분리해서 다룬다. RGB 성분 방식은 적색, 녹색, 청색 신호를 전송할 때나 비디오테이프상에서도 분리해서 기록한다. 위의 모든 방식은 서로 호환이 불가능하며 고유의 녹화 재생 장비가 필요하다.
- 성분 장치들이 통합 장치들보다 더 나은 화질의 영상을 만들어 내는데, 특히 복사를 거듭하고 더빙 처리를 한 후에도 그 질이 떨어지지 않는다.
- 아날로그 색 신호를 샘플링할 때 Y(휘도 혹은 흑백)가 색도 신호보다 많이 사용되는데 그것은 Y가 화질의 선명도를 높이기 때문이다.
- 4:2:2 샘플링 비율은 고화질의 신호를 만들어 낸다. 이것은 휘도 신호를 색도 신호의 두 배를 사용한 것이다. 4:1:1 비율은 색도 정보를 일정 정도 낮춘 것이다. Y신호는 C신호의 4배가 샘플링된다.
- 인트라프레임 압축은 모든 프레임의 반복되는 정보를 제거한다는 것을 의미한다. 이것은 공간적인 여분을 제거한다.
- 인터프레임 압축은 각 프레임을 이전 프레임과 비교해서 새로운 정보만을 저장하는 방식이다. 이것은 시간적인(연속적인) 여분을 제거한다.
- 모든 테이프 기반 장치들은 녹화에 헬리컬 주사 방식(슬랜트 트랙 방식)을 사용한다. 한 개 이상의 헤드가 헤드 드럼과 함께 회전하면서 회전 헤드를 지나쳐 가는 테이프의 비디오 트랙 위에 기록한다. 동시에 음향은 오디오 트랙에 기록된다.
- TBC(time base corrector; 타임 베이스 커렉터)와 프레임스토어 동조 장치는 영상 녹화기의 재생을 안정화시키는 역할을 해서 화면의 끊김 없이 즉각적인 교체가 가능하게 한다.
- 아날로그 VTRs은 화질의 순서에 따라 Betacam SP, S-VHS, 그리고 VHS가 있다.
- 디지털 VTRs은 DV, DVCAM, DVCPRO, Betacam SX, HDV, 그리고 HDTV와 같이 다양하다.
- 디스크 기반 녹화 장치는 고용량의 하드디스크와 읽기/쓰기 전용 광학 디스크를 사용한다. 플래시 메모리 장치는 저용량 저장에 사용된다.
- 하드디스크 시스템에는 고용량 하드디스크, 휴대용 하드디스크, 그리고 ESS(전자 정지 화면 저장) 시스템이 있다. 대형 하드 드라이브 시스템은 다양한 자동 프로그램을 실행하는 비디오 서버로 사용된다.
- 읽기/쓰기 전용 광학 디스크에는 CD와 DVD 형식을 취한 다양한 종류가 있다.
- 데이터 전송 방법에는 FireWire나 i-link와 같은 케이블을 이용하는 방법과 인터넷을 통해서 영상을 스트리밍하는 방법이 있다.

SECTION

12.2

영상 기록 방법

How Video Recording is Done

앞에서 다양한 영상 기록 장치들을 살펴보았으니 이제 이 장치들을 가지고 어떻게 해야 하는지 알아볼 차례이다. 이 section에서는 주요 사용 방법을 비롯해 스튜디오 제작과 ENG/EFP에서 이루어지는 영상 기록 절차에 대해서 설명하도록 한다.

▶ 영상 기록과 저장의 용도

쇼의 구성, 시간 지연, 프로그램 복사와 배급, 녹화 보호와 참고

▶ 제작 요소로서의 영상 녹화 장치

프리프로덕션(일정, 장비, 포스트프로덕션 편집의 준비), 제작(비디오 리더, 녹화 확인, 타임 코드, 기록 유지, 디스크 기반 영상 녹화 장치의 특별한 점)

영상 기록과 저장의 용도(Uses of Video Recording and Storage)

영상 기록은 주로 (1) 쇼의 구성, (2) 시간 지연, (3) 프로그램 복사와 배급, (4) 참고나 학습을 위한 영상 기록의 보관용 복사본 제작에 사용된다.

쇼의 제작(Building a Show)

비디오테이프의 주요 용도 중 하나는 이전에 녹음된 단편적인 테이프로 텔레비전 쇼를 만들어 내는 것이다. 이 제작과정에는 포스트프로덕션 편집도 포함되어 있다. 제작과정에는 다른 시간과 공간에서 만들어진 장면을 조합하거나 불필요한 장면을 잘라내어 뉴스 내용을 압축시키는 것에 불과할 수도 있다. 또한 이 과정에는 즉석 편집되었거나 비디오테이프에 녹화된 여러 대의 카메라로 찍은 장면을 이어 맞추는 작업도 포함된다. 이 기법의 좋은 예로 스튜디오 연속극의 장면 장면을 포스트프로덕션 과정에서 편집해서 모아 붙이는 것을 들 수 있다.

시간 지연(Time Delay)

특정 이벤트는 영상 기록을 통해 저장되었다가 이벤트가 일어나고 나서 몇 시간 후 또는 며칠 후, 심지어 몇 년 후에 재생해서 볼 수 있다. 스포츠에서는 중요한 장면을 기록했다가 그 장면이 벌어진 직후에 다시 보여주기도 한다. 이벤트 녹화 직후에 바로 그것을 재생하기 때문에 이것은 즉석 재생(instant replay)이라고 한다. 각 지역의 시간대에 맞게 같은 일정의 프로그램을 볼 수 있는 네트워크 쇼도 비디오테이프를 통해 시간을 지연시킨 것이다. 예를 들면, 영상 기록을 통해 방송 시간을 연장시켜서 뉴욕에서 아침 6시에 봤던 방송을 샌프란시스코에서도 아침 6시에 볼 수 있는 것이다.

프로그램 복사와 배급(Program Duplication and Distribution)

영상 녹화물은 쉽게 복사할 수 있고 우편이나 정기간행물, 케이블, 전화선, 외부 전선이나 광섬유 케이블, 위성과 같은 다양한 텔레비전 배급을 통해 분배된다. 위성을 사용하면 적은 노력으로도 동시에 다양한 지역으로 영상물을 배급할 수 있다.

기록의 보호와 참조(Record Protection and Reference)

중요한 이벤트의 기록을 보호하기 위해서는 실제로 테이프 기록을 하고 나서 바로 보관용 복사본을 만든다. 본래 자료를 촬영하는 데 사용했던 것과 동일한 녹화 기능이나 더 나은 기능을 가진 장비를 이용하여 복사본을 만들어야 한다. DVDs는 훌륭한 기록 보관 장치이다.

이것들은 적은 공간을 차지하며 재생 장치도 작고 언제든지 사용 가능하다.

디지털 기록 보관에서 문제점은 기술의 빠른 발전에 따라 몇 년 안에 하나의 기록 장치가 쓸모없게 돼버린다는 것이다. 여러분들은 아마도 플로피 디스크 또는 전혀 다른 모습이 되어버린 소프트웨어를 통해 이러한 경험을 해보았을 것이다. 지속적으로 새로운 디지털 녹화 장치에 옮기지 않으면 보관된 기록이 쓸모없는 것이 돼버릴 수도 있다.

제작 요소로서의 영상 녹화 장치 (Video-Recording Production Factors)

효과적으로 프리프로덕션, 프로덕션, 포스트프로덕션 활동을 하기 위해서는 영상 녹화에 단계가 있다. 포스트프로덕션에 대해서는 chapter 13에서 중점으로 다룰 예정이므로 여기서는 프리프로덕션 과정과 프로덕션 과정에 대해서 주로 알아보기로 한다.

프리프로덕션(Preproduction; 제작 전 단계)

제작의 효율성은 얼마나 잘 준비하느냐에 달렸다고 할 수 있다. 이 제작을 위한 준비 단계를 프리프로덕션 과정이라고 한다. 프리프로덕션 과정에는 (1) 일정 준비, (2) 장비 목록 작성, (3) 편집 준비가 포함된다.

장비와 인력이 계획에 의해 움직이고 예상치 못한 상황에 즉각적으로 대응해야 하는 뉴스를 제작하는 것이 아니라면 장비 이용과 녹화에 필요한 시간을 확보해 주는 몇 가지 절차를 따르는 것이 효율적인 작업을 할 수 있는 방법이라고 하겠다. 그러나 캠코더의 배터리가 충전되지 않았다든가 현장 제작에서 사용될 VTR에 맞는 케이블을 챙겨오지 못했다면 아무리 세심하게 계획을 짠다고 해도 별 도움이 되지 못할 것이다.

일정 스튜디오 제작이나 중계 촬영에서 실제로 녹화 장비를 사용할 수 있을까? 보통 한 종류 이상의 캠코더를 사용할 수 있다. 그렇다면 어떤 VTR이 필요한 것일까? 장비 신청은 합리적으로 해야 한다. 실제 제작이나 현장 제작에서는 영상을 녹화할 수는 있어도 재생할 수 없는 경우가 많다.

단순히 현장에서 촬영한 장면을 모니터하거나 시간을 재보는 데 사용하기 위해 고가의 디지털 VTR을 신청해서는 안 된다. 이런 상황에서는 촬영한 내용을 1/2인치 VHS 방식으로 녹화해서 가정용 녹화기로 재생해서 본다. 그렇게 해야만 더 중요한 업무에 고성능 장비를 사용할 수 있고 테이프를 재생해 보기 위해서 일정에 쫓기지 않아도 된다.

어떤 형태의 더빙에도 영상원 녹화에 캠코더를 사용하지 않고 녹화뿐만 아니라 영상원 재생을 위해서도 장비 신청을 해야 한다. 참고적으로 테이프를 재생해서 볼 때는 언제나 캠코더의 VTR보다는 따로 설계된 VTR을 이용하도록 하자. 보통의 스튜디오 VTR이 작은 캠코더 VTR보다는 틀림없이 더 튼튼할 것이기 때문에 이 방법을 사용하는 편이 여러모로 좋다. 프리뷰 더빙 없이 캠코더의 저장 내용을 컴퓨터의 하드 디스크로 옮길 수는 없을까? 가능하지만 이것은 비교적 짧은 내용이거나 하드 드라이브가 무한대의 대용량일 때만 가능한 것이다. 아무리 짧은 장면이라고 하더라도 대개는 엄청난 기가바이트를 소요하게 된다.

장비와 장비의 이용 시간을 신청할 때는 같은 장비로 작업해야 하는 사람들을 배려해서 신청하도록 한다.

ENG EFP

장비 목록 비행할 때마다 모든 것을 점검하는 비행사처럼 제작할 때마다 장비 목록을 작성한다. 현장 제작에서는 이러한 목록이 특히 중요하다. 다음의 간단한 목록은 녹화 장비에 한정되는 것으로, VTR의 경우 테이프 기반, 디스크 기반 장비가 모두 포함된다.

- VTR 상태: VTR이 실제 작동하는가? 가능한 한 제대로 작동하는지 간단한 녹화를 해본다.
- 전력 공급: 현장에서 VTR을 사용하거나 캠코더를 사용하게 될 경우 배터리의 개수가 전체 촬영에 충분한지, 배터리는 완전히 충전되었는지를 확인한다. 가정용 전기를 사용하면 거기에 맞는 변환기와 어댑터가 필요하게 될 것이다. 현장 작업으로 떠나기 전에 전력 공급용 케이블이 녹화기나 캠코더의 잭에 맞는지 확인한다. 맞는 커넥터가 아닌데도 잭에 끼우려고 해서는 안 된다. 이렇게 하면 퓨즈뿐만 아니라 다른 회로도 나갈 수 있다.
- 정확한 테이프: 캠코더나 VTR에 맞는 테이프, 즉 카세트 형식을 가지고 있는가? DVCPRO용 1/2인치 테이프와 1/4인치 테이프의 구분은 쉬워도 VHS용, S-VHS용, DVCAM, DVCPRO용 1/2인치 테이프는 서로 구분하기가 어렵다. 서두르면 표시가 되어 있는 테이프라고 해도 비슷하게 보이기 십상이다. 다양한 상자에 표시되어 있는 사항과 테이프가 일치하는지 확인해야 한다. 예를 들어 소니사의 DVCAM과 파나소닉의 DVCPRO는 다른 크기의 카세트를 쓰기 때문에 사용하려는 캠코더에 맞지 않을 수도 있다. 같은 크기의 카세트라 하더라도 다양한 길이로 장착될 수 있기 때문에 라벨에 표시되어 있는 길이가 맞는지 공급 릴을 확인해 보도록 한다. 예를 들어 박스에는 184분용 테이프가 들어 있다고 표시되어 있는데 공급 릴이 아주 얇다면 박스에 표시가 잘못된 것임에 틀림없다.
- 충분한 테이프: 기획하고 있는 프로그램에 쓸 충분한 테이프를 가지고 있는가? 나중에 재생시키기 위해 이벤트 전체를 녹화하거나 테이프에 바로 녹화하는 제작에서는 충분한 테

[그림 12.18] 탭이 제거된 VHS 카세트
VHS 카세트와 S-VHS 카세트의 녹화 내용이 지워지는 것을 방지하기 위해서는 녹화 방지 탭을 제거해야 한다. 녹화 방지된 카세트를 다시 사용하려면 작은 조각의 마스킹 테이프를 구멍 위에 붙여서 사용한다.

이프의 길이가 무엇보다 중요하다. 만약 가장 큰 카세트가 녹화할 수 있는 시간이 전체 이벤트보다 짧다면 두 대의 장비를 신청하거나 테이프를 교체하는 몇 분 동안 녹화를 할 수 없게 된다. 즉석 재생을 위해 다중 녹화를 할 경우, 보통 필요한 테이프 길이의 세 배에서 네 배에 달하는 길이가 필요하다. 테이프는 공간도 적게 차지하고 값도 비교적 저가이므로 언제나 필요하다고 생각되는 것 이상으로 가지고 다니도록 한다.

[그림 12.19] 녹화 방지 위치에 있는 디지털 비디오카세트
컴퓨터 플로피 디스크와 마찬가지로 DV 카세트는 우연히 녹화물을 지우는 것을 방지하기 위한 움직일 수 있는 탭을 가지고 있다. 카세트에 녹화를 하기 위해서는 닫힌 위치에 탭을 두도록 한다.

- 녹화 방지: 주의 깊게 케이블을 확인했는데도 불구하고 녹화기가 제대로 작동하지 않으면 카세트를 빼서 녹화가 가능한 상태인지 확인한다. 모든 테이프에는 '녹화 방지 장치'라 불리는 장치가 있어서 실수로 테이프의 내용이 지워지는 것을 방지한다. VHS와 S-VHS용 1/2인치 카세트는 작은 녹화 방지 탭이 테이프 뒷면 왼쪽 하단에 붙어 있다. 탭이 제거되어 있다면 이 카세트는 녹화가 방지되어 있는 것이다(그림 12.18 참조). 이제 카세트는 영원히 다시 쓸 수 없는 것일까? 그건 아니다. 이 테이프에 다시 녹화하기 위해서는 작은 조각의 테이프(마스킹 테이프나 전기 테이프 따위)를 탭이 떨어져 나간 자리에 붙인다.

컴퓨터 플로피 디스크와 마찬가지로 대부분의 디지털 비디오 카세트는 녹화 방지 위치로 조정할 수 있는 탭을 가지고 있다(그림 12.19 참조). Zip 디스크 등의 몇몇 디스크는 소프트웨어를 통해서 적절한 명령을 내리면 된다. 카세트를 녹화에 사용하기 전에 주기적으로 확인하도록 한다. 녹화 방지가 되어 있는 테이프는 녹화만 할 수 없을 뿐이지 재생은 방지 탭의 위치와 관계없이 가능하다. ◀

편집 준비 특정 종류의 편집인 경우 포스트프로덕션 전 단계에서부터 준비해야 하는 경우가 있다. 예를 들어, 인서트 효과를 사용하고자 할 때 녹화용 장비가 컨트롤 트랙을 이용해서 동조 신호를 기록한다면 마스터 편집 테이프에도 계속해서 컨트롤 트랙을 녹화해야 한다.

컨트롤 트랙을 만드는 가장 쉬운 방법은 블랙, 즉 검은 영상 신호를 녹화하는 것이다. 이 '블래킹' 은 보통 장면을 촬영하는 것보다 많은 시간이 걸린다. 60분 분량의 컨트롤 트랙을 만들려면 60분이 소요된다. 그러나 이 블래킹은 오로지 편집 마스터 테이프를 인서트 편집에 사용하려고 할 때만 사용한다. 조합 형식의 편집을 하거나 VTR이 컨트롤 트랙을 필요로 하지 않는 경우 이러한 마스터 테이프의 블래킹은 필요치 않다.

만약 현장에서 제한된 편집이 가능한 VTR을 장착한 디지털 캠코더를 사용하는 경우가 아니라면 모든 디지털 비디오테이프는 입력된 정보가 아날로그 정보이든 디지털 정보이든 관계없이 비선형 편집 장비의 하드디스크에 전송되어야 한다. 컴퓨팅이라고 하는 이 과정은 언제나 많은 시간을 필요로 한다. 예를 들면, 짧은 뉴스 자료가 보통의 아날로그 캠코더에 녹화되었다면 비선형 편집 장비를 쓰는 것은 비합리적인 것이라 할 수 있다. 컴퓨터 하드디스크에 테이프를 저장하는 시간이면 기존의 아날로그 편집 장비로 모든 편집을 끝낼 수가 있다. 시간이 촉박하거나 화면 전환이 오로지 컷에 의한 것이라면 비선형 편집 장비는 멀리하는 것이 좋다. 선형 편집과 비교하여 비선형 편집의 가장 큰 장점은 시간을 절약할 수 있다는 것이 아니라 각각의 프레임이나 장면을 무작위로 접속할 수 있고 마지막 편집을 하기 전에 다양한 형태의 편집을 해볼 수 있다는 점이다.

테이프를 편집이나 방송용 재생에 사용할 때는 박스에 표시된 테이프와 그 내용이 맞는지 테이프를 하나씩 재생해 보는 것이 좋다. 이런 과정이 시간을 낭비하고 중복되는 일이라고 생각할지 모르지만 그렇지는 않다. 삼중으로 확인하는 것이 중대한 제작 실수를 방지할 수 있을 뿐 아니라 시간, 에너지를 아끼고, 더 나아가 궁극적으로 긴장을 늦출 수가 있다.

프로덕션(Production; 제작)

기본적인 프리프로덕션 단계를 밟았다면 실제 녹화에서는 문제가 거의 발생하지 않겠지만 다음의 요소들에는 여전히 주의가 필요하다. 프로덕션 과정에는 (1) 비디오 리더, (2) 녹화

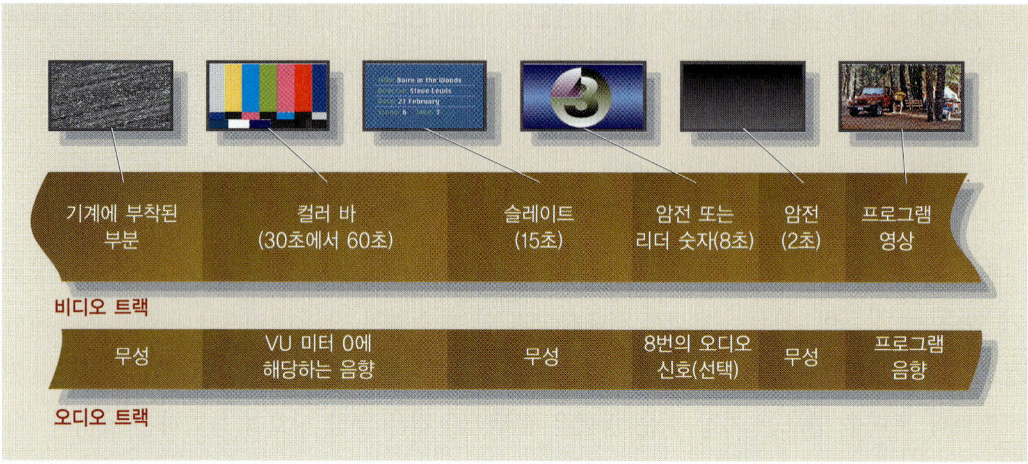

[그림 12.20] 비디오 리더
비디오 리더는 재생과 녹화 기계를 기준이 되는 음향과 영상 수준에 맞게 조절하는 것을 도와준다.

확인, (3) 타임 코드, (4) 기록 보관, (5) 디스크 기반 비디오 녹화기의 특정한 화면의 과정이 포함된다.

비디오 리더(video leader) 제대로 만든 녹화물을 재생시켜 보면 테이프의 첫 부분에 일종의 서두 형식의 녹화물이 있다는 것을 알 수 있을 것이다. 이런 것에는 컬러 바(color bar), 일정한 음향, 확인용 슬레이트, 그리고 번쩍이는 숫자와 그에 맞춰 삐 소리를 내는 것 등이 해당된다. 우리는 이것을 비디오 리더라고 부른다. 이 리더는 재생이나 편집 장비에 음향과 영상의 수준에 대한 기준을 제공한다(그림 12.20 참조). 하나씩 살펴보면, 컬러 바는 비디오테이프를 조작하는 사람이 재생 기계와 녹화 기계의 색을 맞추는 데 도움을 준다. 그래서 새 테이프를 사용하거나 테이프의 새로운 구역을 사용할 때는 적어도 30초 이상 컬러 바를 녹화한다. 몇몇 비디오 오퍼레이터(video operator)는 장비를 세밀하게 조정해야 할 필요가 있을 경우 컬러 바를 다시 재생하지 않아도 되도록 1분 이상 녹화되어 있는 것을 선호하기도 한다.

대부분의 오디오 콘솔은 입력 음량과 라인 음량을 조절하기 위해 VU 미터 눈금을 0에 맞추는 데 필요한 테스트 음향을 만들어 낼 수 있다. 이 음향은 컬러 바와 함께 녹음되어야 한다. 당연히 이러한 컬러 바와 테스트 음향은 비디오테이프를 녹화에 사용할 장비로 녹화해야 한다. 그렇지 않으면 재생 시 기준이 녹화된 내용이 아니라 이 컬러 바와 테스트 음향에 의해 맞춰지게 된다. 감독은 이런 신호를 '바와 톤(bar and tone)'이라고 한다. 스튜디오 쇼에서 비디오테이프가 돌아가기 시작하면 곧바로 바와 톤의 녹화를 지시하는 내용을 들어봤을 것이다. EFP에서는 카메라 또는 VTR 기사가 이 참고 신호 녹화를 담당하게 된다.

슬레이트는 몇몇 기술적인 세부 사항과 함께 중요한 프로덕션 정보를 제공한다. 일반적으로 슬레이트는 다음의 사항을 담고 있다.

- 쇼의 제목
- 신 번호(대본의 신 번호와 맞춘다.)
- 테이크 번호(같은 장면을 몇 번이나 반복했는지 기록한다.)
- 녹화 날짜

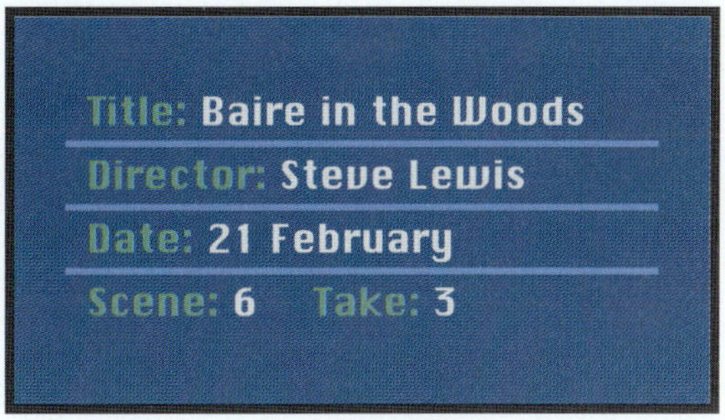

[그림 12.21] 문자 발생기로 만든 슬레이트
슬레이트는 제작에 관련된 정보를 보여준다. 각각의 주요 테이크의 시작 부분마다 녹화한다.

일부 슬레이트는 감독과 장소, 재생 예정 날짜와 함께 릴 번호, 편집 지시 사항, 프로듀서의 이름 등과 같은 회사와 관련된 정보가 기록되어 있다. 가장 핵심적인 내용은 쇼의 제목과 신, 테이크 번호이다.

스튜디오에서 슬레이트는 주로 문자 발생기에 의해 만들어지고 컬러 바 바로 뒤에 녹화된다(그림 12.21 참조). C.G.가 없는 경우 4×3의 비율을 가지는 작은 화이트보드를 사용할 수 있다. 슬레이트에 기록해야 하는 정보는 테이크마다 바뀌므로 슬레이트의 표면은 쉽게 지울 수 있도록 되어 있어야 한다. 슬레이트는 테이크뿐만 아니라 장면에 대한 정보도 제공해야 하기 때문에 길이나 완성도와는 상관없이 모든 테이크를 촬영할 때마다 녹화해야 한다.

자신이 주간 '학장 담화' 라는 프로그램의 감독이라고 가정해 보자. 처음 10초를 녹화했는데 학생회장이 새로운 학장의 이름을 더듬거렸다면 조용히 한 뒤 테이프를 세웠다가 다시 주행시키고 녹화 상태가 되기를 기다린다. 학장의 소개를 계속하기 전에 슬레이트를 다시 녹화해야만 한다. 그런데 슬레이트에는 장면 1에 테이크 1이라고 나와 있다. 장면 1에 테이크 2라고 해야 하는 것이 아닐까? 그렇다. 이것은 분명히 문자 발생기를 조정하는 사람이 슬레이트를 수정하는 것을 잊은 것이다. 이럴 경우 그냥 진행해야 하는 것일까? 아니면 테이프를 정지시키고 슬레이트를 고쳐야 하는 것일까? 이런 경우 그냥 계속 진행해도 좋다. 현장 기록을 담당하는 VTR 기사가 잘못된 10에 대해서 기록하고 두 번째 테이크를 첫 번째 테이크로 기록하면 된다. 그러나 포스트프로덕션 과정에서 조합해서 사용할 목적으로 테이크를 짧게 끊어서 촬영하는 경우에는 슬레이트의 번호가 정확해야 한다.

리더 숫자와 오디오의 삐 소리는 테이프를 재생시킬 때 큐를 정확히 주기 위해서 사용한다. 리더의 숫자는 10에서 3까지나 5에서 3까지 1초 간격으로 번쩍거리며 음향 신호와 동조되어 있다. 마지막 2초는 암전되고 무성으로 처리해서 비디오테이프가 실수로 방송에 조금 일찍 나갈 것을 대비한다. 녹화된 프로그램의 첫 번째 프레임은 카운트다운이 0이 되는 순간에 나타나야 한다. 테이프의 재생을 위해서 큐를 줄 때 테이프를 리더의 특정 숫자, 예를 들어 4에 맞춰 놓거나 미리 첫 프레임에 맞춰 놓을 수 있다. 이것은 프리롤이라고 하는데 테이프를 카운트다운 숫자에 맞춰 놓은 경우 방송에 내보내기 전에 정확히 4초의 시간을 미리 재생시켜야 한다. 만약 숫자와 첫 프레임 사이의 시간 간격이 길어지면 기술 감독은 영상이 방송에 나가도록 언제 버튼을 눌러야 하는지 알 수가 없게 되어 처음 몇 초 분량을 놓쳐 버릴 수도 있다. 그래서 테이프를 숫자 4에 맞추면 정확히 4초 후에 첫 번째 프레임이 나와야 하는 것이다.

녹화 확인 VTR 기사는 실제로 영상과 음향이 테이프에 녹화되는지 확인해야 하는 책임을 가진다. 다음은 녹화 도중 발생할 수 있는 문제를 대폭 줄일 수 있는 점검 사항이다.

- 장비가 제대로 작동하는지 확인하기 위해 항상 간단한 녹화와 재생을 실시한다. 단순히 VTR 모니터의 영상이 보이고 VU 미터가 움직인다고 해서 이것이 실제로 테이프에 녹화가 되고 있다는 것을 의미하는 것은 아니다. 그러나 한 번 시험 삼아 녹화하고 재생해 보아 제대로 작동하는 것이 확인되면 다음에 오는 작업에서도 제대로 작동할 것이라고 믿을 수 있게 된다.
- 실제 프로그램 녹화를 시작할 때 테이프 카운터를 다시 맞춘다. 실제 녹화에 타임 코드를 사용하는 경우 영상과 함께 타임 코드가 기록되는지도 확인한다.
- 녹화를 시작하기 전에 녹화기가 작동 속도에 이르러서 안정이 될 때까지 기다린다. 고정에 걸리는 시간은 1.5초에서 4초 사이이다. VTR은 고정 기간 동안 반짝였다가 시스템이 고정되면, 즉 녹화가 가능하도록 충분히 안정되면 일정한 빛을 내는 컨트롤 라이트를 가지게 된다. VTR 기사는 이 빛을 주시하고 있다가 빛이 일정해지면 알려준다. 그 이후에 감독은 실제 녹화과정에 임하게 될 것이다.
- 녹화하는 동안 영상과 음향의 레벨을 주시한다. 분리된 오디오 장비 없이 마이크를 통해서 음향이 곧바로 VTR로 들어갈 경우에 특히 음향 부분에 주의를 기울여야 한다. 감독은 아름다운 영상을 만들어 내는 데 열중한 나머지 배우가 아프리카 국가의 이름을 잘못 말하거나 비행기 소리가 신 중간에 끼어들거나 무선 마이크의 수신이 안 좋아서 노래의 아주 부드러운 부분에서 목소리가 자꾸 끊겨도 못 들을 수 있다.
- 포스트프로덕션을 위해 녹화할 때는 앞뒤로 연결되는 장면의 동작이 중복될 수 있도록 각

부분을 충분히 촬영해 둔다. 한 테이크가 끝날 때마다 테이프를 멈추기 전에 암전 상태에서 몇 가지 음향을 녹음해 두면 편집이 수월해진다.

감독에게 리허설을 녹화해야 하는지 확인한다. 때때로 실제 연기할 때보다 리허설 과정에서 더 좋은 장면을 얻을 수도 있다. 카메라 리허설(의상을 완벽하게 갖추고 진행되는 리허설) 장면이 실제 제작 테이프와 함께 편집에 사용될 수 있다.

- 반복되는 내용이지만, 리허설 과정이라고 할지라도 모든 테이크마다 슬레이트를 녹화하는 것을 잊지 말자. 시간이 모자랄 때는 콘솔 마이크를 이용해서 음향 기사가 음성 슬레이트를 삽입한다. 현장에서는 플로어 매니저가 탤런트의 라발리에 마이크나 피시폴의 샷건 마이크에 대고 '학장 담화 테이크' 하는 식으로 짧은 구두 슬레이트를 녹음한다. 어떤 감독들은 '5, 4, 3' 하는 식으로 구두 카운트다운을 하고 마지막 2초는 탤런트에게 큐를 하기 위해 남겨두기도 한다. 현장 제작에서는 영상 녹화의 맨 처음에만 문자 슬레이트를 사용하고 이어지는 테이크에서는 구두 슬레이트로 대체하는 경우가 많다.
- 테이크와 테이크 사이에 많은 시간을 허비하지 않는다. 제대로 준비만 되어 있다면 녹화가 중단되는 시간을 최소화할 수 있다. 때때로 각 테이크를 재생시켜 보면 연기자나 스태프가 다음에 계속될 동작을 개선할 수 있지만 실제 제작 시간이 늘어나는 것을 정당화시켜 줄 수는 없다. 비디오 녹화에 충분히 주의를 기울이고 있다면 각 테이크를 다시 봐야 할 필요는 없을 것이다.

  긴 중단 시간은 시간을 허비할 뿐만 아니라 제작 스태프들과 탤런트들의 사기도 떨어뜨린다. 하지만 너무 성급하게 녹화를 재촉해서도 안 된다. 다른 테이크가 필요하다고 느껴지면 그 자리에서 바로 재촬영한다. 그 즉시 새로운 테이크를 촬영하는 것이 시간이 한참 지난 후에야 쓸 수 없다는 것을 알고 다시 촬영하는 것보다 비용과 시간을 절감시킬 수 있다.

타임 코드(time code) 타임 코드 또는 위치 확인 코드(address code)는 각 프레임에 전자 표식을 하는 것을 말한다. 각 테이크마다 동시에 타임 코드를 기록해야 한다면 타임 코드가 정해진 트랙 또는 필요할 경우 여분의 오디오 트랙에 기록되고 있는지 확인해야 한다. 카메라나 VTR에 코드 발생기가 내장되어 있지 않다면 위치 지정을 위해 분리된 코드 발생기를 사용한다. 타임 코드는 나중에 포스트프로덕션 과정에서 기록될 수 있으며 이에 관한 내용은 chapter 13에서 다루기로 한다.

기록 보관 녹화 내용을 정확히 기록해서 비디오테이프에 표시해 두는 것이 제작 도중에는 특별해 보이지 않겠지만 특정 장면을 빨리 찾고자 하거나 여러 개의 테이프 박스 가운데 제 테이프를 찾으려고 할 때는 아주 유용하다. '잊을 수 없는 장면' 을 특히 신이나 테이크의 번호를 얼마나 빨리 잊어버릴 수 있는지 알게 되면 아마도 놀라게 될 것이다.

녹화를 하는 동안 정확히 기록하는 것이 포스트프로덕션 편집에서도 많은 시간을 절약할 수 있는 방법이다. 대부분은 제작을 마친 뒤 테이프를 보면서 각 테이크와 장면에 대해 기록하게 되겠지만 제작 도중 대략적으로라도 기록을 해 두는 것이 많은 도움을 준다. 이러한 대략적인 기록은 촬영 일지(field log)라고 한다. VTR 기사는 녹화가 스튜디오에서 이루어져도 촬영 일지 기록을 게을리 해서는 안 된다. 촬영 일지는 여러 장소를 거쳐 진행되는 좀더 복잡

PRODUCTION TITLE: "impressions" PRODUCER/DIRECTOR: Hamid Khani

TAPING DATE: 4/15 LOCATION: BECA Newsroom

CASSETTE NUMBER	SCENE	TAKE	OK or NO GOOD	TIME CODE IN	TIME CODE OUT	EVENT / REMARKS
C-005	2	1	NG	01:57:25	02:07:24	student looks into Camera CU – Z-axis
		(2)	OK	02:09:04	02:14:27	monitor + L news anchor MS getting ready
		(3)	OK	02:14:28	02:34:22	Pan R to reveal anchor in news set
		4	NG	02:34:22	02:45:18	Rack focus from Floor Mgr to L anchor · OUT OF FOCUS
		5	NG	02:48:05	02:55:12	Rack focus Both out of focus
		6	NG	02:58:13	03:05:11	Rack OK LOST Audio
		(7)	OK	03:12:02	03:46:24	Hurrah! Rack OK
	3	(1)	OK	04:16:03	04:28:11	MS Floor Mgr + Camera op from behind
		2	NG	04:35:13	04:49:05	CU of R anchor Lost audio
		(3)	OK	05:50:00	06:01:24	CU of R anchor
		4	NG	06:03:10	06:30:17	CU of L anchor audio problem
		5	NG	06:40:07	07:04:08	LS of both anchors Floor Mgr walks through shot
		(6)	OK	07:07:15	07:28:05	Good! Floor Mgr silhouette against set
		(7)	OK	07:30:29	07:45:12	slow pullout
C-006	4	(1)	OK	49:48:28	51:12:08	MCU Marty talks to anchors
		2	NG	51:35:17	51:42:01	Lav comes off R anchor

[그림 12.22] 현장 기록

현장 기록은 녹화가 진행되는 동안 VTR 기사가 기록한다. 보통 이 기록은 테이프나 릴의 번호, 신과 테이크의 번호, 전체 테이프상에서 그 장면의 대략적인 위치, 그리고 포스트프로덕션 편집에 유용할 만한 정보들을 담게 된다.

한 현장 제작에서 특히 유용하다. 좋은 테이크에는 표시를 하고 특히 그 당시 쓸 수 없어 보이는 테이크에 표시를 해둔다. 각각의 테이프와 박스에 라벨을 붙이고 해당하는 정보와 함께 촬영 일지를 기록해 둔다(그림 12.22 참조).

디스크 기반 녹화 장비의 특별한 점 지금까지 살펴보았던 프리프로덕션과 프로덕션 요소에 대한 내용은 아날로그와 디지털 VTR에 모두 해당하는 것들이다. 디스크 기반 장치들을 사용할 때도 여전히 적용되는 VTR 녹화 기법들이 많을 것이다. 그러나 당연히 디스크 기반 장비를 편집에 사용할 때는 다른 프로덕션의 필요 사항도 존재할 것이며 바로 이것이 chapter 13의 주제이다.

핵심요약

- 영상 녹화는 다른 시간과 장소에서 촬영된 부분을 모아서 전체 쇼를 만들어 내고 시간을 지연시키며 프로그램을 복사 및 배급, 보호와 참조, 교육을 위한 녹화물을 만들 때 주로 사용된다.
- 사용할 영상 녹화기는 제작 목적에 따라 종류가 결정된다. 가정에서 사용할 자료라면 최고 성능의 VTR이 필요하지는 않을 것이다. 고성능의 VTR은 색이 충실하고 해상도가 높아야 하고 방대한 포스트프로덕션에 쓰일 프로그램을 만드는 데 필요하다.
- 영상 녹화에 필요한 프리프로덕션 과정에서 거쳐야 하는 주요한 단계로는 일정, 장비 목록, 특정한 편집 준비가 있다. 특정한 캠코더나 VTR에 맞는 충분한 길이의 테이프를 준비한다. 녹화에 사용되는 테이프는 모두 녹화 방지가 해제되어 있는가를 확인한다.
- 영상 녹화에 있어서 주요 프로덕션 요소로는 비디오 리더(컬러 바, 테스트 음향, 슬레이트 정보, 리더 숫자와 음향), 녹화 확인, 타임 코드, 정확한 녹화 기록, 그리고 디스크 기반 장비의 특별한 점이 있다. 모든 테이크를 화상이나 구두 슬레이트 처리를 한다.
- 촬영 일지는 실제 스튜디오나 현장 제작 도중 기록한다. 모든 테이프 숫자와 신, 테이크를 기록하고 샷과 음향에 대한 내용도 기록한다.

CHAPTER

13

포스트프로덕션 편집

Postproduction Editing

텔레비전을 통해 보여지는 거의 모든 프로그램들은 실제 제작과정이나 포스트프로덕션 과정에서 일정 정도의 편집을 거쳐서 나온 것들이다. 제작 중이 아닌 제작 후에 편집하는 것을 포스트프로덕션이라고 한다. 포스트프로덕션 편집의 과정과 원리는 제작 도중 즉석에서 편집하는 스위칭과는 확연히 구분된다.

오늘날에는 점점 더 많은 포스트프로덕션 편집이 테이프 기반의 선형 시스템이 아닌 디스크 기반의 비선형 시스템에서 이루어지고 있다. 이러한 발전은 편집하는 방법에도 지대한 영향을 끼쳤다. 비선형 편집은 워드 프로세서에서 자르기와 붙이기를 하는 것과 유사한데, 선형 편집은 하나의 테이프에서 일정 부분을 선택해서 다른 테이프에 복사하는 방식이다. 편집 장비와 기술은 이처럼 극적인 발전을 거듭하고 있지만 미적인 부분에 있어서의 결정은 여전히 편집자의 책임이다.

Section 13.1 「포스트프로덕션 편집 방법」에서는 기본적인 편집 기능과 주요 편집 장비를 살펴본다. section 13.2 「편집 결정」은 왜, 어떻게 샷을 연결해야 하는지에 대한 미적인 판단을 키우는 데 도움이 될 것이다. 현재는 비선형 편집이 주류를 이루고 있지만 선형 편집을 먼저 알아보는 것이 비선형 편집의 이해를 돕고 어떻게 적용해서 최대 효과를 끌어낼 수 있는지에 대한 단서를 제공할 수 있으므로 선형 편집에 대해 먼저 알아보고자 한다.

주요 용어

AB-롤 편집(AB-roll editing) A-롤과 B-롤이 장착된 두 대의 재생 VTRs로부터 편집 원본 테이프를 만들어 내는 편집. 이 편집에서는 편집 조절 장치가 스위처의 기능을 대신한다.

AB 롤링(AB rolling) 두 대의 VTR(A-롤과 B-롤)이 스위처로 동조화된 영상을 동시에 공급하며, 방송 중 스위칭하는 형태로 편집이 이루어진다.

어셈블 편집(assemble editing) 편집 원본 테이프에 컨트롤 트랙을 미리 입혀 놓지 않고 불러온 자료를 연속적으로 이어 붙이는 편집.

캡처(capture) 영상, 음향 정보를 비선형 편집 장비의 컴퓨터 하드 드라이브로 전송하는 것.

복합 편집(complexity editing) 이벤트를 강조할 수 있도록, 또는 꼭 강조할 목적은 아니더라도 샷을 병치시키는 것. 연속성을 위한 편집 관습이 의도적으로 깨지기도 한다.

연속성 편집(continuity editing) 샷과 샷 사이에 시각적 연속성을 유지시키는 것.

컨트롤 트랙 시스템(control track system) 컨트롤 트랙에 있는 펄스를 세어 이 수를 경과 시간과 프레임 수로 변환시키는 시스템. 프레임별 정확도를 가지지 못한다.

컷어웨이(cutaway) 전체 이벤트와 크게 연관이 없는 피사체나 이벤트를 담은 샷으로, 화면 방향을 중화시키는 데 사용된다. 연속성을 쉽게 유지시키기 위해 샷 사이에 삽입하는 샷으로 사용된다.

편집 조절 장치(edit controller) 편집 시작점과 종료점을 표시하며 재생·녹화 VTRs을 주행시키고 효과를 통합시키는 등의 다양한 편집 기능을 보조하는 기계. 주로 소프트웨어가 장착된 데스크톱 컴퓨터가 이 기능을 수행한다.

편집 결정 목록(edit decision list; EDL) 타임코드 숫자로 표시된 편집 시작점과 종료점, 샷 사이의 화면 전환 성격 등에 대해서 기록한 목록.

편집 원본 테이프(edit master tape) 촬영 원본 테이프에서 선택된 부분을 편집하여 담은 비디오테이프. 녹화 VTR에 장착해서 사용한다.

인서트 편집(insert editing) 편집 원본 테이프에 컨트롤 트랙을 먼저 입혀야 하는 편집. 순서대로 샷을 배치하거나 이미 녹화되어 있는 샷 사이에 샷을 삽입한다. 비디오 트랙과 오디오 트랙을 분리해서 편집할 수 있다.

선형 편집(linear editing) 테이프 기반 장비를 사용하는 아날로그 또는 디지털 편집. 무작위 접속 불가능.

심상 지도(mental map) 사람이나 물건이 어디에 있고 사람이나 물건이 화면 안이나 밖 어디에 있어야 하는지를 시청자에게 말해주는 것.

비선형 편집(nonlinear editing; NLE) 샷이나 시퀀스에 무작위로 접속할 수 있으며 쉽게 재배치할 수 있는 시스템. 영상 및 음향 정보는 컴퓨터의 하드디스크나 읽기/쓰기 전용 광학 디스크에 디지털 형식으로 저장된다. 디스크 기반 컴퓨터 시스템을 사용한다.

오프라인 편집(off-line editing) 편집 결정 목록을 만들거나 방송용이 아닌 비디오테이프를 만드는 것.

온라인 편집(on-line editing) 방송용이나 배포용으로 고화질, 고음질의 편집 원본 테이프를 만들어 내는 것.

레코드 VTR(녹화 VTR) 재생 VTR에서 프로그램 단편들을 편집해서 편집 원본 테이프에 녹화할 때 사용하는 녹화기. 녹화 VTR이라고도 한다.

슬레이트(slate) (1) 비디오테이프에 녹화된 각 부분에 대한 정보를 시각적 혹은 구두로 알리는 것. (2) 주요 제작 정보를 기입한 작은 검정색 판이나 하얀색 판. 각 테이크 시작 전에 이 슬레이트를 녹화한다.

소스 테이프(source tape) 실제 촬영 화면이 들어 있는 비디오테이프. 촬영 원본이라고도 한다.

소스 VTR(source VTR) 레코드 VTR에 의해 통합될 프로그램의 일부분을 제공하는 비디오테이프 녹화기. 재생 VTR이라고도 한다.

타임 코드(time code) 각각의 텔레비전 프레임이 특정한 주소(경과된 시간, 분, 초, 프레임을 나타내는 숫자)를 지정하는 것.

벡터(vector) 방향을 가진 힘을 나타낸다. 그래픽 벡터란 선의 방향 혹은 일련의 피사체가 이루는 선을 의미한다. 인덱스 벡터는 화살표와 같이 확실한 방향을 말한다. 모션 벡터는 피사체나 화면상에서 움직이는 이미지에 의해 만들어진다.

녹화 일지(VTR log) 촬영 원본을 검사하면서 그 테이프에 담긴 모든 테이크를 기록한 목록. 좋은 테이크(사용할 수 있는 테이크)건 좋지 않은 테이크(사용할 수 없는 테이크)건 관계없이 모든 테이크를 타임 코드 주소에 따라 순서대로 기록한다. 대개 컴퓨터 기록 프로그램을 이용해서 작성한다.

윈도 더빙(window dub) 원본 테이프의 저급 복사본(bumped-down)으로 각 프레임마다 타임 코드가 표시되어 있다.

SECTION

13.1

포스트프로덕션 편집 방법

How Postproduction Editing Works

편집 장비는 하루가 다르게 변화하고 있지만, 연결하고 줄이고 정정하며 구성해내는 편집의 기본 기능은 변하지 않는다. 이 기본 기능을 어떻게 수행하느냐 하는 것은 편집의 목적과 포스트프로덕션에 할당된 시간 그리고 사용 가능한 장비에 의해 좌우된다고 할 수 있다. 예를 들어 다수의 복잡한 효과를 음악 트랙과 정확히 일치시켜야 하는 MTV용 제작물을 편집하려고 한다면 아무리 애를 써도 단순한 테이프 기반의 컷 전용 편집기로 편집하는 것은 불가능하다. 마찬가지로 20분짜리 연설 가운데 주목할 만한 일부 내용을 추려 저녁 뉴스에 사용할 10초 분량으로 만드는 데 고성능 디스크 기반 시스템을 사용하는 것도 비합리적인 일이다. 이런 과정을 거치게 되면 컷 전용 테이프 기반 편집기로 쉽게 끝낼 수 있는 일을 아날로그 테이프 상의 녹화물을 디지털 디스크 저장 장치로 변환시켜야 하는 번거로움이 생기게 된다. 그 연설을 디지털 캠코더로 취재해서 디지털 영상을 고성능 디지털 편집 시스템의 하드디스크에 보낸다고 하더라도 시간을 더 절약할 수 있는 것은 아니다. 가장 비싼 장비가 언제나 최선의 선택이 될 수는 없다.

Section 13.1에서는 주요 편집 절차와 시스템, 그리고 이것들이 어디에 가장 적합한지에 대해서 알아본다. 비록 편집이라는 것이 자전거를 타는 것처럼 책으로 배우기 힘든 것이지만 이 section을 통해 실제로 편집에 임했을 때 적어도 편안함이라도 느낄 수 있도록 하고자 한다.

▶ 편집 방식: 오프라인(off-line)과 온라인(on-line)

성능과 편집 의도에 따라 정의

▶ 기본 편집 시스템

기본적인 선형 · 비선형 시스템과 각각의 작동 원리

▶ 선형 편집 시스템

단일 소스(source), 확장된 단일 소스, 다중 소스 시스템

▶ 컨트롤 트랙과 타임 코드 편집

컨트롤 트랙과 타임 코드의 사용

▶ 선형 편집의 특성과 기법

조합과 인서트 편집

▶ AB 롤링과 AB-롤 편집

두 VTR의 소스에서 편집된 마스터 테이프 만들기

▶ 비선형 편집 시스템

기본 데스크톱 시스템과 확장된 고용량 시스템

▶ 비선형 편집 특성과 기법

캡처, 압축, 정보 저장, 그리고 샷 선택과 병치

▶ 가편집 과정

숏팅, 복습(리뷰), 예습(준비)

▶ 편집과정

촬영 단계, 검사 단계, 의사결정 단계, 작업 단계

편집 방식: 오프라인과 온라인(Editing Modes: Off- and On-Line)

계속해서 방송되는 뉴스의 한 부분을 편집하거나 짧고 기본적인 컷만으로 편집하는 것이 아니라면 우리는 오프라인(off-line)과 온라인(on-line) 편집에 참여하게 된다. 오프라인 편집으로 가편집본을 만들게 된다. 이것은 최종 편집을 위한 대략적인 길잡이로서의 수준이 낮은 일련의 내용물들을 만들어 내는 작업이다. 온라인 편집은 최종 마스터 테이프나 디스크를 만드는 편집이다. 인터넷에서는 유사하기는 하지만 이 두 편집과정은 선형, 비선형 편집과는 구분되는 것이다.

선형 오프라인과 온라인 편집(Linear Off- and On-Line Editing)

선형 오프라인 편집은 의도된 장면 시퀀스의 보고 느낀 것들을 통해 대략적인 생각을 준다.

이것은 마지막 그림이 아닌 스케치이다. 숙련된 편집자들조차도 장면 시퀀스의 리듬을 확인하고 다양한 변화(트렌지션)들과 효과들을 결정하고 오디오에 필요한 생각들을 얻기 위해 오프라인 편집을 선호한다. 선형 오프라인 편집은 대게 저가격대의 장비로 완료되어진다. 오프라인 가편집을 위해 적어도 두 대의 VHS 리코더들을 사용한다. 한 대는 소스 테이프들을 들어가게 하기 위함이고 또 다른 것은 원하는 시퀀스에서 선택된 장면들을 녹화하기 위함이다(그림 13.2 참조). 시퀀스들이 의도된 이야기를 보여준다면 엉성한 변화들이나 오디오에 관심을 두지 마라. 물론 고객들을 위한 임시의 편집을 한다면 가능한 한 보기 좋게 편집되어야 한다. 그래서 VHS 기계들로는 충분하지 않다. 오프라인 편집의 생산물에 의해 가장 가치 있는 것은 온라인 편집을 위해 사용할 수 있는 마지막 편집 결정물이다.

선형 온라인 편집은 방송하기 위해 의도된 마지막 생산물이나 배급을 위한 다른 형태들로 끝난다. EDL에 따라 확실하게 재편집된 것이다. 이는 모든 변화와 효과들뿐 아니라 깨끗한 오디오 트랙을 포함한다. 이것은 고객이나 극장의 프로젝트 또는 방송을 보기 위해 주는 버전이다. 온라인 버전을 생산하기 위해 명백히 사용 가능한 가장 좋은 기계를 사용한다. 대개 높은 마지막 컴퓨터 편집을 돕는 제어기는 마지막 편집 제어 장치로 EDL을 사용할 것이다.

비선형 오프라인과 온라인 편집(Nonlinear Off- and On-Line Editing)

비선형 오프라인 편집은 가편집을 위해 낮은 해상도로 된 비디오의 선별된 장면들을 캡처하는 것을 말한다. 낮은 해상도의 비디오 임폴팅을 하는 이유는 저장공간과 프로세싱 시간을 절약하기 위함이다. 처음부터 끝까지 낮은 해상도 버전을 편집할지라도 마지막 목표는 정확한 EDL을 확실하게 하는 것이다. 온라인 버전을 편집할 때 EDL에 따라 높은 해상도와 시퀀스의 선별되어 커트된 장면들을 다시 디지털화한다. 이 절차는 관련된 작은 조각을 편집하며 작은 감각을 만든다. 아주 정확한 VTR 로그를 유지하려면 하드 드라이브를 무리하게 사용하는 것 없이 높은 해상도의 선별된 커트 장면들을 캡처해야 한다. 그러면 매 신(scene)마다 특정한 편집 시퀀스를 선별한다면 편집의 의도가 가편집이라도 온라인 편집이 된다. 이미 알고 있듯이 이것이 비선형 편집의 큰 장점 중의 하나이다.

기본 편집 시스템(Basic Editing Systems)

Chapter 12에서 이미 설명한 바와 같이 모든 테이프 기반 녹화 시스템은 선형을 띄며 모든 디스크 기반 시스템은 비선형을 띈다. 마찬가지로 테이프 위에 기록된 정보가 아날로그든 디지털이든 관계없이 비디오테이프를 사용하는 모든 편집은 선형 편집이며, 디스크 기반의 편집 시스템은 비선형이다. 제작의 관점에서 이것은 정확히 무엇을 의미하는 것인지 어떻게 기록된 정보들을 검색하는지 살펴보도록 하자.

[그림 13.1] 편집해야 할 샷의 비선형 디스플레이
비선형 편집 장비는 정지 프레임의 숫자, 선택된 화면 전환과 효과, 다양한 오디오 트랙의 도표식 표시를 보여줄 수 있다. 음향을 넣거나 넣지 않은 상태에서 샷이 연결된 시퀀스를 보여줄 수도 있으며 다양한 화면 전환과 효과를 넣었을 때 모습을 미리 볼 수도 있다.

선형 시스템(Linear Systems)

비디오테이프상에 25번째 샷을 찾으려면 샷 25에 이르기 전에 이전 샷인 샷 24를 거쳐야만 한다. 앞의 샷을 모두 건너뛰고 샷 25로 바로 갈 수는 없다. 앞에 있는 샷을 모두 거쳐야 원하는 샷으로 갈 수 있는 시스템을 선형 시스템이라고 한다. 그러므로 테이프가 가지고 있는 신호가 아날로그든 디지털이든 관계없이 테이프 기반 장치는 모두 선형이 된다.

비선형 시스템(Nonlinear Systems)

정보가 디스크 기반 편집 시스템에 있다면 샷 24를 거칠 필요 없이 샷 25로 바로 갈 수 있다. 특정 샷이나 프레임을 무작위로 접속할 수 있는 시스템을 비선형 시스템이라고 한다. 그러므로 모든 디스크 기반 시스템은 비선형이 된다. 이 장비들은 컴퓨터에 의해 운용되기 때문에 디지털 신호만을 다룰 수 있다. 사실상 비선형 시스템은 프레임이나 시퀀스를 지정하고 몇 분의 1초 사이에 검색을 할 수 있는 대형 ESS 시스템과 같은 원리로 운용된다. 비선형 시스템이기 때문에 하나의 컴퓨터 스크린에 두 개나 그 이상의 프레임을 나란히 배치해서 두 프레임을 편집했을 때 얼마나 좋은 효과를 낼 수 있을 것인지 살펴볼 수 있다(그림 13.1 참조).

편집 원리(Editing Principle)

두 시스템의 운용상의 차이점이 편집 방법의 기본적인 개념에 변화를 가져왔다. 선형 편집은 하나의 테이프에서 샷을 선택하고 특정한 순서로 다른 테이프에 복사한다. 선형 편집의 운용 원리는 바로 복사라고 할 수 있다.

비선형 편집에서는 다양한 프레임과 샷을 선택하고 재배치할 수 있다. 특정한 이미지를 복사하기보다는 이미지 파일을 통해서 정리하고 특정한 순서로 재생하도록 지정한다. 그러므로 비선형 편집의 운용 원리는 영상 및 음향 데이터 파일을 선택하고 특정한 시퀀스로 재생하도록 컴퓨터를 조작하는 것이다.

선형 편집 시스템(Linear Editing Systems)

그 복잡함에 관계없이 모든 테이프 기반 선형 편집 장치들은 하나의 기본 원리에 의해 작동된다. 그것은 바로 하나 혹은 그 이상의 VTR로부터 처음에 촬영된 원래 테이프의 일정 부분을 재생하고 다른 VTR은 그 VTR에 장착된 테이프에 원 테이프에서 선택된 자료를 녹화한다. 테이프 기반 시스템은 (1) 단일 소스 시스템, (2) 확장된 단일 소스 시스템, (3) 다중 소스 시스템의 세 개로 분류할 수 있다.

단일 소스 시스템(Single-Source System)

편집하기 위해서 하나의 VTR이 자료를 공급하는 기본적인 시스템으로, 단일 소스 또는 컷 전용 편집 시스템이라고 한다. 원본 테이프를 재생하는 기계를 소스 VTR(source VTR) 또는 재생 VTR이라고 한다. 선택된 자료를 복사하는 기계를 레코드 VTR(녹화 VTR) 또는 편집 VTR이라고 한다. 마찬가지로 원래 테이프를 소스 비디오테이프 혹은 촬영 원본, 선택된 부분을 복사해서 특정한 시퀀스를 만든 테이프를 편집 마스터 테이프, 또는 편집 원본이라고 한다. 두 개의 소스 테이프와 편집 마스터 테이프에 어떤 내용이 있는지 보려면 각각의 VTR을 통해서 봐야 한다(그림 13.2 참조).

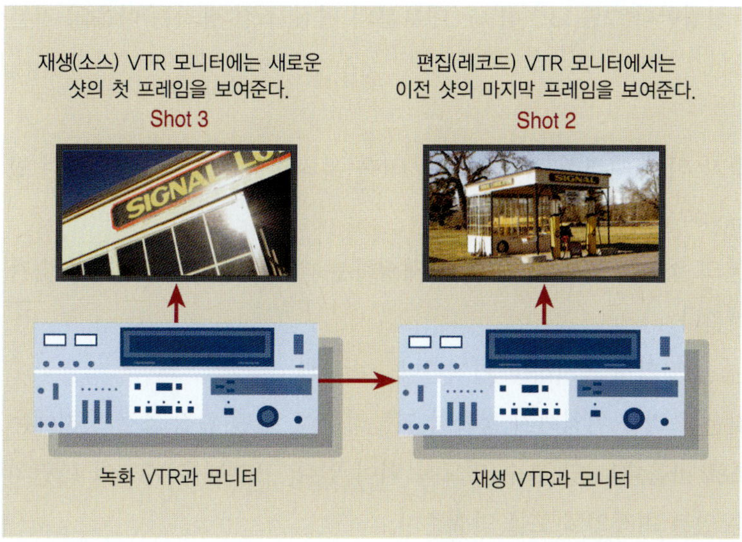

[그림 13.2] 기본 테이프 기반 단일 소스 시스템
재생 VTR이 원본 테이프의 특정한 부분을 제공한다(재생 VTR 모니터에서 보여짐). 녹화 VTR이 이 특정한 시퀀스를 복사해서 이미 녹화한 샷에 연결시킨다(녹화된 VTR 모니터에서 보여짐).

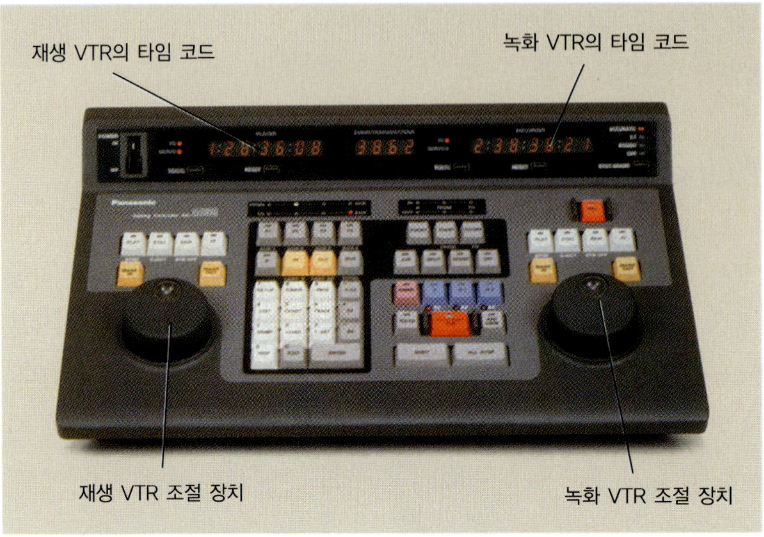

[그림 13.3]
편집 조절 장치
편집 조절 장치는 재생 VTR과 녹화 VTR 사이에 연결된다. 이 장치는 경과된 테이프의 시간과 프레임을 나타내고 재생 VTR과 녹화 VTR를 돌리고 편집 시작점과 종료점을 저장해서 VTR에 녹화를 실행하고 편집 전에 편집이 되면 어떤 모습인지 그리고 편집 후에 어떻게 편집되었는지를 보여준다.

실제 편집을 할 때에는 소스 VTR을 통해서 편집 마스터 테이프에 녹화될 자료가 들어가고 나가는 부분을 정확히 확인한다. 레코드 VTR은 소스 VTR로부터 공급된 자료를 복사하고 프레임이 미리 정해진 위치, 즉 편집 위치에서 만나게 한다. 레코드 VTR에 언제 소스 자료를 복사하고 언제 복사를 멈춰야 하는지를 지시해야 한다. 녹화 VTR에 촬영 자료를 녹화할 때는 인(in) 혹은 입장(entrance)이라는 큐를 주고 녹화를 멈출 때는 아웃(out) 혹은 퇴장(exit)이라는 큐를 주게 된다. 이 작업에서 도움을 주는 장비가 바로 편집 조절 장치이다.

편집 조절 장치 이 장치는 특정 한도에서 자동으로 편집을 실행하는 것으로, 명령을 기억하여 정확하고 안정적으로 실행한다(그림 13.3 참조). 대부분의 편집 조절 장치는 다음의 기본 기능을 수행한다.

- 신(scene)의 위치를 찾기 위해 재생 VTR과 녹화 VTR을 분리해서 속도를 조절할 수 있는 서치 방식(search mode)을 조절한다.
- 촬영 원본과 편집 원본의 정확한 큐를 위해 읽고 재생하는 데 걸린 시간과 프레임 숫자 또는 타임 코드를 알려준다.
- 편집점, 시작점, 종료점을 정확히 표시하고 기억한다.
- 두 대의 녹화기를 똑같은 프리롤 위치까지 정확히 되돌려준다. 어떤 편집 조절 장치에는 프리롤 타임을 2~5초로 마음대로 맞출 수 있도록 되어 있다. 프리롤은 VTR이 화면의 흔들림 없이 녹화할 수 있는 최적의 속도를 맞춰준다.

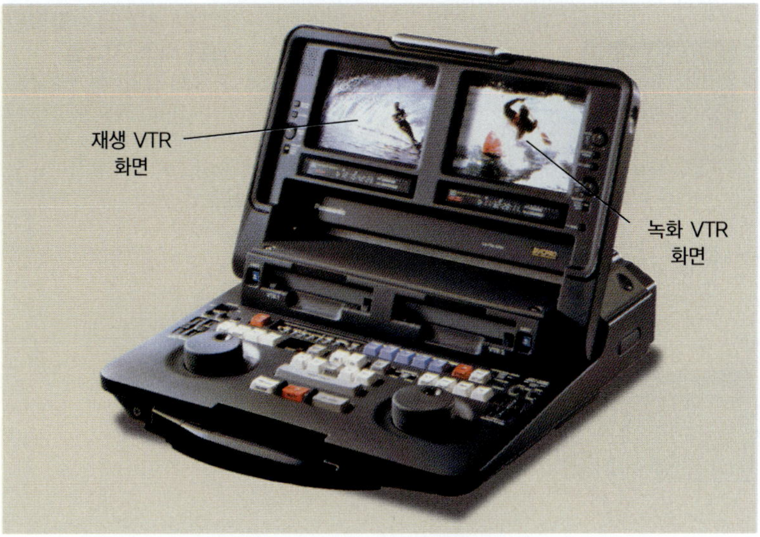

[그림 13.4]
랩톱 편집기
서류 가방 크기의 랩톱 편집기에는 재생, 녹화 VTR, 두 VTR을 위한 모니터, 음향 스피커, 수백 개의 편집 결정을 기억할 수 있는 편집 조절 장치가 포함되어 있다.

- 두 장비를 동시에 시작시키고 테이프 속도를 동조화한다.
- 편집용 녹화기가 어셈블 편집이나 인서트 편집을 할 수 있도록 한다(이 section의 후반에 설명하기로 한다).

대부분의 단일 시스템에서의 편집 조절 장치는 실제 편집 전에 편집될 모습을 임시로 미리 볼 수 있도록 시험 편집을 할 수 있으며 비디오 트랙과 오디오 트랙이 서로 영향을 주지 않도록 따로 편집할 수도 있다. 또한 빨리감기 상태에서도 알아들을 수 있는 음향을 제공하는 등의 부가적인 편집 업무를 가능케 한다.

휴대용 소형 편집기 랩톱 편집기라고도 불리는 휴대용 소형 편집 장비는 chapter 11에서 살펴봤던 휴대용 스위처와 유사하다. 프로그램을 두 시간 정도 녹화할 수 있는 재생 · 녹화 VTR을 비롯해 소스, 레코드 LCD 비디오 모니터, 음향 스피커, 수백 개가 넘는 편집 결정을 기억할 수 있는 편집 조절기 등을 작은 서류가방 크기의 상자에 모두 가지고 있다. 이것은 컷 전용 편집기이지만 ENG에서는 이상적인 장치라고 할 수 있다. 누군가 뉴스 차량을 운전만 해준다면 방송국으로 돌아가는 길에 뉴스 내용을 편집할 수도 있다(그림 13.4 참조).

확장된 단일 소스 시스템(Expanded Single-Source System)

기본 단일 소스 시스템은 원하는 만큼의 융통성을 발휘하지는 못한다. 예를 들면, 러시아워를 찍은 다큐멘터리에서 차들이 꽉 막혀서 움직이지 못하는 것을 강조하기 위해서 음향을 첨

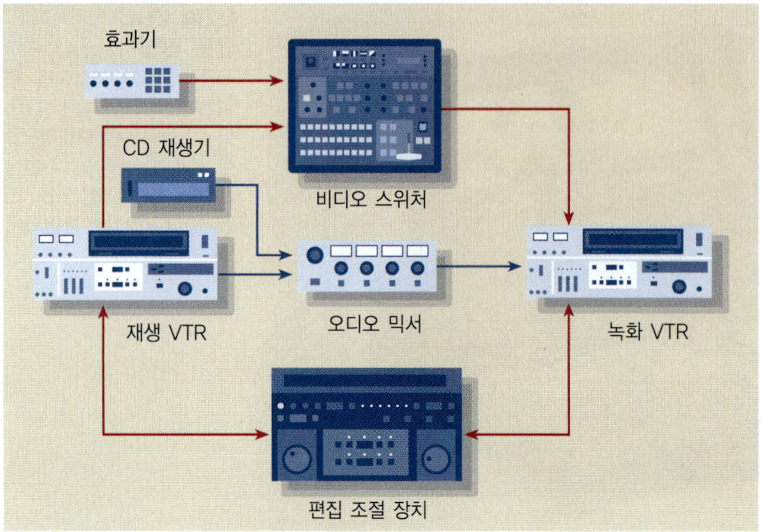

[그림 13.5] 확장된 단일 소스 시스템
확장된 단일 소스(영상원) 시스템에는 특수 효과기, 비디오 스위처, CD 재생기, 오디오 믹서가 통합되어 있다.

가하거나 결혼식 장면에서 음악을 삽입하고 싶을 때가 있을 것이다. 이런 조작을 위해서는 원본 테이프와 편집 테이프 사이에 오디오 믹서를 연결해야 한다. 또한 다큐멘터리에 글자를 넣고 싶다면 자막 발생기나 편집 원본을 다시 복사하지 않고도 원본 테이프의 신과 자막을 혼합할 수 있게 해주는 스위처가 필요하다. 이런 경우 오디오 믹서와 비디오 스위처에서 나오는 라인 아웃은 편집 조절 장치를 거치지 않고 곧바로 녹화 VTR로 연결된다는 것에 주의한다(그림 13.5 참조).

다양한 소프트웨어를 이용해서 데스크톱 컴퓨터를 정교한 편집 조절 장치나 비선형 편집 장비로 사용할 수 있다. 편집 조절 장치로 컴퓨터를 사용할 때는 컴퓨터에 재생 · 녹화 VTR과 오디오 믹서, 비디오 스위처를 연결할 수 있고 다양한 특수 효과와 화면 전환 효과는 컴퓨터에서 제공한다.

선행 재생 기능(preread function) 단일 소스 편집 시스템에서는 하나의 재생 VTR만을 사용하기 때문에 편집은 주로 컷으로만 행해지는데, 즉 이 시스템에서는 디졸브나 와이프 같은 화면 전환을 쓸 수 없기 때문이다. "맞을까? 그럴 수도 있고 아닐 수도 있다."

대부분의 단일 소스 시스템은 컷 편집만 가능하므로 컷 전용 편집 시스템이라고도 불리지만 어떤 VTR의 경우 선행 재생 기능이 내장되어 있어서 새로운 자료를 녹화하는 동시에 같은 테이프에서 다른 자료를 읽는 것(재생)이 가능하다. 이것은 하나의 재생 VTR에서 공급받은 두 샷을 이용해 디졸브와 같은 화면 전환을 하는 것이 가능하다는 것을 의미한다. 이런 기술이 비선형 편집 시스템에서는 흔한 것이지만 선형 단일 시스템에서는 두 개 이상의 재생 VTR을 써야만 컷 외의 다른 편집 기능을 수행할 수 있다. 이러한 선행 재생 기능은 더빙을 한 번 더 하지 않고도 글자를 인서트할 때 아주 유용하게 사용된다.

다중 소스 시스템(Multiple-Source Systems)

테이프 기반의 다중 소스 시스템은 두 개 이상의 재생 VTR과 한 개의 녹화 VTR, 컴퓨터의 지원을 받는 편집 조절 장치로 이루어져 있다. 확장된 단일 소스 시스템과 마찬가지로 다중 소스 시스템에는 오디오 믹서, 스위처, 특수 효과 장비가 함께 사용된다. 컴퓨터상의 디지털 편집기는 재생 A, B VTR, 자막 발생기나 특수 효과 발생기, 오디오 믹서, 그리고 편집과 녹화 VTR의 기능을 감독하게 된다(그림 13.6 참조).

다중 소스 편집 시스템은 두 개 이상의 재생 VTR을 동조화시키며 이 VTR로부터 샷과 오디오 트랙을 가져와서 다양한 화면 전환이나 특수 효과를 이용해 빠르고 효과적으로 연결할 수 있다. 이 장비의 큰 장점은 컷, 디졸브, 와이프와 같은 매우 다양한 화면 전환을 실행할 수 있으며 두 개 이상의 원본 테이프로부터 가져온 오디오 트랙을 믹싱할 수도 있다는 것이다. 다른 장점으로는 A-롤(원본 테이프 A)의 모든 짝수 번호 샷과 B-롤(원본 테이프 B)의 모든 홀수 번호 샷을 배열할 수 있다는 것이다. 편집과정에서 A-롤과 B-롤을 스위칭함으로써 예비 편집(pre-edited)이 가능한데 이에 대한 것은 이 chapter의 후반에 설명하기로 하겠다.

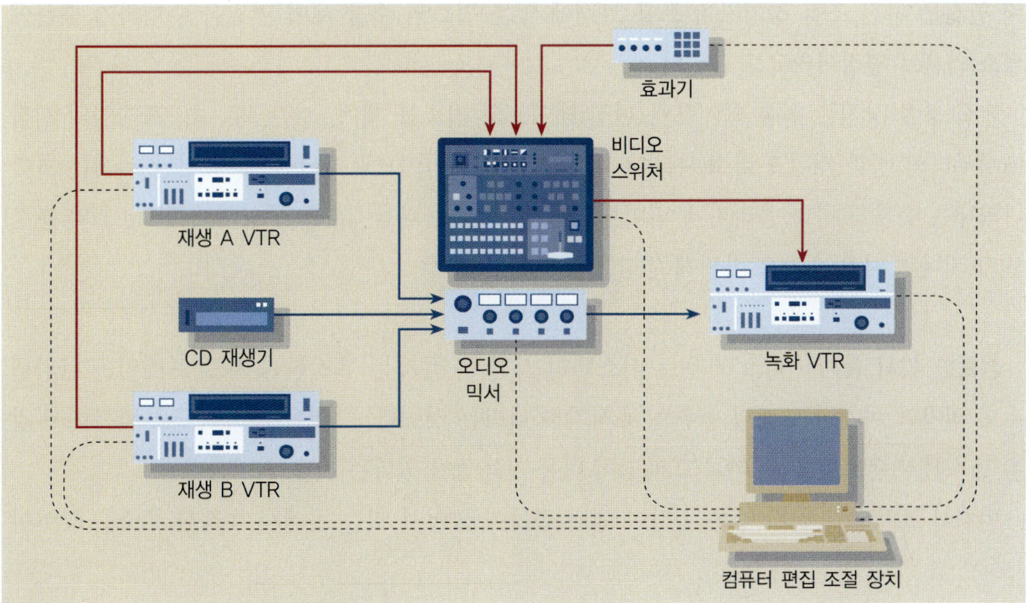

[그림 13.6] 다중 소스 편집 시스템
다중 소스 편집 시스템에는 두 개 이상의 재생 VTR과 특수 효과기, 오디오, 스위처가 사이에 연결되어 있는 구조를 갖는다.

컨트롤 트랙과 타임 코드 편집(Control Track and Time Code Editing)

모든 선형 편집 장비는 컨트롤 트랙이나 특별한 위치 지정 코드에 의해 움직인다. 컨트롤 트랙 시스템은 컨트롤 트랙 펄스를 세어, 경과 시간과 프레임 숫자로 전환하며, 이 숫자를 이용해서 원본 테이프에서 특정한 샷을 찾고 편집의 시작점과 종료점을 결정한다. 그러나 정확한 프레임 수를 제공하지 않기 때문에 실제 편집된 프레임은 선택한 프레임보다 몇 프레임 후가 될 수도 있다.

좀더 정교하고 정확한 선형 시스템에서는 이러한 작업을 위해 타임 코드를 사용한다. 타임 코드는 각각의 텔레비전 프레임에 시간, 분, 초, 프레임을 나타내는 독특한 위치 지정 번호를 지정한다. 타임 코드 시스템은 정확한 프레임 단위 시스템이다.

컨트롤 트랙 또는 펄스 카운트 편집(Control Track, or Pulse-Count, Editing)

이미 알고 있는 바와 같이 컨트롤 트랙은 비디오테이프에 녹화된 자료의 각 프레임에 표시를 한 것이다. 그러므로 테이프 재생 시 컨트롤 트랙에 초당 30개의 표시 지점이 지나가게 된다(그림 13.7 참조). 싱크 펄스(sync puls)라고도 하는 각각의 표시점을 실제 편집의 시작점과 종료점으로 사용할 수 있다. 그냥 모니터에서 영상을 보는 것보다는 컨트롤 트랙의 펄스를 세어 찾는 것이 훨씬 정확하게 특정한 편집 시작점과 종료점을 찾을 수 있게 해준다. 컨트롤 트랙 편집은 편집 조절 장치가 컨트롤 트랙에 있는 펄스의 수를 세어 편집을 수행하기 때문에 펄스 카운트 편집이라고도 불린다.

편집 조절 장치는 원본 테이프와 편집 테이프의 펄스를 세어, 시간, 분, 초, 프레임의 시작에서부터의 경과 시간으로 표시한다. 매초당 30프레임이므로 29프레임이 지난 뒤에는 초를 나타내는 숫자가 하나 올라가게 되며 30번째 프레임은 다음 1초를 구성하게 된다. 초와 분은 59가 지나면 다음 숫자로 바뀌게 된다(그림 13.8 참조).[주1]

정확한 위치 찾기 펄스 카운트 시스템의 가장 큰 문제는 특정한 숫자로 프레임을 나타낼 수도 있지만 이것이 프레임 단위의 표시가 아니라는 것이다. 이것을 계속적으로 반복해서 같은 펄스를 카운트했을 때 다른 프레임이 나올 가능성이 있다는 것을 의미한다.

번지가 표시되어 있지 않은 똑같이 생긴 집들이 늘어서 있는 곳에서 특정한 주소를 찾아야

(주1) 초당 25프레임을 사용하는 국가의 경우, 초의 변화는 30프레임 NTSC 시스템의 29프레임 이후가 아닌 24프레임 이후에 나타나게 된다.

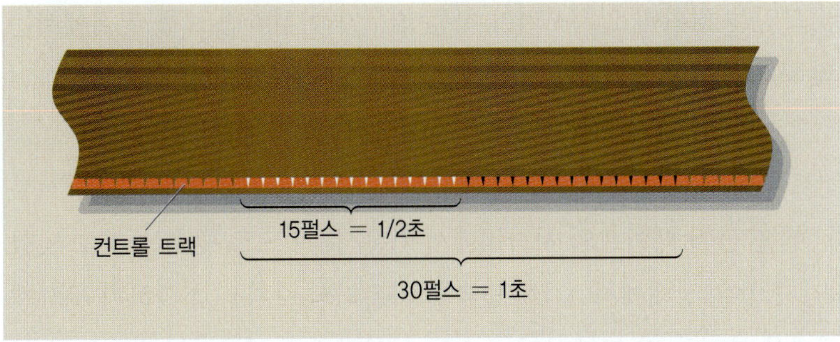

[그림 13.7]
컨트롤 트랙 펄스
컨트롤 트랙 또는 펄스 카운트 시스템은 비디오테이프의 특정한 위치를 표시하기 위해 컨트롤 트랙 펄스를 세는 방법을 채용하고 있다. 매 30개 펄스마다 경과 시간 1초가 표시된다.

[그림 13.8]
펄스 카운트 또는 타임코드 표시
이 표시는 경과된 시간, 분, 초, 그리고 프레임을 나타낸다. 프레임은 29가 지나면 초로 올라가고, 초와 분은 59가 지나면 분과 시간으로 올라간다. 시간은 29가 지나면 다시 0으로 돌아간다.

한다고 상상해 보자. 만약 찾고자 하는 집이 왼쪽에서 열 번째 집이라면 문제될 것은 없다. 왼쪽에서부터 열 번째 되는 집은 간단하게 찾을 수 있다. 110번째 집을 찾아야 한다면 중간에서 실수를 하여 결국엔 다른 집을 찾게 될 수도 있다. 처음부터 세는 대신 블록의 한가운데서부터 세면 어떻게 되겠는가? 열을 센다고 해도 본래 원하던 위치에 갈 수가 없게 된다.

펄스 카운트 시스템이 이와 흡사한 어려움을 겪게 된다. 컨트롤 트랙의 펄스는 특정한 주소를 갖는 것이 아니라 간단히 편집기로 그 숫자를 세서 일시적인 시간과 프레임 주소를 변환시킨다. 펄스 카운터를 0에 맞추고 테이프를 처음부터 주행시켰다면 카운터의 1초는 테이프상의 30번째 프레임을 나타내게 된다. 이 프레임을 우유가 담긴 유리잔이 여성의 입에 막 닿으려는 화면이라고 가정하자. 테이프를 되감아서 0에 맞추고 다시 처음 1초를 주행시키면 같은 프레임이지만 우유가 담긴 유리잔이 여성의 입에 닿아 있는 모습을 보게 될 수도 있다. 테이프의 한 프레임을 더 이용한 것이다. 집을 세는 것과 마찬가지로 편집 조절 장치도 수천 개의 펄스를 반복해서 세거나 특히 고속으로 세야 하는 경우 펄스를 놓치는 경향을 보인다.

테이프는 단 2분만 주행시켜도 편집 조절 장치는 3,600개의 펄스를 세야 한다는 점을 생각해 보자. 테이프를 되감아서 2분간 주행시키면 테이프를 편집 조절 장치에서 0에 맞추고 정확히 2분이 됐을 때 테이프를 정지시켰다고 해도 처음과 다른 프레임에서 멈추게 될 것이다. 이것은 고속 셔틀이나 테이프를 감고 푸는 동안 테이프에 흠집이 생기거나 미끄러져 버릴 수도 있고 기계 자체에서 수천 개의 펄스를 세다가 중간에 몇 개를 건너뛰어 셀 수도 있기 때문이다. 그러나 말소리와 입 모양을 정확히 일치시켜야 하는 경우가 아니라면 보통 편집에서는 큰 문제가 되지 않는다. 몇 프레임이 빠져버린다고 해서 심각한 문제를 일으키진 않는다.

정확한 출발점 찾기 컨트롤 트랙 시스템의 또 다른 문제점은 주행을 실행하는 시점에서부터 숫자를 센다는 것이다. 예를 들어 테이프의 시작점에서 카운터를 0으로 맞추는 것을 잊었거나 테이프를 완전히 되감지 않은 상태에서 0점에 맞추면 카운터의 숫자는 정확하지 못하게 된다. 펄스 카운트 시스템에서 부여한 각 프레임의 주소는 일시적이고 임의적이기 때문에 이 시스템을 위치 지정 코트(address code)라고 할 수 없다.

펄스 카운트 방식으로 편집할 때는 언제나 테이프의 중간이 아닌 맨 앞부분 시작점에 카운터를 0에 맞추어야 한다.

타임 코드 편집(Time Code Editing)

음악의 박자에 맞춰 영상을 편집해야 하거나 대화나 특수 음향 효과를 비디오 트랙과 동조화시켜야 하는 등의 좀더 정확한 편집이 필요한 경우에는, 정확한 위치 지정 시스템을 가지고 편집해야 한다. 타임 코드는 각 전자 프레임마다 특별하고 고유한 주소를 제공하는 전자 신호이다. 이 주소는 주로 비디오테이프의 위치 지정 코드 트랙으로 지정된 오디오 트랙에 기록되거나 영상 신호와 결합되거나 영상 신호 옆에 기록된다. 펄스 카운트 시스템과 마찬가지로 이 트랙에서 경과된 시간과 프레임 수를 나타내 준다(그림 13.8 참조). 이 타임 코드는 우리가 예로 들었던 집으로 보자면 각 집에 번지를 지정해 주는 것과 같은 역할을 하게 되므로 특정한 집을 찾기 위해 처음부터 집을 셀 필요 없이 주소를 보고 바로 1,010번째 집을 찾을 수 있게 되는 셈이다.

각 프레임마다 고유의 주소를 갖게 됨으로써 여러 시간 녹화된 자료 속에 있거나 지속적인 고속 주행으로 미끄러지는 경우에도 특정 프레임을 찾을 때 비교적 빠르고 믿을 만하다. 어느 지점을 편집에 사용할 것인가 지시를 내리면 비디오테이프를 여러 번 앞뒤로 주행시켜 정확한 위치를 찾아내고 정확한 위치를 찾기 전에는 편집을 실행하지 않는다.

타임 코드 장비에는 여러 종류가 있다. 심지어 보급형 캠코더에서도 고유의 타임 코드를 만들어 낼 수 있다. 모든 전문가용 편집 장비들은 내장된 SMPTE/EBU 타임 코드를 사용하게 된다. SMPTE(셈프티라고 읽는다)는 Society of Motion Picture and Television Engineers(전미 텔레비전 기술자 협회)의 약자이다. EBU는 European Broadcasting Union(유럽 방송 연맹)의 약자이다. 두 기관 모두 기술적 표준을 책정하고 이행한다.

타임 코드 읽기/쓰기 장비 많은 스튜디오 VTR, 전문가용 휴대 VTR, 그리고 캠코더는 내장된 타임 코드 발생기를 가지고 있어 제작과정에서 타임 코드를 쓰고 재생할 때 타임 코드를 읽을 수 있다. 내장형이 아닌 경우 분리된 타임 코드 발생기를 부착할 수 있는 잭을 가지고 있다.

타임 코드 녹화 대규모 스튜디오 제작에서 통상적으로 프로그램과 함께 타임 코드를 녹화한다. 고성능 캠코더는 고유의 타임 코드를 만들어 내어 녹화하는 동안 지정된 트랙에 코드를 기록한다. EFP 제작이나 또는 사용하는 캠코더에 내장된 타임 코드 발생기가 없는 경우 녹화 이후에 이미 녹화된 프로그램에 타임 코드를 추가시킬 수 있다. 예를 들어, 작업용 저급 복사(dub down)나 편집용 고급 복사(bump up)를 할 때 원본 테이프와 복사본에 동시에 타임 코드를 기록할 수 있다.

타임 코드는 실제 제작이 진행되는 시간으로 기록할 수도 있고, 날짜와 시각에 관계없이 0에서부터 기록할 수도 있다. 편집할 때 이벤트가 정확히 몇 날 몇 시에 있었는지 알아야 할 경우가 아닌 이상 0점에서 시작하는 것이 실용적이다. 일반적으로 시간을 나타내는 타임 코드로 테이프(릴)번호를 표시하는 데 사용한다. 예를 들어, 첫 번째 테이프를 01/00/00/00으로 맞추고 두 번째 테이프를 02로 맞추고 첫 번째 테이프가 끝났던 숫자부터 녹화되도록 하는 것이다. 세 번째 테이프를 03으로 네 번째 테이프를 04로 시작하게 된다. 실제 원본 테이프와 각각의 테이프가 이어져 있기만 하면 타임 코드는 어디에서 시작해도 상관없다.

예를 들어 하나의 캠코더는 지속적인 롱 샷을 담고 다른 하나로는 지속적인 미디움 샷을 나머지 하나로는 지속적인 클로즈업을 담는다고 했을 때 세 대의 캠코더를 똑같은 타임 코드를 부여함으로써 동조화된 촬영을 가능하게 할 수 있다. 그러나 실제로 이 작업은 매우 까다로운 작업이고 모든 캠코더가 정확히 일치하는 타임 코드를 얻는 데까지는 시간이 걸린다. 다행히도 우리는 영화에서 카메라를 동조화시킬 수 있는 쉬운 방법을 차용해올 수 있다. 즉 세 대의 카메라를 비교적 정확히 같은 시각에 작동시키고 스틸 카메라의 플래시를 신호로 이용하는 것이다. 과다 노출된 프레임이 모든 타임 코드를 동조화시키는 시작점이 되는 것이다.

논 드롭 프레임과 드롭 프레임 방식(non-drop frame and drop frame modes) NTSC 방식이 초당 30프레임의 영상 신호를 내보낸다고 알고 있지만 정확히 지켜지는 것은 아니다. 실제로 각 프레임은 1/30초보다 약간 적은 시간을 할당받게 된다. 이러한 차이는 매우 미미해서 실제 편집에서는 무시해도 무관하다. 그러나 예를 들어 장시간 동안 입술 모양과 음향을 맞춰야 할 경우처럼 정확히 프레임을 맞춰야 할 경우 타임 코드 방식을 채택해서는 안된다. 실제도 초시계로 정확히 1시간을 재보면 타임 코드에서는 1:00:03:18로 표시되는데 이것은 실제보다 3.6초가 길다는 것을 의미한다. 편집에서 이런 정도의 오차가 문제가 되지 않는다면 캠코더에 논 드롭 프레임 방식을 채택해도 무관하다. 만약 실제 상황과 정확히 동조화시켜야 한다면 드롭 프레임 방식을 채택해야 한다. 이것은 주기적으로 몇몇 프레임을 버리는 것을 의미한다. 대부분의 작업에서는 논 드롭 프레임 방식도 큰 문제를 느끼지는 못할 것이다.

영상/음향 동조화 타임 코드는 여러 대의 VTR을 동조화할 수 있을 뿐만 아니라 영상 녹화기와 음향 녹화기도 동조시킬 수 있다. 동조화는 프레임 단위의 정확도로 이루어질 수 있기 때문에 비디오 트랙과 오디오 트랙도 프레임 단위로 맞출 수 있다. 예를 들면, 질이 좋지 않은 연설 목소리나 다른 음향 효과를 비디오 테이프에서 삭제하고 오디오 테이프에 있는 새로운 대화와 음향 효과를 프레임별로 대체시키면 된다. chapter 10에서 설명했듯이 이러한 과정을 ADR(자동 대화 대체)이라고 한다.

선형 편집의 특성과 기법 (Linear Editing Features and Techniques)

대부분의 전문가용 VTR에서는 어셈블 편집과 인서트 편집이라는 주요 편집 방식을 번갈아 사용할 수 있다.

어셈블 편집(Assemble Editing)

어셈블 방식에서는 재생용 녹화기가 제공하는 자료를 복사하기 전에 편집용 녹화기의 테이프에 있는 모든 자료(비디오/오디오/컨트롤/위치 지정 트랙)를 지운다. 만약 지난해의 휴가 내용이 담긴 테이프를 올해 휴가 촬영에 다시 사용하게 되면 새로운 장면을 하나씩 찍을 때마다 캠코더는 지난해에 찍었던 장면을 하나씩 지우면서 새로운 장면을 하나씩 녹화하게 될 것이다. 이것이 어셈블 편집 효과이다.

좀더 정교한 편집 장비에서도 마찬가지의 일이 일어난다. 편집 원본 테이프에 이미 녹화된 내용이 있어도 어셈블 방식에서는 새로운 첫 샷을 위해 필요한 공간에 해당하는 자료를 지워 버린다. 샷 1에 샷 2를 편집해서 붙이면 녹화 VTR에서는 샷 2의 영상, 음향 등의 정보를 기록할 수 있는 공간을 만들기 위해 샷 1의 뒷부분을 지운다. 녹화 VTR은 원본 테이프의 샷 2에 포함되어 있던 컨트롤 트랙 정보에서 따온 새로운 컨트롤 트랙을 기록하게 된다. 다음에 이어지는 샷을 어셈블 편집할 때도 동일한 과정을 거치게 된다(그림 13.9 참조).

어셈블 편집의 문제점은 원본 테이프에서 일일이 따와서 재구성하는 컨트롤 트랙이 언제나

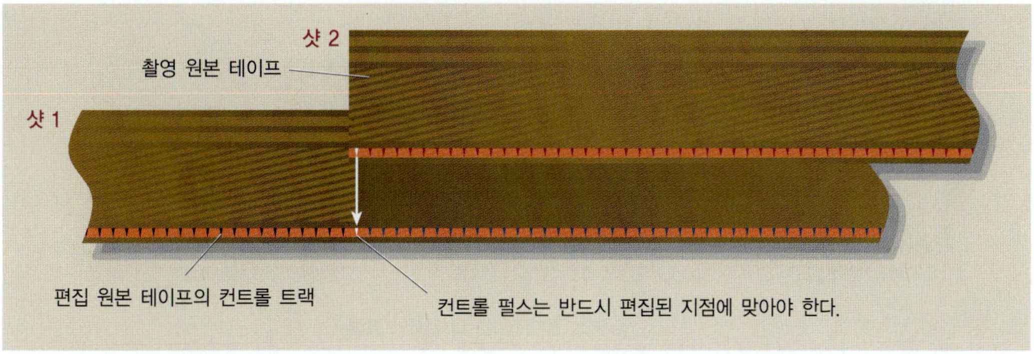

[그림 13.9] 어셈블리 편집
어셈블 방식에서는 녹화 VTR이 컨트롤 트랙을 하나하나 만들어 내게 된다. 녹화 VTR은 재생 VTR의 샷 2에 해당하는 모든 영상, 음향 자료를 복사하게 된다. 샷 2의 컨트롤 트랙은 재생 VTR에 남아 있게 되지만 녹화 VTR에 의해서 재생산되어서 샷 1의 컨트롤 트랙에 연결되게 된다.

[그림 13.10] 싱크 롤
샷 1과 2의 컨트롤 트랙 사이의 불일치가 아주 미세하다고 할지라도 이러한 불일치는 편집점에서 영상의 일시적인 깨짐, 즉 싱크 롤을 유발시키게 된다.

부드럽고 고르게 기록되지 못한다는 것이다. 예를 들면, 녹화 VTR은 테이프 A에서 1, 7, 11샷을 테이프 B에서 15, 17샷을 가져와서 완벽하게 이어진 컨트롤 트랙을 만들려고 시도하게 된다. 불행히도 최고급 VTR도 이 일을 제대로 수행해 내지는 못한다. 동조 신호가 조금이라도 어긋나면 편집점에 찢어짐이 발생하고, 재생할 때 편집점에서 화상이 흩어지거나 말리게 되는 싱크 롤(sync roll)이 발생한다(그림 13.10 참조).

어셈블 편집의 주요 장점은 빠르다는 것이다. 편집 원본 테이프에 편집 전에 암전 영상 신호를 녹화할 필요가 없다. 이전에 녹화를 했던 테이프이든 이미 컨트롤 트랙이 기록되어 있는 테이프든 관계없이 모든 테이프를 편집 원본 테이프로 사용할 수 있다. 편집 원본 테이프로 사용하기 위해서 컨트롤 트랙을 편집 원본 테이프에 기록할 필요없이 막 도착한 뉴스 같은 것을 편집할 때는 어셈블 방식으로 하게 된다. 이전 샷을 더 추가시키기 위해서 캠코더를 작동시키면 자동적으로 이 어셈블리 편집이 실행된다.

인서트 편집(Insert Editing)

편집 원본 테이프에 복사를 하기 전에 연속된 컨트롤 트랙을 미리 기록하고 선택된 다양한

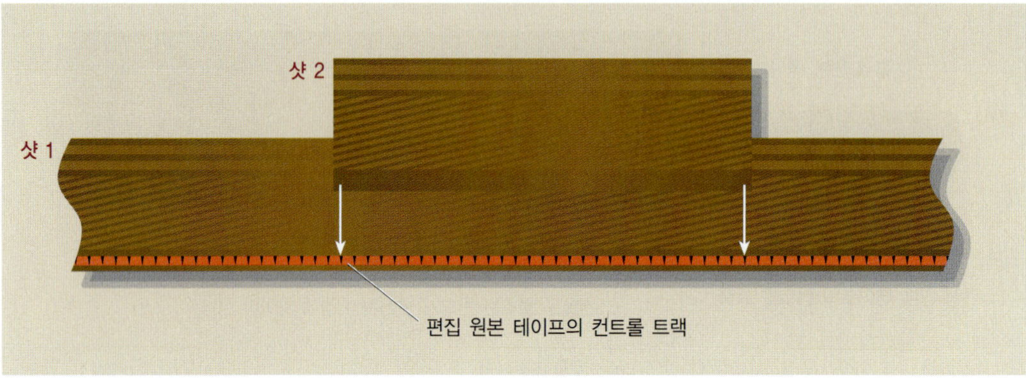

[그림 13.11] 인서트 편집
인서트 편집 방식에서는 미리 녹화된 편집 테이프의 연속된 컨트롤 트랙 위에 촬영 원본의 컨트롤 트랙을 뺀 나머지 자료들을 전사하게 된다.

화면을 여기에 맞추면 안 되는 것일까? 이렇게 하면 단편으로부터 얻은 컨트롤 트랙을 재구성할 필요 없이 연속된 컨트롤 트랙을 만들 수 있게 된다. 이것이 바로 인서트 편집이다. 인서트 편집을 하기 전에는 준비해야 할 것들이 있다. 인서트 편집에 사용할 편집 원본 테이프를 준비하기 위해서는 우선 연속된 컨트롤 트랙을 입힌다. 컨트롤 트랙을 입히는 가장 쉬운 방법은 영상과 음향은 뺀 상태로 암전만을 녹화하는 것이다. 어떤 편집자들은 연속된 컬러 참조를 위해 컬러 바의 녹화를 선호하기도 한다. 이러한 과정을 거쳐서 VTR은 마치 중요한 이벤트를 녹화하는 것처럼 충실하게 컨트롤 트랙을 입히게 된다. 암전된 테이프는 이제 빈 편집 원본으로서 촬영 원본에서 잇을 수 없는 장면을 복사할 준비가 된 것이다.

암전이나 컬러 바의 녹화는 실시간으로 진행되어야 하는데 이것은, 즉 녹화 과정을 빠르게 하지 말고 30분 분량의 컨트롤 트랙을 깔기 위해서는 30분 동안 암전이나 컬러 바를 녹화해야 한다는 것을 의미한다. 이것이 시간 낭비처럼 보일지는 모르지만 다음과 같은 장점을 가지고 있다.

- 모든 편집은 찢어짐이나 말림 없이 진행될 수 있다.
- 새로운 영상, 음향 자료를 앞이나 뒤에 진행되는 인서트에 영향을 주지 않고 원하는 곳 어디에나 인서트할 수 있다.
- 영상에 영향을 주지 않고 음향을 편집하거나, 음향에 영향을 주지 않고 영상을 편집할 수 있다. 이것은 본래의 오디오 트랙을 흐트러뜨리지 않고 몇 개의 샷을 인서트하려는 경우 특히 중요하다. 다큐멘터리나 음악 프로그램을 편집하는 가장 효율적인 방법은 오디오 트랙을 먼저 입히고 이후에 영상을 오디오 트랙에 맞춰 인서트 편집하는 것이다 (그림 13.11 참조).

AB 롤링과 AB-롤 편집(AB Rolling and AB-Roll Editing)

AB 롤링 편집 방식과 AB-롤 편집 방식 모두 비선형 편집에서는 조잡하고 쓸모없지만 텔레비전 제작에서는 여전히 사용되고 있는 방법이다. 이 방법들은 정확성이 아닌 빠른 속도 때문에 사용된다. 두 기법 모두 포스트프로덕션 편집보다는 즉석 편집에 가깝다.

AB 롤링은 스위처에 들어오는 신호가 카메라에서 보내지는 것이 아니라 VTR에서 보내진다는 것을 제외하면 생방송에서 두 카메라에서 보내진 영상을 스위칭하는 것과 같다고 할 수 있다. VTR에 장착되어 있는 테이프를 하나는 A-롤, 다른 하나는 B-롤이라고 한다. AB-롤 편집은 AB 롤링과 흡사하지만 편집 결정이 스위처가 아니라 편집 조절 장치에 의해 이루어진다는 것이 다르다.

AB 롤링(AB Rolling)

AB 롤링에서는 두 개의 분리된 소스가 동시에 공급되기 때문에 원하는 지점 어디에서나 A-롤에서 B-롤로, B-롤에서 A-롤로 화면을 바꿀 수 있으며 사용 가능한 화면 전환 장치가 있다면 이것을 이용해서 연결할 수도 있다(그림 13.12 참조).

AB 롤링의 장점은 편집 속도가 매우 빠르고 원하는 샷 연결을 얻을 때까지 얼마든지 편집을 재실행할 수 있다는 것이다. 만약 지금 막 행한 편집이 마음에 안 든다면 재생 VTR을 되감아서 편집분을 자를 수도 있다. 가장 경험이 많은 포스트프로덕션 편집자가 전통적인 선형 편

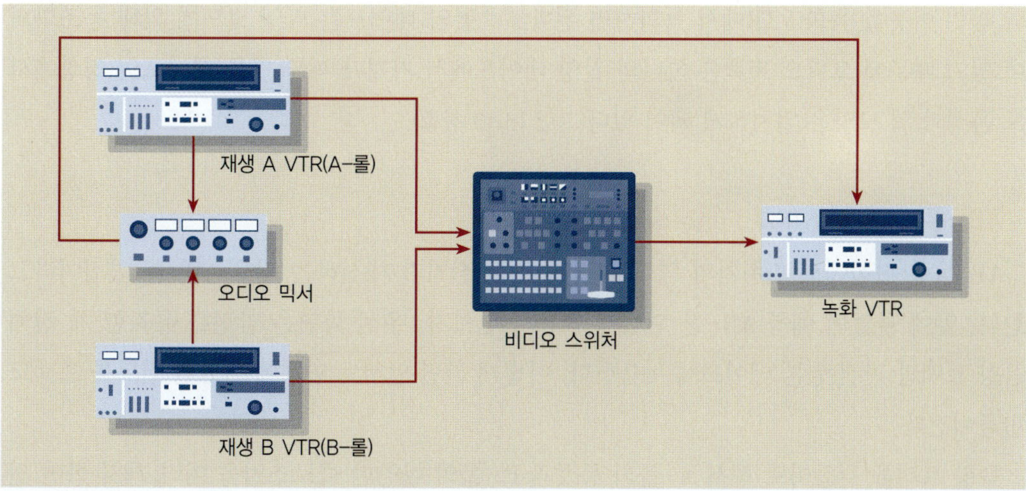

[그림 13.12] AB 롤링
AB 롤링에서는 재생 A VTR에서 A-롤을 재생 B VTR에서 B-롤을 공급하게 된다. 두 기계 모두 동조화되어 있고 스위처로 영상 자료를 보낸다. 영상 공급이 동시에 일어나기 때문에 만약 생방송 자료라고 한다면 즉석 편집이 가능하게 된다.

[그림 13.13] 일반 음향 트랙을 위한 AB 롤링
AB-롤 편집 예에서는 A-롤은 롱 샷과 미디움 샷을 B-롤은 클로즈업을 담고 있다. 두 재생 VTR은 동조화되어 있기 때문에 A-롤의 음향 트랙을 B-롤 영상의 삽입에도 사용할 수 있다.

집 장비로 편집을 한다 해도 AB 롤링의 속도는 따라갈 수 없다. 그러나 속도를 얻는 대신 그 정확성은 떨어진다. AB 롤링은 A-롤과 B-롤 사이의 편집 지점이 아주 정확하지 않아도 되는 상황에서 유용하게 사용된다.

AB 롤링을 사용할 만한 좋은 예가 있다. 촬영 테이프 A에는 주로 록밴드의 롱 샷과 미디움 샷이 들어 있고 촬영 테이프 B에는 밴드의 다양한 클로즈업이 들어 있다고 가정하자. 두 촬영 테이프에 기록된 타임 코드와 오디오 트랙이 같다면 두 테이프를 동시에 주행시키고 동조시킬 수 있다. 이후에 분리된 영상 신호를 스위처로 보내면 스위처에서는 A-롤의 롱 샷 또는 미디움 샷과 B-롤의 클로즈업을 마치 생방송에서와 같이 컷, 디졸브, 와이프 처리해서 스위처의 라인 아웃을 녹화 VTR에서 녹화하면 된다. 두 촬영 테이프는 타임 코드에 의해 동조화되어 있기 때문에 오디오 트랙은 하나의 촬영 테이프에서 가져다 써도 다른 테이프의 영상에서도 음성과 입 모양은 일치하게 되어 있다(그림 13.13 참조).

AB-롤 편집(AB-Roll Editing)

AB 롤링 편집에서 스위처의 역할을 편집 조절 장치가 대신하는 것을 AB-롤 편집이라고 한다. 앞에 들었던 예를 AB-롤 편집에 적용시켜 보자. 우선 화면은 암전을 유지한 채 전체 음향 트랙만 편집 원본 테이프에 녹음한다. 이렇게 하면 인서트 편집에 필요한 컨트롤 트랙도 만들어진다.

음향 트랙을 길잡이로 해서 A-롤의 롱샷과 B-롤의 다양한 클로즈업을 여러 가지 화면 전환을 통해서 편집 테이프에 인서트한다. 두 재생 VTR을 동조화했기 때문에 상응하는 클로즈업을 찾기 위해서 시간을 들여 셔틀(shuttle)이나 서치(search)할 필요 없이 원하는 순간 A-롤이나 B–롤에서 선택하기만 하면 된다. 이 방법이 AB 롤링보다 시간이 더 걸리기는 하지만 좀더 정확하게 실행할 수는 있다. 예를 들면, 만약 리드 기타의 솔로 연주가 시작되는 부분에서 리드 기타의 클로즈업을 넣고 싶다면 편집 조절기를 이용해서 시작 프레임을 정확하고 쉽게 찾아낼 수 있다. 이런 정확한 컷을 AB 롤링에서 실행시키려고 한다면 아마도 여러 번의 시도 끝에 이루게 될 것이다.

단도직입적으로 말해서 AB 롤링과 AB–롤 편집의 차이점은 AB 롤링은 두 VTR에서 전달되는 영상을 마치 생방송에서 카메라를 통해 들어오는 영상을 스위칭하듯이 편집하는 것이고, AB–롤 편집에서는 재생 A VTR과 재생 B VTR 사이에 화면 전환을 편집 조절 장치를 이용해 실행하는 것이다.

AB–롤 편집의 장점은 하나의 촬영 원본이 아닌 두 개의 촬영 원본에서 영상에 접속할 수 있기 때문에 다양한 화면 전환을 실행할 수 있다는 것이다. A–롤과 B–롤은 처음부터 끝까지 동조화되어 주행할 필요가 없으며, 재생용 장비의 비디오테이프를 갈아 끼울 필요 없이 두 테이프 가운데 하나만 특정 편집점까지 주행시킨 뒤 그 내용을 녹화기에 복사할 수 있다.

AB–롤 편집 조절 장치가 가장 활발하게 작동하는데, 이 편집 조절 장치는 재생 VTR A, B, 그리고 녹화 VTR이 편집 시작점과 종료점에서 기능을 수행할 수 있도록 해야 하며, 세 개의 VTR을 프리롤시키고, VTR에 언제 녹화를 시작하는지 지시하고 스위처에는 어떤 화면 전환을 수행해야 하는지 지시해야 한다. 다행히 컴퓨터가 이러한 다양한 조절 기능을 쉽고 효과적으로 처리해 준다. 컴퓨터에 EDL(편집 결정 목록, edit decision list)을 입력하고 나면 모든 것이 제대로 작동하고 있다는 전제하에서, 컴퓨터는 편집 지점을 특정화한 타임 코드 번호를 찾아보고 다양한 화면 전환을 EDL에 명기된 대로 충실히 이행한다.

비선형 편집 시스템(Nonlinear Editing Systems)

모든 비선형 편집 장비는 기본적으로 고용량 하드디스크나 읽기/쓰기 전용 광디스크에 디지털 영상 및 음향 정보를 저장하는 컴퓨터를 말한다. 컴퓨터와 대용량 하드 드라이브를 제외하고 일반적인 NLE 장비들은 소스 테이프를 재생할 수 있는 VTR 혹은 원본을 저장할 수 있는 또 다른 장치들, 오디오 믹서, 편집 인터페이스를 보여주는 대형 모니터, 그리고 편집된 장면들을 보여줄 수 있는 또 다른 모니터를 포함한다(그림 13.14 참조).

선형 편집 시스템과 비선형 편집 시스템의 근원적인 차이점을 되짚어 보자면 선형 시스템은 하나의 비디오테이프에서 다른 비디오테이프로 정보를 복사하는 것이며 비선형 편집 시스템은 샷과 시퀀스의 무작위 접속이 가능하고 특정한 순서로 재생시킬 수 있다. 하나의 샷을

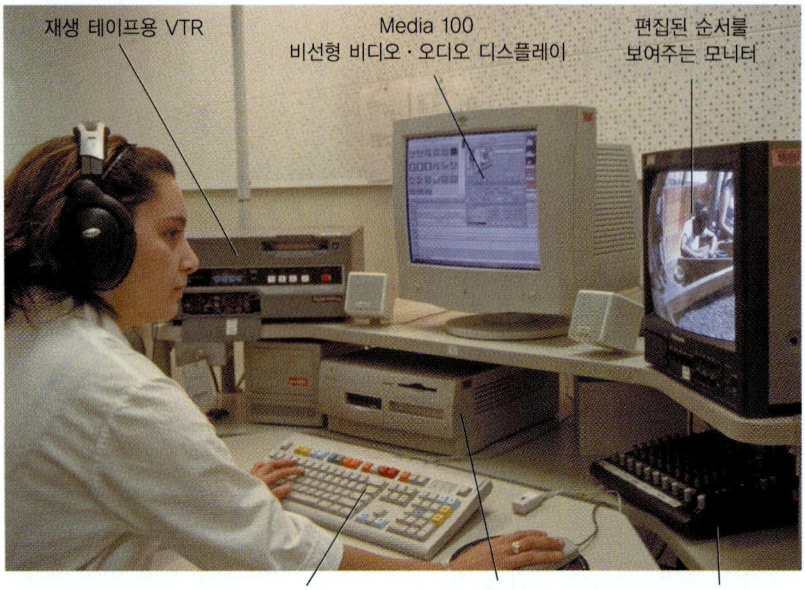

[그림 13.14] 기본 비선형 편집 시스템
기본 비선형 편집 시스템은 대용량 저장 장치와 편집/효과 소프트웨어를 장착한 컴퓨터를 말한다. 이 편집 시스템의 출력은 고화질, 고음질의 온라인 영상과 음향 자료뿐만 아니라 EDL도 포함된다.

다른 샷에 연결해서 붙이는 것이 아니라 NLE에서는 기본적으로 파일을 취급하는 것이다. 비선형 편집에서는 실제 아무 편집도 시행하지 않으면서도 시도해 보고 비교해 보아 원하는 만큼의 편집 판을 저장할 수도 있다. 실제로 하는 일은 EDL을 만들어 내는 일이고 이것은, 즉 특정 파일을 다양한 길이와 다른 순서로 재생하도록 표시하는 것이다. 특정한 편집 판을 결정하고 나면 이 같은 내용을 편집 원본에 전송하거나 적절한 오서링 소프트웨어를 이용해 DVD와 같은 또 다른 디지털 저장 장치에 보내도록 한다.

NLE의 또 다른 큰 장점은 대우 다양한 디지털 비디오 효과(DVE)와 통합해서 사용할 수 있다는 점이다. 이전에는 몇 시간이 걸리던 비디오 효과 작업이 이제는 몇 분만에 가능해져서 이제는 실시간에 처리하는 것이 가능해졌다. 그러나 DVE 작업의 용이함으로 인해 이야기 내용보다는 특수 효과에 너무 치중해서는 안된다. 이런 혼을 빼놓을 만큼 마음에 드는 특수 효과들도 내용과 부합하고 전달하고자 하는 내용에 힘을 불어넣을 수 있을 때에만 사용하도록 하자.

컴퓨터의 처리 속도와 소프트웨어, 하드 드라이브의 저장 용량에 따라 새로 배치된 데이터는 오프라인 EDL이나 보통 모니터와 스피커로 확인할 수 있는 온라인 영상, 음향 시퀀스로 검색하고 녹화 VTR을 통해서 최종 편집 원본 테이프로 전달된다.

하드웨어와 소프트웨어 그리고 압축 기술의 발달 덕분에 고용량 하드디스크와 광디스크를 장착한 데스크톱 소프트웨어는 편집과정을 거치는 동안 고화질의 영상과 CD 수준의 고음질 음향을 만들 수 있게 되었다. 고성능 비선형 편집 시스템은 PC와 매킨토시 기반 모두 운용이 가능하며 아주 다양한 화면 전환과 특수 효과를 낼 수 있게 해준다.

언제든지 사용이 가능하고 정교한 편집 소프트웨어 덕분에 노트북 컴퓨터조차도 강력한 편집장비로 쉽게 사용할 수 있게 되었다. 대부분의 비선형 장비들은 영상, 음향 데이터 파일의 공유나 음향 스위트닝 혹은 마지막 승인을 위한 가편집본을 전송하기 위해 의뢰인과 네트워크로 연결되어 있어서 더 넓은 선택의 폭을 주는 동시에 더 많은 고민거리를 안겨주고 있다.

비선형 편집 특성과 기법 (Nonlinear Editing Features and Techniques)

비선형 편집 장비의 종류는 데스크톱과 워드프로세스 소프트웨어만큼 다양하다. 이 시스템의 특성과 소프트웨어 프로그램, 기법 모두 다양하고 대체적으로 꽤 까다로운 편에 속한다. 비선형 편집에 어느 정도의 경험이 있다고 하더라도 사용설명서를 곁에 두고 작업해야 할 정도이다. 그러나 다양한 제품이 존재하기는 하지만 비선형 시스템의 특성과 기법에 있어서 다음과 같은 공통적인 것들도 있다. (1) 정보의 캡처, 압축, 저장, (2) 영상, 음향 파일의 병치와 재배치.

캡처(Capture)

아날로그 혹은 디지털 영상 및 음향 정보를 컴퓨터에 저장하는 과정을 캡처라고 부르는데 이 캡처라는 것이 비선형 편집 시스템에서 진정한 병목, 즉 가장 큰 애로사항이라고 듣게 된다면 놀라게 될 것이다. 하드디스크를 백업해 본 경험이 있다면 그것이 얼마나 인내심을 요하는 작업인지 알고 있을 것이다. 아날로그 비디오테이프를 편집 장비의 디지털 저장 장치로 옮기는 것은 하드디스크 백업보다 더 많은 시간이 걸린다. 디지털 캠코더나 VTR로 녹화했다고 하더라도 테이프에서 하드디스크로 전송하는 데는 시간이 걸린다. 주로 뉴스에 사용하도록 설계된 비선형 시스템 중에는 실제 시간보다 네 배 빠르게 전송시키는 것도 있다. 그러나 이런 장비에서도 걸리는 시간은 예상한 것보다 길 것이다.

여기서 현장 기록이 유용하게 사용된다. 현장 기록을 살펴보고 유용한 테이크만을 옮기도록 한다. 이러한 과정이 언제나 시간을 절약시켜주지는 않지만 디스크의 공간은 확실히 절약할 수 있을 것이다.

압축(Compression)

원본 내용을 어떠한 압축 없이 캡처하고 처리하는 고가의 개인용 편집장비가 있기는 하지만 이러한 장비들은 엄청난 양의 디지털 정보를 처리하기 위해 대용량 저장 장치와 고속의 컴퓨터를 필요로 한다. 캡처와 편집의 속도를 높이기 위해 많은 비선형 시스템은 일종의 압축을 통해 작업을 수행한다. chapter 12에서 설명한 압축에 대한 자세한 내용을 떠올려보면 이것은 마치 전체 옷장에 있는 옷들을 여행 가방에 넣으려고 하는 것과 마찬가지라고 할 수 있다. 옷을 다시 개키고 가능한 한 공간을 모두 사용하는 것만으로 가능할 수도 있다. 이것은 무손실 압축에 해당한다. 대부분의 압축은 손실 압축의 일종으로, 이것은 몇몇 옷가지들을 두고 가야한다는 것을 의미한다. 과연 스웨터가 세 벌이나 필요하여 이것들을 계속 들고 다닐 수 있겠는가? 좀더 적게 가져가는 것이 옷장을 좀더 완벽하게 옮기게 해준다는 것은 두 말할 필요도 없다. 압축의 견지에서 보면 적은 압축이 영상과 음향의 질을 높인다. 전혀 압축을 사용하지 않는 슈퍼 편집 시스템도 있다.

포스트프로덕션 편집에서 더 큰 문제는 일반적으로 수용하고 있는 MPEG-2 인터프레임 압축을 사용할 경우 정확한 프레임 단위 편집이 힘들다는 것이다. '가방의 공간'을 줄이기 위해서 모든 프레임이 완전한 영상 정보를 저장하지 않는다. 프레임 단위의 정확한 편집이 가능하려면 참고 프레임을 빈번하게 전달하거나 컷을 원하는 곳 어디에서든 완전한 프레임을 계산해 낼 수 있는 MPEG-2 시스템이 필요하다. 인트라프레임 방법의 장점은 각각의 프레임이 따로 압축이 되어 있어서 어떤 프레임도 부가적인 디코딩 소프트웨어 없이 편집점으로 사용할 수 있다.

저장(Storage)

세계 최고의 도서관이라고 해도 책이 잘 분류되어 있지 않아서 원하는 책을 쉽게 찾을 수 없다면 무용지물이 되고 만다. 영상 자료가 비디오테이프에 저장되어 있건 하드디스크에 저장되어 있건 같은 논리를 영상 자료에도 적용할 수 있다. SMPTE 타임 코드가 각 프레임에 특정한 주소를 부여한다는 것은 이미 알고 있을 것이다. 그러나 '번지수'라는 것은 집이 어디에 위치하고 있는가를 말해주는 것이지 정확히 어떻게 생긴 것인지를 말해주지는 못한다. 마찬가지로 타임 코드는 지정한 샷의 특성에 대해서는 전혀 밝혀주는 바가 없다. 그러므로 여기서 필요한 것은 정확히 무엇이 저장되어 있는가 하는 목록이다. 컴퓨터화한 기록 장치에서는 파일 메뉴나 샷 목록을 만들 수 있고 원하는 신의 SMPTE 타임 코드 주소는 데이터 파일로 전송할 수 있도록 되어 있다. 또한 저장한 파일의 목록을 만들 수 있도록 도와주는 소프트웨어도 있다. 이러한 목록에는 각각의 샷의 시작 번호와 종료 번호, 샷의 이름, 내용 등의 정보를 보여준다. 편집 파일 메뉴보다는 샷 목록이 좀더 일반적인 VTR 기록과 흡사하다.

영상 · 음향 파일의 병치와 재배치 (Juxtaposing and Rearranging Video and Audio Files)

이제 일종의 편집, 즉 이미지를 병치시키고 영상 및 음향 파일을 재배치하는 것에 대해서 알아보도록 하자. 저장된 각각의 프레임 모두에 쉽고 빠르게 접속할 수 있기 때문에 궁극적인 다중 소스 편집 장비를 갖게 되는 것이다. 테이프 기반의 장비와 비교해 각각의 프레임이 녹화된 테이프가 장착되어 있는 VTR을 프레임 개수만큼 가지게 되는 효과를 갖는다. 앞에서 지적한 것처럼 비선형 편집은 워드 프로세스 프로그램에서 글자와 단어, 문자, 문단을 재배치하는 것과 비슷하다고 할 수 있다.

저장된 정보에 무작위 접속이 가능하기 때문에 1초도 안 되는 시간에 프레임이나 영상, 음향 시퀀스를 불러내어 정지 화면을 죽 늘어놓은 것처럼 화면에 나타나게 할 수 있다. 테이프 어딘가에 있을 특정 샷을 찾으려고 테이프를 검색하면서 테이프가 거의 끝까지 감겨가는 것을 보며 불안해하던 편집자들에게는 이러한 빠른 접속 속도가 안심을 가져다 줄 것이다. 이제는 테이프가 감기는 것을 보며 전전긍긍해 할 필요 없이 마우스를 클릭하거나 버튼을 누르기

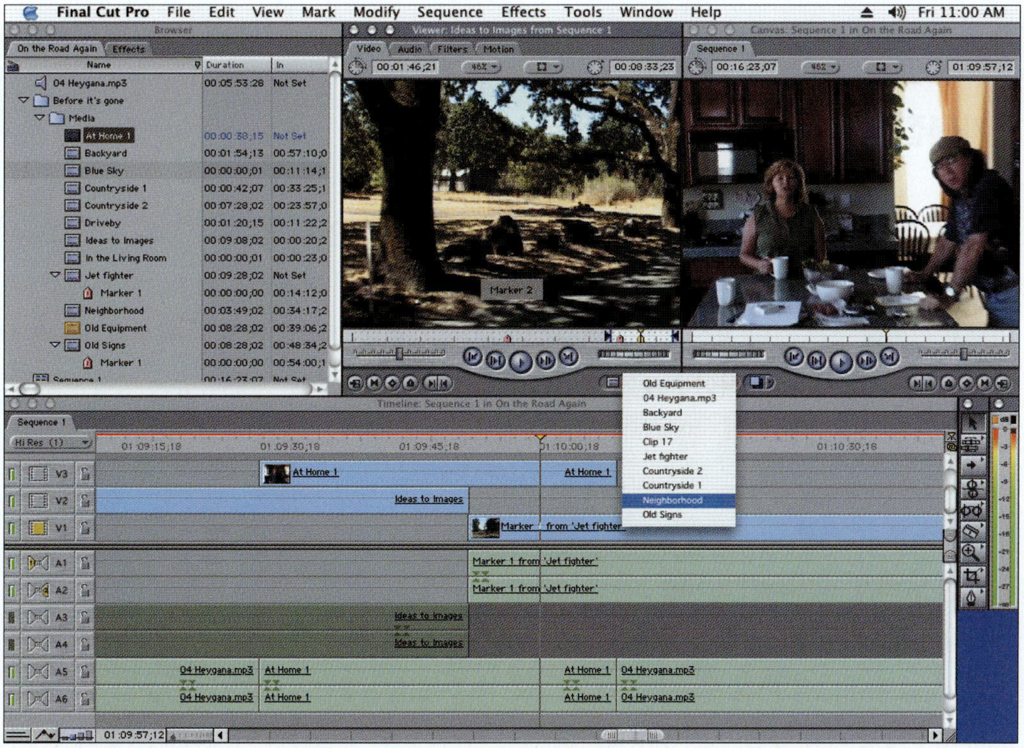

[그림 13.15] 비선형 편집 디스플레이

이 샷 디스플레이는 이전 샷의 마지막 프레임과 다음에 올 샷의 첫 프레임을 보여준다. 또한 오디오 트랙이 도표 형식으로 표시되기도 한다.

만 하면 프레임이나 연속된 프레임들이 화면에 나타나게 된다.

저장된 영상 및 음향 데이터의 거의 즉각적인 접속 외에도 비선형 편집에서는 두 개의 프레임이나 여러 개의 프레임들이 서로 연결되었을 때 얼마나 잘 어울릴 것인가를 볼 수 있도록 각 프레임을 병치, 병렬시킬 수 있다. 이것은 이전 샷의 마지막 프레임과 다음에 올 샷의 첫 프레임을 나란히 배치하는 것을 의미한다(그림 13.15 참조).

새로 편집된 시퀀스를 재생해 보면서 이야기 전개와 미적인 조건을 모두 만족시키는지 확인해 볼 수 있다. 원하는 효과를 얻지 못했다면 다른 프레임이나 시퀀스를 즉각적으로 불러내서 새로운 배치를 시도해 볼 수도 있다. 또한 원하는 화면 전환을 실행해 볼 수도 있다. 시도한 편집에 만족하면 컴퓨터에 기록하고 선택된 시퀀스들을 저장 공간으로 다시 되돌려보내기 전에 편집 시작점과 종료점에 해당하는 번호를 기억하도록 명령한다. 이러한 편집 시작점과 종료점에 해당하는 번호들을 담은 완전한 목록이 편집 결정 목록(EDL)을 구성하게 된다.

오프라인 시스템으로 작업할 경우에 EDL은 온라인 테이프 기반 시스템에 있는 편집 조절 장치의 지시서 역할을 하게 된다. 편집 조절 장치는 EDL에 따라 촬영 원본에 대응하는 샷 시퀀스에 큐를 전달하고 녹화 VTR에 무엇을 복사할 것인가를 명령하게 된다. 모든 온라인 비선형 시스템은 컴퓨터의 영상 및 음향 출력을 직접적으로 편집 원본 테이프에 녹화할 수 있다.

가편집 과정(Pre-editing Phase)

제작과정에서 영상을 촬영하고 음향을 녹음할 때 경험이 많은 제작 스태프들은 포스트프로덕션 편집을 염두에 두고 작업한다. 실제로 촬영을 하면서 어떤 장면을 촬영했는지 때때로 살펴보고 기록해 두는 것이 편집을 훨씬 용이하게 만든다. 이런 과정을 거쳐 실제 편집과정에서 가장 효과적인 샷을 선택하고 어떻게 이것들을 연결해서 명료하고 영향력 있는 영상물을 만들 것인가를 결정하게 된다. 전체 편집과정은 (1) 촬영 단계, (2) 검사 단계, (3) 준비 단계로 이루어진다.

촬영 단계(Shooting Phase)

편집의 많은 부분이 촬영 방법에 의해 이미 결정된다. 몇몇 경험이 없는 감독이나 카메라맨은 한 샷이나 장면을 마친 뒤, 연기가 중복되는 여유분을 촬영하지 않거나 두 샷의 연속성을 고려하지 않고 다음 샷을 이어 촬영하기도 한다. 반면 어떤 연출자나 카메라맨은 샷과 신 사이에 어떤 화면 전환을 이용할 것인가를 미리 그려보고 포스트프로덕션 과정에서 서로 어울려 컷될 수 있는 영상을 만들기도 한다. 중요한 점은 하나의 샷에만 열중하는 것이 아니라 여러 샷이 어떻게 어우러져 편집될 것인가를 미리 그려보아야 한다는 것이다. 시퀀스를 머리에 그려보는 것이 자연스러운 화면 전환으로 샷들을 묶어서 구성하는 데 도움이 될 것이다. 다음은 촬영 단계에서 고려해야 할 사항을 제안한 것이다.

- 비디오테이프에 녹화할 때 신이 끝나는 지점이 아니라 몇 초의 여유를 두고 테이프를 멈추게 한다. 예를 들면, 현장 리포터가 이야기 소개를 막 마쳤다면 리포터를 아무 말 없이 그 자리에 세워두고 몇 초간 더 촬영한다. 이런 여유 촬영이 실제 리포트와 다음에 올 신이 적당한 영상과 음향의 연속성을 가지지 못할 때 완충 지대의 역할을 하게 된다. 같은 이유로, 테이프는 편집본에서 쓰고자 하는 장면이 시작되기 몇 초 전부터 돌려야 한다. 샷 사이에 피사계 앵글과 심도에 변화를 주는 것도 컷을 유기적이고 자연스럽게 보이도록 하는 데 도움을 줄 수 있다.
- 언제나 약간의 컷어웨이(cutaway) 샷을 촬영해 둔다. 컷어웨이는 두 샷의 연속성을 설정해 주거나, 목소리에 따라 편집할 때 영상에 필요한 여유를 제공해 주고, 좀더 규모가 큰 작품에서는 시간이나 장소가 갑자기 바뀌는 것을 연결해 주는 데 도움이 되는 짧은 샷이다. 컷어웨이는 주요 연기의 일부분일 수도 있고 아닐 수도 있지만 실제 이벤트와 어느 정도 관계가 있어야 한다. 좋은 컷어웨이는 화면 방향에 있어서 비교적 정적이고 중성적인 샷이라고 할 수 있다. 제3자로서 똑바로 보는 듯한 샷이 좋은 예로서, 리포터는 정지된 카메라나 캠코더에 여전히 잡혀 있는 상태에서 빌딩의 위치나 집의 주소 또는 게스트가 쓴 책과 같이 이야기의 일부분이 되는 피사체를 잡으면 좋은 컷어웨이 샷을 잡을 수 있게 된다.

ENG EFP ENG 작업에서는 이벤트가 벌어지고 있는 장소를 알릴 수 있는 컷어웨이 샷을 잡도록 한다. 예를 들면, 시내의 화재를 취재하고 가까운 교차로의 표지판이나 화재로 인해 정지된 신호, 구경꾼들의 클로즈업 또는 지친 소방수들의 모습을 촬영한다. 여기에 부가해서 이벤트가 일어나고 있는 장소의 와이드 샷을 몇 개 촬영해 둔다. 이렇게 하면 컷어웨이 샷으로 화면 전환을 용이하게 해줄 뿐만 아니라 화재가 일어난 정확한 장소를 알려주는 역할을 하게 된다. 컷어웨이 샷을 촬영할 때는 언제나 주위 소음도 녹음해야 한다는 것을 잊지 말자. 부드러운 화면 전환을 위해서는 영상뿐만 아니라 음향도 매우 중요한 역할을 한다. 영상이 컷으로 연결이 잘 안되는 상황에서도 연속된 환경 소음으로 화면의 연속성을 이끌어낼 수 있다.

- 카메라가 아무 것도 촬영하고 있지 않은 경우에도 항상 촬영 장소의 소음이나 환경 소음 따위를 1~2분 녹음한다.

■ ENG 작업에서는 테이크마다 또는 적어도 연속되는 샷에서만이라도 구두 슬레이트를 가능할 때마다 녹음한다. 구두 슬레이트는 예를 들어 '마켓 스트리트 경찰서, 테이크 2'와 같이 간단하게 이벤트의 이름과 테이크 숫자 정도를 불러서 녹음하면 된다. 이런 구두 슬레이트는 카메라 마이크나 휴대용 마이크에 대고 한다. 테이크 번호를 부르고 난 뒤에는 5나 3에서 카운트다운을 실시한다. 이 카운트다운은 스튜디오 제작에 있어서 슬레이트의 카운트다운 음향 신호와 같은 역할을 한다. 편집과정에서 특히 위치 지정 코드가 없는 경우 이 구두 슬레이트는 테이크의 위치를 찾고 큐를 지정할 수 있게 해준다.

검사 단계(Review Phase)

즉각적으로 편집해서 바로 전해져야 하는 뉴스 내용이 아니라면 모든 촬영 원본 테이프의 복사본을 만들어야 한다. 이렇게 해야만 촬영 원본이 편집이 진행되는 동안에 복사본을 가지고 검사를 할 수 있다. 아날로그 또는 디지털 촬영 테이프를 편집 시스템의 하드디스크에 전송하고 나면 하드디스크를 즉시 백업한다. 이런 백업이 지나친 걱정이나 시간을 낭비하는 것이라고 생각할지 모르지만 굳게 믿고 있던 컴퓨터가 고장이 나버릴 수도 있는 것이고 누군가가 자신의 프로그램을 편집하기 위해 새로운 공간이 필요해서 다른 내용을 지워버릴 수도 있게 되므로 만약을 대비해서 언제나 백업을 해두는 버릇을 갖도록 한다.

검사 무엇을 넣고 무엇을 뺄 것인가를 결정하기에 앞서 무엇을 가지고 있는가부터 점검해야 한다. 짧은 뉴스 내용을 편집하건 짧은 영화 형식의 드라마를 편집하건 편집하기 전에 어떤 내용을 가지고 편집을 실시해야 할 것인지 감을 잡기 위해서 촬영 원본에 있는 내용이나 촬영한 내용이 조금이라도 들어 있는 비디오테이프 더미를 모두 살펴봐야 한다. 여러 번 반복해서 촬영 테이프를 보게 되면 재생해서 볼 때마다 새로운 것을 발견하게 되고 시퀀스를 만드는 최적의 방법이 어떤 것인지 알 수 있게 된다.

실제 제작에 참여하지 않았다고 해도 이런 검사를 통해 무슨 내용인지 파악할 수 있다. 많은 텔레비전 제작물은 특정하게 전달하고자 하는 교육 목적을 가지고 있는데 이러한 텔레비전 제작에 참여하게 되면 이러한 목적이 무엇인가를 알아야만 한다. 만약 첫 번째 검사로 이러한 이야기나 목적을 알 수 없을 경우에는 아는 사람에게 물어보도록 한다. 이야기와 전달 목적이 샷이나 신을 골라서 시퀀스로 연결하는 데 큰 영향을 미치게 된다. 스크립트를 읽고 작가나 프로듀서/감독과 전달 목적에 대해서 이야기를 나눈다. 전체적인 이야기나 분위기, 형식에 대해서 이야기를 나누는 것은 특히 다큐멘터리나 드라마를 편집할 때 중요하다.

[그림 13.16] 윈도 더빙에서의 타임 코드 표시
윈도 더빙에서는 각 프레임 위에 키 처리된 독특한 타임 코드를 보여준다.

다른 사람이 촬영한 ENG 테이프를 편집할 때는 이벤트 전체에 대한 사항을 알기가 힘들다. 설상가상으로 고정된 길이의 시간에 맞춰야 한다든지 제한된 촬영 원본으로 작업해야 하는 경우도 생기게 된다. 또한 시간에 쫓기게 될 수도 있다. 리포터나 ENG 카메라맨과 마찬가지로 ENG 편집자도 준비가 안된 상태에서도 빠르고 정확하게 작업해야 한다.

편집을 시작하기 전에 내용에 관한 정보를 가능한 한 많이 얻도록 한다. 리포터나 카메라맨, 프로듀서에게 물어봐서 정보를 얻을 수도 있다. 몇 번의 연습을 거치고 나면 테이프에 들어 있는 내용을 감지하고 거기에 맞춰 편집을 수행할 수 있게 될 것이다. 때때로 영상을 보는 것보다 음향을 들음으로써 내용에 대해 잘 알 수 있게 되는 경우도 있다.

준비 단계(Preparation Phase)

실제 편집에 참여하기 전에 다음의 몇몇 사전 준비 단계를 거쳐야한다: (1) 타임 코드와 윈도 더빙, (2) 목록 작성.

타임 코드와 윈도 더빙 모든 중대한 편집에서는 타임 코드가 필요하다. 촬영 당시 타임 코드도 함께 녹화하는 경우가 아닌 이상 촬영 이후에 테이프에 타임 코드를 촬영 원본에 첨가해야 한다. 인서트 편집용 편집 원본 테이프에 암전을 녹화할 때는 실시간으로, 즉 30분 녹화 시간을 위해서는 30분의 시간을 들여서 타임 코드를 입혀야 한다.

그러나 타임 코드를 입히면서 동시에 각 프레임에 코드가 삽입되어 있는 윈도 더빙을 입힌 저급 복사본을 만들 수 있다(그림 13.16 참조).

테이프 기반 장비를 가지고 작업할 때는 검사 단계에서 정확한 녹화일지 작성을 위해 윈도 더빙이 필요하다. 또한 이것은 원본 테이프에 손대지 않고도 예비 EDL 목록을 만드는 데도 사용된다. 앞에서 지적한 것처럼 뉴스에 사용할 테이프가 아닌 이상 촬영 원본 테이프를 검사

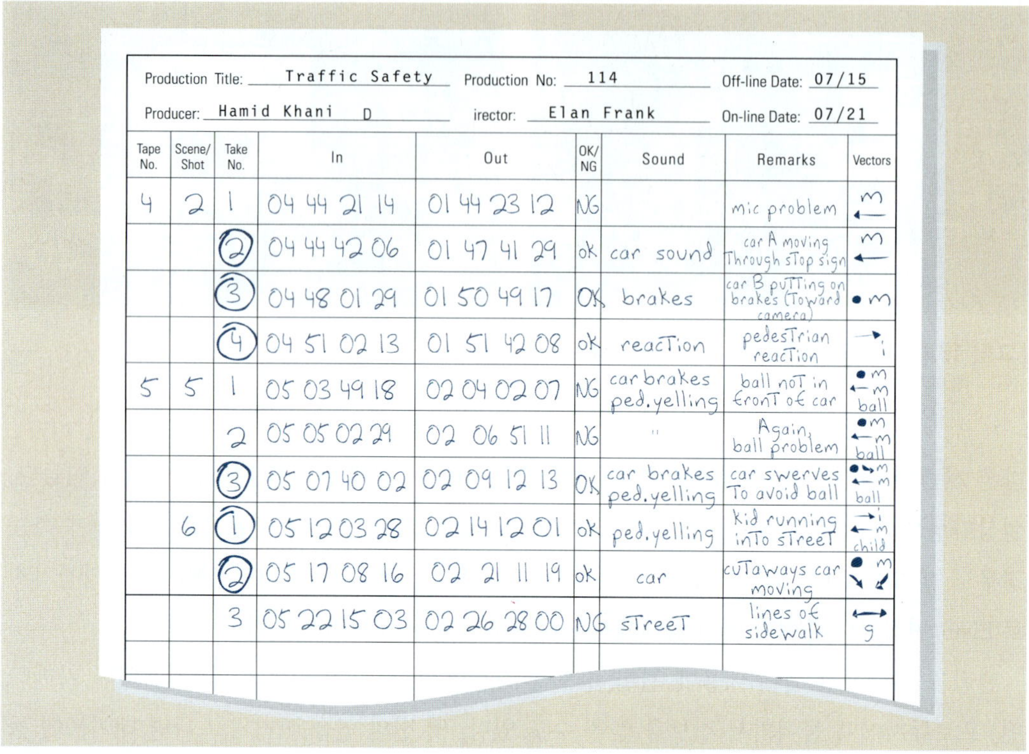

Production Title: Traffic Safety Production No: 114 Off-line Date: 07/15

Producer: Hamid Khani D irector: Elan Frank On-line Date: 07/21

Tape No.	Scene/ Shot	Take No.	In	Out	OK/ NG	Sound	Remarks	Vectors
4	2	1	04 44 21 14	01 44 23 12	NG		mic problem	m ←
		②	04 44 42 06	01 47 41 29	ok	car sound	car A moving Through stop sign	m ←
		③	04 48 01 29	01 50 49 17	OK	brakes	car B putting on brakes (Toward camera)	• m
		④	04 51 02 13	01 51 42 08	ok	reaction	pedestrian reaction	→ i
5	5	1	05 03 49 18	02 04 02 07	NG	car brakes ped. yelling	ball not in front of car	• m ← m ball
		2	05 05 02 29	02 06 51 11	NG	〃	Again, ball problem	• m ← m ball
		③	05 07 40 02	02 09 12 13	OK	car brakes ped. yelling	car swerves To avoid ball	• → m ← m ball
	6	①	05 12 03 28	02 14 12 01	ok	ped. yelling	kid running into street	→ i ← m child
		②	05 17 08 16	02 21 11 19	ok	car	cutaways car moving	• m
		3	05 22 15 03	02 26 28 00	NG	street	lines of sidewalk	↔ g

[그림 13.17] 녹화 일지

녹화 일지는 촬영 테이프에 들어 있는 영상과 음향에 대한 모든 필요한 정보들을 기입하도록 되어 있다. 벡터란에 g, i, m은 각각 그래픽, 인덱스, 모션을 나타내는 표시다. 화살표는 인덱스, 모션 벡터의 주요 방향을 나타낸다. Z축 인덱스와 모션 벡터는 ⊙(카메라를 향한 움직임) 또는 •(카메라로부터 멀어지는 움직임)으로 표시한다.

하거나 기록하기 위한 재생에는 사용하지 않는다. 촬영 원본을 한 번 재생할 때마다 질이 떨어지고 손상을 입을 위험이 높아진다.

목록 작성 편집된 뒤 바로 방송에 나가야 하는 뉴스나 이벤트를 제외한 나머지 촬영 테이프의 모든 테이크는 적당한 슬레이트가 붙어 있건 없건, 사용 가능하건 그렇지 않건 관계없이 목록을 작성해야 한다. 이 목록을 촬영 일지 또는 녹화 일지(VTR log)라고 하는데 이 녹화 일지는 촬영 일지(field log)보다 원본 테이프에 무엇이 들어 있는지 좀더 정확하게 기록한 것이다. 그러나 정확하게 기록된 촬영 일지가 녹화 일지를 작성하는 속도를 높이고 제대로 기록이 안된 촬영 일지는 녹화 일지 작성을 그만큼 더디게 만든다. 예를 들어, 테이프 박스 번호만 기입되어 있고 각각의 테이프에 관한 사항이 전혀 없는 촬영 일지를 받아보면 아마도 혈압이 오르는 것을 느끼게 될 것이다.

다음은 녹화 일지에 기입해야 할 기본적인 정보들을 나열한 것이다(그림 13.17 참조).

- 테이프 또는 릴 번호. 이 번호들은 제작과정에서 VTR 기사가 각각의 테이프에 부여한 번호를 말한다. VTR 기사는 박스뿐만 아니라 각 테이프의 번호, 담긴 내용의 제목에 관한 것들까지 꼬리표를 붙여 놓아야 한다. 촬영 일지 형식에 제목란이 없다면 '비고(remark)' 란에 기입한다. 현장에서 타임 코드를 녹화하고 있다면 타임 코드의 시간란은 주로 테이프 번호를 나타내는 경우가 많다.
- 신과 테이크 번호. 이 번호들은 테이프상에 자료의 위치를 알리기 위해 필요한 경우에만 기입한다. 슬레이트를 사용하는 경우 필요한 정보를 슬레이트를 보고 기입한다. 이 두 방법이 여의치 않은 경우 원본 테이프에 들어 있는 샷을 간단히 내림차순으로 기입한다.
- 타임 코드. 샷의 첫 프레임에 해당하는 타임 코드는 '시작(in)' 란을 보고, 마지막 프레임에 해당하는 타임 코드는 '종료(out)' 란을 보고 기입한다. 이 기록은 OK 샷이건 NG 샷이건 관계없이 기입한다.
- OK 또는 NG. 사용할 수 있는 테이크에는 동그라미를 치거나 OK 표시를 쓸 수 없는 테이크에는 NG 표시를 해둔다. 제작 도중 촬영 일지가 기록됐다면 그 테이크가 OK나 NG의 결정에 수긍을 할 수 있는지도 확인한다.

  샷을 평가할 때는 확연한 실수가 있는가를 보아야 할 뿐만 아니라 정해진 전달 목적이나 전체 이야기에 맞는 것인가 하는 것도 살펴야 한다. 초점이 흐려진 샷은 어떤 내용에서는 쓸모없게 되겠지만 현실감 없는 영상을 보여주고자 할 때는 유용할 수도 있다. 주요 연기 이외의 것도 볼 수 있어야 한다. 배경은 적당한가? 너무 바쁘고 혼란스러운 것은 아닌가? 배경보다는 전경이 필요한 연속성을 가지고 있는 경우가 많다. 편집했을 때 각 샷의 배경은 연속성을 유지할 수 있는가?
- 음향. 이 난에는 대화가 시작하고 끝나는 점, 그리고 편집 시 주의해야 할 음향 효과에 관한 내용을 적는다. 전방의 음향뿐만 아니라 배경 소음에도 귀를 기울여야 한다. 주변 소음이 너무 심하거나 너무 약한 것은 아닌가? 트럭이 지나가는 소리나 누군가가 마이크나 테이블을 치는 소리, 스태프들이 인터컴을 통해 하는 잡담 소리, 촬영은 잘 됐지만 연기자가 대사에서 실수를 했다든지 하는 음향 문제를 모두 기록한다. 음향의 문제점과 함께 타임 코드 주소도 함께 기입한다.
- 비고(remark). 이 난은 '피사계의 클로즈업' 들과 같이 샷이 담은 내용에 대해서 기록하고 음향에 대해 특별히 배정된 난이 없을 때 음향 큐를 기록하기 위해 사용한다.
- 벡터(vector). 벡터란 샷 안에서 선과 움직임이 일어나는 주요 방향을 말한다. 주요 방향으로 계속 움직이게 하거나 고의적으로 거슬리는 방향으로 진행시키기 위해 특정한 샷을 찾을 때 방향 벡터(directional vector)가 큰 역할을 한다.

벡터에는 그래픽(graphic), 인덱스(index), 모션(motion) 벡터의 세 가지 종류가 있다. 그래픽 벡터는 선이나 책의 모서리처럼 시선을 특정 방향으로 이끄는 정지된 요소에 의해 만들어진다. 인덱스 벡터는 화살이나 사람의 시선 같이 특정 방향을 가리키고 있는 것에 의해 만들어진다. 모션 벡터는 움직이고 있는 것에 의해 만들어진다. 그림 13.17의 벡터란을 다시 살펴보자. 여기에 나와 있는 g, i, m은 각각 그래픽, 인덱스, 모션 벡터를 가리키고 화살표는 주요 방향을 나타낸 것이다. 동그라미 안에 점이 들어 있는 표시는 카메라 쪽을 가리키거나 움직이는 것을 의미하고, 점만 있는 것은 움직임이나 가리키는 것이 카메라의 반대 방향이라는 것을 의미한다.

다양하고 훌륭한 컴퓨터 기록 프로그램도 있다. 컴퓨터는 각각의 프레임을 타임 코드와 함께 보여주기 때문에 기록을 위해 윈도 더빙을 할 필요가 없다. 이 프로그램에서는 신이나 샷 또는 특정한 음향 부분에 이름을 기입할 공간을 제공함으로써 이 이름으로 해당 신이나 샷 등을 확인할 수 있다. 그러나 컴퓨터라고 해서 모든 것을 스스로 할 수 있는 것은 아니다. 예를 들면 컴퓨터는 특정한 샷에 어떤 이름을 붙일 것인지 그 테이크가 사용 가능한지 불가능한지는 말해 줄 수 없다.

실제 기록을 할 때는 윈도 더빙판을 집으로 가져가서 가정용 VCR로 재생시켜 볼 수도 있다. VCR이 원본의 화질을 살려서 보여줄 수는 없겠지만 어떤 영상, 음향, 자료를 담고 있는지 보여주기에는 충분하다. 또한 각 샷의 시작 프레임과 종료 프레임에서 일시 정지할 수 있으므로 각 프레임에 해당하는 타임 코드를 기록하는 데도 큰 문제가 없다.

직접 촬영했다면 아마도 모든 테이크가 낯익을 것이다. 이럴 경우 릴, 테이크 변화와 몇몇 샷을 확인해 줄 수 있는 개략적인 녹화 일지만으로 일을 할 수도 있을 것이다. 그러나 다른 사람이 촬영한 자료를 넘겨 받았을 경우, 적당한 샷을 찾기 위해 다시 테이프를 재생해야 하는 일을 방지하기 위해서 내용에 대한 기록을 가능한 한 많이 해야 한다. 목록을 주의 깊고 정확하게 기록할수록 실제 편집에서 시간, 예산, 수고를 아낄 수 있게 된다.

컴퓨터화한 기록 프로그램들이 현재 사용 가능하다. 컴퓨터에서는 타임 코드가 기록된 각각의 프레임을 볼 수 있기 때문에 원본 테이프에서 받은 클립을 사용하는 것이 가능하다. 이러한 기록 소프트웨어는 신이나 샷, 그리고 특정한 음향의 일부를 표기할 수 있는 공간을 제공한다. 그러나 이러한 기록을 컴퓨터가 스스로 하는 것은 아니라는 것을 명심하자. 예를 들어 특정한 샷에 어떤 이름을 붙일 것인가 혹은 특정 테이크를 사용할 것인가 말 것인가를 결정해주지는 않는다는 것이다.

편집과정(Editing Procedures)

이제 마침내 편집을 할 준비가 되었다. 편집이란 무엇을 의미하는 것일까? 비디오와 영화에서의 편집은 장면들을 선택하고 조합해서 이야기를 가장 효율적으로 전달할 수 있는 끊김 없는 영상을 만들어 내는 과정을 말한다. 편집은 이야기가 어떻게 전개되어 가는가에 대한 인지와 예리한 눈과 귀, 그리고 참을성을 요구한다. 그러나 기계 장비를 켜서 편집을 시도하기 전에 다음의 주요 편집과정에 대해 주의를 기울여야 할 것이다: (1) 장면 선택, (2) 장면 배열, (3) 오디오 스위트닝, (4) 최종 원본 테이프 제작, (5) 운용 요령.

장면 결정(Shot Selection)

이 의사 결정 단계에서는 전체 이야기와 전달 목적에 맞게 샷을 선택하고 연결하는 작업을 하게 된다. 또 다른 장면 선택에 있어서의 원칙은 그 장면이 자연스럽고 끊김 없는 장면 연출에 기여하느냐 하는 것이다. 좋은 편집은 보는 사람으로 하여금 그 존재를 편집됐다는 느낌을 받지 않게 하는 것이다.

장면 선택(choosing shots) 이야기 전달에 꼭 필요한 장면만을 선택한다. 세 장면이면 되는 것을 열 개의 장면으로 늘리는 일을 해서는 안된다. 이것은 특히 뉴스를 편집할 때 유념해야 할 점이다. 리포터와 카메라맨을 포함한 ENG 스태프들이 하루 종일 목숨을 걸고 취재해 온 내용이 7초 정도 길이로 편집되어 방송되는 일은 흔하다.

ENG EFP

ENG나 EFP 편집에 할당되는 시간은 한정되어 있는 경우가 많기 때문에 가장 적당한 샷 배열을 얻기 위해 심사숙고하거나 여러 방법을 시도해 볼 만한 여유가 없다. 실제로 많은 ENG 이야기들은 방송국으로 돌아가는 ENG 차량 안에서 편집된다. 뉴스 내용이 큰 경우에는 편집되지 않은 내용을 위성을 통해 송신하기도 한다.

ENG 작업에서의 시간의 제한으로 인해 우리는 이야기를 보다 경제적으로 전달하는 방법을 익혀야만 한다. 촬영 내용을 살펴볼 때 그 이벤트의 주요 대목이 저절로 드러나게 된다. 때때로 리포터나 프로듀서들은 이야기를 이끌어가는 데 도움을 주는 짧은 음악을 선택하기도 한다.

그러나 시간의 촉박함에도 불구하고 ENG/EFP로 촬영한 자료들은 여러 번 반복해서 살펴보아야 한다. 여러 번의 검사과정을 거치면 거기에 담긴 이야기는 저절로 드러나게 돼 있다. ENG에서는 작업용 복사본(윈도 더빙 또는 저급 복사)을 만들 시간이 없다. 촬영 원본을 가지고 모든 검사와 편집을 수행해야 한다. EFP에서는 저급의 윈도 더빙이 필수적이다. 윈도 더빙을 이용해 원본에 손상 없이 반복해서 자료를 검사할 수 있다.

Production Title: Traffic Safety Production No: 114 Off-line Date: 07/15
Producer: Hamid Khani Director: Elan Frank On-line Date: 07/21

Tape No.	Scene/ Shot	Take No.	In	Out	Transition	Approx. length	Sound
1	2	2	01 46 13 14	01 46 15 02	CUT	2 sec.	car
		3	01 51 10 29	01 51 11 21	CUT	1 sec.	car
	3	4	02 05 55 17	02 05 56 02	CUT	.5 sec.	ped. yelling—brakes
		5	02 07 43 17	02 08 46 01	CUT	2+ sec.	brakes
		6	02 51 40 02	02 51 41 07	CUT	1 sec.	ped. yelling—brakes

[그림 13.18] 수기 편집 결정 목록
종이와 연필로 하는 오프라인 편집에서는 컴퓨터에서 만들어 내는 것과 흡사한 내용의 EDL을 손으로 직접 써서 작성한다.

모든 포스트프로덕션 편집 작업에서는 가장 효과적으로 이야기를 전달할 수 있는 샷을 잡아내어 적당하고 효과적인 화면 전환을 선택하는 것이 중요하다(section 18.2 참고). 때때로 구체적인 스크립트나 스토리보드를 가지고 작업을 하면 비교적 쉽게 작업을 수행할 수 있게 된다. 예를 들어 대부분의 광고들은 모든 장면이 신중하게 디자인되고 장면의 배열도 프리프로덕션 과정에서 미리 스케치된다. 감독이 제작과정에서 스토리보드에 충실히 따랐다고 가정한다면 편집자가 할 일은 스토리보드를 가장 잘 표현한 장면을 골라서 한데 묶는 일 정도만 하면 되는 것이다. 어떤 때는 가장 효과적인 장면을 선택하기 위해 촬영된 내용을 반복적으로 살펴야 할 때도 있다.

종종 오디오 트랙이 거기에 부합하는 영상의 안내자 역할을 하는 경우가 있기 때문에 표기된 음향을 먼저 선별하고 편집된 음향에 영상을 맞추기도 한다(section 10.2 참고).

준비, 종이와 연필로 하는 EDL(preparing a paper-and-pencil EDL) 다큐멘터리와 드라마와 같은 다소 길고 복잡한 영상물을 편집할 때에는 이야기에 보다 충실하고 자연스러운 장면 연결에 기여하는 장면들을 선정하는 데 주력해야 한다(chapter 14, 18 참고). 우리는 단지 윈도 더빙 혹은 클립을 보거나 각각의 선택된 장면의 편집 시작점과 종료지점을 기록한 목록을 보는 것만으로도 많은 편집 시간을 단축시킬 수 있다. 이러한 목록은 대게 손으로 기입하는데 이 결정과정을 종이와 연필로 하는 편집 혹은 짧게 종이 편집이라고 부른다(그림 13.18 참조).

컴퓨터 지원 기록 장치를 사용할 때는 컴퓨터가 내린 결정을 저장하고 예비 EDL을 인쇄한다. 대부분의 고성능 편집 프로그램들은 특정한 번호의 영상과 오디오 트랙을 실시간으로 화면에 보여준다. 원본과 녹화 모니터 하단에 표기되는 트랙들은 각각의 타임 코드 번호가 딸린 비디오 트랙과 오디오 트랙을 화면에 보여준다. 이러한 기능은 예비 EDL을 만드는 데 매우 용이하게 사용된다.

장면 배열(Shot Sequencing)

예비 EDL을 만든 후에는 장면을 시험적으로 배열하는 가편집의 단계로 진행할 수 있다. 선형 작업에서는 예비 EDL에서 지정해준 다양한 테이프들을 삽입해서 선택된 장면을 편집기에 입력하고 VTR에 복사한다. 비선형 작업에서는 단순히 컴퓨터에 선택된 배열을 실행하도록 명령하면 된다.

가편집본을 보면 특정 장면이 그 장면만의 미학적 가치에도 불구하고 이해하기 어렵거나 일관성을 해치는 것을 발견할 수 있게 된다. 이럴 때에는 이러한 불필요한 장면을 없애거나 일관성에 기여할 수 있는 다른 장면을 VTR 기록에서 찾아봐야 한다.

변화 주기(adding transitions) 가편집본에 만족했다면 변화 주기와 특수 효과의 단계로 넘어갈 수 있다. 다시 한 번 말하지만 디졸브, 와이프, 그리고 플립을 너무 과도하게 사용해서는 안된다. 이런 효과들은 너무나 사용하기 편하기 때문에 유혹도 그만큼 크다. 오늘날 특수효과의 홍수를 겪고 있기는 하지만 여기에 경쟁적으로 뛰어들 필요는 없다. 간단명료한 컷 하나가 여전히 가장 효과적이고 장면들을 구성하는 데 가장 무난한 방법이다.

오디오 스위트닝(Audio Sweetening)

비교적 단순한 편집 작업에서는 음향 편집은 음향의 소실이나 뒤섞임이 없도록 음향 트랙을 장면에 결합시키거나 음악이나 음향 효과를 가미하는 정도일 것이다. 선형 작업에서는 음향 트랙을 타임 코드를 통해 해당 영상에 맞출 수 있다. 이것은 결코 쉬운 작업이 아니며 연습이 필요하지만 비선형 편집에서는 이런 수고로움이 없다. 가장 단순한 편집 소프트웨어라고 하더라도 적어도 두 개의 음향 트랙을 결합시킬 수 있도록 지원하고 있으며 좀더 복잡한 프로그램의 경우 백 개에 가까운 트랙을 조작할 수 있다. NLE에서 음향은 영상에서와 마찬가지로 클립으로 취급되며 무작위로 음향 파일을 불러내서 듣고 보면서 특정한 부분을 찾기 위해 훑어보면서 이들을 원하는 어떠한 방식으로든 조작하고 결합시킬 수 있다. 그러나 복잡한 음향 작업은 전문 기술을 필요로 하며 음향 디자이너나 음향 편집자들에게 맡기는 것이 좋다.(주2)

(주2) Stanley R. Alten의 [Audio in Media], 7판(Belmont, Calif.: Thomson Wadsworth, 2005), pp. 135–144 참조.

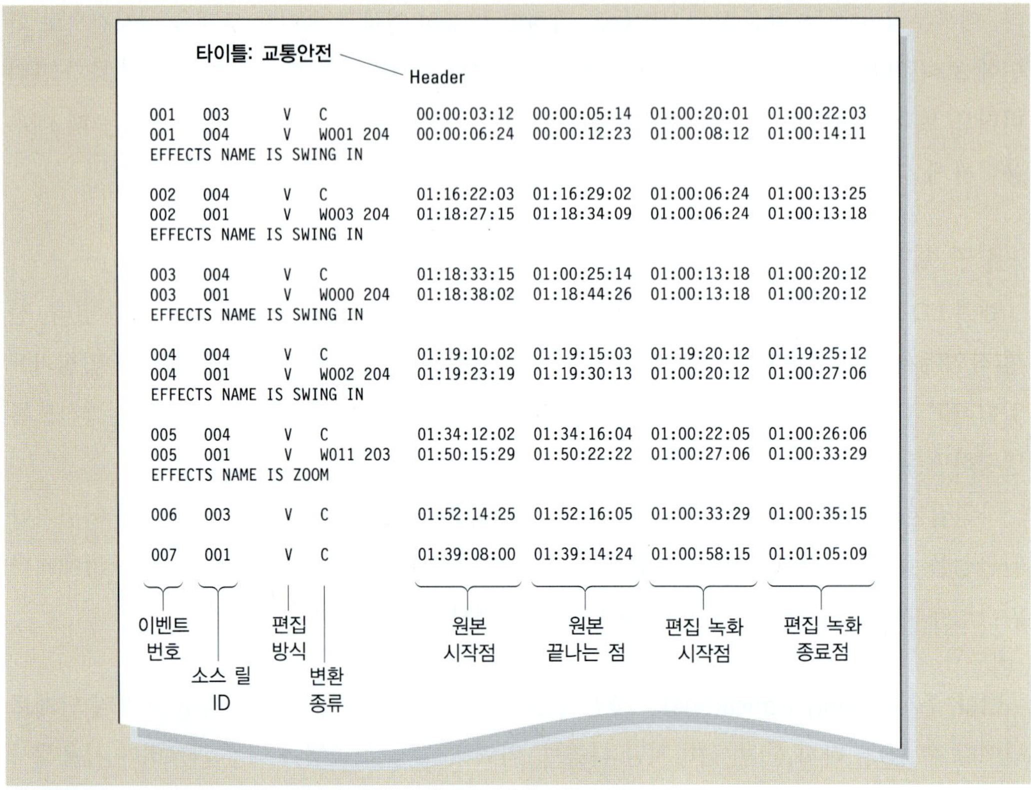

[그림 13.19] 컴퓨터로 작성한 EDL
컴퓨터로 작성한 EDL은 수기 EDL과 흡사하게 생겼다. 재생 VTR과 녹화 VTR 모두를 위한 시작점과 종료점을 나타내고 화면 전환의 성격도 기록된다.

최종 장면 배열을 완성했다면 최종 편집을 위한 최종 EDL을 출력하거나 최종 편집 배열을 수행하도록 컴퓨터에 명령할 수 있다(그림 13.19 참조).

이 단계에서 선형 편집에서는 아주 작은 편집 수정이라도 많은 시간을 재투자해야 하며 수정된 부분 이후에 모든 편집을 다시 해야 하는 경우도 생길 수 있다. NLE 작업에서는 같은 변화도 매우 신속히 처리가 가능하다. 재생을 통해 듣고 보는 내용들은 모두 특정한 순서로 배열된 데이터 파일에 불과하다. 편집 수정을 하기 위해서는 단순히 몇몇 컴퓨터 파일들을 재배치하고 새로운 재생 순서를 입력해서 새로운 EDL을 만들면 된다. 확실히 이 방법이 테이프를 편집하는 것보다는 많은 시간을 절약할 수 있다.

최종 편집 원본 만들기(Creating the Final Edit Master Tape)

이제 남은 일은 최종 편집본을 만드는 것이다. 선형 편집에서는 장치의 정교한 정도에 따라 최종 편집본 제작이 결정된다. 어떤 편집기에서는 최종 EDL을 이용해서 지정된 장면을 원본

VTR에서 선택해서 지정된 시작점과 끝점을 나타내는 숫자에 따라 녹화 VTR로 복사하도록 명령한다. 비선형 작업을 한다면 전체 배열을 실행하고 선택된 영상과 음향 파일을 편집 테이프나 디스크에 특정한 순서대로 옮기도록 명령하면 된다.

작업 요령(Operational Hints)

이제 앉아서 연습해 보자. 편집이란 단순히 책을 읽고 배울 수 있는 것이 아니다. 또한 현재 생산되고 있는 선형, 비선형 편집 장치들은 그 종류가 워낙 다양해서 다 열거하는 것이 불가능할 정도이다. 편집 장비의 다양성은 어떻게 하면 좀더 자연스러워 보이는 샷 순서를 얻을 수 있느냐 혹은 어떻게 하면 고의적으로 시청자의 고정관념을 흔들 수 있는 샷 배열을 얻을 수 있느냐 하는 미적 원리에 있어서 점점 중요한 자리를 차지하고 있다. 이러한 원리가 section 13.2의 주제이다. 그러나 테이프 기반 장비든 디스크 기반 장비든 공통적으로 적용될 수 있는 작업 단계는 존재한다. 다음은 그 단계에 대해 정리해 놓은 것이다.

- 편집 장비들을 공동으로 사용하고 있다면 장비를 사용할 수 있는지 이중으로 확인한다. C.G., 스위처, 오디오 장비 혹은 DVE(digital video effect)와 같은 부가적인 장비를 신청했는가?
- 테이프 기반 시스템을 사용한다면 편집 원본으로 사용하고자 하는 테이프를 확인한다. 녹화 VTR에는 새 테이프만을 사용한다. 인서트 편집을 하고자 한다면 테이프에는 암전이나 컬러 바가 녹화되어 있어야만 한다(인서트 편집에 사용할 연속된 컨트롤 트랙을 얻기 위해서는 실시간으로 암전이나 컬러 바를 녹화해야 한다는 것은 잊지 말자). 트래킹 문제를 최소화하기 위해서 많은 편집자들은 실제 편집에서 녹화 VTR로 사용할 VTR과 함께 컨트롤 트랙을 입히는 것을 선호한다.
- 테이프 기반 시스템에서는 재생용, 편집용 VTR을 둘 다 작동시킨다. 재생용 VTR은 어셈블 또는 인서트 방식으로 맞춰져 있어야 한다. 재생 · 편집용 VTR의 음량을 조절한다(section 10.2 참조).
- 편집을 마치고 나면 편집 원본을 되감아서 중단 없이 재생시킨다. 이 과정에서 편집할 때는 인식하지 못했던 영상과 음향의 불일치나 연속성의 문제들을 발견할 수도 있다. 비선형 편집에서는 화면 전환이 자연스럽도록 영상 및 음향 파일을 재배치할 수 있다. 음향 조절은 좀더 까다롭다. 복잡한 음향 조절의 경우 우선 오디오 트랙을 비디오테이프에서 제거하고 필요한 조작을 거친 후 다시 오디오 트랙을 비디오테이프에 입힌다. 프레임별 정확도로 영상과 음향을 동조화시키기 위해서는 비디오, 오디오 트랙 모두에 SMPTE 타임 코드가

필요하다.

- 디스크 기반 시스템에서는 촬영 원본 테이프를 편집 장비의 하드디스크에 전송하는 데 많은 시간이 소요된다. 시간이 걸리더라도 저장한 내용을 백업한다. 영상 파일과 음향 파일을 백업하는 일이 모든 촬영 원본을 다시 디스크로 전송하는 것보다 시간이 덜 걸린다.
- 특정한 신에 해당하는 테이프는 하나의 파일에 모아두고 다른 신에 해당하는 것은 다른 파일에 모아둔다. 이러한 저장 방법을 사용하면 원하는 샷이 어디에 있고 어디서 불러내야 하는지 쉽게 찾을 수 있다.

핵심요약

◆ 기본적인 편집 방법에는 오프라인 방식과 온라인 방식이 있다. 오프라인 편집은 가편집을 위해 다소 질이 떨어지는 수준의 장비를 이용한다는 것을 의미하며 비선형 편집에서는 저해상도로 선택한 장면을 캡쳐하는 것을 말한다. 이것은 편집 결정 목록(EDL)을 만들어 내기 위해 두 편집 작업에서 모두 사용될 수 있다. 온라인 편집은 최종 편집본을 만들기 위한 작업을 의미한다.

◆ 선형 시스템은 테이프 기반 장비로서, 정보의 무작위 접속이 불가능하다. 비선형 시스템은 디스크 기반이 있으며 무작위 접속이 가능하다.

◆ 선형 편집은 단일 소스, 확장된 단일 소스, 다중 소스 시스템으로 나뉜다. 단일 소스 시스템은 재생 VTR과 녹화 VTR로 이루어져 있으며 보통 편집 조절 장치에 의해서 조절된다. 확장된 단일 소스 시스템은 오디오 믹서, 스위처, C.G.가 포함되어 있다. 다중 소스 시스템은 두 개 이상의 재생 VTR을 가지고 있으며 다양한 화면 전환이 가능하다.

◆ 컨트롤 트랙 또는 펄스 카운터 편집 시스템은 컨트롤 트랙에 있는 펄스를 세어 특정한 편집 시작점과 종료점을 찾고, 재생 · 녹화 VTR을 프리롤시킬 수 있으며, 편집 원본상의 특정한 위치에서 편집된 모습을 미리 보거나 실행할 수 있고 편집된 내용을 다시 볼 수도 있다. 컨트롤 트랙 시스템은 특정한 프레임 주소를 공급하지 않으며 프레임 정확도를 가지고 있지 않다.

◆ 타임 코드 편집에서는 각 프레임에 특정한 주소를 부여하는 특정한 코드를 사용한다. 컨트롤 트랙 시스템과 동일한 기능을 수행하지만 프레임별 정확도를 가지고 있다. 가장 대중적인 타임 코드로는 SMPTE/EBU 타임 코드가 있다.

◆ 어셈블 편집에서는 촬영 원본 테이프의 샷(녹화 VTR에 녹화될 고유의 비디오, 오디오, 컨트롤 트랙 정보를 가진다)을 복사할 공간을 만들기 위해 편집 원본 테이프에 있는 모든 비디오, 오디오, 컨트롤, 위치 지정 트랙을 지운다. 녹화 VTR은 복사된 샷에서 다양한 컨트롤 트랙을 재구성하고 재구성된 컨트롤 트랙을 연결하려는 시도를 하게 된다. 새로 어셈블된 컨트롤 트랙이 완벽하게 들어맞지 않으면 편집된 지점에서 영상은 짧은 흐트러짐 혹은 싱크 롤을 보이게 된다.

◆ 인서트 편집에서는 편집을 실행하기 전에 편집 원본 테이프에 미리 연속된 전체 컨트롤 트랙을 입혀 놓는다. 이렇게 하면 편집 지점에서 흐트러짐이 보이는 것을 방지할 수 있으며 영상 편집과 음향 편집을 분리해서 실행할 수도 있게 된다.

◆ AB 롤링 시스템에서는 두 VTR(A–롤과 B–롤)이 스위처의 분리된 영상 입력에 동시에 자료를 공급한다. 편집은 A–롤과 B–롤 사이의 스위칭으로 이루어진다.

◆ AB–롤 시스템에서는 편집 조절 장치가 스위처를 대신한다. 편집 조절 장치는 재생 A VTR과 재생 B VTR에서 다양한 샷을 선택할 수 있도록 돕는다.

◆ 비선형 편집에서는 모든 아날로그 · 디지털 촬영 원본 테이프를 하드디스크나 광학 디스크 저장 장치로 옮기는 캡처링(capturing) 과정을 거쳐야만 한다. 디지털 촬영 테이프도 예외 없이 편집 장비의 하드디스크로 전송해야 한다. 대부분의 저장 장치에서는 최대의 영상 및 음향 데이터를 저장하기 위해서 일종의 압축을 실행한다.

◆ 재편집과정은 촬영, 검사, 의사 결정, 작업의 네 단계로 이루어져 있다.

◆편집과정은 장면 선택, 장면 배열, 오디오 스위트닝, 최종 편집 원본 제작의 과정을 포함하고 있다.

SECTION

13.2

편집 결정

Making Editing Decisions

좋은 편집자는 보는 사람들의 흥미를 최대화시키면서도 이야기를 효과적으로 전달할 수 있는 능력을 가지고 있어야 한다. 그러기 위해서는 편집 장비를 다룰 줄 알아야 하고, 각 샷의 번호를 보면서 부드러운 샷 순서를 머리에 그릴 줄 알아야 하며, 그 순서에 알맞은 화면 전환을 선택할 줄 알아야만 한다. 또한 좋은 편집자는 탤런트의 미디움 샷에서는 왼손에 컵을 들고 있다가 클로즈업에서는 오른 손에 컵을 들고 있는 상황과 같이 연속성에 문제가 생겼을 때, 이를 해결할 줄도 알아야 한다. 편집 장비의 다양한 버튼과 다이얼의 조작 방법을 익히고 나면 편집의 진정한 미는 이야기 전달과 배치에 있어서 미적 원리를 적용시키는 것이라는 것을 깨닫게 될 것이다. 이 section에서는 주요 미적 원리[주3]에 대해서 알아보고자 한다.

▶ 편집 기능

결합, 생략, 수정, 구성

▶ 기본적인 화면 전환 장치

컷, 디졸브, 와이프, 페이드

▶ 주요 편집 원칙

연속성에 의한 편집(등장인물의 동일화, 심상지도, 벡터, 동작, 색, 그리고 음향), 복합 편집, 내용과 윤리

(주3) 미적 원리에 대한 더 많은 내용을 알기 원한다면 Herbert Zettle의 [Sight Sound Motion], 4판(Belmont, Calif.: Thomson Wadsworth, 2005) 참고.

편집 기능(Editing Functions)

편집은 다양한 이유에서 실행된다. 어떤 경우에는 이야기를 전달하기 위해 샷을 배치해야 한다. 또 어떤 경우에는 주어진 시간에 맞추기 위해 불필요한 부분을 잘라 내거나 탤런트가 말을 더듬은 부분을 솎아 내거나 별 흥미를 끌지 못하는 미디움 샷에 자막을 넣어야 하는 경우도 있다. 이러한 여러 이유가 다음에 열거한 네 개의 기본적 편집 기능을 수행하는 예가 된다. (1) 결합, (2) 생략, (3) 수정, (4) 구성.

결합(Combine)

가장 단순한 편집은 여러 개의 녹화된 영상을 하나씩 가져다가 적당한 순서로 연결하는 것이다. 제작과정에서 주의를 기울일수록 포스트프로덕션 작업이 그만큼 줄어들게 된다. 예를 들어, 대부분의 연속극은 여러 대의 카메라로 각 장면이나 길이가 더 긴 시퀀스 단위로 완전히 촬영한 뒤 포스트프로덕션 단계에서 결합시킨다. 친구의 결혼식에서 찍은 여러 샷 중에서 일부를 선택해서 일이 일어난 순서대로 결합시킬 수도 있다.

생략(Shorten)

많은 편집 업무가 자료를 잘라내서 최종 비디오테이프의 길이를 주어진 시간에 맞추거나 불필요한 자료를 제거하는 일에 관련되어 있다. ENG 편집자의 경우 불합리할 정도로 짧은 시간에 완벽한 이야기를 전달해야 하거나 최소의 길이로 최적의 내용을 맞추기 위해 자료들을 잘라 버려야 하는 경우가 많다. 예를 들어, 시내 화재에 대한 취재에서 ENG 팀이 20분 길이의 흥미진진한 화면을 찍어 왔다고 하더라도 프로듀서가 그 기사에 오로지 20초만 할당할 수도 있다.

반대로 ENG 촬영분을 편집할 때 중복되는 비슷한 장면은 많지만 정작 이야기를 밀도 있게 전해줄 장면을 찾지 못할 수도 있다. 예를 들면, 화재 사건 장면을 보고 있는데 불길이 창밖으로 퍼져 나오거나 소방수가 사다리에 매달려서 건물에 물을 붓고 있는 아름다운 장면은 많지만 소방수에게 부상을 입힌 벽 붕괴 장면이 없을 수도 있다.

수정(Correct)

편집 시간의 많은 부분은 사용할 수 없는 부분을 삭제하거나 더 나은 장면으로 교체해서 잘못된 부분을 수정하는 데 쓰인다. 이런 종류의 편집은 탤런트가 기침하는 쇼의 오프닝 부분을 잘라내고 다른 부분으로 대체하면 된다. 그러나 대체한 부분의 색온도, 배경 음악, 시계가 맞지 않으면 이 편집도 어려운 편집이 될 수 있다. 이런 상황이 비교적 간단한 편집을 만만치 않은 포스트프로덕션 과제로 만들거나 때로는 악몽이 될 수도 있다. 비록 대부분의 비선형 편집 프로그램들이 놀라울 정도의 색 보정 기능을 지원하기는 하지만 이 기능을 사용하는 것은 고되고 시간이 많이 드는 작업이다. 그러므로 제작과정에서 색을 맞추는 데 특히 주의를 기울여야 한다.

구성(Build)

가장 어려우면서도 가장 만족스러운 편집은 많은 테이크로부터 쇼를 구성해내는 것이라고 할 수 있다. 이런 경우에는 포스트프로덕션 편집은 더 이상 촬영에 부속되어 있는 단계가 아니라 주요 제작과정을 구성하게 된다. 예를 들어, 현장 제작에서 하나의 캠코더를 사용해서 영화처럼 촬영했다면 포스트프로덕션 편집을 통해 가장 좋은 샷을 선택해서 적당한 순서로 배치해야 할 것이다. 하나의 카메라를 이용해서 영화 형식으로 촬영하려고 한다면 기본적으로 영화 기법을 사용해야 한다. 이것은 이야기 전개와 무관하게 짧은 신을 여러 번 반복해서 다른 피사각과 심도로 촬영해야 한다는 것을 의미한다. 그러나 이것을 편집할 때는 간단히 몇 개의 샷을 선택해서 촬영 순서대로 순서를 정할 수는 없으며 이런 상황에서는 본래 촬영된 순서와 관계없이 원하는 이야기의 순서를 만들어 내야 한다. 이 신은 말 그대로 샷 단위로 구성되는 것이다.

기본적인 화면 전환 장치(Basic Transition Devices)

두 샷을 연결할 때는 언제나 두 화면 사이의 화면 전환이 필요하고, 이 화면 전환은 두 샷이 연결되어 있다는 것을 의미한다. 화면 전환 장치에는 (1) 컷, (2) 디졸브, (3) 와이프, (4) 페이드, 이렇게 기본적으로 네 가지가 있다. 더불어 플립, 페이지 턴, 플라이 효과와 같이 장면 전화에 사용되는 수없이 많은 효과들이 존재한다. 그러나 이들은 모두 샷 사이에 만족스러운 연결을 제공한다는 공통적인 목적을 가지고는 있지만 기능면에서는 어느 정도의 차이가 있어서 우리가 샷의 순서에서 느끼는 화면 전환은 각각 인지하는 내용이 다르다는 것을 의미한다.

컷(Cut)

컷은 한 영상에서 다른 영상으로 즉각적인 변화를 주는 것을 말한다. 컷은 가장 흔하고 눈에 띄지 않는 화면 전환 장치이며 앞의 샷과 뒤에 오는 샷에 일정 정도의 연속성을 가질 때 실행한다. 컷 자체는 볼 수가 없으며 실제로 보이는 것은 앞의 샷과 그에 이어지는 다음 샷이다.

컷은 우리 눈의 피사계가 변화하는 것과 가장 흡사하다. 어떤 피사체를 본 뒤 어느 정도 떨어져 있는 피사체를 보려면 카메라가 팬하듯이 머리를 움직이겠지만 그 사이에 있는 것들을 보는 것이 아니라 먼저 피사체에서 나중 피사체로 비약해서 보게 되는데 이것이 컷의 기능과 비슷하다.

다른 화면 전환 장치와 마찬가지로 컷은 기본적으로 이벤트를 명확히 하고 강조하기 위해 사용된다. 명확히 한다는 것은 시청자에게 이벤트를 가능한 한 확실하게 보여주는 것을 의미한다. 예를 들어 인터뷰에서 게스트가 자신이 쓴 책을 들고 있다면 시청자가 그 책을 확인할 수 있도록 책을 클로즈업하여 컷한다.

강조한다는 것은 화면에 나오는 이벤트가 주는 영향을 강조한다는 의미이다. 예를 들어 풋볼 화면에서 태클하는 장면을 익스트림 롱 샷으로 보여주면 그 느낌이 미미하겠지만 이 장면을 화면에 꽉 차도록 클로즈업해서 보여주면 그 폭력성을 여실히 보여줄 수 있게 된다. 클로즈업으로 컷을 실행함으로써 동작이 강조된 것이다.

디졸브(Dissolve)

디졸브 또는 랩 디졸브(lap dissolve)는 하나의 샷에서 다른 샷으로 점진적인 전환을 이루는 것으로 두 영상은 일시적으로 오버랩된다. 컷은 그 자체가 화면에 나타나지 않지만 디졸브는 명확히 보이는 화면 전환 방법이다. 디졸브는 행동을 부드럽게 연결시키거나 시간의 변화를 암시하는 데 주로 사용된다. 디졸브는 이벤트의 전체적인 리듬에 맞춰 빠르게 혹은 느리게 조절할 수 있다. 아주 빠른 디졸브는 컷과 같은 기능을 하게 되어 소프트 컷(soft cut)이라고도 한다. 예를 들어, 무용수의 와이드 샷에서 클로즈업하여 화면을 흥미롭고 자연스럽게 전환시키려고 한다면 단순히 한 카메라에서 다른 카메라로 디졸브하기만 하면 된다. 디졸브를 중간에서 멈추게 되면 슈퍼임포지션이나 슈퍼라고 부르는 효과를 만들게 된다. 느린 디졸브는 비교적 긴 시간의 흐름을 암시하고 짧은 디졸브는 상대적으로 짧은 시간 경과를 나타낸다.

디졸브는 다중 카메라 스위칭에서 언제나 사용할 수 있도록 준비되어 있기 때문에 필요 이상 혹은 적정 이상 사용하고 싶은 유혹을 느끼기 십상이다. 디졸브를 과용하면 작품의 정확성과 강조점이 떨어져서 시청자를 지루하게 만들게 된다.

와이프(Wipe)

와이프의 종류는 매우 다양한데 가장 간단한 형태는 하나의 영상이 다른 영상을 화면 밖으로 밀어내는 듯한 화면 전환이다. 이외에는 여러 겹으로 쌓인 영상을 한 꺼풀 벗겨 내는 듯이 보이는 것도 있고 하나의 영상이 다른 영상 위에서 다이아몬드 형태로 퍼져나가는 형식이 있는가 하면 서서히 밑에 있는 영상을 보여주는 와이프도 있다. 이러한 와이프는 화면 전환 장치라기보다는 특수 효과로 분류되는 경우가 많다.

와이프는 시청자에게 무언가 색다른 것을 보여주거나 장면이 진행되는 동안 재미나 흥미를 불어넣고자 사용된다. 와이프 및 이와 흡사한 효과들은 16×9 HDTV에서 과장되어 보인다. 다른 특수 효과와 마찬가지로 와이프를 과용하거나 부적절하게 사용하면 연결된 다른 샷에서 동떨어진 것처럼 보인다(다양한 와이프와 특수 효과 화면 전환은 chapter 14에서 알아볼 것이다).

페이드(Fade)

페이드는 영상이 점진적으로 암전되거나(fade-out) 암전에서 점진적으로 영상으로 나타나게 하는 것이다(fade-in). 페이드는 신의 시작(fade-in)과 끝(fade-out)을 알리는 신호로 사용될 수도 있다. 극장의 커튼과 마찬가지로 화면에 나타나는 이벤트의 시작과 끝을 분명히 해준다.

앞에서 설명한 바와 같이 페이드는 기술적으로 진정한 화면 전환이라고 할 수 없다. 어떤 감독과 편집자들은 크로스 페이드라는 용어를 사용하는데 이것은 한 화면을 빨리 암전시키고 곧바로 다음 영상으로 페이드 인하는 것을 말한다. 여기서는 페이드가 화면 전환 장치 기능을 수행하여 앞에 있는 영상과 뒤에 오는 영상을 분명히 구별해 준다. 이 크로스 페이드를 딥 투 블랙(dip to black)이라고도 한다.

페이드는 끝을 암시하는 성격이 강해서 페이드를 지나치게 사용하면 프로그램의 연속성을 방해하게 된다. 어떤 감독은 시청자들이 채널을 돌릴까봐 감히 페이드 아웃시키지 못한다고 말한다. 프로그램 내용을 조금씩 보여줘야 시청자의 관심을 끌 수 있다고 말하는데 이런 기교보다는 프로그램 내용을 먼저 봐야 할 것이다.

주요 편집 원칙(Major Editing Principles)

편집의 방향을 잡고 좀더 정돈된 순서를 얻고 싶다면 특정한 이벤트의 내용에 대해서 알아야 할 것이다. 편집하려는 이벤트의 내용이 그림 13.20과 같이 일을 마치고 차를 몰고 집으로 가는 것이라고 해 보자. 촬영 원본에 녹화되어 있는 단편적인 샷들의 시작 프레임인 다섯 개의 프레임을 잘 살펴보자. 컷으로 연결했을 때 가장 효과적으로 이야기를 전달할 수 있으려면 어떻게 프레임을 배치해야 할까?

다른 것들을 참고하지 말고 자신이 생각한 순서로 샷 번호를 나열해 보자. 그리고 세 가지 편집 버전을 확인하도록 한다(그림 13.21~13.23 참조). 자신이 생각한 것과 비교해 보자.

시퀀스 3을 선택했다면 올바른 선택을 한 것이다. 당연히 운전자가 차를 향해 걸어가서(샷

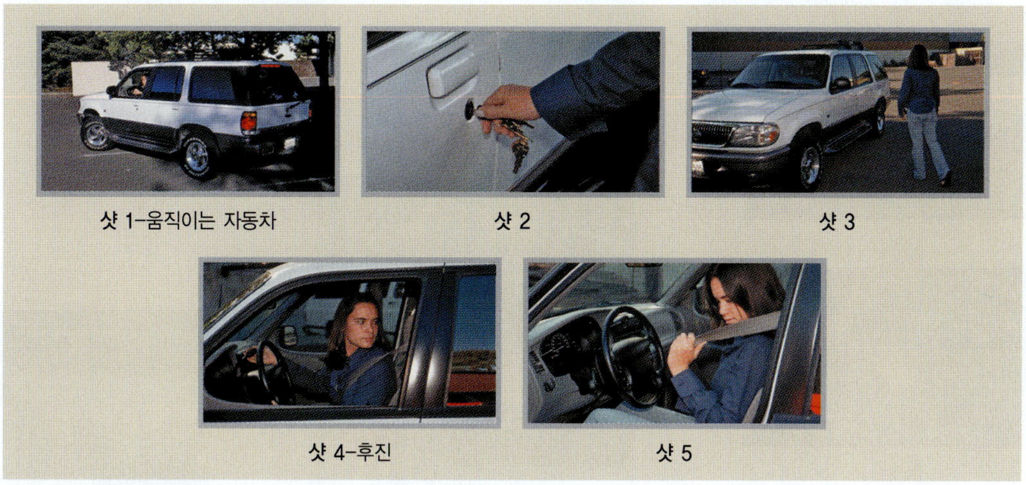

[그림 13.20] 촬영 원본의 샷 순서
이 샷에 담겨 있는 이벤트의 내용은 여성이 일을 마치고 차를 몰고 집으로 가는 것이다. 이 순서는 촬영 원본에 나타나 있는 순서이다.

3), 차 문을 열고(샷 2), 안전벨트를 맨다(샷 5). 그 다음 동작으로 차를 후진해서 빼내는 것이 될 것이다(샷 4). 그리고 마지막으로 주차된 차를 보게 된다(샷 1).

비선형 편집은 앞서 했던 연습과 다르지 않다. 샷 번호를 체계적으로 관리하기 위해서 개별 정지 화면의 형태로 샷을 보여주고 이것을 이용해 순서를 정하게 된다. 이것이 먼저 순서대로 프레임을 주행시키고 일시 정지시켜서 특정 프레임에 편집 지점을 표시하는 선형 편집과는 정확히 반대된다는 것은 이미 알고 있을 것이다.

이런 샷의 선택은 주로 이야기의 연속성에서 입각해서 실행한다. 편집은 다음의 세 가지 미적 원칙에 균일하게 주의를 기울여 실행해야 한다. (1) 연속성, (2) 복합성, (3) 내용이 그것이다. 편집 원칙은 절대적이라기보다 관례적이라는 것을 알아야 한다. 편집 원칙은 대부분 환경에 잘 맞고 텔레비전 시청자나 제작진들이 영상을 이해할 수 있는 기본적인 도구이다. 이벤트의 내용과 전달 목적에 따라 '할 수 있는 것'이 '할 수 없는 것'이 되기도 하고 그 반대도 가능하다.

연속성 편집(Continuity Editing)

연속성 편집이란 이야기의 많은 부분이 빠져 있는 상태에서도 이야기의 연속성을 얻어내는 것으로 연속성을 얻을 수 있는 순서로 배치함으로써 시청자가 편집되었다는 것을 느끼지 못하게 하는 것이다. 특히 다음의 미적 요소들을 관찰해야 한다. (1) 등장인물의 동일성, (2) 배치, (3) 벡터, (4) 움직임, (5) 색상, (6)음향.

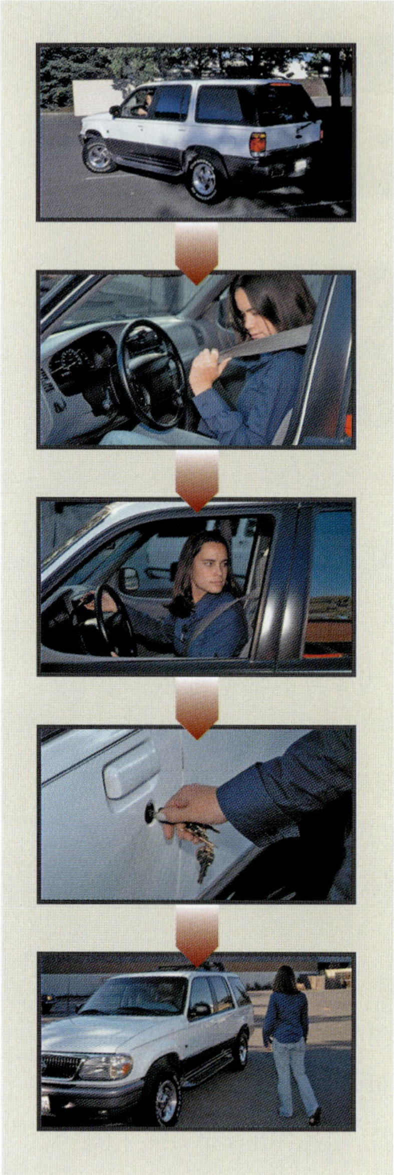

[그림 13.21] 편집 순서 1
이벤트의 연속성을 보여줄 수 있는 순서로 샷이 배열되어 있는지 평가해보자.

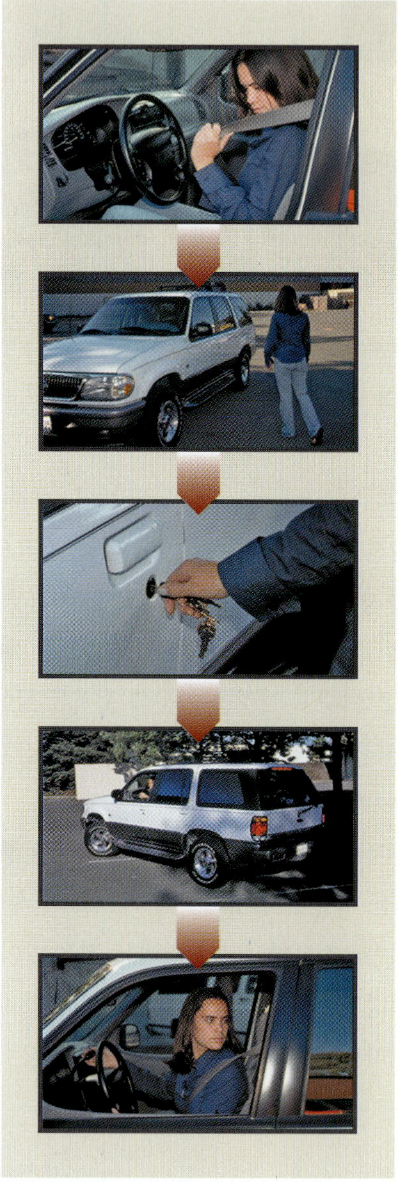

[그림 13.22] 편집 순서 2
이벤트의 연속성을 보여줄 수 있는 순서로 샷이 배열되어 있는지 평가해보자.

[그림 13.23] 편집 순서 3
이벤트의 연속성을 보여줄 수 있는 순서로 샷이 배열되어 있는지 평가해보자.

[그림 13.24] 거리의 극단적인 변화
익스트림 롱 샷에서 꽉 찬 클로즈업으로 컷하게 되면 시청자들은 정확히 누구를 클로즈업한 것인지 혼란을 느끼게 된다.

[그림 13.25] 점프 컷
만약 피사체의 크기, 화면에서의 위치, 촬영 각도가 모두 약간의 차이만 있을 뿐 비슷한 샷을 연결하게 되면 피사체는 화면 안에서 튀는 것처럼 보이게 된다.

[그림 13.26] 컷어웨이
점프 컷을 피하기 위해서는 이미지의 크기나 시계 각을 조절하거나 여기에서 보이는 것처럼 컷어웨이 샷으로 두 샷을 분리시킨다.

등장인물의 동일성 시청자는 샷이 다음 샷으로 바뀌더라도 피사체나 등장인물을 알아볼 수 있어야 한다. 그러므로 거리 차이가 심한 샷은 편집에서 피해야 한다(그림 13.24 참조). 동일성에 대한 시각적 연속성을 유지하지 못하는 경우 시청자들에게 같은 사람이라는 것을 말해 줌으로써 그 차이를 매꿔 준다.

앞에서 지적한 것과는 반대로 너무 비슷한 샷을 연결해도 점프 컷이라는 더 안좋은 문제를 일으킬 수 있다. 점프 컷은 동일한 인물이 화면상 약간 다른 위치에 있는 샷을 연결했을 때 등장인물이 명백한 이유 없이 화면 안쪽에서 다른 쪽으로 갑자기 도약하는 것처럼 느껴지는 장면 연결을 말한다(그림 13.25 참조). 점프 컷을 피하기 위해서는 다른 각도나 심도로 피사체를 촬영한 연결된 샷을 찾거나 컷어웨이를 인서트한다(그림 13.26 참조).

[그림 13.27] 심상 지도 샷 1
A라는 사람이 화면의 오른쪽을 응시한다는 것은 오른쪽 화면 밖에 B라는 사람이 있다는 것을 암시하게 된다.

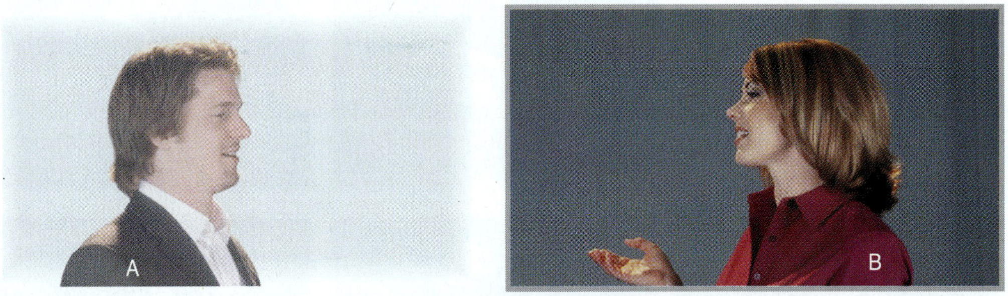

[그림 13.28] 심상 지도 샷 2
B라는 사람이 화면의 왼쪽을 보고 있는 클로즈업 장면을 보게 되면 A라는 사람이 화면의 왼쪽 공간에 있을 것이라고 추측하게 된다.

배치(심상 지도) 텔레비전은 비교적 작은 화면을 가지고 있기 때문에 대개 전체 장면의 일부분만을 보게 된다. 화면 밖에서는 여전히 이벤트가 진행 중이라는 것을 암시하는, 또는 암시해야 하는 클로즈업을 많이 사용하고 있다. 화면에 보이는 것만으로도 화면 밖의 상황을 유추할 수 있도록 만들어야 한다. 예를 들어 A라는 사람이 화면의 오른쪽을 보면서 얘기하고 있다면 명백히 화면 밖에 있는 B라는 사람에게 말을 하고 있는 것처럼 보이고 시청자들은 이어지는 샷에서는 B라는 사람이 화면 왼쪽을 보고 있으리라는 예상을 하게 된다(그림 13.27, 13.28 참조). 이러한 예상은 무의식적으로 이루어지는 것으로, 이렇게 샷을 배치함으로써 보는 사람이나 물건이 논리적인 위치에 있을 것이라고 머릿속에 지도를 그리게 된다. 일단 머리에 지도가 그려지면 이후에 인물이나 물건은 지도에 맞춰서 배치될 것이라고 예상하게 된다.

머릿속에 그려진 지도는 아주 강하게 작용해서 이어지는 화면에서 B라는 사람도 화면의 오른쪽을 보고 있다면, A, B라는 사람 모두 제삼의 인물을 향해 이야기하고 있다는 생각을 하게 된다.

이러한 상대적인 배치를 잘 유지하기 위해서는 벡터에 대해서 좀더 알아야 한다.

[그림 13.29] 반대 각도 촬영에서의 화면상 인물의 위치 유지
이 반대각을 이루는 오버 더 숄더 샷에서는 인터뷰하는 사람과 인터뷰에 응하는 사람 모두 화면상 자신의 위치를 유지하고 있다.

벡터 촬영 원본에 담겨져 있는 그래픽, 인덱스, 모션 벡터만 사용해서는 시청자가 심상지도를 만들고 유지시키도록 연속적인 편집을 만들 수 없다. 앞서 든 예에 벡터를 적용시키면 화면상의 A라는 사람이 화면 밖의 B라는 사람과 대화한다고 했을 때, A의 화면 오른쪽을 향한 인덱스 벡터는 B의 화면 왼쪽을 향한 인덱스 벡터와 연결되어야 한다. 두 사람의 인덱스 벡터가 화면 바깥에서 만나게 되지만 이런 인덱스의 연결은 두 사람이 멀리 떨어져 있는 것이 아니라 서로 마주보며 대화하고 있다는 것을 암시하게 된다.

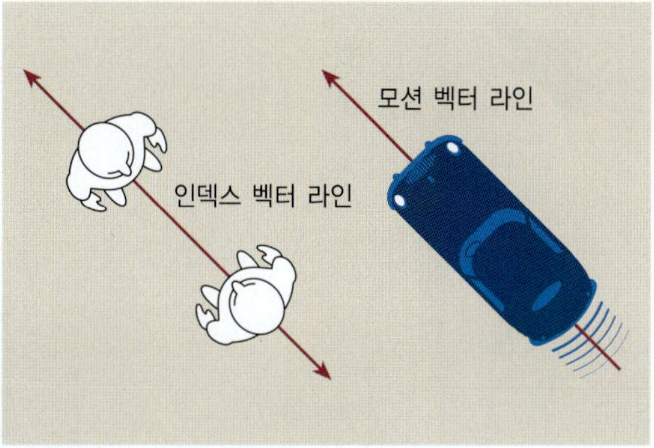

[그림 13.30] 벡터 라인
벡터 라인은 인덱스 벡터나 모션 벡터가 만나는 점을 확장시킨 선이다.

화면상의 위치를 유지하는 것은 특히 오버 더 숄더 샷에서 중요하다. 예를 들어 리포터가 누군가와 인터뷰하는 장면을 오버 더 숄더 샷으로 보여주는 경우 시청자들의 심상지도에서는 화면을 기준으로 한두 사람의 위치가 반대 각도에서 보여준다고 해도 변하지 않을 것이라는 예측을 하게 된다(그림 13.29 참조).

벡터는 반대 각도에서 촬영해도 시청자의 심상지도와 화면상에 예상되는 사물의 위치를 유지할 수 있도록 도와주는 주요 요소이다. 벡터 라인(그냥 선, 혹은 대화와 동작선, 180° 선이라고도 부름)은 인덱스 벡터나 모션 벡터가 만나는 지점을 피사체가 이동하는 방향으로 연장시킨 선을 말한다(그림 13.30 참조).

카메라 1에서 카메라 2로 반대 각도로 촬영했을 때 벡터 라인을 기준으로 같은 방향에 카메라를 배치해야 한다(그림 13.31 참조). 벡터 라인을 넘게 되면 필연적으로 피사체의 화면상 위

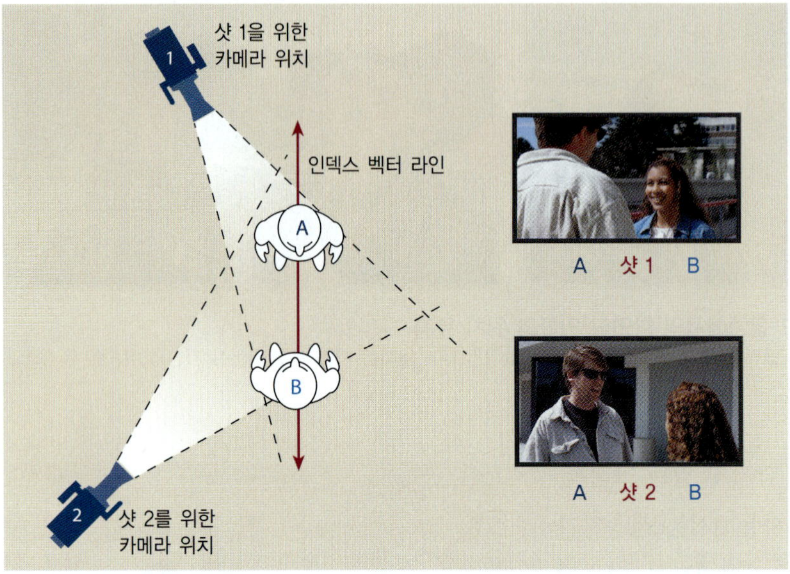

[그림 13.31]
벡터 라인과 적정한 카메라의 위치
오버 더 숄더 샷에서 사람 A와 사람 B의 화면상 위치를 유지하기 위해서 카메라는 벡터 라인을 기준으로 같은 방향에 위치해야 한다.

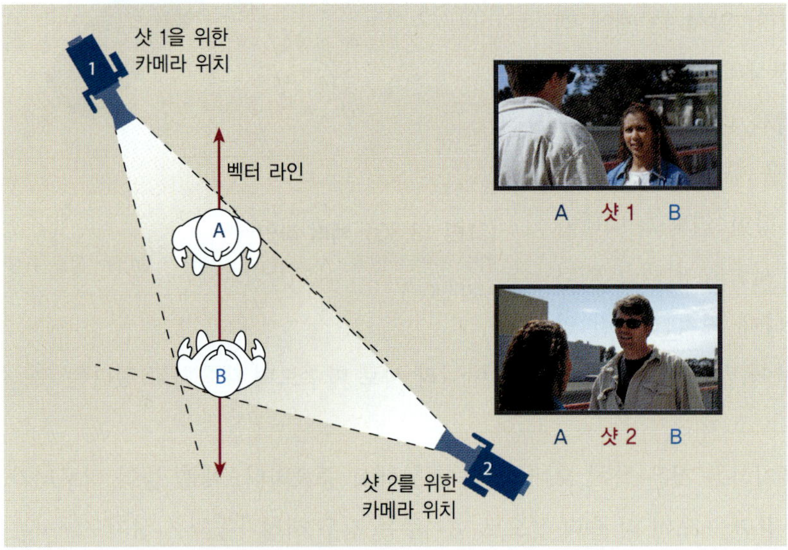

[그림 13.32]
벡터 라인의 횡단
하나의 카메라가 벡터 라인을 횡단해서 위치하게 되면 두 카메라의 화면을 컷할 때마다 A와 B의 화면상 위치도 뒤바뀌게 된다.

치가 변하게 되고 이런 위치의 변화는 심상지도를 흐트러뜨리게 된다(그림 13.32 참조).

두 대의 카메라를 가로질러서 배치하여 촬영하면 두 카메라를 교차해서 연결할 때마다 피사체는 반대 방향으로 움직이게 된다. 또한 상대편 카메라가 배경에 잡히게 된다(그림 13.33 참조). 피사체가 화면의 오른쪽이나 왼쪽으로만 움직이는 것처럼 보이기 위해서는 벡터 라인의 한쪽 방향에서만 촬영해야 한다.

움직임 어떤 동작을 편집하거나 스위치로 컷할 때는 가능한 한 그 동작이 연속될 수 있도

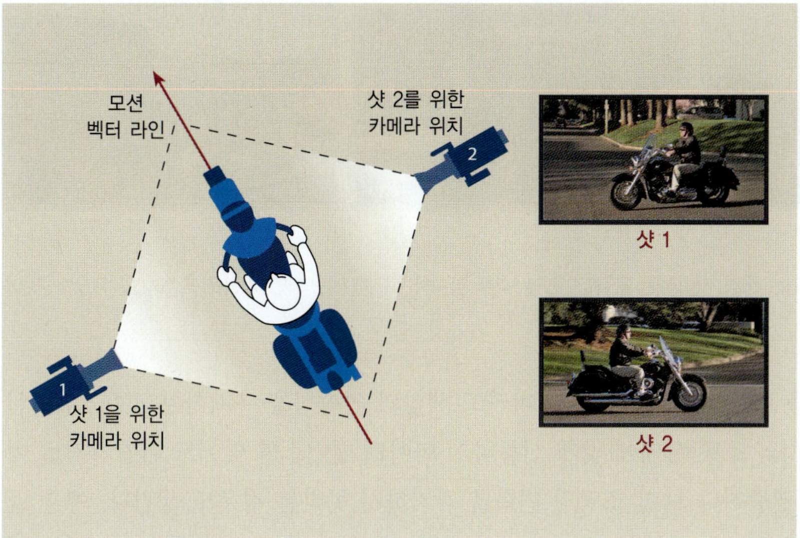

[그림 13.33]
벡터 라인의 횡단
카메라가 모션 벡터를 횡단해서 위치하게 되면 각 샷의 피사체의 움직임은 반대 방향을 향하게 된다.

록 해야 한다. 다음은 항상 염두에 두어야 할 내용을 열거한 것이다.

- 동작의 연속성을 유지하기 위해서는 움직이는 대상이 동작 전이나 후가 아닌 움직이는 중간에 컷한다. 예를 들어 의자에서 일어나려는 사람의 클로즈업에서 컷되면 다음 샷은 좀더 넓은 샷으로 의자에서 일어나기 시작한 후부터 움직임을 마치기 전의 장면을 잇는다. 또는 화면에서 조금 벗어난다 해도 클로즈업 장면에서 거의 움직임을 끝낸 상태에서 넓은 샷을 컷할 수도 있다. 그러나 넓은 샷으로 컷하기 전에 동작을 마쳐서는 안 된다는 것을 명심하자.
- 어떤 샷의 피사체가 움직이고 있었다면 다음 샷은 그 피사체가 고정되어 있는 샷으로 연결해서는 안 된다. 마찬가지로 카메라가 팬으로 움직이는 피사체를 잡은 샷 다음에는 정지된 카메라로 찍은 샷이 연결되서는 안 된다. 정지된 피사체를 담은 샷과 그 피사체가 움직이는 샷을 연결하는 것도 마찬가지로 거슬리게 된다. 앞뒤로 이어지는 샷에서는 피사체나 카메라의 움직임을 유지시켜야 한다.
- 만약 모션 라인의 양쪽 면에서 촬영한 샷을 연결해야 한다면 컷어웨이나 얼굴을 비춘 샷으로 두 샷을 분리시켜서 화면에서 움직임의 방향이 뒤집힌 것이 연속된 것이라고 인지할 수 있도록 해야 한다(그림 13.34 참조).

색상 연속성에 있어서 가장 큰 문제는 같은 신에 있는 샷의 색상이 일치하지 않았을 때 발생한다. 예를 들어 하얀색 건물의 외부를 촬영한 MS(미디움 샷)에 이어 어떤 사람이 그 건물 앞에 서 있는 MS를 연결시켰을 때 그 건물의 색상이 갑자기 파란색으로 바뀌면 안 된다. 이

[그림 13.34] 컷어웨이
피사체의 움직임이 반대가 되는 샷이 지속적인 움직임이라는 것을 암시하기 위해서는 화면 방향을 중화시킬 수 있는 컷어웨이를 삽입한다.

처럼 확연한 불일치를 보이지는 않는다고 하더라도 색상의 연속성을 유지하는 것은 쉬운 일이 아니며 새로운 위치와 조명 상태에 맞게 신중하게 화이트 밸런스를 맞춰도 마찬가지로 어려운 일이다. 제작에 열중하다 보면 조명의 변화를 감지하지 못하는 경우도 생긴다. 예를 들어, 일시적으로 구름이 태양을 가리게 되면 광택을 많이 낸 빨간 차의 색이 하얀색 옷에 번져 보이는 것처럼 색온도에는 엄청난 영향을 줄 수도 있다.

조명에 따라 색온도가 변화는 데 맞춰 카메라의 화이트 밸런스에 신경을 많이 쓰면 쓸수록 포스트프로덕션에서 색의 연속성을 유지하는 일은 쉬워진다.

음향 연설이나 대화를 편집할 때는 말의 일반적인 리듬을 유지할 수 있도록 특히 신경을 써야 한다. 연속된 대화를 이어가는 샷 사이의 간격은 실제 촬영본보다 아주 짧아서도 길어서도 안 된다. 인터뷰에서 컷은 주로 질문이나 대답이 끝나는 지점에서 실행하게 된다. 그러나 반응을 보이는 샷은 구절이나 문장이 끝났을 때보다는 중간에 잡는 것이 더 자연스러워 보인다. 그러나 일반적으로 대화보다는 행동이 컷의 주요 동기가 된다. 만약 어떤 사람이 대화를 하면서 움직인다면 움직임에 맞춰서 컷을 실행하는 것이 좋다.

Chapter 10에서 알아본 바와 같이 환경 소음은 편집에서 연속성을 유지하는 데 매우 중요하다. 배경 소음이 이벤트가 일어나는 장소에 대한 단서를 제공하는 환경 소음 역할을 하는 경우에는 실제로는 여러 위치에서 촬영한 샷으로 구성된 것이라고 할지라도 그 장면이 끝날 때까지 배경 소음이 들릴 수 있게 해주어야 한다. 포스트프로덕션의 음질 조정과정에서 부가적인 음향을 믹싱해서 음향의 연속성을 부여할 수도 있다.

음악에 맞는 영상을 편집해야 할 경우에는 박자에 맞춰 컷하도록 한다. 컷은 영상의 박자를 결정하고, 음향을 재는 막대그래프처럼 움직임을 리듬감 있게 맞춰 준다. 만약 음악의 전체적인 리듬이 규칙적이지 않거나 부드러울 때는 컷보다는 디졸브를 사용하는 것이 더 효과적이다. 그러나 관습에 얽메일 필요는 없다. 박자보다 약간 빠르거나 늦게 컷하는 것이 때로는 박자의 기계적인 느낌을 줄이고 장면을 강조하는 역할을 할 수도 있다.

[그림 13.35] 복합 편집
벡터 라인을 횡단해서 배치한 카메라로부터의 플립플롭 방식의 화면은 이 사람의 혼란스러움을 강조하고 있다.

복합 편집(Complexity Editing)

복합 편집이란 장면의 복잡성과 격렬함을 증가시키기 위해 고의적으로 관습적인 편집을 깨는 것을 말한다. 시각적, 음향적 연속성을 위해서가 아닌 보는 사람의 관심과 감정적인 이입을 이끌어내기 위해 샷을 결정하고 배치한다. 그러나 복합 편집이 연속성을 살린 편집이라는 관습으로부터 완전히 자유로운 것은 아니다. 전달 의도를 강조하기 위해 편집 규칙을 의도적으로 깰 수도 있다는 것을 의미한다.

많은 광고에서 흥미를 불러일으킬 목적으로 복합 편집을 많이 사용하고 있다. 점프 컷조차도 미적인 부분을 강화시키는 돌출로 인정받고 있다. 신용 카드의 장점 따위를 설명하고 있는 모습을 화면 이쪽에서 저쪽으로 위치를 이동시켜서 보여주는 특이한 편집도 본 적이 있을 것이다. 대부분의 음악 텔레비전도 복합 편집에 기반을 두고 있다. 꼭 필요한 것은 아니지만 눈에 거슬리는 불일치가 음악이라는 고에너지를 좀더 강화시키는 역할을 할 수도 있다.

복합 편집은 또한 텔레비전 드라마에서 효율적인 강화 장치가 될 수 있다. 예를 들어, 파국을 맞은 사람의 극심한 혼란 상태를 보여주기 위해 벡터 라인을 횡단해서 카메라들을 배치하고 여기서 잡은 영상을 플립플롭 샷으로 보여줄 수 있다(그림 13.35 참조).

내용(Context)

ENG EFP 모든 종류의 편집에서 특히 뉴스나 다큐멘터리 편집에서는 이벤트가 일어난 장소와 사실에 입각한 내용만을 담아야 한다. 지방의 한 정치 후보의 연설을 취재한 테이프에 깊이 잠든 청중의 우스운 모습을 클로즈업해서 잡은 장면이 있다고 가정해보자. 그러나 다른 화면에서는 모든 청중이 깨어 있을 뿐만 아니라 후보의 연설에 크게 고무되어 있다고 한다면 앞에서의 그 클로즈업을 사용해야 하는 것일까? 잠든 청중은 이벤트가 일어난 곳의 전체적인 상황을 결코 대변할 수 없기 때문에 이 클로즈업을 사용해서는 안 된다.

편집할 때는 특히 자료 사용에 유의해야 한다. 자료 화면은 구름, 해변 모습, 눈 오는 장면, 자동차, 군중과 같이 전형적인 성격을 가지고 있어서 공통적으로 사용할 수 있는 것들을 말한다. 일부 텔레비전 방송국에서는 자료 도서관을 가지고 있거나 자료 화면을 수집해 놓고 있다.

다음은 편집 시 자료 화면을 사용하는 두 가지 예이다. 정치 후보의 연설을 편집할 때 화면상의 방향이 바뀌어서 컷어웨이가 필요할 때 사진 기자가 그 연설을 찍어 놓은 자료화면이 있다면 그 자료화면을 사용해도 무방하다. 왜냐하면 그 자료 화면은 그 이벤트를 사실적으로 전달하고 있기 때문이다. 그러나 후보가 노동절에 있었던 참혹한 교통 사고에 대한 내용을 읽고 난 후 시각적 연속성을 위해서 기쁘게 박수를 치고 있는 청중의 모습의 자료 화면을 사용해도 되는 것일까? 이 자료 화면은 명백히 내용과 상치되기 때문에 사용해서는 안 된다.

윤리(Ethics)

편집자는 무엇을 보여주고 무엇을 보여주지 않을 것인가에 대해 카메라맨보다 더 큰 권한을 가지고 있으며 촬영된 이벤트를 다른 내용으로 구성할 수도 있기 때문에 이 section의 마지막 부분에서는 윤리 혹은 올바른 구성의 원칙에 대해서 이야기해 보고자 한다.

편집을 통해 이벤트를 고의적으로 왜곡시키는 것은 미적인 판단력의 문제가 아니라 윤리의 문제이다. 다른 논픽션 프로그램에 참여하는 모든 제작진에게도 마찬가지겠지만, 편집자에게 있어서 가장 중요한 편집 원칙은 가능한 한 실제 이벤트에 충실해야 한다는 것이다. 예를 들어, 편집자가 지지하는 정치 후보가 자신이 원하는 발언을 했다고 해서 실제로는 청중에게서 아무 반응이 없는데도 박수를 편집해 넣는다면 비윤리적인 행동이라고 해야 할 것이다. 또한 편집자의 의견에 반하는 내용을 편집해서 모두 빼버리고 동감하는 의견 하나만을 남겨놓는다면 그것 또한 비윤리적인 행동이다. 찬반 토론이 있을 경우에 각각의 입장을 가장 잘 대표할 수 있을 만한 내용을 제시해야 한다. 미리 정해진 길이에 맞추기 위해 한쪽의 주장을 모두 빼버리는 일이 있어서는 안 된다.

두 개의 샷을 병치시킬 때 특히 주의할 점은 두 샷에 들어 있지 않은 제3의 내용을 암시할 수도 있다는 것이다. 어떤 정치가가 군비 증강을 청원하는 모습을 보여주고 이어서 핵폭발이 일어나는 장면을 보여주게 되면 그 정치가가 핵전쟁을 지지하고 있다는 암시를 주게 된다. 이런 몽타주 샷(montage shot)은 위험한 만큼 영향력도 강하다. 영상 정보와 음향 정보를 몽타주하는 것은 특히 효과가 크다. 이것은 포착해내기는 어렵지만 그 효과 만큼은 영상만으로 몽타주하는 것에 뒤지지 않는다. 예를 들어, 부유한 동네에 있는 여러 개의 집 앞에 집을 판다는 내용의 표시판을 비추면서 거기에 날카롭고 점점 커지는 경찰의 사이렌 소리를 첨가한다면 이것은 그 이웃들의 상황이 한층 더 나쁘게 전개되어 가고 있다는 것을 의미하게 된다. 이것은 범죄가 끊이지 않는 동네여서 집이 팔리지 않는 것을 의미할 수도 있다.

자극적인 것을 촬영하기 위해 이벤트를 꾸며서는 안 된다. 예를 들어, 소방수가 성공적으로 인명을 구조해냈지만, 실제로는 들것에 실려 나오는 사람만 촬영했다고 하자. 이런 상황에서도 소방수에게 다시 사다리로 올라가서 그 과감한 모습을 보여 달라고 요청해서는 안 된다. 어떤 ENG 팀은 이런 재연을 일상적으로 반복하기도 하는데 이런 사람들을 가까이 해서는 안 된다. 이벤트를 자세히 관찰하고 효과적인 화면을 잘 잡아낸다면 극적인 요소는 얼마든지 찾아낼 수 있다. 그 무엇도 연출해서는 안 된다.

마지막으로, 편집자는 자신의 선택에 대해서 시청자에게 궁극적인 책임이 있다. 시청자의 신뢰를 저버려서는 안 된다. 앞에서 살펴본 것처럼 주의 깊게 편집해서 이벤트를 강조하는 것과 부주의하고 비윤리적인 편집으로 이벤트를 왜곡하는 것에는 명백한 경계선이 존재한다. 무책임한 설득과 조작에 대항할 시청자의 유일한 방어 수단은 전문적인 전달자로서 갖는 편집자의 책임의식과 청중에 대한 기본적인 존경이 전부이다.

핵심요약

- 기본적인 네 가지 편집 기능은 (1) 비디오테이프에 담긴 다양한 샷을 촬영 원본에 담긴 순서에 최대한 맞춰서 연결시키는 결합, (2) 주어진 시간에 맞추거나 불필요한 부분을 삭제하는 생략, (3) 신에서 사용하지 못하는 부분을 잘라내고 좋은 부분으로 대체하는 수정, (4) 특정한 이야기를 전달하기 위해 샷을 선택하고 선택한 샷의 순서를 정하는 구성이 있다.
- 기본적인 화면 전환 장치에는 다음의 네 가지가 있다. (1) 컷–하나의 샷에서 다른 샷으로 순간적으로 바뀌는 것, (2) 디졸브–두 샷이 일시적으로 오버랩되는 것, (3) 와이프–다양한 방법으로 하나의 영상이 다른 영상으로 교체되는 것, (4) 페이드–영상이 암전에서 서서히 나타나거나, 영상이 서서히 암전되는 것.
- 장면 전환을 위해 사용할 수 있는 다양한 특수 효과가 존재한다.
- 세 개의 주요 편집 원칙은 연속성, 복합성, 그리고 내용이다.
- 연속성을 위한 편집이란 피사체의 동일성, 피사체의 위치, 움직임, 색상, 음향에 있어서 연속성이 나타나도록 편집해야 한다는 것을 의미한다. 시청자들이 품고 있는 사람이나 물건이 어디에 있고 어디에 있어야 하며 어디로 이동할 것인가 하는 심상 지도에 위배되지 않도록 해야 한다.
- 그래픽, 인덱스, 모션 벡터는 화면에서 나타나는 방향을 말하며, 이것들은 샷과 샷 사이의 연속성을 만들어 내고 유지하는 데 중요한 역할을 한다.
- 복합 편집은 장면의 복잡성과 격렬함을 증가시키기 위해 고의적으로 편집 관습을 깨는 것을 말한다.
- 논픽션 편집에서는 윤리가 모든 편집 원칙에 우선한다.

CHAPTER

14

시각 효과

Visual Effects

뉴스 보도에서조차도 최신 비디오게임과 맞먹을 만한 비디오 특수 효과를 보여주고 있다. 제목이 춤을 추면서 화면을 가로질러 가기도 하고 색이 변화되거나 줌 인 혹은 줌 아웃되기도 한다. 뉴스 앵커와 현장 리포터, 그리고 게스트가 나란히 배치된 상자 안에서 서로에게 말을 건네는 것도 볼 수 있다. 세계의 최초 문제들을 소개하는 짧은 보도 내용들은 정지화면으로 끝나고 다음 뉴스 내용을 보여주기 위한 공간을 만들기 위해 마치 종이가 벗겨지는 듯이 화면이 벗겨지거나 간단히 굴러나가기도 한다.

화면은 종종 동시 정보를 보여준다. 앵커가 비극적인 교통사고에 대해 보도하는 동안 그래픽 비디오 자료가 함께 보여지거나 주식 시세가 화면 아래로 지나가고 측면에는 스포츠의 득점 결과와 날씨를 보여 준다. 그리고 이러한 화면이 전개되는 동안 한쪽 구석에는 방송국 로고가 새겨져 있다.

전자를 이용한 이러한 효과들은 언제나 사용할 수 있기 때문에 내용을 위한 부가적인 효과를 넣고 싶은 충동을 불러일으킨다. 내용이 빈약하고 촬영이나 편집이 엉망인 장면을 전자 효과를 이용해서 위장해 보고자 하는 함정에 빠져서는 안 된다. 시각 효과가 눈부실지는 몰라도 기본 메시지를 대신할 수는 없다. 그러나 신중하게만 사용한다면 이러한 효과가 제작에 상당한 향상을 가져오고 내용을 효과적으로 전달할 수 있도록 해준다.

시각 효과를 사용하고자 마음먹을 때마다 여러분 스스로에게 물어보도록 하자. 이것이 정말 필요한가? 전달하려는 메시지를 분명히 하고 강조하는 데 도움이 되는가? 적당한 것인가? 예를 들어 새로운 테니스 챔피언이 우승 트로피를 들어올리는 정지 화면은 클로징 샷으로는 완벽하게 할 수 있지만 테러리스트에 의한 희생자를 이런 형태로 보여주는 것은 바람직하다고 할 수 없다. 만약 위의 세 가지 질문에 모두 그렇다고 답할 수 있다면 시각 효과를 사용해야겠지만 세 개 중 하나만이라도 그렇지 않다거나 혹시 아닐 수도 있다는 생각이 든다면 효과를 빼야 한다.

Section 14.1 「전자 효과와 그 사용 방법」에서는 기본적인 전자 효과와 디지털 비디오 효과에 대해서 알아보고, section 14.2 「비전자적 효과와 그 사용 방법」에서는 좀더 실용적인 시각적 · 기계적 효과들에 대해서 살펴보기로 한다.

주요 용어

크로마 키(chroma keying) 배경에 색을 입히고 나중에 키 과정을 통해서 이미지로 배경을 대체하는 효과.

컴퓨터 조작 DVE(computer-manipulated DVE) 컴퓨터로 이미 존재하는 이미지를 향상시키거나 다소 변화시켜서 만들어 내는 디지털 비디오 효과.

초점 흐리기(defocus) 간단하면서도 가장 효과적인 광학적 효과. 카메라를 줌 인해서 초점을 흐려 놓은 후 큐를 받으면 다시 초점을 맞춘다. 이 효과는 전환 장치로 사용되거나 강한 심리적 방황이나 실체적 불균형을 나타낼 때 사용된다.

확산 필터(diffusion filter) 렌즈 앞에 장착해서 사용하는 렌즈로, 장면을 부드럽고 약간 초점이 흐린 듯한 모습으로 보이게 한다.

DVE(digital video effects; 디지털 비디오 효과) 컴퓨터에 의해 만들어지는 시각 효과 또는 디지털 효과 장비. DVE는 아날로그 신호를 본래 포착한 그대로 효과에 사용할 수 있다.

고보(gobo) 전경에 설치하는 물체로서 그 물체 너머의 원경을 촬영함으로써 배경에 행해지는 연기에 영향을 주는 장식적인 전경의 효과를 가지는 것을 말한다. 영화에서의 고보는 부분적으로 조명을 차단하기 위해 사용하는 불투명한 판을 말한다.

키(key) 전자 효과. 키란 하나의 이미지를 잘라내서 배경 화면에 넣는 것을 의미한다.

매트 키(matte key) 키된 문자로서 문자의 내부가 다양한 농도의 회색이나 특정한 색으로 채워진 것.

SEG(special-effects generator; 특수 효과 발생기) 특수 효과 와이프 패턴과 키 효과를 만들어 내는 이미지 발생기.

스타 필터(star filter) 렌즈 앞에 장착해서 사용하는 필터로, 두드러진 조명을 별 모양의 광선으로 바꿔준다.

슈퍼(super) 겹치는 샷, 위로 하나의 이미지와 아래로 또 하나의 이미지가 서로 관통하여 보여지는 두 개 이미지의 더블 노출(표출).

와이프(wipe) 두 번째 이미지가 일종의 기하학적인 모양으로 시작해서 첫 번째 이미지를 점진적으로 밀어내는 화면 전환.

SECTION

14.1

전자 효과와 그 사용 방법

Electronic Effects and How to Use Them

시각 효과의 신중한 사용을 위해서 우선 어떤 효과들이 가능한지에 대해서부터 알아야 한다. 타이틀 키나 다양한 와이프 효과처럼 제작 도중 그때그때 만들어 낼 수 있는 것들이 있는가 하면 어떤 것들은 프리프로덕션이나 포스트프로덕션 과정에서 신중하게 만들어야 하는 것들도 있다. 이 section에서는 두 가지 주요 시각 효과에 대해서 알아보기로 한다.

▶ 일반 아날로그 비디오 효과

슈퍼임포지션, 키, 크로마 키, 와이프

▶ 디지털 비디오 효과

컴퓨터 처리 효과, 이미지의 크기와 모양, 빛과 색의 조작, 동작의 조작, 멀티 이미지 조작과 창조, 컴퓨터 재생 효과

일반 아날로그 비디오 효과(Standard Analog Video Effects)

모든 제작 스위치에는 SEG(special-effects generator)가 내장되어 있다. 이것으로 쉽고도 안정적으로 다양한 특수 효과를 만들어 낼 수 있다. 많은 전자 효과들은 너무 익숙해져서 전자 효과로서의 특수한 위상을 잃어 지금은 단순히 일반적인 아날로그 효과의 일부로 여겨지고 있다. 이러한 효과로는 (1) 슈퍼임포지션 또는 슈퍼, (2) 키, (3) 크로마 키, (4) 와이프가 있다. 이러한 모든 효과는 일반 아날로그 스위치나 내장된 SEG로 만들어 낼 수 있다.

슈퍼임포지션(Superimposition)

짧게는 슈퍼라고도 부르는 슈퍼임포지션은 이중 노출 형식을 띄고 있다. 하나의 화상이 전자적으로 다른 화상에 겹쳐져서 나타나는 것을 의미한다. chapter 11에서 설명했듯이 슈퍼는 믹스 버스와 페이드 바를 결합해서 쉽게 만들어 낼 수 있다(그림 11.9b 참조). 슈퍼만의 특성은 위에 겹쳐진 화상과 밑에 깔린 화상 모두를 볼 수 있다는 것이다. 페이드 바를 하나의 믹스 버스에서 다른 믹스 버스로 움직임으로써 화상 두 개의 강도를 조절할 수 있다.

배경에 자막을 넣을 수 없는 경우 슈퍼를 이용해서 타이틀 효과를 얻어낼 수 있다. 제목을 슈퍼임포지션하기 위해서는 하나의 카메라는 검은 배경에 하얀색 글씨를 쓴 슈퍼 카드에 초점을 맞추고, 다른 카메라로 배경 화면을 촬영하거나(스포츠 경기장의 홈 샷과 같이 생방송인 경우) 비디오 자료에서 배경을 불러오면 된다. 검은색 카드는 빛을 전부 반사시키지 않거나 아주 적은 양의 빛을 반사하기 때문에 두 개의 화상을 통합하는 동안 안 보이는 부분으로 남는다.

대개 슈퍼는 생각, 꿈, 상상과정과 같은 내면 세계를 묘사하기 위해 사용된다. 꿈꾸는 장면을 보여주는 전형적인 슈퍼(과도하게 사용됐다고 볼 수 있는)로는 잠자는 사람의 클로즈업을 보여주고 어떤 이미지를 그 사람의 얼굴에 슈퍼임포즈하는 것이다. 때때로 이 슈퍼는 이벤트를 좀더 복잡하게 보이도록 하는 데 사용되기도 한다. 예를 들어 어떤 무용수의 롱 샷 위에 그 무용수의 클로즈업 화상을 슈퍼임포즈한다. 이것을 적절히 실행하기만 한다면 무용수의 내면을 볼 수 있는 기회를 갖게 된다. 무용을 단순히 촬영하는 것을 넘어 그것을 창조하는 일을 돕게 되는 것이다.

키(Key)

키 처리란 텔레비전 화면의 일부를 전자적으로 잘라내고 잘려나간 부분을 다른 화상이나 다른 화상의 일부분으로 대체하는 것을 말한다. 키의 기본 목적은 배경 화면에 글자를 넣거나 화면의 일부분(예보관의 모습)을 잘라서 배경 화면(일기 예보 위성 지도)에 넣기 위한 것이다. 자막을 위한 글자는 문자 생성기로부터 공급받는다(chapter 15 참조), 혹은 자막을 키 처리하기 위해서는 자막 카드를 사용할 수도 있다. 이때 카드는 슈퍼에서 사용하는 카드와 똑같이 생겼지만 슈퍼에서는 바탕 화면 위에 글자를 올려놓는 반면, 키에서는 전자적으로 잘려나간 배경 화면을 하얀색이나 유색 신호로 메운다(그림 14.1 참조).

키, 매트, 매트 키라는 단어를 들으면 좀 어리둥절하겠지만 이 단어들은 모두 같은 것을 의미한다. 제작 스태프 모두 뜻을 알고 일관되게 사용한다면 이 중 어떤 단어를 사용해도 무난하다. 키에는 기본적으로 (1) 내부 키, (2) 외부 키, (3) 매트 키, 세 가지로 구분된다. 크로마 키의 경우 다른 원리에 의해 이루어지기 때문에 분리해서 이 section의 후반에 설명한다.

[그림 14.1] 키
바탕 화면에 글자를 키할 때는 키 신호가 바탕 화면에 C.G.가 만들어 내는 글자 모양의 구멍을 뚫게 된다.

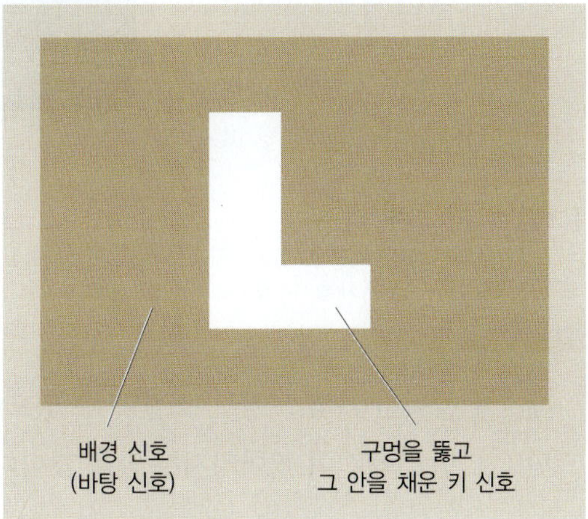

[그림 14.2] 내부 키
내부 키에서는 구멍을 뚫은 신호가 그 구멍을 메우기도 한다.

내부 키 내부 키는 배경을 제공한 화면, 글자의 윤곽선과 글자 내부를 채워줄 절단용 화면 이렇게 두 개의 화상 신호를 사용한다(그림 14.2 참조). 내부 키에서 구멍을 뚫은 신호가 그 구멍을 메우기도 한다.

배경에 들어갈 글자가 찢어지거나 깨지지 않은 깔끔한 화면을 얻기 위해서는 우선 키 수준과 게인을 조절해야 한다. Grass Vally 100 스위치에서는 게인 조절 버튼이 키 조절 구역에 있는 클립 조절 장치 바로 위에 위치해 있다(그림 11.4 참조). 클립 조절 장치는 키 신호의 명도를 조정하고 게인 조절 장치는 신호의 강도를 조절한다. 이 두 조절 장치로 깨끗하고 흠 없는 키를 만들 수 있다. 키 효과를 미리 설정해 놓고 프리뷰 모니터를 통해 키가 전부 보이는지 글자가 찢어져 보이지는 않는지 윤곽이 희미하지 않은지 확인해 볼 수 있다. 그리고 클립 조절 장치를 돌려서 글자가 명확하게 보이도록 조절한다. 만약 이렇게 했는데도 문제가 해결되지 않는다면 게인 조절 장치로 게인을 조절한다. 다운스트림 키 조절 장치가 되어 있는 스위처에서는 전체 키 효과를 프리뷰 모니터를 보기 위해서 키 수준 조절 손잡이를 아래로 내리면 된다.

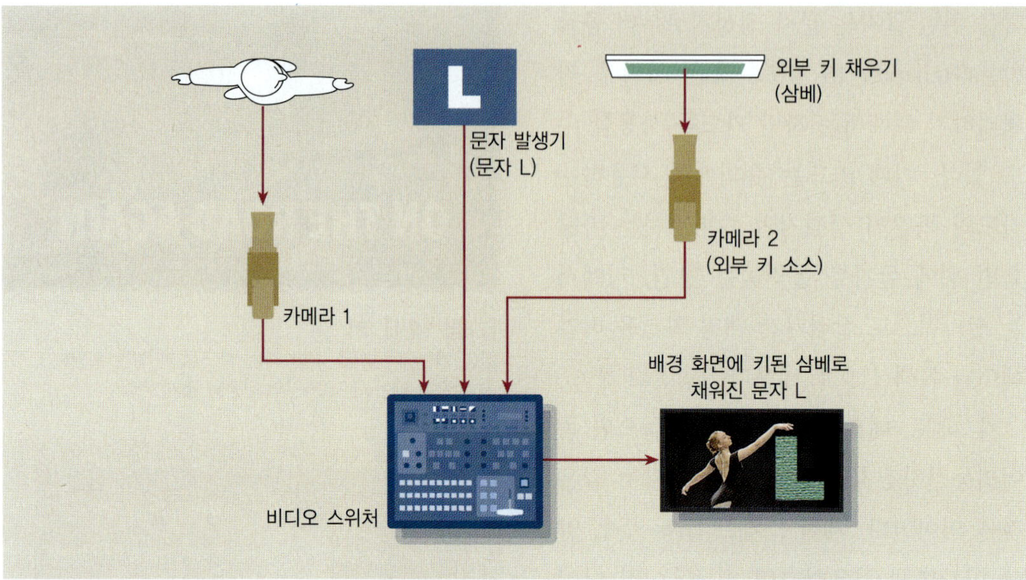

[그림 14.3] 외부 키
외부 키에서는 C.G.에서 만들어낸 글자 L을 카메라 1에서 공급한 배경 화면 안에 키시킨다. 카메라 2는 삼베에 초점을 맞추고 글자 모양의 구멍을 채울 수 있도록 영상을 삼베 영상을 보내준다.

배경에 들어간 키의 모양도 조절할 수 있으며 기본 화상과 기본 화상과의 충분한 콘트라스트만 있다면 윤곽선이 찢어지지는 않을 것이다.

외부 키 외부 키는 배경 신호, 구멍 절단 신호, 그리고 전방 신호라고 하는 제3의 신호까지 세 개의 신호를 이용한다. 제3의 신호가 구멍을 채운다. 이 제3의 신호는 자막 발생기나 VTR을 통해 들어오는 색상일 수도 있고 다른 카메라(배경 화면이 카메라에 의해 전달된다고 가정했을 때)로 신호를 전달할 수도 있다. 예를 들어 무용수 위에 L이라는 글자를 열고 그 글자를 삼베 무늬로 채워 질감을 주고 싶다면 두 번째 카메라로 삼베 조각을 촬영해서 외부 키를 통해 효과를 조합하면 화면에 나타나는 글자도 삼베를 잘라서 만든 것처럼 보인다(그림 14.3 참조). 또한 글자나 다른 모양도 움직이는 장면으로 채울 수 있다.

매트 키 글자의 절단된 부분을 스위처로 만들어 낸 화상이나 다른 색으로 채우거나, 그림자를 꾸미면 이것은 매트 키가 된다(그림 14.4 참조). 매트 키로 많이 사용되는 키에는 테두리형 매트 키, 그림자형 매트 키, 윤곽형 매트 키가 있다. 테두리형에서는 모든 글자가 가늘고 검은 테두리를 갖는다(그림 14.5 참조). 그림자형 매트 키에서는 글자가 3차원으로 보이도록 검은 그림자가 더해진다(그림 14.6 참조). 윤곽형에서는 글자의 윤곽선만 보이고 배경 화면이

[그림 14.4] 매트 키
매트 키는 글자의 절단된 부분은 스위처나 C.G.로 만들어 낸 회색이나 다른 색으로 채워진다.

[그림 14.5] 테두리형의 매트 키
테두리형 매트 키는 글자 주위에 검은 경계선을 그어 보통 키보다 더 읽기 쉽게 만드는 것이다.

[그림 14.6] 그림자 매트 키
그림자 매트 키는 문자에 뚜렷한 그림자를 더해서 문자에 강한 스포트라이트를 비춰준 것 같은 삼차원의 문자처럼 보이게 한다.

[그림 14.7] 윤곽형의 매트 키
윤곽형 매트 키는 문자의 윤곽으로 나타나게 한다. 문자의 겉 윤곽만 보여준다.

그 글자 안을 채운다(그림 14.7 참조).

대부분의 스위처에서는 글자가 좀더 매력적으로 보이거나 어지러운 배경에 묻히지 않도록 하기 위해서 다양한 매트 모양을 제공하고 있다. 어떤 키의 경우 슈퍼와 흡사하게 글자를 반투명하게 만들어서 글자를 통해서 배경이 비치도록 하는 것도 있다. 이러한 기술은 전체 화면에 다른 동작들을 보여주면서 그 위에 통계치를 보여줄 때 자주 사용된다.

크로마 키(Chroma Key)

크로마 키는 특정한 색(주로 파란색이나 초록색)을 배경으로 사용해서 그 앞에 사람이나 피사체가 배경 화면에 나타나도록 만드는 특수 효과이다. 키 과정을 통해 배경은 배경을 위해 준비된 화면으로 교체되는데, 전방에 있는 피사체에는 영향을 주지 않는다. 가장 전형적인 예가 바로 일기예보관이 위성 사진이나 구름 사진 앞에 서 있는 모습이다. 크로마 키를 통해 배경의 파란색은 컴퓨터에 의해 만들어진 일기 사진이나 위성 사진으로 대체되고 그 앞에 있는 사람들에게는 영향을 주지 않는다. 키 효과를 통해서 예보관은 일기 사진이나 위성 사진 앞에 서 있는 것처럼 보인다(그림 14.8 참조).

크로마 키는 색의 채도에 반응하기 때문에 크로마 키 지역을 골고루 그리고, 특히 밝에 칠해야 한다. 고르지 않은 배경 조명도 파란 지역을 배경 화면으로 완벽하게 교체되는 것을 방해하거나 전방에 있는 피사체의 이미지가 찢어지게 된다.

카메라에 비춰지는 탤런트가 파란 스웨터와 같이 배경의 파란색과 비슷한 색의 옷을 입고 있다면 그 스웨터 부분까지도 배경 화면으로 교체된다. 스웨터를 안 보이게 해서 시청자들을 놀라게 할 의도가 아니라면 파란 크로마 키 배경 안에 서게 될 탤런트에게 같은 색의 의상을 입게 해서는 안 된다. 만약 출연자가 파란색을 입고 싶어한다면 배경을 초록색으로 교체한다.

심지에 파란 눈도 클로즈업을 크로마 키할 때는 문제가 되기도 하지만 다행히 대부분의 파란 눈은 다른 색도 충분히 반사시키는데다 그리 높은 채도를 갖고 있지 않아서 투명해지지는 않는다. 일기 예보관이 크로마 키 배경에 너무 가까이 서 있게 되면 배경의 파란색이 예보관의 옷이나 머리에 반사되어 크로마 키를 거치면 그 부분이 찢어진 것처럼 보인다. 이런 문제는 밝은 노란색 젤이나 오렌지색 젤을 역광 조명에 장착해서 해결할 수 있다는 것을 앞에서 이미 알아보았다. 노란색 역광 조명은 파란 그림자를 중화시켜서 크로마 키를 하는 동안 배우를 배경에서 분리해내는 역할을 한다. 크로마 키 배경으로 녹색을 사용할 때는 옅은 마젠타색의 젤을 사용해서 녹색 반사광을 상쇄시킨다.

스튜디오에서의 크로마 키 사용 고도로 정교한 디지털 비디오 효과를 사용할 수 있지만 아직도 크로마 키가 다양한 스튜디오 제작에서 사용되고 있다. 앞에서 살펴본 것은 일기예보에

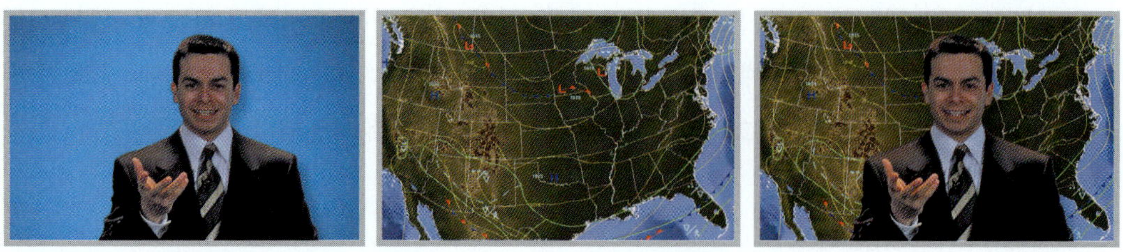

[그림 14.8] 크로마 키 효과: 일기 예보

A 이 크로마 키에서는 기상 캐스터가 파란 배경 앞에 서 있다.

B 키를 통해 파란 배경은 이 컴퓨터로 처리한 위성 사진으로 대체된다.

C 기상 캐스터는 위성 사진 앞에 서 있는 것처럼 보인다.

[그림 14.9] 크로마 키 효과: 창문

A 이 크로마 키에서는 ESS(electonic still store)에서 적정한 배경을 선택했다.

B 스튜디오 카메라는 파란 크로마 키 패널 앞의 사무실 세트를 촬영한다.

C 크로마 키를 거치면서 중역이 앉아 있는 뒤에 창문이 있는 것처럼 보이게 된다.

[그림 14.10]
크로마 키 효과: 가상 공간

A ESS에서 배경으로 선택된 박물관 외경 화면이다.

B 스튜디오 카메라는 파란 크로마 키 드레이프 앞에 선 관광객 역할을 하는 배우에게 초점을 맞춘다.

C 모든 파란 지역은 배경 이미지로 대체되었으며 관광객이 박물관 앞에 서 있는 모습으로 나타나게 된다.

서 사용되는 가장 흔한 크로마 키 효과에 관한 것이다. 이외에도 크로마 키를 적절하고 효과적으로 사용할 수 있는 경우가 많다. chapter 8에서 간단히 살펴본 조명 조건에 대한 예를 다시 빌려보자. 커다란 창문 앞에 있는 자신의 책상 뒤에서 연설하고자 하는 CEO가 있다고 가정해 보자. 이 CEO는 창문으로 보이는 풍경이 너무나 자랑스러워 창문을 배경으로 촬영을 하고 싶어한다고 가정해 보자. 제시한 조명이 조명 문제를 해결하지 못한다면 크로마 키를 위해서 사무실을 스튜디오로 옮겨 올 수 있다. 카메라는 전망 좋은 사진에 맞춘다. 이 카메라를 이용해서 키를 할 수 있는 배경을 만들어 낸다. 스튜디오에서는 조명 제어가 쉽기 때문에 크로마 키를 거친 화면은 실제 CEO의 사무실에서 찍은 것과 동일하게 혹은 그 이상의 현실감 있는 장면을 만들어 낼 수가 있다(그림 14.9 참조).

또한 크로마 키를 이용해서 좋은 경치나 환경을 만들어 낼 수도 있다. 예를 들어 박물관을 관광하는 여행객의 모습을 촬영하고 싶다고 가정해 보자. 박물관 사진은 ESS에 정지 화면을 불러오면 카메라 1은 고르게 조명을 비춘, 채도가 높은 파란 배경 앞에 캠코더를 들고 서 있는 관광객에게 맞춘다. 크로마 키를 통해 모든 파란 배경은 ESS에서 불러온 배경 이미지로 교체되고 관광객은 박물관 앞에 서 있는 것처럼 보인다(그림 14.10 참조).

얼티매트(Ultimatte) Ultimatte는 블루 스크린 키의 특별한 한 종류이다. 이 장비를 이용하면 예리하고 고도로 안정된 키를 만들어 낼 수 있어서 실제 전경/원경과 거의 구분해내기가 힘들 정도이다. 전경과 배경의 카메라가 아주 정밀하게 혼합되어서 파란 배경에 드리워지는 전경, 피사체의 그림자가 키 과정을 거친 후 교체된 배경에도 그대로 나타난다. 연속극과 같이 좀더 복잡한 제작에서는 거실이나 복도를 좀더 현실적으로 보이게 하기 위해서 Ultimatte를 이용해서 천장에 키 효과를 주는 경우가 있다.

자동 키 트래킹 만약 전경에 움직임이 있고 배경을 비행기 안이나 우주선 안처럼 작은 3차원의 공간으로 키해야 한다면 전경의 움직임을 찍은 카메라와 배경을 찍은 카메라를 동조화시킬 필요가 있다. 전경 카메라의 원근감의 변화에 따라 배경 카메라도 함께 변화해야 하기 때문에 이 동조화는 반드시 필요하다. 예를 들어 전경에 있는 사람들을 줌 인한다면 배경의 크기 또한 변해야 한다. 대규모 영화사나 HDTV 제작에서는 포스트프로덕션에서도 같은 효과를 충분히 낼 수 있지만 아직도 자동 키 트래킹에 많은 부분 의지하고 있다.

ENG EFP **EFP 크로마 키** 크로마 키는 EFP나 큰 중계방송 특히 탤런트가 경기장이나 정부 건물과 같이 원하는 배경 앞에 서 있을 수 없을 경우에 유용하게 사용된다. 크로마 키를 스포츠 중계에 사용할 경우 탤런트가 스튜디오에 있어도 현장에서 카메라를 통해 배경 화면을 보내주면 된다.

탤런트가 야외에 서 있어도 현장에서의 크로마 키는 특히 하늘로부터의 반사에 주의해야 한다. 크로마 키 색으로 파란색을 쓰게 되면 키 과정에서 하늘의 파란색도 키 영역으로 인식한 기계가 하늘이 있는 부분도 교체된 배경으로 보이게 되거나 적어도 전경 피사체의 윤곽선이 깨진다. 이러한 문제를 해결하기 위해서는 크로마 키의 색을 녹색으로 사용하고 탤런트를 녹색 천 앞에 서 있도록 배치해야 한다.

와이프(Wipe)

와이프는 기하학적인 모양을 가진 두 번째 이미지가 점차 첫 번째 이미지의 부분이나 전체를 대체하게 하는 것을 말한다. 기술적으로 보자면 두 번째 화면이 첫 번째 화면을 점진적으로 대체하는 것이지만 받아들일 때는 두 번째 이미지가 첫 번째 이미지를 화면 밖으로 밀어내는 것처럼 느껴진다. 가장 기본적인 와이프로는 수직 와이프와 수평 와이프의 두 가지가 있다. 수직 와이프는 화면에 창문 가리개를 내리는 것 같은 효과를 가져온다. 창문 가리개가 창문을 통해 보여지던 풍경을 밀어내는 것과 같이 카메라로부터 전해지는 이미지는 두 번째 이미지

[그림 14.11] 수직 와이프
수직 와이프에서는 하나의 화면이 밑에서부터 점진적으로 다른 화면으로 교체되는 것처럼 나타난다.

[그림 14.12] 수평 와이프
수평 와이프에서는 하나의 화면이 한 측면에서부터 다른 측면으로 점진적으로 다른 화면으로 교체되는 것처럼 나타난다.

[그림 14.13] 부드러운 와이프
부드러운 와이프에서는 두 이미지의 경계선을 부드럽게 해서 두 개의 이미지가 섞이는 것처럼 나타난다.

[그림 14.14] 다이아몬드 와이프
다이아몬드 와이프에서는 두 번째 이미지가 다이아몬드 형태로 확대되면서 점진적으로 나타나게 된다.

에 의해서 위쪽이나 아래쪽으로 밀려서 화면 밖으로 나가는 것처럼 서서히 교체된다(그림 14.11 참조). 수평 와이프와 기본 화면이 옆에서부터 두 번째 화면으로 교체되는 것을 제외하면 수직 와이프와 똑같은 방법으로 실행된다(그림 14.12 참조). 두 이미지를 가르는 선을 와이프 경계선이라고 한다.

부드러운 와이프 부드러운 와이프에서 와이프 경계선은 부드러워지거나 아예 제거되서 두 이미지가 서로 섞이도록 되어 있다. 스위치 위에 있는 회전식 조절 장치를 이용해서 와이프 경계선의 부드러움을 조정할 수 있다(그림 11.4 참조). 부드러운 와이프는 거의 한 장면에 두 개의 분리된 이미지가 있는 것처럼 보인다(그림 14.13 참조).

와이프 패턴 좀더 복잡한 와이프는 다양한 기하학적 모양을 사용할 수 있다. 다이아몬드 와이프는 하나의 화면이 다른 화면의 중앙에서 시작해서 다이아몬드 형태로 사방으로 퍼져 나간다(그림 14.14 참조). 코너 와이프는 두 번째 이미지가 화면의 구석에서 시작해서 대각선으로 바탕 화면을 밀어내는 것이다. 박스 와이프와 원형 와이프도 자주 사용되며, 다이아몬드

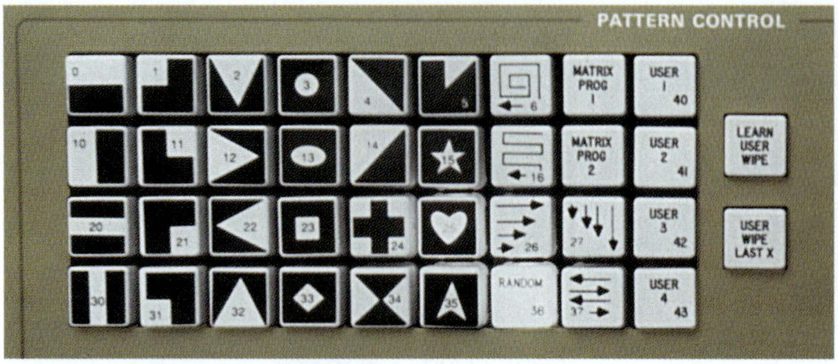

[그림 14.15] 와이프 패턴
와이프 패턴은 다양하며 이 패턴은 보통 스위처의 와이프 선택 영역에 있는 버튼 위에 표시되어 있다.

[그림 14.16] 화면 분할
A 이 수평 화면 분할 효과에서는 카메라 1의 뷰파인더상의 왼쪽에 있는 이미지가 화면 분할에서 왼쪽 반을 차지하도록 되어 있다.
B 카메라 2는 이미지를 뷰파인더상의 오른쪽에 잡아야 한다.
C 완성된 화면 분할 와이프에서는 두 개의 이미지가 프레임상에서 정해진 위치에 나타나게 된다.

와이프에서 다이아몬드 모양 대신 직사각형이나 원형을 사용하기도 하다.

스위처의 와이프 패턴 선택기(그림 11.4 참조)에서 해당되는 버튼을 누르거나 미리 프로그램된 와이프 모양을 불러내서 와이프 형태를 선택한다(그림 14.15 참조). chapter 11에서 언급한 바와 같이 와이프의 속도는 페이더를 얼마나 빨리 움직이는가에 의해 또는 특정한 자동 화면 전환 비율에 의해 결정된다.

와이프의 위치와 방향 페이더 바를 이용해서 와이프를 실행하게 되면 페이더 바를 얼마만큼 움직였느냐에 따라서 와이프가 진행되는 도중에 아무 데서나 멈출 수가 있다. 만약 방향 스위처를 사용해야 할 경우 스위처가 제대로 작동되는지 확인한다. 정상 모드에서는 수직 와이프가 화면 위에서 아래로 실행된다. 반대 모드에서는 화면 아래에서 위로 실행되며, 마찬가지로 와이프를 화면 오른쪽에서 실행시킬 수 있다. 또한 페이더 바를 움직여 플립플롭 방식으로 방향을 그때그때 바꿔줄 수도 있다. 상자형 와이프나 원형 와이프를 사용할 때는 와이프 모양을 어느 정도 변형시킬 수 있다. 예를 들어 원형을 변형시켜 타원형을 만들거나 정사각형을 변형시켜 직사각형을 만들 수 있고, 조이스틱을 이용해서 와이프 패턴을 화면 어디에든 원하는 곳에 배치할 수 있다(그림 11.11 참조).

[그림 14.17] 스포트라이트 효과
스포트라이트 효과는 배경 화면이 보이도록 부드러운 테두리를 가진 원형 와이프 처리를 한 것처럼 보인다.

화면 분할 수직, 수평, 대각선 와이프를 실행이 완료되기 전에 멈추게 하면, 화면 분할 효과를 얻거나 화면을 간단히 분할할 수 있다. 각각의 분할된 화면은 다른 영상을 보여준다. 수평 분할을 효과적으로 사용하기 위해서는 카메라 한 대는 뷰파인더상의 왼쪽에 이미지를 잡아야 하고 또 다른 카메라는 뷰파인더상의 오른쪽에 이미지를 잡아야 한다. 와이프를 실행하는 동안 화면의 불필요한 부분은 다른 화면에 의해 가려진다(그림 14.16 참조). 이런 효과를 방송에 내보내기 전에 미리 봐야 하는 것은 두말할 필요도 없다.

스포트라이트 효과 스포트라이트 효과는 부드러운 테두리의 원형 와이프와 흡사하지만 슈퍼 효과와 같이 그 원형을 통해 배경이 보인다는 것이 다르다. 화면의 특정 부위에 주의를 끌기 위해 스포트라이트를 비춰주는 것 같이 사용하면 된다(그림 14.17 참조).

디지털 비디오 효과(Digital Video Effects)

이미 아는 바와 같이 DVE(digital video effects)가 아날로그 효과보다 더 다양하고 융통성이 있다. 컴퓨터는 놀라울 정도의 재능을 가지고 있어서 비디오 이미지를 조작할 수 있다. 더 중요한 것은 새로운 이미지를 만들어 낼 수도 있다는 것이다. 디지털 형식의 비디오 이미지만 있다면 모양이나 색을 원하는 대로 바꿀 수도 있고 디지털 레퍼토리로부터 새 이미지를 하나 만들어 낼 수도 있다. 새로운 이미지가 필요하다면 배경이나 무대, 만화 형태, 심지어 사람까지도 만들어 내는 소프트웨어가 있어서 이를 사용하면 된다.

많은 디지털 비디오 효과는 포스트프로덕션 과정에서 입혀지지만 제작 전이나 제작 도중에도 똑같이 디지털 효과를 사용할 수 있다. 다양한 기상도, 두 이야기 사이에 복잡한 화면 전환, 움직이는 글자들은 대개 프리프로덕션 과정에서 만들어지며 TD(기술 감독)가 간단하게 이러한 효과들을 불러내기만 하면 된다. 사회자와 게스트가 화면에 나란히 놓인 박스 안에 있다거나 풋볼 게임을 다양한 각도로 잡은 화면을 여러 개의 박스에 담아 한 화면에 보여주는 것처럼 덜 복잡한 많은 DVE는 생방송에서 주로 사용된다. 모든 비선형 편집 장비에서는 전환, 결합, 혹은 일종의 이미지 개조를 위한 효과의 배열을 제공한다. 이미 알고 있는 것처럼 특정한 소프트웨어 프로그램을 장착하면 가정용 데스크톱 컴퓨터도 강력한 비선형 편집 장비와 DVE 장비로 사용할 수 있다.

컴퓨터 처리 효과(Computer-Manipulated Effects)

컴퓨터 처리 DVE는 현재 존재하고 있는 이미지(카메라로 촬영한 비디오 시퀀스, 비디오 프레임, 사진 또는 그림)를 향상시키거나 어떤 방식으로든 바꿀 수 있다. 실제 이미지의 디지털 조작은 아주 복잡하지만 원리는 비교적 간단하다. 예를 들면, 클로즈업된 얼굴이 들어 있는 프레임의 색상, 모양, 크기를 변형시켜 보자. 비디오 프레임을 디지털화하는 데 있어서 얼굴의 색과 밝기, 모양의 지속적인 변화를 엄청나게 많은 수의 분리된 점(픽셀)으로 옮길 수 있는데, 이 각각의 점은 색상, 명도, 채도, 위치와 관련된 몇 개의 정해진 값을 갖고 있다. 이런 과정은 사진을 타일 모자이크로 만드는 것과 다르지 않다.

사진에서 복사해온 친구의 얼굴을 변형시키고 싶다면 얼굴의 모양뿐만 아니라 색도 변화시킬 수 있다. 갈색 눈동자를 파란색 눈으로 바꾸고 싶다면 간단히 갈색 타일을 파란색 타일로 교체하면 된다. 코를 빨갛게 만들고 싶다면 빨간 타일을 코에 붙이면 된다. 코의 모양도 변화시킬 수 있다. 타일을 몇 개 빼서 코를 작게 만들거나 몇 개를 더 붙여서 크게 만들 수도 있다. 또한 그림의 크기를 키우거나 줄이기 위해서 큰 타일을 사용하거나 작은 타일을 사용할 수도 있다. 모자이크 타일이 아닌 DVE를 사용하게 되면 이러한 변형은 놀라울 정도로 빠르고 정확하게 이루어진다. 컴퓨터는 이 모든 효과들을 저장하며, 원할 때 즉시 다시 실행시킬 수 있다.

하나의 효과 혹은 효과를 연결시켜 놓은 시퀀스를 빠르게 불러오는 것은 일기예보나 스포츠 중계와 같이 효과를 지속적으로 이어나가야 하는 프로그램에서는 특히 중요하다. 가장 정교한 스위처를 최고의 기술 감독이 조작한다고 해도 제작 도중 실시간으로 복잡한 효과들을 연속해서 빠른 속도로 실행시키지는 못한다.

디지털 효과를 키와 와이프 같은 일반적인 아날로그 효과와 연결해서 사용하면 가능한 효과의 수는 엄청나게 늘어난다. 디지털 효과의 이해를 돕기 위해 다음의 세 영역으로 나누어서 살펴보기로 하자. (1) 이미지의 크기, 모양, 빛, 색의 조작, (2) 동작의 조작, (3) 다중 이미지의 창조와 조작.

이미지의 크기, 모양, 빛, 색(Image Size, Shape, Light, and Color)

이미지의 크기, 모양, 빛, 색을 조작할 수 있는 효과는 너무나 다양하다. 가장 잘 쓰이는 것으로는 (1) 축소와 확대, (2) 늘이기, (3) 위치 조절, (4) 원근법, (5) 모자이크, (6) 포스터리제

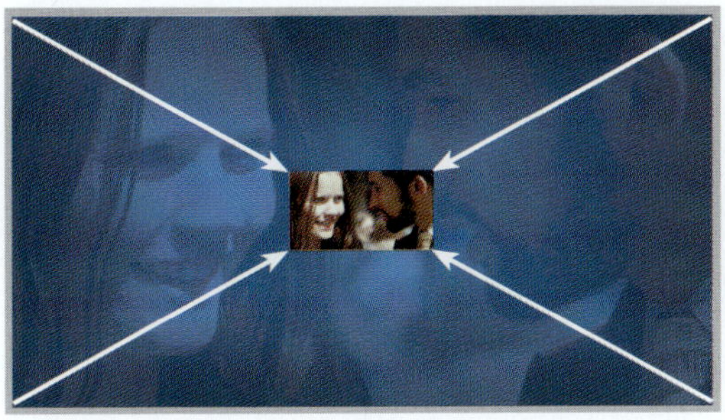

[그림 14.18] 축소
스퀴즈 줌이라고도 부르는 축소를 통해서 전체 화면 크기의 이미지를 같은 영상 정보를 가진 작은 프레임의 이미지로 만들 수 있다.

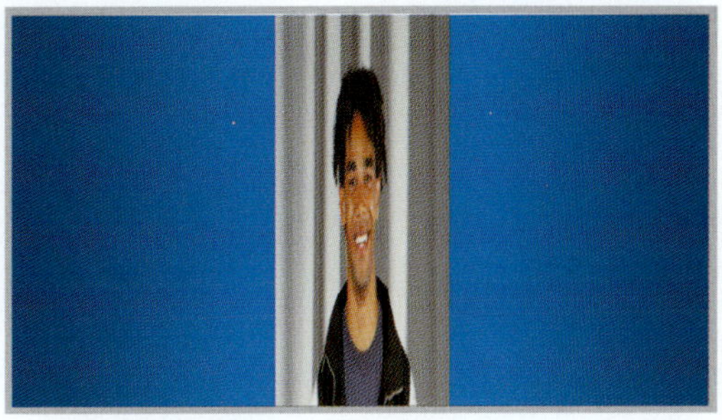

[그림 14.19] 늘이기
DVE를 이용해서 이미지의 가로 세로 비를 변화시켜서 세로로 늘인 듯한 이미지를 얻을 수도 있다.

[그림 14.20] 스퀴즈 줌된 이미지의 배치
이 경우 뉴스에 관련된 영상을 축소시켜서 뉴스캐스터의 어깨 위에 배치했다.

[그림 14.21] 원근법
DVE를 통해서 이미지를 변형시켜 이미지가 삼차원의 화면 공간을 떠도는 것처럼 보이게 만들 수 있다.

이션과 솔라리제이션이 있다. 많은 수의 DVE는 현실적인 이미지를 회화적으로 변화시킨다.

축소와 확대 축소는 가로 세로 비를 유지하면서 영상을 작게 만드는 것을 말한다. 영상 정보의 일부분을 제거하는 크로핑(cropping)과는 달리 전체 영상을 어느 정도 작게 만드는 것을 의미한다. DVE를 이용하면 본래 화면 크기의 영상을 한 점으로까지 작게 만들 수 있다. 혹은 반대로 실행할 수 있어서 한 점 크기의 이미지를 전체 화면이나 더 크게도 만들 수 있어서 화면의 일부분이 클로즈업된 모습만 볼 수 있도록 할 수도 있다. 이 시각 효과는 줌 인, 줌 아웃과 흡사하기 때문에 스퀴즈 줌(squeeze-zoom)이라고도 한다(그림 14.18 참조).

늘이기 DVE를 이용해서 이미지를 세로 방향이나 가로 방향으로 늘일 수가 있다. 늘이기도 크로핑과는 달리 전체 이미지를 변형시켜서 새로운 가로 세로 비를 만들어 내는 것을 말한다(그림 14.19 참조).

[그림 14.22] 모자이크 효과
여기 이 이미지는 모자이크 타일과 흡사한 같은 크기의 정사각형으로 변화시켰다. 디지털 모자이크에서는 전통적인 타일 모자이크와 마찬가지로 타일의 크기를 조정할 수도 있다.

[그림 14.23] 포스터리제이션
포스터리제이션에서는 밝기 값이 심하게 줄어든다. 이 화상은 높은 콘트라스트를 가지고 있는 것처럼 보인다.

위치 조절 압축된 이미지는 화면상 어느 위치에도 배치될 수 있다. 예를 들어 뉴스 테이프의 첫 프레임을 일시 정지시켜서 이미지를 압축한 다음 그 이미지를 박스에 넣어 뉴스캐스터의 어깨 위에 배치할 수 있다. 그리고 VTR을 주행시켜서 이야기를 진행시키는 동시에 전체 화면으로 다시 확대시킬 수도 있다(그림 14.20 참조).

원근법 이미지가 3차원 공간을 떠다니는 것처럼 변형시킬 수도 있다. 동작과 연결되면 이러한 3차원 공간은 더 강조된다(그림 14.21 참조).

모자이크 모자이크 효과는 이미지가 고정되어 있든 움직이든 관계없이 한정된 밝기와 색을 여러 개의 균등한 크기의 정사각형으로 흐트러뜨린다. 효과를 통해 나타난 화면의 이미지는 실제 타일 모자이크와 매우 흡사하며, 이러한 이미지는 매우 크게 확대된 픽셀의 형태로 나타난다(그림 14.22 참조). 이 기법은 게스트의 신원을 감추기 위해 사용되기 때문에 모자이크 처리된 모습은 얼굴을 보여주기는 하지만 실제 모습은 알아보기 힘들다.

포스터리제이션(posterization)과 솔라리제이션(solarization) 포스터리제이션은 각각의 색이 가진 밝은 부분과 그림자 부분이 뒤섞여서 결국 이미지는 몇 개의 단순한 색과 명도 단계를 가지게 되는 것이다. 예를 들면, 얼굴의 색은 몇 개의 색으로 칠해진 것처럼 보인다. 이 효과를 거친 이미지들은 포스터 같은 모습을 갖는다고 해서 포스터리제이션이라는 이름을 붙이게 되었다(그림 14.23 참조).

솔라리제이션은 한 피사체의 양화(positive)와 음화(negative) 이미지를 결합한 것이다. 많은 솔라리제이션 효과는 휘도가 완벽하게 바뀐 이미지, 즉 검은 부분은 하얗게 보이고 하얀

부분은 검게 보이는 이미지를 보인다. 이러한 휘도의 변화를 극단적 역전(polarity reversal)이라고 한다. 포스터리제이션과 솔라리제이션은 때때로 같은 의미로 사용하기도 한다(그림 14.24 참조).

[그림 14.24] 솔라리제이션
솔라리제이션은 하나의 피사체의 양화와 음화 이미지가 결합된 것이다. 검은 선은 양화, 음화 두 이미지가 만나는 지점을 나타낸다.

동작(Motion)

움직이는 화면을 연출하기 위한 효과는 너무 많아서 아직 용어를 다 정리하지 못했을 정도이다. 부조정실이나 편집실에서 감독이나 편집자가 만화에서나 나올 법한 '짜기', '튕기기', '날리기'와 같은 말들로 특정한 효과를 지칭한다고 해도 놀랄 일은 아니다. 이런 용어들 중 어떤 것들은 DVE 제조사에서 만들어 낸 것들도 있고 일부는 상상력이 풍부한 제작 스태프가 만들어 낸 것도 있다. 자주 쓰이는 몇 개의 효과를 살펴보자. (1) 슬라이드와 필 효과, (2) 스냅샷, (3) 로테이션과 바운스, (4) 플라이 효과, (5) 큐브 스핀.

슬라이드와 필 효과 슬라이드 효과는 수평 와이프와 반대되는 효과이다. 두 번째 화상 B가 첫 번째 화상 A를 밀어내는 대신 첫 번째 화상 A가 한쪽으로 밀려나가면서 밑에 있던 B 화상이 나타나게 되는 것이다(그림 14.25 참조). 이 효과는 수직 방향이나 대각선 방향으로 실행할 수도 있다.

슬라이드 효과의 한 종류로 필 효과라는 것이 있는데, 이 효과는 이미지들을 모아 놓은 책에서 책장이 말아 올라가는 듯이 A의 이미지가 벗겨지면서 밑에 있는 B의 이미지가 나타나는 것이다(그림 14.26 참조).

[그림 14.25] 슬라이드 효과
슬라이드 효과에서는 이미지 A가 화면의 한 측면이나 구석으로 밀려나가면서 밑에 있는 이미지 B가 나타나게 된다.

[그림 14.26] 필 효과
필 효과에서는 A 이미지가 말려서 화상이 겹겹이 쌓여 있는 상태에서 껍질이 벗겨지듯이 벗겨지면서 밑에 있는 이미지 B가 나타나게 된다.

스냅샷 이 효과는 개별적으로 다양한 진전을 보이는 몇 개의 정지 화면으로 이루어진다. 화면에서 보여지는 것은 이미지와 이미지 사이의 물결 효과와 같은 형태를 가진 것들이다. 각각의 프레임 영역은 하나의 독립된 화상을 만들 수 있어서 차례로 배치된 멀티스크린 효과를 가져온다(그림 14.27 참조).

로테이션 효과와 바운스 효과 로테이션 효과를 이용하면 이미지를 각각 혹은 동시에 세 개의 축을 중심으로 돌릴 수 있다. x축은 폭을, y축은 높이, z축은 깊이를 나타낸다. 로테이션을 나타내는 용어는 다양하지만 일반적으로 텀블은 x축 회전을, 플립은 y축 회전을, 스핀은 z축 회전을 의미한다(그림 14.28 참조).

바운스 효과에서는 바탕 이미지 B에 축소된 이미지 A가 화면의 테두리에서 테두리로 튕겨지는 것처럼 보여진다. 이미지 A는 움직이는 동안 공 모양에서 다른 모양으로 바꿀 수도 있다(그림 14.29 참조).

[그림 14.27] 스냅샷 효과
스냅샷 효과에서는 개별 화면이 연속적으로 움직이는 화면을 몇 번에 걸쳐 일시 정지시킨 것 같은 모습을 보인다.

플라이 효과 플라이 효과에서는 배경 이미지 A 위에 이미지 B가 영점 크기로 삽

[그림 14.28] 로테이션 효과
이미지는 x축, y축, z축을 중심으로 회전하게 된다.

[그림 14.29] 바운스 효과
바운스 효과에서는 이미지가 화면의 테두리를 맞고 튕겨나가는 듯한 모습을 나타낸다.

[그림 14.30] 플라이 효과
플라이 효과에서는 바탕 A 이미지 위에 영점 크기의 B 이미지가 움직이고 회전하면서 크기가 확대되고 화면의 다른 위치로 이동하는 것을 보여준다.

[그림 14.31] 큐브 스핀
큐브 스핀은 회전하는 정육면체의 보여지는 세 면에 고정 영상 혹은 동영상이 나타나는 효과를 말한다.

[그림 14.32] 분할 화면 효과
화면을 사다리 형태로 변형시키면 두 사람이 시청자를 보고 있는 것이 아니라 서로 마주보고 대화를 나누는 것으로 인식하게 된다.

입되어 화면상에서 다른 위치로 날아가면서 크기가 확대되는 모습을 보여준다. 이미지 B가 비행하는 동안 회전, 텀블, 플립, 스핀 등과 같이 자유자재로 움직임을 연출할 수 있다(그림 14.30 참조).

큐브 스핀 회전은 3차원 효과에도 적용시킬 수 있다. 잘 알려진 큐브 스핀은 회전하는 정육면체의 보여지는 세 면에 다른 고정 영상 혹은 동영상이 나타나도록 하는 것을 말한다(그림 14.31 참조).

[그림 14.33] 메아리 효과: 정지 물체
정지 이미지는 여러 번 반복되고 카피된 것(복사된 것)은 다른 하나에 아주 가깝게 위치되어진다.

[그림 14.34] 메아리 효과: 동작(움직임)
이 메아리 효과에서 움직이는 댄서는 그녀의 이전 동작을 끌어간다.

다중 이미지(Multi-Images)

다중 이미지 효과는 화면을 나누거나 한 이미지를 반복해서 진행시키는 등의 다양한 방법이 있다. 전자를 분리 화면 효과라고 하고, 후자를 에코 효과라고 한다.

분리 화면 효과 분리 화면 효과는 여러 개의 이미지가 각각 확연한 고유의 프레임을 가지고 한 화면을 구성하는 것을 말한다. 이런 효과는 먼 거리에 위치한 채 말을 주고받는 사회자와 게스트를 동시에 분리된 프레임에 담아서 보여줄 때 주로 사용된다. 서로 대화하고 있다는 것을 강조하기 위해서 두 사람은 실제로 카메라를 보고 있어도 원근감을 변화시켜서 두 사람이 서로 마주보고 있는 것처럼 만든다(그림 14.32 참조). 화면을 네 개 이상으로 나눌 수도 있고 나뉜 화면에는 각각 네 명 이상의 사람이나 이벤트를 보여줄 수도 있다.

에코 에코 효과는 이미지가 두 개의 거울 사이에 위치한 것처럼 같은 이미지를 반복하게 된다. 장식 효과가 높은 자막에 사용할 수도 있고 계속 진행되는 이미지의 정지 화면을 반복해서 보여줌으로써 인위적인 움직임 효과를 줄 수도 있다. 예를 들어, 무용수의 가장 우아한 동작을 순간 순간 포착해서 보여줌으로써 정지 화면이 움직이는 것처럼 보여줄 수 있다. 또한 연속되는 에코 이미지를 소실점으로 사라지듯이 작아지게 할 수도 있고, 소실점에서 나오는 것처럼 커지게 만들 수도 있다(그림 14.33, 14.34 참조).

핵심요약

- 전자 시각 효과는 일반 전자(아날로그) 효과와 디지털 비디오 효과(DVE)의 두 종류가 있다.
- 전자 효과에는 일반적으로 슈퍼임포지션, 키, 크로마 키, 와이프의 네 종류가 있다.
- 슈퍼 혹은 슈퍼임포지션은 이중 노출의 형태를 가진다. 카메라로부터 전해진 영상은 다른 영상 위에 전자적으로 슈퍼임포지션되고 슈퍼된 이미지는 투명해 보인다.
- 키란 텔레비전 화상의 일정 부분을 잘라내고 그 잘린 부분을 색이나 제3의 이미지로 채우는 것을 말한다. 키는 주로 배경 화면에 문자나 피사체를 넣기 위해 사용된다. 키에는 내부 키, 외부 키, 매트 키의 기본적인 세 가지 종류가 있다.
- 매트 키 효과에서는 바탕 화면의 잘린 부분을 스위처에서 만들어 낸 다양한 회색이나 다른 색으로 채운다. 보통 매트 키에는 테두리형, 그림자형, 윤곽형이 있다.
- 크로마 키는 파란색이나 초록색의 배경을 사용하는데 이 배경은 키 과정을 거치면서 배경 이미지로 대체된다. 전경 이미지는 키된 배경 이미지 앞에 있는 것처럼 보인다.
- 와이프는 완전한 텔레비전 화면이 점진적으로 다른 화면으로 바뀌는 것을 말한다. 기하학적인 모양의 와이프 배치는 스위처의 버튼을 눌러서 선택하거나 스위처에 저장된 프로그램된 효과를 불러내서 선택하면 된다.
- DVE는 보통 효과기와 연결해서 사용할 수 있다.
- 어떤 DVE는 카메라로 만들어 낸 이미지를 컴퓨터 조작한 결과로 나타내기도 한다. 컴퓨터 조작을 통한 효과는 제작 도중 실시간으로 만들어지기도 한다.
- 제작에서 사용되는 좀더 일반적인 DVE는 이미지의 크기, 모양, 빛, 색(축소와 확대, 늘이기, 위치 조절, 원근법, 모자이크, 포스터리제이션과 솔라리제이션) 혹은 움직임(슬라이드와 필 효과, 스냅샷, 로테이션, 바운스, 플라이, 큐브 스핀 효과)이나 다중 이미지(분할 화면, 에코 효과)를 조작해서 미리 기록할 수 있다.

SECTION

14.2

비전자적 효과와 그 사용 방법

Nonelectronic Effects and How to Use Them

그렇다면 이제 고가의 고성능 스위처와 특별한 소프트웨어가 장착되어 있어 section 14.1에서 알아본 현란한 디지털 비디오 효과를 만들어 낼 수 있는 컴퓨터를 장만해야 하는 것일까? 전혀 그렇지 않다. 복잡한 은하계 여행, MTV 혹은 네트워크 광고와 같은 것들을 만들어 내기 위해 고성능 시스템이 필요할 수도 있지만 일반 데스크톱 컴퓨터로도 이런 고가의 장비가 내는 효과를 충분히 낼 수 있다는 것을 알면 아마 놀랄 것이다. 그리고 이미 시도되고 증명된 영화나 디지털 시대 이전에 텔레비전 제작에서 사용됐던 완벽한 광학적 효과와 기계적 효과를 사용했을 때 많은 시간과 노력을 아낄 수 있다.

광학적 효과에는 카메라 앞에 위치하는 장면 장치를 이용하는 방법이나 이미지를 조작하기 위해 렌즈에 부착하는 장치를 이용하는 방법이 있다. 눈, 비 또는 연기를 연출하기 위해서는 디지털 효과보다는 기계적 효과를 이용하는 것이 더 효과적이다. 그러나 이러한 효과를 이용하기 전에 정말 필요한 것인지 자문해 보아야 한다. 필요 시 안심하고 사용할 수 있는지 제작 전에 확인해 봐야 한다. 광학적 효과와 기계적 효과를 설치하기 전에 고려해야 할 점이 두 가지 더 있다.

하나는 텔레비전 장비의 이동성이다. 안개 낀 장면을 찍기 위해서 손이 많이 가는 안개 분무기를 스튜디오 안으로 들여오기보다는 차라리 안개 낀 날에 야외에서 촬영하거나 렌즈에 특수 필터를 끼워서 촬영하는 것이 좋다. I-F(내부 초점) 렌즈를 ENG/EFP 카메라에 사용할 경우, 어떤 종류의 필터도 렌즈 앞에 장착해서 초점을 맞추는 동안 필터가 돌아가지 않도록 할 수도 있다.

두 번째 고려할 사항은 텔레비전 음향의 강력한 전달 능력이다. 많은 경우, 좋은 음향 효과를 간단한 영상과 함께 사용하기만 해도 많은 비디오 효과를 사용하지 않거나 줄일 수 있다. 예를 들어 비가 쏟아지는 소리를 내면서 물에 젖은 배우를 클로즈업해서 보여주면 비 뿌리는 기계를 사용한 효과를 낼 수 있다. 텔레비전에서는 반응이 동작보다 더 큰 효과를 낼 수 있다. 예를 들면, 자동차 사고를 연출할 때 단순히 놀라서 바라보는 사람을 클로즈업하고 귀에 익은 자동차 충돌 음향을 결합해서 보여주면 스턴트맨이 새 자동차를 부수는 것보다 훨씬 경제적이고 안전하게 신을 만들 수 있다.

이 section에서는 효과적이고 믿을 만하며 쉽게 조작할 수 있다는 것이 입증되어, 여전히 사용되고 있는 광학적 효과와 기계적 효과를 간략히 살펴보기로 하겠다.

▶ 광학적 효과

텔레비전 고보, 반사, 스타 필터, 확산 필터, 초점 흐리기

▶ 기계적 효과

비, 눈, 안개, 바람, 연기, 불, 번개

광학적 효과(Optical Effects)

주요 광학 효과에는 다음의 다섯 가지가 있다. (1) 텔레비전 고보, (2) 반사, (3) 스타 필터, (4) 확산 필터, (5) 초점 흐리기.

텔레비전 고보(Television Gobos)

텔레비전과 영화 제작에서 고보라는 용어는 즐겨 사용된다. 불행히도 이 인기 있는 용어는 여러 가지로 정의되고 있다. 영화 제작에서 고보란 일정 부분에 원하지 않는 빛이 흘러들어가지 않도록 막는 작고 불투명한 장치인 플래그를 의미하는 경우가 많다. 조명 전문용어로서 고보는 엘립소이달 스포트라이트에 끼워서 그림자 패턴을 만들어 내는 제단된 작은 금속제 큐컬러리스를 의미한다. 비디오 제작에서 텔레비전 고보란 실제 전경에 있는 틀처럼 기능하는 피사체나 차단을 말한다. 전통적인 고보는 그림의 틀이나 감옥 쇠창살 또는 커다란 열쇠 구멍과 같은 전경에 설치된 물체를 말한다. 예를 들어, 우선 패션 모델을 액자 틀을 통해서 보여주고 액자 틀이 화면 밖으로 사라지도록 달리 인해서 가까운 샷을 찍을 수 있다. 간단하게 판지를 잘라서 그 유명한 열쇠 구멍 고보를 흉내낼 수도 있다. 카메라는 이 열쇠 구멍으로 달리 인

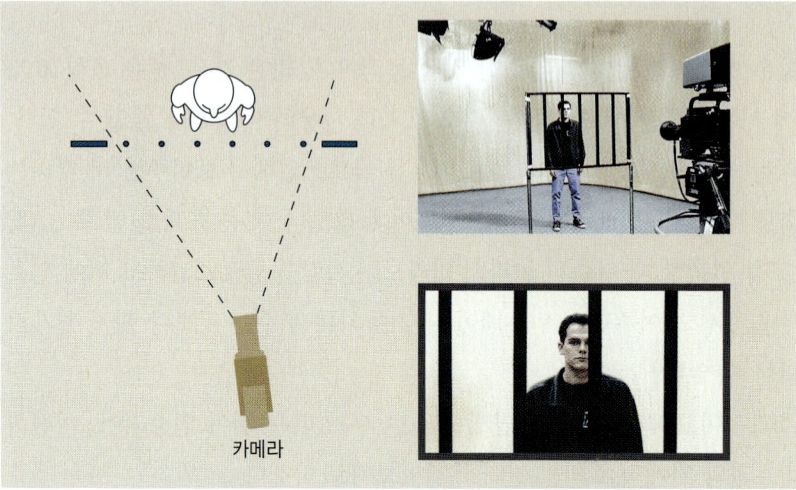

[그림 14.35]
텔레비전 고보
텔레비전 고보가 배우가 감옥 안에 있는 것처럼 보이게 만든다.

해서 그 구멍을 통해 마법 장난감 왕국에서 무슨 일이 벌어지는지 엿볼 수 있다. 간단한 막대 몇 개를 마이크 스탠드에 장착하면 독방에 갇힌 죄수를 만들어 낼 수도 있다(그림 14.35 참조).

전자 키 대신 고보를 사용했을 때의 장점은 달리 인, 아크 인, 아크 아웃을 이용해서 고보를 넘어 전체 이벤트가 일어나는 장면을 서서히 보여줄 수 있다는 것이다. DVE를 통해 비슷한 효과를 내기 위해서는 복잡한 프리프로덕션, 포스트프로덕션 작업이 필요하다.

반사(Reflections)

거울이나 폴리스터, 혹은 물에 장면을 반사시켜서 놀라운 효과를 얻을 수 있다. 오버 더 숄더 샷으로 거울을 보는 사람의 모습을 잡고 이어서 누군가(이 누군가가 카메라가 되서는 안 된다) 뒤에서 다가오는 모습을 보는, 너무도 유명한 장면을 잘 알고 있을 것이다.

모자이크 거울을 통해 빛을 반사시키거나 이 거울을 통해 장면을 촬영하면 모든 것이 놀랍게도 정육면체로 보이는 흥미로운 효과를 낼 수 있다. 이런 모자이크 거울을 만들려면 합판이나 단열재에 깨진 유리 조각을 풀로 붙여 주면 된다. 이러한 효과를 디지털로 만들려면 훨씬 많은 시간과 노력이 소모될 것이다.

은색 마일라(Mylar; 상표명)와 같이 반사율이 높은 폴리스터는 유연한 거울처럼 사용할 수 있다. 예를 들어, 긴 폴리스터를 깔아 두고 무용수를 그 위에서 춤추게 하고 카메라는 폴리스터에 반사된 모습을 찍을 수도 있다. 스튜디오 에어컨이나 팬에 의해 공기가 움직이고 이 공기로 폴리스터를 움직이게 할 수 있어서 다양한 무작위 효과가 가능하다.

비슷한 효과를 통에 물을 받고 잔물결이 일게 만들어서 촬영하면 얻을 수 있다. 반사를 좋게 하려면 그 통의 내부는 검은색으로 칠해져 있어야 한다. 반사에 더 많은 조절이 필요하다면 DVE를 사용해야 한다.

좋은 반사를 얻고자 할 때는 항상 반사 장치가 아니라 반사되는 모습이 잘 보일 수 있도록 조명을 설치해야 한다. 예를 들면, 거울이나 물을 통해 반사되어 보여지는 사람이 너무 어두워 보이면 거울이나 물이 아니라 사람에게 좀더 밝은 조명을 비춰주어야 한다.

[그림 14.36] 스타 필터 효과
스타 필터는 밝은 빛을 별모양 광선으로 변화시킨다.

스타 필터(Star Filter)

스타 필터는 가장 흔히 이용되는 효과 중 하나로, 이 필터를 렌즈에 부착하면 높은 강도의 조명이나 반사 빛이 네 개 혹은 여섯 개의 가지를 가진 별 모양의 광선으로 보인다. 이 효과는 비오는 날 가로등의 불빛이나 자동차의 헤드라이트 또는 가수나 그룹의 유색 조명을 강조하기 위해서 사용된다. 넓은 각도의 카메라로 잡힌 스튜디오 조명이나 클로즈업했을 때 가수의 옷에서 번쩍이는 빛이 모두 텔레비전 화면을 뒤덮는 별모양 광선으로 변한다. 촛불 예식, 예배, 밤 장면에서 감정적인 효과를 높이기 위해서 스타 필터를 사용할 수도 있다(그림 14.36 참조).

확산 필터(Diffusion Filters)

확산 필터는 장면 전체가 부드럽고 약간 초점이 흐려지는 듯한 효과를 낸다. 어떤 확산 필터는 화면의 가장자리만 부드럽게 만들고 중앙 부분은 선명하고 또렷하게 남겨두기도 한다. 또 어떤 필터는 전체 화면을 부드럽게 한다(그림 14.37 참조). 안개 필터는 특수한 확산 필터로서 안개가 낀 것 같은 효과를 가져온다.

안개를 모방하는 것 외에도 확산 필터를 이용해서 장면의 부드럽고 낭만적인 면을 강조하거나 연기자의 얼굴 주름살을 엷게 보이게 할 수도 있다. 만약 이런 종류의 필터를 가지고 있지 않다면 유리에 페트로리움 젤리를 발라서 렌즈에 테이프로 부착해도 비슷한 효과를 얻을 수 있다. 유리의 가장자리에만 젤리를 바르고 중앙은 내버려두면 화면의 가장자리는 부드럽고 가운데는 깨끗하게 초점이 잡히게 된다. 렌즈에 직접 젤리를 발라서는 안 된다. 젤리를 바르거나 닦아내는 과정에서 고가의 줌렌즈가 손상을 입을 수 있다.

렌즈에 감아서 사용할 수 있는 랩이나 거즈, 나일론 등의 여러 가지 필터 매개체를 가지고 다양한 실험을 해보도록 한다. 고성능 DVE로도 낼 수 없는 훌륭한 효과를 만들어 낼 수도 있다. 어떤 필터 장치를 사용하든 렌즈에서 멀리 떨어뜨리도록 한다. 아주 작은 흠도 고가의 렌

[그림 14.37] 확산 필터
A 필터 없이 촬영한 본래 클로즈업.
B 확산 필터를 사용해서 촬영하면 마치 꿈 속인 것 같은 화면을 만들 수 있다.

즈를 쓸모 없게 만들 수 있다.

초점 흐리기(Defocus)

초점 흐리기는 가장 간단하면서도 가장 효과적인 광학 효과이다. 카메라맨은 줌 인해서 초점을 흐려 놓은 후 큐를 받으면 다시 초점을 맞춘다. 이 효과는 전환 장치로 사용되거나 강한 심리적 방황이나 실체적 불균형을 나타낼 때 사용된다. 일반적으로 사용되는 초점 흐리기로는 타고 있는 촛불이나 물에 반사된 빛과 같이 여러 개의 빛을 초점을 흐린 상태에서 잡아서 서서히 초점을 맞춤으로써 장면에 있는 실제 조명을 보여주는 것이다.

장면 전환으로 초점 흐리기를 사용하기 위해서는 테이블 앞에 앉아 있는 어린 소녀를 클로즈업한 후 초점을 흐리고 재빠르게 연기자를 바꿔서 같은 의자에 앉은 늙은 여인에게 초점을 맞출 수 있다. 초점을 흐려 놓으면 이미지가 거의 보이지 않기 때문에 생방송 중에도 카메라 앞의 피사계나 피사체를 바꾸는 것이 가능하다.

기계적 효과(Mechanical Effects)

기계적 효과는 대부분의 텔레비전 드라마에서 주로 사용된다. 소규모 민간 방송국에서는 드라마를 제작할 기회가 많지는 않겠지만 대부분의 대학에서는 드라마 제작에 대해서 가르치고 있다. 방송을 전제로 하지 않는 텔레비전 제작에서도 이러한 효과를 필요로 하는 경우가 있다. 예를 들어, 교통안전에 대한 장면을 스튜디오에서 촬영하기 위해 비를 뿌려야 할 때가 있고, 화재 안전을 위한 장면을 촬영하기 위해서 연기를 뿜어야 할 필요도 생긴다.

기계적 효과를 내는 기법은 보편적으로 정해져 있는 것이 아니어서 다양한 실험을 할 기회가 많다. 무엇을 하든지 주요 목표는 구성과 작동이 단순화되어야 하고, 효과는 최대로 신빙성 있게 그리고 안전하게 작동시켜야 한다.

많은 효과들이 필요한 조건에서 촬영했을 때 가장 잘 얻을 수 있다는 것을 명심하자. 예를 들면, 누군가가 비오는 날 버스를 기다리는 장면을 촬영하려고 한다면 실제로 비가 오는 날 버스 정류장에 가서 촬영을 하는 것이 가장 바람직하다. 앞에서 언급한 것처럼 여러 가지 조건에서 시각적 효과를 부분적으로 사용하고 다른 정보는 음향 효과로 대체할 수 있다. 또한 크로마 키를 정지 사진이나 비디오테이프, ESS 장비와 함께 사용하여 미리 녹화된 소스를 이용할 수도 있다.

어떤 특수 효과는 비교적 기계로 얻기 쉬운 것이 있는데 특히 효과가 주변에 머무는 것이거나 사실적이지 않아도 될 때 쉽게 얻을 수 있다. 효과가 스튜디오에 있는 사람들에게 사실적으로 보여야 하는 것이 아니라 텔레비전 시청자들에게 사실적으로 보여야 한다는 것을 명심하자.

비(Rain)

연기자의 옷을 물로 적시고 비디오테이프에서 비오는 장면을 슈퍼임포지션한다. 창문 위로 떨어지는 비를 보여주고 싶다면 스프레이로 창문 유리를 적시고 창문을 크로마 키를 위한 배경 앞에 세우고 크로마 키를 통해 비오는 배경으로 교체한다. 스튜디오에 물을 사용하는 것을 피한다. 작은 양이라도 연기자나 장비에 큰 피해를 줄 수 있다. 가장 좋은 방법은 비 오는 날을 기다려 캠코더에 우비를 씌우고 우산을 씌워서 현장에서 촬영하는 것이다.

눈(Snow)

렌즈 앞에 유리를 한 장 덧대고 눈 스프레이를 뿌리거나 천장에서 플라스틱 눈송이를 날린다. 연기자의 온몸이 플라스틱 눈으로 뒤덮인다. 역시 가장 좋은 방법은 눈 오는 날을 기다려 야외에서 촬영하는 것이다.

안개(Fog)

안개를 만들기 위해 가장 많이 쓰이는 방법은 뜨거운 물에 드라이아이스를 넣는 방법인데 불행히도 드라이아이스가 거품을 내는 소리가 너무 커서 이 방법은 음향이 없는 장면에서만 사용할 수 있다. 그리고 드라이아이스에서 나온 기체는 공기보다 무거워서 스튜디오 바닥에 쌓이게 된다. 안개 낀 장면을 반드시 실내에서 촬영해야 한다면 안개 기계를 빌려 사용하는 것이 좋다. 안개가 움직일 필요가 없다면 안개 필터를 렌즈에 장착해서 사용한다.

바람(Wind)

큰 선풍기를 사용해서 바람을 일으킨다. 그러나 소음이 문제가 될 수 있다. 촬영할 때 미리 녹음한 바람 소리로 선풍기 소음을 제거하거나 포스트프로덕션 과정에서 선풍기 소음을 원하는 소리로 대체한다. 선풍기의 소음을 최소화하기 위해서는 소리를 흡수하는 물질로 선풍기를 싸서 소리를 줄인다. 연기자에게 라발리에 마이크를 부착해서 목소리를 픽업하거나 샷건을 사용하더라도 선풍기에서 멀리 떨어뜨려 연기자를 향하도록 배치한다. 바람 효과에서 바람의 방향이 바뀌는 경우 연기자가 진행하는 방향의 반대 방향인 앞쪽으로 머리카락이 날리거나 자동차가 진행하는 방향과 다르게 자동차 앞쪽으로 머리카락이 날릴 수 있다는 것을 알아두어야 한다.

연기(Smoke)

뜨거운 접시에 미네랄 오일을 부어서 연기를 만들지 않도록 한다. 이 방법은 시각적으로는 효과적이지만 연기의 냄새도 고약하고 제작진이나 탤런트의 눈과 목에 무리가 갈 수도 있다. 게다가 오일이 너무 뜨거워지면 화재가 날 우려도 있다. 시판되고 있는 연기 기계는 눈과 목에 자극이 덜한 연기를 만들지만 연기자와 렌즈, 장비, 스튜디오 바닥에 기름 막을 형성한다. 아마 가장 쉽고 저렴한 방법은 장면에 연기를 슈퍼임포지션하는 것일 것이다.

불(Fire)

스튜디오 안에서는 절대 불을 사용해서는 안 된다. 여기서 생기는 위험은 얻어지는 효과보다 훨씬 크다. 불타는 음향 효과를 쓰고 조명을 이용해서 배경에 불타는 효과를 내도록 한다. 불의 반사를 보이기 위해서는 크고 긴 실크나 나일론, 혹은 알루미늄 호일 조각을 배튼에 붙이고 엘립소이달 조명을 이용해서 세트에 그림자를 비춘다(그림 14.38 참조). 혹은 강한 스포트라이트를 알루미늄 호일이나 큰 마일라 조각에 비춰서 효과를 낼 수도 있다. 조각을 움직이면 조명은 연기자와 무대에 반사되어 불에 의한 반사처럼 보인다. 불꽃을 슈퍼임

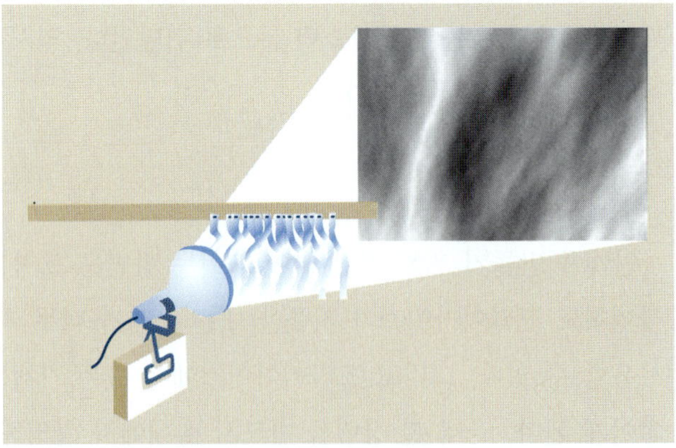

[그림 14.38] 불 효과
무대에 불꽃을 만들기 위해서 실크나 나일론 천 조각을 배턴에 붙여서 엘립소이달 혹은 PAR 스포트라이트 앞에서 움직인다.

포지션할 수도 있다.

바비큐 그릴을 야외에서 사용할 때는 등유를 적신 헝겊 조각에 조심스럽게 불을 붙여서 불꽃을 통해 장면을 촬영한다. 다시 한 번 말하지만 아무리 작은 불이라도 주의를 게을리 해서는 안 된다. 언제나 소화기를 가까이 두고 그 장면을 떠나기 전에 완전 소화시킨다.

번개(Lightning)

두 개의 큰 사진 플래시를 3m 거리에 두고 배치한다. 하나씩 차례로 터트린다. 번개는 언제나 세트나 장면의 뒤에서 비치도록 한다. 천둥 효과음을 잊어서는 안 된다. 조명이 터지고 곧 이어 천둥 효과음을 주면 당연히 폭풍우가 가까이 있는 것처럼 느낄 것이다.

때로는 영화에서 본 것 같은 웅장한 폭발을 만들어보고 싶은 유혹을 느낄 것이다. 그러나 생각조차 하지 않는 것이 좋다. 폭발 전문가, 제작진, 그리고 특히 스턴트맨의 경우라도 폭발 장치가 사용되는 제작날들을 두려워한다. 불과 마찬가지로 폭발 전문가가 아무 일도 없을 것이라고 보증을 하더라도 폭발 장치는 멀리 하는 것이 좋다. 폭발 장면을 연출할 수는 있다. 놀란 얼굴을 클로즈업하고 다양한 폭발 음향과 함께 화면을 심하게 노출시킨다. 다음 샷은 파괴된 장면 위에 잿더미가 있는 장면을 이으면 된다. 밀가루를 위에서 뿌려주는 것도 하나의 속임수로 작용할 수 있다.

핵심요약

- 광학 효과에는 텔레비전 고보, 반사, 스타 필터, 확산 필터, 초점 흐리기가 있다.
- 텔레비전 고보는 차단이나 혹은 그것을 관통해서 카메라가 장면을 볼 수 있도록 하는 3차원의 피사체를 말한다.
- 거울은 비정상적인 카메라 각도를 만들거나 정육면체 효과를 낼 때 사용한다. 물도 반사에 효과적으로 사용될 수 있다.
- 스타 필터는 조명을 네 개의 가지나 여섯 개의 가지를 가진 별 모양 광선으로 만든다. 확산 필터는 카메라에 잡힌 화면의 전부나 일부분을 부드럽게 하거나 안개 효과를 낼 때 사용한다. 초점 흐리기 효과는 화면 전환이나 배우의 주관적인 경험임을 알리고 싶을 때 사용한다.
- 기계적인 효과에는 비, 눈, 안개, 바람, 연기, 불, 그리고 번개가 있다. 물과 특히 불을 스튜디오 안에서 사용하는 것을 피해야 한다. 폭발 물질은 절대 터트리지 말고 적당한 조명과 음향 효과로 폭발을 암시하는 것이 좋다.

CHAPTER

15

디자인

Design

옷이나 자동차를 구매할 때는 디자인과 스타일을 많이 의식하지만 쇼의 오프닝 타이틀 디자인이나 낮 시간에 하는 드라마의 거실 디자인에 대해서는 거의 의식하지 못할 것이다. 화면에서 튀어나와 움직이는 타이틀을 보면서 즐거워는 하지만 그것의 미적 수준을 알려고는 하지 않을 것이다. 또한 드라마의 거실 세트를 보면서 그것을 공들여 만든 무대에 소품을 배치한 것이 아니라 실제 거실로 인식할 것이다. 그러나 이러한 디자인 요소들은 치밀하게 계획된 것임을 알 수 있다.

실제로 디자인은 방송국이 실제 방송으로 보여주는 부분과 보여주지 않는 부분 모두에 스며들어 있다. 방송국 전체의 스타일은 아닐지 몰라도 영상의 스타일은 디자인이 결정한다. 디자인에는 쇼의 타이틀과 스튜디오 무대뿐만 아니라 방송국의 문구, 사무실 가구, 복도의 그림, 로고도 모두 포함된다. 예를 들어 CNN의 로고는 계속해서 새로운 뉴스가 보충되고 있고 말도 안 되는 뉴스는 보도하지 않는다는 느낌을 받게 한다 (그림 15.1 참조).

그러나 멋있는 로고라 할지라도 그 디자인이 프로그램 편성이나 방송 그래픽, 무대 장치에 자동적으로 반영되는 것은 아니다. 중요한 것은 모든 일에 의식적으로 디자인을 반영하려고 노력하는 일이다. 잘 만들어진 로고는 이러한 인식을 만들어 내는 것이 아니라 단지 상징에 지나지 않는다.

Section 15.1 「디자인과 텔레비전 그래픽의 사용」에서는 텔레비전 그래픽의 디자인에 대해서 주요 고려 사항을 알아본다. section 15.2 「무대 장치와 소품」에서는 텔레비전 무대 장치와 소품의 주요 사항을 살펴본다.

CNN

[그림 15.1] CNN 로고

주요 용어

에일리어싱(aliasing) 대각선이나 커브 형식의 라인이 계단처럼 나타나는 현상.

화면 비(aspect ratio) 텔레비전 화면의 가로 세로 비, 모든 아날로그 화면은 4×3의 비를 가지며 DTV와 모든 HDTV는 16×9의 비를 가진다.

문자 발생기(character generator; C.G.) 영상으로 표시하기 위한 여러 개의 문자나 숫자, 간단한 그래프를 전자적으로 만들어 내기 위해 사용하는 컴퓨터.

색의 호환성(color compatibility) 흑백 텔레비전으로 봤을 때 흑백 화상으로 구분할 수 있는 색 신호. 일반적으로 큰 회색도 대비를 가지며 흑백 텔레비전에서 보일 수 있을 정도로 명도 대비가 충분한 색 배합을 말한다.

본질 범위(essential area) 차폐되거나 조정이 다소 잘못되어 있어도 가정용 수상기로 화상이 보이는 주사 영역의 중앙 부분. 안전 타이틀 범위 혹은 안전 범위라고도 한다.

플랫(flat) 배경에 세워두거나 방의 벽을 모방할 때 사용하는 무대 장치.

플로어 플랜(floor plan) 무대 장치와 소품의 위치를 눈금 종이에 그린 것. 플로어 플랜 패턴을 가리키기도 한다.

플로어 플랜 패턴(floor plan pattern) 스튜디오 바닥, 벽, 주요 문, 주조정실의 위치, 조명 그리드나 배튼이 그려져 있는 양식.

그래픽 발생기(graphics generator) 디자이너가 이미지를 전자적으로 그리고, 채색하고, 움직이고, 저장하고, 재생할 수 있도록 설계된 컴퓨터. 페인트 박스라고도 한다.

회색도(grayscale) TV 백색과 TV 흑색 사이를 여러 회색 단계로 나눈 것. 9단계 또는 7단계로 측정한다.

소품(props) 세트를 꾸미는 데 사용되거나 배우나 연기자가 연기를 하면서 사용하는 가구와 그 외 물품들.

주사 영역(scanning area) 보통 카메라의 뷰파인더나 프리뷰 모니터에서 보여지는 카메라 픽업 장치가 주사하는 전체 영상 영역.

SECTION

15.1 디자인과 텔레비전 그래픽의 사용

Designing and Using Television Graphics

텔레비전을 볼 때 이어지는 쇼보다는 오프닝 타이틀에 사로잡히는 경우가 많을 것이다. 심지어 우울한 인터뷰나 간단한 예고편에 불과한 프로그램이라도 그 제목은 화면에서 튀어나와 글자가 춤을 출 뿐 아니라 적어도 한 번 이상은 모양과 색이 바뀌고 세 개 이상의 배경이 그 뒤로 천천히 지나가는 것을 볼 수 있다. 이런 타이틀은 고에너지 음향 효과와 함께 사용된다.

프로그램 자체보다 이러한 그래픽에 더 많은 시간을 할애하는 것이 아닐까 하는 의구심이 생길 수도 있다. 수작업이 아니라도 컴퓨터로 제작하는 그래픽은 텔레비전 제작에서 주요 요소로 자리 잡고 있다. 이러한 타이틀을 만들어 내려면 텔레비전 제작 능력이 아니라 고도의 컴퓨터 기술이 필요하기 때문에 여기서 우리는 다음의 내용에 한정해서 알아보기로 한다.

▶ 텔레비전 그래픽의 구성 요소

화면 비, 주사와 본질 영역, 화면 비를 넘어선 그래픽, 표준 TV와 HDTV의 화면 비 조화, 정보의 양과 가독성, 색, 스타일, 그리고 합성이미지

텔레비전 그래픽의 구성 요소(Specifications of Television Graphics)

텔레비전 화면과 영화의 스크린을 비교해 보면 확실한 차이점을 느낄 수 있을 것이다. 보통 텔레비전 화면은 영화 스크린보다 훨씬 작고 좁다. 이 두 가지 특성이 텔레비전 그래픽의 디자인에 영향을 주게 된다. 아무리 큰 화면을 가진 TV 수상기라고 해도 보통 크기의 영화 스크린에 비하면 아주 작다. 비교적 작은 텔레비전 화면의 경우 표시할 수 있는 문자의 양이 제한적이고 글자 크기에 있어서도 확실하게 보일 수 있도록 주의를 기울여야 한다. 세로에 비해 가로 길이가 짧다는 것은 영화 스크린에서와 같이 글자를 가로로 배치하기에는 가로 공간이 부족하기 때문에 어느 정도 중앙에 모이도록 배치해야 한다. 텔레비전 그래픽을 디자인하는 데 있어서 고려해야 할 사항은 모든 그래픽 디자인에 적용되는 일반적인 것들인데, 미학과 색에 대해서는 더 많은 주의가 필요하다.

이 section에서는 다음의 고려 사항에 대해서 자세히 알아보도록 한다. (1) 화면 비, (2) 주사와 본질 영역, (3) 화면 비 밖의 디자인, (4) 표준 TV와 HDTV의 화면 비 조화, (5) 정보의 양과 가독성, (6) 색, (7) 스타일, (8) 합성이미지

화면 비(Aspect Ratio)

화면 비란 텔레비전 프레임의 모양을 만들어 내는 넓이와 높이의 비율을 말한다. 프레임과 화면의 크기의 최대 효과를 위해서 어느 정도 양의 정보를 어디에 배치해야 하는지를 결정한다. 일반 텔레비전의 화면 비와 HDTV의 화면 비가 다르기 때문에 필요시 분리해서 설명하기로 한다.

기존의 화면 비 기존 텔레비전의 화면 비는 4×3, 즉 화상의 넓이 대 높이가 1.33:1이다. 단위가 인치이건 피트이건 관계없이 화면 비는 4×3으로 기억하면 된다. 화면상에 나타나는 모든 것은 이 화면 비에 맞도록 조정되어야 한다(그림 15.2 참조).

HDTV 화면 비 HDTV(고선명 텔레비전)의 화면 비는 16×9로서 1.78:1이라고 표현해도 무방하다. 기존 텔레비전 화면과 비교해 HDTV는 수평 방향으로 확장된 형태를 가지고 있어 영화 스크린의 비율에 가깝다(그림 15.3 참조).

모든 그래픽의 형태를 가진 정보는 이 화면 비에 맞게 수용되어야 한다. chapter 14에서 배운 것처럼 다양한 비디오 효과(DVE)를 이용해서 화면 내 프레임의 가로 세로 비를 변경할 수 있다. 그러나 DVE를 통해 다양한 가로 세로 비를 가진 화면으로 분할하거나 기존의 화면

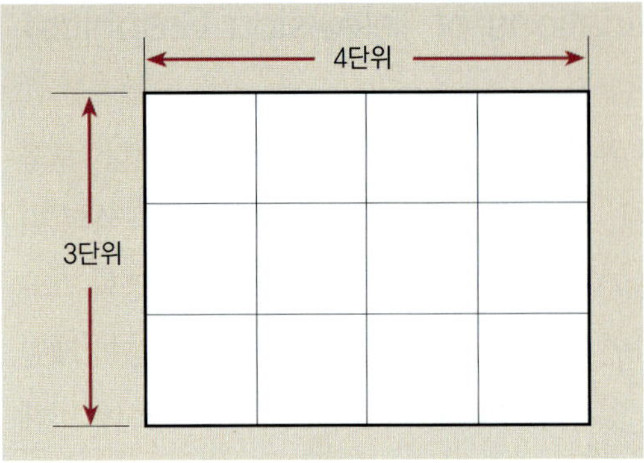

[그림 15.2] 일반 텔레비전의 화면 비
기존 텔레비전 화면 비는 4단위의 넓이와 3단위의 높이로 구성된다.

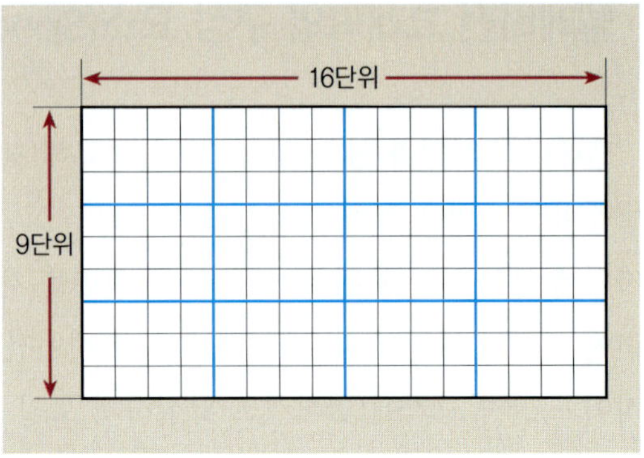

[그림 15.3] HDTV의 화면 비
HDTV의 화면 비는 16단위의 넓이와 9단위의 높이로 이루어져 있다. 보통 텔레비전과 비교해서 수평방향으로 확장되어 있다.

이나 HDTV의 화면의 일부를 가려서 다른 화면 비로 만들어 낼 수 있다.(주1)

주사와 본질 영역(Scanning and Essential Areas)

프레임 안에 원하는 대로 그림을 채워 넣을 수 있는 화가나 사진 작가와 달리 텔레비전 제작자는 실제 각 가정의 텔레비전 수상시에 녹화되었거나 방송되는 화상이 얼마나 보여지는가를 알 수 없다. 비디오테이프 더빙을 계속하거나 특히 전송되는 동안에는 어쩔 수 없이 화상의 손실이 있게 된다. 또한 모든 텔레비전 수상기가 부조정실이나 편집실의 프리뷰 모니터처럼 세심하게 조정되어 있지도 않다. 스튜디오 인터뷰를 촬영할 당시에는 적정한 헤드룸을 충분히 남겼지만 시청자가 텔레비전 수상기를 통해 볼 때에는 헤드룸이 없어져 버릴 수도 있다. 가장자리에 있는 정보들은 손실되기 쉽기 때문에 타이틀의 일부가 잘리거나 전화번호의 마지막 번호가 안 보이는 경험을 할 수도 있다.

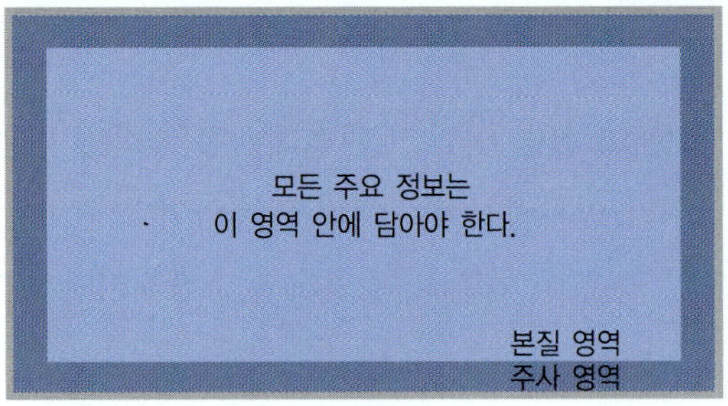

[그림 15.4] 주사와 본질 영역
주사 영역은 카메라 뷰파인더와 프리뷰 모니터가 보여주는 범위이다. 본질 영역은 가정용 텔레비전 화면에 보여지는 범위를 말한다.

그렇다면 전달한 정보가 각 가정의 화면에 제대로 전달되었는지 어떻게 확인할 수 있을까? 제목이나 전화번호와 같이 반드시 전달해야 하는 화상 정보를 모두 전달할 수 있는 법칙이라도 있는 것일까? 그렇다. 수학적으로 정확하게는 아니더라도 화상 정보가 더빙이나 송출되는 동안 손실되는 것을 막

(주1) Herbert Zettl의 [Sight Sound Motion], 4판(Belmont, Calif.: Thomson Wadsworth, 2005), p. 186–195 참고.

을 수 있는 방법이 있다. 이 방법은 기본적으로 중요한 정보를 화면의 가장자리에서 멀게, 즉 화면 중앙에 배치하는 것이다. 정확히 얼마나 가장자리에서 떨어뜨려야 하는지는 주사와 본질 영역을 통해서 설명하기로 한다.

주사 영역이란 카메라의 뷰파인더나 조정실의 프리뷰 모니터를 통해서 볼 수 있는 화면의 범위, 즉 카메라 픽업 장치가 실제 주사를 하는 영역을 말한다. 안전 타이틀 영역, 안전 영역이라고도 부르는 본질 영역이란 주사 영역의 중앙 부분을 말한다. 즉 본질영역이란 가정의 수상기를 통해서 보여지는 화면의 범위로, 수상기나 송출시 손상 혹은 수상기가 약간 조정이 잘못되어 있더라도 보여지는 부분을 말한다(그림 15.4 참조).

당연히 타이틀이나 전화번호와 같은 중요한 정보는 전부 이 본질 영역 안에 수용해야 한다. 그렇다면 본질 영역이란 어느 정도의 크기를 말하는 것일까? 이것은 생각보다 작아서 전체 영역의 70%밖에 차지하지 못한다. 많은 C.G. 장비는 자동적으로 이 본질 영역 안에 글자를 넣도록 되어 있다. 성능이 좋은 스튜디오 카메라의 경우 뷰파인더 안에 전자적으로 이 본질 영역을 표시하는 기능을 가지고 있다.

만약 사용하고 있는 C.G.가 이러한 기능을 내장하고 있지 않다면 만들어서 사용한다. 대부분의 제도 프로그램은 사각형을 만들어서 원하는 정도로 크기를 줄일 수 있도록 되어 있다. 예를 들어, 컴퓨터 테두리와 아주 근접한 사각형을 그린 다음 이 영역을 100% 로 본다면 그 영역을 75%나 70%로 줄일 수 있다. 이렇게 해서 만들어진 새로운 테두리는 본질 영역을 표시한다. 같은 방법으로 16×9 형식의 본질 영역도 만들어 낼 수 있다. (주2)

몇 번의 연습을 거듭하다 보면 퍼센트를 계산하지 않고도 어떻게 하면 이 본질 영역에 화상의 손실 없이 주요 정보를 모두 넣을 수 있는지 감을 잡을 수 있게 될 것이다. 가장 확실한 방

[그림 15.5] 본질 영역을 벗어난 타이틀

A 프리뷰 모니터에서는 전체 타이틀이 가장자리 가까이까지 놓여있지만 전체를 다 볼 수는 있다.

B 가정용 수상기에서 본질 영역을 벗어났던 정보들은 잘려서 안 보이게 된다.

(주2) 예를 들어, The Adobe Photoshop software는 외관의 비율과 그려진 영역의 퍼센티지에서의 형태를 보여준다.

[그림 15.6] 화면 비를 벗어난 그래픽
화면 비를 벗어난 그래픽의 전체를 잡으려고 하면 대부분의 정보는 읽기 어렵거나 아예 읽을 수 없게 된다.

[그림 15.7] 클로즈업에서 정보의 손실
가까운 샷을 잡게 되면 화면 비를 벗어난 모든 정보는 안 보이게 된다.

법은 타이틀을 프리뷰 모니터를 통해서 확인하는 방법이다. 만약 타이틀이 프리뷰 모니터의 가장자리 가까이에 배치되어 있다면 그 타이틀은 틀림없이 본질 영역을 넘어서 가정용 수상기에서는 잘려서 보여진다(그림 15.5 참조).

화면 비를 넘어선 그래픽(Out-of-Aspect-Ratio Graphics)

어쩔 수 없이 텔레비전의 화면 비나 본질 영역에 맞지 않는 화상을 보여줘야 하는 경우가 생긴다. 누군가가 가져온 차트나 새로운 이벤트에 대한 포스터 따위가 화면 비에 안 맞을 때 이런 경우가 주로 생긴다. 때때로 이러한 포스터를 포스트프로덕션 편집과정 없이 테이프에 녹화해야 하는 경우도 생긴다. 대부분의 큰 그래픽들은 4×3의 화면 비에 적당하지 않으며 16×9의 경우 더 심해지기도 한다. 전체 그래픽을 보여주게 되면 글씨가 너무 작아서 읽을 수 없게 되기도 한다(그림 15.6 참조). 카메라를 가까이 가져가서 화면 비에 맞추면 중요한 정보가 어쩔 수 없이 잘려나갈 수도 있다(그림 15.7 참조).

문자나 기타 시각 정보가 간단하고 충분히 또렷하다면 이 화면 비를 벗어난 그래픽 전체를 화면 비로 만들어진 카드에 부착해서 촬영할 수 있다. 카메라를 뒤로 빼서 큰 카드를 프레임에 잡은 후 화면 비를 벗어난 정보를 가능한 한 화면의 중앙에 오도록 잡는다. 세로로 강조된 그래픽이라면 틸트를 이용해서 위아래로 보여줄 수 있다. 부드럽게 실행하게 되면 서서히 정보를 알려주는 극적인 요소를 가지게 된다. 그러나 문자에 있어서 이러한 틸트는 극적이라기보다 정보를 읽기 어렵게 만들어 버린다.

보통 4×3의 화면 비로 칠판이나 화이트보드를 촬영할 때도 같은 문제에 부딪친다. 최대로 줌 아웃해서 전체 화이트보드를 잡으면 내용을 읽기 힘들어진다. 줌 인해서 클로즈업하면 쓰여있는 내용의 일부분만 볼 수 있다(그림 15.8 참조). 화이트보드에 있는 정보들을 나타내기 위한 옳은 방법은 화이트보드를 4×3 가로 세로 비로 나누고 내용을 그 안에 적도록 하는 것이

[그림 15.8] 가로 세로 비의 문제
일반적으로 화이트보드에 쓰는 것처럼 화이트보드를 사용하게 되면 가로 세로 비의 문제가 발생한다. 화이트보드에 있는 내용을 클로즈업하게 되면 모든 내용을 보여줄 수 없게 된다.

[그림 15.9] 적정한 가로 세로 비 사용
화이트보드를 정적한 가로 세로 비로 나누어서 사용하게 되면 클로즈업했을 때 전체 내용을 보여줄 수 있게 된다.

다. 이렇게 하면 카메라가 전체 문장을 클로즈업할 수 있다. HDTV 화면 비에서도 화이트보드 전체보다는 일정한 범위를 정해 놓고 그 안에 내용을 쓰게 하는 것이 좋다(그림 15.9 참조).

표준 화면 비와 HDTV 화면 비의 조화(Matching STV and HDTV Aspect Ratios)

왜 디지털 텔레비전을 다른 모든 컴퓨터 모니터와 같이 4×3의 가로 세로 비를 가지도록 만들지 않는 것인지 궁금해 하는 사람도 있을 것이다. 수평 방향으로 확장시킨 16×9의 가로 세로 비를 사용하는 가장 큰 이유는 와이드 스크린의 영화 형식에 맞추기 위한 것이다. 와이드 스크린 영화를 기존의 텔레비전 화면으로 보게 되면 프레임의 양 측면이 비참할 정도로 잘려나가거나 전체 넓이를 보여주기는 하지만 레터박스라고 하는 화면 위아래에 검은 띠를 만든다(그림 15.10 참조). 화상의 손실을 막고 레터박스 띠를 없애기 위해 와이드 스크린의 비교적 중요한 부분을 텔레비전의 4×3 프레임에 맞추는 팬 앤 스캔(pan-and-scan) 과정을 거칠 수도 있다. 그러나 이 과정은 비용이 많이 들고 본래 샷 구성을 그대로 보존할 수 없다.

16×9의 HDTV로 보게 되면 영화의 화상 손실은 미미해지지만 문제는 일반 텔레비전의 프로그램을 볼 때 발생한다. 이미지를 키우거나 늘려서 DTV 화면에 맞출 수는 있지만 이렇게

[그림 15.10] 보통 텔레비전에서의 영화 전체 프레임
와이드 스크린 영화의 전체 프레임을 보통 텔레비전의 4×3 화면 비로 보여주면 화면의 위와 아래에 공간이 생기게 된다. 수평 화면 비에 의해 생기는 문제를 레터박스(letterbox)라고 한다.

[그림 15.11] HDTV 화면에서 본 표준 규격 텔레비전 화상
표준 4×3 텔레비전 화상을 16×9의 화면에서 보게 되면 화면 양 측면에 죽은 공간이 생기게 된다. 이것을 필라박스(pillarbox) 비(aspect ratio)라고 한다.

하면 당연히 일정 정도의 헤드룸이 없어지거나 심지어 사람의 머리와 발이 안 보일 수도 있으며 또는 전체 4×3 프레임을 16×9 화면의 중앙에 배치하게 되면 데드 존(dead zones)이나 사이드 바(side bars)라고 하는 검은 띠가 생긴다(그림 15.11 참조).

흥미롭게도 어떤 프로그램은 이러한 피할 수 없는 약점을 오히려 이용하기도 한다. 화면의 위와 아래에 검은 테두리를 MTV 프로그램이나 광고에서 본 적이 있을 것이다. 이것은 우리의 눈이 텔레비전 표현 양식보다는 와이드 스크린 양식에 적당하도록 되어 있어서 그러한 테두리를 두른 프로그램이 이러한 점을 이용한 것이라고 할 수 있다. 많은 프로듀서들이 이처럼 화면에 부가적인 공간을 만드는 것을 꺼리지 않고 있다. 이들은 그 공간을 죽은 공간으로 보기 때문에 프로그램 정보나 광고를 채워 넣으면 된다고 생각하고 있다. 사이드 바(side bars)는 종종 새로운 프로그램이 시작하는데 그 전에 끝난 프로그램의 크레디트를 올리는 데에 사용하기도 한다. 시청자들은 화면을 늘리거나 압축해서 줄이는 디지털 처리를 별 거부감 없이 쉽게 받아들이는 듯하다.

정보의 양과 가독성(Information Density and Readability)

사람이 붐비는 웹 페이지를 예로 들어 보면 한 화면에 엄청난 양의 정보를 전달하는 경향이 있다는 것을 알게 될 것이다. 비교적 작은 텔레비전 화면에 가능한 한 많은 정보를 표시하려고 하다 보면 방송에 나갈 문구들은 점점 더 작아지게 될 것이다.

정보의 양 한 화면에 연관성이 있는 적절한 정보를 동시에 추가해서 보여주기 위해 정보들을 화면 가득 메우는 것은 어느 정도 정당화될 수 있다. 예를 들어 홈쇼핑 쇼에서 물건의 클

[그림 15.12] 혼란스러운 화면
이 화면에는 서로 연관성이 없는 너무 많은 정보를 담고 있기 때문에 시각적 혼란으로 인해 알아보기가 힘들다.

[그림 15.13] 다중 화면 요소의 적당한 구성
다중 화면과 정보 영역의 이러한 배치는 비교적 쉽게 원하는 정보를 찾을 수 있도록 한다.

로즈업을 보여주면서 동시에 소매 가격과 판매 가격, 신청을 위한 전화번호 등을 보여준다면 시청자에게 가치 있는 정보들을 제공하고 있는 것이라고 할 수 있다. 반면, 한쪽에서는 뉴스캐스터가 뉴스를 읽고 있고 다른 한쪽에서 일기 예보를 하고 주식 시세와 스포츠 팀의 득점 현황이 화면의 위와 아래에 지나가면서 로고와 광고까지 동시에 보여주고 있다면 이것은 혼란과 정보의 과잉 공급이라는 위험을 안고 있는 것이다(그림 15.12 참조). 그러나 구성의 원리에 따라 구성 요소들이 적절하게 배치되어 있다면 이러한 부가적인 정보들도 기본 정보 전달에 의미를 가지고 추가될 수 있다. 이런 작은 화면들이 기본 텔레비전 프레임 안에 신중하게 배치된다면 보는 사람이 혼란스러워하지도 않을 것이고 보여지는 정보들을 선택할 수도 있다(그림 15.3 참조).

가독성 텔레비전 그래픽에서 가독성이란 화면에 나타나는 글들을 읽을 수 있을 정도가 되어야 한다는 의미이다. 그러나 많은 그래픽 예술가들에게는 이러한 정의가 쓸모없는 것처럼 보인다. 때때로 화면에 나타나는 타이틀이 마치 폭발하듯이 나타났다가 너무 빠르게 사라지기 때문에 게임 챔피언들이나 월등한 지각 능력을 소유한 사람들만이 실제로 어떤 것이 나타났었는지 알게 되는 경우도 있고 글자가 너무 작고 상세해서 읽을 수 없는 경우도 있다.

이러한 가독성의 문제는 영화 크레디트가 4×3 텔레비전 화면에서 보여질때 발생한다. 우선 이미 앞서 지적한 것처럼 타이틀은 일반적으로 본질 영역 밖에까지 확장되어 있기 때문에 일부분이 잘려나간다. 두 번째로 크레디트 줄이 너무 작아서 저해상도 텔레비전 화면에서는 읽을 수가 없다. 세 번째로 글자 자체가 텔레비전에서 보여지기에 충분히 선명하지 못하고 특히 배경 화면이 혼란스러울 때는 더 그렇다. 이러한 문제들은 16×9의 HDTV에서는 매우 최소화될 수 있지만 많은 사람들이 표준 텔레비전을 시청한다는 것을 고려하면 높은 가독성을 목표로 할 필요가 있다. 그렇다면 최선의 가독성을 어떻게 얻을 수 있는 것일까? 추천할 만한

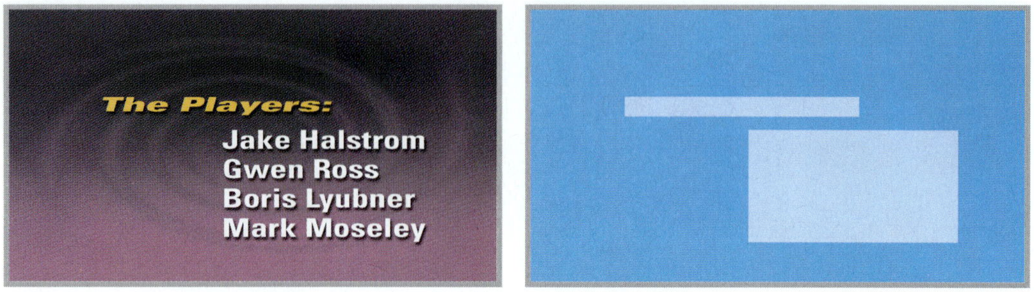

[그림 15.14] 타이틀의 블록 구성
타이틀을 블록에 맞춰 배치하게 되면 연관된 정보들은 알아보기 쉽게 시각적으로 구성된다.

[그림 15.15] 흩어진 타이틀
타이틀이 이렇게 흩어지면 정보를 읽기가 힘들다.

[그림 15.16] 산만한 배경에 굵은 글자의 배치
이 타이틀은 배경이 산만함에도 불구하고 읽기가 쉽다. 글자는 굵고 배경과 충분한 명도 차를 가진다.

사항을 열거해 보았다.

- 문자화된 정보는 모두 본질 영역 안에 수용한다.
- 문자의 크기와 모양이 선명하고 깨끗한 테두리를 가진 것을 선택한다. 텔레비전 이미지의 한정된 해상도로 인해 얇은 선을 가진 글자들은 키 과정을 거치면 흐트러지는 경향이 있기 때문에 잘 볼 수가 없다. 텔레비전 화면에 잘 표현되지 않는 특정 글자 모양은 그림자나 윤곽선을 넣어 가독성을 높인다.
- 정보의 양에 제한을 둔다. 적은 양의 정보를 화면에 보여주는 것이 이해를 높이는 길이 된다. 어떤 텔레비전 전문가들은 한 타이틀당 일곱 줄 이하로 정보의 양을 제한할 것을 제안하기도 한다. 한 개의 타이틀에 너무 많은 정보를 보여주는 것보다 적은 양의 정보를 여러 장에 걸쳐 보여주는 것이 더 효과적이다.
- 쉽게 인지할 수 있도록 모든 글자들을 그래픽 블록 내에 배치한다(그림 15.14 참조). 이 블록 형식은 잘 디자인된 웹 페이지에서 사용되기도 한다. 타이틀이 흩어져 있으면 균형이 흐트러져 보이기 때문에 읽기가 힘들어진다(그림 15.15 참조). 흩어진 정보는 디자인이 엉

망인 웹 페이지의 전형적인 특성이기도 하다.

- 너무 어지러운 배경에 글자를 넣지 않는다. 생방송 중인 풋볼 시합의 영상 위에 득점 현황이나 선수 명단을 삽입해야 하는 경우와 같이 어수선한 배경에 반드시 글자를 넣어야 한다면 단순하고 선명한 글자 형태를 선택해서 사용한다(그림 15.16 참조).

특수 효과를 이용해 동영상 타이틀을 제작할 때도 마찬가지의 원리를 적용시킨다. 실질적으로 타이틀이 비틀리고 화면 주위에 곡예를 부리며 움직이게 되면 그 글자들은 정면을 향해 고정된 타이틀보다 더 읽기 쉬울 수도 있다.

유명 그림, 전문 사진, 일러스트 책 등의 자료들과 같이 기존의 출판물을 방송 그래픽으로 사용할 경우 저작권 사용 허가를 받아야 하는 것을 언제나 염두에 두어야 한다. 컴퓨터 이미지 서비스를 이용할 경우 판권은 지불하는 사용료만큼 사용할 수 있다.

색(Color)

색은 중요한 디자인 요소이기 때문에 색의 속성과 구성 요소에 대해 알 필요가 있다. 가장 중요한 것은 색의 미학에 대해 익숙해져야 하는데 그것은, 즉 여러 가지 색들이 어떻게 조화를 이루는지 그리고 여기에 텔레비전 장비들은 어떻게 반응하는지 알아야 한다는 것이다.

색의 속성 Chapter 3에서 설명한 바와 같이 색은 속성이라고 불리는 세 가지 요소, 즉 색상, 채도, 명도에 의해 결정된다. 색상은 색 그 자체, 즉 파란색, 초록색, 빨간색 또는 노란색을 나타낸다. 채도는 강한 또는 흐린 빨강, 바랜 혹은 짙은 초록과 같이 색의 강도를 나타낸다. 명도 또는 휘도는 색이 얼마나 밝고 어둡게 나타나느냐를 말한다. 대부분 전문가급의 디지털 편집 장비와 그래픽 프로그램들은 이러한 색의 속성을 색을 조종하는 데 중요한 요소로 간주한다.

회색도 색의 상대적 명도는 주로 그 색이 얼마나 반사를 하느냐로 측정한다. 텔레비전 시스템은 순수한 백색이나 순수한 흑색은 표현하지 못하며 약간의 백색(흑백 텔레비전에서는 70%, 컬러 텔레비전에서는 60%)과 약간의 흑색(대략 3%의 반사)만을 만들어 낸다. 우리는 이러한 명도의 양극을 TV 백색, TV 흑색이라고 한다. 명도의 영역이 TV 백색과 TV 흑색 사이의 색들을 몇 단계로 나누면 회색도를 얻을 수 있다.

가장 일반적인 회색도의 단계는 9단계로 가장 이상적인 조건에서만 9단계의 회색을 모두 만들어 낼 수 있다(그림 15.17 참조). 7단계의 회색도는 흑백 텔레비전과 몇몇 컬러 텔레비전을 위한 좀

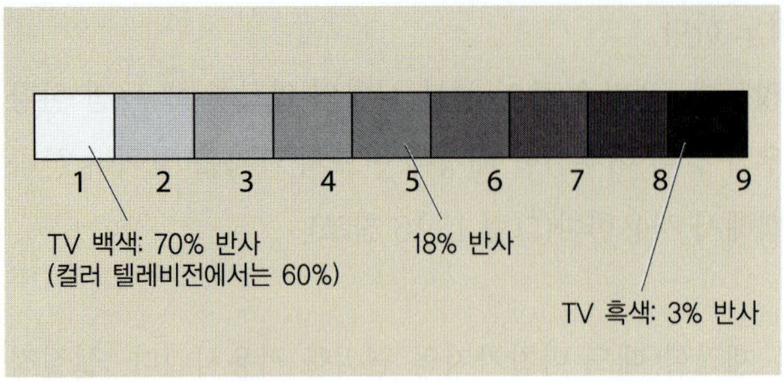

[그림 15.17] 9단계 회색도
9단계 회색도에서는 TV 백색에서부터 TV 흑색까지 9개의 각각 다른 회색을 보여준다.

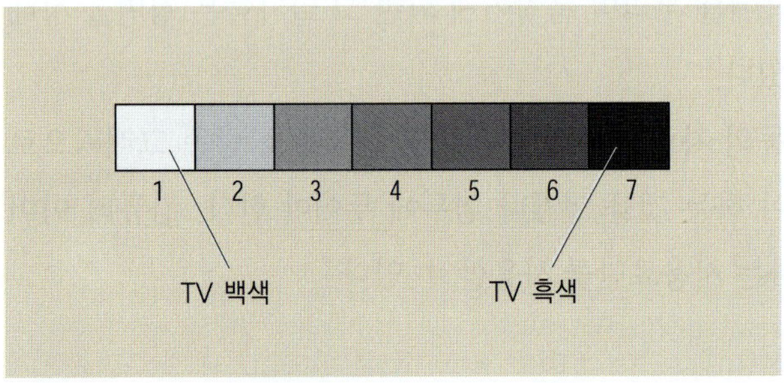

[그림 15.18] 7단계 회색도
대부분의 텔레비전 수상기는 TV 백색에서부터 TV 흑색까지 7개의 구별되는 회색을 보여준다.

더 현실적인 회색도이다(그림 15.18 참조). 그러나 새로운 HDTV 시스템은 고해상도를 가지고 있을 뿐만 아니라 확장된 회색도도 보여준다. 이러한 확장된 회색도는 HDTV의 영화처럼 보이는 화면에 필수적이다. 회색도의 중앙은 30%가 아닌 18%라는 것에 주의하자. 이것은 8단계에서 7단계 회색을 얻기 위해 사용하는 조명의 강도보다 3단계에서 2단계의 회색을 얻기 위해 사용하는 조명의 강도가 더 세다는 것을 의미한다.

호환 가능한 색 기술적으로 색의 호환성은 흑백 텔레비전 수상기와 컬러 수상기에서 동등하게 읽을 수 있는 그래픽을 말한다. 제작과정에서 색의 호환성이란 간단히 컬러 화상이 흑백 텔레비전 수상기에서도 충분한 명도 대비를 가져서 잘 보인다는 것을 의미한다. 타이틀은 선명한 명도 대비를 가지고 있어야 한다. 타이틀에 초록이나 파란 배경에 빨간 글자처럼 고에너지 색을 사용하게 되면 색상의 차이가 너무나 확연하기 때문에 회색도 차이는 신경 쓰지 않을 수 있다. 컬러 수상기에서는 확실한 차이가 나지만 흑백 수상기에서는 이 색들이 같은 명도를 가지기 때문에 읽을 수 없게 된다(그림 3.28 참조).

흑백 텔레비전 수상기를 통해 보여질 일이 없다고 해도 충분한 명도 대비를 가지는 것이 색 연출에도 중요하다. 이것이 영상의 해상도와 공감각을 이끌어내는 데 도움을 줄 뿐 아니라 다양한 색을 구별하는 것도 도와준다.

만약 카메라로 그래픽을 촬영하고자 한다면 흑백 카메라 뷰파인더나 모니터를 흑백 상태로 만들어서 색들이 충분한 명도 대비를 가지는지 확인한다. 색이 분리되어서, 즉 다른 회색으로 보이면 색의 구성은 호환성을 가지게 되는 것이다. 만약 구성된 색의 회색빛이 비슷해서 구역을 분간하지 못한다면 이것은 호환성이 없는 것이므로 다른 명도 대비를 가진 색을 골라야 한다(그림 3.29 참조).

조금만 경험을 해보아도 모니터를 잘 관찰하는 것만으로도 두 색상이 호환성을 유지하기에 충분한 명도 대비가 있는가를 알 수 있다.

색의 미학 색의 조화를 인지하고 적용시키는 것은 짧게 설명하기는 힘들다. 다만 경험과 연습, 감각과 취향이 필요하다. 어떤 색이 어떤 색과 어울린다고 단정적으로 말하기보다는 색을 고에너지와 저에너지 색으로 나눠 각각의 에너지를 조화시키는 것이 더 쉽다고 할 수 있다.

고에너지 색에는 빨강, 노랑, 파랑과 같이 기본, 높은, 아주 높은 채도의 색상이 포함된다. 저에너지 색에는 파스텔 컬러와 같이 낮은 수준의 채도를 가진 색이 포함된다. 일반적으로 배경은 저에너지 색으로 채우고 전경은 고에너지 색으로 배치한다. 가정에서 선명하지 않은 색의 벽지를 사용하는 것처럼 세트의 배경에도 깔개, 소파, 그림, 베개 등과 같은 소품이나 내부 장식보다 색상이 화려하지 않은 것을 사용한다(그림 15.19, 15.20 참조). 타이틀도 동일한 원리를 적용하여 저에너지의 배경에 있는 고에너지 글자가 더 읽기 쉽다.

[그림 15.19] 고에너지 색
색의 에너지는 주로 그 색의 채도로 결정된다. 고에너지 색은 보통 스펙트럼의 노랑 끝과 빨강인 높은 채도이다. 고에너지 색은 저에너지 배경에 있을 때 더 효과적이다.

[그림 15.20] 저에너지 색
저에너지 색은 채도가 낮다. 대부분의 파스텔 색은 저에너지이다.

당연히 색은 이벤트의 성격과 맞아야 한다. 예를 들면, 생기 넘치는 춤을 곁들인 고에너지의 쇼를 알리기 위한 타이틀은 배경과 타이틀 모두 고에너지 색을 사용한다. 그러나 최근의 예산 적자에 대한 토론회의 타이틀에 앞서 말한 고에너지 색을 사용하게 되면 타이틀이 아무리 가독성이 뛰어나다고 하더라도 적당한 선택이라고 할 수 없다.

미학과는 별개로 최고 성능의 텔레비전 카메라는 아주 높은 채도의 빨간색을 소화해낼 수 있다. 기본 조명이 세지 않으면 비디오 카메라가 빨간색을 촬영하면 떨림과 같은 영상 잡음이 생기거나 근접한 지역으로의 블리딩(색이 번지는 현상) 현상이 일어난다. 색의 블리딩도 오디오 블리딩과 다르지 않다. 가능하면 탤런트에게 고채도의 빨간색 의상을 입히지 말고 무대 디자이너는 채도가 높은 빨간색으로 넓은 지역을 칠하지 않도록 한다. EFP에서는 대체로 최고 성능의 카메라를 사용하지 않고 최선의 조명 조건을 유지하기 힘들기 때문에 이 문제가 크게 대두된다.

스타일(Style)

언어와 마찬가지로 스타일은 살아 움직이는 것과 같다. 이것은 주어진 장소와 시간에서 특별한 미학적 요구에 따라 달라진다. 스타일을 무시하면 의사전달의 효율이 떨어진다. 스타일은 책에서 배우는 것이 아니라 주위 환경에 민감하게 반응하여 눈과 귀, 특히 마음을 열고 경험함으로써 배우게 된다. 10년 전의 옷과 지금 입고 있는 옷이 차이가 스타일의 변화를 말해주는 예이다. 어떤 사람들은 특정 시기에 유행하는 스타일을 감지할 뿐만 아니라 개성적이고 독특한 재능을 더해 스타일을 발전시키기도 한다.

때로는 개인적인 독창성이나 사회적 요구가 아닌 텔레비전 장비의 발전이 표현 스타일에 영향을 주기도 한다. chapter 14에서 강조한 것처럼 디지털 비디오 효과 장비는 새로운 그래픽에 대한 인식뿐만 아니라 그래픽의 남용에도 기여했다. 움직이는 타이틀은 유행하고 있는 미적 취향을 반영하거나 다음에 올 쇼를 알리는 신호로 사용되기보다 단순히 화면상에서 춤추는 글씨를 보는 재미로 만들어지는 경우가 많다. 뉴스에서 번쩍이는 그래픽을 사용하는 것은 메시지의 긴급성을 표현하고 강조한다는 의미에서 수용할 수 있을지 몰라도 재난이나 드라마에서 두 사람의 심각하고 긴장이 감도는 관계를 보여주는 장면에서 이러한 현란한 그래픽의 사용은 부적당하다고 하겠다.

현재의 텔레비전 그래픽이 웹 페이지의 그래픽들을 모방하고 있다는 것은 이미 알고 있을 것이다. 어떤 텔레비전 그래픽은 심지어 선과 문자의 대각선, 곡선의 에일리어싱(aliasing), 글자나 작은 제작 아이콘을 담은 여러 색의 가로 줄, 혹은 주 화면에 작은 창들을 띄우는 것(그림 15.12 참조)과 같은 컴퓨터 이미지를 그대로 쓰기도 한다. 이러한 경쟁의 한 원인은 최신 기술에

[그림 15.21] 디지털로 만든 3차원 이미지
고 사양의 디지털 소프트웨어는 현실감 있는 3차원의 이미지를 만들어 낼 수 있다.

능통하다는 것을 보여주기 위한 것이다. 그러나 이러한 화면의 복잡함은 새로운 유행보다는 그래픽 디자이너의 낮은 취향을 반영하는 경우가 종종 있다.

유행을 선도하는 사람이건 아니건 예술 작품의 스타일과 쇼 전체의 스타일을 조화시켜야 할 것이다. 그러나 중국에서 온 게스트를 중국 글자로 소개한다든가 시내에서 발생한 화재를 불꽃 글자로 소개한다든지 하는 극단적인 표현은 자제해야 한다. 좋은 효과를 가져올 수 있는 훌륭한 감각을 포기해서는 안 된다. 성공적인 디자인이라면 모든 이미지와 피사체, 즉 크게는 무대 배경에서 작게는 테이블 위의 과일 쟁반까지 서로 연결되어 조화를 이루게 될 것이다. 좋은 디자인은 스타일의 지속성과 일관성을 보여준다.

합성이미지(Synthetic Images)

합성이미지라는 것은 온전히 컴퓨터에 의해서 만들어진 그림을 말한다. 대부분의 이미지 관련 데스크톱 소프트웨어는 디지털 이미지를 만들기 위해서 수천 가지의 다른 색조, 가늘고 두꺼운 라인, 모양, 다양한 붓 터치와 질감 등을 제공한다. 텔레비전 날씨 프로그램은 큰 스케일로서 그래픽 발생기의 많은 능력을 보여주는 좋은 예이다. 기본 영토지도, 기온대, 고기압, 저기압대, 태양모양, 강수량, 글자, 움직이는 구름, 그리고 다양한 기온 숫자 등의 형태가 모두 디지털 그래픽 발생기에 의해서 만들어지는 것이다.

[그림 15.22] 만들어진 그래픽
문자 발생 소프트웨어는 다양한 3차원 타이틀과 움직이는 이미지를 만들어 낼 수 있다.

[그림 15.23] 디지털 렌더링: 바티칸
바티칸시에 있는 Piazza San Pietro를 공중에서 다양한 샷으로 촬영한 듯한 느낌을 주는 그래픽.

[그림 15.24]
대부분의 그림 소프트웨어는 수학학적이고 상투적인 방법을 사용하여 불규칙한 이미지를 그릴 수 있게 해준다.

저장용량과 소프트웨어의 복잡성에 따라서 복잡한 그래픽 시퀀스를 만들고 저장할 수 있는데, 3차원 비디오 공간에서 다층의 매트나 또 다른 3차원 환경에서 펼쳐지는 3차원 타이틀 등이 그것이다.(그림 15.21~15.23 참조) [주3]

복잡한 수학적 방식을 기본으로 한 어떤 컴퓨터 프로그램은 현실과 공상의 풍경과 셀 수 없는 추상적인 패턴을 만들 수 있는 프랙탈이라 불리는 불규칙적인 모양을 그릴 수 있게 해준다.(그림 15.24 참조)

(주3) 수많은 2D와 3D를 가진 Zettl의 [VideoLab 3.0]은 렌더링(화면)을 촬영했다. 그리고 그것은 쌍방으로 제어할 수 있다.

핵심요약

- 디자인은 타이틀의 글자 모양, 방송국 로고, 뉴스 세트의 모양, 심지어 사무실 가구까지 포함한 전체적인 의미이다.
- 텔레비전 그래픽은 주로 특정한 정보를 제공하고 이벤트의 성격에 대해서 알리고 관심을 끌기 위해 사용된다.
- 표준 텔레비전 화면 비는 4×3으로 4단위 넓이와 3단위 높이를 가진다. 와이드 스크린 HDTV는 16×9의 넓은 화면 비를 가진다. 화면 비는 또한 표준 텔레비전은 1.33:1, HDTV 텔레비전은 1.78:1로 표현할 수도 있다. 수평 방향으로 확장된 HDTV 화면은 와이드스크린 영화에 적합하다.
- 주사 영역은 카메라 뷰파인더나 프리뷰 모니터에서 보여지는 영역을 말한다. 본질 혹은 안전 타이틀 영역은 송출 손실이나 수상기의 약간의 잘못된 조정이 있다 하더라도 시청자들이 볼 수 있는 영역을 말한다.
- 화면 비를 벗어난 그래픽을 기존 TV나 HDTV 화면에 맞추기 위해서는 특별한 배려가 필요하다.
- 영화나 HDTV의 전체 넓이를 표준 텔레비전의 4×3 화면 비로 보면 레터박스(화면의 위와 아래에 생기는 검은 띠)가 생긴다. 표준 텔레비전 영상을 HDTV로 보면 HDTV 양 측면에 데드 존이나 사이드 바로 하는 검은 띠가 생긴다.
- 하나의 화면에 연관 없는 정보들을 동시에 보여줄 때 정보 과중을 피하기 위해서는 각 요소들을 읽기 쉬운 작은 화면이나 블록에 배치한다.
- 높은 가독성은 표시된 정보가 본질 영역에 위치하고 글자가 비교적 크고 깨끗한 윤곽선을 가지며 배경이 너무 산만하지 않고 배경과 글자 사이에 좋은 색과 명도 대비가 있어야 얻을 수 있다.
- 호환 가능한 색이란 흑백 수상기로 컬러 이미지를 봤을 때 구별되는 명도값으로 변환시킬 수 있는 색을 말한다. 대부분의 텔레비전 장비는 최고로 9단계의 명도 단계를 가진다. 이 단계는 TV 백색(1)에서 TV 흑색(9)의 회색도를 구성한다.
- 합성이미지라는 것은 온전히 컴퓨터에 의해서 만들어진 그림을 말한다. 그것은 정지영상일 수도 있고 동영상일 수도 있다.

SECTION

15.2

무대 장치와 소품

Scenery and Props

무대 장치를 디자인하거나 만들라는 지시를 받지는 않겠지만 무대를 스튜디오 안에 설치하거나 현장에서 인테리어를 조정해야 하는 일은 생길 수 있다. 작은 인터뷰 세트를 설치한다고 할지라도 무대 장치의 다양한 부분을 어떻게 부르고 플로어 플랜을 어떻게 읽는지를 알아야만 한다. 현장의 인테리어를 세트로 보는 능력은 카메라와 조명을 빠르게 배치하는 데 필요할 뿐만 아니라 카메라 촬영의 최대 효과를 위해 재배치할 필요가 있을 때 도움이 된다. 무대 장치와 소품을 이용해서 스튜디오 공간을 어떻게 운용하는지 알게 되면 일반적인 화면 공간을 구성하는 데도 도움이 된다.

▶텔레비전 무대 장치

표준형 세트, 거는 세트, 덧마루와 왜건, 세트 부품

▶소품과 세트 장식물

무대 소품, 세트 장식물, 소도구, 소품 목록

▶무대 디자인의 요소

플로어 플랜, 세트 배경과 덧마루, 스튜디오 플로어 처리

텔레비전 무대 장치(Television Scenery)

텔레비전 카메라는 무대를 가까이에서 비추기도 하고 멀리서 비추기도 하기 때문에 세부 사항은 사실적으로 보일 정도로 충분해야 하고 너무 어수선하지 않게 간결해야 한다. 간단한 인터뷰 세트이건 사실적인 거실이건 관계없이 세트는 최적의 카메라 피사계 앵글과 움직임, 마이크 배치와 때때로 붐의 이동, 적합한 조명, 그리고 연기자의 최대 연기 영역이 보장되도록 설계해야 한다. 이러한 사항들을 충족시키기 위해서는 다음의 네 가지 유형의 장치가 사용된다. (1) 표준형 세트, (2) 거는 세트, (3) 덧마루와 왜건, (4) 세트 부품.

표준형 세트(Standard Set Units)

표준형 세트는 소프트월 플랫과 하드월 플랫, 그리고 다양한 세트 모듈로 구성된다. 월 플랫은 내부 또는 외부 벽을 모방하는 데 사용된다. 텔레비전 방송국과 비방송용 제작에서는 하드월 장치를 주로 사용하고 소프트월은 고등학교나 대학교의 텔레비전 제작에 실용적으로 사용된다.

소프트월 플랫 소프트월 플랫에 사용하는 플랫은 가벼운 나무 프레임에 모슬린 천이나 캔버스를 덮은 것이다. 이것은 높이는 일정하지만 넓이는 다양하다. 보통 높이는 작은 세트나 낮은 천장을 가진 스튜디오에서 사용하는 경우 약 3 m에서 2.5 m 정도이다. 넓이는 0.3 m에서 1.5 m 정도까지 다양하다. 경첩으로 두 개 또는 세 개의 플랫을 연결한 것을 투 폴드, 스리 폴드라고 한다. 플랫은 잭(jacks)이라고 부르는 나무 받침대로 지탱하는데 이 받침대는 경첩이나 클램프로 플랫에 부착하고 모래 주머니나 금속으로 무게를 주어 바닥에 고정시킨다(그림 15.25 참조). 소프트월 무대 장치의 장점은 제작 비용이 저렴하고 다양하게 사용할 수 있을 뿐 아니라 이동이나 보관, 설치, 고정, 해체가 쉽고, 비교적 유지 및 수리하기가 쉽다는 점이다. 소프트월의 단점은 플랫에 그림을 걸기가 어렵고 무대에 있는 창문이나 문을 닫거나 무엇인가 플랫에 접촉하면 흔들거린다는 것이다.

하드월 플랫 하드월 플랫은 소프트월 플랫보다 훨씬 단단해서 텔레비전 제작에 많이 사용된다. 하드월 장치는 일반적으로 특수 제작시에 사용되며 소프트월 무대의 기준에 따르지는 않는다. 하드월 무대 장치의 문제점은 플랫이 무겁고 보관하기 힘들다는 것이다(하드월 플랫을 옮길 때는 옮기는 사람이나 하드월 플랫 양쪽 모두 손상을 입을 수 있으므로 혼자 옮기지 않는다). 또한 하드월 플랫은 소프트월 플랫보다 소리를 더 잘 반사하기 때문에 음향 픽업을 방해하기도 한

[그림 15.25] 소프트월 플랫

소프트월 플랫은 나무틀에 모슬린 천이나 캔버스를 대서 만든다.

[그림 15.26] 한 단위의 하드월 세트

이 세트는 텔레비전 드라마를 위한 것으로 하드월 플랫으로 제작되었다. 이러한 세트의 소품은 세트에 캐릭터를 부가한다.

다. 예를 들면, 두 개의 하드월 플랫을 가까이에서 마주 보게 설계했을 경우, 그 사이에서 탤런트가 말을 하면 마치 통 속에 있는 것 같은 효과를 가져온다. 대부분의 하드월 무대 장치는 뉴스, 인터뷰, 드라마와 같은 특정한 쇼나 긴 시리즈의 방송을 위해 그대로 남겨두어도 되는 무대 장치에 사용된다. HDTV나 다른 디지털 형식의 텔레비전과 같이 표준 NTSC 방식보다 높은 해상도를 가진 텔레비전용 무대 장치에 사용되는 하드월 플랫은 특히 세심하게 만들어져야 한다(그림 15.26 참조).

[그림 15.27] 모슬린 사이클로라마
모슬린 사이클로라마는 머리 위의 트랙을 따라 움직이며 보통 스튜디오의 세 면을 덮는다.

세트 모듈 프로그램마다 새롭게 세트를 제작할 수 없는 작은 텔레비전 방송국이나 교육 기관에서는 다양한 형태로 사용될 수 있는 융통성 있는 세트 모듈을 사용한다. 세트 모듈은 여러 개의 플랫과 3차원적인 세트 부품으로 수직, 수평, 혹은 다양한 방향으로 면을 붙여서 사용할 수 있다.

예를 들어, 어떤 제작에서는 모듈식 하드월 세트를 하드월 플랫으로 사용하고 다른 제작에서는 덧마루로 사용할 수도 있다. 혹은 모듈식 책상을 분해해서 서랍은 박스로 윗면은 진열용 세트로 사용할 수 있다. 시중에서 다양한 세트 모듈을 구할 수 있다.

[그림 15.28] 하드월 사이클로라마
하드월 사이클로라마는 하드월 재료로 영구적으로 스튜디오의 한 면이나 두 면에 부착시킨다.

거는 세트(Hanging Units)

플랫은 스튜디오에 세워서 사용하는 세트인 반면, 거는 세트는 머리 위의 트랙이나 조명 그리드, 배튼에 매달아서 사용한다. 거는 세트에는 다음의 세 종류가 있다. (1) 사이클로라마,

[그림 15.29] 그라운드 로
그라운드 로는 사이클로라마를 스튜디오 바닥과 자연스럽게 연결시키기 위해 사이클로라마의 밑 부분을 따라 움직인다.

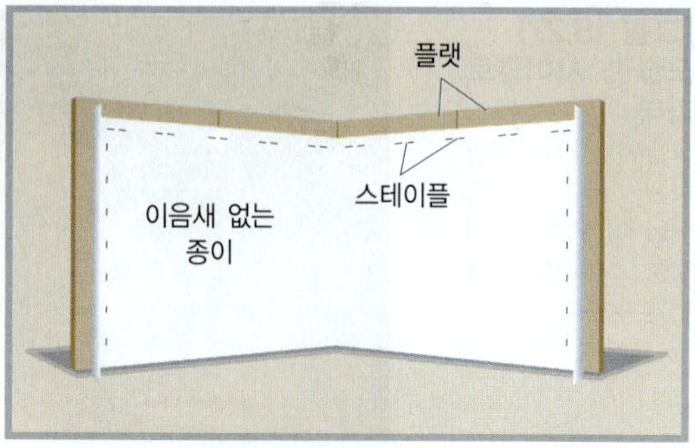

[그림 15.30] 이음새 없는 종이 배경막
이음새 없는 종이를 플랫에 길게 고정시켜서 간단하면서도 효과적인 배경막을 만들 수 있다.

(2) 배경막, (3) 드레이프와 커튼이 그것이다.

사이클로라마 가장 융통성 있는 매다는 배경이 사이클로라마이다. 모슬린이나 캔버스 천으로 만들어져 있으며 스튜디오의 2, 3, 4개 면을 끊김 없이 덮도록 되어 있다(그림 15.27 참조). 어떤 사이클로라마는 스크림이라고 부르는 성기게 짠 재료로 만든 커튼이 쳐져 있어서 빛을 차단하여 조명이 사이클로라마에 직접 닿지 못하게 함으로써 부드럽고 균일한 배경을 만들어 낸다. 사이클로라마는 어두운 색보다는 밝은 색이 더 편리하다. 조명을 비추지 않으면 언제든지 어둡게 만들 수 있으며 컬러 젤을 부착한 플러드라이트로 색을 입힐 수도 있다. 어두운 사이클로라마로는 불가능하다. 어떤 스튜디오에서는 하드월 사이클로라마를 사용하는데, 거는 세트이기는 하지만 스튜디오 벽에 단단히 고정되어 있다(그림 15.28 참조). 대부분의 스튜디오에서는 그라운드 로를 모슬린 사이클로라마의 스튜디오 바닥에 고정하기 위해서 사용한다(그림 15.29 참조).

배경막(drop) 배경막은 배경 장면이 그려진 넓은 폭의 캔버스를 말한다. 배경막은 주로 양식화된 세트에 사용한다. 시청자는 동작이 인공적인 세트에서 일어난다는 것을 인식하게 된다. 어떤 배경막은 좀더 사실적인 배경 효과를 내기 위해서 대형 벽면 사진으로 되어 있다.

크로마 키 배경막은 파란색이나 초록색 천으로 늘어뜨려서 스튜디오 바닥의 일부까지 덮을 수 있도록 되어 있다.

이음매 없는 다양한 색의 종이(대략 폭 3 m, 길이 13 m)를 이용해서 간단하고 저렴한 배경막을 만들 수도 있다. 이음매 없는 종이를 플랫의 줄에 달아 늘어뜨리면 연속된 사이클로라마와 같은 배경을 얻을 수 있다. 간단하게 옆으로 굴려 펼쳐서 플랫 상단에 스테이플로 박아 고정시킨다. 종이에 그림을 그려 좀더 구체적인 배경을 만들거나 텔레비전 고보(television gobo)[쿠키(cookie) 라고도 함] 투사용 배경으로 사용할 수도 있다(그림 15.30 참조).

드레이프와 커튼 자세한 무늬나 정교한 줄무늬를 가진 드레이프는 사용하지 않는다. HDTV 카메라로 촬영하지 않는 이상 잔무늬는 뭉개져 보이게 되고 줄무늬는 무아레 간섭을 일으킨다. 드레이프는 보통 1×3 배튼에 고정시켜서 플랫의 상단에서부터 바닥까지 늘어뜨린다. 대부분의 커튼은 세트 뒤에 있는 무대 장치들을 가리면서도 역광 조명을 통과할 정도로 반투명해야 한다.

덧마루와 왜건(Platforms and Wagons)

다양한 종류의 덧마루는 높이를 올리는 장비들로 사용된다. 전형적인 덧마루는 15 cm에서 30 cm 높이를 가지며 쌓아 올릴 수 있도록 되어 있다. 때때로 덧마루 전체를 라이저(riser)라고 하는데, 보통 라이저는 덧마루의 높이 부분만을 가리키는 말이다. 인터뷰에 덧마루를 사용할 때는 카펫으로 윗부분을 덮는다. 이 카펫은 보기 좋을 뿐만 아니라 사람들이 덧마루를 움직일 때 나는 울림소리를 흡수하는 역할도 한다. 덧마루 안에 발포성 고무를 채워서 울림소리를 더 줄일 수 있다.

15 cm 정도의 덧마루에 바퀴를 달아 이동을 쉽게 할 수 있다. 이러한 덧마루를 왜건이라고 한다. 몇 개의 왜건에 세트의 일부나 혹은 전체를 실어서 비교적 쉽게 스튜디오 안밖으로 이동시킬 수 있다. 일단 왜건을 배치하면 모래 주머니나 나무쐐기를 박아 제멋대로 움직이지 않게 고정한다(그림 15.31 참조).

대형 라이저나 하드월 무대 장치는 종종 대형 이렉터(erector) 세트처럼 사용할 수 있도록

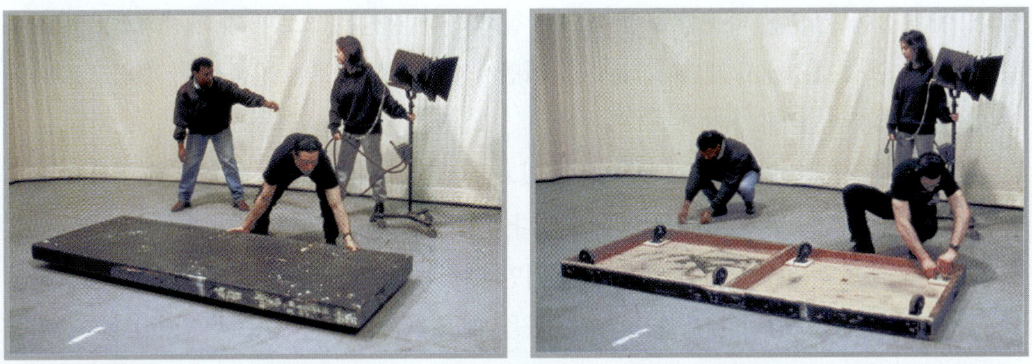

[그림 15.31] 덧마루와 왜건
덧마루는 보통 15 cm에서 30 cm 높이를 가진다. 단단한 바퀴를 고정시킨 덧마루를 왜건이라고 부른다.

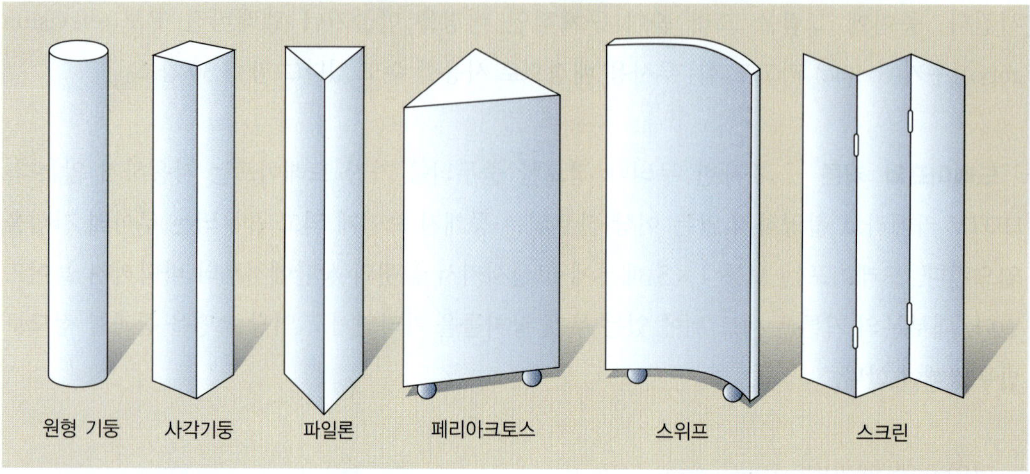

[그림 15.32] 세트 부품
세트 부품은 빠르게 재배치할 수 있도록 바퀴를 단 버팀목 없이 서 있을 수 있는 무대 장치 요소를 말한다.

구멍 난 금속 프레임을 사용하여 지탱한다. 다양한 길이로 자른 금속 프레임을 원하는 모양으로 볼트를 조여서 만든다. 구멍 난 금속은 여러 가지 장점을 가지는데 우선 튼튼하고 비교적 가벼워서 무대 장치를 쉽게 해체할 수 있고, 또, 보관용 공간이 충분하지 않을 때는 분해해서 보관할 수 있다.

세트 부품(Set Pieces)

세트 부품은 무대 장치의 중요한 요소이다. 세트 부품은 기둥, 파일론(pylons), 스위프(sweeps), 접이식 스크린, 계단, 페리아크토스(periaktos) 등과 같이 큰 기둥처럼 독립적으로 세울 수 있는 3면으로 구성되어 있다. 대부분의 페리아크토스는 바퀴를 달아서 움직이거나 회전시킬 수 있으며 빠른 무대 변환을 위해서 3면을 각각 다른 색으로 칠할 수 있도록 되어 있다. 예를 들어 한 면은 따뜻한 노란 색으로 칠하고 다른 면은 크로마 키 파란색으로 칠해서 중성적인 노란색 배경에서 페리아크토스를 회전시켜 특정한 크로마 키를 위한 배경으로 바꿀 수 있다(그림 15.32 참조).

무대 부품을 사용하면 쉽게 이동시킬 수 있고 독립적으로 서 있을 수 있으며 빠르고 쉽게 3차원 공간을 만들어 낼 수 있다는 이점이 있다.

무대 부품들은 독립적으로 서 있을 수 있지만 부가적으로 받침대를 대주어야 하는지 언제나 확인해야 한다. 사람이나 카메라에 부딪쳤을 때 쓰러지지 않을 정도는 되어야 한다. 일반적으로 받침대를 필요 이상 대는 것이 필요 이하로 대는 것보다 낫다. 다른 모든 텔레비전 제작에 있어서도 마찬가지지만 편리함이나 속도를 위해서 안전을 뒤로 미뤄서는 안 된다.

소품과 세트 장식물(Properties and Set Dressings)

소프트웨어 및 하드웨어 무대 장치와 씨름을 끝내고 나면 소품과 세트 장식물들이야말로 특정한 환경과 스타일을 시현하는 것임을 알게 될 것이다. 방을 꾸미는 것과 마찬가지로 벽 자체가 환경을 구분하는 것이 아니라 벽에 거는 장식품들과 가구들이 환경을 만들어 낸다. 좋은 프로그램은 미디움 샷이나 롱 샷보다 클로즈업을 많이 사용하기 때문에 무대 소품, 세트 장식물, 소도구의 세 가지 소품은 카메라가 가까이에서 자세히 비추고 있어도 표시가 안 날 만큼 실제와 똑같아야 한다.

무대 소품(Stage Props; 대도구)

무대 소품은 뉴스 데스크, 패널용 탁자, 다양한 의자 등 일반적인 가구와 그와 유사한 특수 목적을 위해 만들어진 것들이다. 또한 현대적인 거실, 공부방, 사무실, 편안한 인터뷰 공간, 테라스 테이블과 의자와 같은 야외용 가구까지 충분하게 보유하고 있어야 한다. 인터뷰 세트에는 커버를 댄 비교적 크고 간소한 의자가 유용할 것이다. 큰 의자를 사용하면 두 사람을 투 샷으로 가깝게 잡는 것이 힘들고 거기에 앉아 있는 사람보다 의자가 더 지배적으로 보일 수도 있다. 너무 낮은 의자나 소파를 사용하면 특히 키가 큰 사람의 경우 우아하게 앉았다가 일어나기가 힘들기 때문에 피하는 것이 좋다.

무대 소품은 적당한 공간을 찾아서 보관한다. 무거운 소품은 바닥에 두고 작은 소품들은 선반 위에 둔다. 무거운 소품을 옮길 때는 카트를 이용해야만 허리와 소품이 다치지 않는다.

세트 장식물(Set Dressings)

세트 장식물은 무대의 스타일과 성격을 결정하는 중요한 요소이다. 플랫은 여러 쇼에서 사용할 수 있지만 세트 장식물은 개별적인 특성을 만들어주기 위해 사용된다. 드레이프, 그림, 램프와 샹들리에, 벽난로, 꽃병, 화분, 촛대, 조각 등이 세트 장식물에 포함된다. 이러한 장식물들은 중고 시장을 이용하면 합리적으로 구입할 수 있다. 급할 때는 스태프들의 주변에 있는 물건들을 가져다가 사용할 수도 있다.

소도구(Hand Properties)

소도구는 쇼 도중 연기자가 실제로 사용하는 모든 물건을 말한다. 접시, 은그릇, 전화기, 라디오, 데스크톱 컴퓨터 등이 소도구에 속한다. 텔레비전에서 소도구들은 반드시 현실성이 있어야 하기 때문에 실제 물건들만 사용한다. 종이로 만든 모형들은 연극 무대에서는 당당하고

5개의 야외용 잔디	6인용 소파
2개의 조화 화분	여덟 명의 가족 사진
화분에 심어진 야자수	해바라기 그림
투과성을 가진 커튼	피카소 그림의 모조작
낮은 8단 캐비닛	잡지
사각형 테이블	신문
작은 서랍장	책
2개의 책꽂이	스테레오
의자(팔걸이가 있는)	다기
골든 윙 의자	사각형과 원형 테이블을 위한 램프
커피 테이블	인디언 조각상
원형 테이블	채광 미닫이

[그림 15.33] 소품 목록
이 소품 목록은 그림 15.35의 세트에 나와 있는 무대 소품, 세트 장식품, 소도구를 모두 기록해 놓은 소품 목록이다.

인상적으로 보일 수 있지만 텔레비전에서는 진실성이 없어 보이거나 심지어 우습게 보일 수도 있다. 텔레비전은 사람들의 행동에 많은 부분을 의지한다. 이러한 행동은 소도구를 통해서 확장된다. 사람들의 행동이 거짓이 없고 진짜인 것처럼 보이기 위해서는 소도구도 사실적이여 한다. 만약 배우가 무거운 가방을 들고 간다고 설정이 되어 있다면 가방을 실제로 무겁게 만든다. 무거운 척하는 연기는 텔레비전에서는 통하지 않는다.

음식을 사용해야 한다면 음식이 신선한지 그릇들은 깨끗한지 살펴야 한다. 술은 물(투명한 주류)이나, 차(위스키), 과일 주스(포도주)로 대체한다. 모든 것이 실제여야 하지만 주류는 이러한 대용물을 사용하는 것이 적당하다. 당연한 얘기지만 소도구는 실제로 세트에 놓여 있어야 하며 제대로 작동되어야 한다. 소도구가 없거나 제때에 뚜껑이 열리지 않는 병으로 인해 제작이 지연될 수 있다.

소품 목록(Prop List)

소규모의 일상적인 제작에서는 일반적으로 플로어 매니저나 플로어 스태프가 소품들을 챙긴다. 그러나 좀더 정교한 제작에서는 소품만을 전문적으로 담당하는 소품 매니저가 담당한다. 다양한 소품들을 조달하고 카메라 리허설이나 녹화 도중에 사용할 수 있도록 준비하기 위해서는 소품 목록을 작성해야 한다. 어떤 소품 담당자는 무대 소품과 세트 장식물, 소도구를 따로 목록을 만드는데 대개의 경우 다양한 종류의 소품을 하나의 목록으로 정리한다(그림 15.33 참조). 대본에 나와 있는 소품들이 소품 목록에 있는지 항상 확인하고 카메라 리허설이나 녹화 당시 사용할 수 있는지 이중으로 확인한다.

만약 다른 세트를 해체하고 다음 촬영시 다시 설치해야 한다면 모든 소품에 표시를 하고 폴라로이드 카메라나 디지털 사진기를 이용해서 소품을 치우기 전에 소품이 놓여 있던 장소를 확실히 확인한다.

대부분의 제작 스튜디오는 꽃병, 화분, 테이블보, 테이블, 의자 등의 기본적인 소품을 가지고 있다. 코미디나 낮 시간의 드라마처럼 지속적으로 소품을 사용하는 경우가 아닌 이상 대부분의 무대 소품이나 소도구를 필요할 때 빌려올 수 있다. 사무 용품을 사서 보관하는 것보다는 촬영이 있는 날 사무실 부품을 모두 빌려다 사용하는 것이 더 나은 방법이다. 시대물과 같이 특별히 큰 쇼를 제작하려고 한다면 지방 대학이나 고등학교의 연극부에서 빌리거나 전문적인 대여 회사에서 빌려 사용할 수 있다.

무대 디자인의 요소(Elements of Scene Design)

무대를 디자인하기 전에 무대를 사용할 쇼가 어떤 쇼인지 먼저 알아야 한다. 간단한 인터뷰라 하더라도 쇼의 개념에 대해서 감독과 이야기를 나눈다. 방송에서 보던 것들을 단순히 그대로 가져오는 것이 아니라 최적의 의사전달을 위해서 필요한 공간적 환경이 어떤 것인지 정의하고 나서 세트를 디자인해야 한다. 예를 들면, 권위적인 뉴스캐스터가 종교적인 설교를 하듯이 기사를 읽는 것보다는 뉴스룸 안에서 혹은 이벤트가 벌어지고 있는 거리로 카메라를 이동해가면서 이야기를 전달하는 것이 시청자에게 정보를 전달하는 최적의 방법이라는 것을 알 수 있을 것이다. 하나의 카메라로 포스트프로덕션 편집과정을 거칠 쇼를 촬영한다면 스튜디오에 거리 풍경을 만드는 것보다는 실제 카메라를 거리로 가지고 나가서 촬영하는 것이 더 쉽다.

그러나 스튜디오에서 촬영될 쇼의 경우에도 시간을 들여 쇼의 내용을 살펴보면 세트 디자인을 합리적으로 할 수 있다. 쇼 전체가 화면에 어떻게 보여질지를 먼저 보고 나서 디자인을 시작해야 한다. 예를 들면, 게스트가 유명한 변호사라고 해서 골동품 책상, 가죽 의자, 그리고 배경에 법률 관련 서적으로 채워서 전형적인 변호사 사무실처럼 세트를 만들 필요는 없다는 것이다. 그보다는 인터뷰의 성격과 전달하고자 하는 주제에 대해서 알아봐야 한다. 감독이 "기본적인 내용은 변호사의 앞으로의 변호 계획보다는 변호사로서의 양심과 느낌에 대한 내용이 될 것이다. 시종일관 시청자에게 이 변호사가 친근한 이미지로 클로즈업되어 보여졌으면 한다"라고 말했다고 가정해 보자. 이 인터뷰를 위해 정교한 변호사 사무실 같은 무대 장치를 마련할 필요가 있을까? 아니다. 주로 꽉 찬 클로즈업으로 촬영한다는 것을 고려한다면 두 개의 편안한 의자와 간단한 배경만 준비하면 충분할 것이다.

쇼가 스토리보드에 꽤 자세히 설명되어 있다면, 세트 디자인은 이미 결정되어 있는 것이다. 그렇지만 세트에 대해서 더 나은 좋은 아이디어가 있다면 프로듀서나 연출자에게 말해야 한다.

다음과 같은 디자인의 주요 요소에 대해서 알아보기로 하자. (1) 플로어 플랜, (2) 세트 배경과 덧마루, (3) 스튜디오 플로어 처리.

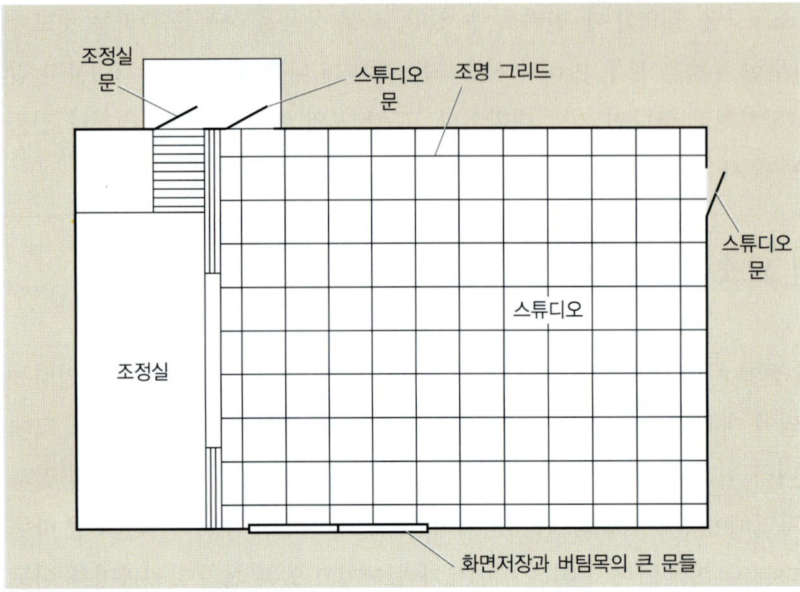

[그림 15.34] 플로어 플랜 패턴
플로어 플랜 패턴은 바닥 공간을 보여주는데 여기에 조명 그리드나 유사한 패턴을 넣어서 구체적으로 바닥을 나누게 된다. 세트는 이러한 기본적인 바둑판 모양으로 스튜디오 바닥을 표시한 곳에 그린다.

플로어 플랜(Floor Plan)

문자 그대로 스튜디오 바닥에 대한 계획인 플로어 플랜을 그려서 세트를 디자인한다. 플로어 플랜에는 스튜디오 바닥, 주요 스튜디오 문, 부조정실의 위치, 스튜디오 벽이 표시되어 있다. 바닥에는 세트에 따라특정한 방향을 갖게 되는 조명 그리드나 배튼을 그린다(그림 15.34 참조). 완성된 플로어 플랜은 감독이나 세트 디자이너 없이 플로어 매니저나 플로어 스태프들만으로도 세트를 만들 수 있도록 충분한 정보를 담고 있어야 한다. 보통 플로어 플랜 패턴과 완성된 플로어 플랜을 통칭해서 플로어 플랜이라고 하는데 혼동을 피하기 위해서 두 개를 분리해서 부르는 것이 좋다. 플로어 플랜 패턴은 무대 디자인을 하기 위한 플로어 플랜 형식을 말하고, 실제 플로어 플랜이란 플로어 플랜 형식에 세트를 그려 넣은 것을 말한다. 플로어 플랜의 축척은 다양하지만 보통 1/4인치=1피트 축척을 사용한다. 모든 무대 장치와 무대 소품들은 스튜디오 벽과 조명 그리드를 기준으로 적정한 위치에 그려 넣어야 한다. 간단하게 작업하기 위해서 플랫이나 무대 소품들을 굳이 축척률에 따라 그릴 필요없이 조명 그리드와 비교해서 대략적인 크기로 그릴 수도 있다(그림 15.35 참조).

그러나 좀더 정교한 세트는 건축에서의 청사진처럼 축척 비율을 정확히 지켜서 그려야 한다. 정확하게 축척률에 맞춰 그릴 필요가 없는 경우에는 일반적인 가구의 모양으로 재단된 모형들을 사용하면 많은 도움이 된다. 1/4인치=1피트 축척률로 만들어진 모형들은 대학의 서점이나 미술 재료 판매점에서 쉽게 구할 수 있다. 대부분의 무대 감독들은 컴퓨터를 이용해서 플로어 플랜과 세트 디자인을 한다.

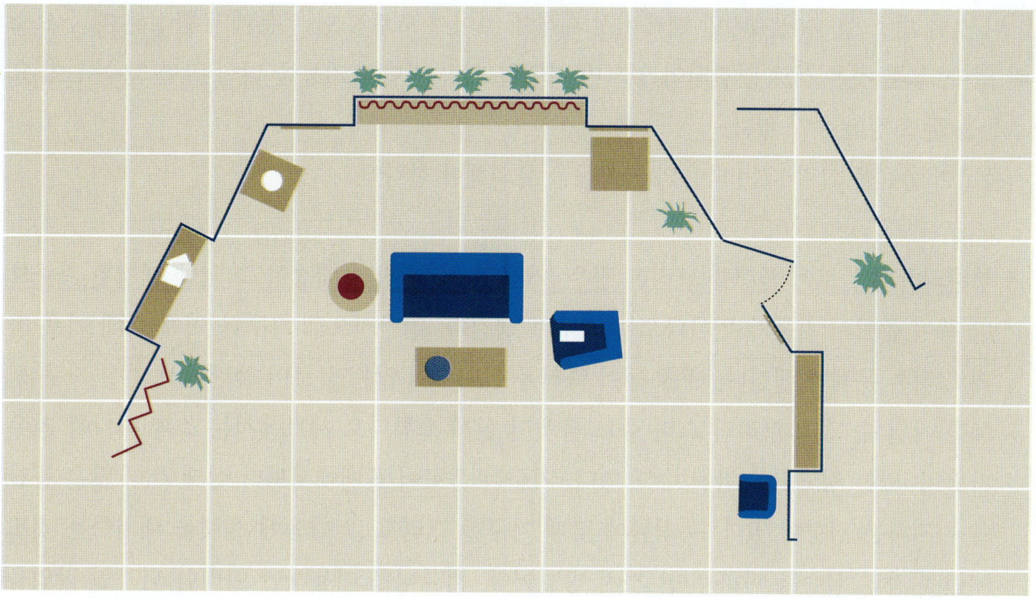

[그림 15.35] 간단한 플로어 플랜
이 플로어 플랜에는 필요한 무대와 무대 소품, 세트 장식물, 주요 소도구들이 나타나 있다. 보통 정확히 축척률을 지켜서 그리지는 않는다.

플로어 플랜의 기능 플로어 플랜은 모든 제작 및 기술 스태프들에게 중요한 도구로 사용된다. 감독은 플로어 플랜을 통해서 쇼를 머릿속에 그려보고 연기자의 동작, 카메라, 마이크 붐의 영역을 가늠해 본다. 또한 실제로 무대 장치를 설치하고 주요 소품들을 배치해야 하는 플로어 스태프들에게는 필수적이라고 할 수 있다. 조명 감독은 플로어 플랜을 통해서 전반적인 조명을 설정한다. 오디오 기술자는 마이크의 배치와 발생 가능한 음향 문제를 살펴볼 수 있다.

세트 디자이너가 될 생각이 없더라도 기본적인 플로어 플랜을 그릴 줄 알아야 하며 그것을 실제 무대에 옮기고 연기자나 카메라의 움직임을 어떻게 해야 하는지 그리고 최종적으로 텔레비전 화면에 어떻게 비춰지는지 알아야 한다.

세트 배치 가능하면 언제나 조명이 설치되어 있는 곳에 세트를 배치한다. 역광 조명, 주 조명, 보조 조명이 대략적으로 제 위치에 설치되어 있는 곳에 세트를 배치하는 것이 좋다. 경험이 부족한 디자이너는 종종 이미 조명이 적정하게 설치되어 있는 스튜디오의 특정 지역에 똑같은 세트를 설치할 수 있는데도 불구하고 조명을 모두 새로 달아야 하는 스튜디오의 구석에 세트를 디자인하는 경우도 있다. 플로어 플랜을 이용해서 조명 계획을 세운다면 비치는 종이를 플로어 플랜 위에 대고 주요 조명원을 그려 넣으면 된다.

다시 한 번 느낄 수 있겠지만 텔레비전 제작에 있어서 오로지 한 부분에만 한정된 제작 요소란 없다. 모든 것은 서로 연결되어 있으며 다양한 제작 기법과 기능을 많이 알면 알수록 이 요소들을 잘 조정할 수가 있다.

플로어 플랜을 그릴 때는 다음의 사항들을 유의해야 한다.

- 부주의하게 플로어 플랜을 그리는 경우, 거실 벽 등의 장면 배경이 그 앞에 배치된 가구보다 폭이 좁아서 가구가 튀어나오는 경우가 생긴다. 일반적으로 가구를 벽에 비해 너무 작게 그려서 문제가 생긴다. 예를 들어 축척률에 따르지 않는 플로어 플랜에서 거실 가구 전체를 가릴 수 있게 그려진 스리 폴드 플랫이 실제 스튜디오 세트에서는 소파 하나를 겨우 가릴 수 있는 정도밖에 안될 수도 있다. 가구는 플로어 플랜에서보다 실제로 더 많은 공간을 차지하는 경향이 있다. 축척률에 맞게 가구를 그리고 그 다음에 플랫을 배치하는 것도 이런 디자인 실수를 피하는 한 가지 방법이다. 컴퓨터를 이용하면 이러한 디자인 작업을 쉽게 할 수 있다. 여러 종류의 간단한 인테리어 소프트웨어 프로그램을 이용해서 축척률에 맞는 가장 흔한 가구가 적당한 위치에 배치될 때까지 화면상에서 이리저리 이동시켜서 플로어 플랜을 만들 수 있다.
- 세트를 설치하다 보면 사용할 수 있는 스튜디오 공간이 플로어 플랜에 나타나 있는 것보다 항상 작다는 것을 알 수 있을 것이다. 세트 디자인은 실제로 사용 가능한 스튜디오 공간으로 제한해야 한다.
- 실제 가구를 세트에 설치할 때는 적어도 2m 이상 벽에서 떨어지도록 배치해서 역광 조명이 지나치게 경사진 각도로 연기자에게 비치지 않도록 한다. 또한, 감독은 벽과 가구 사이의 공간을 이용해 카메라를 움직이거나 탤런트가 그 사이를 움직이면서 연기하도록 할 수도 있다.

세트 배경과 덧마루(Set Backgrounds and Platforms)

세트의 배경은 샷을 통합하고 연기가 지속적인 환경에서 일어나고 있음을 보여주는 역할을 한다. 또한 비교적 고정된 전경에 비해 시각적 다양함을 보여주기도 한다. 대부분의 덧마루는 카메라를 앉아 있는 탤런트의 눈높이에 맞추기 위해 사용된다.

배경 배경을 균일하면서 대체적으로 낮은 에너지를 가진 색으로 채색하거나, 시청자가 배경의 한 부분과 다른 부분을 무리 없이 연결된 것으로 볼 수 있도록 하여 배경의 연속성을 유지시킨다. 텔레비전을 볼 때는 대개 배경의 세부 사항을 보게 되므로 시청자에게 단서를 제공

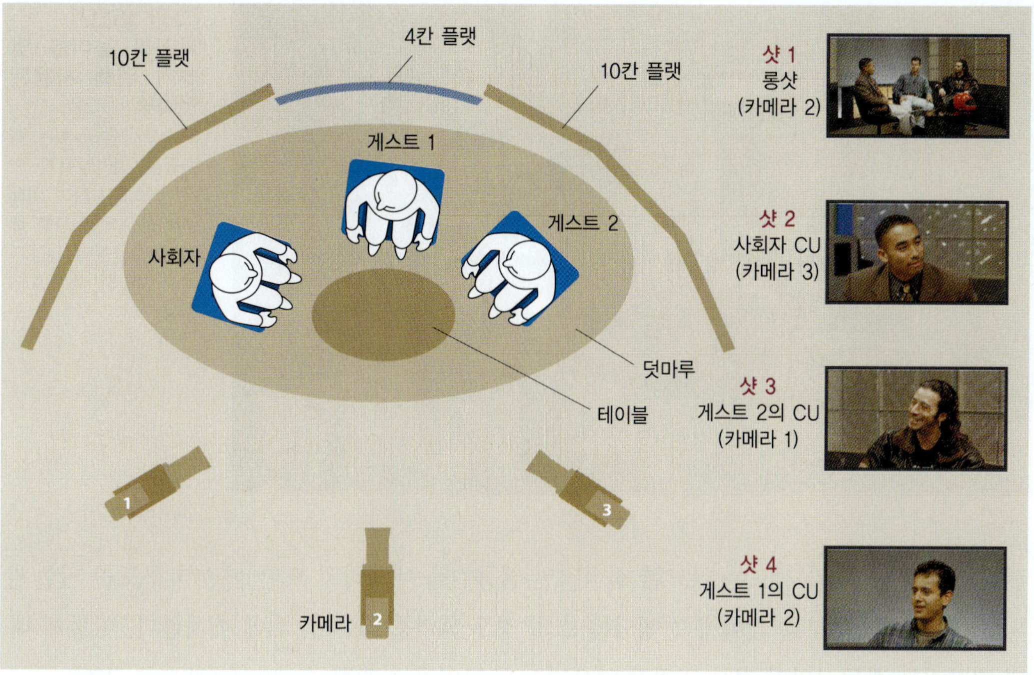

[그림 15.36] 배경 장식
인터뷰 세트의 설정 샷에서는 사회자와 게스트 2의 배경 플랫은 단조롭지 않은 배경을 제공하지만 중앙에 있는 게스트 1의 배경은 그렇지 않다. 이어지는 클로즈업에서는 이런 디자인 문제를 확실하게 보여준다.

해서 샷의 세부 사항에 클로저를 적용시켜서 심상 지도를 만들 수 있게 해야 한다. 전형적인 부엌 가구처럼 단일 환경을 보여줄 수 있는 균일한 색과 디자인의 소품들로 인해 시청자는 다양한 샷을 특정한 위치와 관련지어서 볼 수 있다.

세트의 연속성이 무대 디자인에서 중요한 요소이기는 하지만 밋밋하게 만들어서는 흥미를 끌 수가 없다. 예술 작품이나 포스터 등의 장식을 통하여 벽을 여러 연계된 부분으로 분리할 필요가 있다. 밋밋한 배경을 그림이나 다른 물건들로 장식할 때에는 카메라에 잘 보일 수 있도록 배치해야 한다. 예를 들어 그림을 인터뷰하는 사람들의 의자 사이에 걸게 되면 정면으로 촬영할 때만 그림이 보이게 되고 개별 클로즈업에서는 화면에 나오지 않게 된다. 클로즈업 샷에서 배경을 좀더 흥미롭게 만들고 싶다면 카메라가 교차 촬영했을 때 보일 수 있는 위치에 배치하는 것이 좋다(그림 15.36 참조).

덧마루 카메라맨은 자신이 작업하기에 가장 좋은 카메라 높이, 즉 미학적 관점에서 가장 효과적인 위치가 아니라 작업하기 편한 높이를 선호한다. 만약 스튜디오 바닥에 보통 의자를 놓고 연기자가 앉게 되면 보통 카메라 작업 높이보다 낮아서 카메라가 연기자를 내려다보게

[그림 15.37] 카메라 높이를 맞추기 위해 사용된 덧마루
카메라가 앉아 있는 사람들을 내려다보게 되는 것을 방지하기 위해 덧마루 위에 의자를 배치해서 사람의 눈높이에서 촬영할 수 있도록 한다.

된다. 이러한 카메라 각도는 미묘한 심리적인 열등감을 내포하고 또한 불편한 구도를 만들게 된다. 연기자가 대부분 앉아서 진행되는 쇼의 경우 의자를 덧마루 위에 배치한다. 이렇게 하면 카메라는 작동시키기 편한 위치에 있으면서 눈높이로 촬영할 수 있다(그림 15.37 참조).

스튜디오 플로어 처리(Studio Floor Treatments)

스튜디오 바닥은 디자이너에게 골칫거리 중 하나이다. 스튜디오에서 롱 샷으로 촬영하는 일은 흔하지 않지만 롱 샷으로 촬영하는 경우 보여지는 스튜디오 바닥은 창고나 차고에서 촬영하는 것 같이 볼품없어 보인다. 스튜디오 바닥을 처리하는 데 있어서 두 가지 유의할 사항은, 장식품이 카메라와 붐이 이동하는 데 방해가 되어서는 안 되며 쇼가 끝나고 나면 쉽게 제거할 수 있어야 한다는 것이다. 가장 흔히 사용되는 바닥처리 방법은 (1) 깔개나 매트, (2) 고무 타일, (3) 글루-온 스트립, (4) 페인트, (5) 가상 바닥(virtual floors)이 있다.

깔개와 매트 깔개는 훌륭하고 사실적인 플로어 처리 방법이지만 카메라와 붐이 이동하는 데 방해가 된다. 깔개의 가장자리를 테이프로 바닥에 고정시켜서 카메라 달리 바퀴나 페디스털 바퀴에 끌려서 주름이 잡히는 것을 방지한다. 잔디 매트도 마찬가지로 테이프로 고정시켜서 스튜디오 바닥에서 미끄러지지 않도록 한다. 보통 깔개를 제일 먼저 깔고 필요하면 그 위에 무대나 소품들을 배치한다.

고무 타일 유연성을 가진 고무 타일은 큰(대략 1 ㎡) 사각형에 대조적인 저에너지 색(탁한 백색이나 탁한 흑색)을 가지고 있다. 사무실, 춤추기 위한 세트, 큰 방, 복도 등에 탁월한 바닥 처리

제품이라고 할 수 있다. 스튜디오 바닥에 원하는 모양으로 타일을 깔면 자연적으로 바닥에 고정된다. 만일을 대비해서 가장자리를 테이프로 바닥에 고정해서 카메라에 쓸려 다니지 않게 한다. 타일에 발자국이 남을 수 있으므로 카메라 리허설이나 녹화 전에 비눗물로 닦아낸다.

글루-온 스트립(glue-on strips) 글루-온 스트립은 또한 탁월한 바닥 처리 제품이다. 다양한 모양을 가지고 있으며 붙였다가 다시 떼어낼 수 있도록 되어 있어서 나란히 연결해서 스튜디오 바닥에 붙였다가 쉽게 떼어낼 수 있다. 카메라와 붐의 이동에도 제한이 없다. 그러나 이 글루-온 스트립은 고가여서 정교한 제작에만 사용된다.

페인트 몇몇 무대 디자이너들은 수용성 페인트로 바닥을 처리하는 것을 선호한다. 대부분의 페인트는 리허설이나 녹화를 마치고 나면 완전히 제거하기가 힘들어 결국 스튜디오 바닥에 자국을 남기기도 한다. 페인트칠을 하기 전에 스튜디오 감독과 상의해야 한다.

가상바닥(virtual floors) 때때로 복잡한 바닥 패턴은 컴퓨터로 만들어져서 디지털로 신에 삽입된다. 그러한 경우 프로듀서는 기술 있는 후반작업자가 필요하며 시간이 오래 걸리는 작업이지만 일상적인 제작의 일에서는 일반적인 것은 아니다.

핵심요약

- 텔레비전 무대 디자인은 3차원 경관을 모두 포함한다.
- 무대 장치에는 하드월과 소프트월, 세트 모듈로 된 표준 세트와 사이클로라마나 배경막, 커튼과 같은 매는 장치, 덧마루와 왜건, 기둥이나 미닫이, 페리아크토스와 같은 세트 부품으로 이루어진다.
- 소품의 기본적인 종류에는 가구나 뉴스 데스크, 의자와 같은 무대 소품과 그림, 드레이프, 램프와 같은 세트 장식물, 접시나 전화기, 컴퓨터와 같이 탤런트가 직접 사용하는 소도구가 있다.
- 세트를 해체했다가 다시 조립해서 다음 촬영에 사용해야 하는 경우 세트의 모든 세부 사항을 다시 설치할 때 이전과 똑같이 설치할 수 있도록 사진을 찍어서 보관한다.
- 플로어 플랜은 플로어 플랜 패턴에 조명 그리드를 참고해서 무대와 소품의 정확한 위치를 그려 넣은 것을 말한다. 플로어 플랜은 감독이 탤런트와 카메라, 마이크 붐을 배치하거나 플로어 스태프가 무대를 설치하고 주요 소품을 배치할 때 그리고 조명 감독이 기본적인 조명을 설계할 때 유용하게 사용된다.
- 스튜디오 바닥은 카메라 움직임에 방해되지 않도록 고무 타일이나 글루-온 패턴, 페인트로 처리할 수 있다. 깔개는 방송 도중 카메라가 그 위로 올라가거나 내려가지 않는다는 조건하에서 바닥 처리 방법으로 유용하게 사용될 수 있다. 가상 바닥은 신에 디지털로 삽입될 수 있으나 후반작업에서 기술과 많은 시간을 필요로 한다.

CHAPTER

16

제작 스태프

Production People

텔레비전 제작은 팀 활동이다. 이것은 이미 많이 들어본 말일 것이다. 그러나 혼자서 캠코더를 가지고도 충분히 할 수 있는 일을 굳이 팀을 이뤄서 해야 하는 것일까? 전체 제작과정을 혼자서 조절하고 자신만의 창작력을 다른 사람으로부터 방해받지 않는 것이 더 좋지 않을까? 현 팀보다는 다른 팀의 구성원들이 더 믿을 만하지 않을까? 이미 대답을 알고 있으리라고 생각하지만 마지막 두 개의 질문에 대한 대답은 '아니다' 이다. 전문적인 텔레비전 제작에서는 고도로 분업화된 기능을 수행하는 다수의 사람들을 믿고 임해야 한다.

예를 들면, 혼자서 ENG 캠코더를 가지고 뉴스를 쫓아다닐 수는 있지만 테이프를 가지고 방송국에 돌아오면 그 뉴스를 방송에 내보내는 것은 나머지 부서에서 담당해야 한다. 누군가는 취재한 뉴스를 어디에 배치해야 하는지를 결정하고, 또 다른 누군가는 취재한 비디오테이프를 편집하거나 마구잡이로 기록한 내용을 뉴스에 합당한 내용으로 만들어 내고, 뉴스가 방송되는 동안 편집된 비디오테이프를 녹화기나 비디오 서버에 넣어서 정해진 시간에 재생될 수 있도록 해야 하고, 최종 영상, 음향 신호가 확실하게 송출될 수 있도록 만들어야 한다. 여러 대의 카메라를 사용하는 야외촬영이나 스튜디오 작업도 그 프로젝트가 끝나기 위해서는 당연히 한 사람보다는 많은 사람을 필요로 한다.

Section 16.1 「제작 스태프가 하는 일」에서는 텔레비전 제작에 관련된 다양한 팀 구성원들을 알아보고 그들이 하는 일을 정확히 알아본다. 이 section에서는 또한 출연자와 연기자들을 촬영하는 특정한 기법에 대해서도 알아본다. section 16.2 「분장과 의상」에서는 출연자와 연기자들의 분장은 어떻게 해야 하며 촬영 시 어떤 의상을 입어야 하는지 알아본다.

주요 용어

라인 위 (선상비용) 인력(above-the-line personnel) 예산 집행상의 분류로, 비기술 분야 인력을 가리킨다.

연기자(actor) 극에서 배역을 맡은 사람. 연기자는 언제나 자신이 아닌 다른 사람을 표현한다.

라인 아래 (선하비용) 인력(below-the-line personnel) 예산 집행상의 분류로 기술 분야 인력을 가리킨다.

블로킹(blocking) 탤런트와 이동하는 모든 텔레비전 장비의 이동을 주의 깊게 실행하는 것.

큐 카드(cue card) 큰 카드에 문구를 손으로 적은 것, 대개 플로어 스태프가 카메라 렌즈 옆에 들고 서 있게 된다.

파운데이션(foundation) 기본적인 분장으로 파운데이션을 바르고 그 위에 립스틱이나 아이섀도를 바른다.

분장(makeup) 화장품을 이용해서 외모를 개선, 수정, 변화시키는 것.

뉴스 제작 인력(news production personnel) 뉴스, 다큐멘터리, 특수 이벤트 제작 업무만을 보는 인력.

비기술 분야 제작 인력(nontechnical production personnel) 주로 기본 기획을 최종 화면 이미지로 옮기는 비기술 분야에 관련된 사람들. 라인 위의 인력이라고도 한다.

팬케이크(pancake) 주로 수용성이며 작은 스펀지로 바르게 되어 있는 메이크업 베이스 혹은 파운데이션.

팬 스틱(pan stick) 지용성의 파운데이션. 수염이나 눈에 띄는 잡티를 가리는 데 사용한다.

출연자(performer) 비 드라마 쇼에 출연하는 사람. 출연자는 다른 사람이 아닌 자기 자신의 개성을 표현한다.

탤런트(talent) 텔레비전에 주기적으로 나오는 출연자와 연기자를 통칭하는 이름.

기술 분야 제작 인력(technical production personnel) 제작 장비를 조작하는 사람들. 라인 아래 인력이라고도 부른다.

텔레프롬프터(teleprompter) 대본을 렌즈에 투사해서 탤런트가 시청자와의 시선을 방해받지 않고 읽을 수 있도록 만든 프롬프팅 장치. 오토 큐라고도 부른다.

SECTION

16.1

제작 스태프가 하는 일

What Production People Do

아무리 정교한 텔레비전 제작 장비나 컴퓨터 인터페이스라도 사람을 대신할 수는 없다. 사람과 사람이 하는 일이 아직도 제작과정에서 절대적 위치를 차지하고 있다. 기계들은 윤리적, 미적 판단을 대신해 줄 수 없으며 이벤트의 어느 부분을 선택해야 하며 최적의 의사 소통을 위해서는 어떻게 표현해야 하는지 말해 주지 못한다. 이러한 결정은 일반적인 의사 소통 목적 범위 안에서 팀 구성원과의 대화를 통해서 스스로가 정해야 한다. 텔레비전 제작의 주요 업무는 기계를 다루는 것이 아닌 사람들과 협력해서 작업을 진행해나가는 것이라는 것을 곧 깨닫게 될 것이다.

▶비기술 분야 제작 인력

주로 기획에서 최종 화면 이미지를 만들어 내는 과정에 관련된 인력

▶기술 분야 제작 인력과 직원

제작 장비의 조작과 관련된 인력

▶뉴스 제작 인력

특히 뉴스나 특별 이벤트 제작과 관련된 인력

▶텔레비전 탤런트

텔레비전 출연자와 연기자

▶연기력

카메라, 오디오, 타이밍, 포스트프로덕션, 연속성, 플로어 매니저의 큐, 프롬프트 장치

▶연기 기법

관객, 블로킹, 대사 암기, 타이밍, 포스트프로덕션, 감독/연기자의 관계

▶오디션

준비, 외향, 독창성

[표 16.1] 비기술 분야 제작 인력

명 칭	기 능
비기술 분야 인력	
Executive 프로듀서	하나 또는 일련의 프로그램을 책임진다. 예산을 관리하며, 방송국 운영, 광고대행인, 재정후원자, 탤런트 및 작가와 협력한다.
프로듀서	하나의 개별 프로그램을 책임진다. 프로그램 제작에 관련된 모든 인력뿐 아니라 제작에 관련된 기술적, 비기술적 요인들을 조합시켜야 한다. 가끔 작가, 감독의 역할도 한다.
보조 프로듀서(AP)	제작에 관련된 모든 측면에서 프로듀서를 보조한다. 때때로 탤런트의 섭외나 일정 계획과 같은 실제적인 업무를 수행하기도 한다.
라인 프로듀서	세트에서의 일일 제작 활동을 감독한다.
필드 프로듀서	야외 제작시 프로듀서를 보조한다. 규모가 작은 방송국에서는 프로듀서의 역할을 맡기도 한다.
제작 매니저	모든 스튜디오, 현장 제작의 장비와 인력의 계획을 세운다.
제작 지원(PA)	실제 제작과정 동안 프로듀서와 감독을 보조한다. 보다 나은 제작을 위해 리허설 과정 동안 프로듀서나 감독의 지시사항을 기록한다.
감독	탤런트의 연기와 기술적 사항들을 책임진다. 대본을 효과적인 비디오, 오디오 메시지로 변화시키는 궁극적인 책임을 진다. 규모가 작은 방송국에서는 프로듀서가 이 역할을 하기도 한다.
조감독(AD)	실제 제작과정 동안 감독을 보조한다. 때로는 감독을 대신하여 시간을 계산하기도 한다. 규모가 크고 복잡한 제작에서는 여러 가지 준비상태가 완전한지를 확인한다.
탤런트	텔레비전에 규칙적으로 등장하는 모든 연기자나 출연자를 가리킨다.
연기자	배역을 가지고 연기하는 사람
출연자	비드라마적인 프로그램에 등장하는 사람. 자기 자신을 표현한다.
아나운서	내레이션을 읽지만 화면에는 나타나지 않는다. 화면에 등장하는 경우 탤런트 범주에 포함된다.
플로어 매니저	스튜디오에서 일어나는 모든 행동에 대해 책임진다. 스튜디오의 탤런트에게 지시를 내리고, 디렉터의 큐 신호를 탤런트에게 전달하며 스튜디오 인력들을 감독한다. 규모가 작은 방송국에서는 배경 세팅이나 의상을 책임지기도 한다. 플로어 디렉터나 스테이지 매니저라고 부르기도 한다.
플로어 요원	무대 배경이나 의상을 담당한다. 큐 카드나 이젤 카드, 그랙픽 등을 조작한다. 때로는 마이크 붐을 조작하기도 한다. 스튜디오 카메라맨을 보조하여 카메라 케이블을 조절한다. 작은 방송국에서는 의상담당이나 메이크업 일도 담당한다. 또한 그립스(grips), 스테이지핸즈(stagehands) 또는 유틸리티 인원으로 부르기도 한다.

[표 16.1] 비기술 분야 제작 인력 (계속)

명 칭	기 능
부가적인 제작 인력	
작은 제작에서는 다음의 제작 인력은 언제나 영구적인 스태프의 일원으로 참여하는 것이 아닌 계약에 의해 고용하거나 또는 이들의 기능을 다른 사람들이 대체할 수도 있다.	
작가	대본을 작성한다. 규모가 작은 방송국이거나 독립 제작사인 경우 작가의 역할은 감독이나 프로듀서를 대체하기도 한다. 대체로 자유계약 형태로 고용한다.
아트 디렉터	세트 디자인, 야외 촬영시 배경, 그래픽 등 쇼의 창조적인 디자인 측면을 책임진다.
그래픽 아티스트	컴퓨터 그래픽, 타이틀, 차트, 기타 전자적 배경을 준비한다.
분장사	탤런트들의 분장을 맡는다. 대체로 자유계약 형태로 고용한다.
의상 디자이너	드라마, 무용수, 어린이 쇼의 의상을 책임진다. 대체로 자유계약 형태로 고용한다.
의상 담당자	제작 중에 모든 의상에 관련한 일을 담당한다.
소품 관리자	다양한 소품을 관리한다. 큰 작업시에만 사용되며 일반적으로 소품은 플로어 매니저가 담당한다.
사운드 디자이너 위해 자유계약	포스트프로덕션에서 완전한 오디오 트랙을 구성한다. 대체로 대형 규모가 큰 제작을 형태로 고용한다.

[표 16.2] 라인 위와 라인 아래 인력

라인 위의 인력과 라인 아래 인력이 언제나 정확하게 구분되는 것은 아니다. 일반적으로 라인 위의 인력은 비기술 분야 일에 종사하며, 라인 아래 인력은 기술적인 인력을 포함한다.

라인 위 인력(Above-the-line)		
■ 책임 프로듀서	■ 제작 매니저	■ 사운드 디자이너
■ 프로듀서	■ 감독	■ 탤런트
■ 협력 프로듀서	■ 조감독	■ 작가
■ 제작부원	■ 아트 디렉터	
라인 아래 인력(Below-the-line)		
■ 스튜디오 감독	■ 플로어 요원	■ 비디오테이프 편집자
■ 기술 감독	■ 비디오 기사	■ 분장사
■ 카메라맨	■ 음향 기술자	■ 의상 책임자
■ 조명 감독	■ C.G. 조작자	■ 배경과 소품 담당
■ 플로어 매니저	■ 비디오테이프 기사	■ 유지 기술자

비기술 분야 제작 인력(Nontechnical Production Personnel)

비기술 분야 제 인력은 일반적으로 스크립트나 이벤트를 텔레비전 이미지로 옮기는 과정에 관련된 사람들을 말한다(표 16.1 참조). 비기술 분야와 관련된 인력을 라인 위 인력(above-the-line personnel), 기술 분야와 관련된 인력을 라인 아래 인력(below-the-line personnel)이라고 하는데, 이것은 기술 분야와 비기술 분야를 나눠서 예산을 집행하기 때문에 생긴 분류이다. 행정 프로듀서, 프로듀서, 감독, 미술감독, 미술조감독, 작가와 탤런트가 비기술 분야 인력에 속한다.

이러한 라인 위, 라인 아래로 제작 인력을 분리하는 것은 절대적인 것이 아니며 유니폼에서조차 이런 구분을 찾아볼 수 없다. 예를 들면 어떤 제작에서는 PA(production assistant)나 플로어 매니저가 라인 아래 부류에 속하며 또 다른 곳에서는 라인 위에 속한다(표 16.2 참조).

DP(director of photography)는 기술적으로 라인 아래 제작 인원에 속하지만 주로 라인 위에 속하는 사람으로 보고 예산 집행도 라인 위의 사람에 속해서 집행된다. 영화 제작에서 사용하는 용어들이 텔레비전 제작에서도 그대로 사용된다. 연극적인 영화 제작시 DP는 카메라 작동보다는 조명과 필름의 적정한 노출을 책임지게 된다. 그러나 소규모 영화 제작이나 EFP 제작에서는 DP가 카메라를 작동시키면서 조명도 담당하게 된다. 그러므로 독립 텔레비전 프로듀서나 감독이 믿을 만하고 독창적인 DP를 찾는다고 했을 때 경험이 많은 EFP 카메라맨을 필요로 한다. 기억해야 할 중요한 점은 그 사람이 라인 위에 속하는 사람이건 라인 아래 있는 사람이건 혹은 감독 의자에 앉아 있는 사람이건 현장에서 조명을 들고 있는 사람이건 관계없이 제작팀 구성원이면 모두가 다 동등하게 중요하다.

기술 분야 제작 인력과 직원(Technical Personnel and Crew)

기술 분야 제작 인력은 장비 조작과 관련된 사람들로 구성되어 있다. 기술 분야 인력에는 카메라맨, 음향, 조명 기술자, 비디오테이프 조작자, 비디오테이프 편집자, C.G. 담당자 등이 포함된다. 기술 분야라는 단어는 전기 기술자를 뜻하는 것이 아니라 기술과 확신을 가지고 장비를 조작하는 것을 말한다. 전기를 이해하고 장비가 고장났을 때 어디를 살펴보아야 하는지 알아야 하는 기술자는 장비 조작에 관여하는 것이 아니라 장비를 설치하고 유지함으로써 전체 시스템이 적정하게 작동할 수 있도록 해주는 사람이다. 그러나 규모가 큰 전문적인 제작팀에서는 기술 분야의 제작 인력을 기술자라고 부르는 것을 알 수 있는데 이것은 노동 조합에 의해 만들어진 전통적인 직업 분류법에 의한 것이다(표 16.3 참조).

[표 16.3] 기술 분야 인력과 직원

명 칭	기 능
기술 분야 인력	
아래에 열거한 사람들은 기술 장비의 구매와 설치, 올바른 기능, 유지를 담당하는 실제 기술자들이다.	
Chief engineer	기술인력, 예산, 장비를 책임진다. 전송설비를 포함한 시스템을 디자인하고 매일의 조작 상태와 설치 현황을 감독한다.
보조 chief engineer	기술적 사항이나 조작면에서 chief engineer를 보조한다.
스튜디오 야외 촬영감독	기술감독(engineering director)이라 부른다. 모든 기술적 조작을 감독한다.
관리 책임자	관리 책임자 제작과정 동안 기계장비의 관리를 책임진다.
비기술 분야 인력	
전기 기술적인 측면에서 어느 정도 기술을 가지고 있지만 다음에 열거한 인력은 꼭 기술자는 아니지만 기술적으로 훈련된 제작 인력이다.	
기술감독(TD)	스위칭을 담당하고 기술팀을 지휘한다.
카메라맨	카메라를 조작하며 간단한 프로그램에서 조명을 조작하기도 한다. 주로 현장 제작을 하는 경우 보도사진기자 혹은 슈터라고 부른다.
촬영 감독(DP)	영화 제작에서 조명을 담당한다. EFP에서는 EFP 카메라맨을 말한다.
조명감독(LD)	조명을 책임진다. 보통 대규모 제작에 참여한다.
비디오 오퍼레이터(VO)	최상의 카메라 화상을 얻기 위해 카메라를 조정한다. 야외촬영시 특별한 임무를 수행하기도 한다.
오디오 기술자	모든 오디오 조작을 책임진다. 쇼가 진행되는 동안 오디오 콘솔을 조작한다.
비디오테이프 기술자	비디오테이프 기계를 조작한다. 때로는 기술자가 아닌 사람이 맡기도 한다.
문자발생기 조작자	이름이나 비디오 이미지와 연결되는 그래픽 재료들을 컴퓨터에 입력하거나 출력한다.
비디오테이프 편집자	기술적인 측면 외에도 모든 비디오테이프 편집자는 기술요원보다는 제작요원으로 인식하고 있다.
디지털 그래픽 아티스트	방송용 디지털 그래픽을 담당한다.

기술 분야와 비기술 분야의 인력은 크기와 제작 장소, 제작의 복잡성에 따라 겹쳐지거나 심지어 뒤바뀔 수도 있다는 것을 염두에 두어야 한다. 예를 들어 협회 회장의 반기 연설을 위한 비디오테이프 녹화 설치에서는 프로듀서로서 일을 하고 제작 당일에는 조명이나 카메라 조작과 같은 기술 분야의 일을 할 수도 있다. 연속극과 같은 대형 제작에서는 하는 일이 규정되어

있는 경우가 많다. 프로듀서로 일을 하게 되면 조명이나 카메라 조작에는 전혀 관여하지 않게 된다. 그리고 카메라를 다룰 때는 계획이 지연되고 그 당시 아무 것도 할 일이 없다고 하더라도 조명 담당이 설치를 모두 끝낼 때까지 인내심을 가지고 기다려야 한다.

뉴스 제작 인력(News Production Personnel)

대부분의 방송국은 적어도 한 번 이상의 뉴스를 보도한다. 사실상 뉴스 보도가 방송국의 주요 제작물이라고 할 수 있다. 뉴스 담당 부서는 시내의 화재나 시청 앞에서의 시위와 같은 취재 등의 다양한 제작 업무에 빠르게 대처할 수 있어야 하기 때문에 취재를 미리 준비할 수 있는 시간이 부족하다. 그래서 뉴스 부서에서는 뉴스 제작에만 참여하는 고유의 뉴스 제작 인력을 가지고 있다. 이 사람들은 뉴스, 다큐멘터리, 특별한 이벤트 제작에만 참여하고 있으며 고도로 특성화된 기능을 수행한다(표 16.4 참조).

그러나 다른 조직과 마찬가지로 텔레비전 혹은 소규모 공동 비디오 작업의 경우 이 section에서 거론하는 사람보다 더 많은 사람들이 참여하게 되는데, 그런 사람들로는 총무, 전화 업무를 보는 사람, 다양한 이벤트의 계획을 짜는 사람, 광고 방송을 섭외하는 사람, 계약을 협상

[표 16.4] 뉴스 제작 인력

명 칭	기 능
뉴스 디렉터	뉴스 진행을 책임진다. 모든 뉴스캐스트의 궁극적인 책임을 진다.
프로듀서	뉴스캐스트가 전체적으로 통일되고 균형을 취하도록 뉴스의 선택 및 배열하는 일에 대한 직접적인 책임을 진다.
할당 편집자	리포터와 카메라맨에게 취재할 특정한 이벤트를 할당한다.
리포터	뉴스를 취재한다. 현장에서 카메라를 통해 직접 보도하기도 한다.
보도사진기자	캠코더 조작자. 리포터가 없는 경우 사건의 어떤 측면을 보도할 것인가를 결정한다.
작가	앵커를 위한 방송 스크립트를 작성한다. 스크립트는 리포터의 취재 내용과 활용 가능한 비디오테이프를 근거로 작성한다.
비디오테이프 편집자	리포터의 취재 내용과 작가의 스크립터, 프로듀서의 지시에 따라 비디오테이프를 편집한다.
앵커	보통 스튜디오 세트에서 뉴스캐스트의 주요 진행자.
기상 캐스터	기상정보를 전달하는 카메라 출연자. 보통 기상학자라기보다는 엔터테이너의 성격이 강하다.
교통 리포터	지역 교통상황을 알려주는 카메라 출연자.
스포츠 캐스터	스포츠 뉴스나 해설을 전하는 카메라 출연자.

하는 사람, 세트를 만들고 설치하는 사람, 건물을 청소하는 사람 등이 있다. 이런 보조 인력들은 기본적인 제작 시스템 외의 일을 하는 사람들이기 때문에 지금은 이들의 기능을 거론하는 것이 도움이 되는 것이 아니라 혼란을 가져올 수 있다.

텔레비전 탤런트(Television Talent)

텔레비전에 정기적으로 나와서 무엇을 사라, 세계에서 어떤 일이 일어나고 있다, 날씨는 어떻게 될 것 같다 등의 말을 하는 사람들을 보면 그 일이 그다지 어려워 보이지도 않고 자신도 충분히 해낼 수 있을 것 같은 기분이 든다. 그들 대부분은 텔레프롬프터에 나오는 문구를 단순히 읽기만 하면 된다고 하니 아주 쉬워 보일 수도 있다. 그러나 막상 카메라 앞에 서면 그 순간 그 일이 보기만큼 그리 쉽지 않다는 것을 알게 될 것이다. 카메라 앞에서 여유 있는 모습을 보이고 카메라 렌즈나 텔레프롬프터가 실제 말상대인 것처럼 말할 수 있으려면 많은 노력과 재능(talent)이 있어야 한다. 그래서 우리는 텔레비전에 정기적으로 나오는 사람들을 탤런트(talent)라고 부른다. 어떤 탤런트는 오락, 교육, 정보를 전달하는 반면, 어떤 탤런트는 설득하고 납득시키며 혹은 판매를 목적으로 하는 등 의사 소통의 주제는 다양하겠지만 모든 탤런트들은 결국 텔레비전 시청자들과 가능한 한 효과적으로 의사 소통을 하려고 노력하는 사람들이라고 할 수 있다.

텔레비전 탤런트는 크게 두 부류로 나눌 수 있는데, 그 중 하나는 출연자이고 나머지 하나는 연기자이다. 이 둘은 확연히 구분된다. 출연자는 기본적으로 드라마가 아닌 부분에 종사하는 사람으로 다른 사람의 역할을 가정해서 연기하지 않고 그들 자신의 개성을 관객들에게 파는 사람들이다. 반면 연기자는 언제나 다른 사람의 역을 맡아서 하고 자기 자신의 개성이 아닌 등장 인물의 개성을 투영하고 자기 자신의 경험을 투영하기도 한다. 연기자가 나오는 이야기는 언제나 허구이다.

텔레비전 출연자와 연기자는 엄연히 구분되지만 여러 가지 기능을 서로 주고받기도 한다. 모든 탤런트는 카메라를 통해서 시청자와 의사 소통을 하기 때문에 말의 뉘앙스와 행동, 타이밍에 반드시 주의를 기울여야 한다. 또한 탤런트는 프로듀서, 감독, 플로어 매니저, 카메라맨과 상호 작용한다.

연기력(Performance Techniques)

텔레비전 출연자는 카메라에 직접적으로 이야기하고, 다양한 프로그램의 사회자가 되거나 다른 출연자 혹은 스튜디오 관객들과 의사 소통을 하기도 한다. 출연자들은 각 가정에서 관객들이 텔레비전을 시청하고 있다는 것을 늘 자각하고 있다. 그러나 후자 유형의 관객은 사회학자들이 말하는 거대한 익명의 비동질적 관객이 아니다. 텔레비전 출연자에게 있어 관객은 텔레비전 세트 앞에 모여드는 친밀한 개인 혹은 소수집단이다.

자신이 출연자라면 자신이 가장 좋아하는 방에 앉아 있는 세 명의 가족이 자신으로부터 약 3 m 정도의 거리에 떨어져 있다고 상상해야 한다. 이러한 상황을 염두에 둔다면 '텔레비전 앞에 앉아 있는 수백만 명의 시청자들'에게 소리를 지를 필요가 전혀 없으며 오히려 출연자를 자신의 집으로 초대할 만큼 친절한 시청자들에게 나직하고 친근하게 이야기하는 것이 성공적인 접근이라고 할 수 있다.

텔레비전 출연자에게는 카메라가 관객이 된다. 출연자는 이러한 카메라의 특성과 음향, 타이밍과 같은 중요한 제작 요소들에 자신의 퍼포밍 기법을 적용시켜야 한다. 이 section에서는 다음에 열거하는 것들에 대해서 알아보기로 한다. (1) 출연자와 카메라, (2) 출연자와 음향, (3) 출연자와 타이밍, (4) 출연자와 포스트프로덕션, (5) 플로어 매니저의 큐, (6) 프롬프팅 장치.

출연자와 카메라(Performer and Camera)

카메라는 단순히 움직이지 못하는 기계 덩어리가 아니라 출연자가 행동을 하든 하지 않든 모든 것을 보고 있다. 카메라는 출연자가 어떻게 생겼고 어떻게 움직이고 앉고 서는지, 간단히 말해서 다양한 상황에서 어떻게 행동하는지를 본다. 때로는 아무리 친한 사람도 감히 해보지 못할 정도로 가까이에서 면밀하게 관찰한다. 카메라는 출연자가 안절부절못해 불안해하는 모습을 보여주기도 하고 이름을 잊어버렸을 때 당황해 하는 모습을 그대로 보여준다. 카메라는 출연자가 코나 귀를 긁을 때 딴 곳으로 시선을 피하지 않는다. 카메라는 모든 유쾌하고 불쾌한 세부적인 출연자의 행동을 있는 그대로 반영한다. 그러므로 텔레비전 출연자는 자신이 지금 하고 있는 일을 스스로 인식하고 있다는 것을 관객들이 모르도록 조심스럽게 행동을 통제해야 한다.

카메라 렌즈 카메라가 관객을 대신하고 있기 때문에 출연자는 반드시 시청자와 눈을 맞추고 있다는 기분으로 카메라의 렌즈를 똑바로 쳐다봐야 한다. 사실, 렌즈를 쳐다본다기보다는 렌즈를 통해서 시청자를 보는 노력을 해야 하며 실제 사람과 눈을 맞춘다기보다는 그 이상을 응시해야 한다. 만약 카메라를 그저 바라보기만 하다면 혹은 카메라맨을 관객으로 의식하고 조금이라도 렌즈에서 눈길이 빗나가면 출연자와 시청자 사이의 의사 소통에 있어서 연속성과 긴장감은 깨지게 되고, 그렇게 되면 텔레비전의 마법도 순식간에 깨지게 된다.

카메라 스위칭 만약 두 대 이상의 카메라를 사용하게 되면 출연자는 어떤 카메라가 방송 중인지 인지해야 하며 관객과의 직접적인 접촉을 유지해야 한다. 감독이 카메라를 스위칭하면 출연자는 재빨리 그러나 자연스럽게 플로어 매니저의 큐(또는 카메라의 탈리 조명)를 따라가야 한다. 머리를 돌려 이 카메라에서 저 카메라를 보아서는 안 된다. 만약 잘못된 카메라를 보고 이야기를 하고 있었다면 고개를 숙이고 생각을 정리하는 척하다가 자연스럽게 방송 중인 카메라를 바라본다. 다른 카메라로 큐를 받기 전까지는 같은 카메라를 향해 지속적으로 이야기한다. 이 방법은 뉴스 보도나 인터뷰처럼 노트나 스크립트를 보고 일하는 경우에 특히 유용하다. 이런 경우 노트를 보는 척하면서 잘못된 카메라에서 방송 중인 카메라로 시선을 옮길 수 있다.

만약 감독이 한 대의 카메라는 출연자의 미디움 샷을 잡고 다른 한 대는 출연자가 설명하고 있는 물건을 클로즈업하라고 지시했다고 한다면(인터뷰 중에 진행자가 책을 들고 설명할 때와 같이) 클로즈업을 잡고 있는 카메라로 스위칭이 되더라도 출연자는 전체 진행과정 내내 미디움 샷을 잡고 있는 카메라를 향해 연기하는 것이 좋다. 이렇게 되면 미디움 샷 카메라만이 출연자를 잡고 있기 때문에 잘못된 카메라를 볼 염려가 없어진다(그림 16.5 참조). 또한 이 카메라에서 저 카메라로 옮겨가며 프롬프터를 읽는 것보다는 하나의 프롬프터를 읽는 것이 훨씬 편하다.

클로즈업 기법 카메라의 피사계가 좁으면 좁을수록 빠른 움직임을 따라잡기가 힘들다. 만약 카메라가 클로즈업하고 있다면 출연자는 반드시 움직임을 제한하고 조심스럽게 움직여야 한다. 예를 들어, 노래를 부르고 있는 동안 감독은 특히 감성적인 부분을 강조하기 위해 노래하는 사람을 매우 가깝게 잡고 싶어한다. 이럴 경우 가능한 한 움직이지 말고 머리도 흔들어서는 안 된다. 클로즈업 그 자체가 이미 충분히 강조하고 있기 때문에 노래에만 열중하면 된다.

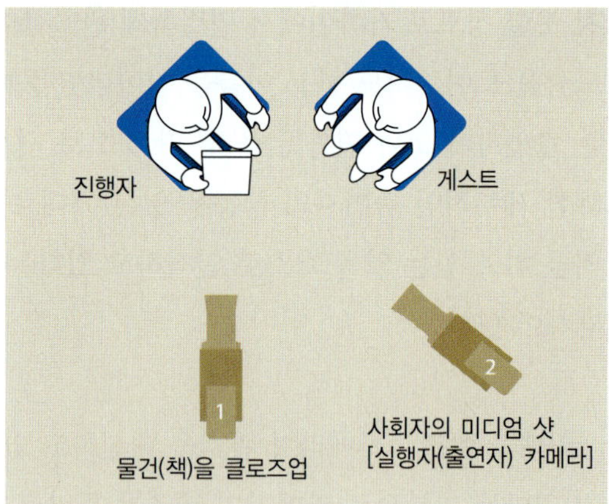

[그림 16.5] 출연자 카메라
하나의 카메라(카메라 1)가 물건을 클로즈업하고 다른 카메라(카메라 2)가 사회자의 미디움 샷을 잡을 때 사회자는 클로즈업이 방송에 나가는 동안에도 카메라 2를 응시해야 한다.

작은 피사체를 설명할 때 피사체를 클로즈업으로 잡게 되면 그 피사체가 움직이지 않도록 해야 한다. 만약 그 피사체가 탁자 위에 놓여 있을 경우, 피사체를 집어들지 않도록 한다. 그리고 피사체를 가리키거나 살짝 위로 들어서 카메라에 더 잘 잡히도록 한다. 카메라가 피사체를 클로즈업하고 있을 때 출연자가 그 피사체를 잡아채 버리면 카메라맨과 감독은 몹시 짜증이 난다. 재빨리 스튜디오 모니터를 한 번 보면 피사체가 최대한 화면에 잘 잡히는지 알 수 있다. 두 대의 카메라를 사용하는 중이라면 클로즈업 카메라가 물건을 향하게 하는 것이 좋지만 도가 지나쳐서 대상물이 미디움 샷 카메라에 부자연스럽게 뒤틀려 보이게 해서는 안 된다.

경고 큐 강연, 설명회, 인터뷰 따위의 비 드라마 쇼에서는 대개 블로킹 계획을 짤 만한 시간이 없다. 보통 감독은 출연자가 중요한 행동 영역을 옮긴다거나 복잡한 시범을 보이는 것과 같은 몇몇 주요 행동에 대해서만 지시하게 된다. 그러므로 출연자는 방송 중에 미리 계획되지 않은 행동을 하려면 감독이나 스튜디오 스태프에게 수신호나 음향 신호를 보내야 한다. 예를 들어 일어서기 전에 몸을 살짝 들었다 다시 앉는 등 일어서려는 행동을 보이면 카메라맨이나 마이크 붐 담당자가 그 움직임에 대해 준비를 할 수 있게 된다. 만약 예기치 않게 갑자기 일어서면 카메라는 그 자리에 고정되어서 신체의 중앙 부분을 잡게 되어 촬영이 흐트러지게 된다.

만약 하나의 세트에서 다른 세트로 이동하게 될 때에는 음성으로 신호를 줄 수 있다. 예를 들어 "자, 이제 가서 어린이들에게 물어보겠습니다" 혹은 "저를 따라 실험실로 오시면 직접 보실 수 있습니다"라는 말을 함으로써 제작 스태프들에게 움직임을 알릴 수 있다. 이러한 신호는 시청자들에게는 아주 자연스럽게 들리기 때문에 시청자들은 별 뜻 없어 보이는 출연자들의 이러한 신호가 실제로는 많은 반사 행동들을 이끌어 내는 것이라는 것을 알지 못한다. 계획에 없던 시각 자료를 사용하는 경우 특히 주의해야 한다. 예를 들어 출연자는 "첫 번째 사진은…" 이라는 식의 말로 감독에게 다음에 시각 자료를 사용할 것이라는 것을 알릴 수 있다. 그러나 이런 경고 신호는 자주 사용해서는 안 된다. 만약 더 교묘하면서도 직접적으로 감독에게 알릴 수 있는 방법이 있다면 그 방법을 써야 한다.

노골적인 표현은 삼간다. 쇼를 진행하는 것은 감독이지 탤런트가 아니다. 특히 감독이 이미 줌 인을 통해 클로즈업을 잡고 있는데도 작은 물건을 잘 보이게 하겠다고 감독에게 카메라를 더 가까이 잡아달라고 해서는 안 된다. 또한 물건을 설명하기 위해 물건을 가지고 카메라 가까이 걸어오는 행동도 피해야 한다. 그렇지 않으면 출연자의 얼굴을 샷에 포착하기 위해 조명 방향으로 카메라를 틸트 업해야 할만큼 카메라에 지나치게 가까이 다가갈 수도 있고, 너무 가까이 다가가서 줌 렌즈의 초점이 흐려질 수도 있다. 줌 렌즈가 멀리 있는 출연자를 잡는 속도가 출연자가 카메라로 다가오는 속도보다 빠르다.

출연자와 음향(Performer and Audio)

텔레비전 출연자는 자연스럽고 편안해 보이는 것 외에도 명확하고 효과적으로 말할 수 있어야 하는데 그렇게 말할 수 있도록 타고난 사람은 거의 없다. 훌륭한 아나운서나 출연자가 되기 위해서는 울리는 목소리와 매력적인 발음이 필수라고 생각하는 것은 잘못된 생각이다. 오히려 중요한 것은 첫째로 요점을 말해야 한다는 것과, 둘째로 설득력 있고 믿음이 가도록 말해야 하고, 셋째로 모든 사람이 알아들을 수 있도록 분명하게 말해야 한다는 것이다. 철저한 텔레비전 아나운싱 훈련이 텔레비전 출연자가 되기 위한 전제 조건이다. 대부분의 경험이 없는 출연자들은 너무 빠르게 말해서 가능한 한 빨리 카메라로부터 벗어나고자 한다. 심호흡을 깊게 한 번 하고 말의 속도를 늦추면 얼마나 편안해질 수 있는지 자신도 놀라게 될 것이다.

마이크 기법 Chapter 9에서 기본적인 마이크 기법을 알아보았다. 다음은 마이크를 다루는 방법과 음향 기술자를 보조하는 방법에 대해 정리한 것이다.

- 대부분 라발리에 마이크를 착용하고 작업을 하게 된다. 제대로 부착하기만 하면 걱정할 필요가 없고 특히 촬영 기간 동안 비교적 활동이 없다면 더더욱 안심해도 좋다. 만약 어떤 세트에서 다른 세트로 이동해야 할 경우 마이크 코드 선이나 세트, 소도구에 걸려 엉키지 않게 주의해야 한다. 출연자는 자신의 몸 뒤에 있는 코드를 당겨서 마이크 선이 팽팽하게 당겨지지 않도록 해야 한다. 무선 라발리에의 경우 케이블을 걱정할 필요 없이 활동 영역을 옮겨 다닐 수 있다.
- 핸드 마이크 사용시 미리 계획된 동작에 불편이 없도록 케이블 길이가 충분히 긴지 확인해야 한다. 마이크에 직접 말하지 말고 비스듬히 대고 말한다. 만약 시내 중심가와 같이 시끄러운 환경에서 누군가를 인터뷰해야 한다면 자신이 말할 때는 마이크를 입에 가까이 대고 상대방이 말할 때는 상대방에게 가까이 댄다.
- 붐 마이크를 사용할 때에는 관객들이 눈치채지 못하는 범위에서 붐 마이크의 움직임에 유의한다. 붐 담당자에게 충분한 신호를 보내서 출연자의 움직임을 미리 알 수 있도록 한다. 붐이 따라올 수 있도록 천천히 움직인다. 특히 붐은 동작에 맞춰 움직이기가 어렵기 때문에 재빨리 몸을 돌리는 것은 피한다. 만일 재빨리 돌아야만 한다면 붐이 새로운 위치로 이동할 때까지 말을 하지 않는다.
- 음향 기술자가 배치해 놓은 데스크 마이크를 움직이지 않는다. 마이크가 자신에게 향해 있지 않고 다른 출연자에게 향해 있다고 하더라도 더 좋은 음향 균형을 얻기 위해 고의적으로 배치했을 것이므로 움직이지 않도록 한다.

어떠한 경우에도 마이크를 부드럽게 다뤄야 한다. 록 공연에서 마이크를 함부로 사용하는 것을 보았다고 하더라도 마이크는 소도구가 아니므로 록 그룹을 흉내내서 던지거나 코드를 꼬아서는 안 된다.

음량 훌륭한 음향 기사라면 방송에 나가기 전에 출연자에게 음량 조절에 협조해달라고 요구해 올 것이다. 많은 출연자들의 나쁜 습관 중 하나는 음량이 조절되고 있는 동안에는 빠르게 숫자를 열까지 센다거나 중얼거린다거나 작게 말하다가 실제 방송이 시작되면 큰 소리로 시작한다는 것이다. 음량이 조절되면 음향 기사가 적정한 수준으로 음량을 조절할 수 있을 만큼 충분히 길게 가능한 한 큰 소리로 오프닝 인사를 한다.

오프닝 큐 쇼를 시작할 때 감독이 큐를 주기 전까지 모든 마이크는 꺼져 있다. 그러므로 플로어 매니저나 I.F.B.(interruptible foldback, or feedback)를 통해 큐를 받기 전까지 기다려야 한다. 큐를 받기 전에 말을 한다고 해도 들리지 않게 된다. 미리 지시받지 않는 한 탈리 라이트를 오프닝 큐로 받아들여서는 안 된다. 오프닝 큐를 기다리는 동안 플로어 매니저가 아닌 출연자를 잡는 카메라를 주시하고 있어야 한다.

출연자와 타이밍(Performer and Timing)

생방송이나 실황 녹화 방송의 경우에는 초 단위로 운영하게 된다. 궁극적으로 쇼를 제 시간에 방송하고 제 시간에 끝내는 것은 감독의 책임이지만 성공적인 타이밍에는 출연자의 몫도 크다.

전체 쇼의 속도를 주의 깊게 조절을 해야 하는 것 외에도 출연자는 3분 큐, 2분 큐, 1분 큐, 30초 큐를 받았을 때 많은 프로그램 내용을 어떻게 짧은 시간 동안 처리할 수 있는지를 배워야 한다. 예를 들면, 시간은 얼마 남지 않았는데 중요한 프로그램이 남았다고 하더라도 편안하고 안정된 모습을 유지하면서 동시에 감독이나 프로듀서의 I.F.B.에 귀를 기울여야 한다. 반면, 행동이나 말로 나타내는 것 없이 여분의 30초를 자연스럽게 채울 수 있도록 미리 준비되어 있어야 한다. 물론 이러한 마음의 여유는 실제 경험에서 얻어 지는 것이지 텔레비전 핸드북 따위에서 얻을 수 있는 것은 아니다.

출연자와 포스트프로덕션(Performer and Postproduction)

출연하는 쇼가 짧은 광고나 안내와 같은 연속적으로 보여주는 것으로서 포스트프로덕션을 위해 영화처럼 여러 날 혹은 여러 주에 걸쳐 촬영된다면 출연자는 매번 녹화 때마다 같은 모습으로 보여져야 한다. 같은 의상을 입어야 하는 것은 당연한 것이다. 또한 같은 장신구, 스카프, 넥타이를 매 녹화시 착용해야 한다. 처음에 코트의 버튼을 열고 촬영했다면 다음 날도 코트의 버튼을 열고 촬영해야 한다. 메이크업이나 머리 모양도 마찬가지로 매 녹화마다 같아야 한다. 첫 녹화가 끝나면 바로 폴라로이드를 이용해서 자신의 정면, 측면, 뒷면의 스냅 사진을 찍어두면 나중에 쉽게 참고할 수 있다.

가장 중요한 것은 매 녹화시 같은 에너지 수준을 보여줘야 한다는 것이다. 예를 들어 하루는 최대 에너지로 촬영을 했지만 그 부분을 끝내지 못해서 다음날 촬영이 재개되었을 때, 특히 편집과정에서 두 테이크 사이에 어떠한 시간의 흐름도 설정되지 않을 경우에 전날의 에너지를 유지하면서 촬영에 임해야 한다. 테이크가 반복될 때에는 일정한 에너지 수준을 유지하도록 한다.

플로어 매니저의 큐(Floor Manager's Cues)

프로듀서나 감독과 I.F.B.로 연결되어 있지 않다면 플로어 매니저가 출연자와 감독 사이를 연결해주는 역할을 하게 된다. 플로어 매니저는 출연자에게 진행 속도가 빠른지 느린지, 시간이 얼마나 남았는지, 목소리의 크기는 충분한지, 혹은 클로즈업 샷에 정확하게 피사체가 들어가는지 말해 줄 수 있다.

방송국이나 제작소에 따라 큐 신호와 절차는 조금씩 다르지만 보통 시간을 알리는 큐, 방향을 알리는 큐, 그리고 오디오 큐가 사용된다. 익숙하지 않은 제작팀과 작업하는 경우 방송에 임하기 전에 플로어 매니저와 큐에 대해서 미리 알아보도록 한다(표 16.6 참조).

특정한 순간에 적정하지 않은 큐라는 생각이 들더라도 큐에 즉각적으로 반응한다. 감독은 필요치 않은 큐는 주지 않는다. 진정한 전문적인 출연자는 필요한 큐와 필요치 않은 큐를 가려내는 사람이 아니라 모든 신호에 빠르고 자연스럽게 반응하는 사람일 것이다.

큐를 받아야 하는데 받지 못했다고 해서 플로어 매니저에게 불안한 모습을 보여서는 안 되고 플로어 매니저가 요구 사항을 눈치 채고 일을 처리하도록 해야 한다. 큐를 받으면 받았다는 표시를 해서도 안 된다. 플로어 매니저는 출연자가 큐를 받았는지 못 받았는지 알게 되어 있다.

연기를 보이면서 I.F.B.를 통해 들려오는 정보에 즉각적으로 반응한다는 것은 쉬운 일이 아니다. 전화를 받으면서 옆에 있는 사람들에게 다른 내용의 말을 하는 것이 얼마나 어려운 일인지 모두 알고 있을 것이다. 그러나 스튜디오나 현장에서 뉴스를 보도할 때 이러한 동시적인 의사 소통은 일반적인 것이다. 출연자는 자신이 다른 사람이 하는 말을 듣고 있다는 것을 관객들이 모르게 I.F.B.를 통해서 감독이나 프로듀서의 지시를 주의 깊게 들어야 한다.

[표 16.6] 플로어 매니저의 큐

플로어 매니저는 감독의 지시를 방송에 참여하고 있는 탤런트에게 보내기 위해 표준 수신호를 사용한다.

큐	신호	뜻	신호 묘사
시간을 알리는 큐			
Standby		쇼가 시작하려고 한다.	손을 머리 위로 뻗는다.
Cue		쇼가 방송에 나가고 있다.	출연자나 방송 중인 카메라를 가르킨다.
On time		쇼가 시작하려고 한다. 계획대로 진행하라.	집게손가락을 코에 댄다. 손을 머리 위로 뻗는다.
Speed up		하고 있는 일을 빨리 진행해라. 너무 늦게 진행하고 있다.	집게손가락을 펴고 시계 방향으로 돌린다. speed up의 속도는 빠르게 돌리거나 느리게 돌려서 표시한다.
Stretch		늦춰라. 너무 많은 시간이 남았다. 비상사태가 끝날 때까지 시간을 채워라.	손 사이에 고무줄이 있다는 생각으로 늘인다.

[표 16.6] 플로어 매니저의 큐(계속)

큐	신호	뜻	신호 묘사
시간을 알리는 큐			
Wind up		진행하고 있는 것을 끝내라. 쇼가 끝나고 있다.	speed-up 신호와 흡사하지만 보통 손을 머리 위로 올려서 돌린다.
Cut		말이나 동작을 즉시 멈춰라.	집게손가락을 칼처럼 목을 긋는 흉내를 낸다.
5(4, 3, 2, 1) minute(s)		minute 쇼가 끝나기 5(4, 3, 2, 1)분 전	손가락을 5개(4, 3, 2, 1) 들어올리거나 숫자가 쓰여있는 카드를 보여준다.
Half minute		쇼가 끝나기 30초 전	손가락 혹은 팔로 십자를 만든다. 혹은 숫자가 쓰여있는 카드를 보여준다.
15 seconds		쇼가 끝나기 15초 전	주먹을 보여준다. 도는 숫자가 써있는 카드를 보여준다.
Roll VTR(and countdown) 2, 1, take VTR		2-1 take VTR VTR이 주행된다. 테이프에 녹화하려고 한다.	왼손을 얼굴 앞에 펴고 오른 손을 돌리는 시늉을 한다. 두 개, 한 개 손가락을 펴거나 주먹을 쥐거나 cut 신호를 보낸다.

[표 16.6] 플로어 매니저의 큐(계속)

큐	신호	뜻	신호 묘사
시간을 알리는 큐			
Closer		출연자는 카메라에 가까이 오거나 피사체를 카메라에 가까이 가져오라.	손바닥 안쪽을 자신에게 향하고 움직인다.
Back		출연자는 카메라에서 멀어지거나 피사체를 카메라에서 멀리 가져가라.	손바닥을 밖으로 하고 미는 동작을 한다.
Walk	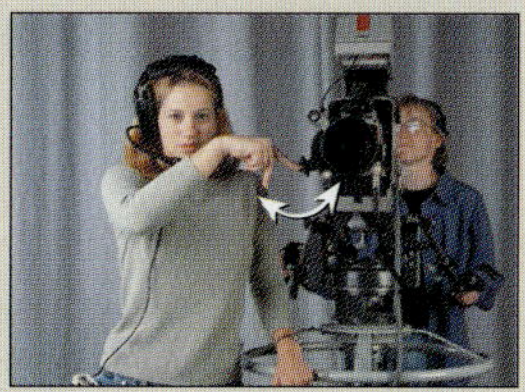	쇼가 시작하려고 한다. 계획대로 진행하라.	검지와 중지로 이동해야 하는 방향으로 걷는 시늉을 한다.
Stop		거기서 멈춰라. 더 이상 움직이지 마라.	손바닥을 밖으로 해서 몸 앞에 편다.
OK		잘했다. 거기에 머물러라. 하고 있는 것을 계속 해라.	출연자를 향해서 엄지와 검지로 O를 만들고 다른 손가락은 편다.

[표 16.6] 플로어 매니저의 큐(계속)

큐	신호	뜻	신호 묘사
시간을 알리는 큐			
Speak up		현재 상황에서 출연자의 목소리가 너무 작다.	두 손을 귀 뒤에 오므리거나 손바닥을 위로 하고 들어 올린다.
Tone down		출연자의 목소리가 너무 크거나 혹은 지금 상황에서 너무 흥분하고 있다.	손바닥을 밑으로 하고 두 손을 스튜디오 바닥을 향하게 하거나 집게손가락을 입에 대고 조용히 하라는 동작을 취한다.
Closer to mic	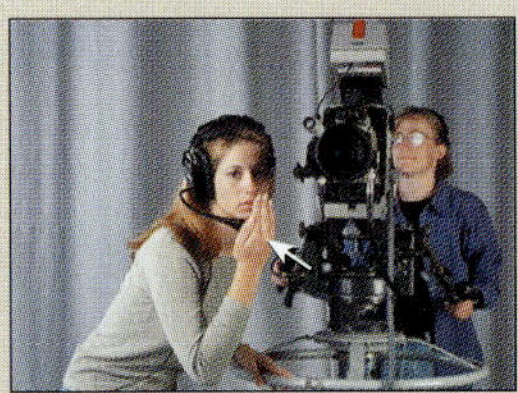	출연자는 마이크에서 너무 떨어져 있다.	손을 얼굴에 가져간다.
Keep talking		다음 큐까지 계속 얘기한다.	손으로 새 부리 모양으로 움직인다.

송신이 안 좋은 상태라고 해도 I.F.B. 지시를 받기 위해 관객과의 소통을 멈춰서는 안 된다. 그러나 생중계에서 I.F.B.에서 들려오는 감독의 지시를 듣지 못했을 경우에는 감독에게 중요한 내용을 전달받아야 할수도 있기 때문에 관객에게 이야기하는 것을 잠시 멈춰야 하는 경우도 생긴다. 이때는 I.F.B. 지시를 주의 깊게 듣고 이전에 진행하던 내용을 계속 이어서 진행한다. 방송에 모습이 나가는 동안 수신 장치를 조정하려고 해서는 안 된다. 가능하면 자신을 비

추던 카메라가 다른 곳을 비추거나 다른 카메라가 방송에 나가는 동안 조정하도록 한다.

프롬프팅 장치(Prompting Devices)

프롬프팅 장치는 특히 뉴스나 연설에 필수적인 제작 도구이다. 관객들은 뉴스캐스터가 그 많은 기사를 다 외울 수 없다는 것을 알고 있으면서도 뉴스를 읽기보다는 정면으로 자신들을 바라보며 뉴스를 전하길 원한다. 뉴스캐스터가 다음에 무슨 말을 해야 하는지 머뭇거리지 않으면서 길고 복잡한 내용을 전하기를 기대하고 있다. 프롬프팅 장치는 외운 내용을 갑자기 잊어버리게 되는 것을 두려워하거나 미처 내용을 다 외우지 못한 출연자에게 큰 도움을 준다.

프롬프팅 장치는 전적으로 믿을 만해야 하며 출연자는 시청자에게 눈길을 떼지 않는 상태에서 프롬프팅 장치에 나와 있는 내용을 읽을 수 있어야 한다. 두 개의 프롬프팅 장치가 유용하게 사용되고 있다.

큐 카드 비교적 짧은 내용을 담는 큐 카드에는 여러 종류가 있으며 어떤 큐 카드를 사용할지는 출연자의 익숙한 정도와 기호에 의해서 결정한다. 대개 큰 포스터 크기의 카드에 펠트 펜으로 수기한 카드를 사용하게 된다. 카드와 글자의 크기는 거리에 따라 출연자가 잘 볼 수 있게 조정한다. 큐 카드를 다루는 일도 그렇게 쉬운 일은 아니다. 플로어 담당자는 큐 카드를 렌즈와 가능한 한 가까이 들고 손으로 내용을 가려서는 안 되며 출연자와 같이 읽어내려 가면서 다음 카드로 자연스럽게 바꿔 줄 수 있어야 한다(그림 16.7 참조).

출연자는 렌즈와 눈을 맞추는 것을 놓치지 말고 카드를 읽을 수 있는 방법을 터득해야 한

[그림 16.7] 큐 카드 다루기

A 큐 카드를 잘못 든 모습: 카드가 렌즈에서 너무 많이 떨어져 있고 손으로 내용의 일부분을 가리고 있다. 카드를 들고 있는 사람이 내용을 읽을 수가 없어서 자연스럽게 카드를 바꿀 수가 없다.

B 큐 카드를 올바르게 든 모습: 카드를 든 사람이 내용을 가리지도 않으며 렌즈 가까이에 카드를 들고 있고 탤런트와 함께 내용을 읽어 내려갈 수 있다.

다. 플로어 담당자는 카드가 순서대로 되어 있는지 거듭 확인한다. 만약 플로어 스태프가 재때 카드를 바꾸지 않는다면 손가락을 움직여 플로어 스태프의 주의를 환기시키거나 비상시에는 다음 큐 카드로 바꿀 때까지 애드리브로 대처해야 한다. 쇼가 시작되기 한참 전에 내용에 대해 숙지해야만 잠깐 동안의 애드리브라도 잘 해낼 수 있게 된다. 포스트프로덕션을 거치는 장면을 촬영하고 있다면 감독에게 촬영을 멈추도록 요청해서 카드가 제 순서대로 될 수 있도록 조정할 수 있다.

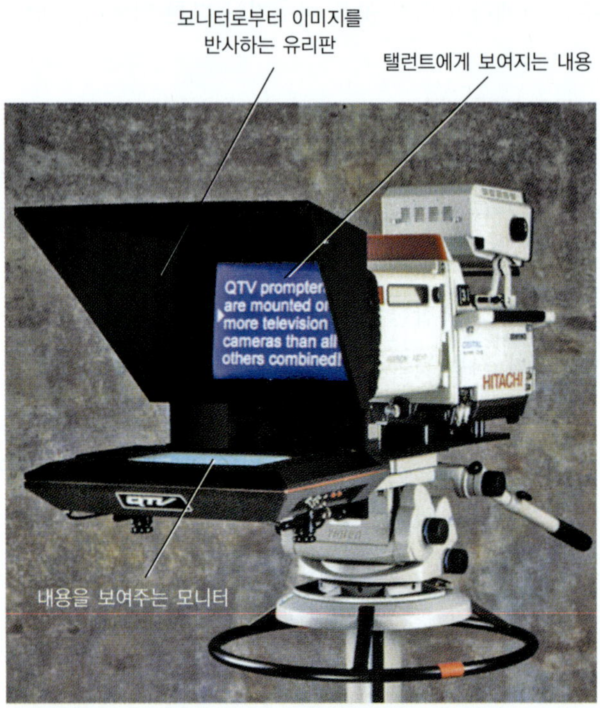

[그림 16.8] 텔레프롬프터에 내용이 보이는 모습
모니터나 평판 디스플레이는 렌즈 앞의 유리판에 직접 내용을 투사시킨다. 탤런트는 렌즈와 시선접촉을 방해받지 않으면서 내용을 읽을 수 있다.

스튜디오 텔레프롬프터 가장 효과적인 프롬프팅 장치는 텔레프롬프터로 작은 모니터나 평판 모니터에 내용을 반사시켜서 볼 수 있게 만든 장치이다. 오토 큐라고 부르기도 한다. 모니터 화면에는 카메라 렌즈를 향해 있는 유리판에 비친 글자들이 보이게 된다. 이렇게 하면 렌즈 앞에 나타난 글을 읽으면서 시종일관 시청자들과의 시선 접촉도 유지할 수 있게 된다(그림 16.8 참조).

내용은 대개 워드프로세서와 문자 발생기를 합쳐놓은 듯한 컴퓨터로 입력하게 된다. 이 컴퓨터는 다양한 글자 크기로 내용을 보여주며, 또한 두루마리를 감고 풀듯이 내용이 적힌 면을 다양한 속도로 위아래로 감았다 풀 수가 있다. 제작에 사용되는 모든 카메라에는 같은 내용이 보이게 된다.

뉴스 보도에서 앵커는 텔레프롬프터에게 보이는 내용의 기사를 출력해서 가지고 있어야 한다. 출력한 스크립트는 프롬프팅 장치에 문제가 생길 경우를 대비한 안전 장치 역할을 하게 된다. 또한 이 스크립트를 보면서 앵커는 장면과 카메라가 언제 전환되는지 알 수 있으며 짧은 광고 후에 어떤 내용이 오게 되는지 알 수 있다. 텔레프롬프터를 사용하면 카메라와 출연자 사이의 거리를 임의로 정할 수 없게 된다. 카메라는 출연자가 곁눈질하지 않고도 내용을 볼 수 있도록 충분히 가까워야 하는 동시에 시청자가 내용을 읽어 나가는 출연자의 눈의 움직

[그림 16.9] 현장 프롬프터
평판 디스플레이로 된 가벼운 프롬프터는 어떤 종류의 현장 카메라에도 장착이 가능하다. 이것은 내용을 직접적으로 렌즈에 투사한다.

임을 볼 수 없을 정도로 충분히 멀어야 한다. 최단 카메라 거리에서 프롬프터를 읽을 수 없다면 글자를 크게 만들도록 한다.

ENG EFP

현장 프롬프터 리포터가 복잡한 도심의 한 복판에서 더듬거리거나 머뭇거림 없이 잘 짜여진 내용의 기사를 보도하는 것이 어떻게 가능한 것일까 하는 의문을 품어 본 적이 있는가? 어떤 사람들은 그런 능력을 정말로 가지고 있는지도 모르지만 대개의 경우 프롬프팅 장치를 사용하기 때문에 이것이 가능하다. 내용이 짧다면 큐 카드나 작은 노트를 사용할 수도 있다. 긴 내용의 경우 현장 프롬프터라는 장치가 필요하다.

현장 프롬프터에는 스튜디오 텔레프롬프터를 작게 만든 것을 포함해서 여러 종류가 있다. 평판 모니터는 매우 가벼워서 무게가 가벼운 트라이포드에 장착할 수도 있다. 대부분의 최신 현장 프롬프터 제품들은 프롬프팅 소프트웨어가 설치된 랩톱 컴퓨터에 연결할 수 있게 되어 있다. 글자 크기를 조정할 수도 있고 내용을 다양한 속도로 위아래로 이동시킬 수도 있다. 이전에 나와있던 프롬프터들은 종이 두루마리를 렌즈 아래 혹은 옆쪽에 부착해서 사용하게 되어 있다. 작은 전기 모터를 이용해서 손으로 쓴 내용들을 다양한 속도로 아래에서 위로 올라가도록 움직인다. 좀더 정교한 제품에서는 스튜디오 텔레프롬프터와 유사하게 역광으로 원고 내용을 비추어 카메라 렌즈 앞쪽에 설치한 투명한 플라스틱에 내용을 투사한다(그림 16.9 참조).

비슷한 장치를 플로어 담당자가 들거나 트라이포드에 장착해서 카메라 렌즈 바로 위나 아래에 배치함으로써 카메라에서 독립시켜서 사용할 수 있다. 텔레프롬프터의 성능과는 관계없이 언제나 주제에 대해서 충분히 숙지해서 프롬프팅 장치가 잘못되었을 때 재치 있게 말할 수 있도록 한다.

연기 기법(Acting Techniques)

텔레비전 출연자에 비해서 연기자는 다른 사람의 특징과 성격을 연기해야 한다. 훌륭한 연기자가 되기 위해서는 이 책에 나와 있는 내용을 알기 이전에 연기 예술을 먼저 습득해야 한다. 여기서는 텔레비전 매체의 특성에 어떻게 연기를 접목시킬 것인가에 대해서 알아보기로 한다. 많은 훌륭한 연기자들이 텔레비전이 작업하기 어려운 매체라고 말한다. 그들은 혼잡스럽고 비개인적인 기술적 장비들로 붐비는 텔레비전 스튜디오에서 효과적인 연기를 보여야 하며 감독보다는 카메라맨, 음향 기술자의 지시를 더 많이 받게 된다.

관객(Audience)

연극과 텔레비전 연기의 가장 큰 차이점은 그 당시 지켜보는 관객이 있느냐 없느냐가 아니라 지속적으로 움직이고 있는 카메라라는 관객이 연극에서의 실제 관객처럼 눈을 깜빡이거나 연기에 호응하는 일이 절대 없다는 것이다. 게다가 연기는 짧은 테이크들로 잘게 나눠져서 연기가 고조되는 것을 불가능하게 하기도 한다. 각각의 짧은 연기 단편들은 나무랄 데가 없어야 한다. 모든 테이크에서 카메라는 연기자의 주의를 돌고 가까운 곳에서 또는 먼 곳에서 뿐만 아니라 위나 아래에서도 연기자를 비추게 된다. 감독이 시청자에게 보여주겠다고 결정하게 되면 카메라는 연기자의 눈, 발, 손, 뒷모습까지도 촬영할 수 있다. 그리고 언제나 연기자는 자신 있고 자연스럽게 보여 주고자 하는 인물이 실제인 것처럼 화면에 나타나도록 만들어야 한다. 관객이 아니라 카메라 렌즈를 향해 연기해야 한다는 것을 잊어서는 안 된다. 연극 무대에서 연기하듯이 동작과 감정을 표현하려고 할 필요가 없다. 텔레비전 카메라가 연기자를 대신해서 그러한 의사 소통을 해줄 것이기 때문이다.

연기에 있어서 연기의 외면화가 아닌 내면화가 중요하다. 연기자는 자신이 맡은 인물을 연기해 보여 준다기보다는 그 인물 자체가 되려고 해야 한다. 카메라가 가까이에서 연기자를 관찰하고 클로즈업 샷이 친밀감을 전해주기 때문에 연기자의 반응은 연기만큼이나 중요하다. 연기를 통해서보다는 상황에 반응하는 모습을 보여줌으로써 감정 전달을 더 잘 할 수 있게 된다.

블로킹(Blocking)

연기자는 리허설을 거쳐 연습한 정확한 위치, 즉 무대와 다른 연기자, 텔레비전 장비들을 기준으로 한 정확한 장소를 지켜야 한다. 때로 쇼가 클로즈업을 주로 사용할 때는 몇 센티미터조차도 눈에 띄는 차이를 가져오게 된다. 정확하게 설치된 조명과 마이크 붐을 사용할 경우 제한된 마이크의 이동 영역에 맞추기 위해서라도 미리 설정된 연기 영역(블로킹: blocking)을 지켜야 한다.

일단 쇼가 방송에 나가기 시작하면 연기자는 반드시 리허설대로 움직인다. 갑작스러운 영감이 생겼다고 해서 예기치 않은 행동을 해서는 안 된다. 감독에게 미리 알리는 경우를 제외하고는 계획에 없던 변경은 언제나 이전 것만 못한 결과를 낳게 된다. 카메라는 제한된 피사계를 가지고 있기 때문에 카메라에 계속해서 비춰지고 싶다면 피사계 밖으로 벗어나지 않는 것이 좋다.

플로어 매니저를 통해서 연기자가 서 있을 자리와 움직일 선을 표시하도록 하는 감독도 있다. 너무 드러나지 않게 이 표시선을 따라가며 연기한다. 이러한 표시 선을 사용하지 않는 경우에는 특정한 샷에서 세트와 소품들을 기준으로 어느 위치에서 연기해야 하는지 외워 둠으로써 연기 영역 지도를 머릿속에 만들어 둔다. 예를 들어, 실장과 나란히 나오는 장면에서는 캐비닛 옆에 서 있어야 된다거나 의사의 진찰실에서는 책상을 시계 반대 방향으로 돌아서 카메라의 우측에 있는 책상 모서리에 서야 한다는 식으로 기억해 둔다.

오버 더 숄더 샷이나 교차 촬영에서는 자신이 카메라에 비춰지기 위해서는 카메라를 응시해야 한다는 것을 명심하자. 만약 카메라 렌즈를 볼 수 없다면 카메라도 연기자를 촬영할 수 없게 된다. 조명 기구도 자신의 연기 영역을 확인하는 데 도움을 줄 수 있다. 예를 들어 문을 통해 조명이 비춰지는 경우 얼굴에 조명의 따스함이 느껴지는 지점까지 이동하면 연기 영역에 들어서게 된다.

때로는 감독이 지정한 장소가 특히 다른 연기자와의 관계를 고려할 때 완전히 잘못됐다고 생각될 때가 있다. 이러한 경우에도 자신이 판단해서 지정된 위치를 바꿔서는 안 된다. 감독이 지정한 위치는 특정한 카메라 피사계나 줌 렌즈 위치로 특정한 효과를 얻을 수 있는 위치일 수도 있다. 감독의 의도를 추측해서 움직이지 않도록 한다.

소품을 다룰 때 카메라는 대개 클로즈업을 잡게 된다. 이것은, 즉 리허설한 동작을 반드시 외우고 정확히 리허설한 방법과 속도로 연기를 해야 한다는 것을 의미한다. 소품을 사용할 때 긴장하지 말고 일상적으로 다루되 동작을 크게 한다. 안경을 벗어서 닦고 다시 착용하는 것과 같은 소품을 다루는 연기가 인물의 성격을 확실히 보여주기도 한다.

대사 암기(Memorizing Lines)

텔레비전 연기자는 대사를 빠르고 정확하게 암기할 수 있어야 한다. 연속극과 같은 경우 다음날 촬영을 위해 엄청난 양의 대사를 하루만에 외워야 하기 때문에 빨리 연구하고 외워야 한다. 이러한 연기에서 단순히 오랫동안 그 역할을 해 왔다는 이유로 즉석에서 대사를 만들어내서는 안 된다. 대부분의 대사는 극적인 관점에서 뿐만 아니라 그 대사가 전체 제작팀에게 영상 음향 신호로 작용하기도 하기 때문에 대사를 틀리지 않는 것이 중요하다. 대사의 마지막 줄을 신호로 조종실에서는 다른 카메라로 스위칭한다거나 비디오테이프를 인서트하거나 특수 효과를 넣는 등의 중요한 작업이 이어지기도 하기 때문이다.

하나의 EFP 카메라를 사용하는 제작이나 영화 형식의 스튜디오 제작에서는 각 샷이 미리 준비되어 있고 녹음을 따로 할 수도 있다. 이러한 제작에서는 각 테이크마다 같은 대사를 여러 번 반복해서 외워야 하는 경우도 생긴다. 이런 작업이 대사를 암기하는 데 더 좋다고 생각할지 모르지만 각 테이크마다 동작과 감정의 연속성을 유지하기가 더 힘들다. 훌륭한 텔레비전 연기자는 프롬프팅 장치에 의지하지 않고 자신의 배역을 읽는 것이 아니라 그 자체가 되어야 하는 것이다.

타이밍(Timing)

텔레비전 출연자와 마찬가지로 연기자는 정확한 타이밍 감각을 가지고 있어야 한다. 연기 속도를 조절하고, 클라이맥스를 만들어가고, 충격적인 대사를 전하고, 정해진 시간 내에 연기하는 데는 타이밍이 무엇보다 중요하다. 한 장면 한 장면 녹화하는 작업이라고 해도 연기자는 각 테이크마다 정해진 녹화 시간을 세심하게 살펴야 한다. 늘어져 보이지 않게 장면을 늘이고 연기하는 인물의 이미지를 망가뜨리지 않으면서 10초의 시간을 벌어야 하는 경우도 생기게 된다. 연기하는 인물에서 벗어나지 않으면서 융통성 있게 시간에 대처해야 한다.

앞에서 지적한 것처럼 플로어 매니저의 큐에 신속하게 반응한다. 단지 특정한 큐에 수긍할 수 없다는 이유로 연기하는 도중에 멈춰서는 안 된다. 부조종실에서 진행되고 있는 모든 작업에서 연기자는 분리된 하나의 개인이 아니라 전체 작업에 속해 있는 부속품과도 같은 존재이기 때문이다. 일단 장면을 끝내고 난 후 얘기하도록 한다. 작은 타이밍 실수는 포스트프로덕션 과정에서 정정할 수 있다.

연기자와 포스트프로덕션(Actor and Postproduction)

이미 알고 있는 바와 같이 텔레비전에서는 연극 제작에서와 같이 처음부터 끝까지 연기하는 것이 아니라 조각조각 나뉘어져 비디오테이프에 담기게 된다. 이번 주에는 쾌활하게, 그리고 다음 주에 이어지는 장면을 촬영할 때는 기운 없이 연기해서는 안 된다. 효율적인 제작을 위해서, 궁극적으로는 예산을 아끼기 위해서 하나의 시퀀스에서 한 장면만을 따로 찍기도 하기 때문에 생방송이나 생중계 녹화와 같이 연속적이고 순차적인 감정 전개를 얻을 수가 없게 된다. 다양한 피사계와 각도로 촬영하기 위해 혹은 더 나은 장면을 얻기 위해 한 장면을 여러 번 반복하기도 한다. 이것은 연기자가 단 한번의 멋진 연기를 위해서 흥분해서는 안 된다는 것을 의미한다. 한 번으로 끝내기보다는 각 테이크에서 같은 수준의 에너지와 자극을 유지해야 한다. 카메라는 미묘한 차이와 에너지의 수준, 연기의 연속성이 있는지 없는지를 어김없이 포착한다.

며칠 전에 시작한 장면을 연속해서 촬영하게 될 때 주의해야 할 중요한 점 중 하나는 연기의 속도이다. 만약 한 장면의 앞부분에서 느리게 움직였다면 다음 부분에서는 감독의 지시가 없는 한, 빠르게 움직이지 않도록 해야 한다. 이전에 했던 연기를 녹화한 내용을 보는 것이 같은 에너지 수준과 속도로 장면을 연속시키는 데 도움이 된다.

감독과 연기자의 관계(Director/Actor Relationship)

연기자는 많은 사람들이 감독의 지휘하에 공동으로 하는 작업에서 너무 개성을 앞세워서는 안 된다. 배우가 제작에서 매우 중요한 역할을 담당한다고는 하지만 카메라맨, 기술 감독, 음향 전문가, 조명 감독 등의 다른 제작 인력들도 마찬가지로 중요한 역할을 수행하고 있다.

텔레비전 연기자가 될 의향이 없다고 하더라도 가능한 한 연기하는 법을 배우려고 해야 한다. 연기를 할 줄 아는 사람이 훌륭한 텔레비전 출연자가 될 수 있고, 연기를 배운 감독은 전혀 모르는 감독보다 탤런트와의 작업을 더 잘 할 수 있기 때문이다.

오디션(Auditions)

카메라에 비춰지지도 않는 한 줄짜리 역할이든 드라마의 주요 역할이든지 관계없이 모든 오디션은 똑같이 중요하다. 언제나 오디션에서는 최선을 다해야 한다. 어떤 인물의 대사를 읽게 될지 모른다고 하더라도 항상 자신을 준비시켜야 한다. 카메라에 잘 비춰질 수 있는 옷을 입고 적당한 치장을 해야 한다. 자신의 차례를 반나절이나 기다려야 해도 활기찬 모습을 보여줘야 한다.

대본을 미리 받아 볼 수 있다면 신중하게 연구해야 한다. 예를 들어 탄산음료의 광고 오디션을 본다면 제품과 제품을 만든 회사, 광고 대행사에 대해서 가능한 한 많이 알고 있어야 한다. 제품을 잘 알아야만 대사를 전달할 때 자신감이 생긴다. 오디션 중에 혹은 그 전에 전달되는 지시 사항을 주의 깊게 들어야 한다. 텔레비전은 친숙한 매체라는 것을 기억하자.

실물 상품을 설명해 보이려면 실제 카메라 촬영에 들어가기 전에 포장은 어떻게 열어야 하는지 등을 알아본다. 다루기 쉽게 상품을 준비하기 위해 플로어 담당자에게 도움을 요청할 수도 있다. 또한 카메라가 얼마나 가까이에서 촬영하는지 알아보고 카메라 범위 안에서 연기하도록 한다.

연기자는 연기하는 인물을 총체적으로 이해해야 한다. 스크립트에 연기하려는 인물에 대한 충분한 설명이 없다면 감독이나 프로듀서에게 어떻게 처리해야 하는지 물어본다. 아주 작은 표현에 있어서도 인물의 개성을 표현할 수 있어야 한다. 자신의 인물 해석이 약간 틀리다고 하더라도 인물의 행동 방식을 정하고 그것에 따르도록 한다. 감독의 의견과 다르다고 해서 감독과 논쟁을 벌여서는 안 된다. 가장 중요한 것은 연기 학교에서 배운 것처럼 스스로에게 적당한 동기를 부여하고자 배역 담당 책임자에게 이것저것 물어봐서는 안 된다. 배역을 준 시점에서는 연기자가 스크립트를 분석하고 스스로에게 동기부여를 할 수 있다고 간주하고 배역을 맡기기 때문이다. 오디션에서는 얼마나 빠르고 훌륭하게 대본에 있는 인물의 이미지를 인식하고 말이나 동작으로 얼마나 비슷하게 표현하느냐를 보는 것임을 명심하자.

창조적이되 너무 지나쳐서는 안 된다. 한 오디션에서 외로운 한 여자와 그 여자를 이용하려고 하는 잔인하고 파렴치한 텔레비전 드라마의 남자 주인공 역에서 인물에 대한 자신의 해석을 첨가해서 그 역할을 따낸 사람이 있었다. 그는 여자 주인공을 유혹하는 장면에서 그 남자는 녹슨 손톱깎이로 자신의 손톱을 다듬었는데 후에 이런 아슬아슬한 손톱 깎는 장면은 실제로 드라마에 삽입되기도 하였다.

마지막으로 오디션을 볼 때는 다른 모든 운동 경기나 경쟁에서와 마찬가지로 오디션은 경쟁이라는 것은 명심하되 두려워해서는 안 된다. 타고난 연기 능력이 언제나 배역을 따내는 데 결정적인 역할을 하는 것은 아니다. 때로 감독은 무겁고 부자연스럽다든지 가볍고 민첩하다, 혹은 말랐지만 근육질이라는 식의 그 배역을 맡을 배우의 외향이나 행동을 특별히 정하고 있어서 연기자를 정하는데, 이러한 정해진 사항이 연기력보다 우세하게 작용할 수도 있다. 때로는 많은 시청자를 모을 수 있는 유명한 연기자가 배역을 맡을 수도 있는데 연기자라면 이렇게 자신이 계속해서 배역을 얻지 못할 수도 있는 상황에 준비가 되어 있어야 한다.

핵심요약

- 비기술 분야 제작 인력은 주로 대본 쓰기, 감독(directing)과 같이 비기술적인 분야에 관련된 사람들을 말한다. 이 사람들은 보통 라인 위 인력으로 구분된다.
- 기술 분야 제작 인력은 장비의 조작과 유지에 관련된 사람들이다. 이 사람들은 보통 라인 아래 인력으로 분류된다.
- 뉴스 제작 인력은 전적으로 뉴스, 다큐멘터리, 특별한 이벤트 제작에 배당된 사람들을 말한다.
- 기술 분야, 비기술 분야의 특정한 작업 기능을 초월해서 모든 구성원은 하나의 팀으로서 상호 협력해야 한다.
- 텔레비전 탤런트는 카메라 앞에서 주기적으로 연기를 하는 모든 사람들을 말한다. 탤런트는 출연자와 연기자로 크게 구분된다.
- 출연자는 기본적으로 뉴스 보도나 인터뷰, 게임 쇼와 같은 비드라마 쇼에 관계하는 사람들을 말한다. 이들은 자기 자신을 표현한다. 연기자는 자신이 아닌 다른 사람을 표현한다.
- 텔레비전 출연자는 카메라와 오디오, 타이밍, 포스트프로덕션, 플로어 매니저의 큐, 프롬프팅 장치의 특성에 자신의 기법을 접목시킬 줄 알아야 한다.
- 카메라 렌즈가 관객을 대신하기 때문에 출연자는 시청자와 시선 접촉을 만들어내기 위해 카메라 렌즈 너머에 있는 시청자를 보려고 해야 한다. 자신을 비추는 카메라가 다른 카메라로 바뀌면 출연자는 그 카메라로 자연스럽고 부드럽게 시선을 옮겨야 한다.
- 타이밍은 중요한 프로그램 진행 조건이다. 훌륭한 출연자는 플로어 매니저의 시간, 방향, 음향을 알리는 큐에 신속하면서도 자연스러운 반응을 할 수 있어야 한다.
- 프롬프팅 장치는 이제 텔레비전 제작에 있어서 중요한 위치를 차지하게 되었다. 가장 많이 사용되는 프롬프팅 장치로는 큐 카드와 텔레프롬프터가 있다.
- 텔레비전에서 연기자는 실제 관객의 반응이 없는 것을 극복할 수 있고 배역을 내면화할 수 있어야 하며, 클로즈업에서는 동작과 이동을 제한해야 하며 미리 연습된 이동 선을 정확히 따라야 하며 대사를 빨리 암기할 수 있어야 한다. 또한 좋은 타이밍 감각을 가지고 있어야 하고 한 장면을 여러 번에 걸쳐 촬영할 때도 매 테이크마다 연속된 외형과 에너지 정도를 보여줄 수 있어야 하며 때때로 감독의 무관심에도 긍정적인 태도를 유지할 수 있어야 한다.
- 출연자와 연기자는 가능한 한 최대로 오디션을 준비하고 있어야 하며 상황에 맞는 의상을 착용하고 소품이나 전형적인 행동으로 인물의 성격을 강조할 수 있어야 한다.

SECTION

16.2

분장과 의상

How to Do Makeup and What to Wear

분장이라는 말을 듣게 되면 영화에서 배우를 괴물이나 외계인 혹은 여러 가지 가짜 상처를 만들어 내는 것을 떠올리게 된다. 분장이나 의상에 너무 초점을 맞추다 보면 출연자나 연기자의 외모보다는 그들이 말하고 행동하는 내용이 더 중요한 것이 아니냐는 논쟁을 벌일지도 모른다. 그러나 텔레비전에 있어서 분장은 외형을 변화시키는 것이 아니라 화면에 가능한 한 잘 나올 수 있게 하는 것이다. 의상도 마찬가지다. 단막극에 출연하는 것이 아닌 이상 연기자는 자신의 역에 맞는 의상을 계속해서 입어야 하고, 출연자는 화면에 자신들의 모습이 더 매력적으로 보일 수 있는 의상을 입어야 한다.

Section 16.2에서는 적당하면서도 전체적인 프로그램의 가치와 의사 전달 의도에 도움이 될 수 있는 분장, 옷, 의상을 선택하는 데 도움이 될 수 있는 내용을 소개한다.

▶ 분장

재료, 기법, 기술적인 요구사항

▶ 옷과 의상

선, 질감, 무늬, 색

분장(Makeup)

다음의 세 가지 기본적인 이유에서 분장을 하게 된다. (1) 외모의 개선, (2) 외모의 수정, (3) 외모의 변화.

많은 여성들이 매일 자신의 외모를 살리거나 예뻐 보이기 위해 화장을 한다. 작은 잡티들을 가리고 눈과 입술을 강조한다. 분장 또한 눈과 눈 사이를 넓어 보이게 혹은 좁아 보이게 한다거나 늘어진 볼 살을 가리거나 길거나 짧은 코를 수정하고 약간 돌출된 이마를 수정하는 등의 작은 단점들을 고치는 데 사용된다. 연기자가 자신의 특정한 배역을 연기하기 위해서는 외모를 완전히 바꿔야 하는 경우도 있을 수 있다. 나이, 인종, 특징의 대폭적인 변화는 창조적인 분장 기법으로 할 수 있다.

물론 분장의 다양한 목적에 따라 다른 분장 기법이 필요하게 된다. 누군가의 외관을 개선하는 것보다 수정하는 것이 더 복잡한 과정을 거치게 되고 외관을 완전히 변화시키는 것은 수정하는 것보다 더 복잡한 분장 기법을 필요로 하게 될 것이다. 젊은 연기자를 여든의 노인으로 보이게 하는 것은 전문 분장사에게 맡기는 것이 좋다. 이렇게 수정하거나 특정 인물을 만들어내기 위한 모든 분장 방법을 배울 필요는 없지만 기본적인 재료와 기법, 텔레비전 분장에 있어서의 기술적인 요구사항 정도는 알아둘 필요가 있다.

재료(Materials)

매우 다양한 분장 재료들을 사용할 수 있다. 대부분의 대학교 연극과의 분장사들은 새로운 분장 재료의 목록을 가지고 있다. 출연자의 외모를 개선하기 위해 사용하는 재료들은 대부분 시중에서도 구입할 수 있는 것들이다. 여성 출연자의 경우 이미 화장 재료와 기법에 어느 정도 익숙해져 있으며, 남성의 경우, 처음에는 약간의 조언을 필요로 한다.

가장 기본적인 분장 재료로는 파운데이션을 들 수 있는데, 파운데이션은 잡티를 가리거나 지성 피부의 번들거림을 막아준다. 일반적으로 팬케이크를 가리키는 수성 메이크업 파운데이션이 팬 스틱이라고 부르는 유성 파운데이션보다 선호된다. Krylon의 AquaColor Base 또는 Maybelline EverFresh 팬케이크 시리즈는 분장작업을 할 때 필요한 모든 것이 포함되어 있다. 색은 따뜻하고 엷은 아이보리색에서부터 검은 피부의 출연자를 위한 진한 색까지 다양하다.

여성들은 파란색이 많이 섞인 빨간색만 아니면 자신의 립스틱을 사용할 수도 있다. 어두운 피부를 가진 탤런트에게는 파란색을 많이 함유한 어두운 빨간색보다는 산호색과 같은 따뜻한 적색이 더 효과적이다. 눈썹 펜슬, 마스카라, 아이섀도와 같은 다른 재료들은 일반적으로 모든 여성 출연자의 분장 재료로 사용된다. 부분 가발이나 라텍스 가면과 같은 재료들은 전문 분장사들이 소지하는 것들이다. 비드라마 제작에서는 보통 이런 재료들이 많이 사용되지 않는다.

기법(Application)

비전문적인 출연자, 특히 남성 출연자의 경우 필요한 분장을 하도록 설득하는 일은 언제나 쉽지는 않다. 게스트를 화면에 잡아보고 분장이 필요한지를 결정한다. 만약 분장이 필요하다고 판단이 된 경우에는 요령 있게 분장의 필요성을 알린다. 출연자의 자존심을 건드리기보다는 좋은 프로그램을 위해 협조해 달라는 식으로 설득한다. 색과 빛의 균형과 같은 기술적인 부분에 있어서 분장의 필요성을 알린다.

모든 분장실에는 큰 거울이 있어서 탤런트들은 전체 분장과정을 볼 수 있도록 되어 있다. 분장에 있어서 적당하고 고른 조명은 필수적이다. 분장을 하는 동안 사용하는 조명과 제작에서의 조명의 색온도는 일치해야 한다. 대부분의 분장실은 실내 색온도(3,200K)와 야외 색온도(5,600K)를 낼 수 있는 두 종류의 조명이 설치되어 있다.

스튜디오에서 분장을 하는 경우 손에 들 수 있는 작은 거울을 준비한다. 대부분의 여성 출연자들은 립스틱이나 마스카라 같은 좀더 복잡한 분장은 스스로 하고 싶어한다. 실제로 대부분의 전문적인 텔레비전 탤런트들은 자신의 분장을 스스로 하는 것을 선호하며 이들은 어떤 쇼에 어떤 분장이 필요한지 알고 있다.

수용성 팬케이크로 분장을 할 때는 젖은 스펀지로 얼굴과 얼굴 주위에 노출되는 피부에 고르게 펴 바른다. 머리카락이 있는 부분까지 분장을 하고 젖은 타월을 준비해서 필요 없는 부분의 분장은 지우도록 한다. 손을 클로즈업해서 잡아야 하는 경우 손과 팔에도 팬케이크를 바른다. 이것은 특히 작은 물건을 들고 설명해야 하는 출연자는 꼭 해야 하는 분장이다. 고르지 않게 햇볕에 탄 부분이 노출되어야 한다면 다른 부분과 차이가 나는 피부에 기초 분장을 해준다. 대머리 남성의 경우 일정 정도의 팬케이크를 머리에 발라줘서 조명이 반사되는 정도를 감소시키고 땀을 가려준다.

남성 출연자에게 너무 진한 분장을 해서 어린 아이처럼 보이지 않도록 한다. 때로는 수염 자국 정도를 보여줘야 할 경우도 있다. 대체로 팬 스틱으로 수염 자국을 약간 덮어주는 정도면 충분하다. 만약 파운데이션이 추가적으로 필요한 경우에는 팬 스틱 파운데이션을 수염 부분에 먼저 바르고 그 위에 파우더를 바른다. 노란색이나 오렌지색 화장품을 아주 약하게 발라주면 수염의 전형적인 파란색을 상쇄시킬 수 있다. Krylon의 RCMA BC-2와 같이 전문적으로 수염을 가리는 재료도 있다.

얼굴이야말로 가장 인상적인 의사 전달 요소이기 때문에 가능한 한 머리카락이 얼굴을 가리지 않도록 한다.

기술적 요구 사항(Technical Requirements)

다른 많은 제작 요소와 마찬가지로 분장 또한 텔레비전 카메라 촬영을 고려해서 몇 가지 조건을 만족시켜야 한다. 이러한 조건은 색 변형, 색 균형, 클로즈업 때문에 생겨난다.

색 변형 이전에 지적한 것처럼 피부색이 시청자가 수상기를 조정할 때 유일한 색 참조가 된다. 그러므로 정확하게 피부색을 재현하는 것이 가장 중요하다. 파란색은 특히 높은 색온도의 조명을 받게 되면 파란색이 과장되는 경향을 가지므로 텔레비전 분장에서는 따뜻한 색(따뜻한 빨간색, 오렌지색, 갈색 등)을 사용하는 것이 좋다. 이 색들은 특히 검은 피부를 가진 얼굴에 사용하면 더 좋다.

얼굴빛의 밝기와 관계없이 기본 파운데이션의 색은 가능한 한 자연스러운 피부색에 가깝게 하는 것이 좋다. 다시 말하지만, 푸른빛을 띠는 것을 방지하기 위해서는 차가운 색보다는 따뜻한 색을 사용하는 것이 좋다. 그러나 밝은 피부색이 분홍색으로 보이지 않게 주의해야 한다. 어두운 색의 얼굴이 푸른빛을 띠게 되는 것을 조심하는 것만큼 밝은 색의 얼굴이 분홍빛을 띠게 되는 것을 조심해야 한다.

어두운 색의 얼굴은 반사를 많이 해 자연스러운 하이라이트를 만들어 내게 된다. 이런 경우 적당한 팬케이크 파운데이션이나 투명한 파우더를 사용해서 반사되는 정도를 낮춰야 한다. 그렇지 않으면, 비디오 오퍼레이터가 일부러 화면을 어둡게 함으로써 하이라이트를 어둡게 해야만 한다.

색 균형 일반적으로 아트 디렉터, 무대 디자이너, 분장사, 의상 디자이너는 제작 회의를 통해 모든 색을 조정한다. 보도 제작이 아닌 경우 무대 디자이너와 분장사는 자유 계약에 의해 고용되므로 이러한 조정이 언제나 쉽게 이루어지는 것은 아니다. 어떠한 경우라도 모든 사람들에게 색에 대한 조건들을 최대한 알릴 수 있도록 한다. 무대, 의상, 분장에 사용되는 색을 미리 조정하면 전체 제작과정이 훨씬 수월해진다.

때로 주위 색이 출연자의 옷이나 얼굴에 반사가 되고 이것이 카메라에 비춰지게 되면 눈에 띄는 색 변형으로 나타나기도 한다. 이러한 반사를 피할 수 있는 방법 중 하나는 반사 표면에서 탤런트를 멀리 배치하는 것이다. 이러한 배치가 불가능할 경우 충분한 양의 팬케이크와 파우더를 피부의 색이 변하는 부분에 덧발라준다. 시청자는 옷의 색 변형은 받아들일 수 있어도 피부색의 변형에는 민감하다.

클로즈업 텔레비전 분장은 탤런트의 익스트림 클로즈업에도 자연스러워 보이도록 부드럽고 표시 나지 않게 해야 한다. 피부는 너무 지성을 띠어서 많은 반사를 보이거나 너무 흐려서 낮은 반사로 인해 생기 없는 피부처럼 보여서도 안 된다. 텔레비전의 분장은 뒷줄에 앉아있는 관객에게까지 인물의 특징이나 색조를 과장해서 보여주어야 하는 연극 분장과는 상반된 것이다. 좋은 텔레비전 분장은 대부분 보이지 않도록 유지하는 것이다. 실제 제작 조명 조건하에서 잡은 얼굴을 클로즈업해서 분장의 정도와 필요성을 판단한다. 출연자나 연기자가 분장 없이도 화면에 좋게 보이면 굳이 분장을 할 필요는 없다. 출연자가 분장을 필요로 해서 분장을 하고 클로즈업을 잡았는데 자연스러워 보인다면 분장을 잘했다고 할 수 있다. 그러나 너무 인위적으로 보인다면 분장을 다시 해야 한다.

모든 분장은 실제 제작에서 사용하는 조명 상태와 같은 상태에서 해야 한다. 모든 조명은 고유의 색온도를 가지기 때문이다. 붉은빛을 띠는 조명(낮은 색온도)에서는 높은 색온도의 조명에서보다 차가운 색의 분장이 필요하다. 높은 색온도 조명(파란색을 띠는 조명)에서는 따뜻한 색의 분장이 필요하다(색온도에 대해서 다시 확인하고 싶은 사람은 chapter 7을 참조 바란다).

옷과 의상(Clothing and Costuming)

소규모 방송국이나 대부분의 비방송용 제작에서는 연기자의 의상보다는 출연자에게 어떤 옷을 입힐 것인가에 주로 관심을 두게 될 것이다. 출연자의 옷은 멋있고 매력적이어야 하지만 너무 눈에 띄거나 현란해서는 안 된다. 텔레비전 시청자들은 출연자가 잘 차려입기를 바라지만 너무 지나친 것은 바라지 않는다. 출연자는 시청자들의 집에 초대된 손님이지 나이트클럽의 출연자가 아니기 때문이다.

옷(Clothing)

출연자가 입는 옷의 종류는 주로 개인적인 취향에 의해 결정된다. 또한 프로그램의 종류나 상황, 특정한 무대도 영향을 끼친다. 두말할 필요 없이 눈보라가 몰아치는 현장에서 보도를 할 때 입는 옷과 패널과 함께 하는 토론회에서 입는 옷은 달라야 한다.

상황이 어떻든 텔레비전 화면에 적합한 옷은 있다. 카메라는 출연자를 멀리서 혹은 가까이에서 보게 되므로, 선, 질감, 무늬가 전체 색 배합과 마찬가지로 중요하다.

선 텔레비전은 출연자를 실제보다 더 풍만하게 보이게 하는 경향이 있다. 이런 문제를 해결하기 위해서는 날씬해 보이는 옷을 입는다. 날씬해 보이는 옷과 정장에 가까운 옷이 무겁고 수평 방향 줄무늬를 가진 편물이나 풍성한 스타일보다 더 매력적으로 보일 것이다. 옷의 전체적인 윤곽선은 여러 각도로 촬영했을 때도 좋아 보여야 하고 날씬해 보이면서도 편안해 보여야 한다.

질감과 무늬 롱 샷에 있어서는 선이 특히 중요하겠지만 가까운 거리에서는 질감과 무늬가 중요하다. 무늬가 들어간 옷이 밋밋한 옷보다 좋아 보이기는 하지만 너무 심한 콘트라스트를 가지거나 너무 산만해서는 안 된다. 오늬무늬나 체크무늬와 같이 조밀한 무늬들은 마치 떨리는 무지개색을 슈퍼임포지션한 것 같은 무아레 현상을 일으킨다(그림 3.20 참조). 줄무늬는 화면상에서 배경이나 다른 사물에까지 확장되어 보인다. 아주 작은 무늬들은 너무 산만해 보이거나 뭉개져 보일 수도 있다. 가정에 있는 수상기에는 특별한 장치가 없지만 대부분의 고성능 스튜디오 모니터는 무아레 효과를 상쇄시켜주는 회로가 내장되어 있기 때문에 오늬무늬의 재킷이나 체크무늬 넥타이가 만들어 낼 수 있는 무아레 효과를 확인할 수 없는 경우도 있다. 그러므로 이런 무늬의 옷이 무아레 효과를 가져오는지 확인하기 위해서는 상쇄 회로가 없는 수상기로 확인하도록 한다.

카메라에 보여지는 옷이 시선을 받기 위해서는 세세한 무늬가 아닌 스카프나 장신구와 같은 장식물에 신경을 쓰도록 한다. 장신구의 스타일도 물론 출연자의 취향에 의해 결정되지만 하나에서 두 개 정도의 장신구로 제한하는 것이 좋다. 라인석과 같은 장신구는 텔레비전에 방송되는 기금 모금 만찬이나 심포니 콘서트와 같은 특별한 상황에서는 흥미로운 시각적 강조를 주지만 집 없는 사람을 인터뷰하는 상황에서는 어울리지 않는 장신구라고 하겠다.

색 색을 선택할 때 가장 주의를 기울여야 하는 점은 세트와의 조화이다. 만약 세트가 레몬색이라면 레몬색 옷은 입지 않는다. 이미 앞에서 말한 것처럼 고성능 스튜디오 카메라로 작업하지 않는 한 채도가 높은 빨간 옷은 피한다. 만약 파란 배경을 사용하는 크로마 키 효과가 사용될 장면을 찍게 된다면 크로마 키를 통해서 투명해지고 싶지 않는 한 파란 옷은 입지 말아야 한다. 파란 스카프나 넥타이도 문제가 될 수 있다.

옷감이 너무 반짝이거나 반사를 많이 시키지 않는 한 검은색이나 아주 어두운 색, 혹은 하얀색이나 아주 밝은 색의 옷은 입어도 좋다. 그러나 두 가지 색을 혼합해서 입어서는 안 된다. 만약 세트가 아주 어두운 색이라면 풀 먹인 하얀색 셔츠를 입는 것은 피해야 한다. 세트가 아주 밝은 색이라면 검은 옷을 입는 것도 피해야 한다. 극단적인 콘트라스트를 보이는 색 배합은 아무리 좋은 카메라라고 해도 문제를 일으킬 수 있다.

순수한 하얀색의 반짝이는 옷은 텔레비전 화면에서 피부색을 어둡게 보이게 하거나 특히 카메라가 자동 조리개로 설정되어 있을 때 다른 미묘한 색들을 변형시키게 된다. 어두운 피부색을 가진 출연자는 반사가 많은 하얀색이나 밝은 노란색 계열의 옷은 피해야 한다. 어두운 색의 정장을 입는다면 파스텔 색 셔츠를 입어서 명도 대비를 줄인다. 밝은 파랑, 분홍, 밝은 초록, 오렌지, 회색은 모두 텔레비전 화면에 무난한 색이라고 할 수 있다.

언제나처럼 어떤 색 조화가 화면에 잘 나오는지 궁금하다면 실제 조명과 세트에서 카메라에 비춰지는 화면을 미리 보고 확인하도록 한다.

만약 앞으로 기상 캐스터를 할 여성과 남성이 무엇을 입어야 하느냐고 묻는다면 뭐라고 대답을 하겠는가? 두 사람 모두 편하지만 커 보이거나 헐렁하지 않은 옷을 입어야 하고 크로마키 때문에 파란색(크로마 키에 초록색 배경을 사용한다면 초록색 옷을 피한다) 옷은 모두 피해야 한다고 말해주어야 한다. 가능하다면 세트와 같은 색상의 옷을 입지 않도록 세트의 색을 말해준다.

여성은 날씬해 보이는 옷이나 단조롭고 간단한 색을 입어야 한다. 검은 재킷과 반사를 많이 시키는 하얀색 블라우스와 같은 흑백 배합을 피해야 한다. 콘트라스트가 큰 잔 줄무늬나 체크무늬는 피하고, 가능한 한 장신구는 적게 착용하도록 충고한다.

남성은 날씬해 보이는 정장 혹은 바지에 단순한 코트, 단순한 넥타이나 크게 눈에 띄지 않는 무늬의 옷을 입도록 한다. 검은 옷이나 어두운 파란 상의에 하얀 셔츠를 받쳐입어서는 안되며 체크무늬나 오늬무늬 옷을 피하라고 조언한다.

의상(Costuming)

대부분의 비방송용 제작이나 혹은 네트워크용 제작이 아닌 경우에는 의상이 필요치 않다. 만약 연기자가 출연하는 광고나 극을 제작한다면 의상 회사나 지역의 대학에서 언제든지 의상을 빌리면 된다. 고등학교나 대학의 연극부에서는 많은 의상을 보유하고 있어서 일반 유니폼이나 단막극에 필요한 의상을 빌릴 수 있다. 보통의 의상을 텔레비전 제작에 사용할 경우 꽉 찬 클로즈업에서도 진짜처럼 보여야만 한다. 일반 제품이나 특히 연극에서 사용하는 액세서리들은 세부적인 부분이 너무 조악해서 텔레비전 제작에 사용하기에 적합하지 않다.

색과 무늬의 제한은 의상에서도 마찬가지로 적용된다. 전체적인 색 디자인은 어떤 텔레비전 극에서도 중요하지만, 특히 롱 샷으로 연기자, 무용수, 무대, 소품에 이르는 전체적인 세트를 보여주게 되는 뮤지컬과 버라이어티 쇼에서는 특히 전체적인 디자인의 조화가 중요하다고 하겠다. 이전에 지적한 것처럼 색상을 맞추기보다는 색이 가지는 미적인 에너지로 균형을 맞추는 것이 훨씬 수월하다. 세트에는 저에너지 색(저채도의 색)을 사용하고 세트 액세서리와 연기자의 의상은 고에너지 색(고채도 색)을 사용하면 색의 균형을 잘 맞출 수 있다.

핵심요약

- 분장과 옷은 화면에 탤런트가 어떻게 보여지는지를 결정하는 중요한 요소이다.
- 분장은 외관의 개선, 수정, 변화의 세 가지 주요 목적을 위해 하게 된다.
- 카메라는 차가운 색의 파란빛을 강조하는 경향이 있기 때문에 따뜻한 색을 사용하는 것이 좋지만 빨간 옷을 입는 것은 피해야 한다.
- 분장은 실제 제작에 사용할 조명하에서 익스트림 클로즈업에도 잘 눈에 띄지 않고 자연스러워야 한다. 가장 기본적인 분장 재료는 파운데이션으로 얼굴의 잡티를 가려준다. 텔레비전 분장에서는 다양한 피부 색을 연출할 수 있는 수용성 팬케이크 파운데이션이 주로 사용된다.
- 텔레비전 분장의 기법은 일반적인 화장과 큰 차이가 없고 특히 외관을 개선하거나 수정할 때는 거의 같다고 할 수 있다.
- 옷을 선택할 때는 다음의 요소들을 고려해야 한다. 선에 있어서 전체적으로 가늘게 보이고, 질감과 무늬는 너무 어수선해 보이지 않으며, 색은 세트와는 조화를 이루되, 기조 색과는 대비되는 옷을 선택한다. 촘촘한 줄무늬나 체크무늬, 오늬 무늬의 옷은 피하고 고채도의 빨간색과 검은색과 하얀색이 배합된 옷도 피한다.

CHAPTER

17

제작

Producing

프로듀서는 여러 가지 역할을 해야 하며 가끔은 그 여러 가지 역할을 동시에 수행해야 할 때도 있다. 자신의 기획이 채택되기 위해서 회사를 설득할 때는 심리학자이면서 사업가가 되어야 하며, 특정한 장비에 대해서 말해 줄 수 있는 기술적인 조언자도 되어야 하며, 특정한 사회 구성원들의 요구와 욕구를 간파하는 사회학자도 될 수 있어야 한다. 이러한 창조적인 부분을 처리한 이후에는 쇼에 초대된 게스트에게 대접할 커피가 충분한지 따위의 세세한 부분을 이중 삼중으로 확인해야 한다.

Section 17.1 「제작」에서는 텔레비전 쇼 제작의 여러 단계에 관련된 기술을 알아보고자 한다. section 17.2 「일정 관리, 법적 문제, 그리고 시청률」에서는 제작 기술은 아니지만 제작을 위한 중요한 활동에 대해서 알아보고자 한다.

주요 용어

인구학적 특성(demographics) 나이, 성별, 결혼 여부, 수입 등에 관련한 관객 조사 인자

인과적 접근 모델(effect-to-cause model) 아이디어에서 시청자에게 전달하고자 하는 효과로 이동해서 그 후에 이러한 효과를 위한 특정한 미디어 요구 사항을 결정하는 접근 방법

설비 요청서(facilities request) 특정한 제작에 필요한 모든 기술 설비가 포함된 목록

미디어 요구 사항(medium requirements) 규정된 프로세스 메시지를 만들어내기 위해 필요한 모든 내용 요소와 제작 요소

프로세스 메시지(process message) 시청자가 텔레비전 프로그램을 보는 과정에서 실제로 받게 되는 메시지

프로덕션 스케줄(production schedule) 기획, 제작, 후반작업의 날짜와 누가, 언제, 어디서, 무엇을 하는지를 명시한다.

프로그램 제안서(program proposal) 개략적인 프로세스 메시지와 텔레비전 프로그램의 주요 형식을 직접 쓴 서류

심리학적 특성(psychographics) 구매 습관, 가치, 생활 양식 등에 관련한 관객 조사 인자

시청률(rating) 텔레비전을 보유한 가구 수 대 특정 방송국의 방송을 시청하는 가구 수를 백분율로 나타낸 것

점유율(share) 실제로 텔레비전을 시청하는, 즉 텔레비전을 켜 놓은 가구 수 대 특정 방송국의 방송을 보는 가구 수를 백분율로 나타낸 것

대상 관객(target audience) 특정한 메시지를 전달하고자 하거나 전달하기 위해 선택된 관객

타임라인(time line) 실제 촬영을 하는 날의 다양한 활동에 대한 시간들을 나눠놓은 것으로 팀원 전화, 셋업, 카메라 리허설 등이 포함된다.

트리트먼트(개요; treatment) 텔레비전 프로그램에 대한 간략한 이야기 형식의 설명

SECTION

17.1

제작

What Producing is All About

제작이란 가치 있는 아이디어를 가치 있는 텔레비전 프로그램으로 만드는 것을 말한다. 프로듀서는 아이디어를 프로그램으로 만드는 과정을 책임지고 다양한 업무를 시간에 맞춰 예산 안에서 집행하는 책임자이다. 프로듀서는 제작의 전반적인 내용, 예산, 고용, 지휘를 모두 책임져야 하므로 쉬운 일은 아니다.

개별 프로그램 제작은 고유의 창의성과 조직상의 요구 사항이 틀리지만 일반적인 텔레비전 제작에 적용시킬 만한 기술과 접근 방법은 있다고 하겠다. 이러한 기술은 아이디어를 만들어 내는 최초 단계에서부터 제작 이후의 활동에 이르기까지 도움을 주게 될 것이다.

Section 17.1에서는 다음의 주요 제작 단계에 대해서 알아보기로 한다.

▶ **프리프로덕션 계획: 발상에서 스크립트(대본)까지**

프로그램 아이디어, 제작 모델, 프로그램의 제안, 예산, 및 스크립트

▶ **프리프로덕션 계획: 조정**

인력, 설비 요청, 일정 관리, 승인과 허가, 광고와 홍보

▶ **라인 프로듀서: 운영자와 관찰자**

운영자로서의 일, 제작 흐름 파악, 제작 평가

▶ **포스트프로덕션 활동**

포스트프로덕션 편집, 평가와 피드백, 자료 보존

프리프로덕션 계획: 발상에서 스크립트(대본)까지 (Preproduction Planning: From Idea to Script)

프로듀서는 주로 제작 전에 계획과 지휘에 관여한다. 정확성과 효율성을 가지고 최초 기획안에서 실제 제작 활동으로 진행할 수 있도록 제작에 있어서 세부적인 요구 사항을 챙기는 일은 프로듀서가 맡아서 해야 하는 일이다.

대부분의 프로듀서는 제작에 시간과 예산이 부족하다고 불평한다. 시간이 충분하거나 사용할 수 있는 예산이 클 수도 있지만 그렇지 않은 상황에서도 수준 높은 텔레비전 프로그램을 만들어 낼 수 있어야 한다. 제작이 일정 궤도에 오르면 좋은 쇼를 위해 시간과 돈이 그렇게 큰 영향을 미치지 않는다는 것을, 특히 처음 아이디어가 약한 경우 돈과 시간이 많아도 별 도움이 안된다는 것을 알게 될 것이다. 제작 전 활동이 최대로 능률적이고 효과적이 되도록 돕기 위해서 다음의 것들을 중점적으로 알아보기로 한다. (1) 프로그램 아이디어, (2) 제작 모델, (3) 프로그램 제안, (4) 예산, (5) 스크립트.

프로그램 아이디어 창출(Generating Program Ideas)

우리가 텔레비전에서 보고 듣는 모든 것은 아이디어로 시작된 것이다. 단순한 이야기지만, 정기적으로 만들 수 있는 쇼 아이디어를 개발하는 것은 쉬운 일이 아니다. TV 프로듀서는 가끔의 비범한 영감을 기다릴 수는 없으며, 필요에 따라 가치 있는 아이디어를 만들어야만 하는 것이다.

아이디어의 창출 창조성이 발휘되는 과정에 대한 많은 연구 자료들이 있지만 정확히 어떻게 아이디어가 만들어지는가는 아직도 불가사의로 남아 있다. 때로는 하나의 근사한 아이디어에 이어 또 하나의 아이디어가 떠오르기도 하지만 아무리 노력해도 흥미로운 생각이라고는 떠오르지 않을 때도 있다. 이런 아이디어의 고갈은 여러 사람을 참여시키는 '브레인스토밍(brainstorming)' 을 통해 해결하는 것도 하나의 방법이다. 브레인스토밍은 일단 여러 사람을 원형으로 앉게 하고 가운데 녹음기를 준비한다. 브레인스토밍은 중성적이고 크게 열려 있는 구조로 시작한다. 예를 들면, "똑똑"이라고 말하면 다음 사람은 아마도 "누구세요?"라고 대답할 것이다. 이런 식으로 브레인스토밍을 시작할 수 있다. 이전의 말과 전혀 관계가 없다고 하더라도 다른 사람의 어떤 말도 비판적으로 받아들여서는 안 된다. 브레인스토밍의 목적은 관념의 틀을 깨서 새로운 것을 만들어 내거나, 그 반대로 그 틀을 강화하는 것이다.

브레인스토밍 모임이 끝나면 말했던 내용들을 다시 듣고 현재 업무와 관련이 있다고 생각

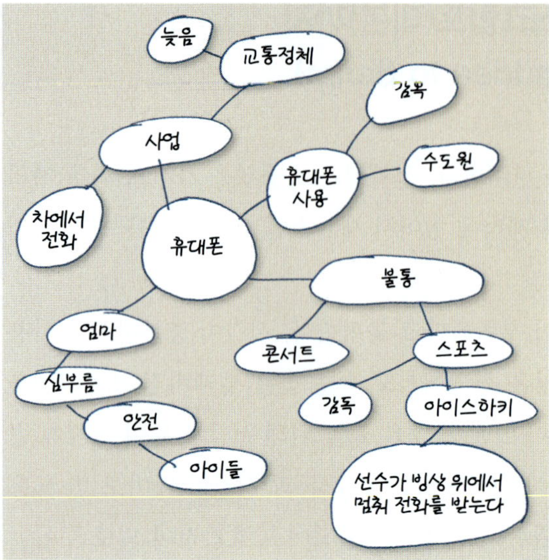

[그림 17.1] Partial Cluster
클러스터링은 브레인스토밍을 수기하는 형식을 띠고 있다. 중심 아이디어로 시작해서 연상되는 말을 계속 연결해서 적어 나간다.

되는 것들을 정리한다. 적정해 보이는 말보다 오히려 모호한 얘기에서 실현 가능한 아이디어를 끌어내는 경험을 하게 될 것이다. 예를 들면, 새로운 운동화의 이름을 위한 브레인스토밍 모임에서 '금메달', '내스카(NASCAR: 미국 개조 자동차 경기 연맹)', '토끼 아저씨', '거북이 아줌마'를 거쳐 급기야 '아인슈타인'으로 발전해버릴 수도 있다. 이 시점에서 별 흥밋거리가 없어 보이는 이러한 농담들을 그만 두고 모임을 끝낼 수도 있다. 그러나 이후에 그 내용을 다시 볼 때에는 달리고 있는 사람 혹은 어떤 경주를 보여주다가 빛의 속도를 능가하게 되는 내용의 아이디어의 발전을 유발시키는 점을 찾을 수도 있다. 갑자기 새로운 이미지가 떠오르고 신선한 접근을 이룬 아이디어가 탄생하게 된다. 제작 세계에서 사용하는 용어를 빌리자면, 새로운 각도를 갖게 되는 것이다.

좀더 체계적인 방법으로는 클러스터링(clustering)이라는 것이 있는데 이것은 밖으로 말하기보다는 적는 방법을 사용하는 브레인스토밍의 일종이라고 할 수 있다. '운동화'와 같이 하나의 주요 단어를 쓰고 동그라미를 친다. 그리고 처음 단어와 어느 정도 연관된다고 생각되는 단어들을 송이를 이루어가면서 적어나간다(그림 17.1 참조).

보는 바와 같이 클러스터링은 브레인스토밍의 보다 조직적인 방법이지만 제한적이라고 할 수 있다. 그러나 클러스터링이 브레인스토밍보다 패턴을 더 잘 보여주기 때문에 체계적 기법으로 자주 사용된다. 클러스터링은 보통 개인적으로 이루어지지만 여러 사람을 참여시켜서 비슷한 관찰 내용을 수집할 수도 있다.

아이디어의 조직화 일반적인 프로그램 아이디어와 앵글(쇼의 초점이나 내용)이 정해지면 다른 제작 인력에게 세부사항을 정할 수 있도록 도움을 요청할 수 있다. '노인의 권리 찾기'라는 각도에서 노인들에 대한 연속 프로그램의 전체적인 아이디어를 정했다고 가정해보자. 조직화 단계에서는 한 사람에게는 최근 성과를 거둔 노인 명단을 작성하고 나이가 들어가는 것에 대한 기쁨과 문제를 이야기해 줄 수 있는 명단을 작성하게 한다. 다른 사람에게는 노인들이 사용 가능한 모든 사회적, 법적, 교통 시설과 의료 서비스에 대한 목록을 작성하게 한다. 또 다른 사람은 지역의 노인들이 프로그램에 참여할 수 있는 방법을 생각해내도록 한다.

아이디어를 조직하고 효과적인 텔레비전 프로그램으로 만드는 하나의 정확한 공식이란 없다. 제작은 다양하면서도 연계된 활동으로 이루어지기 때문에 서로 연계된 과정으로 인식하고 가장 좋은 효과를 낼 수 있도록 만드는 방법을 배워야 한다. 다른 과정도 마찬가지지만 제작과정에서는 특정한 방식으로 시청자에게 영향을 줄 수 있는 프로그램을 만들어내기 위해서는 다양한 요소와 활동이 상호 영향을 주며 유기적으로 이루어져야 한다. 이런 과정에서는 특정한 프로그램을 만들기 위해서 어떤 인력이 필요하고 그 인력은 어떤 일을 해야 하며 어떤 장비가 필요한지를 결정할 수 있게 도와준다.

제작 모델의 이용(Using Production Models)

제작 모델이란 아이디어에서 텔레비전으로 전해지는 이야기 메시지까지 필요한 활동의 흐름을 묘사한 것을 말한다. 이것은 제작 과정을 조직하고 지휘를 용이하게 하는 데 도움을 준다. 예를 들어, 인과적 접근(effect-to-cause) 모델은 프리프로덕션의 주요 흐름을 잡고 제작 활동을 좀더 능률적으로 만들고 목표로 활동을 유도하는 데 도움을 준다.

인과적 접근 모델 다른 모든 제작 모델처럼 인과적 접근 모델도 기본 아이디어에서 시작하지만 기본 아이디어에서 제작과정으로 바로 가는 대신 목표 관객을 향한 원하는 의사 전달 효과로 넘어가게 된다. 이 의사 전달 효과는 시청자가 텔레비전을 시청하고 메시지를 듣는 과정에서 만들어지기 때문에 이것을 프로세스 메시지라고 부른다. 결국 기본 아이디어가 아닌 바람직한 의사 전달 효과(규정된 프로세스 메시지)에 의해 제작과정이 운용되어야 하는 것을 의미한다. 이것은 프로듀서가 정확히 관객이 무엇을 보고, 무엇을 느끼고 싶어하는지 알아야 이러한 목적을 이루어낼 수 있는 미디어 필요조건을 결정할 수 있게 된다. 실제 프로

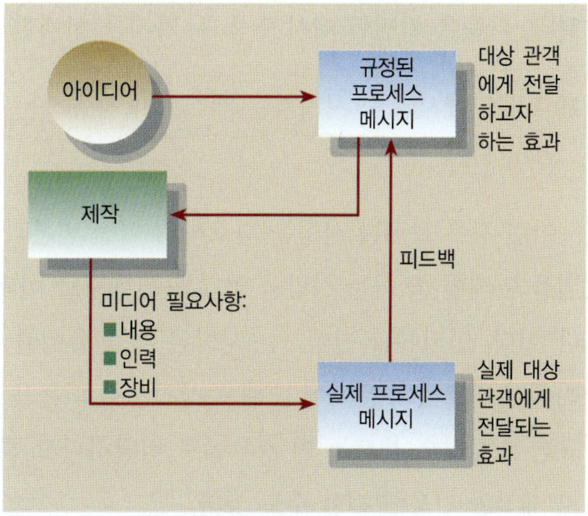

[그림 17.2] 인과적 접근 제작 모델
인과적 접근 제작 모델에서는 최초의 아이디어에서 원하는 효과, 즉 프로세스 메시지로 바로 이동하도록 되어 있다. 그 다음에 미디어 필요사항으로 돌아와서 규정된 프로세스 메시지를 만들어내기 위해 필요한 제작 요소와 과정들을 살펴봐야 한다.

세스 메시지(시청자들이 받아들이는 효과)가 규정된 프로세스 메시지에 일치해야만 의사전달에 성공했다고 말할 수 있다(그림 17.2 참조).

이 모델의 장점은 프로세스 메시지의 정확한 규정이 가능해서 내용을 가지고 제작 인력이 한 팀으로 작업하는 데 도움이 되고 필요한 제작 인력과 장비를 결정하는 데 도움을 준다. 최초에 관객에게 전달할 메시지를 신중하게 규정해야 특정한 작업에 필요한 인력(그 내용에 대한 전문가, 작가, 감독, 그 외의 구성원)과 필요한 장비(카메라, 마이크 등의 종류), 그리고 어느 장소(스튜디오 혹은 야외)에서 제작해야 가장 효과적인지 등을 쉽게 결정할 수 있게 된다.

Chapter 15에서 예를 들었던 유명한 변호사의 인터뷰에 이 모델을 적용시켜보고 전체 제작 과정에 어떤 영향을 미치는지 알아보자.

기본 아이디어에서 제작과정으로 넘어가는 일반적인 제작과정 접근방법을 사용하게 되면 법률에 능통한 변호사 혹은 이미 TV에 잘 알려진 전직 변호사를 인터뷰에 섭외하려고 하게 될 것이다. 그리고 아트 디렉터에게 우아한 책상과 가죽 의자, 뒤에는 많은 법률 서적이 꽂혀 있는 전형적인 유능한 변호사 사무실로 인터뷰 환경을 설명해줄 것을 요청할 것이다. 그 후에는 녹화 날짜와 스튜디오 시간, 게스트를 위한 교통편, 탤런트 출연료 등과 같은 세부 사항들을 잡게 될 것이다. 또한 그 전직 변호사에게 "당신이 맡았던 가장 유명한 재판은 어떤 것이었는가?", "몇 번이나 승소했나?", "중요한 사건을 거부해 본 적은 있는가?" 등의 몇 가지 질문들에 대해서 미리 확인을 해두게 될 것이다.

그러나 인과적 접근 모델을 사용하게 되면 여러 개의 프로세스 메시지에서부터 시작하게 된다. 다음은 확연한 메시지 중 두 가지를 선택한 것이다.

프로세스 메시지 1: 시청자는 게스트가 사용하는 주요 변호 전략의 내적인 면을 볼 수 있도록 해야 한다.

이런 경우 고려할 사항은 변호사의 이전 변론과 성공 혹은 실패의 원인으로 선회하게 된다. 법을 이해할 줄 아는 사람을 인터뷰 진행자로 선택해야 하는가? 라고 묻는다면, 대답은 '그렇다' 이다. 인터뷰를 진행하는 사람은 법률 용어를 관객에게 쉽게 설명하거나 법률이라는 테두리에서 변호사의 윤리에 대해 즉각적으로 되물을 수 있어야 한다. 변호사 사무실을 흉내낸 정교한 스튜디오 세트는 이 경우에도 적당하다고 하겠다. 실제 변호사 사무실에서 현장 인터뷰로 제작할 것을 고려할 수도 있다.

프로세스 메시지 2: 시청자는 특히 어려운 변호를 맡았을 때 변호사의 느낌과 양심에 대한 내면적인 것을 볼 수 있어야 하며 특정한 변호 전략을 구사할 때 개인 윤리에 대해서는 어떻게 다루는지도 알 수 있도록 해야 한다.

이런 경우 법률 전문가를 진행자로 섭외해야 하는 것일까? 전혀 그렇지 않다. 심리학자가 이 인터뷰의 진행자로 더 적합할 수 있다. 아마도 이 인터뷰에서는 시종일관 게스트를 클로즈업해서 촬영하게 될 것이다. 진행자가 게스트에게 질문하는 동안에도 게스트를 클로즈업할 수도 있다. 반응 샷, 즉 진행자의 질문을 듣는 게스트의 태도를 보여주는 샷이 게스트가 대답하는 샷보다 더 많은 것을 이야기해주기도 하기 때문이다. 이 인터뷰에 정교한 세트가 필요할까? 그렇지 않다. 인터뷰에서 변호사는 변호사로서가 아닌 한 인간으로 다뤄지기 때문에 어떤 환경에서도 촬영할 수가 있다. 편안한 의자 두 개면 충분하다.

텔레비전 제작에서 다른 보조 시각 자료 없이 말하는 사람의 클로즈업만을 잡는 소위 '토킹 헤드(talking heads)' 형식을 금기시하는 경향이 있다. 그러나 이러한 편견을 여과 없이 그대로 받아들여서는 안 된다. 말만 잘한다면 다른 시각 자료들은 별로 필요 없을 수 있다.

프로그램 제안서 작성(Writing the Program Proposal)

확실한 아이디어와 프로세스 메시지, 그리고 어떻게 전달할 것인지가 결정됐다면 프로그램 제안서를 작성할 차례이다. 제안서 작성은 건성으로 해서는 안 된다. 제안서야말로 이 프로그램이 방송될 수 있는지 아니면 그저 좋은 아이디어로만 남게 되는지를 결정하게 된다.

프로그램 제안서는 자신이 하고자 하는 일을 명기하는 수기 형식의 서류이다. 프로세스 메시지와 프로그램의 주요 내용을 간단히 설명하도록 되어 있다. 프로그램과 시리즈 제안서에 표준 양식이 있는 것은 아니지만 적어도 다음의 정보들은 포함하고 있어야 한다.

- 프로그램 혹은 시리즈의 제목
- 주제(프로세스 메시지)
- 대상 관객
- 쇼 형식
- 쇼 트리트먼트
- 제작 방식
- 잠정 예산

시리즈를 제안할 때는 표본 스크립트와 시리즈에 포함된 다른 쇼의 제목들도 기입한다.

프로그램 제목 제목은 짧고 기억에 남는 것으로 기입한다. 텔레비전 프로그램 제목이 영화 제목보다 짧은 것은 아마도 화면의 크기와 관련이 있을 것이다. '대학생들의 어려운 상황과 고민거리' 보다는 '학생으로서의 압력' 으로 기입하는 것이 낫다.

프로세스 메시지 또는 프로그램 주제 제작을 통해 무엇을 성취하려고 하는 것인가를 간단하게 설명한다. 프로세스 메시지를 좀더 가볍게 표현한다. 예를 들어, "프로세스 메시지는 십대들에게 정지 신호에서 주행했을 경우 초래할 수 있는 다섯 개의 주요 결말에 대해서 알리는 것이다" 보다는 "십대들에게 정지 신호시 주행하지 않도록 주의를 준다" 라고 기입한다.

대상 관객 대상 관객은 주로 쇼를 시청할 만한 사람들로 노년층, 미취학 아동, 십대, 주부, 여행에 관심이 있는 사람 등으로 기입한다. 잘 짜여진 프로세스 메시지에는 대상 관객이 나타나도록 되어 있다. 가능한 한 많은 사람들이 보기를 원하거나 불특정 관객을 대상으로 하는 경우라고 해도 잠재적인 관객에 대해서 세부적으로 기입하는 것이 좋다. 예를 들면, 코미디 시리즈의 제안서에 '일반 관객' 이라고 쓰기보다는 주 대상 관객층을 '18세에서 30대까지' 혹은 '좋은 웃음이 필요한 60세 이상의 대중' 이라고 기입한다.

실제 프리프로덕션 단계에서는 성별, 인종, 교육, 수입, 가구 규모, 종교, 지역(도시 혹은 외곽)과 같은 인구학적 특성이나 소비 습관, 지향가치, 생활 형태 등의 심리적 특성과 같은 좀더 구체적인 기준으로 대상 관객을 규정할 수 있다. 광고업자나 다른 비디오 매체를 이용한 커뮤니케이션에서는 이러한 인구학적 특성이나 심리적 특성을 최대한 이용하기도 하지만 초기 프로그램 제안서에서 이 정도로 구체적일 필요는 없다.

쇼 형식 하나의 쇼, 새로운 시리즈 혹은 이미 진행 중인 프로그램 중 어떤 것을 제안할 것인가? 쇼의 시간은 어느 정도로 계획하고 있는가? 일례로 전 세계적으로 헬리콥터가 어떤 용도로 다양하게 사용되고 있는지에 대해 두 부분으로 나누어진 한 시간 분량의 프로그램을 들 수 있다. 이러한 정보는 방송국이나 네트워크에서 예산을 편성하고 프로그램 일정에 맞출 수 있는가를 판단하는 데 있어 아주 중요한 요소이다.

쇼 트리트먼트 프로그램에 대한 간단한 내용 설명을 트리트먼트라고 한다. 자세한 트리트먼트의 경우 스토리보드와 같은 삽화가 첨가되어 있다. 트리트먼트에는 제안하는 쇼가 어떤 것인가 뿐만 아니라 프로그램의 초점, 각에 대한 내용이 담겨있어야 한다. 트리트먼트에는 쇼의 스타일에 대해서도 반영되어 있어야 한다. 예를 들어, 교육 프로그램 시리즈의 트리트먼트 형식은 시트콤의 트리트먼트 형식과는 사뭇 달라야 한다. 조명의 종류나 카메라 각도 따위의 구체적인 정보는 트리트먼트에 기록하지 않고 스크립트에 기록한다. 트리트먼트는 바쁜 관리

<u>SIGHT SOUND MOTION</u> 교육용 비디오 시리즈의 네 번째 프로그램을 위한 트리트먼트

<u>Sight Sound Motion</u> 교육용 비디오 시리즈의 네 번째 프로그램에서는 x–축 블로킹(화면의 폭을 따라)에 비한 z–축 블로킹(카메라에서 멀어지거나 가까워지는)에 대한 장점에 대해서 설명하려고 한다.

시작은 무용수가 카메라와 가까운 거리의 시계로 들어와서 노란 나일론 리본을 길게 내려놓으면서 z–축을 따라 카메라에서 멀어진다. 더 많은 무용수가 가세해서 언제나 z–축 리본에 가깝게 카메라에서 멀어지거나 가까이 오면서 춤을 추게 된다. 첫 번째 카메라와 수직을 이루도록 배치되어 있는 두 번째 카메라는 무용수들의 동작을 측면에서 촬영해서 무용수들이 x–축을 따라 프레임에 들어오고 나가는 모습을 보여준다. 카메라에 비치지 않는 내레이터는 특별히 정지된 프레임이 보이는 동안 z–축과 x–축의 블로킹의 차이에 대해서 설명한다. 동작을 다시 재생시키면 내레이터는 작은 기존의 텔레비전 화면에 어떻게 해서 z–축 블로킹이 x–축 블로킹보다 잘 맞는지 설명한다. 같은 장면을 16×9 HDTV 형식으로 보여준다. 그리고 확장된 x–축의 장점에 대해서 설명한다.

두 사람이 처음에는 x–축을 따라 움직이다가 그 다음엔 z–축을 따라 움직이는 짧은 극에서 사용되는 장면을 번갈아 보여준다. 다시 내레이터는 4×3의 전통적인 TV 화면에서 z–축 블로킹을 사용할 때의 장점에 대해서 설명한다. 같은 장면이 HDTV의 확장된 x–축을 따라 다시 블로킹된다. 이러한 설명은 특히 현저하게 z–축, x–축 블로킹을 보이는 최신의 텔레비전 쇼의 장면을 보여주면서 계속된다.

처음의 무용수가 다시 카메라 시계로 들어와 카메라 쪽으로 노란 z–축 리본을 말아오면서 프로그램을 끝낸다.

[그림 17.3] 트리트먼트
트리트먼트는 읽는 사람에게 프로그램의 전체적인 내용을 이야기 구조를 통해 알리게 된다.

들에게 무엇을 해야 하는지에 대해서 간단하게 알릴 수 있어야 한다(그림 17.3 참조).

제작 방법 잘 작성된 프로세스 메시지는 어디에서 그 프로그램을 제작해야 하고 어떻게 해야 가장 능률적으로 할 수 있는지, 여러 대 혹은 한 대의 카메라를 사용하는 스튜디오 작업이어야 하는지 혹은 하나의 카메라를 사용하는 EFP 제작인지, 세 대 혹은 네 대의 카메라를 각각 배치해서 실황 녹화 방송의 큰 부분으로 구성하는 것이 효과적인지 아니면 하나의 카메라를 가지고 영화 형식으로 촬영해서 포스트프로덕션을 거치는 것이 좋은지, 추가적인 재료(의상, 소품, 무대)는 무엇이 필요한지, 어떤 출연자와 연기자가 필요한지를 알려준다.

잠정적인 예산 잠정적인 예산을 짜기 전에 모든 제작 서비스, 대여료, 임금 등의 변동 사항은 없는지 먼저 확인한다. 독립 제작소나 포스트프로덕션 편집실에서는 서비스 이용료와 주요 제작 장비에 대한 임대료를 나타내는 가격표를 주기적으로 발행한다. 성능이 아주 중요한 제작 요소가 아니거나 프로그램이 특별히 광범위한 포스트프로덕션 조작이 필요한 경우가 아니라면 고성능의 서비스의 이용은 피한다. 이미 말했듯이 데스크톱 컴퓨터 프로그램도 고가의 포스트프로덕션 장비와 맞먹는 비선형 편집 장비로 사용이 가능하다.

예산 준비(Preparing a Budget)

독립 프로듀서는 스크립트, 탤런트, 제작 인력, 스튜디오와 장비 대여, 포스트프로덕션 편집과 같은 확실한 항목에 대한 비용뿐만 아니라 비디오테이프, 특정한 소품, 음식, 숙박, 접대, 탤런트와 제작 인력의 운송, 주차, 보험, 야외 촬영 허가 또는 사용료 등과 같이 명확하지 않은 항목에 대한 비용도 파악해야 한다.

지역 방송국이나 소규모 독립 제작 회사에서 쇼를 제작할 때는 기본적인 인력과 장비에 대한 비용은 대개 전체 제작 예산에 포함된다. 이러한 경우 초과 근무 시간 비용, 추가 장비, 스크립트, 예상한 것보다 높을 수 있는 탤런트 출연료 등과 같은 추가 비용만 상정하면 된다.

그러나 의뢰인을 위해 제작을 할 경우에는 비용이 결국 주요 인력에 대한 급여나 일반적인 운영 경비로 흡수된다고 하더라도 프리프로덕션, 프로덕션, 포스트프로덕션에 드는 모든 비용을 청구한다.

예산을 편성하는 방법은 프리프로덕션, 프로덕션, 포스트프로덕션으로 나누어 편성하는 방법 혹은 라인 위와 라인 아래로 나누어 편성하는 방법의 여러 가지가 있다.

라인 위 예산에는 작가나 감독, 아트 디렉터, 탤런트 등의 창작 인력이라고 부르는 인력에 대한 예산이 포함된다. 이것은 카메라맨이나 편집자와 같은 인력이 창조적이 아니라는 뜻은 아니며, 단지, 장비를 조작하기보다는 아이디어를 쇼로 옮기는 아이디어의 개념에 주로 관여한다는 것을 의미한다. 라인 아래 예산에는 제작 스태프, 장비, 스튜디오 공간에 대한 예산이 포함된다.

예산을 프리프로덕션, 프로덕션, 포스트프로덕션으로 나누는 것이 라인 위, 라인 아래로 나누는 것보다 비용을 분류하기 쉽고, 특히 제작 업무와 관련하여 보수를 지급하는 경우에 더욱 효율적이다. 대부분의 제작사에서는 이렇게 세 부분으로 나누어진 전체 예산을 보여주기 때

제작 예산

의뢰인:

프로그램 제목 :

예산 산정일:

명세 사항:

주의: 이 견적은 프로듀서의 최종 촬영 스크립트 검토에 의해 수정될 수 있다.

비용 요약	견적	실제 비용
프리프로덕션		
이력	______	______
장비와 설비	______	______
스크립트	______	______
프로덕션		
인력	______	______
장비와 설비	______	______
탤런트	______	______
아트(세트와 그래픽)	______	______
분장	______	______
음악	______	______
잡비(교통, 요금)	______	______
포스트프로덕션		
인력	______	______
설비	______	______
테이프	______	______
보험과 잡비	______	______
임시 비용	______	______
세금	______	______
총합	______	______

[그림 17.4] 예산 분류

이 구체적인 예산 분류는 프리프로덕션, 프로덕션, 포스트프로덕션 비용 구분에 따라 구성되어 있다.

예산 세부 내역	견적	실제 비용
프리프로덕션		
인력		
작가(스크립트)		
감독(일)		
아트 디렉터(일)		
PA(일)		
소계		
프로덕션		
인력		
감독		
조감독		
PA		
플로어(유닛) 매니저		
카메라(DP)		
음향		
조명		
VTR		
C.G.		
그립(보조)		
기술 감독		
프롬프터		
분장과 의상		
탤런트		
장비와 설비		
스튜디오/현장		
카메라		
음향		
조명		
세트		
C.G./그래픽		
VTR		
프롬프팅		
중계차		
인터컴		
교통, 식사, 숙박		
판권		
소계		

[그림 17.4] 예산 분류(계속)
이 구체적인 예산 분류는 프리프로덕션, 프로덕션, 포스트프로덕션 비용 구분에 따라 구성되어 있다.

포스트프로덕션	견적	실제 비용
인력		
감독		
편집자		
음향 편집자		
설비		
더빙		
윈도 더빙		
오프라인 선형		
오프라인 비선형		
온라인 선형		
온라인 비선형		
DVE		
오디오 스위트닝		
ADR/폴리		
테이프		
소계		
잡비		
보험		
대중 교통		
주차		
선적/이동		
포장비용		
보안		
식사		
소계		
총합계		

[그림 17.4] 예산 분류(계속)
이 구체적인 예산 분류는 프리프로덕션, 프로덕션, 포스트프로덕션 비용 구분에 따라 구성되어 있다.

문에 의뢰인으로서는 다른 제작 회사의 청구 내역과 비교해 볼 수 있게 된다.

처음 제안서를 제출할 때 의뢰인은 예산이 어떻게 구분되었는가가 아니라 쇼를 위해 얼마만큼의 예산이 드는지에 더 관심을 가지게 된다. 그러므로 프리프로덕션, 프로덕션, 포스트프로덕션에 관계없이 발생할 수 있는 모든 비용을 산정하는 것이 매우 중요하다. 컴퓨터가 이러한 예산을 짜는 데 많은 도움을 줄 수 있다. 다양한 소프트웨어 프로그램을 이용해서 세부적인 예산을 산정하고 비용을 줄이거나 제작 요구 사항이 변경되었을 때 쉽게 재계산을 할 수 있다.

독립 제작 회사의 세부적인 예산 내역의 예가 다음에 나와 있다(그림 17.4 참조). 이것은 프리프로덕션, 프로덕션, 포스트프로덕션 분류에 따른 예산 내역을 작성할 수 있도록 되어 있다.

물론 독립 프로듀서라고 해도 매 제작시마다 이렇게 상세한 예산을 짜야하는 것은 아니다. 간단한 제작의 경우 비용을 요약한 정도면 충분하다. 그림 17.4에 나와 있는 특정한 제작에 적합하게 조정해서 사용하면 된다.

예산을 짤 때는 언제나 현실적이어야 한다. 단지 계약을 따내기 위해서 예산을 삭감하면 나중에 후회하게 된다. 심리적으로나 재정적으로나 청구한 예산이 모자라서 더 청구하는 것보다는 청구한 예산이 남게 되는 것이 더 좋다. 반면 예산을 너무 부풀려서도 안 된다. 비용에 대해서 현실적이되 15~20%의 임시 비용을 잊어서는 안 된다. 대체적으로 쇼는 예상했던 것보다 더 많은 시간과 비용이 들게 된다.

제안서 제출 제안서를 제출할 준비가 되면, 독립 프로듀서는 의뢰인을 만족시킬 만한 제안서를 준비해야 한다. 방송국에서 일하고 있다면 행정 프로듀서나 프로그램 매니저에게 제출해야 한다. 교육이나 공공 서비스에 관한 프로그램의 제안서라면 방송국의 공공 서비스 담당 감독과도 접촉을 해야 한다. 다큐멘터리는 주로 뉴스 부서가 관할한다. 또 텔레비전 네트워크를 이용해야 한다면 담당 중개인을 통해야 한다. 방송국에 제안서를 제출할 때는 자신의 기획에 예산을 대줄 스폰서를 가지고 있다면 일은 더 쉬워지게 된다.

제안서의 양식이 틀리지 않았는지, 오탈자는 없는지 살펴보고 주의를 끌 수 있는 전문가다운 모습으로 제안서를 설명한다.

스크립트(대본) 쓰기(Writing the Script)

스스로 대본을 쓰지 않는 이상, 작가를 필요로 한다. 작가는 프로세스 메시지를 텔레비전 양식에 맞게 옮겨줄 것이다. 그리고 이후에 스크립트를 텔레비전 쇼를 구성하는 실제 영상과 음향 이미지로 만드는 일은 전적으로 감독에게 일임된다.

작가는 프로그램의 주제, 특히 규정된 프로세스 메시지를 반드시 알아야 한다. 만약 작가가 프로세스 메시지에 동의하지 않고 발전시키려 하지 않는다면 다른 작가를 찾아보아야 한다. 보수는 미리 결정한다. 어떤 작가의 경우 전체 예산을 모두 작가의 보수에 써야 하는 경우도 있다. 작가가 프로듀서의 의도를 이해한 경우에도 자신이 필요한 스크립트(대본) 형식을 작가에게 알려줘야만 한다(스크립트 형식의 예는 chapter 18에 나와 있다).

작가에게 있어서 가장 힘든 부분은 좋은 대사를 쓰는 것이다. 대화는 아주 자연스러우면서도 거실, 식당, 슈퍼마켓, 혹은 학부형 회의 등에서 들을 수 있는 실제 대화보다는 한수 위의 것이어야 한다. 사람들이 무엇을 말하고, 어떻게 말하는지도 관찰해야 한다. 좋은 대사는 자신이 비슷한 상황에 놓였을 때 왜 그런 적절한 말을 하지 못했을까 라는 생각을 하게끔 만든다. [주1]

프리프로덕션 계획: 조정(Preproduction Planning: Coordination)

제작팀 구성, 스튜디오 마련, 장비 및 현장 제작 위치 지정 등의 다양한 제작 요소들을 조정하기 전에 프로듀서는 스스로에게 과연 이 프로그램을 주어진 시간과 예산 내에 만들어 낼 수 있는지, 만들어 낼 수 있다면 최종적으로 제작 방법은 능률적인 것인지 자문해 본다. 예를 들어, 만약 다양한 호텔의 실태에 대한 다큐멘터리를 제작하려고 한다면 스튜디오에 호텔 세트를 만드는 것보다는 직접 호텔에 가서 비디오테이프에 담아오는 것이 더 쉽고 비용면에서도 효율적일 것이다. 반대로, 만약 노인들을 위한 잡지 형식의 쇼라면 제작의 많은 부분은 스튜디오에서 촬영하고 현장 촬영은 최소로 줄여야 한다. 드라마의 한 장면일 경우 복잡한 스튜디오의 부엌 세트보다는 친구의 집에 있는 부엌에서 촬영하는 것이 훨씬 효과적일 수도 있다. 스튜디오는 최적의 조절된 환경을 제공하겠지만 야외에서는 아주 적은 부가 비용으로 무한한 풍경을 제공받을 수 있다는 것을 명심하자. 그러나 대부분의 현장 제작은 많은 포스트프로덕션 시간과 설비를 필요로 한다.

가장 효율적인 제작 접근 방법을 정했다면 프로듀서는 제안서를 통해 하기로 약속했던 일들을 해내야 한다. 조정은 그 다음의 사항들을 살피면서 작업을 진행하도록 한다. (1) 제작과 관련된 모든 사람과 확실한 의사소통 채널을 구축한다. 그 후에 다른 주요 제작 요소들을 조정해 나간다. (2) 설비 요청, (3) 일정 조정, (4) 승인과 허가, (5) 광고와 홍보. 순간적인 영감이 좋은 프로듀서를 만드는 것이 아니라 세부적인 사항을 꼼꼼히 살피는 것이 좋은 프로듀서를 만든다는 것을 알아야 한다.

(주1) Robert L. Hlliard의 [Writing for Television, Radio, and Vew Media], 8판(Belmont, Calif.: Wadsworth, 2004)과 Herbert Zettl의 [Sight, Sound, Motion], 4판(Belmont, Calif.: Thomson Wadsworth, 2005) pp. 334-336 참조.

사람(People)

스크립트 이후의 계획 단계에서 어떤 사람이 제작에 참여할 것인가는 프로듀서의 프로그램에 대한 기본 목적, 프로세스 메시지, 그리고 독립 프로듀서로서 라인 위 · 아래 인력을 스스로 고용해야 하는가, 혹은 방송국이나 대규모 제작 회사에 속해 있어서 대부분의 주요 인력을 언제나 사용 가능한가 하는 것에 의해 좌우된다.

프로듀서는 제작 인력 중에서 최고 조정자이다. 프로듀서는 모든 팀 구성원들과 안정적으로 연락을 할 수 있어야 한다. 그러므로 가장 중요한 업무는 이름, 담당하는 일, 집 주소, 직장 주소, e-mail 주소, 그리고 전화번호, 휴대전화 번호, 팩스 번호와 같은 구성원들에 대한 핵심적인 정보를 수집해서 가지고 있어야 한다(그림 17.5 참조).

모든 구성원들이 프로듀서와 연락할 수 있는 방법을 알게 해야 한다는 것도 잊지 말자. 다른 사람을 통해 들어온 정보 말고 구성원 개개인에게 직접 확인한다. 프로듀서가 연락하려고 했을 때 회답이 오지 않는다면 의사 전달 통로가 완벽하게 만들어졌다고 할 수 없다. 능력 있는 프로듀서는 언제나 이중 삼중으로 확인한다.

설비 요청서(Facilities Request)

설비 요청서는 모든 제작 장비와 소품, 의상 등의 제작에 필요한 모든 것들을 목록화한 것이다. 소규모 제작이나 독립 제작 회사의 경우 프로듀서나 감독이 이런 목록을 만들고, 대형 제작에

Production Personnel Contact Information
Sight Sound Motion Instructional Video
Program 4

Name E-mail	Position	Home address Work address	Home phone Work phone	Home fax Work fax	Cell phone Pager
Herbert Zettl hzettl@best.com	Producer	873 Carmenita, Forest Knolls SFSU, 1600 Holloway, SF	(415) 555-3874 (415) 555-8837	(415) 555-8743 (415) 555-1199	(415) 555-1141
Gary Palmatier bigcheese@ideas-to-images.com	Director	5343 Sunnybrook, Windsor 5256 Aero #3, Santa Rosa	(707) 555-4242 (707) 555-8743	(707) 555-2341 (707) 764-7777	 (707) 555-9873
Robaire Ream robaire@mac.com	AD	783 Ginny, Healdsburg Lightsaber, 44 Tesconi, Novato	(707) 555-8372 (415) 555-8000	 (415) 555-8080	(800) 555-8888
Sherry Holstead 723643.3722@compuserve.com	PA	88 Seacrest, Marin SH Assoc, 505 Main, Sausalito	(415) 555-9211 (415) 555-0932	(415) 555-9873 (415) 555-8383	(415) 555-0033
Renee Wong rn_wong2@earthlink.com	TD	9992 Treeview, San Rafael P.O. Box 3764, San Rafael	(415) 555-9374 (800) 555-7834	(415) 555-8273 (800) 555-8734	(415) 555-3498 (415) 555-8988
Steve Storc hamlet23@aol.com	Talent	253 Robertson, Canoga Park Le Dome, 32 Sunset, LA	[illegible]		(213) 555-7832 [illegible]

[그림 17.5] 데이터베이스: 제작 인력
각 제작 팀 구성원과 빨리 연락할 수 있도록 프로듀서는 믿을 만한 연락처 정보를 가지고 있어야 한다.

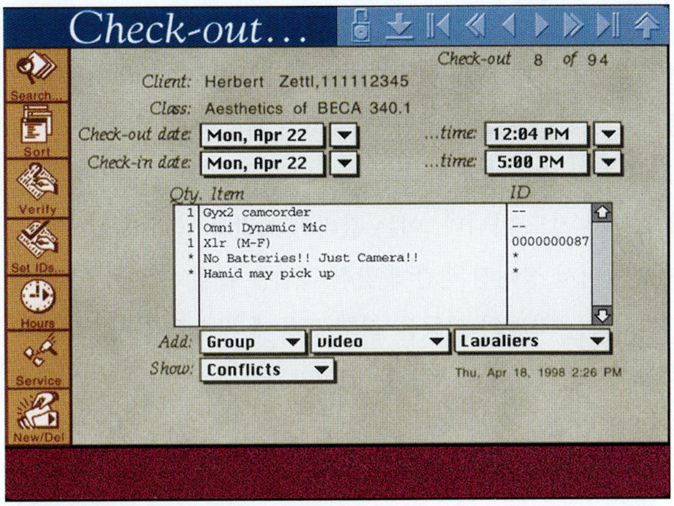

[그림 17.6] 컴퓨터 기반의 설비 요청서

이 컴퓨터 기반 설비 요청서에는 특정한 제작에 필요한 모든 장비들의 목록이 기재되어 있다. 스튜디오에 영구적으로 설치된 장비들의 경우 설비 요청서에 기입할 필요는 없지만 일정은 반드시 잡아야 한다.

서는 제작 매니저가 만든다.

설비 요청서에는 리허설, 실제 촬영, 방송 송출 시간과 날짜, 작품의 제목, 프로듀서와 감독의 이름(때때로 탤런트의 이름도 들어간다), 카메라, 마이크, 조명, 세트, 그래픽, 의상, 분장, VTR, 포스트프로덕션 설비와 같은 모든 기술적 요소들, 그리고 특별히 제작에 필요한 물품들이 기록된다. EFP의 경우 프로듀서 자신과 다른 구성원들을 위해 필요한 교통 수단과 정확한 촬영 현장의 위치를 부가적으로 기입한다.

스크립트와 마찬가지로 설비 요청서도 중요한 의사소통 장치이다. 가능한 한 정확하게 기입한다. 나중에 수정하는 것은 값비싼 실수라고밖에는 볼 수 없다. 정확한 플로어 플랜과 조명 계획서를 가지고 있다면 이것을 설비 요청서에 붙여 둔다. 이렇게 붙여 놓으면 제작에 어떤 문제가 생기게 되었을 때 적당한 아이디어가 떠오를 것이다. 설비 요청서는 내부 컴퓨터 시스템을 통해 배포하고 또 복사도 해 놓는다(그림 17.6 참조). 컴퓨터를 이용하면 변경 사항이 생겼을 때 종이에 복사한 복사본들을 모두 수거해서 수정하고 다시 배포해야 하는 수고를 덜 수 있다.

어떤 종류의 제작을 하든지 가능한 한 적은 장비를 사용하도록 한다. 장비를 많이 사용할수록 더 많은 인력이 필요하게 되고 잘못될 수 있는 확률도 높아지게 된다. 사용이 가능하다고 해서 모든 장비를 사용하려고 해서는 안 된다. 프로세스 메시지를 다시 훑어보고 프로듀서 자신이 선택한 장비들이 가장 효율적인 것인지 다시 한 번 확인하고 필요한 장비가 예산의 범위 내에서 실제로 사용이 가능한지를 거듭 확인한다. 프로듀서가 가장 선호하는 기술 감독과 카메라맨으로 구성되어 있는 기술 스태프들에게 장비의 특수한 용도와 다른 제작 업무에 대한 의견을 들어본다. 이들의 경험으로 장비의 효용을 확대시킬 수 있으며, 특별히 어려운 제작 문제가 생겼을 때 기꺼이 프로듀서를 도우려고 할 것이다.

일정 조정(Schedules)

제작에 관련된 모든 사람들에게 그들이 언제, 어디서, 무엇을 하게 되는지 알려주어야 한다. 제작에 관련된 사람들에게 준비할 시간을 부족하게 주면 최고의 활동을 할 수 없게 되고 불필요한 긴장과 초조함을 주게 되어 제작에 방해를 줄 수 있다. 그러나 너무 많은 시간을 준다고 해서 최대의 제작 활동을 하게 되는 것도 아니다. 이는 값비싼 시간을 낭비하게 되는 것은 물론이고 사람들을 무감각하게 만들어서 정해진 시간에 맞춰 작업을 끝낼 수 없게 된다.

프로듀서로서 가장 중요한 일 중 하나는 각각의 활동을 진행 도중에 지속적으로 확인하고 정해진 마감시간에 비추어서 현재 어느 정도 진행이 되었는지 확인하는 것이다. 마감 시간을 지속적으로 확인하지 않으며 시간 내에 끝내는 것은 쉽지가 않다. 일정에 차질이 생긴다면 그 원인을 알아본다. 다시 말하지만, 다른 사람에게서 전해들은 정보에 의지해서는 안 된다. 일정을 지키지 못하는 사람을 불러서 무슨 문제가 생겼는지 알아본다. 이런 문제들을 풀어주고 모든 사람이 정상 궤도에 오를 수 있도록 하며, 필요하다면 일정을 변경하는 것도 프로듀서의 일이다(그림 17.7의 실제 촬영 일정 참조).

일정에 변화가 생기면 그 당시에는 사소한 일로 보이더라도 제작에 참여한 모든 사람들에게 반드시 알려준다.

승인과 허가(Permits and Clearances)

대부분의 제작은 프로듀서가 속해 있는 방송국이나 회사와 관련이 없는 설비와 사람을 고용하게 된다. 이러한 제작 요소에는 특별한 주의가 필요하다. 제작에 참여한 구성원들이 단합 이벤트나 스포츠 이벤트에 참여할 수 있도록 허가를 받아야 하고 이벤트가 있는 곳 가까이에 주차할 수 있는 허가까지 신경을 써야 한다. 또한 시청에 촬영 허가를 받아야 하거나 시내에서의 촬영에서는 특정한 보험 규정에 있는 허가를 받아야 한다. 이러한 요구 사항을 무시해서는 안된다. "미안하다고 말하는 것보다는 안전을 우선 챙기는 것이 좋다"는 말은 모든 현장 제작에서 실제 제작 활동에 적용될 뿐 아니라, 제작 보조가 케이블에 걸려 넘어진다거나 옆에서 구경하던 사람이 바나나 껍질에 미끄러져 넘어졌을 때 생길 수 있는 법적인 문제로부터 프로듀서 스스로를 보호하기 위해서는 모든 요구 사항들을 챙겨야만 한다. 저작권과 조합의 허가에 관한 사항은 section 17.2에서 알아보기로 한다.

광고와 홍보(Publicity and Promotion)

아무리 훌륭한 쇼라고 할지라도 아무도 알아주지 않는다면 무용지물이다. 프리프로덕션 단계에서 광고와 홍보 담당 부서의 담당자(담당 부서는 하나의 사무실을 사용할 수도 있고 한 사람이 모든 업무를 맡고 있는 경우도 있다)를 만나서 앞으로 만들 제작물에 대한 정보를 알려준다. 대상 관객이 제한적이고 아주 특정하다고 하더라도 가능한 한 많은 시청자들을 겨냥할 필요가 있다. 광고 담당자의 일은 실제 관객과 잠재적 관객 사이의 차이를 좁히는 것이다.

라인 프로듀서: 운영자와 관찰자(Line Producer: Host and Watchdog)

지금까지의 프로듀서로서의 업무를 잘 해냈다면 이제 작업을 감독이나 라인 프로듀서에게 넘겨 주게 된다. 라인 프로듀서는 프로그램 시리즈의 개별 제작 현장에서 그날그날 제작의 세부 사항을 다루는 사람을 말한다. 프리프로덕션 과정에서 업무를 보았던 프로듀서가 라인 프로듀서의 역할까지 맡게 된다면 실제 제작에 대한 책임까지 맡게 되는 것이므로 작업이 완결될 때까지 계속 참가해야 한다. 라인 프로듀서의 현장에서의 의무는 게스트를 접대하고 감독의 제2의 눈이 되어 작업을 지켜보는 것이다.

운영자(Playing Host)

게스트를 섭외했다면 그 게스트를 스튜디오까지 데려와야 한다. 게스트를 어떻게 데려오고, 어떻게 다시 돌려보낼 것인가? 게스트가 도착할 때 누군가(프로듀서가 적합하다)가 마중을 나가도록 해야 한다. 게스트가 프로듀서나 스튜디오를 찾기 위해서 방송국을 헤매고 다니는 것처럼 당혹스러운 일은 없다. 접대실에 커피나 차를 준비해서 게스트가 스튜디오로 가기 전에 가능한 한 충분히 긴장을 풀 수 있도록 만든다.

제작 흐름 관찰(Watching the Production Flow)

가능한 한 감독의 일에 끼어들지 말아야 하지만 전체적인 제작 흐름에서 눈을 떼서는 안 된다. 때때로 감독은 작은 세부 사항에 매달려서 실질적으로 프로그램의 나머지 부분을 녹화할 시간이 부족한데도 불구하고 재촬영을 거듭하도록 지시하는 경우가 생긴다. 이럴 경우 프로듀서는 감독에게 일정에 맞출 것을 계속적으로 상기시켜 주어야 한다.

만약 조명이나 음향 기술자들이 장비 설치에 너무 많은 시간을 들이고 있다는 것을 알게 된다면 TD(기술 감독)나 AD(조감독)에게 그것을 알리도록 한다. 감독이 장면을 개선시키기 위해 추가적인 장비나 소품을 요구할 경우, 그 즉시 추가 비용을 승인하고 적당한 사람을 불러서 요구한 사항을 들어줄 수 있도록 지시할 수 있다.

제작 평가(Evaluating the Production)

제작 중 프로듀서가 수행해야 하는 가장 중요한 기능 중 하나는 감독의 어깨 너머로 다양한 테이크를 관찰하는 것이다. 감독이 모든 제작의 세부 사항에 몰두한 나머지 전체적인 장면의 외형이나 흐름을 놓치는 경우가 종종 생긴다. 능력 있는 프로듀서는 다른 관점에서 장면을 관찰할 수 있어서 제작팀이 구성원보다 더 신랄한 시청자가 될 수 있어야 한다. 이것은 체스 게임을 옆에서 지켜보면서 모든 실수와 다른 선수가 놓친 좋은 수를 관찰하는 것과 같다.

쇼와 관련해서 제안할 것이 있다면 적어 두거나 리허설 중에 PA에게 전달해서 리허설이나 짧은 녹화 사이에 제작 문제를 토의하고 시정하는 '노트(notes)' 라고 불리는 시간에 감독과 의논할 수 있도록 한다. 큰 실수임에도 불구하고 감독이 알지 못하고 있거나 즉각적인 주의가 필요한 전혀 예상치 못한 일이 벌어지지 않는 한 연기를 중단시키는 일은 없도록 한다. 프로듀서가 그때까지 모든 제작 요소들을 지휘해왔다 하더라도 프로듀서의 아이디어를 완성된 제작물인 텔레비전 프로그램으로 만들어 내는 것은 바로 감독이라는 것을 잊어서는 안 된다.

포스트프로덕션 활동(Postproduction Activities)

만약 생방송이나 실황 녹화 방송이라면 프로듀서의 일은 거의 끝났다고 할 수 있다. 그러나 아직 프로그램에 특별한 기여를 했거나 협조(음악 사용 허가와 탤런트 섭외 등)를 해준 사람들에게 감사의 말을 해야 하는 일이 남아있다. 이러한 일들은 감독이 나서서 해야 한다. 그러나 대개는 포스트프로덕션 과정을 거치게 되고 포스트프로덕션에서의 프로듀서의 일은 이제 시작하게 된다. 포스트프로덕션 활동에서는 (1) 포스트프로덕션 편집, (2) 평가와 피드백, (3) 기록 보존 등을 고려해서 지휘하도록 한다.

포스트프로덕션 편집(Postproduction Editing)

포스트프로덕션 과정에서 프로듀서의 활동은 오프라인과 온라인 편집을 위한 인력과 설비를 여전히 사용할 수 있는가, 그리고 포스트프로덕션 과정이 일정에 맞게 진행되는가를 확인하는 것이다. 비상시에는 모든 포스트프로덕션 과정의 일정을 재조정할 수 있도록 준비해둔다. 어떤 프로듀서들은 영상 편집과 오디오 스위트닝의 과정에서도 가까이에서 일일이 감독할 필요가 있다고 느끼는 반면, 어떤 프로듀서들은 이런 일들을 감독에게 전적으로 일임한다. 가까이에서 감독하지 않는 경우에도 편집자나 감독에게 있어 특히 민감한 편집 결정을 내리기 위한 프로듀서의 조언이 필요할 경우 언제나 협조할 수 있도록 해야 한다.

평가와 피드백(Evaluation and Feedback)

제작물이 회사나 비방송 단체를 위해 만들어진 경우에는 의뢰인이 제작물을 볼 수 있도록 시간을 잡아야 한다. 어떤 최종 온라인 편집도 실행하기 전에 제작물의 완성된 오프라인 버전을 의뢰인에게 보여주어야 한다. 만약 인과적 접근 방식으로 진행했다면 의뢰인이 지속적으로 참여하고 있었을 것이고 그 사이 변경할 부분들은 거의 모두 변경되었을 것이다. 그렇다고 해서, 배경 음악이 빠진 중간 정도만 편집된 제작물은 보여주지 않는다. 대부분의 의뢰인들은 제작물의 빠진 부분을 상상해서 채워 넣을 수 있을 정도로 제작물에 대해서 그리 세련되지는 않다. 오프라인 편집은 가능한 한 완벽해야 한다. 온라인 편집본을 보여주기 전에 주요 제작 실수들은 수정되어야 한다. 무엇을 보여주든지 열린 마음으로 의뢰인에게 오프라인 편집본을 보여주고 의뢰인의 수정 권고에 귀를 기울여야 한다. 의뢰인과 프로듀서 자신의 제작 결정을 놓고 논쟁을 벌여서는 안 된다. 감독으로 하여금 왜 장면을 특정한 방법으로 촬영했으며 본래 스크립트의 일부분을 바꿨는지 설명하도록 한다.

만약 쇼가 시청자의 피드백("800-xxxx로 전화해 주시거나 우리 웹사이트를 방문해주세요")을 요청하는 경우 피드백 시설이 준비되어 있는지 확인한다. 시청자들은 자신들이 방송국과 의사소통을 하려는 의도적인 노력이 무시되었다는 것을 알면 매우 분노하게 된다. 시청자의 전화에 응답할 수 있는 유능하고 친절한 전화 상담원을 배치하고 웹사이트가 제 기능을 하는지 확인한다. 만약 쇼가 글로 된 피드백("당신의 의견을 엽서나, 팩스, 이메일을 통해서 보내주세요")을 요청하는 경우 누군가에게 시청자의 피드백을 담당하고 신속하게 응답할 수 있도록 해야 한다. 피드백을 권장하지 않은 경우에 전해지는 시청자의 모든 전화(긍정적이든 부정적이든 관계없이)를 기록하고 글로 전해진 모든 의사 전달(편지, 엽서, 팩스, 이메일)을 보관한다.

마지막으로 완성된 제작물을 객관적으로 검토한다. 프로듀서 자신이 객관적으로 판단할 때 그 제작물이 규정된 프로세스 메시지에 부합하는 것인지? 프로그램의 실제 효과(실제 프로세스 메시지)를 단정하는 것은 어려운 일이다. 그래도 시청자뿐만 아니라 동료나 검토자들에게 가능한 한 많은 피드백을 수집해서 규정된 프로세스 메시지와 실제 프로세스 메시지가 얼마나 접근했는지 측정해본다. 규정된 프로세스 메시지와 실제 프로세스 메시지가 일치할수록 제작물은 성공했다고 볼 수 있다.

기록 보관(Recordkeeping)

제작을 마칠 때마다 제작물의 카세트 복사본을 만들어서 보관한다. 뉴스 부서에서는 이러한 보존용 복사물을 다시 뉴스 가치를 지닐만한 사람과 장소에 관한 원천, 즉 '자료실(morgue)' 로 사용한다. 이러한 복사본은 또한 의뢰인이 불합리한 요구를 해오는 경우 프로듀서를 보호하는 역할을 하게 되기도 한다.

온라인 제작물의 복사본과 더불어 프리프로덕션, 프로덕션, 포스트프로덕션 과정에서의 중요한 기록을 담은 제작 노트도 함께 보관한다. 제작 노트에는 최소한 최종 프로그램 제안서, 예산, 제작 일정, 설비 요청서, 프로덕션 인력의 목록, 탤런트의 목록, 탤런트 계약서와 허가서, 다양한 허가서, 촬영 스크립트의 내용이 들어 있어야 한다. 제작 노트와 비디오테이프 복사본을 이중 참고 자료로 보관해서 필요할 때 언제든지 열람할 수 있도록 한다.

이 chapter의 앞에서 정의했듯이, 제작이란 아이디어를 관리하고, 사람, 장비, 활동, 세부사항을 조정해서 조화를 만들어 내는 것이다. 모든 것은 3중으로 확인한다. 어떤 것도 우연에 맡겨서는 안 된다. 마지막으로, 프로듀서는 사회 일반적인 윤리 규범과 자신에 대한 관객의 믿음을 져버려서는 안 된다. 무엇을 하건 관객에 대한 존경과 애정을 길잡이로 삼아야 한다.

핵심요약

- ◆ 제작이란 가치 있는 아이디어를 가치 있는 텔레비전 쇼로 만드는 것을 말한다. 프로듀서는 많은 수의 인력을 관리하고 더 많은 수의 활동과 제작 세부 사항을 조정해야 한다.
- ◆ 인과적 접근 모델은 기본 아이디어에서 시작, 그 다음 바로 원하는 관객 효과, 즉 프로세스 메시지를 규정한다. 규정된 프로세스 메시지가 미디어 요구 사항, 내용에 대한 요소, 제작 요소, 인력을 결정한다. 실제 프로세스 메시지(실제 효과)가 규정된 프로세스 메시지와 일치할수록 의사소통도 성공했다고 할 수 있다.
- ◆ 프로그램 제안서는 일반적으로 최소한 다음의 정보를 포함하고 있어야 한다. 프로그램 혹은 시리즈의 제목, 목적, 대상 관객, 쇼 트리트먼트, 제작 방식, 예산 견적서.
- ◆ 프로그램 예산은 일반적으로 프리프로덕션, 프로덕션, 포스트프로덕션 비용으로 나뉜다. 여기에는 전체적인 운용 경비로 흡수되는 항목을 제외한 모든 크고 작은 비용을 포함하고 있어야 한다.
- ◆ 스크립트는 가장 중요한 프리프로덕션 요소이다. 스크립트가 전체 제작과정을 결정한다.
- ◆ 프리프로덕션 조정은 제작 인력을 선택하고 조정하며, 설비와 제작 위치를 결정하고, 모든 제작 활동의 일정을 조정하고, 승인과 허가, 광고, 홍보와 관련되어 있다.
- ◆ 제작 중에 프로듀서는 운영자의 역할과 제작 흐름, 일반적인 쇼의 질을 전체적으로 보는 관찰자의 역할을 수행해야 한다.
- ◆ 포스트프로덕션 활동에는 포스트프로덕션 설비와 인력의 일정 조정, 편집 감독, 프로그램의 최종 평가, 요청하거나 요청하지 않은 피드백의 취급, 기록 보존 등이 있다.

SECTION

17.2

일정 관리, 법적 문제, 그리고 시청률

Dealing with Schedules, Legal Matters, and Ratings

프로듀서는 효율적인 제작 일정을 잡고 정확한 정보를 전달하는 특정한 제작 활동에 대한 지식을 가지고 있어야 한다. 법률적인 부분을 담당하는 부서를 따로 두고 있다고 하더라도 프로듀서는 필연적으로 방송 길드와 노동조합, 그리고 저작권과 여타의 법적 문제를 다루게 된다. 마지막으로 프로듀서는 시청률의 기본 원리에 대해서도 정통해야 한다.

▶ 제작 일정

활동의 순서 정하기와 주요 제작 일정

▶ 정보 공급원

지역 공급원, 컴퓨터 데이터베이스, 기본적인 참고 서적과 디렉터리

▶ 조합과 법률에 관한 문제

비 기술 분야과 기술 분야 조합, 저작권과 허가서, 그 외 법적으로 고려해야 할 점

▶ 관객과 시청률

대상 관객, 시청률과 점유율

제작 일정(Time Line)

하루 제작 일정은 주로 감독이나 라인 프로듀서, 제작 매니저 혹은 유닛 매니저에 의해서 작성된다. 하루 일정을 작성하는 사람이 EFP 차량에 장비를 실을 때 혹은 스튜디오 문을 열 때부터 장비를 반납할 때까지, 그리고 동료들의 점심 메뉴에까지 그날의 제작을 책임진다. 그러나 소규모 작업에서는 프로듀서가 프리프로덕션 조직자뿐만 아니라 제작 당일 다양한 활동을 관리하는 제작 관리자의 역할까지 하게 된다. 이런 경우 프로듀서는 시간뿐만 아니라 에너지를 최대한 아낄 수 있는 효율적인 일정 짜는 법을 알아야 한다. 하루 일정에 직접적인 책임을 지고 있지 않다고 하더라도 계속 지켜보고 최대한 효율적인 일정인가를 관찰해야 한다. 이러한 일정의 효율성은 활동을 적당한 순서로 배치하는 것에 크게 좌우된다. 예를 들어, 만약 아직도 작가가 스크립트(대본)와 씨름하고 있는 상황이라면 디자인 부서에 복잡한 오프닝 타이틀 제작을 지시하지 않는다. 활동 현장이나 플로어 플랜을 보기 전에는 감독과 조명 문제나 카메라 대수에 대한 문제로 논쟁을 벌이지 않는다.

ENG EFP

특히 EFP 작업의 경우 활동의 순서는 스크립트에 나와 있는 순서가 아닌 제작 요구사항(장소, 날씨, 세트 등)에 의해 결정되어야 한다. 쇼의 오프닝이나 클로징 혹은 같은 장소에서 진행되지만 제작 전반에 걸쳐 퍼져있는 장면 등과 같이 어떤 장면을 함께 일정에 넣을 수 있는지 살펴본다. 스튜디오 제작에서는 스크립트에 나와 있는 순서대로 세트와 세트

Show/Scene Subject	Date/Time	Location	Facilities	Talent/Personnel
energy conservation scenes 1 & 2 openings & closings	Aug. 8 11:30–4:30	solar heating plant	normal EFP as per fax of 7/2	Janet & Bill EFP crew as scheduled DIRECTOR: John H.
energy # 2, 3, 4 sections on solar panel demonstrations	Aug. 10 8:30–2:30	solar heating plant	normal EFP as per fax of 7/2	Janet & Bill EFP crew as scheduled DIRECTOR: John H.
energy # 5, 6 installation of solar heating panels	Aug. 11 8:30–4:30	Terra Linda Housing Project	normal EFP as per fax of 7/2	No Talent (v.o. in post) EFP crew as scheduled DIRECTOR: John H.

[그림 17.7] 이벤트 순서 정하기
이벤트의 순서를 정한다는 것은 특정한 장소에서 촬영될 장면의 일정을 정하는 것과 같은 의미이다.

를 오가며 촬영한다고 해도 큰 지역적 문제를 일으키지 않지만 현장에서의 경우는 불필요한 장소 이동을 하게 될 수도 있다.

임시로 이벤트에 대한 일정을 정하고 그것을 전체 제작 일정에 맞춘다. 이러한 이벤트 일정은 하루에 얼마만큼의 제작이 진행되어야 하는지를 말해 줄 뿐만 아니라 전체 제작의 흐름도 보여준다. 예를 들면, 소품을 재배치하는 것만으로도 하나의 세트를 전체 시리즈 촬영에 모두 사용할 수도 있고 나중에는 다른 순서로 보여지게 되겠지만 여러 시퀀스를 한 장소에서 촬영할 수도 있다는 것을 알게 된다(그림 17.7 참조).

정보 공급원(Information Resources)

프로듀서는 연구원이면서도 구걸자도 되어야 한다. 예를 들어, 어떤 상황에서는 90살 생일을 맞는 전직 시장에 대한 정확한 정보를 얻기 위한 시간이 30분밖에 없을 수도 있다. 혹은 메디컬 쇼를 위한 해골 또는 텔레커뮤니케이션에 대한 다큐멘터리를 위해서 통신 위성의 모형, 역사 시리즈를 위한 18세기 웨딩드레스를 조달해야 하는 경우도 있다.

다행히도 인터넷의 방대한 공급원으로부터 세계의 정보를 손가락 하나로 얻어낼 수 있게 되었다. 그리고 사이트 주소를 알고만 있다면 순식간에 정보를 얻어 낼 수 있다. 그러나 너무 많은 양의 정보가 온라인 상에 있기 때문에 자신이 원하는 항목을 빠르게 찾아내는 것은 거의 불가능하다. 때때로 문서로 된 정보 공급원이나 지역 도서관에 전화를 해서 물어보는 것이 더 빠르고 편리할 때도 있다. 예를 들면, 지역 병원이나 고등학교 과학부에 전화해서 해골을 조달하는 것이 웹사이트를 찾아 헤매는 것보다 빠르다. 지역 대학의 과학부, 지역 케이블 회사에 문의해서 위성 모형을 찾거나 역사 동아리나 대학의 연극부에서 웨딩드레스를 찾아볼 수도 있다.

인터넷 공급원을 제외하고도 다음에 열거한 부가적인 참조 사항과 서비스를 알고 있어야 한다.

- 전화번호부. 전화번호부에는 매우 많은 양의 정보가 실려있다. 시와 시 외곽의 전화번호부를 상비해둔다. 또한 시청이나 경찰서, 소방서, 그 외 도시나 지방의 정부 기관, 주요 정부 사무실, 도시와 지방의 학교 사무실, 신문사와 라디오 방송국, 대학과 전문학교, 박물관과 같이 자주 연락해야 하는 큰 공공시설에 대한 전화번호부를 구비하도록 한다. 인터넷을 이용하면 전 세계에 있는 어떤 전화 사용자의 전화번호도 몇 초 만에 알아낼 수 있다.
- 항공기 일정표. 전화로 쉽게 항공기 일정표를 알 수 있다고 하더라도 새롭게 바뀌는 주요

항공사의 일정표를 구비하고 있도록 한다. 여행사에 믿을 만한 인물을 섭외해 둔다.

- 교통 기관과 운송 기관. 한 두 개의 택시 회사 전화번호와 버스, 기차의 일정표를 구비해둔다. 택시는 물건(의학 프로그램을 위한 해골과 같은)뿐만 아니라 사람도 운송할 수 있다는 것을 명심하자. 적어도 두 개의 믿을만한 도시 간, 도시 내 배달 업체를 알고 있어야 한다.
- 참고 도서와 CD-ROMs. 자신만의 참고 도서관에는 최신 내용을 담고 있는 사전, 인명 사전 세트와 지역 인사에 대한 책, 최신 국제적인 인명 사전, 최신 내용을 담고 있으면서 주제를 분명하고 간략하게 나타내고 있는 백과사전, 포괄적인 최신 지도책이 구비되어 있어야 한다. 또한 지역 도서관의 안내 데스크의 전화번호도 가지고 있어야 한다. 유능하고 친절한 안내 담당 사서가 때로는 놀라운 속도로 모든 종류의 정보를 기꺼이 찾아 줄 수 있다. 또한 사서들은 세계의 도서관에 있는 자료를 인터넷을 통해서 빠르게 찾아줄 수도 있다.
- 케이블 방송사나 텔레비전 방송사에 근무한다면 기본적인 참고 자료들을 모아두도록 한다. 전문적인 잡 지나 연보 외에도 최근에 편집된 방송 교본도 준비해둔다. 이러한 것들이 다양한 내용에 대해서 정확한 정보를 빨리 찾도록 도와줄 것이다.
- 다른 공급원들. 지역 상공 회의소는 대개 공공 단체와 사업장에 대한 목록을 보유하고 있다. 주요 재단과 기금 조성 규범도 손쉽게 구할 수 있을 것이다. 의학 실습, 에너지 절약, 주택 개량과 같은 특정한 주제의 시리즈를 만들고 있는 중이라면 그 영역에 대한 주요 참고 자료를 구비해 두어야만 한다.

조합과 법률에 관한 문제(Unions and Legal Matters)

라인 아래 인력에 해당하는 사람들이 그렇듯이, 대부분의 감독, 작가, 탤런트들은 길드나 조합에 소속되어 있다. 프로듀서는 해당 지역의 다양한 조합의 규정에 대해서 알고 있어야 한다. 대부분의 조합에서는 급료와 최소 보수뿐만 아니라 시간 외 근무, 소요 시간 배치 처리, 휴식기간과 같은 특정한 작업 조건, 누가 합법적으로 스튜디오 카메라를 다룰 수 있고 누가 그럴 수 없는지 등에 대한 사항을 규정하고 있다. 만약 조합 방송국에서 비조합원을 고용하거나 방송국 외부에서 비조합원 탤런트와 만든 쇼를 방송할 예정이라면 해당 조합의 허가를 받았는지 확인해야 한다.

조합(Unions)

조합에는 비 기술 분야 인력을 위한 조합과 기술 분야 인력을 위한 조합 이렇게 두 종류의 기본적인 조합이 있다. 비 기술 분야 조합에는 주로 출연자, 작가, 감독이 속해 있다(표 17.8

[표 17.8] 비기술 분야 조합

AFTRA	**미국 텔레비전라디오 예술인연맹.** (American Federat on of Television and Radio Artists) 텔레비전 탤런트가 소속되어 있는 주요 조합. 감독도 특히 아나운서와 방송 탤런트의 이중 기능을 하게 될 때 때때로 AFTRA에 속하게 된다. AFTRA는 스케일(scale)이라고 부르는 지역마다 다른 기본 최소 보수 체계를 가지고 있다. 대부부의 유명한 탤런트(주연 연기자나 뉴스 앵커와 같은)는 정해져 있는 보수 이상의 보수를 받는다.
DGA	**미국 영화감독조합.** (Directors Guild of America) 텔레비전과 영화의 감독, 조감독을 위한 조합. 대규모 방송국이나 네트워크의 플로어 매니저와 제작 지원이 때때로 길드에 소속된다.
WGA	**미국 작가조합.** (Writers Guild of America) 텔레비전, 영화 스크립트 작가들을 위한 조합.
SAG	**미국 영화배우조합.** (Screen Actors Guild) 특히 영화가 텔레비전 제작에 관련되었을 때 중요한 단체. 비디오테이프로 만든 광고와 대형 비디오 제작에 관련한 연기자들도 포함하고 있다.
SEG	**미국 영화 엑스트라조합.** (Screen Extras Guild) 주요 영화 혹은 비디오 프로덕션에서의 엑스트라 배우를 위한 조합.
AFM	**미 연방과 캐나다에 거류 중인 미국 음악인연맹.** (American Federation of Musicians of the United States and Canada) 제작에 실황 오케스트라를 사용할 경우에만 중요.

참조). 기술 분야 조합에는 텔레비전 기술자, 기사, 때때로 붐 담당자, 플로어 스태프와 같은 다양한 제작 인력이 포함된다(표 17.9 참조).

인터뷰에서 게스트에게 대본에 있는 질문에 대답하는 것 외에 다른 것을 부탁할 때는 특히 주의해야 한다. 만약 게스트들이 자신들의 재능을 조금이라도 보여주게 된다면 그들은 출연자로 분류되고 자동적으로 AFTRA(표 17.8 참조) 보수 체계에 따라 보수를 받아야 한다.

또한 플로어 스태프에게 그들의 임무와 직접 연관된 일이 아닌 일은 부탁하지 말도록 한다. 부탁할 경우에는 많은 보수를 주어야 한다. 카메라맨은 대개 고의로 다른 카메라 화면에 비춰지는 경우 상당한 벌금을 내야하는 것을 명시해 놓은 조항이 계약에 포함되어 있다. 고등학교나 대학에서 제작되는 텔레비전 연극에 나오는 학생 연기자는 그 쇼가 텔레비전 방송국을 통해 방송될 경우 그들이 방송에 나갈 것을 방송국과 지역 AFTRA 사무실의 허가를 받지 않는 한 AFTRA 보수 체계에 따른 보수를 받게 된다.

저작권과 사용 허가(Copyrights and Clearances)

만약 쇼에 저작권이 있는 재료를 사용하는 경우에는 사용 허가를 반드시 받아야 한다. 대개 저작권이 발효되는 연도와 저작권을 가진 사람의 이름은 ⓒ 표시 바로 옆에 표기하도록 되어 있다. 책, 정기 간행물, 단편 소설, 희곡, 음악과 마찬가지로 몇몇 사진과 유명한 그림의 복사품, 인쇄물들에도 저작권이 설정되어 있다. 방송 중에 혹은 인터넷을 통해 얻은 쇼나 음악도 많은 CD-ROM과 DVD와 마찬가지로 저작권법의 대상이 된다. 자신의 저작권을 지키려는

[표 17.9] 기술 분야 조합

IBEW	**국제 전기노동자 우애조합.** (International Brotherhood of Electrical Workers) 이 조합에는 스튜디오, 주조정, 유지에 관련된 기사와 기술자가 소속되어 있다. 또한 ENG/EFP 카메라맨과 플로어 인력들도 포함한다.
NABET	**전미 방송종사자 및 기술자 노조.** (National Association of Broadcast Employees and Technicians) 플로어 인력과 비 기술 분야 제작 인력(붐 담당자와 달리 담당자와 같은)까지로 포함되는 기사 활동을 위한 또 다른 조합.
IATSE	**국제 무대기술 노동자연맹.** (International Alliance of Theatrical Stage Employees, Moving Picture Technicians, Artists and Allied Crafts of the United States, Its Territories and Canada) 주로 무대 일손, 그립(조명 기술자), 무대 목수 작업에 관련된 기술자들이 소속된 조합. 또한 플로어 매니저나 영화 카메라맨, 조명 인력도 소속되어 있다.

예술가라면 저작권이라는 것이 다소 모호한 것이라는 것을 알게 될 것이다. 그러나 저작권이 있는 자료를 사용할 때는 확장된 법과 규정에 적용받게 된다. 의심이 든다면 자신의 제작물에 타인의 재료를 사용하기 전에 저작권 조항과 공공 소유에 관해서 변리사와 상의하는 것이 바람직하다.

그 외 법률에 관해서 고려할 사항(Other Legal Considerations)

명예 훼손(libel: 문서로 행한 명예 훼손, slander: 구두로 하는 명예 훼손), 표절(다른 사람의 아이디어나 글을 자신의 것인 양 사용하는 것), 사생활 침해, 음란물에 관한 법률, 그리고 그 외의 흡사한 문제들은 법률 고문과 상의한다. 법률 고문이 없을 경우에는 주요 보도 방송사의 뉴스 부서나 대학 방송 부서에서 사용 가능한 최신의 법률 정보를 가지고 있으므로 이것을 사용하도록 한다.

관객과 시청률(Audience and Ratings)

텔레비전 방송국의 프로듀서는 자신이 듣고 싶다고 생각하는 것보다 훨씬 자주 텔레비전 관객과 시청률에 대해서 듣게 될 것이다. 시청률은 상업 방송국에서는 특히 중요한데 이것은 방송국에서 방송하는 광고 시간대의 가격은 주로 시청자의 대략적인 수에 의해서 결정되기 때문이다. 법인 텔레비전의 경우에도 시청률이 프로그램의 성패를 가늠하는 기준으로 제시된다.

대상 관객(Target Audience)

매스 미디어의 관객과 같이 방송에 있어서 관객은 인구학적 특성과 심리적 특성에 의해서 분류된다. 인구학적 기술어로는 성별, 나이, 결혼 여부, 교육, 인종, 수입, 경제 수준이 있다. 심리학적 기술어로는 구매 습관과 개성, 설득 가능성과 같은 일반적인 생활 양식에 속하는 것들이다. 새로운 전자 제품에 딸려오는 등록 카드를 작성한다는 것은 실질적으로 아주 유용한 인구학적 자료를 제공하게 되는 것이다.

관객을 분류하고 그들의 생활양식, 특정한 프로그램이나 시리즈의 잠재적인 수용 가능성을 결정하는 정교한 방법들에도 불구하고, 어떤 프로듀서들은 간단히 이웃을 모델로 삼고 특정한 사람과 그 사람의 습관에 그들의 의사 전달을 조정한다. 행정 프로듀서가 프로듀서의 참신한 아이디어를 "내 이웃에 사는 스미스 씨는 별로 좋아하지 않을 것 같아"라는 이유에서 거절한다고 해도 그리 놀랄 일은 아니다. 많은 오락 프로그램의 경우 프로그램을 판단하는 이러한 주관적인 접근은 수용할 만하다. 그러나 운전 교육이나 물 절약과 같이 직접 전달 목적을 가지는 프로그램에 대해 판단해야 할 경우에는 대상 관객에 대해 좀더 구체적으로 규정하고 분석해야 한다. 대상 관객에 대해서 많이 알면 알수록 더 정확하게 프로세스 메시지를 규정할 수 있으며 궁극적으로 메시지도 더 효과적일 수 있다.

시청률과 점유율(Ratings and Share)

시청률이란 주어진 인구 수(전체 텔레비전 가구 수)에 대한 하나의 방송국 채널을 시청하는 수상기를 가진 텔레비전 가구 수를 어림잡아 백분율로 낸 것이다. 이 백분율은 자신의 방송국의 방송을 보는 것으로 추정되는 가구 수를 전체 가구 수로 나누어서 산출한다.

$$\frac{\text{특정 방송국 시청 가구 수}}{\text{전체 TV 보유 가구 수}} = \text{시청률 숫자}$$

예를 들어 500가구의 표본 중에 75가구가 자신의 쇼를 시청했다면 당신의 쇼의 시청률은 15(소수점 아래 수는 버린다)가 되는 것이다.

$$\frac{75}{500} = 0.15 = 15 \text{ 시청률}$$

점유율은 그 당시 텔레비전을 시청하고 있는 가구 수(HUT)와 비교한 자신의 방송을 보는 가구 수를 나타낸다. HUT 숫자를 100%로 본다. 다음은 점유율을 내는 공식이다.

$$\frac{\text{자신의 방송을 보는 가구 수}}{\text{텔레비전 시청 가구 수}} = \text{점유율}$$

예를 들어 만약 200개의 가구에서만 실제로 텔레비전을 시청하고 있고 그 중 75개의 가구에서 자신의 프로그램을 보고 있었다고 한다면 점유율은 38이 된다.

$$\frac{75}{200} = 0.375 = 38\text{의 점유율}$$

A.C. Nielsen과 같은 여러 개의 시청률 조사 기관이 신중하게 관객 표본을 선택해서, 일지, 전화, 텔레비전 수상기에 부착한 측정기를 통해 시청 여부를 알아본다.

시청률의 문제점은 표본을 큰 인구 수에 비추어 봤을 때 생길 수 있는 잠정적인 오차에 있는 것이 아니라 이 숫자가 켜져 있는 텔레비전을 누가 보고 있는 것인지, 보고 있다면 몇 명이나 함께 보는 것인지를 알 수가 없다는 것이다. 또한 시청률은 그 프로그램의 관객에 대한 효과(실제 프로세스 메시지)를 알려줄 수는 없다. 결과적으로 자신의 쇼의 성공 여부는 메시지가 얼마나 능력 있는가, 관객에게 얼마나 영향을 주었는가, 혹은 실제 프로세스 메시지는 규정된 프로세스 메시지에 얼마나 부합했는가가 아닌 단순히 시청률과 점유율 숫자로 판단되게 되는 것이다. 방송 텔레비전이 시청률의 영향을 받는 것에서 볼 수 있듯이, 자신이 많은 관객의 존재를 기반으로 정의되는 매스미디어에 종사하고 있다는 것을 자각해야 한다.

핵심요약

- 신중하게 이벤트의 순서를 정하는 것이 제작 일정과 활동을 매우 용이하게 해준다. 이런 접근 방법은 특히 시리즈 제작에 도움이 된다.
- 프로듀서는 다양한 정보 공급원과 정보에 빨라야 하고, 항시 접속할 수 있어야 한다. 인터넷은 거의 즉각적이면서 전체적인 정보를 제공하는 공급원이다. 전화번호부, 항공기와 다른 교통수단의 일정, 기본 참고 서적도 중요한 정보 공급원이다.
- 대부분의 비 기술 분야와 기술 분야 인력은 DGA(미국 영화감독조합) 혹은 전미 방송종사자 및 기술자 노조(NABET)와 같은 길드 혹은 조합에 소속되어 있다.
- 저작권이 설정되어 있는 재료(비디오, 오디오 재료, 문서 정보, CD-ROM 등)를 텔레비전 제작에 사용할 때 일반적인 저작권법이 적용된다.
- 시청률은 표본 조사를 통해 텔레비전을 보유한 가구 수에 비교한 특정한 방송국의 방송을 시청하는 가구 수를 나타낸 것이다. 점유율은 실제로 텔레비전을 시청하는 가구 수에 비교한 특정한 방송국의 방송을 보는 가구 수를 나타낸다.

CHAPTER

18

프리프로덕션에서의 감독

The Director in Preproduction

감독은 프리프로덕션, 프로덕션, 포스트프로덕션 과정에서 탤런트와 전체 제작팀에게 무엇을 해야 하는지 지시하게 된다. 그러나 다른 사람들에게 무엇을 하라고 지시하기 전에 자신이 무엇을 해야 하는가를 먼저 명확히 해야 한다. 프로그램은 어떤 모습으로 보여져야 하는가, 머릿속에 있는 생각을 어떻게 텔레비전 영상으로 옮길 수 있을까 등을 고민해야 한다.

좀더 구체적으로 말하자면, 아이디어, 스크립트 혹은 인터뷰, 퍼레이드, 테니스 경기와 같은 실제 이벤트를 효과적인 텔레비전 영상과 음향으로 옮길 수 있어야 한다. 규정된 프로세스 메시지는 다양한 미디어 요구사항으로 옮기고 이후에 제작과정을 통해서 이것들을 통합해서 특정한 텔레비전 프로그램으로 만들어야 한다. 감독은 사람과 의도한 효과를 만들어 낼 기술적 제작 요소를 결정하고 이러한 모든 요소를 조화시켜서 최대의 효율성과 효과를 창출해 내야 한다. 그리고 감독은 이것들을 모두 자신의 스타일을 가지고 수행해 내야 한다.

Section 18.1 「감독의 준비 방법」에서는 감독의 역할과 특정한 프리프로덕션 활동에 대해서 살펴볼 것이다. section 18.2 「스크립트에서 화면으로」에서는 이미지 가시화와 시퀀스 만들기, 그리고 스크립트 분석 방법에 대한 지침을 제공할 것이다. 프로덕션과 포스트프로덕션 과정에서의 감독의 활동은 chapter 19에서 알아보기로 한다.

주요 용어

팩트 시트(fact sheet) 화면에 보여지게 될 물품과 그 물품의 주요 특성의 목록. 그 제품에 대해 언급해야 할 내용을 담고 있을 수도 있다. 런다운(rundown) 시트라고도 부른다.

풀 스크립트 형식(fully scripted format) 완전한 대본. 모든 대화 혹은 내레이션과 주요 시각화한 큐를 담고 있는 스크립트.

고착(locking-in) 스크립트 분석과정에서 특히 이미지를 상상하는 것. 이어지는 시각화와 시퀀싱을 결정한다.

스크립트(script) 어떤 프로그램이고, 누가 무엇을 말하고, 무슨 일이 벌어질 것이며, 관객은 이벤트에 대해서 무엇을 어떻게 보고 들어야 하는지에 대해서 알려주는 문서.

세미스크립트 형식(semiscripted format) 주요 영상 큐를 왼쪽 난에(Video), 주요 음향 큐를 오른쪽 난에 (Audio)기입한 부분적인 스크립트. 대화가 제시되어 있기는 하지만 완벽하지는 않은 상태로 쇼를 묘사하기 위해 사용된다.

시퀀싱(순서 정하기)(sequencing) 편집을 실행하는 동안 샷의 순서를 조정하고 구성하는 것.

쇼 형식(show format) 나타나는 순서대로 쇼의 단편들의 목록을 만든 것. 일일 게임 쇼 혹은 인터뷰 쇼와 같이 틀이 짜여진 쇼에서 사용된다.

스토리보드(storyboard) 이벤트를 시각화할 주요 지점을 상응하는 음향 정보와 함께 일련의 삽화로 나타낸 것.

시각화(visualization) 상상한 이미지를 몇 개의 주요 텔레비전 이미지로 옮기는 것. 샷의 상상 이미지. 이때 이미지의 순서가 정해질 필요는 없다.

SECTION

18.1 감독의 준비 방법

How a Director Prepares

텔레비전 감독은 아이디어를 효과적인 영상과 음향으로 옮길 수 있는 예술가이면서 제작에 참여하는 모든 사람들에게 최선을 다하도록 격려하는 심리학자, 구성원이 포기한 문제조차 해결할 수 있을 만한 기술적 조언자, 또한 지휘자이자 모든 것을 일일이 확인하는 잔소리꾼이 되어야 하므로 결코 쉬운 직업은 아니다. 몇몇 감독의 경우 자신들의 전문성이 타고난 재능에서 오는 것이라고 생각하는 사람도 있겠지만 대부분의 유능한 감독은 피나는 연구와 연습으로 자신의 능력을 배양한다.

▶ 감독의 역할

예술가, 심리학자, 기술적 고문, 지휘자

▶ 프리프로덕션 활동

프로세스 메시지, 제작 방식, 제작팀과의 의사소통, 일정 관리, 스크립트 형식, 스크립트 표시, 플로어 플랜과 현장 스케치, 설비 요청서

▶ 지원 스태프

플로어 매니저, 조감독, 제작 지원

감독의 역할(The Director's Roles)

감독의 다양한 역할은 여기에 묘사하는 것처럼 그렇게 확연히 구분지어지는 것은 아니다. 대개 중첩되거나 리허설의 초반음 5분 동안에도 여러 역할을 번갈아 가면서 수행해야 한다. 시간에 쫓기고 여러 사람들에게 압박을 받는 중에도 감독은 다음 문제로 넘어가기 전에 당면한 문제에 모든 정신을 집중해야 한다.

예술가로서의 감독(Director as Artist)

예술가로서 감독은 의도하는 메시지를 선명하고 효율적으로 전달할 뿐만 아니라 세련됨이 묻어나도록 영상과 음향을 만들어 내야 한다. 감독은 이벤트나 스크립트를 어떻게 보아야 하는지 알아야 하고 그것의 본질적인 특성을 재빨리 간파하여 명확히 하고 강조하며 해석해서 특정한 관객에게 전달할 수 있도록 요소들을 선택하고 지시할 수 있어야 한다. 이런 일을 개인적인 감각으로 처리함에 있어서 세련미와 스타일이 묻어나야 한다. 예를 들면, 그 장면의 힘을 최대한 살리기 위해서 아주 꽉 차게 잡아낸다거나 흔하지 않은 배경 음악을 사용해서 특별한 분위기를 조성한다거나 하는 감각이 있어야 한다는 것이다. 그러나 영감이 떠오르기를 기다리고 최종적인 작품을 위해 거듭해서 자신의 그림을 수정해 나갈 수 있는 화가와는 달리 텔레비전 감독은 정해진 시간 안에 창조성을 발휘해야 하며 시작하는 순간부터 옳은 결정을 내려야 한다.

심리학자로서의 감독(Director as Psychologist)

감독은 다각도에서 텔레비전 제작에 참여하는 여러 사람을 다뤄야 하기 때문에 심리학자로서의 역할도 수행해야 한다. 예를 들면, 단 하나의 제작물에 있어서도 예산을 걱정하는 프로듀서와 영상과 음향의 기술적 질에 관여하는 기술자, 신경이 날카로운 탤런트, 세트에 대해서 고집을 부리는 디자이너, 어린이 연기자의 클로즈업이 너무 멀다고 불평하는 그 어린이 연기자의 어머니와 같이 많은 사람과 의사소통을 해야 한다.

모든 사람이 자신의 기능을 십분 발휘할 수 있도록 해야 하는 동시에 이들을 한 팀으로서 조화를 이루도록 해야 한다. 이러한 다양한 개인으로 이루어진 팀을 감독할 수 있는 공식 같은 것이 있을 수는 없지만, 다음에 열거한 지침들은 필요한 리더십을 발휘할 수 있도록 훈련하는 데 도움이 될 수 있을 것이다.

- 스스로 준비를 철저히 하고 성취하고자 하는 바를 명확히 해라. 감독 자신도 모르는 공동

의 목표를 위해서 사람들에게 매진하라고 할 수는 없다.

- 각 팀 구성원의 특정한 기능에 대해서 알아야 한다. 모든 개개인에게 자신들이 책임지고 있는 일을 시작하기 전에 그들이 어떤 일을 해주었으면 하는지 설명한다.
- 탤런트가 어떻게 해주기를 바라는지 정확히 한다. 탤런트에게 모호한 지시를 내리거나 그들의 명성에 겁먹어서는 안 된다. 직업 의식이 투철한 탤런트일수록 감독의 지시에 따를 준비가 되어 있게 마련이다.
- 확고한 태도를 보인다. 지시를 전달할 때는 정확히 전달하되 너무 명령조로 말해서는 안 된다. 다른 제작 스태프의 제안에 귀를 기울이되 자신이 결정해야 할 사항을 다른 사람이 하도록 해서는 안 된다.
- 누군가 실수를 했을 때 비웃지마라. 문제점을 지적하고 해결점을 제안해라. 마음 속에 항상 전체적인 목표를 가지고 있어라.
- 탤런트와 모든 제작 구성원을 존경과 애정을 가지고 대한다.

기술적 고문으로서의 감독(Director as Technical Adviser)

기술 장비를 다루는 데 전문가가 될 필요까지는 없지만 감독이라면 자신의 의사 전달 목표를 성취하기 위해 장비를 어떻게 사용해야 하는지 구성원에게 도움이 될 만한 조언을 해줄 수 있어야 한다. 기술 고문으로서의 감독의 역할은 심포니 오케스트라의 지휘자의 역할과 같다고 할 수 있다. 지휘자는 오케스트라의 모든 악기를 다룰 줄 아는 것은 아니지만 다양한 악기가 만들어 낼 수 있는 음향과 좋음 음악을 위해서는 어떻게 연주해야 하는지는 알고 있다. 앞서 살펴봤던 section들의 내용은 감독에게 제작의 기술적인 면에 있어서 든든한 배경을 만들어 줄 수 있도록 구성되어 있다.

지휘자로서의 감독(Director as Coordinator)

예술가, 심리학자, 기술 고문으로서의 역할과 더불어 감독은 제작의 세부 사항과 과정을 조정하는 지휘자의 역할도 수행할 수 있어야 한다. 지휘자의 역할은 탤런트의 동작선을 지시하고 그들이 절정의 연기를 끌어낼 수 있도록 돕는 전통적 의미의 감독 영역을 넘어선 것이다. 특히 비드라마 쇼를 감독할 때는 제작팀의 구성원들에게 적당한 카메라 샷을 잡아주거나 VTR을 작동시키고, 음향 수준을 구축하고, 여러 카메라와 특수 효과를 스위칭한다. 또한 전자적으로 만들어 낸 그래픽을 재생시키고, 원격 전송 정보로 스위칭하는 등의 특정한 영상 음향 기능들을 수행하도록 지시하는 데 노력을 쏟아야 한다. 뿐만 아니라 자신이 뒷전으로 밀려난다고 느끼는 탤런트에게도 주의를 기울여야 한다. 또한 매 초당 비싼 가격표가 붙어 있는 정해진 시간의 틀에 맞출 수 있도록 제작을 지휘해야 한다. 이러한 지휘에는 연습이 필요하므로 이 책을 다 읽는 순간 유능한 감독이 될 수 있을 것이라는 생각은 버려야 한다.

프리프로덕션 활동(Preproduction Activities)

프로듀서의 활동과 마찬가지로 프리프로덕션 계획에 많은 노력을 하면 할수록 실제 제작과정에서 좀더 쉽고, 효율적이며, 안정적인 감독 활동을 할 수 있게 될 것이다. 특별히 다음에 열거하는 주요 프리프로덕션 사항과 활동에 초점을 맞춰서 준비한다. (1) 프로세스 메시지, (2) 제작 방식, (3) 제작팀과 의사소통, (4) 일정 관리, (5) 스크립트 형식, (6) 스크립트 표시, (7) 플로어 플랜과 현장 스케치, (8) 설비 청구서.

프로세스 메시지(Process Message)

활동에 들어가기 전에 쇼의 목적과 특정 관객에게 전달하고자 하는 효과, 즉 프로세스 메시지를 다시 한 번 살핀다(chapter 17 참조). 만약 쇼가 무엇을 성취하려고 하는지 확실하게 알지 못한다면 프로듀서에게 확인하도록 한다. 그렇게 한 이후에 비로소 모든 구성원들에게 어떤 쇼를 제작할 것이며 어떤 결과물을 예상하고 있는지 이해시킬 수 있게 될 것이다. 프로듀서와 특정한 의사 전달 목적과 제작 종류, 관점에 대해서 미리 협의해야만 소비적인 논쟁과 값비싼 실수를 방지할 수 있다. 모든 창조적인 결정에 대한 책임이 감독 스스로에게 있다고 하더라도 자신이 세운 계획을 프로듀서에게 알리는 것이 좋다. 통화 내용, 이메일, 그리고 이어지는 중요한 구두 결정을 메모와 함께 기록해 둔다.

제작 방식(Production Method)

프로세스 메시지를 완전히 이해했다면 가장 적당한 제작 방식, 즉 스튜디오 혹은 현장, 생방송 혹은 녹화, 한 대의 카메라 혹은 여러 대의 카메라, 순차적인 혹은 비순차적인 이벤트 순서 등의 결정 사항에 대해서 명백하게 알 수 있게 될 것이다. 예를 들어 프로세스 메시지가 추수감사절 퍼레이드 현장의 흥미진진함을 관객도 느낄 수 있게 하는 것이라면 여러 대의 카메라를 가지고 실황 녹화 방송을 해야 한다. 정지 신호 준수에 대한 교통안전 프로그램의 일부분을 제작하려고 한다면 하나의 카메라로 촬영해서 긴 시간의 포스트프로덕션 과정을 거쳐야 한다. 시청자들로 하여금 유명 화가의 생각이나 작업 습관과 같은 깊은 내면을 볼 수 있게 하고자 한다면 한 대의 소형 캠코더를 가지고 화가의 작업실을 며칠에 걸쳐 촬영하고 이후 비디오테이프에 녹화된 자료는 포스트프로덕션 편집과정을 거쳐야 할 것이다. 만약 시청자에게 새로운 게임 쇼에 참여함으로써 얻어지는 흥미로움을 전달하고 쇼가 진행되는 동안 전화를 할 수 있도록 유도하려면 반드시 여러 대의 카메라를 사용하며 스튜디오에서 진행되는 생방송이어야 한다.

제작팀과 의사소통(Production Team and Communication)

프로듀서는 주로 비 기술 분야와 기술 분야의 제작팀을 확인하고 조직하는 책임을 맡게 된다. 방송국이나 대형 제작 회사의 스태프 감독은 팀 구성원 개인의 기술이 아닌 편리한 일정에 따라 팀을 정하게 된다. 그러나 감독이 자신의 팀을 정해야 하는 경우, 감독은 앞으로 제작할 제작물에 가장 적합한 기술을 가진 사람을 팀 구성원으로 뽑을 것이다. 플로어 매니저는 스튜디오 작업에서는 효과적이나 현장에서는 그렇지 못할 것이며, ENG/EFP 카메라를 전문으로 하는 카메라맨은 무거운 스튜디오 카메라를 다루는 데는 서투르다는 것을 알아야 한다. 감독은 자신의 모든 결정에 대해서 프로듀서와 함께 점검하고 프로듀서의 승인을 받도록 한다. 그 무엇도 운에 맡겨서는 안 되며 제작의 세부 사항을 누군가 대신 돌보아 줄 것이라고 여겨서도 안 된다. 프로듀서는 전 제작과정에 걸쳐서 감독과 지속적인 접촉을 유지하고 있어야 한다. 만약 프로듀서가 감독에게 연락을 해야 한다고 생각이 든다면 그냥 앉아서 기다리기보다는 감독이 직접 프로듀서에게 연락을 취해야 한다.

일단 함께 작업할 팀이 정해지면 프리프로덕션 활동 지휘를 쉽게 하기 위해서 진행 절차를 세운다. 예를 들면, 아트 디렉터에게 잠정적인 플로어 플랜이 완성되면 전화나 이메일을 통해 감독에게 알리게 한다든지, 탤런트가 스크립트를 받았다면 감독에게 알리도록 지시한다. 감독이 모든 주요 구성원을 소집했을 때 그들이 모두 참석만 한다면, 제작 회의는 주요 구성원들 간의 상호 의사 소통을 원활히 해주는 역할을 할 수 있다.

프리랜서와 작업할 때에는 어디에서 인력을 찾을 수 있으며, 또 연락을 취하는 가장 좋은 방법은 무엇인지 알아둔다. 모든 팀 구성원들에게 각 구성원들에 대한 데이터베이스(그림 17.5 참조)를 복사해서 배포하고 연락을 취할 수 있는 모든 방법을 알아둔다. 컴퓨터 파일에 저장된 전화번호를 찾는 것보다 전화번호부에 기입한 전화번호를 찾는 것이 더 빠를 때가 많다.

일정 관리(Scheduling)

프로듀서의 전체적인 제작 일정을 기반으로 한 세부적인 프리프로덕션 일정을 준비해 둔다. 이렇게 해 두면 누가 무슨 일을 해야 할 때이고, 할당된 일을 언제까지 완성해야 하는지 쉽게 알 수 있다. 일정 관리 소프트웨어를 이용하면 다양한 팀 구성원들의 활동을 비교적 쉽게 확인할 수 있다.

스크립트 형식(Script Formats)

감독의 가장 중요한 프리프로덕션 요소는 바로 스크립트이다. 좋은 스크립트에는 프로그램이 어떤 내용이고, 누가 출연하며, 각 출연자가 무슨 말을 하고, 무슨 일이 일어나게 되며, 관객은 이벤트를 어떻게 보고 들어야 하는지에 대한 내용이 모두 담겨져 있다. 또한 스크립트는 프리프로덕션, 프로덕션, 포스트프로덕션 활동에 필요한 것들에 대한 단서를 제공해주기도 한다. 작가가 아니더라도 다음의 다양한 스크립트 형식에 대해서 통달하고 있어야 한다. (1) 풀 스크립트 혹은 완성된 스크립트, (2) 세미스크립트 혹은 부분 스크립트, (3) 쇼 형식, (4) 팩트 시트 혹은 런다운 시트.

풀 스크립트 형식-완성된 스크립트 완성된 스크립트에는 쇼에서 말하는 모든 대사뿐만 아니라 기본적인 음향, 영상 지문도 실려 있다. 드라마 쇼, 코미디 프로그램, 연속극, 뉴스 쇼, 그리고 대부분의 대형 광고에서는 완성된 스크립트 형식을 사용한다(그림 18.1 참조).

완성된 대본을 가지고 작업하는 데는 장점과 단점이 있다. 감독은 리허설 전에 풀 스크립트를 보고 장면을 시각화하고 머릿속에서 그것들을 연결해서 시퀀스를 만들어 볼 수 있으며 큐 라인을 정하고 어떤 카메라가 어떤 장면을 촬영해야 하는지 지시할 수 있다. 그러나 이러한 큐 라인이 꼭 지켜지는 것은 아니다. 만약 연기자나 출연자가 정확한 내용을 잊어버려서 애드리브를 하게 된다면 감독의 촬영 절차에 큰 영향을 미치게 될 것이다. 다중 카메라를 사용하는 쇼에서 연기자의 대사의 마지막 몇 마디가 여러 가지의 기술적 작동으로 이어지는 신호 기능을 하게 되는데, 이 몇 마디의 말들이 전달되지 않는다면 촬영은 중단되고 다른 테이크를 촬영해야만 한다. 완성된 스크립트를 가지고 진행되는 제작에는 비교적 시간적인 융통성이 적다.

뉴스 보도는 언제나 완전한 스크립트를 가지고 진행된다(그림 18.2 참조). 스크립트에는 뉴스 앵커가 전달해야 하는 모든 말들과 감독이 특정한 시각에 불러내야 하는 영상과 이벤트에 대한 지시 내용을 포함하고 있다. 감독은 스크립트에 따라 정해진 순서와 시각에 다양한 영상, 음향 단편들을 불러내야 하기 때문에 창조성을 발휘할 만한 여유가 없다. 앞에서 말한 것처럼 페디스털과 장착 장치, 줌 렌즈에 연결된 컴퓨터가 카메라 촬영을 선택하고 실행하게 된다. 컴퓨터 프로그램은 완전하게 짜여진 뉴스 진행 절차에 따라 실행함으로써 감독의 기능을 쉽게 대신할 수 있다. 컴퓨터화한 뉴스 룸 시스템에서 감독은 부조정실에서 감독하는 것이 아니라 키보드와 마우스를 통해 복잡한 컴퓨터 화면을 불러내거나 다양한 영상과 음향 단편들을 조작하는 일을 하게 된다. 그러나 뉴스 내용이 바뀌거나 프롬프팅 장치가 고장이 났다거나 앵커가 중요한 큐 라인을 잊었다거나 하는 문제가 생겼을 때 아직까지는 컴퓨터가 스스로 대

SCENE 6

며칠 뒤, 실내, 시내 병원의 응급실 대기실. 늦은 저녁

욜란다는 초조하게 응급실 앞의 복도를 오가고 있다. 그녀는 직장에서 곧바로 병원으로 왔다. 전형적인 병원의 응급실 모습이 보여진다. 의사(척의 친구)가 캐리를 태운 휠체어를 밀고 복도로 나와 욜란다 쪽으로 다가온다.

캐리
(휠체어에 앉아있지만 쾌활하다)
엄마!

욜란다
(초조하고 걱정되어서)
캐리, 괜찮니? 대체 무슨 일이 있었던거야?

캐리
전 괜찮아요, 그냥 좀 미끄러졌어요.

의사(동시에)
오른 손목을 삐었습니다. 심각한 건 아니구요...

캐리
왜들 그렇게 수선을 피우는 거죠?

욜란다
(캐리와 의사 사이로 들어가며)
아팠니? 팔이 부러진거야?

[그림 18.1] 드라마 대본

드라마의 풀 스크립트 형식을 가진 이 대본에는 모든 대화와 인물의 주요 동작에 대한 설명이 실려 있다.

헌터스 포인트 정오 뉴스 04/15

스튜디오: 크리스티	((크리스티)) 헌터스 포인트의 한 건물주가 그의 건물에 위험한 생활환경을 조성했다는 비난을 받고 있습니다. 거주민들은 발진과 두통, 코피를 호소하고 있습니다. Marty Gonzales는 이 모든 것이 독성의 건축 재료 때문이라고말하는 주민들을 만나봤습니다.
Package 1 Video and Audio 서버 03 File 023	((큐 들어감: " 이 빌딩들은 독성 건축 재료로 들끓고 있으나 확실한 증거가 없습니다....")) Package 0:42 ((큐 나옴: ... 이것에 관해서 어떤 것을 해야 할텐데."))
스튜디오: 크리스티	((크리스티)) 건물 주인은 이러한 혐의를 부인하고 있으며 습한 날씨 탓을 하고 있습니다. 광고 후에 우리는 건물주와 보건당국의 얘기를 들어보도록 하겠습니다.
서버 03	
File 112	범퍼
File 005	광고(칼리프, 치즈)
File 007	광고(윈스톤 기업)

[그림 18.2] 뉴스 스크립트
뉴스 스크립트에는 앵커가 말하는 모든 대사(때때로 주고받는 가벼운 대화를 제외한)와 사용할 주요 영상이 기록되어 있다.

처할 수 있는 능력은 없다.

다큐멘터리나 다큐멘터리 형식의 쇼들도 풀 스크립트를 사용한다. 다큐멘터리는 이벤트를 구성한다기보다는 기록하는 작업이기 때문에 현장 제작 이후에 스크립트가 제작되기도 한다. 그러므로 다큐멘터리 스크립트는 실제 제작보다는 포스트프로덕션의 길잡이가 되는 셈이다. 스크립트에는 어떤 영상과 음향이 사용될 것이며, 어느 부분에서 내레이터에 의한 설명이 들어가게 되는지 알려주게 된다. 주요 영상이나 동작 큐는 영상란에 기입되고 모든 말과 음향 효과는 음향란에 기입한다(그림 18.3 참조). 촬영 테이프를 보기 전에 스크립트를 작성하는 것은 불가능하다. 테이프를 보기 전에 스크립트를 작성하게 되면 이벤트의 기록이 아닌 그 비슷한 무엇이 되거나 자신의 편견에 맞는 극을 하나 만들어 내게 된다.

세미스크립트 형식-부분 스크립트 세미스크립트에는 대화의 일부분만을 제시한다. 대체로 오프닝과 클로징은 완전한 대본이 공급되고 사람들이 말해야 하는 대부분의 대사들은 "하이드 박사가 새로운 교육 제안에 대해서 이야기한다. 실 박사가 대답한다"는 정도의 암시만을 주게 된다. 이런 종류의 스크립트는 인터뷰, 제품 설명, 교육 프로그램 시리즈, 버라이어티 쇼, 그리고 즉석에서 논평하고 토론하는 형식의 프로그램에서 사용된다.

세미스크립트를 사용하는 쇼 형식에서는 감독이 언제 비디오테이프를 작동시키고, C.G. 타이틀을 넣고, 세트의 다른 영역으로 카메라를 옮기기 위해서 언제 카메라를 꺼야하는지에 대한 특정한 큐 라인을 제시해주는 것이 중요하다(그림 18.4 참조)

쇼 형식 쇼 형식에서는 '워싱턴에서의 인터뷰', '광고 2', 혹은 '책 소개'와 같이 특정한 쇼의 단편들에 대한 순서만을 가지고 진행한다. 동작이 행해지는 주요 세트 영역이나 그 부분에 해당하는 주요 시각과 진행 시간의 목록을 제공한다. 쇼 형식은 모닝 쇼, 패널 쇼, 퀴즈 쇼와 같은 연기 절차가 정해진 스튜디오 제작에서 주로 사용된다(그림 18.5 참조).

팩트 시트 혹은 런다운 시트 팩트 시트 또는 런다운 시트는 화면에 보여질 품목과 대략적으로 어떤 내용을 이야기해야 하는지에 대한 목록으로 되어 있다(그림 18.6 참조). 특정한 영상과 음향 지시 사항도 없다. 팩트 시트는 주로 제작자나 광고주가 특정한 출연자로 하여금 특정한 품목을 즉석에서 설명하는 형식을 요하는 프로그램에서 주로 사용된다.

만약 품목의 설명이 다소 복잡하다면 감독은 탤런트와 감독이 생각하는 동작을 조정할 수 있도록 주요 카메라 촬영을 알릴 수 있는 정도로 팩트 시트를 다시 작성할 수 있다. 설명이 단지 유명한 소설가의 책을 들어서 보여주는 정도로 아주 간단한 경우 외에는 팩트 시트만을 가지고 감독하는 것은 추천할 만한 것이 못된다. 감독과 탤런트 모두 애드리브로 진행하게 되면 포스트프로덕션을 거치게 될 녹화라고 할지라도 그 결과는 대부분 만족스럽지 않게 된다.

스크립트를 작성하고 하나의 형식에서 다른 형식으로 빠르고 쉽게 수정할 수 있도록 하는 소프트웨어를 사용할 수 있다. 일반 워드프로세스에서 작성한 스크립트를 재구성하는 기능을 가지고 있는 정교한 소프트웨어 프로그램도 있다.

계곡의 화가들 방송 날짜 7/15 4:00 P.M.

영상	음향
VTR 몽타주 SOT 00:25	오디오 인: "샌프란시스코 북쪽의 이 계곡을 자동차로 지나갈 때면..." 아웃: "...그룹 파이브-다섯 명의 세계적인 예술가들의 연합."
우드에이커 스튜디오의 줄리아	줄리아: 그룹 5의 설립 멤버들... 화가, 가수, 도예가, 다큐멘터리 비디오 작가, 그리고 시인...모두 유명한 예술가들로 서로에 대해서는 잘 알지 못하였으며... 모든 산 제레니모 계곡에 살고 있지도 않았다.
VTR 02(계곡 샷) 00:15 VO 줄리아	이들은 도시를 떠나 그곳에 이주했고... 도시의 긴장감과 완만한 동산, 오래된 오크나무, 삼나무의 고요함을 맞바꿨다. 예술인 길드는 전혀 마음에 없었지만...
작업실에 있는 탈리아 아이오나의 CU	인: "대행사나, 화랑, 그룹... 그 누구한테도 복종하지 않아요, 절대로..." 아웃: "포레스트 놀 우체국에서 필을 만나고 나서 생각이 바뀌었다... 말하자면 '화가 비디오와 만나다' 정도였을 것이다."
우드에이커 스튜디오의 줄리아	줄리아: 비디오는 필 아론이었고 아이와 같은 호기심과 정열을 가지고 세상을 보는 수상 경력이 있는 비디오 예술가였다.
VTR 03 (아론의 'city lines'의 일부) VO 줄리아 00:08	그의 세계는 특정한 전망으로 이루어졌다기보다는 탈리아의 그림처럼 높은 에너지와 세부사항에 대한 상세한 관찰 같은 것들로 이루어져 있었다.
VTR 04 편집하고 있는 아론 SOT 03:26	인: "그래요, 전 사물을 보거나 내 주의에서 일어나는 일들을 볼 때는 어린아이가 되죠..." 아웃: ..."탈리아와 저는 영혼으로 맺어진 형제자매와 같아요."

[그림 18.3] 다큐멘터리의 풀 스크립트
이 스크립트에는 영상과 음향정보가 두 칸으로 나뉘어있다. 영상 정보는 주로 페이지의 왼편에 있고 음향 정보는 오른편에 있다.

영상	음향
Katy의 CU	Katy: 산불에 대한 논란이 계속 일고 있습니다. 산불이 저절로 꺼질 때까지 방치하면 그곳에 사는 사람들의 재산이나 인명이 위험에 처하는 것은 물론이고 값비싼 목재도 잃게 되고 수없이 많은 동물도 죽게 되는 것 아닌가요? Dr. Hough, 어떻게 생각하십니까?
컷해서 Dr. Hough의 CU으로	Dr. Hough: (그것은 사실이지만 동물들은 대게 안전한 곳으로 피하게 되고 불에 탄 풀들은 그 밑에 있는 토질을 향상시키게 될 것이라고 말한다.)
컷해서 투-샷으로	Katy: 산불을 진화해도 마찬가지 아닌가요? Dr. Hough: (네, 그러나 너무 많은 비용이 들고 여전히 산불이 날 가능성은 존재한다고 말한다.)

[그림 18.4] 세미스크립트 형식 혹은 부분 스크립트
이 스크립트에서는 영상 정보를 왼쪽에 배치하고 있지만 대화는 일부분만 오른쪽에 배치했다. 사회자의 질문은 보통 풀 스크립트로 준비되지만 대답은 간략하게 기술되어 있다.

스크립트 표시(Script Marking)

스트립트에 적정한 표시를 해두면 부조정실에서나 현장에서 다중 카메라를 감독하는 데 많은 도움이 된다. 조정실에서 감독할 때 감독은 연속적인 시간 틀 안에 많은 인력과 기계를 조정해야 한다. 표시를 해둔 스크립트는 제작의 복잡함을 헤쳐나가게 해줄 지도의 역할을 하게 된다. 스크립트에 표시를 해두는 정확한 방법은 없지만 고안되고 응용된 기본적인 사항들은 존재한다. 쇼 형식으로 진행되는 인터뷰보다는 풀 스크립트 형식을 사용하는 쇼가 당연히 좀 더 정확한 큐 표시를 필요로 하게 된다. 조정실에서 연속적인 시간 틀에 맞춰 감독해야 하는

사람, 장소, 정치 쇼 형식(스크립트 첨부)

VTR 날짜: 2/3	설비 요청: BECA 415
방송 날짜: 2/17	방송 시간: 25:30
감독: Whitney	사회자: Kipper

시작

영상	음향
표준 오프닝/VTR	SOT
효과 #117	아나운서: 샌프란시스코 주립 대학, The Television Center of the Broadcast and Electronic Communication Arts Department에서 세계 사건에 대한 새로운 관점, "People, Places, Plitics"를 보내드리겠습니다.
C.G. 주제 타이틀 키한다.	오늘의 주제:

VTR #: PSAs 1과 2

스튜디오 오프닝 샷	Phil이 게스트를 소개한다.
C.G. 키	게스트의 이름
게스트의 CU	게스트가 주제에 대해 토론한다.
Phil의 CU	쇼를 끝낸다.

VTR #: PSAs 3과 4

끝

C.G. 주소 키한다.	아나운서: 이 프로그램의 복사본이 필요하신 분은 샌프란시스코, CA 94132, 샌프란시스코 주립 대학 "People, Place, Politics" 담당자에게 편지를 보내시거나 이메일을 보내주십시오.
C.G. 다음 주 키한다.	다음 주에는 "Television and Democracy"가 방송됩니다.
	주제 음악 켜졌다가 꺼진다.

[그림 18.5] 쇼 형식
쇼 형식에는 오로지 중요한 영상 정보만 왼쪽 란에 기술하고 규칙적인 오프닝, 클로징 방송은 오른쪽 란에 기술된다.

비디오 프로그램 CD-ROM 광고
쇼:
날짜:

소품:
데스크톱 컴퓨터에서는 Triple-I 웹 페이지의 Zettl의 VideoLab 3.0이 실행되고 있다.
비디오 프로그램 포스터와 멀티미디어 수상 내역이 배경에 부착되어 있다.
비디오 프로그램 패키지와 디스크를 소도구로 사용한다.

1. Image, Imagination, Incorporated사의 새로운 멀티미디어 제품.
2. 놀라운 성공. 현재 Triple-I 최고의 제품.
3. 이름난 Invision Gold Medal을 비롯한 다수의 수상 경력.
4. 제작 초보자와 비디오 전문가를 위해 디자인됨.
5. 쌍방향성. 자신의 집에 비디오 스튜디오를 만들어 줌. 사용하기 편리함.
6. 자신의 속도로 진행할 수 있고 매 연습 후에 얼마나 향상되었는지 시험해볼 수 있음.
7. 윈도, 매킨토시 사양에서 모두 사용 가능.
8. 특별 판매. 10월 20일 종료. 서둘러야 함. 대형 소프트웨어 상점에서 구입 가능. 세부적인 정보나 가까운 판매점 문의는 http://www.iii.tv.의 Tripl-I 웹 페이지를 방문 바람.

[그림 18.6] 팩스 시트 혹은 런다운 시트
팩트 시트 혹은 런다운 시트는 설명할 제품의 주요 사항의 목록을 말한다. 특정한 영상 혹은 음향 정보가 주어지지 않는다. 탤런트는 즉흥적으로 제품을 설명하고 감독은 탤런트의 동작을 카메라로 따라간다.

생방송이나 실황 중계에서는 각 테이크나 일련의 테이크들 사이사이에 촬영을 중단하고 다시 설치할 수 있는 불연속적인 스튜디오, 혹은 현장 작업에서보다 더 정확한 큐 신호가 필요하다. 그러나 하나의 카메라만을 사용하는 불연속적인 제작 형태에서도 표시를 잘 해둔 스크립트는 다양한 탤런트와 카메라의 위치를 기억하는 데 도움을 주며 좀더 조직적으로 감독할 수 있도록 도와준다.

즉석 편집을 위한 스크립트 표시 어떤 스크립트 표시를 선택하고 응용시켜 나가든지 그 표시는 명확하고, 읽을 수 있어야 하며, 무엇보다 일관성을 가지고 있어야 한다. 각각의 음표를 하나하나 읽을 필요 없이 전체 악절을 인지할 수 있게 해주는 악보와 마찬가지로 스크립트 표시도 표시한 큐 신호를 하나씩 유심히 읽어볼 필요 없이 보는 즉시 해석하고 반응할 수 있도록 해야 한다. 다음의 세 가지 형태는 다양한 스크립트 표시의 예를 보여줄 것이다(그림 18.7~18.9 참조). 그림 18.7의 표시와 그림 18.8, 18.9의 표시를 비교해 보자. 어느 스크립트가 더 명확하고 읽을 만한가?

그림 18.7에서 보여지는 스크립트는 도움이 된다기보다 혼란만을 가져올 것이다. 모든 큐 지시를 읽을 때 동작의 일부분이나 전부, 그리고 탤런트 대사의 반 정도까지도 빼고 읽게 되었을 것이다. 모든 스탠바이 큐나 이미 내포되어 있는 확실한 큐 신호를 모두 기입할 필요는 없다. 예를 들어 모든 준비 신호는 큐 신호 전에 주어질 것이므로 스크립트에 표시할 필요가 없다.

반면 그림 18.8과 18.9의 표시는 명확하고 간단하다. 최소한으로 제한되어 있으며 짧게 적혀 있다. 모든 대사를 읽을 필요 없이 모든 큐를 빠르게 볼 수 있었을 것이다. 보는 바와 같이 그림 18.8의 큐는 그림 18.7의 큐와 같은 정보를 보여주고 있지만 내레이션을 따라가며 읽는 데 방해가 되지 않으며 다음에 올 큐를 미리 볼 수도 있고, 특히 프리뷰 모니터를 통해 동작을 관찰할 수도 있게 해준다. 이제 감독의 관점에서 표시가 잘 된 스크립트를 하나씩 짚어보도록 하자.

- 모든 동작 큐는 원하는 동작 앞에 배치한다.
- 만약 영상란(페이지 왼쪽)에 장면이나 카메라 움직임이 확실하게 기술되어 있거나 음향 큐가 음향란(페이지 오른쪽)에 있다면 프린트된 지문에 간단히 밑줄을 긋거나 동그라미를 친다. 이렇게 하면 스크립트가 정돈되고 산만해 보이지 않게 된다. 그러나 프린트된 지문을 읽기 힘들 경우 주저하지 말고 자신만의 기호로 다시 표시한다.
- 만약 스크립트에 하나의 영상원에서 다른 영상원으로 특정한 화면 전환을 알리는 내용이 없다면 이것은 컷을 의미한다. 큐 라인 옆에 손으로 쓴 큰 '투'는 다음에 올 화면 전환 컷으로 카메라 2로 넘어간다는 것을 의미한다. 또한 '테이크 투' 전에 '레디 투'를 의미하기도 한다.
- 리허설이 필요한 쇼의 경우 예비 스크립트 표시는 연필로 표시해서 수정했을 때 더러워지거나 읽기 힘들어지는 것을 방지한다. 그러나 최종 리허설에서는 분명한 글씨로 표시되어 있어야 한다. AD와 플로어 매니저에게 자신이 표시한 스크립트를 복사해서 전달한다.
- 카메라는 동그라미를 친 숫자로 표시해서 한 줄로 배열한다. 이렇게 하면 다음 샷에 어떤 카메라가 필요한지 재빨리 알 수 있다.

영상	음향	
효과		Ready on effects
VTR로 와이프 (사실주의에서 표현주의로 일련의 그림들을 보여준다.)	오디오 인-큐: "이 모든 그림은 한 사람이 그린 것입니다. 바로 피카소(Picasso)입니다."	Take effects Ready to wipe to VTR Roll VTR and take VTR4
	아웃-큐: "...경이적인 창작력"	Track up on VTR4 Ready camera 2
이젤 옆 Barbara의 MS	그러나 어려운 날이 있었고 그 시절에는 몇몇 형편없는 그림을 그렸습니다. 한 번 보시죠. 저 여성의 손은 확연히 잘못되었습니다. 피카소가 눈에 띄게 하기 위해서 고의적으로 손을 왜곡했을까요? 전 그렇게 생각하지 않습니다.	Cue Barbara and take camera 2
	Ready camera 3 on the easel – closeup	
그림의 CU 키 효과	윤곽선을 보시죠. 고군분투했을 것이 분명합니다. 선은 분명하지 않고 그는 이 부분을 적어도 세 번 이상 덧칠을 했습니다. 그림의 다른 부분은 너무나 사실적으로 처리되었기 때문에 왜곡된 손은 너무 어색해 보입니다. 이것은 사상을 강조하기 위해 이미지를 왜곡했던 그의 후기작들과는 많은 차이를 보입니다.	Take camera 3
VTR SOT	인-큐: "왜곡은 힘을 의미한다. 피카소의 공식이라고 할 수 있습니다..."	Ready to roll VTR 4 Segment 2
Insert time 4:27 min	아웃-큐: "...그의 후기작에서는 왜곡을 통해 힘을 표현했습니다."	Roll VTR 4 and take VTR 4
Barbara CU	그러나 "왜곡은 힘을 의미한다"라는 공식이 언제나 적용되는 것은 아닙니다. 다시 보면 이것은 사상을 약하게 만드는 것처럼 보입니다. 한 번 보시죠...	Ready camera 2 Cue Barbara and take camera 2

[그림 18.7] 안 좋은 스크립트 표시

이 스크립트에는 불필요한 정보가 너무 많아서 읽기가 힘들다.

영상	음향
효과 SFX 14 VTR 4 SOT	
VTR로 와이프 (사실주의에서 표현주의로 일련의 그림들을 보여준다.)	오디오 인-큐: "이 모든 그림은 한 사람이 그린 것입니다. 바로 피카소(Picasso)입니다."
	아웃-큐: "...경이적인 창작력" 2
이젤 옆 Barbara의 MS Q	그러나 어려운 날이 있었고 그 시절에는 몇몇 형편없는 그림을 그렸습니다. 한 번 보시죠. 저 여성의 손은 확연히 잘못되었습니다. 피카소가 눈에 띄게 하기 위해서 고의적으로 손을 왜곡했을까요? 전 그렇게 생각하지 않습니다. 3
그림의 CU 키 효과	윤곽선을 보시죠. 고군분투했을 것이 분명합니다. 선은 분명하지 않고 그는 이 부분을 적어도 세 번 이상 덧칠을 했습니다. 그림의 다른 부분은 너무나 사실적으로 처리되었기 때문에 왜곡된 손은 너무 어색해 보입니다. 이것은 사상을 강조하기 위해 이미지를 왜곡했던 그의 후기작들과는 많은 차이를 보입니다. VTR 4 SOT 4:27
VTR SOT 4:27	인-큐: "왜곡은 힘을 의미한다. 피카소의 공식이라고 할 수 있습니다... "
	아웃-큐: "...그의 후기작에서는 왜곡을 통해 힘을 표현했습니다." 2
Barbara CU	그러나 "왜곡은 힘을 의미한다"라는 공식이 언제나 적용되는 것은 아닙니다. 다시 보면 이것은 사상을 약하게 만드는 것처럼 보입니다. 한 번 보시죠...

[그림 18.8] 좋은 스크립트 표시

이 스크립트에는 선명하게 표시가 되어 있어서 감독이 읽기 쉽도록 되어 있다.

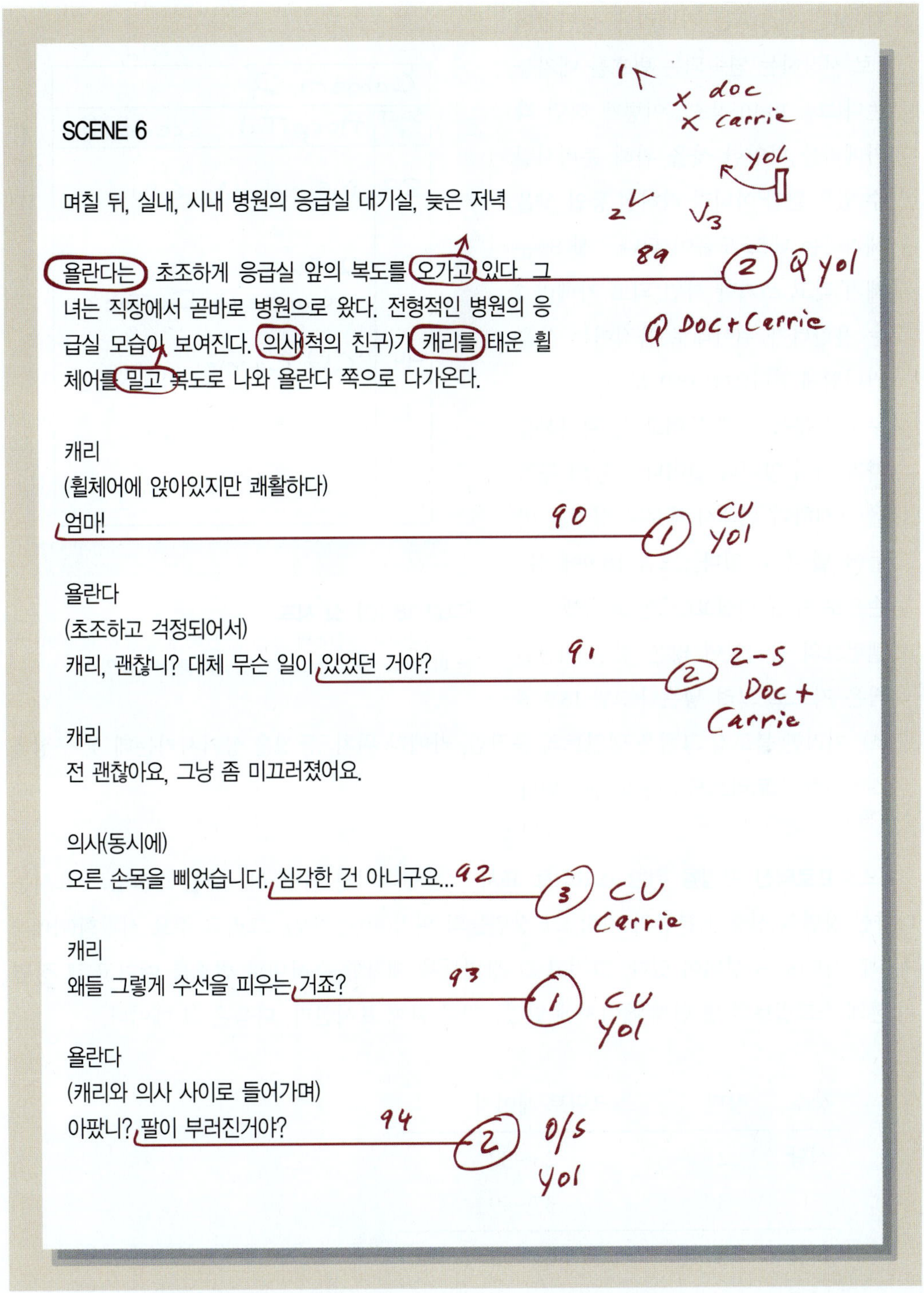

SCENE 6

며칠 뒤, 실내, 시내 병원의 응급실 대기실, 늦은 저녁

욜란다는 초조하게 응급실 앞의 복도를 오가고 있다. 그녀는 직장에서 곧바로 병원으로 왔다. 전형적인 병원의 응급실 모습이 보여진다. 의사(척의 친구)가 캐리를 태운 휠체어를 밀고 복도로 나와 욜란다 쪽으로 다가온다.

캐리
(휠체어에 앉아있지만 쾌활하다)
엄마!

욜란다
(초조하고 걱정되어서)
캐리, 괜찮니? 대체 무슨 일이 있었던 거야?

캐리
전 괜찮아요, 그냥 좀 미끄러졌어요.

의사(동시에)
오른 손목을 삐었습니다. 심각한 건 아니구요...

캐리
왜들 그렇게 수선을 피우는 거죠?

욜란다
(캐리와 의사 사이로 들어가며)
아팠니? 팔이 부러진거야?

[그림 18.9] 드라마 스크립트 표시
이 다중카메라 드라마용 스크립트의 표시들은 사용되는 카메라, 샷 번호, 샷의 종류, 주요 움직임을 보여준다. 신이 시작되는 부분에 그려져 있는 것이 블로킹 스케치이다.

- 각 샷은 사용되는 카메라에 상관없이 1로 시작하는 연속되는 번호를 매겨놓는다(그림 18.10 참조). 이렇게 하면 각 카메라를 다양한 샷을 위해 준비시킬 수 있을 뿐만 아니라 리허설 동안 샷을 제거하는 데도 도움이 된다. '샷 89는 제거' 라고 쓰기만 하면 되고 카메라 2는 욜란다가 위아래로 움직이는 샷을 건너뛰게 된다(그림 18.9 참조).
- 누군가 문을 통해 들어오고, 지시선을 따라 가서 앉거나 일어나는 등의 동작을 표시하기 위해서 새로운 상징을 만들어 낼 수도 있다. 그림 18.9에서는 손으로 이 큐 화살표(↗)를 표시했다.
- 탤런트의 움직임이 많은 경우 이동을 작은 지도로 그려 넣는다(그림 18.9 참조). 이러한 블로킹 그림은 탤런트의 움직임, 카메라 위치, 통행을 상기시키는데 샷 구성을 스케치한 스토리보드보다 도움이 된다.

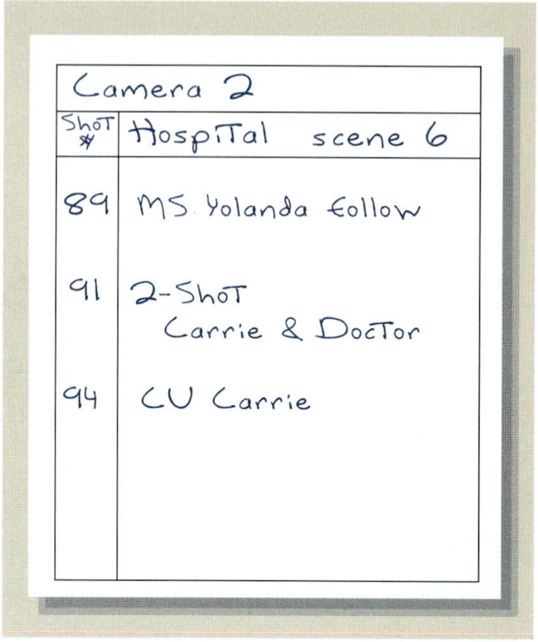

[그림 18.10] 샷 시트
각각의 카메라는 장면의 장소, 샷 번호, 샷의 종류, 촬영해야 하는 피사체를 알려주는 고유의 샷 시트를 가지고 있다.

포스트프로덕션 편집을 위한 스크립트 표시 불연속적인 테이크를 위한 스크립트 표시는 다양한 장면의 신중한 분류와 지적, 그 장면들의 위치(식당, 정문), 그리고 주요 시각화(카메라 피사계, 심도)로 구성되어 있다. 그리고 그 장면들을 제작한 순서대로 번호를 매기고 그 장면이 본래 스크립트의 몇 번째 페이지에 있었는지를 함께 표시한다. 다음은 그 예이다.

장소	장면	스크립트 페이지
식당	2	28~32
	3	37~49
식당	6	61~72
입구	14	102~110

스크립트 자체에는 원하는 표시는 무엇이든지 할 수 있다. 포스트프로덕션에 사용된 불연속적인 비디오녹화에서는 생방송이나 실황 중계보다 스크립트를 참고할 수 있는 시간이 더 많다. 불연속적인 녹화에서는 탤런트의 움직임을 스크립트에 표시하고, 또 특이한 화면 구성을 가지는 샷의 경우 대사 옆에 작은 스토리보드 스케치를 그려두는 것이 도움이 된다. 스토리보드에 있어서도 다양한 소프트웨어를 사용해서 그릴 수 있다. 이런 프로그램 중에는 길, 실내 인테리어 등에 대한 표준 샷을 제공하고 있어서 인물을 붙여서 원하는 위치로 이동시킬 수도 있게 되어 있다.

플로어 플랜과 현장 스케치(Floor Plan and Location Sketch)

뉴스나 인터뷰, 게임 쇼와 같이 같은 세트에서 제작하는 틀에 박힌 스튜디오 제작이 아닌 경우에는 프리프로덕션을 위한 플로어 플랜이 필요하다. chapter 15에서 이미 설명한 것처럼 플로어 플랜은 조명 그리드를 참고로 한 무대와 세트 소품의 위치, 그리고 사용이 가능한 연기 영역을 보여준다. 스크립트와 마찬가지로 플로어 플랜은 다양한 샷을 머릿속에 그려볼 수 있고 시각화한 샷들을 위한 주요 카메라 위치와 통행(여러 카메라의 움직임)을 정하는 데 도움을 준다. 또한 플로어 플랜은 탤런트의 동작선에 영향을 주거나 때로는 동작선이 플로어 플랜에 의해서 결정되기도 한다.

몇 번의 연습을 거치면 간단히 플로어 플랜을 보는 것만으로도 탤런트의 동작선과 카메라 위치를 정할 수 있게 된다. 또한 플로어 플랜을 통해 잠재적으로 발생할 수 있는 블로킹, 조명, 오디오, 카메라 문제를 발견할 수도 있다. 예를 들면, 탤런트가 실제로 사용하게 될 가구가 배경에 너무 가깝게 붙어 있으면 역광 조명 배치에 문제가 생길 수 있다. 만약 바닥에 깔개가 깔렸다면 카메라가 세트 가까이까지 달리 인하는 것이 불가능할 수도 있다. 플로어 플랜을 머릿속에 가시화하고 잠재적인 문제를 찾아보는 것에 대해서는 section 18.2에서 다루기로 하겠다.

ENG EFP 야외에서 제작할 때는 야외 플로어 플랜이라고 할 수 있는 현장 스케치가 필요한데, 현장 스케치에는 제작 환경의 주요 요소를 보여주는 것이라고 하겠다. 예를 들어, 화가의 작업실에서 하나의 카메라로 진행되는 제작이라면, 문, 테이블, 이젤, 캐비닛, 그리고 특히 창문의 위치를 알아야 한다(그림 18.11 참조). 만약 이벤트가 야외에서 일어나는 것이라면 현장 스케치에는 거리, 주요 건물, 차도 등이 나타나 있어야 한다(그림 18.19 참조). 야외 제작이 실제 필드, 즉 경기장에서 있다고 하더라도 스케치를 그려서 제작 스태프들이 어떤 경기장이고 어떻게 가는 것이 좋은지 알 수 있도록 한다.

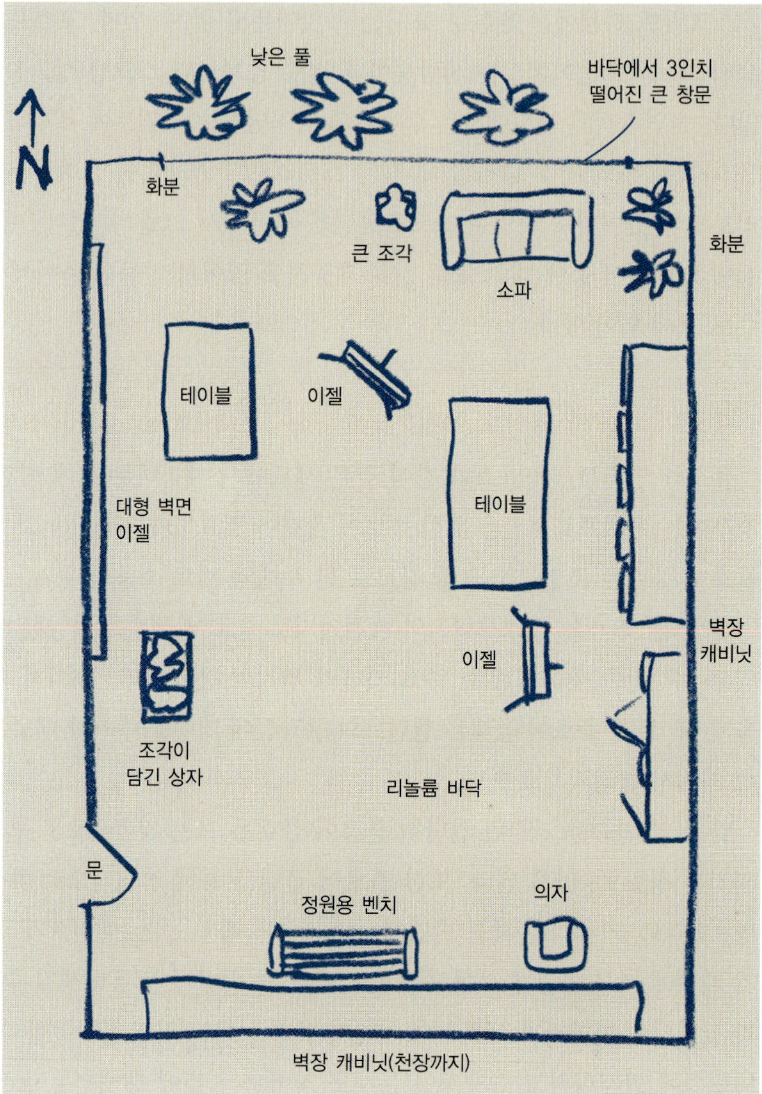

[그림 18.11]
현장 스케치: 예술가의 작업실
이 예술가의 작업실에 대한 현장 스케치는 주요 벽면, 문, 창문, 그리고 가구 배치가 나타나있다.

설비 요청서(Facilities Request)

설비 요청서는 감독이 아닌 프로덕션 팀의 다른 구성원(프로듀서, AD 혹은 기술 감독)이 주로 작성한다. 만약 다른 사람이 설비 요청서를 작성한다면 감독은 계획한 제작에 충분하고 적당한 장비들인가 확인해본다. 예를 들어, 여섯 명의 패널이 토론을 하는 프로그램에는 여섯 개의 라발리에보다는 하나의 PZM 마이크나 세 개의 테이블 마이크가 음향 픽업에 훨씬 효과적이다. 혹은 EFP 제작에 있어서 중계차보다는 두 개의 독립 캠코더가 더 좋을 수도 있다. 거실 세트에 사용할 실제로 작동이 되는 텔레비전 수상기라든가 다중 카메라를 사용하는 장면에서 서로 통화를 하는 장면을 위해 실제로 작동하는 전화기와 같은 모든 특별한 요청도 목록에 있어야 한다. 요청한 장비를 일정에 맞춰서 실제로 사용할 수 있는지 미리 확인한다.

일반적으로 더 많은 시간과 노력을 프리프로덕션에 쏟을수록 프로덕션 기간 동안 쏟아야 할 시간과 노력은 그만큼 줄어들게 된다. 프로덕션의 효율성은 제작의 질과 관계없이 무조건 빨리 끝내는 것을 의미하는 것이 아니라 프리프로덕션 활동을 완벽하게 수행하는 것을 의미한다.

지원 스태프(Support Staff)

감독 곁에서 지원해줄 수 있는 스태프로는 플로어 매니저, PA, 그리고 대규모 제작에서는 AD가 있다.

플로어 매니저(Floor Manager)

플로어 매니저는 플로어 감독, 무대 매니저, 혹은 유닛 매니저라고도 하는데 유닛 매니저의 경우에는 일일 제작과 예산 세부 사항을 담당하는 제작 매니저에 더 가깝다고 하겠다. 플로어 매니저의 주요 기능은 스튜디오든 현장이든 관계없이 플로어, 즉 바닥에서 행해지는 모든 활동을 지휘하고 감독의 큐를 탤런트에게 전달하는 것이다.

플로어 매니저는 제작이 시작되기 전에 플로어 스태프들이 배경을 설치하고, 세트를 세우고, 세트 소품과 다른 소품들을 배치하며 세트를 꾸미고 장식하는 것을 감독하고 도와주어야 한다. 리허설과 프로덕션 과정에서는 플로어 스태프들과 탤런트를 지휘하며 감독의 큐를 탤런트에게 전한다. 프로덕션 이후에는 세트와 소품을 해체하거나 현장을 원래 상태로 되돌려 놓는 것을 책임진다.

다음은 플로어 매니저로서 알아두어야 할 점들이다.

- 영구적인 세트에서 행해지는 틀이 짜여진 제작이 아닌 경우, 플로어 매니저는 자세한 플로어 플랜과 소품 목록을 가지고 있어야 한다. 특정한 외관이나 변형에 대해서는 아트 디렉터, 감독과 함께 확인한다. 표시된 스크립트를 감독에게 받아서 탤런트와 카메라의 통로를 미리 알고 있도록 한다. 조명의 세부적인 조정이 들어가기 전에 감독의 입장에 서서 세트를 둘러본다. 일단 조명 설치가 끝나게 되면 그 이후에는 작은 세트 변화라 해도 대규모 조명 조정을 필요로 할 수 있다. 세트 장식이 끝나면 폴라로이드 혹은 디지털 카메라로 촬영해 둔다. 이러한 기록이 비디오테이프 기록보다 찾아보기 쉽다.
- 플로어 매니저는 모든 소도구가 배치되고 작동할 수 있는 상태에 있도록 하는 책임을 진

다. 예를 들면, 쇼가 CD-ROM의 설명에 관한 것이라면 컴퓨터 프로그램을 몇 차례 작동시켜 보고 잘 작동하는가 확인한다. 열기 어려운 단지나 병은 출연자들에게 있어서는 늘 골칫거리가 아닐 수 없다. 단지의 뚜껑을 살짝 비틀어 놓거나 병의 뚜껑을 느슨하게 해서 탤런트들이 큰 무리 없이 열 수 있도록 준비해둔다. 이런 작은 배려가 여러 번의 재촬영과 소모적인 긴장을 없앨 수 있다.

- 텔레프롬프터가 잘 작동하는지 확인하고 제대로 된 내용이 준비되어 있는지도 확인한다.
- 현장에서 슬레이트를 사용하는 경우 슬레이트를 준비해서 주요 정보들을 기입한다. 여러 번 지우고 쓸 수 있도록 여벌의 펜과 헝겊을 준비한다.
- 복잡한 제작의 경우 리허설 전에 미리 표시된 스크립트를 연구하고 탤런트의 입장과 퇴장, 소품, 의상,혹은 세트 변화와 같은 정보들을 나름대로 스크립트에 가미한다. 스크립트 표시에 의문이 생기는 경우 감독에게 확인한다.
- 자신을 탤런트와 게스트에게 소개하고 스튜디오에서 기다리는 동안 앉을 수 있을 만한 장소를 마련해준다. 대부분의 제작 인력들이 매우 바쁘기 때문에 플로어 매니저는 제작 활동 내내 탤런트나 게스트와의 접촉을 유지한다. 그들에게 때때로 물이나 커피가 필요한지, 불편한 곳은 없는지, 도울 일은 없는지 물어본다. 외부 탤런트와 작업할 때는 플로어 매니저의 주요 큐 신호를 보여줌으로써 확인시켜준다(chapter 19 참조). 텔레프롬프터를 사용할 경우에는 출연자에게 글자 크기가 보일 정도로 충분히 큰지 카메라와 프롬프터의 거리는 적당한지 물어보도록 한다.
- 풀 스크립트를 사용하는 쇼의 리허설 중에는 가능한 한 스크립트에 따라서 감독의 큐를 예상해본다. 소도구를 사용하는 경우에는 각 테이크가 끝날 때마다 처음 있던 자리에 다시 갖다 둔다. 특별히 어려운 카메라 이동이나 탤런트의 동작에서는 계속해서 주목한다. 포스트프로덕션을 거칠 일부분을 촬영 중이라면 특히 탤런트의 외형, 위치, 주요 움직임의 연속성에 대해서 주의한다.
- 소품과 장비를 테이프로 바닥에 고정시키거나 탤런트와 카메라의 위치를 표시할 때 사용하기 위해서 언제나 펜 혹은 연필, 보드 마킹 펜, 마스킹 테이프와 전기 테이프, 분필을 휴대한다. 또한 커다란 패드를 준비하여 I.F.B(조그마한 이어폰으로 방송 중 연출자가 이야기하는 것을 출연자가 들을 수 있다)가 고장 났거나 사용하지 않을 경우 출연자에게 메시지를 전달하는 데 유용하게 사용한다.
- I.F.B. 장치가 고장 나거나 사용되지 않을 경우 탤런트에게 내용을 써서 전달할 수 있도록 큰 노트를 준비한다.
- 리허설이 진행되는 동안에는 모든 큐는 감독이 바로 옆에 서 있다고 하더라도 실전과 똑같

이 실시한다. 큐 신호를 줄 때 언제나 카메라 옆에 서 있어야 하는 것은 아니다. 가능한 한 탤런트의 눈을 볼 수 있는 위치에 선다. 그렇기 때문에 플로어 매니저는 스튜디오 카메라 인터컴을 사용하지 않는다.

- 쇼가 진행되고 있는 중에는 감독이 잊었다고 생각이 되더라도 자신이 알아서 큐 신호를 보내지 않는다. 그보다는 인터컴에 표시되어 있고, 리허설에서 실시했던 큐를 줘야하는지 확인하는 것이 좋다. 어떤 기술적인 문제로 인해 녹화가 지연되고 조정실에서 그 문제에 대해 논의 중에 있다면 그것을 탤런트에게 설명해준다. 탤런트에게 연기에는 이상이 없었지만 몇 가지 기술적인 세부 사항들을 해결해야 하는 상황이라고 말한다. 장시간 지속되는 문제를 함께 해결하는 데 탤런트를 참여시켜도 좋다. 문제를 모든 사람과 함께 풀고 좁은 스튜디오 공간에서 긴장을 풀 수 있도록 만들어준다는 의미에서 탤런트들도 참여하도록 해야 한다. 탤런트들이 계약서와 기타 필요한 서류에 서명을 했는지 확인한다.
- 쇼가 끝나면 탤런트나 게스트에게 감사하다는 말을 전하고 스튜디오 밖으로 나갈 수 있도록 안내한다. 그 후에 스튜디오에 있는 세트를 해체하거나 현장의 물건들을 제자리에 갖다 두는 것을 감독한다. 아직 스튜디오 바닥에 있을지도 모르는 케이블 옆으로 배경이나 세트 카트를 끌지 않도록 주의한다. 비싼 조각상, 책 혹은 최신 컴퓨터 등 게스트가 가지고 온 물건들을 배치하고 나중에 게스트에게 전달했는지 확인한다. 현장 실내 작업이라면 물건들을 제자리에 돌려놔야 한다. 물건들을 제자리에 돌려놓으려면 스케치를 해 두거나 사진을 찍어 두는 것이 도움이 된다. 현장 촬영에서는 자신이 다른 사람들의 공간에 들어가서 작업을 하는 손님이란 것을 잊어서는 안 된다.

조감독(Associate, or Assistant, Director)

조감독(AD)은 제작과정, 즉 리허설과 방송을 테이프에 녹화하는 과정에서 주로 감독을 돕는다. 복잡한 스튜디오 쇼에서는 감독이 조감독에게 모든 스탠바이 큐(예: 레디 큐 Mary, 레디 투 John의 CU)를 지시하도록 하고 카메라맨에게 인터컴을 통해 다음 샷이나 카메라 움직임을 지시하도록 한다. 이렇게 함으로써 감독은 프리뷰 모니터나 탤런트의 연기에 좀더 집중할 수 있게 된다. 조감독이 설정해 놓으면 감독이 다양한 동작 큐 신호(레디 투, 테이크 투 혹은 손가락을 튕기는 식의 신호)로 동작을 시작하게 만든다.

정교한 야외 제작일 경우 AD가 직접 리허설을 진행함으로써 감독은 뒤에 서서 라인 모니터를 통해 동작을 관찰할 수 있도록 한다.

AD는 리허설뿐만 아니라 제작과정에서도 쇼의 단편과 전체적인 쇼의 타이밍을 책임진다. 스튜디오 제작에서도 전체 쇼 혹은 그 일부분에 대한 리허설을 진행할 수 있도록 준비해야 한다. 그래야만 감독이 샷의 모습과 특히 부분이나 전체 쇼의 흐름을 관찰할 수가 있다.

제작 지원(Production Assistant)

제작 지원(PA)은 스크립트의 복사와 배포, 특정한 소품의 수배, 탤런트의 마중, 택시 호출, 커피 준비, 프로듀서와 감독을 위한 필기(PA가 필기를 하지 않으면 AD가 하게 된다)와 같이 많은 일을 준비해야 한다. 주로 필기가 PA의 가장 중요한 직무다. 프로듀서와 감독을 따라다니면서 그들이 하는 말이나 스스로에게 중얼거리는 말 혹은 받아 적으라고 하는 말들을 적으면 된다. 필기를 하지 않는 동안 프로듀서나 감독에게 필기한 내용을 하나하나 다시 읽어 준다. 야외에서는 포스트프로덕션 편집자가 촬영 테이프에서 샷을 찾을 때 도움이 되는 촬영 일지 기록을 담당하게 된다.

핵심요약

- 텔레비전 감독은 스크립트 혹은 이벤트를 효과적인 텔레비전 영상과 음향으로 옮길 수 있는 예술가이면서 다양한 조정과 기술로 사람들과 작업을 해야 하는 심리학자이며, 장비의 잠재력과 한계를 알고 있는 기술 고문, 무수한 제작과정을 궤도에서 벗어나지 않게 유지하고 실행시킬 수 있는 지휘자의 역할까지 수행해야 한다.
- 감독이 프로세스 메시지를 확실히 이해하면 감독은 가장 적당한 제작 방식(한 대의 카메라 혹은 다중 카메라, 스튜디오 혹은 현장, 생방송 혹은 실황 녹화 방송, 연속적 혹은 포스트프로덕션을 위한 불연속적 테이크)을 선택할 수 있다.
- 감독과 탤런트, 그 외 모든 제작팀 구성원들 간의 효과적이고 빈번한 의사소통이 필요하다.
- 일정은 현실적이어야 하고 방송국이나 제작 회사의 전체 일정에 맞아야 한다.
- 스크립트 형식에는 풀 스크립트 쇼 형식, 세미스크립트 쇼 형식, 쇼 형식, 팩트 시트 혹은 런다운 시트로 다양하다.
- 정확하고 읽기 쉬운 스크립트 표시는 감독과 다른 주요 제작 인력이 아주 다양한 큐를 미리 예상하고 조정할 수 있도록 해준다.
- 감독은 플로어 플랜 혹은 현장 스케치를 이용해서 주요 카메라와 탤런트의 위치, 통행을 계획할 수 있다.
- 설비 요청서는 필요한 장비와 소품을 조달하는 데 필수적인 의사 전달 장치이다.
- 감독 옆에서 지원을 해줄 수 있는 스태프에는 플로어 매니저, AD(조감독), PA(제작 지원)가 있다.

SECTION

18.2

스크립트에서 화면으로

Moving from Script to Screen

스크립트 형식과 표시하는 방법을 비롯한 기본적인 감독에 대한 것은 이미 알고 있을 것이므로 스크립트를 효과적인 영상과 음향으로 옮기는 방법에 대해서 알아보기로 한다. 이러한 해석과정을 시각화라고 한다. 즉 스크립트를 영상으로 보고 그에 상응하는 음향으로 듣는 것이다. 시각화란 영상만을 머릿속에 그리는 것이 아니라 음향까지도 그려보아야 하는 것이다. 이런 해석과정에는 확실한 공식은 없으며 일정 이상의 상상력과 예술적 감각, 그리고 많은 연습이 필요하다. 연습을 하는 좋은 방법은 주위에서 벌어지는 일들 속에서 사람들이 교실, 식당, 버스, 비행기 안에서는 어떻게 행동하는지 관찰하고 하나의 사건이 다른 사건과 달라지는 확실한 이유를 머릿속에 그려보는 것이다. 신문이나 잡지, 소설책 등을 읽을 때 그것을 화면의 이미지와 음향으로 상상하려고 노력해보는 것도 좋은 방법이다.

이 sectoin에서는 다양한 스크립트 형식을 영상과 음향 이미지와 시퀀스로 옮기는 시각화 과정에 도움이 될 만한 내용들을 살펴보고자 한다.

▶ 시각화와 시퀀싱

조직적으로 프로세스 메시지 세우기, 미디어 요구 사항, 플로어 플랜과 현장 스케치 해석

▶ 스크립트 분석

고착점과 해석, 스토리보드

시각화와 시퀀싱(Visualization and Sequencing)

감독의 일은 주요 이미지를 시각화하는 작업에서부터 시작된다. 우리는 카메라가 보는 것만을 보기 때문에 감독이 시각화를 실행하고 발전시켜서 그것을 세부적인 연출, 즉 사람들과 물건은 카메라와 비교해서 어디에 위치시키고 카메라는 이벤트(사람과 물건)에 비추어 어디에 배치시켜야 하는 등의 결정을 한다. 그리고 이렇게 시각화한 이벤트를 포스트프로덕션 편집이나 스위칭을 통해 순서를 정하는 일에 대해 고민해야 한다. 동시에 개별 샷과 시퀀스를 '들을' 수도 있어야 한다. 텔레비전에서는 특정한 영상과 영상 시퀀스들을 듣는 것이 보는 것만큼이나 중요하다.

이미 앞에서 언급했지만 신중하게 규정된 프로세스 메시지가 시각화 과정을 쉽게 만들고 특히 좀더 정확하게 시각화하는 것을 가능하게 해준다. 대상 관객이 무엇을 보고, 듣고, 느끼고 행동하는가를 정한 다음에는 인과적 접근 모델을 따라 주요 샷은 어떻게 보여져야 하고 그 샷을 어떻게 만들어야 하는지 결정한다.

다음은 예이다. 당신이 십대들의 안전 운전에 대한 프로그램 시리즈를 세 개의 단편으로 만든다고 해보자. 첫 번째 단편은 인터뷰로 반시간 분량의 주간 공공 서비스에 고정 출연하는 여성 사회자와 시의 교통안전 프로그램을 지휘하는 경관, 지역 고등학교에 다니고 있는 여학생으로 구성되어 있다. 두 번째 단편은 심한 자동차 사고로 인해 휠체어를 사용하게 된 남자 고등학생과의 인터뷰이다. 세 번째 단편은 정지 신호에서 주행했을 때 당할 수 있는 잠재적인 위험을 실험으로 보여주는 것이다.

이 시점에서 받아 볼 수 있는 스크립트는 아주 대략적인 것이어서 부분 스크립트라기보다는 런다운 시트에 가깝다(그림 18.12~18.14 참조).

프로듀서가 평소와 달리 시리즈 완성에 아주 빠듯한 마감시간을 주었기 때문에 더 세부적인 스크립트 없이 프리프로덕션 계획을 세워야 한다. 프로듀서는 당신에게 각 쇼에서 성취해야 하는 것에 대한 다음의 대략적인 아이디어밖에는 줄 수가 없다.

첫 번째 단편에서는 학교에서 진행되는 교통 안전에 대해 어린 운전자들을 위한 교육에 도움을 줄 수 있도록 경찰서에서 현재 진행 중인 교통 안전 교육의 대상 관객에 대한 정보를 준다. 두 번째 단편에서는 시청자에게 충격을 줘서 부주의한 운전의 결과를 자각할 수 있도록 한다. 세 번째 단편에서는 정지 신호에서 주행했을 때 일어날 수 있는 위험에 대해서 자각할 수 있도록 만든다.

인과적 접근 모델에 적용시켜보고 이 스크립트가 어떻게 비디오 프로그램으로 만들어질 수 있는지 알아보도록 한다.

교통안전 시리즈

프로그램 번호: 인터뷰(길이: 26:30)
VTR 날짜: 3월 16일 토요일 스튜디오 2 4:00-5:00
방송 날짜: 3월 19일 화요일

사회자: Yvette Sharp
게스트: John Hewitt 부서장, 교통안전 프로그램, 시경
Rebacca Child, 상급생, 학생 대표,
Central 고등학교

영상
일반적인 오프닝
사회자의 CU
카메라 비춘다. 쇼 소개
게스트의 2샷 게스트 소개
사회자의 CU 첫 질문

인터뷰: John Hewitt 부서장님은 교통안전 프로그램의 책임을 맡고 계신 경관이다. 시경 소속의 20년 경력을 갖고 계신 베테랑이다. 지난 8년 동안 교통안전 프로그램을 맡고 있다.

주의: 경관이 10개 항목의 프로그램을 암시할 것이다(C.G. 통해 보여준다).

Rebacca Child는 Central 고등학교의 학생 대표다. 그녀는 학생이자 토론팀에 소속되어 있으며 우승한 발리볼팀의 일원이기도 하다. 그녀는 효과적인 교통안전 프로그램에 찬성하는 편이지만 시경은 특히 고등학생들에게 엄하며 고등학생을 단속하려고만 한다고 믿고 있다.

일반적인 클로즈
사회자의 CU 끝내는 인사말
사회자와 게스트의 LS 주제
CG 크레디트

[그림 18.12] 교통안전 스튜디오 인터뷰
교통안전에 대한 인터뷰를 위한 이 스크립트는 세미스크립트 형식을 취하고 있다. 이 스크립트에서는 게스트의 약력에 대해서 약간의 정보를 주고 있다는 것에 주목하자.

교통안전 시리즈

프로그램 번호: 5 현장 인터뷰(길이: 26:30)
EFP 날짜: 3월 29일 금요일 9:00 이후 내내
포스트프로덕션 일정 잡아야 함.
방송 날짜: 4월 9일 화요일

인터뷰하는 사람:	Yvette Sharp
인터뷰에 응하는 사람:	Jack Armstrong
주소:	49 Baranca Road, South City
	전화번호: 990 555-9990

오프닝과 클로징은 현장에서 만들어진다.

Jack은 고등학교 상급생이다. 그는 정지 신호에서 주행하던 차에 치여 휠체어를 타야하는 처지에 놓였다. 다른 운전자는 그와 같은 고등학교 학생이다. Jack은 훌륭한 테니스 선수였으며 중요한 시합에서 수상한 자신의 트로피들을 자랑스러워 한다.
그는 좋은 학생이며 자기의 상황을 잘 극복하고 있다. 교통안전 프로그램에 기꺼이 참여하고 싶어한다.

주의: Jack을 강조한다. 좋은 CU을 잡는다.

[그림 18.13] 교통안전 현장 인터뷰
이 현장 인터뷰는 세미스크립트 형식으로 쓰여졌으며 인터뷰에 참가한 게스트에 대한 정보를 보여주고 있다.

교통안전 시리즈

프로그램 번호: 6 정지신호 주행 (길이: 26 : 30)
EFP 날짜: 4월 7일 토요일 7:00 A.M. 이후 하루 종일
VTR 날짜: 4월 9일 화요일 4:00 P.M.–4:30 P.M.
포스트프로덕션 일정을 잡아야 함.
방송 날짜: 4월 16일 토요일

EFP 장소: West Spring Street와 Taraval Court의 교차로

연락처: John Hewitt 부서장, 교통안전 프로그램, 시경.
전화번호: 990 555-8888

오프닝과 클로징(Yvette)은 현장에서 제작됨.

EFP: 프로그램에서는 교차로에서 정지신호 주행과 그 결과를 보여줘야 함: 보행자, 달리는 사람, 자전거 타는 사람을 거의 칠 뻔하거나 다른 자동차와 충돌하는 등. 자세한 스크립트는 후에 나올 것임.

스튜디오: Hewitt 부서장은 장난감 자동차를 자석판에 부착해서 전형적인 사고를 재현해서 보여 줄 것이다.

주의: Hewitt 부서장이 모든 차량과 탤런트를 공급할 것이다. 그는 모든 교통 통제, 자동차 주차, 통신을 책임질 것이다. 4월 5일 EFP 확인.
교대 경찰 연락처: Fenton McKenna 경사(전화번호 같음)

[그림 18.14] 교통안전 정지 신호 에피소드
현장 제작을 위한 이 세미스크립트 형식에는 프로그램이 보여주고자 하는 주요 이벤트에 대한 내용이 담겨 있다.

조직적으로 프로세스 메시지 세우기(Formulating the Process Message)

개략적인 스크립트와 프로세스 메시지에도 불구하고 이미 많은 이미지들이 머릿속에 떠올랐을 것이다. 파란 경찰복을 입은 경찰이 고등학생 옆에 앉아 있는 모습, 어린 남학생이 정문으로 가기 위해 경사로에서 힘겹게 휠체어를 굴리는 모습, 정지 신호에서 달리다가 교차로에서 달려오던 다른 차와 거의 부딪힐 뻔한 모습, 그러나 더 이상 진전시키기 전에 좀더 정확한 프로세스 메시지를 규정해야만 한다.

프로세스 메시지 1: 시교통 안전 경관과 학생 대표의 인터뷰를 통해 십대들이 좀더 책임감 있는 운전자가 될 수 있도록 10개 항목의 교통 안전 프로그램을 설명한다. 또한 이 노력으로 경찰과 학생이 어떻게 협력할 수 있는지 설명한다.

프로세스 메시지 2: 휠체어에 앉아 있는 학생과의 인터뷰를 통해 시청자들(원하는 대상 관객)은 사고 이후의 그 학생의 느낌과 내면을 볼 수 있게 하고 그 남학생을 통해 그것을 강조한다.

프로세스 메시지 3: 정지 신호 주행으로 인해 발생된 적어도 4개 이상의 다른 사고를 시청자들에게 보여주고 어떻게 해야 피할 수 있는지 시범을 보인다.

이 프로세스 메시지를 유심히 읽어 보면 당신의 시각화가 좀더 구체적으로 만들어진다. 예를 들어, 세 사람(사회자, 경찰, 고등학생)은 인터뷰에서 어떻게 상호 작용하게 되는가? 어떤 샷이 이 인터뷰를 시청자에게 가장 잘 전달할 수 있게 할 것인가? 휠체어를 탄 학생과의 인터뷰는 다른 접근 방법으로 시각화했는가? 정지 신호 주행의 실험은 아마도 이리저리 튀는 유리 파편, 급정거하는 타이어 소리, 돌아가면서 서로 충돌하는 자동차와 같이 전형적인 할리우드식 영상, 음향 이미지를 떠오르게 했을 것이다.

미디어 요구 사항(Medium Requirements)

아주 구체적이지는 않더라도 어떤 일반적인 시각화에서 미디어 요구 사항, 즉 특정한 핵심 시각화와 시퀀싱, 제작 방식(다중 카메라 스튜디오 혹은 단일 카메라 EFP), 필요 장비, 특정 제작 절차 등을 정하는 단계로 나아갈 수 있을 것이다.

다음은 아마도 도달했을 수도 있는 각 단편을 위한 특정한 미디어 요구 사항에 대한 내용이다.

단편 1 인터뷰는 전적으로 정보 전달을 목적으로 한다. 사람들이 무엇을 말하느냐가 그 사람을 아는 것보다 중요하다. 고등학생은 어쩌면 경관의 의견에 대해서 모두 찬성하지는 않을 수도 있으므로 두 사람은 사회자의 질문에 대답할 뿐만 아니라 서로 대화를 하게 될 것이다.

시퀀싱은 세 사람을 스리 샷(사회자와 두 명의 게스트), 투 샷(사회자와 게스트, 두 명의 게스트 대화), 그리고 개별적인 클로즈업으로 이루어지게 한다. 이렇게 샷을 잡으려면 사회자 맞은편에 게스트를 함께 앉게 한다(그림 18.15 참조). 대략적인 스크립트에 따라서 경찰의 교통 안전 10개 항과 다른 내용들이, C.G. 그래픽(경관이 이젤 카드를 직접 가지고 오지 않은 경우)으로 보여지게 한다.

이 쇼는 두말할 필요 없이 스튜디오에서 실황 녹화하는 것이 최선이다. 게스트를 중성적인 환경에 앉게 하고 조명과 음향을 잘 조절하고 다중 카메라를 번갈아 사용하며 C.G.도 사용한다.

이제 세트, 카메라, 마이크, 조명, 그리고 부가적인 장비와 같은 미디어 요구 사항을 좀더 구체화했다. 참여자가 움직이지 않을 것이므로 오디오 픽업을 위해 사회자와 게스트는 라발리에 마이크를 착용하게 한다. 조명은 일반적인 조명, 즉 상당히 높은 기조와 느린 폴 오프 조명을 사용하여 시청자가 참여자 모두를 잘 볼 수 있도록 한다. 극적인 그림자는 필요치 않다. 아마도 얼굴에 생기는 그림자를 없애기 위해서 경찰을 설득해서 모자를 벗게 할 수 있을 것이다.

카메라는 몇 대로 하면 좋은가? 경관과 학생 사이에 활발한 대화가 오고 간다고 해도 두 사람을 빠르게 컷으로 연결할 필요는 없다. 사회자와 게스트들이 마주보고 앉을 것이므로 카메라는 두 대만 있으면 될 것이다(그림 18.15 참조).

카메라는 오프닝과 클로징 샷을 잡고 사회자를 잡는다. 카메라 1은 게스트의 투 샷과 CU뿐만 아니라 사회자의 어깨 너머로 세 사람의 오버 더 숄더 스리 샷을 잡을 수도 있다. 보통 조정실과 스튜디오 설비 외에도 VTR과 테이프, C.G., 그리고 어떤 이유에서 인터뷰를 중지시킬 수도 있으므로 한정된 포스트프로덕션 시간도 요청한다. 10개 항목의 교통 프로그램을 보여주기 위해

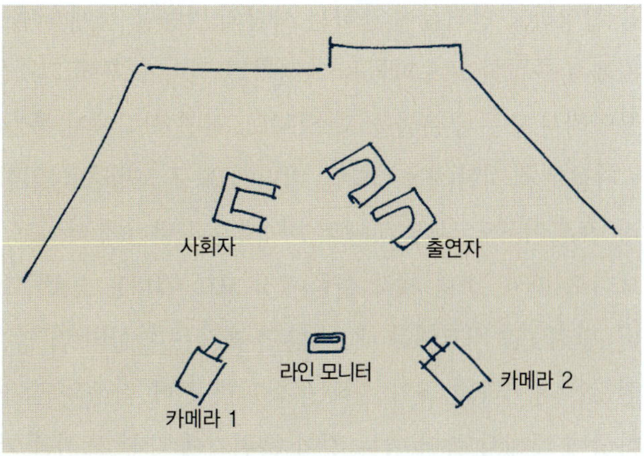

[그림 18.15] 교통안전 인터뷰: 대략적인 스케치
인터뷰 세트에 대한 이 대략적인 스케치에는 의자와 카메라의 적절한 위치가 나와 있다.

서 텔레프롬프터를 쓰지 않는다면 모든 탤런트를 볼 수 있는 라인 모니터가 마지막으로 필요하다.

단편 2 단편 1의 인터뷰와 비교해서 단편 2의 인터뷰는 훨씬 개인적이라고 하겠다. 이 인터뷰의 주요 목적은 특정한 정보를 전달하는 것이 아니라 관객에게 감정적인 효과를 주는 것이다. 의사 전달은 제한적이고 개인적으로 해서 시청자들이 휠체어에 앉아 있는 청년에게 강하게 감정 이입될 수 있게 만든다. 프로세스 메시지의 이러한 면은 우리에게 그 학생의 개인적인 환경, 예를 들어 그의 집을 방문하고, 오프닝을 제외한 나머지 인터뷰 시간 동안 그의 얼굴을 집중력이 덜한 미디움 샷이나 롱 샷보다는 클로즈업과 익스트림 클로즈업으로 잡는 것이 좋다는 것을 쉽게 떠오르게 한다. 당신은 확실히 당신의 영상 저장소에서 불러낸 특정한 주요 샷을 가시화하게 될 것이다. 이제 당신의 일은 이러한 이미지와 프로세스 이미지의 모든 면을 특정한 제작 접근과 미디어 요구 사항으로 옮기는 것이다.

프로세스 메시지의 주요 관점(학생의 느낌과 생각을 밝히고 관객에게 감정적인 효과를 전달하는 것)을 고려해 볼 때 전반적인 제작 방식과 특정한 미디어 요구 사항은 상당히 명확해진다. 학생의 집에서 단일 카메라로 촬영하는 것이 최선이다. 우선, 한 대의 카메라와 보조 장비(조명과 마이크)들은 학생의 환경에 큰 침해가 되지 않을 것이다. 두 번째로 인터뷰 자체가 시간에 쫓기지 않고 상당 시간 동안 연장할 수 있다. 세 번째로 인터뷰는 연속적일 필요는 없으며 느려지고 잠깐씩 끊어지거나 중지됐다가 어느 순간에 다시 시작될 수 있다. 제작의 순서를 정할 필요가 없다.

실제 인터뷰를 녹화하는 일부터 시작하고 그 후에 휠체어를 타고 경사로를 올라가는 장면을 촬영하고 인터뷰에 응하는 사람의 반응을 샷에 담을 수 있다. 만약 학생이 자신이 운동 경기에서 수상한 트로피들을 가리키면 인터뷰 후에 그것들(혹은 집안에 다른 눈에 띄는 물건들)을 촬영해서 모든 부분들을 포스트프로덕션 편집에서 통합하면 된다.

다음은 특정한(가장 적당한) 미디어 요구 사항을 나열한 것이다. 캠코더, 비디오테이프, 배터리, 트라이포드, 재생 모니터, 두 개의 라발리에 마이크, 휴대용 조명 키트, 샷건 마이크, 소형 오디오 믹서, 소형 제작 물품(확장 코드, 휴대용 슬레이트 등), 그리고 좋은 포스트프로덕션 설비. 단편 1과 비교해볼 때 이 단편 제작은 확실히 더 많은 편집 시간이 필요하다. 가시화와 시퀀싱을 용이하게 하기 위해 녹화하기 전에 학생의 집을 방문하도록 한다. 학생을 만나고 그 학생에 대해서 좀더 아는 것이 분위기에 대한 느낌을 가질 수 있고 좀더 구체적으로 샷을 계획할 수 있게 도와주며 좀더 정확한 미디어 요구 사항을 결정할 수 있도록 해 줄 것이다.

단편 3 이 제작은 감독으로서의 역할을 더 많이 요구한다. 여러 사람과 장소, 동작을 지휘해야 한다. 정지 신호 주행은 실제 자동차로 보여주는 것이 당연히 가장 효과적이다. 이러한 위반의 결말을 보여주기 위해서 정지 신호에서 주행하는 차가 교차로에 있는 사람이나 자전거를 아슬아슬하게 피해가거나 다른 자동차에 충돌하는 모습을 보여주어야 할 것이다.

이제 프로듀서에게 다시 연락해서 중요한 질문을 몇 가지 한다. 이 시범을 위해서 누가 자동차를 제공할 것인가? 보험은? 이러한 시범을 위해서 스턴트 운전자까지는 필요하지 않겠지만 그렇다고 학생에게 이런 곡예를 시켜서는 안 될 것이다. 아마도 경찰 측에서 프로듀서를 지원해서 자동차와 경험이 많은 운전자를 제공해줄 수 있을 것이다. 누가 이 위험한 보행자와 자전거를 타는 사람이 될 것인가? 모든 연기자와 연관된 엑스트라를 위해 충분한 보험은 들어 있는가? 촬영을 위해 경찰이 길과 교차로를 차단해 줄 것인가? 그렇다면 얼마나 오랫동안 차단할 수 있나?

만약 이 단편에 실제 스턴트를 사용할 계획이라면 스턴트가 계획대로 되지 않았을 경우를 대비해서 소방수와 앰뷸런스도 대기시켜야 한다. 이런 시점에서는 그 기획을 포기하고 프로듀서에게 좀더 경험 있는 감독에게 넘겨달라고 요청하는 것이 나을 것이다.

또한 광범위한 영상, 음향 포스트프로덕션을 통해서 이런 아슬아슬한 행위들을 흉내내자고 제안할 수 있을 것이다. 만약 프로듀서가 당신의 대안을 받아들이고 경찰이 자동차와 운전자, 엑스트라를 제공하고 길을 차단해 준다면, 당신은 과연 이 장면을 어떻게 연출할 것인가?

프로세스 메시지의 주요 단어는 '시범'이다. 무슨 일이 벌어지고 있는지는 말하는 것보다는 보여줄 필요가 있다. 시범이란 당연히 당신을 현장, 즉 실제 거리의 모퉁이로 데려갈 것이다. 나중에 경관이 장난감 자동차와 자석판을 이용해서 전형적인 교차로 사고 시범을 보이고 어떻게 피해야 하는가 하는 부분은 스튜디오에서 촬영하는 것이 가장 좋으며 이후에 포스트프로덕션 편집에서 그 부분을 통합하면 된다(그림 18.14 참조).

연기의 복잡함과 사용할 수 있는 시간이 제한적이라는 것을 고려해 볼 때 연기를 동시에 여러 각도와 심도로 촬영할 수 있도록 여러 대의 캠코더를 배치해야 한다. 방대한 포스트프로덕션 편집을 신속히 처리하기 위해서 여러 대의 캠코더는 타임 코드의 시작을 동조화시킨다. 스튜디오 부분은 간단히 두 대의 카메라(하나는 전체적인 샷을 다른 하나는 클로즈업을 잡는다)를 설치해서 실황 녹화한다.

안전을 최우선으로 하기 위해서 먼저 정지 신호에 주행하는 자동차와 관련된 장면을 촬영하고 이후에 옮겨, 놀라서 연석 위로 뛰어오르는 보행자와 방향을 트는(자동차가 달려오고 있다

(주1) Herbert Zettl의 [Sight Sound Motion], 4판(Belmont, Calif.: Thomson Wadsworth, 2005), pp. 210–213 참조.

고 상상하면서) 자전거를 탄 사람을 촬영한다. 다른 자동차와 충돌하는 장면과 음향을 흉내내기 위해서는 단순히 놀란 보행자의 얼굴을 보여주고 이후에 고물상으로 가서 심하게 손상된 자동차를 보여주면 된다. 두 샷을 편집해서 붙이고 낯익은 충돌 음향을 더해주면 누군가를 위험에 빠뜨리거나 자동차를 부수지 않으면서도 설득력 있는 충돌 장면을 만들어 낼 수 있게 된다. 교차로를 지나가는 운전자의 시점을 보여주는 '주관적인 카메라'를 사용할 수도 있다.[주1] 카메라맨은 단순히 운전자의 뒷좌석에 앉아서 운전자가 보는 방향으로 창문 너머를 촬영하면 된다. 부가적이고 주관적인 카메라 샷을 위해 캠코더를 자동차 뚜껑에 빈백(chapter 5 참조)을 이용해서 장착한다.

앞으로 나아가는 자동차 안에서 빠르게 줌 인하면 샷을 강화시킬 수 있으며 보행자의 놀란 얼굴을 아주 가까이 잡은 샷과 교차시키면 흥미로운 시퀀스를 얻을 수 있게 될 것이다. 충분한 컷어웨이를 준비해서 편집하는 동안 모션 벡터의 연속성을 유지할 수 있도록 해야 한다.

어떤 주요 시각화와 시퀀싱을 선택했다고 하더라도 다음의 기본적인 야외 장비들은 필요하게 될 것이다. 두 대 혹은 세 대의 캠코더, 장착 장비(빈백, 빨랫줄, 테이프, 카메라 브레이스), 재생에 사용할 배터리를 사용하는 모니터, 두세 개의 샷건 마이크와 피시폴, 오디오 믹서, 두세 개의 반사 장치(탤런트의 CU를 위해), 슬레이트, 비디오테이프, 음향 담당자를 위한 헤드셋, 현장 인터컴을 위한 워키토키 등의 기본적인 제작 물품들.

나머지 부분을 아주 그럴듯하게 만들어내기 위해서는 방대한 영상, 음향 포스트프로덕션이 필요하게 되므로 이 제작의 중요한 부분은 오프라인, 온라인 편집이 될 것이다. 음향이 장면을 강조하고 보여지지 않는 이미지를 상상할 수 있도록 만들어주기 때문에 음향 부분이 특히 중요하다고 하겠다. 급정거하는 타이어 소리, 충동 음향, 경찰의 사이렌 소리와 같은 일반적인 음향 효과가 충돌을 더 믿을만한 것으로 만들어 줄 것이다. 또한 시리즈의 사회자로 하여금 목소리만으로 내레이션을 하도록 만들 수도 있다.

현장 촬영분을 복사하고 꼼꼼하게 기록하는 것을 잊어서는 안 된다. 비선형 장비들을 사용한다면 테이크들을 캡처해서 제대로 파일에 저장하고 VHS에 윈도 더빙을 해서 그것으로 종이와 연필 편집을 시작한다.

플로어 플랜과 현장 스케치 해석 (Interpreting the Floor Plan and the Location Sketch)

경관과 고등학생 대표와의 인터뷰인 첫 번째 단편으로 돌아가서 경험이 없는 아트 디렉터가 대략적인 인터뷰 설정에 대한 스케치를 가져가서 다음 그림과 같은 플로어 플랜과 소품 목록을 만들어 왔다고 해보자(그림 18.16 참조). 플로어 플랜에 대해서 어떻게 생각하는가? 이 내

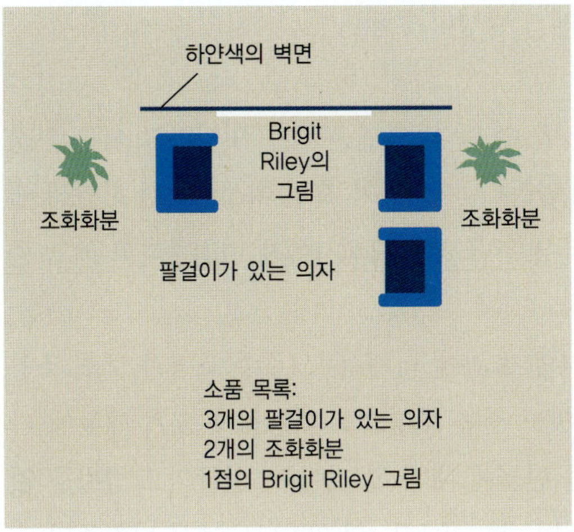

[그림 18.16] 인터뷰 세트: 플로어 플랜과 소품 목록
인터뷰 세트의 대략적인 스케치에 근거한 이 플로어 플랜과 소품 목록에는 심각한 제작 문제를 가지고 있음을 보여주고 있다.

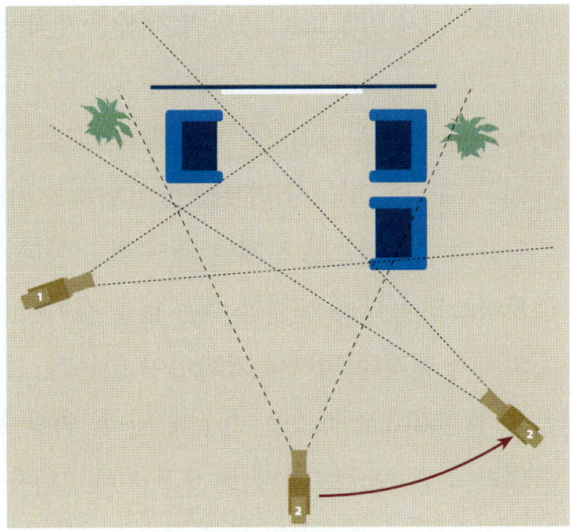

[그림 18.17] 인터뷰 세트: 카메라 위치
이 카메라 배치도에서는 이 무대설정에 따른 제작상의 몇몇 문제점을 보여준다.

용에 따라 무대를 설정하라고 지시하겠는가?

플로어 플랜을 다시 보고 오프닝, 클로징 스리 샷과 사회자와 대화하거나 서로 대화하는 게스트들의 투 샷, 세 사람의 개별적인 CU와 같은 주요 장면들을 머릿속에 그려보자. 카메라에는 전경뿐만 아니라 배경도 잡게 될 것이므로 전경과 배경도 함께 상상해 본다. 이 플로어 플랜에서는 확연한 카메라 문제가 발생하게 된다.

- 의자를 이런 방식으로 배치하게 되면 오프닝의 스리 샷을 잡아내기가 어렵다. 만약 카메라 2가 정면에서 촬영하게 될 경우에 의자들은 너무 멀리 떨어져 있게 된다. 기껏해야 사회자와 게스트가 화면 양 측면에 붙어 있는 것처럼 보이고 가운데 걸려 있는 그림을 과도하게 강조하는 화면을 얻게 될 것이다. 또한 설치된 배경 이외의 부분까지 화면에 나오게 될 것이다. 게스트는 분명히 서로를 가리게 된다.
- 만약 사회자의 뒤에서 게스트들을 오버 더 숄더 샷으로 잡기 위해서 맨 왼쪽(카메라 1)에서 촬영하게 되면 세트 이외의 부분까지 화면에 잡히게 된다. 클로즈업에서는 화분에 있는 조화들이 게스트의 머리 위에서 자라난 것처럼 보이게 될 것이다(그림 18.17 참조).
- 만약 카메라 2와 교차 촬영을 하게 되면 세트 너머의 부분이 화면에 나타나게 될 것이고 두 번째 조화 화분은 사회자의 머리에서 자라난 것처럼 보이게 된다(그림 18.17 참조).
- 세트 이외의 부분을 잡지 않기 위해서 카메라를 중앙에 배치해서 촬영하게 되면 옆 얼굴밖에는 얻지 못하게 될 것이다.

카메라 문제 말고도 다음의 부가적인 제작 문제가 발생하게 된다.

- 하얀색 벽면은 흥미있는 배경을 거의 만들어 낼 수 없다. 표면은 너무 밋밋하고 색은 전경에 비해 너무 밝아서 피부색을 어두워 보이게 만든다. 사회자가 흑인 여성이라면 하얀색 배경과의 콘트라스트 문제는 더 커질 것이다. 더 많은 조명을 사회자에게 비춰준다고 해도 콘트라스트 문제를 해결할 수는 없을 것이다.
- 의자가 배경과 얼마나 가까이에 있는가? 실루엣 효과에 더해서 모든 주 조명과 보조 조명은 필연적으로 배경을 비추게 된다. 역광 조명도 전면 조명으로 기능하게 되기 때문에 카메라 측면 쪽으로 빠른 폴 오프(진한 그림자)를 만들어 내게 될 것이다. 얼굴의 그림자를 없애기 위해서 부가적인 보조 조명을 세트의 전면(대략 카메라 2의 위치에서)에서 비춰주면 그 조명은 하얀색 배경에 반사될 수밖에 없어서 실루엣 효과를 가져오게 될 것이다.
- 마이크가 음향을 반사시키는 하드월 플랫에 너무 가까이에 배치되기 때문에 음향도 원하는 것만큼 얻어내지 못할 것이다.
- 소품 목록에도 문제점이 보인다. 크고 팔걸이가 있는 의자는 전적으로 이 인터뷰에 적당하지가 않다. 이 의자들은 너무 화려하고 출연자들이 파묻혀 있는 것처럼 보이게 될 것이다.
- 대부분의 촬영은 극단적인 각에서 교차 촬영될 것이기 때문에 그림은 무용지물이 될 것이다. 만약 화분을 다른 곳에 배치하고 싶다면 그림과 함께 배치해서 대부분의 샷에서 배경 역할을 하게 한다. 미술사에 대해서 조금 알고 있다면 브리짓 라일리(Brigit Riley) 그림의 촘촘하고 콘트라스트가 강한 그림은 무아레 효과를 가져올 수도 있다는 것을 예상할 수 있을 것이다.
- 마지막으로 의자를 스튜디오 바닥에 그냥 배치하면 카메라가 출연자들을 내려다보게 되거나 카메라맨

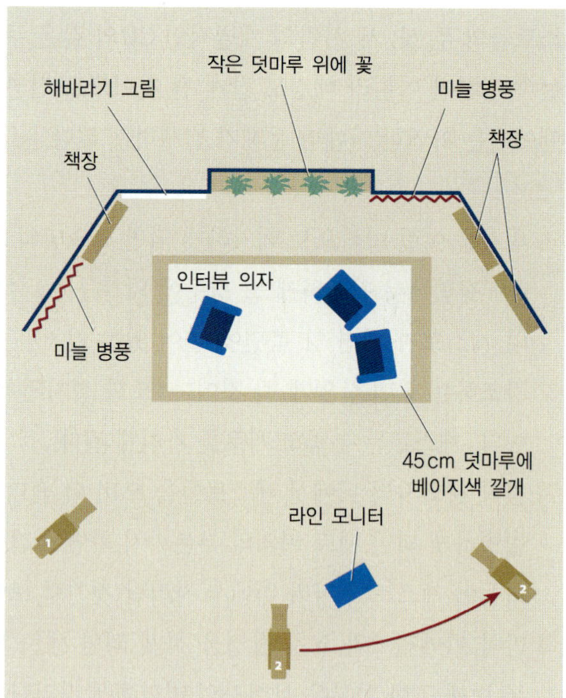

[그림 18.18] 수정한 인터뷰 세트
인터뷰를 위해 수정한 플로어 플랜은 충분한 배경과 흥미로운 샷을 제공한다.

은 페디스털을 최대로 내려서 구부정한 자세로 시종일관 촬영해야 할 것이다.

이와 같이 간단한 플로어 플랜과 소품 목록도 다양한 제작 문제를 보여줄 수 있는 단서를 제공한다. 이제 경험이 없는 아트 디렉터에게 잠재적인 문제를 지적하고 플로어 플랜을 다시 만들 것을 제안한다(그림 18.18 참조). 다음은 제안할 만한 사항들을 열거한 것이다.

- 배경을 크게 만들어서 극단적인 각의 교차 촬영에서도 가능하도록 만든다. 플랫에는 다른 색과 재질(중간 어둡기의 나무 패널 모양과 같이)을 사용한다. 윈도 플랫이나 여러 개의 좁은 플랫으로 배경을 나눠서 좀더 3차원적인 느낌을 준다.
- 자주 사용될 카메라 샷에 보일 수 있도록 그림이나 책장을 배치한다. 그림의 모서리가 탤런트의 머리에서 나온 것처럼 배치해서는 안 된다.
- 편안하면서도 출연자가 푹 파묻히지 않을 정도의 의자를 준비해서 덧마루 위에 두도록 하고 배경에서 적어도 2 m 이상 떨어뜨려 놓는다(역광 조명을 위해).
- 의자들을 약간 바깥 쪽을 향하게(중앙의 카메라 위치로 약간 돌린다) 해서 극단적인 각도로 교차 촬영할 필요가 없게 만든다.
- 화분을 치운다. 맨눈으로 보기에는 좋아 보일 수 있지만 화면상으로는 지저분해 보이게 된다.

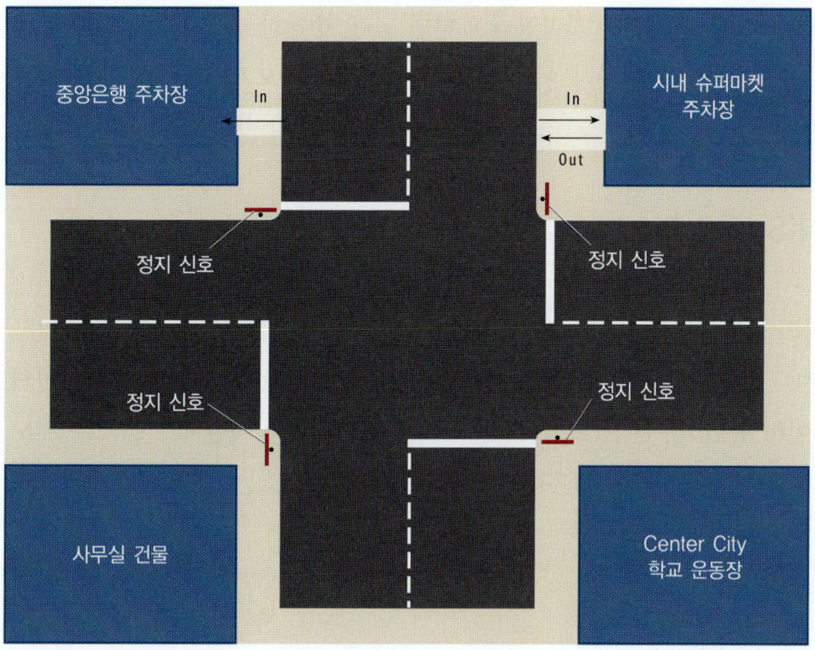

[그림 18.19]
정지 신호 주행 단편을 위한 현장 스케치
이 현장 스케치는 현장 제작을 불가능하게 하는 주요 문제점을 보여주고 있다.

이 정도면 훨씬 좋아졌을 것이다. 그러나 빠듯해 하며 쉴 시간은 없다. AD가 정지 신호 주행에 관한 단편을 위해 현장 조사에서 돌아와 현장 스케치를 보여줄 것이다(그림 18.19 참조). AD는 현장에 잠재적인 제작 문제가 있다고 한다. AD의 의견에 동의할 수 있는지 함께 살펴보도록 하자.

현장 스케치에서는 즉시 주의를 기울였으면 하는 몇 가지 심각한 문제를 보여주고 있다.

- 교차로는 확실히 시내 한가운데 있다. 그러므로 많은 수의 차들이 통행할 것이므로 경찰들은 실제 사고가 일어나지 않는 한 이 교차로를 통제할 수는 없을 것이다.
- 교차로가 시내 한복판에 있지 않다고 하더라도 은행과 슈퍼마켓이 근접해 있어서 아주 잠시라도 교차로를 통제하는 것은 불가능하다.
- 쉬는 시간 동안 학교 운동장은 아주 시끄럽다. 제작 중에 소란을 피우는 아이들과 상관없이 촬영을 하겠다고 하지 않는 한 학교의 모든 쉬는 시간에는 제작 스태프들마저 쉬어야 한다.
- 네 방향에 모두 정지 신호가 있는 것은 한 방향에서만이라도 정지 신호를 지키면 되기 때문에 덜 위험해 보인다. 시범을 보이기에는 한쪽 방향은 그냥 통과할 수 있는 길이 더 좋을 것이다.

이 문제를 해결하는 방법은 비교적 쉽다. 경찰서에 연락을 해서 통행량이 아주 적은 외곽에 한 방향에만 정지 신호가 있는 교차로를 찾아달라고 하면 된다. 충분한 우회로가 있어서 임시로 교차로를 차단해도 통행이 지연되거나 이웃 사람들이 집에서 나오거나 집으로 들어가는 것을 방해하지 않아야 한다.

스크립트 분석(Script Analysis)

비드라마와 드라마의 스크립트를 분석하고 해석하는 모든 복잡한 과정을 다 설명하는 것은 여기서 다룰 수 있는 내용이 아니다. 프로세스 메시지를 미디어 요구 사항으로 옮기는 일의 중요성에 대해서는 이미 밝힌 바 있다. 스크립트를 다양한 연출 요구 사항으로 옮기는 것도 비슷한 과정을 거치게 된다. 다음의 목록은 감독으로서 스크립트를 읽는 데 있어서 기본적인 지침을 줄 것이다.

고착점(Locking-in Point)과 해석(Translation)

고착이란 스크립트를 읽는 동안 생생한 영상 혹은 음향 이미지를 머릿속에 떠올리는 것을 말한다. 고착은 오프닝 장면에서 일어날 수도 있고 클로징 장면이나 그 중간에 어떤 특정한 장면에서 일어날 수도 있다. 이러한 고착과정을 억지로 해서는 안 된다.

영상 이미지보다는 음향 이미지 때문에 일어나는 경우가 많다. 스크립트가 훌륭하다면 이러한 고착은 필연적으로 발생하게 된다. 그러나 이러한 과정을 촉진시키기 위한 방법이 없는 것은 아니며 다음은 그런 방법들을 열거한 것이다.

- 스크립트는 그냥 훑어보는 것이 아니라 꼼꼼히 읽어 보아야 한다. 영상, 음향 정보들은 쇼의 전체적인 모습을 제시하고 제작이 얼마나 복잡해질 것인가를 예상할 수 있게 해준다. 쇼에 담겨진 기본적인 아이디어를 분리시켜 보기 위한 시도를 해야 한다. 더 좋은 방법은 적정한 프로세스 메시지를 공식화하려고 해보는 것이다.
- 주요 샷, 주요 연기, 혹은 주요한 기술적 조치들을 고착시키려고 노력한다. 예를 들어, 정지 신호 주행 스크립트에서 보행자가 달려오는 차 때문에 놀라서 연석 위로 올라가는 장면을 머릿속에 그릴 수 있을 것이다.
- 이미지를 카메라 위치, 특정한 조명과 음향 설정, 녹화, 포스트프로덕션 활동과 같은 확실한 제작 요구 사항으로 옮긴다.

물론 드라마 스크립트를 제작 요구 사항으로 해석해서 옮기는 것이 비드라마 스크립트의 영상, 음향 지문을 연출에 필요한 제작 요구 사항으로 옮기는 것보다 훨씬 복잡하다. 좋은 드라마 스크립트는 다양한 의식과 무의식적인 부분을 다루게 되고 이것들은 모두 해석되어 옮겨지고 명백하게 드러나게 해야 한다. 무엇보다 극의 주제(무엇에 관한 이야기인지에 대한 기본 아이디어), 줄거리(이야기는 어떻게 진행되고 발전될 것인지), 인물(한 인물과 다른 인물은 어떻게 다르고 서로 처한 위치에서 어떻게 상호 영향을 주게 되는지), 환경(사건은 어디서 벌어지게 되는지)을 규정해야 한다. 일반적으로 텔레비전 드라마에서는 줄거리보다 주제나 인물을, 외적인 부분이나 환경보다는 내적인 부분을 강조하게 된다.

고착과정 이후의 발전된 분석은 어떤 제작 방식, 즉 다중 카메라와 스위처를 사용해서 시퀀스를 만들어 낼 것이냐 혹은 단일 카메라로 불연속적으로 시퀀스와 관계없이 테이크를 촬영할 것이냐와 같은 선택에 의해 좌우된다.

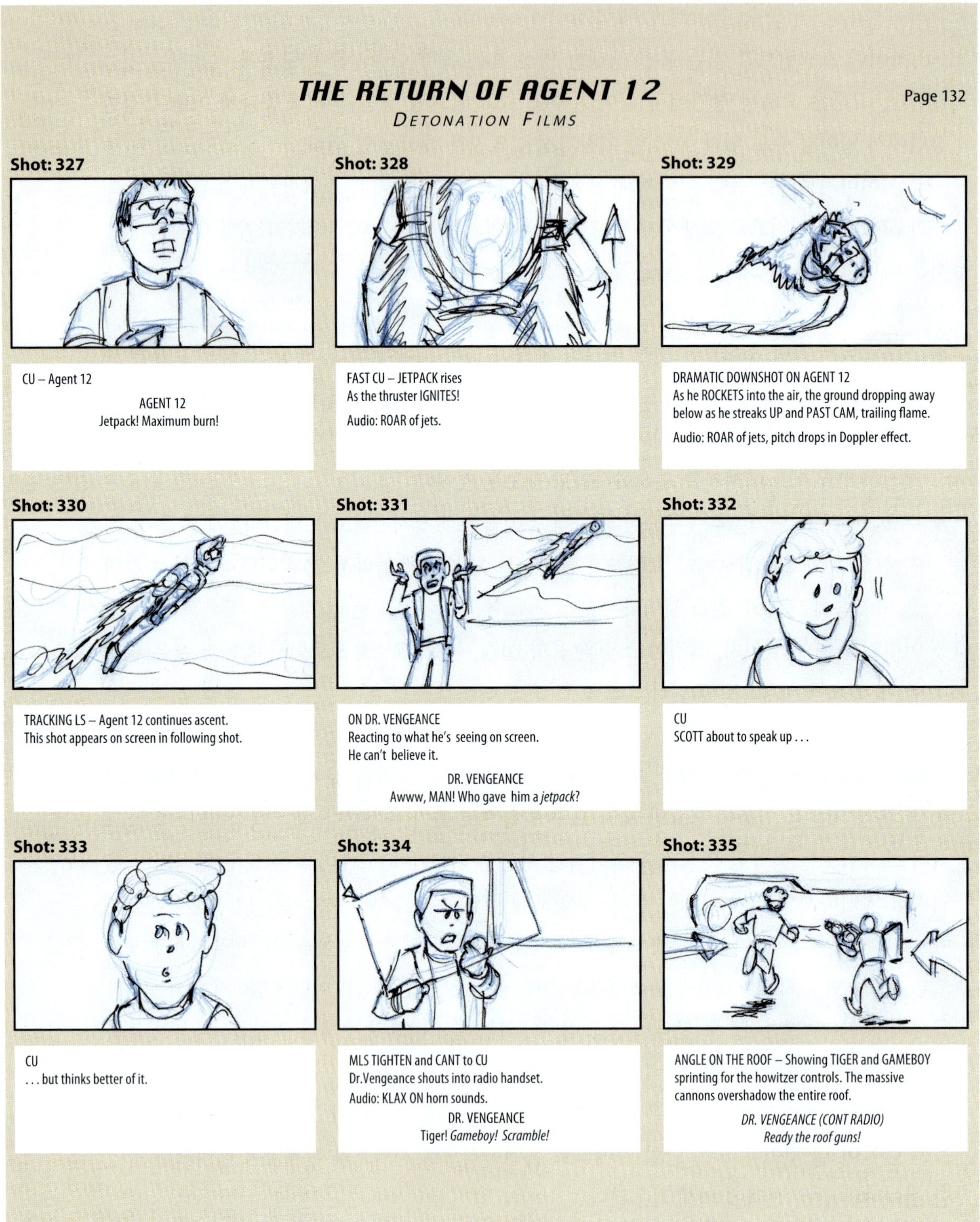

[그림 18.20] 손으로 그린 스토리보드

이 손으로 그린 스토리보드에는 주요 시각화 장면과 때때로 주요 음향 구획이나 샷 시퀀스를 표시한다.

사람의 이미지를 원하는 위치에 배치시킬 수 있다.

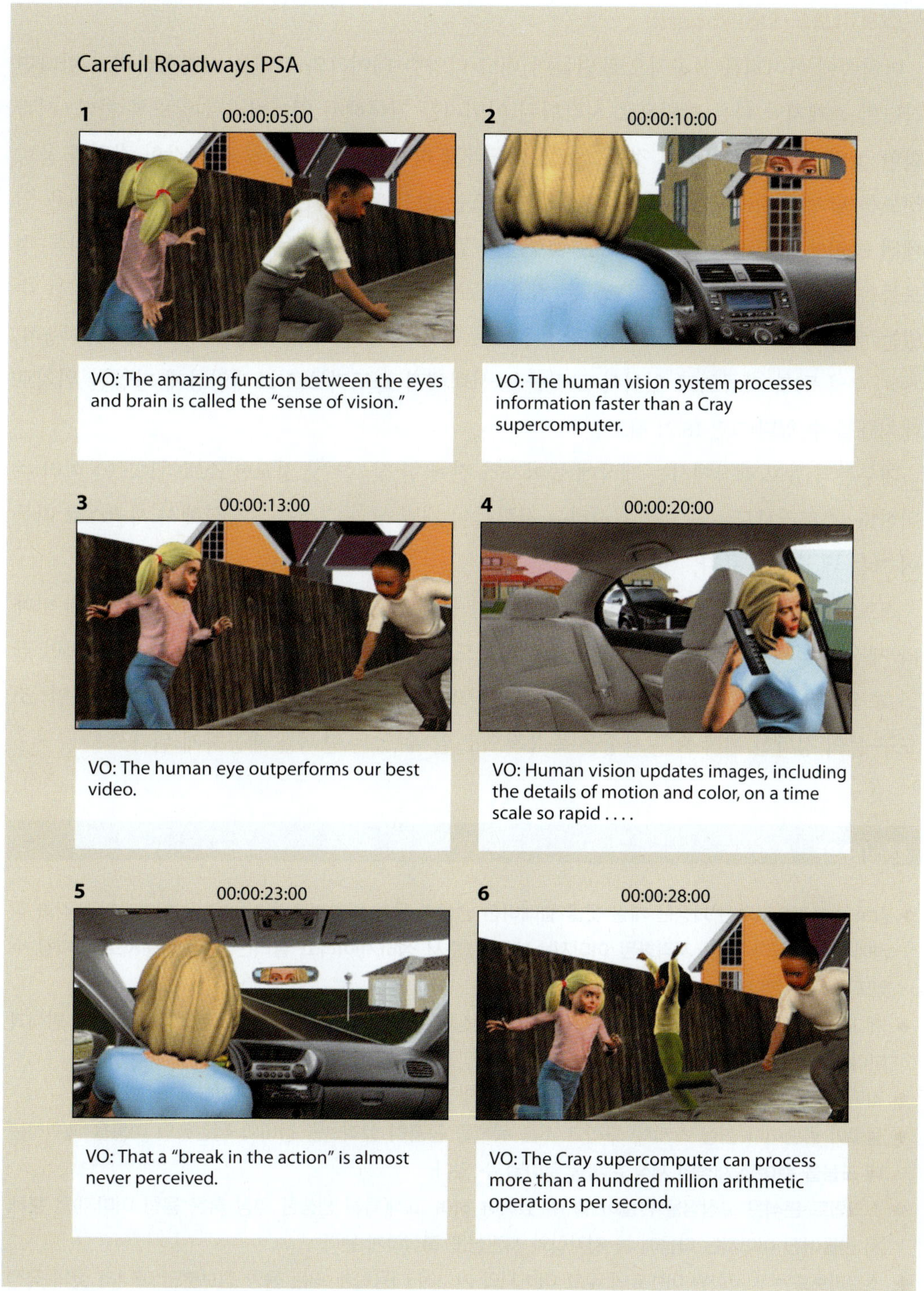

[그림 18.21] 컴퓨터로 만든 스토리보드

3D 그래픽을 이용해 컴퓨터로 만든 스토리보드는 다양한 실내와 야외 환경을 만들어 낼 수 있는 일반적인 배경 이미지에 사람의 이미지를 원하는 위치에 배치시킬 수 있다.

스토리보드(Storyboard)

머릿속에 이미지를 성공적으로 만들어 내고 다양한 테이크와 장면을 시각화하려고 한다면 간단한 스케치나 다른 방법으로 시각화된 이미지를 기록해서 잊어버리지 않도록 한다. 시각화한 샷의 순서대로 나타낸 것을 스토리보드라고 하는데 여기에는 주요 시각화 장면과 음향 정보를 담게 된다(그림 18.20 참조). 스토리보드는 보통 텔레비전 화면을 나타내는 양식을 인쇄된 종이에 그리게 된다. 화면의 아랫부분과 같은 다른 부분에는 주로 음향 정보나 다른 정보들을 나타내게 된다. 스토리보드는 컴퓨터로 만들어 낼 수도 있다. 스토리보드를 만들 수 있는 컴퓨터 소프트웨어 프로그램의 경우에는 많은 저장된 이미지(집, 거리, 고속도로, 자동차, 거실, 부엌 등)를 제공하고 있어서 그것들을 선택해서 스토리보드 프레임상에 다양한 위치로 배치해볼 수 있다(그림 18.21 참조).

대부분의 광고 제작에서는 제작에 들어가기 전에 한 샷, 한 샷 정교한 스토리보드를 미리 준비한다. 스토리보드는 광고를 결정하는 사람들이 개별 샷과 그것들을 상상해서 시퀀스로 만들어 보는 데 도움을 준다.

스토리보드는 또한 엄청난 수의 특히 복잡한 불연속적 샷 혹은 샷 시퀀스를 갖는 단일 카메라 제작 방식에서도 사용된다. 좋은 스토리보드는 일반적인 장소, 카메라 위치, 대략적인 렌즈 초점거리, 음향 픽업 방법, 포스트프로덕션의 양과 종류, 탤런트의 동작, 세트 디자인, 소도구 등의 정확한 제작 요구 사항을 즉각적으로 알 수 있는 단서를 제공하게 된다.

핵심요약

- 감독의 프리프로덕션 과정은 개별 샷을 텔레비전 영상과 음향 이미지로 옮기는 주요 이미지의 시각화 작업에서 시작된다. 이런 시각화된 이미지는 시퀀싱(순서 정하기)이라고 불리는 정해진 순서로 인지될 수 있도록 해야 한다.
- 제대로 정해진 프로세스 메시지는 시각화와 시퀀싱에 중요한 단서를 제공하고 결과적으로 제작 방식과 미디어 요구 사항을 결정할 수 있도록 만든다.
- 감독은 시각화와 시퀀싱을 통해 카메라와 탤런트의 위치와 움직임을 정할 수 있다.
- 플로어 플랜이나 현장 스케치, 그리고 소품 목록을 꼼꼼히 살펴보면 장비와 탤런트의 이동을 계획하는 데 도움을 주며 잠재적인 제작 문제를 알아낼 수 있다.
- 스크립트 분석은 고착점을 만들어 낼 수 있어야 하며 고착(특히 생생한 영상 혹은 음향 이미지)을 통해서 만들어진 이미지는 다음에 올 시각화와 시퀀싱을 결정하게 된다.
- 스토리보드는 시각화된 이벤트의 주요 이미지와 거기에 대응하게 되는 음향 정보뿐만 아니라 샷의 적정한 순서 또한 보여준다.

CHAPTER

19

프로덕션과 포스트프로덕션에서의 감독

The Director in Production and Postproduction

프리프로덕션을 완벽하게 준비했다면 텔레비전 부조정실이나 현장으로 가서 직접 감독해 볼 차례이다. 사실 프로덕션 과정에서 다양한 프로덕션 요소를 감독하고 지휘할 수 없다면 모든 꼼꼼한 프리프로덕션 준비도 별 의미가 없다. section 19.1 「다중 카메라 부조정실에서의 감독」에서는 다양한 다중 카메라 스튜디오와 현장 제작에서 감독에게 요구되어지는 것이 무엇인지 알아볼 것이다. section 19.2 「단일 카메라 감독, 포스트프로덕션, 타이밍」에서는 다른 기술들을 배워보고 전반적인 포스트프로덕션 임무에 대해서 알아볼 것이다.

주요 용어

카메라 리허설(camera rehearsal) 카메라와 다른 제작 장비들과 함께 진행되는 완전한 리허설. 드레스 리허설과 동일하게 사용되는 경우가 많다.

클록 타임(clock time) 시계가 보여주는 시각. 특별히 프로그램이 시작하고 끝나는 시간을 말한다. 일정 시간이라고도 부른다.

드레스 리허설(dress rehearsal) 탤런트가 출연 의상을 입고 제작 장비들과 함께 진행되는 완전한 리허설. 드레스 리허설은 비디오로 촬영하기도 한다. 종종 카메라 리허설이라 불리기도 하지만 카메라 리허설이 드레스 리허설과 다른 점은 완전한 의상을 입고하지 않는다는 점이다.

드라이 런(dry run) 장비 없이 실행되는 리허설. 이 리허설을 통해 탤런트의 주요 동작을 알 수 있다. 블로킹 리허설이라고도 부름.

필름 스타일 촬영(film-style shooting) 단일 카메라 제작 연출방법으로 롱 샷(long shot)에서부터 미디움 샷(medium shots), 클로즈업(close-ups)으로 같은 동작을 촬영한다. 단일 카메라 제작과 같은 뜻이다.

인터컴(intercom) intercommunication system의 줄임말. 모든 제작, 기술 인력이 사용함. 가장 널리 사용되는 장비로는 전화 헤드셋으로 다양한 유선 혹은 무선 채널을 통해 음성 의사소통을 용이하게 한다. I.F.B.와 휴대폰과 같은 다른 장비도 포함됨.

복수 카메라 연출(multicamera directing) 즉각적인 편집을 위해서 두 대 이상의 카메라를 지휘하는 것. 부조정실 연출이라고도 부른다.

단일 카메라 연출(single-camera directing) 포스트프로덕션을 위해 분리돼서 녹화되는 테이크를 위한 스튜디오 혹은 현장에서의 단일 카메라 연출

주관적인 시간(subjective time) 우리가 느끼는 시간

일정표(time line) 제작일의 다양한 활동을 시간대별로 보여주는 계획표. 제작 일정표라고도 부른다.

예행 연습(walk-through) 감독이 세트를 걸어 다니면서 주요 동작을 설명하는 연습으로, 제작 스태프들과 탤런트가 함께하는 연습.

SECTION

19.1

부조정실에서의 복수 카메라 연출

Multicamera Control Room Directing

프리프로덕션 과정과 마찬가지로 프로덕션과 포스트프로덕션 과정에서의 감독의 역할은 꼼꼼한 계획, 조정, 팀 구성에 의해서 평가된다. 다른 많은 제작 활동과 마찬가지로 감독은 자신의 고유 언어를 가지게 된다. 당연히 첫 번째 임무는 이러한 전문 용어를 분명하고 자신있게 말하는 법을 배워야 한다. 그래야만 일정과 장비, 사람, 그리고 예술가적 시각을 유지하고 관리해야 하는 어려운 직무를 수행할 수 있게 된다. section 19.1에서는 복수 카메라 혹은 부조정실에서의 감독의 역할에 대한 주요 단계들을 알아보도록 한다.

▶ 감독의 전문 용어

시각화, 시퀀싱, 특수 효과, 오디오, VTR, 그리고 플로어 매니저를 위한 용어와 신호

▶ 복수 카메라 연출과정

조정실에서 연출하기, 인터컴

▶ 리허설 연출하기

스크립트 읽기, 드라이 런 혹은 블로킹 리허설, 카메라, 그리고 드레스 리허설. 예행 연습/카메라 리허설의 조합, 일정표 준비

▶ 쇼 연출하기

스탠바이 절차와 방송 중 절차

감독의 전문 용어(The Director's Terminology)

많은 사람들이 공동의 과제를 위해 일하는 모든 사람의 활동에서와 마찬가지로 텔레비전 감독에게는 정확하고 특별한 언어가 필요하다. 팀의 모든 구성원들이 이해할 수 있어야 하는 이 은어는 일반적으로 감독의 언어 혹은 좀더 구체적으로 감독의 전문 용어라고 부른다. 이것은 감독과 다른 제작팀의 구성원들 간에 효율적이고 오해 없는 의사소통을 위해 필수적인 것이다.

텔레비전 연출에 대해서 배우는 동안 아마도 대부분이 전반적인 제작 은어와 감독의 특수한 전문 용어의 상당 부분을 터득하게 될 것이다. 다른 모든 언어처럼 감독의 전문 용어도 습관화되거나 변화하게 된다. 기본적인 단어들은 상당히 규격화되어 있다고 할지라도 감독들마다 다양화된 언어들을 구사하는 것을 듣게 될 것이다. 그리고 새로운 기술이 발전함에 따라 감독의 언어도 변화하게 된다.

여기에 수록되어 있는 전문 용어들은 가장 정확한 전문 용어들을 필요로 하는 스튜디오나 중계차의 조정실에서 다중 카메라로 촬영할 경우를 위주로 소개한다. 정확하지 않은 단 하나의 지시가 여러 심각한 실수를 불러올 수 있다. 또한 이러한 용어들은 스튜디오 제작 혹은 현장 제작과 상관없이 단일 카메라 연출에서도 사용할 수 있다.

어떤 전문 용어를 사용하건 그것은 지속적으로 정확하고 명확해야 하며 모든 팀 구성원들이 이해할 수 있어야 한다. 쇼가 진행되는 동안에는 일일이 설명할 시간이 없다. 짧고 덜 모호한 신호가 더 성공적으로 전달될 수 있다. 다음의 표는 시각화, 시퀀싱, 특수 효과, 오디오, VTR, 그리고 플로어 매니저에게 주는 큐 신호를 목록화한 것이다(그림 19.1, 19.6, 표 19.2~19.5 참조).

복수 카메라 연출과정(Multicamera Directing Procedures)

다중 카메라로 촬영할 때는 스튜디오의 부조정실이나 중계차의 조정실에서 다양한 제작 요소들을 동시에 연출하고 진행해야 한다(chapter 20 참조). 감독은 포스트프로덕션 편집이 필요할 수도 있고 필요하지 않을 수도 있는 제작물을 가능한 한 완성된 형태로 만들도록 노력해야 한다. 실황 녹화 방송을 할 때는 그 어떤 것도 포스트프로덕션을 거쳐 수정될 수 없으므로 감독의 연출이 최종 컷이 된다. 복수 카메라를 사용하는 제작을 감독하기 위해서는 많은 기술적 조작을 감독해야 할 뿐만 아니라 탤런트의 연기에도 신경을 써야 한다. 처음에는 카메라, 오디오, 그래픽, 비디오테이프, 원격 수신, 시계와 같은 복잡한 기계들을 다루는 데 어려움을 느끼게 될 것이다. 그러나 기계에 대해서 어느 정도 알고 나면 가장 어려운 일은 카메라 앞에 그

[그림 19.1] 감독의 시각화 큐
시각화 큐는 최적의 샷을 얻기 위해 카메라에 내리는 지시이다. 다음의 시각화는 포스트프로덕션 과정에서 얻어질 수도 있는 것들이지만 적당한 카메라 움직임만으로 훨씬 쉽게 얻을 수 있다.

[그림 19.1] 감독의 시각화 큐(계속)

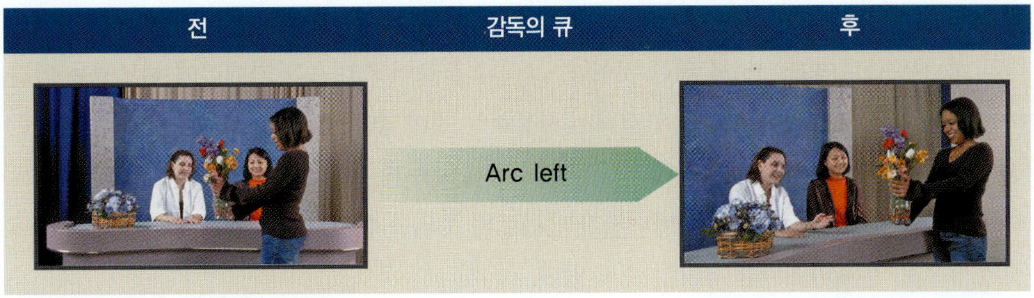

[그림 19.1] 감독의 시각화 큐(계속)

리고 그 뒤에 있는 사람들을 다루는 일이 될 것이다.

부조정실에서 연출하기(Directing from the Control Room)

복수 카메라 연출에서는 각 샷을 시각화하는 데 신경을 써야 할 뿐만 아니라 다양한 샷을 즉각적으로 순서를 정할 필요도 있다. 생방송, 실황 녹화 프로덕션, 나중에 이어지거나 비교적 단순한 포스트프로덕션에서 변경되는 긴 쇼의 일부분 제작을 연출하는 경우가 모두 포함된다. 복수 카메라의 연출은 부조정실이 스튜디오에 있거나 중계차 안에 있거나 관계없이 언제나 부조정실을 이용하게 된다. 부조정실은 특별히 복수 카메라 제작과 모든 비디오, 오디오, 그리고 녹화 설비와 사람들을 무리 없이 지휘하기 위해 설계되어 있기 때문에 복수 카메라 연출은 부조정실 연출이라고 부르기도 한다.

카메라 리허설이 진행되는 동안 연출은 부조정실에 격리된 상태에서 현장을 지휘하게 되기 때문에 연출과 나머지 부조정실 인력, 스튜디오 스태프, 그리고 필요한 경우에 탤런트까지도 믿을 만하고 제대로 작동하는 인터컴 시스템에 의해 연결되어 있어야만 한다.

부조정실 인터컴 장치(Control Room Intercom Systems)

부조정실 인터컴 장치를 통해 모든 제작, 기술 인력들 사이에 즉각적인 음성 의사소통이 가능하다. 가장 널리 사용되는 장치로는 P.L., I.F.B., 그리고 S.A. 장치가 있다.

P.L. 인터컴(The P.L. intercom) 대부분의 소규모 방송국 혹은 독립 제작 스튜디오에서는 P.L. 인터컴이라고도 부르는 전화 인터컴을 사용한다. 서로 음성 통신이 필요한 모든 제작, 기술 인력들은 일반적인 전화 헤드셋을 착용하게 되는데, 이 헤드셋에는 이어폰과 토크백할 수 있는 작은 마이크가 달려있다. 모든 제작 스튜디오에는 스튜디오 매니저, 플로어 스태프, 마이크 붐 담당자의 헤드셋을 꽂아서 연결할 수 있는 세 개 이상의 인터컴 소켓이 설치되어

있다. 또한 각각의 카메라에는 두 개의 인터컴 소켓이 있는데 하나는 카메라맨을 위한 것이고 다른 하나는 플로어 스태프를 위한 것이다. 그러나 플로어 스태프는 카메라에 헤드셋을 연결하는 것보다는 벽에 있는 소켓에 연결해서 사용하는 것이 좋다. 카메라에 묶이게 되면 행동반경이 좁아질 뿐만 아니라 카메라의 기동성에도 방해를 주게 된다. 또한 플로어 매니저의 헤드셋을 카메라에 연결하면 플로어 매니저가 탤런트의 주의를 환기시키기 위해 움직이다가 헤드셋의 선으로 인해 카메라를 잡아챌 수도 있다.

대형 스튜디오에서는 플로어 인력들을 위해 무선 인터컴 장치를 채용하고 있다. 이러한 무선 인터컴 시스템에서는 플로어 매니저가 사용하는 장비에는 일반적인 토크백 장치까지 되어 있지만 다른 플로어 스태프들이 사용하는 장비에는 단지 이어플러그와 수신기만으로 이루어

[표 19.2] 감독의 시퀀싱 큐

시퀀싱 큐는 하나의 샷으로부터 다음 샷으로 진행하는 데 도움을 준다. 주요 화면전환이 포함되어 있다.

동작	감독의 큐
카메라 1에서 컷해서 카메라 2로 이동	Ready two—take two.
카메라 3에서 디졸브해서 카메라 2로 이동	Ready one for dissolve—dissolve.
카메라 1에서 카메라 3으로 수평 와이프	Ready three for horizontal wipe(over 1)—wipe.
	또는
	Ready effects number x (숫자는 스위처 프로그램에 의해 정해진다) —effects.
암정에서 카메라 1로 페이드 인	Ready fade in one—fade in one.
	또는
	Ready up on one—up on one.
카메라 2를 암전으로 페이드 아웃	Ready black—go to black.
카메라 1과 2 사이에 짧은 암전	Ready cross-fade to two—cross-fade.
카메라 1과 VTR 2 사이의 컷 (VTR 2는 이미 돌고 있으며 고정위치로 되어 있다고 가정할 때)	Ready VTR two(VTR 2에서 이미 주행이 되고 있으며 고정위치로 되어 있다고 가정하면)—take VTR two.(때로는 스위처에 나와있는 VTR의 숫자만 부르기도 한다. 예를 들어, VTR이 6이라는 라벨이 붙어있다면 Ready six—take six.라고 말한다.)
VTR과 C.G. 사이의 컷 take effects.	Ready C.G.—take C.G. 또는 Ready effects on C.G.—
C.G. 타이틀 간의 컷	Ready change page—change page.

[표 19.3] 감독의 특수효과 큐

특수효과 큐는 언제나 정해져 있는 것은 아니며 효과의 복잡한 정도에 따라 감독이 축약해서 고유의 큐를 만들어 낼 수도 있다. 어떤 큐가 사용되건 제작 팀원 사이에서 규격화가 되어야 한다.

동작	감독의 큐
카메라 2위로 카메라 1 수퍼	Ready super one over two—super.
카메라 2로 돌아간다.	Ready to lose super—lose super. 또는 Ready to take out one—take out one.
수퍼에서 카메라 1로 간다.	Ready to go through to one—though to one.
카메라 1의 배경 화상에 C.G.를 키한다.	Ready key C.G.(over 1)—key.
스튜디오 카드에 적힌 타이틀을 비춘 카메라 1을 카메라 2의 배경 화상에 키한다.	Ready key on over two—key.
카메라 1이 잡고 있는 스튜디오 카드의 타이틀의 구멍 난 부분을 노란색으로 메우고 메워진 타이틀을 카메라 2의 배경 화상에 키한다.	Ready matte key one, yellow, over two—matte key.
그림자 매트 키 형태로 C.G.상에 나타난 타이틀을 카메라 1의 배경 화상에 키한다.	Ready C.G. drop shadow over one—key C.G. (때로는 감독이 Chyron과 같은 C.G.의 제조사 이름을 부르기도 한다. 그러면 Ready Chyron over one—key Chyron이라고 말한다. C.G.의 정보는 거의 언제나 키되기 때문에 대체로 'key'란 단어는 ready 큐에서 빠지게 된다.) 또는 Ready, effects, drop shadow—take effects. 어떤 감독은 간단히 '인서트'라고 하는데 이것은 keyer를 다운스트림하는 것을 뜻한다. 대개 글자의 방식은 이미 C.G.에 프로그램되어 있으므로, 그저 Ready insert seven—take insert라고 한다.
카메라 2의 화면을 카메라 1의 화면으로 교체하거나 카메라 1의 화면을 원형 와이프하는 등의 와이프 패턴을 화면에 키한다.	Ready circle wipe two over one—wipe.(다른 모든 와이프도 같은 방식으로 불리우는 데 'circle wipe'라고 하는 부분만 바꿔서 나타낸다. 특정한 와이프를 지칭해 준다. 만약 부드러운 와이프가 필요한 경우에는 'Ready wipe'라고 말하는 대신에 간단히 'Ready soft wipe'라고 하면 된다.)
줌과 같은 동작으로 인서트(비디오 B) 된 영상으로 배경(비디오 A)을 대체한다.	Ready squeeze out—squeeze. 또는 Ready effect sixteen—squeeze out.
반대로 진행되는 스퀴즈(비디오 B가 작아진다)	Ready squeeze in—squeeze.
와이프를 통해서 아주 많은 화면전환을 이룬다.	Ready wipe effect twenty-one—wipe.

많은 수의 더 복잡한 효과들은 컴퓨터 프로그램에 미리 설정되어 저장된다. 숫자를 불러서 재생한다. 모든 효과를 실행하기 위해서 숫자만 부르면 된다: Ready effects eighty-seven—take effects.

[표 19.4] 감독의 음향 큐

음향 큐는 마이크에 큐를 주거나, 다양한 음원을 시작하고 멈추고, 이러한 음원들을 통합하거나 믹싱하는 것과 관련된다.

동작	감독의 큐
스튜디오 안에 있는 마이크를 작동시킨다.	Ready to cue talent(혹은 좀더 특정하게 Mary—cue her라고 말하면 음향 기술자는 자동적으로 그녀의 마이크를 켠다) 혹은 Ready to cue Mary—open mic, cue her.
음악을 시작한다.	Ready music—music.
아나운서를 위한 음악을 낮춘다.	Ready to fade music under—music under, cue announcer.
음악을 끈다.	Ready music out—music out. 혹은 Fade music out.
스튜디오 안에 있는 마이크(아나운서의 마이크)를 닫고 비디오테이프에 있는 음향으로 전환한다.	Ready SOT(테이프에 있는 음향)—close mic, track up. 혹은 Ready SOT—SOT.
음향 녹음을 시작한다.	Ready audiotape—roll audiotape. (TD가 VTR를 재생시킬 수도 있으므로 그냥 'Roll tape' 라고만 해서는 안 된다) 혹은 Ready Zip x—play.
하나의 음원을 서서히 낮춰서 없어지게 하고 동시에 다른 음원을 점점 키운다(디졸브와 흡사함).	Ready cross-fade from(source) to (other source)— cross-fade.
하나의 음원에서 다른 음원으로 끊김 없이 전환한다(주로 음악 두 곡).	Ready segue from(source) to (other source)—segue.
감독을 위해 프로그램 스피커의 음량을 키운다.	Monitor up, please.
CD로부터 음향 효과를 재생한다.	Ready CD cut x—play. 혹은 Ready sound effect x—play.
비디오테이프에 슬레이트 정보를 입력한다(플로어 매니저의 마이크 혹은 VTR로 패치된 토크백).	Ready to read slate—read slate.

[표 19.5] 감독의 VTR 큐

VTR 큐는 VTR을 시작하고 정지하며 비디오 녹화에 슬레이트를 하며 VTR 출력으로 스위치하기 위해 사용된다.

동작	감독의 큐
프로그램을 녹화하기 VTR을 켠다.	Ready to roll VTR one—roll VTR one. (이제 VTR 담당자로부터 'in-record' 혹은 'speed' 확인을 기다려야 한다)
VTR이 녹화하고 있는 동안 슬레이트한다. 슬레이트는 카메라 2 혹은 C.G.에 있으며 오프닝 장면은 카메라 1에 있다. 컬러 바와 리퍼런스 레벨 음향 톤은 이미 테이프에 있는 것으로 가정한다.	Ready two(혹은 C.G), ready to read slate—take two(혹은 C.G.), read slate.
오프닝 10초 음향을 오디오 트랙에 녹음하고 카메라 1로 페이드 인한다(카메라 1이 페이드 인되는 즉시 스톱워치를 작동시키는 것을 잊지 않는다).	Ready black, ready beeper—black, beeper. Ten—nine—eight—seven—six—five—four—three—two—cue Mary—up on one.(스톱워치를 작동시킨다.)
비디오테이프를 정지화면으로 정지한다.	Ready freeze—freeze.
정지 상태에서 비디오테이프를 주행시킨다.	Ready to roll VTR three—roll VTR three.
느린 화면 효과를 위해 비디오테이프를 주행시킨다.	Ready VTR four slo-mo—roll VTR four. 혹은 Ready VTR four slo-mo—slo—mo four.
카메라 2가 방송되는 중에 프로그램된 인서트를 위해 VTR을 주행시킨다. 음향은 테이프에 있다. 2초 롤로 가정한다.	Ready to roll VTR three, SOT—roll VTR three. Two—one, take VTR three, SOT. 즉각적인 시작을 위해서 카운트다운을 사용하지 않는다면, 간단하게 Ready VTR three, roll and take VTR three. (VTR 인서트 시간을 재기 위해 스톱워치를 작동시킨다.)
VTR에서 카메라로 돌아가고 Mary가 카메라 1에 잡힌다(시계를 멈추고 다음 인서트를 위해 리셋한다).	Ten seconds to one, five seconds to one. Ready one, ready cue Mary—cue Mary, take one.

져 있는 경우도 있다.

어떤 쇼에서는 마이크 붐 담당자나 스튜디오 뮤지션(주로 밴드나 오케스트라의 리더)과 같이 자신의 동작과 프로그램의 음향, 감독이 큐를 조화시켜야 하는 사람에게 프로그램 음향과 조정실에서 전해지는 신호를 동시에 전송해야 하는 경우가 있다. 이러한 경우 더블 헤드셋을 사

[그림 19.6] 플로어 매니저에게 전달되는 감독의 큐
방향성 큐는 언제나 탤런트의 시점이 아닌 카메라의 시점에서 주어진다. '왼쪽'이란 카메라의 왼쪽을 말하며 '오른쪽'이란 카메라의 오른쪽을 말한다.

용할 수 있는데, 이 더블 헤드셋은 한쪽 이어폰으로는 인터컴 신호가 전달되고 다른 한쪽 이어폰으로는 프로그램 음향을 전달하게 된다.

소음이 많은 환경에서 작업하거나 록 밴드와 같이 음량이 높은 음원 곁에서 작업해야 하는 경우 더블 머프 헤드셋(double-muff headset)을 사용해야 하는데 이 헤드셋은 높은 음량의 음향을 어느 정도 걸러주는 기능을 가지고 있다. 또한 이 헤드셋에 있는 마이크는 주위 배경음은 전달하지 않으며 오로지 말을 할 때만 작동하도록 되어 있다.

대부분의 텔레비전 작업에서는 제작, 기술 인력이 같은 채널의 인터컴을 사용하게 되는데 이렇게 되면 한 사람이 하는 말을 누구든지 들을 수 있다. 또한 이러한 인터컴 장비에는 대부분 다른 기능을 수행할 수 있도록 채널을 분리할 수 있게 되어 있다. 예를 들어, 한 채널에서는 기술 감독이 영상 담당자와 의논을 하고 있고 동시에 감독은 다른 채널을 통해 플로어 스태프에게 지시를 내릴 수 있다. 대형 스튜디오와 중계차에는 12개 이상의 분리된 인터컴 채널을 공급한다.

I.F.B. 장치(The I.F.B. system) 변화 가능성이 많은 형식을 가진 쇼이거나 방송 중에 변화가 생길 가능성이 있는 프로그램일 때는 I.F.B. 장치를 사용한다. I.F.B. 시스템은 플로어 매니저를 거쳐 조정실과 출연자를 곧바로 연결해준다. 출연자는 감독, 프로듀서 혹은 그 인터컴에 연결된 제작진 가운데 어떤 사람이 특별한 지시 사항을 전달하기 위해 프로그램 음향을 끊지 않는 한 프로그램 음향이 계속 전달되는 소형 이어폰을 끼게 된다.

예를 들어, 워싱턴에서 외국의 고관이 도착한 것을 설명하고 있는 현장 리포터의 모습이 방송에 나가고 있는 중에 감독이 "뉴욕으로 넘기십시요"라고 말하기 전까지, 즉 시청자에게 프로그램이 뉴욕의 센터로 이동된다는 것을 알리기 전까지는 자신이 하는 말을 헤드셋을 통해 계속 들을 수가 있다. 그러나 감독이 이 지시를 내리는 동안에도 시청자들은 현장 리포터의 지속적인 설명을 듣고 있게 된다. 뉴스나 특별 생방송과 같이 빈틈없는 쇼에서는 이러한 메시지를 카메라에 잡히지 않는 플로어 매니저를 통해 전달하려고 하면 너무 느려질 뿐만 아니라 정확치 않을 수도 있다. 또한 I.F.B 장치는 프로듀서가 인터뷰를 진행하고 있는 사회자에게 다음 질문을 전달할 때 사용되기도 한다.

두말할 필요 없이 이러한 시스템은 경험이 아주 많은 아나운서와 감독, 프로듀서만이 사용할 수 있다. 경험이 없는 출연자로서는 효과적인 해설을 하면서 동시에 프로듀서의 지시사항을 들을 수가 없기 때문에 I.F.B.가 출연자에게 오히려 방해가 되는 경우가 많다.

S.A. 장치(The S.A. system) S.A. 장치는 주로 감독과 같은 조정실 인력이 P.L. 시스템에 연결되어 있지 않은 스튜디오에 있는 사람에게 지시를 내릴 때 사용된다. 스튜디오 토크백이라고도 불리는 S.A. 장치는 확성 장치와 흡사한 스피커를 사용해서 스튜디오 안에 있는 모든 사람들에게 의사 전달을 할 수 있게 해준다. 예를 들어, 특히 리허설이 시작될 때 이 장비를 이용해서 모든 사람에게 전반적인 지시를 내리고 혹은 출연자나 제작 인력에게 한시적인 지

연을 알려주는 데 사용할 수도 있다. 또한 짧은 휴식 시간 동안 많이 있는 일로서 전 스태프들이 P.L. 헤드셋을 모두 벗고 있다면 이 헤드셋의 토크백을 이용해서 모두에게 제자리로 돌아오도록 알릴 수 있다.

인터컴 시스템의 중요성으로 비추어 봐서 감독은 인터컴 시스템을 일상적인 장치처럼 확인해야 한다. 만약 제대로 기능하지 않는 헤드셋이나 완벽하지 못한 인터컴 선을 발견하게 된다면 이것을 정비담당 스태프에게 즉시 알리고 수리해야 한다. 인터컴이 잘못되면 카메라에 잘못이 있는 것보다 제작에 더 해로울 수 있다.

리허설 연출하기(Directing Rehearsals)

특별한 이벤트의 실황 녹화 방송을 하는 것이 아니라면 가능한 한 많은 리허설을 해야 한다. 리허설은 녹화를 하는 기간에 어떤 일을 해야 하는지 감독과 스태프들에게 연습을 시켜줄 뿐만 아니라 프리프로덕션 활동에서 크고 작게 흠이나 빠진 것이 없는지 알 수 있게 해준다.

테이프에 녹화하는 그대로, 방송에 나가게 되는 그대로 리허설해보는 것이 가장 이상적이다. 불행하게도 연습에서는 그럴 수 있는 경우가 거의 없다. 많은 시간의 리허설 일정도 언제나 적게 느껴지기 때문에 chapter 18에서 알아보았던 리허설 이전의 준비가 아주 중요하다고 하겠다. 계획된 리허설 시간을 가장 최적으로 사용하기 위해서는 다음의 단계를 따르는 것이 좋다. (1) 스크립트 읽기, (2) 드라이 런 혹은 블로킹 리허설, (3) 예행 연습 (4) 카메라와 드레스 리허설, (5) 드라이 런/카메라 리허설 결합. 그러나 이 모든 단계를 거치는 경우는 거의 없다. 많은 비드라마 쇼의 경우 단순히 탤런트를 진열용 테이블로 데리고 가서 클로즈업을 위해서는 제품을 어떻게 들어야 하는지 혹은 연기 영역으로 데리고 가서 게스트를 맞는 등의 특정한 동작을 알려주는 정도로 끝나게 된다. 같은 탤런트가 진행하는 인터뷰와 함께 하는 일일 뉴스 쇼와 같이 틀이 짜여진 쇼에서는 전혀 리허설을 하지 않는다.

스크립트 읽기(Script Reading)

이상적인 조건이라고 한다면 모든 주요 제작에서는 스크립트를 읽는 과정부터 시작하게 된다. 비교적 간단한 쇼라고 하더라도 탤런트와 프로듀서, PA, 그리고 AD, TD와 플로어 매니저와 같은 주요 스태프들을 적어도 한 번 이상 만나서 스크립트에 대해 논의하고 함께 읽어봐야 한다. 플로어 플랜을 함께 살펴보면 정확히 어디에서 동작이 이뤄져야 하는지 시각화하고 잠재적인 문제를 찾아내는 데 도움을 줄 수 있다. 보통 제작 회의와 겹쳐지는 이 과정에서는 다음과 같은 사항을 설명하도록 한다.

- 쇼의 목적과 대상 관객을 포함한 프로세스 메시지 목적.
- 출연자의 주요 동작, 소도구의 숫자와 용도, 주요 크로스오버(카메라에 잡혀 있는 동안에 하나의 연기 영역에서 다른 영역으로 옮겨가는 것)
- 출연자와 게스트가 있다면, 그들의 관계

예를 들어, 인터뷰에서는 주요 질문 사항과 게스트에 대해서 무엇을 알고 있어야 하는지를 사회자와 논의한다. 일반적으로 이러한 탤런트 준비는 프로듀서가 맡게 된다.

텔레비전 드라마의 경우라면 특히 스크립트 읽는 과정이 중요하다고 하겠다. 꼼꼼하게 스크립트를 해석하는 데 투자를 하게 되면 그만큼의 시간을 리허설에서 벌 수 있게 된다는 것을 알게 될 것이다.

스크립트를 읽는 과정에서 감독은 프로세스 메시지의 목적, 극의 구성(주제, 줄거리, 환경), 그리고 각각의 인물의 특징에 관해서 논의해야 한다. 인물을 아주 자세하게 분석하는 것이 드라마의 스크립트 읽기과정의 가장 중요한 사항이라고 할 수 있다. 자신이 맡은 인물과 역할, 이벤트와의 관계를 정말로 이해했다면 그 연기자 자신이 연기의 주요 부분을 이미 터득한 것이다. 이러한 분석과정을 거쳐야 연기자들은 스스로의 활동 영역을 결정하고(물론 감독의 세심한 지시하에) 연기를 자연스럽게 해나갈 수가 있다. 더 이상 감독은 개별적인 동작의 동기에 대해서 설명할 필요가 없어진다. 무엇보다도 텔레비전 연기자들은 자신이 연기할 인물을 깊이 이해해서 연기해내는 것이 아니라 바로 그 인물이 되어야 할 것이다. 광범위한 스크립트 읽기과정을 거쳐야만 얻을 수 있는 이러한 내면화는 거의 언제나 연기자의 연기를 향상시켜 주게 된다.

전체 캐스트와 매일 방송하는 낮 시간대의 연속물이나 주간 시트콤을 연출할 때의 긴장과 반복되는 캐릭터 탐구는 분명 필요 이상일 것이다. 두 번째나 세 번째의 에피소드에 가서나 연기자는 자신의 배역을 완벽하게 이해하게 될 것이며, 다른 배역과의 관계도 알게 될 것이다.

드라이 런 혹은 블로킹 리허설(Dry Run, or Blocking Rehearsal)

블로킹 리허설이라고도 부르는 드라이 런에서는 탤런트의 기본적인 동작을 연습하게 된다. 이 시점이면 감독의 머릿속에는 세트를 기준으로 카메라는 어디에 있어야 하고 카메라와 연기자의 상호 관계는 어떻게 되어야 하는지에 관한 아주 훌륭한 아이디어를 가지고 있어야만 한다. 드라이 런은 세세한 플로어 플랜과 감독의 꼼꼼한 준비를 전제 조건으로 이루어진다. 또한 연기자 자신이 맡은 인물과 역할에 대한 내면화가 전제되어야 하는 것은 물론이다. 동작은 어디(실제 세트가 이 시점에서 준비되는 경우는 거의 없으므로 세트를 상상해보고 거기에 맞춰서 대략적인 위치를 산정한다)에서 이루어져야 하는지 말해주고 가능한 한 자연스럽게 동작 영역을 만들 수 있도록 한다. 연기자들의 동작을 현장에 있는 관객의 시점이 아니라 화면을 통해서 보는 상상을 해봐야 한다. 연기자들의 블로킹을 조정하고 상상한 카메라를 배치해 봐서 자신이 시각화한 장면을 실제 카메라 리허설에서 얻을 수 있도록 확인해야 하지만 이 시점에서 특정한 프레임의 샷에 너무 매달려서는 안 된다. 그러한 조정은 언제나 카메라 리허설을 통해서 하도록 한다. 다음에 어떻게 해야 하는지 묻는 연기자에게 정확한 지시를 내릴 수 있도록 준비하고 있어야 한다. 좋은 배우는 감독의 도움 없이 언제나 무엇을 해야 하는지 아는 것이 아니라 감독에게 무엇을 해야 하는지 물어보고 그것을 정확성과 설득력을 가지고 이행할 수 있어야 한다.

대체로 드라이 런에서는 다음의 사항을 관찰하도록 노력한다.

- 드라이 런은 스튜디오나 리허설 홀에서 진행한다. 비상시에는 어떤 공간에서도 할 수 있다. 세트와 가구의 위치를 대략적으로 알려주기 위해서는 테이블, 의자, 그리고 바닥에 분필로 표시해준다.
- 블로킹 문제를 알아낸다. 감독의 뷰파인더나 소형 보급형 캠코더를 사용하되 스튜디오 카메라는 그만큼의 기동성을 발휘하지 못한다는 것을 염두에 두어야 한다. 스튜디오 카메라를 측면으로 이동시키거나 눈높이 아래에서 장면을 잡을 수 있도록 바닥에 가깝게 내리는 것은 불가능하다. PA에게 기록을 하도록 해서 주요 블로킹 계획을 받아 적도록 한다. 이후에 블로킹을 수정할 수 있도록 그 기록을 다시 살펴본다.
- 연기자의 가장 자연스러운 움직임에 맞게 블로킹을 정하되 카메라와 마이크의 위치와 움직임을 염두에 두어야 한다. 어떤 감독들은 실제 카메라를 배치할 위치에 서서 전체 과정을 카메라의 시점으로 관찰하기도 한다. 만약 비드라마에서의 동작 영역을 결정하는 것이라면 카메라가 없는 상태에서는 어떻게 움직이겠는가를 먼저 살펴본다. 가능한 한 카메라에 출연자의 동작을 맞추는 것이 아니라 출연자의 동작에 카메라를 맞추려고 노력해야 한다.
- 도움이 된다면 '큐 Lisa', '레디 투, 테이크 투' 등과 같은 주요 큐 신호를 보내준다.
- 녹화될 순서대로 장면을 실행하도록 한다. 생방송이나 실황 녹화 방송인 경우에는 적어도 한 번 이상 전체 스크립트를 연습하도록 해야 한다. 만약 전체 스크립트를 리허설할 수 없다면 가장 복잡한 부분을 골라서 연습하도록 한다. 비드라마 쇼에서는 시간이 허락하는 한 많은 오프닝을 연습해야 한다. 경험이 부족한 탤런트는 오프닝 인사를 더듬거리게 되고 거

기서부터 쇼는 하향 곡선을 타게 된다.

- 각각의 부분과 전체 쇼의 시간을 잰다. 긴 카메라 움직임, 뮤직 브리지, 아나운서의 인사말과 끝인사말, 오프닝과 클로징 크레디트 등에도 시간을 배분해야 한다.
- 다음에 있을 리허설 날짜를 재확인한다.

예행 연습(Walk-through)

예행 연습은 제작 스태프와 탤런트가 필요한 미디어, 연기 요구 사항을 빠르고 쉽게 이해할 수 있도록 돕는 연습을 말한다. 감독은 기술 분야 예행 연습과 탤런트 예행 연습을 둘 다 할 수 있다. 시간이 그리 많지 않거나 소규모 제작이라면 두 개를 합쳐서 실시한다.

예행 연습은 카메라 리허설과 마찬가지로 방송이나 녹화 바로 전에 실시한다. 현장에서 촬영하는 경우 예행 연습이 특히 중요하다. 탤런트는 새로운 환경에 대한 느낌을 잡을 수 있어야 하고 다른 스태프들은 카메라와 마이크 이동에 있어서 장애물이 될 만한 것들을 살펴볼 수 있어야 한다. 장애물을 살펴보는 것은 장면을 촬영하는 동안 카메라맨과 마이크 피시폴 담당자가 뒤로 걸어야 하는 경우에 특히 중요하다고 하겠다.

기술 분야 예행 연습 세트가 설치되면 AD, 플로어 매니저, 플로어 스태프, TD, LD, 카메라맨, 음향 기술자, 붐 혹은 피시폴 담당자와 같은 제작진을 모아서 프로세스 메시지의 목적과 쇼에 대한 감독 자신의 구상에 대해 설명한다. 그리고 그 이후에 그들과 함께 무대를 걸어 다니면서 기본적인 블로킹과 탤런트의 동작, 카메라 위치와 통로, 특정한 샷과 프레임, 마이크의 위치와 움직임, 기본적인 큐 신호, 장면과 소품의 변화, 주요 조명 효과와 같은 주요 요소들을 설명한다.

ENG EFP 기술 분야 예행 연습은 외떨어진 중계차에 있는 감독이 아닌 플로어 매니저의 지시하에서 무대 설치 중에도 제작진들이 현장에서 일을 해야 하는 대규모 중계방송과 EFP 작업에서 특히 중요하다고 하겠다(chapter 20 참조). AD 혹은 PA에게 감독의 주요 결정을 모두 기록하라고 지시하고 이후에 기록한 내용을 읽어 달라고 해서 함께 논의하여 기술 스태프들이 다양한 문제들을 돌볼 수 있도록 해야 한다.

탤런트 예행 연습 제작진들이 자신의 일을 하고 있는 동안 감독은 탤런트와 함께 세트나 현장을 간단히 둘러보고 탤런트의 주요 동작, 위치, 크로스오버에 대해서 다시 한 번 얘기해준다. 언제나 탤런트들의 동작 영역을 정해서 카메라에 의한 것이 아니라 스스로 대부분의 움직임을 실행할 수 있도록 노력한다. 탤런트들의 동작을 기준으로 카메라의 위치를 말해주고 카메라를 정면으로 향하게 해야 하는지를 알려준다. 다음은 탤런트 예행 연습에 있어서 살펴보아야 할 주요 사항이다.

- 각각의 출연자나 연기자들의 주요 위치와 이동을 개별적으로 설명한다. 만약 출연자가 카메라를 똑바로 쳐다봐야 한다면 어떤 카메라를 쳐다봐야 하는지 그 카메라는 어디에 위치할 것인지 알려준다.
- 특정한 소품을 어디서 어떻게 다뤄야 하는지 간단하게 설명한다. 예를 들어, 커피 포트는 여기에 있게 되고 연기자는 소파에서 커피잔을 들고 테이블 뒤가 아닌 테이블 앞으로 어떤 식으로 와야 하는지를 말해준다. 탤런트에게 카메라의 시점에서의 블로킹을 설명해준다. 전시된 물건들을 들어올리지 말고 그대로 테이블 위에 두어 카메라가 좋은 클로즈업을 잡을 수 있도록 알려 주어야 한다. 출연자에게 시연의 일부분을 연기하도록 하고 그것을 카메라의 시각으로 관찰한다. 출연자가 중요한 클로즈업을 막는 일이 없도록 주의한다.
- 탤런트에게 시작 인사말을 해보도록 지시하고 개별적인 큐 라인(대개 대화의 마지막 줄이 되기도 한다)으로 건너 뛰어가면서 연습을 해보도록 지시한다. 만약 스크립트에 애드리브 설명이 필요하다고 되어 있다면 탤런트에게 애드리브를 부탁해서 모든 사람들이 애드리브가 어떻게 진행될 것인가를 알 수 있도록 한다.
- 카메라 리허설 전에는 분장과 의상을 입는 데 충분한 시간을 주도록 한다. 탤런트가 예행 연습을 하는 동안에는 가능한 한 제작 인력들이 작업을 하는 데 방해하지 않도록 한다. 마찬가지로 AP 혹은 PA에게 주요 리허설 항목들을 기록하도록 지시한다. 예행 연습은 가능한 한 일찍 끝내서 카메라 리허설 전에 모든 사람들이 잠깐 쉴 수 있도록 배려한다.

카메라와 드레스 리허설(Camera and Dress Rehearsals)

다음에 이어질 카메라 리허설에 대한 내용들은 주로 조정실에서 감독해야 하는 스튜디오 제작과 대규모 중계 방송을 대상으로 한 것이다. EFP의 카메라 리허설에 대해서는 section 19.2에서 알아보도록 한다.

가장 핵심적인 것은, 카메라 리허설은 총 리허설로서 카메라와 다른 제작 장비들이 모두 포함된 것이라는 점이다. 소규모 제작에서는 카메라 리허설과 최종 드레스 리허설 혹은 드레스는 거의 언제나 동일하다. 대개 카메라 리허설은 조명 혹은 마이크 조정과 같은 기술적인 문제로 짧게 끊기게 된다. 방송 시작 5분 전에도 여전히 대부분의 기술 인력들이 인터컴 장치나 오디오 콘솔 위에서 흥분한 상태로 작업을 하는 것을 보게 된다고 해도 초조해해서는 안 된다. 인내심을 가지고 차분하게 있도록 노력한다. 자신은 매우 숙련된 사람들과 작업하고 있으며 그 사람들도 감독 자신이 아는 것만큼 성공적인 프로그램을 위해서 자신들의 역할이 크다는 것을 잘 알고 있음을 자각해야 한다. 다른 모든 기계들처럼 텔레비전도 어떤 때는 작동하고 또 어떤 때는 작동을 하지 않게 된다. 문제가 발생했을 때 대체해서 사용할 수 있는 것들을 준비시키도록 한다.

생방송이나 실황 녹화 방송의 카메라 리허설을 지휘하는 두 가지 기본적인 방법으로 정지-시작 방법과 끊지 않고 계속 진행하는 방법이 있다. 정지-시작 리허설은 주로 조정실에서 지휘하지만 적어도 부분적으로 스튜디오 바닥에서 지휘할 수도 있다. 끊지 않고 계속 진행하는 리허설은 항상 조정실에서 지휘한다.

정지-시작 방법은 문제를 발견했을 때 리허설을 멈추고 제작진이나 탤런트와 상의하고 문제가 반복되지 않기를 바라며 스크립트상에서 문제가 발생한 지점 이후의 카메라 리허설을 속개하는 것이다. 꼼꼼하기는 하지만 시간이 많이 드는 방법이다. 끊기지 않고 계속 진행하는 리허설인 경우에도 중단되지 않는 일은 거의 없다. 그러나 나중에 수정할 수 없는 중대한 실수가 일어나는 경우에만 컷을 외쳐야 한다. 모든 사소한 실수들은 리허설이 끝난 후 수정한다. 모든 사소한 문제들을 PA 혹은 AD에게 알려서 기록을 하도록 하고 계획된 리허설이 끝나면 기록 내용을 읽게 하고 목록에 있는 항목들을 수정할 수 있는 충분한 시간을 준다.

많은 스튜디오 쇼들은 부분적으로 녹화되기 때문에 끊기지 않고 진행되는 리허설도 스크립트에 표시되어 있는 각 장면이나 부분에서 끊어지도록 되어 있다. 만약 전체 쇼를 생방송으로 제작하거나 하나의 끊기지 않는 테이크로 녹화할 계획이라면 가능한 한 중단 없이 리허설을 진행하도록 한다. 리허설을 중단 없이 길게 늘여서 하게 되면 감독이 전반적인 진행에 대해서 전체적으로 볼 수 있게 될 뿐만 아니라 출연자나 연기자들도 자신들의 진행 속도를 조절하는데 큰 도움을 줄 수 있다. 끊기지 않고 진행되는 리허설은 쇼의 전체적인 리듬을 느낄 수 있게 해주는 몇 안되는 기회 중 하나이다.

대규모 제작의 카메라 리허설과 드레스 리허설은 분리되어 진행된다. 카메라 리허설에서는 연기자들이 의상을 갖추지 않고 감독이 블로킹 문제나 기술적인 문제를 수정하기 위해서 중단시키는 것이 가능한 반면 드레스 리허설에서는 완벽한 의상을 착용하고 처음부터 끝까지 끊김 없이 진행된다. 오직 주요 제작 문제가 발생했을 때만 중단시켜야 한다. 대개 실제 관객들 앞에서 녹화되는 시트콤에서와 같이 드레스 리허설을 녹화한 비디오테이프는 방송될 연기를 담은 테이프와 통합해서 방송될 최종 편집 테이프를 만들게 된다.

예행 연습/카메라 리허설 결합(Walk-through/Camera Rehearsal Combination)

앞에서 말한 리허설들의 절차에 대한 요구 사항으로 봐서 소규모 작업에서는 이러한 리허설이 거의 가능한 것처럼 보이지는 않는다. 첫째로, 비방송용 혹은 네트워크가 아닌 제작에서 감독의 일은 비드라마의 특성과 마찬가지로 드라마 쇼만큼 리허설을 할 필요가 없다. 두 번째로 시간과 공간이 제한적이기 때문에 전체 쇼와 똑같은 시간 혹은 약간 더 긴 시간 동안 리허설을 할 수 있다는 것은 행운에 가깝다. 반시간 길이의 쇼를 위해 45분 혹은 심지어 30분 정도밖에는 리허설을 할 수 없는 경우가 많다. 대개는 엉성한 스크립트 읽기에서 바로 카메라 리허설로 건너뛰고 그 즉시 방송을 시작하거나 녹화를 시작하게 된다. 이러한 경우 예행 연습/카메라 리허설이 결합된 리허설을 할 수밖에 없다.

전체 쇼를 리허설할 수 없기 때문에 가능한 한 가장 중요한 부분만 리허설을 실행한다. 대개 그 사이사이 부분이 아닌 장면 전환을 리허설하게 된다. 언제나 스튜디오 안에서 감독하도록 한다. 만약 조정실에서 감독하려고 한다면 인터컴 시스템을 통해서 샷과 블로킹을 설명하기 위해 귀중한 시간을 낭비하게 돼버린다.

다음은 예행 연습/카메라 리허설 통합 감독을 위한 주요 사항이다.

- 모든 제작 인력들을 정해진 위치에 배치한다. 모든 카메라맨은 각자 맡은 카메라 앞에 서야 하고(카메라 뚜껑을 열고 촬영을 준비한다), 피시폴 마이크는 음원을 따라갈 준비를 하며, 플로어 매니저는 큐 신호 전달을 위해 준비하고, TD, 오디오 콘솔 담당자, LD는 조정실에서 대기한다.
- TD에게 지시해서 스튜디오 모니터의 화면을 셋이나 넷으로 나누고 각각의 작은 화면에는 정해진 카메라로부터의 영상이 보여지도록 한다. 이 분할 화면을 가진 스튜디오 모니터가 프리뷰 모니터의 역할을 하게 될 것이다. 간단한 스탠드 마이크를 스튜디오에 준비해서 감독의 지시 사항을 스튜디오로부터 조정실로 보낼 수 있게 한다. 스튜디오 모니터를 분할 화면으로 볼 수가 없는 경우에는 TD로 하여금 감독의 스위칭 지시 사항을 수행하도록 하고 그 라인 아웃 영상을 스튜디오로 보내도록 한다. 이런 방법을 통해서 모든 사람이 감독이 선택한 샷과 샷 시퀀스를 볼 수 있다.
- 전체 쇼의 모든 주요 부분을 탤런트에게 알려준다. 중요한 화면 전환, 크로스오버, 특정한 샷만을 리허설한다. 예를 들어, 출연자가 작은 물건을 설명해야 한다면 출연자가 그것을 어떻게 들어야 하고 카메라는 그것을 어떻게 잡아야 하는지 보여준다. 스튜디오 모니터에 나타나는 동작을 관찰한다. 그 부분에서 탤런트가 어떻게 해야 하는지 알게 되면 바로 그 단편의 끝으로 건너뛰어서 다음 단편을 설명한다.
- 음악, 음향 효과, 조명, 비디오테이프 작동, 슬레이팅 절차 등에 관한 큐를 스튜디오 마이크를 통해 TD에게 전달하되 실행시키지는 않도록 한다(쉽게 재설치가 가능한 음악의 경우는

예외로 한다).

- 감독 자신이 스튜디오 플로어에 있다고 하더라도 플로어 매니저를 통해 탤런트에게 큐를 전달하고 스튜디오 바닥의 중요한 부분은 분필이나 마스킹 테이프로 표시하도록 한다.

모든 것이 잘 진행되면 감독은 이제 조정실로 가도 된다. 별로 중요하지 않은 세부 사항에 감독이나 다른 스태프들이 매달리지 않도록 한다. 언제나 전체 쇼의 내용과 사용이 가능한 시간에 비추어 문제들을 바라본다. 예를 들어, 가장 중요한 크로스오버를 탤런트와 함께 리허설하는 것은 무시한 채 세트에 약간 높게 걸린 것처럼 보이는 그림에 집착해서는 안 된다.

조정실에서는 카메라에 번호를 매겨 번호를 부름으로써 연락하고 카메라맨이 감독과 확실히 의사소통을 할 수 있는지 확인한다. 그 이후에는 조정실에서 오프닝, 클로징, 주요 탤런트 동작, 카메라 움직임과 쇼에서와 같이 가장 중요한 부분에 대해서 간단하게 리허설을 다시 한 번 한다.

카메라 리허설 전에 감독 혼자서 쇼의 오프닝과 클로징을 리허설해 본다. 스크립트를 가지고 조용한 구석으로 가서 오프닝 샷 시작을 지시한다. "롤 VTR, 레디 슬레이트–테이크 슬레이트, 레디 블랙, 레디 비퍼…" 등으로 실제 오프닝을 지시하는 것처럼 연습해본다. 필요하다면 스톱워치를 사용한다. 조정실로 들어서는 시점에서는 쇼의 오프닝과 클로징을 사실상 외워야 하며 조정실 모니터와 음향에 모든 주의를 집중할 수 있어야 한다.

일단 조정실에 들어가게 되면 스튜디오에서 일어나는 일을 볼 수 있는 유일한 방법은 카메라를 통해 프리뷰 모니터로 보여지는 영상을 보는 것이다. 그러므로 주요 탤런트와 카메라의 움직임, 그리고 주요 연기 영역을 기준으로 해서 어디에 카메라가 위치하는지를 머릿속에 지도를 그릴 수 있는 능력을 길러야 한다. 이런 심상 지도를 구성하고 유지하는 것을 돕기 위해서 카메라를 시계 반대 방향으로, 즉 카메라 1은 맨 왼쪽에 마지막 카메라는 맨 오른쪽에 배치한다.

시간에 쫓기고 있다고 하더라도 침착해야 하고 모두에게 공손하도록 해야 한다. 또한 극단적인 변화를 시도할 만한 시간이 없다는 것을 알아야 한다. 언제나 쇼를 연출할 수 있는 다른 방법은 항상 존재하고 그런 방법이 쇼를 더 향상시킬 수 있다고 하더라도 카메라 리허설은 그러한 시도를 해볼 만한 단계를 이미 넘어선 것이다. 갑작스레 떠오른 영감은 다음 쇼를 위해 남겨두도록 한다. 가능한 한 제작 일정에 맞추도록 해야 한다. 리허설 이후에 곧바로 녹화나 방송을 해서는 안 된다. 실제 녹화 전에 스태프들과 탤런트에게 짧은 휴식 시간을 주도록 한다. 단지 '5분 휴식'이라고 말해서는 안 되며 스튜디오로 돌아와야 하는 시각을 정확히 말해준다.

시간표 준비(Preparing a Time Line)

텔레비전 제작의 다른 면과 마찬가지로 리허설 단계에서 방송 단계로 진행하는 과정은 치밀한 시간표에 따라야 한다. 대규모 작업에서는 시간표 혹은 제작 일정표는 프로덕션 매니저가 작성한다. 소규모 제작 회사에서는 감독이나 프로듀서가 특정한 프로그램별로 일정표를 만들게 된다.

시간표: 인터뷰 다음의 예는 사회적으로 의식 있는 노래로 세계적인 명성을 얻은 두 명의 포크 가수가 출연하는 30분 분량(실제 길이는 23:00분)의 인터뷰를 위한 제작 일정을 보여줄 것이다. 어쿠스틱 기타를 가지고 온 두 가수는 다음 날 대학의 강당에서 공연할 예정이다. 실제 그들의 공연은 텔레비전 카메라 촬영이 허가가 나지 않았지만 그들의 매니저와 AFTRA에서는 그들이 스튜디오에 와서 인터뷰를 하고 다음에 있을 공연에서 부를 노래 중 몇 부분을 연주하는 것에는 동의를 한 상태이다. 프로세스 메시지는 비교적 간단해서, '시청자들에게 두 가수를 만날 수 있는 기회를 제공하고, 가수로서 사람들에게 관심을 끄는 예술가로서의 그들에 대해 좀더 알아보고 그들의 공연을 보여주는 것' 이다. 예산과 탤런트의 시간을 아끼기 위해 이 쇼는 실황 녹화로 제작될 것이다. 이것은 감독이 생방송처럼 감독하거나 가능한 한 쇼를 중단시켜서는 안 된다는 것을 의미한다.

시간표: 인터뷰

11:00 A.M.	스태프 소집
11:10~11:30 A.M.	기술 회의
11:30 A.M.~1:00 P.M.	설치와 조명
1:00~1:30 P.M.	점심
1:30~1:45 P.M.	제작 회의: 사회자와 가수
1:45~2:30 P.M.	예행 연습과 카메라 리허설
2:30~2:40 P.M.	기록과 재설치
2:40~2:45 P.M.	휴식
2:45~3:30 P.M.	녹화
3:30~3:45 P.M.	여유 시간
3:45~4:00 P.M.	해체

이 제작 일정에서 보는 것처럼 제작일은 특정한 활동이 일어날 시간을 단위별로 나타내고 있다.

11 : 00 A.M. **스태프 소집**

이 시각에 스태프들은 스튜디오에 도착해 있어야 한다.

11 : 00~11 : 30 A.M. **기술 회의**

스태프들과 프로세스 메시지와 주요 기술적 요구 사항에 대해서 논의하는 기술 회의로 하루를 시작한다. 가수들은 당연히 좋은 음향에 관심을 가지게 되기 때문에 오디오 설치도 기술적 요구 사항에 포함된다. 비록 실제 인터뷰 방송은 모노 음향으로 전달된다고 하더라도 비디오테이프 녹화는 스테레오로 진행한다. 감독은 또한 어떤 카메라 샷을 원하는지도 설명한다. 예술가의 진지함과 그들의 기타 연주 솜씨는 CU와 ECU로 잘 표현될 수 있을 것이며 한 명의 가수에서 다음 가수로의 화면 이동은 초점 흐리기 효과로 이루어질 것이다. 음향 기술자는 출연자를 위해서는 스탠드 마이크를 설치하고 가수들의 크로스오버를 위해서는 라발리에를 장치해야 하는 등 사운드 설치 문제를 감독과 상의해올 것이다. TD는 원하는 조명을 물어올 것이며 두 대의 부가적인 VHS VTR의 사용을 확인할 것이다. VHS 기계는 주 녹화 테이프와 동시에 게스트의 모습을 녹화하는 데 사용될 것이다. 감독 혹은 프로듀서는 인터뷰가 끝나는 즉시 이 VHS 테이프를 게스트들에게 감사의 표시로 전달하게 된다. 이러한 세부사항들을 미리 논의하는 것이 설치 시간을 확연히 줄일 수 있다.

11 : 30 A.M.~1 : 00 P.M. **설치와 조명**

기본적인 인터뷰 세트 설치와 인터뷰 지역과 공연 지역의 조명을 위한 충분한 시간이 되어야 한다. 감독은 이 과정에 직접적으로 관여하지 않더라도 설치과정을 지켜봄으로써 조명 설치가 끝나기 전에 사소한 변화를 줄 수 있도록 한다. 예를 들어, 가수들을 위한 두 개의 걸상이 너무 떨어져 있고 사이클로라마에는 너무 가까이 있으니 수정하라거나 음향 기술자에게 가수들을 좀더 좋은 화면으로 잡기 위해서 더 작고 가벼운 마이크 스탠드를 사용하라고 지시할 수 있다.

1 : 00~1 : 30 P.M. **점심**

모든 사람들에게 1 : 30까지 정확하게 돌아오라고 말한다. 이것은 또한 아직 조정해야 할 기술적인 세부 사항이 남았다고 하더라도 모든 사람이 정확히 1 : 00에 스튜디오를 떠날 수 있어야 한다는 것을 의미한다. 사소한 기술적 문제는 사회자와 가수들이 참여하게 될 제작 회의에서도 해결할 수 있다.

1:30~1:45 P.M. **제작 회의: 사회자와 가수**

가수들과 그들의 매니저가 이 회의에 참여하기 전에 프로듀서는 가수들을 사회자에게 소개하도록 한다. 이 회의에서는 가수들이 공연할 음악과 각 연주나 노래의 길이를 확인한다. 오프닝과 클로징, 그리고 공연 지역으로 크로스오버하는 것에 대해서 논의한다. 예를 들어, 가수들에게 첫 번째 곡이 시작되기 전에 잠시 촬영을 중단하겠지만 다시 인터뷰 세트로 돌아온 이후에는 중단이 없을 것이라고 말해 줄 수 있다. 하나의 노래에서 다른 노래로 넘어갈 때 어떻게 전환할 것인지 물어본다. 그 가수들은 각 노래에 대해 카메라를 향해 설명할 것인가, 아니면 중단 없이 계속 다음 곡으로 연주할 것인가? 가수들에게 감독의 시각화 내용, 즉 예를 들어 강렬한 연주 부분과 복잡한 기타 연주 부분에서는 꽉 찬 클로즈업으로 촬영할 것이라는 식의 이야기를 해준다.

1:45~2:30 P.M. **예행 연습과 카메라 리허설**

세트가 비교적 간단하여 노래 중에는 카메라의 움직임이 거의 없을 것이라고 해도 인터뷰 세트에서 공연 영역으로, 그리고 다시 인터뷰 세트로 돌아가는 크로스오버에 대해서는 리허설을 거쳐야 한다. 또한 특히 꽉 찬 클로즈업이나 한 가수에서 다른 가수로 이동하는 초점 흐리기 효과도 리허설을 하는 것이 좋다. 그 이후에 모든 설비들(음악, 크레디트, 이름 키)과 함께 오프닝과 클로징을 연습한다. 이 과정에서 발견되는 문제가 있다면 PA에게 불러줘서 기록하게 한다. 음향 기술자가 카메라 리허설에서 카메라의 위치를 옮긴다고 해도 화를 내서는 안 된다. 이 제작물에서는 특히 음향 부분이 중요하다. 리허설은 2:30 P.M.까지 끝내야 한다.

2:30~2:40 P.M. **기록과 재설치**

이제 주요 제작 인력, 즉 프로듀서, AD, TD, 음향 기술자, LD, 플로어 매니저, 사회자를 불러서 리허설 과정에서 나타난 여타의 제작 문제들에 대해서 논의한다. PA에게 기록한 내용을 순서대로 불러달라고 한다. 제작팀이 다양한 문제를 해결할 수 있도록 감독한다. 동시에 나머지 스태프들은 카메라를 오프닝 위치로 배치하고 C.G.의 페이지를 다시 맞추고 DAT와 VTR에 테이프를 장착(녹화 VTR뿐만 아니라 두 대의 VHS 기계에도 장착한다)하고 작은 조명을 조정한다.

2:40~2:45 P.M. 휴식

이 짧은 휴식 시간 동안 모든 사람들이 녹화 준비를 할 수 있도록 한다.

2:45~3:30 P.M. 녹화

감독은 조정실에서 2:45 P.M.이나 3:00 P.M.가 아닌 정확하게 2:45 P.M.에 테이프를 작동시킨다. 모든 일이 순조롭게 진행된다면 처음 크로스오버를 위한 잠깐의 정지 시간을 포함해서 모든 쇼가 3:30분에 끝나게 될 것이다.

3:30~3:45 P.M. 여유분

이 시간이 중요한 이유는 모두 아는 바와 같이 텔레비전이란 많은 사람들이 참여하는 복잡하고 변덕스러운 기계이기 때문이다. 예를 들어, C.G.가 정확한 페이지를 보내지 못했기 때문에 오프닝과 클로징을 다시 찍어야 할 수도 있고 사회자가 공연 날짜를 잘못 말하는 실수를 저질러서 다시 찍어야 할 수도 있다.

3:45~4:00 P.M. 해체

해체 시간에는 가수들과 그들의 매니저, 사회자, 그리고 스태프들에게 감사의 말을 전한다. 가수들이 자신들의 모습을 다시 보고 특히 음향 트랙에 대해서 듣고 싶어 할 경우에는 재생을 할 수 있도록 준비한다. 가지고 있는 최고의 장비로 음향 트랙을 들려준다. 이런 과정 내내 한 눈은 세트 해체를 향해 있어야 하지만 그렇다고 그들을 간섭해서는 안 된다. 플로어 매니저와 스태프들이 15분 내에 다음 제작을 위해 세트를 해체하고 청소를 할 것이라고 믿고 있어야 한다.

제작 일정표에 있어서 가장 중요한 점은 각각의 활동에 할당된 시간들을 철저하게 지켜야 한다는 것이다. 정해진 시간 안에 각 활동들을 끝내는 법을 배워야 하며 좀더 중요한 것은 아무리 이전 활동이 끝났다고 하더라도 일정표에 나와 있는 정확한 시간에 다음 활동으로 넘어가야 한다는 것이다. 훌륭한 감독은 기록과 재설치 시간을 위해 특히 어려운 블로킹 리허설을 중간쯤에서 끝낼 수 있어야 한다. 경험이 부족한 감독은 쇼의 앞부분이나 비교적 작은 세부사항에 너무 많은 시간을 소비해서 쇼의 나머지 부분은 리허설 없이 방송에 내보내기도 한다. 제작 일정표는 이러한 소중한 제작 시간을 잘못 쓰는 것을 방지하기 위해 만들어진 것이다.

시간표: 연속극 다음의 예는 좀더 복잡한 1시간 분량의 연속극에 관한 것이다. 세트 설치와 조명은 이미 전날 끝났고 많은 변화는 6:00 P.M. 이후에 있다고 가정하자.

제작 일정표: 연속극

6:00~8:00 A.M.	드라이 런-리허설 홀
7:30 A.M.	스태프 소집
8:00~8:30 A.M.	기술 회의
8:30~11:00 A.M.	카메라 블로킹
11:00~11:30 A.M.	기록과 재설치
11:30 A.M.~12:30 P.M.	점심
12:30~2:30 P.M.	드레스 리허설
2:30~3:00 P.M.	기록과 재설치
3:00~5:30 P.M.	녹화
5:30~6:00 P.M.	여유 시간

위에 보는 것처럼 이 제작 일정표에는 시간적 여유가 조금도 없다. 장비, 기술 스태프, 탤런트를 빡빡하게 짜여진 시간의 틀에 맞춰서 지휘하기 위해서는 철저한 준비가 필요하다. 세트는 다음 날 제작에 사용하기 위해서 해체하지 않는다.

쇼 연출하기(Directing the Show)

방송 중인 프로그램 혹은 최종 녹화과정을 연출하는 것은 감독으로서의 가장 중요한 일이다. 결국, 시청자들은 리허설을 보는 것이 아니라 최종적으로 방송으로 전해지는 것들을 보고 듣게 된다. 이 section에서는 스탠바이 절차와 생방송 연출에 대한 몇 가지 조언을 전하고자 한다. 다시 말하지만 우리는 복수 카메라를 사용하는 생방송이나 실황 녹화 방송 혹은 적어도 최소의 포스트프로덕션을 필요로 하는 꽤 길고 중단 없이 비디오테이프에 녹화하는 쇼의 일부분을 연출하고 있다고 가정하고 있다는 것을 말해두고자 한다. 복수 카메라 연출 기법을 단일 카메라 제작에서 적용시키는 것은 쉽지만 그 반대의 경우는 그렇지가 않다는 것을 이미 알고 있을 것이다.

스탠바이 절차(Standby Procedures)

다음은 이제 곧 방송이 시작될 스탠바이 절차에서 지켜야 할 중요한 사항들에 관한 내용이다.

- TD, 카메라맨, 마이크 담당자, 플로어 매니저와 다른 플로어 스태프, 비디오테이프 담당자, LD 혹은 조명 기술자, 음향 기술자, C.G. 담당자와 같이 제작팀의 구성원 중 자신의 큐에 반응해야 하는 모든 사람들을 인터컴을 통해 호출한다. 그들이 준비가 되었는지 물어본다.
- 플로어 매니저에게 모든 사람들이 스튜디오에 있으며 방송할 준비가 되어 있는지 확인한다. 플로어 매니저에게 누가 오프닝 큐를 받게 되고 어떤 카메라가 제일 처음 사용될 것인지에 대해서 알려준다. 이 시점에서부터 플로어 매니저는 감독과 스튜디오를 연결하는 중요한 고리 역할을 하게 된다.
- 방송 혹은 녹화가 얼마나 남았는지 방송으로 알려준다. 만약 테이프에 녹화되는 쇼나 쇼의 일부분을 감독하고 있다면 TD, C.G. 담당자, 음향 기술자에게 오프닝 슬레이트를 준비할 것을 지시한다. AD 혹은 TD에게 방송이 시작되기 전에 비디오테이프 리더를 녹화해 놓도록 지시하면 시간을 절약할 수 있다. 슬레이트에 기입된 정보가 정확한 것인지 확인한다. 주요 인서트로 사용될 이름의 철자들이 맞는지 확인한다.
- 다시 한 번 사람들에게 첫 번째 큐를 알려준다.
- VTR 담당자가 테이프를 주행시킬 준비가 되었는지 확인하고 카메라맨과 음향 기술자가 모두 그들의 오프닝 동작을 할 준비가 되었는지 확인한다.
- 오프닝 C.G. 타이틀과 음악을 준비하고 플로어 매니저에게 탤런트를 제 위치에 배치하라고 지시한다.

방송 중 절차(On-the-Air Procedures)

앞에서 묘사했던 가수가 출연하는 인터뷰와 같은 실황 녹화 방송을 감독한다고 가정한다면 제일 먼저 일상적인 비디오테이프 작동 절차를 거쳐야 한다(표 19.5 참조).

부조정실에서 연출하기 비디오테이프가 제대로 작동되고 슬레이트를 녹화하고 난 후에 실제 녹화를 시작할 수 있다. 이제 방송 중이라고 생각하고 다음의 오프닝 시퀀스를 상상해보자.

> Ready to come up on three[Lynne의 CU, 인터뷰 사회자]. Ready to cue Lynne. Open mic, cue Lynne, up on [혹은 "fade in"] three [Lynne은 카메라 3을 보며 오프닝 대사를 한

다]. Ready C.G. opening titles—take C.G. Cue announcer. Change page. Change page. Ready three[아직 Lynne을 비추고 있다]. Cue Lynne—take three[게스트 소개]. One, two—shot of singers. Two, cover[셋 모두의 와이드 샷]. Ready one—take one. Ready two, open mics[인터뷰 세트에 있는 게스트의 마이크]—take two. Ready three—take three[Lynne이 첫 질문을 한다]. One, on Ron[가수들 중 하나의 CU]. Ready one—take one. Two, on Marissa[다른 가수]. Ready two—take two.

이제 쇼는 성공적으로 시작되었다. 어떤 말들을 주고받는지 유심히 듣고 적당한 샷을 미리 예상해본다. Lynne에게 크로스오버에 대한 시간 큐를 전달하기 위해 플로어 매니저를 카메라 옆에 배치한다. 크로스오버를 위해서 잠시 촬영을 멈출 때는 가수가 화면에서 완전히 나갈 때까지 기다린다. 이렇게 해야만 가수를 소개하는 Lynne의 CU에서 연주 지역의 설정 샷으로 무리 없이 연결할 수 있다. 가수들이 인터뷰 세트로 돌아온 이후에는 시계를 잘 살펴서 Lynne에게 클로징 시간 큐를 주도록 한다. 1분 큐를 주고 난 이후에는 클로징을 준비해야 한다. 클로징 크레디트는 준비되었는가? 다시 한 번 시간을 본다.

Thirty seconds. Wind her up. Wind her up[혹은 "give her a wrap-up"]. Fifteen [초]. C.G. closing credits. Two, zoom in on Ron's guitar. Ready two, ready C.G. Cut Lynne. Take two. Cut mics. Cue announcer. Two, hold it. Roll credits. Ready to key C.G. [카메라 2의 영상 위에], key C.G. Lose key. Ready black—fade to black. Hold. Stop VTR. OK, all clear. Good job, everyone.

그러나 불행히도 모든 쇼가 이처럼 자연스럽게 진행되지는 않는다. 그러나 다음의 방송 중 감독의 절차에 주의를 기울인다면 원활한 방송을 만들어 낼 수 있을 것이다.

- 모든 신호는 명확하고 정확하게 전달한다. 긴장은 풀고 경계는 늦추지 않는다. 너무 긴장을 풀게 되면 모든 사람들은 당신이 쇼를 그다지 심각하게 생각하지 않는다고 단정하고 무기력해지게 된다.
- 탤런트가 화면에 잡히기 전에 큐를 준다. 탤런트가 말하고 있는 순간에 영상으로 페이드 인하도록 한다.
- 탤런트의 이름을 부른다. 플로어 매니저에게 '그녀', '그 사람' 이라고 말하지 말아야 하며 특히 여러 사람이 큐에 의해 움직이는 경우에는 특히 주의해야 한다.

- 레디 큐를 너무 일찍 주면 담당자가 실제 큐를 받는 순간에는 어떤 큐인지 잊어버리게 될 수도 있으므로 주의한다. 같은 레디 큐를 반복하면 TD가 다른 테이크를 잡게 될 수도 있으므로 주의한다.
- 테이크 사이, 카메라와 번호 사이에 잠깐이라도 말을 끊어서는 안 된다. "Take[쉬고] two"라고 말하지 않는다. 어떤 TD는 당신이 숫자를 말하기 전에 다른 카메라의 영상을 방송에 나타나게 할 수도 있다.
- 이미 방송 중인 화면을 잡고 있는 카메라의 번호를 잊어서는 안 되며 테이크나 디졸브를 위해 그 카메라를 호출하는 일이 없도록 한다. 가능한 한 자주 프리뷰 모니터를 본다. 스크립트나 팩트 시트에 머리를 묻고 있어서는 안 된다.
- 어떤 한 카메라를 준비시킨 다음 또 다른 카메라를 쉬도록 호출하는 것을 하지마라. 다시 말해, "Ready one-take two"를 하지 마라. 준비신호(Ready cue)를 취소("NO" or "Change that")한 다음 또 다른 카메라에 신호를 해라.
- 카메라는 카메라맨의 이름이 아닌 번호를 부른다. 만약 두 카메라맨의 이름이 같다면 어찌 되겠는가?
- 카메라에 지시를 내리기 전에 먼저 호출한다. 예를 들면, "One, stay on the guitar. Two, give me a close-up of Ron. Three, CU of Marissa. One, zoom in on the guitar"라고 말한다.
- 하나의 카메라를 방송에 내보내는 즉시 다른 카메라들에게 다음에는 어떤 일을 하게 되는지 알려준다. 마지막까지 기다려서는 안 된다. 예를 들어, "Take two. One, stay on this medium shot. Three, tight on Ron's guitar"라고 말한다. 카메라를 재배치하는 경우에는 카메라맨이 줌 구경을 맞출 수 있는 시간을 주어야 한다. 그렇지 않으면 이어지는 줌에서 초점이 불안정해지게 된다.
- 만약 실수를 했다면 정정하고 쇼로 다시 돌아갈 수 있어야 한다. 나머지 쇼를 제쳐둔 채 그 상황을 모면하려고 고심해서는 안 된다. 어떤 일이 진행되고 있는지 최대한 집중한다. 만약 실황 중계 방송을 하고 있다면 절대적으로 필요한 경우가 아닌 이상 녹화를 멈추게 해서는 안 된다. 너무 많은 재시작은 경험이 많은 출연자와 제작 스태프이라고 할지라도 에너지를 소진하게 만든다.
- 각 테이크가 끝나면 실제로 테이프에 녹화가 됐는지 기술적으로 쓸 수 있는 테이크인지 그 자리에서 확인하고, 음향을 확인한다. 그 이후에 다음 테이크로 넘어간다. 언제나 테이크를 하나하나씩 완성해 나가는 것이 힘들게 촬영한 일정이 거의 끝나갈 무렵에 다시 처음으로 돌아가서 재촬영하는 것보다 쉽다.

- 만약 단일 카메라 제작에서 한 번에 한 샷을 촬영하는 정지–시작 방식을 사용하고 있다면 다음 테이크로 넘어가기 전에 방금 촬영한 테이크를 재생해서 확인해야 한다.
- 부조정실로부터 반드시 해결해야 하는 기술적인 문제가 있다면 그 내용에 대해서 인터컴을 통해 플로어 매니저에게 알리거나 S.A. 시스템을 이용해서 모두에게 약간의 지연에 대해서 알려준다. 이렇게 하면 탤런트는 그것이 자신에 의해 생긴 지연이 아니라 기술적인 문제에 의해 생긴 지연이라는 것을 알게 된다. 당신이 조정실에서 그 문제를 해결하기 위해 바삐 움직일지는 모르지만 그 시간에 스튜디오에 있는 사람들은 잠깐의 휴식을 취할 수 있게 된다.
- 쇼 중간에는 필요할 때만 말을 한다. 만약 감독이 너무 말을 많이 하게 되면 스태프들은 당신의 말을 듣지 않게 되고 중요한 지시를 놓치게 될 수도 있다. 더 나쁜 경우에는 스태프들이 당신을 따라 인터컴을 통해 수다를 떨 수도 있다.
- 클로징 큐를 준비한다. 자신의 큐가 탤런트에게 가는 동안 지연되는 시간을 감안해서 실제 시간보다 약간 앞서서 플로어 매니저에게 필요한 시간 큐를 전달한다.
- 최종으로 암전이 되었을 때 VTR을 호출해서 정지시키고 모두에게 끝났다는 신호를 보낸다. 스태프와 탤런트에게 그들의 노고에 대한 감사의 말을 전한다. 무언가 잘못되었다면 불평하는 소리로 스튜디오를 소란스럽게 해서는 안 된다. 몇 분 동안 숨을 가다듬고 문제에 책임이 있는 사람들과 침착하게 대화한다. 건설적인 비평으로 앞으로는 같은 실수를 하지 않도록 돕는다. 그들이 실수를 했다는 것을 말하는 것은 별 도움이 되지 못한다.

스튜디오 플로어에서 연출하기 유능한 조감독이 함께 작업하고 있다고 가정해보면 완벽한 스크립트를 가지는 시트콤 혹은 드라마의 경우 예행 연습/카메라 리허설과 유사한 방식으로 감독을 할 수가 있다. 이 설정에서는 각각의 세 대 혹은 네 대의 카메라가 독립 카메라와 같은 형식으로 고유의 VTR에 연결되어 있으며 또한 스위처와 라인 아웃 VTR에도 연결되어 있다고 해보자. 그렇다면 당신은 즉석 편집을 AD가 지휘하도록 할 수 있고 자신의 표시된 스크립트에 따라 다양한 테이크를 호출할 수도 있다.

혹은 자신의 목소리가 탤런트의 목소리를 픽업하는 마이크에 잡히지 않는다는 전제에서 조용히 스스로 헤드셋을 통해 테이크를 지시할 수도 있다. 위의 어떤 경우라도 즉석 편집을 통해 감독이 컷해서 포스트프로덕션 편집을 위한 세 개 혹은 네 개의 테이프가 남게 된다.

핵심요약

◆ 텔레비전 연출의 기본적인 두 가지 방식에는 복수 카메라 연출과 단일 카메라 연출이 있다.

◆ 두 감독 방식 모두 탤런트와 스태프의 활동을 용이하게 해주는 정확한 전문 용어를 사용한다.

◆ 복수 카메라 연출은 두 대 이상의 카메라가 동시에 사용되고 스위처를 가지고 즉석 편집을 하는 일과 연관되어 있다. 부조정실에서 연출할 수 있다.

◆ 리허설에는 스크립트 읽기, 드라이 런 혹은 블로킹 리허설, 카메라, 그리고 드레스 리허설, 예행 연습/카메라 리허설 결합이 있다.

◆ 부조정실에서의 연출은 리허설을 위해 제작 일정표를 정확히 따라야 하며 방송 중인 프로그램을 연출할 뿐만 아니라 명확한 스탠바이와 방송 중 절차를 따라야 한다.

SECTION

19.2

단일 카메라 연출, 포스트프로덕션, 타이밍

Single-Camera Directing, Postproduction, and Timing

단일 카메라 연출에서는 주로 이후에 포스트프로덕션에서 이어질 다양한 테이크를 연출하는 일을 한다. 복수 카메라 제작 연출과 단일 카메라 제작 연출의 가장 큰 차이점은 복수 카메라 제작은 연속적이고 단일 카메라 제작은 불연속적이라는 것이다. 여기서 연속적이라고 하는 것은 각 샷 단위로는 멈출 수가 없으며, 최소의 중단 혹은 전혀 중단 없이 즉석 편집을 통해 일련의 샷을 연결해야 한다는 것을 의미한다. 단일 카메라 스튜디오 제작에서는 촬영이 비연속적으로 이루어진다. 여기서는 방송을 위해서 작거나 혹은 아예 포스트프로덕션 과정을 거칠 필요가 없는 완성된 제작물을 녹화할 필요가 없다. 그보다는 방대한 포스트프로덕션을 거쳐 연속된 프로그램으로 모양을 갖출 수 있을 만한 효과적인 촬영 원본 테이프를 만들어 내는 것을 목표로 해야 한다.

▶ 단일 카메라 연출 절차

시각화, 스크립트 브레이크다운, 리허설, 촬영

▶ 포스트프로덕션 활동

자료 보존, 촬영 일지, 시퀀싱

▶ 클록 타임 조절

편성 시간과 러닝 시간, 클록 백 타이밍과 프런트 타이밍, 프레임을 클록 타임으로 변환하기

▶ 주관적인 시간 조절하기

페이스와 리듬

단일 카메라 연출 절차(Single-Camera Directing Procedures)

이 section에서는 단일 카메라 연출에 있어서 다음과 같은 주요 항목에 초점을 맞춰 살펴보기로 하겠다. (1) 시각화, (2) 스크립트 브레이크타운, (3) 리허설, (4) 촬영.

시각화(Visualization)

불연속적인 프로그램을 촬영한다고 하더라도 기본적인 시각화 작업은 다중 카메라와 즉석 편집으로 연속적으로 촬영할 때와 크게 다르지 않다. chapter 18에서 설명한 것처럼, 처음으로 스크립트를 읽게 되면 고착화 지점이 머리에 떠오르게 될 것이며, 이 고착화 지점은 주요 시각화 영상으로 전반적인 프로덕션에 스타일을 만들어 내게 된다. 이러한 과정은 직관적인 것으로서 환경과 상황에 대한 자신의 지각에 크게 좌우된다고 하겠다.

이것은 또한 다큐멘터리나 드라마 대본에서 발전시킨 인물을 어떻게 받아들이느냐 하는 것에도 영향을 받는다. 스크립트는 개별 샷에 대한 심상 지도를 그리는 데 길잡이가 될 수는 있겠지만 당신의 시각화를 만들어 내지는 못할 것이다. 당신 자신의 경험과 관찰이 다양한 고착화 지점을 그려내게 해 줄 것이다.

자신의 전반적인 촬영 스타일을 결정하는 고착화 지점을 만들어 내면 다시 스크립트로 돌아가서 불연속적인 촬영을 위해 스크립트를 쪼개는 과정을 가져야 한다. 촬영하는 샷의 순서는 더 이상 스크립트의 내용, 줄거리, 혹은 미적 연속성에 관계없이 편리함과 효율성만을 근거로 만들어지게 된다. 예를 들어, 병원 복도에서의 장면을 모두 찍고, 그 다음에는 대기실 장면을, 그 다음엔 모든 수술실 장면을, 그리고 그 다음엔 모든 입원실 장면을 찍는 식으로 촬영할 수가 있다.

복수 카메라 촬영을 위한 스크립트 준비가 단일 카메라 촬영 접근과 어떻게 다른지 알아보기 위해 간략한 멀티 카메라 드라마 스크립트의 감독 표시를 보여주는 그림 18.9를 다시 한 번 예로 들고자 한다. 단일 카메라 촬영을 위해서 똑같은 스크립트 단편을 어떻게 나누겠는가? 병원 복도에서 욜란다가 캐리를 만나는 장면을 연속된 여러 개의 샷으로 써보고 그림 19.7의 브레이크다운과 비교해보자.

스크립트 브레이크다운(Script Breakdown)

보는 것처럼 브레이크다운은 좀더 자세하고 동작의 순서대로 나열되어 있다. 이 브레이크다운은 그저 가능한 여러 개 중 하나에 불과하다.

세 번째 장면을 욜란다가 의사와 캐리에게 달려가는 장면 앞에 촬영하는 것이 더 편리하다

대기실과 복도

1. Yolanda는 대기실에 있다.
2. 복도: Yolanda는 응급실 앞 복도를 달려 내려간다.
3. 복도: 전형적인 통행--간호사, 거니, 휠체어, 꽃을 든 방문객, 의사와 간호사, 목발 짚은 사람을 보호하는 물리 치료사
4. 복도: 의사가 Carrie가 탄 휠체어를 밀고 있다.
5. POV Carrie: Yolanda
6. Yolada의 CU
7. POV Yolanda: 의사와 Carrie

Yolanda가 의사와 Carrie 쪽으로 달려간다.

1. 복도: Yolanda가 의사와 Carrie 쪽으로 달려간다.
2. 반대 각도 샷(POV Carrie): Yolanda
3. 거니의 통행이 Yolanda의 접근을 방해하는 같은 샷 (스테디캠)

Carrie와 Yolanda

1. Carrie의 CU: "엄마, 안녕!"
2. Yolanda의 CU: "Carrie--괜찮니? 무슨일이야?"
3. Carrie의 CU에서 Yolanda의 CU로 크게 팬: "Carrie--괜찮니? 무슨일이야?"
4. Carrie의 CUs와 ECUs
5. Yolanda의 CUs와 ECUs
6. 의사의 CUs와 ECUs

[그림 19.7] 단일 카메라 스크립트 브레이크다운
비디오테이프의 테이크는 줄거리 순서가 아닌 편리함과 효율성을 근거로 무리지어졌다.

면 그렇게 할 수도 있다. 장면을 이렇듯 조각조각 촬영하기 위해서는 연기자는 자신들의 대사와 동작을 똑같이 여러 번 반복해야 하며 감독인 당신은 그 개별 샷들을 하나로 편집할 때 부자연스러운 부분 없이 잘 연결될 수 있는가를 주의 깊게 살펴야 한다. 또한 감독은 장면과 시퀀스가 모두 줄거리와 미적 에너지의 연속성을 가질 수 있도록 자신의 다양한 시각화 지점을 떠올리며 작업해야 한다는 것을 의미한다.

연속성 연속성이란 모든 샷이 시퀀스로 고르게 연결되서 시청자가 그 시퀀스를 볼 때 개별적인 샷으로 보는 것이 아니라 하나처럼 느껴지게 하는 것을 말한다. chapter 18에서 설명한 것처럼 구체적인 스토리보드는 개별 샷을 하나의 시퀀스로 보는 데 많은 도움을 준다. 각 시퀀스의 스토리보드는 그릴 시간과 소질이 없다고 하더라도 샷이 얼마나 잘 어울릴 수 있는지 시각화하고 촬영하는 동안 연속성에 문제가 생기는지 관찰하는 노력을 기울여야 한다. 예를 들어 미디움 샷에서는 욜란다가 그녀의 딸의 왼쪽 뺨에 뽀뽀를 했다면 같은 장면의 클로즈업에서 오른쪽 뺨에 뽀뽀하게 해서는 안 된다. DVE를 이용해서 그 샷을 뒤집을 수는 있지만 그렇게 되면 배경을 포함한 모든 것들을 바꿔주어야만 한다. 현장에서 수정하는 방법도 시간이 많이 들고 부주의한 연출을 위한 안전 장치로 사용되어서는 안 된다.

클로즈업과 컷어웨이 어떤 브레이크다운을 갖든지 강조하거나 컷어웨이로 사용할 수 있도록 그 장면에 출연하는 모든 사람들의 몇몇 CU와 ECU를 촬영하도록 한다. 감독이 특정한 테이크를 어떻게 시작하고 끝내느냐에 따라 포스트프로덕션 편집자가 일의 기쁨을 느끼기도 하고 악몽을 겪게 되기도 한다.

감독은 함께 모였을 때 연속적이고 상식적인 시퀀스가 될 수 있는 샷을 편집자에게 공급할 의무가 있다.

영화 스타일 촬영 이러한 연속성의 인식은 특히 영화 스타일로 촬영을 할 때 중요하다. 영화 스타일 촬영에서는 같은 동작을 설정 롱 샷에서 미디움 샷으로 그리고 클로즈업으로 이동하게 된다. 또는, 만약 이 방법이 더 편리하다면, 클로즈업을 먼저 찍고 그 다음에 모든 롱 샷을 찍을 수도 있다. 영화 제작에서는 블로킹 혹은 연기 문제를 수정하기 위한 다양한 피사계(롱 샷, 미디움 샷, 클로즈업) 혹은 각을 얻기 위해 같은 동작을 여러 번 반복하게 된다. 모든 세부사항에 주의를 기울여서 반복되는 동작이 정확히 같도록 해야 한다.

AD와 다른 문제점을 관찰하고 알려주면 구성원이 반복해서 저지르게 되는 값비싼 실수를 피하는 데 도움을 주게 될 것이다. 예를 들면, 카메라맨은 앞에서 말했던 키스하는 위치에 대한 지적을 해줄 수도 있고, 또는 그 연기자의 코트 단추가 지금은 채워져 있지만 이전 샷에서는 풀려 있었다는 것 등을 지적해줄 수 있다. 영화나 정교한 비디오 제작시에는 연속성을 관찰하도록 정해진 사람이 그러한 실수들을 관찰한다.

리허설(Rehearsals)

단일 카메라 연출에서는 촬영하기 전에 각 테이크마다 리허설을 한다. 탤런트와 카메라맨, 마이크 담당자에게 각 테이크에 대해서 알려주고 무엇을 해야 하고 무엇을 하지 말아야 하는지 설명해준다. 카메라를 모니터에 연결해서 지속적으로 주시하고 필요하다면 촬영하기 전에 수정을 하도록 한다. 두 개의 ENG/EFP 혹은 HDTV 카메라를 동시에 사용할 경우 이들의 영상은 두 개의 프리뷰 모니터에 연결하도록 한다.

배터리를 사용하는 소형 모니터는 작은 테이블 위에 설치하고 P.L. 시스템을 통해서 카메라맨에게 지시를 내리도록 한다.

촬영(Videotaping)

모든 테이크를 슬레이트 처리한다. 현장에서는 간단히 손으로 조작할 수 있는 슬레이트를 사용한다. 시간이 없다면 말로 슬레이트를 할 수도 있다(플로어 매니저에게 다음 테이크 숫자와 제목을 작동 중인 마이크에 대고 말하게 한다). VTR 담당자 혹은 PA에게 정확한 촬영 일지 기입을 지시한다. 연속성에 관련된 실수를 항상 살펴야 하지만 너무 많은 재촬영으로 탤런트와 스태프들을 지치게 하지 않도록 주의한다. 탤런트와 스태프들의 피로로 인해 재촬영이 제작에 방해가 되는 시점이 있다. 마지막으로 VTR 담당자나 PA에게 모든 비디오테이프와 테이프 상자에 라벨을 붙이고 그 라벨이 촬영 일지와 일치하는지 확인하도록 지시한다.

다른 제작과 마찬가지로 제작 일정표를 따라야 한다. 또한 다중 카메라 촬영과 마찬가지로 앞으로 시간이 많다는 이유로 재촬영을 거듭하는 경향이 있는데 이렇게 하다가는 어느 순간에는 시간에 쫓기게 되어, 남아 있는 테이크들을 빠르게 촬영해야 하는 경우가 생기게 된다. 제작 마지막 날에도 시간과 정력이 남아있다면 그때 가서 원하던 재촬영을 하는 것이 좋다.

포스트프로덕션 활동(Postproduction Activities)

감독의 포스트프로덕션 활동은 포스트프로덕션 편집이 얼만큼 복잡한가에 의해 결정된다. 만약 방대한 포스트프로덕션 과정이 필요하다면 감독은 여전히 주요 편집, 음향 믹싱에 대한 결정을 책임지게 되지만 편집 업무는 편집자에게 맡겨두도록 한다. 프로세스 메시지가 제대로 전달됐다면 유능한 편집자라면 감독의 지휘(편집자들은 이것을 '간섭'이라고 부른다)는 거의 필요치 않게 된다. 그렇지만 포스트프로덕션이 완료될 때까지 편집자와 함께 작업하는 것도 좋다.

보호용 복사 실제 편집을 하기 전에 모든 촬영의 원본 테이프의 보호용 복사본을 만든다. 오프라인 편집을 위해 윈도 더빙을 하면서 같이 만들 수 있다. 만약 비선형 편집 장비를 사용한다면 하나의 VTR에서 촬영된 내용을 캡처할 수 있고 이후에 녹화 일지를 만들고 촬영된 영상을 위한 여러 개의 파일을 만들면 된다. 이러한 파일을 만들 때는 이름을 붙여서 나중에 쉽게 찾을 수 있도록 한다. 실제 편집을 시작하기 전, 모든 비디오와 오디오 파일을 외장하드나 디스크에 백업 받는다.

녹화 일지 비디오테이프 편집자나 AD는 모든 테이프를 재생해서 보고 각각의 테이크(좋은 것이든 나쁜 것이든 관계없이 적어놓는 것이 좋다. 왜냐하면 때론 '나쁨'이라고 적혀있는 것이 '좋음'이라고 적혀있는 것보다 쓸모가 있을 때가 있다)를 녹화 일지에 기록해야 한다. 여기서 다양한 벡터도 기록되어야 한다(chapter 13 참조). 모든 말로된 것은 반드시 받아 적어야 한다.

시퀀싱 감독의 입장에서 보면 TD에게 "테이크 투"라고 말하는 것이나 편집자에게 이 샷을 저 샷에 붙이라고 하는 것에는 큰 차이가 없다. 어떠한 경우에도 편집자와 함께(맞서는 것이 아닌) 일할 수 있도록 한다. 경험이 많은 편집자는 시퀀싱 과정에 큰 도움을 주게 되는데 이러한 편집자의 의견에 대해 반론이 있다고 하더라도 자신의 의견을 강조하려고 서둘러서는 안 된다. 경험이 많으나 관습에 얽매여 있는 편집자의 경우 CU와 ECU를 나란히 배열해서 고에너지 샷을 만들고자 하는 당신의 요청에 반대할 수도 있다.

이런 경우 종이와 연필로 하는 편집을 하거나 오프라인으로 가편집해서 편집자에게 건네준다(chapter 13 참조). 편집에서는 시각화한 장면이 중요한 것이 아니라 시퀀싱이 중요하다. 포스트프로덕션 과정에 와서야 컷어웨이의 가치를 알고 촬영 기간 동안 연속성에 대해서 신경을 썼던 것에 대한 고마움을 알게 될 것이다.

오디오 스위트닝도 연출해야 하는데 특히 방대한 음향 프로덕션 과정에서 더 신경을 써야 한다. 편집과정이 끝나갈 무렵에 전체 오프라인 편집을 살펴보고 심각한 기술적, 미학적 불일치가 없는지 살핀다. 모든 것이 양호해 보이면 온라인 편집을 통해 편집 원본 테이프를 만들어 낸다.

클록 타임 조절(Controlling Clock Time)

상업 텔레비전에서는 시간은 곧 돈을 의미한다. 방송의 매 초가 금전적인 가치를 가지게 된다. 판매원들은 자신의 고객에게 시간을 마치 유형의 물건처럼 판매하게 된다. 이벤트가 잠재적 관객을 모을 수 있느냐에 따라 방송에서의 1초는 다른 1초보다는 훨씬 값어치를 가지게 될 것이다. 클록 타임은 편성 시간이라고도 하는데 이것은 프로그램이 시작하는 시간과 끝나는 시간을 정해놓은 것을 말한다. 텔레비전 운영은 초단위로 편성되어 있기 때문에 텔레비전 제작에서는 클록 타임이 중요한 요소이다.

편성 시간과 러닝 시간(Schedule Time and Running Time)

쇼를 촬영할 때는 프로그램이 방송될 때, 시작하는 시간을 말하는 편성 시간에 대해서 걱정할 필요가 없다. 그러나 정확한 러닝 타임(프로그램 또는 프로그램 단편의 길이)에는 책임을 가지고 그날 프로그램에 할당되어 있는 시간에 자신의 제작물 시간을 맞춰야 한다. 뉴스와 같은 생방송을 감독할 때에는 편성 시간을 맞추기 위해서 조정실에 있는 시계를 사용하고 스톱워치를 이용해서 프로그램 인서트의 러닝 시간을 측정한다.

클록 백 타이밍과 프론트 타이밍(Clock Back-Timing and Front-Timing)

비록 주 컴퓨터가 거의 모든 프로그램과 프로그램 인서트의 시작과 끝나는 시간을 계산하고, 다양한 주머니용 계산기가 클록 타임을 더하고 빼는 데 도움을 줄 수 있다고 하더라도 전자 장치들 없이 시간을 계산하는 방법을 배워야 한다. 예를 들어, 출연자가 프로그램이 끝나기 전에 특정한 시간 큐를 요청했다면 직접 시간을 계산해서 출연자가 원하는 시각에 큐를 보내야만 한다.

백 타이밍 가장 일반적인 시간 조절은 탤런트의 큐와 관련이 있는 것으로 탤런트가 프로그램을 편성표에 나와 있는 시간에 맞춰 끝낼 수 있도록 해주어야 한다. 30분 길이의 프로그램이라면 탤런트는 프로그램의 남은 시간을 알려주는 보통 5분 큐와 다음으로 3분, 2분, 1분, 30초, 15초 큐를 받을 것이라고 생각할 것이다.

이러한 시간 큐를 빠르게 계산하기 위해서는 프로그램이 끝나는 시각 혹은 다음 프로그램이 시작되는 시각에서 시간을 거슬러 올라가는(back timing) 방식으로 계산하면 된다. 예를 들어, 만약 편성표에 생방송인 "당신의 의견을 들려주세요" 이후에 구세군의 PSA(public service announcement)가 4:29:30초에 이어진다고 나와 있다면, 일반적으로 촬영된 이미지가 클로즈하는 데 30초의 시간이 걸린다고 한다면 어느 시각에 탤런트에게 정해진 시간 큐를 줘야 하는가?

패널의 토론이 끝나는 시각인 4:29:00에서부터 시작해서 원하는 시간을 빼면 된다(일반적으로 촬영된 이미지를 클로즈하는 데는 30초의 시간이 걸리므로 프로그램이 끝나는 시각인 4:29:30초에서 시작해서는 안 된다). 예를 들어 사회자는 언제 자신의 3분 큐 혹은 15초 와인드 업 큐를 받아야 하는가?

이 특정한 프로그램의 백 타이밍을 실시해보자

4:24:00	VTR에 5분	여기로 거슬러 올라온다.
4:26:00	3분	↑
4:27:00	2분	
4:28:00	1분	
4:28:30	30초	
4:28:45	15초	
4:29:00	VTR 클로즈를 위한 사회자 컷	여기서 시작
4:29:30	PSA(구세군)	

시간을 뺄 때 분을 초 단위로 환산해서 만드는 것이 편리한데, 특히 작은 초 숫자에서 큰 초 숫자를 빼야 할 때 편리하다. 마찬가지로 시간을 분으로 환산해서 더해 놓을 수도 있다.

5:15:22	5:14:82
− 14:27	− 14:27
	5:00:55

또는

5:02:43	4:62:43
− 55:30	− 55:30
	4:07:13

프론트 타이밍 다양한 녹화 자료가 인서트되는 뉴스 생방송과 같은 쇼를 제 시간에 맞추려면 프로그램의 시작 시각과 끝나는 시각, 다양한 인서트의 러닝 타임 이외의 것들을 알아야 한

다. 인서트가 언제 들어가서 어느 정도 길이로 방송되는지를 알아야만 현재 쇼가 시간을 앞질러 가는지 혹은 늦춰졌는지 알 수 있다.

각각의 광고나 인서트의 부가적인 시각을 계산하기 위해서는 간단히 러닝 타임을 편성표나 프로그램 계획에 나와 있는 시작 시각에 더하면 된다. 백 타이밍과 마찬가지로 초와 분을 100단위가 아닌 60단위로 환산해야 한다. 초, 분, 시간을 각각 계산해서 분과 초를 60단위로 변환시키면 된다.

```
  6:33:42
+    0:58
---------
6:33:100  ──→  6:34:40
```

프레임을 클록 타임으로 변환하기(Converting Frames into Clock Time)

1초당 30프레임을 가지게 되므로 프레임은 29 이후에 다시 돌아가게 된다. 그러나 초나 분은 59 이후에 다시 돌아가게 된다. 그러므로 프론트 혹은 백 타이밍으로 타임 코드 숫자를 세려고 할 때 프레임을 초로 혹은 초를 프레임으로 변환시킬 수 있어야 한다. 마찬가지로 프레임, 초, 분, 시를 따로 계산해서 프레임은 30단위로, 시간은 60단위로 환산하면 된다.

예를 들면,

```
   00:01:58:29
+  00:00:03:17
--------------
   00:01:61:46  ──→  00:01:62:16  ──→  00:02:02:16
```

간단히 프레임을 더하고 초과되는 초를 위해 30을 빼면 된다.

다행히도 컴퓨터의 지원을 받는 편집 조정장치는 이러한 계산을 대신 해 줄 수 있다. 또한 클록 타임뿐만 아니라 프레임 타임을 계산할 수 있는 컴퓨터 프로그램과 계산기도 있다.

주관적 시간 조절하기(Controlling Subjective Time)

주관적인 시간(여러분이 느끼는 시간의 길이) 조절은 객관적인 시간 조절보다 훨씬 미묘하고 어렵다. 아무리 정교한 컴퓨터라고 하더라도 뉴스캐스터가 기사를 읽어 내려가는 속도가 너무 빠르다거나 극적인 장면의 속도가 시청자들이 느끼기에는 너무 느리다는 등의 말은 해줄 수가 없다. 주관적인 시간을 정하는 것은 하나의 동작 혹은 리듬을 다른 동작, 리듬과 비교해서 자신의 느낌과 판단력에 의해 이루어진다. 두 사람이 같은 속도로 걸어간다고 하더라도 한 명이 다른 한 명보다 훨씬 느리게 걷는 것처럼 보일 수도 있다.

이렇게 한 사람이 느리거나 빠르게 보이는 원인은 무엇일까?[주1]

교통 정체로 꽉 막힌 도로에 있을 때가 고속도로를 달리고 있을 때보다 더 느리게 달리고 있는데도 더 초조하고 성급함이 느껴지게 되는데 그 이유가 무엇인지 살펴보자. 훌륭한 코미디언과 뮤지션들은 탁월한 시간 감각을 가지고 있다고 하는데, 이것은 그들이 주관적인 시간, 즉 관객이 받아들이는 그들의 속도와 리듬을 잘 조절한다는 의미이다.

베토벤의 5번 교향곡이나 가장 좋아하는 노래를 다른 뮤지션이 해석해서 연주한 것을 들어보자. 그러면 같은 곡을 연주하는데도 어떤 연주는 다른 연주보다 빠르다는 것을 알게 될 것이다. 이러한 빠르기는 곡의 전체 내용에 의해서도 좌우되지만 해설하는 사람의 개인적인 성격과 스타일에 의해 좌우되기도 한다.

주관적인 시간의 상대적 길이를 표현하는 말은 많다. 아마도 속도, 템포, 페이스, 서두름, 늘어짐 등의 비슷한 표현들을 많이 들어보았을 것이다. 주관적인 시간 조절을 간단히 하기 위해서 페이스와 리듬, 단 두 가지 개념에서만 살펴보기로 하자. 페이스란 쇼나 쇼의 일부분이 얼마나 빠르게 혹은 느리게 느껴지느냐를 나타낸다. 리듬이란 개개의 대사나 연기자의 동작이 관객에게 얼마나 빠르게 혹은 느리게 느껴지는가 하는 것을 나타낸다.

장면, 단편, 혹은 전체 쇼의 페이스를 늘이고 줄이는 방법은 매우 많다. 그 중 하나가 동작이나 대사를 빠르게 하는 것으로 악보를 빠르게 듣는 것과 흡사하다고 하겠다. 다른 방법으로는 장면의 긴장감(상대적인 흥분)을 늦추는 것이다. 일반적으로 이것은 싸우는 목소리가 커지거나 다른 차의 추적을 받던 차가 중심을 잃거나 혹은 아주 꽉 찬 클로즈업으로 촬영할 때처럼 어떤 대립이 만들어지거나 심화되면서 이러한 긴장감이 만들어지게 된다. 세 번째 방법은 일정한 상영 시간 동안 더 많은 일들이 벌어지게 만들어서 이벤트의 밀도를 높이는 것이다. 장면을 느리게 하고 싶다면 위의 예와 반대로 하기만 하면 된다.

어떤 변화를 주든 쇼의 다른 부분과의 관계나 전체 쇼와의 관계 속에서 페이스를 인지해야 한다는 것이다. 무엇이든 느린 것에 비교하면 상대적으로 빠른 것이 된다. 마지막으로, 아마도 이미 예상하고 있으리라고 생각하지만, 정확한 프로세스 메시지에 따라 쇼의 전체적인 페이스와 리듬을 결정해야 한다.

(주1) 주관적인 시간에 대한 논의는 Herbert Zettl의 [Sight Sound Motion], 4판(Belmont, Calif.: Thomson Wadsworth, 2005), pp. 226–228 참조.

핵심요약

- 단일 카메라 제작은 복수 카메라 제작에서와 마찬가지로 주요 샷의 시각화에서부터 시작된다.
- 스크립트 브레이크다운은 시각화와 시퀀싱보다는 제작의 평이성과 효율성에 의해 결정된다. 제작 순서는 이벤트의 순서가 아닌 장소, 다양한 피사계, 혹은 같은 동작의 클로즈업을 잡는 등의 제작 요소에 의해 결정된다.
- 영화 스타일로 촬영을 할 때에는 다양한 피사계, 심도, 카메라 각도를 위해서 동작은 언제나 반복되어야 한다.
- 각 테이크는 촬영하기 바로 전에 리허설을 실행한다.
- 촬영을 할 때는 언제나 구두나 시각 슬레이트 처리를 하고 모든 비디오테이프에 라벨을 붙이고 제작 일정에 맞추도록 해야 한다.
- 포스트프로덕션 편집을 하기 전에 모든 촬영 원본 테이프의 보호용 복사본을 만든다.
- 모든 테이크(좋거나 혹은 나쁘거나)와 다양한 벡터를 녹화 일지에 기록한다.
- 포스트프로덕션 편집과 오디오 스위트닝에 있어서 감독은 길잡이 역할을 하되 방해가 되어서는 안 된다.
- 두 개의 중요한 클록 타임으로는 편성 시간(프로그램의 시작과 끝)과 러닝 타임(프로그램 길이)이 있다.
- 백 타이밍이란 특정한 클록 타임을 프로그램의 끝을 알리는 편성 시간에서 러닝 타임을 빼는 것을 말한다. 프론트 타이밍이란 프로그램이 시작되는 시각에 특정한 러닝 타임을 더하는 것을 말한다.
- 프레임을 시간으로 변환시킬 때는 프레임은 29 이후에 다시 돌리고 초는 59 이후에 다시 돌려야 한다.
- 주관적인 시간은 우리가 느끼는 기간을 말한다. 여기에는 페이스와 리듬의 두 가지 개념이 포함된다.

CHAPTER

20

현장 제작과 대규모 중계방송

Field Production and Big Remotes

대형 텔레비전 트레일러가 멈춰서서 제작 스태프들이 카메라들과 마이크로웨이브와 위성 업링크 안테나, 긴 케이블, 그리고 다른 텔레비전 장비들을 부리는 것을 본다면 대규모 중계 방송을 하려고 한다는 것을 알 수 있을 것이다. 같은 현장 이벤트를 몇 개 안 되는 캠코더로 촬영할 수 있는데도 왜 이런 수고를 감수하는 것일까? 이 chapter에서 그 질문에 대한 답을 제시하려고 한다.

Section 20.1 「ENG, EFP와 대규모 중계」에서는 이 세 개의 현장 제작을 개별적으로 알아보도록 한다. section 20.2 「주요 이벤트의 취재」에서는 스포츠 이벤트와 그 외 현장 이벤트에 대한 기본적인 텔레비전 설정, 현장 스케치의 해석 방법, 주요 현장 의사 전달 시스템, 신호 전송, 케이블에 의한 배포에 대한 더 많은 정보를 알아보도록 하자.

주요 용어

대규모 중계방송(big remote) 스튜디오 밖에서 텔레비전 방송을 위해서 특별히 만들어진 것이 아닌 대규모의 예정된 이벤트를 생방송이나 혹은 실황 녹화하는 제작물. 예로는 스포츠 경기, 퍼레이드, 정치 집회 혹은 국회 청문회가 있다. 또한 간단히 중계방송이라고도 부른다.

광대역(broadband) 다양한 정보(음성, 데이터, 영상과 음향)를 동시에 보내기 위해 광섬유 케이블이 가지는 넓은 대역 규격.

직접 방송 위성(direct broadcast satellite, DBS) 비교적 높은 출력을 가지고 있어서 위성으로부터 소형의 개별 다운링크 안테나 접시로 방송을 제공하는 위성. Ku-band를 사용한다.

다운링크(downlink) 위성으로부터 전해지는 신호를 수신하는 안테나와 장비.

현장 제작(field production) 스튜디오 밖에서 행해지는 모든 제작. 일반적으로 EFP를 의미한다.

즉시 재생(instant replay) 비디오테이프나 디스크에 저장된 영상을 재생함으로써 주요 플레이나 주요 이벤트를 발생 즉시 시청자들에게 반복적으로 보여주는 것.

독립 카메라[isolated (iso) camera] 스위처에 영상을 보내는 카메라로 따로 배정된 VTR에 연결된다.

Ku-band 신호 전달과 배포를 위해 특정 위성에서 사용하는 고주파수 대역. Ku-band 신호는 폭우나 눈에 영향을 받을 수 있다.

현장 스케치(location sketch) 중계방송이 있는 장소의 개략적인 지도. 실내 중계를 위한 스케치에서는 방의 벽, 가구, 창의 위치가 나와 있어야 한다. 야외 중계를 위한 스케치에는 건물의 위치, 중계차, 전력원, 중계방송이 있는 시각의 태양의 위치가 나와있어야 한다.

마이크로웨이브 전달(microwave relay) 중계 현장에서 다양한 마이크로웨이브 유닛을 거쳐서 방송국이나 송신기로 신호를 전송하는 전송 방법.

미니 링크(mini-link) 서로 연결되어 목적지로 영상, 음향 신호를 보내기 위해 장애물을 돌아갈 수 있도록 설치해놓은 다양한 마이크로웨이브 장치.

중계방송(remote) 스튜디오 밖에서 행해지는 대규모 텔레비전 제작. 대규모 중계방송이라고도 부른다.

현장 조사(remote survey) 제작이 진행될 장소의 건물, 땅, 그리고 이벤트 환경에 대한 프로덕션 이전 과정에서 실시하는 조사.

중계차(remote truck) 프로그램 통제 센터, 오디오 통제 센터, VTR과 즉시 재생 센터, 기술 센터, 그리고 송신 장비가 설치되어 있는 차량.

위성 뉴스 취재(SNG: satellite news gathering) 방송국에서 아주 멀리 떨어져 있는 현장에서 생방송이나 녹화된 뉴스를 전송하기 위해 위성을 사용하는 것.

위성 뉴스 차량(SNV: satellite news vehicle) ENG 신호를 위성에 업링크시키는 기능을 주로 하는 소형 트럭. VTR과 규모가 크지 않은 편집 설비들을 탑재하고 있을 수도 있다.

업링크(uplink) 영상과 음향 신호를 위성에 송신할 때 사용되는 기지 송신기.

업링크 트럭(uplink truck) 영상, 음향 신호를 위성으로 보내는 소형 트럭.

SECTION

20.1

ENG, EFP와 대규모 중계

ENG, EFP, and Big Remotes

스튜디오 밖에서 행해지는 제작을 현장 제작이라고 한다. 현장 제작은 일일 뉴스 이벤트를 취재하는 ENG와 비교적 작은 일정이 잡힌 이벤트를 다루는 EFP, 스포츠, 퍼레이드, 정치 집회와 같은 대형 이벤트를 다루는 대형 중계방송으로 나눈다.

스튜디오에서 나와 현장에서 제작을 하게 되면 다음과 같은 장점이 있다.

- 실제 이벤트가 일어나는 장소에 이벤트를 배치하거나 관찰할 수 있고, 또는 허구적인 이벤트를 위해 특정한 환경을 선택할 수도 있다.
- 매우 다양하고 현실적인 환경 속에서 원하는 환경을 선택할 수 있다.
- 기술적, 미적 제작 요구 사항을 성취할 수 있다면 현장에 존재하는 조명과 배경 음향을 그대로 사용할 수 있다.
- 많은 EFP 제작에서는 비슷한 스튜디오 제작보다 적은 장비와 인력을 필요로 하므로 제작 인력과 필요 장비를 줄일 수 있다.
- 스튜디오 대여료를 지불할 필요가 없고, 방송국에서 일하는 경우 스튜디오 일정 문제에서 벗어날 수 있다.

그러나 다음과 같은 단점도 있다.

- 현장에 의존해야 한다. 이것은 어떤 현장의 경우 제작 인력 이외의 사람들의 협조가 필요하게 된다는 것을 말한다. 예를 들어, 붐비는 시내의 거리에서 촬영을 하게 된다면 교통과 구경꾼들을 통제하기 위해서 경찰의 도움이 필요하게 된다.
- 도시나, 교외, 혹은 공유지에서 촬영을 할 때에는 해당 관청에서 허가를 받아야 하고 그들이 요구하는 보험에 들어야 한다.
- 스튜디오에서 사용할 수 있는 조절 장비들을 사용할 수가 없다. 현장에서는 실내든 야외든, 좋은 조명과 높은 질의 음향을 얻기 힘든 경우가 많다.
- 야외 촬영에서는 날씨가 언제나 골칫거리가 될 수 있다. 예를 들어, 비 혹은 눈은 너무 습하거나 너무 춥다는 이유로 일정을 연기시킬 수 있다. 앞 테이크에서 구름 없는 하늘을 배경으로 촬영했다면 띄엄띄엄 구름이 있는 것도 연속성을 저해하는 원인이 될 수 있다.
- 현장 제작은 대체적으로 제작 인력과 장비의 운송, 이동을 요구하는 경우가 많다.

그러나 현장에서의 촬영은 특히 ENG와 EFP의 경우 사소한 단점에 비해 더 많은 제작 효율성을 갖는다. 이 책 전반에 걸쳐 ENG와 EFP에 대해서 알아보았고 지금은 특히 현장 제작의 요구 사항에 초점을 맞춰서 알아보기로 한다.

▶ ENG

ENG와 SNG 제작 특성

▶ EFP

EFP 프리프로덕션, 프로덕션 과정에서의 장비 확인, 설치, 리허설, 녹화, 해체/장비 확인, 포스트프로덕션

▶ 대규모 중계방송

프리프로덕션에서의 현장 조사, 감독, 플로어 매니저, 탤런트에 의한 프로덕션 진행

ENG(Electronic News Gathering)

ENG는 가장 융통성이 많은 현장 제작이다. 앞 chapter에서 지적한 것처럼 이야기를 생방송으로 전송하지 않을 경우 한 사람이 하나의 캠코더만 가지면 ENG 업무를 완수할 수 있다. 신호를 방송국이나 송신기로 보내야 한다고 하더라도 ENG에서는 대규모 중계에 비해 아주 적은 장비와 인력만 있으면 된다. 때때로 뉴스 카메라맨이 뉴스 차량에서 방송국으로 신호를 전송하는 일도 한다.

ENG 제작 특성(ENG Production Features)

ENG 제작의 주요 특성으로는 이벤트에 신속하게 대응할 수 있는 순발력, 이벤트의 전 과정을 담아낼 수 있게 하는 기동성, 장비와 인력에 대한 융통성이 있다. ENG 장비는 작고 기능이 하나에 합쳐져 있어서 다른 종류의 텔레비전 장비로 작업하는 것보다는 빠르게 이벤트 현장으로 가져가거나 녹화 혹은 방송하는 것이 가능하다. ENG가 EFP나 대규모 중계와 운영상의 차이를 보이는 점은 ENG의 경우 어떠한 프리프로덕션도 필요하지 않다는 것이다. ENG 제작에서 감독은 이벤트에 대해서 어떠한 조절도 할 필요 없이 단지 최선을 다해서 캠코더로 이벤트를 관찰하기만 하면 된다.

극한 상황이나 시간의 제약이 있다고 하더라도 능숙한 카메라맨들은 이벤트를 신속하게 분석하고, 가장 중요한 부분을 선별해서 편집했을 때 좋은 제작물이 될 수 있는 영상들을 테이프에 담아낸다. 중요한 이벤트를 위해서 ENG 팀은 보통 캠코더 기사와 현장 리포터, 두 사람으로 이루어진다. 많은 ENG 이야기가 카메라맨 한 사람이 촬영해서 나중에 뉴스 보도를 통해 해설을 다는 형식으로 이루어진다.

ENG 장비는 원하는 곳이라면 어디로든 가지고 갈 수 있다. 자동차 안, 엘리베이터, 헬리콥터, 혹은 작은 부엌에서도 촬영에 무리가 없다. 대개 카메라맨의 어깨가 무거운 트라이포드를 대신하게 된다.

ENG 장비로는 이벤트를 비디오테이프에 녹화할 수도 있고 생방송으로 송출할 수도 있다. 송출 장비는 아주 작고 융통성 있게 발전되어 생방송으로 송출하는 경우라고 할지라도 한 명의 카메라맨이 작업을 모두 완수할 수 있다. 대부분의 ENG 차량에는 마이크로웨이브 전송기가 장착되어 있어서 현장에서 방송국으로 송출 링크를 만들어 낼 수 있다(그림 20.1 참조). 생방송 전송의 경우 카메라 케이블을 마이크로웨이브 전송기에 연결하면 된다. 또한 이러한 마이

[그림 20.1] ENG 차량
이 보통 크기의 밴에는 길게 늘일 수 있는 마이크로웨이브 송출 장치와 다양한 상호연락 장비들이 장착되어 있다.

크로웨이브 전송기를 이용해서 캠코더 VTR 혹은 ENG 차량 안에 있는 VTR로부터 비디오테이프의 내용을 통째로 방송국으로 전송할 수도 있다.

위성 업링크(Satellite Uplink)

ENG와 방송국 간의 시그널을 연결할 수 없다면, 위성 업링크 차량이 필요하다. 이 차(밴)는 소형 중계차와 비슷하며 컴퓨터를 이용한 업링크 장비와 뉴스 중계시 사용되는 한두 대의 VTR과 편집 장비가 장착되어 있다. VTR은 카메라 출력을 녹화하고 편집된 혹은 편집되지 않은 뉴스 비디오테이프를 즉각적으로 업링크하기 위해 재생할 수도 있다(그림 20.2 참조).

[그림 20.2] 위성 업링크 차량
위성 뉴스 차량은 이동 가능한 지상 방송국이다. 이것은 텔레비전 신호를 Ku-band 위성으로 보낸다.

뉴스를 담당하는 사람들은 현지에서 보내오는 최신 내용들(송신 전에 녹화된 순간들)을 업링크하는 것을 선호하는데 그 이유는 위성 전송이 일시적으로 방해받거나 혹은 전혀 이루어지지 않았을 경우 반복해서 송신할 수 있도록 하기 때문이다. 신호 유실을 방지하기 위한 방법으로 두 대의 VTR을 이용해서 같은 뉴스 내용을 녹화하고 재생한다. 한 대에 문제가 생기는 경우에도 다른 장치로 바꿔서 같은 재료를 보낼 수 있도록 한다.

이런 업링크는 대통령 선거, 각 주의 정상 회담 또는 월드컵 결승전과 같은 특히 뉴스로서의 가치가 있는 이벤트가 예정되어 있는 경우면 언제든지 사용할 수 있다. 업링크 차량은 지역적인 뉴스 배급이나 국가 간 원격 회의(teleconference), 혹은 마이크로웨이브나 케이블로 신호를 쉽게 송신할 수 없는 경우에도 사용된다

EFP(Electronic Field Production)

ENG EFP

이미 알고 있는 것처럼 EFP에서는 ENG와 스튜디오에서 사용하는 기법들을 모두 사용한다. ENG에서는 기동성과 융통성을, 스튜디오에서는 제작 관리와 질적 조절

을 빌어서 사용한다. 다음에 이어질 내용들은 자신이 감독이라는 전제하에서 현장에서의 프리프로덕션, 프로덕션, 포스트프로덕션의 기본적인 단계들에 대한 것들이다. 이 방법을 통해서 할당되는 특정한 작업과 관계없이 EFP 팀이 각 구성원들에게 중요한 제작 세부 사항을 다루게 될 것이다.

프리프로덕션(Preproduction)

상황에 대응하기만 하면 되는 ENG와는 달리 EFP는 신중한 계획이 필요하다. 프리프로덕션 활동의 첫 단계는 프로세스 메시지를 가장 효과적이고 효율적인 프로덕션 방식(실내 혹은 야외 촬영, 단일 혹은 다중 카메라, 이벤트의 일반적인 시퀀스 혹은 한 샷, 한 샷 중에서의 결정)으로 옮기는 것이다. 두 번째 단계는 선택된 제작 방식을 특정한 미디어 요구 사항, 즉 장비와 인력으로 옮기는 것이다. 이러한 프로세스 메시지를 제작 요구 사항으로 해석해서 옮기는 과정(chapter 17 참조)에 대한 훈련은 이미 끝났다고 가정하고 실제 프리프로덕션 과정으로 건너뛰기로 한다. (1) 현장 조사, (2) 최초 제작 회의, (3) 현장 제작 시간표.

현장 조사 제작 작업이 진행될 장소를 알기 위해서 정확한 현장 스케치, 즉 중계방송이 있는 장소의 지도를 만든다. 실내 중계의 경우 스케치에는 방의 벽과 가구, 창문의 위치가 나와 있어야 한다. 야외 중계의 경우에는 건물, EFP 차량, 전력원의 위치와 방송 중 태양의 위치가 나와 있어야 한다.

기억을 새롭게 하기 위해서 그림 18.11의 예술가의 작업실 현장 스케치를 다시 한 번 살펴본다. 이 스케치에는 조명, 오디오 요구 사항, 카메라 위치, 촬영 순서에 대한 중요한 정보가 담겨 있다. 기술적인 부분의 준비가 당장의 관심사가 아니라고 하더라도 사용 가능한 전력의 위치(벽 소켓), 음향(작은 방, 반사를 잘하는 벽, 가까운 고속도로에서 들려오는 교통소음), 그리고 잠재적인 조명 문제에 대해서 알아본다. 현장 조사는 이 chapter의 후반부에서 대규모 중계에 대한 내용을 다루면서 더 자세히 알아보도록 한다.

프로듀서에게 안전한 숙박, 촬영 허가, 주차, 그리고 탤런트와 스태프들의 식사가 모두 준비되었는지 알아본다. 제작이 들판에서 치러지게 된다면 화장실 사용은 가능한지도 알아본다.

최초 제작 회의 최초 제작 회의는 보통 촬영하기 전날 갖게 되며, PA(제작 지원), 플로어 매니저, 각 분야의 책임자 혹은 카메라맨과 같은 주요 인력이 참여하게 된다. 여러 실내 현장을 포함하는 복잡한 현장 제작의 경우 조명 감독도 회의에 참석하게 된다. 적어도 감독은 PA(PA가 음향/VTR까지 담당할 수도 있다)와 카메라맨은 만나야 한다. 프로세스 메시지를 설명하고 무것을 만들어내려고 하는지 알린다. 현장 스케치를 배포하고 주요 제작 단계에 대해서 논의한다.

모든 사람이 정확한 현장의 위치와 어떻게 갈 수 있는지 알아야 하는 것은 필수적이다. 모든 사람이 EFP 차량에 탑승할 수 있는가? 누가 누구와 동승해야 하나? 누가 제일 먼저 방송국에 와서 장비를 반출하고, 누가 곧바로 현장으로 갈 것인가? 누가 차량을 운전할 것인가? PA에게 제작 일정표를 건네서 회의에 참석하지 않았던 모든 사람들에게 나눠줄 수 있도록 한다. 현장으로 가는 교통편과 현장에서 방송국으로 오는 교통편은 주요 일정 사항이다. 만약 현장 제작이 야외에서 진행될 경우 비가 오면 어떻게 할 것인가? 언제나 만약의 사태를 대비한 제작 일정을 준비하도록 한다.

현장 제작 시간표 아주 정교한 현장 제작에서의 촬영 일정표는 다음과 같다.

시간표: 현장 제작

7:30~8:15 A.M.	장비 반출
8:15 A.M	출발
9:15 A.M	도착 예정 시각
9:30~10:00 A.M.	탤런트, 스태프가 참석한 제작 회의
10:00~11:00 A.M.	기술 장비 설치
11:00~11:30 A.M.	점심
11:30 A.M.~12:00 P.M.	기술자와 탤런트의 예행 연습
12:00~12:20 P.M.	필기와 세트 설치
12:20~12:30 P.M.	휴식
12:30~1:00 P.M.	단편 1 녹화
1:00~1:15 P.M.	필기와 단편 2를 위한 세트 재설치
1:15~1:45 P.M.	단편 2 녹화
1:45~1:55 P.M.	휴식
1:55~2:10 P.M.	필기와 단편 3을 위한 세트 재설치
2:10~2:40 P.M.	단편 3 녹화
2:40~3:00 P.M.	여유 시간
3:00~3:30 P.M.	해체
3:30 P.M.	출발
4:30 P.M.	방송국 도착 예정 시각
4:30~4:45 P.M.	장비 반입

프로덕션: 장비 확인(Production: Equipment Check)

다시 한 번 스태프들에게 프로덕션 과정 중 어떤 일이 진행될 것이고 목적이 무엇인지 알려준다. 제작 일정 그리고 주요 위치와 녹화 기간에 대한 런다운 시트를 검토한다. 장비를 실을 때는 매우 조심해야 한다. 모든 장비가 가까이에 있는 스튜디오와는 달리 현장 제작에서는 모든 장비를 현장으로 옮겨야만 한다. 같은 EFP를 수십 번 해봤다고 하더라도 항상 장비 확인 목록을 작성하도록 한다. 잘못된 케이블이나 어댑터가 과도하게 일정을 지연시키거나 심지어는 전체 제작을 아예 취소해야 하는 결과를 가져올 수도 있다.

장비를 차량에 싣기 전에 모든 물품이 제대로 작동하는지 확인한다. 출발하기 전에 최소한 영상과 음향을 시험 녹화해봐야 한다.

장비 확인 목록 다음의 장비 확인 목록은 일반적인 예로서 자신이 가져가야 할 모든 물품을 포함하고 있지 않을 수 있다. EFP의 복잡한 정도에 따라서 목록의 크기는 작아질 수도 있고 더 커질 수도 있다.

- 카메라. 현장 카메라 혹은 캠코더? 이전에 반출된 적이 있었는가? 적정한 렌즈와 렌즈 부착물은 있는가? 어떤 카메라 장착 장비가 필요한가? 트라이포드, 트라이포드 달리, 휴대용 페디스털, 클램프, 스테디캠 장착 장비, 하이 햇, 빈백, 혹은 휴대용 지브 암? 배터리는 충분한가? 배터리는 완전히 충전되었나? EFP에서 사용할 특정한 캠코더에 맞는 배터리인가?
- VTR과 테이프. 캠코더 대신 현장 카메라를 사용하는 경우 한 대 혹은 두 대의 VTR이 필요하게 된다. VTR에 맞는 비디오카세트를 가지고 있는가? 카세트는 충분히 가져가야 한다. 박스에 표시되어 있는 길이와 실제 테이프의 길이가 일치하는지 확인한다. 테이프를 충분하게 챙겼다고 생각되어도 만일을 위해 두 개의 테이프를 더 챙기도록 한다. 케이블은 VTR과 ENG/EFP 카메라의 잭과 맞는 것인가?
- 모니터, RCU, 그리고 스코프. 재생이나 카메라 샷의 확인을 위해 모니터가 필요하다. 만약 모니터가 배터리로 전력을 공급하도록 되어 있다면 배터리는 충분한가? 만약 스위처를 이용한 다중 카메라 EFP라면 각각의 카메라 영상을 보기 위해 분리된 프리뷰 모니터가 필요하다. 만약 동작을 설명해줄 내레이터가 작업에 동참한다면 그 사람을 위해서 여분의 프리뷰 모니터를 준비해야 한다. 중요한 현장 제작에서는 최선의 영상을 위해 RCU(원격 조절장치), 오실로스코프(oscilloscope), 벡터 스코프(vector scope)가 필요하다. RCU를 사용하면 카메라를 최적의 상태로 조정할 수가 있다. 오실로스코프는 명도를 조정하는 데 도움을 줄

것이고 벡터 스코프는 실제와 같은 색을 만들어 내도록 카메라를 조정하는 데 도움을 줄 것이다.

- 오디오. 만약 현장의 음향 상황을 확인하지 않았다면 여러 종류의 마이크를 준비한다. 무선 라발리에를 확인한다. 무선 마이크 송신기에 배터리는 충분한가? 휴대용 마이크의 주파수는 수신기의 주파수대와 일치하는가? 라발리에를 포함한 현장에서 사용하는 모든 마이크에는 윈드스크린이 필요하다. 샷건 마이크의 경우 윈드잼머가 부가적으로 필요하다. 클립프, 스탠드, 피시폴과 같은 가장 적당한 장착 장비를 선택한다. 소형 현장용 믹서가 필요한가? 그것은 제대로 작동하고 있는가? 만약 분리된 음향 녹음기를 사용하는 경우 현장에 가지고 가기 전에 확인해본다. 전체 제작 기간에 충분한 오디오테이프를 준비했는가? 피시폴 담당자와 음향 녹음 담당자가 사용할 헤드셋도 잊지 말아야 한다.
- 전력 공급. 모니터, 캠코더 혹은 현장 카메라, 오디오 장비에 적합한 배터리를 준비했는가? 그것은 모두 완전히 충전되었는가? 만약 AC를 사용한다면 올바른 AC/DC 어댑터를 준비했는가? AC 소켓에 연결할 충분한 길이의 AC 확장 코드를 준비했는가? 배터리를 사용하는 모니터가 아닌 경우 모니터를 위한 AC 전력과 확장 코드가 필요하다. 파워 스트립을 준비하되 과부하되지 않도록 주의한다.
- 케이블과 커넥터. 특히 카메라와 RCU 사이를 길게 연결해야 하는 경우 충분한 카메라 케이블을 준비했는가? 모니터 공급을 위한 충분한 동축 케이블과 AC 케이블이 준비되었는가? 무선 마이크를 사용할 계획이라고 해도 충분한 길이의 마이크 케이블을 준비한다. 무선 장비들이 고장이 나거나 현장에서 쓸 수 없는 경우 마이크 케이블이 제작일 하루를 벌 수 있게 해줄 수도 있다. 마이크 케이블과 잭에 맞는 커넥터(주로 XLR 커넥터)를 준비했는가? 비디오, 오디오 케이블을 위한 몇 개의 어댑터(BNC에서 RCA 포노로, XLR에서 RCA 포노로 연결하는 어댑터, 또는 반대 상황의 어댑터)를 준비한다. 가능한 한 어댑터 사용을 피해야 하지만 안전을 위해서 케이블과 다양한 입력 잭에 맞는 어댑터를 준비한다.
- 조명. 대부분 실내에서는 휴대용 조명으로도 조명을 비출 수 있다. 몇 개의 조명 키트를 가져간다. 키트에 일반적인 조명기구, 스탠드, 액세서리가 들어있는지 확인한다. 조명은 제대로 작동하는가? 언제나 여벌의 전구를 몇 개 준비한다. 램프가 사용할 조명 기구에 맞는가? 원하는 색온도(3,200K 혹은 5,600K)를 내는 램프들인가? 반사 장치, 우산 반사 장치, 확산 재료(스크림과 스크린), 색온도 조절을 위한 컬러 젤은 충분히 준비했는가? 가장 자주 사용되는 컬러 젤은 색온도를 낮추기 위한 밝은 오렌지색 컬러 젤과 색온도를 높이기 위한 밝은 파란색의 컬러 젤이다.

  가려야 할 창문이 있다면 큰 ND 필터(색온도를 변화시키지 않으면서 들어오는 광량을 낮춘다)

나 창문을 가려서 색온도를 낮추기 위한 오렌지색 매체가 필요하다. 만약의 경우를 대비해서 카메라에 비치지 않는 위치에 있는 창문을 통해 들어오는 빛을 가리기 위해 무슬린을 준비하고 원치 않는 반사를 막기 위한 검은 천을 준비한다.

준비해야 할 다른 중요한 물품들은 다음과 같다. 조광기, 조명 스탠드와 클램프, 휴대용 조명 스탠드를 지지할 모래주머니, 역광 조명을 위한 조명 브리지를 만들 때 사용할 나무 막대 몇 개, 화재 방지를 위한 알루미늄 호일, 여분의 반 도어, 플래그, 스크림이나 컬러 젤을 반 도어에 부착할 때 사용할 수십 개의 나무 빨래집게.

- 인터컴. 하나의 카메라를 사용하고 정해진 영역에서 작업하는 EFP라면 정교한 인터컴 시스템은 필요치 않다. 제작 위치에서 촬영하기만 하면 된다. 그러나 만약 이벤트가 야외의 넓은 지역에서 벌어지고 있다면 넓게 퍼져있는 스태프들과 연락을 하기 위해서는 출력이 낮은 메가폰이나 워키토키가 필요하다. 만약 다중 카메라와 스위처 장비를 사용한다면 헤드셋과 인터컴 케이블을 준비해야 한다.
- 기타. 이외에도 현장 제작에 필요한 다음과 같은 몇몇 물품들이 더 있다. 여분의 스트립과 제작 일정표, 촬영 일지 양식, 슬레이트와 빨리 마르는 마커, 카메라를 위한 보통의 우산과 우비, 필요한 경우에 한해서 필터, 화이트 밸런스를 위한 하얀색 종이, 텔레프롬프터, 큐카드용 종이, 이젤, 여러 개의 전기 테이프와 마스킹 테이프, 하얀색 분필, 여분의 모래주머니, 나무 빨래집게, 밧줄, 분장 키트와 물, 타올, 플래시라이트, 구급상자, 이동 전화.

프로덕션: 설치(Production: Setup)

모든 사람들이 어떻게 진행될 것인지를 알고 있다면 설치는 비교적 순조롭고 혼란 없이 진행될 것이다. 비록 감독이 기술적인 설치 부분에 책임이 없다고 하더라도 장비가 제자리에 설치되고 있는지 꼼꼼히 지켜봐야 한다.

예를 들어 실내에서 촬영할 때 조명은 카메라에 잡히지 않는가? 인화성 물질(특히 커튼)과 충분히 떨어져 있고 적당하게 격리(예를 들면 알루미늄 호일)되어 있는가? 역광 조명은 충분한 높이에 설치되어서 카메라의 피사계에 들어오지 않는가? 조명 문제를 일으킬 만한 창문이 배경에 있는가?(그림 18.11의 예술가의 작업실에서 만일 큰 조각상을 촬영하려고 한다면 창문이 조명 문제를 일으킬 수 있다) 방이 너무 혼란스러워 보이지는 않는가? 너무 깨끗하지는 않는가? 미리 예견할 수 있을 만한 음향 문제가 보이지는 않는가? 만약 탤런트가 유선 라발리에를 사용한다고 한다면 라발리에 코드가 탤런트의 동작에 제약을 주지는 않는가? 샷건을 사용하는 경우 샷건 담당자가 탤런트에게 충분히 가까이 다가갈 수 있으며 특히 탤런트와 함께 움직일 때 가구에 걸려 넘어질 염려는 없는가? 그림들은 카메라가 잡을 수 있는 위치에 걸려 있는가? 탤런트 너머의 배경을 보고 어떤 문제를 일으키지는 않는지 확인한다(예를 들면 램프나 화분들이 탤런트의 머리에서 나온 것 같이 보이는 등의 문제).

야외 촬영에서 확인할 점은 카메라, 마이크 담당자, 탤런트의 이동에 장애물이 없는지 확인한다. 촬영 현장을 둘러보고 배경이 장면에 적합한지 확인한다. 탤런트의 머리에서 나온 것처럼 보일 만한 풀, 나무 혹은 전화 안테나 따위는 없는가? 큰 광고판은 배경을 잡는데 언제나 골칫거리다. 잠재적인 음향 문제는 없는가? 현재 한적해 보이는 시골길이 특정한 시간에는 붐비지는 않는가? 장면 중간에 울릴 수도 있는 공장의 기적소리는 없는가?

프로덕션: 리허설(Production: Rehearsals)

종종 리허설은 빠른 예행 연습(walk-through)으로 제한된다. 그러나 한두 사람보다 많은 상호작용의 야외제작이라면 더 많은 리허설이 필요할 것이다.

예행 연습(walk-through) 실제 리허설과 녹화를 하기 전에 제작 스태프들과 간단한 예행 연습을 하고 이후에 탤런트에게 카메라 위치, 특정한 샷, 주요 연기를 설명한다. 비교적 간단한 제작에서는 기술자들의 예행 연습과 탤런트 예행 연습을 묶어서 실행할 수 있다. 예행 연습 과정에서 좀더 면밀하게 연기에 대해서 설명을 해주면 그만큼 효율적으로 녹화를 할 수 있게 된다. PA는 감독인 당신을 따라다니면서 풀어야 할 크고 작은 프로덕션 문제에 대해서 필기를 하고 있는가?

예행 연습 이후에는 언제나 필기를 할 수 있는 시간을 가지고 이후에 스태프들이 남은 문제들을 풀 수 있도록 한다. 리허설과 녹화 전에 탤런트와 스태프들에게 휴식을 줘야한다는 것을 잊지 말자.

리허설 앞에서 말한 것처럼 단일 카메라 현장 연출에서는 자신만의 리허설 기법을 가지게 된다. 기본적으로 자신이 각 테이크마다 녹화하기 바로 전에 리허설을 해본다. 탤런트에게는 안내를 통해서 카메라와 마이크 담당자는 테이크를 통해서 그들이 무엇을 해야 하고 무엇은 하지 말아야 하는지 설명한다. 중요한 장면을 녹화한 다음에는 재생시켜서 보고 듣는다. 그것을 보고 마이크 혹은 마이크 위치를 좀더 나은 위치로 혹은 잡음이 덜한 위치로 재배치할 것을 결정할 수도 있다.

프로덕션: 녹화(Production: Videotaping)

실제 녹화에 앞서 카메라맨에게 촬영하려는 위치에 맞게 화이트 밸런스가 맞춰졌는지 확인한다. 때때로 구름이나 안개가 리허설과 녹화 작업 사이에 이동해서 빛의 색온도가 변하는 경우도 있다. 모든 테이크에 슬레이트 처리를 하고 PA나 VTR 담당자에게 촬영 일지를 기입할 것을 지시한다.

전방의 동작뿐만 아니라 배경의 움직임도 주시해야 한다. 예를 들어 호기심 많은 구경꾼이 어디선가 튀어나와서 화면에 들어올 수도 있고, 혹은 탤런트에게서 멀리 있는 분수가 머리 위에서 솟아나오는 것처럼 보이는 위치에 멈춰 서게 될 수도 있다. 한 테이크 동안 전방과 후방에서 들려오는 다양한 소리들을 주의 깊게 들어야 한다. 아주 작은 비행기 소음이 들렸다고 해서 촬영을 중단해서는 안 된다. 대부분 이런 작은 소음은 주요 대사나 포스트프로덕션에서 가해진 부가적인 음향에 묻히게 된다. 그러나 가까이에서 들리는 헬리콥터의 소음 같은 경우 '시민전쟁' 을 배경으로 하는 제작물에는 절대적인 방해 요소이기 때문에 재촬영하도록 한다.

각각의 테이크가 끝나면 모든 사람들을 조용히 그 자리에 머물게 해서 몇 초 동안의 여분의 재료를 촬영할 수 있도록 한다. 이런 완충 역할을 하는 여분의 촬영이 포스트프로덕션에서 큰 도움이 된다. 쓸만한 컷어웨이를 몇 장면 촬영하고 각 장소마다 현장음과 룸의 환경음을 녹음하도록 한다. 녹음된 '정적' 은 포스트프로덕션 편집과정에서 빼내야 할 음향이 생겼을 때 브리지 역할을 하게 될 것이다.

일련의 좋은 테이크들을 촬영했다고 느낀다면 현장 모니터를 통해서 포스트프로덕션에 사용할만한 것들인지 확인한다. 이 과정에서 큰 문제를 발견하게 되면 다음 장면이나 장소로 이동하기 전이므로 재촬영을 할 수 있다.

프로덕션: 해체와 장비 점검(Production: Strike and Equipment Check)

현장을 원래 있던 대로 재배치하고, 떠나기 전에는 깨끗하게 치운다. 모든 스크립트, 샷 시트, 촬영 일지를 줍는다. 바닥, 문, 혹은 벽에 붙어 있는 전기 테이프를 제거한다. EFP 차량에 장비들을 실을 때는 출발하거나 장소를 이동하기 전에 플로어 매니저나 선임 스태프, 혹은 PA가 장비 확인 목록을 각 항목별로 검사해서 모든 장비를 실었는지 확인한다. 촬영 테이프에 제대로 된 라벨이 붙었는지 확인하고 가장 중요한 것은 그 촬영 테이프들을 반드시 차에 실어야 한다. 어떤 감독들은 자신이 촬영 테이프를 소지할 것을 고집하는 사람도 있다.

포스트프로덕션(Postproduction)

EFP 포스트프로덕션 활동은 단일 카메라 스튜디오 제작과 정확히 일치해서 보호용 복사본과 윈도 더빙을 만들고 촬영 테이프에 있는 모든 테이크에 대한 녹화 일지를 작성하고 오프라인으로 대략적인 편집을 한 후에 편집 원본 테이프에 녹화할 온라인 편집을 하게 된다. ◀

대규모 중계방송(Big Remotes)

ENG
EFP

단순하게 중계방송이라고도 부르는 대규모 중계방송은 스포츠 경기, 퍼레이드, 혹은 정치 집회와 같이 텔레비전 방송을 위해서 특별히 만들어진 것이 아닌 대규모의 예정된 이벤트를 생방송이나 혹은 실황 녹화 방송을 하기 위한 작업이다. 모든 대규모 중계방송에는 주요 위치에 고성능 현장 카메라(높은 줌 배율의 렌즈가 장착된 스튜디오 카메라)를 배치하고 여러 대의 ENG/EFP 카메라와 오디오 장비들을 사용한다. 카메라와 다양한 음향 요소들은 중계차의 컨트롤 센터에서 조정된다. 중계차는 대개 자가 휴대용 발전기를 사용하며 만약을 대비해서 여분의 발전기가 첫 번째 발전기 옆에 배치된다. 현장에 사용 가능한 전력이 충분하다면 중계차는 그 전력을 사용하되 만약을 위해 하나의 발전기를 준비한다.

중계차는 부조정실과 장비실을 압축해 놓은 형태를 가진다. 다음의 컨트롤 센터를 포함하고 있다.

- 프리뷰 모니터와 라인 모니터, 특수 효과와 스위처, 문자 발생기, 다양한 인터컴 장비를 갖춘 프로그램 혹은 프로덕션 통제 센터.
- 충분히 큰 콘솔, ATR과 DAT, 다른 디지털 녹음 매체, 모니터 스피커, 인터컴 장비를 갖춘 오디오 통제 센터.
- 여러 대의 고성능 VTR과 일반적인 녹화, 즉시 재생, 느린 화면과 정지 화면으로 재생할 수 있는 디지털 녹화 장비를 갖춘 VTR 센터.

[그림 20.3] 중계트럭
중계트럭은 완전한 통제 센터가 설치된 자동차이다. 여기에는 프로그램, 오디오, VTR, 기술 센터뿐만 아니라 C.G.와 녹화 장비들이 설치되어 있다.

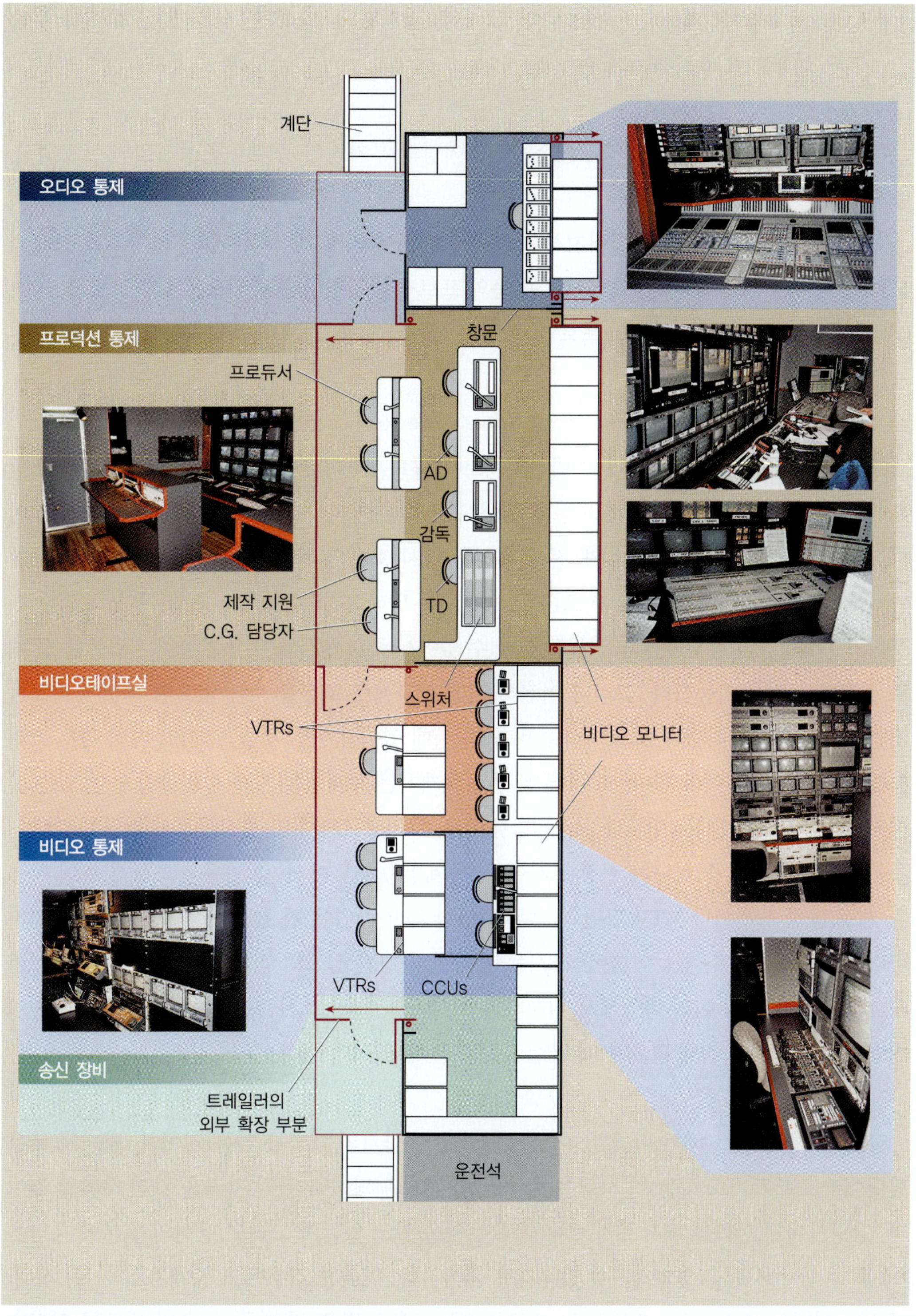

[그림 20.4] 중계트럭 안의 통제 센터

중계트럭은 프로그램 통제 센터, 오디오 통제 센터, VTR과 즉시 재생 센터, 기술 센터, 그리고 송신 장비가 설치되어 있다.

- CCUs(camara control units), 라인 모니터, 패치보드, 발생기, 신호 송신 장비를 갖춘 기술 센터(그림 20.3, 20.4 참조).

규모가 아주 큰 중계방송의 경우에는 한 대 이상의 부가적인 중계차를 보조적인 프로덕션, 통제 장비로 사용한다.

중계는 스튜디오에서 멀리 떨어져서 진행되기 때문에 몇몇 제작 절차들은 스튜디오 프로덕션과 큰 차이를 보이게 된다. 그러므로 다음의 프로덕션 조항들을 중심으로 알아보도록 한다. (1) 프리프로덕션–현장 조사, (2) 프로덕션–장비 설치와 운용, 플로어 매니저와 탤런트의 진행.

프리프로덕션: 현장 조사(Preproduction: The Remote Survey)

다른 모든 일정이 정해진 제작과 마찬가지로 대규모 중계방송도 철저한 프리프로덕션이 필요하다. 대규모 중계방송을 준비하는 데 있어서 문제점 중 하나는 리허설을 할 수 없다는 것이다. 두 개의 국가 대표 하키팀에게 전체 게임을 다시 보여 달라고 하거나 정치 지도자들에게 단지 리허설을 할 수 있게 활발한 토론을 다시 보여 달라고 할 수는 없는 노릇이다. 그러나 시상식의 중계방송의 경우 한정된 리허설을 할 수 있어서 주요 행사와 수상 가능한 사람들을 선 채로 촬영하는 것은 가능하다. 그러나 여전히 이벤트 자체를 조절할 수는 없으며 그것에 따르는 것만이 최선이라고 하겠다. 프로덕션 준비를 하는 데 있어서 이런 것들, 그리고 여러 다른 고려 사항들을 계산에 넣어야 한다. 또 다른 문제는 중계차는 통제실과 기술 설비들이 들어 있는 곳이지 스튜디오 그 자체는 아니다. 카메라, 마이크, 그리고 조명까지 현장으로 옮겨와야 한다.

중요한 사전준비 중 하나는 현장 조사이다. 중계방송에 있어서 많은 현장 조사 항목이 자동차 제조 공장 방문이나 MTV 단편과 같은 다양한 EFP 작업에 필요한 현장 조사 항목과 일치한다. 이름에서 알 수 있듯이 현장 조사는 제작이 진행될 장소의 건물, 땅, 그리고 이벤트 환경에 대한 프로덕션 이전 과정에서 실시하는 조사이다. 현장 조사를 통해 이벤트의 성격과 그 이벤트를 방송하기 위해 필요한 기술 설비들을 알 수 있어야 한다.

담당자 처음으로 해야 할 일은 이벤트를 아는 누군가와 대화를 하는 것이다. 담당자 혹은 담당이라고 부르기도 하는 이 사람은 한 기관의 홍보 담당자나 관리 자격을 가진 사람일 것이다. 담당자에게 전화를 해서 이벤트에 대해 무엇을 알고 있는지 그리고 당신의 질문에 대답을 해 줄 수 있는 사람을 알려 줄 수 있는지도 물어본다. 어떠한 경우에도 중계자의 이름, 직위, 주소와 이메일 주소, 직장 전화번호, 집 전화번호, 팩스 번호, 휴대폰, 호출기 번호를 알아내야 한다. 그리고 그 후에 실제 현장 조사를 위한 약속을 정한다. 현장의 태양의 위치는 야외 중계방송의 경우 매우 중요하며 실내 중계방송에서도 카메라에 잡힐 창문을 통해 빛이 들어올 수 있으므로 마찬가지로 태양의 위치가 중요하다고 할 수 있다. 그러므로 현장 조사를 하는 하루 중 예정된 중계방송이 있을 시각과 같은 시간에 하는 것이 이상적이다. 제작 중에도 중계자와 만날 수 있는 약속을 잡도록 한다. 대안적인 담당자를 마련해 두고 자신이 선임 담당자에게 사람을 보내서 대안적인 담당자에 대한 정보를 얻어온다. 때때로 담당자는 제작 날에 감기에 걸리기도 하기 때문이다.

조사팀 현장 조사 그 자체는 프로덕션과 기술적 고려 사항과 관련이 있다. 그러므로 현장 조사팀에는 제작과 기술에 관련된 사람들이 함께 구성된다. 최소한의 조사팀은 중계방송의 프로듀서, 감독, 기술 감독으로 이루어진다. 특히 중요한 이벤트이거나 복잡한 마이크로웨이브 혹은 위성 링크 요소가 포함된 중계방송이라면 프로덕션 매니저나 선임 기술자와 같은 부가적인 프로덕션 인력과 기술 관리 인력이 포함될 수 있다.

일반적으로 프로덕션 요구 사항이 제일 먼저 결정되고 그 다음에 기술 분야에 관련된 사람들이 계획된 프로덕션 과정을 기술적으로 가능하게 만든다. 중계방송이 복잡하기 때문에 프로덕션에 관련된 인력과 기술적인 분야에 관련된 인력에 의한 광범위한 절충이 이루어져야 한다.

감독은 특별한 기술적 설치와 픽업에 있어서 문제가 무엇인지 인지하고 절차에 있어서 어떠한 변화가 그러한 문제들을 해결할 수 있는지 알고 있기만 하다면 앞에서 말한 절충을 감독이 결정할 수도 있다. 그러므로 감독은 중계방송에 있어서 제작뿐만 아니라 기술적인 요구 사항을 잘 알고 있어야 한다. 많은 프로덕션 조사 항목과 기술적인 조사 항목이 겹쳐지기는 하지만 보다 나은 분류를 위해서 여기서는 그 둘을 분리해서 다루기로 한다.

프로덕션 조사 다음에 나오는 표는 프로덕션 조사과정에서 알아보아야 할 주요 사항들의 목록이다(표 20.5 참조). 좋은 현장 스케치는 프로덕션을 준비하는 데 있어서 도움을 줄 수 있으며 주요 문제들을 미리 알아볼 수도 있게 해준다(그림 20.14~20.17 참조).

기술적 조사 여기에 제시한 기술적 조사 목록은 프로덕션 절차에 직접적으로 영향을 주는 것들과 궁극적으로 감독이 실시해야 하는 현장 조사에 한정한 것이다(표 20.6 참조). 프로덕션 조사에서 이미 제시했던 카메라와 마이크와 같은 기술적 사안은 포함시키지 않았다.

[표 20.5] 현장 조사: 제작
제작 조사 과정에서 확인해야 할 주요 질문 사항들이다.

조사 항목	주요 질문
담당자	누가 자신의 주요 담당자이고 대안적인 담당자인가? 제목, 직장 주소와 이메일 주소, 직장과 집 전화번호, 휴대폰 번호, 팩스와 호출기 번호.
장소	중계가 진행될 정확한 위치는 어디인가? 주소, 전화번호.
시간	중계시간은 언제인가? 날짜, 시간. 트럭의 도착시간은 언제인가? 트럭을 배치하기 위해서 현장에서 누구를 만나기로 되어 있는가?
이벤트의 특성	정확한 이벤트의 성격은 무엇인가? 동작은 어디에서 이뤄질 것인가? 어떤 종류의 동작을 기대하는가? 중계자가 필요한 정보를 제공할 수 있어야 한다.
카메라(고정)	몇 대의 카메라가 필요한가? 가능한 한 적은 수의 카메라를 사용한다. 카메라는 어디에 배치해야 하는가? 카메라를 동작이 일어나는 반대 방향에 배치해서는 안 된다. 대개, 동작이 일어나는 곳과 가깝게 배치하는 것이 컷하는 것을 쉽고 덜 혼란스럽게 만든다. 태양을 등지고 촬영해야지 마주보고 촬영해서는 안된다. 전체 중계방송 동안 태양을 등지거나 측면에 올 수 있게끔 한다. 대형 경기장의 방송실은 대개 그늘진 곳에 위치한다.
	가능하다면 중계방송이 있을 시각에 현장 조사를 실시한다. 현장 조사 당시 날씨가 맑지 못하다면 가능한 한 실제에 가까운 태양의 위치를 알아본다.
	나무, 전화 안테나, 대형 간판과 같이 카메라의 시계를 가릴 만한 큰 장애물이 존재하지는 않는가? 실제 중계방송에서도 같은 시계를 가질 수 있는가? 조사 상황에서는 카메라 시계에 장애물이 없었지만 실제 중계에서는 관중과 같은 장애물이 생길 수도 있다.
	대형 간판, 특히 그 간판의 광고 내용이 협찬하는 기업의 제품과 경쟁하는 기업의 것이었을 때 그 간판이 카메라에 나오지 않도록 할 수 있는가?
	카메라 덧마루가 필요한가? 어디에? 얼마나 높은 덧마루가 필요한가? 특정한 위치에 덧마루를 설치할 수 있는가? 중계트럭을 덧마루로 사용할 수 있는가? 만약 경쟁 방송사에서도 같은 이벤트를 취재 중이라면 자신의 방송사의 카메라의 위치에 대한 독점권을 가지고 있는가? 독립 카메라는 어디에 배치할 것인가?
카메라(이동)	특정한 카메라를 이동시킬 필요가 있는가? 바닥은 어떤 종류인가? 카메라를 현장 달리에 장착해서 움직일 수 있는가? 현장 달리(주로 크고 공기를 채운 고무바퀴를 가진다)가 필요한가? 좁은 복도나 문에 비해 카메라를 장착한 달리에 너무 크지는 않은가? 대형 스튜디오/현장 카메라 대신 ENG/EFP 카메라를 사용할 수 있는가? 카메라의 행동반경은 어디인가? 카메라를 중계트럭과 케이블로 연결(신호 간섭이나 손실이 적다)할 수 있는가? 신호를 마이크로웨이브를 통해 중계트럭에 전송해야 하는가?
조명	부가적인 조명이 필요한가? 어디에 어떤 종류의 조명이 필요한가? 조명 기구를 손쉽게 매달 수 있는가? 아니면 스탠드가 필요한가? 역광조명의 설치가 필요한가? 조명은 카메라 시계에 잡히지 않도록 충분히 높이 매달 수 있는가? 창문을 바라보면서 촬영해야 하는가? 그렇다면 원치 않는 야외 빛이 들어오는 것을 차단하거나 거를 수 있는가? 반사장치를 사용할 수 있는가?

[표 20.5] 현장 조사: 제작(계속)

조사 항목	주요 질문
오디오	어떤 종류의 음향 픽업 장치가 필요한가? 마이크는 어디에 배치해야 하는가? 오디오에 국한해서 정확한 행동반경은 어디인가? 마이크의 케이블 길이는 얼마나 길어야 하는가? 탤런트를 위해서는 고정 마이크를 배치해야 하는가, 이동 마이크를 배치해야 하는가? 샷건이나 파라볼릭 마이크처럼 긴 거리를 담당할 수 있는 마이크가 필요한가? 무선 마이크가 필요한가? 음성 신호가 무선 마이크에 잡힐 수 있는가? 음향 폴드백이나 스피커 장치와 같이 프로그램 음향을 현장에 전달할 수 있는 장비를 사용해야 하는가? 공공 강연 시스템을 이용할 수 있는가? 넓은 영역의 음향 픽업을 위한 마이크가 필요한가?
내부 상호소통 시스템	어떤 종류의 인터컴 시스템이 필요한가? 인터컴 선을 묶어야 하는가? 얼마나 많은 I.F.B. 채널과 기지국이 필요하고 어디에 배치할 것인가? P.A. 토크백 시스템이 필요한가? 충분한 마이크 선이 사용 가능한가?
그 외 제작 물품	C.G. 사용이 불가능하다면 이젤을 타이틀 카드로 사용해야 한다. 시계가 필요한가? 어디에? 라인 모니터, 특히 아나운서를 위한 것이 필요한가? 몇 개나 필요한가? 어디에 배치할 것인가? 독립 재생을 보기 위해 아나운서에게 프리뷰 모니터가 필요한가? C.G. 사용이 불가능한 경우를 대비해 슬레이트를 준비했는가?
승인과 허가	경찰서나 소방서에서 중계에 필요한 허가를 받았는가? 이벤트를 주최하는 곳으로부터 서류 형태의 허가서를 받았는가? 중계트럭과 다른 제작 차량에 대한 주차 승인은 받았는가? 특히 입장료를 내야하거나 일종의 입장 규정이 있는 경우에, 모든 기술, 제작 인력에 대한 무료입장과 주차에 대한 허가를 받았는가?
다른 제작 원조	모든 사람들이 대략적인 이벤트의 순서에 대한 런다운 시트를 가지고 있는가? 이 런다운 시트는 감독, 플로어 매니저, 아나운서, 특히 카메라맨과 음향 기술자, 부가적인 플로어 요원에게는 아주 긴요하다. 주요 동작과 관련된 인물에 대해 확인해줄 수 있는 관측자는 있는가? 스포츠 중계의 경우 관측자는 필수적이다.

프로덕션: 장비 설치와 작동(Production: Equipment Setup and Operation)

중계방송의 장비 설치에 대한 명확한 공식은 없다. 스튜디오 제작과 마찬가지로 카메라의 개수, 마이크의 종류와 개수, 조명 등의 사안들은 전적으로 이벤트, 혹은 좀더 정확하게 프리프로덕션 회의에서 규정된 프로세스 메시지에 의해 결정된다. 여러 대의 카메라, 마이크, 그리고 다른 종류의 기술 장비들이 보다 적은 장비를 사용할 때보다 반드시 더 나은 중계방송을 할 수 있게 해주는 것은 아니다. 실제로 한두 대의 캠코더가 화려한 비디오, 오디오, 녹화, 스위칭 장비를 갖춘 손이 많이 가는 중계차보다 더 자유롭고 효과적일 수 있다. 그러나 주요 스포츠 이벤트의 실황 녹화 방송과 같은 대규모 중계방송을 위해서는 중계차가 필수 장비와 프로덕션 통제를 제공하게 된다.

[표 20.6] 현장 조사: 기술 분야

기술 분야 현장 조사는 프로덕션 절차에 직접적인 영향을 주는 것들만을 목록으로 만들었다.

조사 항목	주요 질문
전력	베터리나 자가 발전기를 사용하지 않는 경우 현장에 충분한 전기 공급이 있는가? 어디에? 보통의 중계방송에서는 사용하는 장비에 따라 최소 200 amps 이상의 전력이 필요하게 된다. 중계자는 전력 소켓을 사용할 수 있는 권한이 있는가? 아니라면 누가 그 권한을 가졌는가? 중계방송 설치와 실제 프로덕션 과정에서 중계자와 확실히 연락할 수 있도록 조치해야 한다. 전선 확장이 필요한가? 발전기를 사용하는 경우 만약을 대비해 여분의 발전기를 준비했는가?
중계트럭과 장비의 위치	중계트럭은 어디에 위치해야 하는가? 발전기를 사용하지 않는 경우에는 전력을 사용할 수 있는 장소에 따라 결정된다. 그 위치는 이벤트가 벌어지고 있는 장소와 충분히 가까운가? 카메라 케이블에는 최대 길이라는 것이 있어서 그 이상이 넘어가면 영상 손실을 가져올 수 있다는 것을 명심하자. 가까운 곳에 X-ray 기계, 레이더, 혹은 그 외 고주파 전기 장비와 같은 영상, 음향 신호 간섭을 할 수 있는 요소가 있는지 확인해야 한다. 트럭이 일반적인 통행을 방해하고 있는가? 이벤트 자체를 방해하는 것은 아닌가? 트럭을 위한 주차 공간을 비워둔다. 경찰에게 협조를 요청했는가? 휴대용 카메라를 위해 RCU가 필요한가?
녹화 장치	프로그램이 녹화되고 있다면 필요한 VTR은 트럭에 준비되어 있는가? 즉시 재생을 위한 부가적인 VTR 혹은 디지털 하드 드라이브는 있는가? 영상, 음향 신호를 분리해서 방송국으로 보내야 한다면 음향 전송을 위해 필요한 전화선은 확실히 준비되었는가? 이벤트 전체를 담을 수 있는 충분한 테이프를 준비했는가? 이벤트의 일부분을 놓치지 않고 릴을 바꿀 수 있도록 준비했는가? 독립 카메라는 스위처와 분리된 녹화 장치에 적정하게 연결되었는가?
신호 전송	비디오테이프에 녹화하기 위해서 혹은 생방송을 송신기로 보내기 위해서 방송국으로 이벤트를 전송해야 한다면, 마이크로웨이브 혹은 위성 업링크를 위해 좋은 위치를 점하고 있는가? 마이크로웨이브 미니 링크가 필요한가? 위성 업링크를 위한 필요사항을 두 번 확인한다.
케이블 배치	몇 개의 케이블이 필요한가? 어디에 배치해야 하는가? 몇 개의 오디오 케이블이 필요한가? 어디에 배치해야 하는가? 몇 개의 인터컴 케이블이 필요한가? 어디에 배치해야 하는가? 몇 개의 AC 선이 필요한가? 어디에 배치해야 하는가? 가능한 한 중계트럭과 픽업 장비 사이에 가장 짧은 길이로 연결하되 통행이 많은 복도, 문, 통로 등을 막아서는 안된다. 케이블은 긴 영역을 감당해야 하는가? 그렇다면 팽팽해지는 것을 감소시키기 위해서 끈을 꼬아서 거기에 케이블을 묶어준다.
조명	모든 조명 기구에 충분한 AC 소켓이 있는가? 소켓에는 램프를 위한 퓨즈가 있는가? 일반적인 가정용 소켓에 과부하되도록 만들지 않는다. 모든 조명 기구와 모니터, 전자 시계에 전력을 공급할 수 있는 충분한 확장 코드가 있는가?
상호소통 시스템	어떤 특정한 상호소통 시스템이 필요한가? P.L.? I.F.B. 채널? 전화선? 휴대전화? P.A. 시스템? 장거리 워키토키? 두 가지 방식의 무선 주파수?

일단 설치가 되고 나면, 대규모 중계방송의 프로덕션 절차는 스튜디오 프로덕션 절차와 큰 차이를 보이지 않는다. 그러나 즉시 재생과 같은 대규모 중계방송의 몇몇 프로덕션 절차들은 일반적인 스튜디오 프로덕션에서는 찾아볼 수 없는 것들이다. 다음에 나오는 내용들은 자신이 처음으로 대규모 중계를 맡게 된 감독, 플로어 매니저, 탤런트라는 가정하에서 살펴보도록 한다.

설치 감독 실제 대규모 중계방송은 주로 생중계이기 때문에 다른 현장 제작 방식과 감독 과정이 비슷한 점이 많지 않으며 오히려 생방송 혹은 실황 녹화 스튜디오 제작에 좀더 가깝다.

- 중계차가 자리를 잡으면 즉시 철저한 기술적 예행 연습을 지휘한다. 감독은 기술 스태프에게 고정 카메라는 어디에 위치해야 하고 어떤 피사계로 맞추길 원하는지 알려준다(각 카메라는 얼마나 가깝게 혹은 넓게 피사계를 잡아야 하는지 지시한다). 가능한 한 카메라가 이벤트를 가깝게 잡도록 지시하되 너무 좁은 협각 줌 렌즈 위치는 피한다. 이동할 카메라들의 대략적인 움직임이나 영역, 그리고 어떤 음향이 필요한지 알려준다. 아나운서가 부스에 위치하지 않는 한 아나운서가 있어야 할 위치를 특별히 지정하고 거기에 따른 모니터, 마이크, 인터컴이 적절히 배치되도록 한다.
- 기술 인력들이 설치를 하는 동안, 담당자, 프로듀서, AD, 플로어 매니저, PA, 탤런트, 그리고 직접적으로 장비 설치에 참여하고 있지 않다면 기술 감독도 함께 제작 회의를 가진다. 담당자에게 예상되는 이벤트의 설명을 부탁한다. 어떻게 취재하고 싶은지 설명한다. 탤런트에게 수상을 한 팀이 퍼레이드의 어느 부분에 위치하는가 하는 등의 이벤트의 중요한 특성을 설명하는 것은 프로듀서의 몫이지만 다른 문제로 인해 프로듀서가 그 일을 못하게 될 경우를 대비해서 감독도 설명 내용을 준비해둔다. AD, 플로어 매니저, TD가 설치를 지휘하도록 위임한다. 감독 혼자서 모든 일을 해내려고 해서는 안 된다.
- 모든 상호통신 장비들, 특히 인터컴에 주의를 기울인다. 중계 방송 중에는 중계차 안팎으로 다니면서 현장으로 가볼 수가 없으며 음성 통신 장비들을 통해서 차량에서 모든 지시를 전달해야 한다. 중계방송에서 가장 중요한 제작 지위에 있는 플로어 매니저와 이벤트 취재의 세부 사항들에 대해서 논의한다.
- 일반적으로 감독은 이벤트 자체를 통제하는 것이 아니라 성실하게 관찰하려고 노력해야 한다. 다시 한 번 중계자와 아나운서가 함께 런다운 시트의 정확성과 이벤트에 관한 특징적인 정보를 확인한다. 탤런트에게 주요 참가자의 이름을 발음해보라고 재차 확인한다.

- 현장을 다시 돌아보고 카메라의 시점으로 이벤트를 시각화해 본다. 카메라는 최적의 촬영 위치에 있는지? 카메라는 모두 벡터 라인을 기준으로 한 방향에 위치하고 있어서 한 카메라에서 다른 카메라로 화면을 전환했을 때 움직임의 방향이 반대로 되지 않을 수 있는지? 야외 촬영이라면 태양에 의해 촬영이 불가능하게 될 카메라는 없는지? 태양이 카메라 바로 뒤에 위치할 수도 있는지?(이 경우 카메라맨은 뷰파인더를 확인할 수 없게 된다.) 경험이 많은 카메라맨이라면 우산이나 플래그를 카메라에 부착해서 태양을 가릴 것이다.
- 이벤트를 중계할 때 자신은 그곳에 게스트라는 것을 명심하자. 대부분의 스포츠처럼 텔레비전이 이벤트의 필수 요소가 아닌 경우에는 가능한 한 작업은 빠르고 조심스럽게 진행되어야 한다. 자신의 제작에서 커다란 장관을 만들어내려고 해서는 안 된다. 근본적으로 자신은 이벤트를 침범하고 있으며 이벤트에 참여하고 있는 사람들은 대개 어느 정도의 압박감을 가지고 있다는 것을 알아야 한다.

중계 방송 연출 일단 방송이 시작되면 가능한 한 이벤트의 진행속도보다 앞서가도록 한다. 만약 당신이 유능한 관측자(중계자와 AD)를 가지고 있다면 당신은 이벤트를 미리 예견할 수 있고 카메라를 미리 준비시켜 놓을 수도 있다. 다음은 몇 가지 기억하고 있어야 할 일반적인 요점들이다.

- 크고 분명하게 말한다. 일반적으로 현장은 시끄러워서 카메라맨이나 플로어 스태프들이 감독의 목소리를 잘 들을 수 없을 것이다. 헤드셋을 착용하고 마이크는 입 가까이에 댄다. 필요하다면 고함을 쳐도 되겠지만 너무 흥분을 해서는 안 된다. 주위 소음이 인터컴을 통해 들어오는 것을 막기 위해서 스태프들에게 자신들의 헤드셋에 있는 마이크를 끄도록 지시한다.
- 플로어 매니저와 카메라 메니저의 말을 주의 깊게 들어야 한다. 그들은 이벤트의 세부 사항을 지켜보는 것을 도와주고 그런 일들이 생길 때 감독에게 알려준다.
- 모니터를 주의 깊게 관찰한다. 방송 중이 아닌 카메라가 특별히 흥미로운 장면을 촬영하고 있을 수 있다. 그러나 흥미롭지만 의미가 없거나 이벤트를 왜곡하는 샷이라면 그 화면을 방송에 내보내서는 안 된다. 예를 들어 대부분의 사람들이 오케스트라의 연주를 진지하게 듣고 있는데 뒷좌석에서 주의를 끌 만한 행동을 하고 있는 사람의 모습은 그것이 흥미로운 장면이라고 할지라도 방송에 내보내서는 안 된다.
- 음향에 주의를 기울인다. 유능한 아나운서는 이벤트가 발전되어가는 것에 대한 단서를 제공하고 때로는 중요한 이벤트의 세부적인 면을 알려주기도 한다.

- 일이 잘못되어 가고 있다 하더라도 침착해야 한다. 예를 들어 관객이 주요 카메라의 앞을 막았다거나 카메라맨이 자신의 카메라가 꺼져있다고 판단하여 심한 팬을 한다면 플로어 매니저나 카메라맨에게 실수에 대해 소리를 지르기보다는 능숙하게 다른 카메라의 화면으로 바꿔줘야 한다.
- 관객에게 보여주는 것을 통해 교양과 높은 취향이 배어나오도록 한다. 사고(특히 스포츠 이벤트에서)나 특히 화면에 비춰질 사람에게 수치심을 느끼게 할 만한 장면은 이용해서는 안 된다.

즉시 재생 즉시 재생은 주요 플레이 혹은 이벤트의 단편을 시청자를 위해 반복해서 보여주는 것을 말한다. 즉시 재생에는 주로 독립 카메라와, 탐색과 재생 속도가 빠른 VTR이 사용된다. 몇몇 규모가 큰 스포츠 중계에서는 즉시 재생 작동만을 위해 별도의 분리된 스위처를 사용하기도 한다. 아주 큰 규모의 중계방송에서는 즉시 재생과 특수 효과 조작을 분리된 중계차에서 맡기도 한다.

특정한 플레이를 설명하기 위해 재생할 때는 DVE(digital video effects)가 주로 사용된다. 화면은 몇 개의 작은 상자 형태로 나뉘거나 모서리가 와이프 형태로 처리되어서 각각의 분리된 화면은 플레이를 다른 각도로 촬영한 모습을 보여주거나 즉시 재생된 정지 화면 위로 간단한 선을 그릴 수 있는 전자 칠판과 같은 기능을 해서 칠판에 스케치와 같은 모습을 보여주기도 한다. 경기와 선수들의 통계 자료는 C.G.를 이용해서 삽입한다. 일부 정보는 미리 프로그램되어서 컴퓨터 디스크에 저장해 놓지만 새로운 통계 자료의 경우에는 C.G. 담당자가 지속적으로 입력을 시켜주어야 한다. 주로 프로듀서나 AD가 전체 즉시 재생 운용을 지시한다. 감독은 대개 실시간 취재에 신경을 써야 하기 때문에 다양한 재생과 특수 효과에 신경 쓸 수가 없다.

주요 플레이를 즉시 재생할 경우 방금 전에 보았던 시퀀스를 정확히 되풀이하거나 혹은 약간 다른 각도에서 그 동작을 보여주고 있는 것을 알 수 있을 것이다. 첫 번째의 경우 정규 게임을 취재한 영상, 즉 라인 출력의 영상 시퀀스가 녹화되었다가 재생되는 것이며, 두 번째의 경우 독립 카메라가 잡은 영상을 녹화했다가 재생하는 것이다. 스포츠에서 독립 카메라의 주요 기능은 즉시 재생을 주요 플레이나 선수들을 따라다니며 촬영하는 것이다. 또한 독립 카메라는 다중 카메라가 설치된 오케스트라 공연과 같은 다양한 현장 제작에서도 사용된다. 이런 경우 포스트프로덕션에서 손쉽게 컷어웨이를 제공할 수 있도록 독립 카메라로 계속 촬영하게 할 수 있다.

중계 제작이 생방송이 아니라 포스트프로덕션을 거치게 될 것이라면 모든 카메라를 독립 카메라처럼 사용할 수 있으며 각각의 영상을 분리된 VTR이나 디지털 녹화 장치에 녹화한다.

이후에 모든 독립 카메라의 출력은 방대한 포스트프로덕션 편집에서 촬영 원본으로 사용되게 된다.

쇼 이후의 활동 감독 장비들이 철거되고 현장이 본래 있던 대로 복구되기 전에는 중계방송이 끝났다고 할 수 없다. 대규모 중계방송의 감독은 쇼 이후의 절차에 대해서 특별한 주의를 기울여야 한다.

- 만약 무언가 잘못되었을 경우 실수한 것에 대해서 다른 사람들에게 책임을 전가해서는 안 된다. 일단 침착하게 행동한다.
- 모두의 노고에 감사를 표시한다. 누구도 중계방송을 망치고 싶어하는 사람은 없다. 특히 중계자와 이벤트를 성사시킨 사람들, 그리고 중계방송을 가능하게 해준 사람들에게 감사의 말을 전한다. 가능한 한 책임자에게 자신과 자신의 팀의 좋은 인상을 남겨줘야 한다. 현장에서는 자신이 회사 전체, 어떤 경우에는 매체 전체를 대표하게 된다는 것을 명심해야 한다.
- 중계차의 주차 공간을 만들어주고 관객을 통제하는 등의 수고를 해준 경찰에게 감사를 표시한다. 다음 중계방송을 위해서는 그들의 도움이 다시 필요하게 될 것이라는 것을 잊어서는 안 된다.
- 플로어 매니저가 모든 제작 장비를 방송국에 반입하는 것을 확인한다.

프로덕션: 플로어 매니저와 탤런트의 진행(Production: Floor Manager and Talent Procedures)

플로어 매니저는 대규모 중계방송에서 중요한 역할을 하는 사람이다. 플로어에서 하는 일은 방송의 사이즈와 복잡성에 따라서 감당해야 할 일이 증가한다.

플로어 매니저의 진행 플로어 매니저(대규모 중계방송에서는 스테이지 매니저 혹은 유닛 매니저라고도 부른다)는 감독과 기술 감독 다음으로 중계방송의 성공에 주요 책임을 지는 사람이다. 플로어 매니저는 현장 가까이에 있기 때문에 중계차에 외떨어져 있는 감독보다 이벤트에 대한 전체적인 관찰이 더 용이할 수 있다. 다음은 플로어 매니저로서 대규모 중계방송 제작을 성공적으로 만드는 데 도움을 줄 수 있는 몇 가지 요점들이다.

- 이벤트가 진행되기 이전에 이벤트에 대해서 숙지한다. 어디서 진행될 것이며 어떻게 전개될 것인지, 중계차를 기준으로 카메라와 마이크가 어디에 배치될 것인지 알아둬야 한다. 주요 이벤트의 전개와 장비 설치에 대한 스케치를 만든다(section 20.2 참조).
- 인터컴 장비를 3중으로 확인한다. 중계차의 지시 사항을 들을 수 있는지 중계차에서 자신의 목소리를 들을 수 있는지 확인한다. 다른 사람들의 인터컴이 제대로 작동하고 있는지 확인한다. 모든 무선 헤드셋, I.F.B. 채널, 워키토키, 그 외 다른 모든 현장 상호 소통 시스템들을 확인한다.
- 프로덕션 지역의 통행에 대해서 알고 있어야 하며, 장비와 동작 영역에서 멀리 떨어져서 계속 지켜보고 있어야 한다. 다른 방송국의 직원들이 작업하는 영역에서 일한다. 특히 다른 매체의 리포터들에게 주의를 기울인다. 뉴스 사진 기자가 우리 방송국의 주 카메라 바로 앞에 서서 촬영하고 있는 경우는 처음 있는 일이 아닐 것이다. 사진 기자의 책임감에 호소해서 자신도 대중들에게 정보를 전달하는 일을 하고 있다고 말해서 자리를 비키도록 종용한다.
- 만약 중계방송이 테이프에 녹화되는 경우 C.G.를 슬레이팅에 사용하지 않는다면 자신의 슬레이트를 준비한다.
- 모든 케이블이 프로덕션 지역에 있는 사람들에게 잠재적 위험을 최소화할 수 있도록 적정한 안전 조치가 취해져 있는지 확인한다. 만약 기술 스태프들이 필요한 조치를 취하지 않았다면 케이블들을 바닥이나 길 한쪽에 테이프로 고정시키고 보행자 통행이 많은 지역이라면 케이블 위에 매트를 깔아둔다.
- 경찰에게 자신을 소개하고 중계를 허가 받은 다음 이벤트의 주요 세부 사항을 전달받을 수 있도록 한다. 탤런트에게 경찰들을 소개한다. 경찰들은 대개 방송에 나오는 사람들을 만나게 되면 좀더 협조적이 되며 자신들이 중계방송 운용의 일부분이라는 느낌을 갖게 된다.
- 중요 이벤트를 상세히 촬영할 수 있도록 카메라맨을 도와라. 카메라 케이블 잡는 사람을 도와 카메라의 행동반경을 상의한다.
- 감독의 모든 큐를 즉각적이고 정확하게 전달한다. 탤런트가 자신을 찾지 않아도 볼 수 있는 자리에 위치해서 탤런트가 큐를 잘 볼 수 있도록 한다(대부분의 아나운서는 I.F.B.에 연결되어 있어서 플로어 매니저를 중개인으로 사용할 필요 없이 작은 이어폰을 통해 감독의 큐를 직접 받게 된다).
- 대략 8cm×15cm 정도 크기의 카드를 여러 장 준비해서 자신이 I.F.B. 채널을 잃을 경우에 탤런트에게 글씨를 써서 큐 신호를 전달할 수 있도록 대비한다.
- 탤런트가 잠시 방송 화면에 보이지 않는 동안 어떤 일이 진행 중인지 계속해서 알려준다.

다음에 방송에 나가게 될 때 좋은 외관을 보여줄 수 있도록 신경 쓰고 격려하며 긍정적인 의견을 제시해준다.

- 중계방송 이후, 이젤, 덧마루, 모래주머니, 슬레이트, 헤드셋과 같은 자신이 직접적으로 책임져야 하는 모든 제작 장비를 수거한다. 현장을 떠나기 전에 뭔가 빠뜨린 것이 없는지 2중으로 확인한다. 감독 혹은 TD의 장비 확인 목록을 활용한다.

탤런트의 진행 chapter 16에서 알아봤던 일반적인 탤런트의 진행이 중계방송 운영에도 그대로 적용되지만 중계방송에서는 다음에 열거할 점들에 대해서 특히 주의를 기울인다.

- 이벤트를 완전하게 숙지하고 그와 관련해서 자신에게 특별히 할당된 일을 잘 알고 있어야 한다. 프로세스 메시지에 대해서 알고 자신의 역할이 메시지 전달에 효과를 줄 수 있도록 한다. 프로듀서, 감독, 그리고 중계자와 이벤트에 대해서 정밀하게 살펴본다.
- 자신의 마이크와 내부 상호 소통 장비를 테스트해 본다. I.F.B.를 사용하는 경우 감독이나 TD와 함께 확인해 본다.
- 자신의 모니터가 작동하는지 확인한다. 카메라가 촬영을 할 수 있게 되면 바로 자신의 모니터에 영상을 보여줄 수 있도록 플로어 매니저를 통해 TD에게 부탁한다. 적어도 컬러바 정도는 보여주도록 부탁한다.
- 중계자나 관측자가 도울 수 있는 경우 이벤트의 주요 사항을 다시 한 번 논의하고 방송 중에 그들과 어떻게 상호 소통할 수 있는지 논의한다. 예를 들면, 마이크를 통해 음성이 방송 중인 상황에서 관측자가 무슨 일이 진행되고 있는가를 어떻게 자신에게 전달할 것인가를 알아본다.
- 주요 출연자와 그들의 이름 발음을 확인해라. TV 해설자가 지역에서 잘 알려진 사람의 이름을 잘못 발음한다면 부끄러운 일이다.
- 방송 중에는 시청자에게 그들이 볼 수 없는 부분에 대해서 이야기해준다. 너무 확연한 것들을 보도할 필요는 없다. 예를 들면, 비행기에서 막 내린 유명 인사가 환영 인파와 악수를 나누고 있다면 그것에 관해서는 "유명인사가 어떤 사람들과 악수를 나누고 있습니다"라고 얘기할 것이 아니라 누가 누구와 악수를 하고 있는지 말해야 한다. 만약 축구 선수가 운동장에 누워서 일어나지 못하고 있다면 그 선수가 부상을 당했다는 말을 할 필요는 없다. 관객들도 이미 보아서 알고 있으며 단순히 부상을 당했다는 말보다는 그 선수가 누구이며 어떤 부상일 수 있다는 이야기를 해주어야 한다. 또한 이후의 설명에서는 주기적으로 그 부상에 대해서 좀더 자세한 정보를 제공하고 그 선수가 어떻게 경기를 진행하고 있는지 말해

준다.

- 이벤트에 너무 집중한 나머지 객관성을 잃어서는 안 된다. 반대로 너무 초연해서 아무 감응도 없는 듯한 모습을 보여서도 안 된다.
- 어떤 사람과 사물을 확인하는 데 있어서 실수를 범했다면 가능한 한 빨리 인정하고 정정한다.
- 가정용 수상기는 색을 왜곡하는 경우가 있을 수도 있으므로 색으로 이벤트의 세부 사항을 구분해서 전달하지 않는다. 예를 들면, 달리기 선수를 가리키는 데 있어서 빨간 바지를 입은 선수는 자신이 가리키는 선수 말고도 화면 왼쪽에 위치한 다른 선수가 될 수도 있다.
- 가능한 한 이벤트 그 자체가 말하도록 한다. 극도로 긴장되는 순간에는 말을 하지 않도록 한다. 예를 들어, 출발시키는 사람의 '준비' 라는 명령과 100 m 결승전의 출발을 알리는 총소리 사이의 매우 긴장된 순간에는 말을 아껴야 한다. (주1)

핵심요약

- 현장 제작에는 ENG(electronic news gathering), EFP(electronic field production), 그리고 대규모 중계방송, 이렇게 세 종류가 있다.
- ENG는 가장 융통성 있는 현장 작업이다. ENG는 이벤트에 빠르게 대처할 수 있고 현장에서는 최대의 기동성을 가지며 방송국으로의 즉각적인 송신이나 포스트프로덕션 편집을 위해 생방송으로 이벤트를 송신하거나 녹화할 수 있는 유연성을 보인다.
- 벌어진 사건을 취재하기 위해 준비를 전혀 않거나 아주 적은 준비만을 하는 ENG와는 달리 EFP에서는 세심한 준비가 필요하다. 이런 점에 있어서는 대규모 중계방송과 유사하다. EFP는 보통 반복해서 녹화할 수 있도록 중단되고 다시 조성될 수 있는 이벤트를 다루게 된다. 단일 카메라로 진행되거나 동시에 이벤트를 촬영할 수 있는 독립 카메라가 때때로 함께 사용된다.
- 대규모 중계방송은 스포츠 경기, 퍼레이드, 정치 집회 혹은 국회 청문회와 같이 텔레비전 방송을 위해서 특별히 만들어진 것이 아닌 대규모의 예정된 이벤트를 생방송이나 혹은 실황 녹화하는 것이다.
- 모든 대규모 중계방송에서는 주요 위치에 고성능 카메라를 배치하고 좀더 기동적인 취재를 위해 ENG/EFP 카메라를 함께 사용한다. 대규모 중계방송은 대개 방대한 음향 장치를 필요로 한다.
- 대규모 중계방송은 프로그램 통제 센터, 오디오 통제 센터, VTR 통제 센터, 기술 센터, 그리고 CCU와 송신 장비가 설치된 중계차에서 지휘한다.
- 대규모 중계방송은 프리프로덕션 활동의 일부로 방대한 프로덕션과 기술 조사가 필요하다.
- 스포츠 중계방송에서는 즉시 재생이 가장 복잡한 프로덕션 절차 중 하나이다. 이것은 주로 즉시 재생 프로듀서나 AD가 담당한다.

(주1) 중계방송에서 해설자의 역할에 대한 자세한 내용은 Stuart W. Hyde의 [Television and Radio Announcing], 10판(Boston: Houghton Mifflin, 2004) 참고.

SECTION

20.2 주요 이벤트의 취재

Covering Major Events

EFP, 특히 대규모 중계방송의 경우 세심한 프리프로덕션 작업과 계획을 필요로 한다. 이런 세심한 준비는 스포츠 이벤트와 같이 한 번만 실행되는 이벤트에서 특히 중요하다. 어떤 중계방송도 서로 같은 것은 없으며 언제나 조정과 타협을 필요로 하는 특이한 환경을 가지게 된다. 이 section에서는 스포츠 중계방송을 위한 전형적인 설정과 현장 스케치를 읽는 방법, 전형적인 실내와 야외 중계방송을 위한 설정들의 예를 들도록 한다.

▶ 스포츠 중계방송

야구, 축구, 농구, 테니스, 권투 혹은 레슬링, 수영 경기를 위한 픽업 요구 사항

▶ 현장 스케치와 중계장비 설치

현장 스케치 읽기, 실내 중계방송, 야외 중계방송

▶ 상호 소통 시스템

ENG, EFP, 대규모 중계방송에서의 상호 소통 시스템

▶ 신호 전송 장비

마이크로웨이브 전송, 커뮤니케이션 위성-주파수, 업링크, 다운링크, 케이블에 의한 배포

스포츠 중계방송(Sports Remotes)

많은 중계방송들이 스포츠 이벤트를 위해 제작된다. 사용되는 카메라의 숫자와 그것들의 기능은 전적으로 누가 중계방송을 하느냐에 달려있다. 네트워크들은 스포츠 중계를 위해 엄청난 장비와 인원을 할애한다. 수퍼볼이나 월드컵과 같은 특히 중요한 게임을 위해서는 백여 명이 넘는 제작 인력이 20개 이상의 카메라와 수없이 많은 마이크와 모니터, 그리고 인터컴과 신호 전달 시스템을 작동시키고 설치한다. 조정실과 제작 장비들을 탑재한 여러 대의 대형 트레일러도 사용된다. 그러나 지역 고등학교에서 치러지는 경기를 취재하기 위해서는 그렇게 많은 장비가 필요치는 않을 것이다. 아마도 두 대의 카메라와 세 개의 마이크면 될 것이다. 이러한 경우 지역 방송국이나 제작 회사들은 주요 제작, 기술 인력(프로듀서, 디렉터, AD, PA, FD, TD, 기술감독, 그리고 오디오 전문가)을 파견하고 중계차를 비롯한 모든 장비, 그리고 여분의 기술 인력까지 포함된 중계방송 서비스를 고용해서 사용하기도 한다.

다음의 그림들은 야구, 축구, 농구, 테니스, 권투 혹은 레슬링, 수영 경기를 위한 최소한의 영상, 음향 픽업 요구 사항들을 제시한 것이다(그림 20.7~20.13 참조). 때때로 소형 ENG/EFP 카메라가 대형의 고성능 스튜디오/현장 카메라 대신 사용되기도 하고 또는 여기 제시한 최소 설정에 추가되어 사용되기도 한다. (주2)

현장 스케치와 중계장비 설치(Location Sketch and Remote Setups)

프리프로덕션을 단순화시키기 위해서 감독 혹은 AD는 현장 스케치를 준비해야 한다. 스튜디오 플로어 플랜과 마찬가지로 현장 스케치는 이벤트가 있을 장소(운동장, 거리, 주요 빌딩, 혹은 복도와 방)의 환경의 주요 특성을 나타낸다. 이 현장 스케치는 감독에게는 카메라와 마이크의 위치를 결정하는 데 도움을 줄 것이며 TD에게는 중계차와 케이블을 결정하는 데 도움을 줄 것이고, 실내인 경우 LD가 조명 기구의 종류와 위치를 결정하는 데 도움을 줄 것이다.

현장 스케치 읽기(Reading Location Sketches)

Section 20.1의 내용을 상기시켜보면, 실내 이벤트를 위한 현장 스케치에는 방의 벽 혹은 복도, 창문과 문, 가구의 위치, 그리고 주요 동작을 나타내고 있어야 한다. 전기 소켓이나 특

(주2) 다양한 스포츠 이벤트의 좀더 정교한 마이킹 방법을 위해서는 Stanley R. Alten의 [Audio in Media], 7판 (Belmont, Calif.: Thomson Wadsworth, 2005), pp. 263–278 참조.

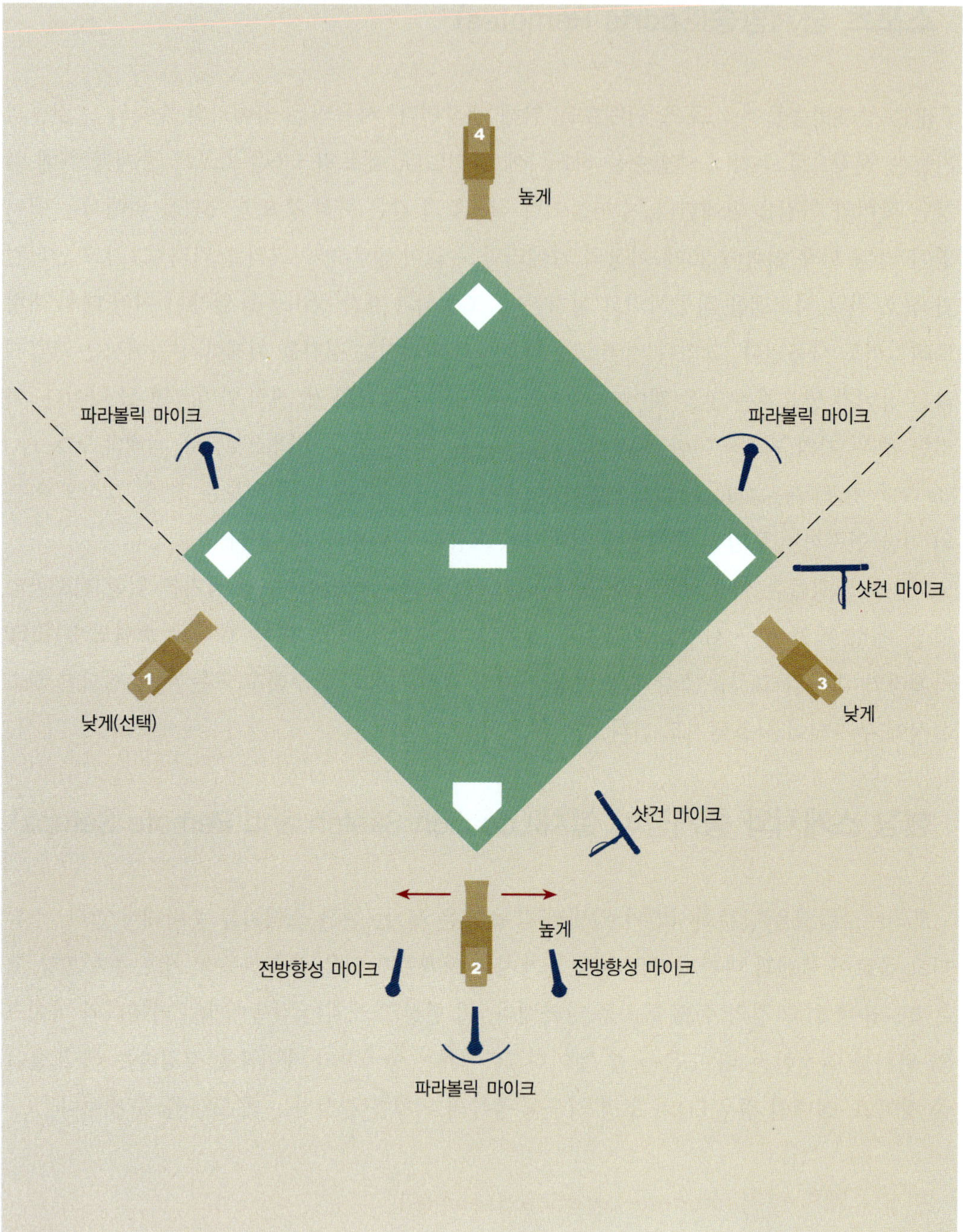

[그림 20.7] 야구 중계 시 장비 설치

카메라의 수: 3 또는 4대

C1: 3루 근처; 낮은 위치(선택)

C2: 홈플레이트 뒤; 높은 위치

C3: 1루 근처; 낮은 위치; C1과 인터커팅 시 동작이 반전되는 것에 주의

C4: 중견수 C2와 맞은편; 높은 위치; 동작 반전에 주의

마이크 수: 6 또는 7개

2개의 전방향성 마이크, 관객용, 스탠드 높은 위치

2개의 샷건 마이크 혹은 파라볼릭 마이크, 현장음, 홈플레이트 뒤

2개 혹은 3개의 파라볼릭 마이크, 관객과 경기장 오디오

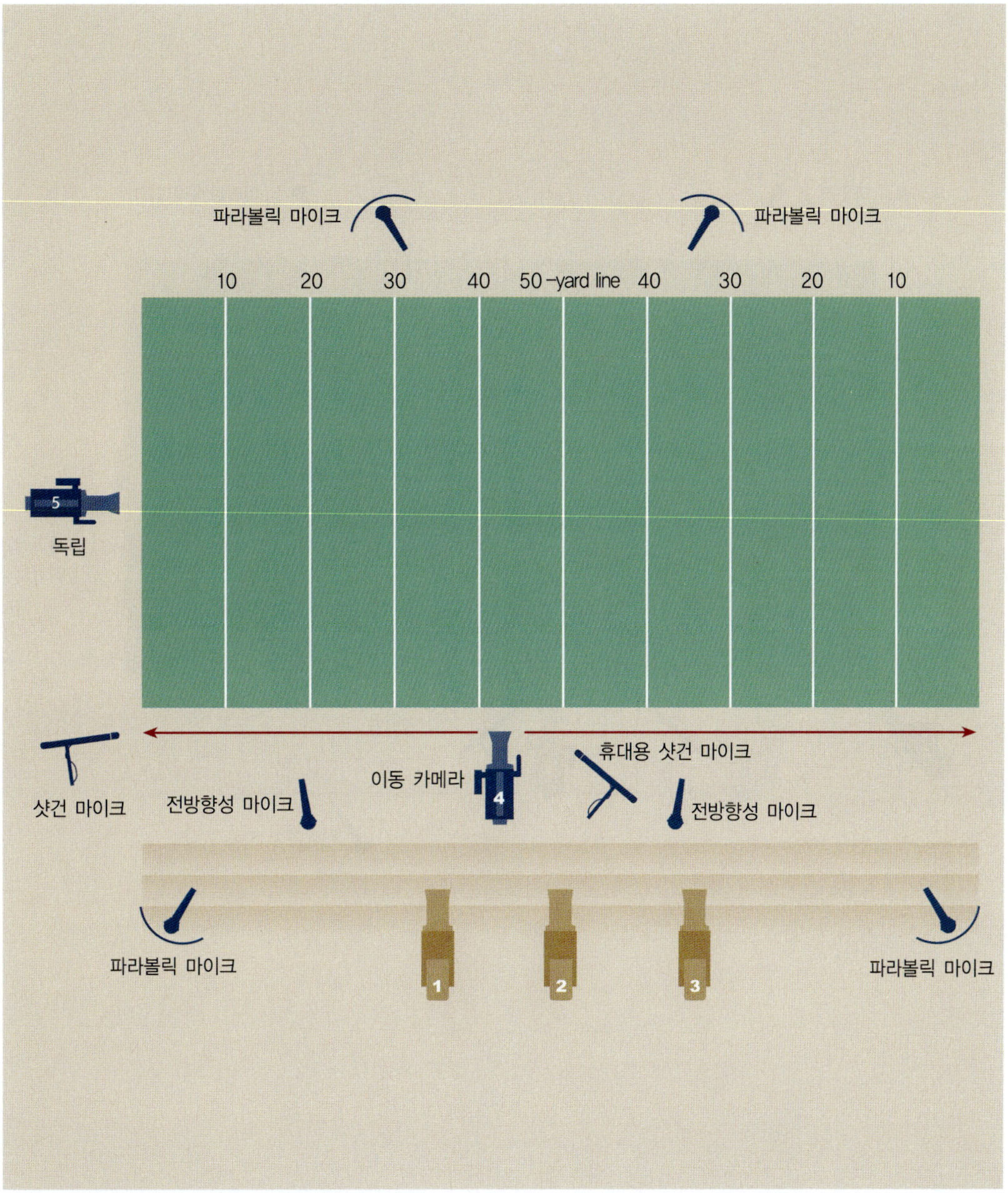

[그림 20.8] 풋볼 중계 시 장비 설치

카메라 수: 4 혹은 5대

C1, 2, 3: 35-50-35야드선상의 스탠드 높은 위치(중계석, 그늘 지역)

C4: 휴대용 또는 달리 카메라

C5: 선택, 골문 뒤 독립 카메라(휴대용 ENG/EFP 혹은 대형 카메라)

마이크: 8개

2개의 전방향 마이크, 관객용 스탠드에 위치

2개의 샷건 또는 파라볼릭 마이크, 경기장에 위치

2개의 파라볼릭 반사형 마이크 스탠드에 위치 그리고 2개는 경기장의 반대 위치

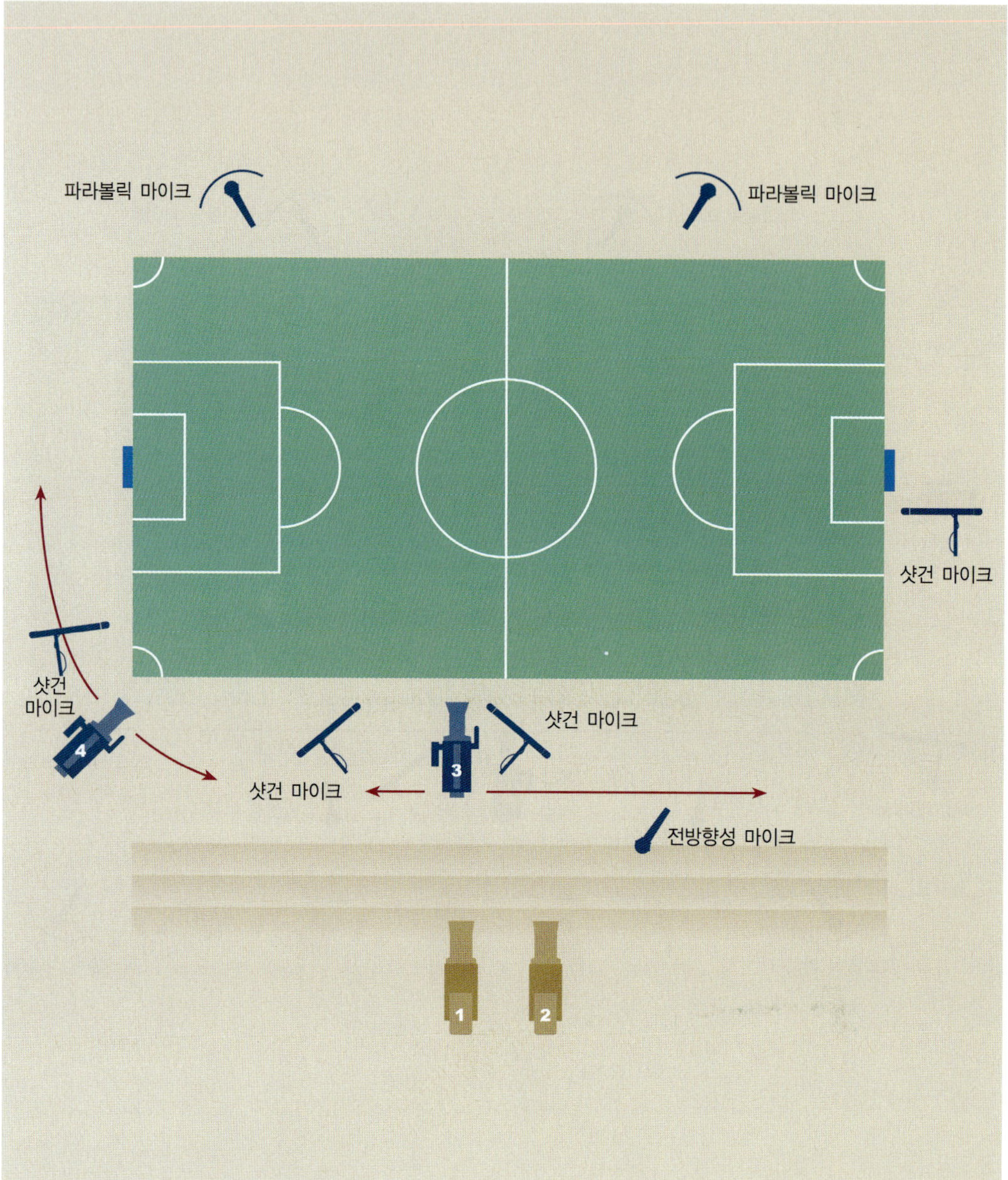

[그림 20.9] 축구 중계 시 장비 설치

카메라 수: 3 혹은 4대

C1: 센터라인 왼쪽(높게)

C2: 센터라인 오른쪽(높게)

C3: 경기장 이동카메라

C4: 선택, 왼쪽 구석, 운동장에서 독립 카메라와 이동 카메라로 사용 가능, 네 개의 카메라 모두 운동장 측면의 그림자 지역

마이크 수: 7개

1개의 전방향성 마이크, 관객용, 스탠드에 위치

4개의 샷건, 경기장에 위치

2 파라볼릭 마이크, 경기장의 반대 방향

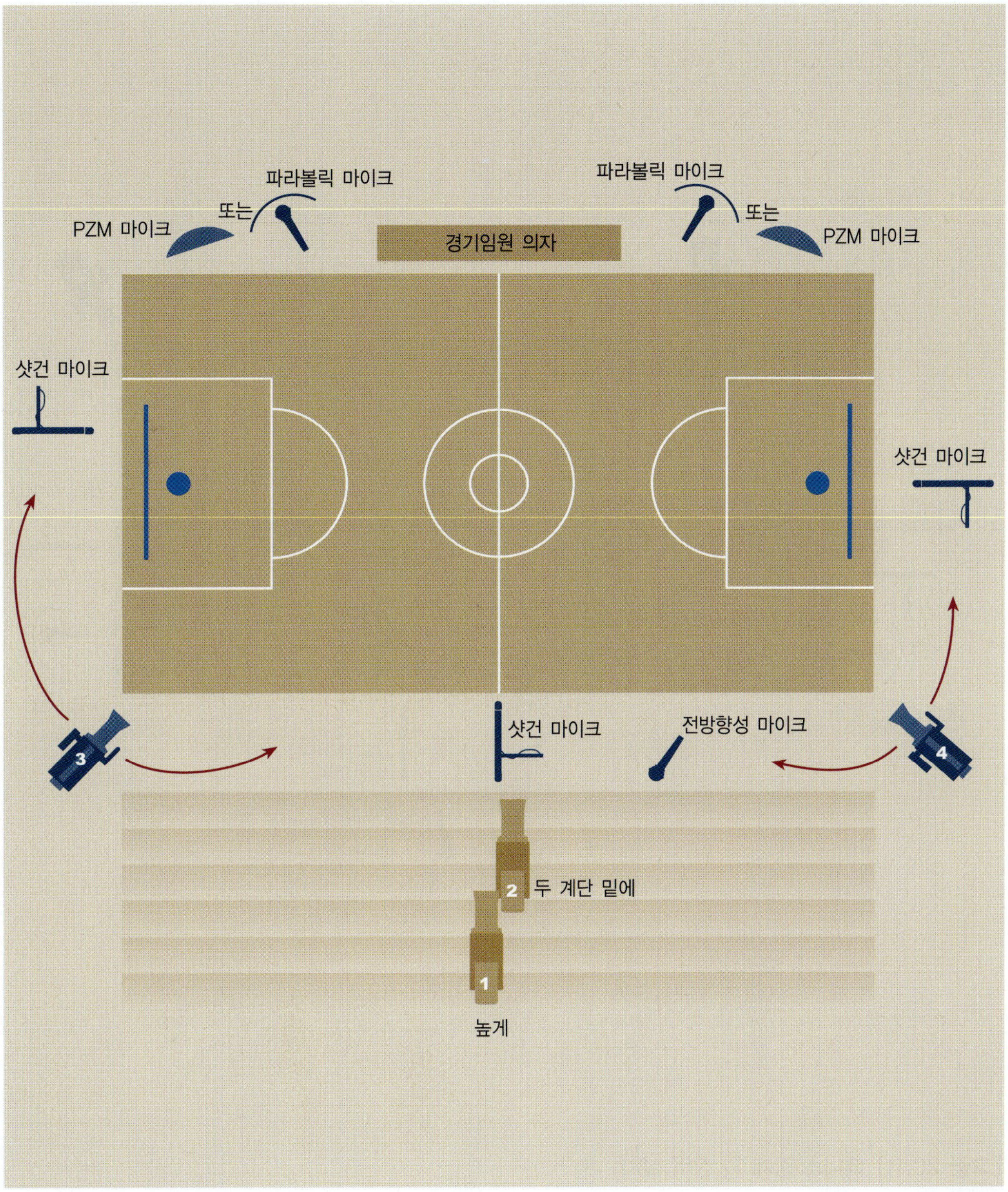

[그림 20.10] 농구 중계 시 장비 설치

카메라 수: 4대
C1: 센터라인 왼쪽 스탠드(높게)–경기를 쫓는다.
C2: 센터라인 오른쪽(높게)
(C1 가까이에 위치) 클로즈업의 경우
C3: 왼쪽 구석(이동)
C4: 오른쪽 구석(이동)

마이크: 6개
1개의 전방향 마이크, 관객용, 스탠드에 위치
2개의 PZM 또는 파라볼릭 관객용, 스탠드
2개의 샷건 마이크, 골대 뒤, 게임 음향
1대의 샷건 마이크, 코드 중앙

[그림 20.11] 테니스 중계 시 장비 설치

카메라 수: 3 혹은 4대

C1: 코트 끝, 코트 전체를 조망하는 위치, 태양 방향

C2: C1 옆, 낮은 위치

C3: 코트 옆, 심판 맞은편 혹은 셋트 사이에 선수들이 쉬는 위치에서 맞은편(이동), 선수 CU

C4: 4개의 카메라가 사용되는 경우, C3 선수들의 클로즈업 촬영, C4는 오른쪽 선수

마이크: 5개

1개의 전방향 마이크, 관객용, 스탠드에 위치

1개의 전방향 마이크, 심판용

3개의 샷건 마이크, 센터 코트, 코트의 양끝, 혹은 2 파라볼릭 마이크 코트의 양끝, 그리고 1 샷건 센터 코트

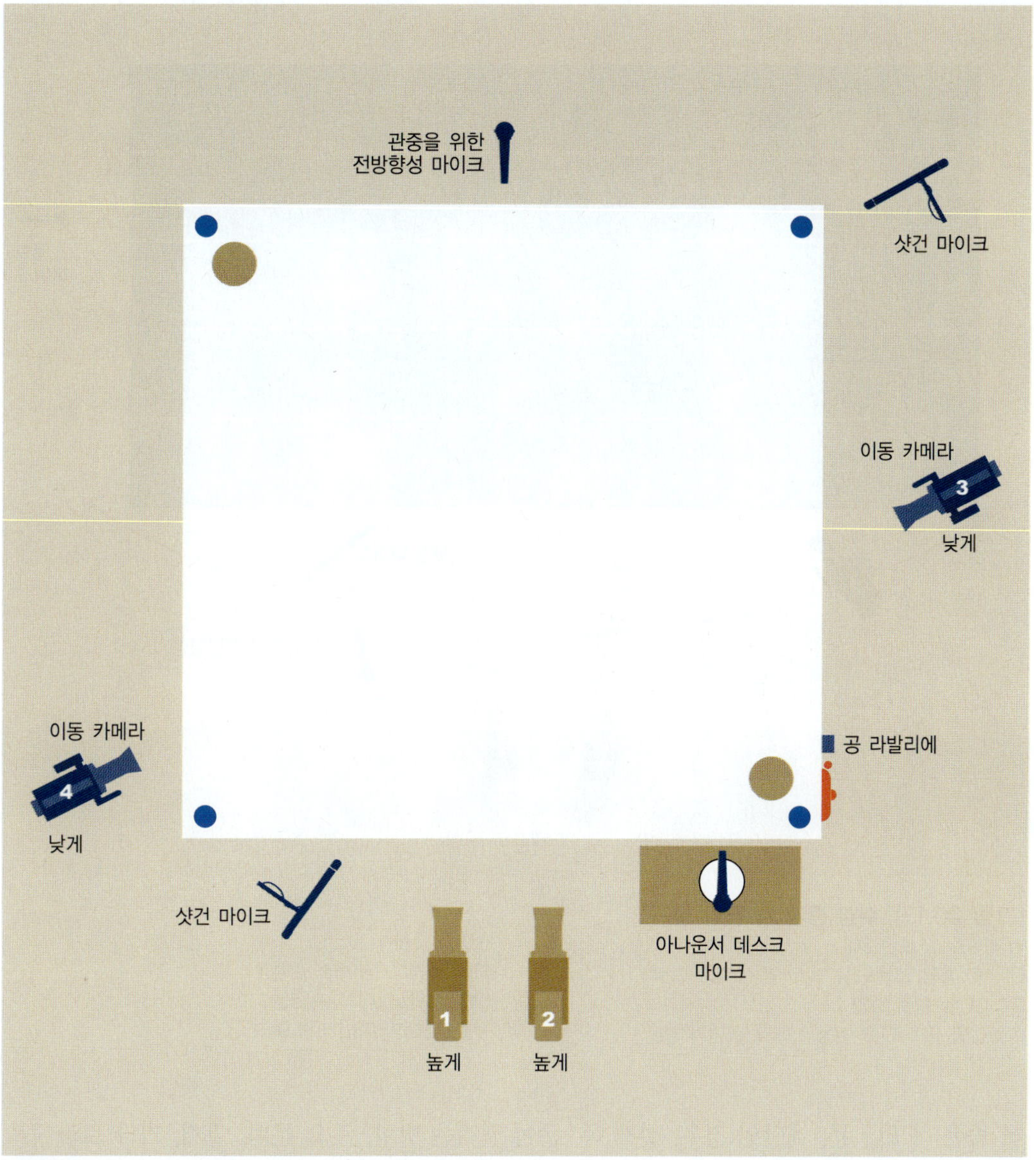

[그림 20.12] 권투, 레슬링 중계 시 장비 설치

카메라 수: 3 혹은 4대
C1: 링 전체를 조망하는 높은 위치
C2: C1의 3미터 옆, 눈높이 위치, 로프 약간 위, 재생용
C3: 로프 주위를 도는 ENG/EFP, 링 바닥, 로프 사이로 촬영
C4: 로프 주위를 도는 ENG/EFP, 링 바닥, 로프 사이로 촬영
모든 움직이는 카메라는 각각의 샷건 마이크를 가지고 있다.

마이크: 5개
1개의 전방향 마이크, 관객용
2개의 샷건 마이크, 경기용, 심판용
1개의 라발리에 마이크, 공(벨)
1개의 라발리에 마이크, 아나운서

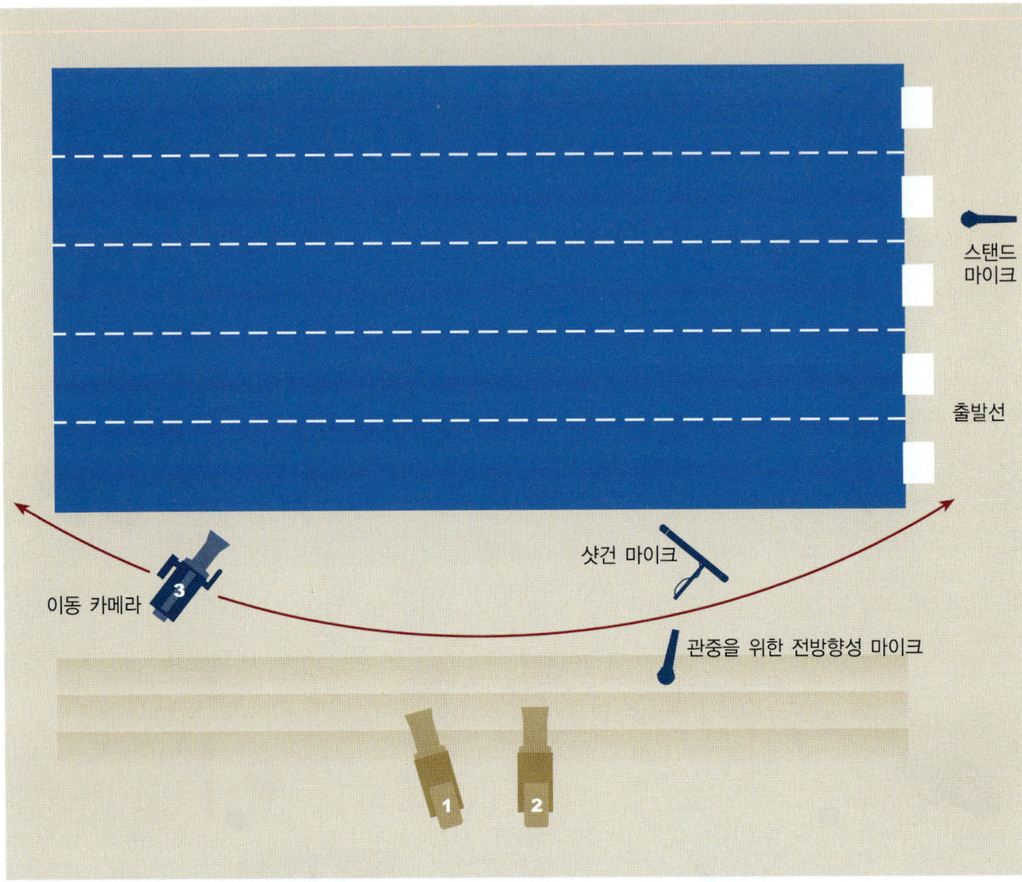

[그림 20.13] 수영 중계 시 장비 설치

카메라 수: 2 혹은 3대
C1: 풀 중앙, 스탠드(높게), 수영 선수를 쫓는다.
C2: C1 옆–클로즈 업
C3: 선택, ENF/EFP 이동 카메라, 측면과 양끝

마이크: 3개
1개의 전방향 마이크, 관객용
1개의 샷건 마이크, 수영선수
1개의 전방향 마이크, 스탠드

히 좁은 복도나 문, 계단인 경우, 실제 폭, 문이 열리는 방향, 주요 문턱, 깔개, 기타 트라이포드 달리에 장착된 카메라가 움직이는 데 장애물이 될 만한 것들을 나타내고 있다면 더 도움이 될 것이다.

야외 중계를 위한 스케치에는 건물, 중계차, 주요 전력원, 계단, 가파른 경사, 울타리, 그리고 중계방송이 있을 시간에 태양의 움직임이 나타나 있어야 한다.

다음으로 넘어가기 전에 실내 스케치(그림 20.14 참조)와 야외 스케치(그림 20.15 참조)를 보고 스케치에 따라 가능한 한 많은 제작 요구 사항을 결정하고 카메라와 마이크의 위치를 연필로 그려보도록 한다. 자신의 요구 사항과 배치를 그림 20.16과 20.17의 요구 사항과 그 다음에 나오는 제작 요구 사항 section과 비교해 보도록 한다.

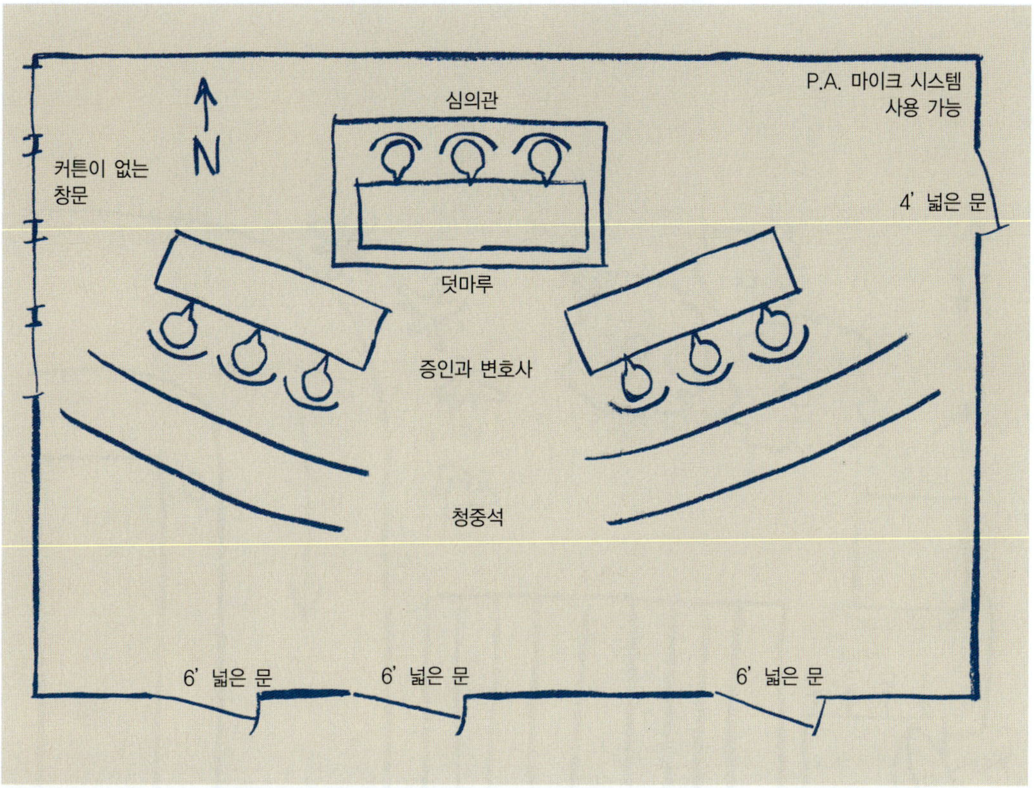

[그림 20.14] 시청의 공청회장 현장 스케치

공청회 뉴스 가치가 있는 시청에서의 공청회의 경우이다(그림 20.14 참조). 자신이 중계방송의 감독이라고 가정하고 이 스케치를 보고 무엇을 말할 수 있겠는가? 어느 정도의 준비를 할 수 있겠는가? 이 스케치가 어떤 중요한 질문을 던지고 있는가? 이 공청회실에 질문을 한정해서 어떤 카메라, 조명, 오디오, 인터컴 요구 사항이 있겠는가?

퍼레이드 일요일 오후로 예정되어 있는 야외 복수 카메라 생중계 방송이다. 대략적인 중계 시각은 오후 3시 30분에서 5시 30분 사이이다. 그림 20.15의 스케치에는 주요 설비뿐만 아니라 동작 지역까지 보여주고 있다. 이 현장 스케치를 보고 어떤 설정과 제작 단서를 만들어 낼 수 있겠는가? (그림 20.15 참조)

이제 시청 공청회실을 위한 자신의 목록과 스케치를 그림 20.16에 나타나 있는 설정과 비교해보자.

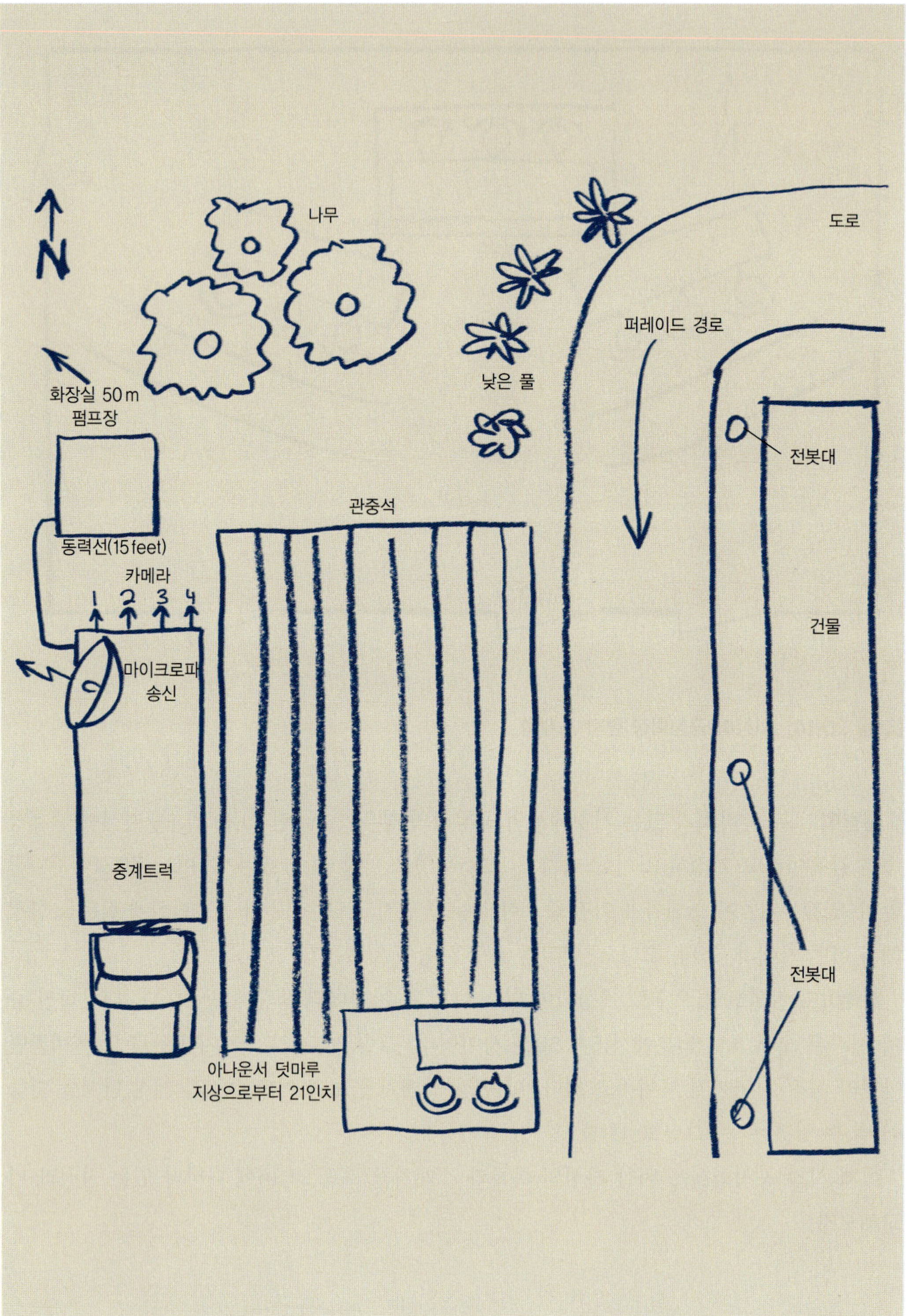

[그림 20.15] 퍼레이드의 현장 스케치

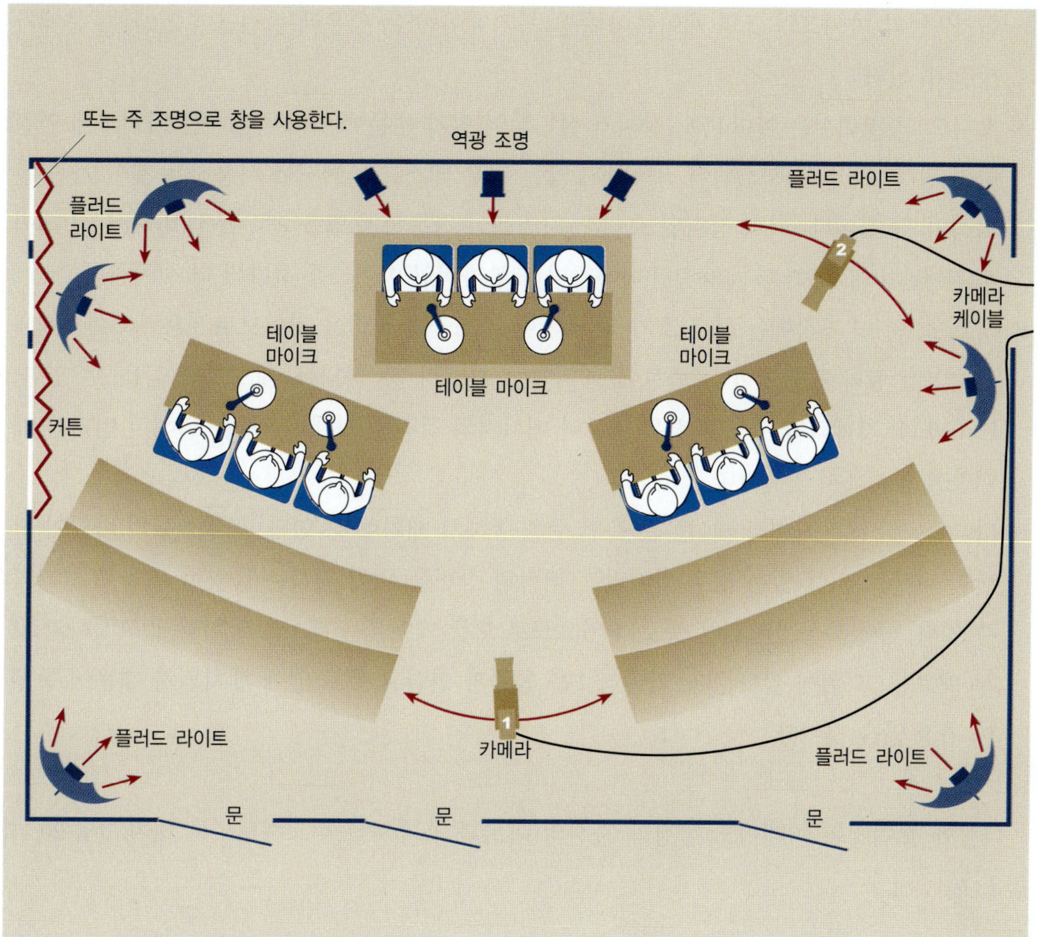

[그림 20.16] 장비가 설치된 공청회장

공청회를 위한 제작 요구 사항(실내 중계) [Production Requirements for Public Hearing(Indoor Remote)]

- 카메라. 케이블로 중계차에 연결된 트라이포드 달리에 장착한 두 대의 ENG/EFP 카메라. C1은 집행관을 담당하고 C2는 변호사와 증인, 청중을 담당하게 된다.
- 조명. 공청회는 오후 3시로 계획되어 있다. 큰 창문은 확연한 조명 문제를 안고 있다. 두 개의 해결책이 가능하다. (1) 창문을 드레이프로 가리고 플러드라이트를 비추거나 (2) 카메라 2를 트럭해서 집행관을 책상 가까이에 배치하고 창문 쪽의 변호사를 촬영할 때는 창문이 나오지 않도록 한다. 이렇게 하면 창문은 주 조명 역할을 하게 된다. 이럴 경우 모든 부가적인 플러드라이트에는 색온도를 야외 색온도에 맞추기 위해 파란 젤을 씌워야 한다. 만약 공청회실이 충분히 높다면 역광 조명을 몇 개 배치한다. 조명을 위한 AC 소켓은 충분

한가? 만약 마이크와 조명 케이블이 문을 통과해야 하는 경우에는 접근이 안 되는 문제가 생길 수 있다.

- 오디오. 공청회실은 이미 P.A. 장치가 설치되어 있기 때문에 이미 존재하는 마이크에 연결하면 된다. 만약 그 시스템이 작동하지 않는 경우 데스크 마이크를 사용하는 것이 가장 논리적이 될 것이다. 이미 장치된 오디오 시스템이 작동하지 않을 경우를 대비해서 각 테이블(집행관의 테이블과 두 개의 증인 테이블)마다 부가적인 마이크를 하나씩 더 설치한다.
- 상호 소통. 이 제작에는 큐 신호가 없거나 아주 조금밖에 없을 것이므로(보통 녹화의 시작과 끝 정도를 알리게 될 것이다) 플로어 매니저는 카메라 중 하나에 헤드셋을 꽂을 수 있다. ENG/EFP 카메라가 사용될 경우 플로어 매니저와 각각의 카메라맨들을 위해서 인터컴 케이블을 분리해서 연결한다.
- 다른 고려 사항. 카메라 케이블은 측면 문을 통해서 배치할 수 있다. 공청회실의 바닥이 단단한 나무로 되어 있는 경우 카메라는 최적의 장면을 위해 원하는 다양한 위치로 탈리할 수 있다. 공청회실에는 많은 통로가 있으므로 모든 케이블은 테이프로 바닥에 고정하고 고무 매트를 그 위에 깔아둔다. 카메라 1은 청중과 연결된 통로 앞에 배치되기 때문에 통행이 가장 많을 것이다.

다음에 보여지는 퍼레이드 설정과 자신의 목록과 스케치를 비교해보도록 하자(그림 20.17 참조).

퍼레이드를 위한 제작 요구 사항(야외 중계) [Production Requirements for Parade(Outdoor Remote)]

- 중계차의 위치. 좋은 위치에 자리잡는다. 차량은 전력 공급원과 카메라 위치에 충분히 가까워서 케이블 길이를 최소화할 수 있다.
- 카메라. 최소한 네 대의 카메라가 필요하다. C1과 C2(스튜디오/현장 카메라)는 관람석 위에 C3과 C4(ENG/EFP)는 거리에 배치한다. C2는 탤런트를 담당한다(C4는 또한 거리 높이의 지미집에 설치될 수도 있다).
- 조명. 녹화는 3시 30분에서 5시 30분에 계획되어 있기 때문에 중계 내내 충분한 빛이 있을 것이다. 중계방송 동안 태양은 대개 카메라의 뒤편에 있게 된다.
- 오디오. 세 종류의 음향 픽업이 필요하다. (1) 두 아나운서의 목소리 픽업, (2) 퍼레이드의 밴드 연주, (3) 관중의 음향. 탤런트를 위해서는 윈드스크린을 씌운 라발리에 마이크나 데스크 마이크를 배치한다. 밴드를 위해서는 두 개의 샷건 혹은 파라볼릭 마이크(하나는 높은

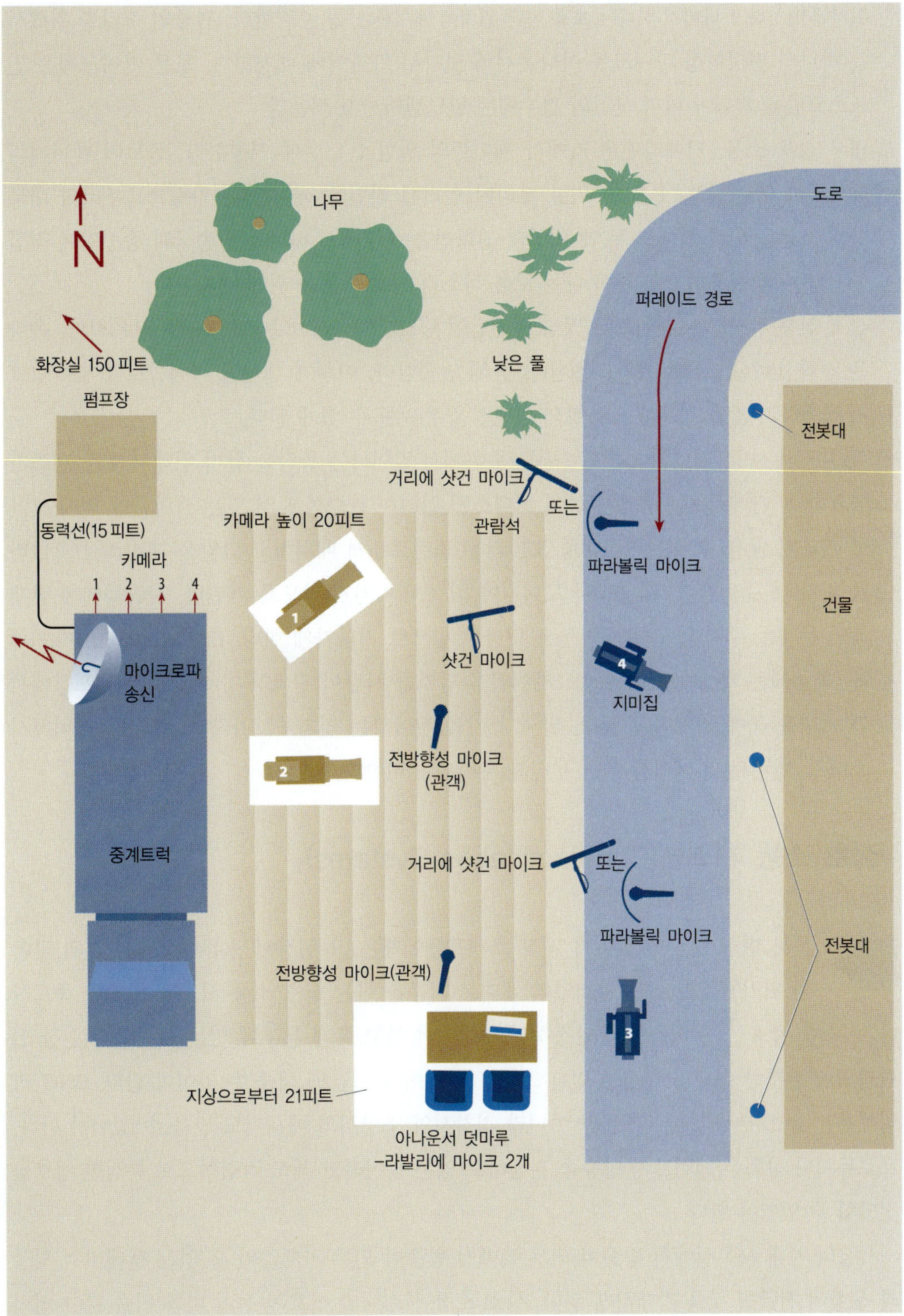

[그림 20.17] 퍼레이드 중계 시 장비 설치

위치에 배치하고 나머지 하나는 보통 바닥 위치에 배치한다)를 준비한다. 관중의 소리를 위해서는 하나의 편방향성 마이크를 아나운서의 덧마루 가까이에 배치한다. 모든 마이크에는 윈드스크린을 씌워야 하며 샷건의 경우에는 윈드잼머까지 씌운다.

- 내부 상호 소통. 카메라맨은 카메라 케이블의 일반 P.L.선에 연결한다. 플로어 매니저의 헤드셋과 탤런트의 I.F.B.를 위한 분리된 인터컴 라인을 배치한다. 차량으로부터의 내부 상호 소통을 위해 적어도 두 개 이상의 전화선을 준비해서 하나는 방송국과 송신기에 직접 연결하는 데 사용하고 다른 하나는 보통 목소리 상호 소통을 위해 배치한다.
- 신호 전송. 마이크로웨이브를 직접 송신탑에 링크(현장에서 방송국으로 신호 전송)한다. 음향은 전화선(마이크로웨이브와 독립된)을 통해 전송한다. 이렇게 해야만 마이크로웨이브 링크가 작동하지 않을 경우에도 음향의 연속성을 유지할 수 있게 된다.
- 다른 고려 사항. 카메라 1과 2는 밴드 주위에서 일어나는 동작을 잡기 위해서 현장 렌즈가 필요하다. 카메라 2는 충분히 높이 페디스털 업해서 관중석에 서 있는 사람들에 의해 시야를 가리지 않을 수 있는가? 대형 모니터는 탤런트에게 배치하고 만약을 대비해서 모니터를 하나 더 준비한다. 태양광이 모니터에 직접 비쳐지지 않도록 가린다. 사람들에게 잠재적인 문제를 주지 않도록 케이블은 덧마루 밑으로 지나가게 한다. ENG/EFP 카메라(카메라 3과 4)에는 카메라맨 이외에도 케이블을 당겨줄 사람이 필요하다. 화장실은 펌프장에서 꽤 가까운 곳에 위치하고 있다. 날씨가 맑을 것이라는 일기예보가 틀릴 경우를 대비해서 스태프, 탤런트, 카메라를 위한 우산과 우비를 준비한다.

상호 소통 시스템(Communication Systems)

특히 현장 제작에 있어서 제작 스태프들에게는 그 현장이 스튜디오에서 길의 맞은편 위치든 런던이든 관계없이 제대로 기능을 하는 상호 소통 시스템이 매우 중요하다. 이러한 상호 소통 시스템은 안정적인 것이어야 하고 통제 본부에 있는 사람들과 현장 인력과의 연결뿐만 아니라 현장에 있는 스태프들 사이의 연결도 해줄 수 있어야 한다. ENG 작업에서는 뉴스 부서의 메시지뿐만 아니라 경찰서와 소방서의 메시지도 받을 수 있어야 한다. 프로듀서나 감독은 탤런트가 방송을 진행하고 있는 중이라고 해도 직접적으로 특정한 정보를 전달할 수 있어야 한다.

시장의 시내 사무실에서 방송이 되든 달에서 방송이 되든 관계없이 흠 없는 텔레비전 영상과 음향이 전달될 것을 기대하게 된다. 상호 소통 시스템과 신호 송신이 비록 기술 분야 인력들이 담당하는 영역이라고 하더라도 감독은 그것들을 잘 알고 있어서 무엇을 사용할 것인지 판단할 수 있어야 한다. 이 section에서는 ENG, EFP, 그리고 대규모 중계방송에 있어서의 상호 소통 시스템에 대해서 전체적으로 간략하게 살펴보도록 한다.

ENG 상호 소통 시스템(ENG Communication Systems)

ENG 작업은 움직일 수 있고, 카메라와 VTR, 오디오 장비의 기능이 하나의 카메라에 합쳐져 있으면서, 정교한 상호 소통 장치를 사용할 수 있기 때문에 높은 기동성을 갖게 된다. 대부분의 ENG 차량에는 휴대전화와 경찰서나 소방서에서 사용하는 주파수를 잡을 수 있는 스캐너, 호출 장비, 두 가지 방식의 무선 통신 시스템이 장착되어 있다. 스캐너는 신호를 잡는 즉시 그 주파수에 고정시킬 수 있으며 그 주파수에서 들려오는 대화를 들을 수 있게 해준다.

이러한 상호 소통 시스템은 또한 임무를 맡아 현장으로 가는 중이나 혹은 방송국으로 돌아가는 중에 방송국의 뉴스 부서와 연락할 수 있게 해주며 경찰 출동이나 소방차 출동에 즉각적으로 대응할 수 있도록 해준다. 때때로 뉴스 부서에서는 경쟁 방송사에서 우연히 자신들의 대화를 듣는 것을 방지하기 위해서 스태프들끼리만 의사소통을 할 수 있도록 암호를 사용하기도 한다.

EFP 의사 소통 시스템(EFP Communication Systems)

단일 카메라 EFP의 경우 가장 덜 정교한 상호 소통 시스템을 필요로 한다. 감독이 현장에서 스태프, 탤런트와 직접적으로 접촉할 수 있기 때문에 인터컴 시스템이 필요치 않다. 일반적으로 넓게 퍼져있는 스태프들과의 의사소통을 위해서 워키토키가 사용된다. 앞에서 말한 것처럼 저출력의 메가폰을 사용하면 탤런트와 스태프들에게 지시를 내릴 때 소리를 지르지 않아도 된다.

일반적으로 EFP 차량에는 일반 전화 연결을 위한 전화 잭이 설치되어 있지만 보통 휴대전화만 있어도 충분하다. 다중 카메라를 사용하고 중앙 위치에서 지휘를 해야 하는 EFP 작업이라면, 감독, TD, 스태프 상호 간에 의사 전달을 할 수 있도록 헤드셋 인터컴이 설치되어야 한다. 현장에서 생방송으로 진행되는 경우 I.F.B. 시스템이 추가된다.

대규모 중계방송의 상호 소통 시스템(Big-Remote Communication Systems)

대규모 중계방송에서는 중계차와 제작 인력 간, 중계차와 방송국 간, 중계차와 탤런트 간의 의사소통 시스템이 필요하다. 차량과 제작 인력은 유선 P.L. 혹은 무선 P.L.과 분리된 카메라 케이블에 있는 P.L. 채널을 사용하는 P.L. 장치를 통해 연결된다. 스태프들이 넓게 퍼지는 복잡한 설치에서는 워키토키도 함께 사용된다. 필요한 경우 차량에서 방송국으로 전화선을 이용해서 P.L. 의사소통을 할 수 있다.

중계방송에 있어서 I.F.B. 시스템은 프로듀서 혹은 감독과 탤런트를 연결시켜주는 중요한 통신선의 하나이다. 하나의 이벤트에 여러 명의 리포터나 해설자가 참여하게 된다면 여러 개의 I.F.B. 채널을 번갈아 사용함으로써 필요한 경우 리포터 혹은 해설자와 개별적으로 의사전달을 하는 것이 가능하다. 필요한 경우에는 위성을 통해서 아주 먼 거리에 있는 리포터에게 I.F.B. 지시를 전달할 수도 있다. 그러나 이런 경우에 감독의 지시가 탤런트에게 전해지는 데는 약간의 시간 지연이 생긴다. 스포츠 중계방송의 경우에는 탤런트들은 헤드셋을 착용해서 헤드셋을 통해 차량으로부터의 지시 사항을 전달받는다.

중계차에도 물론 여러 개의 유선 전화선, 두 가지 방식의 무선 통신, 휴대전화, 호출기, 워키토키가 장착되어 있다.

신호 전송 장비(Signal Transport)

신호 전송 장비란 본래의 영상, 음성 픽업 장치(마이크와 카메라)에서 잡은 신호를 VTR이나 송신기로 보낼 때, 그리고 본래 지점에서 다양한 수신 지점까지의 신호 전송에 사용할 수 있는 시스템을 말한다. 신호 전송 장비에는 (1) 마이크로웨이브 송신, (2) 통신 위성, (3) 케이블 장비가 있다.

마이크로웨이브 송신(Microwave Transmission)

집회에서의 인터뷰 촬영과 같이 카메라의 이동성을 최적으로 유지해야 하는 상황이라면 카메라 케이블을 사용할 수 없으므로 마이크로웨이브를 이용해 중계차에 신호를 보내야 할 것이다.

카메라에서부터 중계차까지 이동이 가능하고 배터리로 전력을 공급하는 소형의 송신기를 카메라에 장착해서 사용할 수 있다. 카메라와 신호를 수신해야 하는 방송국 간의 거리가 그렇게 멀지 않다면 별 어려움 없이 카메라의 영상, 음향 신호를 중계차에 전달할 수 있다. 같은 이벤트를 취재 중인 다른 방송국에서 사용하는 무선이 간섭하는 것을 최소화하기 위해서 여러 개의 주파수로 송신할 수 있다. 이것을 주파수 가변 기능(frequency agility)이라고 부른다.

좀더 강력한 마이크로웨이브 송신기가 필요하다면 트라이포드에 이 송신기를 장착해서 카메라의 행동반경 안에 배치한다. 따라서 카메라로부터 마이크로웨이브 송신기까지는 비교적 짧은 케이블을 연결하면서도 중계차로부터는 상당히 멀리 떨어진 거리에서 작업이 가능하다. 이런 종류의 링크는 팽팽하게 당겨진 전선을 건물과 건물을 연결해서 사용해야 할 때와 같이 잠재적인 문제를 가지게 되는 경우 특히 유용하게 사용할 수 있는 방법이다(그림 20.18 참조).

카메라와 트럭 간의 마이크로웨이브 링크의 주요 문제점은 간섭이다. 특히 여러 방송국에서 같은 이벤트를 취재하는 경우 심하게 나타난다. 비교적 큰 주파수 가변 기능을 가진 시스템을 사용한다 하더라도 다른 기계가 더 강한 신호를 사용하게 되면 그 신호에 묻혀버리게 된다.

[그림 20.18] 트라이포드에 장착된 마이크로웨이브 송신기
소형 트라이포드 장착 마이크로웨이브 송신기는 꽤 먼 거리까지 카메라 신호를 전달한다.

중계차에서부터 방송국 혹은 송신기까지

중계차량에서 방송국까지 신호를 링크하는 것은 훨씬 길고 복잡하다(신호가 직접 송신기로 보내지는 경우도 있지만 방송이 되기 전 신호가 최종적으로 도착하는 지점을 방송국으로 보기로 한다). 방송국과 중계차 사이에 피사계상 장애물이 없을 때는 직접 전송하는 것이 가능하다(그림 20.19 참조).

마이크로웨이브 신호는 직선으로 이동하기 때문에 중계차와 방송국 사이에 피사계상 높은 건물, 다리, 혹은 분수 등이 있다면 신호 전송을 방해하게 된다. 이러한 경우에는 미니 링크

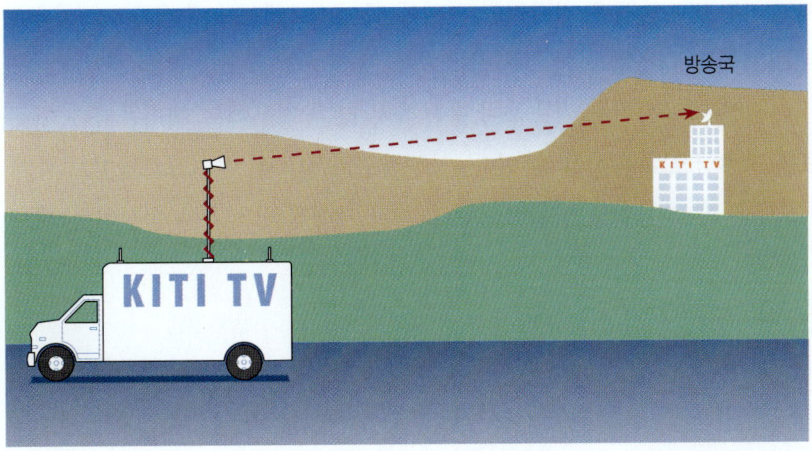

[그림 20.19] 마이크로웨이브 직접 링크
시계에 방해가 없는 한 마이크로웨이브를 통해서 중계 차량으로부터 방송국까지 신호를 전송할 수 있다.

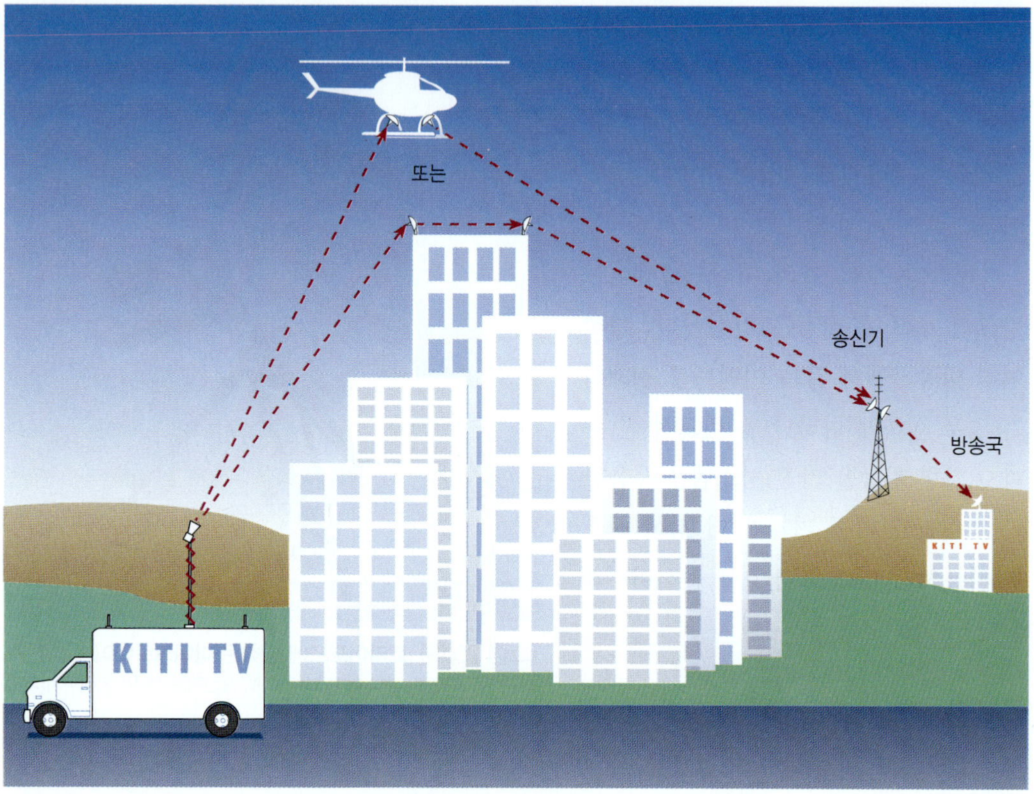

[그림 20.20] 중계차량에서부터 방송국까지의 미니 링크

중계 위치와 방송국 사이의 시계에 방해물이 있다면 마이크로웨이브 신호는 반드시 송신 미니 링크를 거쳐서 전송되어야 한다.

(mini-links)라고 부르는 여러 가지의 마이크로웨이브 링크를 설치해서 방해물을 피해서 신호를 전송한다(그림 20.20 참조).

대도시 지역에서 텔레비전 방송국들은 전략적인 위치에 마이크로웨이브 중계기(microwave relays)를 영구적으로 설치해서 중계차가 어느 지점에 있건 방해받지 않고 신호를 보낼 수 있도록 만들어 놓았다. 이러한 영구적인 설치물들이 충분하지 않은 경우에는 헬리콥터를 이용해서 마이크로웨이브를 방송국으로 송신할 수 있다. 영구적으로 설치된 마이크로웨이브 중계기들은 또한 날씨와 교통을 살피기 위해 영구적으로 설치된 카메라의 신호를 송신하는 데도 사용된다.

통신 위성: 주파수, 업링크, 다운링크
(Communication Satellites: Frequencies, Uplinks, and Downlinks)

방송에 사용되는 통신 위성들은 지구에서 22,300마일 상공의 정지 궤도상에 위치해 있다. 이 궤도에서 위성은 지구와 동조해서 움직이기 때문에 지구를 기준으로 항상 같은 위치에 있게 된다.

위성 주파수 통신 위성은 두 개의 주파수 대역을 사용한다. 낮은 주파수를 C-band, 높은 주파수를 Ku-band라고 부른다. 어떤 위성은 C-band뿐만 아니라 Ku-band를 위한 트랜스폰더(transponders, 자동 무선 레이더)를 가지고 있어서 내부적으로 하나의 주파수 대역을 다른 주파수 대역으로 변환시킬 수 있다. 직접 방송 위성(direct broadcast satellite, DBS)은 비교적 고출력의 트랜스폰더를 가지고 있어서 위성으로부터 개별적인 다운링크 안테나 접시(전기제품 상점에 가면 누구나 구입할 수 있는 것이다)까지 신호를 전달할 수 있다. DBS는 Ku-band를 사용한다.

C-band는 비교적 날씨의 간섭을 받지 않는 매우 안정된 시스템이다. C-band는 마이크로웨이브 주파수를 다루기 때문에 지상에 있는 마이크로웨이브 전송에 의해 간섭을 받을 수 있다. 이러한 간섭을 피하기 위해서는 C-band는 비교적 낮은 출력으로 운영되어야 하고 이러한 낮은 출력으로 인해서 지상 방송국에서는 5m~10m 사이의 폭을 가진 큰 안테나 접시가 필요하게 된다. 이렇게 큰 안테나 접시는 당연히 이동 업링크 트럭에는 적합하지 않다. C-band를 이용하기 위해서는 반드시 영구적인 지상 방송국에서 혹은 방송국으로부터 텔레비전 신호를 전달해야 한다.

C-band는 세심한 일정을 필요로 한다. 대개 일일 네트워크 혹은 케이블 방송과 같은 일상적인 송신으로 매우 붐빈다. 다른 문제점으로는 C-band의 트랜스폰더가 사용이 가능하다고 하더라도 업링크와 다운링크가 신호 전송으로 바빠져서 트랜스폰더에 접속이 불가능할 수도 있다.

반면 Ku-band는 출력이 높고 작은 안테나 접시(1m 이하)를 필요로 하기 때문에 이동 차량이나 집의 지붕 위에 안테나를 장착해서 언제든지 조작이 가능하다. 또한 Ku-band는 C-band보다 덜 붐비기 때문에 계획되지 않은 다양한 업링크가 즉각적으로 가능하다. Ku-band의 주요 문제점은 일기에 민감해서 비나 눈이 송신을 방해할 수 있다.

업링크(uplinks)와 다운링크(downlinks) 텔레비전 신호들은 업링크(지상 방송국의 송신기)를 통해 위성으로 보내지고 위성에 의해 수신, 증폭되어서 위성 고유의 송신기를 통해 다양한

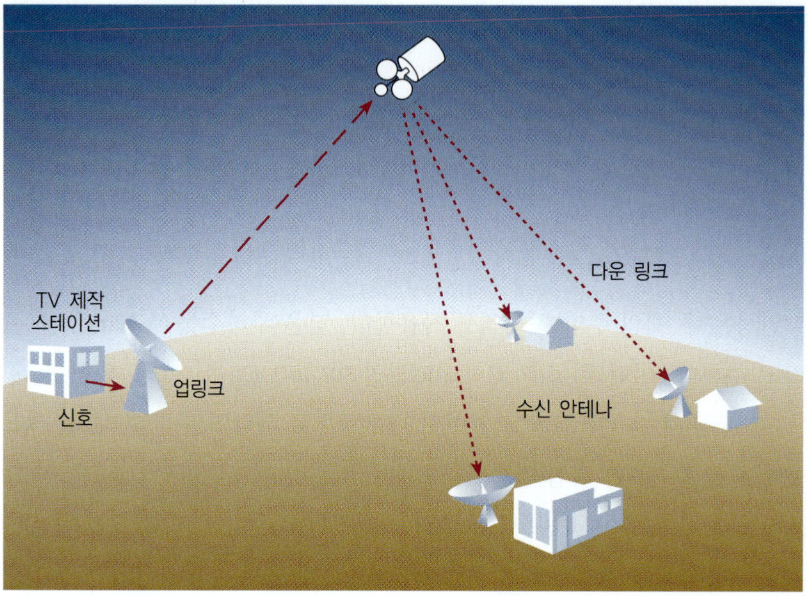

[그림 20.21] 위성 업링크와 다운링크
업링크는 텔레비전 신호를 위성으로 보낸다. 다운링크는 위성으로부터 텔레비전 신호를 받는다.

주파수로 변환하여 다시 방송국으로 송신되는데, 방송국의 송신을 다운링크라고 부른다. 위성에 설치된 송수신기를 트랜스폰더라고 부르는데 이것은 송신기(transmitter)와 수신기(responder)를 합성한 단어이다. 국제적인 텔레비전 송신에 사용되는 많은 위성은 변환기가 내장되어 있어서 NTSC 신호를 유럽형 PAL 신호로 바꾸는 것과 같이 하나의 전기 신호를 다른 전기 신호로 자동적으로 변환시킬 수 있다.

위성 송신은 넓은 지역을 담당할 수 있기 때문에 간단한 수신기지국을 세계 여러 곳의 흩어진 장소에 설치할 수 있다(그림 20.21 참조). 실질적으로 전략적인 위치에 배치된 위성들은 그들의 운용 영역을 지구 전체로 확장시킬 수 있다.

텔레비전 신호들을 위성에 전송하기 위한 이동 업링크가 탑재된 특화된 차량도 있다. 이러한 업링크 차량은 마이크로웨이브 차량과 매우 유사하게 운용되며 마이크로웨이브 수신접시가 아닌 위성으로 텔레비전 신호를 보낸다는 차이 정도가 있을 뿐이다. section 20.1에서 언급한 것처럼 SNV에는 다양한 VTR과 편집 장비와 같은 장비들이 부가적으로 장착되어 있다.

케이블에 의한 배포(Cable Distribution)

이미 알고 있듯이 텔레비전 영상, 음향 신호는 동축 케이블 혹은 광섬유 케이블을 통해서도 전송할 수가 있다. 동축 케이블은 비교적 낮은 무선 주파수로 영상, 음향 정보를 전자기 반송파(electromagnetic carrier wave)에 실어 전송한다.

광섬유 케이블은 많은 광섬유로 이루어져 있는데 사람의 머리카락보다 가는 각각의 광섬유

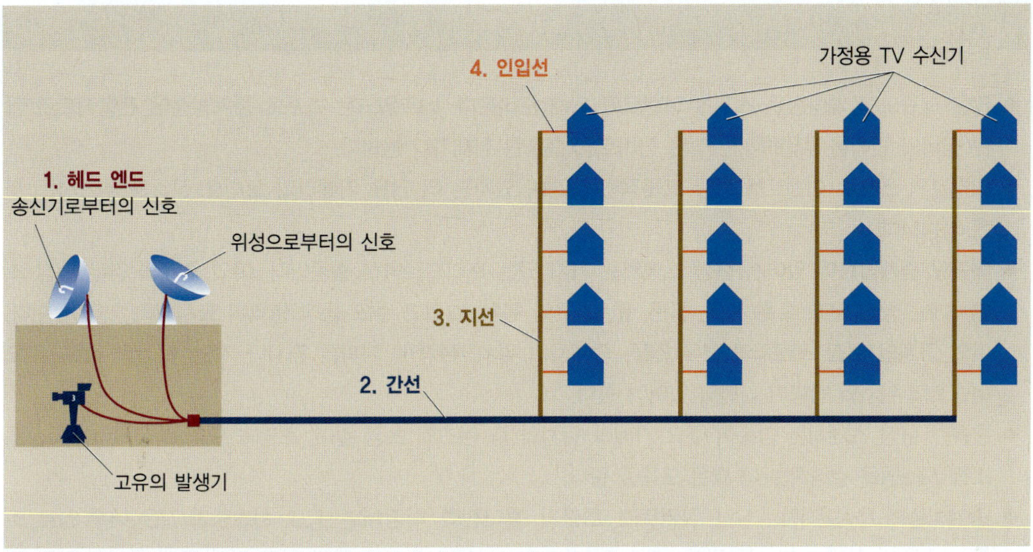

[그림 20.22] 케이블 텔레비전 시스템
케이블 배포 시스템은 1. 신호가 모아지거나 발생하는 장소인 헤드 엔드, 2. 신호가 지선으로 보내질 때 사용하는 간선, 3. 신호를 다양한 장소로 옮기는 지선, 4. 지선을 개별 가정에 연결하는 인입선으로 구성된다.

들은 엄청난 양의 정보를 운반할 수 있다. 신호 전송에 광섬유 케이블을 사용할 때 전자신호는 본래 위치에서 양자화되어 빛의 형태로 변환되며 종착점에 가서는 다시 전자 신호로 디코딩된다. 이러한 무수한 광섬유를 묶어 놓은 케이블은 일반 동축 케이블 굵기의 반밖에 미치지 않고 결국 높은 전송능력을 가지게 되는 것을 의미한다. 광섬유 케이블은 일반적으로 모든 종류의 데이터, 목소리, 영상 신호를 동시에 전송하기 위한 넓은 주파수 대역을 필요로 하는 광대역 전송에 사용된다. 광섬유 케이블은 가볍고 높은 정보 전송 능력을 가진다는 확실한 장점들 외에도 비교적 습기와 전자적 간섭에 면역이 되어 있으며 재증폭을 거치지 않고도 신호를 수 킬로에 달하는 먼 거리로 전송할 수 있다.

두 가지 케이블 모두 텔레비전 신호를 방송국으로 보내거나 중계방송시 광범위하게 사용되고 있다. 또한 케이블이나 전화 회사에 의한 비 방송용 텔레비전 신호를 가정으로 전송하는데도 사용된다. 케이블 회사에 의한 전형적인 신호 전송과 배포 시스템은 위성이나 텔레비전 송신기로부터 신호를 수신하는 헤드앤드(head end, 본래 신호 픽업 지점)로 이루어져 있다. 헤드엔드에서 증폭된 신호는 간선(trunk line)을 따라 많은 지선(feeder lines)으로 배포된다. 지선은 도시의 도로 혹은 블록과 같은 다양한 위치로 신호를 전송한다. 그리고 마침내 인입선(drop lines)이 그 신호를 각 가정으로 전달하게 된다(그림 20.22 참조).

핵심요약

- 많은 대규모 중계방송은 스포츠 이벤트를 위해 준비된다. 네트워크는 스포츠 중계방송에 전형적으로 많은 장비와 인력을 투입하지만 적은 장비로도 훌륭한 취재가 가능하다.
- 대부분의 스포츠 이벤트를 위한 표준적인 설정이 있지만 더 많은 카메라와 오디오 장비를 추가하는 것은 가능하다.
- 대규모 중계방송에 있어서 현장 스케치는 가치 있는 프리프로덕션 활동이다. 야외 중계의 경우 현장 스케치에는 방의 구획 혹은 복도, 창문, 문, 가구의 위치, 그리고 주요 동작 영역이 표시되어 있어야 한다. 야외 중계의 현장 스케치의 경우 건물, 중계차의 위치, 전력원, 가파른 경사나 계단, 태양의 경로, 주요 이벤트의 위치와 방향이 나타나 있어야 한다.
- 훌륭한 현장 스케치는 감독이 주요 카메라 위치와 줌 렌즈의 초점 길이, 조명과 오디오 설치, 내부 상호 소통 시스템을 결정하는 데 많은 도움을 준다.
- 중계방송의 운용은 P.L. 장치, 워키토키, 호출기, 휴대전화, 다중채널 I.F.B. 시스템과 같은 내부 상호 소통 시스템에 의해 크게 좌우된다. I.F.B. 정보는 전화선이나 위성을 통해 현장 여러 곳에 흩어져 있는 탤런트에게 전달될 수 있다.
- 중계 신호는 대개 마이크로웨이브, 위성 혹은 케이블에 의해 전송된다.
- 방송에 사용되는 통신위성은 낮은 주파수 대역의 C-band와 높은 주파수 대역의 Ku-band를 사용한다.

Epilogue

주요 용어 (Glossary)

1080i HDTV의 교차되는 주사 시스템. 여기서 i는 interlaced의 약어이며, 이것은 완전한 한 화면을 구성하기 위해 두 개의 주사 시스템이 교차된다는 것을 의미함. 이 두 개의 주사 시스템은 1필드당 각각 539.5개(총 1,125개)의 유효 주사선을 가지고 있음. 기존의 NTSC 아날로그 텔레비전 시스템으로 본다면 1080i는 초당 60개의 필드와 30개의 완전한 프레임을 만들어 내는 것.

2진수(binary) 2를 기준으로 한 수의 체계.

2진수 디지트[비트, binary digit(bit)] 컴퓨터가 저장하거나 처리할 수 있는 최소량의 정보. 전하는 '있다' 또는 1, '없다' 또는 0으로 나타냄. 하나의 비트(bit)는 두 개의 레벨, 켬/끔 혹은 흑/백을 표현할 수 있음. 두 개의 비트는 네 개의 레벨(22비트), 세 개의 비트는 여덟 개의 레벨(23비트), 네 개의 비트는 열여섯 개의 레벨(24비트)을 나타냄. 여덟 개의 비트(28)를 하나의 바이트(byte)라고 부름. 바이트(byte)도 참조.

480p DTV(digital television) 가운데 가장 낮은 해상도를 갖고 있는 시스템. 여기에서 p는 progressive의 약어로, 각각의 텔레비전 프레임을 하나씩 읽어들임에 있어서 총 525줄 중에서 480줄의 가시적이고 유효한 선을 가지고 있다는 것을 뜻함. 때때로 성능 낮은 HDTV에도 해당함.

4분할(쿼드 스플리트, quad-split) 네 개의 일정하지 않는 4분면으로 화면을 나눌 수 있고, 다른 이미지로 하나를 채울 수 있는 스위처 장치.

720p DTV(digital television)의 발전된 주사 시스템. HDTV 시스템이라고도 함. 한 화면당 전체 750개 주사선 중에서 720개의 유효 주사선을 가지고 있음.

AB-롤 편집(AB-roll editing) A-롤과 B-롤이 장착된 두 대의 재생 VTR로부터 편집 원본 테이프를 만들어 내는 편집. 이 편집에서는 편집 조절 장치가 스위처의 기능을 대신함.

AB 롤링(AB rolling) 두 대의 VTR(A-롤과 B-롤)이 스위처로 동조화된 영상을 동시에 공급하며, 방송 중 스위칭하는 형태로 편집이 이루어짐.

AC 통상의 전기적 교류. 일반적인 벽의 콘센트에서 전기 에너지를 공급하는 것.

AD 조감독. 제작하는 감독을 도와주는 사람.

ADR 자동대사교환(automatic dialogue replacement)을 참조.

AFTRA 미국 텔레비전 그리고 라디오의 탤런트나 가수, 음향효과인 협회. 방송 텔런트 연합.

AGC 자동이득조절장치(automatic gain control)를 참조.

ATR 음성녹음기(audiotape recorder)를 참조.

ATV 고화질화 텔레비전의 약칭. 디지털 텔레비전(DTV)을 참조.

C.G. 문자 발생기(character generator)를 참조.

C밴드(C-band) 특정한 위성 TV를 위한 주파수대. 이것은 날씨의 방해에도 상당한 면역을 가짐. Ku-band도 참조.

C채널(C channel) 크로미넌스 채널(chrominance channel)을 참조.

C클램프(C-clamp) 조명 배튼에 붙어 있는 조명기구의 금속 잠금쇠.

CCD charge-coupled device의 약어. 칩(chip)을 참조.

CCU 카메라 제어 장비(camera control unit)를 참조.

CD 콤팩트 디스크(compact disc)를 참조.

CPU 중앙처리장치(central processing unit)의 약어. 소프트웨어로부터 명령어를 받아 거기에 따라서 정보를 처리하는 장치.

CU 클로즈업(close-up)을 참조.

cyc 사이클로라마(cyclorama)를 참조.

DAT 디지털 오디오테이프(digital audiotape)를 참조.

DBS 직접 방송 위성(direct broadcast satellite)을 참조.

DC 직류(direct current)의 약어.

DCT 불연속 코사인 변환(discrete cosine transform)의 약어. 디지털 이미지를 8×8블록의 픽셀로 나누고 픽셀을 전파로 바꾸는 복잡한 방법. 거의 모든 압축 기술에서는 이 DCT가 기본으로 쓰임.

DP 촬영감독(director of photography)을 참조.

DSK 다운스트림 키 조절 장치(downstream keyer)를 참조.

DTV 디지털 텔레비전(digital television)을 참조.

DVCAM Sony에 의해 개발된 디지털 비디오 녹음 장치.

DVCPRO Panasonic에 의해 개발된 디지털 비디오 녹음 장치.

DVD digital versatile disc 참조.

DVE digital video effects 참조.

ECU 익스트림 클로즈업(extreme close-up)을 참조.

EDL 편집 결정 목록(edit decision list)을 참조.

EFP electronic field production을 참조.

ELS 익스트림 롱 샷(extreme long shot)을 참조.

ENG electronic news gathering을 참조.

ENG/EFP 카메라와 캠코더(ENG/EFP cameras and camcorders) 고성능 휴대용 야외 제작 카메라. VTR이 부착되어 있거나 내장되어 있는 경우 이를 캠코더라고 부름.

ESS system 전자 정지 화면 저장 장치[electronic still store(ESS) system]를 참조.

fc 피트 촉광(풋 캔들, foot-candle)을 참조.

format 주요한 프로그램 단계들을 가리키는 텔레비전용 대본의 형태. 일반적으로 완벽하게 쓰여진 쇼 도입부와 종결부를 포함.

fps frames per second의 약어. 프레임 비율(frame rate)을 참조.

HDTV(high-definition TV) 고선명 텔레비전 참조.

HDV 고선명 텔레비전(high-definition video)을 참조.

HID 라이트(HID light) halide iodide discharge의 약어. 특정한 종류의 가스에 전기를 지나가게 함으로써 빛을 만들어 내는 고강도 램프. 안정기가 장착되어 있음. HMI 조명과 흡사함. metal halide discharge를 참조.

high-Z 높은 임피던스. 임피던스(impedance) 참조.

HMI 라이트(HMI light) hydragyrum medium arc-length iodide의 약어. 특정한 종류의 가스에 전기를 지나가게 함으로써 빛을 만들어 내는 고강도 램프. 분리된 안정기가 필요함. HID 라이트와 흡사함. 금속 할로겐 방전(metal halide discharge)을 참조.

hundredeighty 벡터라인(vector line)을 참조.

IATSE 미국과 캐나다의 연극무대 고용자들, 영화 기술인들, 예술가들과 결성된 기술인들의 국제적 동맹의 약자. 노동조합.

IBEW 국제전기기술자협회(International Brotherhood of Electrical Workers)의 약어. 스튜디오와 마스터 제어 엔지니어를 위한 노동조합으로 무대인원을 포함할 수 있음.

I.F.B. interruptible foldback 또는 interruptible foldback을 참조.

ips 초당 인치의 약어. 테이프 속도 측정.

JPEG 주로 정지화면에 사용되는 압축방법. 연합 사진 전문가 그룹에 의해 만들어졌음.

kW 킬로와트(kilowatt)를 참조.

LD 조명감독(lighting director)의 약어.

low-Z 낮은 임피던스(장애물). 임피던스(impedance)를 참조.

LS 롱 샷(long shot)을 참조.

master monitor 라인 모니터(line monitor)를 참조.

MCU 중간 클로즈업.

MD(mini disc) mini disc를 참조.

metal halide discharge 전기를 특정 종류의 가스를 통과시켜서 빛을 만들어 내는 것. 조명을 켜고 고르게 빛나게 하기 위해서는 안정기가 필요함. HMI와 HID 라이트가 여기에 속함.

M/E 버스(M/E bus) 믹스/이펙트 버스의 줄임말. 믹스 또는 이펙트 기능을 수행하는 한 줄의 버튼.

MIDI 악기 디지털 인터페이스(musical instrument digital interface)를 참조.

mix-minus 녹음된 독주 악기 연주와 오케스트라 음과 같이 녹음된 특정 부분이 상실된 다중 음향 공급의 종류. 또한 공급을 받고 있는 소스에서 특정 부분이 상실된 프로그램 음향 공급을 의미하기도 함.

mm 밀리미터, 1/1000의 미터: 25.4 mm = 1인치.

MOD 최근접 거리(minimum object distance)를 참조.

moving-coil microphone 다이내믹 마이크(dynamic microphone)를 참조.

MP3 널리 사용되는 디지털 음향 압축 시스템. 대부분의 인터넷상에 있는 음향은 MP3 형식으로 압축되어 있다.

MPEG 동영상에 사용하는 압축 방법으로, 영상전문가그룹(Moving Picture Experts Group)에 의해 만들어졌다.

MPEG-2 모션 비디오에 대한 압축 기준.

MPEG-4 인터넷 스트리밍에 대한 압축 기준.

MS medium shot을 참조.

multiple-microphone interference 두 개의 동일한 마이크를 함께 가까이에서 같은 테이프에 동일한 음원을 녹음하는 데 사용되어질 때 특정 소리 주파수가 사라지는 것.

NAB 방송 국제 협회(National Association of Broadcasters)의 약어.

NABET 직원과 기술자에 대한 방송 협회의 약어. 최하위 직원을 포함하는 스튜디오 마스터 제어 엔지니어에 대한 노동조합.

ND 필터[neutral density(ND) filter] 장면의 색을 왜곡시키지 않으면서 들어오는 빛을 감소시키는 필터.

NDF 모드(non-drop frame mode) 실제 프레임 수와 시간의 경과 사이에 약간의 차이가 있는 녹음 비디오 모드로 SMPTE 시간 코드에 의해 무시되어짐.

NTSC 텔레비전 방송 규격 심의회(National Television System Committee)의 약어. 일반적으로 지정 복합 텔레비전 신호, 통합된 정보의 구성 채도(빨강, 초록, 파랑 신호)와 휘도 정보(흑백 신호). 통합 시스템(composite system)을 참조.

NTSC 시그널(NTSC signal) 통합 시스템(composite system)을 참조.

O/S over-the-shoulder shot을 참조.

oscilloscope waveform monitor를 참조.

PA 생산 도움(production assistant)의 약어.

P.A. 공개 주소(public address)의 약어. 라우드스피커 시스템. S.A. 시스템(스튜디오 주소) 또는 스튜디오 토크백이라고 부름.

PAR(parabolic aluminized reflector) 램프 클립 라이트(clip light)를 참조.

P.L. private line 또는 phone line의 약어. 텔레비전 프로덕션에서 주요 의사소통 시스템.

POV 관점(piont of view)을 참조.

PPM peak program meter를 참조.

props properties의 줄임말. 가구 그리고 다른 물체는 배우나 연기자에 의해서 그리고 장식하기 위해 사용되어짐.

PSA 공식 서비스 알림.

PST preset monitor를 참조.

P/V preview monitor를 참조.

PZM pressure zone microphone의 약어. 바운더리 마이크(boundary microphone)을 참조.

RCA 포노(RCA phono) 소비자 장비를 위한 비디오와 오디오를 연결하는 전기 커넥터.

RCU remote control unit을 참조.

RF radio frequency를 참조.

RF mic 무선 마이크(wireless microphone)를 참조.

RGB 텔레비전의 기본 색인 빨강(red), 초록(green), 파랑(blue).

RGB 컴퍼넌트 시스템(RGB component system) 적색, 녹색, 청색 신호가 전체 녹화 및 저장과정에서 분리되어 다루어지는 아날로그 영상 녹화 장치. 이 세 신호는 분리된 선을 통해서 전송됨.

R.P. 후방투사기 참조.

S 비디오(S-video) Y/C 성분 시스템(Y/C component system)을 참조.

S.A. studio address의 약자. 큰 소리 장치. studio talkback을 참조.

SEG (1) Screen Extras Guild의 약어. 무역 연합. (2) special-effects generator를 참조.

SMPTE/EBU time code 각각의 프레임이 특정한 어드레스를 부여하기 위해 비디오테이프의 큐 또는 어드레스 트랙에 입히는 전자적 신호. 타임 코드 판독기를 이 신호를 특정한 수(시간, 분, 초, 및 구조)로 변환함.

S/N 신호 대 잡음비(signal-to-noise ratio)를 참조.

SOT sound on tape의 약어. 비디오테이프는 영상들과 소리를 뒤에 보여줌.

sweep reversal 전자 스캐닝 반전; 거울 이미지(수평의 청소 반전) 또는 역의 이미지(수직의 청소 반전)의 결과.

TBC time base corrector를 참조.

TD 기술 감독(technical director)의 약어.

VHS 가정용 비디오 방식(video home system)의 약어. 소비자용의 1/2인치 VTR 시스템. 미리 보기와 오프라인 확인을 위해 텔레비전 생산의 모든 단계에서 광범위하게 사용됨.

VTR 로그(VTR log) 촬영 원본을 검사하면서 그 테이프에 담긴 모든 테이크를 기록한 목록. 좋은 테이크(사용할 수 있는 테이크)건 좋지 않은 테이크(사용할 수 없는 테이크)건 관계없이 모든 테이크를 타임 코드 주소에 따라 순서대로 기록함. 대개 컴퓨터 기록 프로그램을 이용해서 작성함. 벡터 칼럼은 샷 선택을 용이하게 함. 촬영 일지(field log)도 참조.

wow 오디오테이프의 느린 시작 또는 속도변화는 사운드의 왜곡을 만듦.

XLR 커넥터(XLR connector) 3개의 오디오 연결선은 모든 오디오 케이블의 균형을 맞추기 위해 사용됨.

Y 시그널(Y signal) 휘도(luminance)를 참조.

Y 채널(Y channel) 휘도 채널(luminance channel)을 참조.

Y/C 성분 시스템(Y/C component system) 휘도와 색도신호가 양자화 과정이나 전송과정에서 분리되어 있다가 실제로 비디오테이프에 기록될 때는 결합되는 아날로그 영상 녹화 시스템. Y/C 성분 신호는 두 개의 선을 이용해서 전송됨. S-비디오라고도 함.

Y/color 차별 성분 시스템(Y/color difference component system) 휘도 신호, 적색에서 휘도를 뺀 신호, 청색에서 휘도를 뺀 신호, 이렇게 세 개의 신호가 녹화와 저장과정 도중에 분리되어 다뤄지는 영상 녹화 시스템.

z선(z-axis) 카메라에서 수평선까지 렌즈의 확장을 나타내는 선. 차원의 깊이.

가법원색(additive primary colors) 빨강, 녹색, 그리고 파랑. 일반적인 하얀빛(햇빛)은 이 세 가지 색의 빛으로 분리됨. 이 세 가지 색들이 가지각색의 조합으로 결합되어 또 다른 색들을 만들어 냄. 이 과정을 가산혼합이라 함.

게인(gain) (1) 오디오: 오디오 신호를 증폭시키는 레벨. '라이딩 게인'은 적절한 레벨의 음향을 유지한다는 의미임. (2) 비디오: 비디오 신호를 조작해서 화면의 기본적인 밝기를 높이는 것.

겔(gel) 스포트라이트나 플러드라이트의 전면에 장치해서 광선이 특정한 색상을 띄게 하는 장치들의 총칭. 젤라틴(gelatin)에서 온 말로 열과 습기에 강한 플라스틱이 발명되기 전에 사용되던 것. 색 매개체라고도 부름.

고보(gobo) 텔레비전에서 부가적인 전방과 배경의 행동을 조정할 수 있도록 촬영을 위해 만든 배경 장치. 영화에서 특별한 빛을 막기 위해 사용하는 불투명한 방어막이나 평평한 표면의 모양을 설계하는 금속 차광판. 쿠키(cookie)와 플래그(flag)도 참조.

고선명 비디오(high-definition video)(HDV) 기준 디지털 비디오 캠코더들과 비슷한 장치로 HDTV(720p와 1080i)와 같은 해상도의 이미지들을 생산하는 녹화 장치. 비디오 신호는 이들 HDTV보다 더욱 압축되었음. 그러므로 전체적인 비디오의 질은 떨어짐.

고선명 텔레비전[high-definition television(HDTV)] 기존 NTSC 텔레비전보다 적어도 두 배 이상의 주사선을 가진 TV. 720p는 720개의 유효선이 1/30초에 한 번씩 순차 주사. 1080i 방식은 초당 60필드를 주사하고 각 필드당 539.5개의 유효선을 가지고 있음. 완전한 하나의 프레임은 두 개의 539.5개의 주사선이 비월 주사된 필드로 이루어져 있음. HDTV 시스템의 리프레시율(완전한 주사 회로)은 다양함.

고선명 텔레비전(HDTV) 카메라[high-definition television(HDTV) camera] 고해상도, 선명한 색, 확실한 명암의 대비를 가진 화면을 잡아낼 수 있는 비디오 카메라. 고성능 CCD와 줌 렌즈를 사용함.

고정 초점 길이 렌즈(fixed-focal-length lens) 가변 초점 길이를 가진 줌렌즈와는 대조적으로 초점렌즈는 변화될 수 없는 렌즈. 프라임 렌즈(prime lens)라고도 함.

고화질화 텔레비전(advanced television) 디지털 텔레비전(DTV)을 참조.

관점[point of view(POV)] 특정 캐릭터의 관점에서 보여지는 것. 카메라 위치에 제작 실마리가 주어지는 것.

광각 렌즈(wide-angle lens) 짧은 초점 거리를 가진 렌즈로 넓은 피사계를 가지고 있음.

광대역(브로드밴드, broadband) 다양한 정보(음성, 데이터, 영상과 음향)를 동시에 보내기 위해 광섬유 케이블이 가지는 넓은 대역 규격.

광범위(브로드, broad) 넓은 팬처럼 생긴 반사 장치를 가진 플러드라이트를 말함.

광케이블 접속기(fiber-optic cable) 유리나 플라스틱으로 만들어진 얇고, 투명한 선을 이용하여 한곳에서 다른 곳으로 광선을 이동시키는 것. 방송 신호 송파를 사용할 때에, 전기 비디오와 오디오 신호가 빛의 빈번함과 반송파로 인해 조정되는 것.

광학 디스크(optical disc) 디지털 저장 장치의 정보를 레이저 빔에 의해 기록하고 읽혀짐.

교환대(patchboard) 다양한 입력기와 특정한 출력기를 가진 장치. 패치베이라고도 부름.

구경(aperture) 렌즈의 조리개가 만들어 내는 구멍. 조리개 숫자(f-stop)로 표시됨.

구조(아키텍처, architecture) 스위치의 전자적 논리 설계 연관방식.

균등화(equalization) 한 주파수를 키우고 다른 주파수를 죽여서 음질을 조절하는 것.

균형(밸런스, balance) (1) 오디오: 다양한 소리의 적절한 믹싱. (2) 비디오: 그림(영상) 요소들의 관계 구조적 안정성. 밸런스는 그림(영상)의 안정성과 긴장 사이의 상호관계를 말하는데, 안정되거나(적은 영상긴장), 보통이거나(약간의 영상긴장) 또는 불안함(높은 영상긴장)을 가질 수 있음.

그래픽 발생기(graphics generator) 디자이너가 이미지를 전자적으로 그리고, 채색하고, 움직이고, 저장하고, 재생할 수 있도록 설계된 컴퓨터 또는 소프트웨어. 고용량 램과 하드 드라이버가 장착된 데스크톱 컴퓨터는 2D와 3D 소프트웨어의 사용과 같이 그래픽 발생기가 될 수 있음.

그래픽 벡터(graphic vector) 벡터(vertor)를 참조.

극성 반전(polarity reversal) 그레이스케일의 반전 사진에서 하얀색의 지역은 검게 됨. 그리고 검은 지역은 흰색이 됨. 색상 극성 반전은 보색의 결과로 나타남.

기가바이트(gigabyte) 1,073,741,824바이트(230바이트); 주로 기억 용량을 나타내기 위한 정보량의 단위.

기능지정 조절장치(delegation controls) 버스에 특정한 기능을 지정하는 스위처 상의 조절장치.

기본광(baselight) 고르고 방향성이 없는 조명으로 카메라를 작동시키기 위한 적당한 빛을 말한다. 보통 기본 조명은 f/8과 f/16사이에서 1,500~2,000 lux(150~200피트 촉광)의 빛을 말함. 기본(base)이라고도 함.

기본광량(baselight level) 작업광량(operating light level)를 참조.

기획 단계(preproduction) 모든 제작 세부 사항의 준비.

내부 연락 장치(intercom) intercommunication system의 줄임말. 모든 제작 인력과 기술 인력이 사용함. 유선 혹은 무선 채널을 통해 목소리를 주고받을 수 있는 장치가 되어 있는 통신 헤드세트가 가장 널리 사용됨. I.F.B.와 이동통신 기기도 이 시스템에 속함.

내부 초점(I-F) 렌즈[internal focus(I-F) lens] 렌즈통의 앞부분을 확장하거나 돌릴 필요 없이 초점을 맞출 수 있게 해주는 ENG/EFP 렌즈의 기계장치.

내부 키(internal key) 편집이 진행 중인 신호로 채워진 편집 부분.

노즈룸(noseroom) 화면에서 사람이 바라보는 곳이나 가리키는 곳에 남겨두는 공간. 리드룸(leadroom)도 참조.

녹화 VTR(record VTR) 원본 테이프에서 받은 프로그램 단편들을 최종 편집 테이프에 편집할 때 사용되는 녹화기. 편집 VTR이라고도 함.

높은 키(high-key) 은은한 배경과 풍부한 빛을 가진 장면. 주 조명의 세로 위치와는 아무런 관계가 없음.

뉴스 제작 전문요원(news production personnel) 뉴스, 다큐멘터리, 그리고 특별 이벤트의 제작에 독점적으로 할당된 사람.

니샷(knee shot) 사람의 머리에서 무릎 정도를 담은 구조.

다운로드(downloading) 자료를 모아 놓은 곳으로부터 파일을 전송하는 작업. 컴퓨터 상에 자료를 모아 놓은 곳은 자료가 뒤죽박죽 얽혀 있는 경우가 많기 때문에 다운로드를 수행하지 않고서는 파일을 보거나 들을 수 없음. 스트리밍(streaming)이라고도 부름.

다운링크(downlink) 위성으로부터 전해지는 신호를 수신하는 안테나와 장비.

다운스트림 키 조절 장치[downstream keyer(DSK)] 화상이 스위처를 나갈 때 화상에 타이틀을 키 처리할 수 있는 조절 장치.

다이내믹 마이크(dynamic microphone) 가동 코일에 진동판이 장착되어 있는 형태의 음향 픽업 장치를 가진 마이크. 음향으로부터 전해진 기압에 의해서 진동판이 진동하면 코일은 전자기장 사이를 움직이게 되고 여기서 전류가 생겨남. 가동 코일 마이크라고도 부름.

다이크로익 미러(dichroic mirror) 다이크로익 필터(dichroic filter)를 참조.

다이크로익 필터(dichroic filter) 마치 거울 같은 색의 필터는 홀로 흰색과 적색(적색 필터), 청색(청색 필터), 녹색과 함께 바로 왼쪽에 있음. 다이크로익 미러(dichroic mirror)라고도 함.

단색(monochrome) 하나의 색상. 텔레비전에서 단지 다양한 밝기의 정도 및 흑백사진 생산에서 읽는 모니터나 카메라에 적용.

단일 케마라 연출(single-camera directing) 후반작업에 사용할 테이크를 위해 스튜디오나 현장에서 하나의 카메라(대개 캠코더)로 연출하는 것. 필름-스타일 감독이라고도 불림.

달리(dolly) (1) 카메라를 수평 방향으로 움직일 수 있도록 지원하는 것. (2) 카메라가 피사체에 다가가거나(달리 인) 물러서는 것(달리 아웃).

대규모 중계방송(big remote) 스튜디오 밖에서 텔레비전 방송을 위해서 특별히 만들어진 것이 아닌 대규모의 예정된 이벤트를 생방송이나 혹은 실황 녹화하는 제작물. 예로는 스포츠 경기, 퍼레이드, 정치 집회 혹은 국회 청문회가 있음. 간단히 중계방송이라고도 함.

대상 관객(타겟 어디언스, target audience) 특정한 메시지를 전달하고자 하거나 선택된 관객.

대화와 행동 라인(line of conversation and action) 벡터라인(vector line)을 참조.

더블 헤드세트(double headset) 한쪽에서는 프로그램 사운드가 다른 쪽에서는 P.L. 정보가 전달되는 원격 헤드세트. 스플릿 인터컴이라고 불리기도 함.

덥(dub) 전자 녹음의 복사. 더빙은 테이프에서 테이프로 또는 디스크부터 테이프로 혹은 그 반대도 가능함. 더빙은 항상 원음에 대한 1차 복사에 한함. 아날로그 시스템에서 더빙을 할수록 음질이 악화되지만 디지털에서는 거의 원형의 음질을 유지함.

덥다운(dub-down) 고품질의 VTR에서 낮은 품질의 VTR로 영상과 음향을 복제하는 것. 다른 말로는 범프 다운(bump-down)이라고도 함.

덥업(dub-up) 낮은 품질의 비디오테이프에서 고품질의 VTR로 영상과 음향을 복제하는 것. 다른 말로는 범프 업(bump-up)이라고 함.

동기 결합 장치(genlock) (1) 현장과 스튜디오와 같이 두 개의 다른 원본 자료로부터 동기 발생기를 맞추는 것. 픽쳐 롤링 없이 하나의 자료에서 다른 자료로 바꿔주는 것을 가능하게 하는 것. (2) (비디오테이프와 같이) 다른 자료로부터 온 동기 신호와 하우스 동기를 맞추는 것.

동시 편집(instantaneous editing) 스위칭(switching)을 참조.

드라이 런(dry run) 장비 없이 실행되는 리허설. 이 리허설을 통해 배우의 주요 동작을 연습함. 블로킹 리허설이라고도 부름.

드래그(drag) 카메라 패닝과 틸팅을 부드럽게 하기 위한 카메라 마운팅 헤드에 필요한 마찰의 정도.

드레스(dress) (1) 촬영을 위해 착용하는 복장. (2) 소품으로 무대를 꾸미는 것. (3) 드레스 리허설.

드레스 리허설(dress rehearsal) 모든 의상을 착용하고 모든 장비를 동원하는 총 리허설. dress rehearsal은 종종 녹화되기도 함. 카메라 리허설은 배우들이 의상을 착용하지 않은 상태에서 하는 리허설을 말함.

드롭(drop) 무대 배경을 위한 그림이 그려진 큰 캔버스.

드롭 프레임(drop frame) 실제 시간과 일치시키기 위해 각각의 프레임을 SMPTE 시간코드에 따라 주기적으로 파악할 수 있게끔 만드는 비디오 녹화 모드.

드롭라인(drop lines) cable TV 분배 장치의 한 부분을 개인 가정에 연결시키는 것.

드롭아웃(dropout) 비디오 신호의 소실 부분이 하얀색 또는 색 결함으로 영상에 나타남.

디렉트 버스(direct bus) 프로그램 버스(program bus)를 참조.

디버시티 리셉션(diversity reception) 한 개 이상의 수신국을 설정해 놓은 상태에서 무선 마이크로폰을 설치해 한쪽 수신이 약해졌을 때 다른 쪽 수신국을 이용할 수 있게 하는 것.

디스크(disc) 읽고 쓰는 기능을 위해 레이저 빔을 사용하는 광학 컴퓨터 저장 장치.

디스크(disk) 집중 트랙에 정보를 저장하는 컴퓨터 저장 장치. 휴대용 중용량 플로피 디스크와 컴퓨터에 장착되어 있는 대용량 하드 디스크가 있다.

디스크 기반 영상 녹화 장치(disk-based video recorder) 하드 디스크나 읽기/쓰기 전용 광학 디스크에 정보를 기록하고 저장하는 모든 디지털 영상 녹화기. 모든 디스크 기반 장비는 비선형의 성격을 가짐.

디스토션(distortion) 부자연스럽게 변환되고 뒤틀린 음향.

디졸브(dissolve) 일정 시간 이중 노출을 거쳐 서서히 두 개의 이미지를 교차하는 것. lap dissolve라고도 함.

디지털(digital) 자료를 2진수 디지트(on/off) 형식으로 표현하는 2진법 체계.

디지털 녹화 장치(digital recording systems) 아날로그 영상 신호와 음향 신호의 샘플을 취해서 이것을 분리된 on/off 펄스로 변환시키는 것. 이러한 디지트는 0과 1로 기록됨.

디지털 렌즈(digital lens) 디지털 줌 렌즈(digital zoom lens)를 참조.

디지털 비디오 디스크[digital versatile disc(DVD), digital videodisc] 표준 DVD는 영상, 음향정보를 위한 읽기 전용 고용량 저장 장치(4.7기가바이트 또는 이상)를 말함. 디지털 비디오 디스크(digital videodisc)라고도 함.

디지털 비디오 이펙트[digital video effects(DVE)] 컴퓨터 혹은 스위처 상의 디지털 효과 장비에 의해 만들어지는 시각 효과.

디지털 오디오 테이프[digital audiotape(DAT)] 오디오 테이프에 디지털 방식으로 양자화된 음향 신호. 디지털 녹음기뿐만 아니라 디지털 녹음과정까지 포함.

디지털 정지화면 저장 장치(digital still store system) 전자 정지화면 저장 장치[electronic still store(ESS) system]를 참조.

디지털 줌(digital zooming) 이미지의 중앙 부분을 기준으로 가상적으로 줌을 시연한 후, 전자적으로 기준이 된 부분을 확장시키는 것. 이러한 디지털 줌은 해상도를 떨어뜨림.

디지털 줌 렌즈(digital zoom lens) 작은 내장 컴퓨터를 통해 줌 위치와 이에 해당하는 초점을 계속해서 반복할 수 있는 렌즈.

디지털 카트 시스템(digital cart system) 내장된 하드드라이브, 외장형 고용량 디스크, 또는 읽기/쓰기 전용 광학 디스크를 이용해서 엄청난 양의 음향 정보를 저장하고 접속할 수 있는 디지털 음향 장비. 짧은 방송이나 뮤직 브리지에 주로 사용됨.

디지털 텔레비전[digital television(DTV)] 일반적으로 STV(standard television)보다 높은 이미지 해상도를 가진 디지털 TV 시스템을 말함.

디지털화(digitize) 아날로그 신호를 디지털 형식으로 변환시키거나 정보를 디지털 코드로 변환시키는 것.

디코딩(decoding) 디지털 코드로부터 비디오, 오디오 신호를 재구성하는 것.

디포커스(변초점, defocus) 간단하면서도 가장 효과적인 광학적 효과. 카메라를 줌인해서 초점을 흐려 놓고 나서 큐를 받으면 다시 초점을 맞춤. 이 효과는 전환 장치로 사용되거나 강한 심리적 방황이나 신체적 불균형을 나타낼 때 사용됨.

라디오 마이크(radio mic) 무선 마이크(wireless microphone)를 참조.

라디오 프리퀀시[무선주파수, radio frequency(RF)] 방송은 주로 다양한 채널로 배분됨. RF 분할에서 비디오와 오디오 신호들은 주로 라디오 주파수대에 겹쳐짐. 대게 RF로 불림.

라벨리에 마이크(lavaliere microphone) 옷 위에 꽂아서 사용할 수 있는 소형 마이크.

라이벌(libel) 문서화되었거나 방송된 중상(비방).

라이저(riser) (1) 작은 플랫폼. (2) 수평 위의 플랫폼을 지지하는 수직 프레임.

라인(line) 벡터라인(vector line)을 참조.

라인 모니터(line monitor) 방송되는 화면이나 비디오테이프에 녹화될 화면만을 보여주는 모니터. 마스터 모니터 혹은 프로그램 모니터라고도 부름.

라인 아웃(line-out) 최종적으로 방송될 영상과 음향을 전송하는 선.

라인 프로듀서(line producer) 세트에서 제작 활동을 지휘하는 사람.

락업 타임(lockup time) 테이프 레코더에서 테이프가 시작되는 시점부터 끝까지 영상과 음향을 동시에 저장하는 데 필요한 시간.

락킹 인(locking-in) 연속적인 시각화와 시퀀싱을 결정하는 스크립트 분석과정에서 시청각적인 이미지를 떠올리는 것.

래그(lag) 낮은 조명하에서 카메라가 움직이는 물체를 따라가거나, 움직이지 않는 물체를 가로지를 때 생기는 얼룩.

랙 포커스(rack focus) 카메라로부터 가까운 피사체에서 먼 피사체로 혹은 그 반대로 초점을 이동시키는 것.

랩 디졸브(lap dissolve) 디졸브(dissolve)를 참조.

러프 컷(rough-cut) 대략의 순서와 길이로 샷과 샷 시퀀스의 첫 임시적인 배열. 오프라인 편집의 완료.

럭스(lux) 빛의 강도를 측정하는 유럽 표준 단위. 10.75 lux =1 fc. 일반적으로 대략 10 lux=1 fc로 봄. 피트 촉광[foot candle(fc)]도 참조.

런 쓰루(run-through) 리허설.

런닝 타임(running time) 프로그램이나 프로그램 조각의 길이. 프로그램 길이로도 불림.

런다운 시트(rundown sheet) 팩트 시트(fact sheet)를 참조.

런아웃 시그널(runout signal) 비디오 변화나 편집을 하기 위해서 블랙 화면을 각 비디오테이프 끝에 몇 초간 녹화.

레이어링(layering) 더 복잡한 효과를 위해 2개 이상의 중요한 효과들을 결합.

렌즈 조리개(lens diaphragm) 홍채(iris)를 참조.

렌즈(lens) 카메라 픽업 장치의 앞 표면이나 필름 위에 장면의 광학적 이미지를 비추는 것. 렌즈는 고정 초점거리를 가지고 있는 단렌즈들이나 다양한 초점거리(줌렌즈)를 가지고 있는 가변렌즈 그리고 다양한 최대값 조리개 수치를 가지고 있음.

렌즈프리즘(lens prism) 프리즘은 카메라 렌즈에 붙일 경우 수평선의 틸팅이나 다양한 이미지의 창조와 같은 특수효과를 가져 옴.

렌지 익스텐더(range extender) 초점 거리를 확장시키기 위해 줌 렌즈에 부착시키는 광학적 부착물. 확대기라고도 부름.

로그(log) 주 조정 기록. 매일 발행되며 이 로그에는 프로그램의 원본, 계획된 프로그램의 시간, 길이, 영상과 음향정보, 인식할 수 있는 번호(예를 들어 일련번호와 같은), 프로그램 제목, 프로그램의 종류, 그리고 부가정보가 기록되어 있음.

로보틱 페디스털(robotic pedestal) 모터 장치를 이용한 스튜디오 페디스털과 장착 헤드. 많은 수의 카메라를 실행시키고 저장할 수 있음. 컴퓨터 시스템에 의해서 움직임. 로보틱이라고도 부름.

로보틱(robotic) 로보틱 페디스털(robotic pedestal)을 참조.

로앵글 달리(low-angle dolly) 카메라를 높게 들고 특별히 낮은 샷을 찍을 때 사용하는 달리.

로키(low-key) 어두운 배경과 선택적 위치에 조명을 비춰주는 장면. 주조명의 수평적 위치와는 아무런 관계가 없음.

롤(roll) (1) 화면으로 천천히 올라오는 그래픽들(대게는 크레디트 카피); 크롤(crawl)도 참조. (2) 비디오테이프 녹화를 시작하라는 명령.

롱 샷[long shot(LS)] 피사체를 멀리서 촬영하거나 넉넉하게 보이게 촬영하는 것. 설정 샷(establishing 샷) 또는 풀 샷이라고도 불림.

루멘(lumen) 하나의 양초에서 나오는 빛의 강도세기(모든 방향으로 빛을 내보내는 조명원).

루미네어(luminaire) 조명기구의 전문기술적 명칭

리더 넘버스(leader numbers) 재생하는 동안에 비디오테이프 그리고 필름의 정확한 큐를 보내기 위해 사용되는 숫자. 10에서 3까지 숫자들이 1초 간격으로 빛나고 때때로 짧은 오디오 발신음을 동조화시킴.

리드룸(leadroom) 사람이나 피사체가 향하려고 하는 방향에 비워두는 화면상 공간. 노즈룸(9noseroom)을 참조.

리모트(remote) 대규모 중계방송(big remote)을 참조.

리모트 서베이(사전현장조사, remote survey) 제작이 진행될 장소의 건물, 땅, 그리고 이벤트 환경에 대한 프로덕션 이전 과정에서 실시하는 조사.

리모트 콘트롤 유니트[remote control unit(RCU)] (1) CCU 조절 장치는 CCU에서 분리. (2) EFP 카메라와 함께 현장에 가져갈 수 있는 작은 휴대 가능한 CCU. 카메라 제어 장비[camera control unit(CCU)] 또한 참조.

리모트 트럭(중계차, remote truck) 프로그램 통제 센터, 오디오 통제 센터, VTR과 즉시 녹음-재생 센터, 기술 센터, 그리고 송신 장비가 설치되어 있는 차량.

리본 마이크(ribbon microphone) 음압에 의해 전자기장 사이에서 진동하는 리본으로 구성되어 있는 음향 픽업 장치를 가진 마이크. 벨로시티 마이크라고도 부른다.

리퍼런스 블랙(reference black) 카메라 영상의 검은 정도를 조정하기 위해 사용되는 가장 검은 요소.

리퍼런스 화이트(reference white) 카메라 영상의 하얀 정도를 조정하기 위해 사용되는 가장 하얀 요소.

리후레쉬 레이트(refresh rate) 완전한 디지털 주사 회로 수를 초단위로 나타낸 것. 프레임(frame)을 참조.

릴 투 릴(reel-to-reel) 헤드를 통과해 한 필름에서 다른 필름으로 전송하는 테이프 녹화기.

림보(limbo) 단순하고 가벼운 배경의 어떤 세트 부분.

립 싱크(lip-sync) 소리와 입술 행동의 동기화.

마스터 컨트롤(master control) 모든 텔레비전 방송을 위한 중추센터. 방송을 하기 위하여 프로그램의 입력, 저장 및 복구를 통제함.

마이크(mic) microphone을 참조.

마이크로웨이브 중계(microwave relay) 중계 현장에서 다양한 마이크로웨이브 장치를 거쳐서 방송국이나 송신기로 신호를 전송하는 전송 방법.

마이크로폰(microphone) 소리를 수집하고 전기에너지로 변환시키기 위해 사용되는 작고 휴대가 가능한 부품.

매트 키(matte key) 키와 문자로서 문자의 내부가 다양한 농도의 회색이나 특정한 색으로 채워진 것.

멀티플렉싱(multiplexing) 같은 시간 안에 반송파를 동시에 또는 순차적으로 비디오 및 오디오 신호를 전송하는 방법.

메가바이트(megabyte) 1,048,576바이트(2^{20}바이트); 대개 약 1백만 바이트로 계산한다.

메가픽셀(megapixel) CCD 또는 디지털 이미지가 약 100만 화소를 포함하는 것. 픽셀이 많으면 많을수록 이미지 해상도가 높음. 일반적으로 디지털 스틸 카메라의 상대적인 품질을 나타내는 데 사용됨.

명도(brightness) 흑백 TV 화면에 색이 어느 정도 어둡고 밝게 나타나는지, 또한 어느 정도 색이 반사되는 빛인지 결정하는 색의 특성.

모노포드(monopod) 하나의 기둥으로 된 카메라 장착 장비.

모니터(monitor) (1) 오디오: 라인 아웃과는 별도로 프로그램의 음향을 들려주는 스피커. (2) 비디오: 텔레비전 스튜디오나 조정실에서 사용하는 고화질 텔레비전 세트. 방송 신호를 잡을 수는 없음.

모션 벡터(motion vector) 벡터(vector)를 참조.

모자익(mosaic) 모자이크 타일로 구성되어진 이미지를 통해 보이는 일반적인 컴퓨터의 시각적 효과.

몽타주(montage) 종종 관련 없어 보이는 두 개 또는 그 이상의 샷을 병렬함으로써 기존 샷에서는 내포하고 있지 않았던 제3의 의미를 만들어 내는 것.

무대 심도(depth staging) 텔레비전 화면 상에 전경, 중경, 후경이 분명히 구분되도록 사물을 배치하는 것.

무선 마이크(wireless microphone) 오디오 신호를 케이블이 아닌 공기를 통해서 송출하는 시스템. 마이크는 소형 송출기에 부착되어 있고 오디오 콘솔이나 녹음 장치에 연결된 소형 수신기로 신호를 수신함. RF 마이크 또는 라디오 마이크라고도 부름.

무손실 압축(lossless compression) 저장과 이동하는 동안 화소를 재배치하지만 삭제는 하지 않는 압축. 압축(compression) 또한 참조.

무아레 효과(moiré effect) 텔레비전 시스템을 통해 좁고 밀집된 줄무늬 모양을 보여줄 때 나타나는 간섭 현상으로 색이 흔들리는 모양을 띠고 있음.

무지향성(omnidirectional) 모든 방향에서 들어오는 음향을 동등하게 픽업하는 마이크의 픽업 패턴.

문자 발생기[character generator(C.G.)] 영상으로 표시하기 위한 여러 개의 문자나 숫자, 간단한 그래프를 전자적으로 만들어 내기 위해 사용하는 컴퓨터. 적당한 소프트웨어가 장착되어 있다면 어떤 컴퓨터도 문자 발생기로 사용 가능.

미니 디스크[mini disc(MD)] CD 음질의 음향을 1시간 분량 저장할 수 있는 광학의 2½인치 폭 크기의 디스크.

미니 링크(mini-link) 서로 연결되어 목적지로 영상, 음향 신호를 보내기 위해 장애물을 돌아갈 수 있도록 설치해 놓은 다양한 마이크로웨이브 장치(주로 방송국 그리고/혹은 송신기).

미니 카세트(mini-cassette) 작은(2½×1⅝인치 또는 65×47 mm)¼인치 테이프는 일반 소비자 또는 프로슈머 디지털 카메라에 사용됨. 그것은 기본 녹화 속도로 1시간 녹화할 수 있음.

미디움 리콰이어먼트(medium requirements) 규정된 프로세스 메시지를 만들어 내기 위해 필요한 모든 내용구성요소와 제작구성요소.

미디움 샷(medium shot)(MS) 피사체가 중간 거리 정도에 있는 것처럼 보이는 구도. 롱 샷과 클로즈업 중간에 해당함. 또한 웨이스트 샷이라고도 불림.

믹스 다운(mixdown) 오디오 또는 비디오테이프의 단일 또는 스테레오 트랙에 마지막 사운드 트랙 결합.

믹스 버스(mix bus) (1) 오디오: 오디오 신호에 대한 믹싱 채널. 믹스 버스는 믹싱된 신호를 생산하기 위해 여러 가지 소스로부터 소리를 결합함. (2) 비디오: 화상을 디졸브나 슈퍼로 혼합할 수 있도록 하는 한 줄의 버튼.

믹스/퍼펙트 버스(mix/effects bus) M/E bus를 참조.

믹싱(mixing) (1) 오디오: 이벤트(쇼) 콘텐츠에 의해 결정되어진 것으로써 두 개 이상의 특정비율(볼륨 다양성들)의 소리 결합. (2) 비디오: 스위치를 통해 오버랩 또는 화면을 디졸브로 생산.

바운더리 마이크로폰(boundary microphone) 모든 음파가 같은 시간에 마이크로폰에 도달하는 압축영역을 나타내기 위해 반사되는 표면 위에 세워져 있거나 갖춰진 마이크로폰. 그룹 토론과 관객을 위한 이상적 상호작용. PZM(pressure zone microphone)이라고도 함.

바이트(byte) 8비트. 불연속 256레벨(2^8비트)로 정의할 수 있음. 이를테면 블랙과 화이트 사이에 있는 회색의 음영. 2진수 디지트(비트)도 참조.

반 도어즈(barn doors) 광선이 흩어지는 것을 조절하기 위해 조명 기구 앞에 장착하는 금속 판.

반사광(reflected light) 조명을 비춘 피사체로부터 반사된 빛. 조명을 비춘 피사체 가까이에서 반사광을 측정해야 함.

반사형 접시(parabolic reflector microphone) 포물선의 작은 접시의 초점 센터는 마이크를 포함함. 먼 소리의 픽업에 사용.

반향음(reverberation) 음원이 진동을 그친 뒤에도 음이 계속 들리는 현상. 일반적으로 청각적으로 "죽은" 스튜디오에서 녹음된 음향들에 활발하게 사용됨. echo를 참조.

발광체(luminant) 빛을 내는 램프; 조명원.

밝은 렌즈(fast lens) 최대 구경(낮은 f-stop)을 통해 비교적 많은 양의 빛을 통과시킬 수 있는 렌즈. 낮은 조도 하에서 사용할 수 있음.

배경 조명(background light) 세트나 그 일부분, 또는 배경에 조명을 비추는 것. 세트 조명이라고도 함.

배튼(batten) 스튜디오에서 조명기구를 받치는 수평의 금속 파이프.

백 타이밍(back-timing) 프로그램의 시간을 끝에서부터 계산하는 일.

백열등(incandescent) 평범한 유리구에 텅스텐 필라멘트로 빛을 내는 것(형광등과 대조를 이룸).

밸런스 마이크 또는 라인(balanced mic or line) 세 개의 커넥터나 와이어(선)들로 묶인 전문 오디오 선: 두 개는 실제 오디오 시그널을 운반하고, 하나는 지면과 연결됨. 다른 전기적 간섭을 일으키지 않음.

버스(bus) (1) 스위처에 있는 버튼들이 이루는 하나의 줄. (2) 몇몇의 소스로부터 오는 전기적인 신호를 받거나 받은 신호를 여러 장치로 전달하는 일반적인 중앙 서킷.

버스트 숏(bust shot) 몸통 위에서부터 머리까지의 사람 모습을 한 화면에 담는 것.

버티칼 블랭킹(vertical blanking) 기초적인 스캐닝 과정의 각 주기 후에 스크린의 상단으로 전자빔이 복귀하는 것.

버티칼 키라이트 포지션(vertical key light position) 스튜디오 바닥으로부터의 키 라이트의 상관 거리. 특히 출연자의 눈높이를 기준으로 위에 있는지 아래에 있는지를 나타냄. 전체 장면의 밝기와 음영을 일컫는 high- 혹은 low-key 조명과 혼동하지 말아야 함.

번 인(burn-in) 비디오에서 보여지는 이미지의 영구적인 흔적.

범프 다운(bump-down) 덥 다운(dub-down)을 참조.

범프 업(bump-up) 덥 업(dub-up)을 참조.

베라시티 마이크(velocity mic) ribbon microphone을 참조.

베링어블 포칼 렝스 렌즈(variable-focal-length lens) zoom lens를 참조.

베이스(base) 기본광(baselight)을 참조.

벡터(vector) 방향을 가진 힘을 나타냄. 그래픽 벡터란 선의 방향 혹은 일련의 피사체가 이루는 선을 의미함. 인덱스 벡터는 화살표와 같이 확실한 방향을 말함. 모션 벡터는 피사체나 화면상에서 움직이는 이미지에 의해 만들어짐.

벡터 라인(vector line) 서로에 직면하고 있는 2명의 사람들에 의해 또는 특정의 방향의 현저한 움직임을 통하여 확립된 지배적인 방향. 또 다른 말로는 라인, 대화와 행동의 라인 또는 hundredeighty라고 불림.

벡터 스코프(vector scope) 텔레비전 카메라에서 색을 조절하는 테스트 장비.

보더(border) 배경으로부터 문자 또는 그림영역이 분리되어 전기적으로 형성되는 모서리.

보조 조명(fill light) 카메라를 중심으로 주 조명의 반대편에서 그림자를 비추는 부가적인 조명으로 폴 오프를 감소시키는 역할을 함. 주로 플러드라이트를 사용함.

보조인력(below-the-line personnel) 예산 집행상의 분류로 기술분야 인력을 가리킴. 기술분야 제작 인력(technical production personnel)을 참조.

보조인력 비용(2차 제작비, below-the-line) 장비, 특별한 표현의 기술 서비스, 보조인력 비용을 가리키는 예산집행상의 분류.

복수 카메라 연출(multicamera directing) 즉석 편집을 위한 두 개 이상의 카메라의 동시 편집(스위칭). 조정실 연출이라고도 함.

복합편집(complexity editing) 이벤트를 강조할 수 있도록, 혹은 다른 목적으로 샷을 병치시키는 것. 연속성을 위한 편집 관습이 의도적으로 깨지기도 함.

볼륨(volume) 소리의 상대적인 강도.

볼륨 유니트 메터[volume unit(VU) meter] 볼륨측정 유닛, 확성기 소음과 연결시키는 것이다.

부조정실(control room) 감독과 기술 감독, 음향 기술자와 조명 감독 등이 그들 고유의 제작 기능을 수행하기 위해 스튜디오 가까이에 만들어 놓은 방.

부조정실 연출(control room directing) 복수 카메라 연출(multicamera directing)을 참조.

북(book) 두 개의 평평한 면이 같이 경첩되어 있는 것. 투폴드(twofold)라고도 함.

분장(makeup) 화장품을 이용해서 외모를 개선, 수정, 변화시키는 것.

붐(boom) (1) 오디오: 마이크로폰 지원. (2) 비디오: 카메라 이동장치의 한 부분. (3) 카메라 크레인의 걸침대를 통해서 카메라를 이동하는 것; 크레인이라고도 함.

뷰파인더(viewfinder) 일반적으로 전자식 뷰파인더를 의미함; 카메라에 의해 작동되는 영상을 보여주는 작은 텔레비전 세트.

블랙(black) 대체로 3%의 반사율을 가지는 그레이스케일의 가장 어두운 부분으로, TV black이라 불림. 블랙(black)은 텔레비전 영상이 검은색으로 흐려지는 것을 의미함.

블로킹(blocking) 탤런트와 이동하는 모든 텔레비전 장비의 움직임과 이동을 주의 깊게 실행하는 것.

블로킹 리허설(blocking rehearsal) 드라이 런(dry run)을 참조.

비기술 분야 인력(nontechnical production per-

sonnel) 기본 기획 아이디어를 최종 화면 이미지로 옮기는 데 있어서 비기술 분야에 관련된 사람들. 라인 위의 인력이라고도 함.

비디오(video) (1) 텔레비전 프로그램의 영상 부분.

비디오 레코더[video recorder(VR)] 비디오테이프 녹화기 또는 디지털 디스크 베이스의 기록 장치.

비디오 리더(video leader) 프로그램 자료에 앞서 녹화되는 시각 자료와 컨트롤 톤. 재생을 위한 기술적인 기준을 제시함.

비디오 오퍼레이터[video operator(VO)] 최초의 카메라 설치의 책임과 녹화 중에 영상 조정. shader로도 불림.

비디오 트랙(video track) 그림 정보를 기록하기 위해 사용되는 비디오테이프의 영역.

비디오카세트(videocassette) 비디오테이프 녹화기를 통하여 비디오테이프가 공급 릴부터 수요 릴로 옮겨지는 과정에서 프로그램을 기록하고 재생할 수 있도록 만든 플라스틱 박스.

비디오테이프 녹화기(tape-based video recorder) 비디오테이프에 정보를 기록하고 저장하는 모든 영상 녹화 장치. 모든 테이프 기반 장치는 선형을 띔.

비디오테이프 레코더[videotape recorder(VTR)] 영상 신호와 음향신호를 재생이나 포스트프로덕션 편집에 사용하기 위해 비디오테이프에 녹화하는 전자 녹화 장치.

비디오테이프 트랙(videotape tracks) 대부분의 비디오테이프 장비들은 비디오 트랙, 두 개 이상의 오디오 트랙, 컨트롤 트랙, 그리고 경우에 따라서는 분리된 타임 코드 트랙을 갖음.

비선형 편집[nonlinear editing(NLE)] 샷이나 시퀀스에 무작위로 접속할 수 있으며, 쉽게 재배치할 수 있는 즉각의 무작위한 접근을 허락함. 영상 및 음향 정보는 컴퓨터의 하드디스크나 읽기/쓰기 전용 광학 디스크에 디지털 형식으로 저장됨. 디스크 기반 컴퓨터 시스템을 사용함.

비엔시(BNC) 전문적인 비디오 장비를 위한 표준 동축케이블 연결자.

비월주사(interlaced scanning) 이 시스템에서 전자빔은 첫 주사 시 한 줄 건너 한 줄씩, 즉 홀수선만 주사함. 마지막 홀수선의 절반을 주사한 후 처음으로 돌아가서 나머지 절반을 마저 주사하고 짝수선을 주사함. 각각 홀수선만, 짝수선만 주사한 것을 필드라고 함. 두 개의 필드가 하나의 완전한 프레임을 형성. 표준 NTSC 텔레비전은 초당 60개의 필드, 즉 초당 30개의 프레임을 만들어 냄.

비주어라이제이션(visualization) 중요한 텔레비전 이미지로 현장의 모습을 정신적으로 바꿈. 샷의 정신 이미지.

비트(bit) 2진수 디지트(binary digit)를 참조.

빅 붐(big boom) 퍼렘뷸레이터 붐(perambulator boom)을 참조.

빔 분산기(빔 스플리터, beam splitter) 프리즘의 가시광선 시스템 그리고 빛의 삼원색을 쪼개는 텔레비전 카메라의 여과기. 또한 프리즘 블록이라고도 함.

사운드 바이트(sound bite) 카메라를 향해 하는 짧은 서술.

사운드 퍼스텍티브(음향 원근감, sound perspective) 롱 샷의 음향은 멀리서 들리고, 클로즈업의 음량은 가까이에서 들리는 것.

사이드 조명(side light) 주로 방향성 조명을 피사체의 측면에서 비추는 것. 부가적인 보조 조명이나 두 번째 주 조명의 역할을 하게 되면 윤곽을 나타내게 됨.

사이코그래픽스(psychographics) 삶의 스타일, 가치, 고객 소비 습관과 같은 소비자 행동양식, 가치관 등을 심리학적으로 측정하는 기술.

사이클로라마(cyclorama) 무대의 가장 뒷부분에 있는 막으로서 배경과 행동을 분리시키는 동시에 배경막으로서의 역할도 담당. cyc라고도 함.

사이클로라마 라이트(cyc light) 스트립라이트(strip light)를 참조.

사이트 서베이(site survey) remote survey를 참조.

삼각 조명(triangle lighting) 조명장치의 원리(photographic lighting principle)를 참조.

삼각대(tripod) 세 개의 다리로 이루어진 카메라 장착 장비. 기동하기 편하도록 달리와 연결할 수 있음.

삼원색 감산혼합(subtractive primary colors) 빨간색(푸른빛을 띤 빨간색), 파란색(초록빛이 도는 파란색)과 노란색. 혼합된 색상은 필터처럼 특정한 색을 흡수함. 세 가지 색이 모두 혼합되면 서로 여과하여 검정색을 나타내게 됨.

삼점 조명(lighting triangle) 주, 보조, 역광 조명의 삼각형 배열. 또한 삼각 조명(triangle lighting)이라고도 불림. 조명장치의 원리(photographic lighting principle)를 참조.

색온도(color temperature) 백색광의 빨갛거나 파란 정도를 캘빈도로 측정한 것을 말함. 표준 컬러 온도는 실내 조명은 3,200K이고, 야외 조명은 5,600K. 전문적으로 기록은 캘빈도로 표현함.

색의 호환성(color compatibility) 흑백텔레비전으로 봤을 때 흑백 화상으로 구분할 수 있는 색 신호. 일반적으로 큰 회색도 대비를 가지며, 흑백텔레비전에서 보일 수 있을 정도로 명도 대비가 충분한 색 배합을 말함.

색조(hue) 기본적인 색의 특성 중 하나. 색조는 빨강, 초록, 노랑 등 색 그 자체를 말함.

색채쓰기(컬러화, colorizing) 컴퓨터를 통한 색 패턴이나 색 범위의 창조물.

샘플링(sampling) 디지털 코드로 변환을 위해 작은 분량,

좋은 많은 동일한 공간의 아날로그 전기 신호로부터 읽는 (선택과 레코딩) 과정.

샷 리스트(shot list) shot sheet을 참조.

샷 시트(shot sheet) 특정 카메라가 촬영해야 할 모든 장면의 목록. 이 목록은 카메라맨이 장면 흐름을 기억할 수 있도록 카메라에 부착해서 사용됨. shot list라고도 함.

샷건 마이크(shotgun microphone) 원거리의 음향을 고도의 방향성을 가지고 잡는 마이크.

서라운드 사운드(surround sound) 여섯 개의 스피커를 듣는 사람의 전면과 후면, 혹은 전면과 측면과 후면에 배치해서 듣는 사람의 전면, 측면, 후면에 음향의 영역을 만들어 내는 음향.

서보 스테이버라이저(servo stabilizer) 흔들림과 떨림을 흡수하는 카메라 안의 기계장치.

서보 줌 컨트롤(servo zoom control) 모터 조절 장치를 활성화시키는 줌 컨트롤.

서브젝티브 타임(subjective time) 주관적인 기간.

서치(search) (1) 편집에서 정확한 어드레스를 찾기 위해 테이프를 빠르게 앞이나 뒤로 돌리는 것. 검색하는 동안 화면에 영상이 보여지게 됨. (2) 컴퓨터 데이터베이스에 정보의 시스템적인 검색.

서프라이 릴(supply reel) 필름 또는 테이프를 잡는 릴, 그것은 릴을 감는 것을 제공함.

선형편집(linear editing) 테이프 기반 장비를 사용하는 아날로그 또는 디지털 편집. 샷들의 선택이 무작위적이지 않음.

설비 요청서(facilities request) 특정한 제작에 필요한 모든 기술 설비가 포함된 목록.

설정 샷(establishing shot) 관객에게 다음에 나올 클로즈 샷의 의미 맥락을 제시하기 위한 샷이며, 일반적으로 한 장면의 도입부에 제시되는 익스트림 롱 샷이나 롱 샷.

섭외(contact) 특정 행사를 알고 있고 원거리 방송 제작팀의 지원이 가능한 보통 공적인 관계의 간부를 말함.

성분 시스템(component system) 휘도와 색도 신호가 양자화 과정이나 전송과정에서 분리되어 있다가 실제로 비디오테이프에 기록될 때는 결합되는 아날로그 영상 녹화 시스템. Y/C 성분 신호는 두 개의 선을 이용해서 전송됨. 적색, 녹색, 청색 신호가 전체 녹화 및 저장과정에서 분리되어 다루어지는 아날로그 영상 녹화 장치. 이 세 신호는 분리된 선을 통해서 전송됨.

세미 스크립트 포맷(semiscripted format) 주요영상 큐를 왼쪽 칸에, 주요 음향 큐를 오른쪽 칸에 기입한 부분적인 스크립트. 대화가 제시되어 있기는 하지만 완벽하지 않는 상태로 쇼를 묘사하기 위해 사용됨.

세컨더리 프레임 이펙트(secondary frame effect) 선명하게 각각의 프레임을 유지하는 여러 개의 이미지를 한 화면에 보여주는 시각 효과.

세트(set) 장소나 분위기를 나타내는 배경이나 소품의 배열.

세트 모듈(set module) 수직으로, 수평으로, 또는 다양한 결합들로 사용되는가를 알려주는 각각의 면을 끼워 맞춘 삼차원 구조물 혹은 여러 개의 판들.

세트 조명(set light) 배경 조명(background light)을 참조.

셀렉티브 포커스(selective focus) 피사체의 전방 혹은 후방의 초점을 흐린 상태에서 하나의 피사체를 낮은 피사계 심도로 강조하는 것.

셔틀(shuttle) 테이프의 특정한 어드레스(샷)를 찾기 위해 비디오테이프의 빨리 앞으로 감기와 빨리 다시 돌리기.

셰이딩(shading) 최적의 대조 범위를 만들기 위해 화면의 대조를 조절하는 것. 색과 화이트 레벨, 블랙 레벨을 조정함.

소도구(hand props) 연기자들이 사용할 수 있는 물건, 소품이라고 불림.

소스 VTR(source VTR) 레코드 VTR에 의해 통합될 프로그램의 일부분을 제공하는 비디오테이프 녹화기. 재생 VTR이라고도 한다.

소스 테이프(source tape) 원래 장면의 비디오테이프.

소음(noise) (1) 오디오: 의도된 음향을 방해하는 의도되지 않은 음향, 혹은 오디오 장비의 전자 장치에서 발생하는 잡음이나 소음. (2) 비디오: '스노(snow)'처럼 나타나는 전자 방해.

소프트 와이프(soft wipe) 이미지가 서로 혼합되도록 두 개의 이미지 사이의 경계를 흐리게 만드는 화면 전환.

소프트라이트(softlight) 극단적으로 확산된 빛을 생산하는 텔레비전 투광램프.

속임수(cheat) 시청자가 알지 못하도록 연기자 또는 개체를 특정 카메라를 향하도록 하는 것.

손실 압축(lossy compression) 압축하는 동안 중복된 화소를 버림. 가장 큰 압축 방법은 손실 압축법임. 압축(compression)도 참조.

솔라리제이션(solarization) 이미지의 양극 반전시키는 특수 효과. 흑백 화면에서는 양화와 음화가 만나는 지점에서 검은 섬이 형섬됨. 컬러 사진에서는 보색 결합으로 나타남.

쇼 포맷(show format) 나타나는 순서대로 쇼의 단편들의 목록을 만든 것. 일일 게임 쇼 혹은 인터뷰 쇼와 같이 틀이 짜여진 쇼에서 사용됨.

숏 박스(shot box) 미리 조절된 줌의 속도와 피사계를 조절하기 위한 다양한 장치를 담은 상자. 주로 카메라 패닝 손잡이에 장착함.

수음 패턴(pickup pattern) 마이크가 잘 들을 수 있는, 즉 최적 음향을 수음할 수 있는 마이크 주위의 영역.

수준(레벨, level) (1) 오디오: 사운드 볼륨. (2) 비디오: 신호의 강도(진폭).

수평 블랭킹(horizontal blanking) 다른 주사선을 사용하기 위해 돌아올 때 전자 빔의 임시적인 차단.

순차 주사(progressive scanning) 이 시스템에서는 전자빔이 첫 번째 선을 주사하고 두 번째 선, 세 번째 선, 그리고 네 번째 선의 순서로 모든 선을 주사하며, 다음 면을 주사하기 위해 다시 처음으로 돌아간다.

슈터(shooter) ENG/EFP 카메라 조작자. 가끔 EFP의 DP(director of photography)라고 불림.

슈퍼(super) superimposition의 줄임말. 바닥이 들여다보이게 하는 것과 더불어 두 이미지의 이중 노출.

스노우(snow) 텔레비전 화면에 눈처럼 보이는 전자 그림 방해.

스링킹(shrinking) 동일한 그림 내용을 포함하는 더 작은 구조에 총계 구조의 감소.

스위처(switcher) (1) 비디오 스위칭을 하고 있는 엔지니어. (2) 선택을 인정하는 버튼의 열과 여러 가지 이행 장치를 통한 여러 가지 비디오 출처와 전자 특수 효과의 창조의 집회와 패널.

스위칭(switching) 쇼나 쇼의 일부분이 진행되는 동안 스위처를 통해 하나의 화상원으로 교체하는 것. 즉석 편집이라고도 함.

스위트닝(sweetening) 후반과정에서 녹음된 음향의 여러 음질의 조정.

스윕(sweep) 시청률 조사.

스캐닝(scanning) 텔레비전 화면에서 좌에서 우로 그리고 위에서 아래로 하는 전자빔 운동.

스캐닝 범위(scanning area) 카메라 픽업 장치가 주사하는 전체 영상 영역, 보통 카메라의 뷰파인더나 프리뷰 모니터에서 보여지는 그림 영역.

스케줄 타임(schedule time) 클록 타임(clock time)을 참조.

스쿠프(scoop) 국자모양의 텔레비전 투광조명.

스퀴즈 줌(squeeze-zoom) 지속적인 팽창이나 영상이미지를 자르지 않고 보여주는 것.

스크림(scrim) (1) 조명: 빛의 확산이나 강도 조정을 위해 조명기구 앞에 장착해 놓은 스펀 유리 재료. (2) 풍경: 빛을 확산 시켜서 부드럽고 균일한 배경을 만들기 위해 사이클로라마 앞에 설치하는 커튼.

스크립트(script) 어떤 프로그램이고, 누가 무엇을 말하고, 무슨 일이 벌어질 것이며, 관객은 이벤트에 대해서 무엇을 어떻게 보고 들어야 하는지에 대해서 알려주는 문서.

스크립트 마킹(script marking) 중요한 큐를 지적하는 원본에 감독들이 쓴 상징.

스타 필터(star filter) 렌즈 앞에 장착해서 사용하는 필터로, 두드러진 조명을 별 모양의 광선으로 바꿔줌.

스테디캠(Steadicam) 스프링이 내장되어 있어 카메라맨이 카메라를 들고 이동하는 중에도 안정을 유지할 수 있도록 만들어진 장착 장비.

스텐 바이(stand-by) (1) 텔레비전 프로덕션에서 어떤 종류의 행동에 대한 경고 신호. (2) 실제 테이프 동작과 비디오 헤드 혹은 헤드 드럼 분리의 변환을 활성화하기 위한 비디오테이프 레코더 상의 단추. 비디오 헤드는 비디오테이프가 시작하기 전의 속도로 낼 수 있음.

스토리보드(storyboard) 이벤트를 시각화할 수요 지점을 상응하는 음향 정보와 함께 일련의 삽화로 나타낸 것.

스톡 샷(stock shot) 그 내용이 전형적이기 때문에 다양한 환경에서 사용될 수 있는 일상적 사건-구름, 폭풍, 교통, 군중-에 대한 이미지. 그것들은 stock-shot 도서관에서도 찾아서 얻을 수 있음.

스톱 모션(stop-motion) 1개의 프레임에서 다른 프레임으로 건너뜀으로서 정지된 피사체를 보여주는 슬로 모션 효과. 조깅(jogging) 참조.

스튜디오 모니터(studio monitor) 할당된 비디오 출처, 보통 라인 아웃의 비디오를 운반하기 위해 스튜디오에 위치한 비디오 모니터.

스튜디오 카메라(studio camera) 줌 렌즈가 장착되어 있고 페디스털이나 다른 마운트 장비의 도움을 받지 않으면 이동시키기 힘든 고성능 카메라.

스튜디오 토크백(studio talkback) 제어실부터 스튜디오를 위한 공공 주소 확성기 시스템. S.A.(studio address) 또는 P.A.(public address) 시스템이라고도 불림.

스트라이크(strike) 어떤 물건을 철거하는 것: 풍경을 부수고, 촬영 후 스튜디오 바닥으로부터 장비를 철거하는 것.

스트라이프 필터(striped filter) 단일 수집 장치에 장착하는 적색, 녹색, 그리고 청색의 매우 좁은 세로 줄무늬의 필터. 이것은 빔 스플린터 없이 백색광을 삼원색으로 분리함. 삼원색을 만들어 내기에는 줄무늬보다 모자이크 무늬의 필터가 더 효과적임.

스트리밍(streaming) 디지털 오디오와 비디오 자료가 계속해서 전달되는 과정에서 그 오디오를 듣거나 비디오를 볼 수 있는 전송 방법. 다운로드(downloading)도 참조.

스트립라이트(strip light) 사이클로라마나 크로마키에 주로 사용하는 일렬로 배열된 램프 장착 조명. 사이클로라마 라이트(cyc light)라고도 함.

스틱 플래시(stick flash) 조명 기억 장치(flash memory device)를 참조.

스파이킹(spiking) 연기자, 카메라, 무대장치를 위하여 스튜디오 바닥에 표시하는 것.

스페셜 이펙트 제어레이터[special-effects generator(SEG)] 이미지 발생기는 특수 효과 와이프 패턴과 키 효과를 만들어 내는 스위처로 만듦.

스페셜 이펙트 콘트롤(special-effects controls) 특수 효과를 통제하는 스위처의 버튼. 특정 와이프 패턴, 조이스틱 포지셔너, DVE, 색깔 및 크로마키 조정을 위한 단추를 포함한다.

스포트라이트(spotlight) 방향성을 가진 빛을 만들어 내는 조명 기구로, 비교적 분산되지 않고 가장자리가 선명한 빛을 만들어 냄.

스포트라이트 효과(spotlight effect) 기본 그림에 선명한 원형의 조명을 비춰 슈퍼 효과처럼 보이게 하는 시각 효과. 특정한 영역에 관심을 집중시키기 위해 사용함.

스프레더(spreader) 트라이포드의 다리가 계속 벌어져서 퍼지는 것을 방지하거나 트라이포드를 안정시키기 위해 트라이포드의 다리를 고정시키는 삼각형 모양의 장착 장비.

스프리트 스크린(split screen) 하나의 화면 내에서 복수의 독립된 화상을 서로 분리시켜 동시에 나타나게 하는 것.

스프리트 인터컴(split intercom) 더블 헤드세트(double headset)를 참조.

슬라이드 페이더(slide fader) 페이더(fader)를 참조.

슬라이딩 로드(sliding rod) 다양한 수직 위치로 조명 기구를 이동할 수 있도록 지지하는 작은 강관. 개조한 C클램프로 조명 배튼에 장착함.

슬레이트(slate) (1) 비디오테이프에 녹화된 각 부분에 대한 정보를 시각적 혹은 구두로 알리는 것. (2) 주요 제작 정보를 기입한 작은 검은색 판이나 하얀색 판. 각 테이크 시작 전에 녹화함.

슬렌더(slander) 명예 훼손

슬렌트 트랙(slant-track) 헬리컬 스캔(helical scan)을 참조.

슬로 렌즈(slow lens) 최대 구경(높은 최소 조리개 숫자)을 통해서 상대적으로 소량의 빛의 들어오게 하는 렌즈. 빛이 잘 들어오는 곳에서만 사용됨.

슬로 모션(slow motion) 피사체가 정상보다 느리게 나타내는 장면. 영화에서는 고속 촬영 후 정속 재생으로 가능함. 텔레비전에서는 각각의 프레임을 여러 번 스캐닝함으로써 재생 속도를 조정해서 나타냄.

시그널 프로세스(signal processing) 안정 그리고/또는 색의 질이 높은 사진을 보증하기 위해 비디오 신호의 다양한 전기 처리. 대게 디지털 기기를 사용함.

시너리(scenery) 명확한 환경을 가상하는 배경 플랫들과 다른 것들(창문들, 문들, 기둥들).

시스템(system) 다양한 요소와 과정이 연관성을 가지며 상호 영향을 주면서 각 요소가 제 기능을 수행하는 과정.

시스템 디자인(systems design) 둘 이상의 시스템의 상호 관계를 보여주는 계획. 텔레비전 제작에 과정의 흐름(방향)뿐만 아니라 모든 주요한 생산 요소의 상호 관계를 보여줌.

시스템 마이크로폰(system microphone) 음향 픽업 특성이 다양한 여러 개의 헤드를 장착할 수 있도록 만들어진 기본으로 이루어진 마이크.

시청률(rating) 텔레비전을 보유한 가구 수 대 비 특정 방송을 시청하는 가구 수를 백분율로 나타낸 것. share도 참조.

시퀀싱(sequencing) 편집을 실행하는 동안 샷의 순서를 조정하고 구성하는 것.

신(scene) 주로 동일 장소 및 시간 안에 유기적인 단위 형태인 사건 세부사항. 이 사건 세부사항을 묘사하는 일련의 유기적으로 관련된 샷들.

신호 대 잡음비[signal-to-noise(S/N) ratio] 원하는 신호의 세기와 여기에 따르는 전기적인 간섭의 관계. 높은 S/N비가 바람직함(약한 잡음에 관련된 강한 비디오나 오디오 신호).

신호발(수)신장치[beeper] 일련의 오디오 신호(보통 8개), 정확하게 1초 간격으로 각 테이크 녹화 큐 전에 삽입.

실루엣 조명(silhouette lighting) 밝게 빛이 비춰진 배경 앞에 빛을 비추지 않는 사람이나 피사체를 배치하는 것.

심리적 확실감(psychological closure) 클로저(closure)를 참조.

심상 지도(mental map) 보는 사람들에게 스크린의 안이나 밖에 있거나 있어야 할 것들을 말하는 것임. 클로저(closure) 참조.

싱글소스 편집 방식(single-source editing system) 단 1개의 근원 VTR이 있는 기본적인 편집 체계. 컷 온니 편집 방식(cut-only editing system)이라고도 불림.

싱크 롤(sync roll) 스캐닝이 부조화스러운 비디오 출처 간의 스위칭으로 인해 생겨나는 영상의 수직적 회전. 또한 편집된 샷의 컨트롤 트랙이 맞지 않는 안 좋은 편집에서도 눈에 띔.

싱크 제네레이터(sync generator) 카메라 체인의 일부로 전자적인 동조 파동을 생성해냄.

싱크 펄스(sync pulses) 전자 파동으로 여러 개의 화상 원본(스튜디오 카메라와 원격 조정 카메라에 의해 들어온)과 원본의 녹화와 처리, 재제작의 과정(비디오테이프, 모니터, 텔레비전 수상기)을 동조화시킴. 컨트롤 트랙(control track)도 참조.

쐐기 장착 장비(wedge mount) 스튜디오 카메라의 밑 부분에 부착할 수 있도록 만들어진 쐐기 모양의 판. 무거운 카메라를 카메라 헤드에 장착할 때 사용함.

아날로그(analog) 본래 자극과 정확히 일치하는 변화를 보이는 신호.

아날로그 녹화 장비(analog recording systems) 본래의 영상 및 음향에 의해 생성된 영상 신호와 음향 신호의 변화를 지속적으로 기록하는 것.

아이 라이트(eye light) 카메라 조명(camera light) 참조.

아이소 카레마[isolated(iso) camera] 스위처에 영상을 보내는 부분 촬영용 카메라로, 따로 배정된 비디오 레코더에 연결됨.

아크(arc) 곡선을 그리면서 카메라를 달리 또는 트럭하는 것.

악기 디지털 인터페이스[musical instrument digital interface(MIDI) 각종 디지털 오디오 장비와 컴퓨터의 상호 작용 및 연결을 사용하는 표준화된 프로토콜.

안전 범위(safe area) essential area를 참조.

안전 타이틀 범위(safe title area) essential area를 참조.

압축(compression) (1) 전기: 저장되고 전송되는 데이터의 양을 줄이기 위해서 원정보를 작은 공간에 넣거나 가장 덜 중요한 데이터를 제거하는 것. 손실압축과 무손실압축이 있음. (2) 비디오: 망원 렌즈를 통해서 피사체의 비율과 상대적인 거리가 좁아 보이는 밀집 효과.

애드리브(ad-lib) 대본이나 특별히 연습하지 않은 말 또는 행동.

앰비언스(ambience) 배경음악.

야외(필드, field) (1) 스튜디오와 떨어진 장소. (2) 완전한 주사 회로의 절반. 완전한 텔레비전 프레임을 위해서는 두 개의 필드가 필요함. 기존의 표준 텔레비전은 초당 60개의 필드, 30개의 프레임을 만듦.

양자화(quantizing) 아날로그 신호의 디지털화 단계. 구별된 가치들로 추출 견본을 변화함. quantization으로도 불림.

어셈블 편집(assemble editing) 편집 마스터 테이프에 컨트롤 트랙을 미리 입혀 놓지 않고 불러온 자료를 연속적으로 이어 붙이는 편집.

언바랜스 마이크 · 라인(unbalanced mic or line) 2개의 와이어 출력을 가진 비전문적인 마이크로폰: 하나는 음성 신호를 전달하며, 다른 하나는 바탕으로 사용됨. 잡음과 전자 간섭에 영향받기 쉬움.

업링크(uplink) 영상과 음향 신호를 위성에 송신할 때 사용되는 기지 송신기.

업링크 트럭(uplink truck) 영상, 음향 신호를 위성으로 보내는 소형 트럭.

에션셜 에어리어(essential area) 차폐되거나 조정이 다소 잘못되어 있어도 가정용 수상기로 화상이 보이는 주사 영역의 중앙 부분. 안전 타이틀 범위 혹은 안전 범위라고도 함.

에일리어싱(aliasing) 대각선이나 커브 형식의 라인이 계단처럼 나타나는 현상. 또한 재기스, 계단이라고도 함.

에코(echo) 하나의 표면에 반사되는 음원으로 일관적이고 반복적이며 점점 작아지는 소리를 말한다.

에코 효과(echo effect) 마주 보고 있는 거울에 비추듯이 같은 이미지가 반복되는 것. 또한 이전 프레임이 맺혔던 움직이는 물체의 상의 잔상을 일컫기도 함.

엘립소이달 스포트라이트(ellipsoidal spotlight) 금속 셔터를 이용해서 모양을 바꿀 수 있는, 선명한 광선을 만들어 내는 스포트라이트.

여러 개의 소스 편집 시스템(multiple-source editing system) 두 개 이상의 VTR 소스들을 가지는 편집 시스템.

역광 조명(back light) 카메라와 반대의 위치에서 주요사물의 뒤를 비춤.

역제곱 법칙(inverse square law) d를 광원으로부터의 거리라고 했을 때 광량이 1/d2로 약해지는 것을 말함. 이것은 광원으로부터 멀어지면 광량이 떨어지는 것을 의미함. 유효한 빛의 광원은 프레즈넬 혹은 엘립소이달 조명처럼 일방성이 아닌 등방성으로 빛을 내는 것을 말함.

연기자(액터, actor) 극에서 배역을 맡은 사람. 연기자는 언제나 자신이 아닌 다른 사람을 표현함.

연속액션 조명(continuous-action lighting) 모든 대다수의 행동지역을 위한 삼각형의 겹치는 조명. 지역 조명(zone lighting)이라고도 함.

연속편집(continuity editing) 샷과 샷 사이에 시각적 연속성을 유지시키는 것.

오디오(audio) 텔레비전과 텔레비전 제작에 있어서의 음향 부분. 기술적으로 청취 가능한 음향의 전자적 재생.

오디오 모니터(audio monitor) 프로그램 스피커(program speaker)를 참조.

오디오 조정실(audio control booth) 오디오 콘솔이나 믹싱 콘솔, 아날로그와 디지털 재생 기계, 패치베이, 컴퓨터, 스피커, 인터컴 장치, 피사계, 라인 모니터가 설치되어 있는 곳.

오디오 트랙(audio track) 소리정보를 녹음하는 데 사용하는 비디오테이프의 범위.

오디오 팔로우 비디오(audio-follow-video) 비디오 소스에 따라 첨부되는 오디오를 자동으로 바꿔주는 스위처.

오디오 포스트프로덕션 작업실(audio postproduction room) 스위트닝, 음악 트랙 구성, 음악, 음향 효과, 리프 트랙 첨가, 뮤직 브리지 어셈블링, 방송과 같은 포스트프로덕션 활동을 위한 공간.

오버 더 숄더 샷[over-the-shoulder shot(O/S)] 카메라가 다른 사람을 한 사람의 어깨 뒤로 봄(어깨와 머리의 뒤쪽이 샷에 포함).

오토 큐(auto cue) 텔레프롬프터(teleprompter)를 참조.

오프라인 편집(off-line editing) 리니어 편집에서 방송에 의도되지 않는 비디오테이프나 편집 결정 목록을 생산함. 넌리니어 편집에서 선택된 샷들은 컴퓨터 저장 공간을 절약하기 위해 작은 해상도로 캡처함.

온라인 편집(on-line editing) 리니어 편집에서 방송용이나 배포용으로 높은 품질의 편집 완본 테이프를 만들어 내는 것. 넌리니어 편집에서는 선택된 샷들을 높은 해상도로 재캡처를 요구함.

와이프(wipe) 두 번째 이미지가 일종의 기하학적인 모양으로 시작해서 첫 번째 이미지를 점진적으로 밀어내는 화면 전환.

완성본(in-the-can) 영화로부터 온 표현으로 촬영을 끝낸 필름이 말 그대로 캔 안에 있을 때를 언급. 요즘은 텔레비전 녹화를 끝내서 쇼가 어느 때나 방송될 수 있도록 보관된 상태를 말함.

외부 키(external key) 예를 들어, 보조 카메라와 같은 외부의 소스로부터 가져온 기본 영상 중 편집된 부분.

워프린트(workprint) (1) 오프라인 편집 또는 실제 비디오테이프 녹화에서 보여지는 것에 더빙을 씌우는 것. (2) 필름 더빙에 절단을 위한 최초의 피트 수.

웍 쓰루(walk-through) 감독이 제작 스태프들과 출연자가 함께 세트를 걸어 다니면서 주요 동작을 설명하는 리허설.

윈도 더빙(window dub) 원본 테이프의 저급 복사본(bumped-down)으로 각 프레임마다 타임 코드가 표시되어 있음.

웨건(wagon) 스튜디오에서의 장비 이동 수단.

웨이브 폼 모니터(waveform monitor) 작은 CRT에서 전기 신호를 그래프로 보여주는 전자 측정기. 또한 오실로스코프(oscilloscope)라 불림.

웨이스트 샷(waist shot) medium shot을 참조.

윈드 스크린(windscreen) 바람소리를 생성시키기 위해 마이크의 머리 부분과 전체적인 부분을 덮은 구성 물질.

유니디렉셔널(unidirectional) 측면이나 후면에서보다 전면에서 음향 픽업을 더 잘 할 수 있는 마이크의 픽업 패턴.

유동 헤드(fluid head) 가벼운 ENG/EFP 카메라 장착 헤드로 가장 널리 이용되는 헤드. 균형은 스프링에 의해서 유지됨. 움직이는 부분이 무거운 액상으로 되어 있기 때문에 팬과 틸트가 매우 부드러움.

유선(케이블) 텔레비전[cable television] (1) 동축 또는 광섬유 케이블을 경유한 방송신호를 위한 분류장치. (2) 케이블을 통해 프로그램들을 배급하는 제작 시설.

음성녹음기[audiotape recorder(ATR)] 오픈릴식 음성 녹음테이프 녹음장치.

이중화(듀얼 리던던시, dual-redundancy) 하나의 마이크가 기능을 다하지 못할 때를 대비해서 다른 마이크로 교체해서 신호를 받을 수 있도록 두 개의 마이크를 사용하는 것. 서로 다른 오디오 채널에 신호를 공급하는 경우가 아닌 이상 두 개의 마이크를 동시에 작동시키지 않음.

이펙트 버스(effects buses) 와이프나 매트 등의 전자 효과가 사용될 영상을 선택하는 버튼의 줄. 일반적으로 프로그램 버스와 프리뷰 버스의 특정한 스위칭 모드를 말함.

익스텐더(extender) 최저 초점거리를 길게 함으로써 접사 촬영 효과를 높이는 렌즈 액세서리.

익스트림 롱 샷[extreme long shot(ELS)] 피사체를 아주 먼 거리에서 잡은 것. 설정 화면이라고도 함.

익스트림 클로즈업[extreme close-up(ECU)] 피사체를 아주 가까이 당겨서 찍는 것.

인과적 접근 모델(effect-to-cause model) 아이디어에서 시청자에게 전달하고자 하는 효과로 이동해서 그 후에 이러한 효과를 위한 특정한 미디어 요구 사항을 결정하는 접근 방법.

인구학적 특성(demographics) 나이, 성별, 결혼 여부, 수입 등에 관련한 관객 조사 인자.

인덱스 벡터(index vector) 벡터(vector)를 참조.

인서트 재생(insert replay) 비디오테이프나 디스크에 저장된 영상을 재생함으로써 주요 플레이나 주요 이벤트를 발생 즉시 시청자들에게 반복적으로 보여주는 것.

인서트 편집(insert editing) 편집 원본 테이프에 컨트롤 트랙을 먼저 입혀야 하는 편집. 순서대로 샷을 배치하거나 이미 녹화되어 있는 샷 사이에 샷을 삽입한다. 비디오 트랙과 오디오 트랙을 분리해서 편집할 수 있음.

인코딩(encoding) 코딩(coding)을 참조.

인터럽트 피드백[interruptible feedback(I.F.B.), interruptible foldback] 방송 중인 배우에게 의사 전달을 할 수 있도록 만든 통신망. 작은 이어폰을 통해 방송 중인 배우는 프로그램 음향이나 제작자 혹은 감독으로부터 지시를 받을 수 있음.

인터프레임 압축(interframe compression) 이전 프레임에서 반복되는 화소를 빌려와서 화소를 줄이는 압축 기술.

인트라프레임 압축(intraframe compression) 압축기술 중의 하나로 각각의 프레임 속에 있는 같은 화소를 찾아서 제거하는 방법.

일꾼(shader) 비디오 오퍼레이터[video operator(VO)]를 참조.

일렉트렛 마이크로폰(electret microphone) condenser microphone을 참조.

일렉트로닉 뉴스 게더링[electronic news gathering (ENG)] 일일 뉴스 취재에 휴대용 캠코더나 카메라, VTR, 조명, 음향 장비를 사용하는 것을 말함. ENG는 미리 계획될 수 없으며, 생방송으로 방송되거나 짧은 포스트프로덕션 과정을 거친 후 방송됨.

일렉트로닉 시네마(electronic cinema) 고화질 텔레비전 카메라는 영화 필름의 초당 프레임 수와 같은 24 fps를 가지고 있음. 모든 일렉트로닉 시네마는 고성능의 예술 촬영을 위한 렌즈와 뷰파인더를 사용함. 일렉트로닉 시네마는 '디지털 영화' 라고도 불린다.

일렉트로닉 필드 프로덕션[electronic field production(EFP)] 포스트프로덕션 과정에서 손질될 장면으로 스튜디오 밖에서 제작하는 것. 보통 야외 제작이라고 부름.

일렉트론 건(electron gun) 텔레비전 수상기에서 전자 빔을 생성.

일련 번호(house number) 저장 시스템에서 각각의 기록된 프로그램 자료들을 구분하는 데 쓰임. 하우스 넘버(house number)라고 불리는 이유는 각 방송사마다 다른 번호를 가지고 있기 때문임.

임피던스(impedance) 신호 흐름 저항의 한 종류. 높은 임피던스 또는 낮은 임피던스 마이크와 높은 임피던스 또는 낮은 임피더스의 녹음기를 일치시키는 것이 특히 중요함.

임피던스 변성기(impedance transformer) 임피던스의 변환을 목적으로 하는 변성기.

입력(feed) 신호가 프로그램 원본에서 다른 곳으로 송신되는 것을 말함. 네트워크 입력이나 원격 입력 등이 있음.

입력 과부하 왜곡(input overload distortion) 예외적으로 큰 소리에 마이크가 노출되었을 때 발생하는 음향의 왜곡. 콘덴서 마이크가 입력 과부하를 일으키는 경향이 있음.

잉키 딩키(inky-dinky) 카메라 조명(camera light)을 참조.

자동 게인 조절 장치[automatic gain control(AGC)] 소리의 볼륨 또는 비디오의 레벨을 수동 조작 없이 자동으로 조정하는 것.

자동 대사 교환[automatic dialogue replacement (ADR)] 후반작업에서 말하는 사람의 입술 움직임과 음성을 일치시킴. 사실 완전 자동은 아님.

자동 조리개(auto-iris) 렌즈 조리개의 자동 조작.

자동 초점(auto-focus) 카메라가 피사체라고 지각하는 것에 자동적으로 초점을 맞추는 상태.

자동 화면 전환(auto transition) 페이더 바와 같은 역할을 하는 전자 장치.

작업 광량(operating light level) 카메라가 비디오 신호를 만들어 내는 데 필요한 빛의 최소량. 대부분의 컬러 카메라들은 f/8와 같이, 특별한 f-스톱에 최선의 움직임을 위해 조명의 100에서 250피트 촉광이 필요함. 기본조명 레벨이라고도 부름.

장 초점 렌즈(long-focal-length lens) 협각 렌즈(narrow-angle lens)를 참조.

재생 VTR(play VTR) source VTR을 참조.

잭(jack) (1) 소켓 또는 폰 플러그 저장소(콘센트), (2) 무대장치를 위한 버팀대.

전자 정지 화면 저장 장치[electronic still store(ESS) system] 어떤 영상원에서 하나의 프레임을 잡아서 디스크에 디지털 형식으로 저장하는 전자 장치. 특정한 프레임을 1초도 안 되는 시간에 무작위로 접속할 수 있음.

전하 결합 소자[charge-coupled device(CCD)] 텔레비전 카메라에서 상을 맺게 하는 장치(촬상 장치). 칩(chip)을 참조.

점유율(share) 실제로 텔레비전을 시청하는, 즉 텔레비전을 켜놓은 가구 수 대 비 특정 방송국의 방송을 보는 가구 수를 백분율로 나타낸 것. rating도 참조.

점프 컷(jump cut) (1) 주제 안에 동일하지만 위치상 다소 차이가 있는 두 샷의 중간 부분을 자르는 것. 특정한 이유 없이 화면은 하나의 장소에서 다른 장소로 이동한 것처럼 보임. (2) 설정된 연속성을 어기면서 하나의 샷에서 다른 샷으로 갑작스럽게 변하는 것.

접사 위치(macro position) 매우 가까운 거리에 있는 피사체에 초점을 맞출 수 있도록 렌즈를 조절하는 것. 작은 피사체의 클로즈업에서 쓰임.

정지화면(프리즈-프레임, freeze-frame) 정지 장면으로 인식되도록 한 프레임을 지속적으로 재생하는 것.

제너레이션(generation) 레코딩 횟수. 첫 번째 레코딩을 제1세대(오리지널)라 하고, 거기서 다시 복사한 것을 제2세대라고 함. 아날로그 레코딩에서는 세대가 늘어나면 늘어날수록 노이즈가 많아져 질이 나빠짐. 디지털 레코딩은 많은 세대를 거치더라도 실제적으로 같게 유지됨.

제너레이팅 엘리먼트(generating element) 마이크로폰의 주요한 부분. 소리를 전기 에너지로 변환함.

제작 일정표(production schedule) 제작 전, 제작, 제작 후의 일정들과, 누가 무엇을 하는지, 언제, 그리고 어디서 하는지 보여주는 달력.

조광기(dimmer) 램프로 흘러가는 전력을 조정해서 빛의 강도를 조절하는 장치.

조깅(jogging) VTR에서 비디오테이프의 프레임 단위 이동. 스톱 모션(stop-motion) 참조.

조도(lightness) 명도(brightness) 참조.

조리개(diaphragm) (1) 오디오: 소리로부터 나오는 기압을 이용하여 전달할 수 있도록 마이크의 안에서 진동하는 요소. (2) 비디오: 조리개(iris)를 참조.

조리개 숫자(f-stop) 렌즈의 구경 또는 조리개가 열려진 정도를 나타내는 눈금(즉, 렌즈를 통해 들어오는 빛의 양). 조리개 숫자가 클수록 구경이 작으며, 조리개 숫자가 작을수록 구경은 커지게 됨.

조명(lighting) 명암을 조작하는 작업. 즉, 기술적으로 적정한 화상을 얻기 위해 카메라에 빛을 제공하는 작업을 말함. 이 빛은 화면상에 보이는 것을 실제 피사체처럼 보이게 만드는 것. 또한 빛으로 행사의 일반적인 분위기를 만들어내기도 함.

조명 기억 장치(flash memory device) 많은 양(1기가바이트 이상)의 디지털 정보를 빠른 시간 안에 다운로드와 저장, 업로드를 할 수 있는 읽기 쓰기가 가능한 휴대용 저장장치. 플래시 디바이스, 스틱 플래시, 플래시 스틱 혹은 플래시 메모리 카드라고도 함.

조명 비율(light ratio) 주, 보조, 역광과 관계되는 명암도. 키조명과 백조명 사이의 1:1 비율은 양쪽 광원이 동등한 광량이라는 것을 의미함. 키조명과 필조명의 1:1/2은 필조명이 키조명의 명암도의 반이라는 것을 뜻함. 조명의 비율은 제작의 다양성 때문에 고정될 수 없음. 1:1:1/2의 키(key):백(back):필(fill) 비율은 표준 삼점 조명으로 주로 사용됨.

조명 수준(light level) 럭스 혹은 촉광을 단위로 빛의 강도를 측정한 것. 또한 풋 캔들[foot-candle(fc)]과 럭스(lux)를 참조.

조명계획(light plot) 플로어 플랜과 흡사한 것으로 조명을 비춰야 할 무대와 관련된 조명 기구의 종류와 크기, 위치, 그리고 광선의 주방향을 나타낸 계획.

조명장치의 원리(photographic lighting principle) 주, 보조, 역광 조명의 삼각 배치 구도로 역광 조명은 카메라의 반대 방향에 위치해서 피사체의 바로 뒤를 비추고, 주 조명과 보조 조명은 카메라를 기준으로 반대 방향에서 정면과 측면을 비추는 것을 말함. 삼각 조명이라고도 함.

존 라이팅(zone lighting) 연속액션 조명(continuous-action lighting)을 참조.

종이-연필 편집(paper-and-pencil editing) 원본 테이프에서 선택된 샷에 대한 에디트-인과 에디트-아웃을 정하여편집 결정 목록을 만드는 것. 종이 편집라고도 함.

주 조명(key light) 주요 조명원.

주 조명 교차(cross-keying) 두 사람이 마주 보고 있을 때, 조명을 교차시켜 주 조명이면서 상대의 보조 조명으로 활용하는 것.

주소 부호(주소 코드, address code) 각각의 프레임에 전자신호를 표시한 분명한 주소. SMPTE/EBU 타임코드를 참조.

주요인력(1차 제작 인력, above-the-line personnel) 예산 집행상의 분류로 비기술분야 인력을 가리킴. 비기술분야 제작 인력(nontechnical production personnel)을 참조.

주요인력 비용(1차 제작비, above-the-line) 제작자, 감독, 그리고 탤런트처럼 비기술분야 인력 비용을 포함한 예산집행상의 분류.

주제(theme) (1) 이야기의 모든 것에 대한 것; 필수적인 생각. (2) 쇼의 시작과 끝남의 음악.

주파수(frequency) 1초 동안에 발생한 완전한 사이클의 전기 신호의 수. 헤르츠(Hz; Hertz)로 표시한다.

주파수 반응(frequency response) 마이크가 듣고 재생할 수 있는 주파수 대의 측정.

줌(zoom) 카메라를 고정시킨 상태에서 초점 거리를 망원 위치나 광각 위치로 완만히 변화시키는 것.

줌 렌즈(zoom lens) 가변 초점 렌즈. 이 렌즈로 하나의 지속적인 움직임 안에서 광각 화면에서 망원 화면으로 점차 이동시키거나 그 반대로 망원 화면에서 광각 화면으로 이동시키는 것이 가능함.

줌 영역(zoom range) 광각 화면에서 망원 화면으로 변화시키는 동작 시 초점 거리에 변화를 줄 수 있는 정도. 줌 영역은 주로 비율로 표현되는데, 예를 들어 15:1 줌 비율이란 줌 렌즈가 가장 짧은 초점 거리를 15배 증가시킬 수 있다는 것을 뜻함.

지라프 붐(giraffe boom) 한 사람에 의해 조작 가능한 중간 크기의 마이크로폰 붐. 트라이포드 붐이라고도 함.

지브 암(jib arm) 카메라 크레인과 유사함. 스튜디오 페디스털보다 카메라를 훨씬 높은 위치로 올릴 수 있고 동시에 지브 암 조작자는 팬과 틸트를 실행할 수 있음.

지선(feeder lines) 한 도시의 다양한 장소에서 신호를 가져오는 케이블 텔레비전 배급 시스템의 하나.

지향성 조명(directional light) 비교적 좁은 지역을 비추는 뚜렷한 조명. 스포트라이트에서 만들어지며, 날카롭고 선명한 그림자를 만들어 냄.

직접 방송 위성[direct broadcast satellite(DBS)] 비교적 높은 출력을 가지고 있어서 위성으로부터 소형의 개별 다운링크 안테나 접시로 방송을 제공하는 위성. Ku-band를 사용함.

직접 삽입(direct insertion) 전자 악기에서 나오는 음향 신호를 스피커나 마이크를 사용하지 않고 직접 믹싱 콘솔로 보내는 녹음 기법. 직접 입력(direct input)이라고도 함.

직접 입력(direct input) 직접 삽입(direct insertion)을 참조.

집전기(팬터그래프, pantograph) 조명 장비를 연결하여 전기를 공급할 수 있는 장비.

채도(saturation) 색의 속성 가운데 하나로, 색의 풍부함과 강함을 나타냄.

초점(focus) 화면이 선명하고 깨끗하게 보이는 상태를 초점이 맞는다고 표현(기술적으로 렌즈에 의해 굴절된 광선이 한 점에 모이는 위치).

초점 거리(focal length) 렌즈를 무한대 위에 놓았을 때 상의 초점이 흐려지지 않는 범위에서 렌즈의 광학적 중심에서부터 카메라의 촬상 장치 전방 표면까지의 거리. 초점 거리는 mm 단위 혹은 inch 단위로 측정함. 짧은 초점 거리를 가지고 있는 렌즈는 넓은 피사각을 가지며, 긴 초점 거리를 가진 렌즈는 좁은 피사각을 가짐. 가변 초점 렌즈(줌 렌즈)에서 초점 거리는 광각(줌 아웃)에서 망원(줌 인)으로, 또는 망원에서 광각으로 지속적인 변화가 가능함. 고정 초점 렌즈는 정해진 초점 거리를 가짐.

초점 이동(follow focus) 낮은 피사계에서 렌즈의 초점을 유지함으로써 피사체나 카메라가 움직여도 화면에 나타나는 피사체가 지속적으로 선명하고 깨끗하게 보이게 하는 것.

초점 조절 장치(focus control unit) 줌 렌즈의 초점을 활성화시키는 메커니즘을 제어하는 것.

촬영 일지(현장 기록, field log) 비디오테이프에 저장하는 동안 모든 테이크를 기록한 것. VTR 일지도 참조.

촬영감독[director of photography(DP)] 대형 영화제작에서 DP는 조명을 책임짐(TV에 LD와 유사한 것). 작은 영화제작에서나 EFP에서 DP는 카메라를 담당함. 텔레비전에서는 카메라 조작자나 촬영자를 말함.

최근접 거리[minimum object distance(MOD)] 초점이 흐려지지 않는 상태에서 카메라가 피사체에 근접할 수 있는 최소 거리.

출연료(scale) 탤런트 조합에 의해 명시된 텔레비전 탤런트를 위해 기본적인 최소한도 요금.

출연자(performer) 픽션이 아닌 프로그램에서 카메라에 나타나는 사람. 출연자들은 다른 사람이 아닌 자기 자신의 개성을 표현함.

칩(chip) 카메라 촬상장치의 일반적인 이름. 기술적으로 이것은 CCD로 알려져 있음. 칩은 픽셀이라는 많은 양의 감광소자를 가지고 있고, 이 소자가 광학이미지를 전기적 영상신호로 변환시킴. 또한 카메라 픽업장치라고도 불림.

카디오이드(cardioid) 지향성 마이크로폰의 하트 모양의 수집 장치.

카메라(camera) 렌즈를 포함하는 카메라 헤드의 일반적인 이름. 영상장치와 내부의 광학시스템, 전자 부속품과 뷰파인더를 갖는 메인카메라.

카메라 리허설(camera rehearsal) 카메라와 다른 제작 장비의 다른 일부가 함께 진행되는 완전한 리허설. 흔히 드레스 리허설과 동일하게 사용되는 경우가 많음.

카메라 수신 장치(카메라 픽업 장치, camera pickup device) 칩(chip)을 참조.

카메라 왼쪽과 오른쪽(camera-left and camera-right) 카메라 시야의 포인트로부터 오는 방향; '무대-왼쪽'과 '무대-오른쪽'의 반대방향은 배우의 뷰포인트로부터 오는 방향(카메라 또는 관객이 마주보는 것).

카메라 제어 장비[camera control unit(CCU)] 카메라 헤드로부터 분리된 장비로 색의 교정, 균형, 대조, 선명도를 조절할 수 있는 여러 종류의 비디오 컨트롤을 포함하고 있음. CCU는 쇼 중간에 비디오 오퍼레이터(VO)가 카메라에 잡힌 화면을 조절할 수 있게 해주는 장비.

카메라 조명(camera light) 소형 스포트라이트를 카메라 앞에 장착하여 추가적인 보조광처럼 사용함[자주 탤리라이트(tally light)와 혼동함]. 아이라이트(eye light) 또는 잉키딩키(inky-dinky)라고도 함.

카메라 체인(camera chain) 텔레비전 카메라와 이와 관련된 전자 장비. 카메라 컨트롤 장비, 동조 신호 발생기, 전력 공급원이 여기에 속함.

카메라 헤드(camera head) 실질적인 텔레비전 카메라로, 필수 전자 부속품들로 구성된 카메라 체인에서 가장 중요한 부분. 이것은 촬상 장치, 렌즈, 뷰파인더를 포함. ENG/EFP 카메라의 경우 스튜디오 카메라 시스템에 있어서 카메라 헤드에 해당하는 부분에 카메라 체인의 모든 요소를 담고 있음.

카메오 조명(cameo lighting) 어떤 대상의 전경에 강한 방향성 조명을 비추고 배경은 어둡게 유지하는 것.

카세트(cassette) 테이프 카세트를 사용하는 비디오 또는 오디오테이프 녹화, 녹음재생 장치. 카세트는 플라스틱 외형 안에 공급 릴과 감는 릴의 구조를 가짐.

캔트(cant) 어깨에 얹은 카메라나 손으로 든 카메라를 옆으로 기울이는 동작.

캔팅 이펙트(canting effect) 장면이 비스듬한 수평라인을 만들어 내는 약간의 틸트로 나타내는 시각효과.

캘리브레이트(calibrate) (1) 오디오: 모든 VU 측정기(대부분 오디오 콘솔과 VTR 녹화기)가 특정한 오디오 신호에 같은 방향으로 반응하도록 만드는 것. (2) 비디오: 줌 동작을 통해서도 초점이 흐려지지 않도록 조점을 미리 맞추는 것.

캠 헤드(cam head) 무거운 카메라들을 매우 부드럽게 틸트와 팬할 수 있게 해주는 카메라 장착 장치의 머리 부분.

캠코더(camcorder) 촬영기와 녹화기가 일체형으로 되어 있는 카메라. 카메라(camera)+레코더(recorder)의 합성어

캡(cap) (1) 렌즈캡: 빛, 먼지 또는 물리적인 손상으로부터 렌즈를 보호하기 위해 렌즈의 앞에 위치한 고무 혹은 금속 캡. (2) 카메라 중계장치로부터 영상을 제거하기 위한 전자 장치.

캡처(capture) 영상, 음향 정보를 비선형 편집 장비의 컴퓨터 하드 드라이브로 전송하는 것.

커패시터 마이크(capacitor microphone) 콘덴서 마이크로폰(condenser microphone)을 참조.

컨버터블 카메라(convertible camera) ENG/EFP 카메

라를 스튜디오에서 사용할 수 있도록 개조한 것. 큰 뷰파인더와 제어장치가 CCU에 갖추어져 있음.

컨트롤 트랙 시스템(control track system) 컨트롤 트랙에 있는 펄스를 세어 이 수를 경과 시간과 프레임 수로 변환시키는 시스템. 프레임별 정확도를 가지지 못함. 펄스 카운트 시스템(pulse-count system)이라고도 함.

컨트롤 트랙(control track) 동조화한 신호를 저장하기 위한 비디오테이프 위의 공간. 비디오 트랙을 위치시키고 읽거나 프레임 수를 세서 VTR의 주행 속도를 조절.

컬러 미디어(color media) 겔(gel)을 참조.

컬러 바(color bars) 카메라 조정과 비디오테이프 기록을 위한 텔레비전 산업에 사용되는 표준 컬러. 컬러 바는 대부분의 전문가용 휴대 카메라에서도 만들어 낼 수 있음.

컴퓨터 발생(computer-generated DVE) 전적으로 컴퓨터 하드웨어와 소프트웨어에 의해서 만들어지는 디지털 비디오 효과.

컴퓨터 조작(computer-manipulated DVE) 컴퓨터로 이미 존재하는 이미지를 향상시키거나 다소 변화시켜서 만들어 내는 디지털 비디오 효과.

컷(cut) (1) 즉시 한 tit에서 다른 샷(image)으로 변하는 것. (2) 감독의 신호에 따라서 중단되는 행동.

컷 온니 편집 방식(cuts-only editing system) 싱글소스 편집 방식(single-source editing system)을 참조.

컷어웨이(cutaway) 전체 이벤트와 크게 연관이 없는 피사체나 이벤트를 담은 샷으로, 화면 방향을 중화시키는 데 사용함. 연속성을 쉽게 유지시키기 위해 샷 사이에 삽입하는 샷으로 사용됨.

켈빈 온도[Kelvin(K)] 켈빈 온도 눈금을 말하는 것. 조명에서 색온도-백색광에서 붉은색과 푸른색을 띤 정도-를 측정하는 특정한 단위. K 수치가 높을수록 좀 더 푸른 백색광을 말하며 K 수치가 낮을수록 붉은 백색광을 의미함.

코딩(coding) 양자화된 값을 2진수로 바꾸기 위해 0과 1로 나타내는 것과 코드화된 비트들의 특별한 그룹. 인코딩이라고도 함.

코미트 테일(혜성꼬리현상, comet-tailing) 매우 어두운 장면에서 밝은 조명을 사용하고, 카메라 촬상관이 아주 깨끗이 닦은 표면에서 반사되는 지극히 밝은 하이라이트를 처리할 수 없을 때 일어남. 사물이나 카메라가 움직일 때 빛나는 빨갛거나 파란 화면처럼 보이는 효과.

콘덴서 마이크(condenser microphone) 콘덴서 플레이트를 구성하는 하나의 플레이트가 음압에 의해 진동하게 되면 뒷판(backplate)이라고 하는 고정된 플레이트에 부딪치게 되는 원리의 마이크. 일렉트렛(electret) 또는 커패시터 마이크(capacitor microphone)라고도 함.

콘트라스트 비(contrast ratio) 화면의 가장 밝은 부분과 가장 어두운 부분의 차이. 아날로그 카메라를 위한 최적의 콘트라스트 비는 40:1~50:1이며, 이것은 가장 밝은 부분이 가장 어두운 부분의 40배 혹은 50배 정도로 밝다는 것을 의미함. DTV의 경우 카메라의 기능에 따라 이 비율을 높일 수가 있음.

콤팩트 디스크[compact disc(CD)] 디지털 형식의 정보를 담고 있는 작고 빛을 내는 디스크. CD 재생기는 양자화된 디지털 정보를 레이저 광선을 이용해서 읽어냄.

쿠키(cookie) 대중화된 본래의 용어는 큐컬러리스(cucoloris)나 큐칼로리스(cucaloris). 엘립소이달 스포트라이트(금속 셔터를 이용해서 모양을 바꿀 수 있는 선명한 광선을 만들어 내는 스포트라이트)의 내부나 앞에 부착하는 제단된 얇은 금속 판에 의해 만들어지는 그림자의 모양. 고보(gobo)라고도 함.

쿼츠(quartz) 할로겐 가스와 텅스텐 필라민트를 포함하는 석영이나 실리카 집(관습적인 유리 대신)을 구성하는 높은 명암도 백열광을 내는 조명의 램프. 안정된 색온도(3,200K)의 매우 밝은 조명을 생산한다. tungsten-halogen(TH)으로도 불림.

퀵 릴리즈 플레이트(quick-release plate) ENG/EFP와 캠코더들을 유동적인 삼각대의 헤드에 장착시킬 때 사용하는 플레이트.

큐(cue) (1) 다양한 제작 활동의 신호. (2) 비디오테이프나 영화에서 확실한 부분을 선택하는 것.

큐 밴드(Ku-band) 신호 전달과 배포를 위해 특정 위성에서 사용하는 고주파수 대역. Ku-band 신호는 폭우나 눈에 영향을 받을 수 있음. C-band도 참조.

큐 샌드(cue-send) 폴드백(foldback)을 참조.

큐 카드(cue card) 큰 카드에 문구를 손으로 적은 것. 대개 플로어 스태프가 카메라 렌즈 옆에 들고 서 있게 됨.

큐 트랙(cue track) 비디오테이프의 공간에 사용되는 사내의 동일한 정보나 SMPTE 주소체계. 이것은 또한 추가적인 오디오 트랙에도 사용됨.

큐컬러리스(cucoloris) 쿠키(cookie)를 참조.

크랩(crab) 크레인 달리를 옆으로 움직이는 동작.

크레인(crane) (1) 카메라 달리를 외형과 작동에 있어서 실제 크레인과 비슷하게 해주는 카메라 보조 도구. (2) 카메라의 붐을 크레인 업시키거나 다운시키는 것. 붐이라고도 함.

크로마키(chroma keying) 배경에 색을 입히고(주로 파란색 혹은 녹색 사용) 나중에 키 과정을 통해서 이미지로 배경을 대체하는 효과.

크로마키 드롭(chroma-key drop) 크로마키를 위한 배경으로 조명장치의 그리드에서 스튜디오 바닥까지 내릴 수 있는 매우 짙은 파란색 혹은 녹색의 캔버스 배경.

크로미넌스 채널(chrominance channel) 비디오 시스템 안에 세 가지 컬러(크로마) 신호로 구성. 크로미넌스 채널은 기본 컬러 신호인 빨강, 초록, 그리고 파랑(RGB)과 각각 관련되어 있음. C채널이라고도 함.

크로스 샷[cross-shot(X/S)] 오버 더 숄더 샷과(over-the-shoulder shot)과 비슷하지만 카메라에 가까이 있는 사람이 화면에서 완전히 보이지 않는 구도.

크로스 페이드(cross-fade) (1) 음향: 이전의 소리가 서서히 사라지고 따라나오는 소리가 서서히 커지는 변화 방식; 일시적으로 소리가 겹치게 됨. (2) 영상: 이전의 화면이 점점 어두워지면서 따라나오는 화면이 어두운 곳으로부터 점점 나오는 화면의 전환 방식.

크롤(crawl) 전자적으로 재생된 카피의 수평 움직임[수직 움직임은 롤(roll)이라고 함]. 또한 그와 같은 움직임을 발생시키는 프로그램.

클로저(closure) 심리적 확실감(psychological closure)의 줄임말. 화면상 실제로 보지 못하는 공간을 우리가 상상력으로 채워 넣는 과정. 정신적 지도(mental map)도 참조.

클로즈업[close-up(CU)] 가까운 거리에서 보는 것 같이 사물이나 그것의 일부분이 화면에 꽉 차 보이도록 하는 것. 클로즈업은 극도로(extreme) 꽉 차 보이게 하거나(익스트림 또는 빅 클로즈업-ECU라고도 함) 다소 꽉 차 보이지 않게(loose) [미디움 클로즈업-MCU]하는 것이 가능함.

클록 타임(clock time) 시계가 보여주는 시각. 특별히 프로그램이 시작하고 끝나는 시간을 말함. 일정 시간이라고도 함.

클리퍼(clipper) 키 수준 조절장치(key-level control)를 참조.

클립(clip) (1) 하얀색 그리고/또는 검은색의 영상 정보를 압축하거나 동시신호를 방해하는 것으로부터 비디오 신호를 보호하는 것. (2) 하드 드라이브로 캡처된 짧은 비디오 프레임(샷)으로 파일 이름이나 숫자로 표시됨.

클립 라이트(clip light) 소형 내부 반사경 전구로 무대 장치나 가구 등에 게토 클립으로 고정시켜서 사용하는 것. PAR(parabolic aluminized reflector, 포물선형 알루미늄 반사경) 램프라고도 함.

클립 콘트롤(clip control) 키 수준 조절장치(key-level control)를 참조.

키(key) 전자효과. 키란 하나의 이미지(대개는 레터링)를 잘라내서 다른 배경화면에 넣는 것을 의미함.

키 버스(key bus) 배경화면에 삽입될 비디오를 선택할 때 쓰이는 한 줄의 버튼.

키 수준 조절 장치(key-level control) 키 처리될 신호를 조정해서 키 삽입 글자가 선명하고 깨끗하게 보이도록 조절하는 장치. 클립조절 장치 혹은 클리퍼라고도 함.

키커 라이트(kicker light) 주로 방향성 조명을 사물의 측면 하단에서 후면을 비추는 것.

킬로바이트(kilobyte) 1,024 byte(210바이트); 개략적으로 1,000의 바이트로 흔하게 계산.

킬로와트[kilowatt(kw)] 1,000와트.

타임 라인(time line) (1) 제작: 실제 촬영을 하는 날의 다양한 활동에 대한 시간들을 나눠 놓은 것으로 팀원 소집, 셋업, 카메라 리허설 등이 포함됨. (2) 비선형 편집: 시퀀스와 클립들의 모든 비디오와 오디오 트랙을 보여줌. 각 트랙은 클립들을 진열하고 능숙하게 다루기 위한 개인적인 조절들을 가짐.

타임 베이스 콜렉터[time base corrector(TBC)] 재생 또는 전자적으로 안정된 이전을 하는 것을 돕는 비디오 리코더의 전자 부속 장치.

타임 코드(time code) 각각의 텔레비전 프레임에 특정한 주소(경과된 시간, 분, 초, 프레임을 나타내는 숫자)를 지정하는 것. 프레임 별로 지정함. SMPTE/EBU time code도 참조.

타임 콤프레서(time compressor) 기록된 비디오테이프에 최초의 음성 피치를 바꾸지 않고 빨리 또는 천천히 재생하는 것을 가능하게 하는 기구.

타임 큐(time cues) 참여하고 있는 쇼의 남아 있는 시간을 출연자에게 알려주는 큐.

탈리 라이트(tally light) 카메라가 방송 중인 때를 표시하면서 뷰 파인더의 내부 그리고/또는 카메라 위의 빨간빛.

탤런트(talent) 텔레비전에 주기적으로 나오는 출연자와 연기자를 통칭하는 이름.

텅(tongue) 카메라가 장착된 붐을 오른쪽에서 왼쪽, 왼쪽에서 오른쪽으로 움직이는 것.

텅스텐-할로겐[tungsten-halogen(TH)] 석영 조명에서 사용되는 램프 필라멘트의 한 종류. 텅스텐은 필라멘트 그 자체를 부르는 말이고 할로겐은 석영 피복물에 들어 있는 필라멘트를 둘러싸고 있는 가스 상태의 물질임. 또한 quartz라고도 함.

텅스텐-할로겐 램프[TH(tungsten-halogen) lamp] quartz를 참조.

테스트 톤(test tone) 음성 콘솔에 의해 0 VU 규모 수준을 표시하기 위해 생성된 음. 0 VU 테스트 음은 컬러 바로 기록하는 수준을 위한 기준을 주기 위해 녹음됨.

테이크(take) (1) 1개의 비디오 소스로부터 다른 소스로 옮길 때 실행되는 것을 위한 신호. (2) 영화와 비디오 테이핑 동안 취해지는 유사한 샷. 때로는 샷과 동의어로 사용됨. 좋은 테이크는 촬영, 쇼 세그먼트 또는 전체 쇼의 녹화에 있어 성공적으로 완성된 테이크임. 나쁜 테이크는 다른 테이크가 필요한 성공하지 못한 녹화분임.

테이크 버튼(take button) 자동 변화와 같음. 특정한 변이를 자동적으로 활성화시키는 스위칭 버튼.

테이크업 릴(takeup reel) 공급 된 필름 또는 테이프를 받은 릴. 적절한 간격을 유지하는 공급 릴과 같은 크기여야 함.

테이프리스 시스템(tapeless system) 비디오테이프는 오히려 컴퓨터 기억 장치를 경유하여 녹음, 저장과 오디오와 비디오 정보의 재생을 참조함.

테크니컬 프로덕션 퍼스널(technical production personnel) 제작 장비를 조작하는 사람들. 보조인력(below-the-line personnel)이라고도 불림.

텔레비전 시스템(television system) 특정한 프로그램의 제작을 위해 장비를 사용하는 기기와 사람들. 기본적인 텔레비전 시스템은 실제 화상과 음향을 전기적 신호로 변화시켜 주는 카메라와 마이크로폰, 그 신호를 다시 화상과 음향으로 재변환시키는 텔레비전과 스피커로 이루어져 있음.

텔레포토 렌즈(망원렌즈, telephoto lens) 협각 렌즈(narrow-angle lens)를 참조.

텔레프롬프터(teleprompter) 대본을 렌즈에 투사해서 탤런트가 시청자와의 시선 접촉을 방해받지 않고 읽을 수 있도록 만든 프롬프팅 장치. 오토 큐라고도 부름.

통합 시스템(composite system) 휘도 신호와 색도 신호, 동조 신호가 하나의 영상 신호로 양자화되어 하나의 전선을 통해 전송하는 장치. NTSC 신호라고도 함.

투사조명(incident light) 피사체에 직접적으로 빛을 비추는 조명. 투사조명판독기는 피사체로부터 카메라까지의 빛을 피트 촉광 단위로 측정할 수 있음. 피트 촉광 측정기는 조명을 똑바로 향하거나 카메라를 향해서 빛을 측정함.

투폴드(twofold) 연결된 2장의 플랫. 북(book)이라고도 부름. 플랫(flat)을 참조.

트라이엑설 케이블(triaxial cable) 하나의 중앙 전선이 2개의 동심의 실드에 둘러 쌓여 있는 가는 카메라 케이블. HD 카메라와 CCU를 연결함.

트라이포드 붐(tripod boom) 지라프 붐(giraffe boom)을 참조.

트랙(track) 트럭(truck)의 다른 말.

트랙킹(tracking) (1) 재생 단계에서 테이프의 레코딩 단계에서의 트래킹에 맞추기 위해서 비디오 헤드를 전자 조정하는 것. 특히 재생을 위해 사용되는 기계가 아닌 다른 기계에서 녹음된 테이프에서 tracking은 그림 분산과 불일치를 막음. (2) 트럭(옆의 카메라 움직임)의 또 다른 이름.

트랜스폰더(transponder) 송신기와 응답기가 합체된 방송위성중계장비.

트럭(truck) 카메라 이동 장비를 이용해서 옆으로 이동시키는 것. 트랙이라고도 함.

트리트먼트(treatment) 텔레비전 프로그램에 대한 간략한 이야기 형식의 설명.

트리폴드(threefold) 연결된 3장의 플랫. 플랫(flat)을 참조.

트림(trim) (1) 음성: 마이크로폰 또는 라인 인풋의 신호 강도 조절. (2) 비디오: 편집과정에서 몇몇 프레임을 조정해서 샷을 길게 하거나 줄이는 것. 비디오에 녹화된 이야기를 줄이는 것.

틸트(tilt) 카메라를 위나 아래로 향하게 하는 것.

파운데이션(foundation) 기본적인 분장으로 파운데이션을 바르고 그 위에 루주나 아이섀도를 바름.

파이런(pylon) 삼각형 세트 조각. 기둥과 비슷.

파이프 그리드(pipe grid) 조명 기구들을 지지하기 위해 스튜디오 바닥에 설치된 금속 파이프.

팔로우 스폿(follow spot) 강력한 특수 효과 조명으로, 주로 연극 무대 효과를 내는 데 사용됨. 일반적으로 커튼 앞에 있는 무용수나 아이스 스케이트를 타는 사람, 혹은 가수들의 움직임을 따라가면서 빛을 비춤.

팝 필터(pop filter) 마이크에 직접적으로 전달되는 파열음(ㅍ, ㅌ, ㅋ)을 걸러내기 위하여 마이크에 bulblike 부착(고정형 또는 분리형).

패치베이(patchbay) 교환대(patchboard)를 참조.

패턴 투사기(pattern projector) 쿠키가 삽입된 타원체의 스포트라이트로, 그림자를 드리워서 쿠키 모양을 만들어 냄.

팩트 시트(fact sheet) 화면에 보여지게 될 물품과 그 물품의 주요 특성의 목록. 그 제품에 대해 언급해야 할 내용을 담고 있을 수도 있음. 런다운(rundown) 시트라고도 부름.

팬(pan) 카메라를 수평으로 돌리는 것.

팬스틱(pan stick) 지용성의 파운데이션. 수염이나 눈에 띄는 잡티를 가리는 데 사용함.

팬케이크(pancake) 주로 수용성이며, 작은 스펀지로 바르게 되어 있는 메이크업 베이스 혹은 파운데이션.

팬텀 파워(phantom power) 콘덴서 마이크에서, 배터리가 아닌 오디오 콘솔에 의해서 공급되어지는 파워.

퍼램뷸레이터 붐(perambulator boom) 스튜디오 마이크에 대한 설치. 퍼램뷸레이터라고 불리는 달리에 확장 장치 혹은 붐을 장착하여 스튜디오 어디에도 조용하고 빠르게 이동이 가능하게 함. 큰 붐이라고도 함.

펄스 카운트 시스템(pulse-count system) 컨트롤 트랙 시스템(control track system)을 참조.

페디스털(pedestal) (1) 방송 중에 카메라를 올리거나 내릴 수 있는 무거운 카메라 달리. (2) 스튜디오 페디스털로 카메라를 올리고 내리는 동작을 위함. (3) 텔레비전 영상의 블랙 레벨로 웨이브폼 모니터에서 조절될 수 있음.

페리아크토스(periaktos) 회전이 가능한 삼각형 형태의 무대장치.

페이더(fader) 특정한 비율에 따라 불안정한 소리를 일정선상으로 만드는 방법을 이용한 음향 제어 작업. 포트와 동일한 기능을 함. 슬라이드 페이더라고도 부름.

페이더 바(fader bar) 스위처에 있는 레버로, 디졸브나 페이드, 와이프 등의 프리셋 장면 전환을 다양한 속도로 실행할 때 사용됨. 또한 슈퍼임포지션을 만들어 낼 때도 사용됨.

페이드(fade) 화면이 어두운 것에서부터 점차적으로 나타나는 것, 또는 어두워지면서 사라지는 것.

페이스(pace) 쇼 일부나 쇼의 인식된 기간. 주관적인 시간의 일부.

편집(editing) 논리적인 시퀀스에 있는 샷을 기계어로 변환하는 것과 선택.

편집 결정 목록[edit decision list(EDL)] 타임코드 숫자로 표시된 편집 시작점과 종료점. 샷 사이의 화면 전환 성격 등에 대해서 기록한 목록.

편집 원본 테이프(edit master tape) 촬영 원본 테이프에서 선택된 부분을 편집하여 담은 비디오테이프. 녹화 VTR에 장착해서 사용함.

편집 조절 장치(edit controller) 편집 시작점과 종료점을 표시하며 재생, 녹화 VTR을 주행시키고 효과를 통합시키는 등의 다양한 편집기능을 보조하는 기계. 주로 소프트웨어가 장착된 데스크 톱 컴퓨터가 이 기능을 수행함. editing control unit이라고도 부름.

편집 조절 장치(editing control unit) 편집 조절 장치(edit controller)를 참조.

편집용 녹화기(edit VTR) 영상신호와 음향 신호를 재생이나 포스트프로덕션 편집에 사용하기 위해 비디오테이프에 녹화하는 전자 녹화 장치.

평형 반응(flat response) 전체 주파수대에 걸쳐서 균등하게 들을 수 있는 마이크 능력의 측정. 이것은 또한 특정한 주파수대를 녹음하고 재생하는 장치에도 사용됨.

평형추 배튼(counterweight battens) 평형추 장치나 동력시스템을 이용해 조명을 특정한 높낮이로 조정하는 조명 기구를 지탱하는 강철 파이프.

포스터리제이션(posterization) 이미지 플랫에 다양한 조명 밝기를 변화시키는 시각적인 효과.

포트(ports) (1) 특정 픽업 패턴과 신속한 응답을 달성하도록 돕는 마이크에서의 슬롯. (2) 하드웨어에 연결되는 컴퓨터의 잭.

포트(pot) potentiometer의 줄임말. 소리 볼륨 제어.

폰 플러그(phone plug) 일반적으로 1/4인치 플러그는 오디오 패치 코드의 양 끝에 사용되어짐. 또한 이들 플러그들은 전기 기타 또는 키보드와 같은 다양한 악기로부터 상대적으로 짧은 거리들에서 소리 신호 루트로 사용되어짐.

폴 오프(falloff) 조명이 비춰진 화면의 일부분이 그림자로 변하는 부분으로 가는 속도. 빠른 폴 오프란 밝은 지역이 급격하게 그림자로 넘어가면서 빛과 그림자 사이의 명도 차이가 크게 나는 것을 말함. 느린 폴 오프란 밝은 부분에서 어두운 부분으로 가는 것이 완만한 정도를 말하는데, 빛과 그림자 사이의 명도 차이가 작음.

폴드백(foldback) 믹싱한 오디오의 전체 혹은 일부를 헤드세트나 I.F.B. 채널을 통해서 배우에게 돌려보내는 것. 큐샌드(cue-send)라고도 함.

폴라 패턴(polar pattern) 마이크 픽업 패턴을 평면적으로 나타낸 것.

폴리 스테이지(Foley stage) 발자국들, 문들의 열림과 닫힘, 유리의 깨짐과 같이 다양한 기구로 일반적인 음향 효과들을 생산하기 위해 장비를 구축한 녹음실.

표준 렌즈(normal lens) 일반적으로 눈에 비치는 상의 공간 관계에 최대한 가까울 수 있는 초점 거리를 가진 렌즈 혹은 줌 렌즈의 위치.

풀 샷(full shot) 롱 샷(long shot)을 참조.

풀 스크립트 쇼 형식(fully scripted format) 완전한 대본. 모든 대화 혹은 내레이션과 주요 시각화한 큐를 담고 있는 스크립트.

프라임 렌즈(prime lens) 고정 초점 길이 렌즈(fixed-focal-length lens)를 참조.

프랙탈(fractal) 같은 도형을 연속적으로 작게 그리는 컴퓨터 그래픽의 도형.

프런트 타이밍(front timing) 하나의 프로그램 또는 프로그램의 일부분을 주어진 시간에 정확하게 계산하는 것.

프레셔 존 마이크로폰[pressure zone microphone (PZM)] 바운더리 마이크로폰(boundary microphone)을 참조.

프레임(frame) (1) 필름에서 영상이 맺히는 가장 작은 화면 단위. (2) 전자빔이 화면의 모든 선에 주사를 완료하는 것. 비월주사(interlaced scanning) 또는 순차 주사(progressive scanning)를 참조.

프레임 비(frame rate) 초당 전송하는 프레임의 개수. 텔레비전 신호 등의 영상 신호를 전송할 때 인간의 시각 특성을 이용하여 1초에 적당한 개수의 화면(프레임)만을 전송하는데, 기존의 컬러 텔레비전의 경우 프레임 비는 NTSC 방식에서는 30프레임/초이고 PAL 방식, SECAM 방식에서는 25프레임/초.

프레임 타이밍(frame timing) 시간, 분, 초, 프레임들을 포함한 앞이나 뒤의 타이밍의 타임 코드의 숫자. 초와 분은 59 이후에 처음으로 돌아가는 반면 프레임들은 29 이후에 처음으로 돌아간다.

프레임스토어 동조 장치(framestore synchronizer)

완전한 영상 프레임을 저장하고 불러내는 이미지 안정화 · 동조화 장치.

프레즈넬 스포트라이트(fresnel spotlight) 가장 일반적인 스포트라이트로 렌즈 발명가의 이름에서 따왔음. 계단 형태의 동심원을 가짐.

프로그램(program) (1) 특별한 텔레비전 쇼. (2) 지시의 순서는 이전에 계획된 일을 수행하기 위해 특별한 컴퓨터 언어를 암호화함.

프로그램 랭스(program length) running time을 참조.

프로그램 모니터(program monitor) 라인 모니터(line monitor)를 참조.

프로그램 버스(program bus) 입력을 직접적으로 라인 아웃에 연결시키는 스위처의 버스. 다이렉트 버스 또는 프로그램/백그라운드라고도 한다.

프로그램 스피커(program speaker) 프로그램 소리를 다루는 제어실에서 크게 말하는 사람. 그것의 볼륨은 실제 라인 아웃 프로그램 피드에 영향을 주는 것 없이 제어되어질 수 있음. 오디오 모니터라고도 함.

프로그램 프로포잘(program proposal) 개략적인 프로세스 메시지와 텔레비전 프로그램의 주요 형식을 직접 쓴 서류. 작품제안서.

프로덕션 스위처(production switcher) 스위처는 스튜디오 부조종실이나 현장에 위치해 있음. 현장 동시 편집을 위해 설계됨.

프로덕션 퍼스넬(제작인력)[production personnel (nontechnical)] 비기술 분야 인력(nontechnical production personnel)를 참조.

프로듀서(producer) 텔레비전 프로그램의 기획자, 제작자.

프로세스 메시지(process message) 시청자가 텔레비전 프로그램을 보는 과정에서 실제로 받게 되는 메시지.

프리롤(preroll) 전기 시스템이 안정되는 시간을 가지기 위하여, 비디오테이프가 녹화 모드 또는 플레이 백에 놓이기 전에 몇 초 동안 감는 것.

프리뷰 모니터[preview(P/V) monitor] (1) 비디오 원본을 보여주는 모니터. 라인 모니터와 오프 디 에어 모니터는 제외. (2) 다음 장면에서 쓰일 화면을 감독에게 보여주는 컬러 모니터.

프리뷰/프리셋 버스(preview/preset bus) 스위치 버튼들의 줄은 다가오는 비디오(현재 기능) 선택에 사용됨. 그리고 라인 아웃 비디오의 독립된 미리보기(이전 기능)에 그것을 경로로 정함. 또한 preset/background라고도 부름.

프리셋 모니터[preset monitor(PST)] 방송 스위치가 켜지기 전에 샷이나 효과를 미리 보는 것. TAKE의 버튼에 의해 활동되어질 수 있음. 미리 보는 모니터와 비슷함.

프리셋 보드(preset board) 사전 설정된 여러 개의 프로그램 장치는 저장되어질 수 있고 후에 되찾을 수 있음.

프리셋/백그라운드(preset/background) preview/preset bus를 참조.

프리앰프(preamplifier) 정상 신호 강도를 증폭하고 처리(조작)되어질 수 있기 전에 마이크 또는 카메라 픽업 장치에 의해 약한 전기 신호는 생산됨.

프리즘 블록(prism block) 빔 분산기(beam splitter)를 참조.

프릭션 헤드(friction head) 카메라 마운트 헤드인데, 스프링에 의해서 카메라 자체의 무게와 평형을 맞춰주는 것. 비교적 가벼운 카메라의 사용에 좋음.

플래그(flag) 금속이나 플라스틱, 헝겊 따위로 된 얇은 사각형의 판으로 특정한 지역에 빛을 차단해줌. 고보(gobo)라고도 불림.

플래시 드라이브(flash drive) 조명 기억 장치(flash memory device)를 참조.

플래시 메모리 카드(flash memory card) 조명 기억 장치(flash memory device)를 참조.

플래시 스틱(flash stick) flash memory device 참조.

플랫(flat) (1) 조명: 그림자가 생기지 않을 정도의 평면적인 조명. (2) 무대장치: 배경으로 쓰이는 세워져 있는 무대장치 또는 한 방의 벽면으로 사용됨.

플러드라이트(floodlight) 비교적 선명하지 못한 분산광을 만들어 내는 조명 기구.

플로어 스탠드(floor stand) 무거운 스탠드는 세 개의 캐스터 이동식 카메라 위에 설치되었고, 특히 다양한 조명 장치를 지원하기 위해 디자인되었음. 확장 파이프로 조명 기구의 수직적 위치를 조절함.

플로어 플랜(floor plan) 무대와 소품들을 모눈종이 위에 그린 그림. 플로어 플랜 패턴을 의미하기도 함.

플로어 플랜 패턴(floor plan pattern) 스튜디오 바닥, 벽, 주요 문, 주조정실의 위치, 조명 그리드나 배튼이 그려져 있는 양식. 플로어 플랜(floor plan) 참조.

플롯(plot) 한 이벤트로부터 다음으로 이야기를 개발하는 방법.

플리커(명멸현상, flicker) 밝기의 주기적인 변화. 한 프레임의 픽셀들이 어두워지기 시작할 때, 그것들은 다음 프레임 주사에 의해 활성화되어짐.

피겨/그라운드(figure/ground) (1) 오디오: 전반적인 배경 음향에서 가장 중요한 음향을 강조하는 것. (2) 비디오: 카메라로부터 다양한 거리에 놓여 있는 피사체가 모두 초점에 들어올 수 있는 지역.

피드백(feedback) (1) 오디오: 확성기의 소리가 마이크 안으로 들어가는 것에 이어 소리가 증폭되는 것이 우연히 들어가게 됨으로써 발생되어 확성기로부터 귀를 찢는 듯한 소리가 들리는 것. (2) 통신-수신기의 반응에 의해 통신기가 통신기 소스로 다시 되돌아가는 것. (3) 비디오: 스위처로부터 비디오 신호가 다시 들어가는 것에 이어 증폭이 되어 일정하지 않은 광선과 모니터 스크린의 번쩍임.

피사계(field of view) 특정 렌즈를 통해 보여지는 장면의 범위. 예를 들면, 클로즈업(close-up)은 CU로 표현됨.

피사계 심도(depth of field) 카메라로부터 다양한 거리에 놓여 있는 피사체가 모두 초점에 들어올 수 있는 지역. 피사계 심도는 렌즈의 초점 거리, 조리개 숫자, 피사체와 카메라 사이의 거리에 의해서 좌우됨.

피쉬폴(fishpole) 마이크를 위한 확장 가능한 장치. 마이크를 폴에 부착해서 짧은 시간 동안 무대 위로 드리워서 사용함.

피크 프로그램 미터(peak program meter)(PPM) 음량을 측정하는 오디오 장치의 계기판. 특히 최대치 음량에 민감하며 과변조로 나타냄.

피트 촉광[풋 캔들, foot-candle(fc)] 특정 장소에 비친 빛의 양으로써, 광원의 거리에 따라 그 양이 변함. 조도 또는 피사체 위에 떨어지는 빛의 양을 재는 단위. 럭스(lux)도 참조.

픽셀(pixel) picture element의 줄임말. (1) 신문에 실린 사진에 있어서 점에 해당하는 기능을 수행하는 촬상 소자로서 컴퓨터에 의해 확인이 가능. 그림에서 픽셀의 수가 많을수록 고화질의 화상을 얻을 수 있음. (2) CCD에서 빛 감지 요소.

픽업(pickup) (1) 마이크에 의한 사운드 리셉션. (2) 필름 촬영 후의 편집에 대한 한 장면의 재촬영하는 부분들.

필름 스타일 연출(film-style directing) single-camera directing 참조.

필름 스타일 촬영(film-style shooting) 단일 카메라 제작 연출방법으로 롱샷(long shot)에서부터 미디움 샷(medium shots), 클로즈업(close-ups)으로 같은 동작을 촬영함. 단일 카메라 제작과 같은 뜻임.

하드 드라이브(hard drive) 고용량 컴퓨터 저장 디스크. 플로피 디스크는 작은 저장 용량을 가짐. 주로 하드 디스크라고 불림.

하드 카피(hard copy) 글이나 그림들의 컴퓨터 인쇄. 컴퓨터 편집에서 하드 카피는 EDL을 인쇄함(소프트 카피 정보는 오직 컴퓨터 스크린에만 나타남).

하이 헷(high hat) 원통형 장착 장비로 달리에 볼트로 고정하거나 무대 장치에 고정해서 트라이포드나 페디스털 없이도 카메라의 팬과 틸트를 할 수 있게 해주는 장비.

핫(hot) (1) 현재 또는 신호 작동 중인 와이어. (2) 핫 카메라 또는 핫 마이크로폰과 같이 작동 중인 어떤 장비.

핫 스폿(hot spot) 한 장소에 빛의 바람직하지 못한 집중.

해상도(resolution) 화면의 섬세한 정도. 해상도는 영상 장치, 렌즈, 그리고 카메라가 잡은 화상을 보여주는 텔레비전 세트의 영향을 받음. 화질과 같은 뜻으로 사용됨.

헛(HUT) 텔레비전을 사용하는 households의 약어. 계산한 몫을 사용하며, HUT 특성은 텔레비전 사용의 모든 가구 100%를 나타낸다. share도 참조.

헤드 어셈블리(head assembly) (1) 오디오: 테이프로부터 신호를 지우고 테이프에 신호를 넣으며 테이프를 읽는 작은 전자석들. (2) 비디오: 비디오테이프에 전자 신호를 넣거나 테이프를 읽는 작은 전자석들. 테이프뿐 아니라 비디오 헤드도 움직임.

헤드룸(headroom) 화면 상에서 머리 끝과 화면 상단 사이에 비워두는 공간.

헤드세트 마이크(headset microphone) 작지만 고성능의 전지향성 또는 지향성 마이크를 패드를 댄 이어폰에 부착한 형태. 전화기 헤드세트와 비슷하게 생겼지만 고성능 마이크를 사용한다는 차이점이 있음.

헤드엔드(head end) 신호들이 모이거나 일어나는 케이블 텔레비전 분할 장치.

헤르츠(Hz) 매초 사이클을 측정하는 헤르츠(hertz).

헬리컬 녹화기(helical VTR) helical scan을 참조.

헬리컬 스캔(helical scan) 비디오테이프를 녹화할 때, 비디오 신호의 대각선으로 기운 궤도. helical VTR 또는 slant-track으로도 불림.

현장 녹화방식(live-on-tape) 이후의 무편집 재생을 위해 연속적으로 라이브 쇼를 녹화하는 것.

현장 스케치(location sketch) 중계방송이 있는 장소의 개략적인 지도. 실내중계를 위한 스케치에서는 방의 벽, 가구, 창의 위치가 나와 있어야 함. 야외중계를 위한 스케치에는 건물의 위치, 중계차, 전력원, 중계방송이 있는 시각의 태양의 위치가 나와 있어야 함.

현장 제작(field production) 스튜디오 밖에서 행해지는 모든 제작. 일반적으로 EFP를 의미함.

현장조사(location survey) 확인목록과 같은 형식으로 원거리제작에 필요한 사항을 수기한 것.

협각 렌즈(narrow-angle lens) 카메라로 비교적 먼 거리에서 일어나는 상황을 담기 위해 클로즈업을 하는 것. 장 초점 렌즈 혹은 망원 렌즈라고도 부름.

형광등(fluorescent) 가스로 채워진 관을 자외선으로 자극해서 관 안쪽 면에 덮인 인이 발광함으로써 빛을 내는 램프.

홍채(iris) 렌즈를 통해 들어오는 빛의 양을 조절하기 위해 열고 닫는 장치. 조리개 또는 렌즈의 조리개로 불림.

화면 비(aspect ratio) 텔레비전 화면의 가로 세로비, 모든 아날로그 화면은 4×3의 비를 가지며 DTV와 모든 HDTV

는 16×9의 비를 가짐.

화소(picture element) 픽셀(pixel)을 참조.

화이트 밸런스(white balance) 다양한 색온도를 가진 조명 아래에서 하얀색을 만들어 내기 위해 카메라의 컬러 회로를 조절하는 것(백색광은 파란색조와 붉은색조의 영향을 받는다).

화질(선명도, definition) 깨끗한 이미지를 나타내는 정도. 텔레비전에서는 픽셀의 크기와 개수가 화면의 화질을 결정함. 해상도(resolution)도 참조.

확산 조명(diffused light) 비교적 넓은 지역을 비추는 뚜렷하지 않은 조명. 플러드라이트로 만들어 내는 확산 조명은 부드러운 그림자를 만들어 냄.

확산 필터(diffusion filter) 렌즈 앞에 장착해서 사용하는 렌즈로, 장면을 부드럽고 약간 초점이 흐린 듯한 모습으로 보이게 함.

확장된 시스템(expended system) 텔레비전 영상과 음향을 선택하고 제어하며 녹음하고 재생할 뿐 아니라 송출할 수 있게 하는 과정이나 장비로 이루어진 시스템.

환경(environment) 세트의 전반적인 배경.

회색도(그레이스케일, grayscale) TV 백색과 TV 흑색 사이를 여러 회색 단계로 나눈 것. 9단계 또는 7단계로 측정함.

후광(halo) 매우 밝은 조명 소스나 높게 반사되는 물체 주위에 어둡거나 색깔 있는 광반. 플레어라고도 불림.

후광효과(flare) 후광(halo)을 참조.

후반 작업(postproduction) 제작 후에 발생하는 모든 제작관련 활동. 일반적으로 비디오테이프 편집이나 오디오 스위트닝을 말한다.

후반 편집(postproduction editing) 실제 제작 후 녹화된 영상자료의 배치.

후방 투사기[rear projection(R.P.)] 반투명한 스크린 뒤쪽에서 투사되어 앞쪽에서 영상이 맺히는 영사기.

휘도(luminance) 비디오 신호와 정보(백색에서 흑색까지)에서 측정된 밝기(흑, 백). 또한 Y신호라 부른다.

휘도채널(luminance channel) 컬러카메라의 경우 선명도에 영향을 주는 분리된 채널을 말하며 흑백텔레비전에서는 수신할 수 있는 신호를 만들어 내는 역할을 함. 휘도신호는 일반적으로 색도 신호에서 기술적으로 끌어낸 것. Y채널이라고도 불림.

색인(Index)

ㅇ

ㅈ

ㅊ

ㅋ

ㅎ

역자 소개

임영호

배재대학교 공연영상학부 교수
동국대학교 영상대학원 문화예술학 박사과정
New York Institute of Technology, Communication Arts (Film & Television). MA
(사)한국영화학회 국제학술이사(2009~현재)
(사)한국영상기술학회 제작이사(2009~현재)
(사)한국영화교육학회 연구이사(2008~2009)
(사)한국영상제작학회 편집이사(2007~2008)
(사)한국방송학회 협력이사(2005~2006)
Email: yim@pcu.ac.kr

장지헌

서울예술대학 방송영상과 교수
홍익대학교 대학원 미술학 박사(영상학 전공)
Boston University, Film & Television. MS
Northern Michigan University, Broadcasting. BS
(사)한국영상기술학회 교육이사(2009~현재)
(사)한국방송학회 협력이사(2007~2008)
Email: jihun2@seoularts.ac.kr

이수경

대구한의대학교 영상문화학부 교수
경북대학교 대학원 박사수료(영상학 전공)
고려대학교 언론학 석사(영상학 전공)
문화관광부 문화예술 홍보컨설턴트(2008~현재)
경상북도 문예진흥위원회 운영위원(2008~현재)
경북영상위원회 운영위원(2006~2008)
경주세계문화엑스포 영상자문위원(2007~2008)
Email: sklee727@dhu.ac.kr

방송제작론(제9판)

정가 35,000원

2009년 10월 7일 인쇄
2009년 10월 15일 발행

저 자 : Herbert Zettl
역 자 : 임영호·장지헌·이수경
발행인 : 金 洪 錫
발행처 : 淸 文 閣

인 지 생 략

경기도 파주시 교하읍 문발리 파주출판도시 513-7
(출판등록 1975년 5월 21일 제 406-2005-000049호)
전 화 : 031) 955-1451~7
팩 스 : 031) 955-1458
Homepage : www.cmgpg.com
Email : cmgbook@cmgbook.co.kr

ISBN : 978-89-6364-029-7